# 蒲編堂路氏藏書目

上

〔清〕路慎莊 撰
杜以恒 整理

齊魯書社

圖書在版編目（CIP）數據

蒲編堂路氏藏書目 /（清）路慎莊撰；杜以恒整理
. -- 濟南：齊魯書社, 2021.12
ISBN 978-7-5333-4524-2

Ⅰ. ①蒲… Ⅱ. ①路… ②杜… Ⅲ. ①私人藏書 – 圖書目録 – 中國 – 清代 Ⅳ. ①Z842.49

中國版本圖書館CIP數據核字（2021）第276891號

責任編輯：向　群　王　敏
責任校對：趙自環　王其寶
裝幀設計：趙萌萌

蒲編堂路氏藏書目
PUBIANTANG LUSHI CANGSHUMU
〔清〕路慎莊　撰　杜以恒　整理

| | |
|---|---|
| 主管單位 | 山東出版傳媒股份有限公司 |
| 出版發行 | 齊魯書社 |
| 社　址 | 濟南市英雄山路189號 |
| 郵　編 | 250002 |
| 網　址 | www.qlss.com.cn |
| 電子郵箱 | qilupress@126.com |
| 營銷中心 | （0531）82098521　82098519　82098517 |
| 印　刷 | 山東臨沂新華印刷物流集團有限責任公司 |
| 開　本 | 880mm × 1230mm　1/32 |
| 印　張 | 42.5 |
| 插　頁 | 8 |
| 字　數 | 1152千 |
| 版　次 | 2021年12月第1版 |
| 印　次 | 2021年12月第1次印刷 |
| 標準書號 | ISBN 978-7-5333-4524-2 |
| 定　價 | 186.00圓（上下册） |

2021年度國家古籍整理出版專項經費資助項目

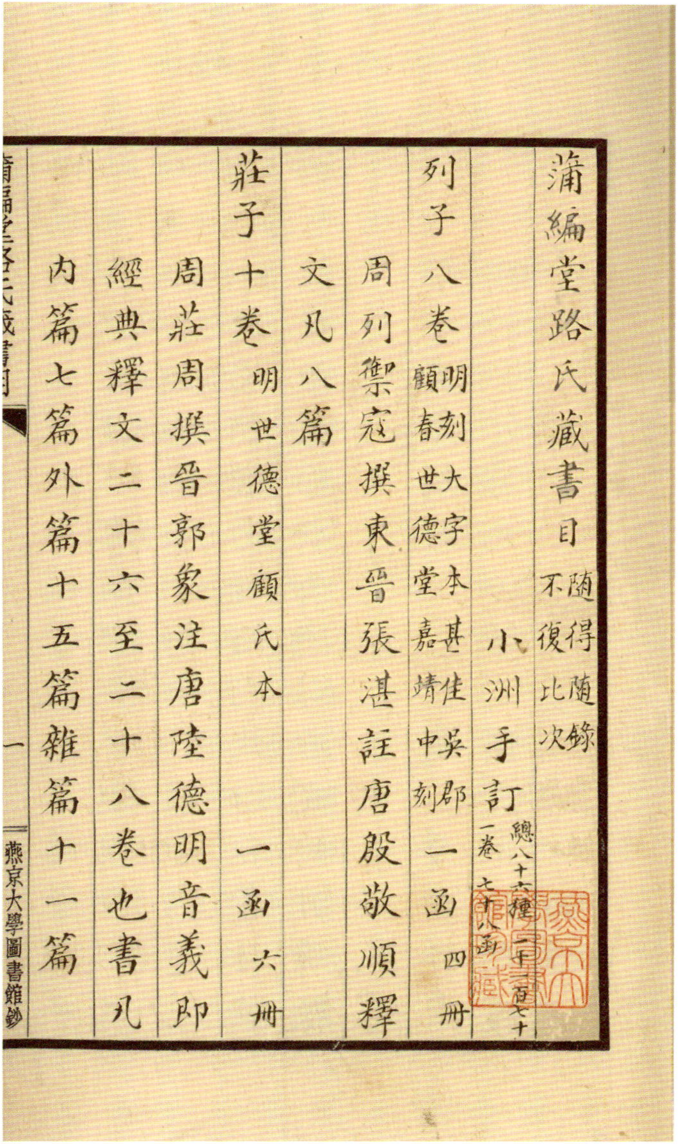
蒲編堂路氏藏書目 隨得隨錄不復比次

小洲手訂 總八十六種一千一百七十一卷七十八函



列子八卷 明刻大字本甚佳吳郡顧春世德堂嘉靖中刻 一函 四册

周列禦寇撰東晉張湛註唐殷敬順釋

文凡八篇

莊子十卷 明世德堂顧氏本 一函 六册

周莊周撰晉郭象注唐陸德明音義即

經典釋文二十六至二十八卷也書凡

內篇七篇外篇十五篇雜篇十一篇

蒲編堂路氏藏書目 一



北京大學圖書館藏《蒲編堂路氏藏書目》書影（一）

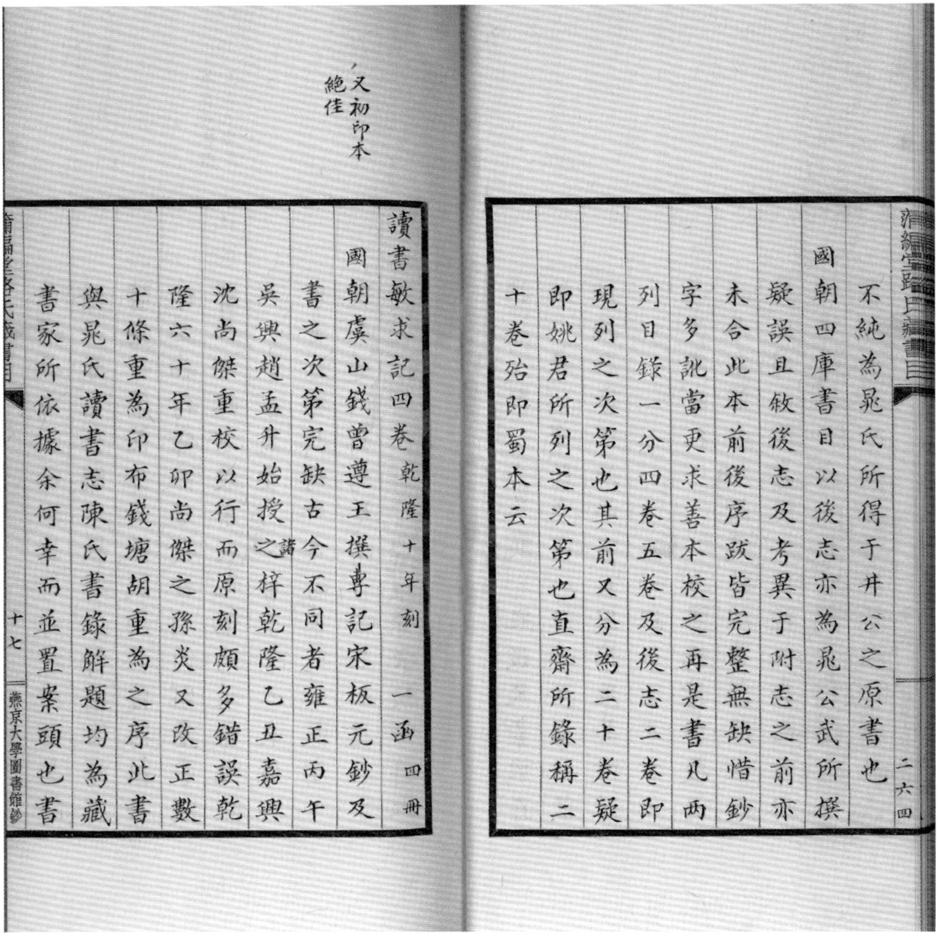


不純為晁氏所得于井公之原書也
國朝四庫書目以後志亦為晁公武所撰疑誤且敘後志及考異于附志之前亦未合此本前後序跋皆完整無缺惜鈔字多訛當更求善本校之再是書凡兩列目錄一分四卷五卷及後志二卷即現列之次第也其前又分為二十卷疑即姚君所列之次第也直齋所錄稱二十卷殆即蜀本云

又初印本絕佳

讀書敏求記四卷乾隆十年刻　一函四冊
國朝虞山錢曾遵王撰專記宋板元鈔及書之次第完缺古今不同者雍正丙午吳興趙孟升始授之諸梓乾隆乙丑嘉興沈尚傑重校以行而原刻頗多錯誤乾隆六十年乙卯尚傑之孫炎又改正數十條重為印布錢塘胡重為之序此書與晁氏讀書志陳氏書錄解題均為藏書家所依據余何幸而並置案頭也書




北京大學圖書館藏《蒲編堂路氏藏書目》書影（二）

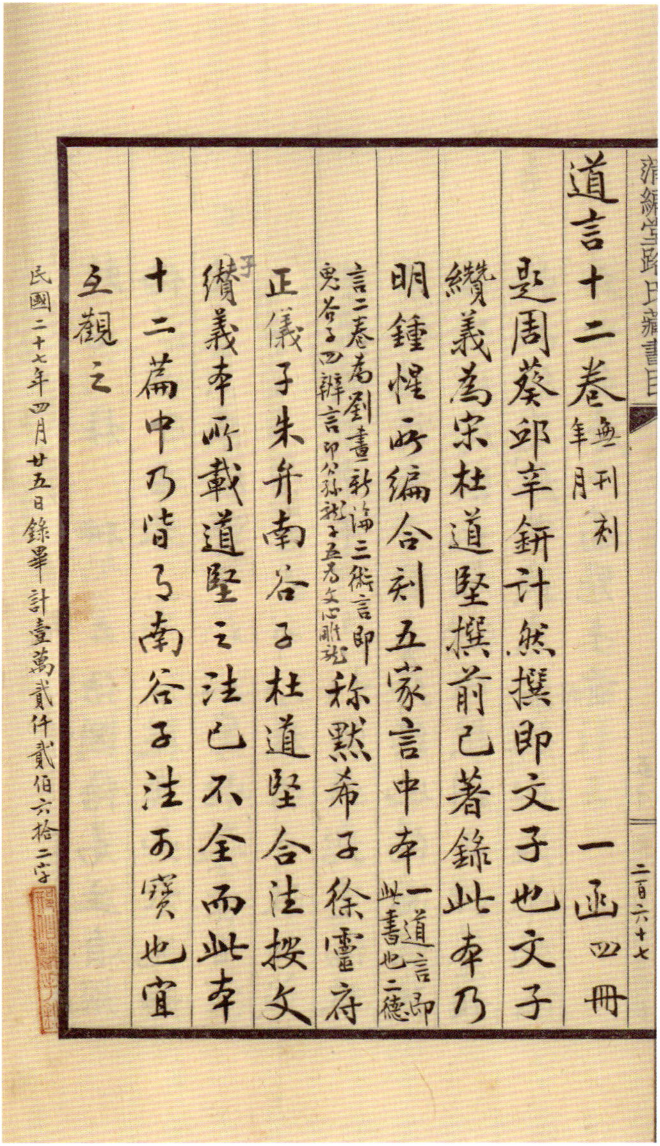
蒲編堂路氏藏書目　二百六十七

道言十二卷 無刊刻年月 一函四冊

題周蔡邱辛鈃計然撰即文子也文子纘義為宋杜道堅撰前已著錄此本乃明鍾惺所編合刻五家言中本 一道言即此書也二德言二卷為劉晝新論三術言即鬼谷子四辯言即公孫龍子五為文心雕龍 稱默希子徐靈府正儀子朱弁南谷子杜道堅合注按文子纘義本所載道堅之注已不全而此本十二篇中乃皆有南谷子注亦可寶也宜互觀之

民國二十七年四月廿五日錄畢　計壹萬貳仟貳佰六拾二字

北京大學圖書館藏《蒲編堂路氏藏書目》書影（三）

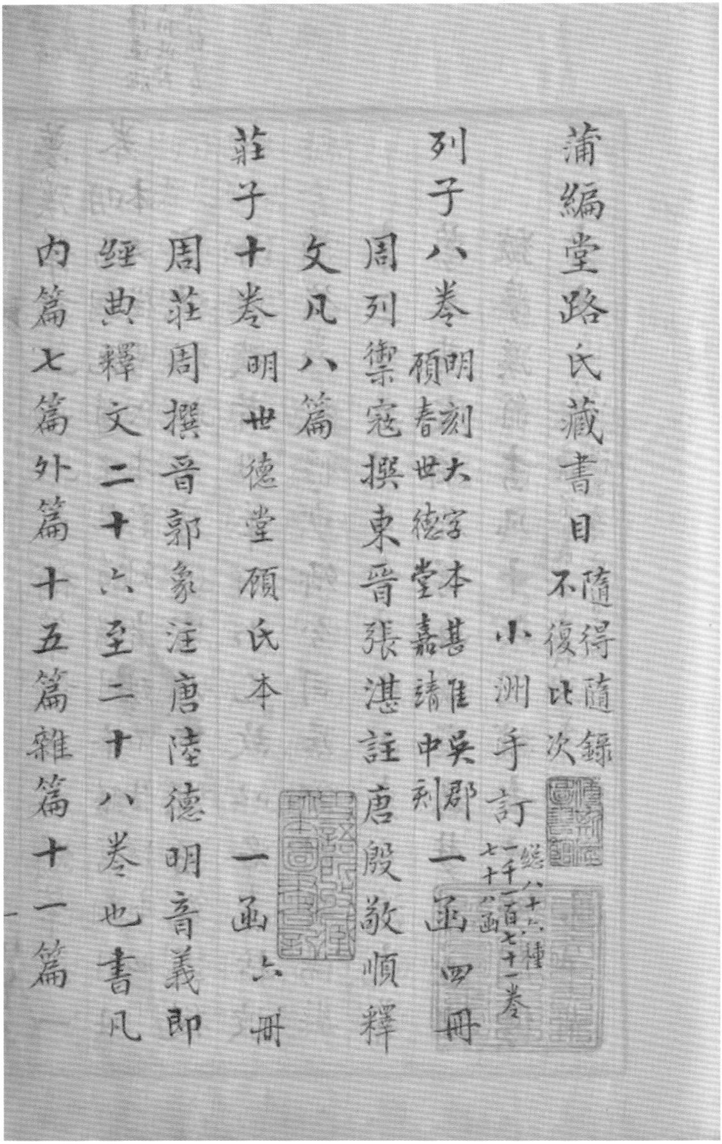
蒲編堂路氏藏書目　隨得隨錄不復比次
小洲手訂
總八十六種　一千一百七十一卷　七十八函
列子八卷　明刻大字本甚佳吳郡顧春世德堂嘉靖中刻　一函四冊
周列禦寇撰東晉張湛註唐殷敬順釋
文凡八篇
莊子十卷　明世德堂顧氏本　一函六冊
周莊周撰晉郭象注唐陸德明音義即
經典釋文二十六至二十八卷也書凡
內篇七篇外篇十五篇雜篇十一篇

台灣“中研院”歷史語言研究所傅斯年圖書館藏
《蒲編堂路氏藏書目》書影

# 整理説明

《蒲編堂路氏藏書目》不分卷,共27册,清路慎莊撰,是一部未曾刊行的提要式私家藏書目録。

路慎莊,字子端,號小洲、篠舟居士,陝西盩厔終南鎮北堡(今西安市周至縣毓興村)人,關中名儒路德長子。清代藏書家、畫家。道光十一年(1831)陝甘鄉試舉人,道光十六年丙申(1836)進士,改翰林院庶吉士。阮元擔任道光十六年殿試讀卷官,又任翰林院庶吉士教習,與路慎莊有師生之誼,因此路慎莊在《藏書目》中稱阮元爲"吾師阮芸臺相國""阮芸臺師""阮芸臺先生"。道光十八年(1838)四月授翰林院編修,道光二十年(1840)任福建鄉試副考官,道光二十四年(1844)至二十六年(1846)任都察院福建道監察御史,道光二十七年(1847)任都察院給事中,咸豐元年(1851)任江蘇淮揚道,咸豐三年(1853)任江蘇河漕鹽驛兵備道,後因開罪朝廷罷官。恤贈光禄寺卿,誥授中憲大夫,晋通議大夫,奏入江蘇淮安府清河縣名宦祠。路慎莊具體生卒年已不可考,然路氏道光十一年中舉,則路氏或生於嘉慶年間。又據林卓才《林召棠生平年表》,可知道光十一年路慎莊參加陝甘鄉試時林召棠任主考官,咸豐十一年(1861)時路慎莊曾與馮譽驥、李懷庚一同前往問候林召棠。由此可以推知路慎莊生於嘉慶年間,道光、咸豐時在世。

路慎莊藏書之富,頗爲時人稱道。邵懿辰與路慎莊交往甚密,邵懿辰、邵章《增訂四庫簡明目録標注》中著録有路慎莊藏宋元本、舊鈔本354部,邵章《後序》云邵懿辰"日與海内學士大夫游,其中藏書多者,如盩厔路氏小洲(慎莊)……",將路慎莊置於首位,可見邵懿辰、邵章對路氏藏書的重視。清代著名錢幣學家鮑康與路慎莊交往亦密,路慎莊曾贈予鮑康《錢録》《泉史》《錢通》諸書,在官淮揚道時,還搜集江蘇各局所鑄大錢,贈予鮑康研究。鮑康《觀古閣叢稿》載詩《路子端侍御見和咏泉長律三十四韵再叠奉酬》,其中記述路慎莊藏書云"憶向都門去,忻窺鄴架全。……甲乙排鱗次,縱横訝綉聯。軼搜秦漢上,槧記宋元前。……秘書曾補綴,寫本更端妍",并自注云:"子端藏書六萬餘卷,多宋元雕本。""有《蒲編堂書目》八十卷。"路慎莊不僅勤於搜訪書籍,還長於古籍鑒定,葉德輝《郋園藏書志》云"同、光以前談版本之學者,京師惟仁和邵位西先生懿辰、盩厔路小洲太史慎莊、縣人袁漱六太守芳瑛三君",認爲路慎莊是同治以前京城最重要的三個版本學家之一,可與邵懿辰相提并論,對路慎莊版本之學給予了很高評價。

從清人記載來看,路慎莊無疑是一位藏書甚富而又精於鑒别的大藏書家,然而路慎莊并不在今人所熟知的清代大藏書家之列。究其原因,《增訂四庫簡明目録標注》著録路氏藏書有限,且著録過簡,大多衹以"路有鈔本""路有元刊本"等寥寥數字述之,鮑康所謂"藏書六萬餘卷,多宋元雕本"無法落實。至於葉德輝稱贊路慎莊版本之學,亦無實證。而鮑康提及的路慎莊"《蒲編堂書目》八十卷"并未付梓,世人罕睹。路氏藏書之事遂晦,藏書之富亦無從彰顯。

路慎莊《蒲編堂書目》全名爲《蒲編堂路氏藏書目》,今僅存二本。一爲稿本,北平"東方文化事業總委員會"圖書館舊藏,今藏台灣"中研院"歷史語言研究所傅斯年圖書館,索書號"A 015.87 603"。一爲民國二十七年(1938)燕京大學圖書館鈔本,今藏北京大學圖書館,索書號"NC/9628/6694"。

稿本不分卷,共26册。第1—18册每册49葉或50葉,第19册至26册每册99葉或100葉,全部采用四寶齋朱絲欄紙。第1册至第26册35葉爲書目正文,共著録書4901部。第26册第36—99葉爲書目附録之路慎莊《漢魏遺書續鈔》序言、纂輯凡例及纂輯書目。稿本第9、21、25、26册書衣題"蒲編堂路氏藏書目",其餘22册書衣多題"蒲編堂藏書目",各册正文首行則均頂格題"蒲編堂路氏藏書目",可知書目全稱當有"路氏"二字,鮑康所云《蒲編堂書目》或據書衣所題。稿本字體秀勁,當出一人手書。

稿本原爲路氏家藏,後歸北平"東方文化事業總委員會"圖書館。民國二十七年四月至六月,燕京大學圖書館自"東方文化事業總委員會"圖書館借得稿本,抄録一部。板框行字,均照原本。爲使書目更爲清朗,燕大鈔本將稿本第26册附録析出,别爲第27册,是以稿本、鈔本有一册之差。燕大鈔本在抄録之時,於每册之末以細字記本册抄寫時間、抄手姓名及本册字數,鈔本第27册天有民國二十七年燕大圖書館薛瀛伯識語,考辨稿本,并述借録之事。除此之外,鈔本内容及文字排布與稿本幾乎完全一致。燕大鈔本抄録頗工,抄寫時新增文字脱誤較少,且抄寫之後又有藍筆校改。稿本原有之删節、乙正符號及天頭批語,鈔本均照原樣謄録。總的來説，鈔本忠實反映了稿本原貌。本次整理及下文討論，均以北大藏燕大鈔本爲據。

路慎莊之父路德著有《蒲編堂訓蒙草詳注》一卷，可知室名"蒲編堂"是路德所創。今檢《蒲編堂路氏藏書目》，除第3册首葉次行題"小洲手校"，第16、17、18、20册題"子端手訂"，其餘各册均題"小洲手訂"。又《藏書目》行文中多以"莊"自稱，如第3469條"莊已得震澤王氏所刊《史記正義》足本"、第3636條"莊即假陳本復抄"、第3637條"慎莊於算法茫然，不敢妄加論斷"、第3650條"俱莊自輯"、第3687條"莊依《四庫書目》分爲三十二卷"、第4867條"莊已購得一部"、第4873條"莊數年來陸續搜訪"、第4881條"莊已具著于録矣"、第4889條"莊以家藏鈔本互相校勘"、第4893條"莊架上立有其書"。可知《蒲編堂路氏藏書目》係路慎莊所撰。

《藏書目》第1册首行書名下有小注："隨得隨録，不復比次。"可知《藏書目》以得書先後著録書籍。《藏書目》正文中有不少條目體現了這一著録順序，如《藏書目》第88條著録乾隆五十四年秦恩復刻《鬼谷子》三卷，第408條又著録鈔本《鬼谷子》三卷，并云《鬼谷子》"曾刻于乾隆己酉。余既購得其本，著於録，兹又於友人處見先生嘉慶十年乙丑重刻善本……予急携之歸，鈔録一分，與前所得本并置案頭，可以互校得失，參訂短長。"又如第155條著録毛氏汲古閣本《湘山野録》三卷，第573條亦著録毛本，但著録作"《湘山野録》三卷《續録》一卷"，并云："余前所得是書遺去《續録》一卷，此乃足本，故重録之。"類似例證尚多，可知路慎莊"隨得隨録"所言不虚。

《蒲編堂路氏藏書目》除正文、附録外，僅有鈔本所增民國二十七年薛瀛伯跋,薛跋并未説明《藏書目》的撰作時間,其餘清代史料中也未見路氏撰作《藏書目》的詳盡記載。但據《藏書目》"隨得隨録"的體例,結合《藏書目》正文條目,仍可大致推知《藏書目》的撰作過程。第1册第62條著録之《列女傳》爲道光五年(1825)刻本,可知《藏書目》開始撰作的時間在道光五年之後。第2册第106條著録鈔本《郡齋讀書志》,云"丁酉(道光十七年)秋九月得之都城書肆",可知第2册撰寫時間不早於道光十七年(1837)九月。第3册第227條《廣雅疏證》提要云"道光九年,距今亦甫及九年",提要之末題"道光十七年十月朔日書",結合第106條可知《藏書目》第2、3册撰作時間在道光十七年九月、十月間。第6册第430條著録嘉慶庚申吴門黄氏刻《汲古閣珍藏秘本書目》一卷,第4868條追述往事時云"庚子(道光二十年)春,於書肆見黄氏丕烈所刻《汲古閣珍藏秘本書目》一册,急携之歸",則第6册撰作時間在道光二十年(1840)。第20册第2466條《周太朴詩》提要云"余於庚子典閩試,得士郭生柏蒼,頗好古,次年(道光二十一年)計偕持一本贈余",第23册第3293條《陳思王集》提要云"予於辛丑(道光二十一年)十月游廠市,偶於書肆見之,遂盡鬻以歸",則第20—23册撰作於道光二十一年(1841)。第24册第3486條《雍録》提要云"余于癸卯(道光二十三年)春于廠廟中得之",第24册第3688條《傳是樓書目》、第3690條《蛾術編》則分别得於"癸卯冬""癸卯秋閏月",可知第24册撰作於道光二十三年(1843)。第26册第4892條《逸周書補注》提要云"顧序作於道光五年,今歷十八年,爲道光二十四年",則第26册撰作於道光二十四年(1844)。而全書總共4901條,第4892條是最後一册倒數第10條,因此《藏書目》正文完成時間當即在道光二十四年。正文後附録部分《漢魏遺書續鈔序》下有小注“丙午(道光二十六年)”二字,則附録撰作時間在道光二十六年(1846)。兹據以上諸例,羅列《藏書目》各册及附録撰寫時間如下:

| 《蒲編堂路氏藏書目》各册及附録撰作時間 | | |
|---|---|---|
| 册數 | 條目範圍 | 撰作時間 |
| 1—3 | 1—244 | 道光十七年(1837) |
| 4—5 | 245—414 | 道光十七(1837)至二十年(1840) |
| 6 | 415—505 | 道光二十年(1840) |
| 7—19 | 506—2381 | 道光二十(1840)至二十一年(1841) |
| 20—23 | 2382—3485 | 道光二十一年(1841) |
| 24 | 3486—4099 | 道光二十三年(1843) |
| 25 | 4100—4839 | 道光二十三(1843)至二十四年(1844) |
| 26 | 4840—4901 | 道光二十四年(1844) |
| 附録 | | 道光二十六年(1846) |

除正文、附録外,批注也是《藏書目》的重要組成部分。《藏書目》批注有天頭眉批和行文中增補兩種形式,以天頭眉批爲多。這兩種形式并無意義上的區别,祇是根據稿紙空間靈活采用。《藏書目》的大部分批注是在撰作過程中的補充,如第6條著録坊本《淮南鴻烈解》二十一卷,眉批云:“删。别有佳本見後。”第3144條著録《淮南子》二十一卷,云:“此本校世間所行本注文甚詳,乃知坊刻本之多所删節也。”眉批云:“前本删去。”則第6條天頭眉批當是撰寫第3144條時所增。還有部分批注是在正文撰寫完成之後續補的,如第3060條《宋詩鈔》提要末有小字批注:“道光庚戌(道光三十年)所續見之本,除十六人外,又缺孔文仲一

人。”這句小注較爲潦草，與前文明顯不是一時所作，可以確定是後來續補。這證明在道光三十年(1850)之時，路慎莊仍在對《藏書目》進行補充。又如第3104條“《嘉祐集》十五卷”眉批云：“余於戊申(道光二十八年)秋得邵氏所刊《老泉集》，作二十卷，又有《附録》二卷。”這則道光二十八年(1848)的批注也是在《藏書目》撰成後所增。

總之，《蒲編堂路氏藏書目》由路慎莊撰寫，正文撰作於道光十七年至二十四年，附録撰作於道光二十六年，以批注形式進行的增補則至少持續至道光三十年。

《藏書目》正文的基本組成單位是單篇提要。《藏書目》正文共有提要4901條，約52萬字。每條提要先以大字寫書名卷數，再以小字書版本，版本之下又記函數册數。之後另起一行，空兩格書寫提要正文，論述著者之身世、内容之大略、版刻之工拙、顯晦之源流、得書之經過。由於《藏書目》是按照得書先後著録的，因此每一條提要對應的是某書的特定版本，一種書在《藏書目》中可能重複出現。如宋朱輔《溪蠻叢笑》即出現4次，其中第1175條、第1328條是鈔本，第2980條是《學海類編》本，第3008條是《格致叢書》本。當然，這種情況并不普遍，大部分書籍《藏書目》衹著録一種版本。提要篇幅長短不一，短則衹有書目、卷數，長則兩千餘言，如第4895條《朱文公校昌黎先生集》提要多達2050字。北大本薛瀛伯跋對路慎莊所撰提要評價甚高，認爲“其見聞之博，辨别之精，不在錢遵王《讀書敏求記》之下”。

《蒲編堂路氏藏書目》共著録4901部書，69341卷。《藏書目》第4868條云：“近陸續搜羅，得有七萬餘卷，亦可謂中人之産矣。”可見路慎莊對自己藏書之富頗爲自得。路氏藏書以明清本爲主,亦藏有少量宋元善本。《藏書目》著録有《新儀象法要》《纂圖互注禮記》《名臣碑傳琬琰集》等宋刊本16部,《黄氏日鈔》《詩傳通釋》《道園學古録》等元刊本27部。其中不乏業已亡佚的稀世孤本,如《藏書目》第3417條著録宋乾道壬辰施氏刻本《新儀象法要》三卷,并於提要中詳細記載了各卷内容、卷前進表、卷末宋乾道施元之刊刻木記、卷末明嘉靖己酉豐坊跋、紙張字體、得書經過。宋本《新儀象法要》今已不知去向,而路慎莊藏本是見諸清人著録的唯一一部宋刊本,實屬稀世之寶。路慎莊提要是目前學界瞭解宋本《新儀象法要》最重要的綫索,彌足珍貴。路慎莊本人對宋刊本亦十分看重,《藏書目》第994條《百宋一廛賦》提要云:"今宋板書無論完者不可復購,即其缺佚殘本,亦不能得十一于千百。每有影宋摹刻及影鈔舊帙,獲之者已不啻珍如拱璧。"第2109條《輿地廣記》提要云:"宋本之可寶,夫豈誣哉!"可見路氏對宋本價值及其稀缺程度有充分認識。宋元本之外,路慎莊還藏有朱彝尊、季振宜、徐乾學、曹寅、鮑廷博、王念孫、汪喜孫等名家舊藏本31部以及四庫進呈本3部。至於稀見明清刊本、鈔本,更是不勝枚舉。(《藏書目》著録宋元本、名家舊藏本情況可參本書附録三。)

路氏真實藏書數量,當不止《藏書目》著録之數。上文已述《藏書目》正文完成於道光二十四年,但正文完成後的批注增補至少持續至道光三十年。《西安市文物管理委員會善本書籍目録》著録有少量路慎莊藏書,其中《甲編》著録清路小洲鈔本《續仙傳》三卷,并録有路慎莊跋語,尾題"丁未六月中浣路慎莊識";《乙編》著録明刻本《重刻華陽國志》十二卷,亦録路慎莊跋語,尾題"道光二十七年歲次丁未八月朔盩厔篠舟居士附識"。西安文管會收藏的這兩部路慎莊舊藏本均有道光二十七年跋語,但不見於《蒲編堂路氏藏書目》著録,當是《藏書目》完成後路慎莊入藏之書。邵懿辰、邵章《增訂四庫簡明目録標注》著録路氏藏書354種,其中有27種不見於《路氏藏書目》著録,亦當是道光二十四年後路氏入藏的書籍。這27種未著録書之中,有宋元本4部,名家舊藏本1部,分别是宋刊本《方輿勝覽》七十卷、元至順刊本《永類鈐方》三十二卷、元刊本《春秋胡傳附録纂疏》三十卷、元刊本《春秋集義》五十卷《綱領》三卷、述古堂鈔本《廉吏傳》二卷。由此可以推知路慎莊在道光二十四年《藏書目》正文完成後,仍在大力搜藏書籍。而路慎莊藏書的實際數量與質量,亦當超出《藏書目》著録範围。

蒲編堂的宏富藏書離不開路慎莊的苦心搜集,路慎莊在《藏書目》第4868條《季滄葦書目》提要中明確記載了他對收藏的執着以及其中甘苦:"余十餘年來所得善本不下數百種,皆夙結于心,結之既久,遂適遇之於目。觀於此編,益信歐陽公云'物常聚於所好'。蓋好之至則夢寐繫之,精神注之,手足赴之,凡可求者,無不竭力以致之。而冥漠之中,遂若有陰爲搬運驅策,使之輾轉與吾相遇者。友朋或笑余之愚,妻子或責余之費,余則甘作書蠹而不悔。歷代嗜書者,殆皆與余同病,第不知前人可遇良醫否。"由此可見路氏對藏書之癡迷。其餘條目中亦多有體現路慎莊勤於收集者,如第359條《列子盧氏注》提要云路氏爲獲得盧注本《列子》"極力搜訪",第3395條《度人經》提要云路氏爲獲得《道藏輯要》而"購求數年",第3486條《雍録》提要則云路氏自琉璃廠購得《古今逸史》本《雍録》,恰可與之前購得之殘本《雍録》(第1003條)相配,路氏爲此欣喜不已,"不勝舞蹈。携歸後秉燭酌酒閲之,終卷乃眠”。

路氏藏書來源不一,約略有購買、置换、友人贈送、鈔録、自輯五種。購買是路氏藏書最主要的來源,其中又以購自書肆書賈者爲多,如第 106 條《郡齋讀書志》、第 190 條《涑水記聞》“得之都城書肆”,第 180 條《神機制敵太白陰經》、第 289 條《醍苑春秋》、第 2014 條《殘本高僧傳》“得之書肆”,第 298 條《苻秦書》“得之天津販鬻者”,第 313 條《斷易火珠林評注》“得之都肆”,第 364 條《黄帝内經素問》“于省垣之舊雜物肆得之”,第 625 條《咸淳臨安志》“偶獲于一附商舶販鬻者”,第 2501 條《吴郡圖經續記》“得之武林書肆”,第 2521 條《新儀象法要》“得之武林舊家”,第 2526 條《珊瑚網》“于武林書肆僅得此抄本”,第 3397 條《秋崖小稿》“于書肆中偶得之”,第 3412 條《天原發微》“于書坊中殘書中得之”,第 4352 條《咸淳臨安志》“于廠肆中得”,第 4873 條《牧庵集》“偶於江南書賈得之”。還有的書籍自路慎莊友人處購得,如第 3417 條宋乾道施元之刊《新儀象法要》“得于同年友京江趙子舟(楫)太史處,乃子舟之親誼托其轉售者。余以賤價購之,展卷披玩,不勝狂喜”。

購買之外,有些書通過置换得來,如第 3434 條振綺堂汪氏刊本《咸淳臨安志》提要云“余既欣獲此刻本,遂以前抄本與坊友互易。坊友亦知余之愛書也,欣然首肯,并不額外索價,或此亦愛書之報也夫”,路慎莊於坊友處得見汪本《咸淳臨安志》,即以之前所得鈔本(第 625 條)與坊友互换。又如第 4874 條宋刊本《擊壤集》提要云:“前所列本乃《道藏》所刊,此則南宋刊本也。……因以余所藏《道藏》本與書賈相易,又補銀二金,携之以歸。”路慎莊於書賈處得見季振宜舊藏宋本《擊壤集》,於是以之前所得《道藏》本

(第3377條)與書賈交换,由於二本價值相差較大,又補二金。再如第2471條明刻本《世説新語》提要云:"前本乃從此本翻刻者,此則原本也……余因轉售前本而存此本。"路慎莊得到明刻本《世説新語》,即將前本(即第206條著録之清康熙刻本)轉賣,亦可視爲置换。

有些藏書係友人贈送,如第1241條《武功縣志》提要云:"邑人党蘭皋先生金衡以孝廉應挑,歷任浙江諸邑令,重爲剞劂,于道光戊子春昨郵筒寄余。"又如第3690條《蛾術編》提要云:"癸卯秋閏月,過友人翁雲濤刺史寓,坐未久,刺史知余之好書也,出是編相贈。"

有些藏書是路慎莊自他本抄録,如第300條《六韜》、第301條《吴子》、第302條《司馬法》、第303條《尉繚子》、第304條《黄石公三略》、第305條《素書》均是"從許氏本(許濟《武經會解》)録出";第994條《百宋一廛賦》是"從友人處借得","急手録一通";第995條《遂初堂書目》是"于陶氏《説郛》中","手自録出";第4295條《大金吊伐録》是"從知不足齋家藏舊本抄"。

還有一些藏書是路慎莊自輯,如第3644條《魯仲連子》、第3646條《慎子續補》、第3647條《符子》、第3648條《孫子》、第3649條《范子計然》、第3650條《郭子》版本均注爲"新輯本",并於提要中云"六種俱莊自輯,其詳見各書後跋,不復贅",可知這六種書是路慎莊親自輯佚而成,屬於學術創造,不是簡單收藏。可惜這些輯本均已亡佚,路氏序跋亦隨之湮没。

對於辛苦搜集來的藏書,路慎莊呵護備至。路氏曾收得刊本《道德寶章》(第1046條),其提要云:"予恐頻頻翻閲,致被汗污,因什襲藏之,而别録一副本插之架上。"爲保護原書,路慎莊竟專門謄録副本用於翻閲,可見其愛書之切。路慎莊愛書惜書,亦不忘告誡子孫保有其書,如第 347 條《漢紀》提要云"吾子孫宜珍秘之",第 1240 條《滄浪櫂歌》所附《讀畫齋叢書》提要云"吾子孫寶之",第 2475 條《倉頡篇》、第 3631 條《五經蠡測》所附《通志堂經解》提要并云"吾子孫其寶之",第 4868 條《季滄葦書目》提要云"吾子孫其永保之,勿以覆瓿,幸甚盼甚"。路慎莊藏書經年,也曾目睹不少藏書家人去書散的慘狀,如第 2490 條《續資治通鑒長編》提要感嘆張金吾藏書散出:"余曾藏有張氏《愛日精廬藏書志》三十餘卷,所列率皆宋本及元明舊抄,而從閣中傳抄之本亦復不少,誠篤于好古矣。近聞月霄先生家中落,所有藏書大半爲索債者負去,轉鬻他方。書遭此厄,令人悲慘。"第 227 條著録之嘉慶元年刻本《廣雅疏證》係王念孫、汪喜孫舊藏而轉歸路氏者,提要云:"此本爲揚州汪喜孫家藏帙,卷首有印記,并題云係懷祖贈之者。懷祖即念孫字。此板應係藏諸家塾者,王以贈汪,汪氏子孫不守舊澤,鬻之書肆,竟又爲予所鬻,安知予今所得于書肆者,予後世子孫不又轉鬻他人？言至此,不勝慨嘆。且汪記題道光九年,距今亦甫及九年,而此書轉徙如此之變且速也,况數十百年、數千百年者哉。既録原委,是用自惕。"九年間一書已經三位藏家之手,路慎莊不禁擔憂路氏子孫也販賣其藏書。

路慎莊對子孫的擔憂不幸言中,蒲編堂藏書在路慎莊去世後逐漸散出。葉昌熾《藏書紀事詩》有"路慎莊子端"條,其中云:"子端獨篤志好古,藏書甚富。其後人筮仕於淮,乙酉(光緒十一年)之秋,捆載遺書,到吴求售。余曾得舊刻數種。有正統本兩《漢書》,陳簡莊嘆爲至佳者,爲丁泳之丈所得,至今尤懸夢寐中也。"路慎莊咸豐時仍在世,或於同治時去世。光緒十一年

(1885),距路慎莊去世不過二十年左右,路氏後人就將路慎莊辛苦搜求的藏書捆載求售了。1954年,路氏後人路禾甫將路氏僅存的少量路慎莊遺書捐獻西安市文物管理委員會,蒲編堂路氏藏書的歷史也隨之終結。

愛好藏書之人,對目録版本之學必有涉獵,但并非所有藏書家都是文獻學家。上文提及近代著名藏書家、版本學家葉德輝對路慎莊版本之學評價甚高,認爲路慎莊版本之學可與邵懿辰并列,是清代同治以前京師僅有的三位談版本者之一。《蒲編堂路氏藏書目》充分體現了路慎莊的版本學思想,可證葉德輝所言不虛。《藏書目》中展現出的路氏版本學思想,可概括爲重視善本舊本、重視刊本、反對妄改舊本、精於版本鑒定、注意區分先印後印、善用抽校法判定版本價值六類,玆分説如下:

(1)重視善本舊本

善本收藏是所有藏書家的共同追求,路慎莊也不例外。《藏書目》第7條《老子道德經》提要云:"甚哉!古書之難得,而善本之尤不易覯也。"第106條《郡齋讀書志》提要云:"(此本)前後序跋皆完整無缺,惜鈔字多訛,當更求善本校之。"第132條《佩觿》提要云:"紙墨精好,洵爲善本。"第314條《靈臺秘苑》提要云:"此本亦未詳誰氏所寫,脱訛較少,尚爲善本,筆畫亦頗工楷。"第2031條《廣川畫跋》提要云:"脱訛之處頗不一而足,俟求善本校補。"第2080條《格致鏡原》提要云:"所引諸書各具本名,在類書中最爲善本。"第2174條《顔氏家訓注》提要云:"援證詳明,校勘精審,洵爲善本。"第4202條《毛詩集解》提要云:"且舊本斷爛,多有闕失,當覓善本填寫補之。"第4881條《晏子春秋》提要云:"糾訛補漏,洵爲善本。"第4901條《晋略》提要云:"今周氏此書既善用其長,而又特爲補表,以匡不逮,洵可稱《晋書》善本矣。”由此可知路慎莊追求的善本,是内容全、脱訛少、紙墨精好、寫刻工楷、編排合理的版本。此外,路慎莊較爲看重舊本,如第 236 條著録明北監本《尚書注疏》,提要云:“明萬曆十五年,國子監祭酒李長春及司業盛訥等奉敕校刊,而錯訛猶所不免,國朝乾隆四年刊《十三經注疏》時陳浩、齊召南等多所改正,可見讎校之難也。然此尚屬舊帙,較近今諸刻,則又過遠矣。”路慎莊《藏書目》撰於道光間,“近今諸刻”《尚書注疏》祇有乾隆武英殿本、嘉慶阮元本。殿本、阮本是精加讎校的版本,與北監本實則互有短長,路慎莊認爲北監本遠勝殿本、阮本,體現了重視舊本的理念。

(2)重視刻本

刻本與鈔本是宋以來書籍的兩大主流形式,在兩者之間,路慎莊明顯偏重刻本,《藏書目》第 3434 條《咸淳臨安志》提要云:“書之有刻本者,自以刻本爲佳,何也?曾經讎校故也。無刻本者,則不得不寶抄本。其抄本之佳者寶之,即不佳者亦不能不寶之。”路氏對刻本、鈔本關係的論述言簡意賅,堪稱確論。

(3)反對妄改舊本

清人段玉裁《與諸同志論校書之難》是文獻學名作,其宗旨是版本校勘應全力恢復著書者稿本的原貌,路慎莊在《藏書目》中處處體現了與段玉裁類似的“反對妄改舊本”思想,如第 138 條《韓非子纂》提要云:“竊謂古人著作,無任復重支離,後人總不可臆爲點竄。”明人刻書喜作改易,路慎莊對此深惡痛絶,《藏書目》第 902 條《羅湖野録》提要云:“明人編書往往任意删削,深爲誕妄。”第 907 條《巖下放言》提要云:“明人肆意删削,真庸妄可恨。”第 1416 條《益州名畫録》提要云:“明人刻書往往以意删削,殊爲可恨也。”第 1740 條《通鑒前編》提要云:“明人好以私意增損古書,實爲惡習。”第 1998 條《國語》提要云:“明人習氣好自作聰明,移易古書,實爲可憾。”第 2575 條《詩經叶韻考異》提要云:“將古人書割裂,别標名目以眩世,不出明人惡習。”第 3030 條《古今碑帖考》提要云:“明人刊刻古書,往往妄爲竄亂,最爲惡習。”可見路慎莊主張盡量維護舊本原貌,反對妄改。

(4)精於辨僞

古籍辨僞是版本學經常要面對的工作,路慎莊藏書七萬餘卷,自然會遇到僞本。《藏書目》中有許多條目反映出路慎莊精於古籍辨僞,如考辨以元明本充宋本的第 2462 條《小畜集》提要云:“此書前有沈序,而無趙氏重刻之序,殆書賈割去,僞充宋槧。然字體則實本朝所刻,非宋字也。”第 2479 條《張司業集》提要云:“無前後刊刻序跋,但書賈割去,僞充宋本耳。然字迹的是明刻,非宋槧也。”第 3311 條《新箋决科古今源流至論》提要云:“張氏《藏書志》載此書林、黄二序,此本脱去,并于《前集》目録後割去‘延祐丁巳孟冬圓沙書院刊行’木記一條,而以他紙接之。蓋書賈欲僞充宋板也。然字式、板式實爲元刻,烏得而欺哉!”體現考辨僞印的第 625 條《咸淳臨安志》提要云:“卷首有朱竹垞先生印記二方,玩其刀刻,實書賈庸手所僞造,纖弱板滯,不辨而知。殆藏是書者以竹垞先生有借鈔之事,遂從而冒爲朱氏舊藏也。”第 3399 條《讀四書叢説》提要云:“卷前有‘璜川吴氏收藏’一印,又有‘虞山錢曾遵王藏書’之印。錢印篆刻庸劣,疑爲書賈僞作。璜川一印,則確爲吴氏所收藏者也。”路慎莊辨僞以字體風格爲主要突破點,輔以《愛日精廬藏書志》等重要書目,值得借鑒。

(5)注意區分先印後印

書板刻成後,每一次刷印都會對書板造成不同程度的損傷。書板損傷較爲嚴重之時,就需要修板甚至補板。經過補修的書板所刷印出來的印本,就不僅僅是不清晰、不美觀,往往文字上也會出現不少訛誤。路慎莊很注意區分印本的刷印先後,盡量追求早期印本,如《藏書目》第10條著録《韓詩外傳》,云:"字大爽目,惜尚非初印者。"第107條《讀書敏求記》眉批云:"又初印本,絶佳。"第619條《白孔六帖》提要云:"此本刊刻甚佳,惜撫印稍後,不甚清朗。"第629條《河東先生集》提要云:"特撫印較後,紙質既粗,墨光亦淡,爲減色耳。"第2024條《古今列女傳》提要云:"此本不知誰氏所藏,乃明内府初刊初印之板。紙墨俱古,字畫真楷,難得物也。"第4895條《朱文公校昌黎先生集》提要云:"此本字迹紙質的爲宋刻宋印無疑。"此外,路慎莊還注意辨析同一部書中不同時期的補板,如第1785條著録元刊明清遞修本《玉海》,提要云:"屢次補刊之板,皆標明年號于魚尾之上。惟萬曆刻板爲最精,嘉靖、崇禎所刻次之,正德本最下。其不著年代者,初刻板也,卷中所存寥寥無幾矣。"路慎莊不僅據版心上方補板年份確定補板批次,還對不同批次補板進行比較,排比優劣。當代版本學日趨精密,對重要典籍刊本須按不同補修批次分别開展研究,在近十年中逐漸成爲學界共識。而道光年間路慎莊即已對先印後印、補板修版問題進行細緻考察,可見路氏對版本學頗有體察。

(6)善用抽校法判定版本價值

判定不同版本之高下優劣,最直接有效的方式便是抽校。路慎莊對於以抽校定版本價值之法十分精熟，如《藏書目》第2019條《三朝北盟會編》提要云："即以卷前夢莘自序而論，與張氏《愛日精廬藏書志》所載序文一篇對校一過，其脱訛已數處，其餘更無論矣。"第3030條《古今碑帖考》提要云："余取以相校，乃知朱本之善，的爲原帙。字句完善，迥出於薛本萬萬。"第3396條《欒城集》提要云："此本爲近時蜀中所刊，獨爲完善，惟《前集》衹作四十八卷。余取活字本以與相較，則仍以此本爲勝。如右司諫論事諸作，明本衹四十首，此本乃七十四首；中書舍人論時事諸作，明本衹一首，此本乃三首；户部侍郎論時事諸作，明本衹十一首，此本乃十四首；御史中丞論時事諸作，明本衹三十九首，此本乃四十三首。"

路慎莊不僅精通版本之學，在輯佚學上亦有非凡造詣。《藏書目》正文之後附録有路慎莊《漢魏遺書續鈔》之序言、纂輯凡例、纂輯書目，约5萬字。序言在梳理、品評前人輯佚成果基礎上，提出接續王謨《漢魏遺書鈔》纂輯《漢魏遺書續鈔》的設想。而纂輯凡例部分則提出了"改定部分""區分門類""因例附文""因文尋義""辨惑""存疑""附録""附注"八條凡例，堪稱一套系統的輯佚方法論。纂輯書目則以四部分類，備列各部類擬輯佚書，每部書下先列書名、作者，又列《隋志》《舊唐志》《新唐志》等著録該書卷數、分類之異同，再列《太平御覽》徵引情況，如遇疑難問題，則加按語辨證之。從《藏書目》附録部分看，《漢魏遺書續鈔》無疑是一部體大思精的輯佚學力作。序言中云"計已成書四十餘種，其未編纂者尚待異日"，則《漢魏遺書續鈔》似是未完之稿。今其所輯四十種書下落不明，十分可惜。

路慎莊精於版本、輯佚之學，又善於以校勘鑒定版本，而撰成體量大、内容精的提要式藏書目録則是路慎莊精通目録學的體現。因此,路慎莊不僅是一位藏書家,也是一位兼通目録、版本、校勘、輯佚、辨僞的文獻學家。

當然,《藏書目》的撰作,是建立在充分吸收、借鑒前人成果基礎之上的,并非路氏一人之功。路慎莊借鑒最多、奉爲圭臬的是《四庫全書總目》,《藏書目》中提及《四庫全書總目》《四庫全書》近五百處,有的是以《總目》勘驗、釐定藏本卷數,如第 253 條《春秋穀梁傳注疏》提要云"此刻乃分二十卷,與國朝《四庫書目》合,猶元人舊帙也",第 468 條《文淵閣書目》提要云"原本不分卷數,今依《四庫書目》標爲四卷"。有的是據《總目》考辨作者,如第 470 條《詩序》提要云"《四庫書目提要》參考諸説,定《序》首二句爲毛萇以前經師所傳,以下續申之詞爲毛萇以下弟子所附"。有的是據《總目》勘驗内容完缺,如第 32 條《雲溪友議》提要云"《四庫書目》稱六十五條,此本乃多至八十餘條,豈《四庫》所貯非全本邪"。有的條目直接徵引《總目》原文,如第 323 條《劉氏菊譜》提要云"按《四庫目録》云蒙此譜'首譜叙,次説疑,次定品,次列菊名三十五種,各爲品第,而終以雜説三篇'云云"。對於自輯或自抄的書籍,路慎莊經常將《總目提要》抄於卷首,如第 300 條《六韜》提要云"遵《四庫書目》定爲六卷,并列《提要》于首"。除提要撰寫外,《四庫全書總目》對路慎莊入藏書籍的選擇亦有直接影響。路慎莊對於所藏書籍是否見於《四庫》著録十分留心,如第 298 條《苻秦書》提要云:"此書國朝《四庫書目》中不見采録,余得之天津販鬻者。"將《藏書目》與《四庫全書總目》對比,更可知路慎莊傾向於收藏《總目》著録之書。以經部易類爲例,《藏書目》共著録易類書 134 部,其中 111 部見於《四庫全書總目》著録。見於《四庫全書總目》著録的 111 部書中,96 部著録於正編,衹有 15 部是《四庫存目》著録。可見路氏傾向於收藏《四庫全書總目》正編著録之書。可以説,無論是路慎莊藏書還是《藏書目》的編撰,均受到《四庫全書總目》直接而深刻的影響。由此可見路慎莊在《藏書目》中屢屢提及"伏讀《四庫書目》",并非恭維虚美之辭。

除《四庫全書總目》外,《藏書目》的編撰也廣泛參考了《四庫全書簡明目録》《郡齋讀書志》《直齋書録解題》《崇文總目》《遂初堂書目》《文獻通考》《文淵閣書目》《千頃堂書目》《天一閣書目》《平津館書目》《彙刻書目》《浙江采集遺書總録》《愛日精廬藏書志》《廉石居藏書記》等重要書目,《隋書·經籍志》《宋史·藝文志》等正史史志,以及原書序言、進表、題跋。參用之餘,路氏多有辨正、品評,如第 519 條《詩品》提要云:"自漢魏以來一百廿人……國朝《四庫總目提要》稱所列共一百三人,殆偶誤耳。"第 2697 條《東林始末》眉批則對《四庫全書總目》將《東林始末》歸入史部雜史類提出質疑,云:"雜史(類)。宜改入紀事本末(類)。"第 3096 條《宋百家詩存》提要云:"《四庫總目》及《簡明目録》俱作二十八卷,而是書實二十卷。所列百家首尾完具,并無缺佚,疑《四庫目録》衍'八'字也。"第 891 條《經外雜鈔》提要云:"共二卷,《四庫簡明目録》作三卷,誤也。"第 3686 條《玄賞齋書目》提要云:"其書較前二書體例稍善,而撰人名氏及卷數俱一概不著,是又何貴手爲此録也?《遂初堂書目》之例一開,而後世儲藏之家皆得以簡略文其貧陋,其流弊遂一至于此。"對前人重要成果的吸收、辨正,無疑是《藏書目》編纂質量的重要保證。

從《蒲編堂路氏藏書目》中,我們不僅可以獲知路慎莊藏書的實際情況、文獻思想,還能瞭解其學術主張。路氏學術主張可以概括爲崇漢抑宋、尊尚考據、輕視明人著述、貶抑佛道堪輿諸學四點,析論如下:

(1)崇漢抑宋

路慎莊是道光十六年進士,活躍於道光、咸豐年間,此時清代學術轉型已經完成,漢學占據學術主流地位,處在時代大潮中的路慎莊,也深受學風轉變的影響。《藏書目》第16條《神異經》提要云:"宋儒不講漢學,但兀坐論理,臆斷天下事,其弊更甚投秦火之焚。"第201條《古史》提要云:"然(蘇轍)序稱遷'淺近而不學,疏略而輕信',遷誠有可議,而以爲淺近不學則過矣。秦火之後,古文經書之存者不絶如縷,至漢世乃稍稍間出,馬遷作《史》,上采經傳,旁挹群言,尊孔孟,抑莊老,其宏筆卓識,千載之後,莫不心折。使轍生其世,秉其筆,未必不惑于諸子辯士之説也,而顧執此以苛論古人,豈能輕于掉舌哉。"第1201條《李氏易解剩義》提要云:"自宋儒創爲圖説,轉相授受,《易》遂爲方術之書,而羲、文、周、孔之理以晦。倘非李氏《集解》,則漢學不幾乎息耶!"由此可見路慎莊對宋學坐論臆斷、妄議先賢、變亂經説的强烈貶抑。

(2)尊尚考據

考據學是清代學術得以興起的重要條件,路慎莊對考據學亦是推崇備至。《藏書目》第598條《音同義異辨》提要在討論清人畢沅所刻《經訓堂叢書》時,認爲叢書中的"《篆字釋名疏證》及《樂游聯唱集》二種皆無關考據,徒贅簡編,故屏之不録"。《藏書目》諸條之中,多有贊譽考據者,如第68條《水經注》"考據精博",第633條《寓簡》"考據亦多精核",第1516條《金石存》"考據頗爲詳明",第 2009 條《十六國疆域志》"考據甚悉",第 4538 條《觀林詩話》"書中考據,大半典核,爲詩話中之佳本"。可見路氏將考據水平高低作爲判斷學術著作的重要標準。

(3)輕視明人著述

清人普遍輕視明人著述,路慎莊亦然,《藏書目》全書充斥着對明人著述的不屑,如第 1051 條《説郛》提要云:"姚安陶氏所續四十六卷,亦仍其例,多明人著作,殊無可觀。"第 1744 條《明朝典彙》提要云:"采摭浩博而皆不著其出典,此爲明人陋習耳。"第 2047 條《駢雅》提要云:"奇文僻字,尤多驚目,不比明人之餖飣。"第 2413 條《天中記》提要云:"明人類書,大都不標出處,無可徵信。"第 2545 條《喻林》提要云:"(此書)亦迥異明人剽竊扯撏之習。"路氏之説切中明人治學之弊,可謂有識。

(4)貶抑佛道、堪輿之學

路慎莊對於佛道、堪輿之學較爲排斥,認爲這些學問可能會擾亂綱紀。《藏書目》第 266 條《五母子經》,路慎莊對於七歲幼亶不顧母親晝夜啼哭,執意從師修習佛法大爲不解,云:"今觀是子之言,恝然决絶,置顧復之恩于不問,雖豺狼何以異?是此二氏之教,所以爲聖門之罪人也。"第 346 條《八宅明鏡》,路慎莊并不相信吉凶禍福可以趨避轉移,并云:"世人昧于福善禍淫之旨,而竟迷于此類無稽之説,自欺而兼以欺人,付之一炬可也。"可見路慎莊不喜佛道、堪輿之學。

路慎莊對學問始終保持着謙卑的心態,遇有疑惑之事,從不妄下定論,如《藏書目》第 3637 條《求一算術》提要云:"其崖略詳自序中,慎莊於算法茫然,不敢妄加論斷。"即便對自己的學術,路氏亦有勇氣予以批評,《藏書目》第 4891 條《廿二史劄記》提要云:

“自愧後生無學無識,且好博不專,不能有所成就,未知他日將以何者傳吾子孫耳。”由此可見路慎莊具有實事求是、謙卑謹慎的學風。

《藏書目》中部分條目還體現出路氏對政治的思考,如第 44 條《齊民要術》提要云:“愚以爲倚仕爲生,則仕不可問矣。予北人也,要當以農爲生,有仕則仕,無仕則農耳。”路慎莊認爲官員不可將爲官視爲生存之根本,仍應重視農桑。第 3300 條《隋煬帝集》提要云:“嗚呼! 陳、隋之主不工於爲君,而工於詞章。一時朝野上下,浮靡成風。淫詞艷曲,競相誇尚。其亡國也,不得謂不幸矣。”認爲君主應專心治國。第 3633 條《洗冤集録》,路慎莊將宋慈與當世州縣官對比,云:“古人哀矜庶獄,謹慎如此,然覆盆之下,尚多未雪。今之州縣官,其勤者殫心于應接上憲,而以獄事付之委官。其惰者樽酒高會,或博雉呼盧,以消永日,刑名則付之幕友,曾不過問。萬不得已,乃一登堂,據案高坐,睡眼蒙籠,不審是非,横施棰楚。嚇恐之下,何求不得? 至有要案檢驗,則任仵作捏飾情狀,填格詳報。即有翻控覆審者,亦同僚相爲踵其前轍,因循遷就,含糊了事,不知地下有若何冤骨怨鬼,慘凄鬱幽,哀哭陰雨也。吁! 可嘆哉!”體現了路慎莊對怠惰失職官吏的憤怒,對蒙冤百姓的同情。《(民國)盩厔縣志》對路慎莊有“性磊落,不附權貴”的評價,是有事實依據的。

總的來説,《藏書目》在藏書之外,還展示出路慎莊仁愛質樸、正人正學的君子形象。

《藏書目》記載的一些零散信息,可能具有獨特史料價值。如《藏書目》第 2526 條《珊瑚網》提要云:“予于武林書肆僅得此抄本,凡二十册,以洋銀二十元購之。”第 2526 條位於《藏書目》第

20 册,撰作於道光二十一年。藉助此條,可知道光二十一年時武林書肆購買一般鈔本的價格大概爲一元一册。又如第 3631 條《五經蠡測》所附《通志堂經解》提要云:"今此書坊中鬻者甚屬寥寥,緣其板早經殘毁,今所得者率係乾隆中舊印本,而爲故家私賣者,坊間并無新書也。余在京購求數年,僅見三兩部,非刷印模糊,即缺脱不全。此本于壬秋在内城舊家購之,中無缺脱篇頁,其印工亦尚係中上等,急以八十金易之歸,吾子孫其寶之。"第 3631 條屬第 24 册,撰作於道光二十三年。由此條可知道光二十三年北京書肆中可見的《通志堂經解》大多是乾隆以後的後印本,以致路慎莊偶然遇到一部質量尚可的早期印本,即以八十金高價買下。再如第 4540 條《詞源》所附《守山閣叢書》提要,詳細記載了錢熙祚去世前携五套新印《叢書》赴京接受銓選,却病逝京城之事,是錢熙祚及其《守山閣叢書》研究的一手材料。總而言之,路慎莊及其《藏書目》在清代藏書史、學術史上應當占有一席之地,對《藏書目》的研究亦有深入之必要。

受疫情驟起等客觀條件的限制,本次整理難以按原計劃采用台北"中研院"史語所傅斯年圖書館所藏稿本作爲底本。幸運的是,北京大學圖書館藏燕京大學圖書館鈔本謄録精工,足以反映書目原貌。本書整理,即以北大本爲底本。

全書條目原無編號,爲方便檢覽,整理者於每條提要書名前施加統一編號。對於鈔本的一些異體字,按照出版規範進行了部分統一,避諱字則徑改原字。天頭眉批,移置提要版本信息之後,格式爲"【眉批:……】"。版本信息偶有混入書名之中或置於提要之後者,依全書體例移置書名之後。書中描述重複收藏之本常用小字"已見前"表示,但偶有作大字者,今依例統一作小字。原書記載函數册數時，函數時而大字、時而小字，今一律改作小字。提要中有些小字并非注釋，而是受到稿紙空間限制縮寫提要正文，此類情況一律將小字改作正文大字。除此之外，一仍原書之舊。遇有明顯訛誤，則在原文徑改，并出注説明。遇有可疑之處，則不改原文，出注辨析。《藏書目》以得書先後編撰，因此多有“見後”“見前”之類勾連之語，爲方便讀者檢覽，凡書目前後勾連之處，皆注出相應條目編號，以相貫通。爲方便讀者從不同角度利用此書，整理者編製了四個附録，分别是《〈增訂四庫簡明目録標注〉著録路慎莊藏書對照》《〈西安市文物管理委員會善本書籍目録〉著録路慎莊藏書》《〈蒲編堂路氏藏書目〉著録宋元本、名家舊藏本一覽》《〈蒲編堂路氏藏書目〉收録叢書》。書後附《書名作者綜合索引》，以便讀者檢索。

本次整理得到了師友、家人的全力協助。業師顧永新教授、北京大學中文系豐子翔兄、山東大學儒學高等研究院王曉静老師、北京大學圖書館鍾迪老師、齊魯書社原編輯武良成老師在選題論證、資料獲取上給予了巨大幫助；家母程遠芬教授參與了附録一及《書名作者綜合索引》的編製，并承擔了書稿的一審工作；北京大學中文系豐子翔兄、張鴻鳴兄、張億兄、王翊兄承擔了書稿的二審工作；業師山東大學劉曉東教授爲本書題寫書籤；清華大學科技史暨古文獻研究所劉薔教授審定整理説明。整個整理、出版過程得到武良成、責任編輯向群以及齊魯書社的全力支持，其中向群老師以高度負責的態度對書稿全文進行了反復核對、審改，指出了原稿諸多謬誤，提出了大量有益建議，又承擔了《書名作者綜合索引》大部分編製工作，使得本書整理質量明顯提升。本書承蒙北京大學中文系劉玉才教授、復旦大學圖書館吴格教授推薦,獲評2021年度國家古籍整理出版专項經費資助項目。在此僅向幫助、支持本次整理的單位和個人致以誠摯感謝。

限於學力,本次整理一定存有諸多疏漏,尚祈讀者批評指正。

杜以恒

二〇二一年八月八日

# 目　録

# 蒲編堂路氏藏書目一　隨得隨録，不復比次。

小洲手訂　總八十六種，一千一百七十一卷，七十八函。

1 **列子八卷**　明刻大字本，甚佳。吴郡顧春世德堂嘉靖中刻。　一函四册。

周列禦寇撰，東晋張湛注，唐殷敬順釋文。凡八篇。

2 **莊子十卷**　明世德堂顧氏本。　一函六册。

周莊周撰，晋郭象注，唐陸德明音義，即《經典釋文》二十六至二十八卷也。書凡《内篇》七篇、《外篇》十五篇、《雜篇》十一篇。

3 **夢溪筆談二十六卷補筆談三卷續筆談一卷**　明馬調元遵宋乾道揚州本繕寫翻刻，此本又從馬氏本影刻者，殊不佳，坊本也。【眉批：又《稗海》本①，有"補"無"續"。毛氏《津逮秘書》②亦列此書，而無補、續四卷。】　一函五册。

宋沈括撰。自序"退處林下，深居絶過從，所與談者惟筆研而已"，故以名書。括被謫後，以光禄少卿分司居潤州。丹陽縣東三十五里有金牛山，山東有溪，先嘗夢至其處謫居，得此溪宛如夢中，遂自號夢溪翁。書凡十七門，補者十一門，續者十一篇。《唐宋叢書》中載《補筆談》二卷③，宜互校。

---

① 因重複未著録，説見第991條。

② 見第575條。

③ 因重複未著録，説見第935條。

4 **賓退録十卷** 乾隆壬申存恕堂鐫板，依宋本影刻者。筆畫殊分朗可愛。 一函四册。

宋趙與旹撰。序云"里居待次，賓客日相過，平生聞見所及，喜爲客誦之，賓退或筆于牘"云云。

5 **摭言十五卷** 乾隆丙子雅雨堂鐫板。德州盧氏見曾刻書，皆校對精密，字畫工緻，瞭然可愛。是編爲朱竹垞先生得之京師慈仁寺集，卷尾有嘉定辛未柯山鄭昉跋，乃足本也，王阮亭先生又從朱竹垞先生借鈔者。明商氏《稗海》所刻衹一卷，非完本也。【眉批：又《稗海》本①，衹一卷。】 一函四册。

唐王定保撰。記進士應舉登科雜事，共列一百三門。

6 **淮南鴻烈解二十一卷** 坊本之佳者。【眉批：删。别有佳本見後。②】 一函四册。

漢淮南厲王長子劉安撰。襲父封，招致諸儒、方士講論道德，總統仁義，著《内書》二十一篇，號曰《鴻烈》。鴻，大也，烈，明也，言大明道也。漢高誘注。《漢・藝文志》又有《淮南外》三十三篇，列於雜家。洪《容齋隨筆》又言"有《中篇》八卷，言神仙黄白之術"。今《外篇》《中篇》俱不傳。

7 **老子道德經二卷** 乾隆甲午校輯《永樂大典》内之散簡零編，并搜訪天下遺籍，彙爲《四庫全書》。擇人所罕覯及足資考鏡者，以聚珍板刷印頒賜，即俗所謂活字板也。侍讀紀曉嵐昀及陸耳山錫熊等司總纂官事，每種俱詳加參校，考訂同異，標爲完本，洵足以仰光前典，嘉惠後學。 一函二册。

周柱下史李耳撰。昔人言謚曰聃，故世稱老聃。然聃之爲訓，耳漫無輪也，似不得爲謚。書凡上、下二篇，爲章八十有一。晋王弼注。按：《老子》又有河上公注本，而陸德明《經典釋文》所

① 因重複未著録，説見第991條。

② 見第1990、3144條。

著音訓即弼此注,是自隋已來河上公注本已就微矣。後諸家之解日衆,弼注亦僅有傳本,且多訛謬。此本乃從明華亭張之象本録出,後有政和乙未晁以道跋,亦稱文字多誤。又有乾道庚寅熊克重刊跋,稱弼注近世希有,久而後得云云。則自宋已然矣。甚哉!古書之難得,而善本之尤不易覯也。

8 **新序十卷** 坊本。 一函四册。

漢劉向撰。遠至舜禹,次及周秦以來,嘉言善行往往在焉。卷首有宋曾鞏序,稱其書最爲近古。分雜事、刺奢、節士、義勇、善謀五門。

9 **説苑二十卷** 明刻大字本,卷末題嘉靖乙未。 一函五册。

劉向撰。序言"所校中書《説苑》《雜事》,除去與《新序》重複者,其餘淺薄,不中義理,别集以爲百家,後令以類相從,一一條别篇目,更以造新事十萬言。凡二十篇,七百八十四章。號曰《新苑》"。卷首南豐曾鞏序言"《崇文總目》云:'今存者五篇,餘皆亡。'臣從士大夫間得之者十有五篇,與舊爲二十五篇,按:合舊五篇爲二十篇,'五'字疑誤。正其脱謬,疑者闕之"云云。此本未知即當時篇章否,向序《新苑》之名亦不同。又有"宛平王氏家藏"及"慕齋監定"印章,未知何許人也。

10 **韓詩外傳十卷** 明嘉慶己亥歷下薛來汝修鋟梓。卷首有明奉政大夫江西按察司僉事錢塘楊祜序。卷尾有薛汝修自跋。字大爽目,惜尚非初印者。 一函四册。

漢燕人韓嬰撰。嬰于景帝時爲常山太傅,推詩人之義,作《外傳》數萬言。其時言《詩》者三家,魯則申培公,齊則轅固生,燕則韓太傅。後毛氏《詩》出而三家學盡廢。魯、齊二《詩》隋唐以前已亡,獨《韓詩》尚存。其書多記雜説,不專解《詩》,未知果當時原本否?《漢·藝文志》又有《韓故》三十六卷、《内傳》四卷、《韓説》四十一卷,皆不傳。且《藝文志》言"《外傳》六卷",今諸書皆作十卷,或後人分析增益,故多于舊邪?

11 **申鑒五卷** 明刻。 一函。

漢荀悦撰。悦仕獻帝朝,辟曹操府,與孔融及弟彧同侍講禁中。悦每有獻替而意有未盡,乃作此書五篇奏之,蓋有志經世。惜政在曹氏,謀無所用耳。明黄省曾注。卷首有自序,并有王鏊、何子元二人序。末有正德辛巳白巘山人喬宇跋,謂悦"申漢故事以爲帝鑒,及泄所藴負,皆深切時弊、關治化、人君所當遵行者"。

12 **潛夫論十卷** 明刻。 與《申鑒》共一函,共六册。

漢王符撰。凡三十五篇,又《叙録》一篇。在和安之世,耿介不同于俗,遂不得進。隱居著書以譏當時得失,不欲彰顯其名,故號《潛夫論》云。諸本皆題十卷,此刻乃分上、下二卷,非是。

13 **逸周書十卷** 乾隆丙午抱經堂盧氏刻。末爲附録四則,録晁氏《讀書志》、陳氏《書録解題》及李巽巖燾《逸周書考》、丁黼《逸周書跋》,又校正、補遺三十三條。卷首有嘉善謝氏名墉序,佳本也。盧氏刻書甚夥,咸可觀覽。 一函二册。

隋唐《經籍志》《藝文志》皆言此書得於晉太康中汲郡魏安釐王冢,此竹簡書之一也。晉孔晁注。班《志》載《周書》七十一篇僅存四十五篇,今其目仍有七十篇,而存者乃有五十九篇,較班《志》轉多十四篇,此當由後人妄分以符七十之數,實衹四十五篇耳。盧文弨校定此書,取《太平御覽》及《藝文類聚》補第十三《程寤解》凡七十五字。又遵蔡邕、王肅之説,以周公所作《周書》内有《月令第五十三》,即今《禮記》中之《月令》,據《隋書·牛弘傳》爲證,遂鈔出以補《月令解》之闕。餘第十四至第二十凡七篇,又第四十一、第四十二兩篇俱亡。

14 **論衡三十卷** 明新安程氏榮校刻,見卷首萬曆庚寅虞淳熙序。而虞序前又冠以萬曆戊子沈雲楫序,言"武林張君購得善本,鋟竣,丐序"云云。又書二十九卷均題"程榮校",獨第三十卷題"仁和張楧次",疑"張楧"即"張君",張先鋟于戊子,而程又校刻于庚寅也。

漢王充撰。凡八十五篇,末一篇爲《自紀》,云"傷僞書俗文多不實誠,故爲論衡之書。論衡者,論之平也"。今觀其書,釋物類同異,正時俗嫌疑。訂百氏之增虛,詰九流之拘誕,于析理折衷爲多。卷末有宋慶曆五年楊文昌序,言所得俗本率二十七卷,惟得程氏所貯彭公乘曾對正本,及史館本二爲李秉所校者,均三十卷。乃詳加研核,互質疑謬,沿造本源,爲改正塗注凡一萬一千二百五十九字,募工刊印,以傳不泯。

15 **劉子新論十卷** 明程氏校刻。

題東莞劉勰著。唐袁孝政注。孝政序謂"晝傷已不遇,天下陵遲,播遷江表,故作此書",知爲劉晝,非劉勰也。是書或又題劉歆、劉孝標撰,均誤。然《唐志》稱此書爲劉勰撰,孝政又何所據而定爲非勰撰? 陳氏《書録解題》言據孝政之言定爲劉晝,字孔昭,然終不知晝爲何代人,其書近出,傳記無稱,莫詳始末,據此則陳氏已疑之矣。晁公武《郡齋讀書志》此書作三卷,《直齋解題》又作五卷,惟《唐志》作十卷。國朝《四庫書目》亦題十卷,與《唐志》合。晁、陳二本殆合并者耳。凡五十五篇,其文殊古雅贍麗,廣譬曲喻,足資談助。

16 **神異經一卷** 明程榮校刻。

題漢東方朔撰。張華傳。間附注語。多言荒外之物不經聞見者,凡四十八條。朔又有《十洲記》一卷,陳直齋謂"二書詭誕不經,皆假托也"。假則有之,誕亦誠然。然宇宙間必事事物物皆經目擊而後信其爲有，則古今來不應有者多矣。日星之懸著也，風雨之布濩也，雷霆之震擊也，習見習問，故不爲怪。使忽有之，豈不甚詭甚誕，駭盡天下邪？宋儒不講漢學，但兀坐論理，臆斷天下事，其弊更甚投秦火之焚，直齋之説亦未免臆斷矣。六合之外，聖人存而不論，斯爲平允。

17 **洞冥記四卷** 明程氏校刻。【眉批：又《古今逸史》本。①】

漢郭憲撰。多言武帝時事，亦曰《別國洞冥記》。

18 **述異記二卷** 明程氏校刻。《稗海》本亦載。②

梁任昉撰。梁武天監二年，昉遷中書舍人，轉御史中丞、秘書監，出爲新安太守，卒于官。家藏書三萬卷，故多異聞。采於秘書，撰新述異，爲上、下兩卷，皆得所未聞，洵爲博物之助。卷首、卷尾均有叙，不標撰人名氏。據所題"皇宋慶曆四禩"云云，疑亦楊文昌作也。

19 **拾遺記十卷** 明程氏校刻。亦載入《稗海》本。③【眉批：又《古今逸史》本。④】

晉王嘉撰。上溯羲農，下沿典午，旁及海外瑰奇詭異之説，無不具載。梁蕭綺叙曰嘉書"凡十九卷，二百二十篇，當僞秦之季，河洛之地没爲戎墟，典章散滅，黌館焚埃，皇圖帝册，殆無一存，故此書多有亡敗。綺更删其繁紊，紀其實美，搜刊幽秘，捃摭殘落，合爲一部，凡一十卷，序而録焉"。卷末有後序，未題撰人名氏。又有跋語一則，題"嘉靖甲午東滄居士吴郡顧春識"。

---

① 因重複未著録，説見第1024條。

② 因重複未著録，説見第991條。

③ 因重複未著録，説見第991條。

④ 因重複未著録，説見第1024條。

20 **通占大象曆星經二卷**　明程氏校刻。

漢甘公、石申撰。以日月五星三垣二十八舍恒星圖象次舍，并有占訣以候休咎。卷首缺文一頁。

21 **趙飛燕外傳一卷**　明程氏校刻。【眉批：又《古今逸史》本。①】

漢伶玄撰。

22 **古今刀劍録一卷**　明程氏校刻。　以上九種共一函，共六册。

梁陶弘景記古今刀劍，凡七十四則。

23 **輟耕録三十卷**　坊刻。亦載入《津逮秘書》。②　一函六册。

明陶宗儀撰。孫作序云"陶君九成，有田一廛，暇每以筆墨自隨，時時輟耕，休於樹陰，抱膝而嘆。遇事肯綮，摘葉書之，貯一破盎，去則埋于樹根，如是者十載。一日，盡發其藏，俾門人小子，萃而録之，得三十卷，題曰《南村輟耕録》。上兼六經百氏之旨，下極稗官小史之談。昔之所未考，今之所未聞。其采摭之博，侈於白帖；研核之精，擬于洪筆"云云。今閲其書，信然。卷末有成化己丑華亭彭瑋識，并湖南毛晋跋。

24 **麟臺故事五卷**　聚珍板。　一函三册。

宋程俱撰。紹興元年初，復秘書省，以俱爲少監。俱因采摭三館舊聞，簡册所識，比次纉緝，事以類從，凡十有二篇，列爲五卷，名曰《麟臺故事》。此本爲乾隆四十一年校輯《四庫全書》時總纂官陸耳山、紀曉嵐等從《永樂大典》録出，僅存沿革、省舍、儲藏、修纂、職掌、選任、官聯、恩榮、禄廪九目，已非十二篇之舊矣。謹依類裒輯，仍爲五卷。卷首載俱進此書時中省原狀。又俱《北

① 因重複未著録，説見第1024條。

② 因重複未著録，説見第580條。

山集》中載有後序一篇,亦附録之,列于卷末。又宋元祐中宋匪躬作《館閣録》,淳熙中陳騤續爲《館閣録》,宋一代翰林故實具是三書。今宋《録》已亡,陳《録》僅存而亦罕覯,惟此書得國朝纂輯表章,絶而復續,晦而復顯。藏書家宜何如珍秘,以永其傳邪。

25 **猗覺寮雜記二卷** 聚珍板本。 一函四册。

宋朱翌撰。洪邁爲之序,云"《記》上、下兩卷,凡四百四十四則,故紫微舍人桐鄉朱先生所撰也。先生嗜學,流落謫徙,力不能多載書,人家又非一瓻可借,素手無挾,栖遲僧房,獨倀倀窮經考古。砭劘疵病,較量草木蟲魚。上撢騷雅,旁弋史傳,諸郎過庭時剽聽緒論,彙次成編"云云。按《正字通》曰:"寮,小窗也。"殆翌以"猗覺"二字顔僧房之窗,故即以是名其書。

26 **孫公談圃三卷** 明刻。又左氏《百川學海》本①及商氏《稗海》本②。

宋紹聖初黨錮禍起,凡仕于元祐而貴顯者,例皆竄貶。高郵孫升,字君孚,元祐時歷三院,遷左史,入中書爲舍人,以忤時宰被謫臨汀。二年,以疾終。臨江劉延世時官長汀縣,常從君孚游,熟聞其言。于是退而筆之,集爲三卷,命曰《孫公談圃》。卷首有延世序,甚詳。并孫公季孫兢乾道二年所書弁語。

27 **師友談記一卷** 明刻。又左圭《百川學海》本亦載。③

宋李廌撰。多記蘇東坡、范淳夫及四學士所談論,故曰"師友"。蘇軾、范祖禹、黄庭堅、秦觀、晁説之、張耒之言,多名言格論,非小説比。

---

① 因重複未著録,説見第890條。

② 因重複未著録,説見第991條。

③ 因重複未著録,説見第890條。

28 **彦周詩話一卷** 明刻。《稗海》本亦載。① 以上三種共一函,共三册。

宋許顗撰。自序云:"詩話者,辨句法、備古今、紀盛德、録異事、正訛誤也。若含譏諷、著過惡、誚紕繆,皆所不取。"

29 **玉照新志六卷** 明刻。《唐宋叢書》亦刻。②【眉批:又《説郛》本③作四卷④。】 一函。

宋王明清撰。自序"得玉照一于友人,又獲米南宫書'玉照'二字,因揭寓舍之室。屏迹杜門,思索舊聞,凡數十則,綴輯之,名曰《玉照新志》"。

30 **雲烟過眼録四卷** 明刻,字畫殊劣。附《續録》一卷。【眉批:《唐宋叢書》亦載⑤,衹分上、下二卷而無《續録》。此本字迹甚劣,宜與互校。】 與《玉照新志》共一函,二種共三册。

宋周密録所見書畫、彝器之類。末有張昞識語一則。卷首有范應宫君和序,此本爲明陳繼儒、沈德先校訂者,與國朝《四庫書目》所言卷數相合。又《續録》一卷,爲元湯允謨作。今此本卷四後有陳繼儒跋語,係第十二頁。而第十三頁至第十九頁又復接連刻印,别無標題,且仍題卷四字樣,殊不可解。疑竄亂訛脱,在所不免。其果即係湯之《續録》與否,亦無從校。姑以舊書存之。⑥

31 **文昌雜録六卷** 乾隆丙子雅雨堂刻。 一函一册。

宋龐元英撰。元豐初官制初行,元英官主客郎中,在尚書省

---

① 因重複未著録,説見第991條。

② 因重複未著録,説見第935條。

③ 未著録。

④ 一百二十卷本《説郛》收録《玉照新志》爲六卷,路云"四卷",似誤。

⑤ 因重複未著録,説見第935條。

⑥ 自"今此本卷四"至"姑以舊書存之"有删除符號,今姑存之。

四年,記一時聞見及朝章典故,咸可觀覽。王漁洋先生稱爲説部之佳者。卷首有乾道丁亥衛傳序,謂其醇懿有家法,多識舊章,當時大制作、大典禮、進退揖遜罔不與從事,故其書事信,其著論確云云。元英,字懋賢,丞相莊敏公籍之子。卷末又爲《補遺》五條,并自跋此書刻本無多,德州盧氏梓以行世。其曰文昌者,尚書省乃文昌天府,龐爲郎官,記省中事,故名。

32 **雲溪友議十二卷** 明刻。即《稗海》所刻。① 一函三册。

唐范攄撰。攄,五雲溪人,自稱雲溪子,遂以名其書。陳振孫《書録解題》亦標十二卷,與此本合。惟《唐志》作三卷,晁氏《讀書志》及國朝《四庫書目》亦均作三卷。殆所謂十二卷者,後人分之也。《四庫書目》稱六十五條,此本乃多至八十餘條,豈《四庫》所貯非全本邪?書中多記開元後事,詩章尤夥,大類唐孟棨《本事詩》。

33 **清波雜志三卷** 明刻。《稗海》。【眉批:嗣得知不足齋刊本共十五卷②,此可删。】 一函三册。

宋周煇撰。雜記見聞,朝章國典往往在焉。自言"向在建康,於鄰人狄似處,見其五世祖武襄公收儂智高時所帶銅面具,及所佩牌,上刻真武像,世言武襄乃真武神也"云云,即爲後世演義諸書之藍本。今演劇者裝狄武襄破儂智高事,即有面具,并爲真武神,實本于此。按國朝《四庫書目》作十二卷,又有《别志》三卷。此本作三卷,又無《别志》,殆非全書,或亦爲後人合并邪?

34 **鶴林玉露十六卷** 明刻。《稗海》本。 一函六册。

宋羅大經撰。自序云:"閑居無營,日與客清談鶴林之下。或

---

① 因重複未著録,説見第991條。

② 見第735條。

欣然會心,或慨然興懷,輒命童子筆之。久而成編,因①曰《鶴林玉露》。蓋'清談玉露番',少陵之句也。"其書亦雜記見聞,多所考訂。就中尤多名論,可益神智。

35 **北夢瑣言二十卷** 雅雨堂刻。商氏《稗海》曾有是書,殊失本真。德州盧氏得葉石君萬收藏本,石君又得之吴方山岫手抄本,于是孫氏之書犂然完具,于乾隆丙子刻之,并序卷端。此書與《文昌雜録》皆善本也。【眉批:宜與《稗海》本②互校。】 一函四册。

宋孫光憲撰。當唐季避地荆南,爲高從誨從事。作此書二十卷,記唐代賢哲言行暨五代十國之事。其例先以唐賢言行列于談次,其有事類相近,自唐至後唐、梁、蜀、江南諸國所得聞知者,悉附其末。凡三百二十餘條,附見者七十餘條。以從事于夢澤之北,故曰"北夢"。卷尾有葉石君跋。

36 **墨莊漫録十卷** 明會稽商濬所刻《稗海》中本也。 一函四册。

宋張邦基撰。自序"歸耕山間,與老農憩談"所録,又云"性喜藏書,隨所寓榜曰墨莊,故以名書"。國朝《四庫書目》作四卷,明商氏校刻作十卷。雜記見聞,考訂居多。

37 **全唐詩話六卷續詩話二卷** 坊本。 一函四册。

宋尤袤輯。首列諸帝,下逮方外、閨媛,有唐三百年之風雅可以概見。陳直齋云"錫山尤氏尚書家藏書至多,有《遂初堂書目》一卷",是其采輯之富,有所自來矣。國朝浙西孫濤于乾隆甲午以手抄本重付剞劂,以原書搜羅未盡,又爲《續詩話》二卷,凡原書載其人而遺其事者,續爲卷七;其人與事之俱未及載者,續爲卷八。

---

① "因"原作"目",《稗海》本《鶴林玉露》所載羅大經自序作"因",據改。

② 因重複未著録,説見第991條。

卷首列尤氏序并自序二篇。

38 **瓮牖閒評八卷** 從聚珍板原本覓抄胥重抄者。 一函二册。

宋袁文撰。文之子燮、孫甫皆有傳在《宋史》，而獨不及文，其行事亦幾不可考。燮著有《絜齋集》，并此書皆罕傳本。幸《永樂大典》中俱載之，乾隆間校輯《四庫全書》時總纂官紀昀、陸錫熊等録出，復加釐訂，排次成編，與《絜齋集》俱以聚珍板印行。其書專以考訂爲主，而音韻訓詁之學尤爲精審，洵足爲小學指南。計所輯四百餘則，條目頗爲繁雜。今悉依類詮次，分爲八卷，《提要》言之甚詳。

39 **韓非子二十卷** 明刻。 一函四册。

戰國時韓諸公子韓非撰。非喜刑名法術以富國彊兵之策，干韓王不用，作《孤憤》《五蠹》《説林》《説難》十餘萬言。秦王見其書，嘆曰得此人與之游，死不恨。急攻韓，得非。後爲李斯所毁，下吏使自殺。書凡五十五篇，其説薄仁義、厲刑名、背《詩》《書》、課名實，取申不害、商鞅法術之説而加深刻焉。其取戮也，固宜是書缺脱已久。元何犿至元中所進《韓子》止五十三篇，謂《奸劫》亡一篇，《説林》亡下篇，《内儲説》下篇《六微》内"似類"以下亡數章，則世之不見全本久矣。明吴鼒、趙用賢依宋人舊板善本重加校補，又據諸本互證舛錯，而此書頓還舊觀，非子有知，當亦幸甚。詳見《凡例》四條。卷首有用賢序并總評六則。其注不詳名氏。元何犿本謂舊有李瓚注，以其鄙陋，盡爲削去。今此本係依宋本刻者，所載注語殆即瓚注也。

40 **儀禮釋宫一卷** 聚珍板，乾隆四十二年校刊。

宋李如圭撰。如圭嘗爲《儀禮集釋》以發明經義，又爲是書以考論古人宫室之制。不明其制，則于陳設之地、進退之位、登降之節、揖讓周旋之儀無往而不紊甚。或以後世之規模臆測先王之度數,將有愈趨愈遠者。是編之作,誠治《儀禮》者之圭臬也。其例仿《爾雅·釋宫》,逐條之下引經記注疏,詳加討論。考證明晰,深淂經意。宋陳汶嘗序《集釋》,刻之,兼刻是編。今刻本不傳,惟《永樂大典》内全載其文,别爲一卷,題云"李如圭《儀禮釋宫》",蓋所據猶爲宋本。國朝校輯《四庫全書》時以聚珍板印之。

41 **漢官舊儀二卷** 聚珍板,乾隆三十八年刊。附《補遺》一卷。【眉批:又平津館本。①】

漢衛宏撰。載西京雜事,見于范《書》本傳。本曰《漢舊儀》,隋、唐《志》及《宋史·藝文志》俱同。惟馬端臨《通考》别題作《漢官舊儀》,或後人因其所載官制爲多而妄加之耳。陳振孫《解題》以其有漢官之目,疑爲非宏本書。兹考前後《漢書》注及唐宋諸書所引《漢舊儀》之文,實與此書悉合,則此書即爲宏撰無疑也。惟隋、唐《志》作四卷,《宋志》及陳氏《録》作三卷,殆此書至宋時已有缺佚,宋以後遂不傳矣。幸《永樂大典》中載之,亦題《漢官舊儀》,不著撰人名氏,第錯糅脱誤,幾不可讀。紀曉嵐、陸耳山等旁徵舊書,參析同異,疏于各句之下。其原有注者,通爲大書,稱"本注"以别之。釐爲上、下二卷。又搜輯諸書所引佚文,别爲《補遺》一卷,附于末。

42 **五曹算經五卷** 聚珍板,乾隆四十一年刊。 以上三種共一函,共三册。

不著撰人名氏。《唐志》有甄鸞《五曹算經》五卷、韓延《五曹算經》五卷、李淳風注《五曹孫子等算經》二十卷。甄、韓二家皆注是書者也,其作者則不知爲誰。考《漢書·梅福傳》顔師古注即有

---

① 見第1572條。

“九章五曹之算①”,則此術相傳已古。又按《中興書目》云或曰《五曹算經》出于孫武,國朝孫淵如星衍以爲此説良是。“五曹者,一爲田曹,地利爲先也。既有田疇,必資人力,故次兵曹。人衆必用食飲,故次集曹。衆既會集,必務儲蓄,故次倉曹。倉廩貨幣交質變易,故次金曹。而其意則皆爲兵用。且《孫子兵法·形》篇②云:‘一曰度,二曰量,三曰數,四曰稱,五曰勝。地生度,度生量,量生數,數生稱,稱生勝。’而其《算經》則云:‘度起于忽,稱起于黍,量起于粟,凡大數之法萬萬曰億。’篇首即以度量數稱四事分爲四節,與他算書不同。《夏侯陽算經》所引即曰‘田曹云度之所起,起于忽。倉曹云量之所起,起于粟’,以《孫子算經》之文而繫以五曹,則固知其爲一人之書也。《書目》之言,信足徵已”③云云。據淵如之説,則實爲孫武所撰。此書自元胡以來久無刻本,今俱散見于《永樂大典》中,逐條聚輯,尚爲完本。惜甄、韓之注,無從搜補耳。

43 **神農本草經三卷** 陽湖孫氏刻。即《問經堂叢書》本。 一函一册。

《隋書·經籍志》列《神農本草經》分上、中、下三品爲三卷。陳振孫以爲舊經衹一卷,藥三百六十五種,陶隱居增《名醫别録》,亦三百六十五種,因注釋爲七卷。唐顯慶又增一百十四種,廣爲二十卷,曰《唐本草》。開寶中又益一百三十三種。蜀孟昶又嘗增益,謂之《蜀本草》。及宋嘉祐中掌禹錫、林億等重加校正,更爲補注,以朱墨書爲之别,凡新舊藥一千八十二種。唐慎微復有增益,

① 中華書局整理本《漢書》顔師古注“算”作“葺”。

② 此指《軍形》篇。

③ 以上内容見清孫星衍《孫子十家注》所收清畢以珣《孫子叙録》。

而以墨蓋其名物之上，謂之《大觀本草》，凡三十一卷，晁公武《志》題曰《證類本草》，實一書也。然則損益升降代有不同，而《神農本經》之三卷要爲漢以來舊書。據嘉祐補注序，"《神農本經》以朱字書，《名醫》因《神農》舊條而有增補者，以墨字書間于朱字"。又據開寶重定序，以爲"舊經三卷，世所流傳《名醫别録》，互爲編纂。至梁陶弘景乃以《别録》參其《本經》，朱墨雜書，時謂明白"。然則宋時所傳之本實陶貞白手校之本，雖歷經纂補，而《本經》之文仍自不亂。此後統用墨書，不復别白，遂致後世郡縣名目與《本經》所謂"山谷""川澤"字樣連書相雜，至讀之者疑非神農，指爲僞托，良有以也。按《本經》衹云某物"生山谷"，某藥"生川澤"，作朱字。《名醫》所益云某山某郡作墨字。至合其文，曰某山川谷、某郡川澤，則後人傳寫之誤，古本實不若此。嘉慶四年，孫淵如先生據《大觀本草》黑白字書釐正《神農本經》三卷，又據《太平御覽》引經云"生山谷""生川澤"者定爲本文。其有後世郡縣名者，定爲後人羼入。釋《本草》者，以吴普本爲最古，散見於諸書，徵引者綴集之以補《大觀》本所未備。疏通古義，繫以考證。其藥物數或浮于三百六十五種者，由後人以意分合，姑仍舊焉。其序例、佚文、總論及《吴氏本草》數條、相使各種，俱載于末。卷首有孫氏自序及邵晋涵、張炯二序。

44 **齊民要術十卷**　明侍御鈞陽馬公直卿按治湖湘，獲古善本刻梓。儀封王廷相子衡爲之序，題嘉靖甲申五月。【眉批：即胡震亨《秘册彙函》本。】　一函四册。

後魏賈思勰撰。自序："采摭經傳，爰及歌謡，詢之老成，驗之行事。起自耕農，終於醯醢，資生之樂，靡不畢書，號曰《齊民要術》，凡九十二篇，分爲十卷。其有五穀果蓏非中國所植者，存其名目而已，種植之法，蓋無聞焉。"又爲《雜説》，列于卷首。其書日用瑣屑,言之甚悉,實爲農家之祖。徵引諸書亦多今所不見。陳振孫稱其"治生之道,不仕則農",以爲名言。愚以爲倚仕爲生,則仕不可問矣。予北人也,要當以農爲生,有仕則仕,無仕則農耳。此本爲湖湘所刻,錢曾《讀書敏求記》所録即此本。首卷簡端"《周書》曰"云云至"主以誅鋤根株也"二百一十六字當俱作細書夾注,原書條例,每篇皆先引據經籍,釋其名物,用細書夾注。而後標舉其術,以大字書之。竟刊作大字,致文注混淆,殊爲可笑。注中删落者亦不少。卷首有宋紹興甲子葛祐之序及沈士龍、胡震亨評。其注不題撰人,據馬端臨《文獻通考》載李燾序謂孫氏作。

45 **韻雅五卷** 施氏藏板。篋中舊藏。惜闕第二一卷,當補求之。 一函四册。

施吏部何牧纂輯。自序曰:"志崇雅也。凡字散見于經傳子集者皆典,典即雅矣,捨是弗尚。"其條例列于卷首。

46 **宗鏡録一百卷** 雍正十二年刻。 二函二十册。

宋永明禪師延壽撰。壽姓王氏,餘杭人,建隆初吴越錢忠懿王命居靈隱,乃詳祖佛大意,經論正宗,假申問答,廣引證明,舉一心爲宗,照萬法如鏡,製《宗鏡録》,分爲百卷。卷首有錢俶及楊傑序。

47 **孫子算經三卷** 聚珍板,乾隆四十一年刻。

《隋·經籍志》有"《孫子算經》二卷",不著其名,亦不著時代。朱彝尊以爲出于孫武,而書内設問有云"長安、洛陽相去九百里",又云"佛書二十九章,章六十三字"云云,則後漢人語。孫武爲春秋末人,安有是語乎。此本係從《永樂大典》所載裒集編次者。《唐·藝文志》稱"李淳風注甄鸞《孫子算經》三卷",殆甄先注是書,李更因而辨論之也。今仍爲三卷,冠以原序。甄、李二注佚,不傳。

48 **海島算經一卷** 聚珍板。《提要》缺一葉。

晋劉徽撰,唐李淳風等奉詔注。按徽序《九章算術》云:"九數有重差之名,凡望極高,測極深,而兼知其遠者,必用重差。輒造重差,并爲注解,綴于《句股》之下。"據此,則徽書本名《重差》,初無《海島》之目,亦但附于《句股》之下,不别爲書。而隋、唐《志》又皆有劉徽《九章重差圖》一卷,蓋此書亦另本單行,故别著録。至《海島》之名,不過後人因卷首以海島立表改斯名耳。然《唐·選舉志》稱算學生"習《九章》《海島》共限習三年"云云,則改名《海島》,自唐初已然矣。此本亦從《永樂大典》中録出者。

49 **五曹算經五卷** 聚珍板。

已見前。[①] 此本與上二種同得者,因并存之。

50 **夏侯陽算經三卷** 聚珍板,乾隆四十一年刻。 以上四種共一函,共四册。

《隋·經籍志》《唐·藝文志》俱著録,而不言陽爲何代人。考陽自序及書内所稱宋元嘉、梁大同年號及《辨度量衡》《課租庸調》等章皆據隋制言之,則陽爲隋人無疑。《唐·選舉志》所列算書十種,此居其一。傳本久佚,惟《永樂大典》内載之。裒集排比,仍依宋元豐監本釐爲三卷,《隋志》作二卷,《唐志》作一卷,惟陳直齋《解題》作三卷,題元豐京監本。共十有二門。

51 **九章算術九卷** 聚珍板。 一函四册。

晋劉徽序云:"周公制禮而有九數,九數之流則九章是矣。漢張蒼、耿壽昌皆以善算命世。蒼等因舊文之遺殘,各稱删補,故校其目則與古或異,而所論者多近語也。"據此則是術爲蒼等所迒,徽又爲之作注,至唐李淳風等又奉詔注釋。北宋以來其術罕傳,

---

① 見第42條。

遂幾散佚。南宋慶元中鮑澣之始于楊忠輔家得是本,因傳寫以入秘閣,然流傳不廣。至明又亡,幸分載于《永樂大典》中,依類裒輯,尚九篇具在,因排算成編,并考訂訛異,各附案語于下方。又徽序云"析理以辭,解體用圖",考舊圖至宋已亡,總纂官等又推尋注意,爲之補圖,而此書遂成完帙焉。卷末附音義,題唐李籍撰,并鮑澣之後序。

52 **神仙傳十卷** 坊本。即《漢魏叢書》本。 一函四册。

晋葛洪撰。鈔集古之仙者見于仙經、服食方及百家之書、先師所説、耆儒所論凡九十二人。有自序。

53 **大般涅槃經四十卷後分二卷** 雍正十三年刻。 二函共八册。

北凉天竺沙門曇無讖譯。後秦釋道朗撰序云:"讖,中天竺人,先至燉煌,停止數載。大沮渠河西王建隆王業,會開定西夏,經與讖自遠而至,以玄始十年歲次大梁。河西王勸請令譯。"凡分品目一十有三。末附《大般涅槃經後分》二卷,唐沙門若那跋陀羅與會寧等譯。品目凡五。

54 **萬行首楞嚴經十卷** 康熙十一年信女陳氏刻。 一函三册。

唐天竺沙門般剌密帝譯。烏萇國沙門彌伽釋迦譯語。宰相房融筆授。首楞者,華言一切事竟。嚴者,名堅,即一切事竟堅固也。有元廬陵沙門惟則序。釋氏經典不可殫述,惟此經特爲靈幻。

55 **圓覺了義經直解二卷** 明板。 一函一册。

唐罽賓國沙門佛陀多羅譯。明釋德清解。新安程夢暘序而梓之。按晁氏《志》列"《圓覺經疏》三卷",題"唐僧覺救譯,宗密疏解",今此本卷首有宗密序,標"終南山草堂寺沙門某述"字樣,當即爲宗密所述舊本,而德清别自爲解耳。覺救即佛陀多羅,梵語佛陀,華言曰覺;梵語多羅,華言曰救也。此經大旨以圓照覺相爲宗,以離妄證真爲用。

56 **維摩詰所説經六卷** 明刻。 一函三册。

天竺維摩詰撰。西域謂净名曰維摩詰,即五百童子之一也,與文殊師共談妙道,遂成此經。姚秦僧鳩摩羅什譯於長安逍遥園。其後什之徒僧肇、道生等爲之注。又按晁氏《志》稱什與其弟子肇、生等注十四品,今此本注有"什曰""肇曰""生曰"云云,殆即晁氏之本也。惟晁氏作三卷,此作六卷耳。明戚繼光校刊。卷首列肇序。

57 **法華經七卷** 康熙癸卯杭瑪瑙寺僧海溶募衆刊刻。 一函三册。

姚秦三藏鳩摩羅什譯。唐沙門道宣述,并序云"此經凡三譯:西晋惠帝永康中長安青門燉煌菩薩竺法護初翻此經,名《正法》;東晋安帝隆安中後秦弘始龜兹沙門鳩摩羅什次翻此經,名《妙法蓮華》;隋仁壽中大興善寺北天竺沙門闍那笈多後所翻者,同名《妙法》。三經重沓,文旨互陳,時所宗尚皆弘秦本"云云。按此經本十卷,晁氏《讀書附志》稱後三卷爲朝廷所禁,今所傳者故衹七卷耳,凡分品二十有八。

58 **豳風廣義三卷** 楊氏藏板。 一函四册。

關中楊屾雙山撰。先生吾鄉之茂陵人,不好舉子業,髫年即拋弃。爲經濟學,天文、音律、醫、農之書,皆所涉覽。每慨秦人誤于風土不宜之説,知耕而不知桑,因博訪樹桑養蠶之法、織工繅絲之具,頗得其要。自樹桑數百株,以養蠶。蠶果成,所繅絲亦光韌中用。凡十有三載,殆無歉歲。遂輯是書,題曰《豳風廣義》,并繪爲圖。凡畜字羊豕雞鴨之法,俱親經試驗,連類載之。凡爲論説、圖法共九十餘條,分爲三卷,并自爲注釋。于乾隆五年庚申鐫之,卷首有自序及題辭。其《上方伯帥念祖狀》别爲一册,帥亦有序。

卷末有吾邑人巨兆文跋。

59 **朝野類要五卷** 聚珍板，乾隆四十七年校刊。 一函二册。

宋趙升撰。徵引朝廷故事，以類相從，分二十類。又每事各標細目，而一一詳證其説。逐條細釋，開卷釐然，考證家之善本也。卷首有端平丙申自序，題曰"文昌"，未詳何地。

60 **封氏聞見記十卷** 乾隆丙子雅雨堂刻板。 一函二册。

唐封演撰。演，代宗時人，官至御史中丞，嘗撰《古今年號録》一卷、《錢譜》一卷及《聞見記》五卷。《年號録》《錢譜》二書并亡，惟此書獨存，然流傳絶少。前明東吴吴方山岫家藏是本，虞山孫伏生允伽得之，伏生復從同里秦西巖假得别本細勘，陸敕先貽典又從孫氏借録，于是吴中間有藏者。德州盧氏見曾訪而得之，與《唐摭言》校刊行世。按錢遵王《讀書敏求記》云"孱守居士從吴岫本録于空居閣，有雲間夏庭芝至正辛丑跋語。吴郡朱良育從唐子畏借鈔後五卷，又于柳大中借鈔前五卷，其第七卷祇存末後兩頁，餘者闕如"云云，今此本正與遵王所言悉合，卷末有吴岫、夏庭芝、朱良育諸人跋，真佳本也。又有孫允伽及陸貽典二人識，可以知此書之源流矣。《唐志》及晁氏《志》俱作五卷，陸氏《解題》又作二卷，此本乃作十卷，當由後人所分。晁《志》又云："分門記儒道、經籍、人物、地理、雜事，且辨俗説訛謬。"今此本亦未分門，而其書要爲原書，惟所闕之條無由搜補耳。

61 **指月録三十二卷** 明板。 一函十册。

那羅延窟瞿汝稷槃談集。上自七佛，下迄六祖第十六世，其宗派、法嗣、語録、籍貫一一臚載。明萬曆辛丑吴郡嚴瀓述而校之，靈隱僧弘禮重梓。按佛教之始，皆在西域。自摩訶迦葉尊者傳至菩提達磨爲二十八祖，統曰西天祖師。自達磨入中原，遂爲東土之初祖,六傳而爲慧能,慧能傳行思、懷讓。行思之後有良价,瑞州洞山人,號曹洞宗;又有文偃,韶州雲門人,號雲門宗;又有金陵清凉文益,號法眼宗。懷讓之後有潭州潙山靈祐及袁州仰山慧寂,號潙仰宗;又有鎮州臨濟義玄,號臨濟宗。五宗學徒,遍于海内。迄今臨濟、雲門、曹洞日愈益甚,而五宗之旁出及不出五宗者,又不知凡幾,皆達磨之一人倡之也。

62 **古列女傳七卷續列女傳一卷** 道光五年揚州阮福摹刻。按明内府藏宋刻《列女傳》本爲南宋建安余仁仲萬卷堂刻本,末有"余靖庵模刻"款,曾藏錢遵王家。乾隆戊申歸于元和顧抱沖家。嘉慶庚辰轉入福家。原書每傳皆有圖,相傳以爲晋顧愷之畫。唐人摹顧畫本而縮低爲三寸許。入北宋又依唐本而摹之。南宋余氏之本,蓋即出於北宋。然則今阮氏所刻,其即北宋本矣,福之父某編定。内府書畫,時曾見唐宋人臨顧愷之列女傳圖長卷,其中衣冠、人物與此圖悉同,若衛靈公所坐之矮屏、漆室女所倚之木柱,皆與顧圖相似而微有所減。故福摹圖一通,與傳頌合而付梓。其中俗寫之字如李、国之類,皆未校改,以存宋本之舊。 一函五册。

漢劉向撰。成帝時趙氏姊弟怙寵逾禮,向以王政由内及外,故采古來賢妃貞女興國顯家及奸亂孽嬖可爲炯戒者,序次爲《列女傳》八篇以戒天子,并有《頌義大序》、《小序》及《頌圖》進御。傳如太史公《記》,頌如詩之四言,而圖爲屏風,蓋所以觸目警心也。然後世所傳是書自"周郊婦人"下二十傳無頌,且三傳爲成帝同時人,五傳爲後時人,故《崇文總目》以陳嬰等十六傳斷爲後人所附,而王回序又以爲凡無頌者皆非向書,不特自陳嬰母始也。王回之説是矣。又按回以有頌者定爲八篇,號《古列女傳》,餘二十傳又以時次之,别爲一篇,號《續列女傳》,共九篇,故陳振孫《書録》列爲九卷。今此本乃嘉定七年蔡驥所定,以《頌義大序》列于目録前,《小序》七篇散見目録中間,《頌》見各人傳後,合向原書爲七卷,而附以《續列女傳》一卷。卷首列宋王回、曾鞏序,卷尾列嘉慶二十五年江藩後序及阮福自題。

63 **歷朝閨雅十二卷** 一函四册。

國朝禮部侍郎揆敘纂。斷自三唐,迄于明季,取其體格醇正者,彙爲一編。每代各冠以后妃、貴主、女官,次及閨秀妾婢、女冠尼妓及外裔之女,作者姓氏彙列卷首,其五、七言各體俱以類從。

64 **洛陽伽藍記五卷** 題緑君亭刻。 一函二册。

後魏楊衒之撰。高祖遷都洛陽,一時王公士庶競造佛寺,或捨其私第爲之,都城内外凡一千三百六十餘寺。天平元年,遷都鄴城,爾朱之亂,城郭丘墟,寺宇灰燼。因追述斯記,分城内、城東、城南、城西、城北五篇,亦孟元老夢華之意也。

65 **東京夢華録十卷** 毛氏汲古閣刻。《唐宋叢書》亦刻。① 一函二册。

宋孟元老撰。自序:“靖康丙午之明年,出京南來,避地江左,情緒牢落。暗想當年,節物風流,人情和美,但成悵恨,因編是書。”曰夢華者,古人有夢游華胥之國,今者追想回首,悵然有如華胥夢覺也。

66 **元經薛氏傳十卷** 坊本。即《漢魏叢書》本。 一函六册。

隋王通經,唐薛收傳,阮逸注。其大旨抗帝以尊中國也。起晋惠帝太熙元年,至隋文帝開皇九年,爲通原書。自開皇十年至唐武德元年,爲收續作。其例蓋仿《春秋》。宋阮逸注之。陳氏《解題》以爲皆逸僞作。

67 **吴越備史四卷補遺附** 掃葉山房藏板。 一函四册。

宋錢儼撰。載錢鏐以下累世事迹。後附《補遺》一卷則不載作者名氏。按《吴越備史》舊題“吴越掌書記范坰、巡官林禹撰”,

① 因重複未著録,説見第935條。

錢儼别撰《吴越備史遺事》五卷,序謂《備史》亦其所作,特托名林、范耳。然則是書即儼書所謂補遺者,殆後人取其所撰遺事附之也。舊有《年號世系》《諸王子弟官爵封謚表》及《十三州圖》《十三州考》等篇,列于卷首。今《圖》《表》俱佚,惟存《十三州考》一篇,提要言之甚悉。此本爲掃葉山房道光二年壬午所刻,失其前序,而卷末有跋云"先大夫有志搜求,久而未得,後于顧果庭家得影宋抄舊本,悉載無遺,亟録出付梓"云云,題"男洲存復識",未詳其姓。誠爲完璧,其《圖》《考》題馬藎臣撰。《備史》所記起唐僖宗乾符二年,訖宋太祖乾德六年,即開寶元年也。《補遺》所記起開寶二年,訖宋太宗端拱元年,與《中興書目》所載前十二卷盡開寶元年、後增三卷盡雍熙四年太宗雍熙四年後改元端拱,錢忠懿即于是年八月卒。之本正合,特後人并之,總爲四卷耳。陳振孫所録及國朝《四庫》所貯均非全帙,惟《提要》云《補遺》之首有序一篇,此則闕如,深爲可惜。

68 **水經注四十卷附山海經十八卷** 乾隆癸酉新安黄晟曉峰氏刻于槐蔭草堂。 二函共十六册。

《水經》,漢桑欽撰。後魏酈道元爲之注,旁搜遐舉,考據精博,軼聞秘典,往往在焉。造語琢句,亦工麗彪炳,洵奇構也。明黄省曾序以"山者水之根柢,水者山之委枝,山水二者不可判離",因并晋郭璞所注《山海經》十八卷,合梓以傳。明朱謀㙔復加注箋,于萬曆甲寅乙卯刻于江右。又按金蔡正甫作《補正水經》三卷,歐陽玄爲之序,今不傳此本,乃依朱本刻者。

69 **農桑輯要七卷** 聚珍板本。 一函七册。

元至正七年設司農司,專掌農桑水利,分布勸農官巡行郡邑,察舉農事成否,達於户部,以殿最牧民長官。司農司諸臣又遍求古今農家之書,參考采摭,纂成此書,目曰《農桑輯要》。凡七卷,鏤板進呈,頒布天下。至元十年癸酉,翰林學士王磐爲之序。延祐元年,仁宗重命刊版於江浙行省,迨英宗、明宗、文宗又爲頒布,蓋元世之重農如此。此本亦從《永樂大典》録出者,乾隆三十八年以聚珍板印行。其書凡典訓、耕墾、播種、栽桑、養蠶、瓜菜、果實、竹木、藥草、孳畜十門。

70 **金剛經石氏注一卷** 坊本。 一函二册。

此經傳本甚多,惟南唐保大五年壽春永慶寺道顒法師所刻石本爲正,此本即康熙四十一年石成金依石本付雕者。成金,揚州人,重加校正,另爲直解,名曰《石注金剛經》,頗爲詳明。其注之例,凡七則列于卷首,并有自序。葉河慶齡重刊是經,翁方綱爲之序。金剛是金中之精堅者,不爲物破而無物不破,譬如智慧能絶衆生貪、嗔、癡一切顛倒執著之見也,故以名經。姚秦三藏鳩摩羅什譯。本名《金剛般若波羅密經》。

71 **般若波羅密多心經一卷** 附《金剛經》後。

唐陳留僧玄奘譯。石氏解般若者,華言智慧;波羅密者,華言到彼岸。欲到彼岸,須憑智慧。此岸乃衆生生死輪迴之地,彼岸謂諸佛菩薩究竟超脱清凈安樂之地。經,徑也,多,定也,言此經乃定心之徑路也。

72 **海録碎事二十二卷** 明河南僉憲劉鳳校刻。 四函,每函八册,共三十二册。

宋葉廷珪集著。卷首有紹興十九年河陽傅自得安道序,云"嘗見侯所謂《海録》者,凡十數大册,皆親書蠅頭細字,蓋亡慮十餘萬事,大抵皆詩才也。侯既自序此書,登載門類卷帙之目,又屬予序"云云。今此本乃衹載傅序,佚其自序,深爲可惜。凡分十六部五百八十四目。

73 **蘇黄題跋十五卷** 毛氏汲古閣刻。 一函五册。

《東坡題跋》六卷,《山谷題跋》九卷,毛晋録而刻之,并爲跋尾。元祐大家,世稱二老。凡人物書畫一經二老題跋,非雷非霆,而千載震驚。今毛氏又題跋二老之題跋,得非屋下蓋屋邪。

74 **六一題跋十卷外集雜題跋一卷** 毛氏汲古閣刻。 二函共十二册。

亦毛晋校刻。其《題跋》十卷即歐陽修《集古録跋尾》也。卷首有歐陽公自序,云"有卷帙次第,無時世先後,蓋取多未已,故隨所得而録之也"。兹本乃周益公所編,以時世次之,失文忠公之意矣。毛氏刻是書,姑仍其舊,其不在《集古録》者别爲一卷,曰《外集雜題跋》。卷首有公子棐記及益公序。其真迹集本互有異同,亦并存之而標于每條之下。

75 **齊乘六卷** 乾隆四十六年周氏刻。 一函四册。

元于欽撰。欽,益都人,生於齊,又官于齊,于是合齊之山川、風土、郡邑、人物,考而志之,凡六卷。欽之子潛又爲釋音,于官兩浙時鏤板,蓋至正十一年也。卷首有蘇天爵至元五年序。明嘉靖甲子青州知府杜思又爲重刻,而流傳者絶少。至乾隆四十六年辛丑,知益都令周兩塍未詳其名。以原書多有舛誤,又逐一考證,附于各卷之後。草藁甫就而周卒,其子慶承與登州守胡德琳述而刻之。胡亦有序。杜思重刻序亦列于卷首。卷末有于潛及周慶承二跋。

76 **埤雅二十卷** 題顧槭校本。 一函四册。

宋陸佃撰。始《釋魚》,終《釋天》,言爲《爾雅》之輔也。佃先撰《爾雅新義》二十卷,繼又爲此書,所援引甚博,歷四十年乃成。其子宰表而上之。厥後五世孫壡再刻于贛州。卷首有張存序,謂"尚非完帙也"。

77 **埤雅廣要三十三卷** 明刻。 二函共十二册。

明天順蜀府護衛百户牛衷奉教撰。因宋陸佃《埤雅》二十卷之舊而推廣之,爲四十二卷,吳從政爲之音釋,殷仲春序之,孫弘範梓之。余所得者僅三十三卷,其目録亦止三十三卷,餘者闕如,豈其九卷已歸烏有邪？凡分天道、地道、人道、品物、卉物、什物六門,總三十類。

78 **容齋隨筆十六卷續筆十六卷三筆十六卷四筆十六卷五筆十卷** 明刻。 二函十四册。

宋洪邁撰。邁撰書甚夥,晚年急于成書,不復審辨。門下客多取他書所記舊事,改易姓名以欺之。曾撰《夷堅志》四百餘卷,極鬼神事物之變,陳直齋嘗譏之。而是書則考訂精確,洵足傳信。每筆皆有自序。惟《五筆》未成,故衹十卷。邁之從孫伋知贛州寺簿時,以是書刻于郡齋,有嘉定壬申何異序。明崇禎三年馬元調于松江郡,鬻得是書,重加校正刻之,尚爲佳本。

79 **樂府詩集一百卷** 毛氏板。 二函共十六册。

宋郭茂倩集。上采唐虞歌謡,下迄于唐,凡號稱樂府者皆録焉。分十二門,曰郊廟歌辭、曰燕射歌辭、曰鼓吹曲辭、曰横吹曲辭、曰相和歌辭、曰清商曲辭、曰舞曲歌辭、曰琴曲歌辭、曰雜曲歌辭、曰近代曲辭、曰雜謡歌辭、曰新樂府辭,每題各爲之解,而首尾皆無序文。元至元六年,濟南彭叔儀校而刻之,屬李孝光爲之序。

80 **樂府廣序三十卷** 康熙十五年刻。【眉批:總集存目。】 一函四册。

國朝浙西朱嘉徵止谿編。取漢魏諸樂府及歌詩琴曲,以風、雅、頌分之,而仿卜序爲之序。

81 **後村居士詩集十六卷詩話二卷詩餘二卷** 康熙五十九年姚氏刻。 一函六册。

宋劉克莊撰。全集罕傳。國朝姚培謙得朱初晴所藏本,校而梓之。

82 **二家詩鈔二十卷**　康熙乙亥刻。　一函五册。

毗陵邵長蘅子湘選。王士禛阮亭先生詩十二卷、宋犖漫堂先生詩八卷,鈔而梓之。

83 **澠水燕談録十卷**　明刻。《稗海》本。　一函二册。

宋王闢之撰。雜記見聞,分一十五門。澠,齊水名,《春秋傳》"有酒如澠"是也。闢之,齊人,故名。鮑氏《知不足齋》本最善,此刻可删。

84 **癸辛雜識前集一卷後集一卷續集二卷别集二卷**　毛氏汲古閣刻。【眉批:嗣得《稗海》本①,前、後、續、别共四集,計六卷,皆全。殆振鷺堂主人重刻時補足也。可以互校。】　一函三册。

宋周密撰。自序:"卧病荒間,來者率野人畸士,放言醉談,靡所不有,因萃之成編。"癸辛者,密所居里也。四集末皆有毛晋跋。商濬刻《稗海》中亦列是書,而佚《後集》一卷及《續集》二卷。此本乃毛氏得之閔康侯者,實爲完璧。

85 **齊東野語二十卷**　明刻。殊劣。【眉批:《津逮秘書》本②,又《稗海》本③,可以互校。】　一函十册。

周密撰。自序"世爲齊人,居歷山下,或居華不注之陽",故以名書。所記臺閣故事多足糾正史誤。此本殆明人坊刻本,字迹粗劣,且多訛謬,而此書實爲罕覯,姑存之以備一種。

86 **楚辭章句十七卷**　坊刻。　一函四册。

漢劉向編集,王逸注。以屈原《離騷》爲經,以原别撰《九

---

① 因重複未著録,説見第991條。

② 見第575條。

③ 因重複未著録,説見第991條。

歌》《天問》等章及宋玉、景差、賈誼、淮南、東方朔、嚴忌、王褒諸子凡推究原意而循其調者爲傳，共十五卷，其第十六卷則劉向所撰《九嘆》也，逸皆爲之注。第十七卷則逸所撰《九思》，以附于向者。明王用晦得宋本校刻，王世貞爲序。嘉慶辛酉，坊間又依王本重刊。

# 蒲編堂路氏藏書目二

小洲手訂　總一百零六種,一千零四十六卷,六十函。

87 **直齋書録解題二十二卷**　聚珍板。　一函五册。

宋陳振孫撰。以歷代典籍分爲五十三類,各詳其卷帙多少、撰人名氏,且品題其得失,故曰"解題"。其所列經之類凡十,史之類凡十六,子之類凡二十,集之類凡七。按:目録之著,肇于劉歆《七略》,而存于今者《崇文總目》、尤袤《遂初堂書目》、晁公武《郡齋讀書志》及此書而已。《遂初堂書目》本無注。《崇文總目》爲景祐初王堯臣、聶冠卿、歐陽修、吕公綽等撰定,凡六十六卷,諸儒皆有論議著于每書之下。紹興中嫌其繁蕪,從鄭漁仲之言去其序釋,僅存書目一卷,此後遂有目無注。其可考見諸書源流者,賴有晁《志》及此二書。晁《志》已鮮刻本,而此書尤爲久佚。乾隆三十八年校輯《四庫全書》時總纂官等從《永樂大典》中録出,以聚珍板刷印頒布,并詳加考核,附以案語,定爲二十二卷,誠希覯之本也。

88 **鬼谷子三卷**　乾隆五十四年秦敦夫先生恩復刻。　一函三册。

新、舊《唐書·志》俱以爲蘇秦撰。宋王應麟《漢書藝文志考證》亦謂"蘇秦欲神秘其道,故假名鬼谷",殆以《戰國策》蘇秦有"得太公陰符伏而誦之,簡練揣摩"之語。而此書恰有《陰符》七篇,又有《揣篇》《摩篇》,故以爲秦書無疑。然《漢書》從横家有

"《蘇子》三十二篇",使果爲蘇秦所作,假名鬼谷,何以班固略而不注也? 惟《中興書目》曰:"周時高士,無鄉里、族姓、名字,以其所隱自號鬼谷先生。蘇秦、張儀事之,授以捭闔之術。"晁氏《讀書志》曰:"戰國時隱居潁川陽城之鬼谷,因以自號。長於養性治身,秦、儀師之,受縱横之事。尹知章叙謂此書即授秦、儀者。"陳氏《書録解題》及錢曾《讀書敏求記》所言均與《中興書目》、晁氏《志》合。柳子厚論其書"險盩峭薄",高似孫謂"其智謀術數、變譎辭談蓋出於戰國諸人之表",劉涇又謂"鬼幽而顯,谷扣而應,藏幽露顯,一扣一應,信如其名"。今觀其詞峭義奥,反覆變幻,誠縱横家之祖。四書謂爲儀、秦師事者,良不誣也。至注之者,舊有樂壹、皇甫謐、陶弘景、尹知章四家。此本爲陶注,乃孫淵如星衍讀《道藏》于華嶽廟時從藏本録之。《道藏目録》又云"姓王名詡,春秋晋平公時人",不知何據,亦未標注者名氏。淵如先生以注中有"元亮曰"云云,元亮爲陶潛字,弘景引其言,故去姓稱字,斷爲陶注。秦敦夫先生校而梓之,其或他書所引本文今本不載,及鬼谷子事迹足相考證者,并附録于末書,總二十一篇。卷中第十三、第十四兩篇亡。末有阮芸臺相國跋。卷首有秦序及篇目考。

89 **管子二十四卷** 依明本刻者。按:此即朱長春所撰《管子榷》本,而有經坊間删節者。【眉批:又明刻本。①】 一函八册。

題齊管仲撰。原書八十六篇,至宋時已佚十篇,今存者七十六篇。隋、唐《志》著之法家。唐房玄齡注。明劉績又續而補之。朱長春以劉注多舛礙讀,又校而標之,均以劉按、朱按別于房注。但朱序中稱"尹知章初注蕪陋"云云。晁氏《讀書志》又據杜佑

---

① 見第3143條。

云:"玄齡注其書,載管仲將殁對桓公之語,疑後人續之。而注頗淺陋,恐非玄齡,或曰尹知章也。"據此則是書爲尹注。而卷首又標"唐司空房玄齡注"七字,殊不可解。簡端兼有楊慎、張榜、趙用賢、孫鑛、梅士享、陳夢槐諸人評。

90 **後山詩話一卷** 湖南毛晋汲古閣刻。【眉批:又《稗海》本亦有。①】

宋陳師道撰。明毛晋跋云:"無己每登臨得句,即急歸,卧一榻,以被蒙首,惡聞人聲,謂之吟榻。家人知之,即嬰兒稚子皆抱寄鄰家以避之。"其用意精專如此。無己,師道字也,一字履常,彭城人。

91 **竹坡詩話一卷** 毛氏刻。

宋周紫芝撰。明毛氏訂,并跋云"余幼時見公集,名《太倉稊米》,憎其宋氣太重,急貽一塾師"云云。"宋氣"二字甚新。

92 **彦周詩話一卷** 毛氏本。與前所獲本②比,較此爲差善。又《稗海》本。③

宋許顗撰。彦周,其字也,襄邑人。自述"夢行大路中,寒沙没足,其傍皆田苗丘隴。一婦人携之以手,遂相引藉草坐,兼求詩云云",不特誕怪,且涉邪矣,其大病也宜哉。其詩亦酷似鬼詩,漫録于此:"閑花亂草春春有,秋鴻社燕年年歸。青天露下麥苗濕,古道月寒人迹稀。"

93 **續詩話一卷** 毛氏本。

宋司馬光撰。續歐陽公修《六一詩話》也。自序云:"歐陽公文章聲名雖不可及,然記事一也,故敢續書之。"

---

① 因重複未著録,説見第991條。

② 見第28條。

③ 因重複未著録,説見第991條。

94 **二老堂詩話一卷** 毛氏本。 以上五種共一函二册。

宋周必大撰。其《老人十拗》一則切中情趣,所補一聯云"夜雨稀聞聞耳雨,春花微見見空花"亦切,耳、雨二字尤奇。

95 **酉陽雜俎二十卷續十卷** 毛氏刻。【眉批:《稗海》本亦載①,祇二十卷。】一函三册。

唐段成式撰。所記遺聞遺事瑰奇譎怪,耳目爲之一新。其標目尤多不可解,如《天咫》《玉格》《壺史》《貝編》《尸穸》《諾皋》之類。宋人有以《左氏傳》中行獻子許梗陽人巫皋事解"諾皋"二字者,似亦涉於附會。或又曰《靈奇秘要辟兵法》有咒曰"諾皋",則愈近於誕矣。其曰《酉陽雜俎》者,大、小二酉山多藏奇書。又《詩》《書》爲太羹,史爲折俎,子爲醯醢,故名。晁氏《志》此書《前集》作三十卷。而陳氏《解題》及國朝《四庫書目》皆作二十卷,與此合。《續集》十卷亦成式所撰。

96 **石林燕語十卷** 明刻。《唐宋叢書》祇載一卷。②【眉批:《稗海》本也。】 一函二册。

宋葉夢得撰。多記朝廷故事。陳氏《書録解題》又有《燕語考異》十卷,云:"成都宇文紹奕撰。舊聞汪玉山嘗辨駁《燕語》之誤而未之見也。"則《考異》一書宋時已罕傳矣。居在卞山,奇石森列,自號石林居士。

97 **老學庵筆記十卷** 明毛氏刻。【眉批:又《稗海》本亦載。③】 一函四册。

宋陸游撰。毛晋跋云此書"人争謂其拾得小碎如《五色綫》《酉陽雜俎》之類"。然張德遠之誅范瓊、秦檜之殺岳武穆、王仲信

---

① 因重複未著録,説見第991條。

② 因重複未著録,説見第935條。

③ 因重複未著録,説見第991條。

之不官秦熺、任元受之不就魏公諸則皆足補史之遺而糾史之謬，豈僅區區于瑣碎云爾哉。陳直齋云“生識前輩，年登耄期，所記見聞，殊可觀也”，徵于此益信。

98 **抱朴子八卷** 坊本，題柏筠堂板。此本删去。【眉批：録盧氏本。①】 一函八册。

晋葛洪撰。晁氏《讀書志》道家類列“《抱朴子内篇》二十卷《外篇》十卷”，而雜家類又列“《抱朴子外篇》十卷”，以爲《内篇》言神仙黄白之事，故列于道家，《外篇》言君臣理國用刑之道，故附于雜家。果爾，則《外篇》之十卷不應又附于道家，此其例之不嚴也。陳氏《書録解題》道家類祇著“《抱朴子》二十卷”，云“此二十卷者，《内篇》也。《外篇》駁難通釋。《館閣書目》有《外篇》五十卷”云云，未著録。今此本凡八卷，其《内篇》自“暢玄卷第一”至“袪惑卷第二十”總爲四卷，其《外篇》自“嘉遁卷第一”至“窮達卷第五十”總爲四卷，又列“重言卷第五十一”及“自叙卷第五十二”兩篇。按自叙云：“建武中乃定，凡著《内篇》二十卷，《外篇》五十卷。《内篇》言神僊方藥、鬼悖變化、養生延年、禳邪袪禍之事，屬道家。《外篇》言人間得失、世間臧否，屬儒家。”殆内外二篇唐宋以前俱單行，至後遂合爲一書，不復分列。《晁志》所云“《外篇》十卷”者，疑宋人并五十卷重加排定，非此書有散失也。國朝《四庫書目》總作八卷，與此合。晁氏稱抱朴子“博聞深洽，江左絶倫”，信然。其中丹藥、符籙、變化諸方雖難騾信，而文章之古艷，筆舌之辨駁，洵可爲枵腹之珍錯、盲人之户牖也。

99 **復古編二卷** 乾隆辛丑安邑葛鳴陽借新安程晋芳舊鈔本梓板于琉璃廠。卷末

① 未著録。

有葛序甚詳，佳本也。附《校正》一卷《附録》一卷。　一函共三册。

宋張有撰。字謙中，工習篆籀，得李斯、陽冰之法，校正俗書與古字盭者。采摭經傳，日考月校。每篆字下以正書注其義，又云俗作某某，非悉據許氏《説文》以爲正。其點畫之微、轉側縱横、高下曲直、毫髮有差，則形聲頓異。每慨近今人作字，變本加厲，輾轉亂真，甚有以古爲怪、以俗爲通者，指不勝屈。此亦積習生常，非可朝夕挽回者也。陳氏《解題》稱"有書林攄家墓道碑魏字從山，與巍字同，攄以爲非。有曰：'《説文》所無，手可斷，字不可易。'攄不能强"。又樓鑰叙稱"古無庵字，有以爲當作闇，而難以題扁。嘗篆楊龜山《踵息庵記》，終篇無庵字，碑額雖從广，竟作隸體書之，其信古不從俗類若此"。有撰此書歷二十有九年，然後成帙，集三千餘字。卷首有宋大觀四年陳瓘叙。卷末有宋程俱政和三年後序及紹興十三年王佐才後序、嘉定三年樓鑰新叙，又明萬曆丙子黎民表書及國朝乾隆己丑李文藻跋。安邑葛雲峰鳴陽比部將刻此書，又爲《附録》一卷。刻既成，復得元明間刻本，互有所長，又作《校正》一卷，附于後。

100　**曾樂軒藁一卷**　葛氏刻。

宋張維撰。維爲謙中有之曾祖，子野先之父。著有《曾樂軒藁》，殘闕罕傳。葛氏既刻《復古編》，遂踵而梓之，依《十咏圖》編次，周公謹密《齊東野語》述之甚悉，玆不贅。卷首有葛氏序并附録五條，爲一卷。

101　**安陸集一卷附録一卷**　葛氏刻。二集附于《復古編》後。

宋張先撰。字子野，爲謙中之祖，著有《安陸集》，葛氏并附刻之。凡詩八首，詞六十八首。子野長于樂章，擅名一時，嘗有"雲破月來花弄影""浮萍破處見山影""隔墻送過秋千影"之句，時號爲“張三影”云。末有附録二十六條。

102 **鶡冠子三卷** 聚珍板。 一函三册。

宋陸佃注。佃序云:“鶡冠子,楚人也。居于深山,以鶡爲冠,號曰鶡冠子。”自《博選》至《武靈王問》凡十九篇,惟《漢志》稱爲一篇,《隋志》始爲三卷,或漢以來有所附益,則未可知。韓昌黎《讀鶡冠子》乃曰“十六篇”,豈未睹全書邪?其書雖雜刑名,而大旨原于道德。文亦博辨宏肆,殆與莊、老同原而異委者。陸注惟陳直齋《解題》中著録,晁《志》不言有注,殆陸注當宋時已罕傳矣。乾隆三十八年校輯《四庫全書》時以聚珍板刷印,殆亦得之《永樂大典》中者。卷首列昌黎《讀鶡冠子》一則。

103 **難經經釋二卷** 徐氏刻。筆畫秀勁,紙墨精好,佳本也。 一函二册。

舊題秦越人撰。《漢志》但有扁鵲内、外《經》而已,《隋志》始有《難經》之名,《唐志》遂題曰“秦越人”,皆不可考。然實兩漢以前書也。注之者不下數十家,惟元滑壽注最有條理。此本爲國朝吴江徐大椿所釋,以爲“難者,辨論之謂,以靈素之微言奥旨,引端未發者,設爲問答之語,俾暢厥義。蓋難經所以釋經,非難即經也,于是本其發難之情,先爲申述《内經》本意,索其條理,隨文詮釋,别其異同,辨其是否”①。其有補正缺失及推廣其義或旁證其説者,别用“按”字,另爲標題。以難本所以釋經,今復以經釋難,故曰“經釋”。其序文及凡例五則甚詳。所釋亦精微曉暢,堪與滑氏本義并垂不朽。末又有後叙一篇。

104 **商子五卷** 嘉慶八年問經堂刻。 一函一册。

衛公孫鞅著。書二十九篇,見《漢·藝文志》。以秦相封于

① 見清徐大椿《難經經釋叙》。

商,故稱商君。《隋·經籍志》爲五卷。自《舊唐書·志》稱爲"商子"。宋時衹存二十六篇,已亡其三,晁氏、陳氏《書目》亦然,與今本同。亡者《刑約第十六》《禦盜第二十一》,第二十七篇并目亦亡之矣。商君子學出于刑名,秦孝公委以政,遂致富强,而卒以刻薄致誅,所謂出爾反爾也。陽湖孫淵如星衍取諸家所藏本,并采諸傳、注、類書所引證其舛誤,序而刻之。

105 **孫子十家注十三卷遺説一卷叙録一卷** 嘉慶二年陽湖孫氏刻。 一函。

孫武子撰。自《計篇》至《用間篇》凡十三篇。孫淵如星衍讀《道藏》于華嶽廟時見有此本,稱"十家集注"。十家者,一魏武、二梁孟氏、三唐李筌、四杜牧、五陳皞、六賈林、七宋梅聖俞、八王哲、九何延錫、十張預也。卷中又多有杜佑語。案佑實未注《孫子》,其文即《通典》所引《孫子》語而訓釋之,其例每先引曹注,下附己意,亦或間引孟氏,實未作注。《宋史·藝文志》兵書類列"吉天保《十家孫子會注》十五卷",即《道藏》中此本。雖多引杜佑語,實不在十家之内,故仍題"十家注"。孫氏刻此書,一仍吉天保之舊而釐爲十三卷。末附鄭友賢《孫子遺説》一卷,鄭説曾見鄭樵《通志》,蓋宋人也。畢以珣又爲《叙録》一卷,凡經、傳、史、子内引用《孫子》者皆録焉,而列孫子本傳及《魏武帝策》于篇首。

106 **郡齋讀書志四卷附志一卷後志二卷考異附** 鈔本。丁酉秋九月得之都城書肆。 一函五册。

宋晁公武撰。自序"南陽井公好書,自知興元府領四川轉運使,常以俸之半傳録。人間有異本,聞之未嘗不力求,必得而後已。歷十餘年,所有甚富。既罷,載以舟,即廬山之下居焉。與余厚,一日舉以付余,凡得書若干部。余三榮僻左少事,日夕讎校,每終篇輒撮其大旨論之"云云。其門人杜鵬舉及宜春郡守黎安朝皆有序。黎序云“先生書今不可得盡見,而《志》獨存。宜春士趙希弁,博學好古,藏書亦富,遂以屬之校正。因即其所藏之目參焉,已載者不復取,未有者補其缺。其間互出者,蓋詳略不同,文義或異,及後來諸賢所著述亦藉以概見,益爲五卷,别以《附志》”云云。據此則《附志》一卷所載乃合趙希弁所藏互爲參補,不純爲晁氏原書也。又希弁《後志》序云“三衢游使君以蜀本鋟諸梓,乃衍而爲二十卷,書加多焉。蓋先生門人姚君應績所編。按先生自序:‘火厄兵戈之後尺素不存。’而杜君鵬舉所序亦止四卷。今考姚君所編,杜序獨缺而不著,因摘取其所增入者,凡四百三十五部,總八千二百四十五卷,往往皆晁氏之書,爲《讀書後志》二卷。至若二本所載其間有實同而名異,此備而彼遺,與夫分種入類之不同,又爲《考異》于編末”云云。據此則《後志》二卷所載乃希弁益以姚君所編之書,又不純爲晁氏所得于井公之原書也。國朝《四庫書目》以《後志》亦爲晁公武所撰疑誤,且叙《後志》及《考異》于《附志》之前,亦未合此本。前後序跋皆完整無缺,惜鈔字多訛,當更求善本校之。再是書凡兩列目録,一分四卷、五卷及《後志》二卷,即現列之次第也;其前又分爲二十卷,疑即姚君所列之次第也。直齋所録稱二十卷,殆即蜀本云。

107 **讀書敏求記四卷** 乾隆十年刻。【眉批:又初印本①,絶佳。】 一函四册。

國朝虞山錢曾遵王撰。專記宋板、元鈔及書之次第、完缺、古今不同者。雍正丙午吴興趙孟升始授諸梓。乾隆乙丑嘉興沈尚傑重校以行,而原刻頗多錯誤。乾隆六十年乙卯,尚傑之孫炎又改正數十條,重爲印布,錢塘胡重爲之序。此書與晁氏《讀書志》、

① 未著録。

陳氏《書録解題》均爲藏書家所依據,余何幸而并置案頭也。書内稱"吾友葉林宗篤好奇書,搜訪不遺餘力。每見案頭一帙,必假歸,躬自繕寫,篝燈命筆,夜分不休。我兩人獲得秘册,即互相傳録。雖昏夜叩門,兩家童子聞聲知之。林宗殁,余哭之慟,爲文祭之",并載其文,甚爲悽愴。又嘗于士人袁飛卿家見魏張揖《博雅》一書,求之半載,童十數往返,始得繕録,徵白金五十星乃去。錢物可得,書不可得,雖費不校。吁!前人於書可謂篤好矣!其未得也,竭力購之;其既得也,悉心校之。今人往往以賤價購得前人既校之書,而束之高閣,不一寓目,亦又何心哉!

108 **山海經廣注十八卷** 康熙六年刻。【眉批:又《古今逸史》本有《山海經》。①】 一函三册。

《吴越春秋》載禹"登宛委山,發石取書。按金簡玉字,得通水之理。遂循行四瀆、名山大澤,召其神而問之。山川脉理、金玉、鳥獸、昆蟲之類及殊國異域、土地里數,使益疏而記之,名曰《山海經》"。按此言甚誕,且有後世地名,疑爲後人所羼,非本文也。晋郭璞爲之注,又爲《圖贊》。圖久亡,梁張僧繇曾補之。宋咸平二年校理舒雅,銓次館閣圖書時,見僧繇舊踪尚有存者,重繪爲十卷,今亦罕傳。此本爲國朝吴任臣所訂,因郭璞舊注而增廣之。援證精博,殆欲與酈氏《水經注》抗衡。郭氏之贊,亦皆附于各篇中。又爲圖一百四十四,此本無圖,殆失去也。而以《雜述》終焉。

109 **孔叢子三卷** 坊刻。疑即《漢魏叢書》本。 一函二册。

孔子八世孫鮒,字子魚,論集仲尼、子思、子上、子高、子順之言及己之事,凡二十一篇,爲上、中二卷。名《孔叢》,言有善而叢

---

① 因重複未著録,説見第1024條。

集之也。漢孝武朝太常孔臧又以其所爲賦與書,分上、下二篇,附于末,總爲下卷,謂之《連叢子》。宋嘉祐中,宋咸嘗爲之注。晁氏《讀書志》謂"《漢志》無《孔叢子》,而儒家有'《孔臧》十篇',雜家有'孔甲《盤盂書》二十六篇',意《孔叢子》即《漢志》孔甲《盤盂書》,而亡五篇;《晁志》'亡五篇'作'亡六篇'。按今《孔叢》上中二卷現有二十一篇,則自二十二至二十六乃亡五篇耳,今改正。《連叢》即《漢志》孔臧書,而其子孫或續之也"云云,似屬可信。此本間附注語,而卷首未標注者姓氏,其即爲宋咸所注與否,無由而知,當别求善本校之。卷首有大梁李濂序,引"朱子云:'其文軟弱,不類西京,多似東漢人語。'愚謂或子豐、季彦輩集先世遺文而成之,故其書東京始行",尤與晁氏"子孫或續之"語符合。

110 **鬻子一卷** 明刻。

舊題鬻熊撰。熊爲周文王師,封于楚,爲始祖。書凡十四篇,《漢志》稱二十二篇,後亡五篇,存十五篇,陸佃曾校之。至唐又亡一篇,存十四篇。唐逢行珪爲之注。是書甲乙篇次錯亂,遺闕殊不可曉,然逢行珪序及表中已明言之,則唐時已爲殘編矣。諸書目俱列之道家。

111 **關尹子一卷** 明刻。

題關令尹喜撰。與老子同時,即請老子著《道德經》者也。書凡九篇,篇皆有序,皆有"關尹子曰"四字。劉向校定,稱其"使人泠泠輕輕,不使人狂實",亦莊、列之流也。陳直齋稱九卷,蓋一篇爲一卷耳。

112 **亢倉子一卷** 明刻。

唐天寶元年詔號《莊子》爲《南華真經》;《列子》,《沖虚真經》;《文子》,《通玄真經》;《亢倉子》,《洞靈真經》。然求《亢倉子》不獲。襄陽處士王士元乃取諸子文義類者補其亡,即《莊子》所謂《庚桑子》也。庚桑、亢倉聲相近,故是書乃士元僞作,非《亢倉子》原書也。書凡九篇。舊有何粲注,今亡。

113 **天隱子一卷** 明刻。

唐司馬承禎序言:"不知其何許人著。書八篇,修煉形氣、養和心靈、長生久視,無出是書。"後又自撰《口訣》一篇附于末。宋濂辨之,以爲"承禎嘗著《坐忘論》,與此書相表裏,殆即其所僞托"云云。余謂古書之僞托者多矣,要皆無足深辨,而是書實爲養真之秘寶,若依《口訣》行之,不必延年,要可却病。卷末有胡璉、王倫等跋。

114 **玄真子一卷** 明刻。

唐張志和撰。皆設爲問答,文頗譎詭。《直齋解題》稱"《外篇》三卷",殆即此也。今存《碧虚》《鸑鷟》《濤之靈》三篇,其即以一篇爲一卷邪?嗣得知不足齋刻本,乃盧文弨所校者,云依藏本。

115 **无能子三卷** 明刻。

不著名氏。《唐志》云"光啓中隱士"。其序稱"无能子,余忘形友也",蓋即自謂。序中稱"析爲品目,凡三十四篇,編上、中、下三卷"。今書祇二十三篇,闕者八篇,合之爲三十一篇,尚闕三篇,殆亡之久矣。

116 **鄧析子一卷** 明板。

鄭駟歂嗣子太叔爲政,殺鄧析而用其竹刑,即此人也。書凡《無厚》《轉辭》二篇,共三十三條。陳氏《解題》作二卷。

117 **鬼谷子一卷** 明刻。與前列秦刻本互有異同。①

---

① 見第88條。

説已見前。此本以《本經》《持樞》《中經》三篇標爲《外篇》，而不分卷次。卷首列長孫無忌及高似孫論二條。

118 **尹文子一卷** 明刻。

仲長氏撰定。稱尹文子，出于周之尹氏，齊宣王時人，學于公孫龍，著書一篇，分爲上、下。仲長氏或即統邪？

119 **鹿門子一卷** 明刻。

唐皮日休撰。自序："醉士隱于鹿門，不醉則游，不游則息。息于道，思其所未至；息于文，慙其所未周。故復草《隱書》焉。"凡四十九條。

120 **小荀子一卷** 明刻。

即《申鑒》也。荀悦撰書五篇説已見前。[①] 楚蘭陵令趙國荀况曾著書三十二篇，號《荀卿子》，故悦書稱《小荀子》以别之。諸書皆作五卷，此本不分卷第。

121 **公孫龍子一卷** 明刻。 以上十二種共一函，每種一册，共十二册。

趙人公孫龍撰。即爲白馬非馬，堅白之辨者。原書本十四篇，今存六篇。其注爲宋謝希深作。此本不標注人名氏，卷首亦無序，殆遺之也。

122 **輿地廣記三十八卷** 聚珍板。 一函六册。

宋歐陽忞撰。其前三卷以今之郡縣繫于前代郡國之下，四卷以後又以歷代地理沿革離合繫于今郡縣名下。體例清析，端委詳明，特易尋覽。

123 **急就篇四卷** 明刻。 一函四册。

漢史游撰。唐顔師古注。宋王應麟音釋。明胡文煥校正。

---

① 見第11條。

凡三十四章。原書三十二章,其《齊國》《山陽》二章爲後漢人所續,無師古注,王應麟補釋之。其文多古語古字古韻,有足觀者。

124 **風俗通十卷** 坊刻。【眉批:又《古今逸史》本作四卷①,不全。】 一函二册。

漢應劭撰。自序:"俗間行語,衆所共傳,積非習慣,莫能原察,聊舉所知,方以類聚,凡一十卷,謂之《風俗通義》,言通于流俗之過謬,而事該之于義理也。"凡十篇。舊又有《姓氏》一篇,今佚。

125 **白虎通四卷** 乾隆甲辰抱經堂刻。【眉批:又《古今逸史》本作二卷。②】 一函二册。

漢班固撰。章帝建初四年十一月,詔諸儒會白虎觀,講論五經同異,令固撰集其事,曰《白虎通》,凡四十三篇。古人講解經義,并謂之通。此書訛謬,相沿已久,陽湖莊述祖校正完善,盧文弨復就莊本嚴加考核付梓,又就海寧吴騫小字本作補遺若干條,附于末。其考及目録、闕文,則莊述祖所定也。此書隋、唐《志》皆作六卷,而《崇文總目》,晁、陳二《志》又皆作十卷,元大德九年無錫所刻又止分上、下兩卷,惟明武林何允中本作四卷。究之,其篇目皆完善,不過後人分合其卷耳。此本即依何允中本訂正,仍爲四卷,每卷各分上、下。卷首列元大德張、嚴二序。

126 **爾雅翼三十二卷** 元刻。 一函十二册。

宋羅願撰。草木、鳥獸、蟲魚之屬,肖其形色,考訂疑似,博識諦審,物無遁形,洵足羽翼《爾雅》。卷首自序一篇爲韻語,古音古色,奇文也。宋王應麟于咸淳庚午知徽州時刊于郡,亦仿羅序爲後序一篇,尤爲曠奧。元洪炎祖爲之音釋,并釋二序。窮搜曲證,

---

① 因重複未著録,説見第1024條。

② 因重複未著録,説見第1024條。

可稱三絶。延祐七年刻。卷末有方回跋。

127 **金石録三十卷** 乾隆壬午雅雨堂刻。 一函四册。

宋趙明誠撰集。搜訪前代金石刻詞共二千卷,仿《集古録》之例。考訂題跋,極爲精賅。其妻易安居士李氏爲作後序,言之甚詳。其前十卷爲目録,後二十卷爲跋尾。德州盧氏從謝世箕、葉文莊公諸本校正脱訛,梓以行世。詳于盧序及凡例各條。卷末有葉跋及何義門諸跋。

128 **金薤琳琅二十卷** 乾隆四十三年刻。 一函四册。

明都穆編。仿洪氏《隸釋》之例,全寫其文,闕者亦具著所闕多寡之數,且俱以所目睹者爲斷,共六十三碑,與他本僅列碑目者别。乾隆六年,宋振譽又出家藏四種舊拓者,附于卷後爲補遺,并跋。乾隆四十三年,汪荻洲名未詳。校而刻之,盧文弨爲之序。

129 **古微書三十六卷** 嘉慶丙子刻。 一函六册。

明孫瑴編。取五經諸緯之佚文,各爲編次,以存原書之梗概。每卷之首皆有小引,其卷中篇目有難曉者疏釋之。本文有古注者録之,無原注者復博引他説旁通之。凡《尚書》緯十二部,曰《考靈曜》、曰《帝命驗》、曰《中候》、曰《五行傳》、曰《璇璣鈐》、曰《刑德放》、曰《運期授》、曰《帝驗期》、曰《中候握河記》、曰《中候考河命》、曰《中候摘洛戒》、曰《中候雜篇》。《春秋》緯十五部,曰《元命苞》、曰《演孔圖》、曰《合誠圖》、曰《文曜鈎》、曰《運斗樞》、曰《感精符》、曰《考異郵》、曰《潛潭巴》、曰《説題辭》、曰《漢含孳》、曰《佐助期》、曰《保乾圖》、曰《握誠圖》、曰《内事》、曰《命歷序》。《易》緯七部,曰《通卦驗》、曰《坤靈圖》、曰《稽覽圖》、曰《河圖數》、曰《筮類謀》、曰《九厄讖》、曰《雜緯》。禮緯三部,曰《含文嘉》、曰《稽命徵》、曰《斗威儀》。樂緯三部,曰《叶圖徵》、曰《動聲儀》、曰《稽耀嘉》。《詩》緯三部,曰《含神霧》、曰《推度灾》、曰《泛曆樞》。《論語》緯五部,曰《比考讖》、曰《撰考》、曰《陰嬉讖》、曰《摘輔象》、曰《摘衰聖》。《孝經》緯七部,曰《援神契》、曰《鈎命訣》、曰《中契》、曰《左契》、曰《右契》、曰《威嬉拒》、曰《内事圖》。河圖緯十部,曰《括地象》、曰《始開圖》、曰《絳象》、曰《稽耀鈎》、曰《帝覽嬉》、曰《挺佐輔》、曰《握矩記》、曰《雜緯》、曰《玉版》、曰《龍魚》。河圖洛書緯五部,曰《靈准聽》、曰《甄曜度》、曰《摘六辟》、曰《録運法》、曰《河洛讖》。《易》緯不及《乾坤鑿度》者,以世有專行本,故不贅考。緯之興,起于漢哀、平、王莽之際,以此濟其奸邪之謀。隋煬帝惡天下家藏讖緯,于是付之一炬,而緯學浸微。《唐志》猶存九部,今則皆亡,惟《易緯鑿度》等僅存耳。讖緯之説固不可信,存之以作游藝觀,當無不可。是書原多紕繆,陳世望重加校正,于嘉慶丙子刻之。

130 **大戴禮記十三卷** 坊本,影盧氏雅雨堂本翻刻者。 一函二册。

漢戴德、戴聖皆受《禮》于后蒼。漢初以來迄于劉向校定中書,諸家所記禮書凡二百四篇,戴德删之爲八十五篇,謂之《大戴禮》。聖又删德之書爲四十九篇,謂之《小戴禮》。今小戴書立之學宫,而大戴之書僅存此十三卷。自隋唐諸《志》載此書卷數,悉與今同,而篇第乃自《主言第三十九》起,訖《易本命第八十一》止。其前缺三十八篇,末缺四篇,計所存當仍有四十三篇,而于中又闕五篇。第七十三復重出一篇,皆不可曉。詳見盧氏凡例及宋韓元吉諸人序。其注爲周盧辯撰,止二十四篇。餘十五篇無注,但間有校正字句之處,盧氏以爲出于近代人所爲,不類本注,亦皆别爲標識云。

131 **釋名疏證八卷續釋名一卷補遺一卷** 乾隆乙酉畢氏靈巖山館刻。【眉批:又《古今逸史》本。①】 一函二册。

漢劉熙撰。凡二十七篇。國朝兵部尚書畢沅校刻,并爲疏證。序謂"此書兆于劉珍,踵成于熙,至韋曜又補作《官職訓》"云云,詳見沅序及跋。其書參校方俗,考合古今。晰名物之殊,辨典禮之異。洵與《爾雅》《説文》同其功用。沅又取群經及《史》《漢》書注、唐宋類書、道釋二藏,考訂疏釋,亦成國之功臣矣。又《太平御覽》引此書有釋律吕之文,因本文無此篇,不敢羼入,别爲《續釋》一卷。又取韋曜《官職訓》及《辨釋名》爲《補遺》一卷。

132 **佩觿三卷** 康熙庚寅張士俊刻。紙墨精好,洵爲善本。《唐宋叢書》亦載。② 一函二册。

宋郭忠恕撰。觿者,所以解結也。詳述變隸以降,字學浸失之由。分平、上、去、入四聲,字之相似者標釋之。其上篇論古今傳記、小學異同,極爲辯博。張氏刻之。末附雜述七條。

133 **説文解字三十卷** 乾隆癸巳朱氏刻。 一函八册。

漢許慎撰。凡十四篇,并序目一篇,各分上、下卷。凡五百四十部,九千三百五十三文,重一千一百六十三。宋雍熙中徐鉉奉詔校定。末有《新修字義》三條,其音切則以唐孫愐韻爲定。乾隆癸巳,朱筠視學安徽,依毛氏所據宋本重刻。卷末有毛扆跋,并雜述十一條。

134 **尚書集傳六卷** 嘉慶十年刻。 一函四册。

宋朱文公訂正而蔡沈集傳也。沈,字仲默,西山先生之仲子,從學于朱文公,自號九峰先生。

---

① 因重複未著録,説見第 1024 條。

② 因重複未著録,説見第 935 條。

135 **經典釋文三十卷** 明崇禎十四年刻。 一函十册。

唐陸德明撰。自五經三傳古禮之外,旁及《孝經》《論語》《爾雅》《莊》《老》。兼解文義,廣采諸家。古今并録,括其樞要。經注畢釋,訓詁兼辯。先儒舊説,往往在焉。傳述源流,目張條貫。凡《序録》一卷、《易釋文》一卷、《書釋文》二卷、《詩釋文》三卷、《周禮釋文》二卷、《儀禮釋文》一卷、《禮記釋文》四卷、《春秋左氏釋文》六卷、《春秋公羊釋文》一卷、《春秋穀梁釋文》一卷、《孝經釋文》一卷、《論語釋文》一卷、《老子釋文》一卷、《莊子釋文》三卷、《爾雅釋文》二卷。明震澤葉林宗購工影宋板寫刻。卷末有馮班跋。

136 **秘書廿一種** 新安汪氏刻,此本又坊間依汪本翻刻者。 二函共二十二册。

《汲冢周書》十卷,晋孔晁注。《吴越春秋》六卷,漢趙曄撰。《拾遺記十卷》,晋王嘉撰,梁蕭綺録。《白虎通》二卷,漢班固纂。此本作四十四篇,與前列抱經堂本①互有異同。《山海經》十八卷,晋郭璞傳并注。《博物志》十卷,晋張華撰。《桂海虞衡志》一卷,宋范成大撰,記桂林郡風物土宜。《續博物志》十卷,晋李石撰。《博異記》一卷,題唐谷神子撰,或曰鄭還古也。凡十條,皆志怪異。《高士傳》三卷,晋皇甫謐撰,凡九十一人。《劍俠傳》四卷,不標撰人名氏,多引唐事,蓋唐人也。凡三十三條。《楚史檮杌》一卷,不著撰人姓名,所載皆楚莊王時事。凡二十七條。《晋史乘》一卷,亦無撰人名氏,所載皆晋文公時事,與《楚檮杌》殆出一手。凡四十二條。元吾衍跋稱"其篇目次第與《晏子春秋》相似,疑出于一時,與《楚史檮杌》并得之,誠奇書也"云云。《竹書紀年》二卷,梁沈約注。《古今注》三卷,晋崔豹注。《中華古今注》三卷,後唐馬縞撰,以崔豹《古今注》尚有闕文,因推廣之。《三墳書》一卷,陳直齋曰:"元豐中毛漸正仲奉使京西,得之唐州民舍,其辭詭

---

① 見第125條。

誕不經,蓋僞書也。”晁公武云:“張商英僞撰,以比李筌《陰符經》。”《風俗通》四卷,漢應劭撰。《列仙傳》二卷,漢劉向撰,陳氏《解題》作七十二人,此本衹列七十人。《集異記》一卷,唐薛用弱撰。《續齊諧記》一卷。梁吴均撰,齊諧志怪本莊子寓言,均作此續之。以上共二十一種,新安汪士漢校輯彙刻,目爲秘書。此本乃坊間翻刻者,字迹殊劣,且多訛謬。

137 **晏子四卷** 明刻。【眉批:此本删去。】

齊晏嬰平仲相景公,此書著其行事及諫諍問答之言。分爲四卷,諫上、下爲一卷,問上、下爲一卷,雜上、下爲一卷,外篇爲一卷。按劉向校定云:“其書六篇,皆忠諫其君,合六經之義。又有複重,文辭頗異,不敢遺失,復列以爲一篇。又有頗不合經術,似非晏子言,疑後世辯士所爲者,故亦不敢失,復以爲一篇。凡八篇。”今按,所謂六篇者,即諫、問、雜各分上、下是也。其外篇亦分爲二,即向所謂文辭頗異及不合經術者也。此本無校定人名氏,而板尚爲明朗。

138 **韓非子纂二卷吕覽纂一卷** 【眉批:此本删去。】 與《晏子》共一函,共二册。

金陵張榜取《韓子》《吕氏春秋》二書,芟而纂之。割裂篇章,删裁字句,殊屬誕妄。竊謂古人著作,無任復重支離,後人總不可臆爲點竄。以與《晏子》同獲,故姑存之。

139 **晏子春秋七卷音義二卷** 孫淵如先生刻。 一函二册。

《漢志》八篇,但曰晏子。隋、唐《志》始稱七卷,號《晏子春秋》。《崇文總目》謂其書已亡,世所傳者蓋後人采嬰行事而成。故柳宗元謂“墨氏之徒有齊人者爲之,非晏子自著”。晁公武信宗元之説,遂列之墨家,殊爲非是。此本爲孫淵如先生星衍所校定,序文辨之甚詳,以《晏子》最古而無注本,且爲後人所删裂,訛謬特甚,于是就明萬曆沈啓南所校本詳加是正,又爲《音義》二卷,博考詳證,定爲八篇,以從《漢志》爲七卷,以從《七略》,《七略》云《晏子春秋》七篇,在儒家。于乾隆五十三年戊申刻之。

140 **吕氏春秋二十六卷** 明刻。 一函六册。

秦相吕不韋撰。其書有十二紀、八覽、六論。暴之咸陽市門,懸千金其上,有能增損一字者與千金,時人無能增損者。後漢高誘注。總一百六十篇。明萬曆己卯姜璧、虞德燁等依宋本重刊。

141 **春秋繁露十七卷** 乾隆十六年辛未董氏刻。 一函二册。

漢董仲舒撰。隋、唐《志》皆作十七卷,凡八十二篇。至宋闕三篇,第三十九、第四十、第五十四。今存七十九篇。此本爲崇安董天工依明王氏本重雕者①,天工自序"係出廣川,爲仲舒後裔"云,卷首并繪仲舒遺像。按本傳載所著書百餘篇,《清明》《竹林》《繁露》《玉杯》之屬。今是書既總名《繁露》,而《玉杯》《竹林》又皆其篇名,殊不可解。

142 **荀子二十卷** 世德堂大字本。 一函六册。

楚蘭陵令趙國荀况撰。凡三十二篇。唐楊倞注。《隋志》作十二卷,倞始分爲二十卷,詳載倞序。《漢志》作《孫卿子》,以避宣帝諱,故倞改正爲《荀卿》。秦漢以來列于儒家者,惟《荀子》爲醇。太史公作傳論次諸子,獨以孟、荀并稱,良有以也。

143 **荀子箋釋二十卷** 嘉慶甲子坊間依謝本重刻者。【眉批:嗣得謝氏原刻本②,此可删去。】 一函六册。

乾隆五十一年嘉善謝墉因盧文弨校刊本重加考證,并輯諸家

---

① "王氏"前原有一"武"字并一空格,不通。據《四庫未收書輯刊》影印清乾隆二十六年董天工箋注本《春秋繁露凡例》,王氏即王道焜,"王道焜"前并未冠以"武某",今删。

② 未著録。

之説，刊板于江陰使院。前世德堂本字大悦目，而此本則讎校精賅，置之案頭，可稱雙璧。

144 **揚子法言集注十卷** 明世德堂刻。 一函三册。

漢揚雄撰。晋李軌，唐柳宗元，宋宋咸、吴祕皆注是書。司馬光又采摭諸注，附以己意，名曰《集注》。卷首載光序及宋咸序表。晁《志》、陳《録》皆作十三卷，殆以一篇爲一卷也。此本總爲十卷。

145 **文中子中説十卷** 道光□年依明本刻者。① 一函四册。

隋王通撰。晁氏又稱通之門人共集其師之語爲是書。宋阮逸爲之注。第十卷載《文中子世家》及《王氏家書雜録》。

146 **丹鉛總録二十七卷** 明刻。 一函十册。

明楊慎撰。自一卷至二十一卷皆考訂之類，凡分類二十有五。二十二卷至二十七卷爲《璅語》。按慎有《丹鉛餘録》十七卷、《續録》十二卷、《摘録》十三卷、《總録》二十一卷，國朝《四庫書目》云三《録》皆慎自編，《總録》則其門人梁佐所編。今此本題曰《總録》，而卷數則加多，殆二十一卷以前即梁佐所編原書，其《璅語》六卷，後人附益也。

147 **圖繪寶鑒八卷** 坊刻。 一函四册。

元夏文彦纂輯歷代工畫諸人，上自軒轅，下迄遼、金、元代，考論世次、得失優劣，彙爲五卷，名曰《圖繪寶鑒》。其第六卷爲武林毛大倫所增補，皆明人。第七卷爲錢塘藍瑛、武林謝彬所纂輯，皆國朝人。第八卷爲山陰馮仙湜所集，皆女史。末又附補遺，凡九十餘人，自宋、齊至元歷代能畫者，題"夏文彦纂"，而統于第八卷

---

① "道光"後原有一空格，《中國古籍總目》著録此書有"清道光二年閻士驤刻本""清道光五年賈霈刻本"，未知空格處當據何本補。

之後，體例殊爲淆亂。

148 **文選六十卷** 毛氏汲古閣刻。 一函十册。

梁昭明太子蕭統編，唐李善注。

149 **詩人玉屑二十卷** 依元板重刊者。紙墨極爲精好。 一函六册。

宋魏慶之編。《苕溪漁隱叢話》所載北宋人語爲詳，此則載南宋人語差備。卷首有宋淳祐甲辰黄昜叔暘序。“昜”即“昇”字。

150 **苕溪漁隱叢話前集六十卷後集四十卷** 依宋板重刻者。與《玉屑》本異曲同工。 一函八册。

宋胡仔撰集。以阮閲《詩話總龜》獨略元祐以後諸公評論，遂續而纂之。凡閲所載者皆不録。二書互相補苴，北宋以前之詩話略備矣。仔居湖州，自號苕溪漁隱。

151 **碧溪詩話十卷** 聚珍板。 一函四册。

宋黄徹撰。論詩大抵以風教爲本，不尚雕華。立身持己，亦守正不阿。卷首陳俊卿序及徹子廓、徹孫燾、黄永存、聶棠諸跋，可以概見。徹寓居興化之碧溪，故以名其書。凡二百餘條。

152 **文心雕龍十卷** 乾隆六年姚培謙刻。 一函二册。

梁劉勰撰。凡四十九篇，合《序志》一篇爲五十篇。自《原道》至《書記》，溯源釋名，備列文章之體。自《神思》至《程器》，極論行文之術。末《序志》一篇，則自言撰述之由也。探賾索寂，鏤心鉥骨，洵不愧“雕龍”之稱。國朝黄叔琳又援據衆説，重爲輯注。

153 **袁氏世範三卷附集事詩鑒一卷** 乾隆甲寅大興吴衣園鐫板。知不足齋刻本同。① 又《唐宋叢書》亦載②，無《詩鑒》。 一函二册。

---

① 因重複未著録，説見第813條。

② 因重複未著録，説見第935條。

宋袁采撰。分睦親、處己、治家三門，本名《訓俗》，府判劉鎮爲之序，因更名《世範》。其書本爲垂訓家塾而設，故行文不免鄙淺。然明白顯易，切中世情，洵訓俗之針砭，持身之圭臬也。凡型家者皆當敬録一通，置之座右。是書曾刊于陶九成《説郛》中，然僅載數條，罕窺全豹。乾隆戊申，吴門袁又愷新修家譜，得此書，附梓于後。至乾隆甲寅，大興吴裕德刻之。又愷名廷檮，自跋云"于書肆購是編，乃宋人足本，分三卷，末有從祖陶齋公、表。謝湖公褧。二跋，稱其校刻精審"云。後又附方景明昕。《集事詩鑒》一卷。詳表、褧、廷檮諸跋。方氏詩事，凡列三十條。

154 **貴耳集一卷二集一卷三集一卷** 坊間抄録者。是書毛氏汲古閣曾刻于《津逮秘書》中①，此本殆即影鈔。 一函三册。

宋張端義撰。自序"耳爲人至貴，言由音入，事由言聽。古人有'入耳著心'之訓，又有'貴耳賤目'之説"，故以名書。

155 **湘山野録三卷** 毛氏汲古閣本。 一函三册。

宋釋文瑩撰。按錢遵王《讀書敏求記》云此書又有續録二卷，今此本闕如，毛氏殆未見全帙也。

156 **南唐書三十卷** 坊刻。《唐宋叢書》亦刻之。② 一函六册。

宋馬令撰。一卷至五卷爲書，六卷至二十九卷爲傳，第三十卷爲《建國》《世系》二譜。按陳氏《解題》稱令序言"其祖太博元康，世家金陵，多知南唐故事，未及撰次，今纂先志而成之"云云，今此本令序無此言，殆爲後人删去矣。

157 **金石例十卷附墓銘舉例四卷金石要例一卷** 乾隆乙亥雅雨堂盧氏刻。

① 因重複未著録，説見第580條。

② 因重複未著録，説見第935條。

一函二册。

元潘昂霄撰。《金石例》十卷專論古今碑碣之製,凡製器之楷式,爲文之矩矱,靡不畢具。明初王行又推廣例之正變,撰《墓銘舉例》四卷。國朝黄宗羲以潘書未著爲例之義與壞例之始,又爲《金石要例》一卷,用補昂霄之闕。合三《例》而金石之體製可以曉然矣。乾隆乙亥德州盧見曾彙而刻之。詳見諸序。

158 **古今韻略五卷** 康熙丙子刻。 一函五册。

國朝江南毗陵邵長蘅纂。以元陰氏時夫、中夫兄弟所輯《韻府群玉》一書於《禮部韻略》及宋毛晃、劉淵增修《韻略》中刊落三千餘字,而又間收訛字、俗字,以致古韻面目淆亂缺僞,不可復睹,故纂爲是編。仍陰氏之舊,而删正訛複六十餘字,增收七百八十餘字,以存毛、劉諸家之大凡。古韻則依宋吴棫《韻補》,省其複字,而益以明楊慎《轉注古音略》所收之字及今增三百四十餘字。援據精確,增刊不苟,洵韻學之集成也。卷首有宋犖牧仲序,言之甚悉。長蘅又爲例言若干條,列于前,尤爲賅洽。

159 **東觀漢記二十三卷佚文一卷** 聚珍板。 一函四册。

案《隋志》稱劉珍等撰。考《後漢書·班固傳》云明帝始詔固與陳宗、尹敏、孟冀等共成《世祖本紀》,并撰列傳、載記等二十八篇,此《漢記》之初創也。劉知幾《史通》稱安帝詔劉珍及李尤雜作紀、表、傳,起建武,訖永初。《後漢·劉珍傳》亦稱與劉騊駼作《建武以來名臣傳》。此《漢記》之初續也。嗣後劉珍等卒,元嘉中桓帝復詔伏無忌、黄景、崔寔、邊韶、朱穆、曹壽、延篤等雜作表、志、功臣列傳凡百十四篇,號曰《漢記》。此《漢記》之再續也。熹平中,馬日磾、蔡邕、楊彪等著作東觀,接續紀傳之可成者,而邕别作十《志》。《盧植傳》亦稱"熹平中,與蔡邕、韓説等共在東觀,補續《漢記》"云云。此《漢記》之三續也。《隋志》稱書凡一百四十三卷，而新、舊《唐志》則云一百二十六卷，又録一卷，蓋唐時已有闕佚。到北宋時僅有殘本四十三卷。至南宋《中興書目》則又祇存八卷。自元以來，此書遂佚。國朝姚之駰嘗撰《後漢書補逸》，搜輯遺文，析爲八卷。而掇拾不盡，挂漏仍多。乾隆四十二年，紀曉嵐、陸耳山等校輯《四庫全書》，于《永樂大典》所載及姚本舊文參考補集，釐爲帝紀三卷、年表一卷、志一卷、列傳十七卷、載記一卷。其篇第無可考者，别爲佚文一卷。而以《漢記》與范《書》異同附録于末。其稱"東觀"者，范《書·安帝紀》李賢注引《雒陽宫殿名》云"南宫有東觀"，蓋東漢之初，著述在蘭臺，至章和後，圖籍盛于東觀，修史者皆在是焉，故以名書。

160 **甲乙經十二卷** 明新安吴勉學校刻。 一函四册。

晋皇甫謐編。自序云："《黄帝内經》十八卷，今有《針經》九卷、《素問》九卷，二九十八卷，即《内經》也。又有《明堂孔穴針灸治要》，皆黄帝、岐伯選事也。三部同歸，文多重複，錯互非一。甘露中，吾病風，加苦聾，百日方治。要皆淺近，乃撰集三部，使事類相從，删其浮辭，論其精要，爲十二卷。"宋高保衡、孫奇、林億等奉敕校正。

161 **農書二十二卷** 聚珍板。 一函十册。

元王禎撰。凡農桑通訣六、穀譜十、農器圖譜二十。《永樂大典》所載并爲八卷，錢遵王《讀書敏求記》稱十卷，蓋明人刊本以意分合，舛訛漏落，久失本面。此本乃據元刻舊本繕寫者，依原序條目，以類區分，編爲二十二卷。其書典贍有法，圖繪亦皆工緻。每圖之末皆繫以銘贊詩賦，風雅可誦。洵爲華實并茂者。卷首有禎自序。

162 **易緯乾坤鑿度二卷** 聚珍板。

題庖犧氏先文,公孫軒轅氏演古籀文,蒼頡修爲上、下二篇,并注此書。隋、唐《志》皆未著録,至宋元祐間始出。《紹興續書目》有蒼頡注《鑿度》二卷,殆即此書。上篇論四門四正、取象取物及卦爻蓍策之數。下篇論坤有十性,而推及蕩配凌配。又雜引《萬形》《地形》諸經緯文。詞多聱牙,猝不可曉。晁公武疑爲宋人依托,殆非苛論。

163 **易緯通卦驗二卷** 聚珍板。

黄震《日鈔》謂其書大率爲卦氣發。上卷明稽應之理,下卷言卦氣之徵驗也。此書久已失傳,諸類書所載亦輾轉脱訛,不盡可據。此本于各條下皆引案語,其文與注相混者,亦悉釐正,脱漏異同者,則詳加參校,與本文兩存之。其注爲漢鄭康成撰。

164 **易緯辨終備一卷** 聚珍板。

漢鄭康成注。按:"終"一作"中"。《後漢・樊宏傳》注《易》緯凡六,爲《稽覽圖》《乾鑿度》《坤靈圖》《通卦驗》《是類謀》,而終以此篇。馬端臨《經籍考》皆稱爲鄭康成注,而此書著録者一卷。今《永樂大典》所載僅寥寥數十言,蓋已非完本矣。

165 **易緯乾元序制記一卷** 聚珍板。

《後漢書》注《易》緯中并無此書。馬氏《經籍考》始著其目,列爲一卷。陳振孫、晁公武均疑爲後人妄托者。今考此書多與《坤靈圖》《稽覽圖》相近,殆本古緯所無,而後人于各緯中分析竄合以成此書也。亦鄭康成注。

166 **易緯坤靈圖一卷** 聚珍板。

鄭康成注。馬氏《經籍考》著録者一卷,今僅存論乾、无妄、大畜卦辭及"日月連璧"數語而已。

167 **易緯是類謀一卷** 聚珍板。

鄭康成注。"是"一作"筮"。其書通以韻語綴輯成文,古質錯綜,别爲一體。其間多言機祥推驗,并及于姓輔名號之説。

168 **易緯乾鑿度二卷** 聚珍板。

鄭康成注。説者稱其書出于先秦,自《後漢書》、南北朝諸史及唐人注經多所徵引,蓋較他緯獨爲醇正。漢魏以降,言《易》《老》者皆宗而用之,誠非後儒所僞托也。按此書與《乾坤鑿度》本實二書,晁公武并指爲蒼頡所修,合并爲一,誤矣。考《宋志》有鄭康成注《易乾鑿度》三卷,而不及《乾坤鑿度》,則知宋時固自單行也。原本文字斷缺,多有舛訛。今依經史所引并據明錢叔寶舊本互相校正,凡增損若干字。從鄭樵《通志》之目,定爲上、下二卷。

169 **易緯稽覽圖二卷** 聚珍板。 以上八種共一函,共三册。

漢世大儒言《易》者,悉本是書,最爲近古。所言卦氣、消息、徵應諸説,蓋即孟喜、京房之學所自出。至所稱軌筴之數以及世應游歸,乃兼通于日家推步之法。獨雜及宋永初、元嘉,魏始光,唐上元、貞元、元和年號,紛錯不倫。蓋皆六朝迄唐術士遞相附益,非《稽覽圖》本文。兹皆審核詞義,退二字附書,以示區别。并援經注史文,是正訛舛。依馬氏《經籍考》舊目,仍析爲上、下二卷。其注亦鄭氏撰。按七經皆有緯,而皆佚于唐。存者獨《易》,逮宋末而盡失其傳。今《永樂大典》所載《易》緯八種,具存梗概,多宋以後諸儒所未見。雖缺訛宏多,真僞莫辨,而殘珪斷璧,罔非瓌寶。合此八種,與孫瑴《古微書》并置案頭,覺古澤斑斕,夏鼎商盤,未甘多讓。

170 **尚書大傳四卷補遺一卷續補遺一卷考異一卷** 乾隆丙子雅雨堂盧氏刻。

漢伏勝著,鄭康成爲之注。按《漢·藝文志》伏生所傳經二十九卷,傳四十一篇。鄭康成序謂伏生章句之外別撰《大義》,劉向校而上之,其篇次與《漢志》合,即今《大傳》是也。此書久微,盧見曾得于同鄉孫氏,詳加校正,別撰《補遺》一卷,刊而行之。見曾之侄文弨又爲《續補遺》一卷、《考異》一卷,亦附于末。

171 **匡謬正俗八卷** 乾隆丙子雅雨堂刻。 以上二種共一函,共二册。

唐顏師古撰。以世俗之言多謬誤,質諸經史,匡而正之,謂之《匡謬正俗》。未成而卒。永徽中其子揚庭編爲八卷表上,奉敕録付秘閣。卷首有揚庭表,卷末有宋紹興十三年汪應辰跋。宋時以避諱,改名《刊謬正俗》,又稱《糾謬正俗》,實則匡也。德州盧氏與《尚書大傳》并刻之。

共一萬三千五百九十二字,石星五鈔。

# 蒲編堂路氏藏書目三

小洲手校　共七十三種,一千九十八卷,七十八函。

172 **虎鈐經二十卷**　未詳梓人年月名氏,實新刻也。　一函四册。

宋許洞撰。自序:“上采孫子、李筌之要;下撮天時、人事之變。或作于己見,或述于古人,名曰《虎鈐經》。”蓋取龍韜虎略之義。其書指陳兵法,凡六壬、遁甲、星辰、氣候、風角、鳥情以及醫療、人馬,一一詳載,總二百一十篇。起《天功》,訖《回兵》,而九卷内飛鶚、長虹、重覆、八卦、飛轅諸陣尤爲奇創,卷首有洞自序及表。

173 **傅子一卷**　聚珍板,乾隆三十九年校印。

晋傅玄撰。《晋書》本傳稱玄“撰論經國九流及三史故事,評斷得失,各爲區别,名爲《傅子》,爲内、外、中篇,凡四部、六録,合百四十首,數十萬言行世”。《唐志》《隋志》皆列有《傅子》一百二十卷,至宋而《崇文總目》所録止存二十三篇。元明以後,藏書家遂絶無著録者,蓋傳本久佚,僅《藝文類聚》諸書中所引寥寥數語而已。惟《永樂大典》所載尚多,且篇目咸在。今采綴裒次,得文義完聚者,自《正心》至《假言》十二篇,又文義未完者,自《問政》至《鏡總叙》亦十二篇,總爲一卷。其有《大典》失載篇目及他書所徵引者,復搜輯,得四十餘條,别爲附録繫于後。

174 **帝範四卷**　聚珍板,乾隆三十八年校印。

唐太宗文皇帝貞觀二十二年御撰,以訓太子。新、舊《唐書》

皆云四卷,而晁氏《志》僅載六篇,陳氏《書録》亦祇題曰一卷。元吴萊謂征雲南楚夷時始得完書,蓋此書宋佚其半,元乃復完也。《唐志》載有賈行注,而《舊唐書·敬宗紀》稱"寶曆二年,秘書省著作郎韋公肅注是書以進,特賜錦采百匹",是唐時已有二注。今本注無姓名,觀其體裁,似唐人注經之式,而又間引楊萬里、吕祖謙之言,疑元人因舊注而補之也。乾隆三十八年校輯《四庫全書》時總纂官等復加參考,其訛誤者各附列注文之下,仍依舊史定爲四卷。

175 **魏鄭公諫續録二卷** 聚珍板,乾隆三十八年校印。

宋馬端臨《經籍考》"《魏鄭公諫録》五卷,唐王綝集",又元亦祖丁《諫録序》云:"唐王綝集《諫録》五卷,至順初下邳翟思忠又摭其餘爲《續録》二卷。"《續録》自元統中付梓,明初流傳已少。世所行明人《續録》一卷,當是未見翟本而意爲搜補者。今本無編輯姓氏,然卷數與亦祖丁説合,則爲思忠舊帙無疑也。按鄭公即魏徵,《唐書》本傳稱"徵自以不世遇,乃展盡底藴無所隱,前後凡二百餘奏,無不剴切當帝心者"。

176 **澗泉日記三卷** 聚珍板,乾隆四十一年校印。 以上四種共一函,共四册。

宋韓淲撰。淲,字仲止,號澗泉。是書《宋史·志》不著録,無由知其卷帙之舊。兹以散見《永樂大典》中者,裒合排次,勒爲三卷,約略以類相從。其有關史事者居前,品評人物者次之,考證經史者又次之。《宋詩紀事》引黄昇之言,稱其"名家文獻,政事、文學爲一代冠冕"云。

177 **墨法集要一卷** 聚珍板,乾隆四十年校印。

明蘇州沈繼孫撰。繼孫,洪武時人,自言"初受教于三衢墨師,後又從一僧得墨訣,遂并録成書"。凡爲圖二十,附載《印脱圖》一。每圖各爲之説,實近代造墨之所祖也。卷首有繼孫自序。

178 **聚珍板程式一卷** 以上二種共一函,二册。

乾隆三十八年十月,凡校輯《永樂大典》内之散簡零編,擇其應行刊布者,俱以聚珍板刷印。既不濫費梨棗,又不久淹歲月,事省功倍,至簡且捷。董武英殿事金簡仿《墨法集要》體例撰爲是書,自《成造木子》迄《擺書》共爲九圖,并著説若干條,繕繪進呈。此本即以聚珍板印者,前列奏議。

179 **能改齋漫録十八卷** 鈔本。有聽雨樓查氏印記。【眉批:又聚珍板本。①】二函十二册。

宋吴曾撰。原本二十卷,見晁氏《讀書附志》。今存十八卷,與錢遵王《讀書敏求記》所録卷數相符。按京鏜序云"曾此書爲仇家摘其有一二不合,謂非所宜言,遂閟不傳。今削其不合載者,而存其所不當廢者,刊諸成都郡齋"云云。又按晁《志》稱此書條目"神仙詭怪"後有"詼諧戲謔"一門,今本十八卷,至"神仙詭怪"而止,殆即京序所謂不合紀載,遂被刊削,致缺"詼諧""戲謔"兩卷也。然陳氏《書録》及馬氏《經籍志》又俱稱十三卷,何邪?國朝蔣杲家藏此書二帙,一爲毛扆藏本,一爲朱彝尊竹垞太史家傳寫本。毛本原缺第二卷,而是本在秀水傳寫者,竟以第一卷分作兩卷,第十七卷亦分作兩卷,是此書衹存十六卷,并不足十八卷之數,其舛訛脱落,更不知凡幾矣。李北苑編修從蔣氏假得此本,詳加是正,卷中皆以朱字塗改,疑者闕之,録置插架,未及發雕,而今又輾轉入于余手,亦奇矣哉。卷首有京氏序,卷末列曾子復跋及吴焯、王阮亭、何義門、蔣杲、李北苑諸跋。

---

① 未著録。

180 **神機制敵太白陰經六卷** 抄本。 一函四册。

此本得之書肆,訛謬實多,殆未經校正者。按《舊唐書·藝文志》①有"李筌《驪山母傳陰符玄義》一卷。筌,號少室山達觀子,于嵩山虎口石壁得《黄帝陰符》本,題云'魏道士寇謙之傳諸名山',筌至驪山,老母傳其説"云云。又《神仙感通傳》稱李筌"居少室山,好神仙之道,嘗歷嵩山,得《陰符經》,讀數千遍,不曉其義。至驪山,逢一老母,出丹書符,令筌吞之,與説《陰符》之義。筌有將略,遂作《太白陰符》十卷"云云。又陳直齋《書録》列《陰符玄機》一卷,謂"即《陰符經》也,新安朱安國注。此書本出于李筌,云得于驪山老姥"云云。今此本不列撰人名氏,而列進少室書表于簡端,所述與《唐志》《神仙感通傳》《直齋書録》悉合,則此經即爲筌撰無疑。惟進表之人不著名氏,但稱"乾元二年四月二十八日。正議大夫持節幽州軍州事郟史并本州闕三字。國臣某上表"②三十一字,莫知爲誰。考乾元乃唐肅宗年號,則此書至肅宗時乃蒙表章也。余所得六卷缺其四卷,錢氏《讀書敏求記》謂此書"詳整有法,篇次精允,爲軍家之要典"。余詳閲一通,實稱簡要。其《天無陰陽》《地無險阻》《人無勇怯》三篇尤爲至論。後列各陣圖亦井井有條。

181 **説文解字繫傳四十卷** 《龍威秘書》中本。 四函,每函六册,共二十四册。

南唐徐鍇撰。爲《通釋》三十篇、《部叙》二篇、《通論》三篇,《袪妄》《類聚》《錯綜》《疑義》《系述》各一篇。鍇,鉉之弟也。鉉

---

① 當爲《新唐書·藝文志》。

② 陳尚君《全唐文補編》作"正議大夫持節幽州軍州事幽州刺史并本州防禦使上柱國臣李筌上表"。

仕宋雍熙中,爲散騎常侍,嘗奉詔校定許慎《説文解字》三十卷。鍇仕南唐,至集賢學士、右内史舍人,不及歸宋而卒。其書援引精博,小學家未有能及之者。

182 **漢隸字源六卷** 汲古閣本。 一函四册。

宋婁機撰。以世所存漢碑三百有九,韻類其字,魏碑附焉者僅三十之一。首爲《碑目》一卷,每字先載經文,而以漢字著其下,一字數體者并列之,皆以《碑目》之次第著其所從出。洪邁爲之序,謂洪文惠公作五種書,《釋》《纘》《圖》《續》皆成,惟《韻》書未成,而婁忠簡繼爲之。

183 **隸辨八卷** 乾隆癸亥黄氏刊。 一函八册。

國朝長洲顧南原先生藹吉撰。以爲漢人傳經多用隸寫,變隸爲楷,益失本真。及唐開元以後,易以俗字,更爲蕪累。因收輯漢碑,刊正經文,采摭字畫,以爲解經之助。有不備者,求之《漢隸字原》,準以《説文》,辨其正變,或省或加,或因或改,靡不兼載,訛者非之,疑者闕之,從古文奇字及假借通用者,隨字附之。下注碑名,并録碑語。旁證群書,類以四聲。碑字皆出自手摹,點畫波磔,諦審必肖,洵爲隸學之大成也。自卷一至卷五爲辨,疑字附焉。卷六爲偏旁五百四十部。卷七、卷八爲碑考,隸八分考及筆法附焉。卷首有南原自叙。本藏之家塾者,康熙戊戌項絪序而梓之。玉淵堂後不戒于火,板爲六丁取去,世鮮傳本。乾隆癸亥,黄晟又依原本重鋟。

184 **隸韻十卷考證二卷** 嘉慶十五年秦氏刻。 一函八册。

宋劉球撰。此本爲秦敦夫先生恩復依宋拓墨刻,十卷。舊本付梓者,宋刻卷末有"御前應奉沈亨刊"七字,爲明餘清齋吴廷所藏,華亭董宗伯其昌定爲德壽殿本。婁機《字原》一書實沿此而附益者也。洪文惠公适《盤洲集》所載劉氏《隸韻序》即此書之序。此書世罕傳本,惟賴宋代石刻得以僅存。秦氏刻此書時又得四明范氏天一閣中舊藏殘本《碑目》及球《奏進表》半篇,别爲一卷,加以考證,附諸卷末,按:秦後序謂《碑目》《考證》皆列卷末。予所得此本乃升之卷首,誤矣,當由坊間裝訂此書時不曾究明秦序耳。以廣見聞。又屬翁方綱撰《考證》二卷,附于此書之後。

185 **金壺字考十九卷二集二十一卷補録一卷補注一卷** 紙墨精好。 一函四册。

宋釋適之編。原本七百條,分上、下二卷。國朝田朝恒又加補訂,爲十九卷,又爲《續集》二十一卷,末附《補録》《補注》各一卷,取《鶡冠子》"中流失船,一壺千金"之語以名其書。壺,瓠也,抱之可以涉水,南人謂之腰舟。

186 **鐘鼎字源五卷** 康熙五十五年汪氏集刻。 一函二册。

錢塘汪立名西亭撰集。自商盤周鼎以迄秦漢諸書,專采鐘鼎彝器文字,手録爲編,仍依今韻排次,分爲五卷。其有石刻之類于銘款者,如《石鼓文》爲西京法物,亦附録焉。其他碑篆皆不收采。以爲古文爲六書之源,秦灰既燼,古文無由考校,其僅可據者惟彝器款識,庶幾傳信。雖金石并稱,而銘器與篆碑之文究自有異。石刻始于漢,而銘器又先于碑碣,是鐘鼎實古字之源也,因以名書。凡字同而體異者,一一備列。嘉慶十五年吴趨王理得其板于珍藏家,廣爲印布。

187 **青囊天玉撼龍經十卷** 坊刻。 一函四册。

堪輿家書也。《青囊經》《撼龍經》各一卷,唐楊筠松撰。《天玉經》上、中、下三卷,題曾文遄撰。嘉慶甲子山陰杜銓注而合刻之,分爲十卷。第一卷論河圖、洛書、先後天卦及歲差緯度之屬,二卷爲各卦圖説，三卷爲《青囊》注，四、五、六卷爲《天玉》注，七卷至十卷則《撼龍》所載諸星注也。青者天氣，囊者包括之名，謂以天氣包括地理，故名《青囊》。玉在璞中，地在天中，以天包地，猶玉在璞，用東西二卦、貪廉文武四星剖之，猶玉人斫璞得玉，故名《天玉》，蓋所以發明《青囊》者。《撼龍》則純言地脉，以東西南北四肢爲四龍，總發原于須彌山。西、北二龍走入崆峒，無可稽極，東龍入三晋、幽、燕以及三韓朝鮮而極于海，惟南龍入中國分爲三大幹。

188 **賈子新書十卷** 盧氏刻。 一函二册。

漢賈誼撰。凡五十八篇，今闕二篇。盧文弨合宋明八家本校正付梓。卷首載明李夢陽、黄寶二序，卷末列舊跋三條。

189 **中吴紀聞六卷** 嘉慶壬申古吴朱麟書重校印。 一函四册。

宋龔明之撰。自序"占籍中吴幾二百祀，凡先生長者所談，未嘗不注意高仰。口授子昱，鈔而藏之。有裨王化、關士風者多所采輯，即鬼神夢怪、詼諧嘲謔亦録而弗弃"云云。元至正二十五年，武寧盧熊得此書于外王父王君家，前後散脱數紙。又得周正道所録本，缺失更甚，僅二百條，聊互爲校正，增訂缺訛。嘉慶壬申朱氏重刻即此本也。卷首列明之原序并《宋史》本傳。卷末列盧熊跋稱此書二百二十五則，今此本止二百一十餘則，餘者闕如，殆王君家所散脱者，又稱明之子昱所叙《行實》附後，此本亦無。宜與鮑氏知不足齋本校正。

190 **涑水記聞十六卷補遺一卷** 抄本。 一函四册。

宋司馬光撰。此本得之都城書肆，首無序，末無跋，有聽雨樓查氏印記，未知何許人也。《補遺》一卷亦光所撰，皆記其聞于人者，故以名書。每條之下皆標明某云某云字樣。按：涑水在河東。

191 **兵垣四編四卷附編二卷** 閔氏刻。【眉批:删去。】 一函。

明臧懋循編集并評。四編者,《黄帝陰符經》三章、《黄石公素書》六章、《孫子》十三篇、《吴子》六篇也。《陰符經》爲唐順之釋,《素書》爲張商英參訂,《孫子》爲王世貞評釋,《吴子》爲王士騏評釋,合而刻之者,閔暎張之從父聲也。詳見陳繼儒、顧天埈二序并臧懋循、閔聲、閔暎張諸跋。末附《九邊圖論》《海防圖論》及《遼東軍餉論》《日本考略》四種,總二卷。此本無《九邊圖論》,殆藏之者失之矣。

192 **東都事略一百三十卷** 題五峰閣藏板。 二函共十二册。

宋王稱撰。凡《本紀》十二卷、《世家》五卷、《列傳》一百五卷、《附録》八卷,但無志耳。《附録》用《五代史》例。淳熙中洪邁薦稱于朝,與龔敦頤同擢。敦頤特補上州文學,稱除直秘閣。卷首列洪邁劄子并朝廷告敕及稱謝表。此本乃五峰閣依宋人原本重梓者,頗爲精緻,其款式一遵舊式,凡稱朝廷及詔命等字俱空一字書寫。惜五峰閣主人不著其名。誠佳本也。近日坊間所通行本不逮此遠甚。

193 **路史四十七卷** 乾隆元年羅氏刻。 二函共十六册。

宋羅泌撰。凡《前紀》九卷、《後紀》十四卷、《國名紀》八卷、《發揮》六卷、《餘論》十卷。泌之子苹爲之注。乾隆元年,其裔孫大振命侄玉藻重加考校授梓。

194 **列仙傳二卷贊叙一卷** 嘉慶九年王氏刻。【眉批:又《古今逸史》本。①】

漢劉向撰。取上古以來及三代秦漢博采諸家言神仙事凡七十二人。此書向刻于新安汪氏《廿一種秘書》中,止七十人。嘉慶

---

① 見第1018條。

九年之罙王婉佺照圓女史從《道藏》本得晋郭元祖《傳贊》七十篇，又《贊序》一篇，《隋志》載“《列仙傳贊》二卷，劉向撰，晋郭元祖贊”，因知《贊》與《序》俱元祖所爲也。附于後叙而刻之。諸贊向附各傳之後，而《隋志》别有《列仙贊序》一卷，知元祖所撰《贊序》不與劉向之《列仙傳》二卷合并，故婉佺所訂以《贊序》别爲一卷，以遵《隋志》之舊。又據《廣韻》“羡”字注補羡門一人，據《藝文類聚·靈異部》所引補劉安一人，以足舊本七十二人之數。

195 **夢書一卷** 亦王氏刻。 與《列仙傳》共一函，共四册。

王照圓女史撰集。自序“生平喜言夢，閨中無事，偶爾翻書，遇有所得，興言記之，録爲一卷”，又言“浮生若夢也，世人營營，至老不休，自謂覺矣，其實夢也。日之夕矣，弛然而卧，無營無欲，自謂夢也，焉知非覺。古莽之國，其民多眠，五旬一覺，以夢所見爲真，覺所見爲妄，由是言之，夢亦非夢，覺亦非覺，覺亦是夢，夢亦是覺，覺亦無覺，夢亦無夢”。婉佺此言，真覺人哉。

196 **明本釋三卷** 聚珍板，乾隆三十八年印。

宋劉荀撰。謂天下事物莫不有本，因舉其關于大體者共三十三條，多引六經、《語》《孟》及宋儒言行，或旁采《史》《鑒》以證明之。《宋志》及晁《志》、陳《録》、馬氏《考》皆不著，惟明《文淵閣書目》列之，蓋其書在宋不甚顯，至元明間始行于世也。

197 **易象意言一卷** 聚珍板，乾隆三十八年印。

宋蔡淵撰。淵，元定之子，沈之兄也，嘗從學于朱子。是書即象數以寓理，不似京、焦諸家純爲術數占候之學。世罕傳本，惟《永樂大典》所載首尾完具，猶當時秘府原帙，殊可珍重。

198 **歲寒堂詩話二卷** 聚珍板，乾隆三十九年印。 以上三種共一函，共五册。

宋張戒撰。錢曾《讀書敏求記》作趙戒，傳寫誤也。是書通論古今詩人，由宋蘇軾、黄庭堅上溯漢魏風騷，分爲五等，大指尊李杜而推陶阮，始明言志之義而終以無邪之旨，可謂不詭于正者。又專論杜甫詩三十餘條，亦多宋人詩話所未及。《説郛》及《學海類編》均載此書，僅寥寥三四頁。此本爲《永樂大典》所載，猶屬完帙。然有二條此本遺去而見于《學海類編》者，今據以增入，實爲全璧。

199 **近思録十四卷** 嘉慶十九年江西刊板。 一函四册。

宋朱子、吕祖謙取周、程、張四家之書，擇其切實精粹關于大體而裨于日用者，得六百二十二條，分爲十四卷，名曰《近思録》，取切問近思之義，爲下學切要工夫。蓋此者爲四子書之階梯，而四子書又五經之階梯也。宋淳祐中葉采曾撰進《集解》，一遵朱子原訂篇次，未敢臆改。明周公恕乃分標細目，移動本文，破碎糾紛，或漏或增，大失朱、吕之意。新安朱氏仍之，題作“吉水李振裕、宛平高裔重編”，或節去本文，或以本文訛入分注，又或訛葉注爲本文，謬僞滋甚，大率沿周氏本而益其誤也。近世又有汪氏、施氏刊本，又取朱子語附益其中，復引後儒之説發明之，均失廬山真面。乾隆壬戌婺源江永慎修因仍原本次第，裒輯晦翁之言，有關此《録》者，悉采入注。朱子説或未備，乃采葉氏及他説補之，間又附以己意，盡其餘蕴。其原有本注者，加“本注”二字别之。洵善本也。嘉慶壬申吾鄉王省崖相國視學江右，屬中丞先福芝圃公重爲刊布。

200 **墨池編六卷** 一函十二册。

宋朱長文撰。分字學、筆法、雜議、品藻、贊述、寶藏、碑刻、器用八門。此本卷首無序，卷末無跋。其目録首頁前半紙亦係抄補，不知誰何家藏本也。而板刻尚爲差善，勝于坊間近鬻者。

201 **古史六十卷** 嘉慶丙辰掃葉山房刻。 一函十册。

宋蘇轍撰。以太史公記堯舜三代之事,皆不得聖人之意。戰國之際,諸子辯士各自著書,或增損古事以自信一時之説,遷一切信之,甚或采世俗相傳之語以易古文舊説。故因遷之舊,上觀《詩》《書》,下考《春秋》及秦漢雜録,記伏羲、神農,訖秦始皇帝,爲七本紀、十六世家、三十七列傳,謂之《古史》,以正馬遷之誤。然序稱遷"淺近而不學,疏略而輕信",遷誠有可議,而以爲淺近不學則過矣。秦火之後,古文經書之存者不絶如縷,至漢世乃稍稍間出,馬遷作《史》,上采經傳,旁挹群言,尊孔孟,抑莊老,其宏筆卓識,千載之後,莫不心折。使轍生其世,秉其筆,未必不惑于諸子辯士之説也,而顧執此以苛論古人,豈能輕于掉舌哉。

202 **鹽鐵論十卷考證一卷** 嘉慶丁卯張氏刻。 一函二册。

漢桓寬撰。昭帝時詔問賢良文學,皆對願罷郡國鹽鐵、榷酤、均輸,與御史大夫桑弘羊相詰難,於是止罷榷酤,而鹽鐵卒不罷。至宣帝時,寬推衍其説,著數萬言,凡六十篇。此書自明嘉靖中爲張之象所亂,卷第割裂,字句踳謬。弘治十四年,江陰令新淦涂禎依宋嘉泰壬戌刻本重校付梓。此本乃陽城張敦仁又依涂本重梓者,并撰《考證》一卷附于末。卷首有明都穆、涂禎二序,卷末列元和顧廣圻跋。

203 **元豐九域志十卷** 乾隆四十九年馮氏刻。 一函四册。

宋王存、曾肇、李德芻等依《九域圖》重加删定,以原書名圖而實無繪事,乃改曰志。凡州縣度置及鎮戍城堡之名、山澤虞衡之利,皆詳志焉。總二十三路四京十府二百四十二州三十七軍四監一千二百三十五縣,離爲十卷。乾隆中桐鄉馮集梧依宋刻摹本抄得,復取各本參校,分注其下。其曰江本者,采集遺書時江南書局所進本也。曰浙本者,浙江書局所進本也。詳見原序。其有意見所及可備討論者,亦條繫各卷之末。

204 **真誥二十卷** 明刻。 一函四册。

梁陶弘景撰。述楊羲、許邁、許玉斧遇仙真傳受經文等事。舊志皆著十卷,此本乃廿卷,殆後人分析也。卷首有高似孫序,又題“震維居士俞安期校”。

205 **野客叢書三十卷附野老紀聞一卷** 【眉批:又《稗海》本同①,而無《野老紀聞》。】 一函六册。

宋王楙撰。《野老紀聞》乃楙父所作。自序“以管見隨意而書,不暇詮次,總而録之,其父在唯室陳先生講席,及見諸所從游如和靖尹先生之流,有《野老紀聞》數篇,未暇詮次,亦姑録梗概”云云。此本前不著梓者姓名。《唐宋叢書》載此祇分十二卷,不全。

206 **世説新語六卷附世説新語補四卷** 康熙丙辰夏氏刻。 一函十册。

宋劉義慶撰,梁劉峻注。單詞隻句,精雋動人。房玄齡、許敬宗、褚遂良等修《晋書》一百三十卷,率據此書爲藍本。孝標注之,亦可稱宏通博奥者矣。原上、中、下三卷,分三十六門,後人分爲六卷。明何良俊仿其書作《語林》三十卷,詞多錯出,王世貞取而删之,定爲四卷,曰《世説新語補》,附于劉書之後。吴興凌濛初校而刻焉。此本即夏來王依凌刻重梓者。

207 **文房肆考八卷** 乾隆乙未唐氏刻。 一函四册。

國朝嘉定唐秉鈞衡銓著。其發凡云:“凡閲經史子集及聞父兄師長與博雅前輩譚論間有關於文房日用者,輒爲登記。”其一、二、三卷爲硯紙、墨筆及窑器考,四卷爲古銅、玉器及古今琴考,五

---

① 因重複未著録,説見第991條。

卷爲文字、書法、畫學考，六卷爲文章考，七卷、八卷爲人參考及竹莊文獻考并雜考。卷首爲衡銓小照及汲古圖。

208 **賈子新書十卷** 明刻。 一函六册。

前所列盧氏刻本①乃文弨合宋明八家本校正者，此本爲明人原刻，校盧本字大悦目，故并存之。惜卷首失去序文。

209 **穆天子傳六卷** 嘉慶九年臨海洪氏刻。【眉批：又《古今逸史》本。②】 一函二册。

晋太康二年汲縣民盜發魏襄王冢中所得竹書也，記周穆王游行之事。晋荀勗校定。卷首列勗序。按此書自晋時已有殘缺，厥後愈多訛舛，晁氏《讀書志》云"書凡六卷，八千五百一十四字"，今本僅六千六百二十二字，則今本又非晁氏所見之本矣。臨海洪頤煊就諸本及《史》《漢》諸注、唐宋諸類書所引互爲參校，凡補正文及注若干字、删若干字、改若干字，疑者闕焉，于嘉慶九年刻之。

210 **老子章句二卷** 明世德堂顧氏刻。 一函二册。

河上公注。太史公稱："河上丈人通《老子》，再傳而至蓋公。"晋葛洪曰："河上公者，莫知其姓名，漢孝文時居河之濱，侍郎裴楷言其通《老子》，孝文詣問之，即授素書《道德經章句》。"兩説不同。其書頗及吐故納新、按摩導引之術，與前所列王弼注殊其旨趣，殆即《天隱子》之前導也。按河上公《章句》久廢，自隋以來惟王弼注本僅存。此本乃明世德堂顧氏所刊六子之一，六子者，張湛注《列子》、郭象注《莊子》、五臣注《揚子》、楊倞注《荀子》、阮逸注《文中子》及河上公此注。洵爲漢晋以來舊本。分《道經》《德經》二卷，爲八十一

---

① 見第 188 條。

② 因重複未著録，説見第 1024 條。

篇,篇皆標目,與弼注本亦異。顧氏所刊六子皆字大悦目,校正完善,余陸續購之,竟獲其五。惟《文中子》一書爲近人依世德堂本重雕者,其字之大小、行之疏密與五子同閲之,不勝狂喜。

211 **書儀十卷** 雍正元年汪氏刻。 一函二册。

宋司馬光撰。第一卷爲表奏、公文、私書、家書儀式,第二卷爲冠儀,三卷、四卷爲婚儀,五、六、七、八、九、十卷爲喪儀。朱文公作《家禮》,因古今大體而少加損益,其實本司馬氏此書爲之。蓋朱子以《儀禮》爲經,司馬氏則本諸《儀禮》而又參以當時可行者。朱子答胡叔器問四先生禮,獨謂"温公較穩,其中與古不甚遠,是七分好"云云,可以概見矣。雍正元年,汪亮采得舊鈔本,命其子郊、郯等校正付梓。卷末并列郯兄弟跋。

212 **折獄龜鑒八卷** 道光十五年李氏刻。 一函二册。

宋鄭克撰。以五代和凝父子《疑獄集》而推廣之,采摭舊文,附益宋事,每條繫以論斷。凡分釋冤、辨誣、鞫情、議罪、宥過、懲惡、察奸、核奸、擿奸、察慝、證慝、鉤慝、察盗、迹盗、譎盗、察賊、迹賊、譎賊、嚴明、矜謹共二十門,總二百七十八條三百九十二事。道光乙未山陽李芝齡先生宗昉刻《致用叢書》,得諸城李君方赤所藏舊本,合《永樂大典》所録本校而刻之。海昌許槤叙其顛末。

213 **周子二卷** 康熙四十八年張氏正誼堂刻。 一函二册。

宋周茂叔先生惇頤撰。爲《太極圖説》一篇、《通書》四十篇,嘗手授二程子以傳于世,至朱子爲之注疏。國朝張伯行以朱子注頗煩,復融會其旨,參以諸儒之説,爲之集解,以便易曉。

214 **張子二卷** 張氏正誼堂刻。 一函二册。

宋張横渠先生載撰。爲《西銘》《正蒙》《經學理窟》諸書,朱子亦嘗注之,儀封張氏以其浩煩,學者難以卒讀,略爲删訂,并爲集解，凡《西銘》一篇，《正蒙》五十八章，《經學理窟》五十三章，《語録》《文集》三十一章。

215 **朱子七卷** 張氏正誼堂刻。 一函二册。

宋朱晦庵先生撰。朱子撰述甚多，皆集群儒之大成而折其中。儀封張氏特就《語類》《文集》中撮其要語，爲之集解，彙爲七篇。

216 **緝古算經一卷細草一卷圖解三卷音義一卷** 道光三年成都龍氏刻。一函四册。

唐王孝通撰。表云“伏尋《九章·商功篇》，有平地役功受袤之術。至于上寬下狹，前高後卑，正經之内，闕而不論，使今代之人不達深理。因晝思夜想，遂於平地之餘，續狹斜之法，凡二十術，名曰緝古”云云。當代頒列學宫，以之取士。五季以來，其科既廢，其學遂微。宋元而降，其書亦幾乎息矣。乾隆間此書采入《四庫》，算經諸書晦而復出。烏程陳杰從鮑廷博所刻《知不足齋叢書》及孔繼涵所刻《微波榭算經十書》内本鈔録而箋釋之，仿劉孝孫解張丘建《算經》之例，撰《細草》一卷，又《指畫圖解》，凡三卷。又證引經傳、博采訓詁，正其傳寫之舛訛，稽其各本之同異，爲音義一卷。卷首例言十四則言之詳矣。成都龍萬育序而刻于都門。汪廷珍、錢儀吉、徐松諸人皆有序。

217 **竹書紀年二卷** 嘉慶六年坊刻。【眉批：又《古今逸史》本。①】 一函二册。

是書與《逸周書》《穆天子傳》皆汲郡冢中竹書也。上卷起黄帝軒轅，迄殷帝辛。下卷起周武王，迄隱王。舊有梁沈約注，説者疑爲後人依托。蘄州陳詩以是書所載證之，經傳合者爲多，乃取

① 因重複未著録，説見第 1024 條。

諸書所引,詳證而參考之,名曰《集注》。

218 **孔子家語十卷** 乾隆庚子李氏刻。 一函二册。

魏王肅注。肅序云"《家語》者,皆當時公卿士大夫及七十二弟子之所諮訪交相對問言語者,弟子取其正實而切事者,别出爲《論語》,其餘則都集録,名曰《孔子家語》。始皇之世,李斯焚書,《家語》乃散在人間,好事亦各以意增損其言。孝景皇帝末年,募求天下禮書,于時《家語》與《曲禮》衆篇亂簡合藏秘府。元封之時,吾仕京師,乃以事類相次,撰集爲四十四篇"云云。此書流傳既久,殘缺實多。後人爲之解者,往往遂以臆斷,反至割裂顛倒,尤失本真。錢塘李容求得明毛氏汲古閣本,因重加考核,于乾隆庚子刻之。

219 **浙江采集遺書總録十集** 乾隆甲午刻。 一函十册。

乾隆三十九年,浙江巡撫三寶、布政使王亶望、按察使徐恕等編次。壬辰歲詔下各直省徵訪遺書,浙江撫臣等設法開局,移諸監司郡守,各諭所部徵書上送。延致在籍侍講沈初總其事,遴取教職黄璋等分校其中,隨所得叙目以進。浙人士踴躍争先,善本四出,一時儲書之家如明甬上范氏天一閣、禾中項氏天籟閣、越中鈕氏世學樓、祁氏澹生堂、國朝曹氏倦圃、朱氏曝書亭、趙氏小山堂及近世杭城鮑氏知不足齋、吴氏瓶花齋、汪氏開萬樓、汪氏振綺堂、孫氏壽松堂、慈水鄭氏二老閣諸藏舊本駢集麇至。即寒士一編一册,或世不習見者,亦挾策而獻,源源不絶。校閲諸員,薈萃檢理,除其重複者,得書四千五百二十三種,爲卷五萬六千九百五十五,不分卷者二千九十二册。計自壬辰秋迄甲午之夏,甫三閲寒燠,而琳琅充棟,可謂盛矣。董事諸臣謹遵《四庫全書總目》條例,略爲次序,每書詳其卷帙、撰人名氏,并摘叙著述大指。刊刻歲月及某家寫本或刊本，皆標明原委。凡分自甲至癸十集。又有後得者，爲閏集。二編另行，俟續購之。

220 **積古齋鐘鼎彝器款識十卷** 嘉慶九年揚州阮芸臺相國刻。 一函四册。

古文爲六書之源，自篆變而隸，隸變而楷而草，而古文失傳。其可考見古文者，惟鐘鼎文差堪徵信，商周秦漢代有鑄造。世統既易，遂淪没于荆榛丘墟、頹垣斷港之間，日銷月鑠，水漱土蝕，好古之士未必躬自搜剔。窮幽履遠而能足至其地者，又往往爲漁翁牧豎樵子農父之輩，或偶經拾獲，旋復毁弃，罔知珍重，視如瓦礫；又或轉售商儈，作凡銅朽鐵觀，爐火銷之，鉗錘施之，别爲釜錡錐刀之屬，以鬻于市，使古人制作，灰燼不存吁！是又祖龍一炬之遺焰于無窮也。漢代以得鼎爲祥，因之改元，因之立祀。六朝唐人不多觀，學者不甚貴之。迨北宋後，古器間出，人知珍玩，家有藏儲。其收之秘府者，則有吕大臨之《考古圖》、黄伯思之《博古圖説》、張掄材①之《紹興内府古器評》諸書。其收之私家者，則有薛尚功之《歷代款識》、王球之《嘯堂集古録》、趙明誠之《金石録》、歐陽公之《集古録》諸書。宋後而元而明，考正金石文字者亦間及之，而藏器殊少，豈非顯晦之又關于數與？夫物聚于所好而尤聚于衆好，一人好之力或不能盡致，同好者衆，斯互相補苴而可以集古器之大成。吾師阮芸臺相國嗜古如渴，一時同好者又有江、朱、孫、趙、翁、秦、宋、錢、何、張諸人，各有藏器，各有拓本，師皆聚之，與所自藏自拓者集爲是書，以續宋薛氏之後。凡器五百六十數，各爲釋文、考證于條下。總十卷。起于商，訖于漢。于嘉慶甲子刻之。嘻，盛矣哉！卷首有師自序，并説三篇，又朱氏爲弼後序一篇。

---

① 张掄，字材甫。“材”下似脱“甫”字。

221 **歷代鐘鼎彝器款識二十卷** 嘉慶二年阮芸臺相國元刻。 一函四册。

宋薛尚功編。彙夏、商、周、秦、漢彝器法物,摹篆釋文,輯爲此書。本稱《歷代鐘鼎彝器款式法帖》,以宋時曾爲石刻拓本,故有法帖之名。明萬曆間硃印刊本訛舛最多,跋語亦删節不全,惟崇禎間朱謀垔所刻尚功原本較爲可據,然板本并佚,傳寫滋誤。嘉慶二年,吾師芸臺相國據吳門袁氏廷檮影鈔舊本及自藏舊鈔宋時石刻本互爲校勘,更就文瀾閣寫本補正之。錢塘吳文健明于小學,審定文字。陳豫鍾精于篆刻,爲摹款識。高塏善書,爲録釋跋。皆一時之能事也。書成付梓。

222 **墨子十五卷目一卷附篇目考** 乾隆甲辰太倉畢秋帆先生靈巖山館刻。一函四册。

宋墨翟撰。戰國時爲宋大夫,著書七十一篇,見《漢志》。今本闕者八篇,又無目者十篇,實止存五十三篇。乾隆三十八年,畢秋帆先生沅巡撫吾陝,從《道藏》所收宋本及盧文弨、孫星衍二家互校之本重爲校注,刻于西安節署。卷首列《篇目考》,又有孫氏序及自序甚詳,兹不贅。

223 **益州名畫録三卷** 不載刊刻歲月、姓氏。【眉批:《唐宋叢書》亦刻。① 又《函海》本。②】 一函三册。

宋黄休復撰。李畋爲之序,云"益都多名畫,富視他郡,謂唐二帝播越及諸侯作鎮之秋,是時畫藝之杰者游從而來,故其標格楷模,無處不有。黄氏自李唐乾元初至皇宋乾德歲,其間圖畫之尤精,取其目所擊者五十八人,品以四格,離爲三卷,命曰《益州名

---

① 因重複未著録,説見第935條。

② 見第1416條。

畫録》。書來,以序見托”云云。據此則此《録》實爲休復所撰。而宋《中興書目》以爲李略撰者,殆未詳觀李序耳。略、畋字相近,故又訛畋爲略。陳直齋《書録》又謂此書“有景祐年序,不著名氏,而有休復自爲後序”云云。今此本并無後序,惟載李序,題“景德三年五月二十日虞曹外郎致仕某述序”字樣,未知即陳直齋所録本否也。其品目凡列逸格一人,神格二人,妙格上品七人、中品十人、下品十一人,能格上品十五人、中品五人、下品七人。

224 **道德指歸論六卷** 題照曠閣刻。又載于《唐宋叢書》中。① 一函二册。

漢嚴遵撰。本十二卷,陳隋之際已逸其半。今所存者,止《論德》篇。其書雖注《老子》而實自成一家,言“因其篇章,以發歸趣”。卷首列長洲劉鳳序,論之詳矣。又有谷神子序及沈士龍、胡震亨二識。

225 **儒林公議二卷** 明刻。【眉批:又《稗海》本,疑即此。】 一函二册。

此本闕名,實宋田况撰也。卷首亦無序。雜論朝廷時事,皆北宋人仕官得失。所謂公議者,以此。所記建隆以迄慶曆,亦間及五代十國時事,持論平允,不以恩怨親疏爲是非,公議之名,卓然不忝。

226 **南唐書十八卷音釋一卷** 毛晋汲古閣刻。 一函四册。

宋陸游撰。是書凡馬令、胡恢及陸氏三本。馬、胡詮次識力相似,而陸獨遒邁,得史遷家法。今胡本不傳,馬本盛行,余已購得之,説見前。② 此本乃明毛氏購得鹽官胡孝轅秘册函中,焚餘之板一百有奇,又簡家藏鈔本,訂正付梓者。凡《本紀》三卷,《列

---

① 因重複未著録,説見第935條。

② 見第156條。

傳》十五卷。明戚光爲之音釋,載于卷首。詳見趙世延序。

227 **廣雅疏證十卷音釋十卷** 嘉慶元年刻。【眉批:又《古今逸史》本。①】 一函八册。

魏張揖撰。凡《爾雅》所不載者,參考往籍,遍記所聞,分别部居,依《爾雅》之例著爲是書,分上、中、下三卷,詳揖所進表。隋曹憲又爲《音釋》一卷,故《隋志》總標四卷。唐以後分作十卷,而音與正文相次。元明以來,此書輾轉訛脱,至不可句,間有校正,亦多簡略。乾隆間,高郵王氏念孫爲之疏證,殫精極慮,觸類引伸,博考旁搜,較原書不啻百倍。凡歷十年,始成是編。其子引之,亦號淹博,撰第十卷草木蟲魚等篇疏證,而列曹憲《音釋》于後。于嘉慶元年刻之。張君本以廣周公之《雅》,而王氏父子又從而廣張君之《雅》,不幾于李石之《續博物》、董斯張之《廣博物》乎。此本爲揚州汪喜孫家藏帙,卷首有印記,并題云係懷祖贈之者。懷祖即念孫字。此板應係藏諸家塾者,王以贈汪,汪氏子孫不守舊澤,鬻之書肆,竟又爲予所鬻,安知予今所得于書肆者,予後世子孫不又轉鬻他人?言至此,不勝慨嘆。且汪記題道光九年,距今亦甫及九年,而此書轉徙如此之變且速也,況數十百年、數千百年者哉。既録原委,是用自惕。道光十七年十月朔日書。隋避煬帝諱,又改名《博雅》。

228 **馮氏印譜一卷** 乾隆五十六年馮氏刻。 一函四册。

國朝馮印錫闐摹篆。其後序云"維揚濱海士也,嗜古之暇,偶檢改堂叔祖遺章一册,目悦神移,樂爲不疲。既而搜羅秦漢以來諸名家古法鎸摹者,數歷寒暑,于古人遺迹,聊復審訂而校勒之,

① 因重複未著録,説見第1024條。

製爲一帖。壬午六月,又得汝南傅賓石《六書分類》一部,摹二十餘年,綜百家之備美,審之又審,彙爲一體。諸家題叙,博成印篆,請正大雅"云云,據此則馮氏自别有印篆一書,此本特諸家題叙而亦以篆書之耳。書共一卷,書肆中析爲四册,列鄭板橋諸人叙辭及題詩,皆以篆書,而釋以楷字,其印章亦釋文于下方。

229 **靈棋經一卷** 鈔本。題康熙戊午古燕霍維騰録。 一函四册。

不著撰人名氏,或曰漢東方朔也。題晋駕部郎中顔幼明、宋御史中丞何承天、元廬山叔才陳師凱、明誠意伯劉伯温四家注。卷首列唐會昌九年李遠序。卷末列劉基、袁衷二人後序。其法以棋子十二象十二時,凡三分之,象天、地、人三才,上中下皆四子,象四時。四子之中則各以一爲少陽,三爲太陽,二爲少陰,四爲老陰,一擲而成卦,其吉凶得失皆有文有象,考書披辭,按之不爽。大要少陰、少陽爲偶,太陽、老陰爲敵,得偶而悦,遇敵而争,其常也。失其道,而偶反爲仇;得其行,而敵反爲用。其變也,陽多則道同而相助,陰多則志異而相乖,君子、小人之分。陰陽迭用,體有不同,而用隨之,即《易》變易之道,故曰靈棋。

230 **演繁露十四卷續演繁露六卷** 鈔本。【眉批:《唐宋叢書》中亦載此書①,祇作一卷,蓋後人删削者。】 二函共十二册。

宋程大昌撰。淳熙庚子自序云:"大學致知,必始格物。聖人之教初學,亦期其多識鳥獸草木之名。是學也,先秦則《爾雅》,入漢則《繁露》,其後轉而爲《釋名》《廣雅》,正謬刊誤,皆小學也。予嘗因閲古有見,不問經史、稗説、諧戲,苟從疑得釋,則亟疏録以備忽忘,題其帙曰《演繁露》,以便尋繹。非敢自列于董氏,以其董出而董名

① 因重複未著録,説見第935條。

之，自識其意焉耳。”書凡十四卷，馬端臨《通考》作十六卷，不知所析者何卷也。舊刻卷末有宋泉州教授陳應行及門下俞成二跋，此本闕如。又《續演繁露》六卷，亦大昌撰，分制度、文類、詩事、談助四門。卷末有大昌子覃嘉定庚辰跋，謂“先君晚得閑寓里，復爲續編，泉南郡博士曾刊于頖宫，歲久字漫，近方以所藏繕本刻于家塾”云云。予所得此本，不知誰家藏物，鈔寫字畫，優劣互見，非出一手，而脱訛之處俱另紙標出，粘于每頁上方，是已經校正之本也，斯人亦嗜學者哉！馬氏《通考》續集又作十卷，與此亦異。

231 **金罍子四十四卷** 明刻。 一函六册。

明陳絳撰。所論皆有關經史者，本名《山堂隨鈔》。陶望齡爲之序，謂其書“博而精，辨而正，酣經郩史，聯絡曲折，而出之粹然，過《潛夫》《論衡》遠甚。予懼其名之近于説，而不知者與街談巷語之書概而少之，故更之曰《金罍子》”。絳，上虞人，字用揚，嘉靖甲辰進士，仕至應天府尹，所居近金罍山，因稱焉。同邑車任遠作《金罍子傳》，載于卷首。凡上篇二十卷，中篇十二卷，下篇十二卷。此本不知被何人妄加評點，濃抹大圈，殊爲誕妄可恨。

232 **班馬字類二卷** 明刻。 一函四册。

宋婁機撰。以班固《漢書》、馬遷《史記》多假借古字，又時用偏旁，音釋各異。然班《書》多述馬遷舊論，則古字當自遷始，因取《史記正義》《索隱》《西漢音義》《集韻》諸書訂正，作《班馬字類》，互見各出，次以四韻，不没其舊，而音義較然。蓋古文字少其始書之也，倉卒無字，或以音類比方，假借爲之，若悦作説，閑作閒，智作知，汝作女，早作蚤，後作后之類，義取相近故以相代而受之者。非一邦之人，或鄉同言異，字同音異，輕重偶乖，謬訛遂踵。積習生常，流不可反。機爲此書，蓋所以齊其異而返其初也。卷首有淳熙甲辰洪邁、淳熙壬寅樓鑰二序,卷末有機自跋二條。此本不著刊刻人名氏,祇題"叢書樓藏板"云云,蓋揚州馬氏曰璐所刻。字畫清晰,閲之爽目。分上、下二卷,與陳直齋書目卷數合。别本或依韻分五卷,平聲上、下各一卷,上聲、去聲、入聲各一卷。

233 **說文字原集注十六卷** 乾隆戊申刻。 一函四册。

國朝無錫蔣和撰。以篆者,文字之始。許慎作《説文解字》十四篇,其《叙目》凡五百四十部,以母統子,次第相生,則《叙目》又篆體之原。唐李騰集陽冰篆書,賈耽乃名之曰《字原》,用爲世法。宋僧夢英《字原》石刻注解散見卷帙,未有成編,乃采掇衆説,集爲此注,于乾隆五十二年表上。其例先列正書及徐鉉切音,以便尋覽。次列《説文》篆書及汗簡各體。次附以隸書,以明古今遞變之由。其字之本解標爲正義,次于正義者爲别義,而借義亦附焉。其《復古編》《六書統》《六書本義》諸書篆體之與《説文》小異者,亦附載以備參考。其篆隸之龐雜舛謬及音義轇葛者,别爲辨正一條附焉。其自爲説者則稱"臣和謹按"以别之。末又爲《字原表》及《表説》各一篇。

234 **戰國策鮑氏注十卷** 元板,仿宋本刻者,甚佳。 二函共十六册。

漢劉向校定。凡三十三篇,東周、西周各一,秦五,齊六,楚、趙、魏各四,韓、燕各三,宋、衛、中山各一。此書有五號,或曰國事、曰短長、曰事語、曰長書、曰修書,劉向以爲戰國時游士輔所用之國,爲之策謀,改定今名。其書上繼春秋,下訖楚漢之起,凡二百四十五年。馬遷作《史記》亦援據此書,雖不能列于正史,要正當與《國語》等書并觀,而晁氏《讀書志》乃列之縱横家,與《鬼谷子》一例,亦誤矣。此書宋《崇文總目》稱十一篇,殆宋時已經散失。曾鞏訪之士大夫家,乃成完璧。漢高誘曾注之,而殘缺不完。

宋鮑彪又爲此注,其篇第先後皆以己意改移,實爲竄亂古本。然注則疏通明顯,凡四易藁而後繕寫,其致力于此者亦勤矣。卷首列劉向校定序及曾鞏序,并自序。卷末有李文叔、王覺二人題辭。按:李文叔,名格非,即撰《洛陽名園記》者,與王覺俱北宋時人。

235 **藤陰雜記十二卷** 嘉慶丙辰刻。 一函二册。

國朝御史戴璐撰。自序:"巡視東城,六街踏遍,凡琳宫梵宇,賢踪名迹,停車諮訪,筆之于書。後又重加芟削,凡已見于《日下舊聞考》及《宸垣識略》者悉去之,存十二卷。因寓于京師之槐市街,院有新藤四本,漸次成陰,恒與客婆娑其下,爰以書。"其編其例實仿《夢華録》《伽藍記》及王漁洋《偶談》《筆記》等書爲之。

236 **尚書注疏二十卷** 明萬曆十五年國子監刻。 一函十册。

漢孔安國傳,唐孔穎達疏,附陸德明音義。自《堯典》至《秦誓》共十九卷,又卷首一卷,爲孔氏《書序》及穎達《正義序》。明萬曆十五年,國子監祭酒李長春及司業盛訥等奉敕校刊,而錯訛猶所不免,國朝乾隆四年刊《十三經注疏》時陳浩、齊召南等多所改正,可見讎校之難也。然此尚屬舊帙,較近今諸刻,則又過遠矣。

237 **春秋左氏傳注疏六十卷** 殿板。 二函共二十册。

晋杜預注,唐孔穎達疏,陸德明音義。附乾隆四年陳浩、齊召南等校刊并考證若干條,各附于逐卷之末。孔氏《正義序》本云三十六卷,今本分爲六十卷,不知始於何時。杜氏原序原目及孔氏《正義序》俱列卷首,陸氏《春秋》三傳注解傳述人亦附焉。

238 **孟子注十四卷音義二卷** 孔氏微波榭刻。 一函四册。

漢趙岐注。宋孫奭以陸德明《經典釋文》獨闕《孟子》,因奉敕校刊趙岐此注,遂裒合張鎰、丁公著諸家音義,證以字書,質諸經訓，集爲《音義》二卷。乾隆壬辰曲阜孔氏繼涵從戴氏宋本重校授梓。卷首有趙氏題辭，卷末有戴、孔二跋。

239 **禮記注疏六十三卷** 乾隆乙卯刻。 四函，每函六册，共二十四册。

漢鄭康成注，唐孔穎達疏。此即《小戴禮》也。漢初傳《禮》諸家凡數百篇，戴德删其煩重爲八十五篇，謂之《大戴禮》。戴聖又删爲四十九篇，謂之《小戴禮》。爰從晋、宋，迨于周、隋，傳《禮》業者，江左尤盛。其爲義疏者，惟皇甫侃、熊安生二家見于世，餘皆不傳。熊則違背本經，多引外義；皇氏雖章句詳正，稍涉繁廣，且時乖鄭氏注意，此皆二家之弊也。然以熊較皇，則皇爲勝。穎達貞觀中奉敕校定，仍據皇氏爲本，其有不備，以熊補焉，成《正義》七十卷本，與經注别行。宋以來始有合刻，南宋時又以陸德明釋文增入，謂之《附釋音禮記注疏》，編爲六十三卷，監本及毛氏汲古閣刻皆是本也。歲久脱爛，悉仍其闕焉。乾隆乙卯長白和珅得宋槧本，乃惠定宇棟得於璜川書屋收藏者，凡與監本、毛本增多正誤之處約萬一千六百餘字，使四百年來闕誤之書犁然備具，頓還舊觀，誠希世之珍矣。爰影附梓，以廣流傳。卷末列惠棟原跋及珅自識。

240 **國史經籍志五卷附録一卷** 鈔本。 一函五册。

明焦竑編。自序："太祖高皇帝既定燕，首命大將軍收秘書監圖書，復詔求四方遺書。永樂移都北平，命學士陳循輦文淵閣書以從。宣德以來，世際升平，篤意文雅，廣寒、清暑二殿及東西瓊島，游觀所至，悉置墳典。迨雞林、土蕃遣使求書，文教遠播，直與日月激光，因準荀勗《新録》之例，以當代現存之書統于四部，而御製諸書則冠其首焉。"其第一卷爲御製、中宫御製、敕修、紀注時政等類，二卷爲經，三卷爲史，四卷分上、下，爲子，五卷爲集，各分子目。六卷别爲附録，所以糾漢、隋、唐、宋諸《志》之謬者。此本不知誰氏所鈔，頗爲工整，亦少錯訛。卷首有慧海樓藏書印記。按：《明史》但列本朝藝文而不及前代著作，竑爲此《志》，殆所以補國史之缺也。

241 **嘯堂集古録二卷考異二卷** 嘉慶壬申張氏蓉鏡醉經堂刻。 一函二册。

宋王俅撰。集古鐘鼎彝器款識，各以今文釋之，凡三百四十五器。卷首有宋李邴序。卷末有宋曾機識，又元統改元吴郡干文傳後序。此書訛闕宏多。嘉慶間嘉興張蓉鏡重刻是編，并作《考異》二卷，各列于原卷之前，以便檢閲。胡重爲之序，及蓉鏡自跋。

242 **大學章句一卷論語集注十卷孟子集注七卷中庸章句一卷** 殿板。一函六册。

宋朱子撰。自是始有“四書”之名，而《章句集注》亦遂爲説四書者之所祖，先儒舊解，不復能與争席矣。

243 **戰國策高氏注三十三卷札記三卷** 嘉慶癸亥黄氏摹宋剡川姚氏本重刻。校正完善，紙墨絶佳，誠爲希世之寶。 一函四册。

漢高誘注。至隋僅存二十一篇，今止存卷二至卷四、卷六至卷十，八篇而已。此本爲嘉慶癸亥吴門黄丕烈從宋剡川姚宏伯聲校本影摹重刻者，并用家藏至正乙巳吴氏本互勘，爲之《札記》三卷，詳列異同，推原盧氏雅雨堂本致誤之由，兼存吴氏重校語之涉于字句者，以益姚氏之未備，并備列諸題跋甚詳。此書被鮑彪竄亂之後，真面久失，世人所睹者，率止係曾南豐校本，其中輾轉訛錯，蓋不可數計。何幸姚氏此本經沈埋廢弃之餘而遇黄氏，重爲表章，豈顯晦所關，亦有數存其中耶？

244 **國語韋氏解二十一卷札記一卷** 嘉慶庚申黄氏刻。 一函四册。

吴韋昭注。舊有鄭衆、賈逵、虞翻諸家注，并佚。其傳于今者,惟昭此注而已。吴門黄丕烈得宋明道二年槧本影刻,又爲《札記》一卷附末。詳見錢、段諸序及自識。此本與《國策》可稱雙璧。

共計一萬三千八百二十六字,石星五鈔。

# 蒲編堂路氏藏書目四

小洲手訂　共計七十五種，總八百五卷，五十四函。

245 **考工記圖二卷**　乾隆己亥曲阜孔氏微波榭刻。　一函二册，附《儀禮釋宫》一册。

國朝休寧戴震東原撰。自序："小學道湮，凡六經中制度、禮儀，核之傳注，既多違誤，而爲圖者，又往往異其本經，古制所以不聞也。舊禮圖有梁、鄭、阮、張、夏侯諸家之學，失傳已久，惟聶崇義之《三禮圖》二十卷見于世，於《考工》諸器物尤疏舛。鄭氏《注》善矣，兹爲圖，翼贊鄭學，擇其正論，補其未逮。圖傳某工之下，俾學士顯白觀之。"其書删取鄭説，自爲補注，頗稱簡明。卷首有紀河間先生序。

246 **爾雅注疏十一卷**　殿板，乾隆四年校刊。　一函四册。

晋郭璞注，宋邢昺疏，附唐陸德明《音義》。乾隆四年侍講學士林枝春等校刊，并爲《考證》，各附卷末。

247 **周易注疏十卷略例一卷釋文一卷**①　明萬曆十四年國子監祭酒李長春等奉敕校刊。　一函。

魏王弼注，《繫辭》以下爲晋韓康伯注，唐孔穎達疏。原序稱十四卷，《舊唐書·志》乃作十六卷，陳直齋《書録》又作十三卷，

① "略例一卷"原作"略例二卷"，今據北監本《周易注疏》改。

不知所分合者何卷也。此本爲明國子監刻,自《上經》至《雜卦》共分九卷,其卷首一卷爲穎達疏序及論易八條,合爲十卷。末附王弼《易略例》上、下二卷,陸德明《釋文》一卷。

248 **論語集解義疏十卷** 乾隆五十二年校刊。 一函五册。

魏何晏等集解。自序:"集苞氏、周氏、馬融、鄭玄、陳群、王肅、周生烈諸家之説,記其姓名,有不安者頗爲改易,名曰《論語集解》。"梁皇侃又爲《義疏》,一以何集爲主,兼采取江熙所集晋衛瓘、繆播等十三家之説,附而申之,共爲十卷。此書自南宋後久佚,故陳氏書目亦未著録,惟唐時舊本流傳存于海外。康熙九年日本國山井鼎等作《七經孟子考文》,自稱其國有是書,嗣後隨東洋市舶得登秘閣,蓋亦非偶然也。此本經文、注文多與今本不同,雖長短互見,而頗足以資考證。乾隆五十二年武英殿總裁户部侍郎曹文埴等校刊,卷首并列《提要》。

249 **孟子注疏十四卷** 殿板,乾隆四年刻。

即趙岐注也,其疏題宋孫奭撰。然《朱子語録》指爲邵武士人作,蔡元定猶見其人,似未必誣也。按孫奭撰《孟子音義》二卷,序已明言并無撰《正義》之説。此疏托名于奭,殆即因《音義》而影附者與?此本爲乾隆四年詹事吕熾、陳浩等校刊,仍依原卷目次分爲十四卷,每卷各分上、下。取奭所撰《音義》,按章逐節以次附入,以便省覽。并爲《考證》,各附卷末。

250 **論語注疏二十卷** 殿板,乾隆四年刻。 與《孟子》共一函,共十册。

魏何晏等注,即《集解》也。宋邢昺疏。梁皇侃《義疏》即昺此疏之藍本。《論語》凡有三本,一爲古《論》,出孔壁中,凡二十一篇,分《堯曰》篇後"子張問政"以下别爲一篇,名曰《從政》。一爲齊《論語》,齊人所傳,凡二十二篇,别有《問王》《知道》二篇。

一爲魯《論語》,即今所傳本也,凡二十篇,何晏等既集苞、周諸家之説,爲《集解》十卷。梁皇侃又依何《集》爲之《義疏》,至宋咸平二年詔昺因侃書重爲改定,頒列學宫,故昺疏盛行而侃書遂廢,漸就湮没。倘非海舶載日本國舊本得登秘閣,重爲刊布,天下後世將并侃書之名而佚之,遑論書耶?余既幸得此昺疏之本,尤幸得侃疏之本,并置案頭,可以互校短長,兼挹精藴,不啻左右逢源也。洗馬陸宗楷等校刊此書,又爲《考證》,各附卷末。兼列陸德明《音義》,散附逐節之下。《論語》凡二十篇,侃疏并二篇爲一卷,故祇十卷。昺疏每篇爲一卷,故二十卷。

251 **儀禮注疏十七卷** 毛氏汲古閣原刻。 一函十二册。

漢鄭玄注,唐賈公彦疏。三禮以鄭氏爲宗,《儀禮》尤以鄭氏爲絶學。賈疏序云"《儀禮》《周禮》并是周公攝政太平之書。《周禮》爲末,《儀禮》爲本。本則難明,末便易曉,是以《周禮》注者則有多門,《儀禮》所注,後鄭而已。其爲章疏,則有二家。信都黄慶則舉大略小,經注疏漏猶登山遠望而近不知。李孟悊則舉小略大,經注稍周,似入室近觀而遠不察。二家之注,互有修短,故爲此疏,以諸家爲本,擇善而從,兼增己意,與四門助教李玄植詳論可否"云云。

252 **儀禮鄭注句讀十七卷附監本正誤一卷石經正誤一卷** 乾隆八年高氏刻。 一函六册。

國朝濟陽張稷若爾岐撰。全録鄭注,節録賈疏,而附以己意發明之。以注文古奥,因并爲之句讀,于《儀禮》家洵稱善本。又參訂監本脱誤凡二百餘字,并考石經本脱誤凡五十餘字,作《正誤》二篇附于卷後,藏諸家塾,未及板行。乾隆八年,同郡後學高廷樞與諸同人公議,捐資付之剞劂。其子之珂、侄之璿輩詳加對勘,真佳本也。卷首有高君識刻此書顛末,甚詳。并有黄叔琳、劉孔懷、顧炎武諸人序及爾岐自序。

253 **春秋穀梁傳注疏二十卷** 元人舊刻。 一函六册。

傳《春秋》者五家,鄒氏、夾氏、左氏、公羊、穀梁也。鄒、夾二氏口説無文,師既不傳,道亦尋廢。左氏之學傳之者則有張蒼、賈誼諸人。公羊子名高,齊人,受經于子夏,爲經作傳,故有《公羊傳》,其傳之者有胡毋子都、董仲舒諸人。穀梁子名淑,一名赤,魯人,亦受經于子夏,爲經作傳,故有《穀梁傳》,其傳之者孫卿、申公、江翁諸人。左氏興于漢平帝時,得立學宫。公羊則盛于漢武之代。穀梁盛于漢宣之世。左善于禮,公羊善于讖,穀梁善于經,三家之傳莫能偏廢。自斯以後,左氏爲一派,公羊、穀梁爲一派,輾轉万變不出兩宗,總而論之,皆《春秋》之支委也。晋范甯爲之注,其序文甚詳,又名《集解》,乃與二三學士及諸子弟各記所識者。唐楊士勛疏。陳直齋《書録》、晁公武《讀書志》均題十二卷,此刻乃分二十卷,與國朝《四庫書目》合,猶元人舊帙也。

254 **太玄經集注十卷** 嘉慶戊午五柳居刻。 一函四册。

漢揚雄既仿《論語》而撰《法言》,又仿《易》而作《太玄》。古人謂雄非聖人而擬經,猶春秋吴楚之王之僭號也,蓋誅絶之罪所不能辭。而漢以來傳之者有人,注之者有人,雖以篇家鴻筆,往往竭數十年之精力爲之訓詁,而猶有莫窺津奥之嘆,何哉?其書爲三方、九州、二十七部、八十一家,以三相乘,爲八十一首,首爲九贊,共七百二十九贊,二贊當一度,以盡周天三百六十五度,又爲踦、嬴二贊,以當四分度之一。起于中,準《易·中孚》中之初一,冬至之初也;終于養,準《易·頤》養之上九,大雪之末也。周而復始，以初繼末，循環無端。《易》以八卦相重爲六十四卦，《玄》以一、二、三錯于方、州、部、家爲八十一首。《易》卦六爻，合三百八十四爻；《玄》首九贊，合七百二十九贊。《易》有七、九、八、六，謂之四象；《玄》有一、二、三，謂之三摹。《易》有《彖》，《玄》有《首》。《易》有《爻》，《玄》有《贊》。《易》有《象》，《玄》有《測》。《易》有《文言》，《玄》有《文》。《易》有《繫辭》，《玄》有《攡》《瑩》《挩》《圖》《告》。《易》有《説卦》，《玄》有《數》。《易》有《序卦》，《玄》有《衝》。《易》有《雜卦》，《玄》有《錯》。此《太玄》之旨也。漢宋衷始爲《玄》作《解詁》，吴陸績又作《釋正》，晋范望作《解贊》，唐王涯又作《説玄》，宋宋惟幹又作《經解》，陳漸作《演玄》，吴祕作《音義》，以後徐庸、章詧、郭元亨、許翰、胡次和、張行成諸人皆有注疏，此本乃司馬光集二宋、陸、范、王、陳、吴諸家解而成之者。卷首列《説玄》《讀玄》二篇，閲之而此書之義瞭然矣。七卷至十卷題許翰注，又附翰所撰《太玄曆》一篇，殆即焦竑《經籍志》所録《太玄音解》及《玄曆》也。今世所行者惟范望注本，温公此本雖明嘉靖間刊之而見者絶少，嘉慶戊午五柳居主人從秋塘張君處得影宋抄本，乃前明唐六如居士寅家舊藏，原帙係温公手訂者，誠秘寶也，因付梓以廣流布。卷末并載邢參、徐禎卿諸人識。惜五柳居主人不著名氏。

255 **春秋胡氏傳三十卷** 無刊刻年月，實新刻也。 一函五册。

宋胡安國撰。事按《左氏》，義取《公》《穀》之精，大綱本《孟子》，而微旨率以程氏之説爲證。宋時南渡以後，學《春秋》者多宗之。其卷首采孟子、莊周、董仲舒、王通、邵堯夫、張横渠、程正叔七家論《春秋》之辭，以爲學《春秋》者必知綱領，然後衆目有條而不紊。智者即七家之詞以觀義，則思過半矣。

256 **毛詩注疏三十卷**　殿板，乾隆四年校刊。　二函共十二册。

漢毛亨傳，鄭玄箋，唐孔穎達疏。漢初傳《詩》者三家，魯人申培公受《詩》于浮丘伯，以《詩經》爲訓故以教，號曰《魯詩》，傳瑕丘江公諸人。齊人轅固生作《詩傳》，號《齊詩》，傳夏侯始昌諸人。燕人韓嬰推《詩》之意，作内、外《傳》數萬言，號《韓詩》，授淮南賁生諸人。惟河間人大毛公爲《詩故訓傳》于家，以授趙人小毛公，名萇，爲河間獻王博士，王好其説《詩》。迨鄭衆、賈逵傳《毛詩》，馬融作注，鄭玄作箋，申明毛義以難三家，於是三家之學盡廢而《毛詩》獨傳。其序之作自何人，衆説不一，惟國朝《四庫書目》定首句爲毛公以前經師所傳，其下申言爲毛公以後經師所加，其《大序》自"風，風也"以下據鄭《詩譜》意謂子夏所作。唐孔穎達與王德韶等爲之正義，專述毛、鄭之學，且備列鄭撰《詩譜》于卷首。乾隆四年，刑部侍郎勵宗萬校刊此本，别爲考證，各附卷末，并附唐陸德明《音義》。惟孔疏序自稱奉敕修疏爲四十卷，諸書目録亦皆作四十卷，此本乃并爲三十卷，不知始于何人也。

257 **春秋公羊傳注疏二十八卷**　殿板。　一函十册。

舊本題周公羊高撰，實高所傳述而其玄孫壽及胡毋子都録爲書，稱撰者誤也。漢何休注，本稱《公羊經傳解詁》。原目分十二卷，疏之者遂增爲二十八卷，或作三十卷。其作疏人名氏，《唐志》不載，是以宋刻十三經惟《公羊》不書撰疏人，歷代相沿，至今闕如。晁氏《讀書志》則據李獻民云徐彦撰，陳直齋《解題》亦據《廣川藏書志》云"世傳徐彦撰，不知何據"云云，俱不詳爲何代人。王應麟《小學紺珠》則直謂"《公羊疏》，徐彦撰"，豈即此疏與？抑别有所謂疏與？陳振孫謂彦"當在唐貞元、長慶後，宋景德中侍講邢昺校定傳之。何休爲陳蕃屬，蕃敗，坐禁錮，覃思作《解詁》，歷十七年,不窺門。又作《公羊墨守》《左氏膏肓》《穀梁廢疾》。黨禁解,拜議郎,終諫議大夫”。其書多引讖緯,頗不免于謬誕。疏文多自設問答,亦稍爲冗沓。

258 **周禮注疏四十二卷** 毛氏汲古閣原刻。 二函共二十四册。

漢鄭玄注,唐賈公彦疏。按《周禮》六官,即《書》之《周官》。《書》舉其凡,《禮》詳其目耳。惟司徒掌邦教、敷五典、擾兆民,司空掌邦土、居四民、時地利。二官各有攸司,自唐、虞、禹、契分職已然。今《地官》司徒于教事殊略,而田野井牧、鄉遂稼穡諸端多係司空所職之事。倘即以此爲地官之教,則各官所司之事應必别有迴異乎?此者實未稔。所謂事典,在何事也?《考工》爲河間獻王補闕之書,皆百工末技,固不足以當《冬官》,而《地官》一書,實有名實相違者,此後人之不能無疑也。注疏多及緯書,亦深爲宋儒所病云。

259 **菩薩優婆塞五戒威儀經七卷** 一函四册。

國朝潞河雷湛注。此釋氏諸書律儀類之一書也。佛説者爲經,菩薩説者爲論。此云經,禀佛制也。菩薩者,梵言菩提薩多埵。菩提爲覺,薩多埵爲衆生,以其同爲衆生而能悟本覺性,故稱菩薩。優婆塞者,華言爲清信士。又有優婆彝者,華言爲清信女。此威儀戒法爲優婆塞設,故云《優婆塞五戒威儀經》,實亦兼爲優婆彝設也。菩薩正戒多種,有比丘二百五十戒、比丘尼五百戒、沙彌十戒等,皆出家人受。此五戒乃在家人受,不必躬詣戒壇,即可自誓。受持五戒者:一遠離身四惡,一者殺,二者盗,三者淫,四者飲酒,兼茹葷羶。二遠離口五惡,一者妄語,二者惡口,三者兩舌,四者無義語,五者綺語。三遠離五邪命,一者賣肉,二者沽酒,三者賣毒,四者賣衆生,五者賣兵仗殺具。四遠離嚴飾五事,一者香,二者華,三者瓔珞,四者香油塗身,五者香熏衣。五遠離放逸五事。一者歌,二者舞,三者作樂,四者嚴飾樂器,五者不往觀聽。按:釋氏書略分三類,一曰經,二曰論,三曰律,總言三藏。此即其律也。題劉宋三藏法師求那跋摩譯。湛注不免俗冗,而疏通明顯,頗易尋究。其門人金鋐爲之序,并有嚴象乾序。康熙癸丑年刻。

260 **曲洧舊聞十卷** 抄本。與知不足齋刊本①宜相參校。 一函四册。

宋朱弁撰。蓋其使金被留時所作。以皆追述北宋軼事,無一事涉于金朝,故曰舊聞。其書述北宋君臣事迹,皆足明一代治亂之由,實非小説瑣語。第兼及詩話文評及諸考證,略爲《文昌雜録》《師友談記》之類。弁爲朱子從父,建炎丁未使金,留十七年乃歸。王明清謂此書事多出晁氏,世頗傳之。蓋弁本晁婿。所紀當時事迹,凡二百九十餘條。按:晁謂无咎。弁又有《雜書》一卷、《骫骳説》一卷,俱未見。

261 **子華子二卷** 明刻。甚佳。 一函二册。

題晉人程本著。劉向校定,謂"書凡二十四篇,除複重十四篇,定著十篇。程氏名本,字子華。晉頃公時政在六卿,子華子不肯苟容於諸侯,聚徒著書,自號程子。趙簡子欲仕諸朝而不能致,將脅之以兵。子華子去而之齊,館于晏氏,更題其書曰《子華子》。簡子卒,襄子立,子華子反於晉,時已老矣,遂不復仕以卒"云云。晁氏《讀書志》、陳氏《書録解題》皆謂其假托,辨之甚悉。此本無刊刻年月,卷首有明鑑氏藏書印記,實明刻也。作上、下二卷,共《陽城胥渠問》《孔子贈》《北宫子仕》《虎會問》《晏子》《晏子問黨》《執中》《大道》《北宫意問》《神氣》十篇,與劉向序合,尚屬足

---

① 因重複未著録,説見第813條。

本。惟宋陳、晁諸《志》多作十卷,殆以一篇爲一卷。國朝《四庫書》又作三卷,未稔所分并者何篇也。其書在僞書之中最有理致。

262 **修行道地經五卷** 明崇禎四年經山寺僧募衆刻。【眉批:删去。】

西晋天竺沙門法護譯。序云:"總衆義之大較,建易進之徑路,分别五陰成敗所起,變趣幾微生死之苦,以勸迷勵惑,故作斯經。"分二十一品。按:明焦竑《經籍志》作八卷,疑此未全。

263 **阿難問事佛吉凶經一卷** 明崇禎壬午泰和信官蕭士瑋刻。

漢沙門安世高譯。阿難白佛言"有人事佛得富貴諧偶者,有衰耗不諧者,云何不等? 願佛爲説之"云云。

264 **慢法經一卷** 崇禎癸未長洲信士李倫刻。

晋釋法炬譯。亦佛語,阿難"事佛讀經當以敬信,如慢佛法,必墮泥犁"云云。

265 **阿難分别經一卷** 崇禎癸未常熟信士毛鳳苞刻。

符秦沙門聖堅譯。大意與《問佛吉凶經》同。

266 **五母子經一卷** 崇禎癸未常熟信士鄒駿刻。

吴優婆塞支謙譯。述"阿羅漢在山奉行道禁,有一小兒,年始七歲,好道弃家,作沙門,從師學法,八歲便得四通。自知宿命,言嘗爲五母作子,坐自思念,即見先世五母晝夜啼哭,念子不忘。我厭世間故,去父母求道,受佛經戒令,得度脱。而是五母不能得脱,展轉相憂,無休止時,身但作土耳"云云,縷述五母甚悉。今觀是子之言,慹然决絶,置顧復之恩于不問,雖豺狼何以異? 是此二氏之教,所以爲聖門之罪人也。

267 **沙彌羅經一卷** 崇禎壬午常熟信士毛鳳苞刻。

無譯人名。即上《五母子經》也,特字句少異耳。沙彌羅爲此小兒之名。

268 **玉耶經一卷** 毛鳳苞刻。

東晋沙門曇無蘭譯。述"佛在舍衛國祇樹給孤獨園,爲四輩弟子説法。時給孤獨家爲子娶婦,得長者家女,女名玉耶,憍慢,不以婦禮承事公姑夫婿。佛爲説法,令心開解,改過行善"云云。所言"婦人事公姑夫婿有五善三惡"等條,實與儒教相維不特,平易可行,且可爲古今家訓女誡諸書之翼。後又言七輩婦,凡七條,其前五條謂"如母、如妹、如善知識、如婦、如婢",譬喻精當,尤足爲婦人圭臬。後二條謂"如怨家、如奪命",則不第足爲婦人炯戒,雖爲夫者,亦當反觀審慎也。末言十戒,受十戒即爲優婆夷,與前所列《優婆塞五戒經》①可以互觀。

269 **玉耶女經一卷** 毛鳳苞刻。

無譯人名。與《玉耶經》大同小異。

270 **阿遬達經一卷** 毛鳳苞刻。

宋天竺求那跋陀羅譯。遬達者,即玉耶婿之字也。此經與上二《玉耶經》互相出入,簡略特甚。首言佛告諸比丘子事父母之道,亦與儒教同旨。

271 **摩鄧女經一卷** 毛鳳苞刻。

漢沙門安世高譯。述"阿難持鉢丐食于水邊,見一女擔水,阿難從女乞水,女即與水。歸告其母,欲嫁阿難。佛爲説法,是女立自正心,得阿羅漢道"云云。摩鄧者,女之名也。

272 **摩鄧女解形中六事經一卷** 毛鳳苞刻。

無譯人名。與上《摩鄧女經》大同小異。

273 **摩登伽經二卷** 崇禎壬午泰和信官蕭士瑋刻。

---

① 見第259條。

吴沙門竺律炎共優婆塞支謙譯。内述摩登伽王爲伊子師子耳向婆羅門蓮華實求婚事,故以名經。

274 **舍頭諫經一卷** 毛鳳苞刻。

西晉三藏竺法護譯。與《摩登伽經》大同小異。舍頭諫者,摩登王之太子名也。

275 **供諸天科儀一卷** 無刊刻年月。 以上十四種共一函,共三册。

國朝廣州釋迦沙門弘贊集。皆述供設諸天尊儀式及諸尊法號位次。

276 **孔子集語二卷** 乾隆丁巳曲阜孔氏刻。 一函二册。

宋薛據編。搜輯漢儒諸書所載孔子遺言,裒而聚之,凡二十篇,名曰《集語》。其見于《曾子》《大戴記》《孔叢子》《家語》四全書及載於左氏、莊周、列禦寇、荀卿者皆不與。卷首有據序及尚書省景定元年五月十三日劄。乾隆二年,闕里孔氏廣棨重刻。是書亦刻于《唐宋叢書》中①,每條下各注明出某書。

277 **黄帝内經靈樞經二十四卷** 一函。

是書論針灸之道,與《素問》通號《内經》,二書各九卷。王冰爲《素問》作注,采《陰陽大論》以補之,分爲二十四卷。此書至南宋紹興間史崧始傳于世,最爲晚出。自序謂"家藏書本《靈樞》九卷,共八十一篇,增修音釋,附于卷末,勒爲二十四卷"云云。後人或以爲王冰依托,然所言俞穴脉絡之曲折,醫者終莫能外,則亦不必究其真僞也。此書不題重刻年月,然尚屬醫書中之佳板。

278 **人鏡經八卷附録二卷續録二卷** 康熙元年清源劉禧校刻。 一函六册。

是書傳自北齊徐之才五葉祖仲融,"隱于秦望山,有道士過之

---

① 因重複未著録,説見第935條。

求飲,因以葫蘆遺之,曰'習是當以道術救世'。開視,乃扁鵲《人鏡經》一卷。習之,遂爲良醫"云云。明杭醫錢雷得諸其師王君,增著《附録》二卷。衡漳張俊英又輯《續録》二卷,翻刻于古徐署中。未幾,板毁于火。康熙元年,西蜀張吾瑾捐資,與劉禧刻之。其書發《靈》《素》之奥,辨諸家之惑,凡人百骸、經絡、臟腑、隱微,皆繪圖標識,展卷一鏡,洞若示①掌,故以爲名。卷首列張、劉二序及條例六則,析爲八卷。其《附》《續》二録之前,亦具載錢、張原序。

279 **佛説阿彌陀經一卷疏鈔四卷** 明萬曆二十九年洞心居士程應儒校刻。一函四册。

姚秦三藏鳩摩羅什譯。明雲栖寺比丘袾宏述,并撰《疏鈔》。阿彌陀者,梵語阿,此云無,梵語彌陀,此云量,言佛功德不可窮盡,故云無量。

280 **法華科注七卷** 明永樂十六年吴中顧道珍與同學人管叔純、馮覺成等募衆刊刻。 一函七册。

此經本名《妙法蓮華》。法者,十界、十如權實本迹之法。妙法難解,假喻易彰。蓮華,則華果同時。妙法,則權實一體。故有本門三喻,迹門三喻。迹門三喻者,一爲蓮故華,喻爲實施權;二華開蓮現,喻開權顯實;三華落蓮成,喻廢權立實。本門三喻者,一爲蓮故華,喻從本垂迹;二華開蓮現,喻開迹顯本;三蓮成花落,喻廢迹立本。是此經之義也。姚秦法師鳩摩羅什譯。唐終南山釋道宣述并撰序。先陳隋間天台智者大師顗公居江陵,爲章安等弟子開《玄義》十卷。後居瓦官寺,復别釋經文,名曰《文句》,亦

① "示"當爲"指"。

十卷。至唐荆溪尊者,又推廣其説,撰《釋籤》十卷,釋玄義;《妙樂》十卷,釋文句,而文義浩博,猝不易究。于是元之慧愚谷者一以大師成言,注於句下,以便初學。歲久,板刻不存。明上天竺一庵如法師乃重加注述,編爲七卷,即此本也。其例懸科于上,直注本經,故名《法華科注》。

281 **遼史拾遺二十四卷拾遺補五卷** 錢塘汪氏校刻。 一函八册。

國朝乾隆八年錢塘厲鶚撰。自序"《宋》《遼》《金》三史同修于元至正間,《宋史》失之繁,《遼史》失之簡,惟《金史》繁簡得中。明王昕作《續文獻通考》,中所列遼事,不出正史,嘗病其陋。因輒爲甄録,自本紀外,《志》《表》《列傳》《外紀》《國語》,凡有援引,隨事補綴"。其書有注有補,均摘史文爲綱,而參引他書列于下,所引書凡三百五十餘種。震澤楊復吉以鶚爲此書時尚未睹《舊五代史》,即《契丹國志》,宋、元《通鑒》所載弃置亦多,因更爲之補,以三書爲綱,以散見他書者附益之,得四百餘條,分爲五卷,一用舊例。道光辛巳汪遠孫并爲刻之。

282 **六壬大全十二卷** 明郭氏刻。 二函十三册。

錢遵王《讀書敏求記》謂"六壬之義,天一生水,壬水建禄于亥,亥乃乾天之位,數六屬金,金生水,故名六壬"。此本爲明懷慶府推官郭載騋校刻,稱第一善本,而不著撰人名氏。卷首亦無序。乃撮拾諸家舊文合爲一編者。六壬之傳,不知始于何代,隋、唐、宋諸《志》所列今亦率皆散佚。此書類列神煞、德煞、課目、貴神、將神、日辰、三光、兵占、課經、分野諸條,又有《中黄經》《肘後經》《軍帳賦》《畢法賦》諸名目。考《中黄經》見于焦氏《經籍志》,不著撰人名氏。《肘後經》爲明宗室寧獻王權撰。《軍帳賦》爲明劉啓明撰。《畢法賦》爲元凌福之撰。其餘諸書,不少概見。蓋名稱或異,或歲久失傳,均不可得而考矣。然業是術者,率以此爲祖本,則其包括衆有,洵爲元明以來六壬書之集大成者。又按錢氏《敏求記》有《壬課纂義》十二卷,云"六壬之課,有七百二十,得其名六十五①,總其約惟宗首九課。考之占法,分門釋例,無所不該。夷山老叟得其傳于無僞子,撮課書之要于日用者,勒爲十二册"云云。今此本首列"入手法",先明十干寄宫及賊剋、比用等九法,嗣列課目,自元首迄六純共六十五課,而册數亦與遵王所述相符,其目録共分三套,第一套雜項四本、兵占一本;第二套課經集四本;第三套《畢法賦》二本,皆一本爲一卷。又分野亦標二本,而總爲一卷,合之恰符十二册之數。或即其書而異其名與?

283 **事物紀原十卷** 明刻。 一函六册。

不著撰人名氏。明正統十二年南昌閻敬得其書于國子祭酒胡頤庵先生,鋟梓以傳。成化間,平陽府通判成安李果别得趙弼删本,嗣又得閻氏校正本,以補正趙本之訛缺,重爲刊布,即此本也。凡十卷,所列一千七百六十四事。凡天地、人物,一事一名,皆考索古書,求其緣起。雖未必盡確,而多可以資博識。按陳氏《書録解題》稱二十卷,亦不著名氏。宋《中興書目》則題十卷,稱"開封高承撰,元豐中人,凡二百七十事"。今此書乃多至數倍,當由後人遞相增補,非高氏原書也。

284 **宋詩紀事一百卷** 乾隆十一年樊榭山房刻。 四函,每函八册,共三十二册。

國朝厲鶚太鴻撰。仿宋計有功《唐詩紀事》之例,于宋一代名篇雋句所鈔撮凡三千八百一十二家,略具出處,大概綴以評論,本事咸著於篇。其例蓋創于唐孟棨《本事詩》也。搜羅太博,不免時

---

① "六十五",雍正四年刻本《讀書敏求記》作"六十四"。

有抵牾。而南北宋逸篇軼事往往而在,實爲考據家之淵藪。

285 **竹書統箋十二卷** 乾隆十五年崔氏刻。 一函四册。

國朝徐文靖位山撰。謂是書“初瘞之歲,下距始皇燔書之歲八十六年,則是書在未焚之前,信而可徵。至今以經傳校之,一一符合”,乃仿鄭康成《詩箋》之例,參考諸書,詳加訂正。以舊有沈約附注,乃自爲箋以别之,不特爲《紀年》之箋、附注之箋。凡所徵引,間有譌誤,亦并爲之箋,故曰《統箋》。首爲前編,考伏羲、神農之紀年,仿司馬承禎《三皇補紀》之例也。次爲雜述,述竹書源流。皆不入卷數。卷首有盧文弨序及馬陽、崔萬烜二序,并凡例十四條。

286 **周易參同契集注二卷附録一卷** 康熙四十九年庚寅仇氏刻。

漢魏伯陽撰。按《神仙傳》,伯陽,會稽上虞人,修真不仕,惟道是從。得古文《龍虎經》,盡獲妙旨,乃約《周易》撰《參同契》三篇,演丹經之玄奥,密示青州徐從事。徐乃隱名作注,今謂之傳。後又授同郡淳于叔通,遂行于世。後蜀彭曉撰《通真義》三卷以注之,最爲古本。嗣注此書者凡十餘家,輒多分裂章句,先後凌亂,不可爲訓。此本乃國朝仇兆鰲爰據古本釐定者,集彭、朱、陳、俞等十六家之注疏,重加删補,自康熙四十二年癸未迄四十九年庚寅,凡八易星霜,始成定本,授梓以傳。又按世本流布,經傳混淆,其所謂三篇者,皆長短句法參錯成文,非復當時原本。此本定爲經一卷、傳一卷、三相類一卷,各冠標題,末又爲附録一卷。卷首載陸、彭二序,又自序并凡例二十條。惜此本失三相類一卷,當續補之。其名《參同契》者,言與大易、黄老三者同符而合契也。

287 **悟真篇集注六卷** 康熙庚寅刻。 與《參同契》共一函,共四册。

宋張伯端撰。以詩詞歌頌百三十一首演説金丹之旨,與《參同契》互相發明。舊有陸墅、翁葆光、陳致虚、戴啓宗、陸西星、李文燭、彭好古、甄淑、陶素耜諸家注疏，仇兆鰲又重加删補，定爲此編。卷首一卷備列諸序及凡例、提要，嗣分上、中上、中下、下四卷，爲詩詞法語若干首。嗣爲末卷，附載《金丹四百字》及《讀參①同契文》《白龍洞歌》《石橋歌》《浮黎經序》。

288 **家禮八卷附四禮初藁四卷四禮約言四卷** 康熙辛巳刻。新安汪氏校。一函十二册。

宋朱文公撰。因司馬温公《書儀》，參以程、張二家之説，存其大體之不可變者而少加損益于其間，以爲一家之書。明丘濬又取《家禮》本注，約爲儀節，易以淺近之言，使人易曉，共輯爲八卷。萬曆間宋莊敏公纁又彙諸家禮書，以《家禮》爲經，以丘氏儀節爲緯，斟酌變通，成《四禮初稿》四卷，板行已久，國朝宋犖以坊人之請，附《家禮》之後而合刻焉。犖即纁之曾孫也。卷首載朱子原序及楊、周、丘、方諸序，并附録諸條。末又附明吕忠節公維祺《四禮約言》四卷。

289 **醍苑春秋九卷** 寫本。大興朱氏家舊藏。 一函八册。

不著撰人名氏。一卷爲《酒原》，二卷爲《酒釋》，三卷爲《酒表》，四卷爲《天文書》，五卷爲《地輿志》，六卷爲《酒獻記》，七卷爲《藝文志》，八卷爲《器物考》，九卷爲《酒誨》。文詞高雅，其序文及凡例十一條均寓懲勸之意，而《酒獻記》一卷尤見褒貶之嚴，洵不愧"春秋"二字。末爲《酒誨》，殆所謂約之以禮者，其垂戒之意深矣。惜名氏不書，亦無年月。細玩《酒表》，所列至元而止，書中稱明朝處均空格寫之，則爲明人無疑。按宋朱翼有《北山酒經》三卷，竇苹亦有《酒譜》一卷，均采入《四庫書》中，而此本獨軼而不傳，真爲可惜。朱氏《經》但

---

① "參"原誤作"契"，今正。

詳列製造之法,竇氏《譜》亦僅備故實之用,均不若此書之用意迥别。則雖譜録之類,要正當以史筆視之矣。此本得之書肆,卷端有大興朱氏錫庚家藏印記,世無刊板,僅此鈔寫舊帙,余何幸而獨得之。

290 **香乘二十八卷** 明崇禎辛巳周氏鼎足齋原刻。 一函八册。

明周嘉胄撰。自序"好睡嗜香,性習成癖。嘗爲此書,鳩集一十三卷,時欲命梓,殊歉挂漏。乃復窮搜遍輯,通得二十八卷,乃授剞劂。更欲纂《睡旨》一書,以副初志"云云。其書凡香之名品、修製、典故、藝文,一一臚載,考香事者,莫備于是編。惜不得先生《睡旨》書并置几案也。

291 **六書故三十三卷通釋一卷** 乾隆四十九年西蜀李氏刻。 二函共十六册。

宋戴侗撰。大旨主于以六書明字義,字義明則貫通群籍,無不明。凡分數、天、地、人、動物、植物、工事、雜、疑九部,以九部括諸部,始盡變《説文》《玉篇》之例。其文皆用鐘鼎,其注雖用今文,又皆以小篆改隸書,非今非古,頗礙施行,吾丘衍嘗譏之。第爲宋以來相傳舊帙,考證家亦多取資,故亦不能盡廢也。西蜀李鼎元從宋刻原本手自摹録,于乾隆四十九年重刻之。

292 **月令廣義二十四卷** 明萬曆間原刻。 一函十六册。

明馮應京撰。初名《士民月令》,所以廣授時之義。其門人戴任廣而釋之,總别異宜,起凡立例。前有通歲十二月之令,後有逐日十二時之紀。上自聖王之大政、先民之典禮,凡君子居身、攝生、醫方、飲食,下及民俗、種蒔、作息之事,吟咏、歌謡等篇,苟關時候,靡不臚載。共編爲二十四卷。前又爲首卷,列諸圖説及叙,由①編端若干條。其第一卷之首又爲統紀若干條,均不入卷數。

---

① "由",疑爲"又"之訛。

李登校定而刊𠜾之，詳見登序。

293 **鄴中記一卷** 聚珍板，乾隆四十一年印。

晋陸翽撰。專記石虎之事，見于《隋書·經籍志》，本作二卷，陳氏《書録解題》作一卷，殆後人并之也。又《唐志》有《鄴都故事》二卷，稱“肅、代時馬温撰”。今是書所記有北齊高歡、高洋二事，上距東晋之末已一百三四十年，又寒食一條引隋杜臺卿《玉燭寶典》，時代尤不相蒙。然唐歐陽詢《藝文類聚》、徐堅《初學記》所引翽書皆一一與今本合，殆後人以《鄴都故事》摭入翽書，輾轉附益，致僞亂真。要之石虎之事，皆爲翽書原文，其高歡、高洋數條，則《鄴都故事》之文也。原書久佚，陶九成《説郛》所引寥寥數頁亦非完本。今以《永樂大典》散見者搜羅参校，共得七十四條，定爲一卷，以聚珍板印之。凡石虎諸事爲翽本書，其續入諸條殿居卷末，別以附録名焉。

294 **嶺表録異三卷** 聚珍板，乾隆四十年校印。 與《鄴中記》共一函，共四册。

唐劉恂撰。原本久佚，此本乃以散見《永樂大典》者裒輯萃合，釐爲三卷，以符《唐志》之數。其書載記博贍，而文詞古雅，于蟲魚草木，所録尤繁，訓詁名義，率多精核，考據之家，皆資引證。蓋不特有裨圖經，抑亦實兼蒼雅之學矣。諸書所引，或稱《嶺表録》，或稱《嶺表記》，或稱《嶺表異録》，或稱《嶺表録異記》，或稱《嶺南録異》，要之實一書也。又郭義恭《廣志》、沈懷遠《南越志》皆記粤東輿地物産者，惜并不傳。

295 **考古質疑六卷** 聚珍板，乾隆四十年校印。 一函二册。

宋葉大慶撰。《宋·藝文志》不著録，史亦無傳，惟《永樂大典》散引之。又別載葉武子及其子釋之序各一篇。其書上自六經諸史，下逮宋世著述諸家，凡疑義所在，悉爲抉摘而考證之。援據詳明,折衷至當,類多前人未發之秘。其徵引各書及疏通互證之處,則本文之下用夾行注之,使讀者一目瞭然,體例亦爲盡善。

296 **風后遺經一卷** 寫本。 一函二册。

序云“數學相傳三式,曰太乙,曰奇門,曰六壬。《太乙兵法》見《前漢・藝文志》,六壬則出《玄女經》,獨奇門典册無聞,烟波釣叟以爲演自《風后》。按前《志》有《風后》十三篇,又有《風后孤虚》二十卷,豈即其書耶?推厥旨趣,一本洛書縱横十五之數。顧世行刊本,往往剌謬。余因取諸本釐定之,類成一卷,翦除煩蕪,疏通塞遏”云云,末題“乾隆五十三年東洛居士題”,未知爲何許人也。按宋仁宗景祐《遁甲符應經》序云“遁甲之旨,出于河圖。黄帝之世,命風后創名,始立陰陽二遁共一千八十局,迨周公約七十二,留侯佐漢議一十八局”云云,此書托名,殆即以此。

297 **列子釋文二卷釋文考異一卷** 乾隆五十二年興化任氏刻。 一函二册。

唐殷敬順撰。陸德明於《老》《莊》俱作釋文,而《列子》闕如。敬順此書,殆所以補陸氏之闕也,其體例亦全仿陸氏。凡所徵引,輒多前代逸書。又於正文之下附載異文,云“一作”“又作”云云,率皆當時流傳舊本,洵珍秘也。惜流傳絶少,藏書之家罕得覯者。此本爲興化任氏大椿于乾隆戊戌教學淮陰時,得于淮瀆廟《道藏》殘帙中。塵蠹之餘,巋然獨存,殆有神物呵護者。考今本《列子》,惟張湛注孤行,雖有并標敬順釋文者,而每卷篇首乃獨標湛注,更不區分。又今本《列子》所載釋文闕佚甚多,其於湛注加音釋者,咸省汰之訛文錯簡,久非本真,俱不及此本之完善。任氏此刻,使數百年散佚湮没之書沈晦于《道藏》中者復出,而與《莊》《老》釋文後先輝映,誠有非偶然者矣。任氏又取古今本之異同,標其崖略,撰《考異》一卷附于末。惟首頁注中稱“大宋景德四年”云云,爲宋陳景元補遺者,與殷氏舊注混合不分,尚爲缺陷。

298 **苻秦書十卷** 明刻。 一函三册。

明王士騏撰。殆仿何仲熙《秦書》、田融《苻朝雜記》、姚和都《秦紀》、裴景仁《秦紀》而爲之者。首列苻洪及秦主健、堅、丕、登四人,卷四以後列吕婆樓、王猛等五十一人,附見者數人。略依紀傳之例,而不立紀傳之名。此書國朝《四庫書目》中不見采録,余得之天津販鬻者。其卷首有蔣氏印記,惜無序跋。卷中亦間有缺頁,不爲完璧。

299 **四書名物考二十四卷** 一函八册。

國朝海虞陳禹謨撰。凡四書中一名一物,皆沿溯源委,貫穿異同。書成而未廣其傳。牛斗星又因其舊,更爲輯補。卷首有錢受益叙。

300 **六韜六卷** 鈔本。【眉批:又平津館刻本。①】

舊本題周吕望撰,實依托也。《隋志》載《太公六韜》五卷,注曰“梁六卷”。宋元豐中以《六韜》《孫子》《吴子》《司馬法》《黄石公三略》《尉繚子》《李衛公問對》頒行武學,號曰七書,宋以後因而不改。明劉寅曾爲之解,稱爲善本。劉氏以後,注者不一。國朝順治間薊州許濟又薈萃諸家之解而訓釋之,名曰《武經會解》。雖屬曉暢,而支蔓鄙俚皆所不免,且多勉强牽合之處。余特就許本録出,其注則間采取一二,遵《四庫書目》定爲六卷,并列《提要》于首。

301 **吴子一卷** 鈔本。【眉批:又平津館刻本。②】

周吴起撰。起事迹見《史記》列傳。《漢・藝文志》載《吴起》

① 見第1557條。

② 見第1559條。

四十八卷,而《隋志》作一卷。晁公武《讀書志》又作三卷,稱唐陸希聲類次爲之,凡説國、料敵、治兵、論將、變化、勵士六篇。今篇目并與晁《志》合,而所行本率爲一卷,殆後人以意分合耳。惟所謂四十八篇者,不知亡于何時。觀晁《志》所稱,則宋本已然,其亡蓋已久矣。其論兵大抵尚禮義、明教訓,尚有先王節制之遺。今亦從許本録出,間引其注而芟節之,冠《四庫總目提要》于卷首。

302 **司馬法一卷** 鈔本。【眉批:又平津館刻本。①】

舊題司馬穰苴撰。按《史記·穰苴列傳》稱"齊威王使大夫追論古者《司馬兵法》而附穰苴于其中",然則此書乃齊國諸臣所追輯,隋、唐諸《志》并以爲穰苴自撰者誤也。其大旨皆據道依德,本仁祖義,三代軍政之遺規,猶可以考見焉。惜亡失者多,且脱訛均所不免。余從許氏本録出而稍節其注,附于經文之下。

303 **尉繚子五卷** 鈔本。

周尉繚子撰。梁惠王問以兵法,則爲六國時人也,或曰鬼谷子之弟子。《隋志》作五卷,《唐志》作六卷。《漢志》稱其書三十一篇,今止二十四篇,則非完本矣。其言多合于正。晁公武《讀書志》稱有張載注,今不傳。余從許氏本録出,稍引其注,遵《隋志》分爲五卷。

304 **黄石公三略三卷** 鈔本。

相傳圯上老人以一編書授張良者即此,實後人依托而爲之者。分上、中、下三卷。余從許本録出,而冠《四庫書目提要》于卷首。

---

① 見第1560條。

305 **素書一卷** 鈔本。又一本有張商英注。①【眉批:又《漢魏叢書》本。② 又單本。③】

舊本亦題黄石公撰。宋張商英曾爲之注。分爲六篇。殆即商英僞托也。此本亦從許氏本録出者。

306 **李衛公問對三卷** 鈔本。 以上七種共一函,共六册。

唐李靖與太宗論兵之語,而後人録以成書者也。何薳《春渚紀聞》謂"東坡嘗言此書爲阮逸僞撰,蘇洵曾見其草本"云云。

307 **新論一卷** 嘉慶間刻。即《問經堂叢書》本。

後漢桓譚撰。蓋仿陸賈《新語》、劉向《新序》而爲之者,范史本傳及章懷注云譚書本十六篇,曰《本造》、曰《王霸》、曰《求輔》、曰《言體》、曰《見徵》、曰《譴非》、曰《啓寤》、曰《祛蔽》、曰《正經》、曰《識通》、曰《離事》、曰《道賦》、曰《辨惑》、曰《述策》、曰《閔友》、曰《琴道》,光武敕言卷大,令别爲上、下篇,故自《王霸》至《辨惑》皆分爲二,惟《本造》《閔友》《琴道》各一篇,共爲二十九篇。《隋書·志》及《新唐·志》俱稱十七卷,蓋仍依十六篇爲卷,并目録爲十七耳。至《宋史·志》不見著録,晁公武、陳振孫所録亦皆未言,蓋當南宋時已亡矣。國朝嘉慶間瀋陽孫馮翼搜輯逸子于各書及注中,所引者萃爲《新論》,惟《琴道》一篇見引于《文選注》及裴松之《三國志注》,標以冠首,餘十五篇皆無篇目可考,姑闕疑而類次之。其諸書互有異同者,皆并録以備參考。總爲一卷。雖《新論》之原本不可復睹,而得孫君搜輯之功,使數百年來

① 見第3645條。

② 未著録。

③ 見第1655條。

湮没散佚之書復得窺一斑于全豹，則不特好古者之大幸，抑亦桓君山之所爲心慊也。詳見張、程二序及自序。卷首又列考證十三條。

308 **皇覽一卷** 嘉慶間刻，問經堂本。

魏代諸臣撰集。《魏志》言乃劉劭、王象奉敕作，《史記索隱》則云王象、繆襲等，未知孰是。阮孝緒《七録》所載本六百八十卷，至隋而僅存一百二十卷。唐時之本，則何承天所合并，亦著于《七録》。宋以來則漸亡佚矣。濬陽孫氏搜輯逸書，萃爲此編，惟《逸禮》及《冢墓記》篇名可考，引者亦多，餘則闕如。詳見自序及考證。

309 **典論一卷** 嘉慶間刻，問經堂本。

魏文帝撰。當時曾刻于石，與太學石經并列，凡六碑，至晋時已毁其四。《隋志》經部祇載《石經典論》一卷，自是不全之碑。及宋而簡編并佚，晁公武、陳振孫等俱未著録，則其不及見也明矣。濬陽孫氏輯其逸簡共四十餘條，凡諸書所引互有異同者，亦并録之。詳見自序及考證。

310 **司馬彪莊子注一卷考逸一卷** 嘉慶間刻，問經堂本。

晋司馬彪爲《莊子注》。《晋書》本傳未詳其卷數，《隋書·經籍志》言阮孝緒《七録》本二十一卷，至隋而闕，僅存十六卷。然《新唐·藝文志》所載乃復與梁《七録》相符，殆佚于前而又足于後也。彪注《莊子》在惠帝末，蓋與向秀同爲郭象先進。今郭、向二《注》盛行而彪《注》不傳，僅見于《文選注》及陸元朗《經典釋文》諸書，罕窺全豹，良可惜矣。濬陽孫氏摭拾逸闕，以存彪《注》之舊，而凡見于《釋文》所引者概不采録，以省簡帙，詳見自序。末又附録《莊子》逸篇七事，乃見于王應麟《困學紀聞》者。又《困學紀聞》所未載者五事，皆有彪《注》，亦附録于末。又别爲《莊子注考逸》一卷。

311 **燕丹子三卷** 嘉慶間刻，問經堂本。【眉批：又平津館本。①】

亦孫氏刻。卷首有孫淵如先生星衍序，云“《燕丹子》三卷，世無傳本，余初入詞館，紀大宗伯昀以此相授，云録自《永樂大典》。核之《史記索隱》、唐宋人類書所載，其詞略同，審非僞本。當由六國游士哀太子之志，綜其事迹，加之緣飾，故有‘仰天嘆，果烏白頭、馬生角’之語，實不近情。史遷爲文，削之甚當。然是先秦古書嫻于詞令，其學在縱横、小説兩家之間”云云，又稱“家從子鳳卿好古博涉，采獲亡佚諸子傳注，手爲編次增補，刊而行之，予以此本刻入，爲之冠首”云。鳳卿，馮翼字也。書凡三篇，篇爲一卷。末附宋人《楓窗小牘》、《燕丹子》小序一篇。

312 **許慎淮南子注一卷附淮南萬畢術一卷** 嘉慶間刻。問經堂本。 以上六種共一函，共六册。

《隋·經籍志》有許慎注《淮南》二十一卷，與高誘注并列雜家。《舊唐志》惟列誘注。《新唐志》則慎、誘，仍二家均載。迨元人修《宋史·志》，復存誘而佚慎。晁氏《讀書志》、陳振孫《書録解題》均尚目驗慎注，大抵其書亡于宋末，至元代而遂不存。又《隋志·五行家》曰“梁有《淮南萬畢經》《淮南變化術》各一卷，《淮南中經》四卷”，《中經》及《變化術》均莫可考，惟諸書中引《萬畢》逸句逸事者甚夥，且多稱爲《萬畢術》，《太平御覽》徵引至數十事。按班固謂《淮南内書》二十一篇，《外書》甚衆，此《萬畢術》或即其《外書》之一，抑後人依托其名，均未可知。瀋陽孫搜輯逸

① 見第1562條。

書,既刻許注《淮南子内書》,而附録諸書所引《萬畢術》者七十餘條于後,聊以當《外書》云爾。

313 **斷易火珠林評注六卷** 寫本。 一函六册。

陳直齋《書録解題》有《火珠林》一卷,稱"無名氏,今賣卜者擲錢占卦盡用此書"云云。此本乃六卷,題曰《斷易火珠林評注》,亦未著撰人名氏。卷首有崇寧三月九日廬峰隱者李潛幾道序,云"麻衣道者,《斷易火珠林問答心法》《羲皇氏正易心法》,頃得之廬山一異人,或有疑而問之,余應之云:何疑之有?昔黄帝《素問》、孔子作《易大傳》,世尚有疑之者,嘗曰世固有能作《素問》者乎,固又有能作《易大傳》者乎?雖非本真,亦黄帝、孔子之徒也。余于《麻衣易心法》,亦曰世固有能作之者乎?雖非麻衣,是乃麻衣之徒也"云云。玩序意,則此書托名麻衣,其僞顯然。特僞撰之人,亦不可考,殊爲遺憾。其書純主占卜,大而天時人事,小而覆射萬物,靡不具載。詞義淺近,人人可習,誠爲今世賣卜者托鉢之具。其評注疑即潛所爲。陳氏云一卷者,無評注者也。此本得之都肆,不知何人所寫,脱訛謬戾不一而足,宜更求善本校正之。

314 **靈臺秘苑十五卷** 寫本。 一函六册。①

北周庾季才撰。原書一百十五卷,見《隋志》。北宋時司天監于大吉、丁洵及奉議郎歐陽發、承議郎王安禮諸人奉敕重修删訂,存十五卷,即今本也。錢遵王《讀書敏求記》稱其"考核精確,非聊

---

① 邵懿辰《增訂四庫簡明目録標注》(後簡稱《簡目標注》):"路有鈔本。"《西安市文物管理委員會善本書籍目録乙編》:"《靈臺秘苑》十五卷,北周庾季才撰,宋王安禮等重修。清路慎莊鈔本。六册。八行二十一字,小字雙行,行字同,白口,紅格,四周雙邊。珍一〇。邵氏《簡目標注》'路有鈔本',即此本。"

爾成書者”。今觀所輯,臚列星次,多主占驗,不盡可憑。又篤信分野次舍,亦失之穿鑿附會。然所根據皆隋以前之古帙,亦頗足以資考證。此本亦未詳誰氏所寫,脱訛較少,尚爲善本,筆畫亦頗工楷。卷首列《四庫全書總目提要》。

315 **西魏書二十四卷** 乾隆乙卯樹德堂刻。 一函六册。

國朝通議大夫南康謝啓昆撰。以魏孝武帝爲高歡逼幸關西,立清河王世子善見爲抗制關中之具。永熙三年,善見僭大號于鄴,魏于是有東西之分。魏收作《後魏書》,以西魏爲僞,東魏爲正,黨齊毁魏,削孝武謚,名西魏帝,尊卑序失,世稱穢史。魏澹又撰《後魏書》,始正其名,而書惜亡佚,故西魏之典故、人物闕然無徵。啓昆爲是書,蓋所以補澹書之闕而正收書之妄也。凡紀一卷,表三卷,考六卷,列傳十三卷,載記一卷。其條例詳于叙録。卷首有錢、姚、翁、畢四序。卷末有凌、胡二跋。

316 **敬齋古今黈八卷** 聚珍板,乾隆四十年校印。 一函四册。

元李冶撰。自號敬齋。其書專爲考訂而訂,取載籍疑義一一詳辨,取黈纊充耳所以塞聰之義,以名其書。蓋冶專精覃思,穿穴今古,以成是書,故有取于不外聽也。《元史》本傳稱此書原目四十卷,惜多亡佚。此本乃從《永樂大典》搜輯者,尚不及什之四五,然崖略亦可概見矣。裒綴排次,依經、史、子、集以類輯,各爲二卷。

317 **泉史十六卷** 道光十三年盛氏刻。 一函八册。

國朝鎮洋盛大士撰。一卷至十二卷叙次歷代錢幣,由秦漢以迄前明。其十三爲不知年代錢。十四爲外國錢。十五、十六則厭勝、吉語、打馬諸錢附焉。均圖其形模,摹其文字,徵引古籍,薈萃衆説,以考異同,成爲此編。其詳見自序及例言。

318 **後漢書補逸二十一卷** 康熙癸巳姚氏刻。 一函八册。

國朝錢塘姚之駰編,以補蔚宗書之逸者。凡《東觀漢記》八卷、謝承《後漢書》四卷、薛瑩《後漢書》一卷、張璠《漢記》一卷、華嶠《後漢書》一卷、謝沈《後漢書》一卷、袁崧《後漢書》一卷、司馬彪《續漢書》四卷,采自群書,搜合散佚,舛訛漏落,均所不免。而略存古書之梗概,亦不可謂之無功。詳見自序及例言。

共一萬三千七百六十字,石星五鈔。

# 蒲編堂路氏藏書目五

小洲手訂　共書九十七種,一千七百七十七卷,九十六函。

319 **老子翼三卷考異一卷**　明萬曆間刻。

明焦竑撰。采古來解《老子》者六十四家,裒其精語,以成是編,而益以自著之《筆乘》。其一卷、二卷爲上、下二篇,三卷爲《附録》、《老子列傳》及諸家論《老子》者,皆載焉。末爲《考異》一卷,王元貞爲之序。

320 **莊子翼八卷莊子闕誤一卷附録一卷**　明萬曆間刻。　與《老子翼》共一函,共八册。

焦竑撰。體例與《老子翼》同。所采《莊子》注自郭象以下凡二十二家。旁引他説者,自支遁以下凡十五家,兼附自著之《筆乘》。又《章句》《音義》,自郭象以下凡十一家。而大旨以郭象、吕惠卿、褚伯秀、羅勉道、陸西星五家之説爲主。其《闕誤》一卷乃陳景元《南華章句》之原文,具載古今異同之本而繫之卷末也。《附録》一卷則《莊子列傳》及諸家論莊子者。

321 **南方草木狀三卷**　明刻。又左氏《百川學海》本亦載。①

晉嵇含撰。專録南越、交趾植物。自序"漢武帝開拓封疆,搜采珍異,取其尤者充貢。中州之人或昧其狀,乃以所聞詮叙"云

---

① 因重複未著録,説見第890條。

云。凡草類三十種,木類二十八種,果類十七種,竹類六種。

322 **竹譜一卷** 明刻。又左圭刻本。①

晉戴凱之撰并自注。所記竹類七十有餘,皆叙以四言韻語。詞旨古雅,非唐以後人所能。注中所引晋以前書,多存古義,亦足以旁資考證。

323 **劉氏菊譜一卷** 明刻。左氏《百川學海》本首尾完善②,可以補闕,兼有後序一篇。

宋劉蒙撰。按《四庫目録》云蒙此譜"首譜叙,次説疑,次定品,次列菊名三十五種,各爲品第,而終以雜説三篇"云云。今此本但有譜叙及菊名三十二種,餘皆闕佚,深爲可惜。

324 **洛陽牡丹記一卷** 明刻。左氏《百川學海》本亦有。③

宋歐陽修撰。凡三篇:一曰《花品》,叙所列凡二十四種;二曰《花釋名》,述得名之由;三曰《風俗記》,略叙游宴及貢花。餘皆種植之事。

325 **牡丹榮辱志一卷** 明刻。又左氏本。④

宋丘璿撰。臚列諸花品第,以王妃、九嬪、世婦、御妻、師傅、彤史、命婦、嬖幸、近屬、疏屬、戚里、外屏、宫闈、君子、小人諸名號分配之,殊覺無謂。

326 **揚州芍藥譜一卷** 明刻。又左氏本⑤,可互校。

宋王觀撰。因劉攽《芍藥譜》所列三十一種,改其一種,增其

---

① 因重複未著録,説見第890條。

② 因重複未著録,説見第890條。

③ 因重複未著録,説見第890條。

④ 因重複未著録,説見第890條。

⑤ 因重複未著録,説見第890條。

八種。前有自序,後有論。

327 **海棠譜三卷** 明刻。又左氏本①,可以互校。

宋陳思撰。上卷皆録海棠故實,中下二卷皆題咏其名品之别、栽植之術。卷首有“開慶改元長至日”自叙。

328 **荔枝譜三卷** 明刻。左圭《百川學海》本亦載。②

宋蔡襄撰。凡七篇:一原本始,二標尤異,三志賈鬻,四明服食,五慎護養,六明法製,七别種類。襄本閩人,所記皆閩産也。

329 **橘録三卷** 明刻。左氏《百川學海》本亦載。③ 有韓氏自序。

宋韓彦直撰。上卷柑品八、橙品一,中卷橘品十八,下卷爲種植之法。彦直曾知温州,故所録皆温州之産。

330 **范村菊譜一卷** 明刻。左氏《百川學海》本亦載。④

宋范成大撰。所録范村自植之菊,據自序凡三十六種,此本乃三十五種。按《四庫目録》所著亦云“闕一種”,殆傳寫者佚之也。有自序。

331 **史氏菊譜一卷** 明刻。左氏刻本首尾完善⑤,可補。

宋史正志撰。所録凡二十八種。此本但有後序一篇,而佚其前序,可惜。

332 **范村梅譜一卷** 明刻。左氏本亦有。⑥ 以上十二種共一函,共五册。

宋范成大撰。所録梅花凡十二種,蓋據吴郡所産、其[illegible]業之

---

① 因重複未著録,説見第890條。

② 因重複未著録,説見第890條。

③ 因重複未著録,説見第890條。

④ 因重複未著録,説見第890條。

⑤ 因重複未著録,説見第890條。

⑥ 因重複未著録,説見第890條。

所植者記之。故冠以范村,非謂梅類止此也。

333 **舊唐書二百卷** 乾隆四年。武英殿校刻。 六函共六十册。

後晋劉昫等撰。凡本紀二十卷、志三十卷、列傳一百五十卷。自歐陽修、宋祁等《新唐書》出,此書遂廢。然《新書》以事增文省求勝《舊書》,致多采小説,有乖史例,且好爲澀體,亦非史筆。史者,據事直書,所以傳信也。銑溪虬户,甚無當焉。昫此書雖經斥廢,而其本流傳不絶。表昫之長攻歐、宋之短者,亦不絶。平心而論,實則互有短長,不容偏廢。乾隆四年,武英殿校刊此書時,刑部侍郎勵宗萬等别爲《考證》,各附卷末,與《新唐書》并列正史。

334 **大戴禮記補注十三卷** 嘉慶五年刻。 一函四册。

《大戴禮》舊有北周盧辯注,但詞旨簡略,且多闕佚。德州盧氏雅雨堂曾爲校正。此本乃曲阜孔氏廣森參會衆説,博稽群書,重爲補注者。并爲序録若干,條列之卷首。原本一、二、七、九、十二,凡五卷,舊注均逸,孔氏亦以己意訓詁之。

335 **錢録十六卷** 乾隆十六年刻。 一函六册。

乾隆十五年總纂官紀昀等奉敕撰。卷一至卷十三詳列歷代泉布,自伏羲氏迄明崇禎,以編年爲次。第十四卷列外域諸品,第十五卷、十六卷以吉語、異錢、厭勝諸品殿焉。是編所録皆内府儲藏得于目睹者,字迹、花紋、圖經、尺寸一一酷肖,考訂異同,辯證真僞,圖必有徵,説必有據,不似洪遵等《錢譜》《泉志》之多所臆斷也。析疑訂舛,於貨幣原委,展卷釐然。蓋古今政治之得失,皆可考見,正不徒爲博物之資助矣。

336 **梵網經直解二卷附直解事義一卷** 明崇禎庚辰沙門戒潤刻于華山。一函四册。

姚秦三藏法師鳩摩羅什譯,明廣陵沙門寂光解。梵網者,謂佛指説梵天宫中嚴飾身殿之網羅幢，以喻心地法門之戒經也。《直解事義》一卷，亦寂光所撰，又疏明直解中之事義者。卷首有河間范景文序，卷末有峽州沙門戒潤題。

337 **六一詩話一卷** 明刻。

宋歐陽修撰。詩話莫盛于宋，其傳于世者以修此編爲最古。其書以論文爲主，而兼記本事。諸家詩話之體例，亦創于是編。

338 **紫微詩話一卷** 明刻。

亦曰《東萊詩話》，宋吕本中撰。中或偶涉經義，兼及雜事、雜文，然大致以論詩爲主。

339 **貢父詩話一卷** 明刻。

宋劉攽撰。多記典故，間涉考證，持議亦頗平允。

340 **珊瑚鉤詩話三卷** 明刻。以上四種共一函，共二册。

宋張表臣撰。其曰"珊瑚鉤"者，取杜工部詩"文采珊瑚鉤"句也。書中多及雜文，亦多及瑣事，不盡論詩之語。然表臣與陳師道、晁補之諸人游，往往傳其緒論，頗有根柢。大抵法元祐之學，與《冷齋夜話》同。其好載己作，務表所長，亦與《冷齋夜話》同。

341 **元經十卷** 乾隆庚戌樂真堂刻。

題晋郭璞撰。凡八十一篇。專論陰陽、五行、生尅、制化及運用趨避之方。其門人趙載爲之注，明江之棟校輯，曾刻于崇禎。是本乃國朝顧鶴庭重梓者。

342 **璇璣經一卷** 同上。

晋趙載撰。凡五十二篇。國朝顧鶴庭注。首爲《璇璣大理歌》，末爲《郭氏致用口訣》。文詞鄙淺，其爲後人僞托無疑。

343 **陽明按索五卷** 同上。

明陳復心編,其孫漢卿補注。大旨以歲位吉凶、九宮飛白、神煞衰旺、吊宮刑剋爲主,以爲陰陽多拘忌,將盡從之,則彼此可否,不勝牽制;將盡弃之,則禍福顯驗,實不可誣。當權其重輕休旺以爲用捨,則不觸不背,較爲易從。其持論用意如此。卷首一卷爲凡例,不入卷。

344 **佐元直指十卷** 同上。

明劉伯温撰。卷首一卷爲《佐元直指賦》,其九卷爲圖解賦、爲經解、爲傳。

345 **三白寶海三卷** 同上。

元幕講禪師撰。題"至正辛卯沙門法心無著"云云。其曰"三白"者,布洛書之方位,循氣化之周流,首論山白,次論宅白,又次論年月日時之白,以備選擇之用。運以月建,錯以九星,綜以五行相生相剋,而吉凶悔吝生焉,禍福見焉。凡九九八十一局。

346 **八宅明鏡二卷** 同上。 與上五種共一函,共八册。

未題撰人名氏。顧氏刻。上五種總名之曰《五要奇書》,而末附以是編。上、下二卷。序云"有一箬冠道人過訪,談及八宅之術,遂探囊取書二本授之,名曰《八宅明鏡》,并授以天尺一枚,云乃楊筠松所著。如一宅不利,改門則利;一室不吉,改房門則吉。開門造床,依此尺寸趨吉避凶,應驗不爽"云云。所謂八宅者,謂乾、坎、艮、震、巽、离、坤、兑,如八宅屋有東四宅、西四宅,人有東四命、西四命,坎、震、巽、離乃東四宅也,坤、乾、兑、艮乃西四宅也。人之東西四命按甲子分上中下三元,如一坎、三震、四巽、九離爲東四命,二坤、六乾、七兑、八艮爲西四命。東四命宜居東四宅,西四命宜居西四宅。命與屋相合,無不財丁并發者。如屋雖以移徙,一室之内亦有二十四方向,按其位置改竈移床,即可應驗。其書專爲居家宜忌而設。陰陽生剋,理原有之。然謂吉凶可以趨避,禍福可以轉移,而皆聽命于一宅之方向,彼造物者無乃退處無權?而重人立命之説,亦遂可以廢弃也。豈其然乎?世人昧于福善禍淫之旨,而竟迷于此類無稽之説,自欺而兼以欺人,付之一炬可也。

347 **漢紀三十卷** 明嘉靖戊申吴黄姬水刻。 一函五册。

漢荀悦撰。自序"建安中奉詔作,約班固舊《書》,撮《序》《表》《志》總爲《帝紀》,通比其事,例繫年月,凡三十卷",蓋仿《左氏》爲編年之體也。《後漢書·荀淑傳》稱其"詞約事詳,論辨多美,歷代皆重其書",洵非率爾操觚者。此書刊布不廣,幾致湮晦。是本乃明嘉靖間士雅山人吴黄姬水校梓者,序云"昔大復何舍人得荀氏書抄本于徐太宰家,刻于高陵。涇野吕公序之,曰:予曩在史館,數問荀氏書,弗獲見,而恨校讎之無副"云云,觀此則是書之希覯則自明已然矣,吾子孫宜珍秘之。

348 **後漢紀三十卷** 仝上。 一函五册。

晋袁宏撰。其體例全仿荀書,其取材則以張璠《漢紀》爲主,而以謝承、司馬彪、華嶠、謝沈、《山陽公記》、《靈獻起居注》、《漢名臣奏》旁及諸郡耆舊先賢傳諸家之書,并之翦裁,點竄成爲此書,亦三十卷。起光武更始,迄獻帝建安二十五年。卷首有袁宏自序。亦士雅山人刻。自序"支硎楊公嘗造先子五嶽山人,語及荀、袁之書,極爲嘆賞,云往時曾於雲間朱氏覽宋刻本,真天府秘笈也,惜未祈借,爲可悵懊。後不逾月,有持一編售者,則朱氏之本。先子傾囊購之,將序刻,未暇而卒,遂承堂構之心,梓而行之"云云。

349 **易林四卷** 明刻。 一函六册。

漢焦延壽撰。延壽名貢,梁人,以好學得幸梁王,王供其資用,令極意。① 既成,爲郡吏察舉,補小黄令。化行縣中,卒于官。能預知將來,燭奸摘伏,瞭若目睹。京房治《易》,嘗師事之。其書以一卦各演爲六十四卦,總四千九十六首,各繫以繇詞,皆爲韻語。文句古奥,與《左氏傳》所載"鳳凰于飛,和鳴鏘鏘"諸語絶相類。所卜亦多應驗。惜漢以來古法漸失,此書幾成具文。陳直齋《書録解題》稱"舊見沙隨程氏所紀,紹興諸公以《易林》筮時事,奇驗。求之歷年,寶慶丁亥始得其書于莆田,録而藏之。獨恨多脱誤,無他本是正。嘉熙庚子自吴門歸霅川,王寺丞侑以家藏本見假,兩本互校,十頗八九,于是兩家所藏,皆成全書。其間亦多重複,或數爻共一繇,莫可稽究"云云。是此書至宋已脱訛不完,宋以後更無論矣。是書單行本罕睹,往往載于諸家彙刻群書中,如商氏《稗海》、何氏《漢魏叢書》、毛氏《津逮秘書》之類,皆列是編,互有異同,且多沿訛,善本絶少。此本尚爲明人刻本之單行者,尚屬完善,惜不著刊刻年月及人名氏。卷首載唐會昌間王俞序,又宋黄伯思校定序二首。又附雜識三條,沙隨程迥記驗二條,及淳祐辛丑陳直齋題識一條。次列筮儀,次附以儲氏泳以木彈丸代蓍之法。分上、下各二卷,與諸目録所稱十六卷者數亦不同。

350 **撼龍經一卷疑龍經三卷** 無刊刻年月。 一函二册。

舊本題唐楊筠松撰,即術家所謂楊救貧也。《撼龍經》言山龍脉絡形勢,配以九星訣,其休咎疑非經。上卷論幹中尋枝,中卷論尋龍到頭,下卷論結穴形勢,附以十論,總爲三篇。葉泰爲之注,

① 焦延壽小傳應取自《漢書·京房傳》,《漢書·京房傳》"意"下有"學"字。

高其倬又從而批之。葉、高皆國朝人。葉注頗多錯誤，高評摘瑕匡謬，實足以羽翼二經，得深楊氏旨意，惟極力排斥葉注，近于怒罵，又未免傷雅道矣。《疑龍》之後，葉氏附以自著《辨龍歌》，亦十條，兼繪《幹龍》《大枝》《小枝》《砂結》諸圖。

351 **山水忠肝集摘要一卷** 附《撼龍經》後。

題蕭客撰。亦葉氏所輯。其説以山川性情氣脉爲本。後又附《消納水法外向順逆八局圖》。

352 **五行類事占徵驗六卷** 寫本。【眉批：删去。】 二函共十二册。

不知何人所寫，字迹惡劣，錯訛迭出，卷端亦無序述，亦不題撰人名氏。其書推演《洪範》五行五事之説，博采歷朝灾祥事迹以證之。按乾隆間《浙江采遺書》及《四庫總目》内列"《五行類事占驗徵》[①]九卷"，題"明詹事府通事舍人河南李淑通撰，有正統五年自序"云云，殆即此書，特寫之者略其序與姓名，而又誤以"驗徵"爲"徵驗"也。至其卷數，凡五行爲一卷，五事貌、言、視、聽、思各爲一卷。首尾完具，似無闕佚，則又後人并九卷爲六卷矣。又考錢遵王《讀書敏求記》，有"《五行類事占》七卷"，題"宋司天臺張正之輯"，今正之書不獲目睹，李氏此書或即仿張書而爲之者與？

353 **易象意言一卷** 聚珍板。 一函一册。

宋蔡淵撰。已見前。[②]

354 **春秋辨疑四卷** 聚珍板，乾隆三十八年印。 一函四册。

宋蕭楚撰。其門人胡銓及他弟子附注。楚紹聖中游太學，貢

---

① "驗徵"，中華書局影印浙本《四庫全書總目》作"徵驗"，上海古籍出版社整理本《浙江采集遺書總録》作"驗徵"。下文注釋中之《總目》《總録》皆特指上述版本，不贅述。

② 見第 197 條。

禮部不第。于時蔡京方專國,楚憤詆之,遂退而著書。明《春秋》之學,趙暘、馮澥、胡銓皆師之。此書久佚,此乃從《永樂大典》中録出者。卷首載胡銓序。

355 **隸釋二十七卷** 明萬曆戊子廣陵守某從元人手抄本命工依宋板字式梓之者。卷末有自識數語,而不題其名。卷首但列洪序,亦未述復刻此書端委。此書得于汪氏喜孫家,印記甚夥。據汪氏跋語云"按《揚州府志·秩官表》,王雲鷺,河南夏邑進士,萬曆十三年任知府,十七年去官云云,是此書乃雲鷺所刻",汪氏之言必有所據。或此書本有王序而殘缺剥落以致日久失去,未可知也。 一函十册。

宋洪适撰。前十九卷以所藏漢碑及魏碑數種共一百八十三,皆全録其文於假借通用之字,并一一疏通證明。其中有關史事者,亦一一辨訂異同,故曰《隸釋》。于字學、史學均有裨益。自序"既法其字爲之韻,復辨其文爲之釋,使學隸者藉書以讀碑,則歷歷在目而咀味菁華,亦翰墨之一助",洵不誣也。後八卷則彙載《水經注》《集古録》《金石録》《天下碑録》諸書之目。

356 **隸續二十一卷** 題"楝亭藏本丙戌九月重刻于揚州使院"。楝亭,姓名不著,無從考校。所謂丙戌者,亦不知某丙戌也,俟續訪博雅者。【眉批:曹寅也。】 一函二册。

亦洪适撰。蓋《隸釋》刻成之後,以續得諸碑補其所遺。體例與《隸釋》同。卷末有适弟邁乾道三年後序,又有喻良能淳熙六年跋。是書淳熙辛丑嘗與《隸釋》合爲一編,其本不傳。傳者仍各行之本,然殘缺失次,佚其九卷、十卷,而以《碑圖》二卷、《碑式》一卷、《隸圖》一卷攙列于四卷之後、十一卷之前。考适别有《隸圖》,與《隸纘》、《隸韻》及《釋續》共五種,詳邁後序,此爲《隸續》而以《隸圖》攙之,迨後人得其殘本合爲一編也。

357 **周易函書約存十八卷約注十八卷别集十六卷** 乾隆三十八年胡氏刻。三函共二十六册。

國朝光山胡煦撰。原本一百十八卷,稿本浩繁,漸有散佚,其已刻者,亦編次無序。此本乃其子季堂以其論《易》之語分爲《原圖》《原卦》《原爻》《原古》,共十八卷,統爲《約存》;以其依經釋義者十八卷,編爲《約注》;而以《易學須知》三卷、《易學辨異》三卷、《篝燈約旨》十卷共十六卷,編爲《别集》,于乾隆三十七年刻成奏上。詔入《四庫書目》,提要言之甚詳。卷首有其子季堂奏狀,并煦自序,又有李去侈康熙辛卯序。

358 **卜法詳考四卷** 乾隆三十八年校刻。 一函四册。

胡煦撰。一卷爲選龜、取龜、攻龜、開龜、四兆、燋契、定墨、食墨、三兆、五兆、八命、八頌。列《周禮》《尚書》之文,本經訓也;次列《史記·龜策傳》,以其猶近古也;次列《古龜經》,以明古法。二卷爲《全氏三圖》、楊時喬《龜卜辨》《龜卜繇》。三卷爲《吴中卜法》《玉靈秘本》。四卷爲龜卜、總斷、分斷、聯占、分爻、五行占,皆近代術士之所傳。蓋古占法之傳于今,與今占法之不悖于理者,略具是書。存此一家,亦可見古人鑽灼之梗概也。舊附所著《周易函書》中,然所言究與解《易》不類,故《四庫書目》别録于術數家。

359 **列子盧氏注八卷** 抄本。 一函四册。

注《列子》者,惟晋張湛注盛行,唐殷敬順曾爲《釋文》,舊刻多附于張注之後,散入逐段之下,故殷氏之注亦籍張注以傳。余前得興化任氏大椿所刻敬順《釋文》專本,較通行本之散附張注後者詳略迥殊,誠秘寶也。惟鄭樵《通志》及焦竑《經籍志》又列有唐通事舍人盧重元注《列子》本,知張、殷二家之外又有盧注,極力搜訪,惜少傳本。且鄭、焦二《志》之外,他書亦未見著録。雖以晁公武、陳振孫之嗜奇好博、兼收并蓄,竟有闕如。殆盧氏此注當唐代已流傳不廣,則宋以來無論矣。此本爲國朝江都秦敦甫先生恩復所校刻,云"得于金陵道院,曾于南北藏書家訪求十餘年之久而後獲之"。吁!儒者之藏書竟不如游方外者之搜羅富而珍惜至也,良可慨矣!然歷朝散佚罕睹之物,竟特存于清壇古刹之中,殆亦有神物呵護者,又何其幸哉。按:重元爲盧思道玄孫藏用之弟,《唐書·宰相表》稱重元仕至司勛郎中,然則注此書時乃其先爲通事舍人時,其時奉詔注《列子》,故即以現居之官爲標題。其注多可采取,間有徵引,皆與古本相合,多足以資考證。秦氏既刊此書,又詳加是正,于逐段本注之下皆題"案"字别之。又附歙縣汪君考證數條,列于後。秦氏此刻坊間亦罕鬻本,余從友人處借録之。卷首列重元叙論及秦序。

360 **山帶閣注楚詞卷首一卷注六卷餘論二卷説韻一卷** 康熙癸巳刻。一函四册。

國朝蔣驥撰。卷首一卷冠以《屈原列傳》《外傳》《楚世家節略》《考正地圖》,以論原之事迹及原之涉歷。次爲注六卷,即據其年月、道里以定所作之時。《餘論》二卷,則辨證諸家注釋也。《説韻》一卷,則辨證叶音、轉音、諸聲也。

361 **莊子獨見三十三篇** 乾隆壬申刻。【眉批:删去。】 一函四册。

國朝晋陵胡文英撰。皆其讀《莊》評釋之語,間注字句,而大要主于論文。卷首列《論略》十則、《讀莊針度》八則。

362 **千金方九十三卷** 康熙二十八年張、喻二氏刻。 二函共二十册。

唐孫思邈撰。謂人命至重,貴於千金,一方濟之,德逾於此,故以爲名。思邈,吾秦之華原人,即今耀州,歷周、隋迄唐皆不仕,以方藥濟人,博采群經,删裁繁重,著爲此編。一名《備急千金要方》。本三十卷,宋高保衡、孫奇、林億、錢象先等曾奉敕校正,卷數亦仍其舊。至明嘉靖間承德郎喬世寧重加校刻,依《道經》定次爲九十三卷,即今世通行之本,其爲原書與否,真贋莫判。要之思邈之方實散在此編内也。其方首療婦人無子,次妊娠,次轉女爲男,次生産,次活幼,次男子老人諸方。凡針灸導引、養性攝生之方無不備列。明馬理序稱"古今醫方有序者,率不違此",誠爲篤論。此本爲康熙己巳金州喻成龍依舊刻善本與南昌守張君某同刻者,尚屬槧書中之佳板。其顛末詳喻序及吴、黄二序。卷首又載明方中聲、陳文燭、馬理、喬世寧諸序及宋林億等原序,孫真人自序并本傳。其凡例數十條,則林億等新纂也。

363 **千金翼方三十卷** 明萬曆間王氏刻。 二函共十四册。

孫思邈撰。思邈既撰《千金方》三十卷,猶慮或有所遺,又撰集此編以翼之,以成一家之學。宋林億等奉敕與《千金方》同校正。卷首列億等叙及孫真人自叙。此本爲明萬曆間王肯堂之從子廷鑑所刻,字大悦目,誠佳本也,自序苦無宋本讎校,烏焉帝虎之訛,稍可疑者,皆仍其舊,故時有不可讀者,尚爲遺憾。凡藥錄纂要一卷,本草三卷,婦人方四卷,傷寒方二卷,小兒方一卷,養性、辟穀、退居、補益各一卷,中風二卷,雜病三卷,養病一卷,飛煉一卷,瘡癰二卷,色門一卷,針灸三卷,禁經二卷,總一十八門二百一十三類。

364 **黄帝内經素問二十四卷** 未標刊刻年月。 二函八册。

唐王冰注,晁氏《讀書志》作"王砯"。宋林億、高保衡等奉敕校定,序云:"黄帝坐明堂之上,與岐伯上窮天紀,下極地理,遠取諸物,近取諸身,更相問難,垂法以福萬世。於是雷公之倫授業傳之,而《内經》作焉。"《内經》凡十八卷,九卷爲《素問》,九卷爲《靈樞》,王冰次注《素問》,始分爲二十四卷,凡八十一篇。原本殘缺,冰采《陰陽大論》以補之。冰自號啓玄子。案《漢志》但有黄帝内、外《經》,至《隋志》乃有《素問》之名,舊有全元起注八卷,林億等校定補注,亦頗采其説。全元起謂“素者,本也;問者,黄帝問岐伯也。方陳性情之源、五行之本,故曰素問”。或又曰《乾鑿度》云“有形者生於無形,故有太易、有太初、有太始、有太素。太易者,未見氣也。太初者,氣之始。太始者,形之始。太素者,質之始”。氣形質具,而痾瘵由此萌生,故黄帝問此太素質之始也。《素問》之名,義或由此。此本爲潘景升先生之恒所編《黄海五紀》之一。《五紀》凡數百卷,自紀初至紀異,所收黄帝事迹、文章略盡。内《素問》二十四卷歸于紀藏部,卷首王冰、林億等諸舊序,後又列明萬曆間王山史諸跋。書共八册,余于省垣之舊雜物肆得之,剞劂精緻,以《黄海》標題,惜未得盡獲《五紀》以觀海也。

365 **東坡詩集注三十二卷紀年録一卷** 未題刊刻年月,但標“明吴興茅維孝若芟閲”,疑有删節。 二函十二册。

題王十朋纂集,或云依托也。自序云:“舊得公詩八注、十注,而事之載者十未能五,故於暇日搜諸家之釋,裒而一之,劃繁剔冗,編爲此集。”所列諸家姓氏凡九十餘人。其詩以類編次,頗多舛誤,邵長蘅曾詆之。注亦不免漏略。然長蘅補注施元之舊注之缺,未嘗不據此爲藍本也。卷首又列有宋趙夔注東坡詩序,殆十朋注此詩時采取特多,故冠其序以存梗概。與《紀年録》一卷,爲宋傅藻所撰。

366 **兩漢金石記二十二卷** 乾隆五十一年刻。 一函八册。

國朝侍讀學士大興翁方綱撰。集兩漢金石文之目所親見者爲此編。一卷爲年月表,二卷爲目録、考,三卷爲石經,四卷至五卷爲古器物文,六卷至十八卷爲碑銘諸刻,十九卷爲《隸續補》《洪氏急就章注》,二十卷爲《隸八分考》,二十一卷爲《補遺》,二十二卷爲《班馬字類附記》。

367 **徐霞客游記十卷補編一卷** 嘉慶十三年戊辰江陰葉氏廷甲重刻是書。舊本殘缺,康熙己丑楊名時重爲編訂,以地理區分,定爲善本,分十二卷,乾隆間收入《四庫》。嘉慶十一年冬,霞客族孫鎮以所梓原板歸葉氏,朽蠹頗重甚,且不别卷數,但分爲十册。葉氏乃借楊氏手録之本及陳泓所校之本重爲讎勘,即仍徐板之舊,定爲十册,每册又各分上、下,而以霞客遺詩及諸人題贈之作附增于後,題曰《補編》。詳葉氏自序。余既得此書,而改其册爲卷,以著於録。 二函十册。

明徐宏祖撰。宏祖,江陰人,霞客其號也。少負奇氣,年三十餘出游,遍歷山水,足迹幾滿天下。自吴越而閩、而楚,北歷齊、魯、燕、冀,復由閩之粤、之秦、之蜀,又西行數千里,窮河源。所至輒爲文以志游覽。没後手藁散佚,友人季夢良求而得之,甚多闕失。宜興史氏亦有鈔本,而訛異尤甚。楊名時重爲編訂,以地里爲次,稱爲善本,分十二卷。此本又從楊本重校刻者,分十册。卷首列《四庫書目提要》及趙甌北先生題辭,又有徐鎮原刻序,又載楊名時重録是書序及葉氏新刻序。第十册下卷爲外編,載書牘、墓志、家傳及諸本異同考辨。卷末補編又有史、奚諸人舊序。

368 **日下舊聞四十二卷** 題六峰閣藏板。 二函十六册。

國朝朱竹垞先生彝尊撰。以京師爲遼、金、元、明歷代建都之所,乃摭采群書一千六百餘種,輯爲此編。首星土、世紀,次形勝,次宫室,次城市,次郊坰,次京畿、僑治,次邊障,次户版、風俗、物産,次雜綴,而以《石鼓考》終焉。每卷各有補遺。

369 **汗簡三卷目録叙略一卷** 康熙間刻。 一函二册。

宋郭忠恕撰。與《佩觿》并列《宋·藝文志》。而此書傳者絶少，晁公武、陳振孫嗜奇好博，亦僅以《佩觿》著録，未言及此。蓋書缺簡脱，在當世藏書家已罕覯矣，况千百年後哉。此本爲秀水朱氏舊鈔，每卷各分爲二，凡六篇，後爲序目一卷。編次古雅，始一終亥，與許氏《説文》次序正符，洵秘寶也。錢塘汪君立名從朱氏手鈔本摹寫梓之。卷首載李直方天禧二年序，并雜論四條，又鄭所南跋一篇。是書皆録古文，即用古文之偏旁分部。今人率用小篆，古法失矣。其曰汗簡者，古人以火炙簡，令汗，取其青，易書不蠹，故曰汗簡，亦曰殺青。

370 **宣和博古圖三十卷** 題黄德時刻。 二函共十册。

宋大觀中王黼等奉敕撰。其稱宣和者，徽宗未改宣和紀年以前先有宣和殿也，所藏古器鼎彝尊罍卣敦之屬，悉圖其形製，記其名物，録其款識。品有總説，以舉其凡。而物物又各加考訂，實多附會牽合之處。是書屢經翻修，按乾隆間《浙江采遺書目》稱"寶古堂重修。上有明萬曆癸卯洪世俊序，云其友吴公弘重刻于寶古堂"云云。予又見别本復題"東書堂重修宣和博古圖録"云云。前列洪氏序後又列明嘉靖戊子樂安蔣暘一序，稱"屬掌鹽司黄君景星再博佳木而翻刻之"者。今余所得此本又題曰"泊如齋重修宣和博古圖録"云云，而簡册之大小、字畫之波磔實與東書堂所刻絲毫不爽，特無洪、蔣二序，而有萬曆戊子程士莊序，序後題"黄德時刻"四字。然則東書也，泊如也，要皆踵寶古原刻而重雕者。余取别本洪氏序，録于卷首，以志其初。而蔣氏序略焉。

371 **考古圖十卷** 乾隆十八年天都黄氏刻。 一函五册。

宋元祐中汲郡吕大臨撰。所記自御府之外凡三十六家，所藏古器物皆圖而録之。有元祐七年自序。乾隆癸酉，天都黄晟曉峰氏又校刻焉，題"亦政堂重修考古圖"云云。是書原本刊行二百餘年，大德中茶陵陳氏翼更梓之。又四百餘年，而黄氏重修之。卷首載陳序，又有明焦竑序。

372 **集古玉圖二卷** 亦黄氏刻。 附《考古圖》後，一册。

朱德潤澤民氏撰。自序："弱冠游燕京，諸王公家及秘府所藏，咸得瞻覽，因圖其所見。"凡三十九事，分上、下二卷。卷末有明吴寬題詩一首及吴公弘刻是圖跋。天都黄氏重刻吕氏《考古圖》，因并刻之。

373 **古玉圖譜一百卷** 乾隆四十四年江氏刻。 四函共二十四册。

宋淳熙中龍大淵等奉敕編。《宋·藝文》及諸家著録皆失載其名。國朝乾隆三十八年采訪遺書，始購得此《圖譜》鈔本進呈。蓋是書與《宣和博古圖》實相表裏，《博古》爲攻金之工所營，此則玉人、典瑞所掌也。其書成于淳熙三年。卷首列龍大淵等表狀，後載總裁、編修各官銜名，凡十八人。所圖皆一時内庭所藏，分國寶、壓勝、輿服、文房、薰燎、飲器、彝器、音樂、陳設九部，共一百册，册爲一卷。乾隆四十四年己亥，歙縣江春穎長氏按進呈内府原本校其脱訛而付之梓，題"康山草堂藏板"。

374 **集古印譜六卷** 明刻。 三册。

明顧從德編。古無印譜，有之自宋宣和始。《宣和譜》今不傳，惟王球《嘯堂集古録》中載古印數十枚。厥後元趙子昂有《印史》，吾丘衍有《學古編》，楊遵有《集古印譜》，葉景修有《漢唐篆刻圖書韻釋》，始詳列印章之製。諸家中惟楊氏《印譜》所載爲夥，然亦僅僅七百餘枚。上海顧氏從德以三世博雅極力搜購，凡得玉銅印共一千八百餘枚，較之諸家不啻三倍，乃拓以朱文，印而譜之。首秦漢璽，次王印，次君印，次官印，次私印。其私印又以沈韻四聲次之。各以類從，以便檢閲。其姓氏文字間有不可辨者，與子孫日利、單字、象形等另類于後卷。首載王穉登諸人序,又凡例十六條。

375 **庚子銷夏記八卷閒者軒帖考一卷** 乾隆辛巳鮑氏廷博與鄭氏弗人同刻。二册。

國朝孫承澤退谷撰。以所藏晋唐以來名人書畫,各爲叙述始末,考證異同,始於四月,成于六月,故以銷夏爲名。承澤以順治十六年退居,以著述自娱。庚子者,其次年也。時退谷年幾七十,耄猶好學。又歲一周而爲壬子,當康熙之十一年,更爲《尚書》作《集解》,殆隱然以伏生自况矣。其書前三卷爲書畫真迹;中四卷爲石刻;末一卷爲寓目記,則他人所藏而退谷及見者也。後又爲帖考一卷,亦法帖譜系之類。鈎元抉奥,題甲署乙,允足以廣見聞而益神智。卷首有盧文弨序,又鮑廷博識。卷後有夏璜、余集三跋。

376 **宣德鼎彝譜八卷** 鈔本。 一册,與上二種共一函。

明宣德中禮部尚書吕震等奉敕撰。前五卷備載宣德三年上諭及工部、禮部奏狀鑄器圖式、工料并一切供用名目。後三卷爲釋名,具列仿古規模尺寸,記載甚詳。卷首有吏部尚書楊榮撰序。卷末有嘉靖甲午文彭後序,稱"是譜出自于忠肅公家。公于正統中爲禮部祠曹郎,得之于司禮太監吴誠。誠于宣德間曾奉敕監督鑄冶之事,當日興工開鑄,身親目擊,因與吕震、周瑛等彙著圖譜,進呈尚方,九重珍秘,世無傳本。此譜乃進呈之副本也。忠肅公與司禮吴公與京邸比鄰,莫逆交稔,得以有此。余與忠肅諸孫豫庵中翰,相知契密,因假歸繪圖,以時展玩"云云。卷後又有天啓丙寅項子京《宣爐博論》五篇,備述鑒别之法。此本爲鈔本,余偶得于書肆中,洵奇寶也。惜無圖畫,尚爲缺陷,錯訛亦所不免。安得一善本,更爲補校邪!

377 **金石史二卷** 無刊刻年月。 一册。

明郭宗昌允伯撰，與趙崡皆吾關中人，同以搜輯石刻爲事。崡著有《石墨鐫華》八卷，與允伯此書皆并垂不朽者也。持論精當。是書所録僅五十餘種。

378 **天下金石志一卷** 寫本。 一册。

康熙戊戌西圃居士不著姓名。序稱“金沙王箬林前輩以舊志多略，乃證其訛舛，補其遺略，成爲此編”云云。

379 **金石文跋尾六卷跋尾續七卷** 刊本。 二册。

嘉定錢氏大昕撰。自三代迄元，凡所目睹者皆詳爲考證，殆仿歐陽《集古録》、趙氏《金石録》而爲之者。是書首無序目，末亦無跋，不知孰氏所刻。

380 **來齋金石刻考略三卷** 寫本。 三册，與上三種共一函。

國朝林侗于野撰。所録自三代以迄唐末，凡二百二十一碑，皆據目見者爲斷，其辨證皆有典據。卷首有自序及朱書題。

381 **求古精舍金石圖四卷** 陳氏求古精舍刻。 一函四册。

國朝烏程陳經撰。一卷爲尊卣鼎鐘之屬，凡二十二器。二卷爲戈劍、刀布之屬，鏡鑒附焉。三卷爲秦漢諸印及瓦當文，共五十二器。四卷爲漢晋宋唐諸磚，凡二十八具。按鐘鼎彝器、刀布、印璽諸物，《博古》《考古》《泉史》《印譜》諸書俱已詳備，惟瓦當磚文，爲歷來好古家所略。陳氏此編，實足補闕。其繪圖亦俱精緻可愛。嘉慶十八年刻之。前後諸名人題跋甚夥。

382 **九國志十二卷** 鈔本。極爲精好。有陳氏藏書諸印記。 一函二册。

宋路振撰。九國者，吴、唐、二蜀、東南二漢、閩、楚、吴越也。振，字子發，永州祁陽人，真宗時知制誥。嘗采九國君臣事迹，各爲世家、列傳，未成而卒，止四十九卷。其孫綸增入北楚高季興事,爲張唐英所補撰者二卷,合五十一卷,於治平元年上詔付史館,寔十國也。然《宋志》及馬貴與《經籍考》俱總題爲路振《九國志》五十一卷,并不别署唐英補撰云云,蓋書雖具十國之目,而名則仍路氏之舊也。其書向無刊本,惟散見于《永樂大典》中。邵太史二雲曾摘録散篇,欲爲裒輯,不果成。乾隆四十一年,周夢棠就邵氏原藁,分國類叙,得列傳一百三十六,釐爲十二卷,并補世家目于卷首,略注始末,以便檢閲。吉光片羽,尚得睹于殘缺之餘,真希寶也。是書繕寫精緻,爲陳氏不知名。所藏,印記甚夥。余以賤價獲之,展玩再三,覺百金莫易。

383 **三楚新録三卷** 鈔本。 附《九國志》後,共一函。

宋周羽翀撰。其稱三楚者,以長沙馬殷、武陵周行逢、江陵高季興皆據楚地稱王也。一國爲一卷,各述其興廢始末,與《五代史》頗有異同。

384 **大金國志四十卷** 嘉慶丁巳掃葉山房刻。 一函四册。

宋宇文懋昭撰。或云宋葉隆禮撰《契丹國志》十七卷,此書與《契丹志》體例、詞旨略同,如出一手,殆即隆禮依托者,而分署二人之名也。凡紀二十六卷,傳三卷,雜録三卷,雜載制度七卷。末一卷爲《許奉使行程録》,乃宣和六年宋著作郎許元宗奉使金國賀金主登位時道程所記。

385 **物理小識十二卷** 康熙甲辰宛平于氏重刻。 一函六册。

明方以智撰。以智學問淹博,曾撰《通雅》五十二卷,以考證、訓詁、音聲爲主,而旁及於名物、度數、藝術之類,援據奥博,條理分明,明一代考證之書,罕與并駕。此書特《通雅》之緒餘耳。首爲總論,次分十有五門,大致本宋贊寧《物類志》,東坡《物類相感志》,張華、李石《博物志》諸書而爲之也。但張華、贊寧等止言物性,此更推闡其所以然,于格物致知之學大有裨益。卷首有自序,自號愚者。子中通亦有序。

386 **筮杙三卷續筮杙二卷** 未題刊刻年月。 一函六册。

國朝桐城方式濟沃園撰。其書專爲以錢代蓍,便於占卜。雖非古法,而單、拆、交、重,實與七、八、九、六之數無二。於是旁參衆家,彙成是編。首卷爲凡例、目録及五行、二老、六子諸圖。二卷爲内篇,發明筮法,學之以利用也。三卷爲外篇,鈎深抉奥,術士所不知者也。續編二卷,則其族弟莊所撰,自婚媾至殯葬共二十章,末附以星煞圖,寔與前編可以互相發明,故附刻之。陰陽不外老少,少畫單、拆以明七、八;老畫交、重以别九、六。物相加曰重,一而累之也;物相與曰交,偶而合之也。重之積畫皆單,老陽之象,筮畫□者,取中體也。交之上體爲六,老陰之象,筮畫×者,取下體也。錢代蓍始京房,省四營之繁,一錢作一變,三而六揲,十八變之數已該矣。仰象地爲陰,覆象天爲陽。三陰交、三陽重,猶之蓍三變皆奇,則九;皆偶,則六也。二陰一陽爲單,猶之蓍二偶一奇,則七也。二陽一陰爲拆,猶之蓍二奇一偶,則八也。其法蓋由策數也。

387 **通雅五十二卷** 康熙丙午刻。 二函十四册。

明方以智撰。首三卷爲《音義雜論》《讀書類略》《詩説》等篇,不入卷。次爲《疑始》二卷,《釋詁》八卷,《天文》二卷,《地輿》五卷,《身體》《稱謂》各一卷,《姓名》二卷,《官制》四卷,《事制》二卷,《禮儀》《樂曲》《樂舞》各一卷,《器用》五卷,《衣服》二卷,《宫室》《飲食》《算數》各一卷,《植物》四卷,《動物》三卷,《金石》一卷,《諺原》一卷,《切韻聲原》一卷,《脉考》一卷,《古方解》一卷。同里姚文燮校而梓之。

388 **授時通考七十八卷** 内板。 四函二十四册。

乾隆二年總裁官鄂爾泰、張廷玉等奉敕撰，八年告成，御製序文冠于首。分八門，曰天時、曰土宜、曰穀種、曰功作、曰勸課、曰蓄聚、曰農餘、曰蠶桑，皆采摭經史，考證詳明。凡諸書之有關農事者，皆彙萃畢搜，以成此編。上本天道，下盡地力，中修人事，《豳風》《無逸》敦本重農之至意，俱備于是焉。

389 **洪武正韻十五卷** 明隆慶元年衡王刻于閩省。 一函五册。

明洪武中翰林侍講學士樂韶鳳等奉敕撰。以沈約舊韻四聲比類失倫，遂并平、上、去三聲各爲二十二部，入聲爲十部。全乖古法，雖頒示天下，終無遵而用之者。存之以備韻書之正變源流而已。宋濂爲之序。

390 **爾雅二卷**

晉郭璞注。已見前。① 凡十九篇。

391 **小爾雅一卷** 【眉批：又刻入《古今逸史》中。②】

漢孔鮒撰，宋咸注。凡十三篇。是書亦載于《孔叢》。

392 **逸雅八卷**

漢劉熙撰。凡二十七篇，即《釋名》也。諸書著録者皆題《釋名》，此獨曰《逸雅》，殆因諸雅而類稱之邪。是書已見前。③

393 **廣雅十卷**

魏張揖撰，隋曹憲音釋。已見前。④

394 **埤雅二十卷** 以上《五雅》共一函，共四册。

---

① 見第 246 條。

② 因重複未著録，説見第 1024 條。

③ 見第 131 條。

④ 見第 227 條。

宋陸佃撰。已見前。①

以上五種乃明天啓丙寅武林郎氏奎金彙刻,名曰《五雅》。

395 **居易録三十四卷** 一函八册。

國朝王漁洋先生士禛撰。乃康熙己巳入都後至辛巳十三年所紀。大抵辨證典籍,評品詩文,表章人物。而于所見古書,言之尤詳。己巳歲冬無雪,明年春夏亦不雨,京師米價踴貴,因取顧況"長安米貴,居大不易"之語以名其書。有自序。

396 **池北偶談二十六卷** 一函八册。

前人撰。凡《談故》四卷,皆朝廷殊典及衣冠盛事;《談獻》六卷,皆嘉言懿行;《談藝》九卷,皆評論詩文;《談異》七卷,皆記神怪。其曰池北者,先生家小圃池北有屋數椽,皆以藏書,因取樂天池北書庫之名名之。有康熙辛未自序。

397 **香祖筆記十二卷** 一函四册。

前人撰。乃自康熙癸未迄甲申兩年所記者。宋犖爲之序。香祖,其軒名,取室有叢蘭之義。體例與《居易録》同,惟不載時事爲異。

398 **精華録十卷** 一函四册。

前人撰。題門人林佶編。漁洋先生吟咏繁富,其尤者已萃于此編。

399 **漁洋詩集二十二卷續集十六卷蠶尾集十卷蠶尾續集二卷蠶尾後集二卷文略十四卷** 四函共十九册。

前人撰。亦其門人等所編。

400 **漁洋合集叢刻四十五卷** 三函共二十四册。

《隴首集》一卷、王與胤允撰。《考功集》四卷、王士禄撰。《抱山

① 見第76條。

集》一卷、王士禧撰。《古鉢集》一卷、王士祜撰。《迪功集》一卷、徐禎卿撰。《蘇門集》一卷、高叔嗣撰。《東癡集選》二卷、徐夜撰。《蕭亭詩選》六卷、張實居撰。《華泉集選》一卷、邊貢撰。《歷仕録》一卷、王之垣撰。《剪桐載筆》一卷、《清瘖齋心賞編》一卷,王象晋撰。以上十二種俱漁洋編次。又載《書圖詩》一卷、漁洋門人及諸友贈行之作。《浯溪考》二卷、《謚法考》一卷、《分甘餘話》四卷、《長白山録》一卷、《雍益集》一卷、《蜀道驛程記》二卷、《秦蜀驛程後記》二卷、《隴蜀餘聞》一卷、《南海集》二卷、《皇華紀聞》四卷、《粤行三志》三卷。俱漁洋山人撰次第付梓者。其顛末詳《雍益集》所載門人盛符升總序中。

401 **唐人萬首絶句選七卷**

宋洪邁於淳熙中録唐人絶句五千四百首,進御後又廣爲萬首。務求盈數,失於限斷。漁洋山人又就洪氏所選者詳加淘汰,共作者二百六十四人,詩凡八百九十五首,分爲七卷。

402 **唐賢三昧集三卷**

漁洋山人選取開元、天寶諸家篇什,録其雋永超詣者,自王右丞而下得四十二人。

403 **十種唐詩選十七卷** 以上三種共一函,共八册。

漁洋山人選。十種者,唐殷璠《河嶽英靈集》、高仲武《中興間氣集》、芮挺章《國秀集》、元結《篋中集》、失名氏《搜玉集》、令狐楚《御覽集》、姚合《極玄集》、韋莊《又玄集》、韋縠《才調集》及宋姚鉉所編《唐文粹》。俱就諸家原本更爲删纂,統曰《十種唐詩選》。

404 **楞嚴經疏解十卷** 明刻。 一函十册。

明天啓元年吴興天池居士凌弘憲集羅浮沙門懷迪、西蜀沙門界證等二十九家之説而梓之者,以朱、墨、黛三色分之,極爲明晰。

405 **方言疏證十三卷** 曲阜孔氏微波榭刻。【眉批:又《古今逸史》本。①】 一函二册。

國朝休寧戴震撰。是書本稱《輶軒使者絶代語釋别國方言》,後人省言之耳。漢揚雄捜采各國異言殊語,輯爲此書。凡十三卷。載氏又爲之疏證,援引精博,於訓詁之學實爲有裨。

406 **意林五卷** 寫本。 一函二册。

唐馬總編。初梁庾仲容取周秦以來諸家雜記一百七家,摘其要語,名曰《子鈔》。總以其繁略失中,復增損以成之書。原本殘缺,僅存七十一家,收入《四庫書目》中。予所得乃鈔本,又缺其二家,僅存六十九家。後有萬曆戊子鰲峰醫史跋,前有印記。其書于每家僅録數條,然今人所未見者,十之七八。雖全豹罕窺,而梗概略具,譬之嘗鼎一臠,斯爲幸矣。

407 **東華録三十二卷** 道光□□刻。② 二函十六册。

國朝蔣良騏撰。乾隆三十年開國史館于東華門内,良騏爲纂修,凡朝章、國典、兵禮、大政及與列傳有關合者,輒以片紙録之,輯爲是編。

408 **鬼谷子三卷** 鈔本。 一函三册。

是書亦秦敦甫先生刻。先生前據孫淵如觀察華陰嶽廟所録本讎校刊行,曾刻于乾隆己酉。余既購得其本,著於録③,見第二册。兹又於友人處見先生嘉慶十年乙丑重刻善本,云"係盧抱經郵示述古堂舊鈔,始知《道藏》所存訛脱不少,因重付剞劂"云云。予

① 因重複未著録,説見第1024條。

② "道光"後原空兩字格。

③ 見第88條。

急携之歸,鈔録一分,與前所得本①并置案頭,可以互校得失,參訂短長。

409 **會稽三賦三卷** 道光乙未山陰杜氏春生刻。 一函一册。

宋王十朋撰。曰《會稽風俗賦》,曰《民事堂賦》,曰《蓬萊閣賦》。剡谿周世則注《風俗》一賦,後二賦闕。郡人史鑄病其闕略,又增注之,并注後二賦及撰釋音,附於逐節之下。是書原爲山陰杜氏從同里沈氏所藏嘉定舊槧本影刻者,字體端嚴悦目。詳見杜氏自跋。并爲宋本勘誤,附於後。

410 **帝京景物略八卷** 明板翻刻者。 二函十二册。

明劉侗撰。仿《洛陽伽藍》《岳陽風土》諸書爲之,而所采詩歌、題咏尤夥。侗游燕五年,與友人于奕正共成是編。侗職摛詞,奕正職搜討。所列歌咏,則又侗之友周損采訪者。凡八卷,其目百二十有九。

411 **西漢會要七十卷** 聚珍板印。 二函共十六册。

宋徐天麟撰。取《漢書》所載制度、典章見於紀、志、表、傳者,分門編列,以類相從。其無可隸者,以雜録附之。凡分十有五門。

412 **東漢會要四十卷** 聚珍板印。 一函十二册。

前人撰。其體例與前書同。所列亦十五門。惟前書不加論斷,而此書則間附以案語及雜引他人論説,爲稍異耳。東漢典章、文物視西京爲盛,而當時載筆之士如華嶠、司馬彪、袁宏之類皆有著書,他若《漢官儀》《漢雜事》《漢舊儀》諸編,亦并可旁資考證,故東漢一代故事較西京爲詳備。天麟此書以范《書》爲主,而旁貫諸家,悉加裒次,開卷犁然,洵范氏之功臣也。惟此書世所傳者皆

---

① 見第88、117條。

據宋本傳鈔，第三十七、三十八兩卷全闕，三十六、三十九兩卷亦各佚其半，無可考補，深爲可惜。

413 **唐會要一百卷** 聚珍板印。 四函，每函六册，共二十四册。

宋王溥撰。初唐蘇冕嘗次高祖至德宗九朝之事，爲《會要》四十卷。宣宗大中七年，又詔楊紹復等次德宗以來事，爲《續會要》四十卷。惟宣宗以後，尚闕記載。溥因復采宣宗至唐末事，續之爲《新編唐會要》一百卷，即此本也。凡分目五百有奇，於唐代沿革損益之制，極其詳核。其不能概以定目者，仍别爲雜録，附于各條之後。又間載蘇冕駁議。義例該備，有裨考證。

414 **五代會要三十卷** 依宋本精鈔者。 二函十二册。①

前人撰。五代干戈擾攘，百度未修。其間法制、典章，衹略具於累朝實録中。溥因檢尋舊史，條分件繫，類輯成編。散者聚之，遺者拾之，功亦偉矣。歐《史》務談褒貶，漏略實多，倘非此書，何由補闕？此本不知誰氏所藏，鈔寫精緻，極爲可珍。卷首有宋文彦博慶曆六年刻是書序，又有施元之乾道七年重刻序。

共一萬三千九百四十四字，石星五鈔。

① 邵懿辰《簡目標注》："路有鈔本。"

# 蒲編堂路氏藏書目六

小洲手訂　共書九十一種,六百八十一卷,四十七函。

415 **冷齋夜話十卷**　明刻。【眉批:即《稗海》本。】　一函二册。

宋釋惠洪撰。雜記見聞,而論詩者居十之八。

416 **長短經九卷**　抄本。卷端有北平謝氏藏書印。【眉批:又讀畫齋本。① 又《函海》本②,無注。】　一函八册。

唐趙蕤撰。其論皆談王霸經權之要,辨析事勢,蓋縱横家之流,故以長短爲名。卷首有自序,稱"總六十三篇,合爲十卷"云云。此書久無刊本,王漁洋山人《居易録》記徐乾學嘗得宋槧於臨清。國朝四庫所藏之本即漁洋山人所言之本,猶爲南宋舊刻,然僅存九卷。末有洪武丁巳沈新民跋,稱"其第十卷載陰謀家,本缺,今存者六十四篇"云云,是佚其一卷而反多一篇,與蕤序六十三篇之數不合。此書不知誰氏所抄,勘驗所存,實爲篇六十有四,豈蕤序傳寫之訛歟? 又第一卷八篇,題爲文上。第三卷四篇,題曰文下。第二卷四篇,脱去"文中"二字。第四卷一篇,題曰霸紀上。第五卷一篇,論七雄之事,題曰霸紀中。第六卷一篇,論三國之事,脱去"霸紀下"三字。第七卷二篇,題曰權議。第八卷十九

---

① 見第1220條。

② 見第1395條。

篇,題曰雜説。第九卷二十四篇,題曰兵權。總六十四篇。其第十卷所謂陰謀者,則今不可考。俱與四庫藏本相符,篇中注文甚詳,多引古書,蓋即蕤所自作也。

417 **宋季三朝政要六卷** 抄本。 一函四册。

此本不知誰氏所藏,卷首缺半頁。考《四庫書目》,云"不著撰人名氏。卷首題詞稱理宗國史爲元載入北都,無復可考,故纂集理、度二宗及幼主本末,附以廣、益二王事。其體亦編年之流,蓋宋之遺老所爲也"云云。其書多得之傳聞,不無舛誤,而宋末軼事頗詳,多有史所不載者,存之亦足備參考也。

418 **西藏志三卷** 抄本。 一函二册。

不著撰人名氏,疑乾隆間人作也。記西藏自本朝開國以來事迹源委頗晰。惟詞旨俗冗,無可觀覽。然西藏地處僻遠,史鑒多略,得此一編,亦可粗知其概。分事迹、疆域、山川、寺廟、天時、産物、歲節、紀年、風俗、衣冠、婚嫁、夫婦、生育、喪葬、醫藥、禮儀、宴會、市肆、房舍、刑罰二十子目。

419 **肘後經二卷** 抄本。 一函四册。

題涵虚子臞仙編。臞仙者,明寧獻王權號也。其平生好講神仙方技之學。《明史·藝文志》稱所著有《肘後神樞》二卷,即此書。又著有《運化元樞》一卷,今未見。又高儒《百川書志》亦云"臞仙《肘後神樞》二卷,九章七十七條"。今是編不知誰氏所抄,分上、下二卷,與《明志》、高儒《書志》俱合,而篇章乃與高《志》迥不相符。又考《四庫書目》稱"《肘後神經大全》三卷,涵虚子臞仙撰。皆推算諸星煞吉凶以爲趨避。上卷爲值日圖,中卷爲值時傍圖,下卷爲值日時斷例"云云。今此卷分爲二卷,與四庫所藏本又不相符,而所謂中卷之值時傍圖,乃即接于值日圖之後,統爲上卷。其值日時斷例則獨爲下卷。檢閲條件,實爲完書。殆後人以意分合,故卷數偶不同耳。然要當以《明志》、高《志》所著之二卷爲是。

420 **契丹國志二十七卷** 無刊刻年月。 一函四册。

宋葉隆禮撰。其書體例與前所列宇文懋昭《大金國志》大致相同。或疑《大金國志》即隆禮所撰,未詳。首列進表及契丹九主年譜、契丹國始末。次爲契丹世系、契丹地理、晋獻契丹全燕諸圖一卷。至十二卷爲帝紀。十三卷至十九卷爲列傳。二十卷爲晋降表及宋遼誓書、議割地書。二十一卷爲南北朝及諸國饋貢禮物數。二十二、二十三兩卷爲雜載地理及典章制度。二十四至二十七卷爲行程録及諸雜記。

421 **學林十卷** 聚珍板。 一函五册。

宋王觀國撰。書中專以辨别字體、字義、字音爲主,自六經、《史》《漢》旁及諸書。凡注疏箋釋之家,莫不臚列異同、考求得失。引據詳洽,于考證大有裨助。是書或亦稱《學林新編》,或但題《學林》。晁、陳二《志》及《宋史·志》俱不見著録,殆先晦而晚出者與?

422 **涑水記聞十六卷** 聚珍板印。 一函八册。

是書前已著録。① 惟前所得本不知誰氏所抄,時多錯訛。此本爲聚珍板印,經前任總纂官紀文達公等勘過者,足備參考,故兩存之。又前書多補遺一卷,此本并于十六卷之中,提要言之甚詳。

423 **唐語林八卷** 聚珍板印。 一函四册。

宋王讜撰。取唐小説五十家,仿《世説》體例,門分排類,名曰

---

① 見第190條。

《語林》。原本三十五門,又益十七門,爲五十二門,凡八卷,見陳氏《書録解題》。而刊本久佚,惟武英殿書庫所藏有明嘉靖初桐城齊之鸞所刻殘本,分爲上、下二卷,自德行至賢媛止十八門,前有之鸞自序,稱"所得非善本,字畫漫漶,篇次錯亂,幾不可讀"云云。此本乃從《永樂大典》所載者参互校訂,删其重複,增多四百餘條。又得原序目,一載所采書名、門類總目。第《永樂大典》各條散於逐韻之下,本來門目難以臆求,故略以時代爲次,補于原刻之後。其無時代者又次之。共爲四卷。又析原刻上、下二卷各爲二卷,仍爲八卷,以還其舊。

424 **浩然齋雅談三卷** 聚珍板印。 一函一册。

宋周密撰。其書體類説部,而所載實皆詩文評。密著書數種,若《癸辛雜識》《齊東野語》《雲烟過眼録》之類,皆有刊本,而此書罕傳。黄氏《千頃堂書目》載有此編,而不著卷數。惟《永樂大典》中散載之,搜輯排纂,分爲三卷。

425 **雲谷雜記四卷** 聚珍板印。 一函二册。

宋張淏撰。其書久佚,此本乃從《永樂大典》中采得者,凡一百二十四條,别有徐邦憲書帖及淏識語冠于卷首。末有張、章、蕭、趙四人奏狀及楊楫、章穎、葉適三跋,并淏自識。淏學問淹通,記聞該洽,蓋踵洪容齋《隨筆》而作者。

426 **欽定校正淳化閣帖釋文十卷** 聚珍板印。 一函五册。

乾隆三十四年詔以内府所藏宋畢士友家《淳化閣帖》賜本詳加釐正,重摹勒石。首冠以御題"寓名藴古"四字及《御製淳化軒記》。其中古帖次第一從舊刻。又参取劉、黄、姜、施、顧、王諸説,而以大觀太清樓諸帖互相考校。凡篆、籀、行、草皆注釋文於字傍。復各作訂異,以辨正是非,别白疑似。誠墨林之極軌矣!乾隆四十三年,侍郎金簡以石刻秘藏,外間罕覯,乃恭録釋文,請以聚珍板摹印頒布。

427 **文子纘義十二卷** 聚珍板印。 一函四册。

《漢志》道家列《文子》九篇,注曰"老子弟子"。《隋志》載《文子》十二篇,注同,并無名氏。北魏李暹作《文子注》,因史記有"范蠡師計然"語,又因裴駰《集解》有"計然,姓辛,字文子"之語,遂以計然、文子合爲一人,文子乃有姓有名,謂之辛銒。案馬總《意林》列《文子》十二卷,注曰"周平王時人,師老君",又别有《范子》十三卷,注曰"并是陰陽曆數也"。又曰"計然者,葵丘濮上人,姓辛,名文子,其先晋國公子也,其書皆范蠡問而計然答"。是截然兩人兩書,更無疑義。暹移甲爲乙,誤矣。其《纘義》爲宋杜道堅撰。居武康計籌山,爲昇玄觀道士。因計籌山有文子故迹,因注其書。凡自爲説者題曰"纘義",其裒聚衆解者但總題曰"舊説",不著姓名。杜注此本流傳甚稀,獨《永樂大典》尚載其文。其《精誠》《符言》《上德》《下德》《微明》《自然》《上義》七篇,首尾完具。惟《道原》《九守》《道德》《上仁》《上禮》五篇失載,無可考補。今檢校原目次第,排録所缺之五篇,亦仍載其原文,仍爲十有二卷,以符隋、唐諸《志》《文子》舊數。卷首有陵陽牟巘原序。

428 **五代史記注七十四卷** 道光八年彭氏刻。 四函共四十册。

歐陽公《五代史記》書法謹嚴,義存褒貶。而論者每議其略于典章制度,因革損益闕焉未詳。薛居正《史》久就散失,幸逢國朝乾隆間校輯《四庫全書》,得就《永樂大典》所收者薈萃成部。又考宋人書之徵引薛《史》者,逐條采録,以補闕拾遺。遂得依原書卷數,頓還舊觀,使沈埋散佚之餘復焕發其光,與歐《史》并列,誠厚幸也。南昌彭文勤公元瑞復以二《史》之分不如合也,又以歐

《史》爲主而悉取薛《史》以注之。歐《史》本有徐無黨注，公是注名爲補注，凡薛《史》所載者一字不遺，悉以采入。又兼采王溥《五代會要》及《册府元龜》《資治通鑒》諸别史、霸史、傳記、小説、輿地諸書，凡有涉于五代者，洪纖靡遺。共本紀十二卷，列傳四十五卷，考三卷，世家年譜一十一卷，附録三卷。先文勤公注此書止成《梁家人傳》至《唐臣傳》十六卷，餘五十八卷未備。所采宋人書二百數十種，屬門人劉鳳誥共成之。嘉慶癸亥，公以病不起，時鳳誥典試山左，讀公遺詩，猶諄諄以注史爲托。迨丁卯使浙，公暇，乃詳取諸書，依例搜輯，脱稿于己巳，重訂于癸酉，刊刻于乙亥。詳鳳誥序及例述。

429 **黔記四卷** 道光十四年本，家刻。 一册。

嘉慶十八年癸酉，師李芝齡少宰督學黔中，采訪古迹軼事及風俗物産，爲田氏《黔書》及《通志》所未及者，著爲是編。

430 **汲古閣珍藏秘本書目一卷** 嘉慶庚申吴門黄氏刻。 一函一册。

明虞山毛氏晋汲古閣藏書最富，尤多珍本。此册乃其子扆録以售某公者，但擇佳本及先世秘藏罕覯之書，列其名目，注明抄之工拙、紙之精粗、某家所藏、某人所題、或即爲宋板、或影宋舊抄，標注甚晰，并價值數目，亦具列于下。後有扆自識二則，殆季斧家運屯邅，故爲此售書之舉。吁！可惜也，尤可慨也。

431 **欽定四庫全書總目二百卷卷首四卷** 乾隆四十六年内府刊印。 一六函共九十六册。

乾隆三十七年詔求天下遺籍，彙爲《四庫全書》。嗣詔廷臣編列《總目》，於每書俱撰有提要，將一書原委撮舉大凡，并詳撰人世次爵里及其書之得失真僞，并於各書之下列某家所藏或某省督撫采進。眉目分明，源流詳細，洵古今之大觀，藝苑之淵藪也。是書以經史子集提綱。經部分十類,史部分十五類,子部分十四類,集部分五類。或流别繁碎者,又分析子目。四部之首皆冠以總序,撮述其源流正變,以挈綱領。四十四類之首又各冠以小序,詳述其分并改隸,以析條目。其或義有未盡,例有未該者,則于子目之末,或本條之下,附注案語,以明通變之由。其他具詳于凡例中。卷首四卷則恭録歷年諭旨及多羅質郡王等進表、諸臣職名、凡例、門目也。又是編之例,凡其書之不詭于正者,皆文淵閣著録。其違經畔道者,則附載其名以匡厥謬。至於尋常著述,不足褒譏而流傳已久者,亦準諸家著録之例,别爲存目,以備考核。

432 **水經注釋四十卷又附録二卷水經注箋刊誤十二卷** 乾隆十九年趙氏刊。 二函共十六册

國朝趙一清撰。酈氏《水經注》傳寫舛訛,其來已久。諸家藏本,互有校讎,惟朱謀㙔校本尚爲差勝,而舛謬亦復不免。寧波全祖望始創道元注中有注,今混作大字,故不可辨之説。一清因從其説,辨驗文義,析其注中之注,以大字、細字分别書之。使語不相雜,而文仍相屬。又《唐六典》注稱桑欽所引天下之水百三十七,今所列僅一百十六水。考《崇文總目》載《水經注》三十五卷,蓋宋代已佚其五卷。今本乃後人離析篇帙,以合原數,此二十一水蓋即在所佚之中。一清證以本注,雜采他籍,得滏、洺、滹沱、泒、滋、伊、瀍、澗、洛、豐、涇、汭、渠、獲、洙、滁、日南、弱、黑十八水,於㶟水下分㶟餘水。又考驗本經,知清濁二漳、大小二遼皆原各分爲二。共得二十一水,合百三十七水,與原數相符。考據訂補,備極精核。凡所據以校正者共三十本,亦可謂博且勤矣。後爲附録二卷,則他書之有涉《水經》及諸人所撰序跋。後又爲注箋

刊誤十二卷,則專以訂補朱謀㙔箋之譌缺也。凡某卷某葉,一如朱本,原數注明下方。

433 **金丹大要十卷** 明刻。萬曆辛卯天柱山人會陽子丁應麟序謂金陵閻氏刻。

元陳致虚撰。號上陽子。卷首有門弟子明素蟾天琮及歐陽天璹二序。"金丹"二字,其源即出于《參同契》"巨勝尚延年,還丹可入口。金性不敗朽,故爲萬物寶"之語。其書大旨以《參同契》《悟真篇》爲主,而牽合莊、老、佛氏之説,詳自序。第一卷爲虚無,二卷爲上藥,三卷爲妙用,四卷爲須知,五卷爲積功,六卷爲累行,七卷爲發真,八卷爲圖像歸源,九卷爲越格,十卷爲超宗。

434 **金碧古文龍虎經注疏三卷** 明刻。

宋王道撰。前有道自序及太乙宫道士周真一奏進劄子,又有道後序一篇。陳振孫《書録解題》載《古文龍虎上經》一卷,不著名氏。道推其意爲之注,又以魏伯陽《參同契》引申其義爲之疏,以辨藥材之真僞、金石之異同。爲三卷。上卷十三章,中卷六章,下卷十四章,共三十三章。末又載《攢簇周天火候》《金火相交生藥》二圖,以明用功之法。大旨謂真鉛、真汞止取天地之精、日月之華,混合造化,以成神丹,故多引《參同契》爐火之説。所謂龍虎者,即火水之寓名也。

435 **周易參同契通真義三卷** 明刻。

後蜀彭曉撰。自號真一子。葛洪《神仙傳》"魏伯陽作《參同契》《五行相類》凡三卷,其説是《周易》,其實假借爻象以論作丹之意。世之儒者不知神仙之事,作陰陽注之,殊失其旨"云云。今按其書多借納甲之法,言坎離、水火、龍虎、鉛汞之要,以陰陽五行、昏旦時刻爲進退持行之候。後來言爐火者,皆以是書爲鼻祖。

曉序謂"伯陽先示青州徐從事,徐乃隱名而注之。至桓帝時,復以授同郡淳于叔通,遂行于世"云云。此本分九十章,以應陽九之數。又以《鼎器歌》一篇字句零碎,難以分章,獨存于後,以應水一之數。又撰《明鏡圖訣》一篇,附下卷之末。曉自作前、後序,闡發其義甚詳。諸家注《參同契》者,無慮數十家,獨此本爲最古。

436 **周易參同契解三卷** 明刻。

宋陳顯微撰。自號抱一子。卷首有自序及端平中金華洞元天璧壺道人鄭伯謙序。其書次第,悉依彭曉之本。惟分上、中、下三篇而不分章,則從葛洪《神仙傳》之説。"象彼仲冬節"以下七十字,彭本在"枝莖華葉"之下,而是本移在"太陽流珠"一節之下,則據經中"别序四象"之語更其舊次也。後有其門人王夷序,稱端平中刊。

437 **周易參同契分章注三卷** 明刻。

元陳致虚撰。自號上陽子。此注分三十五章,與彭本異。又謂彭以《鼎器歌》一篇移置于後爲非,仍依原本置之"法象成功"章之後。其所疏解,亦皆明白顯暢。

438 **玄學正宗二卷** 明刻。

宋俞琰撰。自號全陽子。上卷列經傳及先儒論説,以明《周易》坎離水火之旨。下卷載賦、詩各一首,名《易外别傳》。後又附以琰所解吕洞賓《沁園春》調及《陰符經》。總名《玄學正宗》。按《易外别傳》本附于琰所撰《周易集説》之後,然琰自解云"丹家之説雖出於《易》,不過依仿而托之,初非《易》之本義,故曰《易外别傳》",明不以黄老之談淆羲文之義,可謂是非皎然,不自誣其心者矣。故其子仲温識曰"近刊《陰符經解》,請以是稿繕寫,同鋟諸梓,并《泌園春解》三書共爲一帙"云云。

439 **悟真篇注疏三卷附直指詳説一卷** 明刻。

宋張伯端撰。翁葆光注,葆光號無名子。元戴起宗疏,起宗號空玄子。是書專明金丹之要,與《參同契》并爲道家正宗。是書初出,第道家自相授受,儒家罕有傳述者。至乾道中,翁葆光始析爲三篇而注之,又附以《直指詳説》一篇。傳之既久,或訛爲薛道光撰,而葆光之名遂晦。及元至順間,戴起宗訪得舊本,重加訂正,于是定爲葆光之注,而又爲疏以申明之。卷首有諸人自序。

440 **金丹四百字内外解一卷** 明刻。

紫陽真人張平叔撰,即伯端也。其解皆標明"内丹注""外丹注"字樣,未詳何人所解。後附以《金穀歌注》。

441 **諸真玄奥集成九卷** 明刻。

明朱載𡒄編。一卷爲宋張伯端《金丹四百字》,解之者爲黄自如,號蕴空居士。二卷爲石泰《還源篇》,號翠玄真人,又號杏林,有前後序。三卷爲薛式《還丹復命篇》,即薛道光也,號紫賢真人,有序,嘗受訣于石泰。四卷爲陳楠《翠虚篇》,號泥丸真人。五卷爲龍眉子《金液還丹印證圖》,序不著名氏,據元陽子林净後序稱龍眉子之師爲翁葆光,即注《悟真篇》者。六卷爲白玉蟾《指玄篇》,玉蟾即葛長庚,號紫清真人,嘗受訣于陳楠,楠受之于薛式。七卷爲蕭廷之《金丹大成集》,號紫虚了真子。八卷爲趙友欽《仙佛同源》,友欽即趙緣督,有自序及上陽子陳致虚、碧陽子車書可二序。九卷爲許遜《石函記》上、下二篇,遜即道家所謂旌陽真人也。

442 **群仙珠玉集成四卷** 明刻。

不著編輯者名氏。一卷賦二十四篇,二卷論十七篇,三卷歌詞六十六首,四卷爲錢道華《敲爻歌注》、李光元《海客論》。《敲爻歌》乃吕純陽真人撰。錢道華,號無瑕子。

443 **老子道德經注二卷** 明刻。

明張位撰。號洪陽。自序"是書與《陰符經》相表裏,予注《陰符》,因并注之",分上、下二卷。

444 **陰符經注一卷** 明刻。

張洪陽撰。分上、中、下三篇。

445 **太上老君說常清净經注一卷** 明刻。

題都梁參學清庵瑩蟾子李道純注。靈臺無物謂之清,一念不起謂之净。大旨謂常滅妄心而不滅照心,至覺至靈斯常清常净。按:道純,元人。

446 **太上赤文洞古經注一卷** 明刻。

題龜山長筌子注。以操真、入聖、住世分上、中、下三章。

447 **太上大通經注一卷** 明刻。

李道純注。太上,無上可上也。大通,無所不通也。經謂登真之徑路,衆所通行之道也。亦分三章,曰真空章,曰玄理章,曰玄妙章。真空,原道之始。玄理,原性之元。玄妙,明道之理。後爲頌一首,合言體用。

448 **太上昇玄消灾護命妙經注一卷** 明刻。

題修江混然子注。甚類佛經《楞嚴》《法華》諸旨。其意在誡人清净六根,斷除邪障,行而久之,自然得道。

449 **玉皇胎息經注一卷** 明刻。

題幻真先生注。乃道家咽息吐納之術,即内丹法也。後有銘一首。

450 **洞玄靈寶定觀經注一卷** 明刻。

不著注人名氏。經中"惟滅動心,不滅照心;但凝空心,不凝住心”四語是其大旨。

451 **無上玉皇心印經注一卷** 明刻。

題宜春李簡易注。其説以神氣精三者爲上藥三品。呼吸吐納、出入玄牝仍不外老子之説。

452 **老子説五厨經注一卷** 明刻。

唐京肅明觀道士尹愔注。前有愔自序,謂“存一炁和泰和,則五藏充滿,五神静正。五藏充則滋味足,五神静則嗜欲除。此經是五藏之所取給,如求食于厨,故名”。

453 **崔公入藥鏡注一卷** 明刻。

題混然子注。按陳直齋《書録解題》稱“《遠山崔公入藥鏡》三卷,不知何人”,今此本題“混然子注”,亦不知爲何人也,即上所列注《消灾護命妙經》者。卷首有混然子序。《崔公入藥鏡》以三字爲句,凡八十二句。所謂藥者,仍謂内丹,非鉛汞也。

454 **青天歌注一卷** 明刻。

混然子注。有序謂“《青天歌》,真人丘長春作”。凡三十二句,合爲七言轉韻詩一首,以人心雜念比之浮雲,以人之本性比之青天。其中“雲散虚空體自真,自然現出家家月”二句乃其大旨。

自張洪陽《陰符經注》至此共十一種,皆明天順間蘇門邵以正彙刻,總名曰《玄宗内典》,見以正後序及同郡陳鑑前序。

455 **化書六卷** 明刻。《唐宋叢書》亦載。①

唐譚峭撰。字景升,號紫霄真人。或題齊丘子者,誤也。凡六篇,曰《道化》,曰《術化》,曰《德化》,曰《仁化》,曰《食化》,曰《儉化》。其説多本黄老道德之旨,而文筆簡勁奥質,洵非後人所

---

① 因重複未著録,説見第935條。

及。明初代王府嘗爲刊行,歲久漫漶,後有劉達字景宗者又翻刻之,見卷首弘治甲子抱犢山人李紳序。後又有宋碧虚子陳景元嘉祐五年跋,辨此書源委甚悉。

456 **陰符經三皇玉訣三卷** 明刻。

其書述黄帝得《陰符經》,問于廣成子及天真皇人。皆稱黄帝問,而二人答。詞旨鄙淺,妄不待言。并前列黄帝御製序一首,尤爲謬陋。然金明昌中范懌作《陰符經注序》已引之,則其僞亦久矣。分上、中、下三卷。

457 **規中指南二卷** 明刻。

卷首上清院主埜朴山人李景先序,稱是書爲真放道人虚白子沖素陳仙師所撰。于内丹三要玄牝、藥物、火候之説,不外元精、元氣、元神之指。

458 **群仙要語二卷** 明刻。

元董漢醇編,明翠虚子鄭常清傳。定州善士劉達刊布。弘治十七年户部員外郎馮夔爲之序,顛末甚詳。成化間金陵道士洞玄子朱本道重刊,有丁元吉序。是編雜集歷代道家諸人詩文、語録之類,總曰"要語"。漢醇,號還初道人。

459 **玉清金笥寶録三卷** 明刻。

明正德九年石洞道人江浦石淮序稱是書乃張平叔真人即伯端,一名用成。受之青華真人,因以授遠師王野真人字邦叔。者,序言之甚悉。後又有傳一篇,叙王邦叔受經顛末。其書皆言内丹之訣,并詳繪諸圖。又有張平叔表奏一篇。

460 **中和集六卷** 明刻。

元李道純撰,其門人蔡志頤編。曰中和者,取其師静室名也。一卷曰《玄門宗旨》,曰《畫前密意》。二卷曰《金丹秘訣》。三卷曰《問答語録》,曰《全真活法》。四卷曰《論》,曰《説》,曰《歌》。五卷曰《詩》。六卷曰《詞》,曰《隱語》。大旨盡闢一切服食修煉之説,而歸于渾化沖虚,與造化爲一。

461 **道德會元一卷** 明刻。

李道純撰。依《道德經》八十一章分章詳注,各爲之頌。焦竑《經籍志》作二卷。

462 **鍾吕二仙修真傳道記三卷** 明刻。

正陽真人鍾離權雲房及純陽真人吕嵒洞賓二人傳授論議,華陽真人施肩叙而傳之。自《論真仙》至①《論證驗》凡十八篇,分爲三卷。

463 **純陽吕真人文集八卷** 明刻。

明永樂二十年張宇清序稱真人文集宋乾道間陳谷神嘗刊之,歲久,其板不存,廣陽張子素乃求諸善本,重壽于梓,以廣其傳。後又列宋乾道二年谷神子陳得一序。又有嘉靖戊午蓬萊山北龍洲處士序不著名氏。及正統乙丑頤素子題詞。亦不著名氏。一卷爲自記本傳枕中記。二卷至三卷爲真人游迹。四卷至八卷爲詩詞題贈雜作。後有萬曆十一年楊良弼删補續刻後序。

464 **文始真經注二卷** 明刻。

即《關尹子》也。其曰《文始真經》者,與《莊子》之稱南華、《列子》之稱沖虚皆一例。凡九篇。宋陳顯微抱一子爲之注,號曰《言外經旨》,言注文不爲正經文字所束,鼓舞變化,指妙意于詞章之外而不失本旨,故名。卷首列抱一自序。又有門弟子王夷序。又至元辛巳茅山道士朱象先爲《文始真經出世紀》一篇,弁諸簡

① “至”原誤作“玉”,今正。

端,述此書顛末顯晦甚悉。後又有葛稚川後序一篇。焦竑《志》作九卷,殆一篇爲一卷也。

465 **太上黄庭内景玉經注一卷** 明刻。

題梁丘子注,并序云扶桑大帝命暘谷神王傳授南嶽魏夫人。凡三十六章。黄者,中央之色。庭者,四方之中。外指事即天中、地中、人中。内指事即腦中、心中、脾中。故曰"黄庭"。内者,心也。景者,色象也。外喻即日月雲霞之色,内喻即筋骨臟腑之象。心居身内,存觀一體之象色,故曰"内景"。一名《大帝金書》,一名《東華玉篇》。

466 **太上黄庭外景經注三卷** 明刻。

亦梁丘子注。

467 **黄庭内景五臟六腑圖説一卷** 明刻。 以上共四函,十六册。

不標撰人名氏。按焦竑《志》題曰"明悟撰"。

自《金丹大要》至此,明萬曆中天柱山人會陽子丁應麟序稱金陵閻氏所彙刻者,統名《道書全集》,共四函。合十六册。先是嘉靖戊戌周藩曾刻,名曰《金丹正理大全》。嗣閻氏以其搜集未廣,又益以《黄庭》《寶籙》《文始》等書合刊之,即此本也。

468 **文淵閣書目四卷** 卷首有"虹亭鈔本"印記,不知何許人也。① 又有朱氏潛采堂及謙牧堂各藏書印。又有一章,文曰"購此書甚不易,奰②子子孫孫勿輕弃"十四字。按:潛采堂即朱竹垞先生堂名,謙牧堂則不知誰氏之堂矣。③ 一函一册。

明楊士奇編。有正統六年六月二十六日題本一通,稱"各書自永樂十九年南京取來,一向于左順門北廊收貯,未有完整書目。

---

① 徐釚,號虹亭。"紅亭鈔本"蓋即徐釚之印。

② 《説文解字·大部》云:"奰,大貌。""奰"右加"頁",則同"顯"字。

③ 謙牧堂,納蘭揆叙堂號。

近奉旨移貯文淵東閣,臣等逐一打點清切,編置字號,寫完一本,總名《文淵閣書目》”云云,又有行在翰林院侍講學士馬愉銜名。蓋本當時閣中存記册籍,故所載書多不著撰人姓氏。又有册數而無卷數,惟略記若干部爲一橱,若干橱爲一號而已。按《四庫總目》稱“此書以《千字文》排次,自‘天’字至‘往’字,凡二十號,五十橱”。今所得此鈔本乃自地字號起至日字號止,合三十九橱。其地字號前五葉乃載明代御製諸書及諸人記纂之關于朝章者。而首脱一葉,亦未分橱,疑即天字號書也。其日字號以後歷載新、舊諸省、府、州、縣志書,合一千二百餘種,殆即月字至往字號中書也。此本不知何人所鈔,并不分卷數,總爲一册。以所闕之號數計之,疑有散佚。而細檢書目,以經、史、子、集四部逐次排列,首尾完具,實爲足本。殆傳寫者有所脱遺,未經校補也。士奇此編草草存記,殊不足以資考證。然明文淵閣所收至國初散失殆盡,惟賴此編之存,尚得略見一代秘書之梗概,則亦存而寶之矣。原本不分卷數,今依《四庫書目》標爲四卷。

469 **綏寇紀略十五卷** 嘉慶十四年照曠閣刊。 一函八册。

國朝吴偉業駿公撰。專記崇禎時流寇,迄於明亡。分爲十二篇,曰《澠池渡》,曰《車箱困》,曰《真寧恨》,曰《朱陽潰》,曰《黑水擒》,曰《穀城變》,曰《開縣敗》,曰《汴渠墊》,曰《通城擊》,曰《鹽亭誅》,曰《九江哀》,曰《虞淵沈》。每篇後各有論斷附記。按朱彝尊《曝書亭集》有此書跋,謂“梅村是編爲其鄉人發雕,僅十二卷而止,《虞淵沈》中、下二卷未付棗木”云云。今考《四庫總目》所列是編即十二卷,云係康熙甲寅鄒式金刻本,是偉業此書中、下二卷其佚久矣。今予所得此本乃嘉慶甲子張海鵬若雲增訂者,自跋述是書“原名《鹿樵紀聞》,後改今名。卷分十五,後三卷先未付刻。世所行者,梁谿鄒氏本十二卷而已。因留心采訪,聞婁東蕭氏子山家有司成手稿三卷,因輾轉借得,則正鄒刻所闕之三卷,完好具在,爲之快絶,遂付剞劂”云云。其第十三卷爲《虞淵沈》中卷,記思陵殉國,多遺聞佚事。第十四卷爲《虞淵沈》下卷,記殉難諸臣,以省地爲綱,詳載姓氏、爵里。其第十五卷則附紀漳、泉、江南、廣東、江西諸寇始末。百餘年未完之書,忽成全璧,豈非鬱極必光之一驗哉!嘉慶己巳黄廷鑑刻之,并跋語數則列于卷末,而别以補遺名後三卷云。

470 **詩序一卷** 明毛晋汲古閣刻。《唐宋叢書》中亦載。①

舊題子夏撰。辨者紛紛。《四庫書目提要》參考諸説,定《序》首二句爲毛萇以前經師所傳,以下續申之詞爲毛萇以下弟子所附,并録朱子辨説,分爲二卷。毛氏本作一卷,後附録葉適、吕祖謙、馬端臨、陳傅良諸家辨證。

471 **詩傳一卷** 毛氏刻。

題子夏撰,實僞托也。《明史·豐坊傳》稱坊爲《十三經訓詁》,類多穿鑿,世所傳《子貢詩傳》,即坊編本。其説升魯于邶、鄘之前,降鄭于鄶、曹之後,《大雅》《小雅》各分爲三,曰續、曰傳,皆以古篆刻之。後郭子章、李維楨皆爲傳刻,何鏜收入《漢魏叢書》,毛晋又收入《津逮秘書》,并以爲曾見宋拓,蓋未知其謬妄也。

472 **詩説一卷** 毛氏刻。

題漢大中大夫魯申培著,實仍爲明豐坊所僞作。其顛倒錯亂與所作《詩傳》同。

473 **毛詩陸疏廣要四卷** 毛氏刻。

---

① 因重複未著録,説見第935條。

吴陸璣撰《毛詩草木鳥獸蟲魚疏》二卷,講多識之學者,皆以此本爲據。明毛晋又從而注之,名曰《廣要》,繁徵博引。每卷各析爲上、下二卷,合四卷,刻入《津逮秘書》中。

474 **詩考一卷** 毛氏刻。

宋王應麟撰。專考齊、魯、韓三家之詩説者也。按齊詩魏代已亡,魯詩亡于西晋。韓詩僅存《外傳》,而所謂《韓故》《韓内傳》《韓説》者,亦并早佚。王氏檢諸書所引,集以成逸①,以存三家逸文。又旁搜廣討,曰《詩異字異義》,曰《逸詩》,以附綴其後。每條各標所出。卷末又别爲《補遺》,以掇拾所缺。搜輯之功,可謂勤且摯矣。

475 **詩地理考六卷** 毛氏刻。

宋王應麟撰。其書全録鄭氏《詩譜》,又旁采《爾雅》、《説文》、地志、《水經》以及先儒之言,凡涉於詩中地理者,皆萃之于篇。

476 **爾雅鄭氏注三卷** 毛氏刻。 以上合《韓詩外傳》十卷,共一函十册。

宋鄭樵撰。其説駁正舊注者甚多。

477 **京氏易傳三卷** 毛氏刻。

漢京房撰,吴陸績注。房受《易》于焦延壽。元帝時以言灾異得幸。所著有《周易章句》《周易錯卦》《周易妖占》及此書等十餘種,今惟《易傳》存。其書雖以《易傳》爲名,而絶不詮釋經文,亦不附合經義。上卷、中卷以八卦分八宫,每宫一純卦統七變卦,而注其世應、飛伏、游魂、歸魂諸例。下卷論揲蓍布卦、納甲及二十四氣候配卦,與夫天地人鬼四易、父母兄弟妻子官鬼等爻、龍德虎

---

① "集以成逸",《四庫全書總目》作"集以成帙"。

刑天官地官五行生死所寓之類。後世《火珠林》錢卜之法即出于此。

478 **關氏易傳一卷** 毛氏刻。《唐宋叢書》中亦載。①

題魏關朗撰,唐趙蕤注并爲之傳。蓋蕤爲關氏門人也。自序此書"亡篇過半,今所得者無能詮次,但隨文解注"云云。共十一篇。或云阮逸僞撰。

479 **蘇氏易傳九卷** 毛氏刻。 以上合《焦氏易林》四卷,共一函六册。

宋蘇軾撰。先是蘇洵作《易傳》,未成而卒,屬二子述其志。軾書先成,轍乃送所解于軾。今《蒙卦》猶是轍解,則是書實蘇氏父子兄弟合力爲之。題曰軾撰,要其成耳。

480 **周易集解十七卷** 毛氏刻。

唐李鼎祚撰。其書本十卷,附《略例》一卷,爲十一卷。又别撰《索隱》六卷,爲十七卷。至宋而《索隱》散佚,刊本又芟《略例》一卷,僅存《集解》十卷,即晁公武《讀書志》所著卷數也。毛氏此刻欲合《新唐志》十七卷之數,始析十卷爲十七卷。又改原序所稱一十卷爲一十八卷,以合附録《略例》一卷之數,故不特與《唐志》、晁《志》不同,且又與明朱睦㮮序不符。然世别無十卷之本,故仍以毛刻著録其書。仍用王弼本,惟以《序卦傳》散綴各卦之首,蓋用《毛詩》分冠《小序》之例。凡采摭子夏及孟喜、焦贛、京房以來三十餘家之説。刊輔嗣之野文,補康成之逸象。真可寶之古笈也。

481 **元包五卷附元包數總義二卷** 毛氏刻。

北周衛元嵩撰,唐蘇源明傳,李江注,宋韋漢卿釋音。紹興

---

① 因重複未著録,説見第935條。

中，臨邛張行成以蘇、李二氏但言其理，未知其數，復遍采《易》説以通其旨，著爲《總義》二卷。初本附《元包》，後合爲一編，詳張洸跋。後又或别行。毛氏此刻仍合并之。而釋音漏題漢卿名，殆偶疏也。其書體例近揚雄《太玄》，序次則用《歸藏》，首坤而繼以乾、兑、艮、離、坎、巽、震卦，凡七變，合本卦共成八八六十四。自繫以詞，文多詰屈。卷首又有政和元年楊楫序。

482 **周易舉正三卷** 毛氏刻。

題唐郭京撰。自序稱"曾得王輔嗣、韓康伯手寫真本，比校今世流行本及國鄉貢學人等本，舉正其謬。凡所改總一百三節"云云。晁公武、王應麟等曾駁其妄，具有所見。

483 **正易心法一卷** 毛氏刻。 以上合《易釋文》一卷、《易略例》一卷，共一函，計六册。

題宋麻衣道者撰。凡四十二章，章四句，句四字。又題"希夷先生受并消息"，實僞書也。或曰即戴師愈僞撰。戴有跋，見卷末。

484 **通鑒地理通釋十四卷** 毛氏刻。

宋王應麟撰。以《通鑒》所載地名異同沿革各爲條列，釐訂成編。首歷代州域，次歷代都邑，次十道山川，次歷代形勢，而終以唐河湟十一州、石晋十六州、燕雲十六州。徵引浩博，考核明確。而敘列朝分據戰攻，尤一一得其要領，于史學最爲有功。原書無序，後人以書後應麟自跋移于前。所云"上章執徐橘壯之月"，乃元世祖至元十六年庚辰八月。是時宋亡已三年，蓋用陶潛但書甲子之義也。

485 **通鑒問疑一卷** 鈔本。

宋劉羲仲撰。序云其父秘書丞高安劉公諱恕，字道原，嘗同司馬公修《資治通鑒》。司馬公愛其博學，每以所疑問焉。秘丞公每欲論次一家之書，爲萬世之傳。書未成而捐館舍。羲仲傷其先人功之不彰，乃纂集其與司馬公往復相難者，作是書。

486 **小學紺珠十卷** 毛氏刻。 以上三種共一函，計十册。

宋王應麟撰。分門隸事，與諸類書略同。而每門之中，以數爲綱，以所統之目繫于下，於類書中別創一格。其曰"紺珠"者，取唐張燕公得紺碧大珠能記事之義。卷首有方回及牟應龍序。

487 **漢制考四卷** 毛氏刻。 合《齊民要術》《急就篇》共一函，計六册。

宋王應麟撰。因《漢書》《續漢書》諸志于當日制度多詳于大端，略於細目，因摭采諸家經注及《説文》諸書所載，鈎稽排纂，以補其遺。又以賈、孔諸疏，去古已遠，方言土俗，時異名殊，所謂某物如今某物，某事如今某事者，往往循文箋飾①，于舊文不必悉符，亦一一詳爲訂辨，深足以資考證。

488 **四十二章經一卷** 毛氏刻。

後漢天竺釋迦牟尼佛所説，竺法蘭譯。釋迦者，華言"能仁"，以周昭王二十四年甲寅四月八日生于西方。按：《歲華紀麗》注云云。又《隋書·經籍志》序："釋迦當周莊王之九年四月八日，自母右脅而生。"又李善《頭陀寺碑文》注："顧凝《吴縣記》曰：'魯莊七年，夜明，佛生之日也。'"十九學道，三十學成，處世演道者四十九年而終，蓋年七十九也。殁後，弟子大迦葉與阿難纂掇其平生之言成是經。漢以前中國未傳其教。後漢明帝永平中因夢金像，感傅毅之對，遣蔡愔、秦景使天竺求之，得此經以歸。白馬馱貝葉梵文，止于洛都，譯梵成漢，所謂經來白馬寺者，中國之有佛書自此始。後至梁武帝華林之集，入中土者五千四百餘卷。曰經、曰論、曰律，謂之"三藏"。洎後其徒又或演爲律學、禪學。講説問答，千經萬論，要不出于此。是經寥

---

① "飾"，《四庫全書總目》作"釋"。

寥十餘葉,毛氏刻之,殆所以著其始歟? 沙門守遂爲之注。

489 **葬經一卷** 毛氏刻。

題云青烏先生《葬經》,大金丞相兀欽仄注。考青烏子名見《晋書·郭璞傳》。《唐志》有《青烏子》三卷,已不知爲真古書否。此本文義淺近,經與注如出一手,殆即注者依托爲之也。郭璞《葬書》引"經曰"者若干條,皆見于此本,而字句頗有異同。蓋作僞者獵取璞書以自證,而又稍易其文以泯剽竊之迹耳。按注中又每標舊注云云,未審此書先注者何人也。

490 **葬經翼一卷附葬圖一卷葬經内篇一卷難解一卷** 題緑君亭刻。

題吴郡繆希雍撰。所以羽翼郭書也。按堪輿之説盛于東漢,精其術者惟郭璞爲最著。《宋志》載郭璞《葬書》一卷,其後方技之家競相尊尚,稱之曰經。又遞相粉飾,遂有二十篇之多。蔡元定病其蕪雜,爲删去十二篇,存其八篇。吴澄又病蔡氏未盡蘊奥,擇至純者爲《内篇》,純駁相半者爲《外篇》,粗駁當去而姑存者爲《雜篇》。希雍欲爲之翼,乃繪龍穴砂水之圖十二局,爲《葬圖》一卷。又録郭書《内篇》附于圖後,爲一卷。其《外篇》《雜篇》俱不録。嗣次以《葬經翼》形勢,共十一篇,曰《原勢》,曰《察形》,曰《怪穴》,曰《穴病》,曰《峽論》,曰《分龍》,曰《四獸砂水》,曰《明堂》,曰《餘氣》,曰《水口》,曰《望氣》。又附以《葬旨》一篇。次爲《十二倒杖圖》,次爲《三寶經穴法圖》,次爲《論葬八法圖》,共一卷。而以《難解》二十四篇一卷終焉。

491 **周髀算經二卷音義一卷** 毛氏校刻,與胡震亨同訂。按此疑即《秘册彙函》本。【眉批:《唐宋叢書》亦載此本。①】

---

① 因重複未著録,説見第935條。

《隋書·經籍志》列《周髀》一卷,趙嬰注,又一卷,甄鸞重述。《唐志》又有"李淳風釋《周髀》二卷",與趙嬰、甄鸞之注并列。蓋淳風曾奉敕重注也。舊本相承,題曰趙君卿注。其自序稱"爽以暗蔽"云云,注内又屢稱爽,蓋"爽"即君卿之名。隋、唐《志》所云趙嬰者,即爽字之訛,非别有一人也。書内稱:"周髀長八尺,夏至之日,晷一尺六寸。"蓋髀者,股之别名。于周地立八尺之表以爲股,其影爲勾,故曰"周髀"。首章周公與商高問答,實勾股之鼻祖。以勾股之法度天地之高厚,推日月之運行,而得其度數。後世天文算法皆本于此。舊有李籍《音義》,别自爲卷,此本仍之。又間有明唐寅附注。卷首有爽自序,又宋鮑澣之序及明沈士龍、胡震亨題辭。

492 **數術記遺一卷** 毛氏校。後闕二葉,亦胡氏《秘册彙函》本。【眉批:《説郛》第十一函有此種①,完善可據,補所闕二頁。】

題漢徐岳撰,北周甄鸞注。《唐志》始著于録。書中稱"于泰山見劉會稽,名洪,見《後漢志》注引袁山松語。博識多聞,遍于數術,因受業焉。會稽又言曾游天目山中,見有隱者"云云,大抵言其傳授之秘,以神其説。實僞托也。

493 **古文參同契集解三卷** 毛氏刻。

明蔣一彪撰。自號復陽子。魏伯陽作《易參同契》,原本三篇。自彭曉分章作解,後來注家雖遞有并析,而上、中、下篇之次序俱仍舊目。至明楊慎,始别出一本,稱南方掘地得石函中有古文《參同契》上、中、下三篇,叙一篇,徐景休《箋注》亦三篇,後叙一篇,淳于叔通補遺《三相類》上、下二篇,後序一篇,合十一篇。

---

① 蓋因重複未著録。

自謂得見朱子所未見。一彪此注即據慎本而作,故謂之"古文"。其彭曉、陳顯微、陳致虚、俞琰四家之注,悉割裂其文,綴于各段之下,故謂之"集解"。上卷分上、中、下三篇,而以敘一篇置于上篇之後、中篇之前。下卷亦分上、中、下三篇,題"徐景休箋注"。而以原本所有《贊》一篇,指爲景休後序,殿于下篇之後。又卷末一卷,分上、下二篇,題曰"《參同契三相類》,東漢淳于叔通補遺",而以原本《補塞遺脱》一章,亦析出爲叔通後序。僞妄之譏,誠所不免。然自慎以後,世遂别有此本。諸家所注,往往沿之,亦遂不可磨滅矣。

494 **黄帝授三子玄女經一卷** 毛氏刻。【眉批:《説郛》第十一函有《太乙經》①,即此也。後有論一則。】

以日辰吉凶卜嫁娶休咎、夫婦刑剋,而間及他占。其曰黄帝所授者,特神其説耳。陰陽術數家托名僞造者多矣,固無庸置議也。

495 **握奇經一卷** 毛氏刻。

一作《握機經》,取書中"握機望敵"之語以名之也。一作《幄機經》,曰幄者,帳也,大將所居,其事不可妄示人,故曰"幄機"。則因握、幄字近而附會其説也。今本多題曰"握奇",則又因經中有"四爲正,四爲奇,餘奇爲握奇"之語改易其名也。舊本皆題風后撰,此本仍之。又題漢丞相公孫弘解,晋西平太守馬隆述贊。蓋唐以來好事者爲之,而嫁名于古人耳。宋高似孫《子略》曰"總有三本,一本三百六十字,一本三百八十字,蓋吕尚增字以發明之,其一行間有公孫弘等語,今本衍四字"云云。毛氏此本分爲三章,正得三百八十四字,蓋即似孫所謂"衍四字"本也。經後附續

① 蓋因重複未著録。

圖,據陳直齋云,亦馬隆所補。今本有目無圖,殆傳寫者佚之也。

496 **耒耜經一卷** 毛氏刻。

唐陸龜蒙撰。記犁製特詳,次及鑱,因又及爬與礰礋,而以磟碡終焉。叙述古雅,浣誦再三,恍置身農皇之庭。

497 **五木經一卷** 毛氏刻。

唐李翺撰。記摴蒲之戲。元革爲之注。其法有圖有例,故陳直齋載《五木經》一卷并圖、例。今圖、例已佚,非完書矣。

498 **女孝經一卷** 毛氏刻。

唐陳邈妻鄭氏撰。其書仿《孝經》分十八章,章首皆假班大家以立言。前載進書表,稱侄女册爲永王妃,因作此戒以爲婦之道。

499 **丸經二卷** 毛氏刻。

不標著人名氏。序稱"宋徽宗、金章宗皆愛捶丸",序末又稱"龍集壬午",疑爲元至正二年作。其注亦自爲之。凡三十二章。

500 **忠經一卷** 毛氏刻。

題漢馬融撰,鄭玄注。其文擬《孝經》爲十八章。實僞書也。王氏《玉海》引《宋兩朝志》載有"海鵬《忠經》",殆即其人歟？其注與經,如出一手。

501 **宅經二卷** 毛氏刻。

題曰《黄帝宅經》。按書中稱黄帝二《宅經》及淮南子、李淳風、吕才等《宅經》二十八種①,則作書之時本不僞稱黄帝,特方技之流欲神其説,以爲黄帝所傳授耳。其法分二十四路考尋休咎,以八卦之位向乾坎艮震及辰爲陽,巽離坤兑及戌爲陰。陽以亥爲首,巳爲尾;陰以巳爲首,亥爲尾。而主于陰陽相得,頗有義理。

① "二十八種",《四庫全書總目》作"二十有九種"。

後世相宅之學,皆源于此。是亦術數家之最古者矣。

502 **墨經一卷** 毛氏刻。 合《道德指歸論》及《胎息經》《星經》共一函,計六册。

但題曰晁氏撰,不著時代名字。諸書引者亦祇曰晁氏《墨經》。按何薳《春渚紀聞》云"晁季一生平無他嗜,獨見墨喜動眉宇",又稱其善製墨,兼能精究和膠之法,與經中所言用膠法相合,則是書疑即晁季一作也。

503 **滄浪詩話一卷** 毛氏刻。

宋嚴羽撰。首詩辨,次詩體,次詩法,次詩評,次詩證,凡五門。末附《答吴景僊論詩書》。

504 **石林詩話一卷** 毛氏刻。

宋葉夢得撰。是編論詩,推重王安石者不一而足。而于歐陽公、東坡公二家皆有譏評,蓋猶存黨人之見者。

505 **中山詩話一卷** 毛氏刻。 以上合别詩話共一函,計六册。

宋劉攽撰。即前所列《貢父詩話》也。① 此本名曰中山者,疑本無標目,後人用其郡望追題,以别于他家。北宋人詩話,惟歐陽修《六一詩話》、司馬光《續詩話》及攽此編爲最古。攽在元祐諸人之中,學問最有根柢,其考證議論可取者甚多,較歐陽、司馬二家未堪低昂。

以上詩話三種,合《全唐詩話》六卷、《六一詩話》一卷、《後山詩話》一卷、《彦周詩話》一卷、《二老堂詩話》一卷、《紫薇詩話》一卷、《竹坡詩話》一卷、《續詩話》一卷,共十一種,合一函。

共一萬二千六百九十七字,石星五鈔。

---

① 見第339條。

# 蒲編堂路氏藏書目七

小洲手訂　共二千一百二卷,書一百二十五種,六十八函。

506 **法書要録十卷**　毛氏刻。

唐張彦遠撰。卷首有自序。是編集古人論書之語,起于東漢,迄于元和,皆具録原文。如王愔《文字志》之未見其書者,亦特存其目。惟一卷中王羲之《教子敬筆論》、三卷中蔡惲《書無定體論》、四卷中顔師古注《急就章》及張懷瓘《六體書》,均刪去不録,莫明其故。其書采摭繁富,漢以來佚文緒論多賴以存。即庾肩吾《書品》、李嗣真《後書品》、張懷瓘《書斷》、竇臮《述書賦》各有别本者,實亦于此中録出。蓋彦遠家累世簪纓,儲藏本富,賞鑒亦精。故沾丐後人者,誠非淺鮮也。

507 **東觀餘論二卷**　毛氏刻。

宋黄伯思撰。所著有《法帖刊誤》二卷、《古器説》若干篇。紹興丁卯,其子訒與其所著論辨題跋合而刊之,總名曰《東觀餘論》,見訒後跋。然訒跋稱十卷,今本衹二卷,豈後人傳寫合并與?抑訒有所去取,以爲先人未定之稿,不敢備録事?卷首有伯思自序。卷末又附録數則及李綱所撰墓志銘,又有樓鑰後序。

508 **廣川書跋十卷**　毛氏刻。

宋董逌撰。東平人。題曰廣川,從郡望也。是編皆古器款識及漢、唐以來碑帖。論斷考訂,皆極精當。卷首有其子弅序。

509 **宣和書譜二十卷** 毛氏刻。 以上四種共一函,計十册。

不著撰人名氏。記宋徽宗時内府所藏諸帖。首列帝王諸書爲一卷,次列篆、隸爲一卷,次列正書四卷,次列行書六卷,次列草書七卷,末列八分書一卷,而制詔誥命附焉。宋人之書,終于蔡京、蔡卞、米芾,殆即三人所定歟?

510 **圖畫見聞志六卷** 毛氏刻。

宋郭若虚撰。以唐張彦遠《歷代名畫記》絶筆唐末,因續爲裒輯,自五代至熙寧七年而止。分叙事、記藝、故事拾遺、近事四門。鄧椿《畫繼》嘗議其多所漏略。然一人之耳目,詎能遍知海内之丹青?若虚既據見聞所及以之命名,則闕遺原所不諱也。卷首有自序。

511 **歷代名畫記十卷** 毛氏刻。

唐張彦遠撰。自序稱:"家世藏法書名畫,收藏鑒識,自謂有一日之長。"故是編與所撰《法書要録》均極爲賅備。前三卷皆畫論,自源流興廢以及用法用筆、鑒識收藏、跋尾印記、裝褙褾軸,外至各寺觀畫壁、古之秘畫珍圖,罔不具載。第四卷以下,則皆畫家小傳也。徵引繁富,佚文故事往往而在。

512 **古畫品録一卷** 毛氏刻。

南齊謝赫撰。等差畫家優劣,分爲六品。大抵謂畫有六法,兼善者難。自陸探微以下,以次品第,各爲序引。僅得二十七人,蓋亦矜慎之至。其所云六法,亦千載不易之論。

513 **續畫品録一卷** 毛氏刻。

題唐李嗣真撰。而稱梁元帝爲"湘東殿下",乃同陳姚最《續畫品》之文。其首一段"丹青之妙"云云,乃即節録姚最《續畫品》之序。書中雖分上、中、下三品,而僅録姓名,毫無叙述,不知何人爲此剽竊技倆，欲以掩飾今人，而反使古人被譏誚于千載之上。古人有靈，應不爾恕。

514 **宣和畫譜二十卷** 毛氏刻。《唐宋叢書》亦載。①

不著撰人名氏。記宋徽宗朝内府所藏諸畫。前有宣和庚子御製序。所載共二百三十一人，計六千三百九十六軸，分爲十門，一道釋，二人物，三宫室，四蕃族，五龍魚，六山水，七鳥獸，八花木，九墨竹，十蔬果。

515 **後畫録一卷** 毛氏刻。

唐沙門彦悰撰。前有自序，稱爲帝京寺録，就所見在京名迹繫以品題，凡二十六人。②

516 **續畫品一卷** 毛氏刻。

陳姚最撰。其書繼謝赫《古畫品録》而作，以赫所品高下多失其實，故但叙時代，不分品目。始于梁元帝，終于解蒨，凡二十人，各爲論斷。

517 **畫繼十卷** 毛氏刻。

宋鄧椿撰。張彦遠作《歷代名畫記》，起軒轅，止唐會昌元年。郭若虚作《圖畫見聞志》，起會昌元年，止宋熙寧七年。椿作此書起熙寧七年，止乾道三年。用續二家之書，故名曰《畫繼》。所録上而帝王，下而工技，九十四年凡得二百一十九人。一卷至五卷以人分，六卷、七卷以畫分，八卷曰"銘心絶品"，記所見奇迹愛不能忘者。九卷、十卷皆曰"雜説"，分論遠、論近二子目，則書中之總斷也。

---

① 因重複未著録，説見第935條。

② "凡二十六人"，《四庫全書總目》作"凡三十七人"。

518 **畫史一卷** 毛氏刻。 以上合《圖繪寶鑒》共一函,計十册。

宋米芾撰。皆彙其生平所見名畫,品題真僞,間及裝褾收藏及考訂訛謬。歷代賞鑒之家,奉爲圭臬。卷首有芾自作題詞一篇。

519 **詩品三卷** 毛氏刻。

梁鍾嶸撰。與兄岏、弟嶼并好學知名。品古今五言詩,自漢魏以來一百廿人,論其優劣,分爲上、中、下三品。每品之首各冠以序,皆妙達文理,可與《文心雕龍》并稱。固詩評中之鼻祖也。國朝《四庫總目提要》稱所列共一百三人,殆偶誤耳。

520 **二十四詩品一卷** 毛氏刻。

唐司空圖撰。曰雄渾,曰沖淡,曰纖穠,曰沈著,曰高古,曰典雅,曰洗煉,曰勁健,曰綺麗,曰自然,曰含蓄,曰豪放,曰精神,曰縝密,曰疏野,曰清奇,曰委曲,曰實境,曰悲慨,曰形容,曰超詣,曰飄逸,曰曠達,曰流動。各以韻語十二句體貌之。詩理詩格,括于此矣。

521 **風騷旨格一卷** 毛氏刻。

唐釋齊己撰。首六詩,次詩之十體,次詩之十勢,次詩之二十式,次詩之四十門,次詩有六斷,次詩有三格。各以詩二句肖之,五言七言不等。此書原載齊己《白蓮集》中,後人或録出别行。

522 **芥隱筆記一卷** 毛氏刻。

宋龔頤正撰。芥隱者,蓋其書室之名也。考證博洽,具有根柢,不在《夢溪筆談》《容齋五筆》之下。而舛謬處亦時有之。

523 **西溪叢語二卷** 毛氏刻。【眉批:又《稗海》本。①】

宋姚寬撰。多考證典籍之異同。

---

① 因重複未著録,説見第991條。

524 **益部方物略記一卷** 毛氏刻。疑胡氏《秘册彙函》本。

宋宋祁撰。乃嘉祐二年祁由端明殿學士吏部侍郎知益州時所作。因東陽沈立所撰《劍南方物》二十八種,按名索實,尚未之盡,特補其遺缺。凡草木之屬四十一,藥之屬九,鳥獸之屬八,蟲魚之屬七,共六十五種。列而圖之,各繫以贊,而附注其形狀于題下。今其圖已佚。贊皆古雅,大類郭璞《山海經圖贊》。末有胡震亨跋。

525 **捫虱新話十五卷** 毛氏刻。亦載于《唐宋叢書》中①,作四卷。

宋陳善撰。其書考論經史詩文,兼及雜事。分門别類,頗爲冗瑣,持論尤多踳駁。大抵以佛氏爲正道,以王安石爲宗主。其人概可見矣。

526 **歲華紀麗四卷** 胡震亨《秘册彙函》本。《唐宋叢書》中亦刻之。②

題唐韓鄂撰。其書以四時節候分門隸事,各編爲儷語。久無傳本。此爲胡震亨所刻,跋云"得之鄭簡公名曉。之孫,蓋伯,名忠材。其書從宋刻抄得,爛去末卷二紙。又差訛特甚,因從原本校正,凡改易增減前後共五百餘字,以之付梓"云云。錢曾《讀書敏求記》所云見李中麓家藏宋刻本,脱略行葉亦與此同。蓋缺佚久矣。

527 **玉蘂辨證一卷** 毛氏刻。

宋周必大撰。唐長安業安坊唐昌觀玉蘂花,傳自康駢《劇談録》,宋祁疑爲瓊花,黄庭堅以爲瑒花。必大以爲皆非是,故記所目驗者辨證之。原載《平園集》中,毛晋摘出别行。

---

① 因重複未著録,説見第935條。

② 因重複未著録,説見第935條。

528 **桯史十五卷附録一卷** 毛氏刻。【眉批:又《稗海》本。①】 以上十種合《冷齋夜話》共一函,計六册。

宋岳珂撰。載南北宋雜事,凡一百四十餘條。大旨主于寓褒刺,明是非,借物論以明時事,率比正史爲詳備。所録詩文,亦多足以資考證。惟其以桯命名,則不甚可解。此本末又有附録一卷,前列岳武穆傳及武穆遺文并珂詩文各一首。又附明劉瑞《孝娥井銘》《王公祠記》各一篇,不知何人所增,未免贅疣本書。

529 **泉志十五卷** 胡震亨《彙册秘函》本。前有洪氏自序,後有明徐象梅跋。

宋洪遵撰。彙輯歷代錢圖,分爲九品。自皇王偏霸以及荒外之國,凡有文字可紀、形象可繪者,莫不畢載,頗爲詳博。然天品中所列天帝之錢,未免誕妄。

530 **誠齋雜記二卷** 毛氏刻。

元林坤撰。多記瑣事小説,凡百二十餘條。艷異新奇者居十之七八。前有明周達觀序。

531 **甘澤謡一卷** 毛氏刻。《唐宋叢書》亦載。②

唐袁郊撰。載譎異事九章,咸通中久雨卧疾所著。陳直齋曰其自序云以春雨澤應,故有甘澤成謡之語,以名其書。毛氏刊此書,云得之華陰楊儀,篇數與馬端臨《經籍考》相合,然但有儀序而無郊序。按:儀序稱其書"九章悉完好,但郊自叙首卷則缺損不可復讀"云云,是郊序自明以來已佚矣。此書前又附録東坡删改《圓澤傳》及贊寧《記觀道人三生爲比丘》事二則,殆亦楊儀所附歟?詳後跋語。

---

① 因重複未著録,説見第991條。

② 因重複未著録,説見第935條。

532 **本事詩一卷** 毛氏刻。《唐宋叢書》亦刻。①【眉批：又《古今逸史》本。②】

唐孟棨撰。采歷代詩人緣情之作，叙其本事。分情感、事感、高逸、怨憤、徵異、徵咎、嘲戲七類。前有棨自序。

533 **五色綫二卷** 毛氏刻。

不著編輯者名氏。雜引諸小説新誕之語爲之。後有跋一則，亦不著年月姓氏。

534 **却掃編三卷** 毛氏刻。

宋徐度撰。所記皆國家典章、前賢逸事，深有益于史學。

535 **劇談録二卷** 毛氏刻。

唐康駢撰。皆記天寶以來瑣事，間以議論附之。凡四十二條。

536 **琅嬛記三卷** 毛氏刻。 以上八種合《酉陽雜俎》共一函，計七册。

題元伊世珍撰。語皆荒誕猥瑣。書首載張華遇仙人，至琅嬛福地觀異書事，即以此命名。其所引書，亦真僞相半。

537 **洛陽名園記一卷** 毛氏刻。【眉批：又《古今逸史》本。③】

宋李格非撰。記洛中園囿自富弼以下凡十九所。毛氏題李廌撰者，誤也。此本前有紹興八年張琰序，首曰山東李文叔云云。文叔乃格非之字，益知題廌名之非是。

538 **真靈位業圖一卷** 胡氏《彙函》本。

題梁陶弘景撰。誕妄之處不一而足，貞白先生應不至此。王世貞及胡震亨乃取《真誥》及《玉檢大録》諸書詳爲考核，亦好奇

---

① 因重複未著録，説見第935條。

② 因重複未著録，説見第1024條。

③ 因重複未著録，説見第1024條。

之過矣。

539 **西京雜記六卷** 毛氏刻。【眉批:又《稗海》本。① 又《古今逸史》本。②】

題晉葛洪撰。據書後洪跋稱,其家有劉歆《漢書》一百卷,考校班固所作,殆是全取劉氏,有小異同,其所不取者,不過二萬許言。今鈔出爲二卷,名曰《西京雜記》云。是此書非洪自撰明甚。至唐段成式《酉陽雜俎·廣動植》篇始載"葛稚川就上林令虞淵③問草木名",張彦遠《歷代名畫記》載毛延壽畫昭君事,亦引葛洪《雜記》。則指此書爲洪撰者,實起于唐後。又有指爲吴均撰者,訖無的證,自亦未便追改,姑仍其舊可耳。又洪書本作二卷,而陳氏《書録解題》乃作六卷,與今本同,殆宋人分之也。

540 **佛國記一卷** 胡氏《秘册彙函》本。《唐宋叢書》亦刻。④

宋釋法顯撰。法顯于晉義熙中自長安游天竺,經三十餘國。還到京,與天竺禪師參互辨訂,以成是書。

541 **大唐創業起居注三卷** 胡氏《彙函》本。《唐宋叢書》亦載之。⑤

唐温大雅撰。高祖兵興,引大雅爲記室參軍,主文檄。一切得諸聞見,故記録最真。上卷記起義旗至發引四十八日之事。中卷記起自太原至京城一百二十六日之事。下卷記起攝政至即真一百八十三日之事。

542 **漢雜事秘辛一卷** 胡氏本。

不標撰人名氏。叙漢桓帝懿德皇后被選及册立之事。文極

---

① 因重複未著録,説見第991條。

② 因重複未著録,説見第1024條。

③ "虞淵",《四庫全書總目》作"魚泉"。

④ 因重複未著録,説見第935條。

⑤ 因重複未著録,説見第935條。

淫艷。楊慎序謂得于安寧土知州董氏。沈德符謂"即慎所僞作",殆其然乎?後有胡震亨、沈士龍二跋,辨駁頗悉。

543 **家世舊聞一卷** 毛氏刻。附《老學庵筆記》後。

宋陸游撰。皆述其所聞于祖父之言。毛氏刻《放翁全集》,簡《説郛》《學海》中。又得此本,因并刊之。

544 **玉堂雜記三卷** 毛氏刻。又左圭《百川學海》本亦載。①

宋周必大撰。皆記翰林故事。宋代掌制,最號重職。必大受知孝宗,兩入翰苑。自權直院至學士承旨,皆遍爲之。凡鑾坡制度沿革及一時宣召奏對之事,隨筆記録,集爲此編。後有丁朝佐、蘇森二跋。

545 **焚椒録一卷** 毛氏刻。

遼王鼎撰。紀道宗懿德皇后蕭氏爲宫婢單登構陷事。前有大安五年自序。後有西園歸老、吴寬、姚士粦諸跋。

546 **唐國史補三卷** 毛氏刻。是書《唐宋叢書》亦刻之。② 以上合《伽藍記》《夢華録》《老學庵筆記》共一函,計六册。

唐李肇撰。載開元至長慶間事,乃續劉餗《小説》而作。上卷、中卷各一百三條,下卷一百二條,每條以五字標題。有自序。

547 **搜神記二十卷** 胡氏《秘册彙函》本。【眉批:又《稗海》本③,祇作八卷。】

題晋干寶撰。《晋書》本傳稱寶感父婢再生事,遂撰集古今靈異神祇、人物變化爲此書。有自序。以他書所引比校此書,符合甚多。然亦間有可疑不相掩飾者。蓋後人有所竄亂,非寶之舊帙

---

① 因重複未著録,説見第890條。

② 因重複未著録,説見第935條。

③ 因重複未著録,説見第991條。

也。卷端有胡氏序。

548 **搜神後記十卷** 同上。《唐宋叢書》亦載。①

題晋陶潛撰。沈士龍嘗摘其妄。然唐宋詞人遞相援引,與今所傳本一一符合,則其僞托亦已久矣。

549 **録異記八卷** 同上。

蜀杜光庭撰。率荒誕之言。沈士龍題詞謂"光庭以方術事蜀主孟昶,故成此書以取悦"云云。

550 **稽神録六卷又拾遺一卷** 毛氏刻。

宋徐鉉撰。皆記神怪之事。所列一百七十四事。末又附拾遺十三事。

551 **冥通記四卷** 胡氏《秘册彙函》本。《唐宋叢書》亦載。②

梁周子良撰。首有陶弘景所作《子良傳》。所記遇仙之事,起乙未五月,至丙申七月末,逐日縷載。亦弘景《真誥》之流。

552 **異苑十卷** 同上。《唐宋叢書》亦載。③ 以上六種共一函,計六册。

宋劉敬叔撰。敬叔,《宋書》《南史》俱無傳,明胡震亨始采諸書補作之。見胡氏序。其書皆言神怪之事,卷數亦與《隋·經籍志》相符。

553 **无咎題跋一卷** 毛氏刻。

宋晁補之撰。補之,字无咎,著有《雞肋集》七十卷。

554 **宛丘題跋一卷** 毛氏刻。

宋張耒撰。著有《宛丘集》,《文獻通考》又作《柯山集》。

---

① 因重複未著録,説見第935條。

② 因重複未著録,説見第935條。

③ 因重複未著録,説見第935條。

555 **淮海題跋一卷** 毛氏刻。

宋秦觀撰。著有《淮海集》。《宋史》本傳稱觀"文麗而思深"。胡仔《苕溪漁隱叢話》又載蘇東坡薦觀于王安石,安石答書,述葉致遠之言,以爲"清新婉麗"云云。則其手筆可概見矣。

556 **鶴山題跋七卷** 毛氏刻。

宋魏了翁撰。著有《鶴山全集》一百九卷。

557 **放翁題跋六卷** 毛氏刻。

宋陸游撰。著有《劍南詩稿》八十餘卷。

558 **姑溪題跋二卷** 毛氏刻。

宋李之儀撰。號姑溪居士,即以名其集,共七十卷。

559 **石門題跋二卷** 毛氏刻。

宋釋惠洪撰。著有《石門文字禪》三十卷,爲其門人覺慈所編。

560 **西山題跋二卷** 毛氏刻。 以上八種共一函,計五册。

宋真德秀撰。著有《西山文集》五十五卷。

561 **元豐題跋一卷** 毛氏刻。

宋曾鞏撰。著有《元豐類稿》五十卷。

562 **水心題跋一卷** 毛氏刻。

宋葉適撰。著有《水心集》二十九卷。

563 **益公題跋十二卷** 毛氏刻。

宋周必大撰。著有《文忠集》二百卷,《宋史》又稱爲《平園集》。

564 **後村題跋四卷** 毛氏刻。

宋劉克莊撰。號後村居士。

565 **止齋題跋二卷** 毛氏刻。

宋陳傅良撰。其門人曹叔遠編其集五十一卷,行于世。

566 **魏公題跋一卷** 毛氏刻。

宋蘇頌撰。官至太子太保，累爵趙郡公，卒贈司空、魏國公。其子携編其集七十二卷，行于世。

567 **晦庵題跋三卷** 毛氏刻。

宋朱子撰。集凡一百餘卷。

568 **容齋題跋二卷** 毛氏刻。

宋洪邁撰。著有《野處類稿》及《容齋隨筆》等書。

569 **海岳題跋一卷** 毛氏刻。 以上合《六一題跋》共一函，共計十册。

宋米芾撰。芾以書畫馳名，生平題跋無慮數千百條，岳珂官潤州時，爲摭其遺文爲一編，并爲之序。序中不言卷數，而稱"《山村集》舊一百卷，今所附益薈稡，未十之一"云云，則其亡佚，蓋不知凡幾矣。

570 **樂府古題要解二卷** 毛氏刻。

題唐吴兢撰。按《崇文總目》列《古樂府古題要解》共十二卷。晁氏《讀書志》稱："兢纂采漢、魏以來古樂府詞，凡十卷。又于傳記及諸家文集中采樂府所起本義，以釋解古題。"觀《崇文總目》稱二書共十二卷，而晁氏謂古樂府十卷，則所餘二卷爲《樂府古題要解》矣，卷數與今本相符，似無可疑。惟《崇文總目》又載《樂府解題》，稱"不著撰人名氏。與兢所撰《樂府古題》頗同，以《江南曲》爲首，其後所解差異"云云。毛氏刊此本既題吴兢撰，而復以《江南曲》爲首。後有自跋，稱今人以兢所撰與《樂府解題》混爲一書。然則此書乃後人捃拾《樂府解題》以僞爲兢書，混補兩卷之數，而非兢之原書明矣。晋跋稱是書凡三本，一得之虞山楊氏，一得之錫山顧氏，脱訛皆多。最後得一元板，頗善。然則是書即爲元人僞造，未可知也。

571 **紹興内府古器評二卷** 毛氏刻。

題宋張掄撰。是書宋以來諸家書目俱未著録。據毛氏跋云"范景文出于奕正所抄是書相示"云云。凡上、下二卷。上卷凡九十八事,下卷凡九十七事。大半皆襲録《博古圖》之文而點竄詞義,疑明代人僞作也。

572 **揮麈前録四卷後録十一卷三録三卷餘話二卷** 毛氏刻。 以上三種合《癸辛雜識》共一函,計十册。

宋王明清撰。是編皆其劄記之文。《前録》爲乾道丙戌,奉親會稽時所記,多國史中未見事。有自跋,并附程迥、郭九悳二跋,李垕一簡,及慶元元年實録院移取《揮麈録》牒文二道。《後録》爲紹熙甲寅,武林官舍中所記,有王禹錫跋。第三《録》爲慶元初請外時所記,于高宗東狩事尤詳。《餘話》兼及詩文、碑銘之類,補前三《録》所未備。有趙不譾跋。晁公武云"總二十三卷",今止二十卷。《文獻通考》云"《前録》三卷",今四卷。《後録》自跋云"釐爲六卷",今十一卷。蓋久經後人分并,故卷帙不齊如此。

573 **湘山野録三卷續録一卷** 毛氏刻。

宋釋文瑩撰。余前所得是書遺去《續録》一卷①,此乃足本,故重録之。

574 **春渚紀聞十卷** 毛氏刻。

宋何薳撰。薳,浦城人,自號韓青老農。其書分《雜記》五卷、《東坡事實》一卷、《詩詞事略》一卷、《雜書琴事》附《墨説》一卷,《記研》一卷,《記丹藥》一卷。明陳繼儒《秘笈》所刊僅前五卷,毛氏此刻乃足本也。

---

① 見第155條。

575 **齊東野語二十卷** 毛氏刻。 以上合《夢溪筆談》共一函,計九册。

宋周密撰。前所得明刻别本①,劣惡殊甚。此刻頗堪依據,故兩録之。

576 **茅亭客話十卷** 毛氏刻。

宋黄休復撰。雜録見聞,始王、孟二氏,終于宋真宗時,皆蜀中軼事。

577 **邵氏聞見録二十卷** 毛氏刻。

宋邵伯温撰。是書成于紹興二年。前十六卷記太祖以來故事,而于王安石新法始末及一時同異之論尤詳。十七卷多記雜事。十八卷至二十卷皆記邵子之言行。前有自序及其仲子博序。

578 **聞見後録三十卷** 毛氏刻。

宋邵博撰。伯温仲子也。續其父書,故曰《後録》。伯温書多記朝廷大政,可裨史傳。是書兼及經義、史論、詩話,又參以神怪、俳諧,較前《録》頗爲瑣雜。

579 **錦帶書一卷** 毛氏刻。

題梁昭明太子撰。今刻本《昭明集》中亦有之,題曰《十二月啓》。然《昭明集》乃後人所輯,非其原本,未可據以爲信。疑宋人按月令集爲駢句,以備箋啓之用耳。

580 **避暑録話二卷** 毛氏刻。《唐宋叢書》載作一卷②,不全。【眉批:又《稗海》本。③】 以上五種合《貴耳集》共一函,計九册。

宋葉夢得撰。按晁氏《讀書志》載此書作十五卷,與今本卷數

---

① 見第85條。

② 因重複未著録,説見第935條。

③ 因重複未著録,説見第991條。

多寡懸殊,疑今所行者非完本。然《文獻通考》已作二卷,毛氏跋稱"得宋刻迥異坊本,亦作二卷",則宋代亦即此本。考諸書所引,亦具見此本之中,無一條之佚脱。知晁氏《讀書志》爲傳寫之訛矣。夢得在南渡之初,巋然耆宿,藏書至三萬餘卷,亦甲於諸家,通悉古今,所論著多有根柢云。

右毛晉所刻《津逮秘書》本一百四十四種。除《韓詩外傳》《焦氏易林》《易釋文》《易集解略例》《齊民要術》《急就篇》《道德指歸論》《胎息經》《星經》《全唐詩話》《六一詩話》《後山詩話》《彦周詩話》《二老堂詩話》《紫微詩話》《竹坡詩話》《續詩話》《金石録》《墨池編》《圖繪寶鑒》《冷齋夜話》《酉陽雜俎》《輟耕録》《洛陽伽藍記》《東京夢華録》《老學庵筆記》《東坡題跋》《山谷題跋》《六一題跋》《癸辛雜識》《夢溪筆談》《貴耳集》三十二種,余前别得專本,已經著録①,玆不復贅外,實著録者一百一十二種,共十八函。

按:晉此刻分十五集。中《金石録》《墨池編》有録無書,未及刻也。又《家世舊聞》附于《老學庵筆記》後,有書無録,未列目也。又附録者,《元包數總義》《葬經翼》《數術記遺》三種,以類從也。實列正目者一百三十九種,總名《津逮秘書》。卷首有自序及胡震亨序。震亨初刻所藏古笈爲《秘册彙函》,未成而毁于火。因以殘板與晉,晉增爲此編。凡板心書名在魚尾下,用宋本舊式者,皆震亨之舊。書名在魚尾上而下刻"汲古閣"三字者,皆晉所續增

---

① 以上三十二種書分别見第10條,479條,135條,247條,44條,123條,224條,449條,20條,37條,337條,90條,28、92條,94條,338條,91條,93條,127條,200條,147條,415條,95條,23條,64條,65條,97條,73條,73條,74條,84條,3條,154條。

也。晋家富藏書,又所與游者皆博雅之士,故所刻之書較他家去取爲有條理。且收儲善本尤多,讎校亦精,故書亦皆可依據。然《詩傳》、《詩説》、《琅嬛記》及《雜事秘辛》之類,皆爲後人僞本,一概收入,尚不免擇焉未精之誚。又于陸德明《經典釋文》内特割裂《易釋文》一卷,尤不可解。其二十家題跋皆于各人全集中抄撮之,挂一漏萬,亦屬無謂。然流傳既久,究屬古物。且全豹難窺,得見一斑,亦大幸事。故仍分著于録,而各標其真僞焉。

581 **山海經校正十八卷** 乾隆四十六年畢氏靈巖山館刻。【眉批:又《古今逸史》本。①】

國朝畢秋帆先生沅撰。旁徵地志,雜引諸書,辨訂異同,實與趙氏《水經補釋》②可以并駕。又考訂目録一篇,附于卷首。

582 **夏小正考注一卷** 畢氏刻。

《大戴禮》八十一篇,《小正》即其第四十七篇也,古亦專行,故《隋書・志》即别題其目。戴德傳之而爲之傳。如"正月啓蟄"四字,乃經文也。"言始發蟄也"五字,乃傳文也。《小正》本文謂之經,戴氏所附解釋之詞謂之傳。《小正》經爲禹、啓所製,自戴氏作傳之後,去古漸遠,往往經傳混淆。自宋朱子、傅崧卿諸人各爲專本,分經列傳,眉目釐然。畢氏此刻,又參校諸本異同,附以箋釋,名曰《考注》。而以篆書經文,以隸書傳文,其自爲釋義者,則另行排列,尤爲分晰。

583 **老子道德經考異二卷** 畢氏刻。

序稱:"見《老子》注家百餘本,其佳者有數十本。惟唐傅奕注本多古字古言,且爲世所希傳。故就其本互加參校,其有不合于

---

① 因重複未著録,説見第1024條。

② 《水經補釋》,疑當作《水經注釋》,清趙一清撰。

古者則折衆説以定所是。其字畫一以《説文解字》爲正。"

584 **三輔黄圖六卷補遺一卷** 畢氏刻。題乾隆甲辰。【眉批:又《古今逸史》本。①】

不著撰人名氏。蓋六朝舊笈,而唐人又加輯補,故雜用晋以後書,且輒多與《漢書注》《水經注》諸書所引不同。然宋敏求、陳振孫、王應麟諸人所見即今本,則知舊本之佚已久矣。所記皆漢代三輔古迹,而于宫殿、苑囿之制尤爲詳備。畢氏參校諸書,訂爲此本。其今本所無而見于諸書所引者,别爲補遺一卷附焉。

585 **晋書地道記一卷** 畢氏刻,乾隆四十九年。

晋王隱撰。在《晋書》九十三卷之中,不知卷數,與《太康地記》皆作于晋,而盛行于齊、梁、北魏之時。沈約撰《宋書》、劉昭注《續漢書》、魏收述《魏史》一本二書,爲輿地之凖的。至唐以後,諸家注書徵引者寥寥,則是二書漸不顯也。宋初修《太平御覽》尚述是書,故樂史《太平寰宇記》亦間引之。厥後闕如,蓋亡失矣。畢氏裒輯諸書所徵引者,勒爲一卷。殘珪斷璧,尚存梗概。流覽之餘,不勝珍重。

586 **晋太康三年地記一卷** 畢氏刻。

不著撰人名氏。《舊唐志》作五卷,云"太康三年撰"。《新唐志》云十卷。其稱太康三年地志者,一見于《宋書·州郡志》會稽郡始寧令下,一見于裴松之《三國志注》孫皓起顯明宫下。他若沈約稱爲《地志》,酈道元稱爲《地記》,司馬貞、張守節稱爲《地理記》,《新唐書》稱爲《土地記》,名雖各别,實一書也。畢氏既裒輯《地道記》爲一卷,又裒輯此書爲一卷,而各注徵引之書于條下。晋時又有《元康地志》及不著姓氏《晋地志》、《晋書·地理志》數

---

① 因重複未著録,説見第1024條。

條,亦附于其中。太康三年者,晋武帝平吴後之第二年也。三分之餘,至此一統,輿圖所轄,混同南北,蓋亦一時之盛也。

587 **晋書地理志新補正五卷** 畢氏刻。

《晋書》中《地理志》二卷爲唐房玄齡等所撰。大要以晋武帝太始太康中爲定,惠帝時已略,至東晋則尤略。故郡縣舛錯之處,不一而足。畢氏校正其訛漏者數百條,又旁采他地理書以補正闕失,依次編入,分爲五卷。

588 **長安志二十卷** 乾隆甲辰畢氏校刻。

宋宋敏求撰。考長安古迹。于城郭、宫室、山川、道里、津梁、郵傳,言之最詳。其坊肆曲折及唐時士大夫第宅所在,皆一一指其處所。地志中之最詳明而精核者。前有熙寧九年趙彦若序。

589 **長安志圖三卷** 畢氏刻。

元李好文撰。自號河濱漁者。此書一名《長安圖説》。好文以至正四年再任陝西行臺治書侍御史,取吕大防《長安故圖》,删除訛踳,更爲圖二十有二。其後涇渠圖説,尤有裨于民事。

590 **明堂大道録八卷** 畢氏刻。

國朝惠棟撰。以明堂之制言人人殊,故纂集六經之文,輔以諸儒之説,彙爲此編。

591 **禘説二卷** 畢氏刻。

前人撰。辨證三禘之制,取《論語》"禘説"二字名之。

592 **易漢學八卷** 畢氏刻。

前人撰。考漢《易》宗派源流,掇拾緒論以見大凡。凡《孟長卿易》二卷,《虞仲翔易》一卷,《京君明易》二卷,《干寶》附焉①,

---

① "《干寶》附焉",《四庫全書總目》作"《干寶易》附見"。

《鄭康成易》一卷,《荀慈明易》一卷。其末一卷則棟發明漢《易》之理,以辨正河圖、洛書、先天、太極之學。

593 **關中金石記八卷** 畢氏刻,乾隆辛丑刻。

秋帆先生畢沅撰。關中爲三代秦漢隋唐都會之地,碑碣之富,甲于海内。畢公巡撫陝西,兩莅秦中。周爰咨詢,所得金石文字上起秦漢,下迄金元,凡七百九十餘通。鈎稽經史,决擿異同,辨析點畫,條分件繫。雍凉之奇秀,殆萃于斯。

594 **中州金石記五卷** 同上。

畢公由陝撫調撫河南時,復仿前書之例成是編。

595 **説文解字舊音一卷** 畢氏刻。

前人撰。以唐以前傳注家多稱《説文解字音》,《隋書・經籍志》有《説文音隱》,疑即是也。因摭録之以資考證。

596 **經典文字辨證五卷** 畢氏刻。

前人撰。以辨證經典文字者。分五例,一曰正,二曰省,三曰通,四曰别,五曰俗。

597 **吕氏春秋二十六卷** 畢氏校刻。

前所録者乃明刻本。① 此本爲秋帆先生依元人大字本以下八家之本合校者,訂正異同,尤爲精善,故兩存之。

598 **音同義異辨一卷** 畢氏刻。 以上十八種共四函,計三十二册。

秋帆制軍既撰《文字辨正》,又擇《説文解字》所有音同義異者,據形著訓,分觀并舉爲此編。

以上十八種合《墨子》《釋名疏證》《篆字釋名疏證》《晏子春秋》《樂游聯唱集》共二十三種,皆畢氏經訓堂叢刻本也。《墨子》

---

① 見第140條。

《釋名疏證》《晏子春秋》三書余前已别得單行本①,先著于録,兹不復贅。其《篆字釋名疏證》及《樂游聯唱集》二種皆無關考據,徒贅簡編,故屏之不録。

599 **經義考三百卷** 乾隆乙亥德州盧氏見曾編刻。 八函共六十册。

國朝朱竹垞先生彝尊撰。統考歷朝經義之目,初名《經義存亡考》,惟列存、亡二例。後又分例,曰存,曰闕,曰佚,曰未見四例,因改今名。凡御注敕撰一卷,《易》七十卷,《書》二十六卷,《詩》二十二卷,《周禮》十卷,《儀禮》八卷,《禮記》二十五卷,通禮四卷,《樂》一卷,《春秋》四十三卷,《論語》十一卷,《孝經》九卷,《孟子》六卷,《爾雅》二卷,群經十三卷,四書八卷,逸經三卷,毖緯五卷,擬經十三卷,承師五卷,宣講、立學共一卷,刊石五卷,書壁、鏤板、著録各一卷,通説四卷,家學、自述各一卷。其宣講立學、家學、自述三卷,皆有録無書,蓋撰輯未竟也。每書前列撰人姓氏、書名卷數。其卷數有異同者,亦標明于下。次列存、佚、闕、未見字。次列原書序跋、諸儒論説,及其人之爵里。先生自有所考正者,即附列案語于後,低格書之。其于全經之内有專説一篇者,如《易》類之《繫辭注》《乾坤義》,《書》類之《洪範五行傳》《古文舜典》,《禮》類之《夏小正》《月令章句》等,則附録于全經之末。上下二千年間,元元本本,使經傳源委一一可稽,精詳核備,實爲考據家之淵藪。陳廷敬、毛奇齡、盧見曾等皆有序。其從事讎校諸人,各題名于每卷之末。

600 **管子二十四卷** 明萬曆十年吴郡趙氏刻。 一函四册。

---

① 分别見第222、131、139條。

前所録者爲朱長春《管子榷》本①，而又經坊間删纂者，所録房司空玄齡注僅十之三四。此本乃明趙用賢因宋本校刻者，與《韓非子》本一時付梓，允爲善本。卷首有宋楊忱、張嵲二序及諸家文評。房玄齡注用夾行排列于逐段之下。劉績所補注，擇其切當者，列之篇首，皆冠以"按"字。用賢所自注者，亦雜見篇首。

601 **琴史六卷** 曹楝亭刻。

宋朱長文撰。前五卷載古來能琴者一百五十五人，各爲小傳。末一卷分十一篇，記琴之制度損益、音調沿革。上自唐虞，下迄于宋。凡經史百家、稗官小説，無不搜集。其侄孫正大刻之以傳。卷首有長文自序，又其五世孫夢炎②爲之作志。

602 **禁扁五卷** 曹氏刻。

元王士點撰。凡十五篇，分目一百一十六。所記皆歷代宫殿門觀、池館苑籞諸名。其曰禁扁者，何晏《景福殿賦》有"爰有禁楄，勒分翼張"，注稱《説文》"扁從户册，署門户也，楄與扁同"，故以名書。卷首有至順元年歐陽玄及虞集二序。

603 **硯箋四卷** 曹氏刻。

宋高似孫撰。一卷爲端硯，二卷爲歙硯，三卷爲諸硯品，四卷則詩文之爲諸硯作者。其端、歙二種，亦各附以詩文。原有硯圖四十二，今則佚矣。

604 **糖霜譜一卷** 曹氏刻。

宋王灼撰。凡七篇。首叙唐代糖霜緣起，次考古來已有糖霜，次種蔗，次造糖之器，次結霜之法，次糖霜雜事，終以辨糖霜性

---

① 見第89條。

② "炎"原作"矣"，《四庫全書總目》作"五世孫夢炎"，據改。

味及製食之法。

605 **都城紀勝一卷** 曹氏刻。

題耐得翁,不著名氏。專述杭州雜事,仿孟元老《夢華録》之體。蓋自高宗駐蹕于杭,而行都人物之盛又倍于洛陽,故曰《紀勝》。分十四門,曰市井,曰諸行,曰酒肆,曰食店,曰茶坊,曰四司六局,曰瓦舍衆伎,曰社會,曰園苑,曰舟船,曰鋪席,曰坊院,曰閑人,曰三教外地。書成于端平二年。有自序。

606 **釣磯立談一卷** 曹氏刻。嗣得鮑氏知不足齋刊本①,稱"何小山于崑山徐氏得宋本,紙刻精好,又枚庵漫士得汲古閣舊鈔,乃影宋鈔者,多序一篇,又首多二頁。訂其訛缺,重爲刊布"。今此本脱訛宏多,既有鮑本,此本可删。

題史虚白撰。《四庫全書提要》云"考書中自述,蓋虚白之子所作。《宋志》竟以爲虚白作,誤也。其書雜録南唐事迹,附以論斷,俱稱叟曰"云云。知不足齋刊本又有附録數則。

607 **法書考八卷** 曹氏刻。

元盛熙明撰。首爲書譜,次筆法,次圖訣,次形勢,次風神,次工用,次附録印章跋尾。其字源一卷所列梵書十六聲三十四母,蒙古書四十二母,尤足資考證。

608 **梅苑十卷** 曹氏刻。

岷山耦耕黄大輿載萬序云"己酉之冬,抱疾山陽。所居齋前植梅一株,晦朔未逾,略已粲然。于是録唐以來詞人才士之作,以爲齋居之玩,目之曰《梅苑》"云云。自後元馮子振及釋明本所作《梅花百咏》,即仿此也。惟所録皆詞,而不及詩賦、雜作。按:黄大輿,南宋人。

---

① 因重複未著録,説見第813條。

609 **聲畫集八卷** 曹氏刻。

宋孫紹遠編。所録皆唐宋人題畫之詩,分二十六門。取有聲畫無聲詩之意以名之。其間宋代諸作,今多未見其集,且有不知其姓名者。雖體例稍雜,而寔足以資考證。

610 **分門纂類唐宋時賢千家詩選二十二卷** 以上皆曹氏楝亭刻,凡十二種。其《墨經》已見前①,《録鬼簿》可削,故皆不録。 以上共四函,計二十册。

宋劉克莊編。分十四門。體例顛倒,門目錯雜,殊不可爲訓。

611 **道藏目録詳注四卷** 無刊刻年月。 一函二册。

明李杰撰。以道家之書分三洞四輔七部,而七部之中又分十二子目,以《千字文》爲次,一字當一函。天字號至群字號爲舊藏之目,英字號至將字號爲明人續藏之目。每條之下各爲解題,如陳振孫《直齋書録》之例。

612 **文苑英華辨證十卷** 聚珍板,乾隆四十二年校印。 一函一册。

宋彭叔夏撰。宋太平興國七年,李昉等奉敕編《文苑英華》一千卷,以續《昭明文選》。托始梁末,下迄于唐。卷帙既富,抵牾寔多。當北宋初,舊集多存,故不甚見重,亦無刻本。至南宋舊集漸少,乃始藉以考見,而傳寫已多脱訛。周必大重爲校正,叔夏時預其事,因輯爲此編,凡分二十一例。考訂異同,極爲精核。卷首有南昌彭氏印記三方。

613 **五代史闕文一卷** 鈔本。又毛氏汲古閣刊本。②

宋王禹偁撰。摭拾五代軼事,以補史闕。凡《梁史》三篇,《後唐史》七篇,《晋史》一篇,《漢史》二篇,《周史》四篇,共十七篇。

---

① 見第502條。

② 未著録。

取《論語》"吾猶及史之闕文"名之。王漁洋《香祖筆記》稱其"辯正精嚴,足證史官之謬"。

614 **五代春秋二卷** 鈔本。【眉批:又《讀畫齋叢書》本①,特善。】

宋尹洙撰。起梁太祖開平元年,訖周恭帝顯德七年。叙述簡括,宏綱已具。

615 **五代史補五卷** 鈔本。又毛氏汲古閣刊本。

宋陶岳撰。大致與王禹偁書同意,而頗近小説家言。凡梁二十一條,唐二十條,晋二十條,漢二十條,周二十三條,共一百四事。晁公武《讀書志》稱所記一百七事,此本少三事,殆傳寫者佚之矣。卷首有自序。

616 **五國故事二卷** 鈔本。 以上四種共一函,共二册。

不著撰人名氏。據書中所述,蓋宋初人也。記吴楊氏、南唐李氏、蜀王氏、孟氏、南漢劉氏、閩王氏之事。

此四書不知誰氏所寫,每書末皆有識語,題"開甫"云云,莫悉名氏也,亦無印記。嗣得知不足齋本,乃依劍光閣本重刻者,有盧抱經勘定諸條。

617 **御定廣群芳譜一百卷** 康熙四十七年刊。 四函共三十二册。

康熙四十七年翰林院編修汪灝等奉敕撰。因明王象晋舊本,改其《歲譜》爲《天時譜》,而删其《鶴魚譜》及《天譜》。每一物詳釋名狀,列于其首。次徵據事實,統標曰"彙考"。傳記、序辨、題跋、雜著、騷賦、詩詞統標曰"集藻"。其製用、移植等目統標曰"别録"。原本首簡、總論、雜説可采者,并附載之。其花、木、卉、藥諸目,按之經史、傳記、方書、地志、文集及今耳目所及而原書闕漏者

---

① 見第1209條。

亦補行采入。又原書所載事實或闕書名,賦咏或闕人名,又或書官、書號、書地、書爵、書謚,此本于其可考證者,悉爲標明,餘仍其舊。凡《天時譜》六卷、《穀譜》四卷、《桑麻譜》二卷、《蔬譜》五卷、《茶譜》四卷、《花譜》三十二卷、《果譜》十四卷、《木譜》十四卷、《竹譜》五卷、《卉》六卷、《藥譜》八卷。

618 **文獻通考三百四十八卷** 明馮氏刻。 八函共六十四册。

元馬端臨撰。凡《田賦考》七卷、《錢幣考》二卷、《户口考》二卷、《職役考》二卷、《征榷考》六卷、《市糴考》二卷、《土貢考》一卷、《國用考》五卷、《選舉考》十二卷、《學校考》七卷、《職官考》二十一卷、《郊社考》二十三卷、《宗廟考》十五卷、《王禮考》二十二卷、《樂考》二十一卷、《兵考》十三卷、《刑考》十二卷、《經籍考》七十六卷、《帝系考》十卷、《封建考》十八卷、《象緯考》十七卷、《物異考》二十卷、《輿地考》九卷、《四裔考》二十五卷。其書乃因唐杜佑《通典》而廣之,以《通典》八門析爲一十有九,而增以《經籍》《帝系》《封建》《象緯》《物異》五門,共爲二十四門。杜氏《通典》上溯黄虞,下迄唐之天寶。此書所述事迹,即上承《通典》,下迄南宋寧宗。門類既多,卷帙繁重,漏略所不能免。然條分縷晰,使稽古者可以依次考鏡。且所載宋制最詳,多《宋史》各志所未備。按語亦多能貫穿古今,折衷至當。雖稍遜《通典》之簡嚴,而詳贍實爲過之。其曰“文獻”者,根本經史,參之歷代會要及百家傳記之書,所謂文也;取臣僚之奏疏及諸儒之評論,以至名流之燕談、稗官之紀録,所謂獻也。其史傳可疑,論辯未當者,則以己意附于其後,故曰《文獻通考》。卷首有元李謹思序,次列王壽衍進表,次自序及叙目,次元至治二年中書省移取劄子,次目録。總爲卷首,不入卷。明蘄陽馮天馭重爲之校刻。

619 **白孔六帖一百卷** 明刻。無校刊人姓氏及年月。 四函共四十八册。

馬氏《經籍考》載《六帖》三十卷,唐白居易撰;《後六帖》三十卷,宋孔傳撰。兩書共六十卷,其合兩書爲一而折成百卷,不知爲誰氏。然王應麟《玉海》已稱合爲一書,則宋本已然矣。二書均仿虞世南《北堂書鈔》之例,略分門類,而不標名目。摘録成語故實,以備詞藻之用,而不盡注所出。孔傳書亦沿其例。又晁公武《讀書志》稱居易原本不載出處,曾祖父秘閣公爲之注,行于世云。然則此書之注,殆即晁氏所補與?卷首列宋韓駒序,則專爲孔書而作者。此本刊刻甚佳,惜撫印稍後,不甚清朗。

620 **道德經解二卷** 依明刻本重鈔。 一函二册。

宋蘇轍撰。大旨主于佛老同源,而又引《中庸》之説以相比附。卷末有子由題後二條,謂佛家所言"不思善,不思惡",即《中庸》所謂"喜怒哀樂未發之中"。中者,佛性之異名;和者,六度萬行之總目。歸于儒佛一法,所謂援墨而入于儒者。刊刻人不著姓氏,題萬曆二年宏甫題云云。余從友人處睹得此本,假歸鈔録。

621 **素履子三卷** 鈔本。

唐張弧撰。凡十四篇。文頗淺近。而援引經典,根據義理,實儒家者流也。

622 **孟子外書四卷** 鈔本。 與《素履子》共一函,二册。

凡《性善辨》《文説》《孝經》《爲正》四篇爲正篇,殘缺僅八章,餘皆完好。是書不顯于世。胡震亨題辭稱"友人叔祥客濟南,得是書見寄"云云,疑後人僞托者。宋時熙子①注,據馬廷鸞序謂即劉貢父也。寥寥數語,毫無發明,以之覆瓿可耳。

---

① "時熙子",當作"熙時子"。

623 **唐類函二百卷** 明萬曆間刻。 六函共四十册。

明俞安期編。取唐人類書,删其重複,彙爲一函,分四十三部。以歐陽詢《藝文類聚》爲主,每部皆列之于前,而徐堅《初學記》、虞世南《北堂書鈔》、白氏《六帖》次之,唐以後人所編類書皆不録。取材不濫,于諸類書中猶爲近。① 惟時令部兼取韓鄂《歲華紀麗》,未免非前四書之倫。且事關政典者,又節取杜佑《通典》補之,挂一漏萬,體例亦不畫一。卷首申時行序,次李維楨、沈思孝、程開祜各序,次凡例二十二則。

624 **事類賦三十卷廣事類賦四十卷** 康熙三十八年無錫華氏校刻于劍光閣。一函共十册。

宋吴淑撰。《事類賦》百篇,于淳化中進于朝。太宗嘉其精贍,又命注釋之,爲三十卷。皆檃括故實,以一字爲一題,一題爲一賦。康熙末,華希閔校刻淑《賦》,病其未備,又從而廣之,附刻其後。淑《賦》分十四部,希閔《賦》分二十七部,亦自注之。

625 **咸淳臨安志** 舊鈔本。原一百卷,今存九十三卷。 六函共四十八册。

元潛説友撰。宋咸淳中知臨安軍府事,封縉雲縣開國男,及宋亡降元。其人殊不足道,而此書則具有條理。前十五卷爲行在所録,十六卷以後乃爲府志。凡圖一卷,疆域五卷,山川十八卷,詔令二卷,御製一卷,秩官九卷,宦寺四卷,文事、武備、風土、貢賦各一卷,人物十一卷,祠祀四卷,寺觀十一卷,園亭、古迹合一卷,冢墓一卷,恤民、祥異合一卷,紀遺十二卷,總爲百卷。此書近無刊本,流傳既久,往往闕佚不全。朱竹垞先生曾從海鹽胡氏、常熟毛氏先後得宋槧本八十卷,又借鈔一十三卷。其所闕之七卷,終

---

① “于諸類書中猶爲近”,《四庫全書總目》作“於諸類書中爲近古”。

無由補。國朝《四庫書目》所録即九十三卷之本,則此書之殘缺殆自元明以來已然矣。近今此書不特刊本絶無,即鈔本亦罕得覯見。此書予偶獲于一附商舶販鬻者,裝爲六函,分爲四十八册,缺六十四、六十五、六十六、九十及九十八、九十九、一百共七卷,餘九十三卷完好無恙,恰與《四庫》所貯之書卷數相符,誠希世之珍矣。惟卷首有朱竹垞先生印記二方,玩其刀刻,實書賈庸手所僞造,纖弱板滯,不辨而知。殆藏是書者以竹垞先生有借鈔之事,遂從而冒爲朱氏舊藏也。

626 **南宋雜事七卷** 一函二册。

國朝沈嘉轍、吴焯、陳芝光、符曾、趙昱、厲鶚、趙信七人同撰。沈、吴、符、厲皆錢塘人,陳、二趙皆仁和人,以其鄉爲南宋故都,故捃摭軼聞,各爲詩百首以咏紀雜事,而以所引典故注于每首之下,蓋意徵事,不在修詞也。首查慎行、章藻功、萬經序。次凡例八條。次引用書目,共九百餘種。次諸人題辭。

627 **錢志新編二十卷** 道光十年庚寅古婁尹湘刻。 一函二册。

國朝雲間張麗瀛崇懿撰。仿洪遵《泉志》之例,次序歷代錢品,起于唐虞,訖于明末,各繪其圖,爲之考訂。其歷代帝王興亡治亂、國祚修短以及僭僞諸國,俱摘録史傳,略叙原委,冠于錢圖之前。首湯輅序,次凡例十五則,次前代錢譜目録,次總目。末有尹氏刻是書跋。

628 **李太白集三十卷** 康熙五十六年刻。 一函四册。

唐李白撰。初李陽冰編白所作,爲《草堂集》十卷,宋樂史續增爲二十卷,白又别有《雜著》十卷,今皆不傳。此集乃宋敏求所編,曾鞏所考次者。歲久訛缺,俗本雜出,增損互異。康熙癸巳吴門繆曰芑得崑山徐氏所藏臨川晏處善宋本,重加校正,梓之家塾。

其編次以諸家序文碑記爲第一卷,次爲歌詩二十三卷,次雜著六卷,後序三首。據曰芑序,其梓是集時,凡與俗本不同者,别爲考異一卷附後。今此書總目考異一卷下注"嗣出"二字,殆與本集别行歟?

629 **河東先生集四十五卷龍城録二卷外集二卷附録二卷集傳一卷** 無刊刻年月及校人姓氏。似從宋板翻雕者,的爲明人舊槧。特撫印較後,紙質既粗,墨光亦淡,爲減色耳。 二函十二册。

唐柳宗元撰。宋韓醇音釋。初劉禹錫編宗元詩文爲三十三卷。宋穆修校刊,已分爲四十五卷。沈晦以穆本參校諸本,凡穆本所不載者釐爲《外集》。醇因沈本作音注,又别輯逸文,附録于後。又《集傳》,凡九篇,則《唐書》本傳及唐宋諸人祭文、祠堂記也。其《龍城録》二卷,世亦單行,此本則附于正集之後。正集前載劉序,後載穆修、沈晦、李褫、李石、韓醇各序。又此書首頁載吕圖南刻是編序一篇,題"庚戌孟夏"云云,未詳即此本否。

630 **御定歷代詩餘一百二十卷** 康熙四十六年。 二函共二十四册。

康熙四十六年侍讀學士沈辰垣等奉敕撰。所録自唐及明,詞凡一千五百四十調,九千餘首,爲一百卷。又詞人姓氏爵里十卷、詞話十卷。于倚聲家之派别異同,博徵詳考,本末粲然。而崇雅黜浮,别裁不苟,尤爲賞音之衡鑒。若夫諸調次第,并以字數多少爲斷,不强分小令、中調、長調之名。詳見凡例。

共一萬三千八百八十六字,石星五鈔。

# 蒲編堂路氏藏書目八

子端手訂　共書一百五十二種,五百四十二卷,二十三函。

631 **唐闕史二卷**

五代高彦休撰。凡五十一篇。所記多怪妄事。彦休自號參寥子,每篇之末多有論斷,如史論之例。前有自序,并載純皇帝御題,冠于卷首。後有宋黄伯思跋一則,又明祝允明記一條。

632 **古文孝經孔氏傳一卷附宋本古文孝經一卷**

《孝經》有二本,一爲鄭玄注,今文;一爲孔安國傳,古文。今文分十八章,漢河間獻王所得者也。古文分二十二章,魯共王壞孔壁所得者也。自唐玄宗御注用《今文孝經》而《古文》遂晦。此本爲日本信陽太守純所刊,并爲之音。純序題"享保壬子梓行",見後鮑氏跋語。乃皇清康熙之十一年。乾隆丙申,歙縣鮑氏廷博托其友市易日本者購之而歸,重爲之雕。其書與《今文》字句多有增損。宋司馬君實曾依孔氏古文作《指解》,而以此本校之,乃尚少五十一字。鮑氏因附刻《指解》本正文于後,以備參考。詳見後跋。前有日本太宰純序。

633 **寓簡十卷**

宋沈作喆撰。其文博辯縱縱,考據亦多精核。其曰寓簡者,謂有所記憶,輒寓諸簡牘也。

634 **兩漢刊誤補遺十卷**

宋吴仁傑撰。初劉攽作《西漢刊誤》一卷、《東漢刊誤》一卷，此書即以補其所遺也。引據賅洽，考證精確，實出劉書之上。

635 **涉史隨筆一卷**

宋葛洪撰。凡二十六篇。所論皆古大臣之事。

636 **客杭日記一卷**

元郭畀撰。乃其至大戊申客杭時，逐日所記瑣事。筆墨鬆秀，楚楚有致，以晴雨陰霧諸氣候分日標題。國朝厲鶚客揚州時得畀所書真迹于程氏，内有《客杭》一册，録之以傳。

637 **韻石齋筆談二卷**

國朝姜紹書撰。專記所見書畫器玩，蓋仿宋周密《雲烟過眼録》而作。

638 **七頌堂識小録一卷** 以上八種共一函，計八册。

國朝劉體仁撰。所記書畫古器凡七十四條。

639 **公是先生弟子記一卷** 乾隆乙未刻。

宋劉敞撰。托詞于弟子所記也。敞窮經學古，介然自持，不爲朋黨之論，在宋人諸書中猶爲醇正。乾道中，江溥曾刻于臨江。淳熙中，趙不黯又正其訛謬，增益未備者，重刊之。此本即承淳熙校本之舊，最爲完善。惟《宋史》本傳作五卷，《四庫》所收又作四卷。此本則作一卷，與晁公武《讀書志》所載合。當由後人以意分合，實則并無闕佚也。後有江、趙諸跋。

640 **經筵玉音問答一卷**

宋胡銓撰。記其隆興元年癸未侍宴問答之語。後有自跋二條。

641 **獨醒雜志十卷** 乾隆乙未刻。

宋曾敏行撰。取《離騷》“衆醉獨醒”之語以名其書。隱居不仕,以文學行,義守其家法。是編記前言往行,識高論卓。所記是非皆不詭于正,殆所謂“行獨醒之志”者歟?卷首有楊萬里序,後有樊仁遠所作行狀及胡銓哀詞,并周必大、謝諤、樓鑰、趙汝愚、陳傅良、尤袤諸人跋語,又淳熙中其子三聘書後一篇。

642 **梁谿漫志十卷** 道光甲申刊。

宋費衮撰。前二卷言朝廷典故。三卷多論雜事。四卷惟論蘇東坡事。五卷至九卷多考證史傳,詳論詩文。末卷乃兼論神怪。蓋雜家之言也。開禧二年修三朝正史,嘗取入史館以備參考。卷首載實録院牒文,後有樓鑰、施濟二跋。梁谿者,在無錫縣城西南,以梁伯鸞寓居得名。衮,其邑人也。

643 **赤雅三卷** 乾隆己丑刻。

明鄺露撰。字湛若。以迕邑令,弃家走粤西,爲瑶女雲彈娘之客,因述所見聞爲此書。凡山川、土俗、儀物、歌舞之類,靡不登載。叙述簡雅,不在《桂海虞衡志》之下。卷首有張、薛二序。

644 **諸史然疑一卷** 乾隆庚子刻。

國朝杭世駿撰。自序:“于諸史中以意穿穴,有得則標舉其旨趣。前人所論者不復論,所糾者亦不復糾。”其書斷自後漢,以迄六代。以《史》《漢》考證已有成書,而唐宋以還又不勝其論駁,故寥寥十數頁。向附于世駿所撰《三國志補注》後,此則鮑氏所專刻者也。

645 **榕城詩話三卷** 乾隆乙未刻。 以上七種,合《碧溪詩話》共一函,計八册。

前人撰。乃其應閩省聘校雍正壬子科闈卷時所撰。閩中多榕樹,其蔭十畝。幹既生枝,枝又生根,叢生數十百條,合并爲一,連蜷樛結,鬱蓊薆薱,故號其地曰榕城。卷中所載不專論詩,凡山川、風物、軼聞、遺事,亦間爲叙述。卷首有自叙。

646 **入蜀記六卷**

宋陸游撰。游于乾道五年授夔州通判,以次年閏五月十八日自山陰啓行,十月二十七日抵夔州,因述道途所經。逐日筆記,叙次頗爲雅潔,辨訂亦多有根據。

647 **對床夜語五卷** 乾隆壬辰刻。

宋范晞文撰。皆論詩之語,自漢魏至宋,皆有品評。

648 **歸田詩話三卷**

明瞿佑撰。洪武中以薦歷仁和、臨安、宜陽三學教職,入爲國子助教,升周府右長史。永樂初以詩禍謫戍保安,洪熙乙巳赦還。此詩話乃還鄉以後所作。其詳見朱文藻跋。卷首有木訥、柯潛二序,又弘治庚申胡道識語一則。標"存齋詩話",存齋,其别號也。又有自序。

649 **南濠詩話一卷** 乾隆癸巳刻。

明都穆撰。刻本凡二:一黄氏刻于和州,凡七十二則;一文衡山刻于吴郡,僅四十二則。兩本詮次不同,互有增損。鮑氏因正其謬誤,合梓之。

650 **懷麓堂詩話一卷** 乾隆乙未刻。

明李東陽撰。其論詩以法度音調爲主,而極論剽竊摹擬之非。

651 **石墨鐫華六卷附録二卷** 乾隆甲午刻。 以上合《猗覺寮雜記》共七種,計八册,共一函。

明關中趙崡撰。字子函,爲吾盩厔人。其所居之村曰水雲屯,去吾家終南鎮僅六里許。此時其後人率以農爲業,而先生所著之書板片尚存,惜漫漶特甚。鮑君此刻,不特先生九原之下爲之慰快,即余忝同桑梓,亦代爲感鏤不忘也。先生癖嗜古碑,搜求頗夥。游踪所至，輒以楮墨拓工自隨。遇片石舊刻，即流連駐覾，坐卧其下，至于忘返。急命工摹拓，貯囊携之歸，悉爲考訂。積三十餘年，所藏至二百五十餘種。裝潢成帙，置以長几。暇日即逐加披賞，每一册後輒爲之跋。辨證推勘，如《集古録》《金石録》之例。又以古刻漸泯，嘗欲仿都穆《金薤琳琅》、楊用修《金石古文》，全鈔原文以便取徵，而所費甚巨，無以供匠氏，遂僅刻跋語二百五十三條爲此編。以有石無金，故取劉勰《文心雕龍》之語名之。所收不及歐、趙兩家之博，而多二家所未見，且多親至碑所審視拓摹，故亦較兩家評論爲確。附録二卷則其詢訪古碑所作游記及詩也。

652 **洛陽縉紳舊聞記五卷** 乾隆丙申刻。

宋張齊賢撰。自序"與洛城搢紳舊老善，爲説唐梁已還及五代間事，及已所親見聞，得二十餘事，因編次之，約載事實，以明勸戒。凡與正史差異者，并録而存之，亦别傳、外傳之比"云。

653 **四朝聞見録五卷附録一卷** 乾隆戊戌刊。 以上合《孫子》《五曹算經》《釣磯立談》《金石史》《閒者軒帖考》共一函八册。

宋葉紹翁撰。記高、孝、光、寧四朝事迹，分甲、乙、丙、丁、戊五集，凡二百七條。皆隨事標題，不分時代。鮑氏刻是編，以第五卷有秘書省曲水硯一事，爲王獻之殉乳母葬物，乃附刻其保母墓磚拓帖于後，并高士奇家所藏此帖、宋元諸人題識，爲附録一卷。

654 **聞見近録一卷甲申雜記一卷隨手雜録一卷補闕一卷** 乾隆己亥刻。《唐宋叢書》中祇載《聞見近録》①，餘闕。

宋王鞏撰。皆紀東都舊聞，本各自爲書，後其曾孫從謹合爲

① 因重複未著録，説見第935條。

一編。《聞見近録》凡八十六條,《甲申雜記》凡四十一條,《隨手雜録》凡三十三條。補闕一卷,乃從謹所撰。先是朱竹垞先生手鈔《隨手録》及補闕一卷,後鮑氏得之,又于吴興書賈得《聞見》《甲申》二録,乃并刊以傳。

655 **補漢兵志一卷** 乾隆己亥刊。

宋錢文子撰。北宋懲五代之弊,收天下之兵于京師,禁軍多至八十萬。南渡以後,招募彌多,冗費彌甚。文子以漢代去古未遠,猶有寓兵于農之意,因采《漢書》中言及兵制者,裒爲一編,附以論斷,以補班志之闕。其門人陳元粹爲之注并序。綱目列于首。嘉定中王大昌刻于淮南漕廨,不甚傳。朱竹垞先生從錢道王藏本鈔之,後歸吴江沈氏。鮑君以重值購得,重梓以傳。

656 **臨漢隱居詩話一卷** 乾隆己亥刻。【眉批:又《奇晋齋叢書》本①,"漢"字作"溪"。】

宋魏泰撰。晚節卜居漢上時所作。

657 **滹南詩話三卷**

金王若虚撰。藁城人,在滹沱水之南,故名。著有《滹南遺老集》。

658 **歸潛志十四卷** 乾隆己亥刻。

元劉祁撰。舊題金人者誤。其曰"歸潛",乃其築室之名,祁未仕元時自署所居。後西山之節不終,亦非其實也。其書一卷至六卷爲金末諸人小傳。七卷至十卷雜記軼事。十一卷叙金亡事,見聞最確。十二卷叙崔立作亂,劫群臣立碑事,而附以《辨亡論》。十三、十四兩卷則其語録詩文也。鮑氏刻此書,又有附録數條及諸家跋語。

---

① 見第1375條。

659 **黄孝子尋親紀程一卷滇還紀程一卷**

明黄向堅撰。崇禎癸未其父除授雲南大姚令,挈家之任。後適逢鼎革,關山阻絶,滯宦滇南。向堅思二親,歸期杳不可問,遂獨行尋訪。以順治之八年辛卯十二月倀倀出門,經行萬里,明年夏五見父于白鹽井,其冬奉二親還鄉。此其所紀之程也。詳胡、李二序。後有歸莊所作《黄孝子傳》,甚悉。又向堅自繪諸圖、跋語及同時諸人題識。

660 **虎口餘生記一卷**

國朝邊大綬撰。乃其自叙宰米脂縣時掘李闖賊祖墓,及後晋陽被執事。

661 **澹生堂藏書約一卷**

山陰密士祁承熯著。性喜聚者,因取古人聚書、讀書足爲規訓者以示子孫,而并附以購書、鑒書之法。末附曹溶《流通古書約》一篇。

662 **苦瓜和尚畫語録一卷** 以上九種共一函,計八册。

國朝釋大滌撰。皆論畫之語。分十八章。

663 **玉壺清話十卷** 乾隆庚子刻。

宋僧文瑩撰。一名《玉壺野史》。玉壺者,其所居之地也。文瑩曾著《湘山野録》一書,已著于毛氏《津逮秘書》中①,此殆即《野録》之後集耳。卷後吴翌鳳跋謂此書"明人傳本衹五卷,吴人吴岫訪得後五卷,四明范欽又從岫借鈔,始成完書,而脱誤幾于十之五六。後又借得朱文游藏本,凡用硃筆塗改校補一千六百餘字,雖未詳盡,亦頗精允"云云。鮑氏即由翌鳳本重刊者。首有文瑩自序。

---

① 見第573條。

664 **愧郯録十五卷** 乾隆癸卯刻。

宋岳珂撰。多記宋代制度,足補史志之缺。其曰愧郯者,取《左傳》郯子來朝,孔子問官事,言通知掌故,有愧古人也。前後皆有自序。

665 **碧雞漫志五卷** 乾隆己亥刻。《唐宋叢書》亦刻之。①

宋王灼撰。詳載曲詞源流及聲歌遞變、諸曲得名之由。是書作于成都之碧雞坊妙勝院,因以名之。

666 **樂府補題一卷**

宋王沂孫、周密、王易簡、馮應瑞等同撰。凡龍涎香、白蓮、蓴、蟬、蟹五題,而諸人各賦之以詞。

667 **蜕巖詞二卷** 雍正元年厲太鴻樊榭山房校正。 以上五種共一函,計八册。

元張翥撰。多閔亂憂時之作。

668 **離騷草木疏四卷** 乾隆庚子刻。

宋吴仁傑撰。取《離騷》所用草木一一詮釋。徵引宏富,足爲博物之助。後有自序。

669 **游宦紀聞十卷** 乾隆己亥刻。【眉批:又《稗海》本。②】 以上二種合《論語義疏》共一函,計八册。

宋張世南撰。所録皆前輩軼事及諸雜物。其曰游宦者,謂自丱角隨侍入蜀,及壯又涉江湖達浙閩,凡所聞見,即隨筆之,故名其書。

670 **張丘建算經三卷** 乾隆癸卯刻。

題張丘建撰,不著時代。北周甄鸞注經,唐李淳風注釋,劉孝孫

---

① 因重複未著録,説見第935條。

② 因重複未著録,説見第991條。

撰細草。其體例皆設爲問答,參校申明,條理精密。後有宋元豐七年秘書省校書郎葉祖洽等結銜。鮑氏仿汲古閣影宋鈔本重雕。

671 **默記一卷** 乾隆癸卯刻。

宋王銍撰。所記皆汴京朝野軼聞,惟末一條爲考證曹植《感甄賦》事。《四庫書目》作三卷。

672 **南湖集九卷附録一卷** 乾隆辛丑刻。

宋張鎡撰。鮑氏從《四庫》所録副本傳鈔一編,重爲付梓,凡九卷。又檢閱志乘,補其漏佚,至于遺文逸事及後人題咏之作,别爲附録一卷。首列楊萬里序。

673 **蘋洲漁笛譜二卷** 以上四種合《緝古算經》共一函,計八册。

宋周密撰。皆其所作之詞。鮑氏從毛氏鈔本刻之。

674 **金樓子六卷** 乾隆癸卯刻。

梁孝元皇帝撰。原本十五篇,久已散佚。《四庫》所收乃從《永樂大典》中搜輯者,尚得十四篇,鮑氏即據以刊布。其書綜括古今,兼資勸戒。所徵引者亦多周秦古書,非今所及見。書中案語皆當時輯《永樂大典》時總纂各官所考訂者也。

675 **鐵圍山叢談六卷** 乾隆辛丑刻。

宋蔡絛撰。絛爲京季子,故是書多爲其父飾非。然紀述建隆、乾德以來軼聞逸事,歷歷動聽,亦頗足以資考證。不以人廢言可也。是書璜川吴氏、涉園張氏皆有鈔本,俱多脱訛。鮑氏此刻,乃從明雁里草堂本,更以吴、張二本校定者。

676 **農書三卷** 【眉批:又《函海》本。①】

宋陳旉撰。上卷論農事,凡十四篇。中卷論養牛,凡三篇。

---

① 因重複未著録,説見第1543條。

下卷論養蠶,凡五篇。前後皆有自序。又有洪興祖題後。

677 **蠶書一卷**

宋秦觀撰。凡十一條。

678 **耕織圖詩一卷**

宋樓璹撰。璹爲於潛令時所作。今圖佚而詩存。耕自浸種以至入倉,凡二十一事;織自浴蠶以至剪帛,凡二十四事。各繫以五言詩。詳璹孫洪及其從子大防二跋。

679 **湛淵静語二卷**

元白珽撰。乃其雜記之文。辨證率皆可取。其記汴京故宫,尤爲詳備。

680 **責備餘談二卷** 乾隆癸卯刻。 以上七種共一函,計八册。

明方鵬撰。取春秋戰國以來賢者事迹,擇其不近于人情、不合乎中道者,直指而極論之,以附于《春秋》責備賢者之意。上卷凡七十五人,下卷凡七十八人。

681 **續孟子二卷** 【眉批:又《函海》本。①】

唐林慎思撰。凡十四篇。以孟子之書乃門人所記,往往失其本旨,因推闡以作此書。假借姓名,設爲問答,類乎《莊》《列》之寓言。

682 **伸蒙子三卷** 【眉批:又《函海》本。②】

前人撰。以《易林》自筮,得蒙之觀,有"伸蒙入觀"之語,因取以自號。凡《槐里辨》三篇,叙天地人之事;《澤國紀》三篇,叙君臣民之事;《時喻》二篇,叙文武之事。大旨醇正,惟所設姓名如

---

① 見第1399條。

② 見第1400條。

岦𤨏、洆道、硃砨、粈穗、戝敓、瓤䰉之類，則奇而無謂。

683 **麟角集一卷** 乾隆甲寅刻。

唐王棨撰。皆其場屋程試之文。

684 **蘭亭考十二卷附群公帖跋一卷** 乾隆壬寅刻。

宋桑世昌撰。考論蘭亭帖原委。本十五篇，高似孫删定其書，爲汰去《集字》《附見》二篇，于文句亦多删減，殊失世昌之意。

685 **蘭亭續考二卷**

宋俞松撰。以繼桑書而作，故名。然體例迥異。上卷載諸家所藏及松所自藏，下卷則皆松所藏經李心傳題識者。

686 **石刻鋪叙二卷** 乾隆甲辰刻。

宋曾宏文撰。叙次石經及秘閣諸帖。鮑氏刻此書，又就沈氏、錢氏、張氏三本互爲參校，而疏其異同，附録于後。

687 **江西詩社宗派圖録一卷**

國朝張泰來撰。初吕居仁作《江西詩社宗派圖》，自黄山谷而下列陳後山等凡二十五人。泰來因遍搜群籍，録其有關于吕氏宗派者，人各立一小傳，且推原作圖之意，爲是編。鮑氏刻是書，又附以宋劉克莊所撰《江西詩派小序》。

688 **萬柳溪邊舊話一卷** 以上八種共一函，計八册。

宋尤玘撰。所記多奇聞軼事。書本三卷，其後殘缺，遂省并不分。朱文藻重加考訂刊布，即此本也。

689 **詩傳注疏三卷** 乾隆辛丑吴氏校録。

宋謝枋得撰。原本久佚，卷帙無考。元人解《詩》，互相徵引，删節詳略，亦各不同。此本乃仁和吴長元于《永樂大典》各韻所載元人《詩經纂注》中采録一百六十四條，歷搜諸書，又得一百三十七條。存詳去略，編爲三卷。衹標篇目，不録經文，以脱略甚多也。

690 **顏氏家訓七卷考證一卷** 題述古堂影宋本重雕。

隋顏之推撰。舊作北齊人者誤也。書凡二十篇,多辨正世俗之失,以戒子孫。根柢經術,旁貫百氏,辨析援證,允稱精博。宋沈揆以家藏閩本兼取謝氏蜀本互相參校,于淳熙中刻之。又别爲考證一卷,附于後。

691 **江南餘載二卷** 依聚珍板重雕。

不著撰人名氏。據《直齋書録解題》載是書原序,蓋于徐鉉、王舉、路振、陳彭年、楊億、龍衮六家記江南事者,皆所不滿。獨有取于鄭文寶《江表志》一書,因據爲稿本。其爲六家書所遺或小異者,删落是正,取百九十五段,以類相從,成爲此編。今世所行《江表志》,名爲三卷,實止二十四頁,蓋殘缺掇拾,已非完書。此書所謂一百九十五段者,今亦不可全見,而《永樂大典》内所引尚夥,多有《江表志》不載者,故當時校輯各官逐件録出,依《宋史·志》仍分二卷,以聚珍板刊印,于乾隆三十九年上之。鮑氏此刻,即依樣重梓者。

692 **故宫遺録一卷** 依陳氏世彭校寫本重刊。

明蕭洵撰。洪武元年滅元,命大臣毁元氏宫殿,洵與其事,因得遍閲宫殿掖庭之美,録爲此編。松陵吴節爲之序。萬曆四十四年趙琦校寫以傳。鮑氏此本,又依陳氏寫本付梓者。

693 **伯牙琴一卷** 乾隆丙午刻。

宋鄧牧撰。宋亡不仕。至元己亥,入洞霄,止于超然館。是集前有自序,後有自跋。以知音難遇,故以《伯牙琴》爲名。跋稱詩文六十餘篇,《四庫》所收本止存二十九篇,佚其詩一卷。鮑氏又爲綴緝,補詩十三章,刻于知不足齋。

694 **洞霄詩集十四卷**

元道士孟宗寶編集。洞霄宫在餘杭縣大滌洞天,爲道書七十二福地之一。鄧牧入元以後,即遁居于此。曾撰《洞霄圖志》六卷。此乃宗寶編集,自唐迄元,諸人題咏洞霄之作,粹爲此編也。

695 **石湖詞一卷和石湖詞一卷**

宋范成大撰。陳三聘又步韻和之。

696 **花外集一卷** 以上八種合《五國故事》共一函,計八册。

宋王沂孫撰。一名《碧山樂府》。卷首有張炎、周密題詞三首。

697 **詩義指南一卷**

題昌武段氏撰。考《宋史・藝文志》及諸家藏書目,俱未著録。康熙甲子朱竹垞先生得之于慈仁寺集,跋云"段氏字子武,廬陵人,官朝奉郎,有《叢桂毛詩集解》三十卷,惜未見其全書,此則爲舉業發題而作者"云云。此本自《關雎》至《鳧鷖》而止,以下闕如,非完本也。

698 **離騷集傳一卷**

宋錢杲之撰。以《離騷》經一篇分爲十四節而詮釋之,頗爲簡明。

699 **江淮異人録一卷** 乾隆丁未刻。

宋吴淑撰。所載道流、俠客、術士,凡唐代二人、南唐二十三人,大抵語怪,近于小説。《直齋書録解題》作二卷,此作一卷,殆後人并之也。

700 **山居新話一卷**

元楊瑀撰。所記多關政典,有裨勸誡。以以①爲歸老山中所

---

① "以以",疑衍一"以"字。

作,故名“山居”云。楊維楨爲之序。

701 **鬼董五卷** 乾隆丙午刻。

不著撰人名氏。鮑氏跋云“據泰定間錢孚跋語,似爲宋孝、光時沈某著,特傳之者關漢卿耳。考四卷有‘嘉定戊寅予在都’之語,則其人當寧宗時尚存”云云。所紀皆鬼神幻怪之事。其曰鬼董者,言爲鬼之董狐也,即鬼史之意。

702 **墨史三卷**

元陸友撰。集古來善製墨者,各爲小傳。旁及高麗、契丹、西域之墨,無不搜載。上卷所列凡魏、晋、宋各一人,唐及五代二十人。中卷列宋代八十人。下卷列宋代九十人,又高麗一人,金國四人。末爲雜記二十八則。皆墨之典故,頗爲詳贍。末附陸友傳一篇并論,乃從徐顯稗傳録出者,鮑氏合刻之。

703 **畫訣一卷**

龔賢撰。所論諸訣皆的中肯綮。

704 **畫筌一卷**

笪重光著。王石谷先生及惲格正叔爲之評,以小字夾注于逐段之下。

705 **今水經一卷** 乾隆癸巳刻。

國朝黄宗羲撰。以酈氏《水經注》之所述考之諸圖志,每多不相合,乃撰爲此編。條貫諸水,北水以河爲綱,南水以江爲綱,而總滙于海。凡南北諸水皆統于江河,證以地志,實以見聞,名之曰《今水經》。首爲《水經表》,提綱挈領,眉目犁然,并自爲之注。

706 **佐治藥言一卷續一卷** 乾隆丙午刻。

國朝蕭山汪輝祖撰。輝祖游幕三十餘年,所主凡十四人。始佐書記,後乃代理讞牘,自諸生至成進士,以讀律養堂上,遂著爲此編,凡四十則。後既老歸里,又續爲二十六則,鮑氏合刻之。

707 **慶元黨禁一卷**

不著撰人名氏,但題曰"滄洲樵叟"。所載僞學之黨凡五十九人。慶元初,韓侂胄專政,用京鏜等四人爲鷹犬,斥逐異己者,目爲僞黨,皆貶斥禁錮。及鏜等相繼罷死,始得追復。而正人之淪亡者,已不少矣。

708 **北山酒經三卷** 乾隆乙巳刻。 以上十二種共一函,計八册。

宋朱翼中撰。一卷爲總論,二卷爲製麯法,三卷爲釀酒法。《説郛》所載僅有總論一篇,此乃足本。翼中名肱,寓杭之大隱坊,以著書釀酒自娱。北山者,西湖之北山,即翼中舊隱處。

709 **九經三傳沿革例一卷**

題相臺書塾刊正。按:宋岳珂撰。嘗校刻九經三傳,此其總例也。一書本,二字畫,三注文,四音釋,五句讀,六脱簡,七考異,皆參訂同異,考證精核。

710 **翰苑群書二卷**

宋洪遵編。上卷曰李肇《翰林志》、元稹《承旨學士院記》、韋處厚《翰林學士記》、韋執誼《翰林院故事》、楊鉅《翰林學士院舊規》、丁居晦《重修承旨學士院壁記》、李昉《禁林讌會集》,凡七種。下卷爲蘇易簡《續翰林志》、蘇耆耆,易簡次子。《次續翰林志》、《學士年表》、《翰苑題名》,并遵所録《翰苑遺事》,凡五種。皆詞林故事也。後有乾道九年自跋。

711 **碧血録二卷** 盧抱經家藏本。

不著撰人名氏。紀明天啓時死奄禍諸忠。首列萬燝等二十一人姓名,次載楊大洪、魏廓園、顧塵客、繆西谿、高景逸、李仲達六君子獄中遺筆,次附《天人合徵録》,而以天變、人變終之。趙懷玉叙謂"燕客所撰,隱其姓名而客于燕,故曰燕客"。有自爲傳附于後,并周茂蘭鳴父冤血疏貼黄册。

712 **逍遥集一卷** 聚珍板翻雕。

宋潘閬撰。自號逍遥子。

713 **百正集三卷** 聚珍板翻雕。

宋連文鳳撰。號應山,百正其字也。

714 **張子野詞二卷補遺二卷** 乾隆戊申刻。

宋張先撰。前列葛鳴陽所刻《安陸集》①,尚多缺落。此乃鮑氏得緑斐軒鈔本二卷,凡一百六闋,區分宫調,猶屬宋時編,既又得亦園十家樂府,所刊去其重複,得六十三闋。又從諸家選本中采輯一十六闋,次爲《補遺》二卷。合計得詞一百八十四闋,而子野之詞收拾無遺矣。按:葛氏所刻《安陸集》所録詞僅六十八首,此編乃三倍之。

715 **貞居詞一卷** 以上七種,合《元真子》《朝野類要》共一函,計八册。

元張天雨撰。後有厲鶚識語。又爲《補遺》二篇。

716 **籟記一卷** 《唐宋叢書》亦載之。②

陳王叔齊撰。取《莊子》三籟之語爲此編。凡《天籟》十四章、《人籟》十五章、《地籟》十三章,各爲之賦。後附陳沈志道所撰墓志銘。

717 **潛虚一卷附潛虚發微論一卷** 《唐宋叢書》亦載此本。③

宋司馬光撰。乃擬揚雄《太玄》而作,以五行爲本,五行相乘

---

① 見第101條。

② 因重複未著録,説見第935條。

③ 因重複未著録,説見第935條。

爲二十五,又兩之爲五十章,附以七圖,未及成書而卒。今所傳本蓋後人有所附益也。《發微論》十篇,張敦實撰,皆發明此書之義,舊附于末,今皆仍之。宋陳應行于淳熙中刻于泉州,此本即由宋本重雕者。

718 **天水冰山録** 無卷數。共二百七十二頁。

周石林從殘本重鈔,乃當時籍没嚴嵩家資底册,自金玉服玩及良田甲第之屬,悉數之不能終。吁!可謂夥矣!

719 **鈐山堂書畫記一卷** 以上三種合《袁氏世範》共一函,計八册。

嘉靖乙丑文嘉閲官籍嚴氏家資時,凡分宜舊宅、袁州新宅、省城諸新宅所藏書畫,盡發以觀,歷三閲月始畢其事,此即其當時記録者。

720 **新唐書糾謬二十卷** 嘉定錢氏大昕校本。

宋吴縝撰。分二十門,所駁凡四百餘事,曰以無爲有、曰似實而虚、曰書事失實、曰自相違舛、曰年月時世差互、曰官爵姓名謬誤、曰世系鄉里無法、曰尊敬君親不嚴、曰紀志表傳不相符合、曰一事兩見而異同不完、曰載述脱誤、曰事狀叢複、曰宜削而反存、曰當書而反闕、曰義例不明、曰先後失序、曰編次未當、曰與奪不常、曰事有可疑、曰字書非是,雖未免有意吹求,然亦多中其失。世所行本率佚脱倒亂,此乃錢氏大昕手校,又假宋槧本補其闕文,凡吴説未當者,輒爲駁難,分注于下,付鮑氏刻之。後又爲附録數條,兼撰《修唐書史臣表》。

721 **洞霄圖志六卷** 依聚珍板重刊。

宋鄧牧撰。牧入元後隱居洞霄止超然館,住持沈多福爲營白鹿山房居之,遂屬牧偕本山道士孟宗寶搜討舊籍,爲此志。凡六門,曰宫觀;曰山水;曰洞府;曰古迹,附以異事;曰人物,分列仙、高道二子目;曰碑記,門各一卷。前有吴全節、多福二序,後有葉林、李洧二跋。此書稱圖志,而今本乃有志無圖,當爲傳寫所脱佚矣。

722 **聱隅子二卷** 乾隆壬子鮑氏依嚴氏樹蕚所藏宋本翻刊。

宋黄晞撰。本名《聱隅子歔欷瑣微論》,亦省稱曰《聱隅子》。自序謂“聱隅者,枘物之名;歔欷者,兼嘆之聲;瑣微者,述之之謂”。文多艱澀,大旨在儒、老之間。凡十篇。

723 **世緯二卷** 依四庫貯本重刊。 以上四種共一函,計八册。

明袁袠撰。凡二十篇。其言指陳無隱,切中時弊,殆憂時感事發憤著書,亦賈誼《新書》、王符《潛夫論》之流亞也。有自序。後附録文徵明所作墓志銘。

724 **皇宋書録三卷** 乾隆甲寅刻。

宋董史撰。録宋一代能書者。上卷爲宋朝諸帝,中卷爲前朝臣士,下卷爲同時諸人。後又爲外篇,録章友直女等六人。此書世少傳本,頗多脱軼。自序謂“後二卷、外篇第取能書,不復詮次人品”云云。

725 **宣和奉使高麗圖經四十卷** 乾隆癸丑刻。

宋徐兢撰。宣和六年遣路允迪使高麗,兢爲從官,歸撰此書。以進分二十八門,于地理、風俗、典章制度以及接待之儀文、往來之道路一一具載。惟所繪諸圖,則自南宋時已佚矣。有兢自序,又從子徐蒧識語,後附録張孝伯所作行狀。鮑氏以家藏本参校胡氏、鄭氏二本,其異同者分注于原文之下,刊之以傳。

726 **武林舊事十卷** 乾隆癸丑刻。《唐宋叢書》亦載,宜并校。①

宋周密撰。自署曰“四水潛夫”,皆于宋亡之後追述軼聞遺

① 因重複未著録,説見第935條。

事,蓋仿孟元老《東京夢華録》而作,而雅贍過之。明人刻本率止六卷,此册乃鮑氏得之紅豆山房惠氏,即《讀書敏求記》所謂元人傳自仇山村家足本也,并有自序一篇。鮑氏以此本更參校宋廷佐、陳眉公二家本刊之,後附刻宋、陳等跋語八則。按四水謂苕水、餘不水、前溪水、北流水四水合流,入于霅溪,乃吴興之名。武林爲杭郡。公謹叙述杭事,故以"四水潛夫"爲號,蓋先生中年曾遷于杭也,猶之居齊東作《齊東野語》,居華不注,號弁陽老人。諸刊本每作"泗水潛夫",泗水出山東,誤矣。

727 **錢塘先賢傳贊一卷** 依聚珍板重刊内廷貯本。 以上四種共一函,計八册。

宋袁韶撰。韶知臨安府時請于朝,建許由以下三十九人之祠,因各爲之傳贊,事在寶慶四年。至景定五年,祠毁。至正二年,吕淵復其祠,重鋟《傳贊》。後二年,浙江等處儒學提舉班惟志序而行之。是編猶依元時舊刻重刊者。前有班氏序,後附録韶《奏建先賢祠疏》及王壄《旌德觀記》。

728 **五代史纂誤三卷** 依聚珍板本重刊。

宋吴縝撰。原本久佚,此乃從《永樂大典》録出者。晁氏《讀書志》稱所列二百餘條,今所存止得一百一十二條,然已見其梗概矣。歐公修《五代史》,文章法度足亞《史》《漢》,而考證則每多疏舛。此書疏通剖析①,切中癥結,固讀史者所取資也。其間有與薛《史》同異者,校輯諸人并各加附識,略注于下。

729 **嶺外代答十卷** 依内廷聚珍板貯本重雕。

宋周去非撰。去非自嶺外代歸,有問其土風、物産者,倦于酬

---

① "析"原作"折",《四庫全書總目·五代史記纂誤》云"無不疏通剖析,切中癥結",據改。

應,著此示之,代應答也,故名。分二十門。大致與《北户録》《嶺表録異》諸書相出入。其邊帥、法制、財計諸門,尤足補正史所未備。

730 **南窗記談一卷** 依内廷貯本重刻。

不著撰人名氏。袁文《瓮牖閒評》已引其書,殆南北宋間人也。多記北宋時事,凡二十三條。

731 **蘇沈良方十卷** 依《永樂大典》本及吴郡程氏本合校。

宋沈括撰。卷首有括自序。後人又以蘇東坡之説附之,總題曰《蘇沈良方》。原本十五卷,久已散佚。此本乾隆四十一年校輯《四庫全書》時從《永樂大典》中録出,猶得八卷。鮑氏刻此書,又得吴郡程氏永培所藏善本,因參合兩本,足爲十卷,刻之以傳。詳後程氏跋及鮑氏自跋。宋世士大夫類通醫理,而二公尤爲博洽,其論病治驗,皆確鑿可據,神妙絶倫,洵爲利濟之書,固不僅以人傳也。

732 **浦陽人物記二卷** 乾隆壬子浦陽戴氏鈔本。 以上五種共一函,計八册。

明宋濂撰。分忠義、孝友、政事、文學、貞節五目,所録共二十九人,爲之傳贊。卷首有歐陽玄序,次凡例九條,次標目。末有鄭濤、戴良、戴殿泗三序。浦陽即浦江縣,屬金華府。

733 **宜州家乘一卷** 乾隆甲寅刻。

崇寧甲申黄庭堅謫居宜州,蜀人范信中自建詣之,同居于南樓。自乙酉正月至八月,杪凡賓客來往、親舊書信、晦月寒暑、出入起居,山谷皆逐日劄記,名曰《宜州乙酉家乘》。至九月,山谷以疾卒,信中爲經理後事。方蓋棺時,此書倉卒中爲人持去。紹興癸丑,忽有信中故人録以相寄,信中因鏤板以傳,并爲之序。

734 **吴船録二卷**

宋范成大撰。成大于淳熙丁酉自四川制置使召還,以五月二十九日離成都,取水程赴臨安,逐日記所閱歷,作爲此書。于古迹形勝,言之最悉,亦時加考證,如陸放翁《入蜀記》之類。以由蜀赴吴,皆船中所記,故名。

735 **清波雜志十二卷别志三卷** 依内廷本重刊。【眉批:又《稗海》本。①】

宋周煇撰。前所得本祇作三卷②,乃商濬所刻《稗海》中本,非完帙也。此本乃鮑氏借鈔于嚴州太守萊陽趙起杲藏本者,既又得明姚舜咨寫本,多《别志》三卷及張貴謨一序,而是書頓稱完善,遂以付梓。詳鮑氏後跋、姚舜咨諸人跋。

736 **蜀難叙略一卷**

國朝婁東沈荀蔚撰。

737 **灊山集三卷** 依聚珍板本重刻。

宋朱翌撰。文集已佚,此特其詩集耳,于《永樂大典》中搜輯者。

738 **頤庵居士集二卷** 以上六種共一函,計八册。

宋劉應時撰。陸游、楊萬里爲之序。

739 **詩紀匡謬一卷**

國朝馮舒撰。明馮惟訥編《詩紀》一百五十六卷,上起古初,下迄陳、隋,遺文佚句一一登載。舒又作此書,以糾其謬,凡一百二十條。《詩紀》采摭浩博,不能無所抵牾,舒一一校正,于惟訥頗爲有功。

740 **耆舊續聞十卷** 乾隆癸丑校刊。

宋陳鵠撰。所録皆南北宋軼事,大抵采掇諸家文集、家傳而

---

① 見第33條。

② 見第33條。

成,故稱謂間往往體例不一,致滋疑竇。鮑氏以家藏之本及丁氏、吴氏二本參校刊之。其詳見《四庫提要》及鮑氏跋。

741 **山房隨筆一卷** 乾隆戊申刻。【眉批:又《稗海》本。①】

元蔣正子撰。所記多宋末元初事,而述賈似道誤國始末尤詳。

742 **勿庵曆算書目一卷**

國朝梅文鼎撰。長于數學,著述甚夥,此則所自著之書目也。凡曆學書六十二種,已刻者十七種;算學書二十六種,已刻者十六種。每種之下各詳其卷數、標目,并爲題解及自注。卷首有施彦恪爲作《徵刻曆算全書啓》,後載毛際可所作《梅先生傳》。勿庵,其别號也。

743 **黄山領要録二卷** 乾隆乙未刻。

國朝汪洪度撰。黄山奇秀,甲于天下。洪度讀書,結廬于始信峰,凡十載。凡古今流傳之迹,峰巒松石之秀,撮其大要以成此編。

744 **世善堂藏書目録二卷** 以上六種,合《文苑英華辨證》共一函,計八册。

明陳第編。其子孫又間爲增益之。

745 **測圓海鏡細草十二卷** 嘉慶三年刻。

元李冶撰。其書以勾股容圓爲題,自圓心圓外縱横取之,得大小十五形,皆無奇零。次列識别雜記,約五百條,以窮其理。次設問一百七十則,以盡其用。所演秦九韶立天元一法爲西人借根法所自出,其精妙可知矣。阮芸臺相國視學浙江時,從《文瀾閣四庫全書》中鈔得一本,又得寧波教授丁杰所藏本,兩相參校,《細

---

① 因重複未著録,説見第991條。

草》多訛。因屬元和李鋭算校一過,其文字隱奧難曉及立術于率不通者,李鋭又爲雜記數十條,附案語于逐條之下,付鮑氏刻之。首有冶自序,又阮序。後有至元二十四年王德淵後序,又嘉慶二年李鋭跋。

746 **蘆浦筆記十卷** 嘉慶戊午刻。

宋劉昌詩撰。以作于監華亭蘆瀝場鹽課時,故名蘆浦。皆考辨訛文疑義,而糾正吴曾《能改齋漫録》者爲多。有自序。鮑氏刻此書,録《四庫提要》于首,又備述鈔傳此書源流及諸家題跋于後。

747 **五代史記纂誤補四卷** 乾隆四十八年刻。

國朝吴蘭庭撰。宋吴縝曾撰《五代史纂誤》一書,以糾歐書之失。蘭庭又爲此編,以補縝書之闕,詳見自序。其母弟蘭史于乾隆四十八年刻之。

748 **山静居畫論二卷**

國朝方薰撰。凡山水、樹石、花鳥、人物,其運筆設色之法、片縑巨幛之局皆詳論之。其評論古人畫家,亦具有衡鑒。錢塘陳希濂爲之後序。

749 **茗香詩論一卷** 以上五種共一函,計八册。

國朝仁和宋大樽撰。陳斌爲之序。

750 **孝經鄭注一卷** 日本國本。嘉慶辛酉重雕。

《孝經》有古文有今文,孔安國爲古文作傳,而鄭康成注今文。孔傳古文鮑氏已刻於《叢書》中。① 鄭注則宋雍熙中日本僧奝然以獻于朝,詔藏秘閣。嗣後歷元及明,未聞有復述之者,則其佚久矣。乾隆五十八年日本岡田挺之復于其國《群書治要》中得是本,

① 見第632條。

業殘缺不完，稍爲補輯，序而梓之。以其本付估舶，屬鮑氏并刊入《叢書》，以廣其傳第。所謂《群書治要》者，輯自何人，刊于何代，莫得而知。其所收鄭注是否即奝然獻宋原本，抑爲後人掇拾他書以成，亦無由考究。然此本與陸氏《經典釋文》、邢昺《孝經正義》所述鄭注大半相合，則確爲宋以前古本矣。其考證此書源流異同，詳卷首錢侗序，又岡田序及跋。

751 **孝經鄭注補證一卷**

臨海洪頤煊撰。以邢昺疏本及釋文本所載鄭氏注逐句考證，補注于下。

752 **孝經鄭氏解輯録一卷** 嘉慶壬戌刻。

武進臧鏞堂撰。輯諸書鄭氏注爲此編。

753 **益古演段三卷** 嘉慶二年丁巳刻。

元李冶撰。原本久佚，此乃從《永樂大典》録出者。宋元豐、紹興以來刊刻算書有《益古算法》一種，其法以方圓周經①冪積和較相求，定爲諸法，名《益古集》，而秘其要旨。冶恐學者難曉，因爲之移補條目，釐定圖式，演爲六十四題，以闡明奥義，故踵其原名。其中有草，有條段，有圖，有義。草，即古立天元一法；條段，即方田少廣等法；圖，則繪其加減開方之式；義，則隨圖解之。蓋冶所撰《測圓海鏡》以立天元一法爲根，此書即設爲問答，爲初學明是法之意也。鮑氏既刊《海鏡》，復以此書屬元和李鋭爲之算校，附案語于下，于嘉慶丁巳刻之。有冶自序及硯堅序，後有李鋭跋。

754 **弧矢算術細草一卷**

國朝李鋭撰。弧矢之法，始于元郭守敬《授時曆草》，亦本于

---

① “周經”，《四庫全書簡明目録·益古演段》作“周徑”。

立天元一法,明顧應祥得其書而不得立法之本,惟補開帶縱三乘方式,及各弧矢相求術,務末遺本,其失與改《測圓海鏡》等。鋭乃集弧矢之問、入以天元之法凡十三術,爲此書。

755 **五總志一卷**

宋吴坰撰。記所見聞雜事,間亦考證舊説,取"龜生五總,靈而知事"之語以名其書。《説郛》所載僅摘録數條,此本猶完帙也。前有自序。

756 **古今紀要逸編一卷**

宋黄震《日鈔》合經、史、子、集凡九十七卷,其中《古今紀要》起自三皇,至宋神宗而止,卷凡十九。邵宏齋《宏簡録·叙》則云"震修寧、理二朝紀多散佚不傳"云云,又知《日鈔》之紀要不止于神宗,其卷亦不止于十九也。明四明陳朝輔得《古今紀要》第二十卷于滎陽鄭千之名真。家,而所闕理、度兩朝紀要適在其中。獨是神宗以後尚有徽、欽、高、孝、光、寧六朝,而滎陽鄭氏藏本仍闕而弗録,豈黄氏所紀原闕是六朝乎?抑紀之而散佚,即鄭氏亦未得見乎?朝輔之子自舜因即其父所鈔本付梓以傳,名之曰《逸編》。首有左氏、趙氏二序,後有鄭氏識語及陳氏父子識記。

757 **北行日譜一卷** 康熙中周氏茂蘭刻本。

明朱祖文撰。周忠介公于天啓丙寅之歲被逮,祖文相隨,以一身始終其事,因爲此譜。載被逮始末,逐日記之,詳張世偉、朱陛宣二序,祖文自序,又金日升所作祖文傳及祖文子壽陽等跋。

758 **粵行紀事三卷**

國朝常熟瞿昌文撰。述明末赴粵西迎其王父北歸事。

759 **滇黔土司婚禮記一卷**

國朝江陰陳鼎撰。自序"十歲時隨季父宦滇,後以貧不獲歸,遂寓于滇,凡二十餘年。凡峒中風土、禮節筆爲一册"云。鼎在滇嘗娶土司龍氏女,故所叙婚禮爲甚悉,詳自序。

760 **清雋集一卷**

宋鄭起撰。

761 **一百二十圖詩集①一卷**

鄭所南翁撰。序文甚奇。所南,名思肖。

762 **所南文集一卷** 以上十三種共一函,計八册。

前人撰。首列小傳。

763 **鑒戒録十卷** 嘉慶癸亥刻。

蜀何光遠撰。凡六十六條,皆以三字標題。名爲鑒戒,寔則雜記唐及五代雜事,多嘲諧神怪之談,不盡關于美刺。此書係由宋刻本轉鈔者,明萬曆初藏于項元汴家,後歸朱竹垞家。有康熙間諸名宿題識,詳見卷末。

764 **侯鯖録八卷** 嘉慶癸亥刻。【眉批:又《稗海》本。②】

宋趙德麟撰。所記前輩軼事及詩話文評皆斐然可觀。此書曾刻入商氏《稗海》,誤書脱簡層見叠出。鮑氏以家藏三本參合校訂,又時檢他書證其異同,刊之,始成善本,詳鮑氏跋。德麟名令畤,其以侯鯖名書者,漢樓護爲王氏五侯上客,五侯競致奇膳,護合以爲鯖,世謂之"五侯鯖",德麟以書之味比鯖,故名。有明正德乙亥頓鋭序。

765 **松窗百説一卷** 嘉慶癸亥刻。

宋李季可撰。凡百條。采摭經史,品評人物,據正闢邪,有裨

---

① "詩集"原誤作"集詩",今正。

② 因重複未著録,説見第 991 條。

世教。王十朋書後極稱之,同時諸賢又各有題識。紹興中尹大任爲之刊布。惜沈薶不彰,諸藏書家均未見著録。鮑氏于敗簏中得故鈔數十紙,亟梓之,又爲存疑四條。

766 **北軒筆記一卷**

元陳世隆撰。所辨論者史事爲多,援據頗詳,亦時具特識。惟《四庫提要》稱此書前有小傳,不知何人所作,此本佚之。

767 **藏海詩話一卷** 依聚珍板重刻。

宋吴可撰。原本久佚,此從《永樂大典》録出者,論詩喜作不了語,而議論每多有深解。

768 **吴禮部詩話一卷**

元吴師道撰。師道《正傳集》世多鈔本,一名《禮部集》,凡二十卷,師道致仕後加禮部郎中故也。惟《詩話》一卷罕有藏者。錢塘厲鶚曾于邗江馬氏家見元人刊本,而鮑氏又從小山堂趙氏寫本付梓,以未得見馬氏所藏元刻爲憾,信乎古書之難遇也。

769 **畫墁集八卷** 以上七種共一函,計八册。

宋張舜民撰。《文獻通考》稱其集凡百卷,自明以來久佚不傳。此從《永樂大典》録出者,釐爲八卷。其《郴行録》乃謫監酒税時紀行之書,亦并附集末。鮑氏又輯録游公墓志銘一篇,綴于後,以補其逸。又補詩六首。

770 **讀易别録三卷**

國朝全祖望撰。以諸子百家往往托《易》之名而寔流爲别派,因取所自出之宗及其流演之派,别而列之。

771 **古今僞書考一卷**

新安姚首源撰。取經、史、子三類爲後人托名僞撰者,各加考證。

772 **攬轡録一卷**

宋范成大撰。成大以乾道六年閏五月被命使金,記其度淮以後見聞及金國宫殿儀仗之制。

773 **驂鸞録一卷**

前人撰。乾道壬辰成大自中書舍人出帥廣西,紀其道途所見,取韓愈詩"遠勝登仙去,飛鸞不暇驂"之語以名其書。

774 **桂海虞衡志一卷** 《唐宋叢書》亦刻①,《廿一種秘書》亦刻②。【眉批:又《古今逸史》本。③】

前人撰。凡十三篇。于山川、物産、土風、民俗皆叙述典雅,惟《文獻通考·四裔考》中引此書《幾盈》一卷,而皆今本所無,殆脱佚者多矣。

775 **北行日録二卷**

宋樓鑰撰。乾道五年鑰仲舅某充賀正使,以書辟鑰充書狀官偕往,因述其所聞見,逐日記之。

776 **放翁家訓一卷**

宋陸游撰。

777 **庶齋老學叢談三卷** 嘉慶乙丑刻。

元盛如梓撰。其書辨論經史,評騭詩文,亦間及朝野軼事。鮑氏刻此書,謂"其鈔本出自錢塘汪氏,而郁氏潛亭名禮。録以見貽者。乾隆甲午,又得常熟錢氏手鈔本互校,一掃烏焉之訛"云。後附記郁君藏書一則,尤可觀覽。

---

① 因重複未著録,説見第 935 條。

② 見第 136 條。

③ 因重複未著録,説見第 1024 條。

778 **湛淵遺藁三卷**

元白珽撰。首戴表元序,末附宋濂所作墓志銘。鮑氏又爲補輯若干首,附于末。

779 **趙待制遺稿一卷**

元趙雍撰。

780 **灤京雜咏二卷**

元楊允孚撰。記元上都軼事最詳。

781 **陽春集一卷**

宋米友仁撰。

782 **草窗詞二卷補二卷** 以上十三種,合《澠水燕談録》共一函,計八册。

宋周密撰。補上卷十八闋,録于《絶妙好詞》;下卷二十二闋,録于《蘋洲漁笛譜》。

中華民國二十七年四月,石星五鈔,共一萬三千八百五十三字。

# 蒲編堂路氏藏書目九

子端手訂　共一百三十八種,三百三十一卷,一十二函。

783 **吹劍録外集一卷**　依内廷貯本重刊。

宋俞文豹撰。所作先有《吹劍録》,持論偏駁,多不中理。此書號《外集》,乃其晚年之作。學問既深,言亦漸歸醇正。首有淳祐庚戌自序,述宋景文、歐公之言,蓋亦自知少年著作之不可傳後也。

784 **宋遺民録十五卷**

明程敏政編次。録王鼎翁、謝皋羽、唐玉潛、張毅父、方韶卿、吴子善、龔聖與、汪大有、梁隆吉、鄭所南、林景曦諸人平生著述之見于諸家别集中者,裒輯以傳,而附以一時意氣相許之人,爲十五卷,皆宋亡時效節者。後有竹里老人跋。

785 **天地間集一卷**

宋謝翱編。字皋羽。宋景濂著謝先生傳云"集五卷",此蓋未完帙也。

786 **宋舊宫人詩詞一卷**

作者凡十八人,不知誰編。

787 **竹譜詳録七卷**　嘉慶戊辰刻。

元李衎撰。凡分四門,曰《畫竹譜》《墨竹譜》《竹態譜》《竹品譜》,于畫之程式、竹之種類,無不條析類推,叙事繪圖,畫竹譜竹之能事蓋盡于是矣。鮑氏以文于嘉慶甲子得明成化間繕本于一故家,時又有富君秋鶴者工繪事,爲摹寫一帙,縮爲小本,俾刻入《叢書》中。詳見跋語。卷首有衎自序,又柯謙、牟應龍二序。

788 **書學捷要二卷** 嘉慶戊辰刻。 以上六種共一函,計八册。

國朝秀水朱履貞撰。取古人論書之語、學書之法,摘其簡明切要、便于爲學者詮綴之,以成此編。

789 **履齋示兒編二十三卷校補一卷覆校一卷** 《示兒編》及初次校補俱刻于嘉慶辛未至己卯,顧千里又加覆校。

宋孫奕撰。凡總説一卷,經説五卷,文説、詩説共四卷,正誤三卷,雜記四卷,字説六卷。自序謂考評經傳,漁獵訓詁,以示子孫,故名。鮑氏刻此書屢經讎校,詳盧文弨、顧廣圻、貝墉諸家序跋及鮑氏自識。又有明潘方凱刻此書序,又宋胡楷訂正序。後顧廣圻又于嘉慶庚午此書刻成重爲鈎稽,旁考群籍,得校補若干條,爲一卷,于辛未同刻之。至己卯歲,顧氏又得胡楷刊本,與鈔本相校,復是正百餘條,彙而録之,以付匠氏。名曰《覆校》,仍爲一卷,附于最後。

790 **霽山集五卷** 依内廷本重刊。 以上二種共一函,計八册。

宋林景熙撰。鮑氏刻入《叢書》,又輯補詩二首、文二首。

791 **五行大義五卷** 嘉慶十八年刻。

隋蕭吉撰。所論皆陰陽五行之事。此書失傳已久,即《隋書》本傳亦未道及,唐、宋諸《志》俱未著録,而獨流傳于日本,亦奇矣哉。卷後有日本國天瀑識語。鮑氏謂此書"乃德清許氏得自日本《佚存叢書》中,以傳之不廣,重壽諸梓"云。

792 **負暄野録二卷** 依内廷本重刊。

宋陳槱撰。上卷論石刻及諸家書格,下卷論學書之法及筆墨紙硯諸事。皆源委分明,足資考證。

793 **古刻叢鈔一卷** 乾隆辛丑錢塘周氏重校本。

明陶宗儀編。所録碑刻凡六十九種，皆全録原文，以原額爲題。無所考辨，亦無先後次序，蓋隨得隨録之本，尚未成書也。然所鈔多諸書所未載。

794 **梅花喜神譜二卷**

宋宋伯仁撰。圖梅花之狀貌，由蓓蕾以至就實凡一百品，各題以古律二韻。

795 **斜川集六卷附録二卷訂誤一卷** 以上五種共一函，計八册。

宋蘇過撰。國朝趙懷玉、吴長元編校，并附録遺事，凡二卷。又擇劉過詩之混入蘇《集》者，别爲標出，爲訂誤一卷。詳長元後跋。

796 **道命録十卷**

宋李心傳撰。嘉定十七年，詔訪程伊川先生後人録用，心傳因考道學興廢之故，萃爲此編。取《論語》"道之將行也與，命也"二語名之。

797 **字通一卷** 乾隆間黄氏戊校録，鮑氏刻之。

宋李從周撰。分九十八部，收字六百有一。前有魏了翁序。

798 **透簾細草一卷**

不著撰人名氏。算法頗爲顯明。

799 **續古摘奇算法一卷**

宋楊輝撰。有自序。

800 **丁巨算法一卷**

元丁巨撰。有自序。

801 **緝古算經細草三卷** 嘉慶六年刻。【眉批：又《函海》本。①】 以上六種合

---

① 因重複未著録，説見第1543條。

《曲洧舊聞》共一函,計八册。

唐王孝通撰。已著録。《細草》乃陽城張敦仁撰者。前所列烏程陳杰《細草》①與此當合校之。

802 **雲林石譜三卷** 嘉慶十九年刻。《唐宋叢書》亦載。②

宋杜綰撰。彙載石品凡一百一十四種,各具出産之地、采取之法,詳其形狀、色澤,而品其高下。鮑氏得此書於海昌馬氏,兼獲觀查伊璜《縐雲石圖》并《記》,因刻杜《譜》,遂附《縐雲石圖記》於後。

803 **夢粱録二十卷**

宋吴自牧撰。全仿《東京夢華録》之體,記南宋舊典、節物、雜事,特爲詳備。其曰"夢粱"者,取盧生黄粱夢之意也。有自序。

804 **静春堂詩集四卷**

元袁易撰。有龔璛、錢重鼎、楊載、虞集、湯彌昌諸人序。

805 **紅蕙山房吟藳一卷** 以上四種共一函,計八册。

國朝袁廷檮撰。

806 **梧溪集七卷** 依内廷本重刊。

元王逢撰。其刊刻始末詳顧千里序。

807 **困學齋雜録一卷** 嘉慶甲子校刊。 以上二種共一函,計八册。

元鮮于樞撰。所録當時詩話、雜事,旁及書畫彝器之屬。

808 **尊德性齋集三卷補遺一卷**

宋程洵撰。周必大爲之序。補遺一卷則國朝程均所集。

---

① 見第216條。

② 因重複未著録,説見第935條。

809 **麈史三卷**

宋王得臣撰。所記凡二百八十四事，分四十四門。于朝廷掌故、耆舊軼聞多所記載。其參稽經典，辨別異同，亦深資考證。有自序。

810 **全唐詩逸三卷** 日本國本。道光三年鮑清溪刻。

康熙四十六年《御定全唐詩》九百卷，所采凡二千二百餘家，得詩四萬八千餘首，搜羅精密，巨細靡遺，誠唐音之總滙矣。而當時流傳外國之零篇隻句，或不能遠爲搜輯，則亡于我而存乎彼者，亦容或有之。此本爲日本國上毛河世寧所搜輯，自序謂當時遣唐之使、留學之生得與中華墨客韻士相往來，記其所口，謄其所記，裝之以歸。吉光片羽，的的珠璣。遂擇《全唐詩》中所未收者重纂爲此編，名之曰《詩逸》，釐爲三卷。雖計錙較銖，無裨于重輕，而舉墜拾零，亦資爲韻藻。其功亦不可没矣。卷首有其國淡海竺常序。末有吴江翁氏跋。

811 **廣釋名二卷** 嘉慶甲戌刻。

國朝張金吾撰。以漢劉熙《釋名》義多未盡，遂輯諸經傳注疏及諸子緯候等書，就原分二十七篇之目，依類廣之。凡原書未載者，皆網羅群籍而明其義旨。其已載而訓解有異者，亦博考往訓而推闡之。所采諸書斷自兩漢，共一百二十餘種。詳自序及凡例。

812 **兩孝子尋親記一卷**

國朝吴江翁廣平撰。記其族叔祖運槐、運標兄弟尋父事。其父名瀛，適粤西，泊舟永州祁陽之新塘站，溺水死。二子尋之，歷三十餘年，乃得其墓于白沙洲，爲居民鄭海還所瘞者。此記述其顛末。

813 **畫梅題記一卷** 以上六種合《中吴紀聞》共一函,計八册。

國朝桐鄉朱方藹撰。方藹精繪事,喜畫梅圖,成輒有題句,因彙所作爲此編。其甥金德輿爲之識。

以上自《唐闕史》至此共一百九十九種,皆歙鮑氏廷博知不足齋所刻《叢書》。内《砉溪詩話》《猗覺寮雜記》《孫子算經》《五曹算經》《釣磯立談》《金石史》《閒者軒帖考》《論語義疏》《緝古算經》《五國故事》《元真子》《朝野類要》《袁氏世範》《文苑英華辨證》《澠水燕談録》《曲洧舊聞》《中吴紀聞》十七種,前已分著另録①,兹不復列。實一百八十二種,總三十函。函爲一集,每集八册。以《千字文》排次,自"天"字至"競"字共二百四十册。集中每有秘册異本,其傳抄之原委、勘校之精詳,鮑氏皆有跋語。自明以來,刻叢書者無慮數十百家,率皆沿訛襲謬,罕得善本。或芟節脱卷,亦少覯完帙。惟明毛氏汲古閣所刻及今鮑氏知不足齋最稱精博,後有作者,弗可及也已。

814 **聖門事業圖一卷** 明華氏珵刻。華氏,錫山人,于弘治十四年辛酉刻宋左圭《百川學海》,翰林國史修撰華亭錢福爲之序。

宋李元綱撰。是書凡分十一圖,曰傳道正統,曰大本達道,曰進修倫類,曰爲學之序,曰存心要法,曰求仁捷徑,曰聚散常理,曰傳心密旨,曰一氣通感,曰帥氣良方,曰心性本體。前有自序,後有自跋。大旨以存心爲主,以謹獨爲要,而以窮理爲用力之始。

815 **漁樵對問一卷** 明華氏刻。

宋邵堯夫撰。其書設爲問答,以發明義理。凡二十篇。後有

---

① 以上十七種分别見第151、645條,25條,47條,42、49條,606條,377條,375條,248條,216、801條,616條,715條,59條,153條,612條,83條,260條,189條。

趙與峕題。

816 **學齋佔畢四卷** 明刻。【眉批:又《稗海》本①,不全。】

宋史繩祖撰。皆考訂經史疑義,間有穿鑿舛漏,而立論尚多根據。一卷三十八條,二卷三十六條,三卷弍十五條,四卷二十條。每條各有標題。前有自序,後有門人郭囦跋。

817 **獨斷二卷** 仝上。【眉批:又《古今逸史》本。②】

漢蔡邕撰。考論舊制,綜述遺聞,與《白虎通》《風俗通》俱爲講漢學者之資糧。片語隻辭,罔非典要。淳熙中吕宗孟書後一則,謂古之制度文爲類于是乎考,信不誣也。

818 **刊誤二卷** 仝上。【眉批:又《古今逸史》本。③】

唐李涪撰。原本五十篇,今佚其一。皆考究典故,引舊制以正唐末之失。又引古制以正唐制之失,多可以訂正禮文,挽回頽習。有自序。

819 **九經補韻一卷** 明刻。又秦氏汗筠齋刊本。④【眉批:又《古今逸史》本。⑤】

宋楊伯嵒撰。因《禮部韻略》于九經中所有之字多所漏失,乃涉獵訓釋,或同字殊音,或假音如字,即經搜羅,萃爲一編以補之。凡七十九字,各注某經某句應添入某韻某字下。又附載音義弗順、喪制所出不可入韻者,凡八十八字。蓋宋制拘忌過甚,凡喪禮中字,官韻皆不收故也。前有自序,後淳祐四年俞任禮題。

---

① 因重複未著録,説見第991條。

② 因重複未著録,説見第1024條。

③ 因重複未著録,説見第1024條。

④ 未著録。

⑤ 因重複未著録,説見第1024條。

820 **中華古今注三卷** 明刻。【眉批:又《古今逸史》本。①】

五代馬縞撰。先是晋崔豹撰《古今注》三卷以考證名物,縞以其猶有闕文,乃爲之添注,以釋其義。上卷六十六門,中卷四十四門,下卷八十門,亦分三卷。然今校驗縞書,與崔《注》相同者殆十之八九,則縞所謂添注者,固甚寥寥矣,存之以備互考可耳。其别題以"中華"二字,不可解。

821 **釋常談三卷** 明刻。

不著撰人名氏。考陳氏《書録解題》曰:"《續釋常談》二卷,秘書丞龔頤正撰。昔有《釋常談》一書,不著名氏,今故以'續'稱。凡常言俗語,皆著其所始。"然則此書之作在龔氏之前,當出北宋人手矣。原序稱"隨目注解,總得二百事",而此本僅一百二十六事,非有所散佚,即後人病其冗濫而删除也。

822 **隋遺録二卷** 明刻。

是書一名《大業拾遺記》,一名《南部烟華録》,題唐顔師古撰。末有跋語,亦不知何人所爲,稱"會昌中僧志徹得之瓦棺寺閣,有藏書一帙,白藤紙數幅,題曰《南部烟華録》,乃《隋書》遺稿也。有魯郡文忠顔公名題"云云。中載陳後主詩、虞世南詩及煬帝幸月觀與蕭妃夜話事,皆俗俚謬妄,决非六朝人所爲,而謂顔公録之乎?按《唐・藝文志》載《烟花録》,記幸廣陵事,此書已亡,故後人僞作此書以欺人。宋王得臣《麈史》、姚寬《西溪叢語》皆極斥此書,則其僞托已久矣。

823 **翰林志一卷** 明刻。

唐李肇撰。凡十三篇。此書作于元和十四年,于一代詞臣職

---

① 見第997條。

掌最爲詳備。

824 **燕翼貽謀録五卷** 明刻。《唐宋叢書》亦刻。①

宋王栐撰。栐以南渡之後務爲一切苟且之計,祖宗良法多廢格不行,乃輯成憲之可爲世守者,上起建隆,迄于嘉祐,凡一百五十餘條,各詳其興革得失之由,以爲法戒。有寶慶丁亥自序。

825 **春明退朝録三卷** 明刻。亦刻于《唐宋叢書》中。②

宋宋敏求撰。多述宋代掌故,而雜説、雜事亦參錯其間。自序熙寧三年以諫議大夫奉朝請,每退食,因纂所聞見記之。所居在春明里,故名。

826 **揮麈録二卷** 明刻。《唐宋叢書》亦載之。③

宋楊萬里編。其書從王明清《揮麈録話》内摘出數十條,别題作《誠齋揮麈録》。凡王明清自稱名者,俱改作萬里云云。蓋坊刻贋本以漁利。左氏收入《百川學海》,殆未嘗考究也。

827 **丁晋公談録一卷** 明刻。

不著撰人名氏。皆述丁謂所談當代故事。晁氏《讀書志》稱出于洪州潘延之家,疑即延之所作,延之爲謂甥故也。

828 **王文正公筆録一卷** 明刻。

宋王曾撰。雜記見聞,皆太祖、太宗、真宗及仁宗初年時事。曾諳習掌故,所言多確鑿可據,李燾作《通鑒長編》往往全采其文。曾封沂國公,謚文正。

829 **開天傳信記一卷** 明刻。

---

① 因重複未著録,説見第 935 條。

② 因重複未著録,説見第 935 條。

③ 因重複未著録,説見第 935 條。

唐鄭棨撰。凡三十條。自序謂搜求遺逸,期于必信,故以傳信爲名。開天者,開元、天寶也。

830 **厚德録四卷** 明刻。【眉批:又《稗海》本。①】

宋李元綱撰。盛陳果報,兼以神怪,意在垂示勸戒,而語涉誕幻,殊非儒者立言之道。與所撰《聖門事業圖》如出兩手,爲不可解。

831 **韓忠獻公遺事一卷** 明刻。

宋强至撰。至嘗佐韓琦幕府,故此編叙其遺事頗詳。世所傳琦《重陽》詩"不嫌老圃秋容淡,且看黄華晚節香"句,又作《旱久喜雨》詩,斷句云"須臾慰滿三農望,却斂神功寂似無",其表揚乃皆出于此。

832 **王文正公遺事一卷** 明刻。

宋王素撰。旦之幼子也。旦謚文正,爲真宗時賢相。旦殁後,素述其遺事,爲此編。晁氏《讀書志》作四卷,稱凡五百條,此本祇一卷,蓋非完書。然陳直齋所録已稱一卷,則南宋末已行此節本矣。

833 **萍洲可談一卷** 明刻。

宋朱彧撰。彧父嘗歷知萊、潤諸州,紹聖中又嘗奉命使遼,後又爲廣州帥,故是書多述其父之所見聞,而于廣州蕃坊市舶言之尤詳。按是書《文獻通考》著録三卷,而左氏此刻乃作一卷,僅五十餘條,商氏《稗海》本、陳氏《秘笈》本皆然,蓋其書久經散佚矣。惟内廷所著録本作三卷,乃于《永樂大典》中裒輯者,雖不必毫髮無遺,而所搜已得十之八九,故仍分三卷,以還其舊。惜乎秘府儲

---

① 因重複未著録,説見第991條。

藏,外間罕觀,安得囊筆借録一通,以補此缺陷耶?

834 **龍城録二卷** 明刻。【眉批:又《稗海》本。① 又本集亦載。②】

題唐柳宗元撰。何薳《春渚紀聞》以爲王銍所僞作,《朱子語録》所辨亦然。然自南宋以來已相沿爲故實,詞賦家往往用之,則亦不可竟廢矣。分上、下二卷,凡四十四事。

835 **前定録一卷續前定録一卷** 明刻。《唐宋叢書》亦載。③

唐鍾輅撰。以爲人之死生,修短貴賤,至于纖芥得喪,行止飲啄,俱莫不有前定。因録所聞見爲此編,凡二十三則。欲使達觀之士知其不誣,奔競之徒亦足以自警。其著書之旨,較他小説爲有勸誡。續録一卷,則不知誰作,凡二十四事。

836 **國老談苑二卷** 明刻。

題夷門隱叟王君玉撰。而陳氏《書録解題》及《宋史・志》則皆稱此書爲《國老閒談》,君玉亦不著姓,然則今本殆明人所增改也。所記太祖、太宗、真宗、仁宗四朝事迹,于當時士大夫褒貶亦無所假借,不著姓名,殆以此歟?

837 **晁氏客語一卷** 明刻。

宋晁説之撰。其體近于語録,亦間及朝野見聞,并注明某人云云。所謂客語者,殆以此。

838 **道山清話一卷** 明刻。

不著撰人名氏。考書跋語云"先大父國史在館閣最久,多識前輩,嘗以聞見著《館秘録》《曝者記》并此書爲三。仍歲兵火,散

---

① 因重複未著録,説見第991條。

② 見第629條。

③ 因重複未著録,説見第935條。

失不存。近方得此書于南豐曾仲存家,因手鈔藏,示子孫”云云。後題“建炎四年,孫朝奉大夫、主管亳州明道宫、賜紫金魚袋暐書”。又陶宗儀《説郛》摘此書數條刻之,題曰“宋王暐”。今以暐跋考證,則此書乃暐祖所撰,《説郛》所題誤矣。其書所記皆北宋雜事,終于崇寧五年。于王安石深詆,而于伊川、劉摯諸人亦不甚許可,惟蘇、黄、晁、張交際議論甚詳。

839 **晝簾緒論一卷** 明刻。

宋胡太初撰。端平乙未,其外舅陶某出宰香溪,太初因論次居官之道以貽之。凡十五篇,曰盡己,曰臨民,曰事上,曰寮寀,曰御吏,曰聽訟,曰治獄,曰催科,曰理財,曰差役,曰賑恤,曰行刑,曰期限,曰勢利,曰遠嫌。條目詳盡,區晝分明。大旨以潔己、愛民、勤政爲急務。首有自序,後有寶祐①元年刊刻是書自跋。

840 **官箴一卷** 明刻。

宋吕本中②撰。乃居官格言,凡三十三則。多歷閲有得之言,可以見諸實事。首揭清、慎、勤三字爲居官者千古不易之論,凡牧民者與《晝簾緒論》皆宜録一通于座右。後有寶慶丁亥永嘉陳昉刊是書跋。

841 **祛疑説一卷** 明刻。【眉批:又《稗海》本③,不全。】

宋儲泳撰。泳平生篤好術數,久而盡知其情僞,因作此以辨之。明商氏《稗海》所刻多所删削,題曰《祛疑説纂》,衹存十之五六。此猶爲當時足本,凡三十八篇,每篇各有標題。中間惟“辨

---

① “祐”原誤作“佑”,今正。

② “中”原誤作“忠”,今正。

③ 因重複未著録,説見第991條。

脉”①一條爲論醫理,“墨説”一條爲論雜藝,餘皆考陰陽五行家言及闢方士幻妄之術。

842 **因論一卷** 明刻。

唐劉禹錫撰。序謂:“因之爲言有所自也。”凡七篇,曰鑒藥,曰訊甿,曰嘆牛,曰儆舟,曰原力,曰説驥,曰述病。

843 **宋景文筆記三卷** 明刻。

宋祁撰。或作宋庠者,誤也。上卷曰釋俗,中卷曰考古,多訂正名物、音訓,亦間論史、論文。下卷曰雜説,造語古峭,頗類《易林》、譚子《化書》等書。末附庭戒、治戒、左志、右銘等篇。後有上虞李衎寶慶四年跋,稱其可疑者七事。

844 **鼠璞一卷** 明刻。《唐宋叢書》中亦刻之。②

宋戴埴撰。辨證經傳,考訂名物訓詁,多足以資博學。名《鼠璞》者,取《戰國策》以鼠爲璞之意也。凡九十七條。

845 **善誘文一卷** 明刻。

宋陳録撰。自稱丹穴老人。皆通俗勸善之言。前有嘉定十四年其弟鍊序。末有木石居士虞舜徒跋。

846 **東坡先生志林集一卷** 明刻。【眉批:又《稗海》本③,作十二卷,與《四庫書目提要》所言相合。疑此别爲一本。】

宋蘇軾撰。不知何人所編。皆東坡雜論春秋戰國、秦漢以來諸人事實得失之語,凡十二篇。按内廷著録本云“所載諸條多自署年月,又有署讀某書書此者,又有泛稱昨日、今日,不知何時者。

---

① “辨脉”原誤作“辨脉脈”,今據《四庫全書總目》改。

② 因重複未著録,説見第935條。

③ 因重複未著録,説見第991條。

疑東坡隨手所記,後人裒而録之”。今此本并無年月、某書、昨今等日字樣,豈别一《志林》耶?

847 **螢雪叢説二卷** 明刻。【眉批:又《稗海》本。①】

宋俞成撰。自號子俞子。前有慶元庚申自序。多言揣摩科舉之學,取囊螢映雪之語以名之。

848 **龍川略志十卷** 明刻。【眉批:《稗海》本載《别志》二卷。②】

宋蘇轍撰。皆其元符二年謫循州時所作。自序稱凡四十事,此本乃衹三十九事。惟首、末兩卷記雜事者十四條,餘二十五條皆記朝政,于衆論之異同頗詳。按轍又有《别志》八卷,此刻衹載《略志》而不及《别志》,俟續訪之。

849 **西疇常言一卷** 明刻。

宋何坦撰。分講學、律己、應世、明道、莅官、原治、評古、用人、正弊九門。

850 **欒城遺言一卷** 明刻。

宋蘇籀撰。籀爲轍之孫。是書皆記轍平日之語,于古人是非得失、文章流别辨析頗詳。

851 **東谷所見一卷** 明刻。

宋李之彦撰。東谷,其自號也。凡三十則,皆憤世嫉俗之語。自序謂“任意迅筆,肆行無忌。余所見與人所見未必盡合,故以是名其書”。

852 **雞肋一卷** 明刻。

宋趙崇絢撰。取古事之相似而不同者,各以類聚,爲後來駢

---

① 因重複未著録,説見第991條。

② 見第985條。

雅同書之祖。

853 **四六話二卷** 明刻。

宋王銍撰。古無專論四六之書,有之自銍始。所論多宋人表啓之文,大抵舉其工巧之聯,而氣格法律,皆置不道。故宋之四六日卑。然就一朝風氣而言,則亦多推闡入微者,如詩家之有句圖,不可廢也。前有宣和四年自序。

854 **四六談麈一卷** 明刻。

宋謝伋撰。其論四六,多以命意遣詞分工拙,所見在王銍《四六話》上。其論長句全句,尤切中南宋之弊。有紹興十一年自序。

855 **文房四友除授集一卷** 明刻。

林希逸序稱安晚先生爲文房四友除授制誥,出以相示,希逸因各爲謝表啓以綴之,各四篇。後劉克莊又各擬一篇,共八篇。胡謙厚以爲褒貶對立,有褒不可以無貶,遂仿彈駁體作四疏,蓋踵沈約《修竹彈芭蕉文》而爲之者。

856 **耕禄藁一卷** 明刻。【眉批:又《稗海》本。①】

宋胡錡撰。自序"學士大夫游情翰墨,往往以楮知、白石、虚中、竹媛之類作爲制誥,因取農田所殖,農器所修,效其體爲詔、爲制誥、爲表,凡二十五篇",以《耕禄藁》名之。

857 **子略四卷目録一卷** 明刻。

宋高似孫撰。首卷冠以目録,由《漢志》、《隋志》、《唐志》、庾仲容《子鈔》、馬總《意林》至鄭樵《通志·藝文略》,所載諸子,皆存其書名,而削其門目,略注卷數、撰人于下。其下四卷,則似孫所論斷,凡三十八家。雖品題未必盡允,然皆實睹其書,非鄭樵、

---

① 因重複未著録,説見第991條。

焦竑輩輾轉販鬻，徒見書名者比也。

858 **騷略三卷** 明刻。

宋高似孫撰。乃其擬騷之作，詩、賦共三十三首。

859 **獻醜集一卷** 明刻。

宋許棐撰。意謂醜不可藏，故以“獻醜”爲名。

860 **選詩句圖一卷** 明刻。

宋高似孫集取《文選》中所載諸詩句，各爲圖詁，略表憲述之意。

861 **試筆一卷** 明刻。

宋歐陽修撰。末有蘇軾、蘇轍二跋。蓋雜集其手書墨迹，録而成編，故往往與《六一詩話》《歸田録》語相出入。凡三十一條。

862 **石林詩話三卷** 明刻。重見①，删去。

宋葉夢得撰。

863 **庚溪詩話二卷** 明刻。

宋陳巖肖撰。自號西郊野叟。冠以宋代御製及前代帝王之作，次評論唐宋詩人，於元祐諸家尤多所徵引。

864 **法帖釋文十卷** 明刻。

宋劉次莊撰。次莊以《淳化閣帖》摹刻于臨江，并各刻釋文于字旁，改名《戲魚堂帖》。後人録其釋文，別爲此帙。首卷爲歷代帝王法帖，二卷至五卷爲歷代名人法帖，六卷至十卷則晋王羲之、獻之書也。後有元祐七年自題二則。

865 **海岳名言一卷** 明刻。

宋米芾撰。皆論書之語。于古人如歐陽詢、徐浩、薛稷、顔真卿、柳公權，于同時如蔡襄、沈遼、黄庭堅、蘇軾、蔡京、蔡卞，皆極

---

① 見第504條。

詞詆斥,不免好爲高論。然所言運筆布格之法,皆自抒心得,要爲直凑單微也。是本缺第二葉,俟續求足本補之。

866 **寶章待訪録一卷** 明刻。

前人撰。皆記同時士大夫所藏晋、唐墨迹,分目睹、的聞二類,與所撰《書史》互有出入。是本缺末一葉,俟續補。卷首元祐丙寅自序稱:"太宗混一,僞邦國書皆聚,而士民之間尚或藏者,既非寶鑒,皆以世傳,聞見浸多,因作是編以俟訪圖書使焉。"

867 **書史一卷** 明刻。

前人撰。評論前代名人墨迹,始自西漢,終于五代,皆以目睹者爲斷,與所作《畫史》體例稍殊。凡原書印章跋尾及紙絹裝褙俱一一詳載。前有小序。

868 **書斷三卷雜編一卷** 明刻。

按:唐張懷瓘撰《書斷》一書,分三卷,張彦遠《法書要録》全載之。其書上卷述十體書法源流,曰古文、曰大篆、曰籀文、曰小篆、曰八分、曰隸書、曰章草、曰行書、曰飛白、曰草書,每體各繫以贊,末爲總論一篇。中卷、下卷分神、妙、能三品,每品各以體分。凡神品二十五人,除各體重複者得十二人。妙品九十八人,除各體重複者得三十九人。能品一百七人,除各體重複者得三十五人。前列姓名,後爲小傳,傳中附録又三十八人。此張氏《書斷》之體例也。記述既詳,評論亦允。張彦遠全録其文,不遺隻字,當代蓋以爲精鑒之家,故重之如此。今此本爲左氏《百川學海》所刻,題曰《書斷》,亦分三卷,則其爲懷瓘之書無疑。乃上卷于十體書外又别出汲冢書一條,兼附列李斯至韋誕十四人列傳。中卷載王羲之至智果十六人列傳。下卷載唐太宗至張旭十四人列傳。三卷之後,又分雜編一卷,載程邈已下至盧弘宣諸人及蘭亭真迹、嶺南兔雜論數條,既不分品目,亦無論贊序文。予取《法書要録》所載《書斷》三卷一一對勘,其删削處殆逾十分之六,且前後次序俱顛倒錯亂。即就逐條而論,亦舛互訛謬。率係割裂湊砌而成,迴非原書之舊。今觀其逐條之下各標明出某書云云,當爲後人取諸書所引鈔撮爲之,故淩亂如此。其無傳可附者,又别爲雜編一卷以括之耳。竊怪此書世有傳本,豈左氏未之或見,而竟録此殘本以入編,亦殊不可解者矣。且其中又往往有原書所無而此本别出者,殆亦他書輾轉援引,迷其本來,遂致鈔撮者誤行攙入。然古書流行日少,既有《法書要録》存此書之真,不妨姑著于録,以證贋本之謬,存之以爲書苑雜鈔可也。

869 **書譜一卷** 明刻。

唐孫過庭撰。自稱撰爲六篇,分爲兩卷。今所傳本乃止一篇,蓋全書已佚,惟真迹總序一篇以勒石僅存耳。

870 **續書譜一卷** 明刻。

宋姜夔撰。蓋以續孫氏《書譜》也。凡十八篇。又《燥潤》《勁媚》二篇有目無書,其《燥潤》篇下注曰"見《用筆》條",《勁媚》篇下注云"見《情性》條"。然燥潤之説,實在《用墨》條中,疑有舛誤。卷首有嘉定戊辰謝采伯刊是書序。

871 **法帖刊誤二卷** 明刻。

宋黄伯思撰。初米芾取《淳化閣帖》一一辨其真僞,載于《書史》,多據筆迹斷定,罕所考證。伯思病其疏略,乃重爲補正,以成此書。有大觀戊子自序。是書亦載于《東觀餘論》中。卷末又有政和甲午周南王玠晋玉①題,及政和五年襄陽許翰崧老跋。

---

① "玉"原誤作"王",今據《中華再造善本》影印上海圖書館藏宋嘉定三年刻《東觀餘論》卷上《法帖刊誤》卷末題識改。

872 **翰墨志一卷** 明刻。

宋高宗皇帝御撰。凡二十八條。

873 **法帖譜系二卷** 明刻。

宋曹士冕撰。皆述淳化法帖源流。首爲譜系圖,録《閣帖》以下諸本。上卷爲叙説,次列《閣帖》以下凡二十二本。下卷録絳州潘師旦摹刻《閣帖》以下凡十四本。大抵以《閣帖》爲大宗,絳帖爲别子,其餘皆其支裔也。每條叙述摹刻始末及異同工拙,極爲詳悉。前有淳祐乙巳自序,後有董史跋二則。

874 **硯譜一卷** 明刻。

不著撰人名氏,亦無序跋年月。皆雜録硯之出産與其故實,中間載有歐陽、東坡、唐詢、鄭樵諸人之説,則南宋人所爲矣。所録僅三十二條。

875 **歙州硯譜一卷** 明刻。

不標撰人名氏。惟卷末題有"大宋治平丙午歲重九日"十字。按陳直齋《書録解題》載有《歙硯圖譜》一卷,稱"太子中舍知婺源縣唐積撰,治平丙午歲"云云,其年月與此相合,然則此即積書矣。中分采發、石坑、攻取、品目、修斫、名狀、石病、道路、匠手、攻器十門,志開鑿成造之法甚詳。《書録解題》作《圖譜》,而此本有譜無圖,蓋經後人删削,今則無從考見矣。按:原書題洪景伯撰,誤也。

876 **歙硯説一卷辨歙石説一卷** 明刻。

不著撰人名氏。陳氏《書録解題》載之,亦云"皆不著名"。卷末有洪邁跋,稱"景伯兄治歙,既揭蘇氏《文房譜》于四寶堂,又别刻《硯説》三種,以書來令綴語其下"云云。按景伯爲邁兄洪适之字,以"别刻《硯説》三種"之語繹之,疑此二種與唐積之《歙州硯譜》共爲三種,洪氏刻之以附于《文房譜》之後,左氏《百川學海》故連類刻之。其爲撰著之人,仍終莫可考見也。《硯説》兼記采石之地、琢石之法及品質之高下。《歙石説》則專論其文理星暈,凡二十七種,辨别極爲詳悉。

877 **端溪硯譜一卷** 明刻。

不著撰人名氏。末有淳熙十年東平榮芑跋,稱"縉雲葉樾交叔傳此譜,稍異于衆人之説,不知何人所撰。稱徽祖爲太上皇,必紹興初人"云云。其書前論石之所出與石質、石眼,次論價,次論形製,而終以石病。剖晰微至,咸可依據。持此編以鑒别,殆十不失一。

878 **硯史一卷** 明刻。

宋米芾撰。"用品"一條冠于首,論石以發墨爲上。"性品""様品"二條殿焉。"性品"論石質之堅軟,"様品"則備列晋、唐人硯以迄宋代形製之不同。中記諸硯,自玉硯至蔡州白硯,凡二十六種,而于端、歙二石辨之尤詳。

879 **香譜二卷** 明刻。《唐宋叢書》亦載。①

不著撰人名氏。或題洪芻撰,而與晁氏《讀書志》所説不載鄭康成漢宫香諸條之語相符②,晁氏疑以爲非芻之譜。又《文獻通考》載《洪氏香譜》一卷,此分二卷,數亦不合,殆即陳氏《書録解

① 因重複未著録,説見第935條。

② 此句有歧義。晁公武《郡齋讀書志》云:"皇朝洪芻駒父撰集古今香法,有鄭康成漢宫香、《南史》小宗香、《真誥》嬰香、戚夫人迎駕香、唐員半千香。"《四庫全書總目》引用《讀書志》,并云:"然《通典》載歷代祀天用水沈香獨遺之云云。此本有'水沈香'一條,而所稱鄭康成諸條乃俱不載,卷數比《通考》所載芻譜亦多一卷,似非芻作。"據《讀書志》所云,芻譜有鄭康成漢宫香諸條。路氏所謂"不載鄭康成漢宫香諸條",并非晁公武所説,乃是館臣就今本而論。此蓋爲路氏節引《四庫提要》時之疏失。

題》所載侯氏《萱堂香譜》二卷也。分四類，曰香之品、香之異、香之事、香之法。

880 **茶經三卷** 明刻。《唐宋叢書》亦載①，前有皮日休序一篇。

唐陸羽撰。自古善飲茶者以羽爲首善，言茶者亦以是經爲首。凡分十類，曰一之源，二之具，三之造，四之器，五之煮，六之飲，七之事，八之出，九之略，十之圖。其曰“具”者，皆采製之用；其曰“器”者，皆烹試之用，故二者異部。其曰“圖”者，即上九事而圖之，名雖曰圖，實無圖也。

881 **煎茶水記一卷** 明刻。

唐張又新撰。前列劉伯芻所品七水，後列陸羽所品二十水。末附葉清臣《述煮茶泉品》一篇、歐陽修《大明水記》一篇、《浮槎山水記》一篇，則宋人所附入者也。

882 **茶録二卷** 明刻。

宋蔡襄撰。以陸羽《茶經》不載閩産，丁謂《茶圖》但論采造，不及烹試，乃作此書。上篇論茶，下篇論茶器，皆烹試之法也。前有自序，後有治平元年自記。

883 **東溪試茶録一卷** 明刻。

宋宋子安撰。東溪者，建安地名。其書補丁謂《茶圖》、蔡襄《茶録》之遺。凡分八目，曰總叙焙名，曰北苑，曰壑源，曰佛嶺，曰沙溪，曰茶名，曰采茶，曰茶病。首爲總論一篇。

884 **酒譜一卷** 明刻。《唐宋叢書》亦載。②

宋竇苹撰。字子野。或題作“竇革”者，誤也。其書雜録酒之

---

① 因重複未著録，説見第935條。

② 因重複未著録，説見第935條。

故事,凡十四條,又附以酒令一條,叙述寥寥。大抵摘取新穎字句,以供采掇,與譜録之體亦稍有不同。

885 **本心齋疏食譜一卷** 明刻。

不著撰人名氏。書前小序自稱"本心翁齋居宴坐。客來清言,各有飢色,呼山童供蔬饌。客嘗之,謂無人間烟火氣。問食譜,予口授二十品,每品贊十六字"云云。後又有自題一則,其門人陳達叟編之。或直題爲達叟所撰,誤矣。

886 **筍譜一卷** 明刻。《唐宋叢書》亦載。①

宋僧贊寧撰。晁氏《讀書志》作"惠崇",誤也。凡分五類,曰一之名,二之出,三之食,四之事,五之説,并自注,蓋仿陸羽《茶經》而作。援據奥博,所引古書多今世所不傳,深有資于考證。

887 **菌譜一卷** 明刻。

宋陳仁玉撰。南宋時以台州之菌爲上味,仁玉台州仙居人,故爲此譜,備述其鄉土之産,凡十一種,各詳所生之地、所采之時與其形色味。末附以苦茗白礬勺新水解毒之法,俾山居者享其美而遠其害,亦仁人之用心也。

888 **蟹譜二卷** 明刻。

宋傅肱撰。自署曰怪山。分上、下兩篇,前有嘉祐四年自序。所録皆蟹之故事。上篇多采舊文,凡四十二條;下篇則其所自記,凡二十三條,又紀賦咏八條,詮次雅馴。所引《唐韻》十七條,尤足以備考證。又有總論二篇冠于首。

889 **禽經一卷** 明刻。

題晋張華注。按漢、隋、唐諸《志》及宋《崇文總目》皆不著

① 因重複未著録,説見第935條。

録,其引用則自陸佃始,佃所作《埤雅》引是書稱晋師曠撰,然考書中“鵾鴣”一條稱晋安曰懷南,江左曰逐隱,春秋時安有是地名?則謂爲師曠撰者,僞固不待辨。至目注爲張華所作,又實自左圭此刻始。按華爲晋人,而注中乃引及顧野王、任昉之語,二人皆梁人,華何由預睹其書?則謂注爲華作者,亦僞也。且即以僞書而論,陸氏《埤雅》所引及羅願《爾雅翼》所引《禽經》語,以此本對勘,率皆不載,則此本又僞中之僞矣。然左氏刻此書入《百川學海》,後世所見《禽經》祇存此本,其古本《禽經》世遂不傳,則其僞在南宋之末,流傳已數百年,文士往往引用。既已流爲丹青,則亦具其梗概可耳。

890 **名山洞天福地記一卷** 明刻。 以上共二函,計二十册。

不著撰人名氏。首列十大洞天,次列三十六小洞天,次列七十二福地。俱標其名目及所在去處。

右自《聖門事業圖》至此,皆宋左圭所刊《百川學海》本也。左氏刊此編共百種,取《揚子》“百川學海而至于海”之語以名之。卷首有左氏自序。明弘治十四年華亭錢福序云“華尚古先生汝德購得古本《百川學海》,擇良工刊之,且曰‘左録每書各釐爲册,凡百,聚數種成一帙,以十干第之。但其所分帙未能盡合予意,乃仍其舊帙而改分之,皆以類屬’”云云,然則此編前後次第已非左氏之舊。明人刊刻古書,往往以私意移動,誠爲惡習。然書要仍爲左氏原書,未經刪削,其次序以類相從,亦便檢閱。近日坊間所鬻翻刻此書,錯訛脱落,不一而足。此猶爲明華氏所刻原本,亦固足以信今傳後矣。書共百種,除《玉堂雜記》、《師友談記》、孫君孚《談圃》、《石林詩話》、《六一詩話》、《東萊詩話》、《珊瑚鉤詩話》、

《貢父詩話》、《後山詩話》①、《許彦周詩話》、《温公詩話》、《竹坡詩話》、《刀劍録》、《荔枝譜》②、《橘録》、《草木狀》、《竹譜》、《劉氏菊譜》、《石湖菊譜》、《史氏菊譜》、《石湖梅譜》、《牡丹記》、《牡丹榮辱志》、《芍藥譜》、《海棠譜》二十五種已別著録外③,共七十五種。又原編《歙硯説》一卷及《辨歙石説》一卷附于《歙州硯譜》④之後,不別分著。然考《四庫書目》所載,實另著録,故今謹從其例,共爲七十六種。

891 **經外雜鈔二卷** 《唐宋叢書》本。

宋魏了翁撰。皆雜録諸書,而略以己意標識于下。多有不載全文而但書"云云"字者,亦有兩卷互見者,蓋隨手記載,以備考證之用。後人得其稿本,傳寫成帙。其中所引如鄒淮所記星象之數、楊鼎卿《方圓相生圖》、吴沆《對問録》論明堂制度之類,多足以資考證。共二卷,《四庫簡明目録》作三卷,誤也。

892 **讀書雜鈔二卷** 同上。

前人撰。多辨證經義之語,蓋亦其隨筆劄記之書,不及一一考證,故每有舛疏之處。

893 **大業雜記一卷** 同上。

宋劉義慶撰。記隋煬帝遷都洛陽及幸江都事,起大業元年,終十二年。

---

① "後"原誤作"后",今據第 90 條改。

② "枝"原誤作"支",今據第 328 條改。

③ 以上二十五種見第 544 條,27 條,26 條,504 條,337 條,338 條,340 條,339 條,90 條,28、92 條,93 條,91 條,22 條,328 條,329 條,321 條,322 條,323 條,330 條,331 條,332 條,324 條,325 條,326 條,327 條。

④ 見第 875 條。

894 **蓮社高賢傳一卷**　同上。

題晋無名氏撰。

895 **吴地記一卷**　同上。【眉批:《古今逸史》本有《後集》。①】

唐陸廣微撰。原本散佚,後人鈔合而成,有所竄入。所録皆吴地古迹。按是書舊附《後集》一卷,不知誰作,叙事止于大中祥符,疑爲北宋人所續。此本闕如,宜求補之。

896 **夷俗考一卷**　同上。　以上《唐宋叢書》第一函,計十二册。

宋方鳳撰。叙東西南北各國夷俗,分四篇。

897 **心書一卷**　同上。

題漢諸葛亮撰。皆言爲將用兵之法,凡五十篇。《説郛》作《新書》,明弘治間關西劉讓鋟之于木,始改名《心書》,今從之。

898 **枕中書一卷**　同上。

題晋葛洪撰。所言多謬悠惝恍,無可考究。存之以爲閒玩可也。

899 **孔氏談苑四卷**　同上。

宋孔平仲撰。所記雜事多與宋人小説相出入,似雜摭諸書以成之者。

900 **孔氏雜説四卷**　同上。

前人撰。亦隨手雜録諸書之語,與所作《談苑》同。是書亦名《珩璜新論》。

901 **靖康緗素雜記十卷**　同上。

宋黄朝英撰。晁氏《讀書志》稱所記凡二百條,今本卷數與公武所記同,而存者衹九十條,蓋明人妄加删削,非完書矣。其書皆

---

① 見第999條。

考證經典異同,具有根柢,惟所解“握椒”一條殊爲猥褻。

902 **羅湖野録一卷** 同上。

宋釋曉瑩撰。原書四卷,此本祇作一卷。明人編書往往任意删削,深爲誕妄。按《四庫總目》載此書首有紹興乙亥曉瑩自序,謂“倦游歸憩羅湖之上,因追憶昔所聞見,録爲四卷”云云。此本前列自序,而無“録爲四卷”之語,并削其年月,知明人删節之時,惡四卷之有以相證,而遂并節其序也。其書多載禪門公案及機鋒語句,而緇徒故寔、士夫投贈紀述尤詳。瑣事軼聞,多資考見,固亦禪門之佳構也。又按《四庫書目》云末有紹興庚辰無名氏後跋一條,今此亦不載。

903 **林下偶談四卷** 同上。【眉批:宋吴子良撰,入詩評類。】

題宋荆溪吴氏著。未詳其名。所記皆考訂詩文,間及雜事,而論詩之語尤多。

904 **後山叢談四卷** 同上。

宋陳師道撰。所記皆宋代雜事,有裨考證。

905 **楓窗小牘二卷** 同上。【眉批:又《稗海》本。①】

題宋袁褧撰。所記多汴京故事,其人上及見徽宗崇寧,下及見寧宗嘉泰,故舊本或題爲百歲老人。前有小序稱:“日對窗西烏柏,省念舊聞,得數十事,録之以備遺忘。晚秋蕭瑟,喜有丹葉,殘霞來射几案,故以名書。”

906 **研北雜志二卷** 同上。

元陸友撰。字友仁。所録皆遺聞瑣事,而關于書畫古器者爲多,蓋友本精于賞鑒也。取段成式《漢上題襟集》序中語,自號曰

---

① 因重複未著録,説見第991條。

研北生,因以名其書。

907 **巖下放言一卷** 同上。【眉批:又《稗海》本載《蒙泉雜①言》②,宜互校同異。】

宋葉夢得撰。按是書原本三卷,此作一卷,殆非完書,卷末兼有缺頁。明人肆意删削,真庸妄可恨。所記多瑣事,間有考證文字數條。

908 **玉澗雜書一卷** 同上。

前人撰。其體例略如前書,而論陶淵明詩爲多。

909 **鄰幾雜志一卷** 同上。【眉批:又《稗海》本。③】

宋江休復撰。字鄰幾。是書亦曰《嘉祐雜志》,所記皆當代軼事,間以雜説。

910 **王氏談録一卷** 同上。 以上《唐宋叢書》第二函,計十四册。

宋王欽臣撰。舊本多題其父洙之名,蓋以卷末附編觀覽書目有"王洙敬録"字,故遂誤爲洙撰耳。凡九十七條,皆述洙平日所論,多軼聞雜説。

911 **山海經圖贊三卷** 同上。

晉郭璞傳《山海經》,既爲之注,又爲之圖,又爲之贊。見於隋、唐《志》,俱作二卷。至後圖佚而贊存,而後來校刻《山海經》者但列璞注,其贊則概從删削,幾于并贊亦軼矣。惟國朝吴任臣《山海經廣注》,每條之下輒附載璞贊,然十僅七八,疑有脱漏。此本爲《唐宋叢書》中所刊,尚屬全帙。雖其圖不可復見,而披覽贊辭,覺遐荒殊區,瑰異畢獻,是亦有聲之畫也。凡《南山經圖贊》二

---

① "雜"原誤作"雅",蓋形近致誤,今正。

② 見第977條。

③ 因重複未著録,説見第991條。

十四首,《西山經圖贊》五十三首,《北山經圖贊》三十首,《東山經圖贊》十八首,《中山經圖贊》四十九首,《海外南經圖贊》十六首,《海外西經圖贊》十六首,《海外北經圖贊》十五首,《海外東經圖贊》八首,《海内南經圖贊》六首,《海内西經圖贊》十一首,《海内北經圖贊》九首,《海内東經圖贊》四首,共二百五十九首。

912 **文則二卷**① 同上。【眉批:又别本②完善可據。】

宋陳騤撰。所論文章體制,大抵準經以立訓。分甲、乙、丙、丁、戊、己、庚、辛、壬、癸十目。

913 **詩式五卷** 同上。

唐僧皎然撰。有總序。取西漢以來至于唐代,文體之流别,皆一一論之。其名篇麗句可爲法式者,俱爲標出。分爲五格。

914 **墨藪一卷** 同上。

唐韋續編。凡十篇。首爲五十六種書法,次爲九品書人,次書品優劣,次續書品,次袁昂書評,次梁武帝書評,次衛夫人筆陣圖及王右軍書筆陣圖,次虞世南筆髓論,次衛恒四體書勢,次王羲之筆勢論略。按陳氏《解題》云此書"不知何人所集,凡十八篇。又一本二十一篇"。《四庫總目》所載即二十一篇之本,爲明程榮所校刻者,其門目除上所録十種外尚多十一種,而此本概從闕如。即校之陳直齋所録十八篇之本,亦闕其八。殆刻之者删削也。姑以此編著録,俟别求足本補之。

915 **尤射一卷** 同上。《漢魏叢書》亦載之。③

---

① "卷"原誤作"首",今正。

② 見第1654條。

③ 未著録。

題魏繆襲撰。文多不可通。凡二十章。

916 **桐譜一卷** 同上。

宋陳翥撰。自序:“植桐西山之南,乃述桐之事,作《桐譜》。”凡十篇,一之叙源,二之類屬,三之種植,四之所宜,五之所出,六之采斫,七之器用,八之雜説,九之記志,十之詩賦。

917 **續竹譜一卷** 同上。

元劉美之撰。凡十六條。殆以續戴凱之之譜也。

918 **畫鑒一卷** 同上。【眉批:嗣手録本①完善,此可删。】

元湯垕撰。所載諸畫上自三國曹不興,下至元龔開、陳琳,殿以外國畫。大致以筆迹辨真僞,與米芾《畫史》相類,不一一考證也。前有小序,不知誰作。垕,自號采真子。

919 **貞觀公私畫史一卷** 同上。

唐裴孝源撰。其書名《貞觀畫史》,所録實皆隋代官庫之本及私家所藏,共二百九十三卷,起于陸探微,終于王廙。又寺壁畫四十七,所起于晋瓦棺寺顧愷之、張僧繇畫,終于隋寶刹寺鄭法士、楊契丹。蓋記隋室公私舊藏,至貞觀初尚存者耳。畫名列前,作者之名列後,而以若干卷爲“隋朝官本”字標明之。考隋以前名畫之目者,莫古于是書。

920 **學古編一卷** 同上。

元吾丘衍撰。原本二卷,今并爲一。專爲篆刻印章而作。首列三十五舉,詳論書體正變及篆刻摹寫之法。次合用文籍品目,一小篆品,凡五則;二鐘鼎品,凡二則;三古文品,一則;四碑刻品,凡九則;五器品,凡九則;六辯繆品,凡六則;七隸書品,凡七則;八

① 見第1315條。

字源辯，凡七條。末附以洗印法、印油法、取字法及世存古今圖印譜式①、摹印四妙終焉。後有小跋稱"先君得此本于燕都，藏于家笥垂五十年。不佞少喜六書，嘗手觀之。以日久漫漶，因授于梓"云云。不著名氏，前有吾子行自序。

921 **別本洞天清録一卷** 同上。 以上《唐宋叢書》第三函，計十二册。

按：宋趙希鵠撰。《洞天清録》一書專爲鑒別古器書畫而作。凡爲十一類，曰古琴辨、古硯辨、古鐘鼎彝器辨、怪石辨、硯屏辨、筆格辨、水滴辨、古翰墨真迹辨、古今石刻辨、古今紙花印色辨、古畫辨，共百數十條。考證確鑿，爲後來收藏賞鑒家之所宗祖。明寧獻王嘗刊板于江西，《四庫》所著録者即寧藩刻本也，曹溶《藝圃搜奇》所刻亦從寧藩本傳録者。此本爲《唐宋叢書》所載，亦題宋趙希鵠撰，而書中乃列楊慎之説及明永樂宣德各年號，其論明畫曰"國朝畫家"，論紙曰"國朝永樂中江西置官局造紙"云云，則此本爲明人所撰，而復冒趙氏原書之名，殊爲可笑。鍾人傑既刻《叢書》，并不翻閲，其書直署希鵠之名，亦謬甚矣。今標明爲別本，庶真僞不至淆亂。

中華民國二十七年四月，石星五鈔，共一萬三千四百五十九字。

---

① "式"字原脱，今據《四庫全書總目·宣和集古印史》補。

# 蒲編堂路氏藏書目十 【眉批:二月十四日。】

小洲手訂　共書一百三十二種,一千零五十七卷,總七十六函。

922 **集異志一卷**　《唐宋叢書》本。

唐陸勳撰。按陳直齋《書録》及《宋史·志》并作二卷,陳氏云:"語怪之書也,凡三十二事,言犬怪者居三之一。"①而《四庫書目》作四卷,提要云"較振孫所記之數多三四倍,亦不多言犬怪,疑爲後人附會,非其本書"。今校此本衹作一卷,而所載八十二事,卷少于陳《録》,事乃倍之。然言犬異者亦衹六條,餘皆述秦漢晋魏以來妖怪雜事,與陳氏所謂"犬怪居多"之語亦不符合。疑即後人附會四卷之本,而删其半耳。

923 **括異志一卷**　同上。【眉批:又《稗海》本。②】

宋魯應龍撰。皆言神怪之事,借以明報應因果之説。凡七十八事,與唐五代小説相出入。一名《閒窗括異志》。

924 **旌異記一卷**　同上。

宋侯君素撰。凡十事。所言鹽腊鬼事殊爲新異。

925 **物異考一卷**　同上。

---

① 《四庫全書總目》誤將晁公武《郡齋讀書志》引作陳振孫《直齋書録解題》,路慎莊承其誤。

② 因重複未著録,説見第991條。

明方鳳撰。凡七篇，曰水異、火異、眚異、木異、金石異、人異、蟲異。

926 **集異記一卷** 同上。【眉批：又《古今逸史》本。①】

唐薛用弱撰。凡十六條。多述唐代軼聞，亦間涉靈異。

927 **博異記一卷** 同上。【眉批：又《古今逸史》本②，全。】

唐鄭還古撰。書本十條，曰敬元穎、許漢陽、王昌齡、張竭忠、崔玄微、陰隱客、岑文本、沈亞之、劉方玄、馬燧十人事。此本脱去崔玄微一條。按：崔玄微一條即載封家十八姨事。

928 **夢游録一卷** 同上。

唐任蕃撰。所述皆夢感事，凡六條。叙述幽淒，詩詞尤多婉楚。

929 **因話録三卷** 同上。【眉批：又《稗海》本③，作六卷，完善。】

唐趙璘撰。原書六卷，以五音分五部。一卷宫部，爲君，記帝王。二卷、三卷商部，爲臣，記公卿百僚。四卷角部，爲民，凡不仕者咸隸之。五卷徵部，爲事，多記典故，而附以詣戲。六卷羽部，爲物，雜述諸物，而一時瑣事無所附屬者亦入焉。此本衹作三卷，亦不標五部之目，而細校次第，似非删削，殆後人并六卷爲三卷，故遂并其部而去之也。

930 **清異録四卷** 同上。

宋陶穀撰。采唐及五代新穎之語，分三十七門，各爲標題，而注事實緣起于其下。

---

① 因重複未著録，説見第 1024 條。

② 因重複未著録，説見第 1024 條。

③ 因重複未著録，説見第 991 條。

931 **續博物志十卷** 同上。【眉批:又《稗海》本①,末有跋。又《古今逸史》本。②】

宋李石撰。舊本題作晋人,誤也。其書以補張華之書所未備,多采掇舊文,失于刊改。而軼聞瑣語足備參考者亦多。

932 **明道雜志一卷續明道雜志一卷** 同上。

宋張耒撰。皆記軼聞瑣事。卷末有慶元庚申東嘉陳升刻是書跋。

933 **雲仙雜記十卷** 同上。

唐馮贄撰。雜記古人逸事,標名造語,類多新異。每條下各注其所出之書,而其書率古來史志所不載,或以爲依托者,近之。

934 **東觀奏記三卷** 同上。【眉批:又《稗海》本。③】

唐裴庭裕撰。所記皆宣宗一朝之事。按《四庫書目提要》云自序謂"中原大亂,日曆、起居注不存一字。謹采耳目聞睹,撰成三卷,奏記于監國史晋公,藏之于閣,以便討論"云云,晋公者,蓋杜讓能也。此本前無序文。

935 **井觀瑣言三卷** 同上。 以上《唐宋叢書》第四函,計十二册。

明鄭瑗撰。舊作宋人,誤也。大抵考辨故寔,評論古今,頗多所發明。

以上皆明鍾人傑所刻《唐宋叢書》中本也,自《經外雜鈔》至此共四十五種。統計鍾氏所輯共八十八種,除與余舊藏重複者四十三種外,擇録四十五種。鍾氏此編于《叢書》之中最爲草率,所據之本既非完善,且諸書原序、原跋概置不録,殆又出何鏜《漢魏

---

① 因重複未著録,説見第991條。

② 因重複未著録,説見第1024條。

③ 因重複未著録,説見第991條。

叢書》之下。

936 **通鑒外紀十卷目録五卷** 嘉慶辛未吴縣吴志忠從前明陳明卿本重爲刊板,又以顧氏澗蘋所校宋槧詳節本是正若干字,定爲此本。卷首有璜川書塾木記。一函六册。

宋劉恕撰。恕與司馬温公同修《資治通鑒》,以《通鑒》始于周威烈王二十三年戊寅,迄于五代周顯德六年己未,而威烈王以前闕如,嘗欲撰爲《前紀》,以補《通鑒》。又以宋朝一祖四宗一百八年之事備于實録、國史,欲撰《後紀》以續《通鑒》。嗣以癱瘓疾作,右肢廢,不能執筆,乃口授其子羲仲書之。但爲《前紀》十卷,始于包羲,至于帝舜,共一卷;夏紀、商紀共一卷;周紀八卷,終于威烈王二十二年丁丑,與《通鑒》相接。又别爲《目録》五卷,倣司馬公《通鑒目録》之例,年經國緯,紀年于上而列卷數于下,撮録書中要語,隨年編載,以挈其綱,名爲《目録》,實則表體,此《前紀》之體例也。後以《後紀》不果成,乃更《前紀》曰《外紀》,如《國語》稱《春秋外傳》之義。詳見第十卷末自叙。司馬温公爲之前序。

937 **温飛卿詩集箋注九卷** 康熙三十六年長洲顧氏秀野草堂刻。 一函一册。

唐温庭筠撰,明曾益注,國朝顧予咸補注,其子嗣立又重訂之。凡益之原注不署名,予咸注署"補"字,嗣立所重加者則自題名。宋本分爲《詩集》七卷、《别集》一卷,嗣立又于《文苑英華》《絶句》諸本中采拾奇零,别爲《外集》一卷,亦并注之。

938 **史記索隱三十卷** 毛氏汲古閣校刻。 一函四册,内附《五代史補》。

唐司馬貞撰。是書因裴駰《集解》而作。首注駰序一篇,載其全文。於司馬遷書,則仿陸氏《經典釋文》之例,惟標所注之字句,蓋古來經傳别行,其例然也。第二十八卷之末爲自序一篇,後二卷爲贊述百三十篇,又補《史記》條例及《三皇本紀》。毛氏得北宋秘省所刊大字本,重爲刊布。有毛氏自跋二則。

939 **後漢書補表八卷** 嘉慶三年嘉定秦鑑汗筠齋刻。 一函,合《九經補韻》共五册。

國朝嘉定錢大昭撰。先是宋熊方撰《補後漢書年表》十卷,以補范《書》之闕。凡同姓諸侯王表二卷,異姓諸侯表六卷,百官表二卷。大昭以熊氏書衹取材于范《書》及《三國志》,漏略既多,體例亦疏,乃别爲此編。正史而外,兼取山經、地理、金石、子集,得諸侯王六十一人、王子侯三百四十四人、功臣侯三百七十九人、外戚恩澤侯八十九人、官者侯七十九人,又别爲公卿表若干人。其體例一如《前漢》表之舊,偶有不合者變通之。詳加辨證,彙爲八卷。前有自序及條例二十四則,又盧文弨序。後秦鑑識。

940 **識遺十卷** 鈔本。有楝亭曹氏藏書印記。 一函四册。

宋羅璧撰。隨筆劄記,而談理講學者爲多。自序"凡經傳所得,家庭所講,師友所聞,筆之以備遺忘",故曰《識遺》。凡十卷,每卷各有標題。《總目》末有隆慶三年姑蘇方山吴岫識。

941 **爾雅漢注三卷** 嘉慶七年武進臧氏刻。

國朝臧鏞堂編注。《爾雅》者,漢有樊光、李巡,魏有孫炎,自晋郭氏注盛行而諸家之注漸晦,唐宋以後往往失傳。臧氏于唐人諸注疏中搜輯李、孫諸家之説,彙爲此編,名曰《漢注》。盧文弨爲之序。

942 **明堂考三卷** 嘉慶七年瀋陽孫氏問經堂刻。

國朝孫馮翼撰。上卷曰《古合宫遺制考》,中卷曰《周明堂遺①制考》,下卷曰《明堂圖考》。

943 **駁五經異義一卷補遺一卷** 嘉慶二年王氏、武氏同校刊。【眉批:又《漢魏

---

① "遺"原誤作"詒",今據孫氏刊本正之。

遺書》本。①】

漢鄭玄撰。舉許慎《五經異義》,條舉而駁其説。原本十卷,久已散佚,後人從諸書中抄撮而成此編。其有鄭《駁》而無許《義》,有許《義》而無鄭《駁》者,則諸書所引有詳略也。國朝秀水王復、偃師武億重加考校,注明所采原書,又加增補,刊板以傳。孫星衍爲之序。

944 **箴膏肓一卷起廢疾一卷發墨守一卷**　同上。【眉批:又《漢魏遺書》本。②】

漢鄭氏撰。初何休好公羊學,遂著《公羊墨守》《左氏膏肓》《穀梁廢疾》,鄭氏乃作此以攻之。其書久佚,後人搜輯諸書所引者抄撮之,各爲一卷。其著于《四庫總目》者,《箴膏肓》凡二十四條,王、武二氏又重加校正,注明所采原書,于每條下其次序不合者改移之,又搜輯他書,增補七條,合三十一條。《起廢疾》原采輯者三十八條,增補者三條,合四十一條。《發墨守》原采輯者三條,增補者一條,合四條。皆注明出書,并改正次序。

945 **鄭志三卷補遺一卷**　同上。

魏鄭小同撰。小同,康成之孫。康成殁後,門人述其問答解經之語爲八篇,小同編次爲十一卷。原本久佚,後人從諸書輯綴以成此編。王、武二氏又重爲訂正,各注所采書于條下,其有異同者附録之。

946 **世本一卷**　嘉慶七年問經堂刻。【眉批:又《漢魏遺書》本③,又張氏叢書本④,

---

① 未著録。

② 未著録。

③ 見第 1130 條。

④ 見第 1632 條。

作五卷。】

按宋王應麟《漢志考證》曰"《司馬遷傳贊》:'《世本》録黄帝以來至春秋時,帝王公侯卿大夫祖世所出。'又劉向云:'《世本》,古史官明于古事者所記,録黄帝以來帝王諸侯及卿大夫系謚名號,凡十五篇。'注謂《周官·瞽矇》'世奠繫',謂'世之而定其繫,書于世本也'。《小史》'定繫世,辨昭穆',謂'帝繫世本之屬,天子曰帝系,諸侯曰世本'"云云。又《顔氏家訓·書證》篇曰"《世本》,左丘明所書,而有燕王喜、漢高祖,非本文"云云。又《隋志》《世本王侯大夫譜》二卷;又《世本》二卷,劉向撰;又四卷,宋衷撰。然則司馬遷、劉向所言乃古之《世本》,即《周官》瞽矇、小史所掌者。秦火後古本遂佚,劉向、宋衷等又從而撰輯之,故有燕王、漢高之名。書非原書,而名仍從舊名,此所以開後人之疑竇也。然即以劉、宋所僞撰而論,六朝以來諸書所引者最夥,則此書亦漢人舊帙,决非唐宋人贋造。殘珪斷璧,固較之碔砆有異矣。惜此書久不傳,國朝承德孫氏馮翼采自諸書,集爲此本,使後人得睹十一于千百,不可謂非幸也。惟卷首標曰宋衷注,與《隋志》所謂宋衷撰者不同,莫可考究。豈《隋志》所謂撰者,即指注言之邪?其書之篇名可考者,有《作篇》《居篇》《氏姓篇》《王侯大夫譜》,餘無考。孫氏既集若干條,而各注明出處于條下,凡二百數十條。

947 **説文正字二卷** 嘉慶六年孫氏刻。

國朝孫馮翼撰。依《説文》字部寫爲正字,并附古文篆籀、或字變體。去徐鉉所增之字,分上、下二卷。以篆文猝不易通,故爲此編,以便于小學。

948 **尸子二卷** 嘉慶二年孫氏刻。【眉批:又平津館本。①】 以上八種合《燕丹子》等七種共一函,計十册。

《漢志·雜家類》列《尸子》二十篇。名佼,魯人,秦相商君師之。鞅死,佼逃入蜀。又《後漢書·吕强傳》注:"尸子作書二十篇,十九篇陳道德仁義之紀,一篇言九州險阻、水泉所起。"又《隋志》云:"《尸子》二十卷、目一卷,梁十九卷。其九篇亡,魏黄初中續。"新、舊《唐志》尚皆著録,至南宋而全書遂佚,故陳、晁諸家書目不載。國朝章宗源搜輯書傳所引《尸子》之語,萃爲此編,分上、下二卷,猶可以見其崖略。其篇名可考者凡五篇,曰廣澤,曰仁意,曰綽子,曰説六畜,曰君治。又止楚師一條,雖無篇名,而文義完具,俱列于前。共六條。其無篇名而有次第可考,載于馬總《意林》者次之,凡十六條。其并無次第,散見于諸書所引者又次之,凡一百七十三條。每條之下各注明所采之書。陽湖孫淵如爲之訂而刻之,并爲之序。後附章宗源書。

以上八種合《燕丹子》等七種共十五種,皆孫淵如星衍《問經堂叢書》所刻。

949 **廣博物志五十卷** 明萬曆間刻,題高暉堂。 二函二十二册。

明董斯張撰。凡二十二門,一百六十七子目。蓋以廣張茂先之書,而體例則異。茂先書與李石續書皆小説家瑣記之屬,此則《記纂淵海》《白孔六帖》之屬,乃類書也。引據浩博,具有首尾,不似他類書之割裂舛互者。有朱國楨、韓敬諸人序。字大悦目,刻鏤亦精。

950 **唐六典三十卷** 嘉慶庚申掃葉山房刻。 一函六册。

---

① 見第1561條。

唐玄宗明皇帝御撰,李林甫奉敕注。其書以三師、三公、三省、九寺、五監、十二衛,列其職司官佐,叙其品秩,以擬《周禮》。凡令式皆分入六司,其沿革則附載注中。書在唐代不能事事遵用,而討論典章每引據之,亦如後來之或從律或從例耳。卷首有明王鏊序。

951 **廣韻五卷** 康熙甲申吴郡張氏士俊六浮閣刻。【眉批:澤存堂刻。】 一函五册。

原本《廣韻》不著撰人名氏,其書源于陸法言《切韻》。長孫訥言箋注,洎後諸家各有增加。宋初所行已久,非《廣韻》之舊矣。大中祥符中,陳彭年等又奉敕重修,其二百六部仍從舊本,而注則加詳。考證家取其賅博,故此重修之本盛行而原本遂微矣。此本爲張氏士俊澤存堂所刻,乃從毛氏訪得宋槧祥符中重修之本,重爲刊布。朱竹垞爲之序,又潘耒序。前載宋景德、祥符二牒及郭知玄、孫愐諸舊序。末有士俊自識。

952 **鐵網珊瑚十六卷** 雍正間刻。 二函十二册。

題明朱存理撰。其實乃趙琦美得秦氏四麟所藏書、畫《品》各四卷,後又增以焦竑弱侯所藏《書品》六卷、《畫品》二卷,共十六卷。又以己所見真迹附入其中。實非朱氏所撰,見琦美自識。又有雍正六年年希堯跋。

953 **天禄閣外史八卷** 明刻。無年月姓氏。 一函六册。

題漢黄憲撰。前有晋謝安、唐田弘、陸贄題詞,書中篇末又間有宋韓洎贊。詞旨卑陋,實僞書也。明朱國楨《涌幢小品》載徐應雷《黄叔度二誣辨》謂:“明嘉靖之季,崑山王舜華名逢年,有高才奇癖,著《天禄閣外史》,托于叔度以自鳴。余猶及見其人,知其著《外史》甚確。”又李詡《戒庵漫筆》亦云。然則此書其出于逢年之手明矣。卷端謝安諸人題詞,殆亦其門人及子弟所僞托,不足據也。

954 **御定佩文齋書畫譜一百卷** 康熙四十七年刊。 八函六十五册。

康熙四十七年聖祖仁皇帝御定、禮部侍郎孫岳頒等撰集。首論書十卷,論畫八卷。次歷代帝王書二卷,畫一卷。次書家傳二十三卷,畫家傳十四卷。次歷代無名氏書六卷,畫二卷。次御製書畫跋一卷,歷代帝王書畫跋各一卷。次歷代名人書跋十一卷,畫跋七卷。次書辨證二卷,畫辨證一卷。次歷代鑒藏書四卷,鑒藏畫六卷。分門列目,徵事考言。所引書凡一千八百四十四種。每條之下,各注所出。搜羅繁富,巨細靡遺。非惟窮藝事之源流,亦考證之淵藪也。卷首一册列御製序次,爲凡例八條。次編纂校刊諸臣銜名,次總目,次纂輯書籍總目。

955 **葬書一卷** 康熙辛未葉氏刻。

題晋郭璞撰。是書至宋始出,本二十篇。蔡元定删其蕪雜,存八篇。元吴澄又病蔡氏未盡蘊奥,擇至純者爲内篇,精粗純駁相半者爲外篇,粗駁當去而姑存者爲雜篇。劉則章曾爲之注。此本爲國朝婺源葉泰九升所注,以蔡、吴二家所定仍多未安,乃别爲考校。但詳其義意之序次,不復分爲篇章。先言生氣,中論支龍,末詳葬法砂水,逐段注之。毛氏《津逮秘書》所刻乃祇吴氏所定之内篇,非郭氏之全書也。

956 **倒杖一卷** 同上。

題楊筠松撰。筠松有《撼龍》《疑龍》二經,論山龍脉絡及尋龍、結穴形勢。此則專論穴法,分十二條。又附以二十四砂葬法,亦臨穴時分寸毫釐之辨也。葉九升爲之注。

957 **靈城精義二卷** 同上。

題南唐何溥撰。分形氣、理氣二章。論形氣章主于山川形勢、辨龍辨穴,論理氣章主于天星卦例、生剋吉凶。舊有劉基注。此本亦葉氏所注,分章而不分卷。

958 **催官篇一卷** 同上。

宋賴文後撰。自號布衣子,故世稱賴布衣。是書分評龍、評穴、評砂、評水四章,各爲之歌。葉氏爲之注。

959 **天玉經内傳三卷外篇一卷** 同上。

唐楊筠松撰。内篇分上、中、下三篇,外篇專言四經五行。舊有天谷散人注。此本爲葉氏所注,分篇而不分卷。

960 **青囊序一卷青囊奥語一卷** 同上。 一函共二册。

《青囊序》爲楊筠松弟子曾文辿所撰,《奥語》爲楊筠松撰。

以上六書爲葉氏所注《地理六經》本。

961 **王右丞集箋注二十八卷附録二卷** 乾隆元年丙辰仁和趙氏刻。 一函八册。

唐王維撰,國朝仁和趙殿成注。摩詰集舊有顧起經分類注本,但注詩而不及文,詩注亦輒多舛漏。趙氏此注鈎稽考訂,定爲古體詩六卷、近體詩八卷,皆以元劉辰翁評本所載爲斷。其別本所增及他書互見者,則爲外編一卷。其雜文則釐爲十三卷,并爲箋注。又以王縉進表、代宗批答、《唐書》本傳、世系、遺事及同時唱和、後人題咏爲一卷,弁之于首。以詩評、畫録、年譜爲一卷,綴之于末。前自序及李紱等、兄趙殿最諸人序共九篇,後例略十四條。

962 **愛日精廬藏書志三十六卷續志四卷** 道光六年丙戌張氏愛日精廬刻。 一函八册。

國朝常熟張金吾撰編。皆其家塾所藏之書,列其卷數,詳其序跋,分爲四十一類。專取宋元舊槧及鈔本之世鮮流傳者録之。

仿陳、晁兩家之例，略附解題，以識流别。又仿馬氏《經籍考》之例，備載序跋。凡世有刊本及作者有專集行世，其序跋載于集中者，則不更録。其諸人收藏題識、校讎姓名、年月皆附列于下。一書而兩本俱勝者，亦仿《遂初堂書目》例并存之。先是金吾于嘉慶庚辰曾編《藏書志》四卷，後以增益頗多，乃重加編次，爲三十六卷。後又以續獲者爲《續志》四卷。有顧千里序及自序二篇，凡例九則。

963 **楞伽經會譯四卷** 明萬曆八年馮夢禎募刻。 一函六册。

此經凡四譯，今存者三，其一爲劉宋天竺求那跋陀羅初譯，分四卷，曰《楞伽阿跋多羅寶經》；其二爲元魏天竺菩提留支再譯，分十卷，曰《入楞伽經》；其三爲唐于闐國實叉難陀與復禮等譯，分七卷，曰《大乘入楞伽經》。明沙門圓珂會三譯爲此編，以宋譯居前，逐段之下以魏、唐二譯附之，名曰《會譯》。其卷數則從宋譯分爲四卷，而每卷又别分爲上、下。馮夢禎爲之募刻，并序。

964 **博物志十卷** 明商維濬《稗海》本。《廿一種秘書》亦刻。① 【眉批：又《古今逸史》本。②】

題晉張華撰。實則原本散佚，後人采其遺文，裒合成編。又雜取他説以附益之。故證以諸書所引，或有或無，或合或舛也。

965 **小名録二卷** 《稗海》本。

唐陸龜蒙撰。載古人小名，始于秦，終于南北朝。趙希弁《讀書附志》稱三卷，此衹二卷，殆非完書，所録亦不免訛漏。

966 **獨異志三卷** 同上。 以上三種入第一函。

---

① 見第136條。

② 因重複未著録，説見第1024條。

唐李冗撰。或作李亢,未詳孰是。其書雜録古事,亦及唐代瑣聞,大抵語怪者居多。

967 **杜陽雜編三卷** 同上。

唐蘇鶚撰。所記唐代異聞,上起代宗廣德元年,下迄懿宗咸通十四年。文詞瑰麗,頗涉荒誕。舊本每段皆以三字標題,此刻無之。

968 **大唐新語十三卷** 同上。

唐劉肅撰。所記起武德之初,迄大曆之末,分三十門。皆取軼文、舊事有裨勸誡者,爲此書。前有自序。是書本名《新語》,明馮夢禎、俞安期等因與李垕《續世説》僞本合刻,遂改題曰《唐世説》,而商氏《稗海》此刻遂沿其謬,并于自序中增入"世説"二字,《四庫書目提要》已駁其妄矣。又肅此書末有總論一篇,此刻亦佚之。其目爲二十有九,亦不足三十之數。

969 **玉泉子一卷** 同上。 以上三種入第二函。

不著撰人名氏。所記皆唐代雜事,頗與《因話録》《尚書故實》諸書相出入。凡八十二條。

970 **樂善録二卷** 同上。

宋李昌齡撰。大旨皆談罪福因果,與李元綱所撰《厚德録》同一用意。所記宋事爲多,亦間及前代軼事。

971 **蠡海集一卷** 同上。

明王逵撰。題宋人者,誤也。其學蓋出于邵子,于陰陽五行之義言之鑿鑿。分天文、地理、人身、庶物、曆數、氣候、鬼神、事義八門,皆即數究理,推求天地人物之所以然。

972 **過庭録一卷** 同上。

宋范公稱撰。公稱爲仲淹之玄孫。中間多述祖德,亦間及詩文、雜事。以皆聞于其父者,故名曰“過庭”。

973 **泊宅編三卷** 同上。【眉批:又讀書齋本。①】

宋方勺撰。勺家本婺州,後徙居湖州之西溪。湖有張志和泊舟處,後人以志和有“浮家泛宅”之語,因名曰泊宅村。勺寓其間,自號泊宅村翁,故取以名其書。《宋志》載此書十卷,此僅三卷,未知爲後人删削或合并也。所載皆元祐迄政和間朝野軼事。間有附注,或駁正本書,不知爲誰。然詳其詞氣,疑亦宋人。

974 **搜采異聞録五卷** 同上。

宋永亨撰。大半剽取洪容齋《隨筆》之文,而顛倒其次序,疑妄人僞托者。

975 **東軒筆録十五卷** 同上。

宋魏泰撰。持論不免舛迕,而所記瑣事頗多可采。

976 **青箱雜記十卷** 同上。

宋吴處厚撰。所記多當代見聞,論詩語亦夥。

977 **蒙齋筆談二卷** 同上。

題宋鄭景望撰。然考其書乃全録葉夢得《巖下放言》之文,但删其十分之三四,而顛倒其次序耳,實僞本也。

978 **畫墁録一卷** 同上。 以上九種入第三函。

宋張舜民撰。皆記所見聞,而頗存臧否。蓋在黨籍之中而自行己意者。

979 **補侍兒小名録一卷** 同上。

宋王銍撰。先是洪适作《侍兒小名録》,銍又爲此編以補之。其書所采猥鄙殊甚,且有本非名字而誤以爲名字者,舛謬尤所

---

① 見第 1210、1211 條。

不免。

980 **續補侍兒小名録一卷** 同上。

宋温豫撰。以王銍所補猶未詳備,乃續爲此編,凡二十九事。

981 **侍兒小名録拾遺一卷** 同上。 以上三種入第四函。

題宋張邦幾撰。前有自序。考晁氏《讀書志》稱:“舊本但題朋溪先生,不著名氏。”商氏此刻標題張邦幾,未知何據。

982 **嬾真子五卷** 同上。

宋馬永卿撰。乃其雜記之書,而考證者居多。末稱紹興六年,蓋成于南渡以後也。

983 **歸田録二卷** 同上。

宋歐陽修撰。以作于致仕居潁之後,故名曰“歸田”。多記朝廷舊事及士大夫諧謔之言。前後皆有自序。

984 **東坡志林十二卷** 同上。

舊題蘇軾撰。實先生隨手所記,本非著作,亦無書名,後人裒而録之,標爲此名耳。亦曰《東坡手澤》,見陳直齋《解題》。先生大全集中亦編入,與前所列《百川學海》本《志林集》①不同,宜互校之。陳直齋作三卷,《四庫書目》作五卷,此刻乃作十二卷,殆後人以意分合也。

985 **龍川别志二卷** 同上。 以上四種入第五函。

宋蘇轍撰。與前所列《百川學海》本《龍川略志》十卷②皆其元符二年謫居循州時所作。《略志》本四十條,今存三十九條,載于《百川學海》中,而無《别志》。商氏《稗海》本乃獨刻之。合之

---

① 見第 846 條。

② 見第 848 條。

惟爲完璧。惟《四庫書目提要》標《别志》八卷,所列凡四十八條。今此本乃分上、下二卷,而多至五十一條,未詳何故。

986 **雲麓漫鈔四卷** 同上。

宋趙彦衛撰。中記宋時雜事十之三,考辨名物訓詁者十之七。惟《四庫書目》稱十五卷,此本乃衹四卷,殆有闕佚,非完書也。

987 **墨客揮犀十卷** 同上。

宋彭乘撰。皆記宋代軼事及詩話、文評,而推重蘇、黄者爲多。

988 **異聞總録四卷** 同上。

不著撰人名氏,惟題曰"宋闕名"。然卷一"林行可"一條稱大德丁酉,則元人矣。

989 **遂昌雜録一卷** 同上。【眉批:又讀書齋本。①】 以上四種入第六函。

元鄭元祐撰。元祐生元中葉,上及見宋諸遺老,故是書多記宋代軼聞。而遭逢喪亂,亦多憂時感事之言。元祐本遂昌人,其父徙家錢塘,元祐又流平江,而是録仍以故居爲名,不忘本也。

990 **宣室志十卷補遺一卷** 同上。 入第七函。

唐張讀撰。所記皆鬼神靈異之事,故取漢文問賈誼鬼神于宣室事以名之。

991 **隨隱漫録五卷** 同上。 入第八函。

宋陳世崇撰。隨隱,其自號也。多記同時人詩詞,而于南宋宫禁故事言之尤詳,蓋嘗爲東宫掌書故也。

以上皆明商維濬《稗海》本所刻。《稗海》所刻自《博物志》至

---

① 見第1212條。

《山房隨筆》共計書六十九種，分爲十函，除予舊得各種及互見他集不復著録外，共著録者二十八種。餘附存之備考。

992 **睽車志六卷** 亦《稗海》本，另爲函。 一函，與《鄰幾雜志》共二册。

宋郭彖撰。所記皆奇異之事，故取《易·睽卦》上爻"載鬼一車"之義爲名。是書《稗海》有目而軼其書，予以他本附之。

993 **元和郡縣圖志三十四卷補目録一卷附録闕卷逸文一卷** 嘉慶元年陽湖孫氏岱南閣刻。 一函八册。

唐李吉甫撰。自序"前上《元和國計簿》，審户口之豐耗；續撰《元和郡縣圖志》，辨州域之疆理。起京兆府，盡隴右道，凡四十七鎮，成四十卷。每鎮皆圖在篇首，冠于敘事之前。并目録兩卷，總四十二卷"云云。其書于丘壤、山川、攻守、利害言之確鑿，所徵引皆本古書，誠爲地理書之巨製。惟其圖自宋已亡，而其卷十九、卷二十、卷二十三、卷二十四、卷三十五、卷三十六共六卷又復全闕，所存者僅三十四卷而已。伏讀《四庫書目》，所著録本即此三十四卷之本，乃以聚珍板印行者。此本爲陽湖孫淵如先生所刻，係假得于曲阜孔氏者。卷末有淳熙間程大昌、洪邁、張子顔諸跋。孔農部繼涵又以江南采進本及翁學士方綱藏本合校，補正訛脱。周夢棠又剌取傳記，附録闕卷逸文若干條爲一卷，及補目録一卷，并授剞劂，定爲此本。詳孫序。

994 **百宋一廛賦一卷** 寫本。 一函一册。

國朝顧廣圻撰，黄丕烈爲之注。黄氏家藏宋板書甚夥，前後所購得共百餘種，因屬顧爲之賦，而自注之，于宋刻存亡散佚源委甚悉。凡格式之疏密，字體之大小，皆一一標明于下。今宋板書無論完者不可復購，即其缺佚殘本，亦不能得十一于千百。每有影宋摹刻及影鈔舊帙，獲之者已不啻珍如拱璧。得此編而披覽之,即謂宋板書至今猶存可也。此書黄氏家塾刻之,而流傳絶少,予偶從友人處借得此本,急手録一通,并爲補總目于卷端,以便檢閲。

995 **遂初堂書目二卷** 寫本。① 一函二册。

宋尤袤編。其書分經爲九類,史爲十八類,子爲十二類,集爲五類。其體例略與史志同。惟一書而兼載數本,以資互考,則與史志小異。諸書皆無解題,但標其名,凡卷數多寡及撰人名氏概從闕如,不免過于簡率。按諸家著録者皆稱此目爲延之自撰,然其雜史類中有"遂初先生校定《戰國策》"一條,倘使自撰,决無自稱爲先生之理,殆其門人子弟取其家藏之書爲此目録耳。此書載于陶氏《説郛》中,余手自録出。其中頗有錯訛,且有一書而前後複見者,今皆附識于下。卷端有毛弁序,後有魏了翁、陸友仁諸跋。書本一卷,予以卷帙稍繁,分爲二。

996 **欽定天禄琳琅書目十卷** 寫本。 一函五册。

乾隆四十年奉敕撰。初乾隆九年内直諸臣檢閲秘府藏書,擇其善本進呈御覽,於昭仁殿列架庋置,名曰"天禄琳琅"。迄四十年,又廣加搜羅,掇其菁華,重爲整比,并編爲此目録,冠以丁卯御題昭仁殿詩及乙未重華宫茶宴用"天禄琳琅"聯句詩。其例亦以經、史、子、集爲類,而每類之中宋、金、元、明刊本及景寫宋本各以時代爲次。或一書而兩刻皆工,一刻而兩印皆精,則并存之以著于録。每書各有解題,詳其鋟梓年月及收藏家題識、印記,并一一考其時代爵里,著授受之源流焉。

---

① 邵懿辰《簡目標注》著録作一卷,云:"路有鈔本。"

997 **古今注三卷** 《古今逸史》本。【眉批:又《廿一種秘書》本。①】

晋崔豹撰。考證名物,分輿服、都邑、音樂、鳥獸、魚蟲、草木、雜注、問答釋義八門。五代馬縞又仿豹書爲《中華古今注》,而文相同者乃十之九。《四庫書目》兩存其書,并爲一帙。《廿一種秘書》中亦兩載之。宋左圭《百川學海》中但刻縞書而不刻豹書。此本但有豹書而又不及縞書。今予既兼收二書,宜亦并爲一帙,以便互考。刊刻頗精,較《廿一種秘書》本又勝遠矣。

998 **十洲記一卷** 同上。

題漢東方朔撰。卷端述"漢武帝聞王母説八方巨海之中有祖洲、瀛洲等十洲,乃人迹所稀絶處。又知東方朔非世常人,是以延之曲室而問十洲所在、所有之物名,故書記之"云云。

999 **吴地記一卷附後集一卷** 同上。

前《唐宋叢書》中載唐陸廣微《吴地記》一卷②,而不及《後集》,此本兼載之。其《後集》不著撰人名氏,莫知爲何人所續。惟叙事止于大中祥符,則北宋人也。

1000 **岳陽風土記一卷** 同上。

宋范致明撰。不分門目,隨事記載。書雖一卷,而于郡邑沿革、故迹存亡考證特詳。

1001 **北邊備對一卷** 同上。

宋程大昌撰。紹興間,大昌家居,采古來中華北狄樞紐相關者,條列而推言之。蓋淳熙中大昌爲講官時,因上問及北虜地里,故詳著此書以備顧問,因以爲名。有紹熙辛亥自叙。

---

① 見第136條。

② 見第895條。

1002 **真臘風土記一卷** 同上。

元周達觀撰。元貞元年,遣使招諭真臘,達觀從行,往返三載,因述其風土國事爲此編。

1003 **雍録六卷** 同上。原本十卷①,此缺四卷,俟補求之。

宋程大昌撰。乾道、淳熙間關中已久爲金地,故大昌此書惟據《三輔黄圖》《長安志》《長安志圖》諸書參考而成,于宫殿、山水、都邑皆有圖説,而尤加意于險要。蓋作是書時,孝宗方有陰圖中原之志,與所作《北邊備對》同一用意。

1004 **教坊記一卷** 同上。

唐崔令欽撰。所記皆天寶中樂部雜事。語雖涉于猥瑣,而意主于規戒。後記一篇,諄諄于聲色之亡國,歷引高緯、陳叔寶、漢成帝、慕容熙故事,反覆推明,至爲痛切。其示後世以殷鑒之意,至爲深矣。

1005 **樂府雜録一卷** 同上。

唐段安節撰。首列樂部,次列歌舞,次列樂器、俳優,次列樂曲,次附五音二十八調圖。今其圖佚,惟存其説而已。

1006 **三墳一卷** 同上。【眉批:又《漢魏叢書》本。②】

不著撰人名氏。僞書也,因《左氏傳》"三墳五典"之説而衍之。曰山墳,曰氣墳,曰形墳。山墳,曰《連山易》。氣墳,曰《歸藏易》。形墳,曰《乾坤易》。

1007 **漢武故事一卷** 同上。

題漢班固撰。或以爲齊王儉作。所述與《史記》《漢書》相

---

① 見第3486條。

② 未著録。

出入。

1008 **海山記一卷** 同上。

不著撰人名氏。

1009 **迷樓記一卷** 同上。

不著撰人名氏。

1010 **開河記一卷** 同上。

不著撰人名氏。以上三書俱述隋煬帝事。

1011 **六朝事迹編類二卷** 同上。

宋張敦頤撰。以補《金陵圖經》而作。舉吴、晋、宋、齊、梁、陳六朝事迹,分門編類,以便檢閲。實即地理志之别名。分爲十四門,其碑刻一門尤資考核。前有自序。

1012 **晋史乘一卷** 同上。【眉批:又《廿一種秘書》本。①】

不著撰人名氏。卷端有元大德十年武林吾衍序。《魯春秋》列于經,晋、楚二史歷代史志不見著録,至元而始出,或以爲即吾衍僞撰者,近之。且《晋史乘》爲一國之史,當與《春秋》一例,不應專述文公一朝事迹。書中自"野人與塊"迄"日食",凡四十二篇,專述文公時事,更不及他。疑後人掇竊《左》《國》各書綴輯成篇,因《孟子》之語而嫁以名也。

1013 **楚史檮杌一卷** 同上。【眉批:又《廿一種秘書》本。②】

亦不著撰人名氏。與《晋史乘》同出于吾氏,殆亦其所僞作。自"問爲國"至"寢丘",凡二十七篇,專述莊王一代事迹,與《左》《國》所記相出入。

---

① 見第136條。

② 見第136條。

1014 **越絶書十五卷** 同上。【眉批:又《漢魏叢書》本。①】

漢袁康撰。《隋志》言子貢者,誤也。與《吴越春秋》相出入,而博奥過之。原本二十五篇,今存十九篇。

1015 **吴越春秋六卷** 同上。【眉批:又《廿一種秘書》本。②】

漢趙曄撰。述吴、越二國興亡事迹。原本十卷,後人并爲六卷。書凡十篇,其注爲元徐天祐注。《四庫提要》云云。

1016 **華陽國志十二卷附録一卷** 同上。【眉批:又《漢魏叢書》本。③ 嗣得《函海》本④,完善,此可删。】

晋常璩撰。述巴蜀之事,始于開闢,終于永和三年。文詞典雅,具有史裁。附録一卷乃張佳允所補,録江原常氏士女凡一十九人。卷首有宋吕大防序。

1017 **高士傳三卷** 同上。【眉批:又《廿一種秘書》本。⑤】

晋皇甫謐撰。凡九十六人。有自序。

1018 **列仙傳三卷** 同上。【眉批:又《廿一種秘書》本。⑥】

漢劉向撰。凡七十一人。舊本每人之後各繫以贊,末又爲總贊。此本但有總贊而無小贊,不及嘉慶吴⑦門王氏所刻。

1019 **劍俠傳四卷** 同上。

不著撰人名氏。所録凡三十三事。

---

① 未著録。

② 見第136條。

③ 未著録。

④ 見第1391條。

⑤ 見第136條。

⑥ 見第136條。

⑦ "門"前原脱"吴"字,今補。

1020 **神僧傳九卷** 同上。

不著撰人名氏。所録凡二百八人。

1021 **續齊諧記一卷** 同上。【眉批:又《廿一種秘書》本。①】

梁吴均撰。案《隋志》宋散騎侍郎東陽無疑先有《齊諧記》七卷,故此書稱"續"。卷帙無多,而所載異聞恒爲唐人所引用。

1022 **遼志一卷** 同上。

題元葉隆禮撰。按:隆禮撰《契丹國志》十七卷,此本衹一卷,簡略殊甚,疑爲隆禮之稿本。或經後人删節,未可知也。

1023 **金志一卷** 同上。

題元宇文懋昭撰。按:懋昭撰《大金國志》四十卷甚詳,此本衹一卷,疑亦經後人删削者。

1024 **松漠紀聞一卷續一卷** 同上。 以上二十八種共二函,計廿三本。

宋洪皓撰。皆記金國事迹,蓋使金居冷山時所作。冷山在上京會寧府,爲唐松漠都督府地,故以名書。末有洪适跋語。續一卷爲适弟遵所搜補,凡十一事,有遵乾道九年跋。

以上二十八種皆明吴琯所刻《古今逸史》本也。原書分合志、分志、紀、世家、列傳五門,共書五十五種。今擇二十八種著于録,餘已分見于前,不重出。

1025 **説文解字注三十卷附六書音韻表二卷** 嘉慶十九年金壇段氏經韻樓刻。 二函十六册。

國朝金壇段玉裁若膺撰。取許氏《説文解字》及徐鉉舊解,俱以大字標題,而逐段注之,夾書于下。博通奥雅,于形聲訓詁之學深有裨益。仍依舊次十四篇及叙目一篇,各分爲上、下卷,共三十

---

① 見第136條。

卷。又屬長洲陳煥依五百四十部以韻分之,始于一東,終于三十二狎,以便初學檢閲。前有王念孫序,後有江沅等後序及跋,又盧文弨《説文解字讀序》,俱不入卷。末附《六書音韻表》二卷,凡五篇,曰今韻古分十七部表,曰古十七部諧聲表,曰古十七部合用類分表,曰《詩經》韻分十七部表,曰群經韻分十七部表,亦段氏所撰。

1026 **皇清職貢圖九卷** 乾隆十六年内廷刊板。 一函八册。

乾隆十六年大學士傅恒等奉敕撰。以朝鮮各國爲首,其餘諸蕃諸蠻各以省分類,次及西域各部落,共三百餘種,并繪圖繫説,釐爲八卷。自乾隆二十八年以後,四裔之奉表入貢及款塞内附者,又爲續圖一卷。首卷之前列十六年上諭及御製詩并諸臣和章,九卷之前列二十八年御識,末載傅恒等跋。

1027 **西湖志四十八卷** 雍正十二年刻。 四函二十册。

雍正三年命浙江總督李衛開濬西湖,越三年而蕆功。時衛方奉詔纂修《通志》,以《西湖志》自田汝成後久未續輯,因仿《通志》之例分門記載,列目二十。徵引極博,允資考核。首有衛及王紘序,次爲凡例十八條。

1028 **古樂經傳五卷** 無刊刻年月。 一函二册。

國朝李光地撰。取《周禮·大司樂》以下二十官爲經,以《樂記》爲之傳,又有《附樂經》《附樂記》。其《樂教》《樂用》二篇則其孫清植以遺稿與王振聲同搜輯者也。

1029 **飲膳正要三卷** 元刊板。 一函三册。

元忽思慧撰。忽思慧官飲膳太醫。是編前有天曆三年進書奏,稱世祖設掌飲膳太醫四人,於本草内選無毒,無相反,可久食補益藥味,與飲食相宜,調和五味。及以每日所造珍品御膳,所職何人,所用何物,標注于曆,以驗後效。忽思慧自延祐間充是職,因以進用奇珍異饌、湯膏煎造及諸家本草名醫方術,并日所必用穀肉果菜,取其性味補益者,集成一書。虞集奉敕爲之序。所言皆當時之制,其中如鄒店井水之類,頗足以資考證。惟神仙服食一門,詞多涉于荒誕耳。

1030 **人譜一卷附人譜類記二卷** 雍正丙午刻。 一函二册。

明劉宗周撰。《人譜》一卷首列《人極圖説》,次《紀過格》,次《改過説》。《類記》二卷則集古來嘉言善行分爲六篇,曰《體獨篇》,曰《知幾篇》,曰《定命篇》,曰《凝道篇》,曰《考旋篇》,曰《作聖篇》。國朝歙縣洪正治據傅氏本鋟之家塾。有正治序,又列蕺山先生本傳。

1031 **退庵隨筆二十卷** 道光丙申刻。 一函六册。

國朝福州梁茝林先生章鉅撰。凡立身應物、經邦持家、文事武備,皆證以經史,參以格言,而以己意斷之,分十五門。

1032 **五經算術二卷** 聚珍板。 一函二册。

北周甄鸞撰,唐李淳風注。其書舉《尚書》、《孝經》、《詩》、《易》、《論語》、三禮、《春秋》之待算乃明者列于上,而加推算于下。是書世無傳本,惟散見于《永樂大典》中。乾隆三十九年校輯《四庫全書》時總纂官紀昀等依次裒輯,得復爲完書,依《唐志》所列卷數釐爲二卷。

1033 **於陵子一卷** 鈔本。

題齊陳仲子撰。殆後人僞撰者。書凡十二篇。

1034 **迂書一卷** 鈔本。

宋司馬光撰。持論正大通達,多爲諷諭。自稱迂叟,故曰《迂書》。有自序,載于陶氏《説郛》中。

1035 **權書一卷** 鈔本。

宋蘇洵撰。自序"《權書》,兵書也,所以用仁濟義之術也。孫氏之言兵爲常言,而我以此書爲不得已而言之之書。故仁義不得已,而後吾《權書》用焉"云云。亦載于《説郛》中。凡十篇。

1036 **隋唐嘉話一卷** 鈔本。

唐劉餗撰。皆隋唐以來佚文遺事,詩賦家多所引用。

1037 **物類相感志一卷** 鈔本。

宋蘇軾撰。分總類、身體、衣服、飲食、器用、藥品、疾病、文房、果子、蔬菜、花竹、禽魚、雜著十三門。凡物類之相資相觸者,一一臚列,于日用深有禆益。東坡本精于醫理,故著書信而有徵。

1038 **周易古占一卷** 鈔本。

宋程迥撰。凡十二篇。

1039 **讀易私言一卷** 鈔本。

元許衡撰。論六爻之德位,大旨多發明《繫辭傳》"同功異位,柔危剛勝"之義。

1040 **論語拾遺一卷** 鈔本。

宋蘇轍撰。以兄軾所作《論語説》有所未安,因作此書以正之。凡二十七章。

1041 **同話録一卷** 鈔本。

宋曾三異撰。多考證名物,間亦論及史事。

1042 **古今考一卷** 鈔本。

宋魏了翁撰。以鄭玄禮注某物即今某物者,孔、賈諸疏多不能考,欲即《漢書》本紀所載隨文辨證,而書未及成,僅得二十條。元方回曾爲《續考》三十卷,俟訪求之。

1043 **臆乘一卷** 鈔本。

宋楊伯嵒撰。皆考訂之文,多可依據。世無傳本,惟載于《説郛》中。寥寥十餘頁,疑非完書。

1044 **愛日齋叢鈔一卷** 鈔本。

不著撰人之名。惟知其姓葉而已,宋人也,見《説郛》。其書多考證名物典故,于宋人諸説部中博引繁稱,核訂同異。《四庫》所録本乃從《永樂大典》搜輯者,列爲五卷。此本爲《説郛》所載,寥寥數頁,僅及一卷,知所佚者多矣。

1045 **雞肋編一卷** 鈔本。 以上十三種共一函,計六册。

宋莊綽撰。有紹興三年自序。字季裕。其書亦考訂名物者爲多,取楊修之語以名之。

1046 **道德寶章一卷** 不著刊刻年月。【眉批:録鈔本。】 一函一册。

題紫清真人白玉蟾注。按:宋葛長庚自號白玉蟾,則此書爲長庚所撰。其書分八十一章,隨文標識,不涉訓詁,語意多近禪偈。注文甚簡,頗無所推闡。存之以備解《老子》者一家。趙孟頫書,卷後有翰林學士承旨榮禄大夫知制誥兼修國史銜,及"松雪齋""趙氏書印"二章。子昂書石刻尚多,此刻殆即以墨迹上板者。圓滿遒勁,神氣宛然,刻工之精,可以概見。且子昂書行草最多,楷書絶少,此字真書之中略兼行勢,字如胡桃大,閲之甚爲爽目。非徒于子部中增一異本,兼于名帖中增一佳構,洵可寶也。惜無序文及刊刻人姓氏。予恐頻頻翻閲,致被汗污,因什襲藏之,而别録一副本插之架上。

1047 **剡録十卷** 道光八年知嵊縣事李式圃刊板。 一函二册。

宋高似孫撰。乃所作《嵊縣志》也。嵊,故漢剡縣地,故名曰《剡録》。徵引賅洽,多唐以前軼文遺事。第一卷記縣治;二卷記山水;三卷記士女、釋道;四卷記古迹;五卷記書、文;六卷記詩;七卷記畫、紙,及古物附焉;八卷記道館、僧廬;九、十兩卷爲草木禽魚詁。其士女志必注所據之書,可爲地志紀人物之法。其山水紀仿酈道元《水經注》例,脉絡井然,亦可爲地志紀山水之法。前有似孫嘉定甲戌自序,文頗奇古。又有嘉定八年縣令史安之刻是録序。國朝采入《四庫》,民間并無鋟板。道光八年知嵊縣事合肥李公式圃纂輯縣志,因覓山陰杜氏家藏鈔本是書,校其訛舛,捐俸刻之。有李公自跋及山陰朱氏淥跋。

1048 **易原八卷** 聚珍板本。 一函二册。

宋程大昌撰。以《易》義自漢以來糾紛尤甚,因作是書以貫通之。苦思力索,四年而成。推闡數學,故謂之《易原》。于焦、京卦氣,馬、鄭爻辰,以及邵子、張行成諸説,皆一一掊擊,務申己説,詞甚辨博。舊本已佚,此乃從《永樂大典》録出者,尚得論一百二十餘篇,分爲八卷。有自序。

1049 **誠齋易傳二十卷** 聚珍板本。 一函六册。

宋楊萬里撰。其書大旨本《程氏易傳》黜數崇理之説,而參引本傳以證之,于爻卦之詞多引據史事,大抵與宋李光《讀易詳説》相類。有淳熙戊申自序,又宋臣僚請鈔録《易傳》狀及其子長孺申送《易傳》狀。

1050 **苑洛志樂二十卷** 明刻本,乾隆中薛氏重刊。 二函十二册。

明韓邦奇撰。先生字汝節,爲吾陝朝邑人,正德戊辰進士,官至南京兵部尚書,謚恭簡。《明史》稱先生"天文、地理、樂律、術數、兵法無不究通,所撰《志樂》尤爲世所珍"云云。是書前二卷沓注釋宋蔡元定《律吕新書》,名曰《律吕直解》,有正德七年何景明大復山人序及自序,後有衛淮序。以下十八卷爲先生所自撰,于律吕之原繪圖詳校,推衍最密。是編久鮮完本,乾隆十一年薛宗泗重刊之。詳見各序。又後有門人張文龍序。

1051 **説郛一百二十卷續四十六卷**① 十六函一百六十册。

明陶宗儀編。原書一百卷,久已殘缺。弘治中郁文博重爲編補,已非陶書之舊。國朝姚安陶珽又爲增編爲百二十卷,又非郁氏之舊矣。其書采録雜家,自經史而下以及稗官小説,凡一千二百九十餘種。其中闕佚,有録無書者七十六種。每書略存大概,不必求全。亦有原本久亡而鈔自類書,以備一種者。寔爲雜鈔家之淵海,佚文瑣事往往而在。姚安陶氏所續四十六卷,亦仍其例,多明人著作,殊無可觀。首有楊維楨、王應昌、郁文博諸人序,又雜説十七條。

中華民國二十七年五月,石星五鈔,共一萬三千二百八十五字。

---

① 邵懿辰《簡目標注》:"路云:'坊中所售《五朝紀事》一書,即用《説郛》原板,移易次第,改標門目而爲之者。'"

# 蒲編堂路氏藏書目十一

小洲手訂　共書一百五十九種,二百五十卷,七函。

1052 **歸藏一卷連山附**　王氏謨《漢魏遺書》本,嘉慶三年校刊。

《隋志》《歸藏》十三卷,晋薛貞注。按:《周禮》太卜掌三易之法,一曰《連山》,二曰《歸藏》,三曰《周易》。《連山》,夏易也;《歸藏》,殷易也。《連山》久亡,惟《歸藏》隋時尚存,至宋猶有《初經》《齊母》《本蓍》三篇,後遂全佚。惟諸注疏傳注所引者,尚可見其梗概。據諸書所引,有《本蓍》篇,亦有《啓筮》篇;有《齊母經》,亦有《鄭母經》。金谿王氏謨鈔輯經翼,廣爲搜采,就《周禮》《爾雅》諸疏及《山海經注》《穆天子傳注》并諸類書,共鈔出四十三條。原不分卷,予爲標之。後附録《水經注》《乙巳占》所引《連山易》二條。

1053 **九家易解一①卷**　仝上。

《唐志》載荀氏《九家集解》十卷。陳直齋云:"九家者,漢淮南王所聘明《易》者九人,荀爽嘗爲之集解。"原書久亡,王氏從李鼎祚《周易集解》中抄出一百二十九條,又《經典釋文》十五條。又附録《九師道訓》三條。

1054 **周易章句一卷**　同上。

---

① "一"原作"乙",今正。

漢曲臺長孟喜撰。《隋志》八卷,標爲"殘缺"。陸氏《經典釋文序録》曰:"孟《易章句》①無《上經》,又《下經》無旅至節,無《上繫》。"則此書自隋唐已缺佚不全。王氏謨以許氏《説文》所引皆孟氏《易》,因鈔出二十五條,又于《釋文》《集解》諸書中鈔出十六條,合四十一條。

1055 **京房易傳一卷** 同上。

前毛氏《津逮秘書》所刻《京氏易傳》②乃其《積算易傳》三卷也。京氏又有《雜占條例法》一卷,或亦共題曰《易傳》,見晁氏《讀書志》。王氏謨于諸經注疏中擇其與《積算易傳》異者輯爲此編,而以《雜占條例》當之,仍其名曰《易傳》,共百餘條。

1056 **易飛候一卷** 同上。

漢京房傳。《隋志》作九卷,今亡。其説主于灾變,分六十四卦,更直日用事,以風雨寒温爲候,各有占驗。王氏就諸書中鈔出七十餘條。

1057 **易洞林一卷** 同上。

晋郭璞撰。《隋志》作三卷,《晋書》本傳謂"璞得郭公青囊中書,遂洞五行、天文、卜筮之術,撰前後筮驗六十餘事,名爲《洞林》"云云。至宋《崇文書目》止存《洞林》一卷,載二十二事,則此書已佚其大半矣。陶氏《説郛》中載有此書,然止寥寥數條,殆元時又佚其五分之四矣。王氏謨抄撮群書,尚得二十八條,非特增于《説郛》,兼多于《崇文書目》之數。散而復聚,晦而后彰,何其幸哉!并于《藝文類聚》中録梁元帝序文,冠之首。

---

① "孟《易章句》",《經典釋文序録》原文作"孟喜《章句》"。

② 見第477條。

1058 **尚書大傳二卷** 同上。

漢伏勝傳。此書久鮮完本,盧氏雅雨堂叢刻曾爲校正,并撰考異、補遺,已著録于前。① 王氏謨以盧氏所采補尚多未盡,乃就盧本更加考正,凡字句有異同詳略,悉分注本文之下。其全闕者,又自爲補遺于末。分爲二卷,共鈔補九十餘條。

1059 **尚書注一卷** 同上。

漢馬融撰。《隋志》作十一卷。王氏抄撮群書,得三百餘條。

1060 **今文尚書説一卷** 同上。

漢歐陽生撰。共二十七條。《隋志》作《尚書章句》三十一卷,《尚書説義》二篇。②

1061 **古文尚書疏一卷** 同上。

梁顧彪撰。《隋志》作二十卷。孔氏《正義》多引之。此即從《正義》鈔出者,共四十六條。

1062 **洪範五行傳二卷** 同上。

漢劉向撰。《漢書》本傳稱"向見《尚書洪範》,陳五行陰陽休咎之應,乃集上古以來以至秦漢符瑞灾異之記,推迹行事,著其占驗,比類相從,各有條目,凡十一篇,名曰《洪範五行傳》"云云。班固作《五行志》多采其説。王氏乃從本志抄向説百四十一條,而又以他書所引者益之,分爲二卷。

1063 **尚書中候一卷** 同上。

《尚書緯》稱"孔子得黄帝玄孫帝魁之書,迄于秦穆公,凡三千

---

① 見第170條。

② 中華書局整理本《隋書·經籍志》并無歐陽生二書,《漢書·藝文志》有"《歐陽章句》三十一卷""《歐陽説義》二篇"。"隋"當作"漢"。

二百四十篇。斷遠取近,定可以爲世法者百二十篇,以百二篇爲《尚書》,以十八篇爲《中候》"云云。《隋志》作五卷,鄭玄注。篇目猥多,有《握河紀》《考河命》《摘洛戒》《洛予命》《運衡篇》《義明篇》《敕省圖》《準纖哲》《稷起篇》各名目。王氏撿括諸書,并抄出五十九條。

1064 **百兩篇一卷** 同上。

漢張霸僞撰。詳見王氏序録。凡抄出八條。

1065 **尚書亡篇序** 缺。

梁劉叔嗣撰。有目無書。

1066 **韓詩内傳一卷** 同上。

漢韓嬰撰。嬰于孝文時推詩人之意,作内、外《傳》數萬言,與齊、魯二《詩》持論頗殊,終于後漢三家并立。至後《齊詩》亡于魏,《魯詩》亡于西晋,《韓詩》雖存,無傳之者。至後《内傳》又亡,今惟《外傳》僅存。《外傳》予已得專行本①,何氏《漢魏叢書》中亦刻之②。王氏因又檢閲諸書,抄録所引《内傳》文句,輯爲此編,共二百四十四條。謨又別撰《韓詩拾遺》十六卷,并加疏解,俟訪求之。

1067 **韓詩翼要一卷** 同上。

《隋志》作十卷,題"漢侯包③傳"。惟《詩正義》引其三條,《隋·樂志》引一條,餘并亡。

1068 **魯詩傳一卷附録齊詩** 同上。

---

① 見第10條。

② 未著録

③ "包",中華書局整理本《隋書·經籍志》作"苞"。

《漢志》申公《魯故》二十五卷、《魯説》二十八卷,是爲《魯詩》,與齊、韓二《詩》并立。後亡于西晋,故隋、唐二《志》俱不著録。《津逮秘書》所列《申培詩説》乃明人豐坊僞撰者,毛西河、朱竹垞諸公已詳辨之。王氏此編乃就諸書所引《魯詩》明文搜輯爲之,共六十一條,又附録《齊詩》九條。

1069 **詩譜一卷附毛詩譜注** 同上。

漢鄭玄撰。王氏從《正義》采録者,凡爲譜十有五。又陸氏《經典釋文序録》載吴徐整注鄭玄《詩譜》二卷,亦附抄之,衹一條。

1070 **毛詩異同評一卷** 同上。

晋孫毓撰。王氏從《正義》《釋文》等書抄出,共百餘條。

1071 **毛詩拾遺** 缺。

題晋郭璞撰。有目無書。

1072 **毛詩序義一卷喪服答問附** 同上。

宋周續之撰。僅鈔録四條。又附録《喪服答問》二條。

1073 **毛詩答問一卷毛詩提綱附** 同上。

吴韋昭撰。僅抄出五條。原書凡七卷,見《隋志》。又《宋志》有《毛詩提綱》一卷,亦從《御覽》抄出四條,附于後。

1074 **毛詩義疏一卷** 同上。

梁沈重撰。《隋志》稱二十八卷,此止抄出六十三條。

1075 **毛詩箋音證一卷附毛詩義問** 同上。

魏劉芳撰。《隋志》稱十卷,此衹抄出六條。《義問》爲劉楨所撰,附鈔十五條。

1076 **三禮目録一卷** 同上。

漢鄭玄撰。《隋志》作一卷,久佚。王氏謨從賈、孔二家《正義》僅鈔出《周禮目録》六條、《儀禮目録》十七條、《禮記目録》四十九條。

1077 **三禮義宗一卷** 同上。

梁崔靈恩撰。本三十卷,見《隋志》。王氏從《禮記正義》及《通典》《御覽》諸書中僅抄出百餘條。

1078 **三禮圖一卷** 同上。

漢阮諶等撰。《隋志》作九卷。王氏據宋聶崇義所考正《禮圖》舊本,依其篇目抄出七十條。又從注疏及《後漢書》《隋志》諸書中抄出百餘條。

1079 **五禮駁一卷** 同上。

晋孫毓撰。是書不見于《隋志》,惟《通典》于"太子加元服"下注引孫毓此書一條,此外亦多稱引博士孫毓等議。又《禮記正義》于《檀弓》"馬鬣封"句下又引孫毓難語二條,難即駁也,意即此書。故王氏仍采輯《通典》七條、《正義》二條以補《隋志》之闕。

1080 **周官傳一卷禮記注附** 同上。

漢馬融撰。王氏采抄五十五條,附《禮記注》八條。

1081 **周官禮注一卷** 同上。

晋干寶撰。王氏采抄四十六條。

1082 **喪服經傳略注一卷** 同上。

宋雷次宗撰。王氏采抄三十一條,又補遺六條。

1083 **喪服經傳一卷** 同上。

漢馬融撰。王氏采抄一百一十餘條。

1084 **喪服變除一卷** 同上。

漢戴德撰。王氏以爲疑即《大戴禮》中篇目。今《大戴記》中無此篇目,而《隋志》亦不載。惟《唐志》載有一卷,今佚。此本抄出《通典》所引十一條、《禮記注疏》二條。

1085 **喪服變除圖一卷** 同上。

吴射慈撰。《隋志》稱五卷,王氏從《通典》中抄出三十一條。

1086 **喪服要記一卷** 同上。

魏王肅撰。《隋志》稱一卷。此本從馬驌《繹史》抄出七條。

1087 **喪服釋疑一卷** 同上。

晋劉智撰。《隋志》稱二十卷,亡。此本從《通典》抄出十六條。

1088 **小戴禮記注一卷** 同上。

漢盧植撰。《隋志》稱十卷,《唐志》則稱二十卷,然已不傳。王氏從《正義》《釋文》《後漢書注》《北史》《隋書》諸部共抄出六十四條,又補遺四十餘條。

1089 **禮記音義隱一卷** 同上。

吴射慈撰。《隋志》作謝氏《禮記音義隱》一卷。王氏以爲疑即射氏之書,詳見序録。凡三十一條。

1090 **月令章句一卷** 同上。

漢蔡邕撰。《隋志》稱十二卷。王氏從諸書中共抄出一百三十餘條。

1091 **明堂月令論一卷** 同上。宜附入《月令章句》下。

漢蔡邕撰。王氏從《後漢書·祭祀志》注抄出,止一篇。

1092 **四民月令一卷** 同上。

漢崔寔撰。《隋志》稱一卷,唐以後不著録,則其書至宋已佚。然猶散見于《齊民要術》及《御覽》《類聚》諸書中,裒合成帙,尚可盈卷。王氏搜采諸書,共得六十七條,依月次分之。雖不必還其舊觀,然已得其太半矣。

1093 **魯禮禘祫志一卷** 同上。

漢鄭玄撰。《隋志》有鄭康成撰《禮議》二十卷,王氏以爲《魯禮禘祫志》疑即《禮議》中篇目。此本共抄出十四條。

1094 **禮統一卷** 同上。

梁賀述撰。凡采抄十五條。

1095 **石渠禮論一卷** 同上。

漢戴聖撰。凡采抄十七條。

1096 **禮論** 缺。

晋何承天撰。有目無書。

1097 **漢禮器制度一卷漢制度附** 同上。

漢叔孫通撰。共采抄二十五條,又附抄胡廣《漢制度》六條。

1098 **問禮俗一卷** 同上。

魏董勛撰。《隋志》稱十卷,此凡采抄十三條。

1099 **皇覽逸禮一卷附中霤禮** 同上。

魏繆襲撰。此本共采抄九條,附録《中霤禮》五條。

1100 **王度記附三正記共一卷** 同上。

周淳于髡等撰。共《王度記》九條,附録《三正記》七條。

1101 **謚法一卷** 同上。

梁賀琛撰。《唐志》稱三卷,此本祇采抄百條。

1102 **樂經一卷附樂元語** 同上。

漢陽成子長撰。止采抄六條,附録漢河間獻王《樂元語》三條。

1103 **古今樂録一卷** 同上。

陳釋智匠撰。凡采抄一百六十一條。《隋志》作十二卷,《唐志》作十三卷,亡于南宋。郭氏《樂府詩集》中尚多采之,《御覽》

《初學記》諸類中亦間稱引。

1104 **樂論一卷** 同上。

晋阮籍撰。《隋志》不著録,殆久亡也。此凡采抄十條。

1105 **鐘律書一卷** 同上。

漢劉歆撰。班《書·志·律曆》全取其説,而《藝文志》及隋、唐二《志》俱不著録。然應劭《風俗通》所引歆《鐘律書》文已具載本志中,又徐景安《樂書》及《隋書·牛弘傳》皆引其文,則此書雖逸,而遺文尚可考見。此本備録班《志》所引,而以徐、牛所稱二條附焉。

1106 **琴清英一卷** 同上。

漢揚雄撰。雄撰《樂書》四篇,《琴清英》乃其四篇之一,惜隋、唐二《志》俱不著録。此僅采抄五條。

1107 **琴操一卷** 同上。【眉批:讀畫齋本有二卷①,宜互校。】

漢蔡邕傳。共采抄五十七條。

1108 **歌録一卷** 同上。

不著撰人名氏。隋、唐《志》亦未著録,諸類書亦不見稱引,惟《文選注》中引之,兹抄出十四條。

1109 **春秋釋例一卷** 同上。

漢潁容撰。《隋志》稱十卷,《唐志》稱七卷,此本抄出十七條。

1110 **春秋决事一卷** 同上。

漢董仲舒撰。《隋志》稱十卷,《唐志》同。亦名《春秋决獄》。凡一百三十二事。其書至宋已亡,此本衹采抄六事。

---

① 見第1221條。

1111 **春秋長曆一卷** 同上。

晋杜預撰。衹一篇。

1112 **春秋盟會圖一卷** 同上。

漢嚴彭祖撰。《隋志》稱一卷,亡。此衹采《路史》所引二十七條抄之。

1113 **春秋土地名一卷** 同上。

晋京相璠等撰。此本依《水經注》抄出九十條。

1114 **春秋左氏傳解誼四卷** 同上。

漢服虔撰。《隋志》稱三十一卷,《唐志》作三十卷。自杜氏注興,孔穎達作《春秋正義》一用杜氏,而服氏之學遂廢。然諸經《正義》及《史記集解》中引之尚夥,此共鈔出七百八十餘條,分爲四卷。

1115 **春秋左氏傳解詁一卷** 同上。

漢賈逵撰。隋、唐二《志》俱稱三十卷,至宋遂亡。此本共采抄三百二十九條。

1116 **賈服異同略** 缺。

晋孫毓撰。有目無書。

1117 **春秋左氏傳述義一卷** 同上。

隋劉炫撰。共采抄一百三十餘條。原書本三十七卷,見《唐志》。

1118 **規過一卷** 同上。

前人撰。《唐志·春秋類》載有劉炫《攻昧》十二卷,又《規過》三卷、《述義》三十七卷。《攻昧》文無可考,據孔穎達《春秋正義序》言,則《規過》乃規杜注之失,凡一百五十餘條。今各散見《正義》中,但其中有旁攻賈、服及何休語,疑即屬《攻昧》文,非《規過》也。凡共抄出一百七十二條,總爲一卷。又標出有事無文者十三條,附于後。

1119 **難杜一卷** 同上。

魏衛冀隆撰。孔氏《左傳正義》引之,凡八條,此本即因之抄出。

1120 **左氏膏肓一卷** 同上。【眉批:與《問經堂叢書》本①宜合校之。】

漢何休撰,鄭氏箴。《隋志》作十卷。此書久佚,《四庫書目》所載乃後人抄撮而爲之者,與《公羊廢疾》《穀梁墨守》各爲一卷。《箴膏肓》凡二十餘條,《起廢疾》四十餘條,《發墨守》四條。王氏又廣爲搜輯,得《箴膏》三十四條,爲一卷。

1121 **穀梁廢疾一卷** 同上。

前人撰,鄭氏釋。王氏從舊本廣爲搜輯,共得四十□條。②

1122 **公羊墨守一卷** 同上。

前人撰,鄭氏發。王氏又廣爲搜輯,得七條。

1123 **春秋公羊穀梁傳集解一卷** 同上。

晋劉兆撰。此書本十二卷,見《隋志》。王氏搜得七條。

1124 **春秋穀梁傳一卷** 同上。

魏麋信撰。《隋志》稱十二卷,久亡。王氏衹搜得三十條。

1125 **穀梁傳例一卷** 同上。

晋范甯撰。《隋志》稱一卷。王氏于已見《穀梁集解》者不復贅録,惟抄出楊氏《疏》中所引略例、别例共二十四條。

1126 **答薄氏駁穀梁義一卷** 同上。

前人撰。凡八條。

1127 **春秋後傳一卷** 同上。

---

① 見第944條。

② "條"前原空一字格。

晉樂資撰。《隋志》稱三十一卷,《唐志》作三十卷。此本凡抄出二十二條。

1128 **春秋後語一卷** 同上。

晉孔衍撰。《唐志》稱《春秋後國語》十卷,《史通》曰"孔衍以《戰國策》所書未爲盡善,乃引太史公所記,參其異同,删彼二家,聚爲一録,號曰《春秋後語》。除二周及宋、衛、中山,其所留者七國而已。始自秦孝公,終于楚漢之際"云云。宋紹興間姚宏校注《戰國策》時購求此書,已稱難得,至元遂亡。《御覽》本宋初所撰,彼時猶見全本,故引據獨多。此本據《御覽》爲主,而參以《文選注》《初學記》《書鈔》《白帖》《事類賦》諸書,共抄出《秦語》十五條、《齊語》十八條、《楚語》七條、《趙語》十九條、《魏語》八條、《韓語》二條、《燕語》六條。

1129 **國語注一卷** 同上。

漢賈逵撰。《隋志》稱賈逵《春秋外傳國語》二十卷。按韋昭《國語解》序稱"左丘明爲《國語》,以其文不主于經,故號曰《外傳》。漢章帝時鄭大司農爲之訓注,侍中賈君敷而衍之。建安、黄武之間,會稽虞君、丹陽唐君又因賈爲主而損益之,然猶有異同。昭切不自料,因賈君之精實,采唐、虞之信善,復爲之解"云云。自後韋氏《解》傳于世,而諸家章句遂廢。然當唐世,賈書實自别行,故李善注《文選》每并引賈、韋二家之注,而韋《解》中又輒多采賈注,即《類聚》《書鈔》中所引《國語》數條,亦具載賈注,則賈書固不以韋廢也。此本即從韋《解》中抄出八十一條,《文選注》中抄出九十條,又從《史記集解》《後漢書注》諸書中共抄出二十八條,内附唐注三十餘條。

1130 **世本二卷** 同上。【眉批:又問經堂輯本。① 又張氏二酉堂本。②】

不著撰人名氏。漢宋衷注。前《問經堂叢書》所刻孫氏采輯一卷,已論之詳矣。孫氏所輯僅二百數十條,此刻所抄凡三百七十餘條。仿《隋志》卷數,仍分爲二卷。以帝王、諸侯、卿大夫世系爲上卷,氏姓篇、居篇、作篇爲下卷。

1131 **論語注一卷** 同上。

漢鄭玄撰。《隋志》稱十卷,《唐志》同。此書至宋始不入志,殆亡于五代之際矣。國朝元和惠定宇先生棟曾抄輯群書,編爲二卷。王氏以其所輯猶多遺漏,乃就惠本更加補訂,共抄輯三百四十一條,都爲一卷。

1132 **論語弟子目録一卷** 同上。

前人撰。《隋志》稱一卷,唐以後此書遂亡。裴駰《史記集解》于列傳下時多引之。此本依《史記·弟子列傳》采録,而以《家語》别出琴牢、陳亢、縣亶三人附于後,凡七十有九人。

1133 **論語義疏一卷** 同上。

前列乾隆五十二年校刻日本國本《論語集解義疏》十卷③,已論其源委,兹不贅。此本乃王氏取其章句增減與《魯論》《古論》不同者,别爲抄出,凡一百八十三條。

1134 **論語隱義一卷** 同上。

梁《七録》有郭象《論語隱》一卷,而《白帖》所引一條、《御覽》所引二條俱稱"隱義",未稔即此書否。王氏抄之,以備一種。

---

① 見第946條。

② 見第1632條。

③ 見第248條。

1135 **逸論語一卷** 同上。

《漢志》著《齊論語》二十二篇，多《問王》《知道》二篇。隋、唐《志》俱不載，殆漢以後即漸逸矣。然《文選注》《初學記》《御覽》引《逸論語》皆言玉名色，朱氏《經義考》因取王伯厚説，《問王》疑即《問玉》，而遂欲以《齊論語》中《問王》篇當之。説亦近理，姑存其説可也。此本衹抄出五條。

1136 **孝經傳一卷** 同上。

《漢志・儒家類》有《魏文侯》六篇，王氏以爲此《傳》即其六篇之一，從《齊民要術》、蔡邕《明堂論》、《白帖》各抄出一條。

1137 **孝經注一卷** 同上。

漢鄭康成撰。《唐志》稱一卷。孔安國有《古文孝經傳》一卷。五代以來，孔、鄭注皆亡。國朝鮑氏得孔傳本，刻入《知不足齋叢書》，而鄭注訖不復見。故王氏于各書中仍加掇拾，凡抄出一百三條。

1138 **孝經内事一卷** 同上。缺序録。

漢宋均注。此本從《御覽》抄出八條，有注者四條。

1139 **孝經述義一卷** 同上。

隋劉炫撰。《隋志》稱五卷，《唐志》同，唐以後不著録。此本從邢昺《疏》中抄出十一條。

1140 **爾雅注一卷** 同上。

《隋志》稱犍爲文學《爾雅注》三卷，《經典叙録》稱爲漢武時人，"卒史臣舍人，武帝時待詔，闕中卷"。則此注當唐時已不全矣。然遺文佚句猶見于諸疏中。此本凡抄出一百六十八條。

1141 **爾雅圖贊一卷** 同上。

晋郭璞撰。《隋志》稱二卷，亡。案璞舊有《爾雅圖》十卷，今其圖亡,而圖贊猶散見于諸類書中。此共抄出五十五條。

1142 **孟子注一卷** 同上。缺序録。

漢劉熙撰。凡抄出三十八條。

1143 **孟子章指二卷** 同上。【眉批:又孔刻本。①】

漢趙岐撰。《隋志》稱岐注《孟子》十四卷,原書《章旨》即具注中,迨邵武士人僞作《孟子疏》本盡爲删去,後人遂不復睹。高麗國有所謂古本、足利本者,尚是趙氏原書。其掌書記山井鼎輯《七經孟子考》,悉取以載入。後曲阜孔繼涵以所藏抄本付梓,而《章旨》得與原注合刊,予前已著録。② 王氏以孔本尚有訛脱之處,因重爲訂正,抄入刻之,分爲上、下二卷。

1144 **五經通義一卷** 同上。

漢劉向撰。《唐志》稱九卷,《隋志》但題爲八卷,而不言何人。此本凡抄出五十七條。

1145 **五經通論一卷** 同上。

晋束晳撰。隋、唐二《志》俱不著録,惟《晋書》本傳言之,亦不詳其卷數。此衹就《通典》《初學記》抄出三條。

1146 **五經異義二卷** 同上。【眉批:又《問經堂叢書》本。③】

漢許慎撰。《隋志》作十卷,唐以後世傳鄭康成曾駁之,今猶散見于《通典》《御覽》及諸疏中。此共抄出一百五十三條,分爲二卷,宜與《問經叢書》本互考。

1147 **五經要義一卷** 同上。

---

① 見第238條。

② 見第238條。

③ 見第943條。

宋雷次宗撰。《隋志》稱雷氏撰,凡五卷。此本共抄出二十五條。

1148 **五經然否論一卷** 同上。

蜀譙周撰。《隋志》稱五卷。書已久亡,此衹抄出七條。

1149 **五經鉤沈一卷** 同上。

晋楊方撰。《隋志》作"拘沈",《唐志》作"鉤沈"。書本十卷,《文獻通考》稱其已缺五篇。宋以後遂佚。此衹抄出五條。

1150 **五經析疑一卷** 同上。

宋邯鄲綽撰。《隋志》稱二十八卷,《唐志》作三十卷。此衹抄出六條。

1151 **五經疑問一卷** 同上。

魏房景先撰。《魏書》本傳稱其"作《五經疑問》百餘篇,其言該典,今行于時,文多,略舉其切于世教者。符璽郎王神貴答之,名爲《辯疑》,合成十卷,亦有可觀"云云。而隋、唐二《志》并不載此書目,殆其書未甚傳也。此本衹從本傳抄出原文十四條。

1152 **七經義綱一卷** 同上。

後周樊文深撰。《隋志》稱二十九卷,《唐志》作《七經義綱略論》三十卷。書不甚傳,此衹抄出三條。

1153 **七經詩一卷** 同上。

晋傅咸撰。王應麟《困學記聞》云:"按《藝文類聚》《初學記》載傅咸《周易》《毛詩》《周官》《左傳》《孝經》《論語》詩,皆四言而闕其一。"王氏謨以爲所闕者當指《尚書》,因即從《類聚》中抄出五條,《初學記》抄出一條,以備群經一種。

1154 **六藝論一卷** 同上。缺序録。

漢鄭康成撰。此抄出二十一條。

1155 **聖證論一卷** 同上。缺序録。

魏王肅撰。舉各經疑義,因馬融、鄭氏持論有未安者,肅皆舉而難之,凡二十餘條。

1156 **石經一卷** 同上。 以上百三種,共二函,計二十册。

漢蔡邕本。舉《尚書》《魯詩》《儀禮》《公羊》《論語》各碑殘字。從《補正經義考》抄録。

右金谿王謨所輯《漢魏遺書鈔》也。以何氏鏜有《漢魏叢書》一編,分經翼、别史、子餘、載籍四類,共集書八十餘種。王氏因仿其體例,輯爲此編,從各經、史、子、集、傳注、類書中搜尋漢魏以來有目無書者,得四五百種,彙而鈔之。其别史、子餘、載籍三類未見刊布,此乃其經翼類之先刻者。凡《易經》翼七種、《書經》翼八種、《詩經》翼十一種、三禮翼二十六種、《樂經》翼八種、《春秋》三傳翼二十二種、《論語》翼五種、《孝經》翼四種、《爾雅》翼二種、《孟子》翼二種、諸經翼十三種,總一百八種。于嘉慶三年戊午刻之。詳自序。除《元包》一種已見《津逮秘書》①,無庸著録外,共著録者一百七種。内缺者四種,實一百三種。

1157 **論語筆解一卷** 以下《説郛》本抄本。

唐韓愈撰。按:愈别有《論語注》十卷,此蓋其劄記之文,録之成帖,故名《筆解》也。又按:《四庫書目提要》稱此書"多引李翺之説,或稱'李曰',或稱'翺曰'"云云,今此本但多引馬、鄭、王、孔、包諸家之説,而不及李説一條,豈别爲一本與?《四庫》著録本作二卷,此衹作一卷。

---

① 見第481條。

1158 **毛詩草木鳥獸蟲魚疏二卷** 抄本。【眉批:又《漢魏叢書》本。①】

吴陸璣撰。《説郛》本作"唐吴郡陸璣",謬矣。于詩人所咏諸物今昔異名者,一一疏證,實足以資多識之學,故孔氏《詩正義》全據此書以釋名物。總一百三十八條。

1159 **陰符經一卷** 抄本。

舊本題黄帝撰。宋黄庭堅以爲李筌僞托,并托爲太公、范蠡、鬼谷子、張良、諸葛亮諸人注及筌附注。案此經既造自李筌,則注之僞托亦不足深究。惟注此經者以此本爲最古,則亦考古者所不廢也。陶氏此本但標題"漢張良"三字,而注中實備六家,宜改正。

1160 **兩同書二卷** 抄本。【眉批:《説郛》本作一卷。】 以上《説郛》第一函。

唐羅隱撰。凡十篇。上卷五篇皆歸本于老子之言,下卷五篇皆歸本于孔子之言,意謂儒之與道會旨同元,故以"兩同"爲名。

1161 **資暇録一卷** 抄本。

唐李匡乂撰。皆考證舊文,疏通疑義,于流俗訛誤尤多所糾正。按:此書本分三卷,有自序謂"上篇正誤,中篇談原,下篇本物"。今此本祇作一卷,亦不標題篇目。然所説前後相符,未稔其爲足本否也。所列凡九十二條,俟求他本校之。

1162 **樂郊私語一卷** 抄本。 以上第二函。

元姚桐壽撰。至正之末寇亂相仍,桐壽避地海鹽,獨未遭兵燹,故以"樂郊"名書。所記軼聞瑣語,頗類小説,然亦有可補史傳之遺者。

1163 **仇池筆記一卷** 抄本。 第三函。

題宋蘇軾撰。今勘驗其文,蓋後人集東坡雜帖爲之,非所手

---

① 未著録。

著也。然頗足以資考證，故至今傳之。原書二卷，《説郛》載此書作一卷。凡三十九條。

1164 **尚書故實一卷** 抄本。

唐李綽撰。尚書者，張嘉貞之玄孫，其名無考。綽嘗客游其家，述其所言爲此書，猶韋絢之《劉賓客嘉話》也。其書雖多記雜事，而時徵古義，援據博洽，頗資考證。有自序。

1165 **次柳氏舊聞一卷** 抄本。

唐李德裕撰。所記凡玄宗遺事十七條，蓋柳芳聞之高力士，嘗記爲一書。後詔求芳書不得，而德裕之父吉甫嘗聞其説于芳之子冕，德裕因述爲此編，故名曰《次柳氏舊聞》。詳自序。按：此即《明皇十七事》。《説郛》第六函又重出《十七事》，誤矣。

1166 **劉賓客嘉話一卷** 抄本。

唐韋絢撰。追述長慶元年在白帝城聞劉禹錫所談者，爲此編。前有大中十年自序。後有宋乾道癸巳海陵卞圜跋一條，稱是書"《新唐書》采用甚多，而人罕見全録。圜家有先人手校舊本，因鋟板于昌化縣學"云云。書凡九十餘條，但多與《尚書故實》重複者，疑原書殘缺，妄人采補以足卷帙。

1167 **南唐近事一卷** 抄本。

宋鄭文寶撰。所記皆瑣語碎事。文寶嘗撰《江表志》三卷，以補徐鉉《江南録》之遺。大抵彼所録者皆朝廷大政，此刻其餘文。一爲史體，一爲小説體也。凡五十六條。

1168 **江表志三卷** 《説郛》本作一卷，應改正抄。 以上第五函。

前人撰。上卷紀烈祖事，中卷紀元宗事，下卷紀後主事。不編年月，于諸王大臣亦但標其名，不列事實。記載頗爲簡略，疑爲殘缺之本。有庚戌歲閏二月自序，乃大中祥符三年也。

1169 **開元天寶遺事四卷** 《説郛》本作抄本一卷,宜改。

五代王仁裕撰。記玄宗時遺事,凡一百四十六條。

1170 **幽閒鼓吹一卷** 抄本。

唐張固撰。凡二十五篇。所記皆中唐遺事。後有明顧元慶跋。

1171 **松窗雜録一卷** 《説郛》本作《摭異記》。【眉批:此書見《奇晋齋叢書》中。①】

唐李濬撰。所記皆唐代雜事,于明皇爲尤詳,凡十四篇。自序"兒童時即歷聞公卿間叙國朝故事,其特異者暇日綴成一小軸,貯之松窗"云云。

1172 **卓異記一卷** 抄本。

唐李翱撰。記唐代朝廷盛事,凡二十六條。有自序及總目。

1173 **西使記一卷** 抄本。 以上第六函。

元劉郁撰。憲宗九年錫里庫討平西域法勒噶以後,遣常德使于軍中,郁據所述見聞以爲此記。

1174 **游城南注一卷** 抄本。

宋張禮撰。禮以元祐元年與其友陳微明游長安城南,訪求古迹,因作此書,而自爲之注,辨證頗詳。又有續注其下者,不知誰作。據注中所言,蓋金末元初人也。

1175 **溪蠻叢笑一卷** 抄本。 以上第七函。

宋朱輔撰。溪蠻即武陵五溪蠻也,曰苗、曰瑶、曰僚、曰僮、曰仡佬。輔嘗官其地,據所聞見爲此書,記其種類、風俗頗備。前有慶元乙卯葉錢序。

---

① 見第1370條。

1176 **省心録一卷** 抄本。【眉批:又《函海》足本①,此可删。】 第八函。

宋李邦獻撰。《説郛》本題作林逋,誤也。其書切近簡明,不爲高論,而多足以範世勵俗。是書一名《省心雜言》。

1177 **干禄字書一卷** 抄本。

唐顔元孫撰。其例以四聲隸字,又以二百六部排比字之後先,每字分正、俗、通三體,以爲書判章表之用,故名曰"干禄"。後有侄真卿書後一條。

1178 **衍極一卷** 抄本。

元鄭杓撰。凡五篇,皆述書法之源流。《四庫》著録本有劉有定注,作二卷。《説郛》此本無之,俟補求。

1179 **德隅齋畫品一卷** 抄本。 第九函。

宋李廌撰。記趙令畤家諸畫凡二十二種,各爲叙述品題。

1180 **宣和北苑貢茶録一卷附北苑别録一卷** 【眉批:讀畫齋本②,此可删去。】

《北苑貢茶録》,宋熊蕃撰。所論皆建安焙造貢茶法式。其圖三十有八,則蕃子克所補。蕃書有所未備,趙汝礪又作《别録》一卷,以補所遺。

1181 **洞天清録一卷** 【眉批:讀畫齋最善③,此可删。】

宋趙希鵠撰。所論皆鑒别古器、書畫之事。凡分十一類,世有真、僞二本。前列《唐宋叢書》本④乃明人僞撰者,《説郛》此本尚爲希鵠之舊。惟原書首爲"古琴辨"三十二條,而此本首乃爲筆

---

① 見第1441條。

② 見第1233條。

③ 見第1214條。

④ 見第921條。

格,次研山,次筆床,次筆屏,次筆筒,次筆船,凡六條,共占紙二頁。筆船之後合頁處則係言琴,筆船一條有目無論。言琴祇剩半條,凡四行半,有論無目,論亦不全,疑刻時誤合也。以下乃爲"古琴陰陽材"三十二條。按:希鵠原書"筆格辨"祇三條,曰玉筆格,曰銅筆格,曰石筆格。次於"硯屏辨"之後。今此本"硯屏辨"後既有"筆格辨"三條,不應開首又先有"筆格"等六條,且無"古琴辨"之總名,而第三頁突然接"言琴"諸條。因檢《唐宋叢書》別本《洞天清録》①,乃知此"筆格"等六條即別本所首録者,而《説郛》此本即誤刻其前二頁也。又後"古翰墨真迹辨""古今石刻辨""古今紙花印色辨""古畫辨"皆多于原書,疑亦與僞本《洞天清録》攙入誤刻,而增損字句,致失希鵠之舊。宜求明寧藩刻本及曹溶《續藝圃搜奇》本互校之。

1182 **吴氏印譜一卷** 抄本。

元王厚之所考吴氏孟思手録漢魏至晋諸印也。摹拓其式,兼考其始末,標注于下。凡官印三十八種,私印七種,又冠軍侯印等三十九種。前有至正二十五年豫章揭汯序。

1183 **蜀錦譜一卷** 抄本。

元費著撰。蜀以錦擅名天下,故著爲此書。于錦之名色、織造,一一臚載。

1184 **蜀箋譜一卷** 抄本。

前人撰。紙與錦皆蜀所擅名,故連類譜之。

1185 **文房圖贊一卷** 抄本。

宋林洪撰。自序謂:"唐韓愈舉穎爲中書,他竟無聞,因圖贊

① 見第921條。

毛中書等一十八人，并列其姓名字號，而爲之圖。”

1186 **文房圖贊續一卷** 抄本。

元羅先登撰，以續林洪之書。于林書所遺者又得十八事，亦仿其例而贊之。有元統二年樊士寬序，後有明沈周序。

1187 **燕几圖一卷** 抄本。 以上第十函。

題宋黄伯思撰。有紹熙甲寅自序。其法以几六枚縱横錯列，名曰骰子卓，以爲閑適游戲之具，以“燕几”爲名。

1188 **羯鼓録一卷** 抄本。

唐南卓撰。其書分前、後二録。前于大中二年，後録成于四年。前録首叙羯鼓源流、形狀，次叙玄宗以後諸事。後録載崔鉉所説宋璟知音事。而附録羯鼓諸宫曲，又有諸佛曲、食曲各調。

1189 **棋經一卷** 抄本。

題宋清和張擬撰。按：《四庫》著録本有《元元棋經》一卷，爲宋晏天章撰，凡自棋局至雜説共十三篇。今此書篇目悉合，則爲晏氏之書無疑。而所標姓名不符，何也？又《四庫》本載有無名氏跋一條，此本亦有後跋一條，亦不署姓名，而跋語實不相同，莫解其故，俟别求之。

1190 **棋訣一卷** 抄本。

宋劉仲甫撰。凡四篇。按：《四庫》本有《論棋雜説》一篇，附于四篇之後，乃即晏氏《棋經》末篇，而仲甫爲之注者。此本闕之。

1191 **金漳蘭譜二卷** 抄本。①

宋趙時庚撰。有紹定癸巳自序。按：《四庫》著録本謂此譜本三卷。《説郛》此本遺其下卷，而又并前二卷爲一卷，宜補求之。

---

① 邵懿辰《簡目標注》著録作三卷，云：“路有鈔本。”

1192 **王氏蘭譜一卷** 抄本。

宋王貴學撰。視趙譜爲勝。

1193 **洛陽花木記一卷** 抄本。

題鄞江周氏撰。以自序考之,則宋人也。序謂:"莅官于洛,因得博求譜録,得唐李衛公《平泉花木記》,范尚書、歐陽參政二①譜,按名討尋,并以耳目所聞見,及近世所出新花,參校三賢所録者,凡百餘品,集爲此編。"

1194 **蠶經一卷** 抄本。

題黄省曾撰。凡九篇,一藝桑,二宫宇,三器具,四種連,五育飼,六登簇,七擇繭,八繅拍,九戒宜。

1195 **褚氏遺書一卷** 抄本。 以上第十一函。

南齊褚澄撰。凡十篇。宋嘉泰中始有刊板,云"唐清泰中黄巢亂時,群盗發冢,得之于石刻"云云。其書發氣血陰陽之奥,闡《素問》《靈樞》之理,爲後來名醫所祖述。惟中無"論寡婦僧尼"一條,似尚有所缺略,前後亦無序跋。

1196 **楊太真外傳二卷** 抄本。 《説郛》第十二函。

唐樂史撰。雜記楊貴妃遺事,詞人頗多引用。

1197 **文選理學權輿八卷** 嘉慶四年桐川顧氏修《讀畫齋叢書》本。

國朝錢塘汪師韓撰。取李善《文選注》,以類别爲八門。一曰撰人,于各人之下分隸所撰篇目。二曰書目,注所引書。三曰舊注,凡舊作注者各標明于每題之下。四曰訂誤。五曰補闕。六曰辨論,史有不載之事,文有率成之篇,一事而説有數端,兩説而義可并取,李氏一一辨其得失,共四十三條。七曰未詳,李氏注所未

---

① "二"原誤作"所",今檢原序作"二",據改。

詳者百十四條。八曰評論,後儒之論《選》及注者并輯録之。合七卷。其第八卷則師韓于讀《選》時見李注有徵引未當及闕遺欲補,未敢自信,思就正于有道,别目曰"質疑",共五十三條。其曰"理學權輿"者,言以是編爲窮《選》理、通《選》學之發軔爾。詳自序及孫志祖序。惟自序稱書凡十卷,謂"附書注于書目,附補闕于訂誤,而分評①論爲三,質疑爲二,共成十卷也"。今止八卷,評論祇二卷,質疑祇一卷。殆未卒業之書也。觀自序,于評論云"間有記憶未全者,客游無書,且先提其要,以俟他時補綴",又于質疑云"現已得若干條,後有所見,更續增焉",則其書之未成可知。是編于《選》學提綱絜要,補漏訂訛,洵李氏之功臣,讀《文選》者不可不購一編。

1198 **文選理學權輿補一卷**　同上。

仁和孫志祖撰。凡諸賢評論《文選》而汪氏偶遺者補輯之,爲一卷,附于後。

1199 **文選考異四卷**　同上。

前人撰。取潘稼堂、何義門、錢圓沙三家《文選》勘本,研核參考,仿朱子《韓文考異》之例爲此書。其書俱以三家本校正汲古閣本。有自序。

1200 **文選李注補正四卷**　同上。　以上四種共一函,八册。

前人撰。于李注之闕者補之,訛者正之。俱列原文于前,而以"補曰""正曰"標于後。有自序。

1201 **李氏易解剩義三卷**　同上。

國朝嘉興李富孫輯。唐李鼎祚輯漢以來三十六家講《易》之説,成《集解》十卷,而漢學之存于今者,得藉以考見崖略。自宋儒

---

① "評"原誤作"許",汪師韓自序作"評",據改。

創爲圖説，轉相授受，《易》遂爲方術之書，而羲、文、周、孔之理以晦。倘非李氏《集解》，則漢學不幾乎息耶！顧三十六家之説爲李氏所未及搜輯者，其遺文剩義見于諸注疏及《史》、《漢》、諸類書者尚多，富孫因重加網羅，以拾其剩。其僞本與有完書者不録，共得三卷。皆列原文于上，而分注出處于下。漢儒之學，得二李氏以廣其傳，而散者聚、晦者彰。雖不必一字不遺，而亦十得其八九矣。可與李書相輔而行，學者寶之。前有乾隆五十五年自序及乾隆六十年盧文弨序。

1202 **錦里耆舊傳四卷** 同上。

宋句延慶撰。一名《成都理亂記》。記王氏、孟氏據蜀時事。原書八卷，今存後四卷。起中和五年，訖乾德四年。後有嘉靖戊午句吴姚咨跋，稱是編得之門人秦氏，秦又得之沈氏。又有洪武五年七月在家道人不署名。書後二則。

1203 **明畫録八卷** 同上。

國朝會稽徐沁撰。彙輯有明一代能畫之家，仿小傳之體，略爲論述。考明畫者，當以是編爲淵藪。首宸繪，次藩邸，次道釋，次人物，次山水，次獸畜，次龍魚，次花鳥，草蟲附焉，次墨竹，次墨梅，次蔬果。其有但存姓氏而佚名字、略闕里居者，及能繪而莫悉所長者，總爲彙紀一卷。凡八卷。後又爲補遺二條。按：張彦遠撰《歷代名畫記》，唐朱景玄撰《唐朝名畫録》，宋劉道醇撰《宋朝名畫評》。郭若虚又撰《圖畫見聞志》，以續張彦遠之書。元夏文彦又爲《圖繪寶鑒》，采古人能畫者，自軒轅迄元代。得諸家之書，而元以前之能畫者略備。沁此編蓋以續諸人之作也。

1204 **好古堂書畫記二卷** 同上。

國朝錢塘姚際恒撰。取其家藏法書名畫，一一甄録，其卷軸裝潢款式及題跋印記亦多所詳悉。下卷兼及琴硯紙墨之類，皆舊物也。末又爲《續收書畫奇物記》十九則。際恒蓋亦賞鑒家之奇士云。

1205 **香研居詞麈五卷** 同上。 以上五種共一函，八册。

國朝歙西方成培撰。以爲雅樂與世俗之樂皆不能捨六律而成五音，後世工人所用之樂器，無以異于上古聖人所造之律。蓋人有中聲，等而上之，等而下之，皆有不得不止之地。過高則咽而不出，過低則揚之不起。故聖人造律，大不逾宫，細不過羽。逾與過與，則不協乎律矣。世之言律吕者，病在求之太深。實則今之工尺即古之律吕也，今之弦管即古之絲竹也。因舉古今詞曲，以諸調協之，論其源流，窮其正變，爲此編。其論雖創而實有至理，詳覽是編，可作通人。

1206 **隱居通義三十一卷** 同上。

元劉壎撰。其書分十一門，曰理學，曰古賦，曰詩歌，曰文章，曰駢儷，曰經史，曰禮樂，曰造化，曰地理，曰鬼神，曰雜録。其論學、考古，未可盡信。而説詩、論文之二十卷，則多足以資考證。蓋壎生于宋末，舊集多存，其所稱引，今或莫識其姓名，又多備録全篇，首尾完具，足補諸家總集之遺。其詩話文評，亦多出諸家説部之外。

1207 **名儒草堂詩餘三卷** 同上。 以上二種共一函，八册。

不著編輯者名氏。卷首有小序數行，亦不署名。所選詞凡三百餘首，皆至元、大德間諸人所作，爲南宋遺民者。詞多凄惻，起太保劉公，迄曾允元，凡五十九人。題元廬陵鳳林書院輯。末有厲鶚跋五條。

1208 **金華子雜編二卷** 同上。

南唐劉崇遠撰。自號金華子，因以名書。原本久佚，乾隆間校輯《四庫全書》時館臣等就《永樂大典》中録出,凡六十餘條,皆唐大中以後朝野佚事,而述文章、志神怪,亦錯雜其間。館臣録是書時間爲案語,分注于下,爲二卷。海寧①周廣業以傳抄本不無訛漏,因寫爲副本,加校注補綴之。又補入《説郛》所載一條、《紺珠集》所載一條、《唐詩紀事》二條,并附徐鉉《稽神録》所引一條。前有自序,後有廣業識語。

1209 **五代春秋二卷** 同上。

宋尹洙撰。前列抄本②未可盡信。此刻後有林宗志跋一條。又邵晋涵識一條,稱“鮑廷博以葉石君抄本見示,因取盧文弨紹弓先生校本對勘,參以舊所見本,爲校正四十一字”云云。又趙裦玉跋一條,稱“從知不足齋假閲,復爲校正數字”云云。又有盧文弨跋一條,稱“乾隆癸丑仲秋校補一字,删一字,改六字”云云。

1210 **宋本泊宅編十卷** 同上。

宋方勺撰。前列《稗海》本③衹三卷,殆經後人删削者。此猶宋刻原帙,作十卷。末有“隆慶庚午錫山秦汝立惠藏”記語一條,較《稗海》本增其强半,實希寶也。前有洪興祖序。

1211 **稗海本泊宅編三卷** 同上。

前已著録。④ 顧氏既刊《宋本泊宅編》十卷⑤,復取商氏此本互校,雖不及宋本之半,而叙事較詳。如末卷記方臘事,于縣令陳光之玩寇,提刑張苑、通判葉居中之失撫,知州趙霆之弃城,皆詳

---

① “寧”原误作“業”,今正。

② 見第614條。

③ 見第973條。

④ 見第973條。

⑤ 見第1210條。

著之,而宋刻本則諱而不書,其他類此者亦多,外又别出二十則。殆此爲初稿,而别本特爲芟潤與?盧抱經學士曾合兩本而一,之于異同詳略處,時就己意剪裁,未免有失古書本面。顧氏因并刻而兩存之,讀者自能互校得失也。後有嘉慶己未顧氏識語。首列《四庫全書提要》。

1212 **遂昌山人雜録一卷** 同上。

元鄭元祐撰。前已列《稗海》本①,但錯誤實多,且脱去"山人"二字。此本乃虞山錢遵王家影元抄本,書中字畫較商刻爲近古,信善本也。後有鮑廷博識語一則。

1213 **北窗炙輠録二卷** 同上。【眉批:又《奇晋齋叢書》本。②】

宋施德操撰。炙輠之名,蓋取《史記》所載淳于髡事。然所記多當時前輩盛德,可爲世法者,間及雜事、雜説,亦無滑稽之意,蓋謙言之耳。《四庫》著録本作一卷,此作二卷,爲姑蘇吴岫藏本。朱竹垞太史曝書亭亦有寫本,然不及吴本之完善。按:朱本刻于《奇晋齋叢書》中。顧氏因并二本互校,刊入《叢書》。後有鮑廷博跋,又附録朱竹垞先生及全祖望謝山先生跋二則于後。

1214 **洞天清禄集一卷** 同上。

此書世有真、僞二本,前列《唐宋叢書》本③乃僞者也。次列《説郛》本④,雖尚屬希鵠原書,而首列"筆格"諸條顛倒錯誤,序次全紊,則仍爲真中之僞本,且諸刻俱改"清禄"爲"清録",并遺去"集"字,習非爲常,莫知改正,良可慨矣。此本乃元澹生堂抄本,

---

① 見第989條。

② 見第1376條。

③ 見第921條。

④ 見第1181條。

傳自陸朗夫中丞家，經何義門手校者。前有希鵠自序，云"會粹古琴研、古鐘鼎，而次凡十門，辯訂是否，以貽清修好古塵外之客，名曰《洞天清禄》"云云，曰古琴辨，三十四條，《四庫》本云三十二條。曰古硯辨，十一條，《四庫》本云十二條。古鐘鼎彝器辨，二十條。曰怪石辨，十一條。曰硯屏辨，五條。曰筆格辨，四條，《四庫》本云三條。曰水滴辨，三條，《四庫》本作二條。曰古翰墨真迹辨，五條，《四庫》本作四條。曰古今石刻辨，二十七條，《四庫》本云五條。曰古畫辨，三十二條，《四庫》本云二十九條。此本與《四庫》本所録既多寡之不同，且《四庫》本多"古今紙花印色辨"一門，乃明寧獻王所刻者，殆未睹希鵠自序也。今詳閲是書，"紙花印色辨"一門當即從"古今石刻辨"中誤分者。凡十門。其以"清禄"名書，殆即清閑供養之義，世人訛爲"清録"，謬矣。近時刻本訛脱相沿，安得此本一一正之耶？後有何焯義門先生跋一則，又鮑廷博跋一則。

民國二十七年五月十二日録畢，計壹萬壹仟六百二十二字。①

---

① 有"邢伯麟手鈔"印。

# 蒲編堂路氏藏書目十二 【眉批:二月十六日】

小洲手訂 共書一百三十四種,一千二百八十八卷,七十四函。

1215 **清波小志二卷** 同上。

國朝錢塘徐逢吉撰。自序"七歲從父由城中芝松里遷居清波門外之學士巷,歷七十二年,凡附近佛院神祠、街坊瑣事,足資談柄者,皆筆而紀之。其大概北至涌金門,南至萬松嶺,西至南屏山,所有勝迹,一一臚載。蓋亦田汝成《西湖游覽志》之類。以宋周煇居此,嘗著《清波雜志》一書,所言朝章典故居多,而城西之事不與,故此編專紀城西。以遠大者并未旁及,故稱'小志'"云。有自序。其同里人陳景鐘又爲之考訂附注焉。後有松陵楊復吉識語。按:此書雖偶及于軼聞瑣事,而言古迹者爲多,宜入于地理類古迹之屬。

1216 **清波小志補一卷** 同上。

陳景鐘撰。以補徐書之闕。有自跋及楊復吉識語。

1217 **皇朝武功紀盛四卷** 同上。 以上十種共一函,八册。

乾隆五十七年原任編修内閣中書軍機處行走趙翼撰。國朝定鼎中原,剿平三逆,開拓回疆,撻伐之功超軼前古。康熙三十五年平定噶爾丹,朔漠闊清。乾隆二十年以後又平定準噶爾,三十四年又平定緬甸,四十年又平定兩金川,五十三年又平臺灣。以上各舉,俱有方略,備載用兵始末,《四庫全書》俱著于録。但卷帙繁多,留心掌故者苦難遍閲。翼因撮其大旨,各爲述略,總名曰《武功紀盛》云。

1218 **梅磵詩話三卷** 同上。

吴興韋居安撰。論宋人詩甚多。

1219 **文淵閣書目二十卷** 同上。 以上二種共一函,八册。

明楊士奇等編。前列抄本①不分卷數,且脱誤實多。此本乃鮑氏廷博就《四庫全書》録出,而又以家塾藏本校補者。惟家塾本不分字號,每類以完全、殘、缺三等編次,似當日官本之外,别編以便稽考者。鮑氏因官本次第,而以全、缺分注于各書之下。其中部帙之間有不同,亦詳著焉。依元編字號,天字起,往字止。以帙小葉繁,分爲二十卷。官本祇作四卷。前爲總目,爲號二十,爲厨五十,爲類四十。下列鮑氏案語。後有鮑氏跋。

1220 **儒門經濟長短經九卷** 同上。

唐趙蕤撰。原書十卷,今佚一卷。此本爲鮑廷博以拜經樓寫本委周廣業校正者,可與前列抄本②對勘。後有周廣業跋語一篇,叙述甚詳。前列趙蕤自序及《四庫全書提要》。

1221 **琴操二卷** 同上。【眉批:此本宜與《漢魏遺書》③互校。】

漢蔡邕撰。曰詩歌五曲,曰十二操,曰九引,曰河間雜歌二十一章。每一曲皆詳其撰著之人與其事實緣起,蓋即《樂府解題》之濫觴也,古之琴曲略具于是。前有序,首一篇,闕者四篇,補者三篇。又按:《直齋書録》有《琴操》一卷,稱不著名氏。據《中興書目》云"晋孔衍撰,以琴調周詩五篇,古操引共五十篇,述所以命題之意。今周詩篇同,而操引纔二十一篇,似非全書"云云,疑即此本,但此多河間

---

① 見第468條。

② 見第416條。

③ 未著録。

雜歌二十一章,未稔爲一書爲二書也。

1222 **御史臺精舍碑題名一卷** 同上。

此碑在吾省西安府學宫,自唐初至于宣宗之世二百餘年,三院諸司姓名、爵秩皆臚載之。今近時工人所拓本率遺漏不全。比本爲錢塘趙魏手拓者,獨爲完具。海昌吴騫爲之序。

1223 **郎官石柱題名一卷** 同上。

亦在西安府學中。石凡七面,面各四層,正書。後有"大中十二年十一月十二日書□□石柱記左司郎中唐技"二十三字。① 亦錢塘趙魏所手録。

1224 **三命指迷賦一卷** 同上。

題相臺岳珂補注。原本久佚,此本乃從《永樂大典》録出者。其書《宋志》不著録,而元明人命書多引之,當亦宋人所撰也。

1225 **乾元秘旨一卷** 同上。

錢塘舒繼英撰。首論五行正變、日星躔度,次及禄命官煞之説,蓋亦究心星命之學者。

1226 **質疑二卷** 同上。 以上七種共一函,八册。

仁和杭世駿撰。皆考據經史,以答人之問者。首爲《禮記問目》,次爲《易經問目》,次《春秋問目》,次《左傳問目》,次《孟子問目》,次《諸史問目》。

1227 **吹劍録一卷** 同上。

宋俞文豹撰。文豹有《吹劍録外集》一卷,乃其晚年之作,持論醇正,多可徵信,已刻于鮑氏《知不足齋叢書》中。② 此編爲淳

---

① "書"後原有兩字空格。

② 見第783條。

祐三年所撰,前有自序,謂取《莊子》“吹劍首者映而已”之語以名其書,言無韻也。議論實多紕繆,于古人多所詆訶,如武王、孟子、孔明、韓愈、程子諸人并遭掊擊,殊爲誕妄。《四庫書》斥[1]存其目,良有以也。

1228 **佩韋齋輯聞四卷** 同上。

宋俞德鄰撰。多考論經史,間及于當代故實及典籍文藝,率皆詳核可據。惟第四卷專説四書,往往横出新意,頗傷穿鑿。前列《四庫全書提要》并自序。

1229 **文瑞樓書目十二卷** 同上。

國朝婁東金檀撰。本桐鄉人,後徙居婁東。好蓄異書,築文瑞樓以貯之。此十二卷《書目》皆其所藏,其從孫字鄂岩者抄以傳。曾屬鮑渌飲爲之刊布,旋又中止。嘉慶辛未春鮑氏轉贈顧氏,得刻入《叢書》中,長蘆楊蟠爲之序,後又有其族孫金錫鬯跋。其目雖以經、史、子、集分類,而頗爲糅雜。如史部既分編年一門,復别出運曆一門;地理類既分府州縣志一門,復分郡邑雜志一門;史傳類以名賢、忠義、孝友、列女、宗藩、謚法、外夷區分排比,子書類以儒家、道學、家訓、規勸别立門名;古文、騷賦、四六、尺牘本皆入之集部,而忽攙于子書之中;印篆、法帖、書畫本皆入之譜録,而竟列爲小學;至于集部别集一類,或忽以朝代分,或忽以年代分。應合而分,應分而合,如此之類,不一而足。糅雜瑣碎,殊乖體例。但其苦心搜羅,儲藏頗富。書名卷數,時亦可以備參稽。捨其短而取其長可矣。

1230 **學治臆説二卷學治續説一卷學治説贅一卷** 同上。

國朝蕭山汪輝祖撰。輝祖游幕三十餘年,曾撰《佐治藥言》一

---

① “斥”原誤作“斤”,今據《四庫全書簡明目録》改。

卷,專爲游幕者而設,已刻入《知不足齋叢書》中。[1] 後知道州,引疾退,僑居長沙,又撰此編。自序"曩佐州縣吏,而自爲亦止州縣,故就數十年目見耳聞,憑臆以説。止于州縣之治,且止于州縣常行之治,他未親歷者不妄言,有專條者不贅言。繁雜瑣碎,詞義顯淺,學治者或當節取焉"云云。凡一百二十四則,析爲二卷,有自序。《臆説》既已開雕,後其同門生慎咸熙選河南夏邑令,假歸相訪,輝祖又爲引申前論,得五十則,續付剞劂,名曰《續説》。二書皆作于乾隆末年至嘉慶五年。又爲《説贅》一卷,乃即前説"書版摺以備遺忘"一條,引而伸之,爲簿記十則,又福孽之辨等四條。其書簡明懇切,實皆閱歷精練之言,爲州縣者不可不奉爲圭臬。

1231 **蕉窗日記二卷** 同上。

國朝丹徒王豫撰。自序"窗外種蕉數本,夏日輒坐窗下,課子弟輩讀書。唯取有關身心性命及裨益世道人心之言,日録數則,爲之講説,得二卷。顧蒹厓見而悦之,因附刻《叢書》中"云云。

1232 **月滿樓詩别集八卷** 同上。 以上六種共一函,八册。

國朝元和顧宗泰撰。一卷爲十六國咏史詩,二卷爲北齊咏史詩,三卷爲南都咏史詩,四卷爲南唐雜事詩,五卷爲五代咏史詩,六卷爲勝國宫闈詩,七、八二卷則懷師友詩也。皆自爲注,并自序。

1233 **宣和北苑貢茶録一卷附北苑别録一卷** 同上。

《北苑貢茶録》,宋熊蕃撰。所論皆建安焙造貢茶法式。其圖三十有八,則蕃子克所補也。見克後記。克又附以蕃所作《貢茶歌》十章,列于後。迨後趙汝礪以蕃書有所未備,又作《别録》一卷

---

① 見第706條。

以備其遺，于水數之贏縮、火候之淹亟、綱次之先後、品色之多寡尤極該晰。有淳熙丙午自跋。二書久佚，乾隆中修《四庫全書》時館臣等從《永樂大典》録，以其相因而作，因并爲一帙。此外《説郛》中亦曾載之①，但有目無圖，遠不如《四庫》著録之完善。惟其于諸目之下皆注明分寸，則又《四庫》本所闕者。蕭山汪繼壕從閔太史家得《四庫書》寫本二《録》，又取《説郛》本互勘，更取他書之徵引二《録》及記北苑可與二《録》相發明者，并注于下。《四庫》本舊有館臣等案語，繼壕續注者，皆稱名以別之。有自跋。

1234 **讀畫録四卷** 同上。

國朝周亮工撰。記明末國初畫家凡七十七人，各論其品第及其生平梗概，亦間附以題咏。前有毛甡、張遺二序及其子浚序。按：是書爲亮工未竟之書，玩諸序可知。《四庫提要》云是編"後列有名無傳者六十九人"，殆欲撰而未成之，故此刻衹列有傳之七十七人。其無傳之六十九人則并闕其名，未知何故，豈所見別一本耶？

1235 **劉涓子鬼遺方五卷** 同上。

按：陳直齋《書録解題》有《劉涓子神仙遺論》十卷，稱"《中興書目》引《崇文總目》云宋龔慶宣撰。劉涓子者，晋末人，于丹陽縣得《鬼遺方》一卷，皆治癰疽之法，慶宣得而次第之。今《唐志》有龔慶宣《劉涓子鬼方》鬼，聚珍版本作"男"，疑"鬼"字之誤。十卷，未知即此書否。卷或一板，或止數行。名爲十卷，實不多也"云云。此書《四庫總目》不見著録，而錢氏《讀書敏求記》本草方書類有《劉涓子鬼遺方》五卷，與此本正同。錢氏云"是書極爲奇秘，收藏家罕見之。予別有《劉涓子治癰疽神仙遺論》一卷，與此同是宋鈔，

---

① 見第1180條。

皆宜别録副本備之"云云。據陳氏之説,則《鬼遺方》與《神仙遺論》之爲兩書、爲一書,未敢臆斷。據錢氏之説,則此《方》與《神仙遺論》又確爲兩書。以愚按之,此《方》蓋得于鬼之所遺,而《論》則爲涓子所衍。陳氏稱《唐志》《涓子鬼方》十卷,蓋附《論》于《方》,合二者而一之,故有十卷之多。錢氏所藏宋鈔本,蓋别《方》與《論》,分一書而二之,故《方》爲五卷,且并《論》爲一卷,而卷數遂與《唐志》不符。至陳氏所録《神仙遺論》十卷,疑即《唐志》之《鬼方》十卷,似非有二書也。特標名偶異,遂滋後人疑竇耳。此本前列宋龔慶宣永元元年序引一篇,述此《方》原委甚悉。其大要述涓子晋末于丹陽郊外射中一物,如雷電聲,夜不敢追詰。旦率門徒尋踪至山下,見一小兒提罐,問何往,云我主被劉涓子射,取水洗創。問主人是誰,云黄父鬼。乃隨至其處,則見一人闇書,一人搗藥,一人卧。即齊聲叫突,三人并走,遺《癰疽方》一卷。時從宋武北征,有被創者,用方爲治,千無一失。涓子姊適慶宣從叔祖,涓子寄姊書,具叙此事,并《方》一卷。慶宣得其方,輒次第之。此序與陳氏所引《崇文總目》之説相符,且錢遵王家有宋鈔本,此書殆非僞托。但黄父果係何鬼,且有與岐伯問答數條,未免幻而又幻耳。

1236 **優古堂詩話一卷** 同上。

宋吴幵撰。大旨在明詩家用字煉句、相承變化之由。于换骨奪胎之法,可資觸發。其涉考證者,則不及十分之一。此刻前列《四庫書目提要》,後有徐乾學、徐駿各印記及徐駿識語。凡一百五十四條。

1237 **娱書堂詩話二卷** 同上。

宋趙與虤撰。《四庫書目》作一卷,此分二卷,共六十四條。

所取多涉于庸腐,而名章雋句、軼事遺文亦絡繹其間。前列《提要》。

1238 **雲莊四六餘話一卷** 同上。

題楊囦道撰。按:陳氏《書録解題》有《四六餘話》一卷,稱"楊淵撰,未詳何人"云云。此本多"雲莊"二字,且題作"楊囦道"。囦、淵字通,而又多一"道"字,未稔即陳氏所謂《四六餘話》否也。其書多論北宋及南宋初箋啓表奏之文,當爲南宋末人書。後有鮑廷博校正一行,知爲知不足齋藏本。卷首又有"仿宋本重雕"五字,則亦舊帙之罕覯者也。《四庫總目》不見著録,殆彼時未經采進與。

1239 **玉山璞藁一卷逸藁四卷** 同上。

元顧瑛撰。瑛一名阿瑛,生于有元末季,池館賓客之盛,甲于江左,而詞采亦足與一時文士相頡頏。年四十以後,卜築玉山草堂,與賓客詩酒燕集,唱和自娱。後人編輯其詩,有所謂《草堂名勝集》《草堂雅集》及紀游、餞别、寄贈諸作,世人傳鈔多寡不同。考殷奎所撰墓志,稱先生自著《玉山璞稿》,本二十卷,《四庫》著録本則衹稱一卷,蓋原稿散佚,後人掇拾殘剩,非其舊也。汲古毛氏曾刻《玉山草堂集》,亦衹就《名勝集》采取,編輯成書,而附以朱氏《鐵網珊瑚》諸書所載爲集外詩,其實并非專集。乾隆壬辰鮑氏廷博從故家偶得朱存理手抄《玉山璞稿》二卷,爲甲午乙未二年之作,詩凡二百十有二首,多世所未見。因重加繕録,并取汲古閣本補之,節之爲《逸藁》四卷,凡詩文及詞二百十篇,附于《璞藁》之後。又附録墓志銘三篇、傳一篇、東皋雜抄一條。《璞藁》末有項葉師、朱竹垞諸印記。《逸藁》末有鮑以文跋。

1240 **滄浪櫂歌一卷** 同上。 以上十種共一函,八册。計共八函。

明陶宗儀撰。宗儀有《南村詩集》四卷,已著于《文淵閣書目》。此編則附于《存目》,詩詞共合爲一卷。詩五十五首,詞衹六首。前有正德丁丑唐錦序,稱“其集不傳,惟得此一卷,爲先生所手編”云云。據《四庫總目附存書目提要》云“其中詩詞皆已載《南村集》中,惟《題下莊子刺虎圖》一首及《題岳王廟》一首爲《南村集》所未載耳”。

以上四十六種皆嘉慶初桐川顧氏名修號菉厓所刻《讀畫齋叢書》本也。其書以十干分爲十集,而所刻乃至辛而止,壬、癸二集闕焉,殆欲續刻而未竟也。國朝刻叢書者無慮數十百家,惟鮑氏知不足齋所刻率皆善本,而此刻乃可與之争衡。蓋顧與鮑同旹,且有同嗜。觀集中所刻,率有鮑氏題跋。鮑家故多秘本,兼精于讎校,互相持贈,商榷付刊,故二書未易優劣。嘉惠後學,豈淺鮮哉。吾子孫寶之。

1241 **武功縣志四卷** 道光八年戊子党刻本。 一函四册。

明殿撰康對山先生海撰。削地志繁濫之例,以山川、城郭、古迹、宅墓并入地理,爲一篇;以官署、學校、津梁、市集并入建置,爲一篇;以祠廟、寺觀并入祠祀,爲一篇;而藝文則散附各條下。此外田賦、官師、人物、選舉各爲一篇。總七篇。卷帙無多,而義例分明,綱目具括,與韓苑洛先生《朝邑縣志》俱推爲吾關中絶作。原止二卷,乾隆中邑太史孫酉峰先生景烈以翻本多訛,嘗從事校勘,得張氏所藏善本,與他刻相參,正其訛誤,且加評注。乾隆二十六年,知縣事瑪星阿取以付雕,即是本也。邑人党蘭皋先生金衡以孝廉應挑,歷任浙江諸邑令,重爲剞劂,于道光戊子春咋郵筒寄余。前有明正德己卯吕經野先生及大復山人何景明序,又邑宰瑪君及孫太史、張萊峰、趙子函名崡,即撰《石墨鐫華》者。四序,又諸家評語七則，俱不入卷。後有明正德庚辰楊武跋及党氏新刻跋。

1242 **玉谿生詩箋注四卷** 乾隆四十五年重校刻本。 一函四册。

唐李商隱撰。舊有朱鶴齡等諸家注，國朝桐鄉馮浩合取而補正之，定爲此本。凡詩注三卷。其卷首一卷，則年譜、史文、贈詩、詩話、目録及諸人序并自序也。

1243 **樊南文集箋注八卷** 同上。 一函四册。

前人撰。亦馮氏注。舊有徐樹穀、徐炯二人箋注本，題《李義山文集》，列爲十卷。馮氏因徐本尚多脱誤，因重爲校補，改題"樊南"，從其朔也。義山曾居于長安城南之樊鄉，故自號樊南生，曾自編樊南甲、乙《集》各二十卷。而《宋史・志》以後著録者卷數乃又加增，明以來又漸遺佚。徐本乃采輯自《文苑英華》諸書者，分爲十卷。馮氏又因徐本改定爲八卷。

1244 **樊川詩集四卷外集一卷别集一卷** 一函四册。

唐杜牧撰。牧有文集，凡二十卷。國朝馮集梧注。集梧即浩之子，特取其詩四卷注之，《外集》及《别集》皆無注。

1245 **集千家注杜詩集二十卷文集二卷** 二函共十二本。

不著編輯人名氏。或謂元高楚芳編也。前載王洙、王安石、胡宗愈、蔡夢弼四序。詩中句下、篇目諸評，則劉辰翁語也。

1246 **杜詩詳注二十五卷附編二卷** 二函二十册。

國朝仇兆鰲撰。凡詩注二十三卷，雜文注二卷。後以逸杜、咏杜、補注、論杜爲附編，上、下二卷。前有進表及序，并書傳、年譜、凡例。

1247 **文忠集一百五十三卷附録五卷** 四函共二十四册。

宋歐陽修撰。嘉慶二十四年，其二十七世孫衡重刊。

1248 **九家集注杜詩三十六卷** 内廷刊本。 二函十六册。

宋郭知達集注九家者,王洙、宋祁、王安石、黄庭堅、薛夢符、杜田、鮑彪、師尹、趙彦材也。

1249 **銀海精微二卷** 明萬曆十五年漳平陳氏刻。 一函二册。

題唐孫思邈撰。前有進眼藥表,又明陳九仞刻此書序。

1250 **御定醫宗金鑒九十卷** 内廷刻本。 八函四十八册。

乾隆十四年大學士鄂爾泰奉敕撰。首爲訂正傷寒論注十七卷,次爲訂正金匱要略注八卷,次爲删補名醫方論八卷,次爲四脉要訣、運氣要訣各一卷,次爲諸科心法要訣五十四卷,次爲正骨心法要旨五卷。

1251 **詞林典故八卷** 内廷刻本。 一函八册。

乾隆十二年掌院學士鄂爾泰等纂輯,凡八門。首臨幸盛典,次官制,次職掌,次恩遇,次藝文,次儀式,次廨署,次題名。

1252 **皇朝詞林典故六十四卷** 内廷刻本。 二函三十四册。

嘉慶十年掌院學士朱珪等續纂前書,兼及前代。是書專載皇朝典制,體例一準前式,惟增聖訓、天章二門,列于編首。其餘各門,仍照原書次序。采取原書,間補未備。其近年典章爲原書所未及載者,并搜羅續輯焉。

1253 **郭氏傳家易説十一卷** 聚珍板本。 一函八册。

宋郭雍撰。以述其父忠孝《兼山易解》之旨,故名曰"傳家"。其大旨以觀象爲主。

1254 **融堂書解二十卷** 聚珍板本。 一函四册。

宋錢時撰。原本久佚,此乃從《永樂大典》録出者,僅闕《伊訓》《梓材》《秦誓》三篇。其大旨主于表章《書序》。

1255 **絜齋毛詩經筵講義四卷** 聚珍板本。

宋袁燮撰。諸家書目不著録,惟《永樂大典》載之,此本即據以録出。其《講義》自二《南》至《魏風·碩鼠》篇而至①,以下闕焉。

1256 **儀禮識誤三卷** 聚珍板本。

宋張淳撰。乾道八年曾逮爲兩浙轉運判官、直秘閣,刊《儀禮鄭氏注》十七卷、陸氏《釋文》一卷,淳爲之校定,因舉所考異同之字,彙成此書。惟《永樂大典》所載缺《鄉射》《大射》二篇,此本亦無從校補。

1257 **春秋傳説例一卷** 聚珍板本。 以上三種共一函,計三册。

宋劉敞撰。原書本四十九條,此乃從《大典》中録出者,僅得二十五條。

1258 **禹貢會箋十二卷** 乾隆十八年趙氏刻本。 一函四册。

國朝徐文靖撰。首列《禹貢》山水,次爲圖説十八。書中皆先引蔡《傳》,而博引諸書以辨證之。

1259 **淳化秘閣法帖考正十二卷** 天水藕花居校刻。 一函四册。

國朝王澍撰。是書兼取米芾、黄伯思、顧從義三家辨證《閣帖》之意,以史傳證訛誤,以筆迹辨依托,而行款標目以及釋文之類,亦一一考核,仍依原目爲十卷。其末二卷,一爲《古今法帖考》,溯《閣帖》之源流;一則自述其筆法也。

1260 **群書拾補四十二卷** 抱經堂刻。 一函六册。

國朝錢塘盧文弨撰。皆其所校之書,于缺文斷簡、訛謬尤甚者,校正補遺,摘録爲此編。俱列本文于前,而注異同于下。凡經之類十四,史之類十六,子之類九,集之類三。

1261 **歷代三元甲子編年二卷** 内廷刊本。 一函二册。

---

① “至”,疑爲“止”之誤。

欽天監官撰。起黄帝六十一年,迄國朝道光一百六十四年。

1262 **周易本義十二卷** 内廷依宋槧重刊本。 一函二册。

宋朱子撰。以上、下經爲二卷,十翼爲十卷。其行款標識與明以來割裂之本迥不相同,乃宋咸淳乙丑九江吴革所刊者,内府即據以摹雕。前有革序,卷末有"敷原後學劉宏校正"文字行款。卷端列九圖,卷末繫以五贊及《筮儀》一篇。

1263 **陸宣公奏議三十二卷** 明萬曆葉氏刻。 一函四册。

唐陸贄撰。明知廬州府事葉逢春刊。

1264 **飲膳正要三卷** 元刊本。【眉批:已見。①】 一函三册。

元忽思慧撰。思慧官飲膳太醫,因以進用奇珍異饌及諸家本草、名醫方術,并日所必用穀肉果菜,取其性味補益者,集成此書。虞集奉敕爲之序。前有天曆三年進書奏。

1265 **苑洛志樂二十卷** 乾隆十一年薛氏刻。【眉批:已見。②】 二函共十二册。

明韓邦奇撰。前二卷皆注釋律吕,後十八卷爲先生所自撰。

1266 **九經古義十六卷** 《貸園叢書》本,刻于乾隆五十四年。

國朝惠棟撰。凡《周易》、《尚書》、《毛詩》、三禮、《公羊》、《穀梁》、《論語》。其《左傳補注》别本孤行,故不在此。内曰古義者,漢儒專門訓詁之學,得以考見于今者也。

1267 **易例二卷** 同上。

前人撰。皆考究漢儒之傳以發明易之本例。凡九十類。

1268 **左傳補注六卷** 同上。

前人撰。皆援引舊詁以補杜注之遺者。

---

① 見第1029條。

② 見第1050條。

1269 **左傳評三卷** 同上。

國朝李文淵撰。

1270 **古韻標準四卷** 同上。

國朝江永撰。以《詩》三百篇爲主,謂之"詩韻"。以秦漢以下音之近古者附之,謂之"補韻"。分三聲,各十三部,入聲八部。其一韻當分兩部者,曰"分某韻"。韻本不通而有字當入此部者,曰"别收某韻"。

1271 **四聲切韻表一卷** 同上。 附正譌一卷 羅有高撰。因江氏韻書譌字,疑其僞反,反復考之而爲此編。

前人撰。前列凡例六十二條。

1272 **聲韻考四卷** 同上。

國朝戴震撰。

1273 **鳳墅殘帖釋文二卷** 同上。

國朝錢大昕撰。宋曾宏父刻宋人書翰爲正帖二十卷、續帖二十卷于廬陵郡之鳳山别墅,名曰《鳳墅法帖》。大昕僅得其殘帖兩,一爲《南渡名相帖》,一爲《南渡執政帖》,爲之撰釋文。

1274 **石刻鋪叙二卷** 同上。

已見《知不足齋叢書》中。①

1275 **三事忠告四卷** 同上。

元張養浩撰。曰《牧民忠告》二卷,曰《風憲忠告》一卷,曰《廟堂忠告》一卷。

1276 **談龍録一卷** 同上。

國朝趙執信撰。皆論詩之説。

---

① 見第686條。

1277 **蒿庵閒話二卷** 同上。 以上共一函,共十二册。

國朝張爾岐撰。自序:"循覽經傳,每于義理節目外,爲説家所略者,偶有弋獲;及聽人談所聞見,有切予懷者,并劄記之,以爲譚助。以其無關于經學世務,故名曰'閒話'。"後有李文藻校刻跋。

以上十三種皆乾隆五十四年歷城周永年所刻,名曰《貸園叢書》。

1278 **吕涇野先生文集三十八卷續刻文集八卷** 道光十二年壬辰富平楊氏浚刻。 二函共十六册。

明吕柟撰。按:《四庫總目》著録先生《集》三十六卷,稱"《集》初刻于西安,既而佚缺,其門人徐紳、吴遵、陶欽重爲删補編次,刻於真定"云云。此本爲吾省富平楊浚所刻。先於辛卯秋搜求得前明李北地楨所選先生文集三十八卷,内闕卷三,其餘首尾皆爲完具,刊刻。嗣又購得先生文集十五册,既無校刻姓氏,又無序文、總目,衹有序記、墓志、墓表諸篇,其他闕略尚多,未識即所謂真定本否。因查爲北地選本之所無而篇幅無缺者,裒成八卷,續以付梓。

1279 **欽定遼金元三史國語解四十六卷** 内府刊本。 二函共十六册。

乾隆四十六年奉敕撰。以索倫語正《遼史》,凡十卷,分爲七門。以滿洲語正《金史》,凡十二卷,分爲六門。以蒙古語正《元史》,凡二十四卷,分爲七門。各一一著其名義,詳其字音。字音爲漢文所無者,則兩合、三合以取之。分析微茫,窮极要窅。

1280 **古今射鑒一卷** 康熙年刻。 一函四册。

國朝劉奇撰。首爲射義解。次曰内法,自"養心定志"以至"審的發機"凡八條。次曰外法,自"足膝"以至"矢發矢落"凡二十八條。次練法四條。次騎射法十二條。次馬步射圖説十三條。甚爲悉當。

1281 **少林拳棒槍刀譜八卷** 抄本。 一函八册。

不著撰人名氏。俱有圖有説。按:錢遵王《讀書敏求記》有《少林棍法》三卷,又《白打要譜》六卷,未審即此否也。後有康熙己酉紫凝道人識語,稱"辛丑歲游海岱、長白,遇羌人,授一册,囑秘勿泄"云云。

1282 **奇器圖説三卷諸器圖説一卷** 汪刻。 一函四册。

《奇器圖説》,明西洋鄧玉函撰。《諸器圖説》,明王徵撰。徵嘗詢西洋奇器之法于玉函,玉函因以其國所傳文字口授,徵譯爲是書。其術能以小力運大,故名曰重,又謂之力藝。先論重之本體,以明立法之故,凡六十一款。次論各色器具之法,凡九十二款。次起重十一圖,次引重四圖,次轉重二圖,次取水九圖,次轉磨十五圖,解木四圖,解石、轉碓、書架、水日晷、代耕各一圖,水銃四圖。圖皆有説,而于農器水法尤爲詳備。《諸器圖説》凡圖十一,各爲之説,而附以銘,乃徵所自作者也。

1283 **皇朝禮器圖式十八卷** 内廷刊本。 四函二十四册。

乾隆二十四年奉敕撰,三十一年重修。凡六門,曰祭器,曰儀器,曰冠服,曰樂器,曰鹵簿,曰武備。并繪圖於右,而繫説于左。

1284 **五知齋琴譜八卷** 坊刻本。 一函八册。

國朝徐祺撰,周魯封爲之彙纂刊行。其第一卷則統論指法及琴之源流、形製,第二卷爲宫音四調,三卷爲商音五調,四卷爲角音三調,五卷爲徵音八調,六卷爲羽音五調,七卷爲商角音三調、徵羽音一調,八卷爲外調轉弦四調。

1285 **春草堂琴譜六卷** 坊刻本。 一函三册。

國朝曹尚絅撰輯。凡二十八調。首列指法及琴説。

1286 **王子安集十六卷** 乾隆辛丑星渚項氏刻。【眉批：晁《志》衹載勃《集》二十卷，陳集則衹列盧、駱而未列王、楊。】

唐王勃撰。《唐志》勃《集》三十卷，《宋志》勃《詩》八卷、《文集》三十卷、《雜序》一卷、《舟中纂序》五卷，晁、陳二家書目所載與史志又各不同，以後漸佚。明張燮編輯勃集，搜采于諸書之中，僅得十六卷，此本即據以刊刻。

1287 **楊盈川集十卷** 同上。

唐楊炯撰。明童佩所輯録本，此本據之。凡賦八首，詩三十四首，雜文四十四首。按：《唐志》炯《集》三十卷，此僅存其三分之一，知所佚者多矣。

1288 **盧昇之集七卷** 同上。

唐盧照鄰撰。原二十卷，見《唐志》。《宋志》衹作十卷，則已佚其半矣。此本又佚其三卷，衹存七卷，不知何人所輯録也。凡賦五首，樂府九章，詩八十七首，騷九首，雜文十四首。

1289 **駱丞集四卷** 同上。 以上四種共一函，計十册。

唐駱賓王撰。舊有顔文選①注，此本無之。原集十卷，此爲後人所重輯，僅存四卷。凡頌一首，賦二首，詩一百二十七首，雜文三十五首。

1290 **徐孝穆集箋注六卷** 揚州刊本。 一函四册。

陳徐陵撰，國朝吴兆宜箋注。

1291 **錢氏小兒藥證直訣三卷** 依宋板刻。

宋錢乙撰，同時宣教郎閻孝忠所集次。上卷言證，中卷叙嘗所治病，下卷爲方藥。

---

① "選"，原誤作"撰"，今正。

1292 **小兒斑疹備急方一卷** 同上。

宋董汲撰。錢乙題其末,稱元祐癸酉。

1293 **閻氏方一卷** 同上。 以上三種共一函,共三册。

宋閻孝忠撰。因集《錢氏小兒方》,復研究諸法,爲錢方所未悉者,撰爲此編,附于《錢方》之後。以上三書皆見于陳氏《直齋書録解題》中。

1294 **山海經箋疏十八卷圖贊一卷訂訛一卷** 嘉慶九年郝氏懿行刻。 一函四册。

國朝栖霞郝懿行撰。取吴氏廣注本及畢氏校正本,采録所長,作爲箋疏。箋以補注,疏以證經。又就明《藏經》本補録《圖贊》。其辨析異同,刊正謬訛者,别爲《訂訛》一卷,附于末。首列同時校勘諸人姓氏。

1295 **食譜一卷** 寫本。

唐韋巨源撰。序稱"巨源拜尚書令,上燒尾食其家,故書中尚有食帳,今擇奇異者略記"云云,凡五十八事,俱列名于上,而注作法於下。又附謝諷《食譜》中略抄五十三事,及張手美家食品十七事,建康七妙、花糕員外六事。

1296 **中饋録一卷** 寫本。

題浦江吴氏撰。未詳其人。其書與《齊民要術》諸書所言治飲食法相出入,而特爲詳悉。凡三門,曰脯鮓法,凡二十一條,而治食諸法附焉;曰製蔬法,凡三十九條;曰甜食法,凡十五條。

1297 **山家清供一卷** 寫本。

宋林洪撰。凡乙百二條,皆山居所食,故曰"清供"。各有名稱,兼多考證。

1298 **大觀茶論一卷** 寫本。

宋徽宗皇帝御撰。凡二十篇。自地産、天時以及采造之法、烹煮之器、名品之分、香味之别，一一論之，而以外焙終焉。蓋外焙與正焙辨者微茫，甚者雜以卉莽，飲之病人，故不得不辨。

1299 **品茶要録一卷** 抄本。①

宋黄儒撰。皆論建茶，分爲十篇，而前後又各爲總論一篇。

1300 **野菜譜一卷** 抄本。

題明餘姚滑浩撰。按：《四庫書目》有明王磐所撰《野菜譜》一卷，"所記野菜凡六十種，題下有注，注後繫以詩歌，多寓規戒，似謡似諺，古質可誦"云云。今此本菜之名數及注後之詩歌一一與《提要》相符，疑即王磐之書，而訛傳爲滑浩也。

1301 **種樹書一卷** 抄本。

明俞宗本撰。或題郭槖駝者，爲河東先生《傳》所誤也。其書分木、竹、果、穀麥、菜、花六門。錢遵王《讀書敏求記》所列俞貞木《種樹書》一卷即此，亦見焦弱侯《經籍志》。

1302 **種芋法一卷** 抄本。

明黄省曾撰。凡四篇，一之名，二之食忌，三之蓺，四之事。

1303 **廣菌譜一卷** 抄本。 以上九種共一函，計三册。

明潘之恒撰。廣宋陳仁玉之《譜》也，凡十七條。

1304 **吴氏印譜一卷** 抄本。 已見前。②

1305 **古今印史一卷** 抄本。

明徐官撰。

1306 **文房圖贊一卷** 抄本。 已見前。③

---

① 邵懿辰《簡目標注》："路有鈔本。"

② 見第1182條。

③ 見第1185條。

1307 **文房圖贊續一卷** 抄本。 已見前。①

1308 **十友圖贊一卷**

明顧元慶撰。以補林、羅二家圖贊之所闕。

1309 **燕几圖一卷** 抄本。已見前。②

1310 **投壺新格一卷附投壺儀節一卷** 抄本。

宋司馬温公撰。以世傳投壺格圖皆以奇巧取勝,非古禮之本意,乃更定新格,以精密者爲右,偶中者爲下,各列其圖,凡二十。又爲《儀節》一卷,則古投壺之式也。

1311 **譜雙五卷** 抄本。

宋洪遵撰。

1312 **馬吊牌經一卷** 抄本。 以上九種共一函,計五册。

明龍子猶撰。凡十三篇。

1313 **衍極一卷** 抄本。 已見前。③

1314 **德隅齋畫品一卷** 抄本。 已見前。④

1315 **畫鑒一卷** 抄本。 已見《唐宋叢書》中。⑤

1316 **羯鼓録一卷** 抄本。 已見前。⑥

1317 **琵琶録一卷** 抄本。

唐段安節撰。按:此即陳氏《書録解題》所謂《琵琶故事》也。

---

① 見第 1186 條。

② 見第 1187 條。

③ 見第 1178 條。

④ 見第 1179 條。

⑤ 見第 918 條。

⑥ 見第 1188 條。

1318 **棋訣一卷** 抄本。 已見前。①

1319 **棋經一卷** 抄本。 已見前。②

1320 **射經一卷** 抄本。

唐王琚撰。

1321 **射經一卷** 抄本。 以上九種共一函,計二册。

明李呈芬撰。

1322 **江表志三卷** 抄本。 已見前。③

1323 **南唐近事一卷** 抄本。 已見前。④

1324 **開元天寶遺事四卷** 抄本。 已見前。⑤

1325 **游城南記一卷** 抄本。 已見前。⑥

1326 **西使記一卷** 抄本。 已見前。⑦

1327 **南海古迹記一卷** 抄本。

元吴萊撰。有自序,後有總論。

1328 **溪蠻叢笑一卷** 抄本。 已見前。⑧

1329 **卓異記一卷** 抄本。 已見前。⑨

1330 **次柳氏舊聞一卷** 抄本。 已見前。⑩

---

① 見第 1190 條。

② 見第 1189 條。

③ 見第 1168 條。

④ 見第 1167 條。

⑤ 見第 1169 條。

⑥ 見第 1174 條。

⑦ 見第 1173 條。

⑧ 見第 1175 條。

⑨ 見第 1172 條。

⑩ 見第 1165 條。

1331 **劉賓客嘉話録一卷** 抄本。 已見前。①

1332 **幽閒鼓吹一卷** 抄本。 已見前。②

1333 **尚書故實一卷** 抄本。 已見前。③

1334 **樂郊私語一卷** 抄本。 已見前。④

1335 **仇池筆記一卷** 抄本。 已見前。⑤

1336 **趙后遺事一卷** 抄本。

宋秦醇撰。序稱"同里李生家藏古抄書數十册,中有趙氏瑣事,因乞以歸,補正編次成篇,傳諸好事者"云云。其書與《飛燕外傳》大致相同。

1337 **楊太真外傳二卷** 抄本。 已見前。⑥

1338 **梅妃傳一卷** 抄本。

唐曹鄴撰。妃與楊氏同時,俱寵傾後宫,後爲楊氏所嫉,遷于上陽東宫。禄山之亂,死于亂兵之手。此書後有贊,殆亦鄴所爲也。贊後又有跋,稱此傳得自萬卷朱遵度家,而不署其名。

1339 **高力士傳一卷** 抄本。 以上十八種共一函,計五册。

唐郭湜撰。

1340 **吴下田家志一卷** 抄本。

宋陸泳撰。

1341 **田家雜占二卷** 抄本。

---

① 見第1166條。

② 見第1170條。

③ 見第1164條。

④ 見第1162條。

⑤ 見第1163條。

⑥ 見第1196條。

明婁元禮撰。二書于雨暘水旱之占,鑿鑿言之,皆老農閱歷經驗之言,學稼者宜家守一編。是書亦名《田家五行》,明徐光啓《農政全書》多引其說。

1342 **農説一卷** 抄本。

明馬一龍撰。逐條自爲之注。

1343 **蠶經一卷** 抄本。 已見前。①

1344 **褚氏遺書一卷** 抄本。 已見前。②

1345 **脉經一卷** 抄本。③

唐甄權撰。按:《舊唐書》本傳曰"權,許州扶溝人。嘗以母病,與弟立言專醫方,得其旨趣,撰《脉經》《針方》《明堂人形圖》各一卷"云云。此書載《説郛》中,文祇數頁,而于脉之證驗主治,簡明該括,信非後人所能僞撰。

1346 **析骨分經一卷** 抄本。④

題綏安寧一玉撰。皆言五臟六腑以及骨節精血之所屬,亦頗簡明。

1347 **龜經一卷** 抄本。

不著撰人名氏。按:《唐書·經籍志》有柳彦詢《龜經》三卷,又劉寶真、王弘禮、莊道名、孫思邈諸人所撰《龜經》各一卷,未稔此經爲何人書也。國朝胡煦所撰《卜法詳考》中即全載是書。

1348 **百怪斷經一卷** 抄本。 以上九種共一函,計二册。

宋俞誨撰。曰噴嚏占,曰眼跳占,曰心驚占,曰耳鳴占,曰耳

---

① 見第1194條。

② 見第1195條。

③ 邵懿辰《簡目標注》:"路有鈔本。"

④ 邵懿辰《簡目標注》:"路有鈔本。"

熱占,曰鴉鳴占。

1349 **毛詩草木鳥獸蟲魚疏二卷** 抄本。 已見前。①

1350 **論語筆解一卷** 抄本。 已見前。②

1351 **干禄字書一卷** 抄本。 已見前。③

1352 **字林一卷** 抄本。

晋吕忱撰。按:《隋書·經籍志》書本七卷,此衹作一卷,與《法書要録》《直齋書録解題》所言義例俱不合,疑别爲一書,而托題吕名。或爲吕書後之雜論,不在正書之中邪?其書首曰分毫字辨,次曰音同畫異,次曰音義并同,次曰畫同音異,次曰一字數音,凡五門。吕書久佚,無可校考,姑仍《説郛》所録者録之。然其辨訛訂異,頗有裨于字學。其一字數音者,尤爲精確。

1353 **兩同書二卷** 抄本。 已見前。④

1354 **省心録一卷** 抄本。 已見前。⑤

1355 **陰符經一卷** 抄本。 已見前。⑥

1356 **資暇録一卷** 抄本。 已見前。⑦ 以上八種共一函,計五册。

1357 **名劍記一卷** 抄本。

明李承勛撰。雜記古劍事,五十八條。

1358 **紙箋譜一卷** 抄本。

---

① 見第1158條。

② 見第1157條。

③ 見第1177條。

④ 見第1160條。

⑤ 見第1176條。

⑥ 見第1159條。

⑦ 見第1161條。

元鮮于樞撰。凡四十餘種。

1359 **蜀錦譜一卷** 抄本。 已見前。①

1360 **蜀箋譜一卷** 抄本。 已見前。②

1361 **名香譜一卷** 抄本。

宋葉廷珪撰。此即葉氏《南蕃香録》也,見陳氏《解題》。

1362 **促織志一卷** 抄本。

明劉侗撰。即所撰《帝京景物略・胡家村》"蟲嬉"一篇,後人録出别行,而題以此名。

1363 **金漳蘭譜二卷** 抄本。③ 已見前。④

1364 **王氏蘭譜一卷** 抄本。 已見前。⑤

1365 **瓶花譜一卷** 抄本。

明張謙德撰。首品瓶,次品花,以及折枝、插貯等事,而終以護瓶。有自序。

1366 **天彭牡丹譜一卷** 抄本。

宋陸游撰。蓋仿歐《譜》而作。一品叙,二釋名,三風俗,凡三篇。

1367 **洛陽花木記一卷** 抄本。 已見前。⑥

1368 **洛陽牡丹記一卷** 抄本。 以上十二種共一函,計二册。

并題鄞江周氏撰。記牡丹共五十餘種,較歐、陸二《譜》有詳

---

① 見第1183條。

② 見第1184條。

③ 邵懿辰《簡目標注》著録作三卷,云:"路有鈔本。"

④ 見第1191條。

⑤ 見第1192條。

⑥ 見第1193條。

無略。合三書觀之,牡丹之事已略具矣。

1369 **唐詩紀事八十一卷** 毛氏汲古閣刻。 二函十六册。

宋計有功撰。字敏夫,宋南渡時人。是書仿孟棨《本事詩》而作,於唐一代詩人或録名篇,或紀本事,兼詳作者世系爵里,凡一千一百五十家。采摭繁富,唐人詩集不傳於世者,多賴是書以存。國朝厲氏《宋詩紀事》即效其例而踵爲之者也。前有自序,又宋嘉定甲申王禧刻是書序。又明毛氏子晋重刻此書,王思任、李穀各有序。末有毛子晋跋。

1370 **松窗雜録一卷** 乾隆己丑陸氏烜《奇晋齋叢書》刻本。

唐李濬撰。所記皆唐代軼事,于明皇爲尤詳。凡十五條。後附物之異聞者二十一事。前有自序,謂"童時所聞,綴成小軸,貯之松窗"云云。前所著録《説郛》本①闕一條,宜删去。

1371 **灌畦暇語一卷** 同上。

不著撰人名氏。據書中所説,蓋元和以後人也。自序"脱謝纓弁。故丘之旁,有地彌甽,甘井在前,不病于汲除,治以蒔蔬。每風日好時,負杖曳履,暫出郊壍。比鄰之人,相與立談,意雖不倫,弃亦可惜,因取而疏之"云云。書中皆自稱曰"老圃"。"唐太宗"一條,獨稱"臣",稱"皇祖",知爲唐人無疑。"蒲且子"一條,稱"近吴道玄亦師張顛筆法"云云,則中唐以後人。其書凡三十二條,乃明李東陽所得殘本而重加料理者。内中"彭寵奴"一條佚其後半,"韓昌黎詩"一條佚其前半,共闕二十八行有奇。末有李東陽跋。

1372 **平巢事迹考一卷** 同上。

題宋人撰。不著名氏。後有陸氏跋,稱爲元人抄本。然明茅

---

① 見第1171條。

元儀曾撰《平巢事迹考》,其文與此正同。元儀以明季流賊猖獗,官兵不能制,因建策,欲用宣大降丁勦之,謂唐黄巢發難時,沙陀五百即能殲其衆,而唐人疑不肯用,迄至亡國,故叙録平巢事迹始末,冀鑒其禍而用己説。其大旨見自序中。此本特削去原序,而僞托宋人,曹溶收入《學海類編》,陸氏又踵而刻入《奇晋齋叢書》,均爲所紿,未曾考校。然則所謂元人抄本,蓋即明人手抄而僞題元人者也。其書載事迹起唐僖宗乾符元年王仙芝作亂,迄中和四年平黄巢,首尾凡十年。

1373 **采石瓜洲斃亮記一卷** 同上。【眉批:又《函海》本。①】

宋蹇駒撰。所記乃紹興辛巳虞允文督師江上,拒破金海陵王之事。

1374 **鶴山筆録一卷** 同上。

宋魏了翁撰。末有悔餘老人跋,稱"竹垞自粤游回,抄此一卷見眎"云云。悔餘老人爲查慎行别號。按:《唐宋叢書》載了翁《經外雜抄》二卷②,文多與此同。

1375 **臨溪隱居詩話一卷** 同上。

已見前本。③"臨漢",此作"臨溪",且跋云"此即錢遵王所藏,《敏求記》所載者。《敏求記》誤刻'漢'字,非見此本,曷由知之"云云。然諸家引用,皆作"漢"字,恐陸爲此本所誤。此書乃其晚節卜居漢上時所作,故曰"臨漢",則非"溪"字明矣。

1376 **北窗炙輠録二卷** 同上。 已見《讀畫齋叢書》。④

---

① 見第 1419 條。

② 見第 891 條。

③ 見第 656 條。

④ 見第 1213 條。

1377 **文山題跋一卷** 同上。

宋文天祥撰。

1378 **遺山題跋一卷** 同上。

金元好問撰。二人題跋,各具本集。特爲摘出,殊無謂也。

1379 **大理行記一卷** 同上。

元郭松年撰。記大理山川風土,頗爲簡略。今雲南大理府治,即其遺地。

1380 **雲烟過眼續録一卷** 同上。

元湯允謨撰。宋周密嘗作《雲烟過眼録》四卷,記所見古器奇玩及書畫,各以所藏之人標目。允謨續之爲此編,凡三十九條。前所列陳眉公校訂本①後亦載湯書,而字畫刊刻惡劣,且時有異同之處,宜以二本互校。

1381 **寓意編一卷** 同上。

明都穆撰。記所見書畫真贋及當時收藏名氏,鑒别頗詳。今人僞作《鐵網珊瑚》,與朱存理書名相同,而假托于元敬,并此書收入,以盈卷帙,遂使真僞相雜,覽者辨之。

1382 **快雪堂漫録一卷** 同上。

明馮夢禎撰。皆記見聞異事,語怪者十之三,語因果者十之六,爲雜家言者十之一。

1383 **筆麈一卷** 同上。

明莫是龍撰。皆隨筆所記,而清言名理亦間見乎其中。後有自跋。

1384 **雲間雜志三卷** 同上。

---

① 見第30條。

題明人撰,而不署名氏。皆記明萬曆以前松江軼事。

1385 **雲南山川志一卷** 同上。 以上十六種共一函,計四册。

明楊慎撰。

以上皆國朝平湖陸烜所刻《奇晋齋叢書》本。前有總序,題乾隆己丑。每一書後皆有自跋,蓋仿毛氏汲古閣刻書之例。共十六種。

1386 **類篇四十五卷** 楝亭曹氏本。 二函十四册。

原題司馬光撰。然書後有附記稱:"寶元三年①學士丁度等奏,今修《集韻》,添字既多,與顧野王《玉篇》不相參協,欲乞委修韻官將新韻添入,别爲《類篇》,與《集韻》相副施行。時修韻官獨有史館檢討王洙在職,治②洙修纂。久之,洙卒,以胡宿代之。宿奏乞掌禹錫、張次立同加校正。嘉祐六年九月,宿遷樞密副使,又以范鎮代之。治平三年,鎮出鎮陳州,又以司馬光代之。時已成書,繕寫未畢。至四年十二月上之。"然則温公于是書特繕寫奏進而已,非所撰也。書凡十五卷,每卷各分上、中、下,爲四十五卷。末三卷爲目録,凡分部五百四十三。編纂之例凡九,見温公自序。

1387 **集韻十卷** 同上。 一函十册。

原題宋丁度等奉敕撰。前有《韻例》,稱:"景祐四年,宋祁、鄭戩等建言:'陳彭年、丘雍等所定《廣韻》,繁略失當。'因詔祁、戩與賈昌朝、王洙同加修定,丁度、李淑爲之典領。"治平四年,司馬光繼纂其職,書成上之,中隔三十一年,則稱度等撰者,非其實也。其書删《廣韻》注文之冗,頗見體裁。而多列重文,雅俗不辨,籀篆兼陳,亦頗蕪雜。凡平聲四卷,上、去、入聲各二卷。

---

① 據《中華再造善本》影印汲古閣影宋鈔本《類篇》書後附記,"三年"當作"二年"。

② 據汲古閣影宋鈔本《類篇》,"治"當作"詔"。

1388 **元和姓纂十卷** 嘉慶七年洪氏刻本。 一函四册。

唐林寶撰。其書久佚,國朝乾隆間修輯《四庫全書》時曾從《永樂大典》中搜録,爲十八卷。此本則陽湖孫淵如先生星衍所另加輯補,而洪氏瑩校刻者也。書本十卷,見林自序。此刻仍之,從其朔也。《唐書》無寶傳,其名見于《藝文志》。《唐會要》訛作王涯撰,則以首有涯序之故。鄭樵《通志》又作"李林寶",則以傳寫李吉甫、林寶二名而誤也。按:吉甫受詔纂修此書,即以屬寶爲之,二十旬而成,故《通志》誤爲"李林寶",而脱"吉甫"二字。其書首列皇族,以下以四聲分隸,凡得姓受氏之初,郡望譜系之源,俱一一詳載其人,而于唐代爲尤詳云。

1389 **古今姓氏書辨證四十卷** 嘉慶七年洪氏刻本。 一函八册。

宋鄧名世撰,其子椿年續成之。紹興時有刊本,久佚不存。其文散在《永樂大典》中,有宣和六年高棐序及乾道四年鄧椿年序。乾隆間國朝開四庫館,乃寫録成編,依《宋志》釐爲四十卷,此本即依寫本刊者。其書以韻隸姓,亦如《元和姓纂》之例,而考訂訛舛,特爲精核。大抵以《左傳》《國語》爲主,自《風俗通》以下各采其是者從之,而於《元和姓纂》抉摘獨詳。又以《熙寧姓纂》《宋百官公卿家譜》二書,互爲參校。始于政和,成于紹興之中。年父子相繼,以就是編,故不似林寶書之動多舛誤也。陽湖孫淵如先生屬洪氏梧瑩之從子。校刻,與《姓纂》相輔而行,爲之序其顛末,并從《玉海》中録出名世自序一篇,冠于前。

1390 **道言十二卷** 無刊刻年月。 一函四册。

題周葵丘辛鈃計然撰,即文子也。《文子纘義》爲宋杜道堅撰,前已著録。① 此本乃明鍾惺所編《合刻五家言》中本,一《道言》,即此書也。二《德言》二卷,爲劉晝《新論》。三《術言》,即《鬼谷子》。四《辨言》,即《公孫龍子》。五爲《文心雕龍》。稱默希子徐靈府、正儀子朱弁、南谷子杜道堅合注。按:《文子纘義》本所載道堅之注已不全,而此本十二篇中乃皆有南谷子注,可寶也,宜互觀之。

民國二十七年四月廿五日録畢,計壹萬貳仟貳佰六拾二字。②

---

① 見第427條。

② 有"邢伯麟手鈔"印。

# 蒲編堂路氏藏書目十三

子端手訂　共書一百五十六種，八百五十九卷，二十二函。

1391 **華陽國志十二卷**　乾隆四十七年綿州李氏調元萬卷樓所刻《函海》本。

晋常璩撰。前列《古今逸史》本①雖有張佳允補録《江原常氏士女志》一卷，而佚去第十卷中蜀中士女五十五人，廣漢士女五十七人，犍爲士女三十人，志贊衹存漢中、梓潼士女二志，而其贊亦佚。蓋原書第十卷又分上、中、下三子目，吴氏《逸史》僅刻十卷之下，而其上、中并削去也。何鏜《漢魏叢書》本亦同一轍。明人刻書好以意爲刊削，新本既行，舊本漸泯，原書幾不可復見，良堪浩嘆。此本爲宋李垕原本。先是元豐中吕大防嘗刻于成都，自爲之序。嗣李垕以吕刻年久刓缺，又博訪善本，兼博采《史》《漢》諸書，互相校訂，于嘉泰甲子刻之，而序其顛末於卷端。顧近來何、吴二本盛行，李氏此刻不絶如縷，國朝乾隆中采輯《四庫全書》，乃據浙江汪啓淑家藏影寫李刻本録以入閣，而刻本則卒未見也。《函海》此本據李雨村附録稱"得之丁氏小山，爲從來未見之足本，即李垕本也，因即以付梓。其偏旁字畫，悉照其舊，不改一字。有與諸刻不合者，則分注于下。卷首冠以吕、李二序。"所謂"諸刻"者，則何鏜《漢魏叢書》本、吴琯《古今逸史》本及劉大昌嘉靖甲子刻本、李

① 見第1016條。

一公天啓丙寅刻本也。并載原序,以便檢查。又附録十九條。其張佳允所補一卷,則何、吴二本具在,可以互觀。

1392 **翼莊一卷** 同上。

晋郭象撰。即其《莊子》之注也。明高犖以其言足以羽翼莊氏,可以獨行天地間,因擇其玄妙者另爲録出,分八十一章,命以此名。

1393 **古今同姓名録二卷** 同上。

梁孝元帝撰,唐陸善經續,元葉森補。其續補者各注明于下。類書之存于今者,莫古于是書。

1394 **心要經一卷** 同上。

經皆梵字,唐釋道㲀以華語譯之,作釋文于旁及注語。字雖可識,而義仍不可解。其大旨謂是經皆諸佛真言神咒,但誦持之,能滅大過,速登聖位。以爲諸佛心心密印之要語,故曰《心要經》,一名《顯密圓通心要集》。每咒各有標題。

1395 **長短經九卷** 同上。此本無注。 已見前。①

此本既不刻注,而于卷首引《四庫總目提要》中僞增"今止刻正文"五字,欲以愚觀是書者,若以爲《四庫》著録本即削去注文也者,則不但作僞,而且誕妄之甚矣。

1396 **説文解字篆韻譜五卷** 同上。

南唐徐鍇撰。以《説文》九千餘字分韻排纂,以便檢尋。凡小篆皆略存注釋,其不注者皆重文。其注"史"字者,籀書;注"古"字者,古文也。前有鍇兄鉉二序。

---

① 見第416、1220條。

1397 **緝古算經一卷** 同上。 已見前。一專行本①,一知不足齋本②。

1398 **主客圖三卷** 同上。

唐張爲撰。所謂主者,白居易、孟雲卿、李益、鮑溶、孟郊、武元衡六人,皆有標目。餘如有升堂、入室、及門之殊,所謂客也。其例仿鍾氏《詩品》而作,而宋人詩派之説,即開于此。其序例大略,見計敏夫《唐詩紀事》第六十五卷中本人條下。

1399 **續孟子二卷** 同上。 已見前。知不足齋本。③

1400 **伸蒙子三卷** 同上。 已見前。知不足齋本。④

1401 **素履子三卷** 同上。 已見前。抄本。⑤

1402 **廣成子解一卷** 同上。

宋蘇軾撰。取《莊子》中"黄帝問道于廣成子"一章,爲之解。

1403 **蜀檮杌二卷** 同上。

宋張唐英撰。據《前蜀開國記》《後蜀實録》二書,仿荀悦《漢紀》之體,編年排次。于王建、孟知祥前後據蜀事迹頗爲詳備。歐《五代史》于二蜀《世家》删削太略,此可補其所遺。前有自序,謂取楚史之名,以爲記惡之戒,故以"檮杌"名其書。

1404 **寶藏論一卷** 同上。

唐釋僧肇撰。凡三篇,曰廣照空有品,曰離微體净品,曰本際虚玄品。文頗矯辯。

---

① 見第 216 條。

② 見第 801 條。

③ 見第 681 條。

④ 見第 682 條。

⑤ 見第 621 條。

1405 **金華子雜編二卷** 同上。 已見前。讀畫齋本。①

1406 **鄭氏古文尚書證訛十卷** 同上。

漢鄭康②成注,宋王應麟集,而李調元爲之復校。

1407 **易傳燈四卷** 同上。

是書諸家書目均未見著録,惟《永樂大典》載之,題曰徐總幹撰,不著其名。惟卷首有宋寶祐丁巳徐子東序,稱"先君總幹紹興初師東萊吕先生,因見壁間《伏羲先天八卦圖象》,遂篤志學《易》"云云。

1408 **敷文鄭氏書説一卷** 同上。

宋鄭朴撰。凡二十九條,此本缺頁,失去二條。條各標目。皆摘其大端而論之,于經世立教之義,多所闡發。

1409 **洪範統一一卷** 同上。

宋趙善湘撰。其説以皇極爲九疇之統,故名"統一"。前有開禧三年自叙。

1410 **孟子外書四卷** 同上。 已見前。抄本。③

1411 **蘇氏演義二卷** 同上。

唐蘇鶚撰。考究書傳,訂證名物,有益見聞。崔豹《古今注》、馬縞《中華古今注》二書乃多與此相出入。

1412 **考古編十卷** 同上。

宋程大昌撰。考辨經史,援據該博,與所作《演繁露》一書均爲考據之淵藪。

---

① 見第1208條。

② "康"原誤作"唐",今正。

③ 見第622條。

1413 **唐史論斷三卷**

宋孫甫撰。甫以劉昫《唐書》煩冗,疏略多失體裁,乃改用編年體。創始於康定元年,成于嘉祐元年,勒爲《唐紀》七十五卷。其間善惡分明可爲勸戒者,各繫以論,凡九十二篇。甫没後,《唐紀》宣取留禁中。其從子察嘗録副本遺司馬光,世亦罕傳,惟《論斷》獨行。紹興二十七年,嘗鏤板于劍州。後遭火毁廢,端平乙未,黄準復刻于東陽。今此本前有甫自序,後有司馬光跋,曾鞏、歐陽修所作墓志、行狀及東坡答李廌書,張敦頤後序。又劍州學雕板申送牒文,黄準重刻書後。按:原九十二篇,此刻祇八十八篇,又佚去十篇。

1414 **烏臺詩案一卷**

宋朋九萬編,即東坡御史臺獄詞也。陳直齋《書録解題》稱:"九萬録東坡下御史獄公案,附以初舉發章疏及謫官後表章、書啓、詩詞。"今此本①但冠以章疏,而無謫官後表章、書啓、詩詞,則非當時足本矣。

1415 **藏海詩話一卷** 已見前。知不足齋刻本。②

1416 **益州名畫録三卷** 已見前。單行本③,又《唐宋叢書》本④。

前二本皆有缺,如中卷"黄居寀"條僞學士徐光溥《秋山圖歌》一篇、"真二十二處"所列《杜相國》等真及下卷"禪月大師"條僞翰林學士歐陽炯《禪月大師應夢羅漢歌》一篇,二本皆不載。又卷尾《重寫前益州五長史真記》,亦削去。此獨完善可貴。明人刻

---

① "本"原誤作"今",《四庫全書總目》云"此本但冠以章疏",據改。

② 見第767條。

③ 見第223條。

④ 因重複未著録,説見第935條。

書往往以意刪削，殊爲可恨也。

1417 **山水純全集一卷** 《畫苑補益》有前序，宜補録。

宋韓拙撰。原本十篇，今佚其一。拙爲宣和間畫院人，故所論多主于格律。後有宣和辛丑夷門張懷後序，稱公“自紹聖間擔簦之都下進藝，爲都尉王晋卿所愜，薦於今聖藩邸，繼而上登寶位，授翰林書藝局祇候，累遷爲直長秘書待詔，今已授忠訓郎”云云。

1418 **月波洞中記一卷**

按：是書見於《通志·藝文略》，作一卷，稱：“老君記于太白山月波洞，凡九篇。”晁氏《讀書志》亦載此書一卷，序稱：“唐任道遥得之太白山月波洞石壁上，凡九篇，相形術也。”與《藝文略》所記合。而術家罕有徵引者，蓋流傳未廣也。明《永樂大典》中載之，《四庫全書》本即據以入録，分爲二卷，并有原序一篇，稱：“老君題在太白山鴻靈溪月波洞中七星南龕石壁間。”其説與《通志》合。而不及任道遥之名，則又非晁氏所見之舊本矣。又序末題“赤烏二十年”，按赤烏爲孫吴年號，而序中乃言鍾、吕二真人，吕爲洞賓，乃唐人，何由三國時即預知之？且赤烏紀號盡十三年，又安得有二十年？然則此書其爲不學之徒依托附會，確然無疑。惟其九篇之中所論相法，文尚古奥，非後來術藝家所能，則此書當爲唐宋間人所撰。又此本前題“吴張仲遠傳本，宋潘時竦刊行”，後又有政和四年六月將仕郎充高郵軍學教授潘時竦校正一條。赤烏之紀年既有差爽，則吴之張仲遠亦不可馮信，惟宋之潘時竦尚堪存其説耳。九篇之名，自《仙濟》至《玉枕》是也。《函海》此刻，又缺一篇。第三、第四二頁乃并作一頁，則所缺當即在此。九篇之後，疑爲術家所附益。《四庫》本析作二卷，此仍作一卷。

1419 **采石瓜洲記一卷** 已見前。奇晋齋刻本。①

1420 **産育寶慶集方二卷**

不著撰人名氏。凡二十一篇。初但有論而無方,宋醫學教授郭稽中爲時良醫,始以方附諸論末。婺醫杜莜又增以陳言《三因方》所評,附入各條之下。後趙瑩得《産乳備要方》,又增以楊子建《七説》,合於《産論》爲一集。有龔致君者又掇取御藥院雜病方論,及陰陽、通忌之類綴于末。蓋成于衆人之手,而書名則未改其舊也。其書世罕傳本,惟《永樂大典》載之,此本即從中搜輯者。上卷凡論二十一,陳言評十六,方三十四。下卷爲《産乳備要》暨妊娠調養法、經氣調治法,爲方六十二。前有劉四垣、趙瑩、龔致君、李師聖諸人序,又寓齋老人序。后有王晋書後。

1421 **顱顖經一卷**

不著撰人名氏。惟《宋史・志》有"師巫《顱顖經》二卷"。今此書序文稱"王母金文,黄帝得之升天。秘藏金匱,名曰《内經》,百姓莫可見之。後穆王賢士師巫于崆峒山得而釋之"云云,所言"師巫"與此《宋史・志》合,當即此書。其書專論治小兒,爲幼科諸家之祖。其名"顱顖"者,案首骨曰顱,腦蓋曰顖。小兒初生,顱顖未合,證治各別,故取以名其書。首論脉候;次論受病之本與治療之術;次論火丹證治,分列十五名目;次論治雜證。

1422 **出行寶鏡一卷**

不著撰人名氏。據卷首序云"《寶鏡圖》一帙,乃諸葛武侯所著,于南山黄叢老人所傳。其書自甲子至癸亥凡六十日,日繫十二時,每日立一局,以八卦定方向,以本日九星所直中宫爲主,外

---

① 見第1373條。

八星分布八門,以星定吉凶日,以時分休咎。用之出師行軍奇驗,百無一失”云云。又云:“得本朝狄將軍家藏善本,如獲拱璧,命吏楷録,因名爲《出師寶鏡圖》。”按:所謂狄將軍,疑即狄武襄。此書殆宋人所撰,而妄托名孔明也。首指掌圖,次八門圖,次自甲子至癸亥逐日圖。末附録楊救貧百事忌日。

1423 **翼玄十二卷**

宋張行成撰。自序:“子雲作《太玄》,後世之士好之者少,排之者衆,豈非《玄》學深奥,通之者難乎? 輒拾其遺意,委曲解釋,以明律曆之原,以探用數之旨,并取晁説之《星紀譜》而是正之,命曰《翼玄》。”

1424 **芻言三卷**

宋崔敦禮撰。上卷言政,中卷言行,下卷言學,凡三百有五篇。自序:“言語簡樸,不知緣飾,有如芻蕘之言,故以名書。”

1425 **常談一卷**

宋吴箕撰。大抵多評隲史事,而亦間及于考證。原本久佚,此乃從《永樂大典》録出者,遂得復傳于世。凡一百餘條。

1426 **靖康傳信録三卷**

宋李綱撰。叙金人犯闕事。題“靖康二年丁未二月”。前有總序。

1427 **淳熙薦士録一卷**

宋楊萬里撰。乃爲吏部郎中時上宰相王季海薦士手册,首以朱子爲第一,其餘亦各有評論,言簡而該,即今薦官考語之祖。凡六十人。

1428 **江南餘載二卷** 已見前。知不足齋本。①

1429 **江淮異人録二卷** 已見前。知不足齋本。②

1430 **青溪弄兵録一卷**

宋王彌大編。記宣和中方臘寇睦州事,分前後二篇。前篇從方勺《泊宅編》第五卷中録出,後篇從《續會要》二百五十三卷《出師》門中録出。二篇後皆有自識,稱"嘉泰元年在金陵時命表侄陳知新録之,以備參考",非自撰也。青溪縣即今浙江淳安縣,宋屬睦州。

1431 **張氏可書一卷**

宋張知甫撰。原本久佚,《永樂大典》中載之,此即據以録出傳世。知甫生北宋末年,猶及見汴都全盛,故于徽宗時朝廷故事記載特詳,蓋亦孟元老《東京夢華》之類。

1432 **珍席放談二卷**

宋高晦叟撰。所謂北宋舊聞,上自太祖,下迄哲宗,于朝廷制度沿革、士大夫言行得失言之頗詳。原書久佚,此亦録自《永樂大典》者。

1433 **鶴山筆録一卷** 已見前。奇晋齋刻本。③

1434 **建炎筆録三卷**

宋趙鼎撰。敘建炎中金人南侵車駕播遷時事及諸所上疏議。亦名《己酉筆録》,以建炎三年歲在己酉也。

1435 **辨誣筆録一卷**

前人撰。

---

① 見第691條。

② 見第699條。

③ 見第1374條。

1436 **家訓筆録一卷**

前人撰。

1437 **舊聞證誤四卷**

宋李心傳撰。駁正宋代私史之訛,皆前列原文,後加考證。心傳所作《建炎以來繫年要録》于諸書訛異者皆隨事辨定,故此所辨者北宋之事爲多。

1438 **建炎以來朝野雜記四十卷**

宋李心傳撰。取南渡以後事迹,分門編類,分甲、乙二集,各二十卷。甲集分上德、郊廟、典禮、制作、朝事、時事、故事、雜事、官制、取士、財賦、兵馬、邊防十三門。乙集少"郊廟"一門,而末卷增"邊事"一門,餘同甲集,亦十三門。雖以"雜記"爲名,其體例實同會要。心傳曾撰《建炎以來繫年要録》二百卷,以備紀傳之取材,此則備表志之取材,二書蓋相爲經緯者也。甲集成于嘉泰二年,乙集成于嘉定九年,前各有自序。二集共六百有五事。

1439 **州縣提綱四卷**

原本題宋陳襄撰,蓋據楊士奇《文淵閣書目》所題也。然書前有元吴澄序,但言"吾鄉姜曼卿録事任于閩,忍貧自潔。前修所編《州縣提綱》一書,手之不置"云云,不言爲某人所撰,蓋澄别有見,知非陳襄,而亦不能確指其人,故渾言之耳。其書論州縣莅民之方,極爲詳備。于防奸剔弊之道,尤爲抉摘明悉。而首卷推本于潔己守身,深得修正之要,非整躬率物、究心吏事者不能。

1440 **諸蕃志二卷**

宋趙汝适撰。乃其提舉福建路市舶時所作。于時宋已南渡,諸蕃惟市舶僅通,故所言皆海國之事,《宋史·外國列傳》多引用之,于風土、物産叙述甚詳。上卷志國,凡五十有一;下卷志物,凡四十七種，又海南瓊州、昌化、萬安軍諸種類及所産物貨。

1441 **省心雜言一卷** 已見前。抄本。①

前録抄本係抄自《説郛》。《四庫書目提要》云"《説郛》録其數條"，今《説郛》本乃一百七十餘條，雖非全帙，然已得其十分之八。《提要》指爲數條，應由未嘗細數也。此《函海》本即據《永樂大典》本傳録者，共二百二十餘條，爲宋時槧本全帙。前有祁寬、鄭望之、沈濬、汪應辰、王大寶五序，後有馬藻、項安世、樂章三跋，并有邦獻孫岐岡及四世孫景初跋三首，皆謂此書邦獻所作。岐岡且言曾見手稿，不誣，則宋時臨安刊本題爲林逋撰者，誤也。《説郛》本題作林逋，殆即因宋本而沿其訛。或又以爲尹焞撰，或又以爲沈道原撰，皆傳聞之訛也。

1442 **三國雜事二卷**

宋唐庚撰。雜論三國之事，凡三十六條，瑕瑜參半。原本前有自序一篇，此本佚去。

1443 **三國紀年一卷**

宋陳亮撰。大旨主於右漢而貶魏、吴，故蜀皆稱漢。名爲紀年，實史家論斷之體。前有自序。

1444 **五國故事二卷** 已見前。抄本②，又知不足齋本③。

1445 **東原録一卷**

宋龔鼎臣撰。辨訂經史，考論訓詁，多爲確當。兼記軼事，亦多有資於掌故。惟解經好立新義耳。

---

① 見第1176條。

② 見第616條。

③ 見第696條。

1446 **肯綮録一卷**

宋趙叔向《四庫》著録本作"叔問"。撰。自號西隱埜人。自序:"讀書有疑誤,隨即記之。殆是眉山先生《羊骨帖》所謂'終日摘剔,僅銖兩于肯綮之間'者,因以名書。"凡三十四條。

1447 **燕魏雜記一卷**

宋吕頤浩撰。所論皆燕魏間雜事,蓋當時路途所經,隨筆記之,如余嶸之《使燕録》、范成大之《攬轡録》之類。

1448 **夾漈遺藁三卷**

宋鄭樵撰。凡詩五十六首,文七篇。漁仲在南宋稱爲博洽,而文章則不甚著名,此集蓋亦掇拾之本也。

1449 **龍龕手鑒四卷**

遼僧行均撰。以偏旁分部,部首之字以四聲爲次,部中之字亦各以四聲爲次。每字之下,詳列别體。于《説文》《玉篇》之外,多所搜輯,并佛經之字亦所不遺,網羅可云繁富。前有僧智光統和十五年丁酉序。

1450 **雪履齋筆記一卷**

元郭翼撰。乃其江行舟中所記,隨手雜録。而于經史疑義,頗有考證。翼字羲仲,崑山人,自號東郭生,因以東郭先生故事名其齋曰雪履。按:東郭先生待詔公車,衣敝,履不完,行雪中,履有上無下,足盡踐地,見《史記·滑稽傳》。

1451 **日聞録一卷**

元李翀撰。原本久佚,此從《永樂大典》傳抄者。其書多考究掌故,略如《獨斷》《古今注》之體,亦間及元代雜事。

1452 **鳴鶴餘音一卷**

題元虞集撰。前有集序,稱"全真馮尊師得仙學,所賦歌曲高潔雅暢，最傳者《蘇武慢》二十篇，會稽費無隱獨善歌之。余山居，每登高望遠，則與無隱歌而和之。無隱曰：'公當爲我更作十篇。'居兩年，得兩篇半。昭陽協洽之年，長兒之官羅浮，余與客泛舟送之，遇風雪，清夜秉燭，危坐高唱，二三夕間，得七篇半。每一篇成，無隱即歌之。明春，舟中又得二篇，并《無俗念》一首。後三年，仙游山彭致中取而刻之"云云。凡《蘇武慢》詞十二首，又《無俗念》詞一首，後附録馮尊師《蘇武慢》詞二十首。又考《四庫附存書目》，有《鳴鶴餘音》八卷，稱"仙游山道士彭致中編，采輯唐以來羽流所著詩餘，至元而止，所録多方外之言"云云。彭致中與集同時，則爲元人無疑。其編刻詩餘，亦與集序相符。但同一命名，而此則但爲集及馮尊師之詞，不及元以前羽流之作，殆致中先刻集詞，而後采輯唐以來諸羽流之詞，合爲一編，仍其名曰《鳴鶴餘音》。否則致中先爲《鳴鶴餘音》之八卷，而復采集此詞附于其中。故八卷之本與此一卷之本各自别行也。

1453 **吴中舊事一卷**

元陸友仁撰。記吴中軼聞舊迹，以補地志之闕者。有自序，稱一百餘事，此衹存九十三條。

1454 **中麓畫品一卷**

明李開先①撰。字伯華，號中麓，好蓄書畫。此《品》乃仿謝赫、姚最之例而爲之者，于明一代之畫分爲五品。前有自序，後有後序，又楊道、胡來貢、華夏靖、張祉跋。

1455 **卮辭一卷**

明王禕撰。雜論處世爲治之理，間用喻語，取"卮言日出"之

---

① "先"原誤作"元"，今正。

義名之。曹溶摘入《學海類編》中,題曰《華川卮辭》。

1456 **升庵經説十四卷**

明楊慎撰。《千頃堂書目》作八卷,非完帙也。此爲焦弱侯刊本,作十四卷。凡説《易》二卷,説《書》一卷,説《詩》三卷,説《春秋》三傳二卷,説《禮記》一卷,説《大學》《中庸》一卷,説《周禮》一卷,説《儀禮》一卷,説《論語》一卷,説《孟子》《爾雅》共一卷。

1457 **檀弓叢訓二卷**

明楊慎撰。采鄭、孔、賀、陸、黄、吴諸家注義,以補陳澔《集説》所未備,故以"叢訓"名。前有自序,後有永昌張含跋。

1458 **世説舊注一卷**

前人撰。自序"劉孝標注《世説》,經劉須溪删改,可惜。孝標全本,予猶及見之,今摘其一二,明廣異聞"云云。祇十五條。

1459 **山海經補注一卷**

前人撰。共一百七條。

1460 **莊子闕誤一卷**

前人撰。取諸家藏本以補正世行《莊子》本之闕誤,凡三百三十餘字。

1461 **藝林伐山二十卷**

前人撰。皆雜論經史,考訂名物之文。

1462 **古雋八卷**

前人撰。皆其讀諸子書時摘録古雋之語以備觀覽者,與馬總《意林》大略相同。但《意林》祇摘其句,此則全引其文,一篇一段,皆有始終,爲例又殊。所出之書,亦各附注于下。

1463 **謝華啓秀八卷**

前人撰。雜采經子中語,加以鎔冶陶鑄,裁對成文。自二字、三字以至八字、十字,以備詞章之用。取《文賦》之語以名之,即昌黎所謂"陳言務去"之意。

1464 **哲匠金桴五卷**

前人撰。采摘漢魏以後詩賦雋句,分韻編録,而注作者姓名于下。

1465 **均藻四卷**

前人撰。乃《韻府群玉》之類。以許氏《説文》中無"韻"字,小學家以"均"字代之,故假借其字,即《韻藻》也。所出之書,各注于下方。

1466 **譚苑醍醐八卷**

前人撰。與所撰《丹鉛録》《藝林伐①山》及《經説》②《詩品》諸書多相出入,李氏因舉與諸書複出者,汰其文,而仍存其目,下注"已見某書"云云,以便互閱。故原書九卷,而此節去一卷,存八卷。其曰"醍醐"者,自序著書"如從乳出酪,從酪出酥,從生酥出熟酥,從熟酥出醍醐",蓋晚年所得愈精之意也。

1467 **轉注古音略五卷**

前人撰。大旨謂《毛詩》《楚詞》皆有叶韻,其實不越保氏轉注之法。轉注者,一字數音,必展轉注釋,而後可知也。今人但知叶韻而不知原于轉注,是猶知二五而不知十,故作是編。詳于經典,略于文集,詳于周漢,略於晋以下,廣爲徵引,故名曰《古音略》。

1468 **古音叢目五卷**

前人撰。

---

① "伐"原誤作"代",今正。

② 《經説》原誤作《説經》,今正。

1469 **古音獵要五卷**

前人撰。

1470 **古音附録一卷**

前人撰。

1471 **古音餘五卷**

前人撰。以上四書體例皆同,用吴棫《韻補》之例,以今韻分部,而古韻之相叶者分隸之。

1472 **奇字韻一卷**

前人撰。取字之不經用者,皆以韻隸之,而注音義于下。

1473 **古音略例一卷**

前人撰。取《易》《詩》《禮》《莊》《荀》《管》《楚詞》中有韻之文,略爲標例,以明古音。

1474 **古音駢字五卷**

前人撰。采群書中字之相通而互用者,爲此編,以補《説文》《玉篇》之闕。

1475 **古音複字五卷**

前人撰。取群書及詞賦中連用之字,以韻隸之,各注所出及音義于下。

1476 **希姓録五卷**

前人撰。取古人姓氏之罕見者,以韻隸之,而齊其上一字或中一字。

1477 **升庵詩話十二卷補遺二卷**

前人撰。何宇度《益部談資》載《升庵詩話》四卷、《補遺》二,黄虞稷《千頃堂書目》所載相同,皆未見足本也。此爲明焦弱侯藏本,凡十二卷,李雨村即據以付梓。後又得《詩話補遺》三卷,乃升庵先生謫戍雲南永昌時所作,其門人曹命、楊達之編次者也。李氏因擇其與焦氏本複出者,皆按次標注于各段之下,不復重刊。其焦氏本所無者,編爲二卷,附于十二卷之後。按《四庫書目》僅列升庵先生《詩話補遺》三卷,而不及其正本之十二卷,知當時采輯搜羅尚多遺珠。李氏此刻洵堪寶矣。升庵先生學有根抵,兼富詞章,故所論著爲明一代巨擘①。雖就中不無穿鑿舛錯之處,然即此《詩話》而論,固已遠出瞿佑、都穆等作之上矣。

1478 **升庵詞品六卷拾遺一卷**

前人撰。選梁、唐、五代及宋以來諸人之詞,略加辨晰。凡曲名所由始、流品所自分,亦間爲詮釋。

1479 **墨池瑣録二卷**

前人撰。皆其論書之語,頗抑顏真卿、米芾,而推重趙孟頫爲得晋人書法。原本四卷,焦弱侯并爲二卷。

1480 **法帖神品目一卷名畫神品目一卷**

前人撰。神品法帖凡古篆十四種,秦十一種,漢十一種,三國五種,晋五種,南北朝三種,雜帖四十二種,帝王帖十一種,右軍帖十六種,淳化帖二十六種,各注其地,亦間注書人名氏,而例頗爲蕪雜。如既以時代分,而吴大帝刻字不繫之三國,舜井斷碑不繫之秦,孫文度碑不繫之晋,統以雜帖目之;既以帝王分,而唐武后蚤春夜宴詩繫之帝王,唐武則天書明果寺額又繫之雜碑;右軍書既自爲一類,而周處碑、西平將軍墓銘、定水寺題又繫之晋。雜亂無章,殊不可解。《名畫目》一卷,亦係隨筆記録,與《法帖目》同,凡一百六十餘圖,且所載帖畫多已湮滅,先生安得盡睹而品評之?

---

① “擘”原誤作“臂”,今正。

然則所列之目,虚者半,贋者又半矣。

1481 **書品一卷畫品一卷**

前人撰。《書品》凡四十三條,《畫品》凡六十條。雖以品名,實皆雜論書畫之言,不分品格。

1482 **金石古文十四卷**

前人撰。取所見金石刻古文,裒爲此編。列原文于前,而間加考訂于下。其無考訂者,乃十之六七。其意殆主于存古文,故不以考訂爲事也。就中訛以沿訛之處,不一而足。

1483 **古文韻語一卷**

前人撰。采輯古人占繇、銘識、贊祝之詞爲此編。以其皆有韻之文也,間加音釋于下。

1484 **石鼓文一卷附録一卷今文二卷**

前人撰。岐陽石鼓,字畫刓缺,多不可讀。其可讀者亦多奇文奥字,猝不可識。宋潘迪曾作音訓,薛尚功、鄭樵二家又各有音釋,短長互見。升庵因就李文正舊藏東坡本重爲録出,以正潘、薛、鄭三家之本。鼓凡十,爲詩十章,總六百五十七言。次爲《附録》一卷,則韋應物、韓退之、蘇子瞻、唐愚士、李文正諸人石鼓歌也。次《今文》二卷,則釋音也。李文正即李東陽也。

1485 **風雅逸篇十卷**

前人撰。自序:"録中古先秦歌詩,楚鳳魯麟,風之逸也;堯衢舜薰,雅之逸也。曷以謂之逸?以外三百篇,皆逸也。因博采諸書,録黄帝《彈歌》至伯夷《薇歌》爲第一卷;琴操、歌謡、詞曲三十篇①爲第二卷;《石鼓詩》十章爲第三卷;逸詩篇名斷章存者十篇,

---

① 據《函海》本原序,"三十篇"當作"三十一篇"。

有句亡篇名者四十四條爲第四卷；經傳所載孔子歌辭及諸事涉孔子者廿二篇爲第五卷；魯、衛、齊、晋諸國君臣民庶雜歌謳曲爲第六卷；古諺、古語及野語、俗語爲第七、第八兩卷①；荀卿詩辭及蘇秦《上秦王詩》爲第九卷；葛天氏八闋，訖于師延滌角，有篇目逸其辭，而存其名義者，爲第十卷。"後有韓奕正德戊寅序。

1486 **古今風謡一卷**

前人撰。首堯時康衢童謡，迄于正德、嘉靖初童謡，彙爲一編。

1487 **古今諺一卷**

前人撰。

1488 **俗言一卷**

前人撰。乃考訂俗語之原本經傳者，又采取諸書所載方言，皆注其出處。

1489 **麗情集一卷庡集一卷**

前人撰。取古之名媛故事，間加考證，以陸機《文賦》有"緣情靡麗"之句，故以名之。庡，古"續"字。二集所載衹二十七條，殊多挂漏，疑先生未成之書也。

1490 **墐户録一卷**

前人撰。多名物訓詁以及詩詞雜事。取《詩》"塞向墐户"之語以名其書，蓋記其著書之歲月也。

1491 **雲南山川志一卷** 已見前。奇晋齋刻本。②

1492 **滇載記一卷**

前人撰。是書爲謫戍雲南時所作，統紀滇域原始及各部姓

---

① 據《函海》本原序，"第六卷"當作"第六、第七卷"，"第七、第八兩卷"當作"第八卷"。

② 見第1385條。

種類。

1493 **丹鉛雜録十卷**

前人撰。與前所列《丹鉛總録》①多有重複者。按:先生別有《餘録》《續録》《摘録》《要録》《閏録》《别録》《贅録》諸書,皆以"丹鉛"名,今皆不得見。而此二録之中,已不免彼此互見,想諸録亦復如是。蓋著述既多,則參錯舛互勢所不免也。大要率皆考證之語。

1494 **異魚圖贊四卷**

前人撰。魚三卷,共八十七種,爲贊八十六首,又總贊一首。附《海錯》一卷,共三十五種,爲贊三十首。或述成製,或演新文。贊下皆詮釋名義,略形崖略。舊有圖,此本佚之,且佚其前序。後有自跋。

1495 **玉名詁一卷**

前人撰。取字之有玉偏旁者,皆訓詁之。凡七十七字。

1496 **升庵年譜一卷**

國朝綿州李調元撰。調元刻《函海叢書》,于蜀中諸名人著作尤刻意搜羅,故升庵著作刊刻者最多。除《文集》、《詩集》及《丹鉛總録》别有刊本外,其他所見足本靡不收入,自《經説》至《玉名詁》共四十二種,而撰《年譜》殿于後。

1497 **異魚圖贊補三卷**

國朝胡世安撰。是書補楊氏所未贊,凡魚類一百五十四種,爲贊五十七首;海錯類三十八種,爲贊二十八首。其子璞及門人雷琯等共加箋釋之。按:世安所撰又有《閏集》一卷,凡魚三十餘種,乃别録非常之魚,恍惚不盡可馮者。此本有目而無書,殆刷印

---

① 見第146條。

裝訂時佚之也,應補求之。

1498 **大學古本旁注一卷**

明王守仁注。

1499 **易古文三卷**

李調元輯。

1500 **尚書古文考一卷**

日本山井鼎撰。嘗著《七經孟子考文》,中有《尚書古文考》一卷,乃采之金石篆隸各書有關于《尚書》者,纂而輯之,分篇摘録,并注今文于下。

1501 **詩音辨三卷**

明楊貞一撰。

1502 **左傳事緯四卷**

國朝馬驌撰。取《左傳》事迹類分爲一百八篇,此本僅有八十八篇。而各繫以論斷。按:原書十二卷,此衹四卷,非完書也。

1503 **左傳官名考二卷**

李調元輯。

1504 **春秋三傳比二卷**

前人輯。取三傳字之互異者,并列之。

1505 **周禮摘箋五卷**

前人撰。以馬、鄭作傳注,摘取注中與經文互異之字而箋之。

1506 **儀禮古今考二卷**

前人撰。秦火暴興,經籍燔滅。漢時魯人高堂生爲博士,傳《儀禮》十七篇,是爲今文。至武帝末,魯恭王壞孔子宅,得①亡《儀禮》

---

① "得"原誤作"德",今正。

五十六篇，字皆用篆書，是爲古文。古文十七篇與高堂生所傳者同，而字多不同。其餘三十九篇，絶無師説。鄭康成注《儀禮》時，以今、古二字并之，或從今，或從古，各從其長。若二字俱合義者，則兩從之。是今之《儀禮》乃古、今文互出之雜本。調元以爲《儀禮》乃古《禮經》，當從古文，不當從今文。蓋今文出于傳，口授或訛，而古文出于篆，原本猶存。乃博采群書，摘古、今文之參互者，詳加箋校，以補注疏之闕，以釋從今之非，是亦朱子古禮經《通解》之意也。

1507 **禮記補注四卷**

前人撰。明以來諸經皆用古注疏，惟《禮記》用陳澔《集説》。胡廣等修《五經大全》，《禮記》亦以澔注爲主，用以取士，遂誦習相沿。蓋鄭注簡奥，孔疏典贍，皆不似澔注之淺顯。宋代説《禮》者莫善於衛湜，而卷帙繁富，亦不似澔注之簡便。故明代以來，相沿習之。調元以澔注穿鑿附會，兼多挂漏，乃博采説《禮》諸家，爲之補注于上方，以備參考。合之各得若干條，因集爲四卷。

1508 **月令氣候圖説一卷**

前人撰。首列中星氣候圖，次自大寒後立春至小寒後大寒，凡一歲二十四氣、七十二候，皆按《月令》分之。

1509 **夏小正箋一卷**

前人撰。《夏小正》自傳崧卿撰《戴氏傳》四卷外，又有徐世溥①之解、黄叔琳之注、諸錦之詁，調元以舊注多苦穿鑿，且多舛訛脱漏，又經、傳有合爲一行而不分者，有經大書而傳小書者，亦無定本。因遵《永樂》副本，經文頂格而傳空一字之式，去舊注之繁蕪，約爲之箋。

---

① “溥”原誤作“傳”，今正。

1510 **十三經注疏錦字四卷**

前人撰。摘録《十三經注疏》中新奇字句可以用于詞賦者,爲此書。

1511 **卍齋璅録十卷**

前人撰。皆考訂字學之説。其以卍名齋者,自序:"書齋輒作卍字窗櫺,障以碧紗,爲其宛似古文,而因以名齋。"按:卍字始見於釋藏中,謂佛再世生,胸前隱起卍字,文字讀如萬,五代和凝始用以入詩,云"卍字闌干菊半開"是也。

1512 **蜀碑記十卷蜀碑記補十卷**

《蜀碑記》,宋王象之撰。《補》,李調元撰。王象之曾撰《輿地紀勝》二百卷,其書已佚。惟其中《輿地碑目》四卷,後人鈔出别行,《四庫書目》已著録其目。用南宋輿圖,以天下碑刻之目,分郡編次,而各注其年月姓氏于下,兼間爲考證。起臨安,訖龍州,皆南渡後疆域也。調元以象之《碑目》所載東南十六路于蜀刻尤加詳悉,然所摭取尚不無挂漏,且郡縣皆沿南宋舊名,與今之分置沿革迥異,閲之不免眩目,因于其碑目中摘出在蜀者,另爲録出,名曰《蜀碑記》。注文一仍其舊,而郡縣則改標今名,以便檢閲。另録象之《碑目》原本次序及州郡舊名于前,以存其舊,析爲十卷。復以己所得者爲《蜀碑記補》十卷,凡王本所未有而新增入者曰"補",王本所已有而復加釐訂者曰"考",一遵本朝郡縣名標之,而蜀之金石已大略萃具于是矣。按:原序稱以王所得者列于前,爲上卷;以己所得者列于後,爲下卷,共合爲十卷云。今所刻乃各爲十卷,與序所言不合,故著録卷數仍從所刻列卷。

1513 **蜀語一卷**

明遂寧李實撰。取其鄉之方言而爲之音釋,猶之毛奇齡《越語肯綮録》也。

1514 **諸家藏書簿十卷**

李調元輯録。仿周密《雲烟過眼録》之例而爲之。但周書乃記己所目睹之物，此則從卞永譽《式古堂書彙考》中摘取公私藏本彙録，不必皆己所藏所見也。又按：李氏輯録有《諸家藏畫簿》十卷，與此同。今此卷首係《藏畫簿》之序，而書乃爲《藏書簿》，應由裝訂刷印時遺之也。

1515 **博物要覽十二卷**

國朝谷泰撰。自鼎彝雜器以及金銀、珠玉、犀象、木石、香錦之類，分類志之。凡名目、出産、品第，各爲標注，惟不注明所引之書耳。

1516 **金石存十卷**

國朝趙揩①撰。别號鈍根老人。取鼎銘碑刻之屬，上自周秦，下迄宋元，凡所目睹者具列原文于前，而附辨證于下。自第一卷至第五卷爲篆，自第六卷至第十卷爲隸，考據頗爲詳明。

1517 **通俗編十六卷**

國朝翟顥撰。皆雜論考訂之語。以其通于方言，故曰俗。

1518 **南越筆記十六卷**

李調元撰。乃其乾隆丁酉視學粤東所作，于山川、風俗、氣候、物産，分條叙述，極爲纖悉，可補《南越志》《嶺表録異》諸書之闕。粤東爲漢時南越地，故名。

1519 **賦話十卷**

前人撰。亦其在粤時與諸生論賦之語。

---

① 《金石存》爲清吴玉搢撰，李調元《函海》本誤作"趙揩"，路氏仍之。

1520 **詩話二卷**

前人撰。

1521 **詞話四卷**

前人撰。

1522 **曲話二卷**

前人撰。

1523 **六書分毫二卷**

前人撰。取六書中之形聲相近者,各加音注,以便初學。分爲三等,曰形似而音義各别,曰音似而形義各别,曰形異而音義相同。

1524 **古音合二卷**

前人撰。取字之一字數音者,各加音釋。自一字二音以至一字七音,共分二卷,頗爲精賅。

1525 **尾蔗叢談四卷**

前人撰。取所目睹耳聞奇異之事,分條記之。自序比於《續①齊諧記》。共一百三十五條。其曰尾蔗者,昔人謂蔗自尾倒嘗,漸入佳境,此書之味似之,故名其書。多叙明末國初時事,"獻賊降生"一條尤爲詳細。

1526 **奇字名十二卷**

前人撰。取天文地理、鳥獸蟲魚以及草木花果之屬,凡其字之奇而名之不恒見者,依類録之,爲門八十有二,各注所出之典,并加音釋,頗爲奥博。按:原書十二卷,此衹十卷,佚其二卷。其馬牛、羊犬、豕鼠、蟲龍、蛇魚、水族、木草、藥花、穀麥、瓜果之名皆在焉。

---

① "續"原誤作"讀",《函海》本《尾蔗叢談》李調元自序作"續",據改。

1527 **樂府侍兒小名録二卷**

前人撰。按:宋洪适有《侍兒小名録》一卷,王銍又有《補侍兒小名録》一卷,温豫又有《續補侍兒小名録》,張邦幾又有《侍兒小名録拾遺》一卷。而散見於樂府及諸名家詞中者,古人獨未及搜輯。調元因于諸詞中擇諸家《小名録》未有者備録之,爲此編,共得一百四人,名曰《樂府侍兒小名録》。

1528 **通詁二卷**

前人撰。仿《爾雅》之例,取《釋名》之義,爲此書。小學家訓詁之書也。共二十篇。

1529 **勦説四卷**

前人撰。從經史傳注中擇其字義錯謬,考證以成是編。以所引據皆本于古人,故以《勦説》名。

1530 **四家選集二十九卷**

國朝張懷泝選。一,小倉選集,錢塘袁枚撰,凡八卷;一,夢樓選集,丹徒王文治撰,凡四卷;一,甌北選集,陽湖趙翼撰,凡五卷;一,童山選集,李調元撰,凡十二卷。

1531 **制義科瑣記四卷**

李調元撰。以國朝承前明之法,用八股取士,其中源流、典制,考掌故者每乏成書。乃仿王定保《摭言》之例,勒爲是編。凡軼聞遺事有關勸懲,足資談助者,皆萃録之。

1532 **然犀志二卷**

前人撰。自序:"視學粤東,其地濱海,供食饌者惟魚爲先,而其中奇形詭狀者尤指不勝屈。爰博采方言,旁稽地志,每得一物,即爲考證,兼及于介蟲之屬。"取温嶠然犀照見幽潛之語以名其書。共九十餘種。可與升庵《異魚圖贊》諸書相輔而行。

1533 **出口程記一卷**

前人撰。調元於乾隆四十六年任直隸通永道時,以四月初四日赴熱河,審所屬之承德府七州縣秋讞,自通州起行,于二十五日事竣,回通州道署。此編則逐日述途間所見也。以其地在古北口外,故以出口名。

1534 **方言藻二卷**

前人撰。取古今詩詞中所用之方言,而摘録詮釋之。以雖爲方言,而適于詞章之用,故謂之藻。

1535 **粤風四卷**

是書前有序文,而佚其前後兩頁,莫知誰編。惟"粤歌"下題"睢陽修和原輯"六字,"瑶歌"下題"濠水趙龍文原輯"七字,"狼歌"下題"東樓吴代原輯"六字,"僮歌"下題"四明黄道原輯"六字,而每卷端李調元皆自題"輯解"云云。然則是粤中土人之歌謡及瑶、狼、僮歌數種并非編自一人,而其彙爲一編者,則莫知誰氏矣。按:《四庫書目·詞曲類存目》中有《粤風續九》四卷,稱"國朝吴淇編。淇爲潯州推官時,采其土人歌謡,又附瑶、狼、僮歌數種,彙爲一編。其曰'續九'者,屈原有《九章》《九歌》,擬以此續之也。前有淇自序"云云。今此卷首之序雖不全,而詳繹其言,乃盛推屈原《離騷》之作,以爲"《書》焚而《史記》成,《詩》亡而《離騷》作,孔子删《詩》,十五國之風皆存,而獨闕楚,蓋欲百年之後假手屈平以補楚風之闕"云云,繹此語意,疑①即吴淇之序,與欲以《粤風》續《九章》《九歌》之旨相符,又土人歌謡與瑶、狼、僮歌亦與《書目提要》所言相符。然則此即淇書明矣,特去其"續九"二

---

① "疑"原誤作"擬",今正。

字耳。又所題“某某原輯”字樣,蓋本係諸家分輯,而總編于吴淇者,特此本偶佚吴淇之名,而原分輯人姓名尚得附見。羅江李氏又爲之輯解,而刻入叢書也。

1536 **蜀雅二十卷**

李調元編選國初以來蜀人詩集,依科甲編次。其未登科甲者,亦按時代附之。自卷一至卷十九,共一百四十餘人。末一卷爲流寓隱逸、道釋閨秀、神仙鬼怪諸詩,其每人名下俱略著字號爵里及所著作。

1537 **醒園録二卷**

李化楠撰。化楠爲調元之父,乃其官游吴中時所得厨人作饌之法,隨訪隨録,以爲養親食品。調元即據其父之手書原本以入梓,字法行款及點竄塗抹俱仍其舊,共一百二十餘條,可與《隨園食單》相輔而行。

1538 **石亭詩集十卷文集六卷**

前人撰。其子調元編纂。

1539 **全①五代詩九十四卷**

李調元編。五代詩向無全本,編詩者率附之唐末宋初。漁洋山人有《五代詩話》,其書未成,鄭方坤爲之補綴删削,定爲十卷,亦祇以事隸詩,罕窺全豹。調元以五代人士各事其主,判若町畦,梁可附之唐末,而去晋、漢、周則遠;周可附之宋初,而去唐、晋、漢則遠,以之附于唐、宋,正如風馬牛之不相及也。因上承唐末,下迄宋初,取其間五十二年諸家之作,輯爲此編。其應入某代某國者,各按其時其事,以定爲某代之臣、某國之人。更于五代後附以

① “全”原誤作“金”,今據《函海》本正之。

十國。凡零章隻句,靡不收入。更于作者姓氏下綴以小傳,其一時事迹、詩話亦并附録,共爲九十四卷。按:序衹言九十卷,而詩實九十四卷。前列采輯書名三百餘種及凡例十四條,次爲五代帝王及十國僭號年譜,俱不入卷。又按:十國者,吴楊氏、南唐李氏、前蜀王氏、後蜀孟氏、南漢劉氏、楚馬氏、吴越錢氏、閩王氏、荆南高氏、北漢劉氏也。此本稱五代之後附以十國,而目録及詩乃皆至九十四卷荆南齊己而止,無北漢人著作,豈佚之耶?

1540 **童山詩集四十二卷詞二卷文集二十卷**

李調元撰。

1541 **鴻案珠圍集四卷**

李化楠編輯。乃其爲餘姚令時,爲父暨母雙慶所徵之詩章,彙爲一編。

1542 **淡墨録十六卷**

李調元撰。所記皆國朝甲、乙兩科諸名臣詞人之言行,兼及軼事遺聞,分條記載。朝章國典,往往而在。自順治初年起,按題名碑録,科分前後,搜羅考釋,編爲此書。自序"抽中秘之書,采故老之傳,不但備詞林典故,聊以續《玉堂嘉話》云爾。至淡墨書榜,不知始自何時。或云唐李程應舉時,遇添榜吏,問登第人姓,則有李和,而無李程。蒼皇求之,乃用淡墨筆添'王'字于'和'字之下,果得第,後相因,凡榜名俱用淡墨,遂成故事"云云。

1543 **羅江縣志十卷** 以上一百五十五種,共十八函。

李調元撰。其父化楠先于乾隆九年纂修,至嘉慶初,調元又重爲補輯,分十五門。

以上一百五十餘種,皆綿州李氏調元所刻,總名《函海》,分四十函,余所得合并爲十八函。所刻《華陽國志》至《卮詞》數十種,類多善本,且多罕見之本。自《升庵經説》以下至《異魚圖贊》數十種,則皆爲明楊升庵著作。升庵博學洽聞,著作宏富,爲明一代之巨擘。而零篇隻卷,易于散佚,每苦于莫窺全豹。得此《函海》叢刻,使散者聚,晦者顯,雖不必全入網羅,而已得其一半,可謂升庵之功臣矣。自《大學旁注》以下,率皆李氏自撰。其《卍齋瑣録》《通俗編》《南越筆記》《制義科瑣記》《全五代詩》《淡墨録》諸書,頗有資于考證。餘則不免疣贅之嫌,以原編所有,姑存之。

1544 **歷代名臣言行録二十四卷** 嘉慶二年。【眉批:刪去。】 四函三十二册。

國朝宜興朱桓撰。朱子《名臣言行録》祇詳北宋,不及南渡以後。李幼武補編續、别、外三集,杜大珪又編《名臣碑傳集》,而兩宋名臣之言行備矣。元蘇天爵又繼爲《元名臣事略》,明徐紘又編《明名臣録》,馮從吾又撰《元儒考略》。得諸家書,而宋、元、明三朝之事迹備,而餘仍闕。桓乃上起戰國,下迄勝朝,據正史節録,以補朱子等書所未備,名曰《歷代名臣言行録》。凡六國秦一卷,漢二卷,東漢二卷,三國、晋各一卷,晋魏間僭號十六國一卷,五代一卷,北朝魏齊周一卷,唐二卷,後五代一卷,宋六卷,遼金元一卷,明四卷,共二十四卷。嘉慶二年,其子麟徵梓而行之。

中華民國二十七年五月,馮少儒鈔,共計一萬二千一百六十三字。

# 蒲編堂路氏藏書目十四 【眉批:二月十五日。】

小洲手訂 共一百二十四種,九百八十五卷,五十五函。

1545 **南燼紀聞一卷** 抄本。有楝亭曹氏藏書印。 一函一册。

不著撰人名氏。記金人犯闕,徽、欽二宗北狩事,與《靖康蒙塵録》文多相同。王漁洋《居易録》謂此書所載北狩事率不可信,疑不得志于宣和、靖康間者之所爲。然周公謹《齊東野語》已辨此書,則其妄傳已久矣。

1546 **乾道臨安志三卷** 抄本。① 一函一册。

宋周淙撰。北宋圖經,久佚無考。至南渡,以臨安府建爲行都。淙即於乾道五年以右文殿修撰再知臨安府事,始創爲此《志》,爲南宋地志中最古之本。原十五卷,亦已久佚。孫仰曾得宋槧本于京師故家,衹存首三卷,餘皆闕。卷首但題作《臨安志》,而中間稱高宗爲太上皇帝,稱孝宗爲今上,紀牧守至淙而止,則其爲《乾道志》無疑也。第一卷紀宫闕、官署,題曰《行在所》,以別於郡志,潛說友作《咸淳志》即遵其例。第二卷分沿革、星野、風俗、州境、城社、户口、廨舍、學校、科舉、軍營、坊市、界分、橋梁、物産、土貢、税賦、倉場、館驛諸子目,而以亭、堂、樓、觀、閣、軒附其後。三卷紀自吴至宋乾道中諸牧守,叙録簡括,深得體要。有杭

---

① 邵懿辰《簡目標注》:"路有鈔本。"

世駿、厲鶚二跋。前無序目。

1547 **了翁易説一卷** 抄本。① 一函一册。

宋陳瓘撰。字瑩中，了翁其自號也。其學出于邵氏，多本卦變象數之説，而又參用理解。陳直齋謂其詞旨率病深晦，而晁公武《讀書志》則稱“以《易》數言天下治忽，其説多驗”云。此本爲其子正同所刊布，後有紹興十二年跋。

1548 **東坡書傳二十卷** 無刊刻年月。 一函八册。

宋蘇軾撰。于治亂興亡，抉摘明切，蓋究心經世之務，又長于論説故也。原十三卷，此殆爲後人所分。前有凌濛初序。卷端兼多袁了凡、楊用修、邵二泉諸家評語。

1549 **經鉏堂雜志八卷** 明萬曆壬寅金有華校刻。 一函一册。

宋倪思撰。乃其晚年劄記之文。其學雜出于釋老，務爲恬退高曠之説，于考訂殊疏。前有明潘大復序。

1550 **韓柳年譜八卷** 雍正庚戌馬曰璐刻，小玲瓏山館。 一函二册。

《韓文類譜》七卷，宋魏仲舉撰。仲舉，建安人，慶元中書賈也，嘗刊《韓集五百家注》，輯吕大防、程俱、洪興祖三家所撰譜記，編爲此書，冠于集首。《柳子厚年譜》一卷，宋紹興中知柳州事文安禮撰，亦附刊集中。國朝祁門馬曰璐于藏書家先得宋槧《韓譜》，嗣又得宋槧《柳集》殘帙，而其中《年譜》完好，乃合刻之，總題此名。陳景雲爲之序跋。

1551 **玉篇三十卷** 康熙癸未澤存堂張氏士俊刻。 一函三册。

梁顧野王撰，唐孫强增加。宋大中祥符六年，陳彭年等奉敕重修，分部五百四十二，始一終亥，與《説文》數同，而部母有所更

---

① 邵懿辰《簡目標注》：“路有鈔本。”

易。前有野王序一篇、啓一篇，後有《分毫字様》二百四十八字，及沙門神珙所撰《五音聲論》，及《四聲五音九弄反紐圖》，爲後來言等韻者所祖。此本爲吴郡查山六浮閣主人張士俊所刊，與前列《廣韻》本皆係依宋本重雕者。有自跋。前有朱竹垞先生序。

1552 **字鑒五卷** 澤存堂張氏刻。 一函二册。

元李文仲撰。其仲父世英以六書惟假借難名，因輯《類韻》三十卷。以字爲本，音爲幹，義訓爲枝葉，自一而二，井然不紊。凡十年始成，而韻内字畫尚有未正者。文仲因續爲是書，依二百六部之韻編次之，辨正點畫，刊除俗謬，于諸家皆有所駁正。大抵悉本《説文》，以訂後來沿襲之謬，於小學深爲有裨。其書久無傳本，康熙戊子朱竹垞太史從古林曹氏抄得，始付張氏士俊刻之。前有顔堯焕、干文傳、張楧、唐泳涯諸序，又朱彝尊序。後張士俊跋。

1553 **類音八卷** 無刊刻姓氏及年月。 一函四册。

題吴江潘耒撰。【眉批：國朝人，顧炎武之門人。】首卷爲《音論》六篇。二卷爲《圖説》六篇。三卷爲《切音》，平、上、去各爲二十四類，入聲爲十類。四卷、五卷爲平聲，四十九部。六卷爲上聲，三十四部。七卷爲去聲，三十八部。八卷爲入聲，二十六部。自四卷至六①卷統曰《韻譜》。大抵謂聲止于一字，則多少不倫，或一音數字，或有音無字，不得其天然之條貫，則如散錢亂卒，不可整齊。自字母之秘啓、反切之法傳，而後衆音、衆字，一以貫之。顧世所行三十六母，不能無複無漏，乃就天然之音可立爲母者五十，播之爲四呼，轉之爲四聲，區之爲二十四類，而天下之音與字皆該矣。何爲五十母？喉音、口音、腭音、齒音、脣音是也，音各十。以

① 檢清雍正遂初堂刻本《類音》，卷四至卷八皆爲《韻譜》，則“六”當作“八”。

此五十母總領各音,而取《廣韻》《玉篇》《韻會》《正韻》諸書參酌而編綴之,以成此書。

1554 **南部新書十卷**　抄本。①　一函二册。

宋錢易撰。此本題籛後人希白撰,"希白"爲易之字,吴越王倧之子。《姓譜》載錢氏出籛鏗,故曰"籛後人"。是書乃其祥符中宰開封縣時所作,皆記唐時故事,間及五代,多録軼聞瑣語,而朝章國典,因革損益,亦雜載其中。雖小説家言,而于考證深爲有裨,不似他書之侈談迂怪也。是書世鮮足本。按卷首易子錢明逸序"《書》凡三萬五千言,事實千,成編五,列卷十",而世所行本率衹二百五十餘事,亦列卷十。又有曾慥《類説》本,所收事僅八十,較之世行本尤爲闕略。以明逸序文較之,尚不及四分之一,則其散佚者多矣。此本余得于北平謝氏,抄寫頗工,以甲乙分卷,凡十卷,與原數合。每卷八十餘條,或七十餘條,或九十餘條不等,共計約八百數十條。雖不符序所稱"事實千"之語,然已得其五分之四矣。近來諸本,萬無如此之備,宜寶護之。卷中又多有以他本校正語,簽書頁内,尤爲可貴。

1555 **脉經十卷**　抄本。　一函四册。

題晋王叔和撰。考叔和《脉經》十卷見於《隋書·經籍志》,《唐志》并同。晁氏《讀書志》亦載《脉經》十卷,晋王叔和撰,且云"按唐甘伯宗《名醫傳》曰:'叔和,西晋高平人,性度沈靖,博通經方,精意診處,尤好著述。'其書纂岐伯、華佗等論脉要訣所成,叙陰陽表裏,辨三部九候,分人迎、氣口、神門,條十二經、二十四氣、奇經八脉,五藏六腑、三焦四時之痾,纖悉備具,咸可按用。凡九

① 邵懿辰《簡目標注》:"路有鈔本。"

十七篇。皇朝林億等校正"云云。又明鄞縣范氏《天一閣書目·醫家類》著《王氏脉經》祇作六卷,載"宋林億等類次并序"云云。文繁不録。今此本題王叔和,分卷凡十,分篇凡九十七,其第十卷則論足三陽、足三陰等脉,與晁氏所言一一相符,特無林億等校正序耳。其書古奧精博,不似明以來諸醫家者言,應爲唐宋時相傳舊本。然國朝大開四庫,一時藏書家幽經秘籍皆迭呈沓獻,得以仰邀文淵之録。其流傳佳本,固無不搜羅。即詞詭于正,爲後人妄托者,亦附入《存目》之列,用以彰示後人。而此編乃偶爾見遺,斯亦有幸有不幸矣。此本余亦得之北平謝氏,紙墨精緻,繕寫頗工,惜無序文。林億等序雖載于《天一閣書目》中,然無原本相校,且彼乃六卷之本,非此十卷之本,文字不無異同,篇目不無分合,亦不敢妄補。

1556 **醫説十卷** 明刻本。 二函十六册。

宋張杲撰。集古來醫案爲一書,凡分四十七門。前七門總叙古來名醫、醫書及針灸、診視之類,次分雜證二十八門,次雜論六門,次婦人、小兒二門,次瘡及五絶、痺疝三門,而以醫功、報應終焉。取材宏富,就中奇疾險證及耑門禁方,均往往在焉。蓋杲師其父彦仁,彦仁師其父子發,子發又師其兄擴,所謂三世良醫,故所載多可依據。原本前有淳熙己酉羅頊序,此本佚去,而後有嘉定甲申彭方、李以制,開禧丁卯江疇,寶慶丁亥徐杲,紹定改元諸葛興五跋。

1557 **六韜六卷附逸文一卷** 嘉慶十年孫氏平津館刻。

前已著録。[1] 此乃孫淵如先生以所手抄本合明刻諸本各本校勘者。其《開元占經》《意林》《通典》《太平御覽》《文選注》諸書

---

① 見第300條。

所引《六韜》,或稱《太公陰符》,爲今本所無者,孫氏又輯爲《逸文》一卷,附于後。按:諸書所引《六韜》爲今本所無者甚多,殆宋元豐間刊《武經七書》時講理及講學諸儒疑其文義不純,加之删削,故唐人及宋初人尚引全書也。

1558 **孫子注三卷** 同上。嘉慶五年重刊小讀書堆所藏宋本。

魏武帝注。前所列十家注本①乃淵如先生從《道藏》手録者。此又爲所得小讀書堆即顧廣圻千里之從兄抱沖先生,其藏書齋曰小讀書堆。舊藏宋本《魏武帝注孫子》,作三卷,因屬元和顧廣圻茂才影寫刊版。其字體板式,一仍其舊。

1559 **吴子二卷** 嘉慶庚申孫重刊小讀書堆藏宋本,顧千里手撫上板。

已見前。② 此乃宋本,作二卷,宜互校。

1560 **司馬法三卷** 同上。【眉批:又張氏有注本。③】

已見前。④ 此宋本作三卷。

1561 **尸子二卷** 嘉慶丙寅刻本。【眉批:應加"重輯"二字。】

前已著録,乃孫氏嘉慶四年所刻者⑤,其板後歸孫馮翼。更數年,莊述祖以惠定宇所輯本詒淵如先生。許宗彦又得魏徵《群書治要》于日本市舶,因録《勸學》等十三篇,并寄淵如先生。又檢閲書傳,爲前編所遺漏者。屬洪頤煊⑥重編爲二卷,再刊于濟南,仍用前序冠于首。

---

① 見第105條。

② 見第301條。

③ 見第1630條。

④ 見第302條。

⑤ 見第948條。

⑥ "煊"原誤作"經",今正。

1562 **重校燕丹子三卷** 同上。

前已著録。[1] 此爲孫氏官安德時又采唐宋諸傳注、類書所引此書之文,因章孝廉舊稿,與洪頤煊重加校訂者。以篇爲卷,復唐、宋《志》三卷之舊,重加刊刻。

1563 **牟子一卷** 同上。

題後漢太尉牟融撰。《隋志》作二卷,《舊唐志》同。梁僧祐《弘明集》有漢牟融《理惑論》三十七篇,前有自序,云"鋭志于佛道,兼研《老子》五千文,世俗之徒多非之者,以爲背五經而向異道。欲争則非道,欲默則不能,遂以筆墨之間略引聖賢之言證解之,名曰《牟子理惑》"云云。《世説注》、《文選注》及《太平御覽》所引《牟子》數條,雖字句略有異同,而皆在《理惑論》三十七篇之中,則知隋、唐《志》所列《牟子》即是書也。特所題後漢太尉牟融,則與本序所言不合,疑此别爲一牟子,而後人誤以牟融當之也。孫氏以其要爲漢魏舊帙,特從《弘明集》録出别行,而考訂之。見洪頤煊序。

1564 **龍首經二卷** 嘉慶丁卯。

題黄帝撰。《龍首》之名,始見於《抱朴子·遐覽》篇,《隋志·五行類》有《黄帝龍首經》二卷,《顔氏家訓》亦稱之,則此書之傳久矣。序云"黄帝將上天,召三子而告之,三子拜受而起,龍忽騰翥,三子仰瞻,尚見龍頭,遂以名其經曰《龍首》"云云。其書言一切占問吉凶之術,如《靈棋經》《火珠林》之類,共七十二章。在漢時殆爲民間日用之書,故至六朝猶行于世。唐宋以來,傳寫漸散,晁、陳二家俱不見著録。此乃從《道藏》録出者,洪頤煊校

---

① 見第311條。

勘。附刻原有注,不知誰作。

1565 **金匱玉衡經一卷** 同上。

黄帝撰。分金匱、玉衡二章,章各十篇。專言天乙六壬發用。

1566 **黄帝授三子玄女經一卷** 同上。【眉批:又毛氏本。①】

宜與前列毛氏本互校。

1567 **廣黄帝本行記一卷** 同上。

唐王瓘撰。原書三卷,見《新唐書·藝文志·雜傳記類》。②其書備詳黄帝始末,《道藏》所收,衹存下卷,殆以上、中二卷述黄帝生長及治天下等事,與道家無涉,故不爲《藏》所收,而遂佚去。錢遵王《讀書敏求記》著録者亦衹一卷,與此無異。淵如先生得壹是堂舊抄本,屬顧千里茂才校刊于江寧,因借朝天宫正統十年《藏》本對勘,凡訂正若干字,定爲此本。

1568 **軒轅黄帝傳一卷** 同上。【眉批:序錯訂在後《穆天子傳》③前。】

不著撰人名氏。注文甚詳,亦不知誰作。然引劉恕《通鑒外紀》語,則南宋以後人所著矣。《讀書敏求記》亦列此書,卷同。

1569 **漢禮器制度一卷**

漢叔孫通撰。漢、隋《志》俱不載,而《周禮》《儀禮》注疏中間引之。賈公彦《周禮疏》謂"叔孫通前漢時作《漢禮器制度》,多得古之周制"云云,當必有據。此本凡從注疏中抄出九條。

1570 **漢官一卷** 原五卷。【眉批:按此疑爲《漢官目録》,見後《漢官儀》序目。】

按:《隋書·經籍志》載《漢官》五卷,應劭注;《漢官典職儀式

---

① 見第494條。

② 中華書局整理本《新唐書·藝文志》所録爲《廣軒轅本紀》三卷。

③ 見第1578條。

選用》二卷，漢衛尉蔡質撰。書已散佚，惟司馬彪《續漢志》劉昭補注中尚多引《漢官》之文，孫氏共抄出九十餘條，定爲一卷。

1571 **漢官解詁一卷附漢制度** 原三卷。

漢新汲令王隆撰，胡廣注。《隋志》作三篇，《唐志》作三卷。書已久佚，而《續漢志》補注中所引尚多，且引胡廣注，述此書始末極詳，孫氏因録之以冠于前。以下乃列正文。其隆所撰《漢官》篇，文略如《急就章》之體，皆逐官分列。凡廣解詁，皆低一格，注于後。末附廣所撰《漢制度》十條。

1572 **漢舊儀二卷舊儀補遺二卷**

前已著録。① 此乃孫氏就聚珍板本重加訂補者，又以諸書所引别作《補遺》二卷，較之聚珍板本所補增者，不啻三倍，允稱詳備。

1573 **漢官儀二卷** 原十卷。【眉批：又聚珍板本。②】

漢應劭撰。雜言朝廷制度、百官典式及姓名州里。書已久佚，諸書所引有作應劭《漢官》、應劭《漢官儀》，亦有彼此互舛，不可分别者。孫氏并録爲二卷。舊又有李埴補一卷，今不傳。

1574 **漢官典職儀式選用一卷** 原二卷。

漢衛尉蔡質撰。《隋志》作二卷，《唐志》作一卷。雜記官制及上書謁見禮式。舊亦有李埴續補一卷，今俱不傳。孫氏從諸書抄質所撰書，尚得一卷。質，字子文，蔡邕之季父也。

1575 **漢儀一卷**

《唐志》載丁孚《漢官儀式選用》一卷，與蔡質書同名。孫氏從諸書中抄録，得十三條，爲一卷。孚仕吴，爲太史令，見《三國

① 見第41條。

② 未著録。

志・薛綜傳》。

1576 **魏三體石經遺字考一卷** 嘉慶十一年刻。

魏正始中所立三字石經,宋皇祐時蘇望得拓本,摹刻于洛陽。古文三百七,篆文二百十七,隸書二百九十五,凡八百一十九。爲《尚書》《大誥》《吕刑》《文侯之命》,《春秋左氏》桓、莊、宣、襄四公經文,亦有傳。其他《禮記》《論語》諸經早已石泐,故《隋志》載三字石經唯《尚書》九卷、五卷,《春秋》三卷,其餘即一字石經而已。然其時經石猶有存者,故唐世《書》學博士教國子生以石經三體書與《説文》《字林》爲業,限三年業成。洪氏作《隸續》即據彼時摹拓之本以入録。迨宋金之亂,經石既失,即北宋摹拓之本亦歸淪喪。唯餘《隸續》所載,流傳于世。然亦雜糅顛倒,迄無倫次。孫氏因就《隸續》所存遺字,考其篆法理而正之,證以經典字書,爲之音釋,集成此編,以永其傳。

1577 **琴操二卷補遺附** 重校本。【眉批:又《讀畫齋叢書》本。① 又《漢魏遺書》本。②】

題漢蔡邕撰。宜與《漢魏遺書》《讀畫齋叢書》二本互校。

1578 **穆天子傳六卷** 【眉批:又單行本。③ 又《漢魏叢書》本。④ 又《古今逸史》本。⑤】 以上共一函,計八册。

洪頤煊取《漢魏叢書》本與明程榮本、吴琯本、汪明際本、《道藏》本及《史》《漢》諸注、唐宋諸類書所引者,互相參校,定爲此

---

① 見第1221條。

② 未著録。

③ 見第209條。

④ 未著録。

⑤ 因重複未著録,説見第1024條。

本。凡補正文及注若干字,删若干字,改若干字。

1579 **竹書紀年二卷** 【眉批:又《漢魏叢書》本。① 又單行本。② 又《古今逸史》本。③】

洪氏重校本,宜與前④互校。

1580 **物理論一卷**

晋楊泉撰。《隋志》十六卷,《唐志》同,宋以來漸佚。章逢之就諸書所引重加輯録,尚得一卷,孫氏又爲校補。

1581 **古史考一卷** 以上共一函,計六册。

蜀譙周撰。亦章氏輯,而孫氏校補者。

1582 **華氏中藏經三卷** 嘉慶十三年戊辰孫氏刻。

是經見鄭樵《通志·藝文略》,爲一卷。陳氏《書録解題》同,云“漢譙郡華陀元化撰”。吴勉學刊《古今醫統正脉》載入此書,作八卷。孫氏先在都見趙文敏手寫本,卷上自第十篇“性忌則脉急”已下起,至第二十九篇爲一卷,卷下自“萬應圓藥方”至末爲一卷,失其中卷。後真迹歸張錦芳太史,其弟録稾相贈。又于嘉慶戊辰在吴門見周氏所藏元人寫本,亦稱趙本,具有上、中、下三卷而缺第四十八、四十九兩篇。合前後二本校勘明本,乃知趙本爲勝,因以趙寫二本爲定,校刊以傳。前有應靈洞主探微真人少室山鄭處中序,自稱“爲華氏外孫,因吊先生寢室,夢先生語以此《經》,因驚怖而覺,遂討先生舊物,獲石函一具,開之得書”云云。其上、中二卷共論四十九篇,下卷爲藥方六十道。

---

① 未著録。

② 見第4893條。

③ 因重複未著録,説見第1024條。

④ 見第217條。

1583 **素女經四季方一卷** 嘉慶庚午年刻。

《素女方》一卷,見《隋書·經籍志》。其書自宋不傳,唐時猶有傳本,王燾取入《外臺秘要》卷十七中是也。書述黄帝與素女高陽負問答交接之禁忌、四時之藥物,以爲房中却病之術。孫氏録出别行。

1584 **千金寶要六卷** 嘉慶十二年丁卯刻。

《千金①寶要》原十七卷,附論及"千金須知",爲十八卷,乃宋宣和時郭思從孫真人《千金方》中擇要刻石者,在華州公署。自明正統、景泰間俱有木石刻本,至隆慶六年秦王守中復刊石耀州真人祠,《四庫書》未及收録。孫氏游關中,得其拓本,因刻入《叢書》中,并爲六卷。前有隆慶六年秦王守中序。

1585 **寰宇訪碑録十二卷** 嘉慶壬戌刻。

孫星衍、邢澍二人同撰輯。孫氏得邵晋涵海内石刻副本,又合王昶、錢大昕、翁方綱、馮敏昌、阮芸臺師、黄易、武億、趙魏、何元錫諸人所收,及己游歷四方所得拓本,與長興令階州邢澍共相訂正,著爲此編。上起周秦,下迄金元,凡碑刻崖勒、磚文瓦當之屬,無不收録。其書撰人姓氏及建立年月俱以時代年號爲次,而注明地里于下,洵爲大觀。

1586 **重編古刻叢鈔一卷** 嘉慶辛未刻。 以上共一函,計七册。

《古刻叢鈔》一卷,爲明陶九成所編,凡七十二種。所録碑刻皆全載原文,無所考辨,亦無先後次序,蓋隨得隨鈔之本,尚未成書也。前已列于《知不足齋叢書》②及《讀畫齋叢書》③中。此則

---

① "金"原誤作"要",今正。

② 見第793條。

③ 因重複未著録,説見第1240條。

孫淵如先生以原書不分次序,難于檢閲,乃按時代重爲編輯。顧廣圻爲之校訂,而仍存其原目,以陰文書之于上。

1587 **訂正三輔黄圖一卷** 嘉慶十九年刊。

前已著録。① 此則孫氏與莊氏逵吉更就諸書傳重訂者,依《隋志》并爲一卷。

1588 **重刊宋本説文解字三十卷**

前已著録②,宜與此互校。

1589 **渚宫舊事五卷補遺一卷** 嘉慶十九年刊。 以上三種共一函,計□册。③

唐余知古撰。一名《渚宫故事》。其書搜羅楚事,上起鬻熊,下訖唐代,取《左傳》"渚宫"二字名之。原本十卷,見《唐志》。今祇存五卷,至晋而止。晁氏尚見全書,至陳氏著録則已稱五卷,與今本同,則宋、齊以下五卷當佚于南宋之末矣。乾隆間修輯《四庫全書》時紀相國昀等校定是書,曾采取諸書所引爲《補遺》一卷,并以入録,而外間罕睹其本。嘉慶庚午,淵如觀察因取録本,屬邵秉華遍檢子、史諸書,逐條校注,又增舊《補遺》之未備者數條,以付梓。

1590 **孔子集語十七卷** 嘉慶二十年刻。

聖人之言,自六經而外,傳記百家所載尚復不少。其纂輯成書者,有梁武帝《孔子正言》二十卷、王勃《次論語》十卷,今皆不存。其存者則宋楊簡之《先聖大訓》六卷、薛據之《孔子集語》三卷、明潘士達之《論語外篇》二十卷,而惟薛書最顯,然不免挂漏。

---

① 見第584條。

② 見第133條。

③ "册"前原有一字空格。

國朝曹廷棟又爲《孔子逸語》十卷,援稽失實,不足齒論。嘉慶辛未,孫氏歸里後,乃博采群籍,除《易》《禮》《春秋左氏傳》《孝經》《論語》《孟子》《家語》《孔叢子》諸書具有成書專行,不復搜采外,其餘傳注、秘緯、子、史、類書所引無不畢登,皆注明出處于下。或疑文脱句,酌加按語。或一事而彼此互見者,亦并列之。仿《説苑》《新序》之例,各爲篇目,以類相從,曰《勸學》、曰《孝本》、曰《五性》、曰《六藝》、曰《主德》、曰《臣術》、曰《交道》、曰《論人》、曰《論政》、曰《博物》、曰《事譜》,其《莊》《列》小説近于依托者,别分《雜事》《遺讖》《寓言》三門,共十四門,爲十七卷。

1591 **尚書考異六卷** 嘉慶甲戌。 以上二種共一函,計六册。

明梅鷟撰。以《尚書》今文二十九篇之外有古文二十五篇,乃晉時梅賾僞托,爰捃摭錯誤之處,條舉件繫以辨之。孫氏以此書世少傳本,乃序而刻之。

1592 **續古文苑二十卷** 嘉慶壬申刻。 一函六册。

唐人有《古文苑》二十一卷,所載自周秦迄齊梁,隋唐以後不録。孫氏仿其例,編此以續之。凡見于正史及各總集、專集者,俱不録。起于周秦,下迄宋元。凡金石文字、遺文墜簡,靡不搜輯,并各注原書出處于下。

1593 **抱朴子内篇二十卷外篇五十卷** 嘉慶癸酉。 一函四册。

孫氏取《道藏》本及天一閣諸家藏本互校者。

1594 **尚書今古文注疏三十卷** 嘉慶乙亥。 一函六册。

孫星衍撰編。采古人傳記之涉《書》義者,自漢迄唐,編纂成書。意在網羅舊聞,以存古義,故宋以後不之采録。詳見凡例十則。《書》有孔穎達《正義》,而此又爲之作疏者。以梅賾《書》雜于今文二十九篇,析亂《書序》以冠各篇之首。又作僞《傳》,托名孔安國,而捨古説。梅鷟作《考異》以辨之,以蹟《書》爲非真古文,而當時未覺其非,故孔穎達作《正義》亦未置一論,竟與今文之二十九篇一例疏之。國朝修《四庫書》,既經考論鑒别,采梅鷟、閻若璩之議以證其僞,則疏之不能不復作也。孫氏即遵梅、閻諸家之説,而采司馬遷、伏生、歐陽、夏侯、馬、鄭之説以爲注,而雜引他書以疏之。其兼疏今古文者,猶之《詩疏》之例,毛、鄭雖異,義究不能偏廢也。

1595 **古文尚書注十卷逸文二卷** 乾隆乙卯。

漢馬氏、鄭氏注,宋王應麟撰集,國朝孫星衍增補。又采諸經傳注中所引《尚書》之語爲今本所佚者,别爲《逸文》二卷。前列《篇目表》一篇,以標明馬、鄭原書篇第。

1596 **冶城集二卷冶城遺集一卷冶城集補遺一卷長離閣集一卷**①

孫星衍撰。《長離閣集》,其妻王氏撰。

1597 **澄清堂稿二卷續稿一卷濟上停雲集一卷租船咏史詩一卷冶城集二卷冶城遺集一卷** 嘉慶戊寅。

孫星衍撰。其從子婿龔慶編刻。

1598 **冶城集補遺一卷** 嘉慶戊寅。

前人撰。其門人楊文蓀編次。

1599 **長離閣集一卷** 嘉慶戊寅。 以上共一函,計四册。

星衍妻王氏撰。龔慶編。

以上三十九種皆孫氏平津館叢刻。内有《建立伏博士始末》,皆案牘之文,不著録。又《製大黄丸方》及《製清寧丸方》,皆近今所集,與古書不宜淆亂,亦不著録。其冶城諸集,以原編所有,聊

① 此條有删除符號。

附録之。

1600 **筆塵十八卷** 明萬曆癸丑刻。 一函四册。

明于慎行撰。雜論朝章國典以及經史詩文、瑣事遺聞之屬。其門人郭應寵爲之編次,分爲三十五類。

1601 **群經音辨七卷** 康熙中張氏士俊澤存堂刻本。 一函二册。

宋賈昌朝撰。凡群經之中音訓各異而實爲一字者,以類相從,彙集爲五門。卷一至卷五曰辨字同音異,依許氏《説文解字》部目次之。卷六曰辨字音清濁、曰辨彼此異音、曰辨字音疑混。卷七曰辨字訓得失,凡九字。其書大抵皆據《經典釋文》所載而薈萃之。絲牽條貫,同異粲然。較之散見各經者,特易檢尋,于小學深爲有益。前有自序,後有紹興壬戌王觀國序。康熙中蘇州張士俊以朱氏竹垞藏本及毛氏汲古閣鈔本、錫山華氏鈔本互相讎校付梓。

1602 **後漢書補注二十四卷** 嘉慶九年德裕堂刻。 一函四册。

國朝惠棟撰。仿裴松之注《三國志》之例,以范史爲主,而取《東漢記》《帝王世紀》,謝沈、謝承、袁山松所撰《後漢書》及司馬彪《續漢志①》,袁宏、薛瑩《後漢紀傳》諸書爲之注,以補章懷太子及劉昭原注所未備。網羅宏富,足與《史記》之裴駰《集解》、司馬貞《索隱》并傳。其例亦仿《索隱》之式,惟標所注之字句,不載全文,蓋古來經傳别行之舊式,陸氏《經典釋文》即此例也。

1603 **何氏語林三十卷** 明刻本。 一函十册。

明何良俊撰。襲晋裴啓《語林》之名,其義例門目則全以劉義慶《世説新語》爲藍本,而雜采宋齊以後事迹續之。爲篇三十有

---

① “志”當作“書”,《後漢書補注》所附顧棟高序亦作《續漢書》。

八,爲事二千七百八十有六。剪裁鎔鑄,比之義慶書不多讓也。又仿劉孝標注《世説》之例而自注之,援引證據,與正文互相資補。明代小説諸家,未之或及。前有文徵明序。

1604 **黄氏日鈔九十四卷** 元至正三年刊本。 二函二十册。

宋黄震撰。原本九十七卷,今佚第八十一、第八十九、第九十二凡三卷,存者九十四卷。自一卷至三十一卷爲讀經,三十二卷爲讀孔氏書,三十三卷至四十五卷爲讀諸儒書,四十六卷至五十卷爲讀史,五十一至五十四爲讀雜史,五十五至五十八爲讀諸子,五十九至六十八卷爲讀文集,六十九卷以下則震所撰奏劄、申明、公移、講義、策問、書記、序跋、啓、祝、祭、狀、志銘諸文也。其讀經、史、子、集諸卷,皆摘其精要,論其得失,隨筆劄記,而斷以己意。其學大旨以朱子爲宗。此本爲元至元所刊,前有沈逵序。按:《四庫》著録本爲九十五卷,僅闕八十一、八十九兩卷,殆所見者猶爲元以前本,故尚多于今本一卷。今本既又闕其一卷,不知向後數十年後,又闕其若干卷,可惜也。

1605 **古今紀要十九卷** 同上。① 一函四册。

宋黄震撰。撮録諸史,括舉綱要,每一帝之事,則以一帝之臣附之。其僭竊割據,亦隨時附見。詞約事該,條貫井然。上起三皇,下迄哲宗元符而止。所叙前代諸臣各分品目,以寓褒貶。惟北宋諸臣事迹較歷代特詳,而不加標題,蓋不敢論定之意也。前列《知不足齋叢書》中有《古今紀要逸編》一卷②,載理、度兩朝事迹,稱滎陽鄭氏藏本,乃黄氏所撰《紀要》之第二十卷,佚而復出

---

① 邵章:"路有元刊本。"

② 見第756條。

者,宜再考究真僞。

1606 **肘後備急方八卷** 程永培六醴齋刻。

晋葛洪撰。初名《肘後卒救方》,梁陶宏弘景補其闕漏,得一百一首,名《肘後百一方》。金楊用道又取唐慎微《證類本草》諸方附于《肘後》隨證之下,爲《附廣肘後方》。至元間有烏某者得其本于郭氏,始刻而傳之。段成己爲之序,但稱葛、陶二君,而不及楊用道。明嘉靖中吕顒重刻此書,始并列葛、陶、楊三序于卷首。書中凡楊氏所增,皆題"附方"二字,列于後。而葛、陶二家之方則不加分析,莫可剖别矣。其書有方無論,方亦多奇,惟後人遞相增改,失其本面耳。

1607 **元和紀用經一卷** 同上。

唐王冰撰。此書載《宋史·藝文志》,今世絶少傳本。此書傳之許寂,《十國春秋》有寂傳。

1608 **褚氏遺書一卷** 同上。 已見前。鈔本①,宜互校。

1609 **蘇沈良方十卷** 同上。 已見前。知不足齋本②,再互校。

1610 **十藥神書一卷** 同上。

葛可久編。衹十方。

1611 **加減靈秘十八方一卷** 同上。

胡嗣廉纂。見《四庫存目》。

1612 **醫通二卷** 同上。

明韓悉撰。

1613 **痘疹傳心録十九卷** 同上。

---

① 見第1195條。

② 見第731條。

朱惠明撰。

1614 **折肱漫録七卷** 同上。

明黄承昊撰。

1615 **慎柔五書五卷** 同上。 以上十種共二函,計十六册。

明釋住想撰。慎柔,其字也。

以上十種皆程永培所刻《六體齋醫書》。

1616 **神農本草經疏三十卷** 緑君亭刻本。 二函十六册。

明繆希雍撰。分本草爲十部,首玉石,次草,次木,次人,次獸,次禽,次蟲魚,次果,次米穀,次菜,總藥四百九十味,皆以《神農本經》爲主而發明之,附以名醫主治、藥味、禁忌。次序悉依宋《大觀證類本草》,部分混雜者,爲之移正。首爲序例二卷,論三十餘首,備列七方十劑及古人用藥之要。自序云"據經以疏義,緣義以致用,參互以盡其長,簡誤以防其失。而復詳列病忌、藥忌,以别其微;條析諸藥應病分門,以究其用;刊定七方十劑,以定其法;闡發五藏苦欲補瀉,以暢其神"云云,是此書之大指也。

1617 **金匱要略論注二十四卷** 一函四册。

漢張機撰。字仲景,南陽人。是書亦名《金匱玉函經》。晋王叔和重加編次。宋王洙從秘閣録出,書本三卷,上卷論傷寒,中論雜病,下載其方,并療婦人。洙以所論傷寒文多簡略,但取雜病以下止服食禁忌二十五篇二百六十二方,散附于二十五篇之内,録而傳之,即今本也。然則此書不特非仲景之舊,亦并非叔和所編之舊。然宋以來,醫家莫不奉此書爲鴻寳,與《素》《靈》并重,則亦岐①黄正傳矣。國朝徐彬爲之注,亦極明顯。

---

① "岐"原誤作"歧",今正。

1618 **金匱要略方論本義二十二卷**　一函四册。

國朝魏荔彤撰。依仲景原書次第，别爲《本義》，與徐《注》互有發明，而多得言外之旨，足以補原書之所未及。惟自《雜療方》第二十三篇以下三篇闕而不注，未明其故，或未竟之稿本與？

1619 **傷寒論三注十八卷**　一函四册。

《傷寒論》，漢張機撰，晋王叔和編。國朝劉宏璧取方有執、喻昌、周揚俊三家之注，删複補漏，合而刻之。

1620 **傷寒論本義二十卷**　雍正刻本。　一函六册。

國朝魏荔彤撰。

1621 **巢氏諸病源候論五十卷**　嘉慶刊本。　一函六册。

隋巢元方等奉敕撰。凡六十七門，一千七百二十論。但論病源，不列方藥。唐王燾作《外臺秘要》、宋太平興國中撰《聖惠方》皆采是書所論，冠之諸門之首，則其精博可知矣。前有宋宋綬序。

1622 **音論三卷**　符山堂刻。

國朝顧炎武撰。自明陳第作《毛詩古音考》《屈宋古音義》，而古音之門徑①始明。炎武更探討本原，推求注傳，作音學五書以正之。此其五書之一也。上卷分三篇，一古曰音今曰韻，二韻書之始，三唐宋韻譜異同。中卷分六篇，一古人韻緩不煩改字，二古詩無叶音，三四聲之始，四古人四聲一貫，五入爲閏聲，六近代入聲之誤。下卷分六篇，一六書轉注之解，二先儒兩聲各義之説不盡然，三反切之始，四南北朝反語，五反切之名，六讀若。共十五篇，皆引據古人之説以相證驗。原原本本，足以訂俗學之訛，蓋五書之綱領也。

---

① “徑”原誤作“經”，《四庫全書總目·音論》云“而古音之門徑始明”，據改。

1623 **詩本音十卷** 同上。

前人撰。音學五書之二也。以三百篇所用之韻參互考證,處處相符,主陳第《詩》無叶韻之説,明古音原作是讀,非隨文牽就,故曰“本音”。每詩皆全列經文,而注其音于句下。與今韻合者,注曰《廣韻》某部;與今韻異者,即注曰古音某。

1624 **易音三卷** 同上。

前人撰。音學五書之三也。古之繇詞率有韻,故《易》亦用韻。然或韻或不韻,與《詩》之務協聲律者稍殊。故是書通所可通,不可通者則闕之。

1625 **唐韻正二十卷** 同上。

前人撰。音學五書之四也。以古音證《唐韻》之訛,其例于一部全異古音,一部半異古音,一部數字異古音,及古音兩部今并爲一部者,皆條析而言之。

1626 **古音表二卷** 同上。 以上五種共二函,計十六册。

前人撰。音學五書之五也。凡分十部,皆以平聲爲部首,而上、去、入之聲隨之。其移入之字,與割并之部,即附見其中。

1627 **漢隸分韻七卷** 乾隆壬辰辨志堂刻。 一函四册。

不著撰人名氏。然以一東、二冬、三江分韻,是元韻,非宋韻矣。其書取洪适、婁璣等所集漢隸依次編纂,又以各碑字迹異同縷析條列,彙爲一書。

1628 **類證普濟本事方十卷** 一函二册。

宋許叔微撰。所列皆經驗諸方,并記醫案,故以“本事”爲名,猶孟棨記詩家故實稱《本事詩》也。屬辭簡雅,俗醫不能甚解,故罕傳習。此本爲國朝雲間王陳梁所校刻,字體尚爲精緻。

1629 **本草綱目五十二卷** 順治中刻本,康熙甲子重刻。 四函三十二册。

明李時珍撰。取神農以下諸家本草，薈萃成書。複者芟之，闕者補之，訛者糾之，疑者析之。凡一十六部，曰水，曰火，曰土，曰金石，曰草，曰穀，曰菜，曰果，曰木，曰服器，曰蟲，曰鱗，曰介，曰禽，曰獸，曰人。每部各以類分，凡六十二類，一千八百九十二種。每藥標正名爲綱，附釋名爲目，次以集解、辨疑、正誤，次以氣味、主治、附方。前冠以圖二卷，又《序例》二卷，《百病主治藥》二卷。于陰陽標本，君臣佐使之論，最爲詳析。考諸家本草，舊有者一千五百一十八種，時珍所補者又三百七十四種，搜羅群籍，貫串百氏。歲歷三十，書采八百餘家，稿凡三易，而後成書。蓋集本草之大成，爲醫學之淵海者，無逾于此。其書初刻于明萬曆間，王世貞爲之序。其子建元又獻之于朝，有進疏乙篇。萬曆癸卯，夏良心、張鼎思等又重刻于江西。至國朝順治間，錢塘吴毓昌又重訂付梓。于是業醫者無不家有一編矣。

1630 **司馬法一卷逸文一卷** 道光元年辛巳張介侯前輩澍二酉堂刻本。

已見前。① 此本有注，張氏以爲漢宋均所作，又采輯諸書所引，爲《逸文》一卷。

1631 **子夏易傳一卷** 同上。

今世所行《子夏易傳》十一卷②乃後人輾轉依托，不特非卜氏原書，亦并非唐張狐之僞撰。張氏乃就唐孔氏《易正義》、李鼎祚《集解》、陸德明《釋文》及宋朱震《漢上易》、宋王應麟《困學紀聞》諸書所引，尚爲唐宋以前舊本者，凡采出七十餘條，以存其崖略。

---

① 見第 302、1560 條。

② 見第 3492 條。

1632 **世本注五卷** 同上。【眉批:又《漢魏遺書》本。① 又問經堂本。②】

前列王謨《漢魏遺書》輯本二卷及孫淵如問經堂輯本一卷,俱已論之詳矣。此則張氏重就諸書采輯,得《作篇》《居篇》《氏姓篇》《帝繫篇》《王侯大夫譜篇》共五篇,因宋衷舊注而集補之,篇爲一卷。校孫、王二家輯本,又爲詳備矣。

1633 **風俗通姓氏篇二卷** 同上。

今世所行《風俗通義》祇存十卷,原本三十卷,卷爲一篇,分子目一百三十四。其《姓氏》一篇,自宋已佚。張氏因就《廣韻》《姓纂》《通志·氏族略》諸書所引采輯爲二卷。抱經盧氏《群書拾補》中有《校正風俗通》及《風俗通逸文》,而不及專輯此篇,可以互相補苴。

1634 **皇甫司農集一卷** 同上。

漢皇甫規撰。規,字威明,安定人,事迹具《漢書》本傳。阮氏《七録》稱"司農卿《皇甫規集》五卷",隋、唐《志》同,宋以後佚。本傳言所著賦、銘、碑、贊等二十七篇,此祇輯得十一篇,而列事迹、本傳于前,綴趙壹報書、蔡邕薦章於末。

1635 **張太常集一卷** 同上。

漢張奐撰。奐,字然明,敦煌人,即芝之父也。芝善草書,芝弟昶亦工書,皆知名。《漢書》本傳稱奐所著銘、頌、書、教等二十四篇,隋、唐《志》稱二卷。此采輯得十八篇,又附録盧植、延篤與奐書,及子芝、昶書、銘等七篇于後,前列事迹及本傳。

1636 **段太尉集一卷** 同上。

---

① 見第1130條。

② 見第946條。

漢段熲撰。熲,字紀明,武威人,事迹具《漢書》及《東觀漢紀》。此衹輯得四篇。

1637 **三輔决録二卷** 同上。

漢趙岐①撰,晋摯虞注。岐②撰《孟子章句》,今傳于世。惟此書僅見于諸書所引,而無傳本,蓋宋以後已佚矣。張氏就諸書采輯,尚得二卷。

1638 **三秦記一卷** 同上。

題辛氏撰,不著名。其書多述秦中古迹,略如《三輔黄圖》之類。書已久佚,僅見于諸書徵引。此共輯得八十餘條。

1639 **三輔舊事一卷** 同上。

不著撰人名氏,或稱韋氏。

1640 **三輔故事一卷** 同上。

不著撰人名氏,或稱纂自袁郊。據《唐志》所云,亦無確證。以上二書皆已久佚,大抵與《三秦記》諸書相類。諸書援引《舊事》《故事》并列,此即就所引别録,各爲卷帙。

1641 **十三州志一卷** 同上。

後魏闞駰撰。《隋志》稱十卷,《唐志》稱十四卷。其書久佚,顔師古《漢·地理志》注多引之。此則就《漢書注》及《水經注》《北堂書鈔》《太平御覽》《太平寰宇記》《太平廣記》諸書,共采得二百九十餘條。

1642 **凉州異物志一卷** 同上。

不著撰人姓氏。此就諸書所引共鈔出五十餘條,間有音注,

---

① "岐"原誤作"歧",今正。

② "岐"原誤作"歧",今正。

亦仍其舊。

1643 **涼州記一卷** 同上。

北涼段龜龍撰。記吕光事。《隋志》八卷,《唐志》十卷,此衹鈔得二十餘事。内有張諮《涼記》二則,赫連氏《涼書》三則,蒙遜《涼書》二則,附于末。

1644 **西河舊事一卷** 同上。

漢武帝太初四年,開武威郡。太初元年,開張掖郡,又開酒泉郡,後又分酒泉置敦煌郡。昭帝始元六年,置金城郡。此所謂河西五郡,當時以斷匈奴右臂者。隋、唐《志》有《西河舊事》一卷,不著作者名氏。其書即專述河西五郡故事,惜久散佚,此衹采得十七條。

1645 **西河記一卷** 同上。

晋喻歸撰。隋、唐《志》稱二卷。記張重華事。按《十六國春秋》,晋遣侍御史喻歸拜張重華護羌校尉①、涼州刺史,假節。重華謀爲涼王,不肯受詔②,使親信人沈猛與歸言。歸折之。《西河記》即作于此時。今存者衹數則耳。

1646 **沙州記一卷** 同上。

宋段國撰。即《唐志》所謂《吐谷渾記》也。原二卷,久佚。此共鈔出二十餘條,又附録《太平寰宇記》吐谷渾始末于後。按《魏書》,阿豺立,自號沙州刺史,部内有黄沙,周回數百里,不生草木,因名。

1647 **陰常侍詩集一卷** 同上。

---

① "尉"原誤作"御",今正。

② "詔"原誤作"詒",今正。

梁陰鏗撰。字子堅,善五言詩,爲梁湘東王法曹行參軍,陳天嘉中爲始興王録事參軍。文帝甚賞其才,累遷晋陵太守、員外散騎常侍。有《集》三卷,見《梁書》本傳。晁氏《讀書志》載一卷,已亡其二。陳氏《書録解題》與晁《志》同,據云存三十餘篇。此共鈔出三十五篇,當較之陳氏所藏本無甚縣殊,可寶也。

1648 **李尚書詩集一卷** 同上。 以上共一函,計十二册。

唐李益撰。字君虞,姑臧人,大曆四年進士,官至集賢殿學士。長于詩,與李長吉齊名。每作一詩,樂工争以賂求取,被聲歌供奉天子,其爲時重如此。原集久佚,此從諸家所纂總集中搜出,共一百七十餘首,爲一卷。

以上十九種皆武威張介侯先生所集《二酉堂叢書》也。前有總序,云"搜輯關隴作者,自周秦漢至于隋唐,凡得二十四種。即非鄉邦,而所撰之書久已闕軼,世少傳本者,亦爲摭拾,凡得十二種。輒以謏聞,疏通演釋"云云。今此本目録共三十六種,而所載者實衹二十一種。有目無書者一種,注"嗣刻"字樣者十四種。其《周生烈子》及《漢皇德傳》二書,皆寥寥一二頁,不成爲卷,未足著録。計此本,凡著録者十九種。

1649 **唐詩鼓吹十卷** 題芸經堂刻。 五册。

金元好問編,元郝天挺注,廖文炳解。陸貽典重加校正,凡廖解之謬者删之,可通者存之,分標郝注于句下,而移廖解于篇末,詳見凡例。是編所選皆唐人七律,凡九十六家,共五百九十六首。

1650 **國朝六家詩鈔八卷** 乾隆三十二年。【眉批:删去。】 四册。

錫山劉執玉選。六家者,宋琬、施閏章、王士禛、趙執信、朱彝尊、查慎行也。每人名下略注始末,如小傳之體。其詩之徵引故實者,亦間爲標注。

1651 **五經文字三卷** 叢書樓刻本。

唐張參撰。參于大曆中爲國子司業,始詳定五經書于講堂東西廂之壁,其後易以木版,至開成間又易以石刻。凡三千三百三十五字,依偏傍分爲一百六十部。此本乃馬曰璐從宋拓石經本付梓者。

1652 **九經字樣一卷** 同上。 二種共一函,三册。

唐唐玄度撰。以補張參《五經文字》之遺。凡四百二十一字,依《五經文字》爲七十六部。前載開成二年八月牒,原附參書之後,相輔而行。糾正俗體,頗爲適中。

1653 **簡端録十二卷** 雍正壬子華氏刻本。 一函二册。

明邵寶撰。是編皆其讀書有得,即題識簡端,積久漸多,其門人天台王宗元鈔合成帙,因以"簡端"爲名。凡《易》三卷,《書》二卷,《詩》一卷,《春秋》三卷,《禮記》《孝經》合一卷,《大學》《中庸》合一卷,《論語》《孟子》合一卷。每條後皆標明"右某書某節之簡"云云。前有寶自序,題正德乙亥三月。又有國朝雍正壬子華希閔重刻序。

1654 **文則一卷** 明胡文煥校刻本。 一册。

前已著録《唐宋叢書》本。① 此本乃胡氏所校刻本。前有乾道庚寅陳騤自序,校前本完善可據也。

1655 **素書一卷** 明唐琳校本。 一册。

漢黄石公撰,宋張商英注。前所録乃鈔本②,無張注。此本爲明唐琳所評校者,前有自序,又張商英序。

1656 **古注參同契分釋三卷** 古石山房刻本。 一册。

---

① 見第912條。

② 見第305條。

此本凡集薛道光、陸墅、陳致虚、彭好古四家之注,不知何人所編。後有秦田水月識語一條。

1657 **熙朝宰輔録二卷** 道光戊戌刻。 一册。

大學士吴縣潘世恩撰。起國初崇德元年,訖道光十八年戊戌。凡滿漢任大學士者一百八十三人,皆略注姓氏籍貫及居官始末,以備掌故。

1658 **脉訣一卷** 明刻本。

題紫虚崔真人撰。載《李東垣十書》中,用以冠首。按:紫虚真人爲宋道士崔嘉彦,陶宗儀《輟耕録》稱"宋淳熙中,南康崔紫虚隱君嘉彦以《難經》于六難專言浮沉,九難專言遲數,故用爲宗,以統七表八裹而總萬病",即此書也。宋以來諸家書目不見著録,焦氏《經籍志》始載之。原有李東垣老人評語,此本不載。

1659 **局方發揮一卷** 明刻本。

元朱震亨撰。震亨,字彦修,金華人。以《和劑局方》不載病源,止于各方下條列證候,立法簡便,而未能變通,因一一爲之辨論。大旨專爲闢①温補、戒燥熱而作。按:《太平惠民和濟局方》十卷初創于宋元豐,重修于大觀,後紹興、寶慶、淳祐中又遞有增加,多用燥烈香竄之藥,易見功效②,而亦多耗傷真陰,故震亨作此以排之。

1660 **脾胃論三卷** 明刻本。

金李杲撰。杲,字明之,自號東垣老人,真定人。受業于張元素,盡得其法,卓爲醫者大宗。其説以土爲萬物之母,故獨重脾

---

① "闢"原誤作"闡",《四庫全書總目·局方發揮》云"闢温補、戒燥熱而作",據改。

② "效"原誤作"校",今正。

胃。引經立論,精鑿不磨。

1661 **格致餘論一卷** 明刻本。

元朱震亨撰。其説以人身陽常有餘,陰常不足,故以補陰爲宗。以古人謂醫爲格物致知之一事,故以名書。前有自序。

1662 **蘭室秘藏三卷** 明刻本。

金李杲撰。其曰"蘭室"者,取《素問》"藏諸靈蘭之室"語也。其治病分二十一門,以飲食勞倦居首,他如中滿腹脹、心腹痞、胃脘痛諸門,皆諄諄于脾胃,蓋所獨重也。原有羅天益序,此本失去。

1663 **内外傷辨三卷** 明刻本。

前人撰。發明内傷之證,有類外感,辨别陰陽寒熱,有餘不足,而大旨總以脾胃爲主。前有自序。

1664 **此事難知二卷** 明刻本。

元王好古撰。字進之,趙州人。是編專述李東垣之緒論,于傷寒證治尤詳。前有至大元年自序,謂"得師①之不傳之秘,旬儲月積,浸就篇帙"。蓋好古裒輯東垣之説,以成此書。《東垣十書》竟屬之杲,誤矣。

1665 **湯液本草三卷** 明刻本。

前人撰。曰"湯液"者,取《漢志》《湯液經方》②也。上卷述用藥之凡例,中、下二卷以本草諸藥配十二經絡,各以主病者爲君③,

---

① "師"原誤作"明",《四庫全書總目·此事難知》云"得師不傳之秘",據改。

② 中華書局整理本《漢書·藝文志》作《湯液經法》,"方"當作"法"。《四庫全書總目》作《湯液經方》,路氏蓋沿《總目》之誤。

③ "君"當作"首"。王好古自序云:"仍以主病者爲元首。"《四庫全書總目》云:"仍以主病者爲首。"

臣佐使應次之。簡明賅備,甚適實用。前有序。

1666 **醫經溯洄集一卷** 明刻本。

元王履撰。字安道,學醫于朱震亨。是書取張機《傷寒論》三百九十七法,删複補闕,重訂爲三百九十七法,凡二十一篇。

1667 **外科精義二卷** 明刻本。

元齊德之撰。其説皆先求瘍疾之本,而量其陰陽强弱以施療。甚爲詳盡。

1668 **醫壘元戎一卷** 明刻本。

元王好古撰。謂"良醫用藥,如臨陣用兵",故以名書。原十二卷,此本殆删節者。

1669 **瘫論萃英一卷** 明刻本。 以上十二種共二函,計十六册。

不著撰人名氏。專論小兒瘫疹。

以上十二種皆吴勉學校,總名《東垣十書》。然《十書》乃坊中刊本,名實乖舛,《四庫存目》已辨其非,故此仍各著于録,而去其《十書》之總名。又《十書》後附《醫壘元戎》及《瘫論萃英》二書,與《十書》之數更不相符,姑以原目所有,亦并存之。

共一萬二千七百一十二字,馮少儒鈔。

# 蒲編堂路氏藏書目十五

小洲手訂　共書八十一種，計二千六百卷，一百零一函。

1670 **寶真齋法書贊二十八卷**　聚珍板本。　四函二十四册。

宋岳珂撰。原書久佚，此從《永樂大典》録出者。其書以家所藏前人墨迹，各繫以跋而爲之贊。首以歷代帝王帖，次晋、梁、陳名人真迹，次唐、五代名人真迹，次宋名人真迹。而唐摹帖中又自分二王及雜帖，五代又先以吴、越三王，宋則終以鄂國傳家帖，乃其祖父手迹也。每類之首有總標，有總贊。諸帖之末，唐以前帖各爲贊，南、北宋人篇翰繁多，則連類爲贊。惟此本係從《大典》輯録，其總贊《大典》弃而不載，故此總贊多闕，餘則完好。其帖之書體行款、題記塗乙，各一一詳記于下。其間遺聞佚事可訂史傳之是非，短什零篇可補文集之訛缺者，不一而足。即文章亦兼備衆體，新穎百變，可資游藝之助。珂所著《九經三傳沿革例》《桯史》《金陀粹編》《愧郯録》諸書，世多傳本，惟此書諸家皆未論及。兹僅賴《永樂大典》所載，尚得排比成帙，復顯于世。實賞鑒家之大幸矣。

1671 **金石存十五卷**　嘉慶己卯聞妙香室校刻。　一函四册。

國朝吴玉搢撰。前所列《函海》本①衹十卷，缺失至三十餘碑，且誤題作"趙搢"。此本爲李芝齡先生視學浙江時所得汪宗伯

---

① 見第1516條。

舊藏本,凡十五卷,乃吴氏原帙。芝齡先生因重加校勘,訂訛補闕,間附己意,以厠各條之下。自卷一至卷五爲篆存,卷六至卷十五爲隸存。

1672 **癸巳類稿十五卷** 道光十三年王氏編刻。 一函五册。

國朝俞正燮撰。正燮,黟縣舉人,字理初。其書皆發明經史奥義,旁及諸子百家九流之學。道光癸巳春闈,王藻菽原先生分校,得正燮卷,薦之未售。撤棘後訪之,得所著《類稿》之十餘卷,尚未校定。乃爲之釐,其校正者,得十五卷,捐金梓之。以是編之輯成于癸巳,故以名書。

1673 **李長吉詩集箋注四卷** 一函四册。

唐李賀撰,明姚佺、丘象隨等箋注。按:注昌谷詩者,明以來有徐渭、董懋策、曾益、余光、姚佺五家本,又有丘象升、丘象隨、陳愫、陳開先、楊研、吴甫六家之辨注,孫枝蔚、張恂、蔣文運、胡廷佐、張星、謝啓秀、朱潮遠七家之評,遞相糾正,互有發明。此本前列丘俊孫、李明睿、胡廷佐三序。首編列姚佺箋閲,丘象隨辯注,而注中乃兼采蔣、吴、徐、曾諸家之説,又間采劉辰翁評語附于詩後,不知是何本也。

1674 **關尹子箋九卷** 一函一册。

宋陳顯微解,元朱象先箋釋,明唐從悌輯評。

1675 **證類本草三十一卷序例二卷** 順治丙申。 二函二十册。

宋唐慎微撰。有宋、金兩刻。刻于宋者,名《大觀本草》;刻于金者,名《政和本草》。其增附寇宗奭《本草衍義》,則金刻也。明翻金刻又有兩本,一爲萬曆丁丑春穀王氏秋翻刻元大德壬寅宗文書院本,前有大觀二年仁和縣尉艾晟序,稱"書三十一卷、目一卷。集賢孫公得其本而善之,校正鏤板,以廣其傳"云云。序例下標題有“春穀王秋捐資,命男大獻、大成同校録”十五字,末有萬曆丁丑王大獻後序。一爲成化戊子翻刻金泰和甲子晦明軒本,前有宋政和六年提舉醫學曹孝忠序。此本爲國朝順治丙申秦鳳儀又因明萬曆丁丑翻刻本補修者。前有宋艾晟序及元大德壬寅宗①文書院刊行木記,末有王大獻後序。

1676 **景定建康志五十卷** 嘉慶六年江寧刻本。 四函。

宋周應合撰。自建炎二年即金陵爲建康府,遂爲留都重鎮。景定中,知府事馬光祖屬應合删補舊志爲此書。首爲留都四卷,如《臨安志》例。次爲圖、表、志、傳四十五卷。次爲補遺一卷。

1677 **名臣言行録前集十卷後集十四卷續集八卷别集二十六卷外集十七卷** 道光元年歙績學堂洪氏仿宋本校刻。 二函十二册。

前、後二《集》,宋朱子撰。續、别、外三《集》,李幼武所補撰。朱子自序謂“讀近代文集及記事之書,所載國朝名臣言行之迹,多有補于世教,乃掇取其要,聚爲此書,以便記覽”云。《前集》起宋開國至英宗,凡五朝。《後集》則英宗以後至徽宗也,凡三朝。朋溪李幼武,字士英,以朱子書止于八朝,而中興以後四朝人士事迹闕如,乃補爲續、别、外三《集》。其體例一準朱子書,而《外集》則特分列道學宗派,與朱子書小異。是書傳刊訛舛殊多,歙殿撰洪氏瑩得宋槧本,完善可據,又與元和顧千里細爲校勘,重付剞劂。朱子書前有太平老圃李衡校正序,題寶祐戊午。李幼武書前有趙崇硂序,稱幼武爲外孫,題景定辛酉。卷末有顧氏校定跋。

1678 **書苑菁華二十卷** 錢塘振綺堂汪氏刻。 與《曲洧舊聞》共一函,計六册。

宋陳思撰。集古人論書之語,分體編次。凡三十二類,曰法,

① “宗”原誤作“崇”,今據上文及原書改。

曰勢,曰狀,曰體,曰旨,曰品,曰評,曰議,曰估,曰斷,曰録,曰譜,曰名,曰賦,曰論,曰記,曰表,曰啓,曰箋,曰判,曰書,曰序,曰歌,曰詩,曰銘,曰贊,曰叙,曰傳,曰訣,曰意,曰志,曰雜著,所收共一百六十餘篇。自唐以來論書者惟張彦遠《法書要録》、韋續《墨藪》爲兼采群言,然皆篇帙無多,未爲賅備。其裒録諸家緒言,薈萃編排,以資考訂者,實始于是編。雖意主閎博,不免蕪雜,然短長終不相掩也。伏讀《四庫書目》所録,爲浙江汪汝瑮家藏本。此本即汪氏振綺堂所刻,首冠乾隆甲午御題,次爲魏鶴山題語。書中所引有與他本異同者,汪氏并加案語附于下。

1679 **唐朝名畫録一卷** 明刻本。

唐朱景元撰。所録畫家共一百二十四人,分神、妙、能、逸四品。而神、妙、能三品中又各分上、中、下三等。逸品則無等次,蓋尊之也。首列唐代親王三人,亦不入品,蓋貴貴之義宜然。畫家之稱逸品,自景元始。前有自序。

1680 **五代名畫補遺一卷** 明刻本。

宋劉道醇撰。所録凡二十四人,蓋五代胡嶠先作《梁朝名畫録》,始自尹繼昭,終于劉永,總四十三人,名其書曰《廣梁朝名畫目》,道醇復作此以補其遺,故衹寥寥二十四人。凡已見嶠書者,不復録也。嶠書今不傳,五十年中丹青家僅賴此編略見梗概,惜哉！前有嘉祐四年陳洵直序。

1681 **宋朝名畫評三卷** 明刻本。

前人撰。分六門,曰人物,曰山水林木,曰畜獸,曰花竹翎毛,曰鬼神,曰屋木。每門又各分神、妙、能三品,凡九十餘人。首有叙文,不著名氏,其詞亦不類序體,疑爲書前發凡,後人以原書無叙,遂析出别爲一篇也。

1682 **圖畫歌一卷** 明刻本。

宋沈括撰。

1683 **山水論一卷** 明刻本。

《山水論》,唐王維撰。

1684 **筆法記一卷** 明刻本。 以上共一函,計五册。

唐荆浩撰。

1685 **江村銷夏録三卷** 高氏刻本。 一函三册。

國朝高士奇撰。乃其告歸平湖之後,記所見書畫,考其源流,詳其絹素長短廣狹,及後人題跋印記,一一志載。其體例與《鐵網珊瑚》《清河書畫舫》相似。惟間加評語,又以己所作題跋一例附入,稍有不同。前有自序,又宋犖、朱彝尊序,及凡例八則。

1686 **吴園易解九卷** 聚珍板本。 一函五册。

宋張根撰。不主漢儒象數之説,亦不主宋代河洛之學。詮釋經文,頗爲簡切。原本殘闕,自《説卦傳》"乾,健也"節以下,解釋多缺,此亦仍之。末附録《序論》五篇、《雜説》一篇,皆論《繫辭》。又《泰論》一篇,專論《泰卦》。又其孫垓跋一篇,文亦不全。

1687 **尚書後案三十卷** 頤志堂刻本。 一函八册。

國朝王鳴盛撰。專發明鄭康成一家之學。《書》本百篇,秦火後,伏生傳今文三十四篇。孔安國得壁中古文,增多二十四篇,餘四十二篇亡。自安國遞傳,至衛宏、賈逵、馬融及鄭氏皆爲之注,王肅亦注之。惟鄭師祖孔學,獨得其真。但諸家衹注三十四篇及百篇之序,增多者無注。至晋又亡,好事者别撰增多二十五篇,内有《太誓》,故于三十四篇删去《太誓》,又分《堯典》之半充《舜典》,《臯陶謨》之半充《益稷》,改爲三十三篇,并撰《孔傳》,至今沿其僞妄,莫可追改。王氏乃遍搜群書,凡鄭之舊注悉加輯録。

其鄭注已闕者，取馬、王傳疏益之，又作案以釋鄭義。馬、王傳疏與鄭異者，條析其非，折中于鄭氏。名曰《後案》者，言最後所存之案也。至僞撰之二十五篇，則别爲《後辨》附于末。王氏此書自序歷三十四載而後脱藁，"于鄭氏一家之學，可謂盡心"，良非夸詞。

1688 **南華經薈解三十三卷** 明刻本。 一函六册。

明郭良翰撰。内注多主林希逸《口義》，而博摭吕吉甫、李宗謙、范應元、陳詳道、劉辰翁諸家之説，輯爲是編。

1689 **太平寰宇記一百九十三卷** 通行本。 四函四十册。

宋樂史撰。宋太宗時，始平閩、越，并北漢。史因合輿圖所隸，考尋始末，條分件繫，以成此書。始于東京，迄于四裔。分爲十道，曰河南道，曰關西道，曰河東道，曰河北道，曰劍南西道，曰劍南東道，曰江南東道，曰江南西道，曰淮南道，曰山南西道，曰山南東道，曰隴右道，曰嶺南道，以四裔終焉。嘗病賈耽《十道志》、李吉甫《元和郡縣志》失于漏缺，故其書采摭繁富，惟取賅博。于古迹人物、題咏藝文，咸多登載。蓋地理之書至是始詳，而體例亦自是而大變焉。原本二百卷，收藏家多卷帙殘缺，惟浙江汪氏啓淑家本所闕自一百十三至一百十九，僅七卷。又每卷末附校正一頁，不詳何人所作，辨析頗詳，較他本特爲精善，《四庫》官本即據以入録。此本爲樂氏裔孫之簏、蕤賓所校刊，不題年月，實即據汪氏本付梓者。前有史進書表。

1690 **五代詩話十二卷** 乾隆戊辰養素堂刻。

國朝王漁洋先生撰。乃草創未竟之本，宋弼等取其原稿，重加補輯編次付梓，門人黄叔琳及陳臚聲爲之校訂。伏讀《四庫全書》著録本，乃鄭方坤所補正者，作十卷，其書實以宋氏此刻爲藍本。此本雖不及鄭本之精核，而大輅肇于椎輪，其創始之功則不可殁也。

1691 **漁洋詩話三卷** 同上。 與上共一函,計六册。

前人撰。先生所爲詩話雜見於《池北偶談》《居易録》諸書者,不下數百條,而未有專書。康熙乙酉歸田後,乃應吴陳琰之請,著爲此編。初止六十條,戊子又續一百六十條,裒爲一集,付其門人刻之。

1692 **詩話類編三十二卷** 明萬曆刻本。 二函十二册。

明王昌會撰。摭拾諸家詩話,參以小説,裒合成書。分體格、名論、帝王、忠孝、節義、夙慧、科第、神仙、鬼怪、方外、宫詞、閨秀、妓、題咏、考訂、品評、詩賞、詩遇、詩窮、詩彈、詼諧、感慨、讖異、高逸、吊古、哀挽、夢幻、規諷、雜録,凡二十九類。所收頗爲詳博,惟議論不著姓名,事實不著時代,又不注出典,殊乏體例耳。

1693 **楚辭集注八卷辨證二卷後語六卷** 明人仿宋刻本。無年月及人姓氏。二函十二册。

宋朱子撰。以漢王逸《章句》及洪興祖《補注》二書詳于訓詁,略于意旨,乃檃括舊編,定爲此本。以屈子所著二十五篇爲《離騷》,宋玉以下十六篇爲《續離騷》。隨文詮釋,每章各繫以比、興、賦字,如毛亨《詩傳》例。其訂證舊注之舛誤者,别爲《辨證》二卷附焉,自爲之序。又刊定晁補之《續楚詞》《變離騷》二書,録荀卿《成相》至吕大臨《擬招》凡五十二篇,爲《楚詞後語》六卷,亦自爲之序。《楚詞》舊本有東方朔《七諫》、王褒《九懷》、劉向《九嘆》、王逸《九思》,晁本删去《九思》一篇。是編并削《七諫》《九懷》《九嘆》三篇,益以賈誼二賦。又晁氏二書本各二十卷,此編《後語》乃删爲六卷,去取特嚴。① 而揚雄《反騷》爲舊録所不取者,此反收入。自序謂:"欲因《反騷》而著

① "嚴"字原脱,《四庫全書總目·楚辭集注》云"去取特嚴",據補。

蘇氏、洪氏之貶詞,以明天下之大戒也。"

1694 **麗澤論説集録十卷** 明刻本。 一函六册。

宋吕祖謙門人雜録其師之説也。前有祖謙從子喬年題記,稱"先君子嘗所裒輯,今仍據舊録,頗附益次比之"云云。喬年爲祖謙弟祖儉之子,則裒輯者爲祖儉,而補綴編次者爲喬年矣。凡《易説》二卷,《詩説拾遺》一卷,吕東萊曾著有《家塾讀詩記》,故此説《詩》之語特曰"拾遺"。《周禮説》一卷,《禮記説》一卷,《論語説》一卷,《孟子説》一卷,史説一卷,雜説二卷。皆冠以"門人集録"字,明非祖謙所手著也。

1695 **天一閣書目九卷碑目一卷** 抄本。 二函十册。

明鄞范氏所藏書目也。名欽,字堯卿,嘉靖十一年進士,歷官至兵部右侍郎。性喜藏書,植天一閣,閣通六間爲一,而以書厨間之,其下乃分六間,取天一生水,地六成之之義。購海内異本,列爲四部。國朝乾隆間開四庫館,詔求天下遺書。欽後人懋柱取家藏精本六百餘種以獻,有詔嘉奬,并賜《古今圖書集成》一部,以爲好古之勸,士林榮之。嘉慶十三年,阮芸臺先生撫浙,命范氏後人登閣分厨寫編之,成目録九卷,按:原本作十卷,凡經部二卷,史部二卷,子部二卷,集部四卷。余抄此目時并集部爲三卷。屬寧波府學教授汪公本刻之,并其家藏金石刻爲《碑目》一卷,附刊于後。芸臺先生爲之序。又附録黄宗羲所作《天一閣藏書記》、乾隆間采輯遺書時所降諭旨及御賜書、御題書、御賜圖各種,并恭録以冠于首。

1696 **明堂灸經八卷** 明山西平陽府刻本。 一函一册。

題西方子撰,不知何許人。其書專論灸法。卷一至卷三爲正人頭面、胸膺、腹肚、手、足諸腧穴,卷四、卷五、卷六爲伏人頭、背脊、手、足諸腧穴,卷七、卷八爲正人頭頸及側人脅、手、足諸腧穴。

皆繪圖列説，旁注腧穴經絡，大致與《銅人針灸經》相同。惟《銅人》祇有左右正背形圖，此則兼及側、伏，較更詳密。且《銅人》兼言針法，此則專論灸穴，獨明一義，爲專門之學，尤屬精悉。其曰“明堂”者，取“皇帝問岐①伯以人之經絡，盡書其言，藏于靈蘭之室。洎雷公請問，乃坐明堂授之。後世言明堂者以此”②。《舊唐書・經籍志》以“明堂經脉”别爲一類，即此意也。

1697 **銅人針灸經七卷** 山西平陽府刻本。 與上一種共一函，一册。

不著撰人名氏。按晁氏《志》有“《銅人腧穴針灸圖》三卷，皇朝王惟德撰。仁宗嘗詔惟德考次針灸之法，鑄銅人爲式，分臟腑十二經，旁注腧穴所會，刻題其名，并爲圖法及主療之術，刻板傳世”云云。此本與晁氏所言大致相同，疑即宋時舊本，特人名偶佚耳，其卷數疑亦爲後人所析。所繪人形共一十二圖，爲穴二百八十有五。其首卷論三陽三陰經脉起止及虚實補瀉，并下針分寸、九針之名。末一卷則針灸宜忌及太乙人神所在各圖也。此與《明堂灸經》俱山西平陽府所刻，與《四庫總目》所言相合，但字迹惡劣，殊不耐觀。

1698 **春秋釋例十五卷** 嘉慶二年莊氏刻。 一函六册。

晋杜預撰。原本久佚，《四庫》著録本乃從《永樂大典》輯録者。陽湖莊述祖與孫淵如先生又重加校刊，以廣其傳，并録《提要》于首。其書自卷一至卷四爲例，凡四十二，大旨以左氏發凡五十爲根，于《春秋》諸例皆比事以求屬詞之旨，而以己意申之。卷五至卷七爲土地名，卷八、卷九爲世族譜，卷十至十五爲經傳長

---

① “岐”原誤作“歧”，今正。

② 此乃錢曾《讀書敏求記》中語，《四庫全書總目》引之，路氏又就《總目》節引。

曆,尤爲精核。前有唐劉蕡序,後有吴萊後序。

1699 **山谷内集注二十卷外集注十七卷别集注二卷外集補四卷别集補一卷年譜十四卷** 乾隆五十三年翁氏樹經堂刻。 三函二十册。

宋黄庭堅撰。其甥洪炎編《内集》三十卷,李彤又編《外集》十四卷,其孫畓又編《别集》二十卷,并撰《年譜》附于各集之後。所謂《内集》《外集》《别集》,皆合詩文言之也。此注本則但注其詩,而不及其文。《内集》二十卷爲宋任淵注,《外集》十七卷爲宋史容注,《别集》二卷爲容之孫季温補注。《四庫總目》所列《内集注》《别集注》與此本正同,而《外集注》僅七卷,疑非足本。此本爲北平翁覃溪先生所手校定本,其門人謝啓昆等復加校刊,因取史注本所無之詩而見于他刻者,别爲《外集補》四卷、《别集補》一卷附于後。兼載黄畓所撰《年譜》,可以考見山谷作詩時世。其顛末見翁氏序及《提要》。《内集》前有紹興鄱陽許尹序及任淵序,《外集》前有史容序及嘉定晋陵錢文子序,《别集補》後有明弘治豐城楊廉後序,《年譜》後有明萬曆陳以志跋。

1700 **簡便驗方四卷** 明崇禎甲申刻本。 一函四册。

明王象晋撰集。分春、夏、秋、冬四集,凡三十門。彙集諸方,以類相從,頗爲簡明,而以用藥須知各條冠于首。自序"稿凡三易,初梓于萬曆甲寅,隨所取效。再梓于崇禎己巳,剖判倫類、次第、卷袠。逮壬午冬,版毁于火,于是又窮搜舊本,類附新知,兩閲歲華,始克就緒"云云。

1701 **易説六卷** 嘉慶庚午璜川吴氏英刻本。 一函二册。

國朝惠士奇撰。其書雜釋卦爻,專明漢學大旨。以象爲主,而訓詁尤所加意,以矯王弼等空言之弊。璜川吴氏以此書流傳絶少,重爲刊布。江沅爲之序,并自序。

1702 **史通評釋二十卷** 無刊刻年月。 一函□册。①

唐劉子玄撰。子玄名知幾,避明皇嫌名,以字行。此書成于景龍四年。凡内篇十卷,論史家體例,辨别是非,共三十九篇,今佚其《體統》《紕繆》《弛張》三篇。外篇十卷,述史籍源流及雜評古人得失,共十三篇。蓋其官秘書監時與蕭至忠、宗楚客等争論史事不合,發憤而著書者也。子玄於史學最深,又領史職幾三十年,故能貫穿今古,洞悉利病。然以發憤而作,詞旨往往過激。其《疑經》《惑古》諸篇爲世所詬,良亦有由。是書舊刻傳世者稀,明時有蜀本、吴本,文句脱略,互有異同。至萬曆中,有張氏字睿父者重刻陸氏本,爲增七百三十餘字,删六十餘字,復于《曲筆》《因習》二篇補其殘缺,遂爲完書。自是以後,世皆以張本爲祖本。明李維楨即因張氏之本,略有評論。② 郭孔延又續爲評釋,雜引諸書以證之。凡每篇之末標"評曰"字者,皆李氏語;標"附評"字者,則郭氏所補也。

1703 **古文苑九卷** 嘉慶十四年孫氏影宋淳熙本重刻。 一函二册。

不著編輯人名氏。陳氏《書録解題》稱唐人舊本,宋孫洙巨源得于佛寺經龕,乃唐人所録。自東周迄南齊諸人詩賦雜文,皆史傳、《文選》所不載。然所録漢魏詩文多從《藝文類聚》《初學記》删節之本,其真僞蓋莫得而明也。南宋淳熙間韓元吉次爲九卷。至紹定間,章樵爲之注釋,又釐爲二十一卷。明以來章本盛行,而韓本殆絶矣。嘉慶中,元和顧茂才廣圻得陸貽典影抄宋本九卷,爲韓氏原帙,於是重加校正,孫淵如先生爲之刊刻。卷末有韓元吉淳熙六年跋。

---

① "册"前原空一字格。

② "論"原誤作"略",《四庫全書總目·史通評釋》云"略爲評論",據改。

1704 **吕氏家塾讀詩記三十二卷** 嘉慶刻本。 一函五册。

宋吕祖謙撰。其説以小序爲主,博采諸家,存其名氏,先列訓詁,後陳文義。有所發明,則别出之。《詩》學之詳,未有逾于此書者。明嘉靖中陸釴得宋本于友人豐氏,重爲之刻。此本即從陸本復刻者。惟不著刊刻人名氏,但標"谿上聽彝堂藏板"七字而已。前有朱子序,又明萬曆中顧起元序。原本又有魏了翁跋,此本脱去。

1705 **儀禮經傳通解三十七卷續二十九卷** 無刊刻年月、姓氏。 二函十八册。

宋朱子撰。前載《乞修三禮劄子》,云"以《儀禮》爲經,而取《禮記》及諸經史雜書所載有及于禮者,皆以附于本經之下,具列注疏爲傳"。初名《儀禮集傳集注》,其劄竟不果上。晚年修葺,乃更定今名。書未成而朱子没,僅成《家禮》五卷、《鄉禮》三卷、《學禮》十一卷、《邦國禮》四卷,共二十三卷,爲四十二篇。中缺《書數》一篇。在十五卷。《大射》至《諸侯相朝》八篇尚未脱稿。其卷二十四至卷三十七凡十八篇,則仍前草創之本,故用舊名《集傳集注》,是爲《王朝禮》。中缺《卜筮》一篇,目録内《踐阼》第三十一以後,序説并缺。朱子没後,門人黄榦續爲喪、祭二門,凡二十九卷,一如朱子原式,附于後。朱子此書雖以《儀禮》爲名,然所載諸篇實非舊次,亦頗有所離析。然自王安石廢罷《儀禮》,獨存《禮記》,朱子糾其弃經任傳,遺本宗末,因撰此書以存先聖遺制。分章表目,開卷瞭然,固亦考禮者所必講也。

1706 **禮説十四卷** 嘉慶丁巳上海彭氏霖刻本。

國朝惠士奇撰。其書專辨證《周禮》,依經文次序編之,而不載經文。于古音古字,多所分别疏通。于周制及鄭注所云漢制,皆旁引經史,考求源委。在近人説經之家,爲最有根據。

1707 **大學説一卷** 同上。 與《禮説》共一函,計八册。

前人撰。以格物不外本末終始先後,即絜矩之不外上下前後左右,不當别補"格致"章。朱子改定《大學》,又補"格物"一章,乃云始終、本末,統結上文,遂以"明德爲本,新民爲末",誤矣。因别爲此説以正之。半農《禮説》《春秋説》《易説》皆有刊本,獨此書素少流傳。彭氏因得周錫瓚所藏本,遂并梓之。

1708 **春秋説十五卷** 乾隆己巳璜川書屋刻本。 一函八册。

前人撰。惠氏世傳漢學,而半農尤覃精于三禮。是書以《禮》爲綱,而緯以《春秋》之事,比類相從,約取三《傳》附之,間證以《史》《漢》諸書,洵爲典核。後附半農墓志,乃其門人楊超曾所作也。

1709 **詩話總龜前集四十八卷後集五十卷** 明刻本。無年月及名氏。前有李易序,乃明宗室月窗道人所刊也。 一函十二册。

宋阮閲撰。《前集》分三十九類,所采書一百種。《後集》分六十一類,所采書亦一百種。摭拾舊文,多資考證。書成于宣和癸卯,蘇、黄文禁方嚴,故元祐諸家悉不見録。

1710 **寶刻類編八卷** 道光戊戌劉氏刻。 一函四册。

不著撰人名氏。書中筠州稱瑞州,知爲宋理宗以後人也。原本久佚,《四庫》本乃從《大典》録輯者。道光壬辰東武劉喜海得顧廣圻手校鈔本,于戊戌守臨汀郡時刻之。其書叙述古碑,上起周秦,下迄五代。取書撰之人,分帝王、太子諸王、國主、名臣、釋氏、道士、婦人、姓名殘缺八門。以人名爲綱,而以所書所撰之碑繫之于下。詮次頗有條理。惟闕唐玄宗至代宗三朝碑目,無可校補耳。

1711 **壽世秘典九卷** 無刊刻年月。【眉批:删去。】 一函八册。

明丁其譽撰集。第一卷爲月覽,分歲時通典、物華紀麗、農家占候三門。第二卷爲調攝,分養生要論、保生月録、頤真秘韞、食治選要四門。第三、第四二卷爲類物,取物類之有關于日用飲食者,仿《本草》之例,并雜采諸説,詳其形色、氣味、主治,分水、穀、菜、果、鱗、介、禽、獸、味九部。卷五至卷九則皆雜記古今治驗諸方,彙爲一編,名曰"集方",分内外科一十八門。其書兼采成説,遺漏在所不免。而分門排纂,便于循覽,搜輯之功亦勤。惟卷端脱去序文,莫由考其人之顛末耳。

1712 **洪範補注五卷** 乾隆四年國子監刊本。 一函四册。

國朝潘士權撰。先是宋蔡沈之父元定究心《洪範》之數,未及論著。沈繼述父志,作《洪範皇極内外篇》五卷,以附會劉歆河圖、洛書相爲表裏,八卦、九章相爲經緯之説,借《書》之文以擬《易》之貌。以九九演爲八十一疇,仿《易》卦八八變六十四卦之例。取《月令》節氣,分配八十一疇,陰用孟喜解《易》卦氣值日之術。其揲蓍法以三爲綱,積數爲六千五百六十一,又陰用《焦氏易林》六十四卦各變六十四卦之法。大意以《太玄》《元包》《潛虚》既以擬《易》,故又變幻其説,歸之《洪範》以擬《書》。實則術數之家同一僭經,非説經之正軌也。然自沈以後,世遂又開演《範》之一派,支離膠葛,各是其是。案:洛書之文見於《易》,不見于《書》。《洪範》之文以明理,非以明數,其事絶不相謀。後人以《乾鑿度》太乙行九宫法指爲洛書。盧辯注《大戴禮記·明堂》篇,始附合于龜文。至宋而圖書之説大興,遂以《洪範》確屬洛書,洛書確屬龜文,龜文確爲"戴九履一"等九數,而聖人叙彝倫之書變爲術家談奇耦之書矣。沈書未竟而卒。天台謝無棶序稱其"享數弗遐,釋數未備,猶有遺恨”云云。士權是編即以增補蔡沈之書,而於原書之外復多所附益。首卷爲《疇詞》,沈本自潛而下無“數曰”云云,“其理曰”云云以下則全無之,士權皆爲增入。二卷爲蔡氏《内篇》,分章析節,闡其大指。《外篇》三卷,皆士權自撰,合蓍龜卜筮、五行卦氣、聲音律吕交互言之。

1713 **畫史會要五卷** 無刊刻年月。 二函十二册。

明朱謀垔撰。陶宗儀著《書史會要①》九卷、《補遺》一卷,録能書人,自上古以至元代。謀垔又續其書,録明一代能畫②者爲《續編》一卷。嗣以陶書未及畫家,故仿其體例,又爲此書。采上古迄明能畫人姓名事迹,爲之編次。卷一爲三皇以及五代諸人,卷二爲宋人,卷三爲金元及外域人,卷四爲明人,卷五則諸家論畫法也。

1714 **近思録集解十四卷** 蓮花書院刊本。 一函二册。

前所著録乃江永《集注》本③,此則宋葉采《集解》原本也。前有淳祐十二年進表及自序。

1715 **名醫類案二十卷** 明刻本。 一函十二册。

明江瓘編,其子應宿增補。書成于嘉靖己酉。所采治驗自《史記》《三國志》所載秦越人、淳于意、華佗諸人,下迄元、明諸名醫,捃摭殆遍。分二百五門,各詳其病情方藥。瓘所隨事評論者,亦夾注于下。瓘初成是編,未及刊刻。瓘没之後,應宿又以瓘之醫案分類附之,而應宿醫案亦附焉。前有瓘自序,後有應宿跋。

---

① “要”原誤作“史”,今正。

② “畫”原誤作“書”,今正。

③ 見第199條。

1716 **易外别傳一卷** 鈔本。 一函一册。

宋俞琰撰。其書以邵子《先天圖》闡明丹家之旨,乃《參同契》爐火之學,非《易》之本義,不過依仿而托之,故曰《易外别傳》云。此書不知誰氏所藏,鈔寫甚工。前列《四庫書目提要》及琰前、後二序,又有正德辛巳黄鞏、隆慶辛未董傳策二跋,及國朝吴城跋。

1717 **易經揆一十四卷附易學啓蒙補二卷** 乾隆十七年刻。 一函十册。

國朝梁錫璵撰。錫璵,山西舉人,乾隆十四年刑部左侍郎錢陳群以研深《易》學入保,進所撰此書,蒙恩旨召見,以國子監司業用。其書理、象兼舉,于先天後天之説尤言之鑿鑿。其義例詳凡例八條。其曰"揆一"者,以包犧觀取畫卦,文王依卦繫《彖》,周公旁通《彖》之情而繫爻,孔子釋卦事辭而爲傳,"先聖後聖,其揆一也",因取《孟子》之語以名書。後附《易學啓蒙補》二卷,乃所以補朱子《易學啓蒙》所未備者也。邵子《河圖》《洛書》及先、後天卦圖源出希夷,至朱子表章之,作《啓蒙》一書,以闡其理。但多發明先天圖義,至于後天之《易》,則以爲不得文王所以安排之意而略其説。錫璵因爲補著其義,并以朱子卦圖以横居先,以圓、方居後,位置少乖,并加更定。上卷曰本圖書,曰原卦畫,曰闡卦蘊,曰立易教,曰明蓍策,曰考變占,凡六篇。下卷曰洛書序義,曰連山遺義,曰歸藏遺義,凡三篇。

1718 **詩所八卷** 雍正戊申年刻。 一函四册。

國朝李光地撰。大旨不主于考訂訓詁,而在于涵泳文句,以求美刺之旨。

1719 **曆學疑問三卷** 康熙李安溪先生刻。

國朝梅文鼎撰。篤志嗜學,尤精曆算之法。康熙四十一年大學士李光地嘗以此書進呈,嗣又合梅氏所著他曆算書六種刻之,此其一也。此編論曆學古今疏密,及中西二法,與《回回曆》之異同。

1720 **交食蒙求訂補二卷** 同上。

前人撰。以《曆書》①有《交食蒙求》《七政蒙引》二目,今刻本并皆逸去,乃以諸家所用細草考其異同,參之曆指,而爲是書,以便初學。

1721 **弧三角舉要五卷** 同上。

前人撰。按《勿庵曆算書記》云:"三角之用,莫妙于弧度,求弧度之法,亦莫良于三角。乃以正弧三角爲綱,仍用渾儀解之,于曆書原圖爲之增訂,而正弧三角之理,盡歸勾股,可指而數焉。于是而參伍其變,則斜弧三角之算亦歸句股矣。"

1722 **環中黍尺五卷** 同上。

前人撰。乃弧三角以量代算之法也。

1723 **塹堵測量二卷** 同上。

前人撰。乃借土方之法以量天度也。其術以平圓御渾圓,以方體測圓體,以虚形凖實形,故托其名于塹堵。

1724 **曆象本要一卷** 同上。 以上六種共一函,計六册。

前人撰。

1725 **雜曆算書七卷** 鈔本。 一函七册。

不知何人所撰。余得于北平謝氏,鈔寫甚精,繪圖尤爲工緻。凡七種,曰弧三角形,曰交食曆理,曰月離曆理,曰日躔曆理,曰日食曆理,曰月食曆理,曰曆理總論。

1726 **讀書全録類編二十卷年譜一卷策目一卷附録一卷** 明萬曆甲寅張氏

---

① 《曆書》指《崇禎曆書》。

刻。 二函十册。

明薛文清公撰。公諱瑄,字德温,河津人。永樂辛丑進士,官至禮部右侍郎,入閣預機務,贈禮部尚書,謚文清,事迹具《明史·儒林傳》。明代醇儒,以公爲首。撰《讀書録》十卷、《續録》十二卷,其書皆躬行心得之言。兩《録》之首皆有自記,言因程子"心有所開,不思則塞"之語,是以自録隨時所得,以備屢省。明萬曆中,侯鶴齡因所記錯雜,更爲編次,删去重複,名《讀書全録》,殊非公之本意。是以《四庫全書》著録本仍録公原書,以存其舊。今此本爲明萬曆甲寅張銓所刻成化二年閻禹錫重編本。據閻氏序,稱"先師文清公手筆,前後二十四卷。隨筆劄記,未暇倫類,已板行于世。先師殁之二年,愚反復讀之,深有感焉。乃仿《近思録》,分門别類,去其重複,釐爲二十四卷"云云,所言與《四庫總目提要》所稱侯鶴齡之本同,且書名《全録類編》,亦與侯氏之書名同。惟彼爲侯氏所編,此則閻氏所編,未稔即一書抑兩書也。且據閻氏序稱"復釐爲二十四卷",而此本祇二十卷,亦與原序不符,豈張銓校刻時又加合并耶?《年譜》一卷爲武陵楊鶴所編。《策目》一卷爲蓬萊甯杲所類次,原上、下二卷,此本祇《策目》上,而佚其下卷。《附録》一卷,則公本傳及行狀、神道碑、崇祀疏并遺事也。又有弘治己酉門人張鼎後序。

1727 **先聖大訓六卷** 明刻本。 一函三册。

宋楊簡撰。搜輯孔子遺言,排比爲五十五篇,而各爲之注。秦漢以來百家詭誕之談,往往依托聖言,簡能刊削僞妄,歸于醇正。其間字句異同,文義舛互者,亦皆參訂斟酌,歸于一是。較之薛據《集語》,尤爲典核。前有自序。

1728 **楊氏易傳二十卷** 明刻本。 一函二册。

前人撰。簡爲陸九淵之弟子,故其説《易》略象數而談心性,多入于禪。以佛理詁《易》,自斯人始,乃經學别派之端也。

1729 **律吕元音四卷** 乾隆四十七年禮邸刻本。 一函四册。

國朝禮親王撰。序稱:"暇日因《古今音律》、唐順之《求元聲法》與詩歌詞曲之淵源及諸賢之論作共成一書。"

1730 **洪範明義四卷** 康熙癸酉刻本。

明黄道周撰。其書成于崇禎十年,嘗奏進于朝,自序:"上卷言天人感召、性命相符及好德用人之方。下卷言陰騭相協、彝倫條貫,旁及陰陽曆數之務。初、終兩卷,考正篇章,分别倫序。"其中推説灾祥,頗涉附會。配隸名目,尤病穿鑿。然意存啓沃,其文雖不盡合于經義,其用意則無愧于經義。置其小節,存其宏旨可也。

1731 **月令明義四卷** 同上。 二書共一函,計六册。

前人撰。其書測驗天文,推以數學,雜采《易象》《夏小正》《逸周書》《管子》《國語》諸書,參稽考證,于經義深有闡發。臚舉史傳,亦皆意存規戒,非漫爲推衍禨祥也。

1732 **大樂元音七卷** 乾隆十年刻本。 一函五册。

國朝潘士權撰。士權官太常寺博士,是書成于乾隆乙丑。前五卷據琴定樂,并附以《儀禮樂譜》十二篇,圖説頗詳。六卷附以琴譜、曲譜。七卷附字學音韻類例,亦頗繁夥。

1733 **周易述二十三卷** 乾隆庚辰盧氏雅雨堂刻本。 一函六册。

國朝惠棟撰。是書主發揮漢儒之學,以荀爽、虞翻爲主,而參以鄭玄、宋咸、干寶諸家之説,融會其義,自爲注而自疏之。其目録凡四十卷。自一卷至二十一卷皆訓釋經文。二十二卷、二十三卷爲《易微言》,皆雜鈔經典論《易》之語。二十四卷至四十卷,凡載《易大義》《易例》《易法》《易正訛》《明堂大道録》《禘説》六名,而皆有録無書。其注疏亦尚缺下經十五卦及《序卦》《雜卦》兩傳,蓋未完之書也。其《易微言》二卷,亦皆雜録舊説以備注《易》之用,非欲别勒一編,故其文皆未及詮次。書未及完而先生歿,其子承緒、承萼乃取遺藁繕寫校讎,編輯成帙。所有闕略,皆仍其舊。德州盧見曾官兩淮運使,以書徵先生著作,承緒等乃録副本寄之,見曾爲之梓行,即此本也。後乾隆四十六年畢秋帆撫軍沅刻《經訓堂叢書》時取先生《明堂大道録》八卷①、《禘説》二卷②刻之,與先生所撰《易漢學》并傳于世。及五十四年,歷城周永年又取先生《易例》二卷及先生所撰《九經古義》十六卷并刻入《貸園叢書》中③,而所謂《易大義》《易法》《易正訛》三書,訖不獲補刊,惜哉。

1734 **易圖明辨十卷** 胡氏耆學齋刻本。 一函□册。④

國朝胡渭撰。渭原名渭生,字朏明,德清人。是書專爲辨定圖、書而作。初,陳摶推闡《易》理,衍爲諸圖。其圖本準《易》而生,故以卦爻反覆研求,無不符合。而傳者務神其説,遂歸其圖于伏羲,謂《易》反由圖而作。又因《繫辭》"河圖""洛書"之文,取大衍算數作五十五點之圖,以當河圖;取《乾鑿度》太乙行九宫法造四十五點之圖,以當洛書。其陰陽奇偶,亦一一符合。傳者益神其説,又真以爲龍馬、神龜之所負,謂伏羲由此而有先天之圖。實則唐以前書絶無一字之符驗,而出于北宋之初也。渭此書卷一辨

---

① 見第 590 條。

② 見第 591 條。

③ 見第 1266 條。

④ "册"前原有一字空格。

河圖、洛書，卷二辨五行、九宫，卷三辨《周易参同契》、先天太極，卷四辨《龍圖》《易數鈎隱圖》，卷五辨《啓蒙》圖、書，卷六、卷七辨先天古《易》，卷八辨後天之學，卷九辨卦變，卷十辨象數流弊。皆引據舊文，互相參證，以鉗依托者之口。使學者知圖書之説，乃修煉、術數二家旁分《易》學之支流，而非作《易》之根柢。視所作《禹貢錐指》，尤爲有功于經學。

1735 **蠻書十卷** 聚珍板原本。 一函二册。

唐樊綽撰。原本久佚，此從《永樂大典》録出，以活字板印行者。綽于咸通中爲嶺南西道節度使蔡襲從事，録六詔始末以成是書，當時嘗以奏御。交州境接南詔，綽爲幕僚，親見蠻中土俗、種族及措置前後，故撰次極詳，爲輿志中最古之本。卷一爲雲南界内途程，卷二爲山川江源，卷三述六詔始末，卷四述名類，卷五述六瞼，卷六述雲南城鎮，卷七述物産，卷八述風俗，卷九述條教，卷十南蠻疆界接連諸夷國名。

1736 **資治通鑒考異三十卷** 明刊本。 一函八册。

宋司馬光撰。温公編集《通鑒》一書，歷十九年而後成。其采用之書，正史之外，雜史至三百三十餘種。其殘稿在洛陽者尚盈兩屋。網羅宏富，體大思精，淹通貫串，爲史家絶作。紀録既繁，異同互出。有一事用三四出處者，有一事而傳聞各殊者。稗官既喜爲虚言，正史亦不皆實録。温公既擇可信者從之，復参考異同，辨證謬誤，别爲此書，以祛後人之惑，以明去取之故，于元豐七年隨《通鑒》同奏上。其書與《通鑒》别行，至胡三省作音注，始取《考異》之文散入《通鑒》各文之下。然漏略頗多，終以原書爲賅備。此即明初所刊單本也，猶爲温公原書，卷第信足寶貴，宜世守之。

1737 **通鑒釋例一卷附問疑一卷** 通行本。 二卷同册。

前人撰。乃其修《通鑑》時所定凡例。後附温公與范祖禹論修書帖二通,蓋温公修《通鑑》時與劉攽、劉恕、范祖禹三人同修故也。當時以《史記》、前後《漢書》屬劉攽,三國南北朝屬劉恕,唐五代屬范祖禹。三人皆通儒碩學,襄助成事,故《通鑑》一書爲古今絶作。是書《釋例》後有温公曾孫尚書吏部員外郎伋跋語一則,稱"遺稿散亂,所藏僅存,脱略已甚,輒掇取分類,爲三十六例"云云。而今本衹分十一類,蓋并各類中細目計之,恰符其數。原又附與劉恕論修書十一篇,今本别刊入《通鑑問疑》中,故此本削去。《通鑑問疑》一卷,乃劉恕之子義仲編其父與温公論修書往來之語,已見前《津逮秘書》①,所録别入史評類中,此不贅。

1738 **資治通鑑目録三十卷** 通行本。 與上二種共二函,計二十四册。

前人撰。此書亦與《通鑑》同奏上,即進書表所謂"略舉事目,以備檢閲"者也。其法年經國緯,著其歲陽歲名于上,而各標《通鑑》卷數于下。又以劉羲叟《長曆》氣朔、閏月及列史所載七政之變著于上方,復撮書中精要之語隨年編載,次第釐然,具有條理。蓋《通鑑》一書包括宏富而篇帙浩繁,讀者猝難得其要領,故并撰此編以挈其綱。其體全仿《史》《漢》年表之例,而標明卷數,使知某事在某年,某年在某卷。又實如目録之例,故以目録爲名。

1739 **資治通鑑釋文辨誤十二卷** 通行本。 一函三册。

元胡三省撰。南宋時蜀人史炤作《通鑑釋文》一書,淺陋特甚。時又有海陵所刊《釋文》,稱爲司馬康本。又有蜀廣都費氏進修堂板行《通鑑》,亦以注附之,世號爲"龍爪《通鑑》"。皆視史炤

---

① 見第485條。

本差略,而實相蹈襲。三省既注《通鑒》,乃舉炤書之誤者,一一辨之。海陵本、龍爪本與之同者,亦附注于下。援據精博,足爲讀史者啓發之助。

1740 **通鑒前編十八卷舉要二卷卷首一卷** 無刊刻年①月,實通行本也。 二函十二册。

宋金履祥撰。以劉恕《通鑒外紀》失之好奇,不足傳信,乃用邵氏《皇極經世書》、胡氏《皇王大紀》之例,損益折衷,一以《尚書》爲主,下及《詩》《禮》《春秋》,旁采舊史、諸子,表年繫事,加以訓釋,斷自唐堯,以下接于《資治通鑒》之前,勒爲一書,名曰《通鑒前編》。前有履祥門人許謙序。後有自序,謂既編《年表》,例次表題,故别爲《舉要》二卷,以提其綱。所引經傳子史之文皆作大書,訓釋及案語則以小字夾注附綴于後。蓋避朱子《綱目》之體,而稍變《通鑒》之式也。原本無卷首一卷,此本于原本之前,乃增明陳桱所撰《續編》中述盤古至高辛氏一卷置于首,以補金書之闕,題"明陽羨路進較輯"。又附以歷代帝王曆數圖及歷代輿地圖、古今官制沿革圖,題"竟陵鍾惺編次較定""陽羨路進較輯",俱列入卷首一卷。明人好以私意增損古書,實爲惡習。然幸原書次第尚無淆,今亦附存之。

1741 **韻語陽秋二十卷** 何氏《歷代詩話》本。 一函。

宋葛立方撰。雜評諸家之詩,不甚論句格工拙,而多論意旨之是非,故曰"陽秋"。"陽秋"即春秋,用晋人語也。然晋人以避諱之故,改春爲陽。宋不諱"春",而立方乃襲舊文,是好奇而無謂矣。其中偏駁舛誤之處,在所不免。而大旨持論嚴正,其精確之

① "年"原誤作"本",今正。

語,亦不可盡廢。

1742　**笠澤叢書四卷補遺一卷**　一函四册。

唐陸龜蒙撰。爲其所自編。以叢脞細碎,故名《叢書》。以甲乙丙丁爲次。後又有《補遺》一卷。宋元符間,蜀人樊開始序而梓之。政和初,毗陵朱衮復行校刊,止分上、下兩卷,及補遺爲三。元季龜蒙裔孫德原重鎸。既依蜀本釐爲四卷,而序仍毗陵本作三卷者,字偶誤也。魯望與皮襲美相唱和,見於《松陵集》者,工力悉敵,未易定其甲乙。惟雜文則魯望長于小品,而襲美長于議論,固自各成一家也。

1743　**陰符經考異一卷**　《朱子遺書》本。

宋朱子撰。《陰符經》出于唐李筌。晁氏《讀書志》引黄庭堅跋,定爲筌所僞托。《朱子語録》亦以爲然。然以其時有精語,非深于道者不能作,故用褚氏、張氏諸本考其異同,刊定其文。書中有黄瑞節附録各條,徵引亦頗賅備。瑞節,安福人,舉鄉試,授泰和州學正,元季弃官隱居,著有《諸子成書》,見《吉安府志》。

1744　**明朝典彙二百卷**　六函三十册。

明徐學聚撰。采録明代典故,自洪武訖隆慶,分類編纂。上采實録,下采稗乘,條分類萃,凡二百門。卷一至三十三卷爲朝政大端,三十四卷以下則以六部分標。記載甚爲繁富,與《明會典》一書皆爲考證明代掌故之淵藪。惟分隸不無錯雜,且采摭浩博而皆不著其出典,此爲明人陋習耳。

1745　**隆平集二十卷**　明刊本。　一函。

題宋曾鞏撰。晁公武疑其依托。今考鞏行狀、神道碑列所著述無此名,公武之言當信也。所記太祖至英宗五朝之事,分目二十有六,體似會要。又立傳二百八十四,各以其官爲類。前有紹興十二年趙伯衛序。其記載簡略瑣碎,頗不合史法。然自北宋之末已行于世,雖不必出于聳,要亦宋人之舊笈也。

1746 **太平御覽一千卷** 鮑氏刻本。 十函八十册。

宋李昉等奉敕撰。以太平興國二年受詔,至八年書成。初名《太平編類》,後改此名。宋敏求《春明退朝録》謂書成之後,太宗日覽三卷,一歲而讀周,故賜是名也。凡分五十五門,搜羅徵引至爲浩博。所采書共一千六百九十種,其目并載于首卷,而雜書、古詩賦不在其數。以今考之,不傳者十之七八。陳直齋謂《御覽》所引用書多轉引類書,不能一一出自原本云云。然宋初去古未遠,即所采類書,亦皆具有淵源,與後來輾轉販鬻者迥别。獵山漁海,至今爲考據之資,他類書固莫之能先也。是書向無刊本,至明萬曆間衹有二本。一爲閩人活字本,斷爛錯訛,殆不可讀。一爲浙人倪氏本。二本同出一槀,脱誤相同。惟校手各别,字句少異耳。謹案:《四庫》著録即用倪氏本參校活字本,并證以他書,而繕寫者。今此本乃鮑氏所刻。【眉批:鮑氏名崇城,歙人。取阮芸臺宫保文選樓所藏依宋雕鈔寫本重加讎校,閲二載始畢其事。亥豕魯魚,一洗明刻之誤。付梓後,又經數校,始廣其傳。時嘉慶二十三年也。今此書盛行,俾好學者得爲考據之資,一則宫保傳寫之功,一則鮑氏剞劂之力也。】

1747 **楚詞補注十七卷** 毛氏汲古閣本。 一函四册。

宋洪興祖撰。原本有《考異》一卷,今本散附各句,不知何人所爲。其書以東坡校本爲主,而參用洪炎以下十五家之本。前列王逸舊文,而一一疏通證明,拾其遺闕,皆以“補曰”二字别之,較原注爲詳密。朱子作《楚詞集注》,實多取是書。

1748 **少室[1]山房筆叢正集三十二卷續集十七卷** 明刻本。 二函十六册。

明胡應麟撰。大抵皆考證之文,分正、續二《集》,爲書十六種。曰《經籍會通》四卷,論古來藏書存亡聚散之迹。曰《史學佔畢》六卷,皆論史事。曰《九流緒論》三卷,皆論子部諸家得失。曰《四部正譌》三卷,皆考證古來僞書。曰《三墳補逸》二卷,專論《竹書紀年》《逸周書》《穆天子傳》三種,以補《三墳》之缺。曰《二酉綴遺》三卷,皆采摭小説家言。曰《華陽博議》二卷,皆雜述古來博聞强記之事。曰《莊嶽委譚》二卷,皆正俗説之附會。曰《玉壺遐覽》四卷,皆論道書。曰《雙樹幻鈔》三卷,皆論内典。以上十種,分甲、乙、丙、丁、戊、己、庚、辛、壬、癸十干,爲《正集》。曰《丹鉛新録》八卷,曰《藝林學山》八卷,則專爲駁楊升庵而作,分續甲、續乙二部。曰《甲乙剩言》一卷,則雜記見聞。以上三種,爲《續集》。其書徵引典籍極爲宏富,雖舛錯時所不免,而足資考證者甚多。在明人中,亦楊慎、焦竑之亞也。

1749 **大學疏義一卷** 雍正己酉金律刻。

宋金履祥撰。疏通朱子《大學章句》之旨,依文銓解,多所闡發。并作《指義》一篇,以括其要。柳貫嘗爲之序。履祥又有《中庸表注》一書,今則《指義》《表注》俱佚,惟此書僅存。此本爲雍正己酉金氏十八世孫律重刻于婺郡東藕塘家祠。

1750 **論語集注考證十卷孟子集注考證七卷** 雍正己酉金氏刻。 與上一種共一函,計四册。

前人撰。後有自跋,謂:"古書之有注者必有疏。《論孟考證》即《集注》之疏也。以既有《纂疏》,故不名疏。而文義之詳明者,

---

① "室"原誤作"寳",今正。

亦不敢贅，但用《經典釋文》之例，表其疑難者疏之。"其書于朱子未定之説，俱折衷歸一。于事迹典故，辨訂尤詳。前有至順改元門人許謙序，及至元三年李桓序，闕前半篇。後有吕遲刊書跋。

中華民國二十七年七月，共一萬三千一百七十二字。

# 蒲編堂路氏藏書目十六

子端手訂　共書一百十種,計一千六百五十二卷,八十四函。

1751 **近思録十四卷**　吕氏重刊《朱子遺書》本。

已見前。①此則無注之原本也。

1752 **延平答問一卷後録一卷**　同上。

宋朱子撰。程子之學,一傳爲楊時,再傳爲羅從彦,又再傳爲李侗。侗,字愿中。延平,其所居也。侗于朱子爲父執,朱子從之受學。侗殁後,朱子取其書札往來答問之語,輯而録之。又載其與劉平甫二條,以成是書。朱子門人又取朱子平昔論延平之語及祭文行狀,别爲一卷,題曰《後録》,明非朱子原本所有也。

1753 **雜學辨一卷附録記疑一卷**　同上。

宋朱子撰。專爲諸儒之説雜于二氏者而作,所駁凡蘇軾《易傳》、蘇轍《老子解》、張九成《中庸解》、吕希哲《大學解》四書。皆摘録原文,而駁正于下。《記疑》一卷前有朱子題詞,稱"偶得雜書一册,不知何人所記,懼其流傳久遠,上累師門,因竊識之"云云。蓋程子門人記録師説,傳以己意,因而流入二氏者,故朱子亦摘録而與之辨。凡二十條。

---

① 見第199、1714條。

1754 **中庸輯略二卷** 同上。

朱子撰。宋石𡼖采周子、二程子、張子、吕大臨、謝良佐、游酢、楊時、侯仲良、尹焞九家解説《中庸》之語,爲《集解》三卷。朱子病其繁蕪,爲之删節,以成是編。其書初附《中庸章句》之末,後乃别本孤行,而是編漸晦。明嘉靖中,御史吕信卿始從唐順之得宋槧舊本,刻之毗陵。前有唐順之序,又朱子爲石氏原作《中庸集解序》。

1755 **論孟或問三十四卷** 同上。

朱子撰。朱子既作《四書章句集注》,復以諸家之説紛錯不一,因設爲或人問答,明所以去取之意,以成是書。凡《論語》二十卷、《孟子》十四卷。近世坊刻又與《大學或問》《中庸或問》合爲一帙,統名《四書或問》。實則《論》《孟》各自爲書也。

1756 **伊洛淵源録十四卷** 同上。

朱子撰。記周子以下及程子交游門弟子言行。其身列程門而言行無所表見者,亦具録其姓氏以備考。其後《宋史》道學、儒林諸傳多據此爲之。

1757 **上蔡語録三卷** 同上。

宋曾恬、胡安國所録謝良佐語,朱子又爲删定者也。良佐,字顯道,上蔡人。朱子後跋載删定此書顛末甚詳。

1758 **論孟精義三十四卷** 同上。

朱子撰。輯二程、張子、范祖禹、吕希哲、吕大臨、謝良佐、游酢、楊時、侯仲良、尹焞、周孚先十二家解釋《論語》《孟子》之語,以成是編。初名《精義》,後改名《要義》,又改名《集義》。此本仍題《精義》,蓋從原序之名也。

1759 **易學啓蒙四卷** 同上。

朱子撰。是書專爲發明邵子之學。

1760 **詩序辨一卷** 同上。

朱子撰。以《詩序》之作,説者不同。近世諸儒多以《序》之首句爲毛公所分,而其下推説云云爲後人所益。然其初猶自爲一編,别附經後。及至毛公引以入經,取冠篇端,不爲注文而直作經字,不爲疑辭而遂爲決辭,遂若詩人先以之命題,而詩文反爲因序以作。於是讀者轉相尊信,無敢擬議。有所不通,亦必爲之委曲附會,終不肯明以小序爲出于漢儒僞作。故朱子作此編以辨之。然以其從來既遠,容或真有傳授證驗而不可廢者,故既采以附傳中,而復并之别爲此編,以復其舊,因兼論其得失云。

1761 **孝經刊誤一卷** 同上。

朱子撰。取《古文孝經》,分爲經一章、傳十四章,又删削經文二百二十三字。自此以後,講學家務黜鄭而尊朱,不得不黜《今文孝經》而尊《古文》矣。

1762 **周易參同契考異一卷** 同上。

朱子撰。其題空同道士鄒訢者,朱子之寓名也。名曰考異,而訂正文字者不過七八處,餘皆詮釋丹法,實即箋注之體,乃以考異爲名,未喻其旨。書中多有黄瑞節附録,徵引頗洽。

1763 **陰符經考異一卷** 同上。 以上十三種,共二函,計十六册。

已見前。①

以上十三種皆《朱子遺書》本。有"禦兒吕氏寶誥堂重刻白鹿洞原本"木記。分初、二兩刻。自《近思録》至《上蔡語録》爲初刻,自《論孟精義》至《陰符經考異》爲二刻。其初刻總目有《小學》及《儀禮經傳通解》二目而無其書,而多出《孝經刊誤》以下三

① 見第1743條。

種。殆刊刻未竟之本，故目與書不相符也。

1764 **張子全書十四卷附録一卷** 康熙五十八年高安朱軾重刊本。 一函六册。

宋張横渠先生撰。凡《西銘》一卷、《正蒙》二卷、《理窟》五卷、《易説》三卷、《語録抄》一卷、《文集》一卷、《拾遺》一卷，又附録行狀之類爲一卷。按《宋史・志》列先生著作除《西銘》《易説》外，有《正蒙》十卷、《理窟》十卷、《文集》十卷。今此本不知何人所編，題曰"全書"，而卷數乃僅寥寥十五，與《宋志》不合，則非完帙可知。然明以來衹有此本，則闕軼已久矣。康熙己亥，朱軾督學吾陜，得舊稿于先生裔孫五經博士繩武，因爲重刻。

1765 **朱子經濟文衡前集二十五卷後集二十五卷續集二十二卷** 乾隆四年己未南昌楊氏刻本。 一函十二册。

不著編輯者名氏。初刻于正德四年己巳，有楊一清序，但稱"先儒所集"。再刻于萬曆三十四年丙午，有朱吾弼序，但稱"爲董崇相家藏本"，亦未指作者何人。至乾隆四年己未，南昌楊雲復刊，程恂序之，始稱爲"宋滕珙編"。按：珙，婺源人，與兄璘俱游朱子之門，爲新安高弟，編輯是書，理或近之。是書取朱子《語録》《文集》分類編次，《前集》皆論學，《後集》皆論古，《續集》則補前、後《集》之所遺。每一論必先著緣起，次標其立論之意。條分縷析，易于尋覽。惟門目太碎耳。

1766 **附釋文互注禮部韻略五卷** 康熙丙戌曹寅楝亭刻于揚州使院。 一函五册。

《禮部韻略》，宋丁度撰。景祐以前，程試用韻漫無程式，自後敕撰此書，始著爲令典，迄南宋之末不改。然收字頗狹，不無脱漏。元祐中博士孫諤等皆屢請增加，而楊伯嵒亦作《九經補韻》以拾其遺。然每有陳奏，必下國子監看詳，再三審定，而後附刊韻末，故較他韻書特爲謹嚴。當時官本已不可見，其傳于今者題曰

“附釋文互注”,每字之下皆列官注于前,所附互注則題一“釋”字别之。此本爲曹氏所刻,冠以余文焴所作《歐陽德隆〈押韻釋疑〉序》一篇、郭守正《重修序》一篇、《重修條例》十則、《淳熙文書式》一道。殆南宋坊間所爲也。

1767 **五音集韻十五卷** 明正德乙亥刻。 一函五册。

金韓道昭撰。所收之字大抵以《廣韻》爲藍本,所增之字則以《集韻》爲藍本。惟并舊韻二百六部爲一百六十部,改舊韻之字紐,以三十六母分爲四等配隸,顛倒前後,爲變亂古例之始。

1768 **經史正音切韻指南一卷** 同上。 一册。與上共一函。

元劉鑒撰。《切韻》必宗《等子》,司馬光作《指掌圖》,等韻之法于是始詳。鑒作是書,即以《切韻指掌圖》爲粉本,而參用《四聲等子》,增以格子門法,于出切行韻取字,乃始分明。

1769 **五音篇海十五卷** 明正德乙亥刻本。

金韓孝彦撰。以《玉篇》五百四十二部依三十六字母次之,更取《類篇》及《龍龕手鏡》等書增雜部三十有七,共五百七十九部。凡同母之字,各辨其四聲爲先後。每部之内,又計其字畫之多寡爲先後,以便檢尋。其書成于明昌、承安間。迨泰和戊辰,孝彦之子道昭又改并爲四百四十四部,韓道昇爲之序。殊體僻字,靡不悉載。然舛謬之處頗不一而足。

1770 **篇韻貫珠集一卷** 同上。 二種共一函,計六册。

明釋真空撰。萬曆中京師慈仁寺僧也。是書分爲八門,編成歌訣。大旨以《五音集韻》《篇海》爲本。二書卷帙稍繁,門目亦碎,故立捷法以檢尋之,無所發明考證也。

1771 **急救良方二卷** 明嘉靖二十九年刻本。 一函一册。

明張時徹編。分三十九門。專爲荒村僻壤之中不諳醫術者而設。故藥取易求,方皆簡易,不甚推究脉證也。

1772 **古經解鈎沈三十卷** 無刊刻年月。 一函十册。

國朝余蕭客撰。搜輯唐以前解經遺説,編爲此書。首爲《叙録》一卷,備述所引先儒爵里及所著之書名。次《周易》一卷、《尚書》三卷、《毛詩》二卷、《周禮》一卷、《儀禮》二卷、《禮記》四卷、《左傳》七卷、《公羊傳》一卷、《穀梁傳》一卷、《孝經》一卷、《論語》一卷、《孟子》二卷、《爾雅》三卷,共三十卷。而《叙録》《周易》《左傳》又各分一子卷,實三十三卷也。凡先儒義訓,書尚存者不載,或名存而書亡者亦不載。餘則自諸家經解所引,旁及史傳類書,凡唐以前舊説有片語隻詞可考者,悉著其目。雖有人名而無書名、有書名而無人名者,亦皆登載。又以傳從經,擬比後先,各著所出之書及其書之卷第,以示有徵。又經文同異之處,皆以北宋精本參校,正前明監本之訛缺。自序謂創始于己卯,成藁于壬午,晝夜手録,幾于目盲而後成帙。用力亦可謂勤矣。

1773 **詩傳通釋二十卷** 元至正刊本。① 一函八册。

元劉瑾撰。其學出于朱子,故是書大旨在于發明《集傳》。明胡廣修諸經《大全》即用瑾此書爲藍本,故多用其説。陳啓源作《毛詩稽古編》,于瑾之言多所駁詰。然徵實之學瑾有不足,而研究義理究有淵源,于詩人美刺之旨亦有所發明,未可以瑕掩瑜也。此本爲元至正所刊,每卷末有"至正壬辰仲春日新書堂刻梓"木印。

1774 **包孝肅奏議十卷** 嘉慶八年温陵張祥雲刻于鑒湖亭。 二册。

宋包拯撰。其門人張田編。分三十門。案:《宋志》載孝肅

① 邵章:"路小洲有元刊本。"

《奏議》十五卷,此本乃止十卷,凡一百七十一篇,詳見張田《題辭》,疑有所合并也。《文獻通考》引汪應辰序稱其次序多不可曉。今核之信然。應辰又嘗爲之箋注,今則佚矣。嘉慶八年,温陵張祥雲知廬州,于府學尊經閣得《奏議》舊板,漶漫殘缺,乃重爲授梓。有序,卷首并載國史本傳及公軼事,皆田所編録也。

1775 **垂光集一卷** 同上。 一册。

明周璽撰。字天章,合肥人。弘治丙辰[1]進士,官至禮科都給事中。爲劉瑾所構,斃于庭[2]杖。是《集》凡載疏十三篇,上于弘治朝者七,上於正德朝者五。言皆痛切,而劾瑾二疏尤爲直氣坌涌。後附家書一通,阻其妻子入京,其許國忘家之意已早决于未劾逆黨之先,亦可謂忠義凛然不可犯者矣。案:《四庫》著録本稱二卷,此爲上卷,尚有下卷,載祭文碑記之類,而此本未刻,豈軼之耶?

1776 **青陽山房集五卷** 同上。 以上三種共一函,計四册。

元余闕撰。合肥人。元統元年進士,累官淮南行省左丞,分守安慶。陳友諒陷城,自剄死。贈行省平章,謚忠宣。孤忠勁節,搘拄綱常。其詩以漢魏爲宗,于元人中别爲一格。其雜文皆有關當世安危,非空談經濟者。

1777 **儀禮析疑十七卷附喪禮或問二卷** 乾隆刊本。 一函五册。

國朝方苞撰。舉《儀禮》之可疑者詳辨之。其無可疑者,則并經文亦不録。後附《喪禮或問》二卷,則舉《儀禮·喪服》及《戴記》喪禮,皆設爲問答以辨之,凡《儀禮或問》二十七章,《戴記或

---

① "丙辰"原誤作"癸丑",今據弘治九年丙辰登科録及《四庫全書總目·垂光集》改。

② "庭",《四庫全書總目·垂光集》作"廷"。

問》五十五章。

1778 **周官析疑四十卷** 乾隆八年刻。 一函十四册。

前人撰。據《漢志》之文改題《周禮》曰《周官》。曾著《周官辨》一書,以總發其義。又爲此書,逐節爬梳,以析其疑。體會經文,頗得大義。惟于説有難通者,輒指爲後人增竄,因力詆鄭玄之注,未免勇于自信耳。其書以《周官》五官爲一編,凡三十六卷。《考工記》爲一編,凡四卷。各分篇第,世亦兩本别行。然顧琮序稱合《考工》爲四十卷,則本非兩書。特不欲以河間獻王所補與經相淆,故各爲卷目耳。

1779 **讀書録粹語四卷** 道光丙申刻。 四册。

國朝大學士王鼎編。取明薛文清公《讀書録》及《續録》二書,删其重複,挹其精粹,以成此編。分十二門,每門各依立言之次序爲先後。惟經義則以經爲次,史説則以世代爲次。簡要明析,頗易循覽。

1780 **居業録粹語二卷** 同上。 與上共一函,二册。

同上。取明胡敬齋先生《居業録》之語,删繁舉要,以成是編。是書原不分門類,張孝先始略加删訂,自心性淵源以至經傳旨趣,釐爲八卷。是編即仍其目,節爲二卷。敬齋先生名居仁,字叔心,餘干人。事迹具《明史·儒林傳》。人品端謹,學問篤實,與薛文清公相類。而是書與《讀書録》亦并爲學者所推重,蓋皆心得之言,非空談性理者比也。

1781 **山房隨筆一卷** 何文煥所集《歷代詩話》本也。已見前。①

1782 **詩法家數一卷** 同上。

---

① 見第741條。

舊本題元楊載撰。然論多庸膚,例尤猥雜,疑坊賈所僞托,非載手也。

1783 **木天禁語一卷** 同上。

題元范德機撰。德機,范梈字也。開卷標"内篇"二字,然别無外篇,不知何故獨名爲"内"。其體例叢脞冗雜,殆難枚舉。其大綱以篇法、句法、字法、氣象、家數、音節謂之六關,每關又係子目,各引唐人一詩以實之。與《詩法家數》殆同出一僞手。

1784 **詩學禁臠一卷** 同上。 上四種共一册,與前《韻語陽秋》①同函。

亦題范德機撰。分十五格,每格選唐詩一篇爲式,而逐句解釋。淺陋特甚,亦必非真本。

1785 **玉海二百卷附辭學指南四卷** 康熙二十六年丙寅江南學使李振裕、乾隆三年庚戌熊本次第補刊明南京國子監本。 十函一百册。

宋王應麟撰。分天文、律曆、地理、帝學、聖文、藝文、詔令、禮儀、車服、器用、郊祀、音樂、學校、選舉、官制、兵制、朝貢、宫室、食貨、兵捷、祥瑞二十一門。每門又各分子目,凡二百三十餘類,各以年代之先後爲次。源流分合,瞭若指掌。宋自紹聖置宏辭科,後又定爲博學鴻詞之名,重立試格。於是南宋通儒多由是出,而厚齋先生尤爲博洽。其撰此書,即爲詞科應用而設。故臚列條目,率皆巨典鴻章;采録故實,亦多吉祥善事。所引經史子集、百家傳記,無不賅具。其貫串奥博,唐宋諸類書中未有能過之者。其書元時曾刊于慶元路,板已久佚。明初南雍,亦有刻本,歲久朽蝕者過半。萬曆中,祭酒趙用賢鳩工補刊,稍稱完帙。洎革命之秋,南雍廢爲縣學,典守者不謹,板復朽蝕。康熙二十六年,李振

① 見第1741條。

裕視學江南,乃謀諸郡邑重爲補刊。闕板者補之,漫滅者填之,屬松江守朱雯、上元訓導陸禴董其事。又借明經周銘家藏《玉海》善本,校讎訛脱。歷二載始竣其事,是書賴以不泯。又原書《玉海》後附《詞學指南》四卷。又有《遺書》十三種,自《詩考》至《通鑒答問》共五十餘卷,板皆在上元學,朽蝕與《玉海》同,亦悉爲補刊。迨乾隆三年,晏一齋先生①未詳其名。莅任安藩,以舊板又復殘闕,與郡守張公重加修補,屬熊本爲之校對,閲月而畢,即此本也。其屢次補刊之板,皆標明年號于魚尾之上。惟萬曆刻板爲最精,嘉靖、崇禎所刻次之,正德本最下。其不著年代者,初刻板也,卷中所存寥寥無幾矣。是本雖板式不一,然正借此可見明刻之舊。今坊間所行皆康氏所刻本,不及此遠甚。數十年後,當并此本亦不可得。古書日就湮滅,不禁太息。卷首有元胡助、李桓及明趙用賢諸序并指揮。

1786 **詩考一卷** 同上。 已見前。《津逮秘書》本。② 一册。

1787 **詩地理考六卷** 同上。 已見前。《津逮秘書》本。③ 二册。

1788 **漢藝文志考證十卷** 同上。 二册。

前人撰。《漢書·藝文志》間有班固自注,而不甚詳。顔師古注間有附論,亦僅辨證數條,不能賅備。應麟乃捃拾舊文,爲之補注。不載《漢志》全文,惟以有考訂者摘録爲綱,略如《經典釋文》之例。持論悉有根據。

1789 **通鑒地理通釋十四卷** 同上。 已見前。《津逮秘書》本。④

---

① 晏斯盛,字一齋,乾隆二年授安徽布政使。

② 見第474條。

③ 見第475條。

④ 見第484條。

1790 **周書王會解補注一卷** 同上。 二書共四册。

前人撰。以舊注缺漏,乃重爲之注,皆以"補曰"二字别之。按:《逸周書·王會解》爲第五十九篇,舊注乃晋孔晁作。

1791 **漢制考四卷** 同上。 已見前。《津逮秘書》本。①

1792 **踐作篇集解一卷** 同上。 二書同册。以上共一函,計十册。

前人撰。取《大戴禮》中《踐作》篇,因盧辯舊注,并集諸儒之説,以成此編,名曰《集解》。後又附《太公·金匱》《陰謀》所載武王銘書于末,則因《踐作》篇諸銘而類及者也。

1793 **急就篇四卷** 同上。 已見前。《津逮秘書》本②,又單行本③。 二册。

1794 **小學紺珠十卷** 同上。 已見前。《津逮秘書》本。④ 四册。

1795 **姓氏急就篇二卷** 同上。 一册。

前人撰。仿史游《急就篇》體,以姓氏聯貫成章,取便記誦。文詞古雅,不減史氏。書中除複姓不能避複外,其餘單姓皆無一字重見。其注亦厚齋自作,每姓皆注明其人以實之,并標明出典。援引考證,一一典核。

1796 **六經天文編二卷** 同上。 一册。

前人撰。三代以上推步之書不傳,而遺文時散見于六經。王氏因采掇成篇,以著古法之梗概。雖以天文爲名,實旁及陰陽五行卦氣,悉備録之。雖以六經爲名,亦頗以史志互證。

1797 **周易鄭注一卷** 同上。

漢鄭康成撰《周易注》九卷,多論互體。自王輔嗣之説興而鄭

---

① 見第487條。

② 因重複未著録,説見第580條。

③ 見第123條。

④ 見第486條。

氏之學遂廢。王氏乃采輯諸書所引,裒合而成。

1798 **通鑒答問五卷** 同上。 與《鄭注》共二册。 以上共一函,計十册。

前人撰。所論始周威烈王,與《通鑒》相應。終漢元帝,則與《通鑒》不相應。蓋未完之稿本也。又以《通鑒答問》爲名,而所論乃以尊崇《綱目》爲主,名實亦乖,疑其孫所托,爲附刊《玉海》後耳。

以上十三種舊附《玉海》後,今仍之,而分著其目,從《四庫全書》例也。

1799 **周易鄭注補正十二卷附録一卷** 嘉慶二十四年蕭山陳春所刻《湖海樓叢書》本。 二册。

漢鄭氏注,宋王應麟編集爲一卷,已見前。① 明胡孝轅以王氏輯本嘗附梓于李氏《集解》之後,凡已見《集解》者不録。姚叔祥更就王、胡二家集本增補二十五則。國朝惠定宇又因王、胡、姚三家之本復加審正,搜其闕遺,理其次第,益爲三卷,即《四庫全書總目》所謂"《新本鄭氏周易》三卷"是也。王氏集本皆不著所出之書,次序先後亦與經文不應,并有遺漏失載者。惠氏本則于王本所已載者一一考求原本,注其所出,次序先後亦依經文釐定。又搜采群籍,補若干條,而漢學乃復顯于世。顧胡、姚、惠三家,雖迭加更定,而遺文剩義仍有未盡。歸安丁杰乃復因三家之本重加補正,武進張惠言爲之訂校,增爲十二卷。凡舊所有者,俱以"胡補""姚補""惠補"用小字標于逐段之旁。新所增者,示以"丁補""今補"别之。其出典則夾注于逐節之下。杰所考正,亦用雙行分注。又有臧鏞堂考正諸條及所補諸條,亦次第附見。後爲《附録》一

---

① 見第1797條。

卷,首曰《正誤》,丁杰、張惠言所撰也。次曰《易贊易論》,次曰《叙録》,臧鏞堂所纂也。次爲鄭注《詩》《禮》中所引易義若干條。鄭氏講《易》之學得諸君子次第搜輯,殆校之李鼎祚《易集解》有其過之。雖繼起者易爲功,然王氏之功臣,捨諸君子其誰邪!

1800 **論語類考二十卷** 同上。 四册。

明陳士元撰。皆考證《論語》名物典故。分十八門,曰《天象考》《時令考》《封國考》《邑名考》《地域考》《田則考》《官職考》《人物考》《禮儀考》《樂制考》《兵法考》《宮室考》《飲食考》《車乘考》《冠服考》《器具考》《鳥獸考》《草木考》。爲子目四百九十有四。糾訛補漏,頗不肯爲苟同。

1801 **孟子雜記四卷** 同上。 二册。 以上三種共一函,計八册。

前人撰。前一卷叙孟子事迹,後三卷發明孟子之言。名似傳記,實則經解。

1802 **列子張注八卷附釋文二卷** 同上。 二册。

前所著録張湛注《列子》乃明世德堂本①,《列子釋文》乃任大椿所刊本。此本則汪繼培從何元錫所得影宋抄本,又于吴山《道藏》手録唐殷敬順《列子釋文》專本,又以纂圖互注本、世德堂本、虞九章王震亨同訂本、盧文弨《群書拾補》所載《道藏》本互加校正,付陳春梓入《叢書》中,特爲精善可寶也。

1803 **尸子二卷存疑一卷** 同上。

蕭山汪繼培因震澤任氏、元和惠氏、陽湖孫氏之家輯本重爲校補。以《群書治要》所載爲上卷,諸書稱引與之同者分注于下。其不載《治要》而散見諸書者爲下卷。引用違錯及各本誤收者别

---

① 見第1條。

爲《存疑》一卷附于末。

1804 **尹文子一卷逸文附** 同上。 二者同一册。

汪繼培校。《漢志》名家《尹文子》一篇,今世所傳本分爲《大道》上、下,《群書治要》以上篇爲《大道》,下篇爲《聖人》。今本五千餘言,而《治要》《意林》《文選注》《類聚》《御覽》諸書所引爲今本不載者,又多至數百言,然則是書自宋以來已非完本矣。繼培因取舊藏綿眇閣本、《子彙》本、《道藏》本、沈氏本、姜氏本、《説郛》本,參以諸書所引,是正訛闕。逸文不可綴屬者,别録于後。篇目仍今本,不敢依《治要》輒改,以《漢志》本作一篇也。

1805 **潛夫論箋十卷** 同上。 四册。 以上四種共一函,計七册。

蕭山汪繼培箋注。王符《潛夫論》行于今者,有明程榮本、何鏜本,又有元大德本。諸本偶有異同,而大略相近。汪氏因以元刻爲據,而以别本及他書所引爲之補正。并疏證事辭,依采經書,爲之箋注。

1806 **學林十卷** 同上。 四册。

前已著録聚珍板本。[①] 陳氏又據以刻入《叢書》中。

1807 **卮林十卷補遺一卷** 同上。 四册。 以上二種共一函,計八册。

明周嬰撰。皆糾古書之舛誤,臚列諸家,繫以考訂,體例如朱子《雜學辨》。其每條以二字標目,而各繫以作者之姓。爲駁魚豢《魏略》,即謂之"質魚";駁杜元凱《左氏傳注》,即謂之"諮杜",蓋用孔叢詰墨及王充刺孟之例也。是書近乎類書,而考訂經史,辨别疑誤,極爲該洽。自序謂言者因物隨變,惟彼之從,有如宥坐之卮,故以《卮林》爲名。

---

① 見第421條。

1808 **訂譌雜録十卷** 同上。 二册。

國朝胡鳴玉撰。皆考證聲音文字之舛及事迹傳聞之誤。大抵依據舊聞,參以己見,持論多得其平。雖無甚新義,而較之好爲穿鑿者迥不侔矣。

1809 **龍筋鳳髓判劉注補正四卷** 同上。 二册。

唐張鷟撰。名似法家,實則隸事之書。蓋唐制以判取士,故輯以備用也。其書臚比官曹,條分件繫,組織頗工。明劉允鵬爲之注,頗多違失。陳春因重加補正,搜輯逸義,翦落浮詞,于劉氏深爲有功。卷首并載劉氏原序。

1810 **永嘉八面鋒十三卷** 同上。 二册。

不著撰人名氏。但稱曰"永嘉先生",或曰陳傅良,或曰葉適,莫之詳也。凡提綱八十有八,皆以備程試答策之用。大旨不失醇正。

1811 **會稽三賦三卷** 同上。 一册。 以上四書共一函,計七册。

已見前①,影刻宋大字本。此本在先,不及影宋刻本之精善。

以上十三種皆蕭山陳春所刻《湖海樓叢書》本也。前有總序。

1812 **禹貢指南四卷** 聚珍板本。

宋毛晃撰。原本久佚,此從《永樂大典》綴輯者。其書引《爾雅》《周禮》《漢志》《水經注》《九域志》諸書,并旁引他說,以證《禹貢》山川之原委,頗爲簡明。雖生于南渡偏安之後,僻處一隅,無由睹中原西北之古迹,一一親核其真。而援據考證,獨不泥諸儒附會之說。故後來《朱子書說》及蔡氏《集傳》多用之。亦言地理者所當究也。

---

① 見第409條。

1813 **續吕氏家塾讀詩記三卷** 聚珍板本。 二册。

宋戴溪撰。以吕祖謙書取毛、鄭爲宗,折衷衆説,于名物訓詁最爲詳悉,而篇中之微旨、詞外之寄托或有未貫,乃作此以補之,故以"續"爲名。實則自述己意,非盡墨守吕氏之説也。持論平正通達,多得風人之旨,實説《詩》家之善本。陳直齋《書録解題》及《宋史·志》并云"三卷",而原本久佚,故朱竹垞《經義考》以爲未見。惟《永樂大典》中尚載其十之七八,此本即當時抄輯者。仍釐爲三卷。惟原序、總綱則無從補録矣。

1814 **宋朝事實二十卷** 聚珍板本。 四册。 以上三種共一函,計七册。

宋李攸撰。其書輯北宋一代典制,分門編録,多可與《東都事略》、《文獻通考》、《續通鑒長編》及《宋史》互相參訂。所載詔令、碑銘、記志尤多爲《文鑒》《文粹》諸書所闕漏。靖康兵燹之後,圖籍散佚,攸獨汲汲搜輯舊聞,使一朝典章粲然具備。其用力亦極勤矣。據後所載《江陽譜》,此書上起建隆,下迄宣和,凡六十卷。前三十卷先聞于時,後三十卷以語觸秦檜,寢其書不傳,故晁、陳二《志》俱但題"三十卷",與《譜》相合。宋以來此書漸佚,僅賴《永樂大典》各韻下所載者,尚存崖略。惟割裂煩碎,莫由考見當日體例。幸趙希弁《讀書附志》具列原書門目。乾隆中校輯《四庫全書》時董事者依舊目分類編次,釐爲二十卷,以活字板印行。

1815 **尚書詳解二十六卷** 聚珍板本。 二函十六册。

宋夏僎撰。其書集孔安國《傳》、孔穎達《疏》、蘇軾《書傳》、陳鵬飛《書解》、林之奇《尚書全解》、程子《書説》、張九成《尚書詳説》、王雱《新經尚書義》諸家之説,彙萃成編。而取于林之奇者,實十之七八,蓋其淵源在是也。明洪武間,初定科舉條式,詔習《尚書》者并用夏氏、蔡氏二《傳》。永樂中《書經大全》書出,始獨用蔡

《傳》,而夏氏之書遂微。國朝乾隆間校輯《四庫全書》,以原本殘闕,乃從《永樂大典》補完,使就湮之本復得章顯于世,信爲夏氏之厚幸也。其書視蔡《傳》不免少冗,然反覆條暢,使唐虞三代之大經大法燦然明白,究不失爲説《書》之善本。前有淳熙丙午時瀾序。

1816 **儀禮集編十七卷卷首一卷附録一卷** 嘉慶辛酉馮浩刊本。 四函二十册。

國朝盛世佐撰。是書成于乾隆丁卯。裒輯古今説《儀禮》者一百九十七家,而斷以己意。謂朱子《儀禮經傳通解》析諸篇之記分屬經文,蓋編纂之初不得不權立此例以便尋省,惜未卒業,而門人継之,因仍不改,非朱子之本意。吴澄亦疑其經、傳混淆,爲朱子未定之藁。故是編經自爲經,記自爲記,一依鄭氏之舊。其《士冠》《士相見》《喪服》等篇經記傳注傳寫混淆者,則從蔡沈考定《武成》之例,别定次序於後,而不敢移易經文。其持論頗爲嚴謹。又楊復《儀禮圖》雖原本注疏,而特有并注疏之意失之者,亦一一是正。至于諸家謬誤,辨證尤詳。在近時説《禮》之家,所學爲特有根據。固非空腹高談,輕排鄭、賈也。《卷首》一卷爲序、凡例、綱領、目録、姓氏。末附録《勘正監本石經》一卷,以補顧炎武、張爾岐二書之缺。此書未及刊行而世佐卒。《四庫全書》著録本乃從抄本入録,係浙江采進者。嘉慶辛酉,其子歸之舅弟,馮浩始取藁于其家,爲之付梓,于甲子夏落成。

1817 **書法鈎玄四卷** 抄本。 一函二册。

元蘇霖撰。取前人論書之語,纂其精要,聚爲一編。始漢揚子雲論書,終宋劉須谿評書,凡六十餘條。有元統甲戌自序,謂"讀書藴德之士作字,無法亦善。苟非其人,有法亦不能至善"云云,斯誠探本之論。

1818 **周易集傳八卷** 抄本。聽雨樓查氏家藏。 一函四册。

元龍仁夫撰。是書成于至治辛酉,董真卿《周易會通》稱其有自序一篇,此本無之。伏讀《四庫》著録本,亦無自序。朱氏《經義考》于舊序例皆全録,而是書則無,知其佚已久矣。原書十八卷,今僅存八卷,然上、下經及彖、象《傳》皆尚完具,未可以殘闕廢也。其書于每卦之下各分象變詞占,雖大旨根據程朱,而意在即象詁義,于卦象爻象互觀析觀,反覆推闡,自抒心得,固非墨守舊文者比也。

1819 **潛丘劄記六卷** 乾隆十年閻氏刻。 一函六册。

國朝閻若璩撰。皆考證經籍,隨筆劄記之文。曰"潛丘"者,若璩本太原人,寄居山陽。《爾雅》:"晋有潛丘。"《元和郡縣志》曰:"潛丘在太原縣南三里。"故取以名書,不忘本也。此本爲其孫學林所刻。卷一、二兩卷皆雜記讀書時考論,多案而未斷。卷三爲《釋地餘論》,以前已有《四書①釋地》一書,故此曰《餘論》。卷四分上、下二編,上録雜文、序跋,下録《喪服翼注》及補正顧炎武《日知録》。卷五爲與人答論經史諸書。卷六爲賦一首并雜詩若干首。末又附《左汾近藁》一卷,乃閻詠所作。是書編次頗無條理,蓋學林綴輯其祖之殘稿,徒欲一字不遺,遂致失之蕪雜。然援據精博,在國初實罕其倫,雖顧氏《日知録》未遑多讓,固不可以殘缺廢之也。

1820 **王荆公詩箋注五十卷** 乾隆辛酉張氏刻本。 一函八册。

宋王安石撰。安石有《臨川集》,凡百卷。此特其詩也。宋李壁爲之注。所搜安石詩較本集多七十餘首,足證本集之遺漏。其

---

① "書"原誤作"地",今正。

注徵引故實,頗爲詳備,惟考證時事不如任淵之注《山谷詩》耳。乾隆辛酉,武原張宗松得華山馬氏所藏元刻本重梓,以廣其傳。丙申歲,張載華又從鮑氏知不足齋得宋槧殘本李注《荆公詩》,首有魏了翁序一篇,又補刊之。

1821 **紀效新書十八卷** 張氏照曠閣刻。 一函四册。

明戚繼光撰。乃其官浙江參將時練兵備倭之作。首爲《或問》一篇,解釋疑阻。次分十八篇,各有圖説,曰《束伍》、曰《操令》、曰《陳令》、曰《諭兵》、曰《法禁》、曰《比較》、曰《行營》、曰《操練》、曰《出征》、曰《長兵》、曰《牌筅》、曰《短兵》、曰《射法》、曰《拳經》、曰《諸器》、曰《旌旗》、曰《守哨》、曰《水兵》。其説皆閱歷有驗之言,故曰“紀效”。出于法而不泥于法,故曰“新書”。但取易曉,不加潤飾,蓋以諭軍衆不得不如此也。前有自序。

1822 **大學古本説一卷中庸章段一卷中庸餘論一卷論語劄記二卷孟子劄記二卷** 康熙五十九年李氏玉融居業堂刻。 一函四册。

國朝李光地撰。《大學》用鄭注舊本,不用朱子之本。《中庸》則不用朱子本,亦不用鄭注本,自分爲一十二章。《餘論》一卷,闡發精義居多。《論》《孟》二書,則隨有所見即劄記之。但舉經首句,標曰某章。其無所詮解者,則并章目亦不録。大旨皆主于尋求義理,宛轉發明。不似近代講章,惟以描寫語氣,爲時文敷衍地也。

1823 **周易口訣義六卷** 孫氏《岱南閣叢書》本。嘉慶三年刻。 二册。

唐史徵撰。大旨與李鼎祚《易集解》相類,而與李書互有詳略,且多李書所未載。世無傳本,僅載於《永樂大典》中。此本即陽湖孫淵如先生依聚珍板本重刻者。闕豫、隨、无妄、大壯、晋、睽、蹇、解、中孚九卦。前有史氏自序。

1824 **東皋子集三卷** 孫氏《岱南閣叢書》本。嘉慶九年刻。 與《易口訣》同函。一册。

唐王績撰。詩文皆疏野有别致。其集爲吕才所編。前有才序,稱“輯成五卷”。此本爲孫氏所得吴門余蕭客影抄宋槧本,實衹三卷。按:陸淳有《删東皋子序》,此本或即其所删歟?《唐文粹》所載績①《與陳叔達重借隋紀書》《重答杜君書》二篇,亦不見集中,知所佚者多也。孫氏刊此書,以逸文及陸序附録于後。

1825 **周易口義十二卷** 康熙二十六年李氏振裕刻本。 一函六册。

宋倪天隱述其師胡瑗之説,故曰“口義”。大旨主闡明義理。程子之《易》,源從此出。

1826 **詩集傳二十卷附詩序辨説一卷詩傳綱領一卷詩圖一卷** 明刻本。一函六册。

宋朱子撰。《宋志》作二十卷,此本卷數相符,猶爲原帙。今坊間所行并爲八卷,非其舊也。

1827 **春秋經傳闕疑四十五卷** 康熙辛卯鄭肇新刻。 一函十册。

元鄭玉撰。以經爲綱,以傳爲目。叙事則專于《左氏》,而附以《公》《穀》。立論則先以《公》《穀》,而參以歷代諸儒之説。經有殘闕,則考傳以補其遺。傳有舛誤,則稽經以證其謬。大抵平心静氣,得聖人之意者爲多。其裔孫肇新于康熙辛卯刻之。

1828 **春秋正傳三十七卷** 乾隆乙卯湛氏刻本。 一函十二册。

明湛若水撰。大旨以《春秋》本魯史之文,不可强立義例,汩以臆説,因作此書以釐定諸家。其曰“正傳”者,謂正諸傳之訛也。

---

① “績”原誤作“勣”,今正。

其體例先引三傳,次列諸儒之言,而以己意折衷之,與劉敞《春秋權衡》相近。乾隆乙卯,其族孫祖貴官永寧令時,以中秘傳録本付梓。

1829 **管城碩記三十卷** 乾隆九年徐氏刻本。 一函八册。

國朝徐文靖撰。皆辨析典籍之疑誤。每條以原書爲綱,各繫以考證。原原本本,具有根據。凡《論易》二卷、《論書》三卷、《論詩》三卷、《論春秋》三卷、《論禮》二卷、《論楚詞集注》四卷、《論史》三卷、《論正字通》四卷、《論詩賦》二卷、《論天文考異》一卷、《論楊升庵集》一卷、《論通雅》一卷、《雜述》一卷,共一千二百八十餘條。

1830 **禮記纂言三十六卷** 明刻本。 一函十册。

元吴澄撰。每一卷爲一篇。大旨以《戴記》經文龐雜,疑多錯簡,故每一篇中,其文皆以類相從,使上下意義聯屬貫通,而識其章句於左。其三十六篇次第,亦以類相從。凡《通禮》九篇、《喪禮》十一篇、《祭禮》四篇、《通論》十二篇,各爲標目。如《通禮》首《曲禮》,則以《少儀》《玉藻》等篇附之,皆非《小戴》之舊第,殊非先儒嚴謹之旨。然詮釋經文,頗爲簡要。分别觀之,瑕瑜不掩可矣。

1831 **古今韻會舉要三十卷** 明翻元刊本。 一函十册。

元熊忠撰。楊慎《丹鉛録》謂蜀孟昶有《書林韻會》一書,元黄公紹舉其大要而爲此編,故以爲名。然此書以《禮部韻略》爲主,而佐以毛晃、劉淵所增并,與孟昶書實不相關。舊本凡例首題“黄公紹編輯、熊忠舉要”,而第一條即云:“今以《韻會》補收缺遺,增添注釋。”是《韻會》别爲一書明矣。其前載劉辰翁序,正如《廣韻》之首載陸法言、孫愐序耳,亦不得指《舉要》爲公紹作也。

其書字紐遵金韓道昭《五音集韻》法,部分從宋劉淵景定①《壬子新刊禮部韻略》例,兼二家所并而用之,而韻書舊第,至是盡變。又其中今韻古韻漫無分別。子注文繁例雜,亦病蕪榛。惟其援引浩博,足資考證。而一字一句,必舉所本,無臆斷僞撰之處。較明人韻譜諸書,尚有典型。斯固韻學之淵藪也。

1832 **周易集注十六卷啓蒙一卷** 康熙二十七年崔華蓮生重刻于兩淮鹽署。一函十册。

明來知德撰。字矣鮮,梁山人。嘉靖壬子舉人。自鄉舉之後即移居深山,精研《易》理。自隆慶庚午至萬曆戊戌,閲二十九年而成此書。其數説專取《繫詞》中錯綜其數以論《易》象,而以《雜卦》治之。錯者陰陽對錯,如先天圓圖乾錯坤,坎錯離,八卦相錯是也。綜者一上一下,如屯、蒙之類本是一卦,在下爲屯,在上爲蒙是也。其論錯有四正錯,有四隅錯。論綜有四正綜、四隅綜。有以正綜隅,有以隅綜正。其論象有卦情之象、有卦畫之象、有大象之象、有中爻之象、有錯卦之象、有綜卦之象、有爻變之象、有占中之象。其注皆先釋象義字義及錯綜義,然後訓本卦本爻正義。皆由冥心力索,得其端倪,因而參互旁通,自成一説。當時推爲絶學,良亦有由也。其《啓蒙》一卷,則就六十四卦各標其本象、錯綜、中爻、同體、性情及六爻所變所成,以便省覽。

1833 **兩漢博聞十二卷** 明嘉靖戊午黄氏魯②曾刻。 二函十二册。

不著撰人名氏。據晁氏《讀書志》,乃宋楊侃所編也。摘録前、後《漢書》之文,不依篇第,不分門類。惟擇其中字句故事列爲

① "景定",《四庫全書總目》作"淳祐",當從《總目》。

② "魯"原誤作"省",今正。

標目,而節取顔師古及章懷太子注列于其下。凡《前漢書》七卷、《後漢書》五卷。雖於史學無關,而往往可訂補明監本《漢書》注文之訛漏。

1834 **班馬異同三十五卷** 明嘉靖十六年汪佃刻本。 一函六册。

宋倪思撰,劉辰翁評點。大旨以《漢書》多因《史記》之舊,而篇章字句時有竄改。因參合兩書,考其異同,以觀史家筆削之得失。其例以《史記》本文大書,凡《史記》無而《漢書》所增者,則以細字書之。《史記》有而《漢書》所删者,則以墨筆勒字旁。或《漢書》顛倒先後,與《史記》次第不符者,則注曰《漢書》上連某文,下連某文。或《漢書》移入别篇者,則注曰《漢書》見某傳。二書互勘,長短較然,于史學深爲有功。昔歐陽棐編《集古録跋尾》,以真迹與集本并存,使讀者尋删改之意,以見前人之用心。思撰此書,蓋即此意。特棐所列者一人之異同,思所列者兩人之異同,遂爲創例耳。是書舊祇抄本,明嘉靖丁酉福建按察司僉事汪佃得鍾少宰所藏本,手録以歸,與隱士高瀫同校,侍御李元陽爲之刊刻以傳。見汪氏後跋。又有永樂壬寅楊士奇跋。

1835 **明一統志九十卷** 明刊本。 四函三十二册。

明吏部尚書兼翰林學士李賢等奉敕撰。每省先列總圖,其諸府及直隸州以次分繫。皆首建置沿革,次郡名,次形勝,次風俗,次山川,次土産,次公署,次學校,次書院,次宫室,次關梁,次寺觀,次祠廟,次陵墓,次古迹,次名宦,次流寓,次人物,次列女,次仙釋,凡二十門。

1836 **禮記析疑四十八卷** 方氏刻本。 一函四册。

國朝方苞撰。其説皆融會舊文,而斷以己意。

1837 **左傳事緯十二卷** 許元淮重刊本。 一函十册。

國朝馬驌撰。取《左傳》事迹,類分爲一百八篇,各繫以論斷。前《函海》所列乃李調元重加釐訂之本,非原書也。

1838 **六臣注文選六十卷** 明刻本。 四函四十册。

不知編輯人名氏。陳直齋《書録解題》已有是名,則南宋本矣。其稱六臣者,吕延濟、劉良、張銑、吕向、李周翰五臣,合李善爲六也。五臣注非善注之比,然詮釋文句間有寸長。彙爲一編,亦頗便于循覽。

1839 **孔子編年五卷** 嘉慶戊寅胡氏耘經軒刻本。 一函一册。

宋胡仔撰。或題其父舜陟者,誤也。是書删除諸子誕妄之説,以《論語》爲主,而參考以《春秋》三傳、《禮記》、《家語》、《史記》諸書。其采掇頗爲審慎。惟載孔子言行必一一分派歲月,未免有所牽合耳。仔嘗著《苕溪漁隱叢話》,世有傳本,惟此書罕覯。國朝乾隆間開四庫館,徵收天下遺書,是編由浙江范氏天一閣鈔呈,得著録史部傳記類。嘉慶二十三年,胡氏裔孫培翬訪得抄本,又重爲校勘,取所采各書原本核對,補正凡若干字。又以所出書名及後人考論聖迹之説足相證明者,略注于下,付之剞劂。前有仔父舜陟紹興八年序。

1840 **詩緝三十六卷** 明刻本。 一函十二册。

宋嚴粲撰。以吕氏《讀詩記》爲主,而雜采諸説以發明之。舊説有未安者,則斷以己意。多深得詩人之旨。至于音訓疑似、名物異同,考證尤爲精核。南宋説《詩》諸家惟此書與吕氏書可以匹敵,稱爲最善之本。其餘莫得而鼎立也。

1841 **詩集傳十九卷** 明焦竑刻《蘇氏經解》本。 一函四册。

宋蘇轍撰。以《詩》之小序反復繁重,類非一人之詞,疑爲毛公之學,衛宏之所集録。因惟存其發端一言,而以下餘文悉從删汰。其自序曰“獨采其可者見于今傳,其尤不可者皆明著其失”云云。

1842 **儀禮經傳内編二十三卷外編五卷** 乾隆元年刻本。 一函十二册。

國朝姜兆錫撰。《内編》首嘉禮,次軍禮,次賓禮,次凶禮,次吉禮。《外編》爲《喪服》本經,又補《喪服》,又《采經》四篇,終之以《圖考》。大率以《儀禮》爲主,《儀禮》所未備則采他書以補之。蓋欲補正朱子《儀禮經傳通解》書也。

1843 **詩説三傳** 嘉慶十七年秀水金氏衍福校刊本。 一函二册。

國朝惠周惕撰。于《毛傳》《朱傳》無所偏主,惟以己意考證。引經據典,所得較多。

1844 **平臺紀略一卷** 雍正十年王者輔刻。 一册。

國朝藍鼎元撰。記康熙辛丑平定臺灣逆寇朱一貴始末。起是年四月,迄雍正元年四月。鼎元時在其兄總兵官廷珍軍中,故見聞最悉。

1845 **東征集六卷** 同上。 二册。

前人撰。皆軍中公牘書檄之文,亦鼎元代其兄作者。

1846 **女學六卷** 同上。 三册。

前人撰。采經史百家及《列女傳》《女誡》諸書,依《周禮》婦學之法,開章總括其要,次以婦德、婦言、婦容、婦功分爲四篇,又于四篇中分章别類編爲是書。可爲教女子之法。

1847 **棉陽學準五卷** 同上。 二册。 以上四書共一函。

前人撰。雍正戊申鼎元以普寧縣知縣署理潮陽,因經理其學校,作是編以訓士。棉陽者,潮陽古地名也。

1848 **書史會要九卷補遺一卷** 抄本。 一函二册。

明陶宗儀撰。録能書人,自上古迄元,爲八卷。末爲《書法》

一卷、《補遺》一卷。朱謀垔嘗爲之撰《續編》,此本不載。

1849 **温公易説六卷** 聚珍板本。 一函六册。

宋司馬光撰。其書久佚,此乃從《永樂大典》搜輯者,尚爲完本。大旨在闡明人事,不主空虚玄妙之説。

1850 **簡便驗方二卷** 康熙刻本。 一函四册。

國朝胡其重編集。乃抄撮前人經驗成方而爲之。取其能濟倉卒,故意主于簡便。

1851 **尚書質疑二卷** 乾隆二十九年刻。 二册。

國朝仁和趙佑撰。凡《説》十九篇,《解》十五篇,《疏》三篇,《辨》五篇,《考》七篇,《議》一篇,《書後》九篇。

1852 **尚書異讀考六卷** 同上。 二册。

前人撰。自序謂漢人五經授受,師有異讀,故多異義。以逮宋儒,争辨愈滋。乃就《尚書注疏》、《釋文》、諸家講義,摘其與《蔡傳》出入者,折衷爲之考,以成此編。

1853 **詩細十卷續一卷** 同上。 六册。與上二種同函。

前人撰。以漢趙曄曾著有《詩細》一書,今《詩細》已佚,惟傳其《吴越春秋》,乃取其義以名是帙。言譬之先儒説《詩》,則錚錚細響而已。

1854 **論語意原四卷** 聚珍板本。 一函二册。

宋鄭汝諧撰。以程子、張子及程氏門人諸説於《論語》之義尚有所遺,因發明其所未盡,而以諸説附于後。頗與朱子《集注》不合。

1855 **春秋參義十二卷** 通行本。

國朝姜兆錫撰。以胡安國傳爲宗,而附以諸儒之説。

1856 **孝經本義一卷** 同上。 與上共一函,計四册。

前人撰。隨文詮釋,罕所考證。

1857 **周禮集説十二卷** 明刻本。

宋陳友仁因無名氏舊本增修。前有友仁序。卷首有總綱領、官制總論及凡例各一篇。分條闡説,極爲賅洽。每官之前又各爲總論。所引注疏,審擇亦極精粹。原佚《地官》二卷,明關中劉儲秀爲之補編。

1858 **周禮復古編一卷** 同上。 與上共一函,十二册。

宋俞廷椿撰。陳友仁爲之編,附于《集説》之後。其説謂《冬官》不亡,特錯簡置五官之中。因割裂顛倒,以足其數。遂開説《周禮》者補亡一派。

1859 **唐律疏義三十卷** 嘉慶丁卯孫氏依元至正余氏本重刊。 二函八册。

唐長孫無忌等奉敕撰。自李悝創《法經》六篇,歷代遞有增損,而大致相沿。貞觀中,詔房玄齡等删定舊文,是爲《唐律》,十二目依隋之舊。高宗初年,又詔無忌等撰爲《義疏》,多所發明。考古律之源流者,莫詳於此。

1860 **曆象日月表二卷** 抄本。 一函四册。

康熙間《御製曆律淵源》第一部爲《曆象考成》,分上、下二編。此即下編之表,而重增補圖説,以爲推步之準。凡表三十。

1861 **九數通考十三卷** 乾隆刻本。 一函六册。

國朝屈曾發撰。以聖祖仁皇帝《御製數理精蘊》一書精深浩博,非初學所能驟窺,乃分類輯録,參以諸家算書、歌訣、雜法,以便初學算術者。編爲十三卷。

1862 **地理辨正直解五卷** 道光辛巳刻。 一函二册。

國朝蔣平階撰。卷一爲《青囊經補傳》,卷二爲《青囊序補注》《青囊奥語補注》,卷三爲《天玉經補傳》,卷四爲《都天寶照經補傳》,卷五爲《平砂玉尺辨僞》。

1863 **風角書八卷** 道光甲午張鵬翼刻。 一函二册。

國朝張爾岐編。序謂"昔人論《風角書》共若干卷,余删其重複爲八卷"云云。其曰角者,隅也,候四方四隅之風以占吉凶也。

1864 **夢林玄解二十九卷** 無刊刻年月。 二函二十四册。

明陳士元撰。《夢書玄解》一書,何棟如重加輯補,因而廣之。分元、亨、利、貞四集。元集曰《夢原》二卷,亨集曰《夢論》二卷,利集曰《夢禳》二卷,貞集曰《夢占》二十三卷,共二十九卷。前有宋孫奭序,又何棟如序。每集之前又各有小引。據凡例稱是書在宋景祐間名《圓夢秘策》,爲晋葛洪原本,而宋邵雍輯之者。其言無可證據。孫奭序一篇,詞氣纖俗,疑亦術家依托之文,未可信也。

民國二十七年五月二十九日録畢,計壹萬二仟八百六十字。①

---

① 有"邢伯麟手鈔"印。

# 蒲編堂路氏藏書目十七

子端手訂　共計一百四十五種,計一千一百一十六卷,六十八函。

1865 **二程遺書二十五卷附録一卷**　明成化十三年丁酉張氏瓚刻本。　一函四册。

二程子門人所記,而朱子編次之。皆見聞、問答之詞。《附録》一卷凡八篇,則行狀、年譜之屬也。書成于乾道四年戊子。目録後有朱子自記,稱“二先生門人記其師説,各自爲書,散出并行,無所統一。傳者頗以己意私竊竄亂,殆無全篇。乃以家藏舊本數篇,益以類討求得二十五篇,稍以所聞歲月先後,第爲此書”云云。

1866 **練兵實紀九卷雜集一卷**　張鵬翼補山刻。　一函六册。

明戚繼光撰。乃隆慶二年總理薊州、昌平、保定三鎮時講求練兵之術。凡六篇,一《練伍法》,二《練膽氣》,三《練耳目》,四《練手足》,五《練營陣》,六《練將》。其《雜集》凡五篇,則軍中條議法制也。

1867 **名法指掌增訂四卷**　坊刻本。　一函四册。

國朝沈辛田撰。先是華亭董南原輯有《錢穀刑名便覽》一書,辛田取而訂之,書成于乾隆八年,久已刊行。嗣以律例新書頒布,與舊例多有不同,乃取原書重加增改,以成是編。分十九目,爲圖三百六十五。

1868 **金石萃編一百六十卷** 嘉慶十年王氏刻。 八函六十四册。

國朝刑部右侍郎王昶撰。取所搜求金石文字,仿洪氏《隸釋》《隸續》之例,盡爲甄録。秦漢三國六朝篆隸之書多有古文别體,則摹其點畫,加以訓釋。自唐以後,隸體無足異者,仍以楷書寫定。其漫漶陊剥不可辨識者闕之,其文聞見他書者則爲旁注以記其全。凡額之題字、陰之題名、兩側之題識,無不詳載。碑制之長短寬博,則取漢建初尺度,其分寸標注于下,并志其行字之數,使讀者展卷如見古物。至前人題跋見于金石諸書及文集所載者,删其繁複,悉著于編。前賢所未及者,始援據故籍,益以己見,各爲按語于後。上自三代,下迄遼金,按年月先後,以次編輯。末卷附以南詔大理諸碑。共一百六十卷,名曰《金石萃編》。蓋金石之文萃聚于此編,非夸言也。爲金石之學者,自宋歐、趙導其源,自是而後嗜古者遞有著述,然或精而不博,或博而不精,且率不過具目録、疏年月、加考證而已。自洪氏《隸釋》《隸續》出,始創甄録全文之例。而明都穆之《金薤琳琅》、吴玉搢之《金石存》相繼而作,一沿其例,使金石之文,展卷釐然,不出户庭,而已身至碑下,誠善舉也。然洪氏書衹載隸書,篆與行楷概從屏弃。都、吴二編則概改從正書,不分篆隸。且都氏所録衹六十餘通,吴氏所録止一百餘通。愛博者頗以爲憾。此編凡一千五百餘通,視二家所録不止十倍。考金石之文者,當以此爲淵藪。自序兩仕江西,一仕秦,三年在滇,五年在蜀,六出興、桓而北,以至往來青、徐、兖、豫、吴、楚、燕、趙之境,無不訪求,得而復失,失而復補。前後爲此垂五十年,而博學之士相與摩挲參訂者又不下二千餘人,始得輯成一書。蓋其用力亦勤且摯矣。

1869 **貳臣傳六卷逆臣傳四卷** 聚珍板本。 二函十六册。

國史館總纂官□□等奉敕撰。①《貳臣傳》分甲、乙二集，各三卷，爲劉良臣、孫定遼等一百二十人。《逆臣傳》四卷，爲吴三桂、馬寶等二十四人。

1870 **詩經廣詁三十卷** 道光十年刻。 一函八册。

國朝徐璈撰。搜輯古今説《詩》之語。除《注》《疏》外，上自經傳，下迄諸子百家，凡有單詞隻句可爲解詁者，咸爲采輯。仿范家相《三家詩拾遺》、余蕭客《古經解鈎沈》之例以成此編，而注其出處于下。首爲《詩詁綱領》、《詩家源流》及《序例》三篇。其例皆但標所詁之句于上，而臚列詁義于下，低格書之，不全録經文也。考《詩》古義者，當以是爲最備。

1871 **毛詩紬義二十四卷** 道光丁亥刻。 一函六册。

國朝李黼平撰。以《詩正義》成于衆手，不無疏略，加以屢經校刊，淆訛彌甚。有《傳》《箋》本同而《正義》强分之者，有《傳》《箋》本異而《正義》强合之者，有誤釋《傳》《箋》義者，有漏釋《傳》《箋》義者，有《傳》《箋》義載《釋文》而《正義》誤脱者，有以《箋》作《傳》《正義》初不誤而後人羼入并割裂《正義》以屬之者，有《集注》、定本《正義》或從或不從而後人概從《集注》、定本者，若斯之類，皆以己見紬出辨正，條而録之，勒爲一編。

1872 **詩傳名物集覽十二卷** 康熙刻本。 一函六册。

國朝陳大章撰作。《毛詩集覽》本百卷，三易稿而後成，此乃其摘録付梓之本。凡鳥二卷、獸二卷、蟲豸一卷、鱗介一卷、草四卷、木二卷。徵引故實連篇累牘，頗近類書。然精核不足，博贍有餘，未始非讀《詩》者多識之助。

---

① “總纂官”後原空兩格。

1873 **雲莊禮記集說十卷** 鮑氏嘉慶乙丑刻本。 一函十册。

元陳澔撰。字可大,雲莊其號也。書成于至治壬戌,自明永樂以來科舉用以試士者即此書也。

1874 **尚書古文疏證八卷附朱子古文書疑一卷** 乾隆乙丑閻學林刻。 一函十册。

國朝閻若璩撰。《古文尚書》較《今文》多十六篇,晋魏以來絶無師説,故《左氏》所引杜預皆注曰"逸書"。東晋之初,其書始出,乃增多二十五篇。初猶與今文并立,自陸氏作《釋文》、孔氏作《正義》,遂與伏生二十九篇混合爲一,終唐之世未有明言其僞者。自吴棫始有異議。朱子亦稍稍疑之,散見于《語録》《文集》中。迨元吴澄諸人本朱子之説,相繼抉摘,其僞益彰。然未有條分縷析,以抉其罅漏。明梅鷟始參考諸書,證其剽竊,而搜采尚未周。至若璩乃引古據經,一一陳其矛盾之故,古文之僞乃大彰明較著。所列凡一百二十八條。毛奇齡曾作《古文尚書冤詞》以與之辯,然終不能以强詞奪也。書中頗多闕條,其第三一卷全闕,蓋若璩没後傳寫者佚之也。伏讀《四庫書目提要》所言殘闕并同。末附朱子《古文書疑》一卷,則自朱子《語類》《文集》中抄輯者,凡五十三條。

1875 **潛研堂金石文跋尾六卷續跋尾七卷又續跋尾六卷** 一函三册。

國朝錢大昕撰。前已著録。① 此本多又續六卷,乃其續得金石另爲續跋者。

1876 **琉球國志略十六卷** 聚珍板本。 一函六册。

國朝翰林院侍講周煌撰。乾隆二十二年煌以右春坊右中允與正使全魁奉使册封琉球國王尚穆,歸述見聞,并參考諸書,以爲

① 見第 379 條。

此志，進呈御覽。列目一十有七，每目之中又分爲子目。首卷載御書、詔敕、論祭文及圖十九則。

1877 **奉天靖難記四卷** 抄本。 一函四册。

不著撰人名氏。紀明成祖初起至即位事。蓋永樂初年人所作。于懿文太子及惠帝皆誣以罪惡，極其醜詆。于王師皆斥爲賊。黄虞稷《千頃堂書目》稱其語多誣僞，殊不可信，殆有以也。

1878 **玉堂叢語八卷** 明刻本。 一函四册。

明焦竑撰。仿《世説》之體，采摭明初以來翰林諸臣遺言往行，分類臚載，凡五十有四類。

1879 **稽古録二十卷** 明弘治辛酉孝感楊璋刻。 一函二册。

宋司馬光撰。是編于《通鑒》之外自爲一書。上起伏羲，下迄英宗治平四年。先是温公曾撰有《歷年圖》及《百官表》二書。《歷年圖》仍依《通鑒》，起於三晋，終于周顯德。《百官表》則止著宋代自太祖迄英宗之事。此編合二書爲一，芟繁舉要，約爲二十卷。仍以《歷年圖》中諸論附于各代之後。于治亂興衰之故反復推究，最爲深切。

1880 **欽定勝朝殉節諸臣録十二卷** 一函五册。

乾隆四十一年奉敕撰。凡明季諸臣抗拒王師而死者，并與褒謚。其死于流寇與死于燕王之篡立者，亦①并表章。凡三千六百餘人。分專謚、通謚、祠祀三等，人各録其事迹爲傳。録成，賜以此名。

1881 **元史紀事本末二十七卷** 抄本。 一函四册。

明陳邦瞻撰。凡二十七篇。本四卷，此分爲二十七卷，後人所分也。其《律令之定》一篇爲歸安臧懋循所增補。其書所據不

---

① “亦”原誤作“立”，《四庫全書簡明目録》作“亦并表章”，據改。

出《元史》及商輅《續綱目》二書,故不及《宋史紀事本末》之賅備。然《科舉學校》《漕運》①《治河》《授時曆》諸篇紀録極詳,其他治亂之迹亦尚能撮舉大概,攬其要旨,固亦足以資考鏡也。

1882 **唐鑒二十四卷** 無刊刻年月。 一函四册。

宋范祖禹撰,吕祖謙注。初治平中温公修《通鑒》,祖禹爲編修官,分掌唐史,以其所自得者著爲此書。上自高祖,下迄昭宣,凡三百六篇。撮舉大綱,繫以論斷。自序以爲唐一代治亂興廢之迹爲今所宜監,故名《唐鑒》。爲卷十二。元祐元年表上于朝。後祖謙爲作注,乃析爲二十四卷。

1883 **墨池編二十卷** 康熙甲午長洲朱氏之勵刻本。 六册。

宋朱長文撰。前所著録六卷之本②乃明隆慶間四明薛晨所刻,而萬曆中蕲水李時成又因薛板翻刻者。字款脱謬,意爲增損,于《碑刻門》唐碑之末妄增宋碑九十二通、元碑四十四通、明碑一百十九通,末附以薛晨識語數行。明人竄亂古書,往往如是。且并原書爲六卷。按《四庫》著録本即係萬曆翻刻者,僅削去宋元明諸碑,而卷數則仍明刻之舊。余所得此本乃康熙甲午朱之勵所刻。之勵爲長文之二十二世孫,自跋書本二十卷,世藏正本,爲鼠殘缺。因訪求足本,得舊抄一帙。與家藏本覆校,雖有缺訛,而無薛、李諸家竄亂之謬,可稱善本。乃用以補續舊藏,付之剞劂云。字板精雅,以視前所著録本,真不啻雲壤矣。

1884 **印典八卷** 康熙壬寅朱氏刻。 二册。與上《墨池編》同函。

國朝朱象賢撰。象賢號清溪,爲朱長文之裔孫之勵之子。是

---

① 《漕運》,《元史紀事本末》卷十二作《運漕》。

② 見第200條。

編采録印璽故事及諸家論説爲一書，分原始、制度、賚予、流傳、故事、綜記、集説、雜録、評論、鐫製、器用、詩文十二類。體例頗雜，而援據則博。講求印章者，當與吾丘衍《學古編》并寶。

1885 **清河書畫舫十二卷** 乾隆壬午仁和吴長元刻。 二函十二册。

明張丑撰。用《鐵網珊瑚》之例，于所見真迹，備録其題跋印記。有所疑似者，附以辨證。

1886 **欽定選擇曆書十卷** 内廷刊本。 一函十册。

康熙二十二年欽天監監正安泰等奉敕撰。卷一至卷四爲選擇用事及逐月擇日宜忌。卷五爲公規、春牛、經式、推測時刻、氣候、歲時紀事及起工修造、婚嫁、養蠶、棺殮、喪服等項。卷六至卷九爲六十甲子逐年二十四山向法。卷十爲事類總論集。

1887 **初學記三十卷** 明嘉靖辛卯錫山安國刻。 二函十二册。

唐徐堅等奉敕撰。分二十三部，三百一十三子目。其例前爲叙事，次爲事對，末爲詩文。其叙事雖雜取群書，而次第若相連屬。其詩文兼録初唐御製及諸臣著作。其所采摭皆隋以前古書，而去取謹嚴，多可應用者。唐人類書中，博不及《藝文類聚》，而精則勝之。若《北堂書抄》《白氏六帖》，未足與方駕也。

1888 **玉照新志六卷** 《寶顔堂正秘笈》本。 已見前。單本。①

1889 **雲烟過眼録四卷續録一卷** 同上。 已見前。單本。②

1890 **筆疇二卷** 同上。

明王達撰。是書多抑鬱憤世之談。前有題辭，又有陸之箕、孫鑨、林樞三序。據陸序稱是書本載達所著《天游集》中，釐爲上、

---

① 見第29條。

② 見第30條。

下二卷,凡百有七篇。毛淵先刊其三十二篇,嗣又得五十五篇刊之,尚缺其三之一。之箕因復爲校補完善,付淵重刻云云。達,字達善,别號耐軒居士,無錫人,官至侍讀學士。

1891 **書品一卷** 同上。 已見前。《漢魏叢書》本。①

1892 **清暑筆談一卷** 同上。

明陸樹聲撰。自序"衰老退休,端居謝客,長夏掩關,日與筆硯爲伍。因憶曩初見聞,捉筆成言,時一展閱,如對客談噱也"。

1893 **貧士傳二卷** 同上。

明黄姬水撰。載自周至明初貧士七十五人,各爲之贊。漏略殊甚。前有自序,後有黄省曾序。姬水,省曾之猶子也。

1894 **焚椒録一卷** 同上。 已見前。《津逮秘書》本。②

1895 **歸有園塵談一卷** 同上。

題太室山人撰。後有漢陂外史識語,云"大宗伯徐太室先生所作。月旦人倫,雌黄物理,包籠連類,取譬搜奇"云云。

1896 **娑羅館清言二卷續清言一卷逸稿二卷** 同上。

明屠隆撰。《清言》及《續清言》語雜佛老,蓋援儒而入于釋者。《逸稿》二卷乃所作詞曲之類,尤多俗俚。

1897 **冥寥子游二卷** 同上。

前人撰。冥寥,其自號也。設爲紀游,實則没須有之事,即《莊子》所謂"汗漫游"之意。

1898 **甲乙剩言一卷** 同上。

明胡應麟撰。雜紀見聞。

---

① 見第1481條。

② 見第545條。

1899 **廣莊一卷** 同上。

明袁宏道撰。凡七篇。

1900 **瓶史一卷** 同上。

前人撰。凡十二篇。一《花目》,二《品第》,三《器具》,四《擇水》,五《宜稱》,六《屏俗》,七《花祟》,八《洗沐》,九《使令》,十《好事》,十一《清賞》,十二《監戒》。

1901 **偶談一卷** 同上。

明李鼎撰。與屠隆《清言》大致相同。

1902 **野客叢談十二卷附録一卷** 同上。

宋王楙①撰。即《野客叢書》也,原書三十卷,余前已著録。② 此十二卷非完本也。

1903 **考槃餘事四卷** 同上。 以上共一函,計十册。

明屠隆撰。雜論文房清玩之事。一卷言書板碑帖,二卷評書畫琴紙,三卷、四卷則硯筆爐瓶以及一切器用服御之物皆詳載之。

1904 **見聞録八卷** 《續秘笈》本。

明陳繼儒撰。排次明代朝士事實,間及典章制度。

1905 **珍珠船四卷** 同上。

前人撰。雜采小説家言,湊集成編,又皆不著所出。既病冗蕪,亦有訛舛。

1906 **妮古録四卷** 同上。

前人撰。多評論字畫古玩,蓋仿趙希鵠《洞天清録》、周密《雲烟過眼録》而作。

---

① "楙",原誤作"懋",今正。

② 見第205條。

1907 **群碎録一卷** 同上。

前人撰。隨筆紀録,不暇考辨。自序謂:"他石可以攻玉,衆壤可以益岱。讀書者即一字一句何忍弃之,故以'群碎'爲名。"

1908 **偃曝談餘二卷** 同上。

前人撰。取其平日與客談者抄撮成編。前有自跋,謂入冬喜負暄讀書,故名曰"偃曝"。

1909 **巖栖幽事一卷** 同上。

前人撰。所載皆山居瑣事,如接花藝木以及於焚香點茶之類。

1910 **枕談一卷** 同上。

前人撰。序謂讀古人書往往承襲紕謬,至有近在目前而不能互相揚榷者,乃與兒輩隨談隨録,藏于枕中。凡六十一條。

1911 **太平清話四卷** 同上。

前人撰。雜記古今瑣事,徵引頗多舛錯。

1912 **書蕉二卷** 同上。

前人撰。皆雜抄古今名物訓詁及奇文隽字可供詞藻之用者。隨筆劄記,頗無倫次。

1913 **筆記二卷** 同上。

前人撰。取雜事碎語抄集成帙。

1914 **書畫史一卷** 同上。

前人撰。雜記所見所藏諸家書畫,而明人居多。末附以書畫金湯四則,各舉十數字以爲品騭,尤不脱明人陋習。

1915 **讀書十六觀一卷**

前人撰。采古人成語,自吕獻可以下凡十六條,聯綴成編,以爲讀書之法。命名之義,蓋擬浮屠氏之《十六觀經》也。

1916 **安得長者言一卷** 同上。

前人撰。"安得長者之言"本《漢書・龔遂傳》語,繼儒取以名其書。序謂少從四方名賢游,有聞輒録,使異日子孫讀之。蓋亦語録之類。

1917 **狂夫之言三卷續狂夫之言二卷** 同上。

前人撰。書中雜論古今得失,才辨亦頗縱横,而見地多失之偏矯。"狂夫之言"者,用《漢・晁錯傳》語也。

1918 **香案牘一卷** 同上。

前人撰。述神仙故事自軒轅以下凡七十二人,皆自《列仙傳》《集仙傳》諸書中抄撮成編,了無義例。

1919 **讀書鏡十卷** 同上。 以上共一函,計十册。

前人撰。雜論古今人才賢否,言行得失。其曰鏡者,蓋即鑒戒之意。

1920 **玉堂漫筆一卷** 《廣秘笈》本。

明陸深撰。乃在翰林院時記其每日所得,而於考核典故爲尤詳。原本三卷,此祇一卷,非完帙也。

1921 **四夷考八卷** 同上。

明葉向高撰。于四裔諸國一一考其源委,頗爲詳悉。

1922 **蜀都雜抄一卷** 同上。

前人撰。雜記蜀中風土物産及古迹故事。蓋但隨見聞録之,不詳備也。

1923 **集異志四卷** 同上。

唐陸勳撰。已見前。《唐宋叢書》。①

---

① 見第922條。

1924 **慎言集訓二卷** 同上。

明敖英撰。擇載籍中于慎言有涉者,彙而抄之以訓士。後有嘉靖戊戌餘姚陳輔跋,稱是編爲英督學關陝河洛時所刻,以訓諸生。上卷凡二十二則,共二百四十二條,以戒多言爲首。下卷凡十則,共九十二條,以言貴簡爲首。采經史子集分類編次,每則之后各繫以總論。

1925 **鼎録一卷** 同上。 已見前。①

1926 **古奇器録一卷** 同上。

明陸深撰。隨手抄録《西京雜記》《杜編》《雜編》諸書數條,無謂之甚。末附《江東藏書目録小序》十三則。

1927 **井觀瑣言三卷** 同上。 已見前。②

1928 **蜩笑偶言一卷** 同上。

明鄭瑗撰。其書多論古之語,間及考證。祇二十七條,蓋隨筆記録,未經卒業之本。

1929 **長松茹退二卷** 同上。

明釋可真撰。可真,字達觀,吴江人。自稱憨憨子,世號紫柏大師。著有《茹退集》。是書乃其别撰語録。間及物理,不盡爲釋氏之言。惟其以“茹退”爲名,殊不可解。長松者,其所居潯陽之館名也。前有李日華序。

1930 **虎薈一卷** 同上。

明陳繼儒撰。録載籍所記虎事,彙爲一編。末有黄廷鳳跋,謂繼儒病瘧,王穉登貽以《虎苑》一帙,佩之而愈,遂廣爲是書。

---

① 未著録。

② 見第935條。

1931 **羅湖野録四卷** 同上。 已見前。①

1932 **觴政一卷** 同上。

明袁宏道撰。凡十六則。前有引語,稱采古科之簡正者,附以新條,以爲醉鄉甲令。

1933 **吴社編一卷** 同上。

明王穉登撰。專紀吴中里社之事。其神名五方賢聖,乃淫祀之尤者,而謂本于《搜神記》,殊爲附會不經。所列走會、捨會諸條,亦徵風俗之弊。

1934 **顧頤堂漫書一卷** 同上。

明陸深撰。雜記故事。僅及七條,疑非完本。

1935 **金臺紀聞一卷** 同上。

前人撰。皆官翰林時雜記正德乙酉至戊子四年中朝廷故事及朋友論説。

1936 **長水日鈔一卷** 同上。

明陸樹聲撰。乃其歸田後隨筆劄記之本。前數條多論《易》義,間及于《春秋》、四書,後則皆尚論古人之言行。

1937 **病榻寤言一卷** 同上。

前人撰。序謂"卧病榻間,冥心攝息,意有所得,憑几捉筆,造次疾書。其于生死之故,養生之旨,間亦億中"云云。寤言者,以其得之寤寐也。

1938 **夷俗記一卷** 同上。

明蕭大亨撰。專記韃靼風俗。分爲二十類。蓋大亨嘗爲宣大總督,故記録所見聞較史書互有詳略。

---

① 見第902條。

1939 **三事溯真一卷** 同上。

明李豫亨撰。以有生所必資者,衣、食、居處三事,因述原本所由,逮及古今事迹可爲世則者綴于篇。凡九章。

1940 **銷夏四卷** 同上。

明陳繼儒撰。雜録清勝之事,取其可以銷夏。如冰荷玉帳之類見于諸小説者,靡不采録。

1941 **辟寒四卷** 同上。 以上共一函,計八册。

前人撰。既作《銷夏》四卷,又成此書,義例與《銷夏》同。如狨座蹲鴟之類,皆泛載之,頗傷拉雜。

1942 **朝野僉載六卷** 《普秘笈》本。

舊本題唐張鷟撰。按《新唐書·志》作三十卷。《宋史·志》作二十卷,又《僉載補遺》三卷。《文獻通考》則但有《補遺》三卷,而無正書。今此本六卷,與諸書目皆不合。晁公武《讀書志》又謂其分三十五門,而今本乃逐條聯綴,不分門目,亦與晁氏所記不符。考鷟卒于天寶之前,而書中乃有寶曆以後事。寶曆爲敬宗年號。又有孟宏微對宣宗事。時代皆不相及。按尤袤《遂初堂書目》亦分《僉載》及《僉載補遺》爲二書,疑《僉載》爲鷟所作,《補遺》乃後人附益。凡闌入中唐後事者,皆應爲《補遺》之文。而陳振孫所謂"書本三十卷,此其節略者",當即此本。蓋經宋人摘録,合二書爲一。又删并門類,合爲三卷。又不知何時析三卷復爲六卷也。書中皆紀唐代故事,而於詼嘑荒怪,亦纖悉臚載。温公作《通鑒》多引用之。蓋雖小説家言,未嘗不足以徵信也。

1943 **真珠船八卷** 同上。

明胡侍撰。雜采經史故事及小説家言,彙爲一編。取陸佃詩注引元稹之言,謂"讀書每得一義,如得一真珠船"之語以名之。然徵引拉雜,頗疏于考證,又喜談怪異果報之説,瑕多瑜少,未足珍也。

1944 **古今印史一卷** 同上。 已見抄本。① 抄本後缺,此完善可補。

1945 **同異録二卷** 同上。

明陸深撰。采漢以來名臣奏疏雜文有關于典章政事之大者,節而録之。分上、下二卷。上卷曰《典常》,下卷曰《論述》。每條之末各附以論斷。大旨欲取古人成説,相其緩急,而通之于當世之務。其書始脱稿于閩中,及提學山西,重加詮次,欲奏上之,既而不果。原有進書序,此本脱去。

1946 **駢語雕龍四卷** 同上。

明游日章撰。以駢偶之詞類隸古事。蓋合《初學記》《事類賦》之體而爲之。分十七門,一百五十八子目。内惟官制一門頗詳,餘多挂漏。林世勤爲之注。

1947 **聖學範圍圖一卷** 同上。

明岳元聲撰。此書一名《範圍象數圖》。大旨以儒教統攝二氏。以《易》中一陽一陰之卦并入剥、復二卦,爲《剥復圖》以範釋。以二陽二陰之卦并入坎、離二卦,爲《坎離圖》以範老。以三陰三陽之卦并入否、泰二卦,爲《否泰圖》以爲儒宗。其自序謂昉于孟子指點楊墨歸儒之義。蓋宗王氏良知之學,而好爲新奇者。

1948 **山行雜記一卷** 同上。

明宋彦撰。嘗至京師,歷游玉泉、香山,因記其園亭、刹寺、巖壑之勝。蓋仿張禮《游城南記》諸書而作。

1949 **冬官紀事一卷** 同上。

明賀仲軾撰。萬曆二十四年建乾清、坤寧兩宫,仲軾父時爲

---

① 見第1305條。

工部繕司郎中,身任其役,省公帑數十百萬,後竟被誣貶謫。仲軾此編即述此事。自起工至竣工,前後帳目、條奏,一一備載。

1950 **研北雜志二卷** 同上。 已見前。《唐宋叢書》。① 以上共一函,計八册。

1951 **清異録四卷** 同上。《彙秘笈》本。 已見前。《唐宋叢書》。②

1952 **道德寶章一卷** 同上。 已見前。抄本。③

1953 **兼明書五卷** 同上。

五代丘光庭撰。④ 皆考證之文。首總説諸書,凡二十二條。次爲《周易》五條、《尚書》四條、《毛詩》十三條。次爲《春秋》十條、《禮記》五條、《論語》十二條、《孝經》二條、《爾雅》三條。次爲《文選》二十二條。次爲雜説十八條、字書十二條。内缺五條。并引據典核,辨訂詳明。在唐人考證書中,與顔師古《匡謬正俗》可以齊驅。蘇鶚之《演義》、李涪之《刊誤》,抑其次矣。

1954 **靖康緗素雜記十卷** 同上。 已見前。《唐宋叢書》。⑤

1955 **袁氏世範三卷** 同上。 已見前。吴刻本。⑥

1956 **金丹詩訣二卷** 同上。

唐吕巖撰。取修煉之術編爲詩歌,以明鑪火之法,皆所謂内丹也。上卷凡七言律詩六十四首,七言絶句六首,世所傳題岳陽樓諸詩亦載焉。下卷爲七絶三十首,五言四韻四首,六言八句一首,歌行詩十首,長短句五首。末附宋夏元鼎編《南嶽遇師本末》

---

① 見第 906 條。

② 見第 930 條。

③ 見第 1046 條。

④ “庭”後原脱“撰”字,今補。

⑤ 見第 901 條。

⑥ 見第 153 條。

一篇。述元鼎遇赤城周真人指示得道事。

1957 **韓仙傳一卷** 同上。

題唐瑶華帝君韓若雲撰。自序祖爲韓仲卿,父爲韓會,叔父爲韓愈,即世俗所傳韓湘事。然湘爲愈之侄孫,則不得稱愈爲叔父。且湘字北渚,不知何以又稱若雲。《傳》中又稱遇吕洞賓傳授得道。考吕巖爲吕渭之孫,當在湘後,湘又何以反師之?此殆後人僞托,故多謬戾不合也。

1958 **衍極一卷** 同上。 已見前。抄本。①

1959 **抱朴子内篇四卷外篇四卷** 同上。 已見前。② 以上同一函,計十册。

1960 **周易尚占三卷**

不著撰人名氏。前有大德丁未寶巴原作保八。序,稱爲瑩蟾子李清庵作。按元李之純號清庵,又號瑩蟾子,著有《中和集》,則此書乃之純撰也。其書分十八部,皆論《易》課斷法,與今卜肆術相類。惟于六神之外兼論神煞吉凶,則與今稍别耳。

1961 **德隅齋畫品一卷** 同上。 已見前。抄本。③

1962 **擬連珠一卷** 同上。

明劉基撰。凡六十八首。

1963 **春雨雜述一卷**

明解縉撰。論作詩學書之法。又自漢魏以迄宋元,撮舉能書姓名,各記其源流授受。然多從詩話、書譜中抄撮爲之,少新意也。

---

① 見第1178、1313條。

② 見第1593條。

③ 見第1314條。

1964 **海語三卷** 同上。

明黄衷撰。衷隸籍南海,晚歲家居,訪番舶以海外事,因彙所聞者爲此書。分四門,曰風俗,曰物産,曰畏途,曰物怪。頗多恍惚奇詭之談。然天地之大,何所不有,未可遽以爲誕也。自序謂"言以談海",故曰《海語》。

1965 **異魚圖贊四卷** 同上。 已見前。《函海》本。①

1966 **江鄰幾雜志一卷** 同上。 已見前。《稗海》本②,又《唐宋叢書》本③。

1967 **讕言長語一卷** 同上。

明曹安撰。皆據所見聞闡明義理。其論詩多不中肯綮,而其他議論尚醇正,頗有裨于風教。

1968 **陰符經解一卷** 同上。

明焦竑撰。其宗旨多以佛理解之。

1969 **支談三卷** 同上。

前人撰。其旨主于三教歸一,而并欲陰駕佛老于孔子之上,豈不謬乎。

1970 **問奇集一卷** 同上。

明張位撰。考論諸字形聲訓詁。分十九門。

1971 **環碧齋小言一卷** 同上。

明祝世禄撰。純以禪門之説附合儒理。觀其所言,蓋姚江、龍溪之末派也。

1972 **先進遺風二卷** 同上。

---

① 見第 1494 條。

② 因重複未著録,説見第 991 條。

③ 見第 909 條。

明耿定向撰,毛在增補。所録皆明代名臣言行。大旨嚴操守、勵品行、存忠厚者居多。又多居家行己之事,而朝政不及。專其意,似爲當時士大夫諷也。

1973 **補筆談二卷** 同上。 已見前。單行本。①

1974 **見聞紀訓一卷** 同上。

明陳良謨撰。雜記見聞,多陳因果。大旨出于勸戒,而語怪者過多。

1975 **奉使録二卷** 同上。

明張寧撰。寧于天順四年以禮科給事中與都指揮武忠奉使朝鮮,因記其往返程途所作詩章雜文,彙爲此編。上卷首叙奉使召對及奏稿數篇,餘皆途中留題之作。下卷爲至朝鮮以後篇什,題曰《皇華集》,注云"朝鮮刻本"。前有崔恒序,乃奉國王李瑈命編次而序之者。按此録已編入寧所著《方洲集》,此其初出别行之本也。

1976 **黄帝祠額解一卷** 同上。

明李維楨撰。維楨奉詔謁黄帝陵,見舊祠取鼎湖之事,額曰"龍髯",乃作是書以辨其不經。又舉百家所言黄帝神靈諸事,一一駁詰,詞極辨博。

1977 **天目游記一卷** 同上。

明黄汝亨撰。汝亨與佛慧寺僧同游天目山,因作此記,叙是山景物頗詳。然叙月叙日而不叙爲何年,亦行文之偶疏也。

1978 **游喚一卷** 同上。

明王思任撰。乃其游天台、雁蕩諸山而作。凡十三篇。

---

① 見第3條。

1979 **黄白鏡一卷續黄白鏡一卷** 同上。

明李文燭撰。自號夢覺道人。其前一卷專言丹汞之術,謂土禀中央之氣,色象故黄。鉛禀西方之氣,色象故白。黄者爲藥,白者爲丹。一藥一丹,是謂黄白。自取藥以至成仙,按其次序,分二十六條。前後有自序、自跋。《續編》一卷,則《醒醒歌》二十七則,《水心篇》五十則。末亦有自跋。大抵皆荒誕之談,不足信也。

1980 **田居乙記四卷** 同上。

明方大鎮撰。爲家居讀書時所作。自序謂遇有賞心,輒乙其處,命兒子録之,故名乙記。分四門。所録皆前人格言善事。

1981 **一庵雜問録一卷** 同上。

明唐樞撰。是書自心性知覺至進德修業,旁及于詩學、韻學、字學、樂律,皆設爲問答。其論學率雜禪理,非儒家正宗也。

以上皆《寶顔堂秘笈》本,明陳繼儒輯。分《正集》《續集》《廣集》《普集》《彙集》《雜著》六編。《正集》凡二十種,《續集》凡五十種,《廣集》凡五十種,《普集》凡四十八種,《彙集》凡四十二種,《雜著》凡十五種。《正》《續》《廣》《普》《彙》五編皆叢刻前人著述,而明人居多。《雜著》則皆繼儒所自撰。其所刻前人書及己書率皆瑕多而瑜少,遠不及毛氏《津逮秘書》、何氏《漢魏叢書》諸刻。然搜羅頗爲浩博,擷其精華,亦足以資考鏡、廣見聞。是編自明以來流傳雖廣,而近頗殘缺,完者甚少。按目求之,率有脱遺。今所得此本計《正集》及《雜著》二編尚爲完善。其《續集》則缺《尚書故實》以下二十八種。《廣集》則自《兩同書》以下五十種全缺,不知何人又以《續集》内之《玉堂漫筆》以下至《解寒》二十二種補之。《普集》則缺《毛詩草木虫魚疏》以下二十二種,又《會仙女志》以下九種,又《聽心齋客問》以下九種。《彙集》則缺《碧里雜存》以下十種。計共缺一百二十八種,未知能續求補完否。

1982 **曆元一卷** 抄本。 一函一册。

不著撰人名氏。歷考前代所撰曆書,其盈縮疏密,得失異同,至明《大統曆》而止。末附以元郭守敬儀表。

1983 **通玄先生星宗大全十卷** 坊刻本。 一函六册。

明陸位校。通玄先生謂唐張果也。首兩卷爲《入門起例》及兩儀五行貴賤吉凶諸星圖格。三卷爲《李燈問答》及十一曜、十二宫諸定格。四卷爲《通玄》《八格》諸賦。五卷爲《觀星要訣》。六卷爲諸論。七、八二卷爲《三辰通載》。九卷爲諸説。十卷爲鄭希誠《星案》。按張果當明皇時,雖多神怪之迹,然不聞其精于禄命。自《星命溯源》一書出,以五星推命之學依托于果,術者遂以"果老五星"自名一家矣。此書較《星命溯源》尤爲詳悉賅備,其實仍因《溯源》而廣之耳。後又别有《天官五星術》,與此頗異。據理而論,化氣當從《天官》,正氣當從果老,二家之術亦可互參。其論星度乘除生剋,及兼取值年神煞,亦未可盡廢也。

1984 **天元曆理十二卷** 康熙中刻。 一函六册。

國朝徐發撰。凡《原理》六卷,《老古》四卷,《定法》二卷。以前代曆家多承訛襲謬,往往與天度不合,乃博考載籍,爲之訂正。

1985 **揣籥小録一卷續録三卷** 嘉慶。 一函二册。

國朝金華張作楠撰。前《録》自序謂"世所行日晷,其指南針所指率非子午真綫,惟《數理精藴》所載立面、平面日晷諸法,測驗精確,超絶前代。然俱按京師極高四十度爲之。南北高度既異,東西偏度又各不同,不按里差爲準,勢難率土皆通。齊彦槐以新製面東西日晷,并所衍北極高度表相贈,按極度高低可隨處測驗,較舊晷更爲精妙。乃即其立法之根,加以變通,衍成《北極經緯度分全表》,繫以圖説,附于表後,輒成小帙,命以此名。俾用者可查節氣以知南北,亦可因時刻以知節氣”云云。《續録》序云:“因梅氏諸方日軌以弧三角法逐節氣,求太陽距地平高度,係用新法推算,而列表自北極高二十度至四十二度而止,而二十度以前五十度以外者,皆未之及。乃謹依《曆象考成後編》重加推算,自極高十八度至五十五度,逐節氣加時,太陽距地高度以列表,以補前《録》所未備。”

1986 **衡齋算學七卷** 嘉慶中刻。 一函一册。

國朝汪萊撰。因《梅氏算書》弧三角諸形而重衍之,益爲精密。

1987 **太玄經十卷** 明刻本。 一函二册。

漢揚雄撰,晋范望注。初宋衷、陸績各注《太玄》,望又删定二家之注,并自注,定爲此本。以《玄首》一篇分冠八十一家之前,以《玄測》一篇分繫七百廿九贊之下。始變其舊,至今仍之。卷端列陸績《述玄》一篇,又列王涯《説玄》五篇。又每卷末皆有《釋文》,不知誰作。

1988 **德音堂琴譜十卷** 康熙刻本。 一函二册。

國朝郭用英輯。汪天榮爲之校梓,序稱“郭子裕齋來游武林,雅擅此技,出所藏琴譜,如指諸掌,乃爲校而梓之”云云。前一卷載古今善琴人名及所製各曲。二卷載歷代琴式。三卷爲纂古要言。四卷爲琴譜字母源流。五卷至末爲諸調指法。

1989 **吕子節録四卷補遺二卷** 乾隆元年、三年兩次刻。 一函四册。

明吕坤撰《呻吟語》六卷,刻于萬曆壬辰。國朝陳宏謨偶得摘鈔之本,節而録之,編爲四卷,刻于乾隆元年丙辰。後于戊午八月復得吕子原書,知前所節録多所挂漏,乃采初刊所遺者復爲《補遺》二卷。

1990 **淮南子二十一卷** 乾隆戊申刻本。 一函六册。

世所行《淮南子》高誘注殘缺不全,武進莊逵吉以《道藏》本重爲校補,較通行本多十之五六。

1991 **廿一家易注三十三卷** 嘉慶四年刻。 一函八册。

國朝平湖孫堂輯。堂究心漢學,凡漢魏以來諸家解《易》之説散見于群籍者,裒而録之,得二十一家,以補李鼎祚《易集解》之所未備。《集解》依經列注,自漢至唐雜采三十五家之説。此則以《釋文序録》所載諸家,輯其注之僅存者,并綴拾其異文,依原書之目各爲一編。凡子夏《易傳》一卷、今世所傳子夏《易傳》十一卷乃後人僞撰者。孟喜《周易章句》一卷、京房《周易章句》一卷、馬融《周易傳》一卷、荀爽《周易注》一卷、鄭康成《周易注》三卷《補遺》一卷、宋王應麟曾集《鄭氏易注》一卷,明姚士粦又增入二十五條。國朝惠棟因其摭采未備,又爲補正,每條下注明元書出處,釐爲三卷,較王氏元本共增多九十二條。又作《十二月爻辰圖》及《爻辰所值二十八宿圖》,以闡明鄭學。然此書止盧氏雅雨堂刊本,内附于李氏《集解》之後,且尚有脱譌者,有未注所出者。堂因爲之正其譌,補其脱,注其所未注,并有所出不一書,元注未盡列者,皆備標注于下。又别爲《補遺》一卷,以補王、姚、惠三家所未采。劉表《周易章句》一卷、宋衷《周易注》一卷、陸績《周易述》一卷、明姚士粦曾采李氏《集解》、陸氏《釋文》及績所注《京氏易傳》輯爲《陸氏易解》一卷,見《四庫總目》,其書止一百五十條。堂復取三書以校姚本,知所采尚有逸漏,乃于所已采者正其舛誤,更取所遺漏者增①入之,又益以他書所引陸氏之説,各注所出于下,加以"補"字以别之,共二百餘條。董遇《周易章句》一卷、虞翻《周易注》十卷、王肅《周易注》一卷、姚信《周易注》一卷、王廙《周易注》一卷、張璠《周易集

① "增"原誤作"贈",今正。

解》一卷、向秀《周易義》一卷、干寶《周易注》一卷、元屠曾于李氏《集解》中抄輯《干寶易注》一卷,明樊維城刻入《鹽邑志林》中。堂以其書尚有遺漏,因據其本重加校補,仍爲一卷。蜀才《周易注》一卷、《九家周易集注》一卷、翟玄《周易義》一卷、劉瓛《周易義疏》一卷,合三十三卷。是書與惠棟所集《易漢學》均爲考漢易之淵藪。李氏《集解》以後,當即推此二編矣。

1992 **周易筮述八卷** 乾隆癸丑滋德堂刻。 一函四册。

國朝王宏撰。以朱子謂《易》本卜筮之書,因作此編以明其義。凡十五篇,曰《原筮》、曰《筮儀》、曰《蓍數》、曰《揲法》、曰《變占》、曰《九六》、曰《三極》、曰《中爻》、曰《卦德》、曰《卦象》、曰《卦氣》、曰《卦辭》、曰《左傳國語占》、曰《餘論》、曰《推驗》。闢焦、京之小術,闡羲文周孔之宏旨。雖專爲揲蓍而作,而立論悉本經義,與術數家所談迴殊。

1993 **周禮疑義舉要七卷** 抄本。 一函一册。

國朝江永撰。融會鄭注,參以新說,于經義多所闡發。《考工記》二卷,所解尤爲詳核。蓋永于天文、地理、算術、律吕皆精研畢世,故所説具有徵據也。

1994 **禹貢説斷四卷** 聚珍板本。 一函四册。

宋傅寅撰。通志堂本誤刻名爲"集解",兼有殘闕,又誤刊圖入程大昌《禹貢論》。此本并據《永樂大典》所載補正。其書博引前問①,斷以新意,具有特解,不肯蹈襲前人。

1995 **春秋地名考略十四卷** 康熙刻本。 一函四册。

國朝高士奇撰。以《春秋》經、傳地名分國編次,各爲考證于

---

① "博引前問",《四庫全書總目·禹貢説斷》作"博引衆説"。

條下,洵爲詳贍。

1996 **禹貢錐指二十卷圖一卷** 康熙中刻。 一函十册。

國朝胡渭撰。首爲圖四十有七,皆開方界畫,條理分明。其禹河一徙、再徙圖及漢唐宋元明河圖,尤考證精密。書中亞經文一字爲集解,又亞一字爲辨證。采摭繁富,討論詳明。援古驗今,如指諸掌。當時與梅文鼎之天文并稱絶學,良不誣也。

1997 **春秋大事表五十卷輿圖一卷** 乾隆十三年萬卷樓刻本。 二函廿四册。

國朝顧棟高撰。以《春秋》事迹排比爲表,凡四十篇,曰《時令》、曰《朔閏》、曰《長曆拾遺》、曰《疆域》、曰《爵姓存滅》、曰《列國地理犬牙相錯》、曰《都邑》、曰《山川》、曰《險要》、曰《官制》、曰《姓氏》、曰《世系》、曰《刑賞》、曰《田賦》、曰《吉禮》、曰《凶禮》、曰《賓禮》、曰《軍禮》、曰《嘉禮》、曰《王迹拾遺》、曰《魯政下逮》、曰《晋中軍》、曰《楚令尹》、曰《宋執政》、曰《鄭執政》、曰《争盟》、曰《交兵》、曰《城築》、曰《四裔》、曰《天文》、曰《五行》、曰《三傳異同》、曰《闕文》、曰《吞滅》、曰《亂賊》、曰《兵謀》、曰《引據》、曰《杜注正訛》、曰《人物》、曰《列女》。《輿圖》一卷,則以朱筆、墨筆分别古今地名書之。舊有《附録》一卷,爲諸表前後序,并各辨論。凡百卅一篇,此本散附各表之間。其書大致與程公説《春秋分紀》相出入,而體例較密,引據博洽,議論精確,多發前人所未發,允爲專門之學。

1998 **國語二十一卷** 明刻本。 一函三册。

吴韋昭注。宋宋庠因唐人舊音本重爲補音。按宋公序《補音叙録》云"先儒未有爲《國語音》者,近世傳舊音一篇,不著撰人名氏,尋其説,乃唐人。然簡陋不足名書,但其間時出異聞,義均雞肋。乃因舊本而廣之,成三卷,號曰《國語補音》"云云。其例以唐人所音居前,己所增者題“補注”以別之。釋正文者,大書其字,夾注其音。釋注文者,則冠一“注”①。三卷,本自爲一書,附《國語》之後,不與韋注混淆。此本爲明吏部員外郎穆文熙編纂,以《補音》自爲一卷,難于討尋,乃取音切散附各條各句之下,且多删節。明人習氣好自作聰明,移易古書,實爲可憾,然幸尚存崖略。且姑置案頭,以俟别求曲阜孔氏足本補之。

1999 **六書正譌五卷** 無刊刻年月。 一函五册。

元周伯琦撰。以《禮部韻略》部分分隸諸字。用小篆書。注文則先注制字之義,而以隸作某、俗作某、別作某辨别于下,略如張有《復古編》之意。大旨推衍《説文》者半,參以己見者亦半。瑕瑜互見,未爲純粹。前有至正辛卯自序。明嘉靖元年滁陽于器之取此書及伯琦所撰《説文字原》一卷重刊于浙中。崇禎甲戌,胡正言又重刻之。此本即坊間依正言本又翻刻者,其篆文即正言手摹。正言,海陽人,官中書舍人,工于鐫篆,有《十竹齋印譜》行于世。

2000 **六書通十卷** 乾隆中刻本。 一函四册。

國朝閔齊伋撰。大致仿《金石韻府》之例,以《洪武正韻》部分,編次《説文》,而以篆文别體之字類列于下。凡碑碣鐘鼎印璽之文,兼收并載。其曰“通”者,謂通許慎之執也。然以之備博識則可,以之改小篆則不可。謂許氏爲執,將并小篆而改之乎? 此其説之不免于弊也。

2001 **草韻彙編二十六卷** 乾隆廿年刻本。 一函六册。

國朝陶南望撰。南望,上海人。是編裒輯諸家草書,依韻編

---

① 《四庫全書簡明目録》“注”下有“字”字。

次。以正書標韻字于上,而備于草書各體于下,每字之下各注作字之人,頗足以資多識備考證。惟不注明某人某碑、某人某帖,則不及顧氏《隸辨》諸書耳。其書平、上、去三聲廿四卷爲南望所手輯,未及竟業而卒。其子錕與其父執、陸祖彦等補輯入聲二卷。祖彦,青海人。卷廿五以後俱題"陸祖彦補摹",蓋亦工草書云。

2002 **史通通釋二十卷** 乾隆十七年刻。 一函四册。

國朝浦起龍撰。按《史通》注本舊有郭延年、王維儉二家。入國朝,又有黄叔琳注本,以補郭、王二注之闕。遞相增損,互有短長。起龍是注又出黄注之後,故亦采用黄注,較諸家注本最爲博贍。惟句解、章評參差連寫,如坊刻古文之式,頗乖注書體例。

2003 **釋氏稽古略四卷** 明刻本。 一函八册。

元釋覺岸撰。皆叙述釋氏事實,用編年之體。以歷代統系爲綱,而以有佛以來釋家世次行業爲緯。始于大昊庖犧氏,終于南宋瀛國公德祐二年。初名《稽古手鑒》,嗣以所載尚未賅備,乃因舊藁輯而廣之,始改今名。書成于至正初,中山李桓爲之序。覺岸記誦賅博,故所録自内典以外,旁及諸史百家傳記文集志乘碑碣之類,多能搜采源分派别①,詳贍可觀。大而名師碩德之事迹,小而塔廟之廢興、僧侣之衆寡,靡不具載,實可爲緇林道古之助。惟其於列朝盛衰,絶無關于釋氏者,分條摘列,參雜成文,未免駢拇枝指之譏。

2004 **黔書二卷** 嘉慶戊辰刻。 一函二册。

國朝田雯撰。雯,字蒙齋,濟南人。康熙中雯自吴撫徙鎮黔中,撰爲是編。凡苗蠻種類、土風物産,序述俱極詳贍。而於撫綏

---

① "源分派别",《四庫全書總目》作"源流派别"。

羈縻、控制駕馭之法，尤再三致意。

2005 **續黔書八卷** 嘉慶九年刻。 一函一册。

國朝張澍撰。澍，字介侯，武威人。由庶吉士散館改知縣，分發黔中，爲玉屏令。此其知玉屏時所撰也。其書續田雯書，不如田書之簡括，而于古迹頗詳。得此二編，黔中之掌故略具矣。

2006 **輿地碑記目四卷** 道光庚寅上元車氏持謙刻本。 一函二册。

宋王象之撰。象之有《輿地紀勝》二百卷，此即其中碑目四卷，蓋後人從全書中摘録各路碑記之目也。以京府州縣爲綱，而碑刻各按地編纂，注其年月姓氏大略于下。起臨安，訖龍州，皆南渡後疆域。其中考訂精確之處，不一而足。惜世鮮傳本，衹有抄本互相傳録，脱訛宏多。此本爲上元車持謙所校刊，云得吴門顧氏千里精校本，差爲完善，遂以付梓云。

2007 **海塘通志二十卷** 乾隆辛未刻。 一函十册。

乾隆十四年浙江巡撫方觀承等奉敕修。首爲圖説，次列代興修，次本朝建築，次工程，次物料，次坍漲，次場竈，次職官，次潮汐，次祠廟，次兵制，次江塘，次藝文。凡十三門。

2008 **東晋疆域志四卷** 嘉慶丙辰刻。 一函二册。

國朝陽湖洪亮吉撰。歷代地志，互有得失，而惟《晋史・志》最多舛亂，且惟詳太始、太康，而永嘉以後則簡略殊甚。亮吉乃以《晋書》紀傳爲主，詳求沈約，輔以魏收諸書，并參以《太康地志》、《元康定户》、王隱、臧榮緒、孫盛、干寶諸人所著，其遺説僅存于今者，外及《水經注》《寰宇記》《元和郡縣志》《方輿勝覽》，旁搜博録。斷自義熙。其間州郡之得而復失者，亦因類附見。其山川、邑里、宫閣、園林、冢墓之可考者，亦悉采之著于編。名曰《東晋疆域志》，以永嘉以前衹可稱西晋，于江左無預故也。

2009 **十六國疆域志十六卷** 嘉慶三年刻。 一函四册。

前人撰。其書體例與前《志》同,國爲一卷。于一時郡縣分合、土壤互錯,考據甚悉。

2010 **天下名山諸勝一覽記十六卷** 明刻本。 二函二十册。

明慎蒙撰。先是何鏜輯《古今游名山記》一書,采史志文集所載游覽之文,以類編集,凡十七卷。蒙以其書重複太甚,因删汰繁冗,而增入通志及别集所載記文,計用原本者十之六,新增者十之四。視鏜書頗爲簡明,惟記文之末間加評語,不出坊刻積習。

民國二十七年七月八日録畢,計共壹萬弍仟弍百六十四字。①

---

① 有"邢伯麟手鈔"印。

# 蒲編堂路氏藏書目十八

子端手訂　共書九十八種，計二千四百二十五卷，一百五十七函。

2011 **詞苑叢談十二卷**　康熙二十七年丁氏刻。　一函四册。

國朝徐釚撰。專輯詞家故實，分體製、音韻、品藻、紀事、辨證、諧謔、外編七門。采摭繁富，援據詳明，足爲論詞者總匯。釚長于倚聲，故是編具有鑒裁，非苟爲撰述者。惟其間徵引舊文，未盡注其所出，是爲一失。同時朱竹垞、陳其年等嘗議之。釚亦自欲補綴，而惜已脱稾，無從一一追溯，間取偶記憶者，分注十之二三耳。康熙戊辰溫陵丁煒爲之付梓以傳。

2012 **古文苑注二十一卷**　明成化刊本。　一函六册。

不著編緝者名氏。南宋韓元吉次爲九卷，孫淵如于嘉慶中曾以陸貽典家影宋抄本付刻，前已著録。① 此則宋紹定間章樵注本也，明成化壬寅福建巡按御史張世用得本刊之，閩藩張琳爲之序。按：樵原序此本脱之，首數頁祇有張琳序一頁半，樵序適在所脱之中，今據《四庫全書提要》云云。稱"有首尾殘缺者，姑從舊編，復取史册所遺，以補其數，釐爲二十卷。又有雜賦十四首、頌三首，以其文多不全，别爲一卷附于書末，共爲二十一卷"云云。其次序、字句與九卷之本頗多異同。

---

① 見第 1703 條。

2013 **欽定協紀辨方書三十六卷** 内廷刊本。 二函八册。

乾隆四年奉敕撰。凡《本原》二卷,《義例》六卷,《立成》《宜忌》《用事》各一卷,《公規》二卷,《年表》六卷,《月表》十二卷,《日表》一卷,《利用》二卷,《附録》《辨訛》各一卷。舉術家附會不經、繁碎拘滯之説,一定以四時五行生剋衰旺之理。先是欽天監舊有《選擇通書》,即前所録《選擇曆書》。① 體例頗雜。聖祖仁皇帝嘗纂《星曆考原》一書以糾其失,而於《通書》舊本尚未改定。是書乃一一駁正,以袪群疑。

2014 **殘本高僧傳九卷** 明《釋藏》本。 二册。

梁會稽嘉祥寺釋慧皎撰。以佛教東行,名僧踵至,或傳度經法,或教授禪道,或以異迹化人,或以神力救物。自漢之梁,世涉六代,年將五百,衆家記録,叙載各異。沙門法濟,偏叙高逸一迹。沙門法安,但列志節一行。沙門僧寶,止命游方一科。沙門法進乃通撰論傳,而辭事闕略,未見其歸。宋臨川王義慶《宣驗記》及《幽明録》、太原王琰《冥祥記》、彭城劉悛《益部寺記》、沙門曇宗《京師寺記》以及《感應傳》《徵應傳》《搜神録》諸書,或因事附見,或偏舉一方,或事不摭實,或語多删削。乃搜撿雜録數十餘家,及晋宋齊梁春秋書史等,并咨討故老,取其異同。起于漢明帝永平十年,終梁天監十八年,凡五百五十二載。所列二百五十七人,附見者二百餘人。分譯經、義解、神異、習禪、明律、忘身、誦經、興福、經師、唱導十科,爲十三卷。末一卷爲叙録。名曰《高僧傳》。其書源流派别詳明賅備,考隋唐以前緇流故實者,當以是爲倠。書本十四卷,此殘本得之書肆,迨叢林中劣僧竊以私鬻者,衹存卷

---

① 見第1886條。

六以下九卷，前五卷失去，俟别假完本補之。

2015 **續高僧傳三十卷** 同上。 一函九册。

唐京兆釋道宣撰。其書以續慧皎書而作，以慧皎會稽人，其書詳于吴越，而略于燕魏，乃作是以續之。上距梁天監初運，下終唐貞觀十九年，凡一百四十四載。所傳三百三十一人，附見者又一百六十人。分譯經、解義、習禪、明律、護法、感通、遺身、讀誦、興福、雜科十例。

2016 **宋高僧傳三十卷** 同上。 一函六册。

宋釋贊寧撰。即撰《筍譜》者也。是書乃太平興國七年奉太宗敕旨編撰，至端拱元年書成，于乾明節奉表奏進。有敕獎諭，賜絹三十匹，仍令僧録司編入《大藏》。其書蓋又以續道宣之書。道宣書迄唐貞觀而止，此書即始于唐高宗，門目亦一仍其舊。凡正傳五百三十三人，附見者一百三十人。傳後附以論斷，叙述詳博，文格雅贍。

2017 **法苑珠林一百卷** 道光丁亥蔣氏刻本。 四函四十册。

唐釋道世撰。以佛經故實分類編排，凡一百篇。每篇各有述意，如史傳之序。大致推明罪福之由以生人敬信之念。

2018 **殘本華嚴經隨疏演義鈔四十八卷** 同上。 十五册。

唐清凉山大華嚴寺釋澄觀撰。按《華嚴經》八十卷爲唐于闐三藏沙門實義難陀譯，分三十九品。至澄觀又作《華嚴清凉疏》一百五十卷。嗣以其疏文義浩博，又作《華嚴經略》一卷。此《隨疏演義》晁、陳二氏皆不著録，殆就《清凉疏》而約之爲此編也。焦氏《經籍志》列此目，稱六十卷，與今本同。此本缺卷一至卷九，又卷十三之十五，又卷三十一至卷卅三，凡十二卷。存四十八卷。

2019 **三朝北盟會編二百五十卷** 抄本。① 十四函九十八册。

宋徐夢莘撰。自念生靖康之亂，思究見顛末，乃網羅舊聞，會萃同異爲此編。自政和七年海上之盟，迄紹興三十一年，上下四十五年。凡其間敕制、誥詔、書疏、奏議、記序、碑志，登載靡遺。分上、中、下三帙。上帙爲政宣二十五卷，中帙爲靖康七十五卷，下帙爲炎興一百五十卷。凡宋金通和用兵之事，悉爲詮次本末。年經國緯②，按日臚載。所引書一百二種，雜考私書八十四種，金國諸録十種，共一百九十六種，而文集之類尚不在其數。其徵引皆全録原文，無所弃取，亦無所論斷。蓋是非并見，同異互陳，以備史家之采擇，故以"會編"爲名。然自汴都喪敗及南渡立國，其間治亂得失，循文考證，節目具存，固非徒餖飣冗瑣，掇拾殘剩也。雖其説部雜糅，所記金人事迹往往傳聞失實，不盡可憑。又當日臣僚奏劄亦多夸張掩飾之詞。夢莘概爲采録，未免失于審擇。要其博贍淹通，南宋諸野史中自李心傳《繫年要録》以外，未有能過之者也。其靖康中帙之末有《諸路雜記》五卷，則以無年月可繫者附之于末，别爲編次。又考夢莘成此書後，以前載不盡者五家，續編次于中、下二帙，以補其闕，靖康、炎興各爲二十五卷，名曰《北盟集補》。今其書不傳，殆當時二本各行，故久而亡佚，惟此書以抄本僅存。然諸家傳録，脱誤滋多。余此本得于北平謝氏，寶樹。不知當時所據何本。即以卷前夢莘自序而論，與張氏《愛日精廬藏書志》所載序文一篇對校一過，其脱訛已數處，其餘更無論矣。原書前數頁有謝氏校改朱字數十枚，惜已後均未對校，率不可讀，

① 邵懿辰《簡目標注》："路有鈔本。"

② "年經國緯"，《四庫全書總目·三朝北盟會編》作"年經月緯"。

殊大憾事。俟訪借善本補正之。

2020 **嶺南叢述六十卷** 道光十年庚寅刻。 二函十六册。

國朝鄧淳撰。淳,東莞人。嘉慶戊寅,阮芸臺總督開府兩粤,續修《廣東通志》,命淳采訪邑事,即委之分校。《志》成,淳復裒輯篋中舊録嶺南事實,編次以成此書。分四十門。采摭浩博,而于禽蟲、草木、物用、珍寶諸門尤爲詳悉。其例皆但引舊文,不加論斷。自序謂地《志》"則綜其全,兹編則述其瑣",蓋述而不作,以備史家之采拾也。每條之下各標明所出之書。卷前并標徵引書籍總目,凡五百餘種。

2021 **西域聞見録八卷** 抄本。 一函二册。

不標明名氏,但題曰"椿園氏",疑其號也。書成于乾隆四十二年丁酉。謹案聖祖仁皇帝討平朔漠以後,迨乾隆十七年,達瓦齊等復啓邊釁。高宗純皇帝特詔六師用申天討,自十八年十一月迄二十五年三月,兵不血刃,掃蕩伊犁,闢清西域,開地二萬餘里,天山南北咸隸版圖。乾隆二十九年敕修《一統志》及二十七年《欽定西域圖志》二書已備其詳。然里巷瑣屑之事,殊方猥鄙之情,或弃擲不言,或采拾未及。蓋圖志之體與雜家紀録本有不同,述其大者遺其細,徵于信者,闕于疑義,各有當例,不相蒙故也。椿園氏此編蓋雜家紀録之類,故其書以"聞見"爲名,不辭冗俚。自序謂西出陽關,逾河源三千餘里,居于殊異之鄉,目見既夥,耳聞亦哤,乃裒録以爲是編。凡分五門,一卷、二卷爲《新疆紀略》,三卷、四卷爲《外蕃列傳》,五卷、六卷爲《西陲紀事本末》,七卷爲《回疆風土記》,八卷爲《軍臺道里表》,卷前冠以總圖。

2022 **明殿閣詞林記二十二卷** 明嘉靖詹氏刻。 一函八册。

明廖道南撰。道南自正德辛巳改庶吉士,由編修歷官侍講學士,在禁垣最久,嫻習掌故,嘗與黄佐纂《翰林雜記》一書。嗣罷官,退居于楚,又爲此編。集詞林、殿閣、宫坊、臺省諸臣舊事,分類記載。凡仕至華蓋、武英諸殿者曰殿學,文淵、東閣者曰閣學,兼六部者曰部學,晋詹事者曰宫學,屬春坊者曰坊學,屬弘文者曰館學,典成均者曰廱學,升寺署者曰卿學,有節義者曰贈學,擅書翰者曰藝學,終始本院者曰院學。大概仿列傳之例,悉載其官爵恩遇,而事實亦附見焉。自卷九以下,標題皆作"國子監祭酒黄佐、侍講學士廖道南同編",蓋廖氏采掇黄氏《翰林記》之文,不没所自,故并列名也。

2023 **元朝名臣事略十五卷** 抄本。 一函十册。

元蘇天爵撰。記元代名臣事實,始木華黎封太師、魯國忠武王,按:木華黎應作穆呼哩。終静修劉先生因,凡四十七人。大抵據諸家文集所載墓碑、墓志、行狀、家傳爲多。其雜書可徵信者,亦采掇焉。一一注其所出,以示有徵。蓋仿朱子《名臣言行録》例,而始末較詳。《元史》列傳多與是書相出入,足徵其不失爲信史矣。

2024 **古今列女傳三卷** 明永樂元年内府刊本。 一函四册。

明解縉等奉敕撰。先是洪武中,孝慈高皇后每聽女史讀書,至《列女傳》,謂宜加討論。因請于太祖,命儒臣考訂,因循未就。至永樂元年,成祖既追上高皇后尊謚册寶,仁孝皇后因復以此書爲言,遂命縉等同加編輯。書成上進,帝自製序,刊印頒行。上卷皆歷代后妃,中卷爲歷代諸侯大夫妻,下卷爲歷朝士庶人妻。起自有虞,迄于元明。漢以前者,多本之劉向書,以後則略取各史列女傳，而以明初人附益之。去取頗爲審慎，在明代官書之中猶爲善①本。此本不知誰氏所藏，乃明内府初刊初印之板。紙墨俱古，字畫真楷，難得物也。

2025 **百將傳十卷** 元刻本。 一函十册。

宋張預撰。采歷代名將百人，始于太公，終于五代劉詞。各爲之傳，而綜論其行事。凡有一節與孫武書合者，皆表而出之，别有《孫子兵法》題其後。

2026 **易玄星紀譜一卷** 抄本。 一册。

宋晁説之撰。漢揚子雲準《易》作《太玄》，宋司馬温公始集諸家注《太玄》者爲《集解》一書，又本諸《太初曆》作《玄曆》，然簡略難明。至邵康節作《玄圖》，布星辰，辨氣候，分晝夜，而《易》與《玄》相參，極爲明析。説之又患傳寫者淆亂歲月，乃取曆與圖合而譜之。以《玄》之某首準《易》之某卦，列星度節氣于上，列值日卦爻于下，而詳注其度數之奇贏與次舍之遲速。始于大雪復卦初九，終于小雪兑九五。前載康節《太玄準易圖序》及温公《太玄曆》，後爲温公《讀玄》《説玄》二篇。

2027 **林泉高致集一卷** 抄本。

宋郭熙撰，其子思續補。熙所撰凡四篇，曰《山水訓》、曰《畫意》、曰《畫訣》、曰《畫題》。間有注釋，皆思所附。思所續補者二篇，曰《畫格拾遺記》。其父平生真迹又有《畫記》一篇，述其父在神宗朝遇寵之事，此本佚之。

2028 **畫學秘訣一卷** 抄本。

---

① “善”原誤作“蓋”，《四庫全書總目·古今列女傳》作“在明代官書之中猶爲善本”，據改。

題唐王維撰。而語句似南宋人,焦竑《經籍志》始著于録,蓋後人依托也。

2029 **山水訣一卷** 抄本。

題唐李成撰。亦依托也。且李成爲宋人,題唐亦誤。

2030 **華光梅譜一卷** 抄本。 以上四種同一册。

宋僧仲仁撰。仲仁,會稽人,住衡州華光山,世稱華光長老,工畫梅。

2031 **廣川畫跋六卷** 抄本。 一册。 以上三册共一函。

宋董逌撰。逌書跋久有刊本,畫跋則僅輾轉傳抄。至詹景鳳刻《王氏畫苑補益》,始刊入此編。脱訛之處頗不一而足,俟求善本校補。

2032 **昭德新編二卷** 抄本。 一册。

宋晁迥撰。大旨勉人爲善。而立言根柢佛氏,未爲純粹。

2033 **儒言一卷** 抄本。 一册。 二書共一函。

宋晁説之撰。專爲攻王安石新學而作。持論皆深合儒理,但時不免過激之處。

2034 **世本輯補十卷** 嘉慶戊寅琳琅仙館刻。 一函六册。

國朝秦嘉謨編輯。因孫淵如先生所藏淡生堂抄輯《世本》二卷及洪氏飴孫所編《世本》四卷,重加增校。以杜氏《左傳注》、韋氏《國語注》及司馬遷書帝紀、世家諸篇雜爲搜補,輯成十卷:帝繫篇第一,紀第二,王侯譜第三,世家第四,大夫譜第五,傳第六,氏姓篇第七,居篇第八,作篇第九,謚法第十。

2035 **詞律二十卷** 堆絮園刻本,康熙丁卯。 一函八册。

國朝萬樹撰。多糾正《嘯餘譜》及《填詞圖譜》之訛。參互考證,多明古人舊法。

2036 **亭林遺書二十七卷** 蓬瀛閣刻本。 一函八册。

國朝顧炎武撰。凡十種,曰《左傳杜解補正》三卷、《九經誤字》一卷、《石經考》一卷、《金石文字記》六卷、《韻補正》一卷、《昌平山水記》二卷、《譎觚十事》一卷、《顧氏譜系考》一卷、《亭林文集》六卷、《詩集》五卷。

2037 **管窺輯要八十卷** 順治壬辰刻本。 六函三十六册。

國朝黄鼎撰。搜采歷代天文諸書,輯其關要,彙爲一編。自日月五星以至五行古驗,無不詳載。

2038 **誠齋文集四十三卷詩集四十二卷** 乾隆六十年乙卯楊振鱗刻于吉安。 四函二十册。

宋楊萬里撰。原書一百三十三卷,爲宋吉州太守劉煒所創修,萬里之子長孺編次。歷年久遠,原本頗多殘缺。乾隆六十年,其裔孫振鱗乃以家藏本理其完善者,分爲兩集,陸續刻之。

2039 **玉芝堂談薈三十六卷** 四函三十二册。

明徐應秋編。每事立一標題,而雜引諸書之文,以相佐證,亦考辨之學也。其中瑣屑怪異之事居十之六七。

2040 **花庵詞選二十卷** 毛氏汲古閣刻本。 七册。

宋黄昇編。前十卷曰《唐宋諸賢絶妙詞選》,始于唐李白,終于北宋王昂。方外、閨秀,别各爲一卷附焉。後十卷曰《中興以來絶妙詞選》,始于康與之,終于洪瑹,己作附焉。昇本工詞,故去取精審。自號花庵。

2041 **草堂詩餘四卷** 同上。 三册。

不著編輯者名氏,但題曰"武陵逸史"。王楙《野客叢書》已引之,則書在慶元以前矣。

2042 **花間集十卷** 同上。 二册。

蜀趙崇祚編。詩變爲詞,始于中唐,而成于五代。然大抵附見詩集中,其以長短句自爲一編者,自此集始。凡五百首,作者十八人,始于温庭筠,終于李珣。

2043 **尊前集二卷** 同上。 一册。

不著編輯者名氏。凡二百六十餘首。所集皆中唐迄五代諸家詞。

2044 **詞林萬選四卷** 同上。 一册。

明楊慎編輯。任良幹序稱升庵太史家藏有《唐宋五百家詞》,頗爲全備,因取其尤綺練者四卷,名曰《詞林萬選》云。

2045 **詩餘圖譜三卷** 同上。 二册。 以上六種共一函。

明張綖撰。圖列于前,詞綴于後,韻脚句法皆爲標明,一目瞭然。

以上皆毛氏刻,總名《詞苑英華》。

2046 **爾雅正義二十卷釋文三卷** 邵氏家塾刻。 二函十六册。

國朝邵晋涵撰。以郭注爲本,而雜采劉歆、孫炎諸家遺説之見于群籍者,分疏于下,較邢昺之疏博贍遠矣。乾隆戊申。

2047 **駢雅七卷** 抄本。 一函二册。

明朱謀㙔撰。皆刺取古書文句典奥者,依《爾雅》體例,分章訓釋。凡十三篇。其序以爲聯二爲一,駢異爲同,故以"駢"名。謀㙔淹通典籍,其《一齋書目》多諸家未見之本,故此書亦頗爲賅洽。奇文僻字,尤多驚目,不比明人之餖飣。

2048 **道德經注二卷** 抄本。 一函二册。

唐玄宗御注。分道經、德經。此本影抄開元廿六年易州石刻,年久字多殘泐,經文字句亦與河上公、王弼注本多有異同。

2049 **周易古占法一卷古周易章句外編一卷** 明范氏天一閣刻本。 一册。

宋程迥撰。前卷論占法,後卷雜説《易》義及占驗。前影抄《説郛》本衹有《占法》一卷,而無《章句外編》。即前卷之中,亦佚去《陰陽策圖》及《乾坤六爻新圖》。此本爲范欽天一閣所刻,乃完帙也。

2050 **論語筆解二卷** 同上。 一册。 以上二書同一函。

前列影抄《説郛》本①衹有韓注而無李注,此則完帙也。與《四庫全書提要》所載本相合。

2051 **魏公譚訓十卷** 道光十年蘇廷玉刻本。 一函二册。

宋蘇象先録其祖魏公頌之遺訓也。象先仕至朝請大夫,爲魏公長孫,自少侍魏公,凡朝章國典、家世僚友、仕宦出處、吏治文章,以及日用瑣屑,得諸退食之訓者,薈蕞成編。托始元祐丙寅,時魏公方爲吏部尚書,所記衹百餘事。成書在靖康元年,續增二百餘事,在魏公没後二十餘年。分爲十卷,凡二十六目。其書與范公偁《過庭録》大略相同。陳直齋《書目》曾著于録,以後傳世漸稀。乾隆間開四庫全書館,徵求天下遺籍,此書闕如,則其湮晦已久矣。此書爲蘇廷玉所刻,自稱爲裔孫,于守蘇州時得精抄校宋本于黄氏士禮居,并借壽松堂蔣氏所藏宋槧,爲之釐訂付梓。

2052 **禮經會元四卷** 藤花榭刻本。 二册。

宋葉時撰。其書括《周禮》以立論。凡百篇。大旨不失醇正。

2053 **太平經國之書十一卷** 同上。 一册。 二書共一函。

宋鄭伯謙撰。其書爲目三十。大約借《周禮》以抒論,與葉氏書互相出入。

---

① 見第1157條。

2054 **七經小傳三卷** 同上。 一册。

宋劉敞撰。七經者,一《尚書》,二《毛詩》,三《周禮》,四《儀禮》,五《禮記》,六《公羊傳》,七《論語》也。宋人説經,毅然自異于先儒者,實自敞始。

2055 **六經奥論六卷** 同上。 二册。 二書共一函。

題宋鄭樵撰。考書中引及樵説稱"夾漈先生",又稱朱子爲"文公",則非樵撰明矣。所論多有可采。其書雖僞,亦不可廢也。六經者,《易》《書》《詩》《春秋》《禮》《周禮》。

2056 **長物志十二卷** 抄本。 一函二册。

明文震亨撰。以閒適玩好之具,分十二門。大抵以《洞天清録》及《考槃餘事》爲藍本,而傅以己意。賞鑒具有淵源,固非俗士所能擬也。

2057 **樂律全書三十八卷** 明刻本。 二函十七册。

明鄭世子朱載堉撰。凡十一種,曰《律學新説》四卷、《樂學新説》一卷、《算學新説》一卷、《律吕精義内篇》十卷《外篇》十卷、《操縵古樂譜》一卷、《旋宫合樂譜》一卷、《鄉飲詩樂譜》六卷、《六代小舞譜》一卷、《小舞鄉樂譜》一卷,附《二佾綴兆圖》一卷、《靈星小舞譜》一卷。

2058 **聖壽萬年曆八卷附律曆融通四卷** 一函二册。

前人撰。成化以後,以《大統曆》推交食多不驗,議改曆者日衆,載堉因撰此二書奏進。《明史》稱其深得《授時曆》之義,而能匡所不逮。惜當時憚于改作,竟格之不行。

2059 **學禮質疑二卷** 嘉慶元年丁氏刻。 一册。

國朝萬斯大撰。考辨古禮,頗多新説,與毛奇齡相伯仲。

2060 **禮記偶箋三卷** 同上。 一册。

前人撰。凡一百五十餘條。

2061 **儀禮商二卷** 同上。 一册。

前人撰。于十七篇,篇爲之説,多發新義。

2062 **周官辨非一卷** 同上。 一册。

前人撰。力攻《周禮》之僞,歷引諸經之相抵牾者,以相詰難。

2063 **學春秋隨筆十卷** 同上。 二册。 以上五書同一函。

前人撰。曾編纂《春秋》爲二百四十二卷,毀于火。其後更自修輯以成此書。其學根柢三禮,故持論多以禮經爲據。

2064 **水道提綱二十八卷** 乾隆丙申刻。 一函八册。

國朝齊召南撰。以酈氏《水經注》詳北略南,黄宗羲《今水經》又知南而不知北,乃作此書。以巨川爲綱,而以所會衆水爲目,故曰"提綱"。大旨惟以今日水道爲主,不甚附會古迹也。

2065 **文選六十卷考異十卷** 嘉慶十四年胡氏刻。 四函二十四册。

《文選》于孟蜀時毋昭裔已爲鏤板,載《五代史補》,然所刻之本則不可考。宋代所盛行者,惟五臣注本,并李善注爲六臣,而善單注之本反微。淳熙中,尤袤在貴池倉使取李善注本讎校鋟木。厥後單行之本,咸從之出。惟是經年既久,展轉傳刻,訛舛日滋,殆不可讀。國朝乾隆中修《四庫全書》時,僅從毛氏汲古閣本傳抄著録。然毛本僅從六臣注本删去五臣,獨留善注,就中尚有刊削未盡之處。至于字句舛訛,猶多沿襲舊文,未可稱爲佳本。嘉慶中吴下有得尤槧者,鄱陽胡克家聞之,因遴手影摹校刊行世。雕造精緻,勘對嚴審。今所稱"胡刻《文選》",即此本也。第六十卷末有淳熙辛丑尤袤跋語。胡氏既影刻此書,又以世所行袁本及茶陵本之與尤本互異,可以相參訂者,别爲《考異》十卷殿于後。

2066 **大戴禮記十三卷** 聚珍板本。 一函四册。

漢戴德撰,周盧辯注。世所行本,舛不可讀。此則以《永樂大典》所載宋本重爲校正者。

2067 **貞觀政要十卷** 明刻本。 一函六册。

唐吴兢撰。于《太宗實録》之外,采與群臣問答之辭,分四十門編之,以昭法戒。元戈直爲之注,又摭唐柳芳以下二十二家之説附之,名曰《集論》。吴澄、郭思貞皆有序。

2068 **武經總要四十三卷** 明刻本。 一函十四册。

宋丁度等奉敕撰。分前、後二集。前集《制度》十五卷、《邊防》七卷,本五卷,而十六、十八二卷又各分上下卷。後集《故事》十五卷、《占候》六卷。亦本五卷,此作六卷。所言陣法戰具不免失之拘牽。然前集備一朝之規制,後集具歷代之得失,頗亦足以資考核。宋一代言兵制者,書多散佚,惟此書僅存,亦惟此書爲賅備。神而明之,存乎其人,固不可以瑕掩瑜也。

2069 **四庫全書考證一百卷** 聚珍板本。 八函六十四册。

乾隆間纂輯官王太岳、曹錫寶等奉敕編輯。是時《四庫全書》告成,因裒輯經史子集四部中訛脱之處而據他本校改增補者,萃爲一書。俱列原文于前,而以據某本改某字、據某本補某字綴輯于下。凡經部二十二卷,史部二十五卷,子部二十六卷,集部二十七卷。

2070 **農政全書六十卷** 平露堂刻本。 六函三十六册。

明徐光啓撰。總括農家諸書,裒爲一集,凡《農本》三卷、《田制》二卷、《農事》六卷、《水利》九卷、《農器》四卷、《樹藝》六卷、《蠶桑》四卷,又《蠶桑廣類》二卷、《種植》四卷、《牧養》一卷、《製造》一卷、《荒政》十八卷。本末咸該,常變有備。蓋合時令、農圃、水利、荒政數大端，條而貫之，匯歸于一。雖采自諸書，而較諸書之各舉一偏者，特爲完備。《明史》稱光啓"負經濟才，有志用世"，于此書亦略見一班矣。

2071 **景祐遁甲符應經三卷** 抄本。 一函三册。

不著撰人名氏。按陳氏《書録解題》有《景祐遁甲玉函符應經》二卷，稱"司天春官正楊惟德撰"，當即此書。此本前有序文，而闕其首半頁，亦不著作序人名氏。其書第一卷爲七篇，曰《釋義》、曰《凡例》、曰《口訣》、曰《圖式》、曰《閏奇》、曰《諸格》、曰《注解》。後二卷題曰《符應經纂》，防風茅元儀輯。殆首一卷爲經，而後二卷則茅氏輯諸家之言以釋之也。

2072 **皇極經世書傳八卷** 明刻本。 二函十六册。

明黄畿撰。字宗大，黄佐之父也。按宋邵子作《皇極經世書》，以元經會，以會經運，以運經世。起于帝堯甲辰，迄後周顯德六年己未。凡興亡治亂之迹，皆以卦象推之。厥後王湜作《易學》，祝泌作《皇極經世解起數訣》，張行成作《皇極經世索隱》，各傳其學。元明以來，解者愈紛。雖互有短長，而皆沿其波。象數中遂別創此一學，迄今不可磨滅。蓋《易》爲卜筮之書，此爲推步之書。其以十二辟卦管十二會，綳定時節，就中推吉凶消長，使古今治亂之迹顯然明白，如指諸掌。觀象玩占，可以防患未然。雖係《易》外別傳，而《易》理實不過如是，非他術數家所能企及，此所以得列于周、程、張、朱間也。先是，此書未有完本，畿始得于《道藏》，手自録之。以諸家所解多有不合不盡，乃詳爲注訓。大旨謂氣以六變，體以四分，用九則三十六宫，用六則二十四閏，聲音律吕，圓唱方和，而後乾坤坎離用焉，天地萬物之理貫于一矣。凡注釋有未備者，畿之子佐又爲續補，共爲八卷。詳卷端佐附記。

又鐖有自序,題"弘治甲子三月丙寅"。伏讀《四庫全書存目》,稱鐖序爲傳寫者佚去,此則原刻足本也。

2073 **中山傳信録六卷** 康熙刻本。 一函四册。

國朝徐葆光撰。康熙五十七年,葆光以翰林院編修爲册封流球國王尚貞副使,歸時奏上是書。繪圖列説,紀述甚詳。

2074 **詞林紀事二十二卷附録三卷** 嘉慶三年戊午刻。 一函六册。

國朝張宗橚編輯。取歷代詞人之緣事而作及可爲佳話者,彙爲一編。蓋仿計有功《唐詩紀事》、厲鶚《宋詩紀事》之例而爲之。間有無事而有前人評語者,亦附入焉。否則不録。上自唐,下迄元,共四百二十二家。凡姓氏、爵里後雜記諸條,或關出處大節,或涉文翰,兼有事涉瑣屑者,俱用夾行細字,載于詞前。若因詞紀事,則别書大字于詞後。前人評及考訂之語,俱亦用雙行細書附録于橚所自作按語之前。宗橚初爲是編,稾凡三易,未及成書而卒。其孫嘉穀乃簡閲遺帙,詳加審定,以付剞劂。故無宗橚自序,僅有嘉穀附識而已。末附録宋張炎《樂府指迷》一卷、元陸輔之《詞旨》一卷、許昂霄《詞韻考略》一卷。昂霄,國朝人。

2075 **像象管見九卷** 明刻本。 一函五册。

明錢一本撰。不取京、焦、管、郭之説,亦不取陳摶、李之才之義,惟即卦爻以求象,即象以明人事,故曰"像象"。象者,天道。像其象者,盡人合天之道也。持論篤實,與言象遺理、言理遺象者迥殊。

2076 **字林考逸八卷** 乾隆刻本。 一函二册。

國朝任大椿輯。《隋書·經籍志》:"《字林》七卷,晋弦令吕忱撰。"其書據諸家説,謂忱撰是書以補《説文》之闕,其部叙皆依《説文》,《説文》所漏略,忱皆增益之云云。唐以前,其書盛行,蓋承《說文》之緒而開《玉篇》之先者。至宋時,其書已稍散佚,故陳氏《書録①解題》稱"《字林》五卷,揉雜錯亂,非完書也"云云。李燾《新編》亦稱"吕忱作《字林》,以補叔重所闕,于叔重部叙,初無移徙。忱書甚簡,顧②爲他説揉亂,且傳寫訛脱,學者罕通。今往往附見《説文》,蓋莫知自誰氏始"云云。今《説文》《玉篇》俱行于世,而《字林》一書元明諸人罕所稱引,是其亡當在宋元之間矣。然遺文剩義、單辭隻字見于諸經傳注以及類書雜家者,尚可類聚部分,以存梗概。大椿因輯爲是編,名曰《字林考逸》。首一卷爲《序》《例》《録》《目》。後六卷用李燾之説,依《説文》部叙分隸諸字,各具所出之書于下。又陸善經《新字林》于此書多所補益,而其書亦亡。此編亦從《廣韻》諸書所引者,附録于各部之末。詳見凡例諸條。末又附録諸家考證數十條。

2077 **説文偏旁考二卷** 乾隆丙午。 一函四册。

國朝吴照撰。輯取《説文》偏旁之文五百四十部,于每部之首詳列篆隸改變之由。首《説文》,次古籀,次隸,著其筆迹相承,或同或省,或變或訛,具條析之。名曰《説文偏旁考》,言以《説文》爲主也。手自摹寫,書法頗精。

2078 **歷代君鑒五十卷** 舊抄本。 一函十册。

明景泰四年諸臣等奉敕撰。前有景帝御製序。是書采古來諸君嘉言善行,起三皇,終明宣宗,凡五十六君事實,編輯之,總揭曰"善可爲法",凡三十五卷。其言行足爲後世警戒者,亦附于末,起夏太康,終元順帝,凡三十四君,揭曰"惡可爲戒",凡十五卷。

---

① "書"後原脱"録"字,今補。

② "顧"字處原空一格,今據李燾《説文解字五音韻譜序》補。

2079 **歷代臣鑒三十七卷** 明刻本。 一函十二册。

明宣德元年諸臣等奉敕撰。體例與前書同。起鄭子産,終元余闕,凡二百二十一人,共二十九卷,題曰"善可爲法"。三十①卷以後自漢田蚡等至元孛羅帖木兒,凡七十三人,題曰"惡可爲戒"。前有宣宗御製序。按:原書本三十七卷,此本闕後七卷,衹存田蚡等十三人,非完書也。

2080 **格致鏡原一百卷** 雍正刻本。 四函二十四册。

國朝陳元龍撰。乃其類事之書。分三十門。皆博識之學,故名曰"格致"。每一名一物必溯其原委,如《事物紀原》之例,故名曰"鏡原"。采擷極博,而編次具有條理,所引諸書各具本名,在類書中最爲善本。是編爲康熙戊子、丁亥間元龍歸養時所輯。後官廣西巡撫,乃刊之于粤中。

2081 **月令輯要二十四卷** 内廷刊本。 二函六册。

康熙五十四年大學士李光地等奉敕撰。因明馮應京、戴任《月令廣義》,删其蕪雜,補其闕遺,以成是編。徵引詳賅,而義理簡括,于授時政典尤爲明備,不但爲縷述故實、點綴歲華也。

2082 **水經注箋四十卷** 明萬曆刻本。 二函十二册。

明朱謀㙔箋注。以舊本多有舛訛,每不能句讀,乃旁引諸書,爲之校注于下。明以來《水經注》善本,皆推此書。

2083 **古今韻會舉要小補三十卷** 明刻本。 二函十二册。

明方日升撰。萬曆間館于李維楨家,成此書。維楨門人周世顯令建陽時刻之。案熊氏《韻會舉要》原收一萬二千六百五十二字,是書一從其舊,無所增減。惟每字考其某音爲本音,某義爲本

① "三十"原作"廿三",今依文義改。

義，其餘音義，次第附後。于注文尤多所增益。凡一字有數音者，列于前。如止有一音者，則云"獨音"，列于後。若字在他韻而可讀入此韻者，則云"古讀"，可叶入此韻者則云"古叶"，亦并附于後。每韻前各有總目。其書徵引賅博，不免沿訛之處，于古音古讀尤多舛謬，然搜討既勤，于原書之外多所援引辨正，捨其短而録其長，亦韻學之巨觀也。

2084 **正字通三十六卷** 康熙中刻本。 四函三十二册。

國朝廖文英撰。其書以梅膺祚《字彙》多所舛漏，乃爲此書以補正之。以十二辰分十二集，而每集又分三子卷。凡二百一十五部，與梅氏舊本部同，而每部之中間有新增之字。前列總目，部首之字以畫之多寡爲序，部中之字亦然。其注文援引廣博，不免蕪雜。然《字彙》之外，惟此書爲賅備。自康熙五十五年仁皇帝《御定字典》一書告成，去取得中，權衡盡善，無音不備，無義不詳，博不致濫，簡不病略，而此書可以覆瓿矣。

2085 **焦氏類林八卷** 明刻本。 二函十四册。

明焦竑撰。自序"讀書遇會心處，輒以片紙記之，殘藁委于篋笥，李士龍見之，乃手自整理，取《世説》篇目括之。其不盡者，括以他目"云云。其曰"類林"者，即王讜《唐語林》之意也。凡分五十九類。

2086 **困學紀聞注二十卷** 道光乙酉刻。 一函十四册。

宋王應麟撰。乃其劄記考證之文。凡説經八卷，天道、地理、諸子二卷，考史六卷，評詩文三卷，雜識一卷。伯厚先生博洽多聞，所撰《玉海》一書部帙最巨，尚有附刻于《玉海》之後者十餘種，而碎金所萃，則爲是編。其援引奥博，難以猝究原委。國朝閻潛丘若璩、何義門焯、全謝山祖望嘗皆爲之箋證，世所稱"三箋本"

是也。然缺略尚復不少,且率皆渾舉大意,未稱詳悉。近又有黄岡萬氏《困學紀聞集證》一書,取閻、何、全三家箋本,益以方氏朴山、程氏易田、方氏心醇、屠氏繼序四家之説,彙而輯之,名曰《集證》,案:世亦稱"七箋本"。爲近來諸注《困學紀聞》者最詳之本。余嘗偶于丁農部彦豐芑詒處見之。其注文亦仍病簡略,使讀者必遍翻所引原本而後能瞭然胸目,則甚矣注書盡善者之難也。此本爲餘姚翁元圻載青所輯注,總諸家評注之大成,而删複補略,使原委洞然。其引舊説者,則標某云以識别之。其自加考證者,則作某案以别之。凡三易稿而後付梓。蠅書細注,視七箋諸本增多數倍,亦洋洋乎巨觀矣。此本爲同年友沈朗亭兆霖所贈。

2087 **奇門遁甲大全十二卷** 抄本。 二函十二册。

不著撰人名氏。卷首有乾隆五十五年阿桂序,稱于是書求之多年,乾隆甲申往伊犁,于途次遇一老人出此書相示云云。又有年羹堯序,亦稱勤求是書,一日叩聖,可王公之門,指示一人,授以《奇門要訣》一册云云。其所云老人相授者,蓋亦自神其書之説,未可即據以徵信。然其術則相傳已久,亦未可竟廢也。按六壬、太乙、遁甲,世謂之"三式",而遁甲則惟祖洛書。《易緯乾鑿度》載太乙行九宫法,遁甲之法即起于此。其法以九宫爲本,緯以三奇、六曜、八門、九星,視其加臨之吉凶,以爲趨避。以日生于乙,月明于丙,丁爲南極,爲星精,故乙、丙、丁皆謂之奇。而甲本諸陽首,戊己下六儀分麗焉,以配九宫,而起符使,故號遁甲。要其説與六壬、太乙皆可相通也。神其説者以爲出自黄帝、風后,其依托固不待辨,而要于方技之中最有理致。《漢志》尚無奇遁明文,至梁簡文帝樂府始有"三門應遁甲"語。《陳書·武帝紀》,遁甲之名遂見于史。則其學殆盛于南北朝。至于隋唐,而遁甲諸書列于史志。至《宋志》尤爲繁雜，而不可究詰矣。是編爲卷十二，俗鄙誕妄，不出術家習氣。然自局圖歌訣、孤虚旺相以及人事雜占，無不詳列，名以"大全"，義蓋取此。存之以備三式之一可也。

2088 **陔餘叢考四十三卷** 乾隆五十五年刻本。 一函十册。

國朝趙翼撰。上自經史，下至名物，凡所考訂，彙爲此編。仿《容齋隨筆》《野客叢書》之例。其博洽亦不減二書。自序謂乞養循陔時所輯，故名《陔餘叢考》。

2089 **惠氏讀説文記十五卷** 抄本。 三册。

國朝惠棟撰。乃其讀《説文解字》時札記之語。于形聲、訓詁之訛誤者，多所糾正。按《説文》部次分十五卷，皆列原文原解于前，而加考訂于後。其無所考訂者，則略原文不録。世所傳惠校《説文》本，即此也。

2090 **席氏讀説文記十五卷** 抄本。 五册。 與上共一函，計八册。

國朝席世昌撰。例與惠氏《記》同，而考訂尤加精密。正訛補漏，殆出惠書之上。

2091 **憲章録四十七卷** 明萬曆二年陸氏刻本。 一函八册。

明薛應旂撰。所載明事上起洪武元年戊申，下迄正德十六年辛巳，用編年之體，蓋以續所作《宋元通鑒》也。自序謂"陳建作《明通紀》，仿編年而蕪鄙，鄭曉作《吾學編》，效紀傳而斷落，遂别爲此編。凡昭代之成憲典章，或紀載于館閣，或傳報于邸舍，見輒手録，彙爲斯編"云云。其門人陸光宅爲之刊布。

2092 **六壬苗公鬼撮脚二卷** 抄本。 一函二册。

不著撰人名氏。分十二篇。首論十二將神所主及旬中神煞。次論射覆及十干旺相死休囚法。次爲《李九萬百章歌》、《穿楊百章歌》、《通天鬼翼賦》、《玉成歌注解》及《總括歌》等篇。苗公不知爲何許人,其以“鬼撮脚”名書,亦誕不可解。

2093 **玄珠密語十七卷** 寫本。 一函六册。

題啓玄子述。按唐王冰號啓玄子,此書前有自序,稱“因則天理位,乃退志休儒,繼日優游,栖心至道。得遇玄珠子,乃師事之。與我啓蒙,故自號啓玄子,謂啓問於玄珠子也”云云。冰曾注《黄帝素問》,其《素問序》云:“詞理秘密,難粗論述,别撰《玄珠》,以明其道。”則冰實有《玄珠》一書。然冰所注《素問》,義藴宏深,文辭典雅,不似此書之迂怪,且序末稱“傳之非人,殃墮九祖”云云,尤爲道流粗野之言,冰决不至出此,則此本乃後人附托所爲,非王氏之原物也。其書本《素問》五運六氣之説而敷衍之,始言醫術,浸淫及于測望占候。舊列醫家,《四庫存目》以其多陟禨祥,列之術數類,于義爲愜,今敬遵之。

2094 **金石契五卷** 刊本。乾隆戊戌重刻。 一函四册。

國朝張燕昌編集。性嗜金石,以其所存所見者萃爲是編。弱冠時先已刊布,嗣以未及研考,舛訛甚多,乃于乾隆四十三年重加删補校訂付刻。凡分五集,以宫商角徵羽分之,各摹繪形象篆文及諸家題跋考證、題咏之作,共金五十五物,石二十三物。

2095 **天文鬼料竅一卷** 抄本。 一函。

不著撰人名氏。按鄭樵《通志》稱《步天歌》“祇傳靈臺,不傳人間,術家秘之,名曰《鬼料竅》”,即《步天歌》也。又錢遵王《讀書敏求記》著有《天文機要鬼料竅》十卷,前半詳解丹玄子之説,後有汪默《渾天注疏》、張素宗《渾象圖説》。今此本不載,非完書也。

2096 **西漢年紀三十卷** 抄本。① 四函二十册。

宋王益之撰。原本久佚。自乾隆間修《四庫書》,廷臣等從《永樂大典》中録出,始復傳于世,然仍無刊本。此本乃抄寫者,有"紅藥山房主者"及"讀書樓秘笈"二印,不知誰氏所藏也。其書排比西漢事迹,於馬班二《史》、荀《紀》之外,更旁采《楚漢春秋》《説苑》諸書,廣徵博引,視司馬温公《通鑒》更爲詳密。又作爲《考異》,於一切年月舛誤、紀載異同、名地錯出之處,無不參稽互核,折衷一是。多出二劉《刊誤》、吴仁傑《補遺》之外,尤爲《通鑒考異》所未及。惟原序稱《年紀》三十卷、《考異》十卷、《鑒論》若干卷,各自爲書。今此本不載《鑒論》,而《考異》又散附《年紀》各條之下,與序不合。殆後人離析其文,如胡三省之於《通鑒考異》歟?又序稱自高祖迄王莽之誅,而此本則終於平帝,居攝以後闕焉。且其文或首尾不完,時有脱佚。蓋編入《永樂大典》時已殘缺,非足本矣。益之,字行甫,金華人,官大理司直。書後有益之弟觀之跋。觀之,字中甫。

2097 **河工器具圖説四卷** 道光丙申刊。 一函二册。

國朝長白麟慶撰。慶于道光癸巳由楚撫晋秩河督,于治河所用諸器,詳問博考,繪圖列説,緝爲是編。分宣防、修浚、搶護、儲備四門。

2098 **空同集六十三卷** 明刊本。 二函十六册。

明李夢陽撰。明一代文章,體裁自空同而變。才力富健,誠足籠罩一時。然摹擬刻畫,痕迹顯然,亦開剽竊之風。平心而論,未免瑜不掩瑕。原本六十六卷,此闕三卷。前有黄省曾序。

---

① 邵章:"路有鈔本。"

2099 **鹿洲初集二十卷公案二卷東征集六卷女學六卷奏疏一卷平臺紀略一卷棉陽學準五卷修史試筆二卷** 雍正間刻。 四函三十册。

國朝藍鼎元撰。字玉霖,號鹿洲,閩之漳浦人。其事迹詳其子雲錦所作行述。《女學》最先出。《平臺》《東征》成于征臺幕府。《學準》《公案》成于潮普署中。《鹿洲初集》則分年而輯成之者也。《修史試筆》乃在京與高安朱軾編訂《歷代名臣傳》時所戍者。雍正丙午,其友曠敏本爲之編定。越六年壬子,又合其續稿,重汰定之,及他雜著,彙爲全集四十三卷。

2100 **韋蘇州集五卷** 一函六册。

唐韋應物撰。宋嘉祐中王欽臣校定其集,分十五類,合五百七十一篇,定爲十卷。康熙中項絪以宋槧翻雕,即欽臣所校定之本,《四庫全書》以之著録。此本不知孰氏所刻,并作五卷,且不分類,共爲篇五百六十五,校宋本缺六首,俟别求項刻本補正之。

2101 **寶刻叢編二十卷** 寫本。① 二函十六册。

宋陳思撰。所列古碑之目以《元豐九域志》京府州縣爲綱。其石刻地理可考者按各路編纂,無可考者附于末。兼采諸家辨證之語,具著於下。原本久無刊刻,諸家輾轉傳寫,又復顛倒訛脱,益不可讀。《四庫》編纂時重爲釐正,而亡佚之六卷、殘缺之兩卷已無從校補。此本亡佚、殘闕又有甚焉。然斷字遺文,賴此可以考見崖略,正不容以殘缺廢之矣。

2102 **佛祖統紀五十四卷** 明刊本。 四函三十二册。

宋僧志磐撰。志磐咸淳中住四明東湖。是書詳載天台一宗源流。其凡例稱政和中僧元穎作《宗元録》,慶元中吴克己作《釋

---

① 邵懿辰《簡目標注》:"路有鈔本。"

門正統》,嘉定間僧景遷因克己之書作《宗源録》,嘉熙初僧宗鑑又取《釋門正統》重修之。志磐以其皆未盡善,乃參取諸書,撰爲此編。以諸佛諸祖爲本紀八卷,以諸祖旁出爲世家二卷,以諸師爲列傳十二卷,又作表二卷、志三十卷,全仿正史之例。

2103 **新增格古要論十三卷** 無刊刻年月姓氏。 一函六册。

明曹昭原本,舒敏爲之編校,王佐又從而增輯之。原本衹三卷,分十三門,曰《古銅器》、曰《古畫》、曰《古墨迹》、曰《古碑法帖》、曰《古琴》、曰《古硯》、曰《珍奇》、曰《金鐵》、曰《古窑器》、曰《古漆器》、曰《錦綺》、曰《異木》、曰《異石》。每門又分爲子目。多者三四十條,少者亦五六條。于古今名玩器具真膺優劣之解,皆能剖析纖微。又諳悉典故,一切源流本末,無不釐然。故其書頗爲賞鑒家所重。其鄉人舒敏爲之校訂,刊布以傳。書成于洪武二十年。至景泰七年,吉水王佐得李莊、孫紀二家所藏本,篇目頗多,而亦不免脱誤,乃合二本考校增輯,名曰《增訂格古要論》,即此本也。凡十三卷。其篇目次第亦全行改易:首《古琴》,次《古墨迹》,次《古碑法帖》,次《古畫》,次《珍寶》,次《古銅》,次《古硯》,次《異石》,次《古窑器》,次《古漆器》,次《古錦》,次《異木》,次《竹》,次《文房》,次《誥敕題跋》,次《雜考》。其續增者注曰"後增",蓋李、孫二家本所增者也。其新增者注曰"新增",或衹注"增"字,則佐所增者也。舊本則不注。

2104 **東西洋考十二卷** 無刊刻年月。 一函四册。

明張燮撰。所記惟海圖之通互市者,與趙汝适《諸蕃志》同。所録西洋十五國,附見者四;東洋七國,附見者十二。其不通互市者,别爲外紀。又綴以稅餉、舟師、稅璫、藝文、逸事諸考。

2105 **義門讀書記五十八卷** 乾隆三十四年刻本。 二函十六册。

國朝何焯撰。其門人蔣維鈞編。先生字屺瞻,長洲人。先世當元元統間,以義行旌門,先生因取其事以名書塾,學者因稱義門先生。文章負盛名,而無所著作傳於世。没後,其從子堂裒其點校諸書之語爲六卷,維鈞又益爲搜輯,編爲此書。凡四書六卷,《詩》二卷,《左傳》二卷,《公羊》《穀梁》各一卷,《史記》二卷,《漢書》六卷,《後漢書》五卷,《三國志》三卷,《五代史》一卷,《韓昌黎集》五卷,《柳河東集》三卷,《歐陽文忠集》二卷,《曾南豐類稿》五卷,《文選》五卷,《陶靖節集》一卷,《杜工部集》六卷,《李義山詩》二卷,考證皆極精密。

2106 **外臺秘要四十卷** 經餘居刻本。 四函二十四册。

唐王燾撰。燾,郿人,王珪之孫。是書作於出守鄴郡時,故曰“外臺”。凡一千一百四門,皆先論後方。古來專門授受之秘法,多在其中。其論多以巢氏《病源》爲主,每條之下必詳注原書在某卷。所引《小品》、深師、崔氏、許仁則、張文仲之類,宋以後散佚失傳,爲陳振孫等所未見者,猶賴此書以存崖略。其間禁術異技,閲之亦足以資博物,不第爲醫家津梁也。燾居館閣二十餘年,多見弘文館圖籍方書,後持節鄴郡乃成是編,故所收諸方極爲浩博。此本爲宋治平四年孫兆等所校,明程衍道所重刻者。前有燾自序,又有皇祐二年内降劄子及兆校上序。

2107 **六書精藴六卷音釋一卷** 明刻本。 二函十二册。

明魏校撰。自序謂因古文正小篆之訛,擇小篆補古文之缺。又謂惟祖頡而參諸籀斯篆,可者取之,其不可者釐正之云云。然以籀改小篆之文,已屬師心自用,而所用籀書又輒以意爲之,都無依據,其説殊不可訓。末附《音釋》一卷,乃其門人徐官所作,以釋注中奇字者。後有嘉靖十九年陸鰲跋。

2108 **歷代名賢確論一百卷** 寫本。 六函三十六册。

不著撰人名氏。前有明弘治十七年長洲吴寬序,稱“皆唐宋人所著。其説散見於文集中,或病其不歸于一,輯成此編,以便觀覽。其所論遠自三皇,近至五季。或論其世,或論其人,或論其事,或專論,或通論,上下數千百年,皆具于此”云云。今按:其書雖揣摩程式之學,然去取頗有剪裁,且搜采諸家史多有出《唐文粹》《宋文鑒》諸書之外者,存之未嘗不可以資考證。其所采諸家之論,皆至北宋而止。其書“萇宏”作“萇洪”,獨避宣祖廟諱,則理宗以前人所編矣。考《宋史·志》有《十七史名賢確論》一百四卷,疑即此書。惟此本較少四卷,稍爲不合。或史衍“四”字,或刊本并爲百卷,以取成數歟?此書近少刊本,此本爲法氏所藏,乃覓胥抄寫者。脱誤尚多,宜讎校之。

民國二十七年七月徐壽愷抄,計共一萬三仟零六十四字。

# 蒲編堂路氏藏書目十九

小洲手訂　共書二百七十三種，三千三百六十六卷，一百六十函。

2109 **輿地廣記三十八卷札記二卷**　嘉慶壬申吴縣黄氏丕烈依宋刻重雕本。一函四册。

宋歐陽忞撰。前所著録聚珍版本①已詳顛末。此本爲吴門黄氏以家藏宋刻初本重雕者。其自序稱所見宋刊本有二，其一已爲淳祐重修本，且闕卷較多。其一乃未經重修以前，爲宋刻之初本。先爲朱竹垞先生所藏，僅闕首二卷，傳寫以成完書者。首二卷之傳寫，實從重修本出，卷一末有“淳祐庚戌郡守朱申重修”十字可證也。顧朱氏所藏本，模糊闕損處，輒以紅筆填寫，頗有臆揣之處。因取朱校之本與其友人周錫瓚校勘淳祐重修之本，合己舊藏影宋鈔本，校勘以梓。而别爲《札記》二卷附于末，以見宋槧之勝于它本也。謹案：《四庫》著録聚珍板本即依世所行朱校鈔本刊刻者，與黄氏此刻合校，乃知有大相徑庭之處。宋本之可寶，夫豈誣哉！

2110 **大明集禮五十三卷**　明刊本。　六函三十六册。

明徐一夔、梁寅、劉于、周於諒、胡行簡、劉宗弼、董彝、蔡琛、滕公瑛、曾魯等奉敕撰。成于洪武三年。原本五十卷。嘉靖中禮

---

① 見第 122 條。

部尚書李時請刊,言是書久無善録,故多殘缺,因以次詮補,并爲傳注,遂增爲五十三卷。其書以五禮爲綱,所列子目吉禮凡十四,嘉禮五,賓禮二,軍禮三,凶禮二,而又别出冠服、車輅、儀仗、鹵簿、字學、樂六類。世宗嘉靖九年御製序文冠于首,此本脱去,并脱去諸臣銜名,宜抄補之。又闕卷二及卷三十七二卷。

2111 **續纂大清通禮五十四卷** 道光四年官刊本。 二函。

道光四年禮部尚書穆克登額等奉敕撰。先是乾隆元年大學士來保等編輯《通禮》告成,凡五十卷,歷經遵行。及嘉慶二十四年,以舊禮因時損益,未能畫一,睿皇帝又命禮臣重加修輯,迨道光四年告成。于原卷之外,又增入四卷,并參考禮經及《文獻通考》《大清會典》諸書,逐條更正。其《會典》所未備者,亦詳稽例文,核定增載。其五禮之次,仍本《周官》。首吉禮,凡十七卷;次嘉禮,凡二十三卷;次軍禮,凡四卷;次賓禮,凡二卷;次凶禮,凡六卷;而奠以冠服通制、儀衛通制各一卷。

2112 **武編十二卷** 曼山館刻本。 二函十二册。

明唐順之編。皆論兵指要,分前、後二集。前集六卷,自將士、制練至藥方、雜術,凡五十四門。後集六卷,皆徵述古事,自料敵、撫士至地天、夜托,凡一百三十四門。體例略如《武經總要》。所録前人舊説,自孫、吴、穰苴、李筌、許洞諸兵家言,及唐宋以來名臣奏議,無不摭集。史稱順之於學無所不窺,凡兵法、弧矢、壬奇禽乙皆能究極原委,故言之具有本末。是編雖紙上之談,然亦多由閲歷而得,未可以書生之見目之也。是書《四庫》著録本祇云十卷。按《提要》云後集"自料敵、撫士至堅壁、摧標,凡九十七門"云。今余所得此本爲曼山館所刻,實十二卷。堅壁、摧標二門在第十卷之末。自第十一卷先鋒、奇兵至第十二卷地天、夜托等目，尚多三十七門，合之共一百三十四門。然則《四庫》著録十卷之本乃脱去後二卷，故後集衹有九十七門也。此本完善，信堪寶貴。

2113 **續武經總要七卷** 明萬曆刻本。 一函七册。

明趙本學撰。以續宋曾公亮、丁度等所撰之書。自卷一至卷四總名《韜鈐内篇》，爲諸陣圖説。自卷五至卷七總名《韜鈐外篇》，爲諸陣圖辯。其門人俞大猷校而梓之。原書八卷，其第八一卷爲《韜鈐續編》，乃俞大猷所輯。凡《劍經》一百四十餘條，《射法》十八條，又《營陣四形》《發微四章》。今有録無書，不知何時脱去也。

2114 **海國聞見録二卷** 乾隆九年刻本。 一函二册。

國朝陳倫炯撰。倫炯少隨其父昂習知海道，又歷官濱海重鎮，故以所聞見著爲此書。上卷記八篇，下卷圖六幅，皆事事得諸閱歷，非徒據圖經而空談者。

2115 **李氏易傳十七卷** 雅雨堂刻本。 一函六册。

唐李鼎祚編。即《周易集解》也。前所著録本爲毛氏《津逮秘書》中所刻。① 此爲德州盧氏見曾所刻。二刻頗有異同之處，宜互校之。

2116 **資治通鑑二百九十四卷** 嘉慶二十一年鄱陽胡氏依元初官刊本翻雕。前王磐序稱“興文署新刊《資治通鑑》”云云。 十函一百册。

宋司馬温公撰，元胡三省音注。温公以治平二年受詔撰《通鑑》，于元豐七年十二月書成奏上，凡閲十九年而竣事。其采用之

---

① 見第480條。

書,正史之外,雜史野録至二百二十餘種。① 而當時助其事者又有劉攽、劉恕、范祖禹諸人。故其書網羅宏富,體大思精,爲史家絶作。而名物訓詁,浩博奥衍,亦非淺學小儒所能通。宋南渡後注者,如史炤、司馬康、蜀廣都費氏等皆有釋文,類皆淺陋謬誤。至胡身之,乃匯合群書,訂訛補漏,以成此書。初依陸元朗《經典釋文》例,别爲廣注九十七卷。後失其書,復爲之注,始以温公所作《考異》及已所新注散入《通鑑》各文之下。凡紀事之本末、地名之異同、州縣之建置離合、制度之沿革損益悉疏其所以然,亦可云不愧温公矣。此本爲元初興文署所刊官本,國朝鄱陽胡克家于官江寧藩使時用以翻雕。卷首有元王磐序。刊板精美,深堪珍貴。

2117 **通鑑釋文辨誤十二卷** 胡氏刻本。 二册。

元胡三省撰。前已著録。② 此本亦胡氏所刻,附於《通鑑》之後者。

2118 **日知録集釋三十二卷** 道光十四年黄氏刊本。 二函十二册。

國朝顧炎武撰。乃其讀書有得隨時劄記,故以"日知"爲名。前有自記,稱有不合,時復改定。或古人先我而有者,則遂削之。積三十餘年,乃成一編,蓋其畢生精力所注也。書中不分門目,而編次略以類從。引據浩博,本末兼貫,遠在楊慎、焦竑諸人著述之上。康熙間吴江潘耒、太原閻若璩,乾隆初吴江沈彤、嘉定錢大昕、江陰楊寧,皆有校本。道光初,嘉定黄氏汝成乃合五家本,并采同時諸家之爲是書疏説者,參考條列,爲之集釋,仍依本書爲三十二卷。是書與翁氏《困學紀聞注》可與并駕。

---

① "二百二十餘種",《四庫全書總目·資治通鑑》作"三百二十二種"。

② 見第1739條。

2119 **寶繪録二十卷** 知不足齋刻本。 一函六册。

明張泰階撰。泰階,字爰平,上海人,萬曆己未進士。其家有寶繪樓,因以所藏名畫真迹及他人所珍而耳目偶及者,亦有緘縢所秘而未經傳示者,備列前人題跋,萃爲此編。第一卷爲總論及雜論,二卷至十七卷爲卷册類,十八卷至末爲挂幅類。

2120 **湘管齋寓賞編六卷** 乾隆壬寅陳氏刻本。 一函六册。

國朝烏程陳焯撰。自序"性好書畫,得一墨迹,心賞不已。誦坡翁'寓意于物而不留意于物'之語,又未嘗不作雲烟過眼觀也。爰以十餘年所得者,與同志商榷授梓。取孫虔禮'沉精寓賞'之語以名其書"。第一卷爲唐宋元人書。二、三、四卷爲明人書。五卷、六卷爲宋元明人畫。凡諸家題跋印記,皆備録之。

2121 **詩經世本古義二十八卷** 嘉慶己卯刻本。 四函二十四册。

明何楷撰。其論《詩》專主孟子"知人論世"之旨。依時代爲次,故名曰《世本古義》。始於夏少康之世,以《公劉》《七月》《甫田》《大田》諸篇爲首。終于周敬王之世,以《曹風·下泉》之詩殿焉。計三代有詩之世,凡二十八王,每世爲一卷,各爲目序于前。又於卷末仿《序卦傳》例,作《屬引》一篇,用韻語排比成文,著所以論次之義。考《詩序》之傳最古,鄭氏《詩譜》缺疑有間,何氏于三千年後,又何由知其名姓時代,强爲分派乎?然于名物訓詁,引據詳明,本本原原,足資考證,與餖飣掇拾者迥殊。故百餘年來,無不嗤點其書,而究不能弃置其書也。

2122 **升庵集八十一卷附李卓吾讀升庵集二十卷** 明刻本。 四函十六册。

明楊慎撰,張士佩編。凡賦及雜文十一卷,詩二十九卷,外集四十一卷。外集即所著筆記《丹鉛録》《譚苑醍醐》之類,士佩删除重複,分類編次,附于詩文之後者。又附以李贄《讀升庵集》二十卷,乃即《升庵全集》中摘出,附以評語圈點也。亦略以類次,殊爲蛇足。

2123 **證治準繩一百二十卷** 明刻本。 八函五十册。

明王肯堂撰。自序稱先撰《證治準繩》八册,專論雜證,分十三門,附以《類方》八册。後又續成《傷寒準繩》八册、《瘍醫準繩》六册、《幼科準繩》九册、《女科準繩》五册,皆以補前書所未備,故仍以《證治準繩》爲總名。其書該博精詳,采摭繁富,而參驗脉證,辨别異同,條理分明,尤具有端委。故博而不雜,詳而有要。醫家奉爲圭臬。明一代講方論者,莫賅洽于是書。原書不分卷,但分爲四十四册。伏讀《四庫》著録本定爲一百二十卷,今謹遵以著于録。

2124 **漢魏六朝一百三家集一百一十八卷** 無刊刻年月及人姓氏。 十函五十四册。

明張溥編。自馮惟訥輯《詩紀》,而漢魏六朝之詩彙于一編。自梅鼎祚輯《文紀》,而漢魏六朝之文彙于一編。自張燮輯《七十二家集》,而漢魏六朝之遺集彙于一編。溥此書即以張氏書爲稿本,而又取馮氏、梅氏書中其人著作稍多者,排比而附益之,以成是集。卷帙繁多,不免踳駁之處。其間亦有非集而强名集者,亦有足成爲集而反遺之者。然州分部居,以文隸人,以人隸代,使唐以前作者佚文遺句一一得見梗概,固亦考古者之資糧也。所集凡西漢九人,東漢十一人,魏十二人,晋二十二人,宋八人,齊六人,梁十九人,陳五人,北魏二人,北齊二人,北周二人,隋五人。

2125 **新安志十卷** 康熙戊子歙人黄氏承德堂刻。 一函四册。

宋羅願撰。初,梁蕭幾作《新安山水記》,王篤又作《新安記》。唐亦有《歙州圖經》。及宋大中祥符中,李宗諤撰次《州郡圖經》,頒之天下,于是舊志皆佚。洎經方臘之亂,新《圖經》亦隨散失。願嘗雜采諸書,創爲稿本,而未就。淳熙二年,趙不悔爲州守,乃俾願續成之。其書引據典核,叙述簡括。物産一門,尤爲賅備。是書世鮮傳本,新城王阮亭嘗求之三十年不得。後汪氏文治訪得原本,畀黄氏以祚刻之。見後吴、黄二跋。

2126 **元豐類稿五十卷** 明嘉靖癸亥任懋官重刻本。 一函十册。

宋曾鞏撰。鞏,字子固,建昌南豐人。作《元豐類稿》五十卷,又有《續稿》四十卷、《外集》十卷。宋南渡後,《續稿》《外集》已佚,惟存此正集五十卷。然實少善本。此本爲明嘉靖中貴陽任懋官所刊,殆依成化本重雕者。前有元豐八年王震序,後有大德甲辰東平丁思敬序。舛謬宏多,當以何義門先生《讀書記》中所點勘者釐訂之。按《四庫總目提要》云世所行有二本,一爲明成化六年南豐知縣楊參所刊,佚脱訛舛不可勝乙,又佚其《年譜》。一爲康熙中顧崧齡所刻,稍稍補正。然以何義門《讀書記》所核者相校,其未經改正者猶多。然則是書之殘缺,竟無善刻也久矣。

2127 **勿庵曆算全書六十九卷** 雍正元年柏鄉魏氏兼濟堂刻。 四函二十册。

國朝梅文鼎撰。字定九,宣城人。篤志嗜古,尤精曆算之學。所著曆算諸書,李安溪先生嘗刻其七種。餘多晚年纂述,或已訂成帙,或略具草稿。魏荔彤求得其本,以屬無錫楊作枚校正。作枚遂附以己説,并爲補所未備,而刊行之。凡二十九種,名之《曆算全書》。首曰《平三角舉要》五卷,次曰《句股闡微》四卷,次曰《弧三角舉要》五卷,次《環中黍尺》六卷,次《塹堵測量》二卷,次《方圓冪積》一卷,次《幾何補編》五卷,次《解割圓之根》一卷,以上八種皆爲法原。次曰《曆學疑問》三卷,次《曆學疑問補》二卷,次《交會管見》一卷,次《交食蒙求》三卷,次《揆日候星紀要》一卷,次《歲周地度合考》一卷,次《冬至考》一卷,次《諸方日軌高度表》一卷,次《五星紀要》一卷,次《火星本法》一卷,次《七政細草補注》一卷,次《二銘補注》一卷,次《曆學駢枝》四卷,次《平立定三差解》一卷,次《曆學答問》一卷,以上十五種皆爲曆學。次《古算演略》一卷,次《筆算》五卷,次《籌算》七卷,次《度算釋例》二卷,次《方程論》一卷,次《少廣拾遺》一卷,以上六種皆爲算學。勿庵是書,或衍《九章》之未備,或著今法之面形,或論中西形體之變化,或釋弧矢、勾股、八綫之比例。蓋曆算之術,至是而大備矣。按:目録内尚有《割圓八綫之表》一卷,有目無書,殆未續成也。

2128 **春秋集注四十卷** 聚珍板本。 一函十册。

宋高閌撰。閌,字抑①崇,紹興元年進士,歷官禮部侍郎。事迹具《宋史·儒林傳》。是書以程子《春秋傳》爲主,故仍冠以程子原序。而又雜采唐宋諸家之説,鎔以己意,爲之集注,不復標舉諸家名氏。至所載經文,多從《左氏》,而亦間有從《公》《穀》者。蓋宋代諸儒大都兼采三傳,不盡如漢世專門之學也。

2129 **毛詩稽古編三十卷** 嘉慶十八年吴江龐氏佑清以家藏陳氏手抄底本并趙氏嘉稷抄本、費氏雲倬家藏張太史尚瑗親抄本校刊。 一函八册。

國朝陳啓源撰。字長發,吴江人。是書成於康熙廿六年。卷末自記謂閲十四載,凡三易藁乃定。前有朱鶴齡序,又有康熙辛巳門人趙嘉稷序。朱氏著《毛詩通義》十二卷,陳氏實與之參正。然《通義》兼權衆説,此書則訓詁一準諸《爾雅》,篇義一準諸小序,詮釋經旨一準諸《毛傳》,而佐以《鄭箋》,名物則多以陸璣《疏》爲主。題曰"毛詩",明所宗也。曰"稽古編",明爲唐以前專

---

① "抑"原誤作"仰",今正。

門之學也。所辨正者,惟朱子《集傳》爲多,歐陽氏《詩本義》、吕氏《讀詩記》、嚴氏《詩緝》次之。所掊擊者,元劉瑾《詩集傳通釋》爲甚,輔廣《詩童子問》次之。其餘偶然一及,率從略焉。前二十四卷依次解經,但標篇目,不載經文。其無所論説者,則并篇目亦不載。次爲《總詁》五卷,分六子目,曰《舉要》、曰《考異》、曰《正字》、曰《辨物》、曰《數典》、曰《稽疑》。末爲附録一卷,則統論風雅頌之旨者也。其間堅持漢説,不免稍拘。然引據該博,疏證詳明,一一皆有本之談。在國初説經諸家,與惠氏可與頡頏。此書先無刻本,康熙辛巳其門人趙氏嘉稷從陳氏家得先生手自繕寫底本,借抄之。其字體皆遵小篆。迨嘉慶中,同邑龐氏復得先生後定本,因求善書人依樣繕寫,并訪得趙氏、費氏諸家鈔本,細爲校讎,付之剞劂。于十七年開雕,閲歲竣事。時江蘇學院文寧及阮芸臺相國皆爲之序。

2130 **唐文粹一百卷** 明萬曆戊戌因嘉靖間徐氏本重補修者。 四函二十册。

宋姚鉉編。其書删掇《文苑英華》而稍附益之。文賦惟取古體,而騈偶不録。詩歌亦惟取古作,而五七言律不録。鑒裁精審,去取謹嚴,寔爲總集之善本。此書自明以來惟嘉靖間姑蘇徐氏文明所刻本最善,而歲久殘缺過甚。萬曆間金氏應祥乃購徐本之初印者,重加翻雕以補之。凡散佚板片,悉以次整補。其字迹刓弊者,亦修理之。刊印以行,即此本也。詳王穉登序。

2131 **秘法玄機十五卷** 寫本。 五函十五册。

不著撰人名氏。其法主以六壬占休咎。凡分金、木、水、火、土五集。自來情、吉凶、罡神、干支、天文、地理、人身、人事、物類、物形、神臨、發用以及失物、雜占,皆以六壬斷之。然編次殊爲叢雜。天文、地理已見于金部,而木部又出天時及天時變異、地理變異二門,水部又特出地理、天時二門。家宅、婚姻、生産一部兩見。疾病已見于火部,而土部又有疾病及占病二門。蓋淺學者支離剽竊,從他書牽合割裂,率爾爲之者。與世所傳《六壬五變中黄經》頗近。

2132 **雲笈七籤一百二十二卷** 明張萱刻本。 八函四十八册。

宋張君房撰。真宗崇尚道教,盡以秘閣道書付杭州,俾戚綸、陳堯佐選道士朱益謙、馮德之等專其修校,使成藏而進之。嗣綸等同王欽若薦君房主其事。君房乃編次得四千五百六十五卷,進于朝。復撮其精要,總萬餘條,以成此書。其稱《雲笈七籤》者,蓋道家之言,以天寶君説洞真爲上乘,靈寶君説洞玄爲中乘,神寶君説洞神爲下乘。又太玄、太平、太清三部爲輔經。又正一法文遍陳三乘,别爲一部,統稱三洞真文。總爲七部。故君房取以爲名也。其詮叙之例,自一卷至二十八卷總論經教宗旨及仙真位籍之事。二十九卷至八十六卷則以道家服食鍊氣、内丹、外丹、方藥、符圖、庚申、尸解諸術分類縷載。八十七至一百二十二卷則前人文字及詩歌贊頌傳紀之屬,凡有涉于道家者,悉爲編入。大都摘録原文,不加論説。其引用《集仙録》《靈驗記》等,亦每有所删削。然類例既明,指歸略備,綱條科格,無不兼該。《道藏》精華,亦大概具于是矣。

2133 **宋文鑒一百五十卷** 明嘉靖八年晋藩刻本。 四函三十二册。

宋吕祖謙編。按李心傳《建炎以來朝野雜記》稱臨安書坊有所謂《聖宋文海》者,近歲江鈿所編。孝宗得之,命本府校正刊板。周必大言其去取差謬,遂命祖謙校正。于是盡取秘府及士大夫家所藏文集,旁采傳記他書,悉行編類。凡分六十一門。前有周必大序及吕祖謙進表。明嘉靖八年,晋王朱知烊以舊刊多在南雍,流傳不廣,命工重刻。

2134 **韻譜本義十卷** 明刻本。 一函五册。

明茅溱撰。溱,字平仲,丹徒人。其書成于萬曆間。就世所通行韻書每字下作一篆文,略采《説文》原注列于其下,故云“本義”。然《説文》所有之篆文,此書或取或否,皆無義例。又每韻後附以通叶,不標出典,亦嫌無根據。休寧范科爲之校訂,刊而行之。

2135 **呻吟語節鈔六卷** 嘉慶己巳刻本。 一函一册。

明吕坤撰。分内、外篇。内篇凡八門,曰性命、曰存心、曰倫理、曰談道、曰修身、曰問學、曰應務、曰養生。外篇分九門,曰天地、曰世運、曰聖賢、曰品藻、曰治道、曰人情、曰物理、曰廣喻、曰詞章。以爲人非聖賢,其身心若常在病中,時時呻吟,事事呻吟,察之嚴而克之勇,自不能已,故以是名其書。其書不侈語精微,不虚談高遠,惟以篤實踐履爲主,在明代講學家最爲切近。此書先有陳宏謀節録本,予前已著于録①,然究多所删削。此本據濟寧孫玉庭序,乃陳笠帆未著名。重加節録者,視原書則爲簡,視陳氏宏謀本則又爲完備矣。

2136 **平江紀事一卷** 抄本。 一册。

元高德基撰②。德基,平江人。所載皆吴郡古迹,而兼及神怪、詼諧、謡諺之事,可禆③圖志佚聞。亦龔明之《中吴紀聞》之亞也。

---

① 見第1989條。

② “撰”原誤作“傳”,今正。

③ “禆”原誤作“俾”,今據《四庫全書總目·平江紀事》改。

2137 **嶠南瑣記二卷** 抄本。 一册。 與上共一函。

題湛盧山人魏濬撰。濬,明萬曆間人,嘗著《西事珥》八卷,述粤西風土。此書前有題詞云"彙篋中所録西事,見《大荒》諸經所載神人多珥蛇者。珥,耳飾也,一曰瑱,又蠶弄絲于口亦曰珥,因以珥名。録竟,尚有碎事及續聞者百餘種,因復理而存之,命曰《嶠南瑣記》"云云。

2138 **五燈會元二十卷** 明嘉靖中徑山寺釋道興等摹刻。 二函二十册。

宋釋普濟撰。普濟,字大川,靈隱寺僧也。其書取釋道原《景德傳燈録》、駙馬都尉李遵勖《天聖廣燈録》、釋維白《建中靖國續燈録》、釋道明淳熙《聯燈會要》、釋正受《嘉泰普燈録》,撮其要旨,彙爲一書,故曰《五燈會元》。以七佛爲首,次西天二十八祖師,次東土祖師。自初祖達摩至六祖慧能以下,各按傳法世數分載,删繁薙冗,頗爲簡要。其考論宗系,分篇臚列,于釋氏之源流本末,亦指掌瞭然。

2139 **六祖大師法寶壇經一卷** 道光戊戌刻本。 一函一册。

唐釋法海等編集其師慧能之語也。慧能受禪學于弘忍,忍受于道信,信受于僧璨,璨受于慧可,可受于達磨。達磨初自西土來至中國,是爲初祖。慧可爲二祖,僧璨爲三祖,道信爲四祖,弘忍爲五祖,忍以衣鉢傳能,是爲六祖。曾至寶林爲韶州刺史韋璩説法,此本即記其事,并學佛始末。道光戊戌福州鼓山涌泉寺僧自得等因舊本重爲翻雕。

2140 **圜天圖說三卷** 嘉慶己卯松梅軒刻。 一函三册。

國朝道士李明徹撰。明徹,字青來,廣州粤秀山道士。通時憲法,仿泰西陽瑪諾《天問略》之例,著爲此書。取元明及本朝諸家之説而發明之。其論黄道距交度、七政經緯、兩心差恒星圖、各省州縣北極出地度數,頗爲詳備,足補《天問略》諸書之所未及。

2141 **嘉靖以來首輔傳八卷** 寫本。 一函二册。

明王世貞撰。記世宗、穆宗、神宗三朝閣臣事迹。蓋明自嘉靖以後閣臣之權始重,而首輔責任尤專。凡一時政治得失,皆視其人爲輕重,故王氏此書斷自嘉靖爲始,以明積漸所由來。前有總序。所載始楊廷和,訖申時行,凡十六人。皆以首輔爲主,而間以他人事迹附之。于當時國事是非及賢奸進退之故,序次詳悉,可與正史相參證也。

2142 **古今廉鑒八卷** 明萬曆辛巳兩淮運使陳楠重刊本。 一函四册。

明喬懋敬撰。懋敬,字允德,上海人。嘉靖乙丑進士。官至湖廣右布政使。是書所載自春秋季文子至明楊繼盛,皆以清操傳于世者。亦宋人廉吏傳之類也。前有萬曆戊寅自序。

2143 **炎徼①紀聞四卷** 抄本。 一册。

明田汝成撰。凡十四篇,皆紀平定西南苗瑶之事。首紀王守仁征岑猛事,次紀岑璋助擒岑猛事,次紀趙楷、李寰事,次紀黄玹請立東宫事,次紀征大藤峽事,次紀奢香事,次紀安貴榮事,次紀田琛事,次紀楊輝事,次紀阿溪事,次紀阿向事,次紀雲南諸夷,次紀猛密、孟養,次雜紀諸蠻夷。每篇各繫以論斷,所載較史爲詳,所論尤切中明季之弊。

2144 **平蜀記一卷** 抄本。

不著撰人名氏。載明洪武四年遣湯和等伐蜀,明昇出降事。後附劉基《平西蜀頌》一篇。

2145 **平吴録一卷** 抄本。

---

① "徼"原誤作"繳",今正。

明吴寬撰。所記皆張士誠據吴始末。起元順帝至正十三年，迄明太祖吴元年。叙述具有條理，且明初書檄之文皆全載之，尤他書所未及。

2146 **平漢録一卷** 抄本。

明童承叙撰。承叙，沔陽人，正德辛巳進士。是書記太祖平陳友諒事。

2147 **平夏録一卷** 抄本。 以上四種共一册。

不著撰人名氏。載湯和等平蜀事，較《平蜀記》稍詳。其曰“夏”者，昇父玉珍僭位重慶，國號大夏故也。

2148 **洪武聖政記一卷** 抄本。

明宋濂撰。是書略仿《貞觀政要》之例，標題分記。分嚴祀事、正大本、肅軍政、絶倖位、定民志、新舊俗六類。而新舊俗下又分申禁令、核實效、育人才、優前代、正禮樂之失、去海嶽之封、嚴宫闈之法、勵忠節之訓、剗積歲之弊九子目。前有自序。

2149 **國初事迹一卷** 抄本。 與上共一册。

明劉辰撰。字伯静，金華人。太祖起兵之初，署吴王典籤，又入李文忠幕府。建文中擢監察御史，永樂初李景隆薦修《太祖實録》。此書卷首有“臣劉辰今將太祖高皇帝國初事迹開寫進呈”一行，以後俱分條件繫，似案牘之詞，蓋即修《實録》時所進事略草本也。

2150 **革除遺事節本六卷** 抄本。 一册。

明黄佐撰。案原書十六卷，佐以舊本文繁，又重加芟削，定爲六卷。見郁衮《革朝遺忠録》所載佐序。

2151 **三藩紀事本末四卷** 抄本。 一册。 以上九種共一函。

國朝楊陸榮撰。是書成于康熙丁酉。首紀福王、唐王、桂王始末，及四鎮、兩案，馬、阮之奸。次紀順治初年平浙、平閩、平粤、平江右事迹，及魯王、益王之亂，饒州死難諸人，金聲桓之亂，及大兵南征，何騰蛟、瞿式耜之死，孫可望、李延齡之變。次爲桂王入緬，蜀亂，閩亂，及雜亂。其凡例自云"搜羅未廣"，又云"編中間有一二不見正史，止據野史收入"者。然則是書楊氏固祇述大略，未敢自以爲信史也。

2152 **尚書地理今釋一卷** 抄本。 一册。

國朝蔣廷錫撰。字揚孫，常熟人。康熙癸未進士，官至大學士。謚文肅。是編乃其官内閣學士時所作。凡辨證地理，皆即今考古，故以"今釋"爲名。考訂精核，足正舊説之訛，釋後儒之惑，與胡氏《禹貢錐指》可與并駕。

2153 **孝經述注一卷** 抄本。① 一册。 與上共一函。

明項霦撰。原本久佚，此從《永樂大典》録出者。所用乃孔氏古文本。其所詮釋，不務爲深奥之語，而循文衍義，按章標旨，頗爲簡要。

2154 **元氏長慶集六十卷補遺六卷** 明刻本。 一函七册。

唐元稹撰。原本一百卷，至宋殘缺。此本乃宣和中建安劉麟所刊，明馬調元據以翻雕。凡詩二十六卷，賦一卷，雜文三十三卷。較原本已佚十之四，而門目亦與元氏自述不同，不知何人所重編也。馬氏既依宋本翻雕，又遍索他書，增入詩、詞、賦、啓、表、議、判、制、傳等共六十九篇，編爲《補遺》六卷附于後。

2155 **白氏長慶集七十一卷** 明刻本。 二函十六册。

唐白居易撰。其集自宋迄今祇此一本，但陳氏《書録解題》稱七十一卷之外，又有《外集》一卷。今則諸本皆同，并無《外集》，

---

① 邵懿辰《簡目標注》："路有鈔本。"

不知佚于何時矣。此本亦明馬調元依宋本翻雕者。

2156 **濟南集八卷** 抄本。① 一函四册。

宋李廌撰。原本久佚,此從《永樂大典》録出者。按《文獻通考》載《濟南集》二十卷,而當時又名《月巖集》。周紫芝有《書月巖集後》一篇,稱滑臺劉德秀借本于妙香寮,始得見之云云。則南渡之初,已爲罕覯矣。

2157 **元史藝文志四卷** 嘉慶庚申刻本。 一函一册。

國朝詹事錢大昕撰。以補《元史》之闕也。自序"向在館閣,以洪武所葺《元史》冗雜漏落,擬仿范蔚宗、歐陽永叔之例,别爲編次,更定目録,未及就緒歸田,以後此事遂廢,惟《世系表》《藝文志》二稿尚留篋中。吴門黄堯圃見而善之,校訂付梓"云云。凡經部分十二類,史部分十四類,子部亦分十四類,集部分八類。每書名之下間著撰人爵里字號,兼及作書大旨。其遼金作者亦附見焉。

2158 **藝苑卮言十六卷** 明刻本。 一函六册。

明王世貞撰。號弇州山人,著有《四部稿》一百七十餘卷,又《續稿》二百餘卷,其曰"四部"者,賦部、詩部、文部、説部也。此書即其説部七種之一,乃爲鄖陽巡撫時所自刊。其書評論詩文主于摹古,流弊無窮。然其淵博宏肆,則卓然明一大家也。

2159 **玉臺新咏十卷** 明刻本。 一函二册。

陳徐陵編。所録梁以前詩,凡五言八卷,七言一卷,五言二韻者一卷。大抵皆緣情之作,而去古未遠,别有温柔惇厚之遺風。

2160 **唐開元占經一百二十卷** 抄本。 四函三十六册。

唐開元中太史監瞿曇悉達奉敕撰。《唐志》載一百十卷,與此

① 邵懿辰《簡目標注》:"路有鈔本。"

不符，當屬後人分卷之異，或《唐志》有脱字也。其書自一卷《天占》至一百十卷《星圖》，均占天象；自一百十一卷至一百二十卷，均占物異。或一百十卷以前爲悉達原書，故與《唐志》卷數相符，其後十卷後人以雜占增附之歟？所言占驗之法，大抵術家之異學。惟其中卷一百三至一百五全載《麟德》《九執》二曆。《九執曆》不載於《唐志》，他書亦不過標舉大旨。此書所載，全法具著，爲近世推步家所不及窺。《麟德曆》雖載《唐志》，而以此書校之，多有異同。蓋悉達所據爲《麟德曆》，見行本《唐志》遠出其後，不無傳聞異詞。是又可以訂史傳之訛，有禆于考證者矣。且徵引古籍，極爲浩博，《隋志》所稱緯書八十一篇，自唐以後久經散佚者，此書尚存其七八，尤爲罕覯之寶。孫穀撰《古微書》，搜采歷代緯書，彙成巨帙，使考古者藉以略見梗概，儲藏家已珍爲秘笈。而此書所引，乃率爲孫穀所未見。然則其術雖不足信，其書則究不廢也。卷首有萬曆丁巳張一熙識語，謂是書"歷唐迄明，約數百年，始得之挹元道人"云云。又有道人之兄明哲識語，謂此書"歷來禁秘，今南北靈臺亦無藏本。吾弟好讀乾象，又喜佞佛，以布施裝金，而得此書于古佛腹中"云云。

2161 **蘇文忠公詩編注集成四十六卷卷首六卷編年總案四十五卷兩宋雜綴一卷蘇海識餘四卷箋詩圖一卷** 嘉慶二十四年武林韻山堂刻本。二函二十册。

國朝仁和王文誥編注。蘇詩之有注，自永嘉王氏十朋《分類》始，而以吴興施氏元之及其子宿、吴郡顧禧《編年》爲正。然自元明以來，宋刻散闕不全，國朝商丘宋犖購之，毗陵邵長蘅補之，而後復行于世。嗣是海寧查氏慎行得其影抄本，大興翁氏又得宋本，桐鄉馮氏亦見翁所藏本，皆有補注，皆得失互見，各有短長。

王氏乃合諸家舊注，彙而編之，芟删補闕，正訛訂異，成爲《編注集成》。凡詩四十五卷，帖子、口號詞一卷。凡諸家舊注，皆標明某注以别之。其新增者，則曰“誥案”。《詩注》之外，又創爲《總案》四十五卷，凡東坡前、後集制劄、書狀、序傳、銘記、詞賦、論説悉納入之，分年編纂，以括其全。事或未備，則佐以老蘇、子由、叔黨諸集，而繫以詩之應入案者，合爲編年。自東坡始生至于北歸，綜六十六年事，都爲一通，釐爲四十五案，案爲一卷，以弁卷首。而分編之詩，匯收之注，咸于是取則焉。其卷首六卷，則諸家弁言及凡例爲一卷，王、施注諸家姓氏考爲一卷，像贊、敕序，贊、墓志銘注爲一卷，本傳注爲一卷，恭録仁、純皇帝御評爲一卷，詩目爲一卷。凡宋人之論及東坡者，又彙爲《兩宋雜綴》一卷。其刻此集時，凡歷五年而竣。此五年中，續有所得，可以補葺舊事者，又彙爲四卷，名曰《蘇海識餘》。末以《箋詩圖》一卷殿焉，則王氏箋注蘇詩時自繪己圖，并自題詩十二首也。其書標案爲經，以詩爲緯，互相援證，原之本之，脉絡分明。東坡一生閲歷之境，瞭若指掌。不特注詩，直有裨于史學。光前絶後，可謂不愧。

2162 **續資治通鑒二百二十卷** 嘉慶六年馮氏刻本。 八函六十四册。

國朝兵部尚書畢沅撰。沅號秋帆，鎮洋人。以温公《通鑒》之後，元明人續《通鑒》者，有陳桱、王宗洙、薛應旂諸家，然大都年月參差，事迹脱落，皆不足繼司馬之後。惟國朝徐氏乾學撰《資治通鑒後編》一百八十四卷，與萬斯同、閻若璩、胡渭等排比正史，參考諸書。起宋太祖建隆元年，迄元順帝至正二十七年。裒輯審勘，訂誤補遺，遠出陳、王、薛三書之上。然其稿僅存，且多塗乙未定之處。乾隆間四庫館諸臣僅就江蘇采進稿本著録，外間實無副本流傳。且彼時《永樂大典》尚庋藏秘府，故熊克《中興小紀》、李心傳《建炎以來繫年要録》及李燾《長編》全帙皆未得窺。所輯北宋事迹,大都以李燾《長編》殘帙爲藍本,故援據不能賅博。其宋自嘉定以後,元自至順以前,尤爲簡略。畢氏故續有此作。以宋、遼、金、元四朝正史爲經,而參以《長編》《契丹國志》等書及各家説部、文集約百十餘種。凡事迹之詳略先後,有應參訂者,皆依温公之例作《考異》以折衷之,并依胡氏三省分注之例條繫各正文下。凡經營三十餘年,延致一時名宿共相纂集。又經餘姚邵氏晋涵、嘉定錢氏大昕逐加核定,始以付梓,共計二百二十卷。起宋建隆元年庚申,迄元至正二十八年戊申,凡二十六主,四百一十一年。然刻未及半,僅成一百三卷,而畢氏歿,事遂中止。桐鄉馮氏集梧嗣買得原稿全帙及不全板片,爲之補刻百十七卷,而二百二十卷之書始克完好,即此刻也。惟司馬氏《資治通鑒》乃神宗賜名,李燾之書亦僅云《續資治通鑒長編》,而不敢直云《續資治通鑒》。畢氏此書宜名曰"續編",或云"後編"。如徐氏之名,則得矣。其直以《續資治通鑒》稱名,未免不合。馮氏刻此書時,以其原名如是,故亦仍之。

2163 **揅經室集十四卷二集八卷三集五卷四集十三卷續集十一卷** 道光三年阮氏文選樓刊本。 二函十一册。

國朝大學士儀徵阮元芸臺撰。先生博極群書,尤精考證,殘膏剩馥,皆足沾丐後學。此集乃先生手自編彙,三十餘年説經記事者,萃爲是集。初集十四卷,皆説經之作。二集八卷,則近于史之作也。三集五卷,則近於子之作也。四集十三卷,凡文二卷、詩十一卷,皆道光癸未所編定付刊者。續集十一卷,爲道光己亥所續刊,乃自三年至十九年此十七年中所續作者,統名曰《續集》。一卷續前一集之經,二卷續前二集之史,三卷續前三集之子,四卷續前四集之文,五卷至十一卷續前四集之詩。凡自癸未至戊戌諸作皆在焉。

2164 **揅經室外集五卷** 道光二年阮氏刻本。 一函一册。

阮芸臺師編定。前有公子福小序一篇,稱家大人在浙時,曾購《四庫》未收古書進呈。每進一書,必仿《總目提要》之式,撰擬提要一篇,敘次原委。又屬鮑氏廷博、何氏元錫諸君子參互審定、纂寫而後奏。十數年久,共進書一百數十部,而提要之稿則藏于家。福等因刊《揅經室集》,遂并刊之,別題曰"外集",以其文半不出于己筆也。共計書一百七十五種,分爲五卷。隨得隨録,故不分門類。後有錢塘嚴杰識語一則。

2165 **汴京勼異記八卷** 抄本。 一函一册。

明宋濂撰。濂嘗著《汴京遺迹志》一書,凡荒唐不經之説,悉黜之不録,而別彙爲此編。凡分十六類。有嘉靖二十六年自序。其采自何書,皆標題于各條之下。按:"勼"義同"鳩",聚也,萃也。

2166 **經典釋文考證三十卷** 抱經堂刻本。【眉批:《經典釋文》附。】 一函八册。

國朝盧文弨撰。《經典釋文》一書祇崑山徐氏《通志堂經解》中刻之,此外别無單行之本,而影抄宋本尚聞儲于藏書家。盧氏刻《經典釋文》時,借以校對。則宋本之訛脱,更甚于徐本。因精加校勘重雕,雕罷又以書中是非及嘗所聞見異同者,别爲《考證》三十卷附于後。

2167 **儀禮注疏詳校十七卷** 同上。 一函三册。

前人撰。《儀禮》一書,明監本及汲古閣本舛誤特甚。崑山顧氏、濟陽張氏既據開成石本校正經文,而校注疏者則又更難于校經。休寧戴氏曾有《校鄭注》一書,嘉定金氏又兼校賈疏。然僅據

《經傳通解》一書,闕誤仍所不免。盧氏乃自宋李如圭《集釋》而下,旁采黄幹、楊復、魏了翁、敖繼公及國朝張爾岐、方苞、吴廷華、惠定宇、盛世佐數十家之説,爲之詳校。凡經、注及疏,一字一句之異同,必博加考定,歸于一是。其用力可謂勤矣。

2168 **逸周書十卷** 同上。 一册。

盧氏精校本。已見前。①

2169 **白虎通四卷** 同上。 二册。

盧氏精校本。已見前。②

2170 **方言十三卷** 同上。 一册。 以上三書共一函。

盧氏精校本。前有戴氏《疏證》本③,已著録,與此當互校。

2171 **荀子二十卷** 同上。【眉批:删去。】 一函三册。

謝氏精校本。已著録④,此複。

2172 **新書十卷** 同上。 一册。

盧氏精校重刻。

2173 **春秋繁露十七卷** 同上。 二册。 與上共一函。

盧氏精校重刻。

2174 **顔氏家訓注七卷** 同上。 一函二册。

隋顔之推撰。前已著録。⑤ 此本爲江陰趙曦明所注,盧氏又爲之補注。援證詳明,校勘精審,洵爲善本。

2175 **群書拾補三十九卷** 同上。 一函七册。

---

① 見第13條。

② 見第125條。

③ 見第405條。

④ 見第143條。

⑤ 見第690條。

盧氏撰。已見前。①

2176 **西京雜記二卷**　同上。

盧氏校本。

2177 **獨斷二卷**　同上。

盧氏校本。

2178 **三水小牘二卷**　同上。　一册。　以上三書共一函。

唐皇甫枚撰。枚,字尊美,安定人。唐咸通末爲汝州魯山令。僖宗之在梁州,枚調赴行在。此書中可考。是書成于天佑四年,枚當旅食汾晋,而追紀咸通時事。共三十五則,分上、下二卷。書中所載雖涉神仙靈異之事,而筆詞雅潔,實寓垂戒,未可廢也。明嘉靖時姚咨曾手抄之。此本乃盧氏從錢氏述古堂抄出者,因附刊于《叢書》中。

2179 **鍾山札記四卷**　同上。

2180 **龍城札記三卷**　同上。　一函共一册。

盧氏撰。皆其主講席時所著者。皆考據之文。

2181 **解春集文鈔十二卷補遺二卷詩鈔三卷**　同上。原目稱《詩鈔》二卷,乃字誤也。　一函三册。

錢塘馮景撰。景爲盧文弨之外大父,故盧氏刻其集。

2182 **抱經堂文集三十四卷**　同上。　一函四册。

盧文弨撰。

2183 **易象意言一卷**　《藝海珠塵》本,吴氏聽彝堂刻。

宋蔡淵撰。已見前②,聚珍版本。

---

① 見第1260條。

② 見第197、353條。

2184 **詩論一卷** 同上。

宋程大昌撰。是書本載大昌《考古編》中,故《宋志》不列其名。朱氏《經義考》始别立標題,謂之《詩議》,曹氏《學海類編》則作《詩論》,《江南通志》又作《毛詩辨正》。考原本實作《詩論》,則曹氏之本是也。凡十七篇。一論古有二《南》而無《國風》之名。二論《南》《雅》《頌》爲樂詩,諸《國》爲徒詩。三論《南》《雅》《頌》之爲樂無疑。四論"四始"品目。五論《國風》之名出於《左》《荀》。六證《左》《荀》創標《風》名之誤。七論逸《詩》有《豳雅》《豳頌》而無《豳風》。八論《豳詩》非《七月》。九論《詩序》不出子夏。十論《小序》綴《詩》出於衛宏。十一論《詩序》不可廢。十二據季札序《詩》篇次,知無《風》名。十三論《毛詩》有古序,所以勝於三家。十四論采詩序詩,因乎其地。十五論《南》爲樂名。十六論周道闕而《關雎》作。十七論《詩》樂及商、魯二《頌》。其大旨謂《國風》之名出漢儒之附會,其説甚辨。

2185 **春秋或辨一卷** 同上。

國朝許之獬撰。字直庵,江南長洲人。拔貢生,官貴州餘慶縣學教諭。是書設爲或問一篇,以辯商、周建丑、建子特改歲首,以舉祭告朝賀之禮爲一歲始朔,而時月實未嘗改。夫子告顔子行夏之時,不過欲以建寅之月爲歲首耳。《春秋》所書,仍係夏正,非移夏之時以就周之月也。反復辯論,兼引《春秋》《漢書》諸事實。爲附考十餘條,列於後。

2186 **春秋三傳異同考一卷** 同上。

國朝吴陳琰撰。琰,字寶崖,錢塘人。其書取三傳人名、地名相異及事之不同者,各著於篇。又辨别三傳義例得失,而斷以己意。

2187 **春秋識小録九卷** 同上。

國朝程廷祚撰。廷祚,字啓生,上元人。凡《春秋職官考略》三卷,《春秋地名辨異》三卷,《左傳人名辨異》三卷。其考職官,首爲數國共有之官,次爲一國獨有之官,皆分列排纂,凡與《周禮》異同者,一一根據注疏爲之辨證。末爲《晋軍政始末表》,序晋軍八變之制,而詳列其將佐之名。又以御戎、戎右附表于後。其考地名,首爲地同而名異,次爲地異而名同。末爲《晋書地理志證今》,以杜氏注《左傳》皆用晋代地名故也。其辨人名,自一人二稱以逮一人數稱者,皆彙列而分注之。精核簡明,讀《春秋》者不可不知。

2188 **中文孝經一卷** 同上。

國朝周春撰。春,字芚兮,海寧人。乾隆甲戌進士。《孝經》有今文,有古文,有尊今文而斥古文者,有從古文而毁今文者。是書則專以朱子《刊誤》爲主,而取後漢劉子奇之義,定爲《中文》。分十八章,每章之後略爲詮釋大義。

2189 **孝經外傳一卷** 同上。

前人撰。是書取諸經所引《曾子》之言,凡二十四條。以舊有諸家《孝經外傳》,或佚或未見,因采經傳以補之。

2190 **箴膏肓一卷起廢疾一卷發墨守一卷** 同上。

已見前,問經堂①及《漢魏遺書》本②。

2191 **讀書瑣記一卷** 同上。

國朝鳳應韶撰。字德隆,江陰人。是書凡辨論《儀禮》者三

---

① 見第944條。

② 未著録。

篇，論《周禮》者一篇，論《禮記》者一篇，論《孟子》者一篇，論《論語》者一篇。考證制度，頗爲精核。

2192 **轉注古義考一卷** 同上。

國朝曹仁虎撰。仁虎，字來應，嘉定人。乾隆辛巳進士，官侍講學士。是書以六書中惟轉注之義古來説者判不相合，乃詳列許慎、衛恒、徐鍇、賈公彦、裴務齊、張有、毛晃、鄭樵、楊桓、劉泰、戴侗、周伯琦、趙古則、楊慎、陸深、王應電、朱謀㙔、張位、吴元滿、焦竑、趙宧光、方以智、顧炎武、潘耒、邵長蘅諸家之説，列其異同而條辯之。

2193 **官韻考異一卷** 同上。

國朝吴省欽撰。省欽，字沖之，南匯人。乾隆癸未進士，歷官左都御史。其書于《佩文詩韻》中擇其一字而數讀者，俱摘録之，分韻編次，辨其異同，各注于本字之下。凡字無異讀，與有異讀而《佩文韻》不載者，俱不之及。

2194 **續方言二卷** 同上。

國朝杭世駿撰。世駿，字大宗，仁和人。乾隆丙辰博學鴻詞，官編修。是書采諸經注疏、《釋文》及《説文》《釋名》之屬，以補揚雄《方言》之遺。前後類次，一依《爾雅》，而不明標其目。搜羅古義，于訓詁頗爲有裨。

2195 **續方言補正二卷** 同上。

國朝程際盛撰。字奂若，長洲人。乾隆庚子進士，官湖廣道監察御史。是書分二卷。上卷曰《補續方言》，凡注疏、《説文》《釋名》及《史》《漢》《山海經》諸書所引，爲杭氏所遺者，共采得一百餘條以補之。下卷曰《校正續方言》，于杭氏書中擇其援引錯誤及刻本相沿錯誤者，一一正之，凡六十六條。

2196 **七十二候考一卷** 同上。

國朝曹仁虎撰。

2197 **江漢叢談二卷** 同上。

明陳士元撰。士元,字心叔,湖廣應城人,嘉靖甲辰進士。是書于楚地故實衆説異同者,各設爲問答,以疏通證明,故曰“叢談”。凡二十篇。其書不免附會夸飾之處,然引據賅洽,論斷明析,非明人地志所能及。

2198 **説叩一卷** 同上。

國朝葉抱崧撰。抱崧,字方宣,南匯人。自序稱“索居無事,記憶聞見,略仿宋張淏《雲谷雜記》、楊伯嵒《臆乘》之例,著爲一編,曰《説叩》”云云。

2199 **夾漈遺藁三卷** 同上。

已見前,《函海》本。①

2200 **可儀堂文集二卷** 同上。

國朝俞長城撰。長城,字寧世,桐鄉人。康熙乙丑進士,官檢討。其集多辨論之文。

2201 **聲調譜一卷** 同上。

國朝趙執信撰。執信,字伸符,益都人。康熙己未進士,官贊善。古詩不拘平仄,拗體律詩亦不拘平仄,而别有一定之平仄,不可更移。執信嘗求其法于王漁洋,漁洋秘不肯語,乃自以古詩、唐詩互相鉤稽而得之,因著爲此編。其法律至爲精密。前有論例,後列各詩。其應用平、用仄之處,俱以白圈及黑點標别之,而注其説于各句之下。

---

① 見第 1448 條。

2202 **談龍録一卷** 同上。 以上二十種共一函,計八册。金部。

已見前,《貸園叢書》本。①

2203 **春秋經玩四卷** 同上。

國朝沈淑撰。淑,字季和,常熟人。雍正癸卯進士,官編修。一卷、二卷爲《左傳分國土地名》,三卷爲《左傳職官》,四卷爲《左傳器物宫室》。俱列原注于下,而以魯十二公爲次。于地名沿革、官制異同及器物宫室制度,均未加考訂,不及程氏《識小録》之精。然各以類聚,頗亦便于檢尋。

2204 **婦學一卷** 同上。

國朝章學誠撰。字實齋,會稽人。乾隆戊戌進士,官國子監典籍。以《周禮・天官》有九嬪,掌婦學之法,謂婦人不可不學。然德、言、容、功,所該者廣,非如後世祇以文藝爲學也。因博加辨論,以成是編。

2205 **天問略一卷** 同上。

明西洋人陽瑪諾撰。于諸天重數、七政部位、太陽節氣、晝夜永短、交食本原、地影粗細、蒙氣映漾、曚影留光,皆設爲問答,反覆以明其義。末載曚影刻分表及交食淺深圖説。

2206 **海國聞見録二卷** 同上。

已見前,單行本。②

2207 **備邊屯田車銃議并圖二卷** 同上。

明趙士楨撰。里貫據是書序跋,當爲明世宗時人,而逮事神宗者。首載奏摺一通,結銜稱"文華殿中書臣某,敬將所製車銃,

---

① 見第 1276 條。

② 見第 2114 條。

繪圖著説,并抒屯田、車銃二《議》恭進御前”云云。一卷爲《車銃議》并圖,二卷爲《屯田議》并圖。

2208 **番社采風圖考一卷** 同上。

國朝滿州六十七撰。六十七,字居魯,官吏科給事中。是編乃其巡視臺灣時,以所見番社風俗,命工繪爲圖,每圖各爲之説。自黎人起居耕鑿以及禮文儀飾等,皆詳爲考之。共四十八則。此本有考而無圖。

2209 **維西見聞紀一卷** 同上。

國朝余慶遠撰。維西在滇徼外,屬麗江通判治,明時内附。國朝康熙間,爲達賴喇嘛所據。嗣後收隸四川,以土官羈縻之。雍正七年,以其爲雲南西北門户,乃分隸重慶府,移通判治之。乾隆十九年,又改隸麗江府。慶遠之兄于乾隆己丑判麗江府,慶遠亦隨之往,因以所見聞者輯爲此編。分氣候、道路、夷人、物器四門。

2210 **金川瑣記六卷** 同上。

國朝李心衡撰。心衡,字巽廷,上海人。是書乃其官四川綏靖時所作。其地本西南夷部落,新入版圖,習俗多與華異,心衡乃即其所聞見者爲此編。

2211 **朝鮮志二卷** 同上。

不著撰人名氏。蓋明時朝鮮人所作。首述《疆域》一篇,爲一書綱領。次分六大綱爲經,曰京都、曰風俗、曰古都、曰古迹、曰山川、曰樓臺,而以所屬八道爲緯。其古迹多雜以神怪,頗類小説。而其他佚文瑣事,則多中國史傳所未詳。

2212 **至游子二卷** 同上。

不著撰人名氏。上卷凡十有三篇,下卷凡十有二篇。大旨主於清心寡欲,而歸于坎離配合,以保長生。且力闢容成御女之説,在道家之中尚爲近正。前有嘉靖丙寅姚汝循序。

2213 **夢占逸旨八卷** 同上。

明陳士元撰。按:士元曾著《夢書玄解》一編,何棟如重輯,因[①]而廣之,改名《夢林玄解》,凡二十九卷,前已著録。[②] 此書名《夢占逸旨》,核檢其文,實即《夢林玄解》中之《夢論》也。考《夢論》凡二十六篇,此書則共三十篇。於《夢論》所列二十六篇之外,更多《晝夜》《六夢》《古法》《吉事》四篇。其他篇名與《夢論》亦每有異同,如《長柳》篇,《夢論》則曰《原始》;《衆占》篇,《夢論》則曰《秘義》;《空空》篇,《夢論》則曰《釋妄》;《聖人》篇,《夢論》則曰《無邪》;《天者》篇,《夢論》則曰《昊天》;《泛喻》篇,《夢論》則曰《圓機》。蓋此爲士元原書,《夢林玄解》之《夢論》,則何棟如重輯時所删節者也。此本且于標目處分卷一卷二十篇爲内篇,分卷三至卷八二十篇爲外篇。其注尤爲詳贍,但不知何人所注也。

2214 **五總志一卷** 同上。

已見前,知不足齋本。[③]

2215 **孔氏談苑五卷** 同上。

已見前,《唐宋叢書》本。作四卷。[④]

2216 **讀書偶見一卷** 同上。

明吴騏撰。騏,字日千,華亭人。明諸生,入國朝隱居不仕。

---

① "因"前原有"而"字,《四庫全書總目·夢林玄解》云"棟如因而廣之",則"而"字當衍,今删。

② 見第1864條。

③ 見第755條。

④ 見第899條。

是書皆其讀書有得,偶然劄記之文。

2217 **學福齋雜著一卷** 同上。

國朝沈大成撰。大成,字學子,華亭人,歲貢生。皆考訂經史之文。于術數之學尤精。

2218 **岳忠武王集一卷** 同上。

宋岳飛撰。《書録解題》稱《岳王集》十卷,今已不傳。此本爲明崇禎十一年單恂所編,乃采自《桯史》諸書中者。凡劄、表、詩、記共數十篇。

2219 **丁孝子詩集三卷** 同上。

元丁鶴年撰。字鶴年。其先西域人,後入中國。祖、父皆仕元,二兄亦并爲顯官。鶴年獨安布素,殫心吟咏。其詩沈鬱頓挫,纏綿動人。元亡後歸四明,後隱武昌山中。

2220 **圭塘欸乃集二卷** 同上。

元許有壬及其弟有孚、其子楨唱和詩也。至正八年,有壬致仕歸里,得康氏别業,鑿池其中,其形如圭,日與子弟觴咏其上,得詩二百一十九首、樂府六十六首。後其客馬熙又追和詩七十八首、樂府八首,别題曰《圭塘補和》,附于後。前有至正十年周伯琦序。

2221 **刻燭集一卷** 同上。

國朝曹仁虎撰。皆聯句之作,故取刻燭之事以名其集。

2222 **五經贊一卷** 同上。 以上二十種共一函,八册。石部。

國朝陸榮秬撰。每經各爲贊一篇,徐堂爲之注。榮秬,字錫山,青浦人。堂,上海人。

2223 **鄭敷文書説一卷** 同上。

已見前,《函海》本。①

2224 **舜典補亡一卷** 同上。

國朝毛奇齡撰。《舜典》舊無篇首二十八字,至梁姚方興始得别本于大航頭以補之,其事本屬可疑。然相沿已久,無可刊削之理。毛氏堅信古文,而獨不信二典之分篇,遂以爲自"月正元日"以下乃爲《舜典》,而闕其前半篇,遂摭《史記》以補之,亦難免于僭妄矣。

2225 **論語筆解二卷** 同上。

已見前,鈔本②,又范氏天一閣刻本③。

2226 **論語絶句一卷** 同上。

宋張九成撰。九成少師楊時于程門,爲再傳弟子,後從僧宗杲問道,其學乃全入于禪。朱子作《雜學辨》,所駁正者凡四家,九成實居其一。此編爲九成讀《論語》時,擇其所心得者,或分章或標句,各爲七言絶句一首以解之,頗有微妙之處。然如"克己復禮爲仁"至"歸仁焉"三句,其詩云:"雖然此影不離形,莫向形中便認真。形影兩亡都不見,當於此處認斯人。"又"如有所立卓爾"一句,其詩云:"見得分明乃謂如,分明如此尚爲疏。莫於見處留形迹,方信心齋萬象虚。"如此之類,則直以禪理詮經矣。按:九成著有《横浦集》二十卷,爲其門人郎昱所編。此詩凡一百首,疑即從《横浦集》中録出者。

2227 **孟子外書四卷** 同上。

---

① 見第 1408 條。

② 見第 1157 條。

③ 見第 2050 條。

已見前,鈔本①,又《函海》本②。

2228 **駁五經異義一卷補遺一卷** 同上。

已見前,問經堂本③,又《漢魏遺書》本④。

2229 **駢字分箋二卷** 同上。

國朝程際盛撰。其書取經傳子史諸書中相沿連用之字,標舉于上,而注其義于下,并標明出典。如日月、雷電、軫蓋、蓋輿之類,各以類從。始于天文,終于蟲魚,而不顯立門目。蓋亦如朱謀㙔《駢雅》之例。

2230 **武宗外紀一卷** 同上。

國朝毛奇齡撰。記明武宗之事,凡九十四條,皆取之《實録》。前有自序,謂同館之爲史者,凡武宗諸可鑒事,皆軼而不書,故作此以補之。

2231 **勝朝彤史拾遺記六卷** 同上。

前人撰。自序稱初得其父所藏《宫闈紀聞》一卷,載事不確,文不雅馴。後預修《明史》,分撰天順、成化、弘治、正德四朝后妃傳,因搜考史宬,闕略特甚。乃仍取外史所記,與《實録》參修,而掇其剩稿,合之《宫闈紀聞》,撰爲此書。凡列傳六十有五。以非史官之正史,故名“拾遺”。

2232 **蜀檮杌二卷** 同上。

已見前,《函海》本。⑤

---

① 見第622條。

② 見第1410條。

③ 見第943條。

④ 未著録。

⑤ 見第1403條。

2233 **東南防守利便三卷** 同上。

宋陳克、吴若同撰。按《宋史·吕祉傳》,祉知建康,與吴若等共議,作此書上行在。大略謂立國東南,當聯絡淮甸荆蜀之勢,蓋專爲南宋立言者也。前有祉進此書狀一篇,稱"取漢魏以來方策所載山川險阻、道里遠近、軍馬屯戍之地,争戰勝敗之事,裒集類次,命本府通判吴若、安撫司準備差遣陳克董其事,釐爲三帙,目之曰《東南防守利便》,隨狀進呈"云云。

2234 **炳燭偶鈔一卷** 同上。

國朝陸錫熊撰。號耳山,上海人。乾隆辛巳進士,歷官都察院左副都御史。充四庫全書館總纂,提要多其手筆。是書多糾正史傳訛誤,兼及考證。

2235 **讀史論略一卷** 同上。

國朝杜詔撰。詔,字紫綸,無錫人。康熙壬辰進士。自序此書因陽節潘氏之《通鑒總論》而作,以潘氏書顛倒錯亂,全無體例,鄙説俚語,雜厠其間,世俗刊布《通鑒》小本,每以之冠諸卷首,詒誤學者不少,乃就正史略爲論次云云。其書自戰國至明末,撮舉史鑒大綱,通爲總論一篇,而略注事實于各句之下。

2236 **異魚圖贊四卷** 同上。

已見前,《函海》本①及《秘笈》本②。

2237 **龜經一卷** 同上。

已見前。鈔本③及《説郛》本④。此校詳。

---

① 見第 1494 條。

② 見第 1965 條。

③ 見第 1347 條。

④ 未著録。

2238 **古算器考一卷** 同上。

國朝梅文鼎撰。即《曆算全書》中《古算衍略》①之前論也。

2239 **曆學疑問補二卷** 同上。

已見《曆算全書》中。②

2240 **半村野人閑談一卷** 同上。

明姜南撰。南,字叔明,仁和人,明正德己卯孝廉。是書凡二十六條,皆其隨筆評論古事之語,而間及佚聞瑣事。

2241 **抱璞簡記一卷** 同上。

前人撰。體例與前書略同。凡二十七條。

2242 **一樓居詩稿二卷** 同上。 以上二十種共一函,計八册。絲部。

國朝馮柷撰。柷,字古浦,婁縣人,布衣。工詩書,歷游幕府,後歸隱,年八十餘卒。

2243 **春秋傳説例一卷** 同上。

已見前,聚珍版本。③

2244 **饗禮補亡一卷** 同上。

國朝諸錦撰。錦,字襄七,繡水人。雍正甲辰進士,歷官左贊善。以《儀禮》十七篇中有《燕禮》《公食大夫禮》而無《饗禮》,然其見於《周禮》《春秋傳》《禮記》者,尚可得而考。元吳澄作《纂言》及《考注》,嘗有補經八篇、補傳十篇,獨于《饗禮》之文未有特著,僅附見于聘、覲《禮》中。據敖繼公《儀禮集説序》,知《儀禮》本有《饗禮》一篇,特不知佚於何時耳。錦因據《周禮》賓客之禮

---

① 見第 2127 條。

② 見第 2127 條。

③ 見第 1257 條。

聯事而比次之，并取《左傳》《禮記》中相發明者，條注于下，爲《補饗禮》一卷。

2245 **魯齋述得一卷** 同上。

國朝丁傳撰。傳，字希曾，號魯齋，錢塘人，諸生。是書凡三篇，曰《朔南暨解》、曰《夏璉商瑚周簠簋名義圖考》、曰《繆篆解》。

2246 **唐史論斷三卷** 同上。

已見前，《函海》本。①

2247 **滇載記一卷** 同上。

已見前，《函海》本。②

2248 **使俄羅斯行程録一卷** 同上。

國朝張鵬翮撰。鵬翮，字運青，遂寧人。康熙庚戌進士，歷官文華殿大學士，卒贈少保，謚文端。此編乃康熙二十七年鵬翮與陳世安奉使俄羅斯時所作。起是年五月初一日，訖八月十三日。凡往返道途所經及古迹瑣聞，逐日分紀。後附録定邊界碑一通及雜記風俗方言等十一條，又詩十一首。

2249 **外國竹枝詞一卷** 同上。

國朝尤侗撰。侗，字同人，長洲人。康熙己未試博學鴻詞，授檢討，加侍講銜。著有《西堂集》。是編詩凡百首，紀外國種類共八十有九。或一國分作數首，或數國習俗相同地不相遠者，則并作一首。每首下并爲之注。後又附土謡十首，則各以其諺語編爲詩歌也。後有自跋，謂修《明史》時討論之暇，采其遺事可備鑒戒者，斷爲韻語云。末又附沙起雲所作《日本雜詩》十六首，則專紀

---

① 見第1413條。

② 見第1492條。

日本之歲序民風也,亦有自注。起雲,字喜亭,閩人。

2250 **異域竹枝詞三卷** 同上。

國朝福慶撰。福慶,字仲餘,滿洲鑲黃旗人。官至巡撫。自序"部曹椿園名七十一。撰《異域瑣談》,分新疆、外藩及絶域諸國列傳,山川、風物、土俗、民情歷歷在目。余讀而喜之,作《竹枝詞》百首以志異"云云。其詩按新疆、外藩、絶域分作三卷,詩後皆自爲注。

2251 **海潮説一卷** 同上。

國朝周春撰。海潮之説,諸家不一。春乃博引舊説,而爲之辨證。分上、中、下三篇。

2252 **三垣疏稿三卷** 同上。

明許譽卿撰。譽卿,字公實,華亭人。萬曆癸丑進士,歷官都給事中。皆其歷吏、兵、工三科時所上奏疏之文,故以名書。

2253 **閩中海錯疏三卷** 同上。

明屠本畯撰。本畯,字田叔,鄞縣人。兵部侍郎、應天巡撫大山之子,以蔭入仕,官至福建鹽運使。是書詳志閩海水族,凡鱗部二卷,共一百六十八種;介部一卷,共九十種。又附非閩産而閩所常有者海粉、燕窩二種。每種之下,多自附案語。又有注"補疏"二字者,則明處士徐𤊹所續增也。𤊹,字惟起,閩人。其書叙述簡該,極有益于多識。惟有過略之處,不及黄衷《海語》耳。

2254 **仲蒙子三卷** 同上。

已見前,知不足齋本①,又《函海》本②。

---

① 見第682條。

② 見第1400條。

2255 **廣成子解一卷** 同上。

已見前,《函海》本。①

2256 **二儀銘補注一卷** 同上。

2257 **曆學答問一卷** 同上。

俱已見梅氏《曆算全書》。②

2258 **蘇氏演義二卷** 同上。

已見前,《函海》本。③

2259 **投瓮隨筆一卷** 同上。

明姜南撰。凡三十七條,皆雜論經史事實,而兼評及詩歌。

2260 **風月堂雜識一卷** 同上。

前人撰。凡二十五條,與前書略同。

2261 **學圃餘力一卷** 同上。

前人撰。凡三十八條。亦雜記評論之文。

2262 **輞川詩鈔六卷** 同上。 以上二十種共一函,計八册。竹部。

明王澐撰。澐,字勝時,晚號僧士,華亭人,明貢生。初爲陳子龍弟子。有《輞川草》。

2263 **北郊配位議一卷** 同上。【眉批:政書類。】

國朝毛奇齡撰。康熙二十四年,太常寺卿徐元珙疏奏,現行祀典北郊既改北向,而三祖配位仍首東次西,同於南郊,請酌改所向。奇齡時官檢討,因撰此議,申明以東爲上之義。

2264 **昏禮辨正一卷** 同上。

---

① 見第 1402 條。

② 見第 2127 條。

③ 見第 1411 條。

前人撰。是書力詆三禮經文，謂《士昏禮》不言行媒、不言告廟、不言朝廟、女之父不降送婿，又誤增納吉一禮，又誤入親迎于六禮之内，又《郊特牲》謂“昏禮不用樂”，皆屬非是。乃雜引《曲禮》、《春秋傳》及《詩經》諸文以折之。其説頗爲辨博。

2265 **大小宗通繹一卷** 同上。

前人撰。專辨《禮記注》大宗小宗之説。

2266 **四書索解四卷** 同上。

前人撰。是書爲其子宗潢所編，本名《四書疑義》，有問有答。奇齡没後，宗潢裒輯成書，存所疑而删所解，名曰《疑案》。奇齡門人王錫序之：“謂必有以解之，直是索解人不得耳。一經考索，則世多學人，豈無始而驚、既而疑、又既而劃然以解者？因更名《索解》。”

2267 **紀元要略二卷補遺一卷** 同上。

國朝陳景雲撰。景雲，字少章，長洲人。是書紀漢迄明帝王建元及歷年之數。其子黄中又摭歷代僭僞之號，附以外國，爲《補遺》一卷。景雲之書于國各有史者録之，而于本國改元之下，仍分注列國年號，以便參考。至歷代廢興大略，亦附載焉。甚便檢閲。惟略於僭僞諸國，故其子補之，體例亦同。

2268 **山海經補注一卷** 同上。

已見前，《函海》本。[①]

2269 **海潮輯説二卷** 同上。

國朝俞思謙撰。思謙，字秉淵，海寧人，國子生。古今論潮汐者不下數十家，有謂應月之中于坎離者，有謂由地之升降于太虚

---

① 見第1459條。

者，有謂由元氣之噓吸者，有謂由天河之涌激者，有謂由日輪之灼激者，有謂由胥、種之恚怒者，有謂由神龍之變化者，有謂由海鰌之出没者。其説不一，而要以應月之説爲長。凡近海之川皆受潮，有入九河之潮，有入濟之潮，有入淮之潮，有入江之潮，有入松江之潮，有入浙江之潮，有入甌江之潮，有入閩江之潮，有入韓江之潮，有入粤江之潮，有欽、廉、瓊、海之潮，有外洋諸國之潮。其潮不一，而要以浙江之潮爲大。自來言潮者，多偏執一見，務伸己説。思謙乃網羅前人諸論，輯《潮説》二卷。上卷專述論潮之説，下卷遍及諸水之潮，而泉與物之應乎潮者亦附及焉。書分二十篇，皆列舊説于前，而自加按語于後，較周春之書更爲詳備。

2270 **吾師録一卷** 同上。

明黄淳耀撰。字藴生，號陶庵，嘉定人，崇禎癸未進士。南都陷，偕弟淵耀入僧舍經死。私謚貞文先生。國朝乾隆間賜謚忠愍。是編取古人言行之可法者，牽連比附，各以類從。始于攝心，終于養生。凡三十二篇。取《論語》"三人行，必有吾師焉，擇其善者而從之"之語以名其書。

2271 **聰訓齋語二卷** 同上。

國朝張英撰。英，字敦復，桐城人。康熙丁未進士，歷官文華殿大學士，贈太傅，謚文端。是書皆其退食之暇隨筆論説之語。凡持身涉世、居官處家所見及者，皆隨筆記之。持論平正，篤實而不失之迂腐，在儒家、雜家之間。英著是編，特以訓子，且取聰聽之義，故爲此名。

2272 **恒産瑣言一卷** 同上。

前人撰。亦其訓子之語。大旨以居家之最可恃者莫如置産，而産之最可恃者尤莫如置田，因反覆論説以闡明之。

2273 **中星表一卷** 同上。

國朝徐朝俊撰。朝俊,字冠千,婁縣人。是書取周天三百六十五度四分度之一,歸除晝夜十二時一千四百四十分,又撮四十五大星彼此距度時刻,標説繪圖,以訂湯氏《恒星出没表》之訛。

2274 **木棉譜一卷** 同上。

國朝褚華撰。華,字秋岳,上海人,諸生。木棉本出于南海、林邑、占城、闍婆諸國,中國先未有其種。漢唐之世,亦僅入貢而已。宋元間始傳其種于閩、廣,蓋海舶能通故也。然是時猶未以爲征賦,故宋、元《志》均不載。至元以後明以來,乃相傳漸廣。本朝以來,此物則遍布天下,視絲枲之利不止百倍。華乃捃摭衆説,爲之考證。凡栽種之方、形色之别,以及收捉曬碾、彈紡織紝等事,俱一一詳列。

2275 **宜齋野乘一卷** 同上。

宋吴枋撰。枋,字方木,江陰人,南宋時人。是書以"野乘"爲名,而多涉考證。如謂孟嘗君與孟子同時,謂顔子之卒不止二十九,謂吞東、西周者非始皇,皆確有依據。前有自序,稱書本十卷,後毁于火,乃憶録其一二云云。此本衹十一條,與《説郛》所載相同。

2276 **東原録一卷** 同上。

已見前,《函海》本。①

2277 **唐子西文録一卷** 同上。

舊本稱宋强行父撰。凡三十五條,皆述所聞唐庚論文之語。前有紹興戊午行父自序,稱"宣和元年罷官如京師,眉山唐先生同

---

① 見第1445條。

寓于城東景德僧舍，與同郡關注子東日從之游，聞所未聞。退而記其論文之語，得數紙以歸。更兵火，無復存者。子東書來，屬余追録。衰病廢志①，十不省五六，乃爲書所記，凡三十五條”云云。

2278 **呵凍漫筆二卷** 同上。

明談修撰。修，字思永，無錫人。其書雜論佚聞瑣事，兼及持身處家之道。

2279 **墨畬錢鎛一卷** 同上。

明姜南撰。雜記舊聞時事，而間及于考證。凡三十五條。

2280 **瓠里子筆談一卷** 同上。

前人撰。凡十九條。

2281 **洗硯新録一卷** 同上。

前人撰。凡二十六條。

2282 **蓉塘記聞一卷** 同上。

前人撰。凡二十六條。以上三種與《墨畬錢鎛》大致相同。

2283 **夏内史集九卷附録一卷** 同上。 以上二十一種共一函，計八册。匏部。

明夏完淳撰。完淳，字存古，華亭人。考功郎中彝仲之子，弘光時以蔭授中書。明亡死節，國朝謚節愍。

2284 **易緯乾坤鑿度二卷** 同上。

已見前，聚珍板本。②

2285 **易緯是類謀一卷** 同上。

已見前，聚珍板本。③

---

① “衰病廢志”，原序作“衰病廢忘”，蓋形近致誤。

② 見第 162 條。

③ 見第 167 條。

2286 **洪範統一一卷** 同上。

已見前,《函海》本。①

2287 **説學齋經説一卷** 同上。

國朝葉鳳毛撰。字超宗,南匯人。工部侍郎,謚忠節。映榴之孫,以蔭授内閣中書。是編皆其解經之説,凡説《易》者一條,説《書》者四條,説《春秋》者二十四條。

2288 **辨定嘉靖大禮議二卷** 同上。

國朝毛奇齡撰。力斥楊廷和等議立興獻王子厚熜爲後之説,而又不屑與張、桂相雷同。乃援據經傳,以爲之辨。凡二十四篇。

2289 **儒林譜一卷** 同上。

國朝焦袁熹撰。取《易》、《書》、《詩》、三禮、三傳、《論語》、《孝經》諸經,自秦漢以來,其諸儒師承授受源流,一一標明。其諸説互異者,亦附載之。大抵以陸氏《經典釋文前序》爲藍本,而益以《史》《漢》諸傳注。

2290 **雲間第宅志一卷** 同上。

明王澐撰。自序"嘉、隆以前,城中民居寥寥,自倭變後,士大夫始多城居者。予家世居城南,少時見東南隅皆水②,崇禎之末,廬舍櫛比。乙酉兵火之後,惟東西大道官署僅存,其他皆爲瓦礫,已三十餘年。因志所能記憶者,聊述以示來者"。蓋以比《蕪城賦》《夢華録》之意也。其叙次首府治,次治東,次治西,次南門内,次府治河南,次南門河東,次南門新橋河西,次東亭橋丘家灣,次南門外,次東門外,次西門外,次北門外。各按街坊途巷,分志諸

---

① 見第1409條。

② 原序"水"下有"田"字。

家第宅。凡古迹、祠宇、橋梁,亦附見焉。雲間,即今華亭縣治,爲漢婁縣地,孫吴改析華亭,晋曰雲間。今仍爲華亭,屬松江府。澐本華亭人,故爲此志。

2291 **耻言二卷** 同上。

明徐禎稷撰。字叔開,華亭人。萬曆辛丑進士,官至按察司副使。是書多論爲學及持身涉世之要。以言之未能行爲耻,故以名書。

2292 **修慝餘編一卷** 同上。

明陳蓋撰。字扆赤,號無隱道人,華亭人,明處士。前有題詞曰:"道未能了,善終未知。風雷可懼,勸戒之師。見聞所及,修省之資。從此勘心,去惡毋遲。"其名書之義可見矣。持論篤實平正,與《呻吟語》頗相似。

2293 **太玄解一卷** 同上。

國朝焦袁熹撰。取揚子雲《太玄》中可疑字句,别爲之解,以補舊注之脱誤。

2294 **潛虚解一卷** 同上。

前人撰。既解《太玄》,以《太玄》乃準《易》而作,而温公又準《玄》以作《潛虚》,其旨仍不出《圖》《書》《易》《範》之外,乃并爲之訓釋。

2295 **素履子三卷** 同上。

已見前,鈔本①及《函海》本②。

2296 **握奇經解一卷** 同上。

---

① 見第621條。

② 見第1401條。

已見前,《津逮秘書》本①,又《漢魏叢書》本②。

2297 **玄女經一卷** 同上。

已見前,《津逮秘書》本③及《平津館叢書》本④。

2298 **肯綮録一卷** 同上。

已見前,《函海》本。⑤

2299 **東皋雜鈔三卷** 同上。

國朝董潮撰。潮,字曉滄,海鹽人,乾隆癸未進士。是書自序稱讀書偶得,隨事紀録,并及耳目所見聞者,久而成帙,因取"東皋舒嘯"之語以名之。

2300 **茶餘客話十二卷** 同上。

國朝阮葵生撰。葵生,字吾山,山陽人。乾隆壬申孝廉,官至刑部右侍郎。是書雜紀見聞,凡朝章國典、嘉言懿行,往往而在,而亦間及于考訂評論,略仿《居易録》《池北偶談》諸書之例。

2301 **古今風謡一卷** 同上。

已見前,《函海》本。⑥

2302 **古今諺一卷** 同上。

已見前,《函海》本。⑦

2303 **聲調譜拾遺一卷** 同上。

---

① 見第495條。

② 未著録。

③ 見第494條。

④ 見第1566條。

⑤ 見第1446條。

⑥ 見第1486條。

⑦ 見第1487條。

國朝翟翬撰。翬,字儀仲,涇縣人,諸生。是書取趙執信《聲調譜》所遺及所未悉者,重加搜采,參互審定以補之。其體例一仍趙《譜》之舊。

2304 **古詩十九首解一卷** 同上。 以上二十一種共一函,計八册。土部。

國朝張庚撰。庚,字浦山,嘉興人。乾隆丙辰薦博學鴻詞。以睢陽吴氏嘗説《選》詩雖大有發明,而穿鑿附會、牽强偏執之處亦往往而有,乃取《古詩十九首》參會其説,别爲詮解。

2305 **易緯稽覽圖二卷** 同上。

已見前,聚珍版本。①

2306 **詩説一卷** 同上。

宋張耒撰。是書本載《柯山集》中,《通志堂經解》始析出單刻之。凡十二條。多借抒時事,有爲而作,不必盡與經義附也。

2307 **詩疑二卷** 同上。

宋王柏撰。攻駁毛、鄭,并攻駁本經。又删《詩》三十二篇,未免誕妄。

2308 **左氏蒙求一卷** 同上。

宋吴化龍撰。化龍,字伯秀,慶元奉化州人。自宋入元,仕履未詳。是書取《左傳》事實,括以韻語,蓋仿晋李瀚《蒙求》之例。然不過取便記誦,實無關于經旨也。前有戴表元叙。國朝許乃濟、王慶麟爲之注。

2309 **匡謬正俗八卷** 同上。【眉批:小學。】

已見前,雅雨堂本。②

---

① 見第169條。

② 見第171條。

2310 **皇朝武功紀盛四卷** 同上。

已見前,讀畫齋本。①

2311 **山海經圖贊一卷** 同上。

已見前,《唐宋叢書》本②,又抱經堂《群書拾補》本③。

2312 **洪武四年登科録一卷** 同上。

明吴伯宗榜進士題名也。凡一百十九人。首載御筆策問及執事官姓名,次載進士榜名及履貫。

2313 **社事始末一卷** 同上。

國朝杜登春撰。登春,字九高,順治間入青浦學。是書專述明末結社講學聚散始末。

2314 **淞故述一卷** 同上。

明楊樞撰。樞,字運之,華亭人。是書專述松江一郡遺聞軼事,以補志乘之缺。于地理、人物、行誼、藝能、文字、題咏以及詼諧瑣屑之事,無不備載。前爲雜記數十條,次爲學官表,次爲藝文籍,次爲附録。淞江本以吴淞江得名,明初因地多水灾,故去水旁以禳之。此書標名,仍其本名也。

2315 **南華經傳釋一卷** 同上。

國朝周金然撰。自序謂莊子之書"其意盡于内七篇,至外篇、雜篇無非引伸内篇,惟末篇爲自序耳。錯而觀之,其意較然,因定内七篇爲經,而以餘篇析爲傳,自注自釋,庶參漆園獨解"云云。

---

① 見第1217條。

② 見第911條。

③ 見第1260、2175條。

2316 **經天該一卷** 同上。

明利瑪竇撰。利瑪竇,西洋人,萬曆中航海至廣東,是爲西法入中國之始。是書以紫微、太微、天市三垣分宫,而以所統之星分屬,又以二十八宿列于後。皆以七字爲句,頗類《步天歌》,而詞旨不同。疑此即在利瑪竇所撰天文諸書中,後人録出别行也。

2317 **地理古鏡歌一卷附翻卦挨星圖訣** 同上。

明蔣大鴻撰。大鴻,字平階,華亭人。是書大旨謂地局穴法以得金、水、土三星爲貴,而最忌木、火二星。因詳言正形變體吉凶及二十四山用度、卦位、陰陽及水龍穴星諸格,皆編七字句歌,而遂節注其大意于下。其後戴鴻以蔣氏之書但示辨空亡、忌流神之義,而未顯列其訣,乃復考之《乾坤法竅》及《地理録要》二書,以著其訣,并繪天元、地元、人元三卦之圖,以附于後。戴氏,國朝人,字雲衢。書成于嘉慶戊辰。

2318 **蘇沈良方八卷** 同上。

已見前,知不足齋本①,又六醴齋本②。

2319 **一草亭目科全書一卷** 同上。

明鄧苑撰。苑,字博望,江西清江人。是書論内外諸障,頗爲明切。兼附醫案數條及小兒治法。其論炮治及服飲之方,亦極詳明。

2320 **雲仙散録一卷** 同上。

已見前,《唐宋叢書》本,一名《雲仙雜記》。③

---

① 見第731條。

② 見第1609條。

③ 見第933條。

2321 **燕魏雜記一卷** 同上。

宋吕頤浩撰。是書雜記幽、涿、衛、相等處古迹軼事。以其地皆戰國燕、魏之地,故云。

2322 **叩舷憑軾録一卷** 同上。

明姜南撰。雜論古事遺聞,而亦間及于掌故。

2323 **交行摘稿一卷** 同上。

明徐孚遠撰。共詩若干首。後附林霍所作小傳,又王澐所作《東海先生傳》。

2324 **貞蕤藁略二卷** 同上。

朝鮮檢書官朴齊家撰。齊家,字修其,一字貞蕤。嘉慶六年,齊家充彼國使臣來至京師,與海寧陳鱣遇于書肆。鱣愛其博雅,與之訂交。嗣齊家出其舊作一編,鱣爲之付刊。其集上卷爲對策一篇,又雜文數篇。下卷爲詩數十首,古近體皆備。其文、詩皆洋洋灑灑,頗饒古趣。其對策尤爲淵博。外藩小臣,亦知著作,洵可敬也。

2325 **拜經樓詩話四卷** 同上。 以上二十一種共一函,計八册。革部。

國朝吴騫撰。騫,字槎客,海寧州人,貢生。其書雖以"詩話"爲名,而考訛訂誤,頗有裨于後學,非但品評甲乙也。

2326 **正易心法一卷** 同上。

已見前,《津逮秘書》本。①

2327 **學校問一卷** 同上。

國朝毛奇齡撰。前答門人張希良問學校之名,繼以答門人吴鼎問廟學中稱先師設主,因及鄉飲養老之禮。

---

① 見第483條。

2328 **郊社禘祫問一卷** 同上。

前人撰。前答門人李琳問南北郊及有禘無祫之説。末附艾堂問,其在艾堂講經時所論也。南北郊經有明文,其辨殊贅。其論大禘與吉禘不相蒙,又言大禘、吉禘時必合祭,故稱祫,則先儒所未詳言也。

2329 **小國春秋一卷** 同上。

國朝焦袁熹撰。字廣期,金山人。康熙丙子舉人。是書以春秋邾、莒、滕三小國之事,各以類聚。凡與他國會盟、征伐,皆按魯十二公年次先後,彙于一篇,以便循覽。然僅此三國,挂漏殊甚,或其未竟之稿歟?

2330 **小兒語一卷續小兒語一卷** 同上。

明吕得勝撰。得勝號近溪,河南寧陵人,刑部侍郎坤之父。是書以兒童幼時嬉戲,輒誦歌謡以遂其樂,然皆屬俚語,于童子雖無害,亦無補也。因以立身要務,諧之音聲,分四言、六言、雜言三等,以淺顯語出之,使童子樂聞而易曉焉,名曰《小兒語》。一兒習之,可爲諸兒流布。童時習之,可爲終身體認。于身心之學,不無小補。其子坤,字叔簡,號新吾,又續增數百條,一仍其義例。

2331 **捕蝗考一卷** 同上。

國朝陳芳生撰。芳生,字漱六,仁和人。是書首述備蝗事宜十條,次列前代捕蝗之法。條分縷析,極爲詳備。

2332 **滇南新語一卷** 同上。

國朝張泓撰。泓,號西潭,漢軍鑲藍旗人,歷官雲南迤西道。是書述滇南地理、古迹、土俗、物産甚悉。

2333 **松江衢歌一卷** 同上。

國朝華亭陳金浩撰。詩凡百首,皆述松江一郡軼事以及人物、古迹,以備郡志之缺。間及里巷俗諺,故不敢言詩,聊比于康衢之歌耳。

2334 **淞南樂府一卷** 同上。

國朝楊光輔撰。南匯人,歲貢生。是集與《松江衢歌》同意。凡《夢江南》詞六十首,多咏古迹、軼事,每首之下皆詳注之。

2335 **遠鏡説一卷** 同上。

明天啓中西洋人湯如望撰。西洋人多造奇器,此其望遠之鏡也。繪圖列説,首爲利用二條,次爲分用之利三條,次原繇三條,次造法、用法九條。

2336 **滇南憶舊録一卷** 同上。【眉批:小説。】

國朝張泓撰。雜記古迹、時事。

2337 **紀聽松庵竹爐始末一卷** 【眉批:譜録。】

國朝鄒炳泰撰。

2338 **雜咏二卷** 同上。

唐李嶠撰。

2339 **月山詩集四卷詩話一卷** 同上。【眉批:行集存話。】

國朝宗室恒仁撰。

2340 **鐮山草堂詩合鈔二卷** 同上。

明王光承撰。

2341 **四繪軒詩鈔一卷** 同上。

國朝徐振撰。

2342 **杜詩雙聲叠韻譜八卷** 同上。 以上十七種共一函,計八册。木部。

國朝周春撰。卷一爲正格,卷二爲通用格及借用格,卷三爲廣通格,卷四爲對變格,卷五爲散句不單用格及古詩四句内照應格,卷六爲諸格摘論,卷七爲論各書,卷八爲附録及序例。

以上八函,共計六十四册,爲書一百六十種,皆南匯吴氏省蘭所輯。其中秘笈善本頗屬寥寥,而無謂之著作乃連篇累牘,不亦灾棗禍梨耶!因既著録叢書,故亦附存其目,實則可以東之高閣也。

2343 **明史藁三百一十卷卷首五卷** 敬慎堂刊。 八函八十册。

康熙三十六年户部尚書王鴻緒奉敕撰。鴻緒先與湯斌、徐乾學、葉方藹、張玉書等搜羅朝野公私記載,間成數十卷,尚多缺訛。嗣鴻緒罷職歸田,因重理舊編,搜殘補缺,復經五載,始成大小列傳二百五卷,先繕寫具表進呈,于五十三年三月奉旨交内閣。然本紀、志、表尚未有成藁。嗣于五十四年,鴻緒復奉召入京,纂修他書,因于纂修之暇兼得補撰本紀、志、表,彙成全史,于雍正元年具本投進。計鴻緒于此書先後編修凡歷四十餘年,始得告竣。其用力亦甚勤矣。凡本紀十九卷、志七十七卷、表九卷、列傳二百五卷,外爲目録三卷、例議二卷。是書于明一代治亂事實,頗爲詳備,筆削亦極謹嚴。惟帝紀尚需删潤,故雍正二年詔諸臣續加編纂,至乾隆四年書成,保和殿大學士張廷玉等表進爲《明史》三百三十六卷,實因鴻緒此藁爲藍本,而增損以成帙也。今《明史》家弦户誦,而王氏此藁乃覯者絶少,不知大輅肇于椎輪,其創始之功,亦何容泯没哉!

2344 **王氏宋元資治通鑒六十四卷** 明吴氏刻。 二函十六册。

明王宗洙撰。是書續温公《通鑒》而作,其大要則以商輅等《續宋元資治通鑒綱目》爲藍本,而稍摭他書附益之。于宋之元祐、紹聖、靖康、建炎、景定、咸淳間事臚列尚詳,餘多漏略,而于元尤甚。其于明太祖事迹則惟遵《續通鑒綱目》之舊,未嘗有所增損,以商輅書曾經進御故也。凡《宋資治通鑒》五十二卷、《元資治通鑒》十二卷。宋起建隆庚申，迄祥興己卯，共三百二十年。元始至元庚辰，迄至正丁未，共八十八年。新安吴勉學校刻。

2345 **皇明通紀從信録四十卷** 明刻本。 二函二十四册。

明陳建撰，沈國元訂補。按《明史・志》有陳建《皇明通紀》二十七卷、《續通紀》十卷，今此本前有建自序，稱"往爲《皇明啓運録》，述太祖皇帝俊德成功始終次第之詳矣。宫端泰泉黄先生見之，諗曰：'我朝自太祖開基，聖子神孫重光繼照，垂二百祀而未有紀者，子盍并圖之。'乃翻閱諸書，取其有資於治，可通爲鑒者，編年次之。自永樂至正德，凡八朝一百二十四年之事，爲《通紀》付梓"。又云："《啓運録》舊已梓完，難于再編改刻，然二之又不是，故今并冠以《通紀》之名，合前後共爲一書云。"後又有秀水沈國元序及總例數條，稱"《通紀》自洪、永迄弘、正，《續紀》補嘉、隆兩朝，而神廟嘉言善政乃無成書。今廣爲搜討，無慮千卷。連章隻字，罔不酌領。必詳注所出，不敢掠美"云云。是第一卷起元順帝至正十二年，迄第二十七卷武宗正德十六年，爲建之《前紀》。二十八卷世宗嘉靖元年，迄三十七卷，當爲建之《續紀》。今此本乃至三十三卷穆宗隆慶六年止，與《明史・志》所謂《續通紀》十卷之數不符，豈《史志》誤"六"字爲"十"字歟？第三十四卷起神宗萬曆元年，迄四十卷萬曆四十八年止，皆沈氏所補述。又序稱："以得于見聞之確者，手爲集録，而敬名之曰'從信'云者，亦附于庶民之徵云爾。"是陳氏書衹名《通紀》，沈氏重訂補時，乃通名之曰《通紀從信録》也。陳氏舊于事變大端，輒著評議，并采時賢之論附之。沈氏重訂時，又爲標注圈讀，于萬曆庚申刻之。

2346 **欽定明鑒二十四卷** 内府刊本。 二函十二册。

嘉慶二十三年大學士托津等奉敕撰。仿宋范祖禹《唐鑒》之例,于每篇之首依時代先後摘録事迹,而後加以論斷。并于按語内敬謹摘録純皇帝御批《通鑒輯覽》中論斷及睿皇帝御製《紀事本末》及《明臣奏議》諸詩,皆摘録一二要語,以昭法戒。

2347 **司馬温公文集八十二卷** 康熙四十七年蔣氏刻。 二函二十四册。

宋司馬光撰。是集凡制詔一卷,表一卷,章奏四十卷,賦一卷,詩十三卷,樂詞一卷,挽詩一卷,銘、箴、頌、贊一卷,論二卷,議辯一卷,評、原、説、述、贈、諭、訓一卷,策問、《疑孟》、《史剡》一卷,《迂書》、壺格共一卷,序三卷,記一卷,傳一卷,題跋一卷,書啓六卷,銘三卷,碑文、行狀、墓表、哀辭一卷,祭文一卷,共八十二卷。與《傳家集》卷數、次序頗殊。此本爲康熙四十七年知夏縣事蔣起龍得温公後裔諸生衍家所藏舊本,重加校正付梓者。前有天啓丁卯吴時亮序,又崇禎間劉餘祐、萬曆丁亥潘晟皆有序。

2348 **類經三十二卷圖翼十一卷附翼四卷** 坊間因明天啓刻本重雕者。 二函四十册。

明張介賓撰。介賓號景岳,山陰人。是書以《素問》《靈樞》分類相從,析爲三百九十條,分十二類。又益以《圖翼》十一卷、《附翼》四卷。雖不免割裂古書,而較易于尋檢。其注亦極有發明。

2349 **孝經正義九卷** 汲古閣刻本。 一函一册。

唐玄宗明皇帝御注,宋邢昺疏。《孝經》有鄭玄注今文、孔安國注古文二本。自玄宗此注用今文,而古文遂廢。自宋詔邢昺等依玄宗注修疏,而鄭注亦遂廢。今鄭、孔二家之注,僅不絶如綫耳。趙氏《金石録》稱明皇注《孝經》四卷,又《唐書·元行沖傳》稱玄宗自注《孝經》,詔行沖爲疏,立于學宫。後天寶五載,又詔再修其疏。《唐志》作二卷,《宋志》則作三卷。邢昺所修之疏,實據行沖疏爲藍本。然孰爲舊文,孰爲新説,已不可辨矣。《四庫》著録本作三卷,與《宋志》合。今毛氏汲古閣本作九卷,殆分每卷爲三,故增多于《宋史・志》之卷數也。

2350 **兩同書二卷** 《寶顏堂廣秘笈》本。

已見前,鈔本。①

2351 **羯鼓録一卷** 同上。

已見前,鈔本。②

2352 **荆楚歲時記一卷** 同上。

梁宗懍撰。懍,楚人,故述其鄉之土俗爲此書。凡四十六事。其注相傳爲隋杜公瞻作,《唐志》有杜公瞻《荆楚歲時》二卷,其即此書歟?

2353 **丙丁龜鑒五卷續録一卷** 同上。

宋柴望撰。淳祐六年,歲在丙午,正旦日食,望因上此書,逮下詔獄。尋放歸。宋亡後,不仕而終。爲"柴氏四隱"之一。是書大旨以丙午、丁未爲國家厄會,因摭秦莊襄王以後至漢天福十二年,凡值丙午、丁未者二十有一,皆有事變應之,而歸本于修省戒懼,以人勝天。《通考》著録作十卷,此本祇五卷,然首尾完具,蓋明人所并也。《續録》一卷爲元人所撰,記宋真宗景德三年至理宗淳祐七年值丙午、丁未者五,亦各舉時事實之,如柴氏書之例。然不著姓名,莫知爲誰也。按陽九、百六、元二之説,漢以來即有之,丙丁之説則倡于望。陰陽家以丙丁屬火,遇午未而盛,故陰極必戰,亢而有悔也。又丙禄在己,午爲刃煞,丁禄居午,未爲刃煞。柴氏此書殆隱祖

---

① 見第 1160、1353 條。

② 見第 1188、1316 條。

其説,而要爲術數之學,不出經典,未可以爲訓也。

2354 **滄浪詩話一卷** 同上。

已見前,《津逮秘書》本。①

2355 **入蜀記四卷** 同上。

已見前,知不足齋本。②

2356 **吴船録二卷** 同上。

已見前,知不足齋本。③

2357 **楓窗小牘二卷** 同上。

已見前,《唐宋叢書》④及《稗海》本⑤。

2358 **經外雜鈔一卷** 同上。

已見前,《唐宋叢書》本。⑥

2359 **物類相感志一卷** 同上。

已見前,鈔本。⑦ 此本共分十二類,共四百四十八條。較鈔本增多,宜互觀之。

2360 **還冤志一卷** 同上。

隋顔之推撰。所述皆冤報之事。之推《家訓》有《歸心》篇,精信因果之説,此書蓋猶是志也。

2361 **正朔考一卷** 同上。

---

① 見第503條。

② 見第646條。

③ 見第734條。

④ 見第905條。

⑤ 因重複未著録,説見第991條。

⑥ 見第891條。

⑦ 見第1037條。

宋魏了翁撰。凡三篇。

2362 **古今考一卷** 同上。

已見前,鈔本。①

2363 **風月堂詩話二卷** 同上。

宋朱弁撰。乃其使金被留時所作。遺藁留於北地,至度宗時乃傳至江南。多述元祐諸人遺聞。緒論首尾兩條皆發明鍾嶸《詩品》"'思君如流水',既是即目""明月照積雪""羌無故實"之意,蓋其宗旨所在也。

2364 **文則二卷** 同上。 以上十五種共一函,計四册。

已見前,《唐宋叢書》本②,又别本③。

2365 **增廣太平惠民和劑局方十卷指南總論三卷** 道光十□④年渤海高氏承勳刻《續知不足齋叢書》本。 六册。

宋庫部郎中提轄措置藥局陳師文等奉敕撰集。是書初創于元豐、大觀中,又重加校正。嗣後紹興、寶慶、淳祐又屢加續增。兼附《用藥指南總論》⑤三卷,乃從《圖經本草》鈔撮增入者。凡分十四門,附見者八門,共七百八十八方。宋元之間此書盛行,至朱震亨《局方發揮》出,而醫學始一變。然專門禁方多在于是,究不能因噎廢食也。

2366 **芥隱筆記一卷** 同上。

---

① 見第1042條。

② 見第912條。

③ 見第1654條。

④ "十"字後原有一字空格。

⑤ 《用藥指南總論》原誤作《用藥總論指南》,今正。

已見前,《津逮秘書》本。① 此本較《津逮秘書》本及《説郛》本較多數十條,乃足本也。

2367 **佩觿三卷** 同上。 二書共一册。

已見前,張氏澤存堂刻本。②

2368 **資暇集三卷** 同上。

已見前,鈔本③,然不全。此作三卷,乃足本也。

2369 **陰符七篇一卷** 同上。

即《鬼谷子》後《陰符》篇也。程景沂跋云"七篇本出自太公望,戰國時鬼谷子所傳述,與黄帝《陰符》同名異旨"云云。

2370 **計倪子一卷** 同上。 三書共一册。

題越人計倪撰。據新安程景沂跋,云越王句踐困于會稽之上,用范蠡、計然,遂報强吴。《漢書》孟康注:"姓計名然。"顔師古云:"一名計研。"《吴越春秋》《越絶書》并作"計倪"。倪、研及然聲皆相近,寔一人耳。《唐志》有《范子計然》十五卷,《意林》所謂"姓辛,字文子",乃尹文子,名同而實異。《唐志》所謂《范子計然》,乃計倪,合范子言之也。余家藏秘書,素有此本,寔係全書,因付雕云云。其書通爲一篇,題曰内經,然則尚有外經,殆早佚矣。

2371 **古今事物考八卷** 同上。 四册。

國朝王三聘撰。聘,盩厔人。是書仿高承《事物紀原》之例,分天文、地理、時令、人事、婚禮、喪禮、公式、文事、藝術、國制、官典、國用、國瑞、珍寶、鑾駕、爵禄、官職、禮儀、樂器、學科、武備、冠

---

① 見第 522 條。

② 見第 132 條。

③ 見第 1161、1356 條。

服、宫室、器用、飲食、戲樂、名義、法律、道釋,共二十九門。門目繁碎叢雜,考證亦多謬誤。

2372 **鼠璞二卷** 同上。 一册。

已見前,《百川學海》本①,又《唐宋叢書》本②。

2373 **聽雨紀談一卷** 同上。

明都穆撰。自序"成化丁未,自夏入秋不雨,至九月,淫雨浹旬。齋居無事,客有過我清談,漫爾筆之,得數十則"云云。其書皆參考經史異同。《續説郛》所刻多删節,此則足本也。

2374 **三餘贅筆一卷** 同上。

明都卬撰。穆之父也。是書亦雜録見聞。《四庫》本作二卷,此衹一卷,疑有缺逸。

2375 **物原一卷** 同上。 三書共一册。

國朝羅頎撰。凡十六門,曰天原、禮原、名原、樂原、政原、官原、資原、刑原、文原、食原、衣原、寶原、地原、兵原、技原、葬原。考證多略,又不注明出典,非佳本也。

2376 **山水忠肝集摘要一卷** 同上。

明蕭克撰。已見前,單行本。③

2377 **大六壬苗公射覆鬼撮脚三卷** 同上。

已見前,鈔本。④ 宜與此互校。

2378 **宜齋野乘一卷** 同上。

---

① 見第844條。

② 因重複未著録,説見第935條。

③ 見第351條。

④ 見第2092條。

已見前,《藝海珠塵》本。①

2379 **痛餘雜録一卷** 同上。 四書共一册。

明史淳撰。專述辰州一郡明末時事。

2380 **豪譜一卷** 同上。

國朝高承勳撰。雜采史傳中諸人之豪者,分爲二十四類,曰義豪、誼豪、才豪、氣豪、談豪、辨豪、狂豪、奇豪、俠豪、態豪、儒豪、文豪、書豪、筆豪、繪豪、吟豪、飲豪、隱豪、閨豪、童豪、市豪、賊豪、色豪、奢豪。挂漏甚多,且有不應稱豪而亦强名爲豪者。

2381 **游戲録二卷** 同上。 二書共一册。 以上十七種共二函,計十六册。

國朝程景沂撰。雜采諸書奇雋故實,各著所出,略如方以智《物理小識》之例。

中華民國二十七年六月石星五鈔,共二萬六千九百七十三字。

---

① 見第 2275 條。

# 蒲編堂路氏藏書目二十

子端手訂　共書一百八十四種，計六千二百五十卷，凡二百八十函。

2382 **薛氏宋元資治通鑒一百五十七卷**　坊刻本。　三函三十二册。

明薛應旂撰。是編與王宗泲書皆以續温公《通鑒》而作。王氏書前已著録。① 此書據朱竹垞《静志居詩話》嘗譏其孤陋寡聞，如王偁、李燾、楊仲良、徐夢莘、劉時舉、彭百川、李心傳、葉紹翁、陳均、徐自明諸家之書，多未寓目，并遼、金二《史》亦削而不書，惟道學宗派特詳耳。今核其書，于宋元官制、賦法一切制度多失闕略，于本紀、列傳亦不免繁複雜糅。然於道學諸人，能博采諸家文集，於詔令奏疏、議論啓劄，亦多載全篇，每出于正史之外。此外雜采説部諸書，亦頗足與正史相發明。惟失于限斷，是其一短耳。分别觀之可也。

2383 **李相國論事集六卷**　寫本。②　一函六册。

舊本題曰《李深之文集》。唐李絳撰。深之，其字也。隴西人。擢進士，歷中書門下平章事。今考其書，乃唐史官蔣偕編絳奏議之文與論諫之事。雖以"集"名，實則《魏鄭公諫録》之類也。前有大中五年偕自序，稱"今中執法夏侯公授余以公平生所論諫，

---

① 見第 2344 條。

② 邵懿辰《簡目標注》："路有鈔本。"

凡數十事。始自内廷,終于罷相,次成七篇,著之東觀,目爲《李相國論事集》”云云。其説甚明。今本標題殆後人妄改也。蔣序稱七篇,今佚其一,所存共六十五事。其中遺聞舊事,紀録頗詳,多新、舊《唐書》所未載。

2384 **温公家範十卷** 明天啓丙寅司馬氏刻本。 二册。

宋司馬光撰。首載《易·家人》卦辭及節録《大學》《孝經》《堯典》《詩·思齊》篇語,以爲全書綱領。以下分十九篇,曰《治家》、曰《祖》、曰《父》、曰《母》、曰《子》、曰《女》、曰《孫》、曰《伯叔父》、曰《侄》、曰《兄》、曰《弟》、曰《姑姊妹》、曰《夫》、曰《妻》、曰《舅甥》、曰《舅姑》、曰《婦》、曰《妾》、曰《乳母》。皆雜采史事可爲法戒者著之,亦有間自加論説者。與朱子《小學義例》差異,而用意略同。此本爲温公裔孫露所刊,自稱爲十八世孫云。

2385 **温公年譜六卷** 萬曆戊午司馬氏刻本。 二册。 與上共一函。

明馬巒撰。巒,字子端,夏縣人。與温公爲同里。以温公舊無年譜,因撰此編,以補史傳所不及。其大旨以行狀爲主,而參以史傳及《名臣言行録》《傳家集》諸書。其餘詩話、小説,皆詳爲考訂,分年編次。其不可專屬一年者,則總爲附録于末。

2386 **李忠定公奏議六十九卷附録九卷** 明正德十一年丙子巡按福建監察御史胡氏文静刻本。 一函十册。

宋李綱撰。綱,字伯紀,邵武人。政和二年進士,官至尚書右僕射兼中書侍郎,爲御史所劾,罷爲觀文殿大學士,卒謚忠定。按陳俊卿作《梁溪集序》,稱其子秀之編其表章、奏劄爲八十卷。此本前載陳俊卿序,又淳熙十年朱子序,亦稱“諸子集其平生奏草,得八十卷”云云。而書實止六十九卷,則已非秀之所編之舊矣。末又有《附録》九卷。一曰《靖康傳信録》,一曰《建炎時政記》,共爲三卷。第四卷以下皆忠定所爲制詔表劄,疑即《宋史》所謂《建炎制詔表劄集》也。朱子序云“其言正大明白,而纖微曲折,究極事情”,可謂篤論。

2387 **東坡全集七十五卷附年譜一卷本傳一卷詩選十二卷** 坊刻本。四函四十八册。

東坡集在宋時已非一本,陳直齋云有杭本、蜀本,又有東坡曾孫嶠所刊建安本,又有麻沙書坊《大全集》本,又有張氏所刊吉州本,又有蘇州居世英所刊本,又有邵復儒家細字小本東坡集,又有松江東日和尚所藏大本東坡集,又有小字大本東坡集。要之傳刻愈多,紊亂愈甚。然其體例大要有二,一爲分集編訂,一爲分類合編。宋時所謂《大全集》者,率用分類之例。元明以來多沿之,明刻本尤多,此本即其一也。衹七十五卷,號《東坡先生全集》,載文不載詩,稱“陳明卿太史訂正”。前有項煜序一篇。首爲賦,次爲論,次爲經義,次爲邇英進讀,次爲講筵進記,次策問,次雜策及策略,次序,次説,次記,次傳,次志銘、行狀、碑銘、頌、箴、贊、偈、表狀、奏議、制敕、口宣、批答、表本、國書、青詞、朱表、疏文、齋文、祝文、歌詞、樂語,次啓書、尺牘、祭文、哀詞、雜著、評史、題跋、雜記。末二卷爲詞。合七十五卷。後附宋王宗稷所編《年譜》一卷,《宋史》本傳一卷,又附明譚元春所選東坡詩十二卷。

2388 **四書集疏附正二十二卷** 道光乙未刻本。 九册。

國朝張秉直撰。秉直,字含中,號蘿谷,陝西澄城人。是書皆其談四書時偶有所解,彙録簡端者。其論以朱子爲宗,而參以諸儒之説。道光乙未,其同里人連毓太爲之校刻。凡《大學》二卷、《中庸》三卷、《論語》十卷、《孟子》七卷。

2389 **論語緒言一卷** 同上。 一册。 二書共一函。

前人撰。

2390 **文談一卷** 同上。 一函一册。

前人撰。其大旨謂文章之道,不讀《左》《史》,無以探其本;不讀八家,無以盡其法。因擇古今諸人論文之語,并附己説,彙爲是編。

2391 **精華録訓纂二十卷目二卷年譜二卷附録一卷** 惠氏紅豆齋刻本。一函十二册。

國朝王士禛撰。漁洋山人詩初刻有《落箋堂集》,皆少作也。又有《阮亭詩》及《過江》《入吴》《白門》前後諸集,後删并爲《漁洋前集》,而諸集皆佚。嗣有《漁洋續集》《蠶尾集》《續集》《後集》《南海集》《雍益集》諸刻,是編乃又删掇諸集,而合爲一帙者,相傳爲山人所手訂。其子啓汧跋稱門人曹禾、盛符升仿任淵《山谷精華録》之例,鈔爲此録者,蓋托詞也。此録向無注釋,乾隆間長洲惠氏棟始搜采諸書,爲之訓纂。并從黄氏叔琳家得山人自撰《年譜》一卷,亦爲補注,釐爲二卷。後又見崑山金氏林爲《精華箋注》一書,既合古、近體爲一,復取己注參錯注之,間有新增者,率淺近謬誤,不可悉舉,乃又爲《金氏箋注辨訛》一卷附于後。惠氏四世藏書,每多秘本,稱注此集時所采書共數百種,悉從本書中出,不敢蹈襲類書。而於漁洋家集,搜訪尤遍,凡山人著作有與詩詞足相發明者,必全録之以備闕略。故此注極爲精博,不特臚列故實,抑亦考證之林也。

2392 **通鑒節要四十五卷** 明嘉靖庚子書林陳氏積善堂刻本。 四函二十册。

明劉剡撰。先是宋江贄以温公《通鑒》浩博,學者難究,乃删存大要,爲《少微通鑒詳節》一書。明鄱陽王逢又即其書而采史炤《音釋》、王幼學《集覽》等編,爲之標注,名曰《資治通鑒釋義》。

劉剡乃又因王氏之書，兼取金履祥《通鑒前編》、劉恕《通鑒外紀》、陳桱《通鑒續編》及王宗洙、薛應旂之《宋元通鑒》，張九韶之《元史續編》，梁寅之《宋元史略》，劉定之之《宋元論斷》，丘濬之《世史正綱》諸書，删繁節要以成是編。上起盤古，下迄元至正二十八年，共勒爲四十五卷。又雜采諸家之論，附于各事之下。前爲引用先儒姓氏，次爲讀《通鑒》法，次爲總要通論，次爲《通鑒》釋例，皆不入卷。

2393 **季漢書九十卷附辨異一卷** 道光己丑青山環漪軒刻本。 二函十六册。

國朝諸暨章陶撰。遵朱子"正統在蜀"之論，正陳壽《三國志》之誤而改訂之。首爲本紀二卷，以下皆爲列傳，而分標魏主、漢魏臣、魏家人、魏諸子、魏臣、魏晋臣、吴主、吴家人、吴諸子、吴宗室、吴臣、忠節、孝義、隱逸、文林、方技、列女、四裔諸目。其材則仍取之于陳《志》、裴《注》諸書。而書法義例則較宋之蕭常、元之郝經、明之謝陛諸家所撰者，特爲精嚴。末附《辨異》一卷，乃其邑人張廉所撰。取是書之所以異于蕭、郝、謝三書者，條列而評辨之。諸家異同得失，可一目瞭然。其評論亦較爲持平，但詞旨稍欠雅馴，竟似四書文批語，則非所以評史矣。

2394 **吾學編六十九卷** 明刻本。 二函十二册。

明鄭曉撰。首爲《大政記》十卷，起明初，迄正德，凡關係朝廷大政者，仿朱子《綱目》之例，以歲繫月，條載于下。次爲《遜國記》一卷，述建文時君臣事迹。次爲《同姓諸王表》弍卷、《傳》三卷。次爲《異姓諸侯表》一卷、《傳》二卷。次爲《直文淵閣諸臣表》一卷。次爲《兩京典銓表》一卷。次爲《名臣記》三十卷。次爲《遜國臣記》八卷。次爲《天文述》一卷。次爲《地理述》《三禮述》《百官述》《四夷考》各二卷。次爲《北虜考》一卷。凡十四篇。

2395 **嘉隆兩朝聞見紀十二卷** 明刻本。 二函十二册。

明沈越撰。以薛氏《憲章録》、鄭氏《吾學編》諸書止載武宗以前事，故續取世、穆兩朝政迹，彙次成編。起正德十六年世宗即位，止於隆慶六年。所采書目自《明倫大典》以下凡四十種。朱之蕃序謂爲野史之良云。

2396 **禮書一百五十卷** 明刻本。 四函廿四册。

宋陳祥道撰。多掊擊鄭氏之學，而依據王氏《新經義》。然貫通經、傳，綱舉目張。晁、陳二氏皆服其精博。

2397 **春秋經解十五卷** 聚珍板本。 二函十二册。

宋孫覺撰。孫氏，字莘老。早從胡瑗游，傳其《春秋》之學。大旨以抑伯尊王爲主，多宗《穀梁》之説，而參以左氏、公羊、啖、趙諸家釋。其長者從之；其所未聞，則以安定之説解之。今胡氏《口義》五卷已佚，傳其緒論，惟覺此書耳。

2398 **唐世説新語十三卷** 明馮氏夢禎刻本。 一函六册。

唐劉肅撰。前所列《稗海》本[①]佚其卷末總論一篇及"政能第八"之標題。此本多總論一篇，而"政能第八"之標題仍然脱去，誤以"政能"二字連屬《持法第七》篇之末，而以"忠烈第九"移爲第八，又《諛佞》一篇目中亦脱去。今各爲標明，計爲書共三十門，門各一篇。後之總論一篇，不在其數。前又有肅自序及馮氏刻書序。

2399 **經義雜記三十卷** 嘉慶己未阮刻本。 一函八册。

國朝武進生員臧琳玉林撰。是編考究諸經，專取漢人訓説。爲諸生三十年，凡有所得，皆隨手記録。聞有他説，亦附益之。書

---

① 見第968條。

成後，初未刊布。嘉慶己未，阮芸臺相國得其稿于玉林之玄孫鏞，乃爲之付梓。末爲《叙録》一卷，爲玄孫鏞所編，則諸人所作之傳及弁言、評論也。

2400 **華陽集四十卷** 聚珍板本。 一函十册。

宋王珪撰。原本久佚，此從《永樂大典》搜輯者。伏讀《四庫》著録本，稱六十卷，又《附録》十卷。此以聚珍板摹印，則僅四十卷。殆《提要》所云青詞、密詞諸作，非文章正軌，概加删削故也。珪文章多臺閣之體，其詩亦善言富貴，當時謂之“至寶丹”。

2401 **浮溪集三十二卷** 聚珍板本。 二函十六册。

宋汪藻撰。原本久佚，此從《永樂大典》搜輯者。藻，字彦章。文章淹雅，爲南渡後詞臣之冠。其《隆祐太后手書建炎德音》諸篇，尤足以感動人心。

2402 **南澗甲乙稿二十二卷** 聚珍板本。 二函十六册。

宋韓元吉撰。原本久佚，此從《永樂大典》搜輯者。元吉，字无咎，開封雍丘人。南渡後流寓信州之上饒。本文獻世家，其親串交游，若葉夢得、張浚、曾幾、曾豐、陳巖肖、龔頤正、陸游、趙蕃諸人，又皆當代勝流。故文章矩矱，具有師承。在南宋諸家中，亦可謂表表者矣。

2403 **蒙齋集二十卷** 聚珍板本。 二函十六册。

宋袁甫撰。原本久佚，此從《永樂大典》搜輯者。甫，字廣微，燮之子也。歷官吏部侍郎，權兵部尚書，贈少傅，謚正肅。廣微居官，皆著政績。所條議皆確可施行，不同空談。至遇朝廷大事，尤能侃侃直陳，不避權貴。集中所載劄子，尚足見其骨鯁之概。

2404 **耻堂存稿八卷** 聚珍板本。 一函六册。

宋高斯得撰。原本久佚,此從《永樂大典》搜輯者。斯得,字不妄。立朝謇諤盡言,搏擊奸邪,不遺餘力。集中所載奏疏,忠憤痛切,尤中當時弊竇。

2405 **文山集二十三卷** 雍正三年文氏刻本。 二函十册。

宋文天祥撰。先生大節,照曜今古,而著作亦卓偉雄贍,如長江大河,浩瀚無際。其廷試對策及上理宗諸書,尤不愧"肝膽如鐵石"之目。生平有《文山隨筆》數十大册,常以自隨,遭難後盡失之。元貞、大德①間,其鄉人搜討編輯爲前集三十二卷、後集七卷,世稱道體堂刻本。明初其本又復散佚,明人何遷、張元諭等嗣有刊刻,然亦漫漶罕傳。國朝雍正三年,先生十四世孫有焕等乃重刻于家祠,即此本也。凡雜文九卷,其第四卷分爲上、下二卷,共十卷。詩一卷,《指南首録》四卷,《指南後録》五卷,第一卷分上、下二卷。《集杜詩》一卷,《紀年録》一卷,又《附録》一卷,共二十三卷。按原書目祇標十六卷,實廿三卷。其指南二《録》乃先生自德祐丙子奉使入元營,間道浮海,誓師閩粤,羈留燕邸患難中手自編定者。《紀年録》則先生在獄時所自述。《附録》所載,則序記碑銘之類,其子孫所綴録也。

2406 **柯山集五十卷** 聚珍板本。 四函二十四册。

宋張耒撰。耒,字文潛。東坡嘗稱其文汪洋沖淡,有一唱三嘆之音。其集在南宋初已非一本,有十卷者,有三十卷者,有七十卷者。《文獻通考》作一百卷,最爲賅備。然與此本皆殊。此本則不知何時何人掇拾殘剩所編也。伏讀《四庫》著録本作《宛丘集》七十六卷,此則題《柯山集》,從《通考》之舊名,且少二十六卷,未

---

① "大"下原脱"德"字,《四庫全書總目 · 文山集》云"元貞、大德間",據補。

詳何故。

2407 **四書講義參真十九卷** 道光己亥党氏刊本。 二函十册。

國朝武功党瀛海峰撰。是説兼采衆説,其義有未安者,則以己意折衷之。大旨名物、訓詁多依漢學,而詮理則宗程朱。凡《論語》十卷,《大學》《中庸》各一卷,《孟子》七卷。道光己亥族子蘭皋先生名全衡。刻于嘉禾。

2408 **涌幢小品三十二卷** 無刊刻年月。 二函十六册。

明朱國楨撰。雜記見聞,間存考證。是非亦不甚失真,在明人説部之中,猶爲質實而可據者。是書初名曰《希洪》,蓋欲仿《容齋隨筆》之意。既而覺其不類,乃改今名。其曰"小品"者,猶雜俎也。其曰"涌幢"者,嘗構木爲亭,六角爲石幢,可卷可舒,可擇地而移,出没隱現如忽涌出,故以爲名。詳載卷前《涌幢説》。

2409 **六書統二十卷** 明刻本。 二函十册。

元楊桓撰。桓,字武子,號辛泉,兖州人。官至國子監司業。事迹具《元史》本傳。是書正大丙申其子守義進于朝,詔下江浙鏤板。前有國子博士劉泰序及桓自序。大旨以六書統諸字,故名曰"統"。凡象形之例十,會意之例十六,指事之例九,轉注之例十八,形聲之例十八,假借之例十四。其象形、會意、轉注、形聲四例,大致因戴侗《六書故》門目而衍之。指事、假借二例則桓以意鈎稽,自生分別。所列先古文大篆,次鐘鼎文,次小篆。其説謂文簡意足,莫善於古文大篆,惜其磨滅,數少而不足於用。文字備用者,莫過於小篆,而訛謬于後人之傳寫者,亦所不免,乃以古文證之,悉復其舊。蓋楊氏作是書之旨在此。然私意改創,變亂古文,門例叢雜,説多牽强,其謬誤之處亦即在此。存之以著其變可也。

2410 **金陀粹編二十八卷續編三十卷** 明嘉靖中依元至正刊本重雕本。 四函三十二册。

宋岳珂撰。珂爲武穆之孫,是編即爲辨其祖之冤而作。其別業在嘉興金陀坊,故以名書。前編成於嘉定戊寅,續編成於紹定戊子。前編凡《高宗宸翰》三卷、《鄂王行實編年》六卷、《鄂王家集》十卷、《籲天辨誣》并通叙六卷、《天定録》三卷。《辨誣》者,記秦檜等鍛煉誣陷之事,具載當時記載之文,而自繫辨證于後。《天定録》者,武穆昭雪以後,朝廷復爵、褒封、謚議諸事也。續編凡《高宗宸翰摭遺》一卷、《絲綸傳信録》十一卷、《天定別録》四卷、《百氏昭忠録》十四卷。《絲綸傳信録》紀武穆受官制劄及三省文移劄付。《天定別録》者,岳雲、岳雷、岳霖、岳甫、岳琛等辨誣復官及給還田宅諸制劄。《百氏昭忠録》者,武穆歷陣戰功及歷官政績,編于國史、載于諸人所作碑刻行實者也。此書歲久散佚。元至正二十三年重刻于浙,陳基爲之序。然脱簡缺文時時而有,殆後人從蠹殘之餘綴輯考訂者。明嘉靖時即依其舊翻雕也。此本爲乾隆三十八年編修勵氏守謙所進,乃開四庫館時采取者。卷首有翰林院印,又有進書時某家所交出家藏某書木記一方。

2411 **分類補注李太白詩集二十五卷** 明長洲許氏自昌刻本。 二函十二册。

宋楊齊賢集注,元蕭士贇删補。杜詩自北宋以來,注者不下數十家。注李集者,由宋及元,傳世者祇此一本。康熙中,吴縣繆曰芑翻刻宋本《李翰林集》,前二十三卷爲歌詩,後六卷爲雜著。此本則以古賦、歌詩、樂府分類標列,與繆本目次不同,未審爲楊氏所改編,抑蕭氏所改編也。原書無序跋,皆不可考。注中多徵引故實,兼及意義,浩博詳贍,足資檢閲。惟原書共三十卷,前二十五卷爲詩歌,後五卷爲雜文。此本爲明許自昌所刻,乃盡二十五卷而止,無後五卷。其標題亦祇稱《分類補注李太白詩》,而不言“集”。豈許氏删去雜文之五卷歟？殊爲謬妄。而板刻較爲清整，足資賞玩。

2412 **集千家注杜詩二十卷** 明許氏刻本。 二函十二册。

已詳前。此則許氏李杜合刻本也，與前李詩《補注》板同。

2413 **天中記六十卷** 明刻本。 六函六十册。

明陳耀文撰。耀文，字晦伯。是編乃其類事之書。以所居近天中山，故以爲名。世所行本皆五十卷，卷端亦不題次第，草略殊甚。蓋初刻未竟之本。惟此本作六十卷，與《明史·志》合，乃完書也。明人類書，大都不標出處，無可徵信，此則援引繁富，而一一著所由來，實爲明代諸書所不及。且自來類事之書，不過臚列故實，罕所考證，此則每條之下間附案語，凡舊説之舛誤者，多所糾正，非若展轉販鬻、承訛襲謬者比。是其于隸事之中，兼資考據，不但爲多識之助也。明一代稱博洽者，推楊用修。起而與之争者，則惟晦伯。所學雖駁雜不純，而見聞實富。故是書所采，自九流毖緯以逮僻典遺文，網羅浩博，遠在彭氏《山堂肆考》、董斯張《廣博物》諸書之上。

2414 **荆川稗編一百二十卷** 明刻本。 八函六十册。

明唐順之編。薈萃群言，區分類聚。巨細兼陳，門目浩博。始之以六經，終之以六官。六經所不能盡，則條次以九流諸家之學術，凡爲類二十有七。六官所不能盡，則賅括以歷代之史傳，凡爲類二十有五。其門人左烝先爲之考校付梓。烝殁而書殘缺。茅一相復加釐正，于萬曆辛巳復刊于文霞閣中。所引書名、人名原本錯互不合者，一相亦爲訂正。前有凡例十五條。

2415 **草木子八卷** 堂策檻刻本。據卷末閩人林大黼跋稱，是書“正德丙子葉溥爲福州守時付梓。後又梓于臺署。迨嘉靖癸卯，黄巖王氏又梓之。由癸卯至今，世歷三朝，年更四紀，板漫漶日剥，黼因重校而梓之”云云。按：嘉靖癸卯爲世宗嘉靖二十二年，再歷四紀則爲萬曆二十年壬辰、癸巳間矣。今余得此本，但題“堂策檻”三字，疑坊間又依萬曆本翻雕者。　一函四册。

明葉子奇撰。子奇，字世傑，龍泉人。明初以薦官巴陵縣主簿。其所著書有《範通玄理》《太玄本旨》各二卷，詩十六卷，文二十卷，本草、醫書《節要》各十卷，《齊東野語》三卷。又《餘録》若干卷，紀元季明初事最詳。今他書皆佚，惟《太玄本旨》及此書存耳。其書據黄衷序稱本二十二篇，其裔孫溥以南京御史出知福州時刻之，約爲八篇，曰《管窺》，曰《觀物》，曰《原道》，曰《鈎玄》，曰《克謹》，曰《雜制》，曰《譚藪》，曰《雜俎》，篇爲一卷。自天文、地紀、人事、物理，皆一一辨析，頗多微義。其記元代故事，尤爲詳核。前有自序，稱洪武戊午以事株連就逮，幽憂于獄，恐一旦身先朝露，與草木同腐，因于圄中追憶見聞，遇有所得即書之。及事得釋，又續成之。因以“草木子”名其編。

2416 **七緯三十八卷**　嘉慶九年小積石山房刻本。　一函六册。

國朝侯官趙在翰纂輯。緯書之興，始於漢之克平。《隋志》所載八十一篇，唐以後遂皆就湮滅。蓋至宋大明中禁圖讖，梁天監以後又重其制，及唐高祖受禪禁之愈切，故緯讖之書并佚。其至今存者，僅《易緯乾鑿度》《乾坤鑿度》二書而已。明孫瑴嘗搜采舊文，爲之彙輯，成《古微書》三十六卷。然亦不過粗具梗概而已。又唐瞿曇悉達《開元占經》去隋未遠，所引諸緯多者百餘條，少者數十條。隋蕭吉《五行大義》一書，亦多所引用。瑴彼時皆未見其書，故多所遺漏。本朝開四庫館時，于《永樂大典》中搜得《易緯稽覽圖》等六書與世傳之《乾鑿度》《乾坤鑿度》二書，裒輯編次，配爲八種，用以著録，而《易緯》乃大備。然其餘他經之緯，則仍不可稽。蓋遺編殘簡,十不存其一矣。幸其崖略尚往往見于諸經傳注、諸史注及唐宋人諸類書中。趙氏乃依《易緯》八種之例,博采經史注及《文選注》《初學記》《書鈔》《御覽》諸書,本《隋志》著録之名,依《書》《詩》《禮》《樂》《春秋》《孝經》之次,纂爲二十九卷,冠以《易緯》八卷,合爲三十七卷。末又爲《叙録》一卷。凡《易》之緯八,其名已詳于聚珍板本。次爲《書》之緯五,曰《旋機鈐》、曰《考靈耀》、曰《刑德放》、曰《帝命驗》、曰《運期授》。次爲《詩》之緯三,曰《推度灾》①、曰《泛曆樞》、曰《含神霧》。次爲《禮》之緯三,曰《含文嘉》、曰《稽命徵》、曰《斗威儀》。次爲《樂》之緯三,曰《動聲儀》、曰《稽耀嘉》、曰《汁圖徵》。次爲《春秋》之緯十三,曰《演孔圖》、曰《元命苞》、曰《文耀鈎》、曰《運斗樞》、曰《感精符》、曰《合誠圖》、曰《考異郵》、曰《保乾圖》、曰《漢含孳》、曰《佐助期》、曰《握誠圖》、曰《潛潭巴》、曰《説題辭》。次爲《孝經》之緯二,曰《援神契》、曰《鈎命决》。統名曰《七緯》,言七經之緯也。各標其出處于每條之下,而以《説郛》《古微書》及余蕭客《古經解鈎沈》所載參補之。其詞歧者兩存,理互者必斷,其他屬于讖者皆不録。蓋緯自緯,而圖讖自圖讖,不相蒙也。書成之後,阮芸臺相國又以《開元占經》及新得日本所傳隋《五行大義》二書所引緯書諸條寄之趙氏,因并爲補遺,録附于各卷之後。蓋至是而緯之湮滅者復彰,散佚者復聚。雖不能睹其全編,而碎圭殘璧亦略萃于是矣。趙氏采摭編綴,使學者于千百年後猶得見東京以上之遺文,以資考證,其功豈尠小哉!是書與孫氏《古微書》同一用力之勤,而詳慎則遠出其上,讀者宜寶之。

---

① "推度"下原衍"推"字,今删。

2417 **文恭集四十卷** 聚珍板本。 二函二十册。

宋胡宿撰。宿,字武平,常州人。文恭其謚也。事迹詳《宋史》本傳。武平立朝以廉直著,歷事仁宗、英宗,爲時名臣,學問亦極該博。當時文格未變,尚沿四六駢偶之習,而宿于是體尤工。所爲朝廷大制作,典重贍麗,上法六朝。韻語亦直造盛唐閫閾,迥出楊億、錢惟演諸人之上。《集》本七十卷,見於陳氏《書録解題》,宋以後久無傳本。此乃從《永樂大典》中搜輯者,計詩文一千四百餘首,尚可十得八九。乾隆間開四庫館時,以全帙繕入《全書》,而又删其青詞、樂語諸作之詭于正者,定爲四十卷,以活字板印行,即此本也。

2418 **龍川文集三十卷** 明刻本。 一函八册。

宋陳亮撰。亮,字同甫,婺州永康人。《集》中所載大抵議論之文居多。才辯縱横,不可控勒,雖以朱子之盛名,亦負氣傲睨,不肯相下,其他可知矣。前有葉適序,稱《集》凡四十卷,今止存三十卷。

2419 **道古堂文集四十六卷詩集二十六卷** 乾隆五十五年刻本。 二函十四册。

國朝杭世駿撰。世駿,字大宗,號堇浦,仁和人。乾隆丙辰試博學鴻詞,援編修。學問典贍,與亭林、竹垞諸先哲足相伯仲。

2420 **元文類七十卷目録三卷** 明刻本。 二函二十册。

元蘇天爵編。書成於元統二年。分四十三類。所録諸作自元初迄於延祐,正元文極盛之日。而蘇氏又工于鑒别,去取精嚴,具有體要。自元興以逮中葉,英華采擷,略具于斯矣。此與《唐文粹》《宋文鑒》二編鼎立而三。明程敏政所編《明文衡》努力繼之,然終不逮也。

2421 **御定全金詩七十四卷** 内廷刊本。 四函三十二册。

康熙五十年聖祖仁皇帝御定。先是金元好問以金一代詩分爲十卷,於姓名之下各列小傳,旁及佚事,大旨在以詩存史,名曰《中州集》,頗爲詳悉。然于金源著作未能搜求賅備,僅得詩一千九百八十餘首,作者二百四十餘人。國朝郭元釪因取元氏原本重爲葺綴,所增之詩視舊加倍,所增之人視舊三倍。仍存元氏之小傳,而取劉祁《歸潛志》以拾其遺,别題曰"補"。又雜取《金史》及諸家文集、説部附録于後,以備考核,别題曰"附"。元釪有所論説,亦附見焉。書成奏上,仰蒙御製序文刊行。金源一代著作,粲然大備。元氏原書,可以束之高閣矣。

2422 **明詩綜一百卷** 乾隆間刻本。 四函四十册。

國朝朱彝尊編。先是錢謙益編《列朝詩集》,顛倒是非,不協公論,竹垞乃爲此編以糾其謬。每人皆略叙始末,備載諸家之評,而以所作《静志居詩話》分附于後。所選博而不濫,議論亦皆持平。

2423 **文選補遺四十卷** 明茶陵東山書院刊本。 二函二十册。

宋陳仁子編。以蕭氏《文選》所存所删多有未當,乃編是集以補之。起秦訖梁,以先儒之説及己所以去取之意,附于各篇標題之下。詳見卷前廬陵趙文序。仁①子本講學家,故執真西山《文章正宗》之法,以甲乙《文選》,其持論不免偏拘。然存此編以與蕭氏書相輔而行,亦文質相宜之道也。

2424 **簡齋集十六卷** 聚珍板本。 一函二册。

宋陳與義撰。與義,字去非,簡齋其號也,洛陽人。其生後于

---

① "仁"原誤作"文",《四庫全書簡明目録·文選補遺》云"仁子本講學家",據改。

元祐諸人,故吕本中《江西宗派圖》中不列其名。然建炎以後,北宋詩人凋零殆盡,惟簡齋爲文章宿老,巋然獨存。其文、詩皆風格遒上,能自闢蹊徑。方回《瀛奎律髓》以杜甫爲一祖,以黄庭堅、陳師道及與義爲三宗,亦可見其梗概矣。

2425 **樊榭山房集二十卷** 乾隆間刻本。 一函四册。

國朝厲鶚撰。鶚,字太鴻,錢唐人。分前、後二集。前集爲自康熙甲午至乾隆己未之作,分甲、乙、丙、丁、戊、己、庚、辛八卷。附以詞,分甲、乙二卷。續集亦詩八卷,而以北樂府一卷、小令一卷附焉,則己未至辛未所作也。生平博洽群書,尤熟于宋事。嘗撰《宋詩紀事》一百卷、《南宋院畫録》八卷、《東城雜記》二卷,又與同社作《南宋雜事詩》七卷,皆考證詳明,足以傳後。其詩則吐屬嫻雅,綽有餘思,絶不染南宋江湖末派。

2426 **東原文集十卷** 曲阜孔氏微波榭刻本。

國朝休寧戴震撰。震,字東原,博極群書。乾隆間開四庫館時,先生以鄉貢士被薦入館,充校理。天文、地理、曆數之學,多所究悉。今所行聚珍板《水經注》及《孫子》等算經皆先生所手校,既已,官爲刊行,而其遺書之未經刊布者尚夥。曲阜孔氏繼涵乃搜求諸藁,爲之付梓,統名曰《戴①氏遺書》。此《文集》乃《遺書》之一種也。其集大半皆考訂之文,于經文注疏、古今制度言之鑿鑿。其他酬應之作,僅十之一二耳。

2427 **毛鄭詩考正五卷** 同上。

前人撰。于《毛傳》《鄭箋》之舛誤及有他解者,皆一一訂正之,而因兼及作《詩》之旨,極爲辯博。

---

① "戴"原誤作"孔",今正。

2428 **詩經補注二卷** 同上。

前人撰。列《毛傳》《鄭箋》于前，而以己所補者校注于後，皆標“震按”二字以别之。此本爲先生未完之書，僅有二《南》，餘皆闕如。

2429 **續天文略二卷** 同上。

前人撰。以鄭樵《通志·天文略》一篇訛舛特甚，乃續爲此編以補正之。爲目凡十，曰星見伏昏旦中，曰列宿十二次，曰星象，曰黄道宿度，曰七衡六間，曰晷景短長，曰北極高下，曰日月五步規法，曰儀象，曰漏刻。采自唐虞以來，下迄元明，見于六經、史籍有關運行之體者，約而論之。凡占變推步之術不與焉。分爲三卷。今衹存上、中二卷，凡七篇，餘三篇佚。

2430 **考工記圖二卷** 同上。

前人撰。已見前，單行本。①

2431 **五經文字三卷** 同上。

唐張參撰。已見前，叢書樓刊本。② 此則曲阜孔氏重加校刊者也。

2432 **九經字樣一卷** 同上。

唐唐玄度撰。亦已見叢書樓本。③ 曲阜孔氏又重加校刊。

2433 **五經文字疑一卷** 同上。

曲阜孔氏繼涵既刻《五經文字》《九經字樣》二書，并指正明諸生王堯典《石經補缺》之訛，爲《五經文字疑》一卷，詳加考正，

---

① 見第 245 條。

② 見第 1651 條。

③ 見第 1652 條。

附于二書之後。

2434 **九經字樣疑一卷** 同上。

前人撰。

2435 **水地記一卷** 同上。

戴震撰。摘録《山海經》《水經》諸水所出之山,凡二十四條。以某水出某山爲綱,而詳注其源流派别于下。仿酈氏《水經注》例,旁及古迹遺事,頗爲賅博。然僅二十餘條,疑先生未竟稿也。

2436 **聲類表十卷** 同上。

前人撰。詳論諸字等韻,而以江慎修、顧亭林諸家得失参校之。

2437 **原象一卷** 同上。

前人撰。凡八篇。論南北極、赤黄道以及歲差、置閏、星度、曆算之法。末爲《迎日推策記》一篇。

2438 **句股割圜記三卷** 同上。 以上十三種共一函,計六册。

前人撰。約古今步算之法,因《周髀》首章之義,衍而極之,以爲此編。標義于前,而逐段注其法于後。歙人吴思孝以古法未易驟明,又以今之平三角弧三角法附注之。

2439 **孟子字義疏證三卷** 同上。

前人撰。凡理十五條,天道四條,性九條,才三條,道四條,仁、義、禮、智二條,誠二條,權五條。詳論其義,而引諸經之語以相發明。

2440 **原善三卷** 同上。

前人撰。文集中載《原善》三章,闡發性命之理。繼恐學者蔽其宗旨,乃更援據經言疏通證明之,而以三章分冠其首,略仿經傳之體。

2441 **聲韻考四卷** 同上。

前人撰。首論反切、韻書、四聲之始以及隋陸法言《切韻》、宋祥符《廣韻》,次論《廣韻》獨用同用四聲及宋景德《韻略》、景祐《禮部韻略》、寶元《集韻》,次論古音,次論《玉篇》末《聲論反紐圖》及劉鑑《切韻指南》、顧氏《音論》、盧氏所藏《廣韻》,并《答江慎修論小學》《秦尚書論韻書中字義》二書。

2442 **策算一卷** 同上。

前人撰。策算與籌算異。籌者,以竹徑一分長六寸,二百七十一枚,而成六觚爲一握,其一枚謂之一籌。策者,以九九八十一乘除之書于策也。戴氏此書專論策算之法,取經史中資于算者次爲一卷,各繪爲圖而列其説。

2443 **方言疏證十三卷** 同上。

前人撰。已見前,單行本。①

2444 **孟子趙注十四卷** 同上。

已見前,單行本。②

2445 **春秋金鎖匙一卷** 同上。

元趙汸撰。撮舉聖人之特筆與《春秋》之大例,以事之相類者,互相推勘,以考究異同,而申明正變。蓋合比事、屬詞而一之者。

2446 **春秋長曆一卷** 同上。

晋杜預撰。已見前,列莊刻《釋例》本中。③

---

① 見第 405 條。

② 見第 238 條。

③ 見第 1698 條。

2447 **春秋地名一卷** 同上。

前人撰。亦見前莊刻《釋例》本中。①

2448 **國語補音三卷** 同上。 以上十種共一函,計六册。

宋宋庠因唐人舊本重加補輯。本附《國語》後,後人苟求簡易,散入句下,舛漏宏多。此本猶從宋槧録出,而孔氏重刊入《叢書》者。其例以唐人舊音居前,己所增者題"補注"以别之。其釋正文者,大書其字,夾注其音。其釋注文者,則冠一"注"字。

2449 **算經十書三十一卷** 同上。 一函六册。

《周髀算經》二卷、《九章算術》九卷、附戴氏《策算》一卷,已見。②《海島算經》一卷、《孫子算經》三卷、《五曹算經》五卷、《夏侯陽算經》三卷、《張丘建算經》三卷、《五經算術》二卷、《緝古算經》一卷,共九種。其《綴術》一種爲齊祖沖之撰,唐李淳風注,今有目無書。末附《數術記遺》一卷。俱見前聚珍板及知不足齋各本中。

2450 **水經注校正一百二十四篇** 同上。 一函六册。

戴氏校定本。但依水分篇,而不分卷。以今所傳之《水經注》乃三十五卷之殘本,非四十卷之足本,特後人分裂,强足爲四十卷,以符原數耳。其舊第既不得而考,故亦闕之。其例于每水之注各條分之,使不相混,可以展卷瞭然。《四庫》所録官刊本即以此本爲藍本,其精審可知矣。

2451 **大學衍義四十三卷** 康熙四年署福建浦城縣教諭姚兆禎等因明刊本重校梓。 二函十二册。

---

① 見第 1698 條。

② 見第 2442 條。

宋真德秀撰。先生字希元,浦城人。慶元五年進士,官至資政殿直學士,卒謚文忠。事迹具《宋史》本傳。是書因《大學》之義而敷衍之。首以《爲治之要》《爲學之本》二篇。次分四大綱,曰格物致知、曰誠意正心、曰修身、曰齊家,分子目十有二。皆援引經訓,旁徵史事,參以先儒之論,以明法戒,而各以己意發明之。大旨在正本清源,故治平之道置而弗及焉。

2452 **讀書記四十卷** 乾隆四年真氏家祠刻本。 四函三十二册。

前人撰。原分甲、乙、丙、丁四集,後多散佚,僅存甲集三十七卷,論天人理氣之奥。乙集二十二卷,論虞夏以來名臣事迹。丁集二卷,論出處大義。見《四庫總目提要》。此編爲其裔孫鼎①元等所重纂,稱得古本,一爲開慶湯漢所刻,一爲咸淳乙丑陳氏所刊。二本皆漫漶訛缺,乃重爲校訂,釐爲四十卷云云。其次第與《提要》所言頗不相合。

2453 **西山文集五十五卷** 康熙刻本。 四函二十四册。

前人撰。先生傳朱子之學,所編《文章正宗》持論最嚴。而《集》中吹噓佛老之焰者,不一而足。然諸章疏條陳俱能詳明剴切,見諸行事,究不失爲有本之學。

2454 **文章正宗三十卷續集十二卷** 乾隆庚午浦城縣知縣劉秉鈞等重刻本。六函三十四册。

前人編。分辭命、議論、叙事、詩歌四門。録《左傳》《國語》以下至於唐末之作,持論甚嚴。以後世文辭競趨浮靡,愈變愈漓,故爲此編以正其趨。大旨以明義理、切世用爲主。必體近乎古,指近乎經者,乃入選,否則雖工不録。然未免矯枉過正,非通論

---

① "鼎"原誤作"昇",今正。

也。《續集》十二卷皆北宋之文,僅有論理、叙事二類。末卷議論之文,又有録無書,蓋未成之本耳。

2455 **心經一卷** 乾隆庚午真氏家祠刻本。

前人撰。集聖賢論心格言,而以諸儒議論爲之注。大旨以正心爲本。末附四言贊一首。

2456 **政經一卷** 同上。 二種附前《文章正宗》本後。

前人撰。采經典論政之言爲經,而雜引事迹爲之傳。後附載近事六條,題曰"附録"。又以先生歷官公牘、告諭之文綴焉,不知爲孰所附益也。

2457 **明史紀事本末八十卷** 坊刻本。 二函十六册。

國朝谷應泰撰。其書仿袁樞《通鑒紀事本末》之例,纂次明代典章事迹,分爲八十篇,篇爲一卷,首尾秩然。于一代事迹,極爲淹貫。每篇後各附論斷,皆仿《晋書》之體,以駢偶行文。而遣詞抑揚,隸事親切,尤爲曲折詳盡。

2458 **午亭文編五十卷** 乾隆刻本。 二函十六册。

國朝陳廷敬撰。廷敬,澤州人。是集以所居午亭山村爲名。于時古文推汪琬,詩推王漁洋,而午亭樹幟其間,不肯與之雷同。觀卷前自序,可以知其抱負矣。

2459 **西陂類稿五十卷** 乾隆中刻本。 二函十六册。

國朝宋犖撰。是編凡詩二十二卷、詞一卷、雜文八卷、奏疏六卷、公移二卷、《迎鑾日記》三卷、《筠廊偶筆》二卷、《二筆》二卷、年譜四卷。其詩集之目凡二十有五,本各自爲集,晚年致仕居西陂,乃手自删訂,彙爲兹帙。先生雖以任子入官,不由科目,而淹通典籍,諳習掌故,詩文爲當代所推,名亞于王漁洋。武進邵氏長蘅嘗選漁洋及商丘詩合刻爲《王宋二家集》,亦可以知二人之品藻矣。

2460 **曝書亭集八十卷附録一卷笛漁小藁十卷** 乾隆間朱氏刊本。 二函十二册。

國朝朱彝尊撰。凡賦一卷、詩二十二卷,皆編年爲次。始於順治乙酉,迄於康熙己丑,凡六十五年之作。其紀年皆用《爾雅》歲陽歲陰之名,從古例也。詞七卷。雜文五十卷,分二十六體。附録葉兒樂府一卷,則所作小令也。又《笛漁小藁》十卷,則竹垞先生之子昆田所作,其孫桂孫、稻孫等一并附刊者。先生以布衣登館閣,與一時名士掉鞅文壇。時王漁洋工詩而疏于文,汪鈍翁工文而疏于詩,閻潛丘、毛西河工于考證而詩、文皆次乘。惟先生事事皆工,兼有諸人之勝,信一代之詞宗也。《笛漁小藁》亦足繼美前徽,不愧弓冶。

2461 **絳帖平六卷** 聚珍板本。 一函三册。

宋姜夔撰。初潘師旦以《淳化閣帖》私自摹刻,世稱"潘駙馬帖"。後潘氏析居,法帖石分而爲二。絳州公庫得其石刻之半,補刻足之,名曰"絳帖",亦稱"東庫本"。逐卷分字號,以"日月光天德,山河壯帝居,太平無以報,願上登封書"二十字爲别。姜氏即就庫本論之,以一字爲一卷,故原書二十卷。今佚其十四卷,祇存六卷。宋之論法帖者,米芾、黄伯思等互有疏密,姜氏欲折衷其論,取漢官廷尉平之義以名之。卷前有自序稱:"帖雖小技,而上下千載,關涉史傳爲多。"觀是書考據精博,可云不負其言矣。

2462 **小畜集三十卷** 平陽趙氏刻本。 二函十二册。

宋王禹偁撰。字元之,鉅野人。太平興國八年進士,官至翰林學士、知制誥。嘗自次其文,以《易》筮之,得乾之小畜,因以名集。明以來但有寫本。乾隆間平陽趙氏始得宋紹興丁卯歷陽沈虞卿黄州刻本,重爲刊行,即此本也。此書前有沈序,而無趙氏重刻之序，殆書賈割去，僞充宋槧。然字體則實本朝所刻，非宋字也。其集凡賦二卷、詩十一卷、文十七卷。宋承五代之後，文體纖儷，禹偁始變爲古雅簡淡之作。其奏疏尤極剴切，在詞垣時𠩄爲應制駢偶之文，亦多宏麗典贍，不愧一時作手。惟原集尚有外集，爲其曾孫汾所裒輯，見於陳氏《直齋書録解題》，而其本久佚。《四庫總目》所載七卷，亦僅從紀氏閱微草堂所藏殘帙抄録者，今則全不可得矣。

2463 **太乙統宗寶鑒二十卷** 抄本。 一函十二册。

題元曉山老人撰，不知其姓名。前有大德七年自序。其書以太乙周行統運六十四卦，與夫五福三基之貴神，八門十精之星使，經緯錯綜，標類成編。凡分三百餘目。按：太乙之説，諸家頗多參差。或以爲天神貴者，或以爲北辰神名，或以爲木神之名，或謂其行左旋。或謂太乙知未來，故聖人爲之蹉一位，以示先知之義。或又謂地缺東南，故蹉九以填之。或又謂太乙之理，后王得之以統天下，故蹉一以就乾。《周易乾鑿》有“太乙行九宫法”，而今所傳次序乃特右旋，以乾巽爲一。皆大抵術家附會之談，未可爲典要也。然《漢志・五行家》有《泰壹陰陽》二十三卷，當即太乙家之書，其來已久。雖其術不可憑信，而其書則備三式之一，古今著録家皆有其説。唐王希明著《太乙金鏡式經》十卷，見於《新唐書・藝文志》，《四庫總目》亦著於録，而外間流傳頗少。惟此書尚多抄本傳世，且爲元人舊笈，則亦可珍之本也。其書以歲月日時爲綱，而以八將爲緯，三基、五福、十精之類爲經。其法以八將推其掩、迫、囚、擊、關、格之類，占内外灾福。又推四神所臨分野，占水、旱、兵、喪、饑饉、疾疫。又推三基、五福、大小游二限、易卦大運，占古今治亂。大約本王氏《金鏡式經》而推擴之，頗爲賅備。

2464 **皇朝文典七十四卷** 嘉慶二十年坊刻本。 六函三十二册。

國朝李兆洛編。兆洛,宜興人,由庶吉士改知縣。是書先有纂輯,兆洛以其乖紊,遂重釐次,以類相從,凡分五十八類。所編皆詞垣諸臣奉敕擬撰之文,凡祭文、册文、祝文、碑文、敕命、誥命及諭祭、諭葬、壙志、敕賜等鴻篇巨製咸在焉。成于嘉慶二十年,揚州府學諸生李淦校刊。

2465 **平津館藏書記正編三卷補編一卷續編一卷附廉石居藏書記二卷** 道光十六年陳宗彝刻。 一函二册。

國朝孫淵如先生星衍撰。先生家富圖書。《正編》三卷,乃其官山東糧儲道時擇家中要用書二百餘種載入行笈,而於公暇校訂者。凡刊刻年代、人名、前後序跋及諸家收藏印記、行款、字數皆一一登載。以宋板、元板、明板及影寫本爲次,而于各板之中略以經史子集分類相從。《補編》《續編》二卷,則先生歸里後取家藏舊笈續爲補録者也。《廉石居藏書記》二卷,分内、外二編,爲先生公子竹庲所藏,亦先生所手記而後人綴録者,較前《記》多有重複者。但詳刊刻年代、人名,而題跋、印記從略,亦不以宋板、元板、明板、影抄分類。蓋隨得隨記,後人輯録之時未經排比也。竹庲,名廷鐻,先生子。

2466 **周太朴詩一卷** 道光戊戌閩人黄熷刊本。 一函一册。

唐周朴撰。朴,字太朴,其先吴興人,唐季避地安溪,後居福州烏石山僧寺。黄巢至閩,朴以不屈被害,郡人于山上祠祀之。宋張浚謫福州時,表請于朝,賜號剛顯。喜吟詩,《文獻通考》載朴詩二卷,《捫虱新話》亦稱朴詩百餘篇,惜散佚罕傳。明徐𤊹嘗搜而刻之,僅三十七篇。又從他書搜録數首,爲補遺數條。惜其本傳播亦鮮。國朝閩人黄熷家有舊藏徐𤊹手輯本,乃於道光戊戌刻之。余於庚子典闈試,得士郭生柏蒼,頗好古,次年計偕持一本贈余。余閱之,乃知黃刊而郭校也。二人有同嗜,故舊帙得以表章,此其功匪淺。余固不識黃,然如郭生者,蓋亦可尚已。

2467 **樂書二百卷** 明刻本。 四函三十二册。

宋陳暘撰。祥道之弟也。自第一卷至九十五卷,皆引諸經論樂之文,爲之訓義。後一百五卷則專論律吕本義、樂器、樂章及五禮之用樂者,爲《樂圖論》。引據浩博,辨論精審。唐以來樂書無傳,北宋樂書存者惟《皇祐新樂圖記》及此書耳。然《皇祐》書祇三卷,此書則本本源源,雅俗并陳。論樂者當以此書爲賅備。

2468 **類編曆法通書大全三十卷** 明刻本。 二函十六册。

不著編輯者名氏。考《明史·藝文志》載《曆法通書》三十卷,注:“金谿何士泰景祥《曆法》、臨江宋魯珍輝山《通書》合編。”今是書於何、宋兩家外另標“鼇峰熊宗立道軒類編”一行,不知何時增入。十九卷以前目録析爲三節,分標何、宋、熊三人之名。自二十卷以下别起目録,似又另爲一書,而不注何人所纂。卷首之序亦無姓名,但稱“清江宋輝山《通書》集先賢之秘訣,會諸家之所長。而金谿何景祥有《曆法集成》,又輝山所未及采者。余以二書合而一之”云云。然則此書爲熊氏所重編,序即熊氏之序也。其所載選擇之要,皆術家常法相沿用者。《欽定協紀辨方書》多采其説。

2469 **水經注四十卷** 聚珍板本。 一函十六册。

是書自明以來絶少善本,惟朱謀㙔所箋盛行於世,而舛謬亦復相仍。此乃以《永樂大典》所載舊本重爲校正者,凡補脱佚者二千一百二十八字,删妄補者一千四百四十八字,正臆改者三千七百一十五字。雖原佚之五卷不可復補,而較之明人諸刻亦可謂神明焕然,還其舊觀矣。至於經文、注語,諸本往往混淆,此亦考驗舊文,尋其義例,一一釐定,各①以案語附於下方。復以純皇帝御製《熱河考》《灤源考證》諸篇録弁簡端,以正酈氏舊注之失。日月光昭,永垂定論。

2470 **欽定河源紀略三十六卷** 内廷刊本。 一函六册。

乾隆四十七年奉敕撰。是年春,以中州有事於河工,特命侍衛阿彌達告祭西寧河神。因西溯河源,繪圖具奏,言星宿海西南三百餘里有阿勒坦郭勒水,色獨黄;又西有阿勒坦噶達素齊老,流泉百道,入阿勒坦郭勒,是爲黄河真源。爲自古窮河源者所未及。純皇帝因命侍郎臣紀昀等尋繹史傳,旁稽舊説,綜其向背,定其是非,輯爲是書。冠以圖説,次以分合伏見四例列表提要,以該水道之脉絡,次分質實、證古、辨訛、紀事、雜録五門。而恭録《御製河源詩》及《讀〈宋史·河渠志〉》文於卷端,以弁冕全書,用以挈綱領、定權衡焉。

2471 **世説新語六卷補四卷** 明刻本。 一函十二册。

已見前。② 但前本乃從此本翻刻者,此則原本也,且多卷前人物及諸序跋。余因轉售前本而存此本。但《四庫書目》所謂袁褧刻本,終不獲見耳。

2472 **古今灾異類考三十八卷** 舊抄本。 一函十二册。

不著撰人名氏,前後亦無序跋。觀書中所引,至明萬曆而止,則爲萬曆間人矣。其書歷記古今灾異之事,分類編次。大抵采自史書五行志,起漢迄明,與世傳李淑通《五行類事占徵驗》頗相近。

---

① "各"原誤作"如",據《四庫全書總目》改。

② 見第206條。

2473 **通鑒總類二十卷** 明刻本。 二函二十册。

宋沈樞撰。取《資治通鑒》之文，仿《册府元龜》之例，分爲二百七十一門。每門各以事標題，略依時代爲次，亦間采温公議論附之。所分門目，頗嫌瑣碎。然《通鑒》浩博，談者每不能終卷，得此區分事類，使考古者易於檢尋，亦學人之一助也。嘉定中鋟板潮陽，樓鑰嘗爲之序。元至正中浙江行省重刊，周伯琦又序之。此本卷前二序并存，然其字迹乃明人重依元本翻雕者，惜未著其名耳。後有明司禮監李實跋語，乃其督理蘇杭織造時所跋，題"天啓壬戌歲"，然則是板或即李實所刻歟？

2474 **馬太僕奏略二卷** 嘉慶十七年馬氏刻本。 一函二册。

明馬孟貞撰。字泰符，桐城人，萬曆二十六年進士。由知縣内召，授御史，多所建白。以忤權奸，出爲廣東副使。天啓初，起南京光禄寺卿，轉太僕寺卿，以憂歸。魏忠賢竊政時，削奪爲民，後遂卒于家。卷後有其六世孫占照所跋，稱"太僕公爲御史時，奏疏凡百七八十上，此本則收輯于散佚之餘，僅三十五篇"云云。

2475 **倉頡篇三卷** 乾隆五十年孫氏刊本。 一函一册。

按許慎《説文解字叙》略稱宣王太史籀著《大篆》五十篇，與古文或異。其後七國言語異聲，文字異形。秦兼天下，丞相李斯乃奏同之，作《倉頡篇》，趙高又作《爰歷篇》，胡毋敬又作《博學篇》，皆取史籀大篆，或頗省改，所謂小篆者也。又《隋書·志》："《三倉》三卷，郭璞注。秦相李斯作《倉頡篇》，漢揚雄作《訓纂篇》，後漢郎中賈魴作《滂喜篇》，故曰《三倉》。"又《漢書·志》云："漢興，閭里書師合《倉頡》《爰歷》《博學》三篇，斷六十字以爲一章，凡五十五章，并爲《倉頡篇》。"然則趙高之《爰歷》、胡毋敬之《博學》俱在《倉頡篇》中矣，揚雄之《訓纂》、賈魴之《滂喜》俱在

《三倉篇》中矣。《倉頡》《三倉》唐以後已亡,而自漢及唐,迄於北宋,諸經傳注及子史類書、道釋二《藏》中尚頗有稱引者,陽湖孫氏淵如先生乃搜輯其文,編爲三卷。即用《説文》例,以次部居,使讀者易於尋覽也。按許氏《説文》多據《倉頡》撰定音訓,今《説文》盛行而《倉頡》久湮,故《説文》之訓亦不可明,俗儒又輒臆爲增改,古書面目愈傳愈失,良可浩嘆。淵如先生以搜訪之勤,殫表章之力,使漢世小學尚可藉窺涯略,心良苦而功其偉矣！此書當與《急就篇》同珍,吾子孫其寶之。

2476 **景德鎮陶録十卷** 嘉慶二十年刻本。 一函四册。

國朝藍浦撰。浦,浮梁人,屬江西饒州府。縣西二十五里有景德鎮,其地水土宜陶,陳以來土人即多業此。至宋景德中始置鎮奉御董造,因改名景德鎮。元置本路總管監鎮。明洪武中又就鎮設御窑廠,置官監督燒造解京。國朝因之。其地五方雜居,商賈輻湊,而陶器尤爲專務,藍浦因撰爲是書。凡鎮器、陶務及古今各窑,皆備爲圖説,述其源委。稿未竟而卒,其門人鄭廷桂又續爲補輯。知浮梁縣事劉丙爲之刊布。

2477 **毛詩通議六卷** 乾隆五十三年胡氏刻本。 六册。

國朝武進胡文英撰。以《小序》不可盡廢,亦不可盡信,乃推求《詩》意,斟酌從違,而間及於名物訓詁。自序謂通《序》《傳》《箋》《疏》之蔽,又以解先儒彼同此異之争,故云"通議"。

2478 **屈騒指掌四卷** 同上。 二册。 與上共一函。

前人撰。于屈《騒》斷取《漁父》篇以上爲正文,復益以二《招》,餘皆不録。以王逸、洪興祖諸注舛漏頗甚,乃别爲考據訓詁,以成此書。于地理、名物尤爲精鑿。

2479 **張司業集八卷** 無刊刻年月。 一函三册。

唐張籍撰。其集初編於張洎,再編於湯中,今皆未見。此本八卷,乃明人刻本。但無前後刊刻序跋,但書賈割去,僞充宋本耳。然字迹的是明刻,非宋槧也。按《四庫目録提要》所著録本爲明張尚儒所編,凡詩四百四十九首。此本則詩四百二十九首,合附録之韓吏部十八首、白侍郎十三首、劉賓客三首,共四百六十三首,與《提要》所言不合,豈别爲一本歟?否則《提要》所云"四十九首"者,誤"二十"爲"四十"也。此本前有張洎及湯中序,爲徐氏乾學所藏,上有傳是樓諸印記。

2480 **陶淵明集十卷** 嘉慶十二年丹徒魯氏刻本。 一函二册。

此本爲汲古閣所藏,乃蘇文忠公手書,後人從蘇書翻雕者。見毛扆所題識語。毛氏從錢遵王家假得翻雕本,又倩其師梅仙錢先生手摹之。嘉慶中京口魯銓得毛氏藏本,因以入雕。筆法玉轉珠回,蘇氏家法,宛然在目,真至寶也。前有昭明太子序,後有北齊楊休之序録及宋宋庠私記等篇。

2481 **梅溪集五十卷** 雍正六年知樂清縣事唐氏傳鉎刻本。 二函十册。

宋王十朋撰。《四庫》所録本爲正統五年黄淮所序刻,乃其子聞詩、聞禮所編者,凡五十四卷。此則雍正六年唐傳鉎所刻,并爲五十卷。其文專尚理致,不爲浮虚靡麗之詞。其詩則渾厚質直,懇切條暢,如其爲人。

2482 **絜齋集二十四卷** 聚珍板本。 一函十册。

宋袁燮撰。原本久佚,此從《永樂大典》輯録者。其文淳樸質直,不可雕繪,而剖析義理、敷陳政事,皆剴切詳明。詩則遜於文矣。

2483 **雪山集十六卷** 聚珍板本。 一函四册。

宋王質撰。原本久佚,亦從《永樂大典》輯録者。質博通經史,善屬文。其奏劄諸篇尤詳明剴切。

2484 **毗陵集十六卷** 聚珍板本。 一函六册。

宋張守撰。原本久佚,此從《永樂大典》輯録者。守練習政體,《集》中所載論國事、邊事諸疏,緩急利害,一一如指諸掌。

2485 **斜川集六卷附録二卷** 乾隆五十三年趙氏校刻。 一函二册。

宋蘇過撰。過,字叔黨,東坡先生之季子。《宋史·傳》稱坡卒于常州,過葬坡汝州郟城小峨眉山,遂家潁昌,營湖陰水土數畝,名曰小斜川,自號斜川居士,有《斜川集》二十卷。今其集早已散佚,陳直齋《書録解題》亦僅著十卷,蓋南宋末已不可得睹全集矣。世人好事者多方購求,而黠賈又每以龍洲道人劉過詩當之,贋本亂真,良堪浩嘆。乾隆間朝廷開館纂修《四庫全書》時,于《永樂大典》每韻下僅搜得十之二三,次爲六卷,較之《直齋書目》又佚其半。然窺豹一斑,究存涯略。特内庫庋藏,外間無由得覯耳。乾隆壬寅,仁和吴長元游京師,于孫中翰溶寓齋得見藁本,遂假歸録,并采輯遺文軼事附録于末,而以校本寄鮑氏以文。時内閣中書舍人趙懷玉又就鮑氏本校閲,有可據引者,皆條疏于各題之下,于丁未四月付梓。

2486 **陶山集十六卷** 聚珍板本。 一函四册。

宋陸佃撰。佃即撰《埤雅》者也。文章根柢經術,故有駁論而無游詞。詩亦具有唐音。原本久佚,此則從《永樂大典》搜輯者。

2487 **南陽集六卷** 聚珍板本。 一册。

宋趙湘撰。湘即熙寧名臣資政殿大學士抃之祖也。抃嘗編其集,今佚不傳。此從《永樂大典》輯録者。其詩源出姚合,而無雕鏤瑣屑之失。其文亦與皇甫湜、孫樵等相近。

2488 **學易集八卷** 聚珍板本。 二册。

宋劉跂撰。學易,其堂名也。其文簡勁有法,其詩多作黄、陳體。原本二十卷,施元之嘗刻板行世。今其本久佚,此乃從《永樂大典》録出者。

2489 **茶山集八卷** 聚珍板本。 六册。 以上三種共一函。

宋曾幾撰。幾,字吉甫,贛縣人,歷官至江西浙西提刑。以忤秦檜去官,僑寓上饒茶山寺,自號茶山居士。陸游爲作墓志,稱公"治經學道之餘,發於文章。而詩尤工,以杜甫、黄庭堅爲宗"云云,又稱有《文集》三十卷。而《文獻通考》及《宋史》均作十五卷。自明以來,傳本久佚。此則從《永樂大典》搜輯者,凡得古、今體五百六十一首。

2490 **續資治通鑒長編五百二十卷** 嘉慶己卯昭文張氏愛日精廬活字板擺印本。 十六函一百二十八本。

宋李燾撰。其作此書顛末,《提要》言之詳矣,兹不復贅。今世所傳僅一百七十五卷之本,乃康熙初崑山徐氏得于泰興季氏者。其所載僅自建隆至英宗治平而止,神宗以後皆闕如也。此乃乾隆間四庫館臣從《永樂大典》搜録者。雖尚缺徽、欽二紀,而熙寧迄元符兩朝三十餘年事迹犁然具在,洵爲北宋紀載之淵藪。其中分注考異詳引他書及諸家傳志、碑銘尤多,元明以來所未見。特秘閣儲藏,外間罕覯。且卷帙繁重,即繕寫亦自不易。嘉慶中昭文張氏金吾字月霄購得文瀾閣傳抄本,不欲自秘,乃以活字板擺印。其師黄廷鑑爲之校讎。始事于二十四年夏,迄次年秋,閱十五月而畢。張氏此舉表傳秘籍,嘉惠後人,功實甚巨。余曾藏有張氏《愛日精廬藏書志》三十餘卷,所列率皆宋本及元明舊抄,而從閣中傳抄之本亦復不少,誠篤于好古矣。近聞月霄先生家中落,所有藏書大半爲索債者負去,轉鬻他方。書遭此厄,令人悲慘。

2491 **朝鮮史略六卷** 明萬曆丁巳刻本。 一函二册。

不著撰人名氏。書中稱李成桂爲太祖,李芳遠爲太宗,蓋明代其國人作也。所記始於檀君,終於高麗恭讓王王瑶。自新羅朴氏以前稍略,自爲高麗王建以後則編年紀載,事迹頗詳。

2492 **詩總聞二十卷** 抄本。 一函四册。

宋王質撰。于三百篇各説大義,復各分聞音、聞訓、聞章、聞句、聞字、聞物、聞用、聞迹、聞事、聞人十類。又有《聞風》《聞雅》《聞頌》三篇冠於卷首。其説皆毅然自爲,不遵《小序》,亦不攻《小序》。

2493 **東萊左氏博議二十五卷** 道光己亥錢塘瞿氏清吟閣本。 一函四册。

宋吕祖謙撰。自序"屏處東陽之武川,居半載,里中稍稍從予游。談餘語隙,波及課試之文,乃取《左氏》書理亂得失之迹,疏其説于下。旬儲月積,浸就編帙"云云。世傳東萊新娶,於一月之内成是書者,妄也。舊有其門人張成招注,當時書肆又以成招標注散入各篇。元明以來,書賈又妄加删削。今世坊間所鬻之本僅十二卷,非惟篇目不完,并字句亦多妄削,世久不見全書矣。《四庫》著録本乃董文敏及朱竹垞先生二家所舊藏,據以著録者。書凡一百六十八篇,爲二十五卷之足本。道光己亥,錢塘瞿氏世瑛又以文瀾閣本參合平湖胡氏所藏宋本及元明諸本,重爲校刊。其標目序次一遵宋本舊式,而去其篇目下所載《左傳》原文,以人人習誦,不須贅列故也。又宋本於每篇徵引史事,略爲注釋,殊多遺漏,且所引皆正史中焯然顯著之事,非他僻書可比,故亦從删削。詳見例言六條。

2494 **春秋考十六卷** 聚珍板本。 一函八册。

宋葉夢得撰。原本久佚,此從《永樂大典》鈔録者。大旨明所以攻駁三傳者,在考據周典,斷其是非,非有所臆測于其間。左援右證,雖不必皆確,而實非鑿空之言。

2495 **説文繫傳四十卷** 乾隆壬寅歙汪氏啓淑刻本。 一函十册。

已見前,列石門馬氏所刻袖珍本。① 此則汪氏啓淑從四庫館本又校録付梓者也。近祁春浦尚書又以影宋抄本刻於江陰,視此本更爲完善,當互校之。

2496 **通鑒紀事本末四十二卷** 通行本。 九函五十四册。

宋袁樞撰。因温公《通鑒》之文分類排纂。以一事爲一篇,各詳其起訖,使節目分明,經緯條貫。于史家紀傳、編年二體之外,自爲一格。

2497 **宋史紀事本末十卷** 通行本。 十四册。

明陳邦瞻撰。初馮琦類次宋事,以續袁樞之書,未成而卒。是書因馮氏原稿者十之三,自補葺者十之七。凡一百九篇。

2498 **元史紀事本末四卷** 通行本。 二册。 與上共二函。

前人撰。凡二十七篇。

2499 **通鑒紀事本末前編十二卷** 通行本。 一函八册。

明沈朝陽撰。以袁氏之書隨《通鑒》爲起訖,而威烈王以前仍屬闕如,乃就金履祥《通鑒前編》及陳桱《通鑒續編》所記者,仿袁氏之例爲此書。自盤古之始迄周復分東、西,凡二百十八篇。仍檢《左》《國》《史記》諸書以補所缺略。

2500 **十國春秋一百十四卷** 康熙十七年彙賢齋刻本。 二函十册。

國朝吴任臣撰。以歐陽修《五代史》惟主書法,不核事實,於十國世家脱漏尤甚,乃搜輯此書以補其闕,并自爲之注。糾正訛

---

① 見第181條。

謬,多所辨證,其五表考訂尤詳。十國者,吴、南唐、前蜀、後蜀、南漢、楚、吴越、閩、荆南、北漢也。

2501 **吴郡圖經續記三卷** 舊抄本。① 一函二册。

宋朱長文撰。是書成於元豐七年。上卷分封域、城邑、户口、坊市、物産、風俗、門名、學校、州宅、南園、倉務、海道、亭館、牧守、人物十五門。中卷分橋梁、祠廟、宫觀、寺院、山、水六門。下卷分治水、往迹、園第、冢墓、碑碣、事志、雜録七門。徵引博而叙述簡。文章爾雅,猶有古人之風。首有長文自序一篇。末有後序二篇,一爲元祐元年常安民作,一爲元祐七年林虙作。按《四庫提要》云後序共四篇,常、林二序外尚有元符二年祝安上及紹興四年孫祐二人序,此本脱之。且蠹蝕斷爛,闕字甚多。予得之武林書肆,不知誰氏所舊藏也。州郡志書,五代以前無聞,北宋以來,惟宋敏求《長安志》及朱氏此《記》爲最古。朱竹垞先生聞見極博,其跋《咸淳臨安志》歷數南、北宋地志,而不及是《記》,知朱氏亦未獲見其書,然則此書亦罕覯之秘笈矣。其曰"續記"者,吴郡有大中祥符中官撰《圖經》,長文於元豐中繼有此作,故名。

2502 **武功縣志三卷** 近武功庠生耿直性刻本。 一函一册。

已見前,党刻本。②

2503 **水經注四十卷** 明吴琯校刊本。 二函十四册。

已屢見。③

2504 **山海經十八卷** 同上。 一函二册。

---

① 邵章:"路有鈔本。"

② 見第1241條。

③ 見第68、2469條。

已見前。①

2505 **河防一覽十四卷** 乾隆十三年刻本。 一函十册。

明潘季馴撰。首敕諭圖説,次河議辨惑,次河防險②要,次修守事宜,次河源河決考共一卷,次前人治河之議與明代之奏章,共九卷。大旨主於束水以刷沙。

2506 **行水金鑒一百七十五卷** 通行本。 四函三十六册。

國朝傅澤洪撰。其書總括古今,臚陳利病。上下數千年中形勢之變遷、人事之得失,一一條析分明。言水道者,觀此一編,足以見四瀆之大凡。卷首冠以諸圖,次河水六十卷,次淮水十卷,次漢水、江水十卷,次濟水五卷,次運河水七十卷,次兩河總説八卷,次官司、夫役、漕運、漕規凡十二卷。其例皆摘録諸書原文,而以時代類次,俾各條互相證明。其有原文未備者,間以己意考核,附注其下。

2507 **西湖游覽志二十四卷志餘二十六卷** 明嘉靖刻本。 一函十册。

明田汝成撰。是書雖以"游覽"爲名,而實非游記。大抵因名勝而附以事迹,可以備史家之考核。《志餘》則于南宋軼聞分門臚載,兼及杭州之事,不盡關於西湖,故别爲一編。蓋有此消納冗碎,而後本書不病蕪雜,是其體例之善也。

2508 **桂勝十六卷** 明萬曆刻本。 一函四册。

明張鳴鳳撰。專記桂林山水勝概,以山水標目,凡十六篇。各引證諸書,叙述於前,即以歷代詩文附本條下,而於石刻題名之類搜采尤詳。又隨事附以考證,多所訂正。鳴鳳又有《桂故》八

---

① 見第68條。

② "險"原誤作"檢",《河防一覽》及《四庫全書總目·河防一覽》并作"險",今正。

卷,專記故實,與是書相輔而行。今未見其書。

2509 **翰林記二十卷** 抄本。 一函四册。

明黄佐撰。録明一代翰林掌故。① 自洪武以至嘉靖,每事各有標目。凡二百二十六條。

2510 **崇文總目五卷補遺一卷附録一卷** 秦氏鑑《汗筠齋叢書》本。 一函五册。

宋王堯臣等奉敕撰。宋制以昭文、史館、集賢爲三館。太平興國三年,又特建崇文院,謂之三館新修書院。端拱元年,詔分三館之書萬餘卷,别爲書庫,名曰秘閣,與三館合稱四館。景祐元年,以三館及秘閣所藏,詔翰林學士王堯臣等校正條目,討論撰次,定著三萬六百六十九卷。分類編目,總成六十六卷,賜名《崇文總目》。其書于每條之下具有論説。逮鄭樵作《通志》,謂其文繁無用,紹興中遂從樵議去其序釋。故晁、陳二志著録是書皆云一卷。是刊除序釋之後,全本已不甚行矣。《四庫》著録本乃從范氏天一閣抄本傳録,又搜采《歐陽文忠集》及《文獻通考》、晁、陳二志所引者,輯而比之,依類補入,尚得十之三四,乃釐爲十二卷。其六十六卷之原次,仍注明於各類之下。又大觀四年秘書監何志同言慶曆間集四庫爲籍,今按籍求之,十才六七,宜頒其名類於天下,總目之外,别有異書,并借傳寫。紹興十二年,向子固言乞下本省,以《唐・藝文志》及《崇文總目》所闕之書,注"闕"字於下,付諸州軍搜訪云云。今本每書之下多注"闕"字,蓋由於此。《四庫》著録本亦仍之。此本爲秦氏鑑汗筠齋刻本,又依文瀾閣本而

---

① "録明一代翰林掌故"原誤作"録明一代翰掌故故",《四庫全書總目・翰林記》云"所載皆明一代翰林掌故",今據正。

校補者，并爲五卷。與嘉定錢東垣、錢繹、錢侗、桐鄉金錫鬯四人分卷輯釋，詳加考證，各爲按于下。蓋校之閣本，又稱精密矣。其原目所佚而間見于他書所引者，錢侗别爲搜録，爲《補遺》一卷。其《附録》一卷則諸書之論《崇文總目》者也。

2511 **二程全書六十八卷** 明徐必達校刊本。 二函十册。

一卷至二十八卷爲《二程遺書》，乃程子門人所記而朱子編次之者也。二十九卷爲《遺書附録》，則行狀之類也。三十卷至三十九卷爲《二程外書》，亦程子門人所記，朱子又取他書所載程子語一百五十餘條益之，以補《遺書》所未備。以真僞雜錯，未能一一審所自來，故目曰《外書》。四十卷至四十一卷爲《二程粹言》，乃宋楊時所編，爲其自洛歸閩時，以二程子門人所記師説采撮類次，分爲十篇者也。四十二卷至四十五卷爲《伊川易傳》，大旨黜數而崇理，與邵子各明一義。四十六卷至五十三卷爲二先生經説。五十四卷至五十八卷爲《明道文集》。五十九卷至六十六卷爲《伊川文集》。六十七卷爲二先生遺文，乃至治中臨川譚善心所搜葺者也。六十八卷爲《續附録》，乃諸家論二程之語。明徐必達彙而刻之，於二程一家之學，亦可云稍備矣。

2512 **三略三卷** 浙江黄氏榜刻本。

已見前，抄本。①

2513 **六韜六卷** 同上。

已見前，抄本②及平津館本③。

---

① 見第 304 條。

② 見第 300 條。

③ 見第 1557 條。

2514 **司馬法一卷** 同上。

已見前，抄本①及平津館本②，又張氏集本③。

2515 **吴子一卷** 同上。

已見前，抄本④及《平津館叢書》本⑤。

2516 **尉繚子五卷** 同上。

已見前，抄本。⑥

2517 **李衛公問對三卷** 同上。 以上六書共一函，計六册。

已見前，抄本。⑦

2518 **圖注難經四卷** 乾隆丁巳武林刻本。 二册。

《難經》爲周秦越人撰。凡八十一篇，發明《内經》之旨。詞義古奥，猝不易通。國朝四明張氏世賢乃折衷群言，每節爲之注，每難爲之圖，以成是書。

2519 **圖注脉訣四卷** 同上。 二册。 與上共一函。

《脉訣》爲晋王叔和所作。張世賢圖注之。

2520 **重校聖濟總録二百卷** 乾隆五十年震澤汪氏鳴珂得邗江黄氏重鋟未竟板片，與同里程氏勛校刻本。 六函六十四册。

宋政和中詔集天下名醫，以御府所藏禁方秘論，彙纂成編爲此書，卷帙繁重。後重刻于金之大定及元之大德，然迄不甚傳。

---

① 見第302條。

② 見第1560條。

③ 見第1630條。

④ 見第301條。

⑤ 見第1559條。

⑥ 見第303條。

⑦ 見第306條。

蓋爲書浩博,醫家罕能殫究,故流傳絶少。乾隆中,震澤汪氏客游邗江,得潭濱黄氏所刻未竟板片,携之以歸,續爲校刊,而尚缺二十七卷。乃又加訪求,從烏程鄭氏、古歙鮑氏二家補得二十四卷。其第百九十五卷《符禁》及末二卷《服餌》則全行缺如。又《針灸》中漫漶百有三行,皆無從校補。蓋已如神龍之不見尾矣。其書首詳運氣之微,次備六淫之變,七方十劑,三因并舉,以及針灸、符禁、神仙、服餌,無不具列。爲方幾及二萬。以病分門,每門之首冠以論,其尾附以統叙。洵集十三科之大成,爲醫家之總持者也。

2521 **新儀象法要三卷**　抄本。　一函二册。

宋蘇頌撰。書成于紹聖初年。先是元祐間新製渾天儀,以頌精于律算,詔提舉其事,頌因記其制度,爲此書。首列進狀一首。上卷自渾儀至水趺,共十七圖。中卷自渾象球至冬至曉中星圖,亦十七圖。下卷自二日相抱至辰後客星,爲四十圖。圖各有説。其列璣衡制度、候視法式甚爲詳悉。特繪手庸劣,界畫不精細耳。此書南宋以來流傳甚稀。錢氏《敏求記》所著録有影宋摹本,自詡楮墨精妙絶倫。《四庫》本即據以摹入。今予此本乃得之武林舊家,不知誰氏所藏。其所繪畫諸圖與所分卷數,頗與《四庫提要》所言不合,疑不能明也。

2522 **曆體略三卷**　抄本。　一函二册。

明王英明撰。上卷六篇,曰《天體地形》、曰《二曜》、曰《五緯》、曰《辰次》、曰《刻漏極度》、曰《雜説》。中卷三篇,曰《極宫》、曰《象位》、曰《天漢》。下卷則續見歐邏巴書,撮其體要,爲七篇,曰《天體地度》、曰《度里之差》、曰《緯曜》、曰《經宿》、曰《黄道宫界》、曰《赤道緯躔》、曰《氣候刻漏》。又附《論日月交食》一篇。其書皆立説淺近,可爲談天文者從入之門徑。

2523 **邵子全書十七卷** 明刻本。 四函四十册。

此本爲明徐必達所刻。所載《皇極經世》書卷目次第與《四庫提要》所言迥殊,疑不可解。且十七卷之後闕如。而書賈作僞,以"皇極經世之十"標目六字僞相黏連,作"皇極經世十之十二",尤恐所闕者不止一卷。俟别求他本校正之。

2524 **皇極經世觀物外篇衍義九卷** 抄本。① 一函八册。

宋張行成撰。原本久佚,此從《永樂大典》搜録,而外間從閣本傳抄者。邵子書凡十二卷。一卷至六卷以《易》卦配元會運世,推其治亂。七卷至十卷爲律吕聲音。皆内篇也。十一、十二兩卷則論皇極之所以爲書,窮日月星辰、飛走動植之數,以盡天地萬物之理,謂之《觀物篇》,即外篇也。行成以内篇理深而數略,外篇數詳而理顯,學先天者當自外篇始。因離析其文,分類編次,以言數、言理、言象各分爲三卷,而推衍其義。

2525 **書畫跋跋三卷續三卷** 乾隆庚申刻本。 一函二册。

明孫鑛撰。先是王世貞有《書畫跋》,鑛又跋其所跋,故以重文見義。明以來未有刻本,僅有抄本,在仁和毛先舒家,後歸其邑人趙信。信爲孫氏之婿。鑛六世孫宗溥、宗濂又從趙氏得之。乾隆庚申,始刊板印行。任蘭枝爲之序。宗溥等以鑛書本因王氏書而作,如不載王氏原跋,則今之所云有不知爲何語者,乃取王氏諸跋散附於各題之下。其明人書札可與跋語參證,及爲跋所緣起者,亦附載焉。凡墨迹一卷、碑刻一卷、畫一卷。《續》亦如之。

2526 **珊瑚網四十八卷** 抄本。② 碧山居珍藏。 二函二十册。

---

① 邵懿辰《簡目標注》:"路有鈔本。"

② 邵懿辰《簡目標注》:"路有鈔本。"

明汪珂玉撰。書成於崇禎癸未。凡法書題跋二十四卷、名畫題跋二十四卷。朱竹垞先生《静志居詩話》稱珂玉留心著述，所輯《珊瑚網》一編，與張丑《清河書畫舫》《真迹日録》并駕。蓋丑自其高祖以下四世鑒藏，珂玉亦以其父愛荆與嘉興項元汴交好，築凝霞閣以貯書畫，收藏之富，甲於一時。其有所憑藉，約略相等，故皆能搜羅會萃，勒爲巨編。然張氏之書，前後編次頗傷雜亂。汪氏是書，則前列題跋，後附論説，綱領節目較爲清晰，實在丑書之上。且畫跋内所載宋元諸家銘心絶品，收録極詳，亦足以廣見聞而資游賞。是書世無刊本，予于武林書肆僅得此抄本，凡二十册，以洋銀二十元購之。卷前有"碧山居珍賞"印記，不知誰氏所舊藏也。

2527 **小山畫譜二卷** 抄本。 一函二册。

國朝鄒一桂撰。小山，其字也，無錫人。是編專論畫花卉之法。上卷首列八法四知。"八法"者，章法、筆法、墨法、設色法、點染法、烘暈法、樹石法、苔襯①法也。"四知"者，知天、知地、知人、知物也。次爲各花分别，凡一百十四種，各詳其花葉形色。次取用顔色，凡十一條，各詳其製煉之法。下卷摘録古人畫説，参以己意，凡四十三條。附以膠礬、紙絹、畫碟、畫筆、用水諸法，而終之以《洋菊譜》。蓋一桂于乾隆丙子承詔畫内廷洋菊三十六種，蒙宸翰賜題，因恭紀花之名品形狀，撰爲兹譜，以志榮遇。時《畫譜》已成，因附於末。一桂爲惲氏之婿，所畫花卉得惲壽平之傳，故是譜多心得之語。

2528 **小山畫譜二卷附西湖志畫考一卷** 抄本。 一函一册。

---

① "襯"原誤作"觀"，今正。

是本亦係抄寫,而前後次第與《四庫總目提要》所言不合,遠遜前本[①]之善。且"取用顏色"脱去四條,僅存七條。其"論花青"條内脱去下半,誤與"石青"條末句接連寫之。當由未經對校故也。後附《西湖志畫考》一卷,爲姜寧所編次。乃采之諸家畫譜、畫録,凡有涉于西湖者,彙而編之,頗爲蛇足。

2529 **讀畫録四卷** 康熙刻本。 一册。

已見前,《讀畫齋叢書》本。[②]

2530 **印人傳三卷** 同上。 一册。 與上共一函。

國朝周亮工撰。亮工,字減齋。喜集印章,工于鑒別。所編《賴古堂印譜》爲篆刻楷模。此書以譜中諸人各爲小傳。首載文信國、海忠介、顧涇陽三印及其父、其弟、其友許宰印,次爲文彭以下六十人。附見三人,又不知姓名一人。有名無傳者六十一人。

2531 **人物志三卷** 明萬曆甲申河間劉用霖刻本。 一函一册。

魏劉邵撰,北魏劉昞注。邵,字孔才,邯鄲人。昞,字廷明,燉煌人。書凡十二篇,主於論辨人才,以外見之符,驗内藏之器。分別流品,研析疑似。其學出于名家,而大旨則不悖於儒者。視尹文之説兼陳黄老申韓、公孫龍之説惟析堅白同異者,迥乎不同。昞注不涉訓詁,惟疏通大義,文詞簡古,猶有魏晋之遺。《漢魏叢書》所載無昞注,但存每篇之首解題十六字而已。此本爲萬曆甲申劉元霖所刊,蓋用隆慶壬申鄭旻舊板而修之者,猶古本也。前有阮逸序,又宋庠二記,又文寬夫題詞,又明王三省後序及鄭旻跋、劉元霖附題。

---

① 見第2527條。

② 見第1234條。

2532 **古今考一卷續古今考三十七卷** 抄本。 一函十册。

《古今考》,宋魏了翁撰。《續考》三十七卷,元方回撰。了翁以古制多不可考,兩漢諸儒惟據叔孫通所定某物猶今某物,而孔、賈諸疏則又謂去漢久遠,雖漢制亦不可考,乃即《漢書》本紀所載隨文辨證,作《古今考》。前有自序一則。然其書未成,僅得二十條。陳氏《秘笈》嘗刻之。咸淳丁卯,回得手稿于了翁之子,乃推衍其意,續成是編。并載了翁原書,而各附論於條下,以"鶴山先生曰""紫陽方氏曰"别之。又了翁原書有有録無書者四條,方氏亦爲補入。并於"母媪夢與神通"一條下發其例,曰"鶴山元書有此題而文缺,今回以意補之,加'紫陽方氏曰'五字。後此皆回所撰,不再書此五字。或引古於前,則復書之"云云。亦以《漢書》本文標目,而推類以盡其餘。

2533 **六研齋筆記四卷二筆四卷三筆四卷** 乾隆三十三年刻本。 六册。

明李日華撰。日華本工于書畫,故是編所記論書畫者十之八。詞旨清雋,其體皆類題跋。餘所記雜事,亦楚楚有致。而每一真迹,必備録其題咏跋語、年月姓名,尤足以資考證。

2534 **紫桃軒雜綴三卷又綴三卷** 同上。 二册。

前人撰。是書《明史·藝文志》不載。書中惟論書畫,用其所長。餘多剿説,無甚新異。

2535 **禮白嶽記一卷蓬櫳夜話附** 同上。【眉批:傳記。】

前人撰。自記其萬曆庚戌爲父病禮神白嶽之事。以是年九月八日治行,二十四日禮畢還家。述道路所經見及往還所題咏諸作。後附《蓬櫳夜話》十四條,乃其禮嶽既畢,舟回至屯溪,又至嚴灘,在蓬櫳中所聽舟人、賈人之語,摭其可記者,述爲一編。

2536 **璽召録一卷** 同上。

前人撰。記其天啓乙丑召爲尚寶司司丞,赴京途中所經。始二月二十四日,終四月十五日。略仿《吴船録》《入蜀記》之例,而寥寥無所記載。

2537 **薊旋録一卷** 同上。

前人撰。記其薊鎮解銀南旋之事。

2538 **竹嬾畫賸一卷續畫賸一卷** 同上。

前人撰。皆裒録其題畫之作。謂之"賸"者,作畫而附以詩文,如送女而媵以娣侄也。"竹嬾"爲日華别號。

2539 **墨君題語二卷** 同上。 以上五種共二册。 以上共一函,計十册。

明江元祚、項聖謨二人同編。皆題咏墨竹之文。上卷爲李日華作,下卷爲李肇亨作。肇亨别號醉鷗,與日華均爲嘉興人。

2540 **古今説海一百四十二卷** 道光辛巳邵氏酉山堂刻本。 二函二十册。

明陸楫編。輯録前代至明小説一百三十五種,分爲七家,統以四部。一曰《説選》,載小録、偏記二家。二曰《説淵》,載别傳家。三曰《説略》,載雜記家。四曰《説纂》,載逸事、散録、雜纂三家。每種各自爲帙,而略有删節。雖不及曾慥《類説》多今人所未見,亦不及陶宗儀《説郛》捃摭繁富,巨細兼包,而每書皆削其浮文,尚存顛末,則視二書爲詳贍。

2541 **藝文類聚一百卷** 明刻本。 二函二十册。

唐歐陽詢撰。詢,字信本。仕隋爲太常博士,入唐官至太子率更令、弘文閣學士。武德七年,奉詔與裴矩、陳叔達等同修,而詢董其成,故相傳但署詢名。其書比類相從,事居于前,文列于後。凡爲類四十有八。其門目分合,頗有繁簡失宜之譏及分合不當之處。然隋以前遺文秘籍,迄今十不存一,得此一書,尚可略資考證。宋周必大校《文苑英華》多引是編,而近來馮氏之《詩紀》、梅氏之《文紀》、張氏之《百三名家集》亦多從此采録。則其剩馥殘膏,沾溉百代者,亦非淺鮮矣。

2542 **北堂書鈔一百六十卷** 明刊本。 四函二十八册。

唐虞世南撰。世南,字伯施,仕隋爲秘書郎。北堂者,隋秘書省之後堂也。此即其爲秘書郎時,于省後堂集群書中事可爲文用者,號爲《北堂書鈔》,在未入唐以前。後入唐官至銀青光禄大夫、弘文館學士。此書當宋時已甚珍秘,宋以來僅有抄本流傳,而展轉傳寫,脱誤宏多。明萬曆間,常熟陳禹謨始加校刻,而妄意删補,至以貞觀後事及五代十五國之書雜入其中,盡失虞氏之舊。蓋明人惡習,往往如此。然迄今亦再無他善本流傳,衹有陳氏此刻盛行,《四庫》本亦據以著録。幸陳氏所補入者,皆注明"補""附"字樣,猶有踪迹可尋。存十一于千百,亦未始非唐人舊籍所藉以留貽者也。惟其所改所删,則竟不可考矣。

2543 **錦繡萬花谷前集四十卷後集四十卷續集四十卷** 明刻本。嘉靖丙申錫山秦氏刻本。 四函三十二册。

不著撰人名氏。前有自序,題"淳熙十五年十月一日",蓋宋孝宗時人也。《前集》凡二百四十二類,《後集》凡三百二十六類,《續集》凡四十七類。所録率冗雜瑣碎,多無條理。且經書肆輾轉增加,乃下括紹定、端平事迹,亦失原書之舊。然所引究多古籍,且每類後用《藝文類聚》之例,附録詩篇。剩什逸章,爲他本未載者亦多,則亦考證之資也。

2544 **事文類聚前集六十卷後集五十卷續集二十八卷别集三十二卷新集三十六卷外集十五卷** 明刻本。 四函二十四册。

前、後、續、别四《集》,皆宋祝穆撰。新、外二《集》,元富大用撰。其合爲一編,則不知始自何人。其書每集各分總部,而附以子目。條列件繫,極爲賅備。每類始以群書要語,次古今事實,次古今文集。蓋沿用《藝文類聚》及《初學記》之例,而稍變之。獨其所載詩文,必舉全篇。故前賢遺佚篇什,間有藉以足徵者。在宋代類書之中,體裁特善。視《錦繡萬花谷》之類刪摘古人著作者,又有上下床之别矣。《新集》《外集》乃踵祝書而作,但補門類所未及,而體例則一無所更。惟祝書成于淳祐間,而書中有稱理宗廟號者,殆富氏有所追改歟?又按《四庫提要》云此書尚有《遺集》十五卷,爲元祝淵所編,與前、後、續、别、新、外六《集》并行,而余所得此本無之,豈偶脱佚耶?

2545 **喻林一百二十卷** 明刻本。 二函二十八册。

明徐元太撰。采摭古人設譬之詞,彙爲一編。分十門,每門又各分子目,凡五百八十餘類。所引用書皆於條下注明出處,并篇目、卷第一一臚載,亦迥異明人剽竊扯撏之習。前列所引書目凡四百一十餘種,歷二十餘年而後成,用心亦可云勤至矣。自來類書不過捃摭典故,采摘藻采,從未有專取况譬之詞萃爲一編,區分條繫者,徐氏此書實爲創格。六經以來,每多以取譬達意,徐氏彙而標之,以資掇文者之引用,是亦不可無一之書矣。

2546 **水東日記四十卷** 康熙庚申葉氏刻本。 一函六册。

明葉盛撰。紀明代制度及一時遺聞佚事,多可與史傳相參。蓋盛本練習掌故,又家富圖籍,所著《菉竹堂書目》頗多人世罕見之本,故所著述與道聽塗説者迥異。惟好著己長,未免自詡耳。此書始刻于常熟徐氏,祇三十八卷,闕後二卷。此本乃其元孫恭焕購得徐氏舊板,而又以家藏足本補刻。刻竣後尚未及印行,恭焕遂卧病,書板庋置塵閣中。迨康熙庚申,其七世孫方蔚始重理而校刻之。詳後跋語。

2547 **開元釋教録二十卷** 明刻本。 一函八册。

唐釋智昇撰。智昇開元中居長安西崇福寺。是編以三藏經論編爲目録,不分門目,但以譯人時代爲先後。起漢明帝永平十年丁卯,迄開元十八年庚午,凡六百六十四載。中間傳經緇素總一百七十六人。所出大小二乘、三藏聖教及聖賢集傳并及失譯,總二千二百七十八部,合七千四十六卷。分爲二録,一曰《總括群經録》,皆先列譯人名氏,次列所譯經名卷數及或存或佚,末列小傳,各詳其人之始末。凡九卷。其第十卷則載歷代佛經目録,凡古目録二十五家,僅存其名;新目録十六家,具列其數。一曰《别分乘藏録》。凡分七類,一曰有譯有本,二曰有譯無本,三曰支派别行,四曰删略繁重,五曰拾遺補闕,六曰疑惑再譯,七曰僞邪亂真。各以經論類從,州列部居,與《總録》一經一緯。凡八卷。其第十九卷則大乘經律論入藏目録也,第二十卷則小乘經律論、聖賢集傳入藏目録也。佛氏舊文,兹爲大備,亦兹爲最古。所列諸傳,尤足爲考證之資。與白雲霽《道藏目録詳注》合觀之,可以知二氏書之源流矣。

2548 **傳燈録三十卷** 明刻本。 二函三十册。

宋釋道原撰。上自七佛,下迄大①法眼之嗣,各按傳法世數載入。凡五十二世,一千七百一人,目曰《景德傳燈録》。詣闕上進,詔楊億、李維、王曙等參校刊削。前有楊億進表。

2549 **翻譯名義集二十卷** 支那本。 一函四册。

宋紹興中姑蘇景德寺僧法雲撰。以佛經中所載西土梵語如

---

① "大"原誤作"六",《景德傳燈録》卷首楊億進表云"由七佛以至大法眼之嗣",今據進表正之。

名物稱號之類，與漢語迥殊，非由詮釋難可猝解，乃一一翻而譯之。區分門目，爲六十三類，每類爲一篇。援據精贍，考證極詳。前有周敦義序。

2550 **一切經音義二十五卷** 乾隆丙午刻本。 一函四册。

唐釋玄應撰。《唐·藝文志》改名《衆經音義》，實即此書也。其書捃摭大小乘諸經，爲之訓詁。援引群籍，箋釋音證。其時舊帙多存，故所引諸書如三家《詩》，鄭康成《尚書》《論語》注，賈逵、服虔《春秋傳》，李巡、孫炎《爾雅注》，以及《倉頡》《三倉》《字苑》《字林》《聲類》《通俗文》之類，尤爲唐以來所不傳。惜其書沈淪釋藏中，儒家罕有詢其名者。乾隆中，孫淵如先生集《倉頡篇》，任大椿著《字林考逸》，始見此書，遞相稱述，而其名乃稍復顯于世。嗣武進莊炘作宰長安，乃求其書于大興善寺轉輪藏中，施金刊布，即此本也。其書與宋僧法雲《翻譯名義集》均爲釋家訓詁之書，殆與儒經之《爾雅》《説文》相類。雖二氏之書孔門所擯，然詮釋名物、考證義訓入小學者，亦有取焉。其例但標明某經某卷，而摘録其所釋之字，如陸元朗《經典釋文》之式。

2551 **歷代名儒傳八卷** 雍正刻本。 一函三册。

國朝朱軾撰。明以來傳名儒者，大抵宗宋而祧漢唐，而宋又斷自濂、洛以下。朱氏此書上起田何、伏生、申公諸人，不没其傳經之功；中及董仲舒、韓愈諸人，不没其明道之力；于宋則胡瑗、劉敞諸人，并見甄録，亦絶無門户之見，可謂得聖賢之大公者矣。其以遷就利禄削揚雄、馬融，以祖尚玄虚削王弼、何晏，以假借經術削匡衡、王安石，亦特爲平允。凡八十九人。

2552 **歷代名臣傳三十五卷續編五卷** 同上。 一函九册。

前人撰。所列一百八十人，去取頗爲矜慎。《續編》所列又三十九人。其《凡例》曰:"《續編》者何？擇其次焉者也。"是書作于雍正戊申,《明史》未成,故所録及元而止。朱氏又有《循吏傳》八卷,與此二書同行,總名《史傳三編》。今余所得此本佚之,當俟補求。

2553 **曲江集十二卷附録一卷** 明萬曆刻本。 一函六册。

唐張九齡撰。其《集》宋以後流播稍稀,惟明《文淵閣書目》有之,而外間多未之見。成化間,丘濬始從内閣録出,韶州知府蘇韡爲刊行之,而歲久板蠹,字多殘闕。萬曆十二年甲申,南韶兵備道金谿王民順又命邑令張履祥等重刊,又索諸其後人,得先生遺像一幅,摹刻卷首,即此本也。一卷爲頌、贊、賦,二卷至三卷爲詩,四卷至七卷爲敕書,八卷至九卷爲表狀,十卷爲策書,十一、十二兩卷爲序志碑銘,《附録》一卷則唐時賜九齡諸詔敕及諸人爲九齡所作志銘之類也。

2554 **李太白集注三十六卷** 乾隆二十三年刻本。 二函十二册。

國朝王琦撰。注李詩者,自楊齊賢、蕭士斌後,明林兆珂有《李詩鈔述注》十六卷,胡震亨有《李詩通》二十一卷。王氏皆病其漏略,乃重加箋釋編次,參合諸本,益以逸篇,定爲此本,釐爲三十卷。别以序志、碑傳、贈答、題咏、詩文、評語、年譜、外記之類爲《附録》六卷。而繆氏本所謂《考異》一卷,散入文句之下,不另列焉。

2555 **五百家注音辨昌黎先生文集四十卷** 乾隆二十八年刻本。據許道基序稱"仁軒富公司藩江右,書所刊韓文示予"云云,則富氏所刻。 一函十册。

宋魏仲舉編。于諸儒之論韓文者,采摭頗博。然據其所列,實止三百七十八家,不足五百之數,且引用片語,即列爲一家,大抵虚構其目,務以炫博,不出書肆之習氣。然韓文撰有音訓考證者，自洪興祖、朱子以下凡三十一家，原書世多失傳，猶賴此以存崖略，亦不可謂無功也。原書有魏仲舉序，此本脱去。

2556 **范文正公集二十卷別集四卷政府奏議二卷尺牘三卷年譜一卷年譜拾遺一卷言行拾遺事録四卷鄱陽遺事録一卷遺迹一卷義莊規矩一卷褒賢集五卷補編五卷** 道光十年范氏裔孫刻本。 一函十四册。

宋范仲淹撰。本名《丹陽集》，東坡爲之序。淳熙丙午，鄱陽從事綦煥校定舊刻，又得詩文三十七篇，爲《别集》四卷。其《補編》五卷，則康熙中范氏裔孫能濬所搜輯也。康熙丁亥二十一世孫時崇重刊舊集，又補入《奏議》《尺牘》《年譜》《言行拾遺》《遺事》《遺迹》《義莊規矩》《褒賢》等集。道光十年范玉琨又重加校刻。

2557 **范忠宣公集二十卷奏議二卷遺文一卷附録一卷補編一卷** 同上。一函六册。

宋范純仁撰。純仁，字堯夫，爲文正公次子。前五卷爲賦、詩，後十二卷爲雜文。末三卷爲國史本傳及行狀，皆其侄孫之柔刊集時所附入。前有樓鑰序，又有之柔、沈圻、廖視、陳宗衛四跋。《奏議》二卷，自治平元年至元祐八年所奏封事，凡七十三首。又《遺文》一卷，載文七首，附以其弟純禮、純粹之文，乃其裔孫能濬所補輯者。《附録》一卷，爲諸賢論頌十三首。《補遺》一卷，載尺牘一首，附以制詞、題跋等十二首，亦能濬所編訂。康熙丁亥，二十世孫時崇與《文正集》合刻行之。

2558 **朱子文集大全類編一百一十二卷** 康熙壬寅朱子十六代孫玉刻本。

按《四庫提要》載《晦庵集》一百卷，爲朱子之季子玄所編。又《續集》五卷，不知誰所編。又《别集》七卷，爲余師魯所編。皆舊本也。國朝康熙中，其裔孫玉又重加編次，分爲八帙。首帙列以年譜、世系、祭文、行狀、歷朝褒典、祠院歷記之類,次及詩賦、奏劄、政迹、書劄、問答、雜著、記序之類,共一百一十卷。合卷首序文、目録及末卷事實、庭訓等爲一百一十二卷。

2559 **范石湖詩集二十卷** 康熙戊辰刻本。 一函四册。

宋范成大撰。成大,字致能,有《石湖大全集》一百三十六卷、《别集》二十九卷,今皆未見。《四庫》著録本爲長洲顧嗣立所訂,亦祇《詩集》三十四卷而已。其本余亦未見。此本爲康熙戊辰李振裕所刊,祇二十卷,序稱"督學江南,僅得抄本《詩集》二十卷"云云,則李固亦未見顧刻也。

2560 **劍南詩稿八十五卷** 汲古閣刻本。 三函四十三册。

宋陸游撰,其子子虡編。放翁留蜀十年,樂其風土,故一生所作總以"劍南"目之。此集卷末有子虡嘉定十三年跋。

2561 **渭南文集五十卷** 汲古閣刻本。 一函十四册。

宋陸游撰。游晚封渭南伯,故以名集。末有游子子遹跋,稱命名及次第之旨皆出遺意云。前有淳熙十四年游門人鄭師尹序。

2562 **吴詩集覽二十卷** 乾隆四十年陵雲亭刻本。 二函二十册。

國朝吴偉業撰。先生字駿公,號梅村,著有《集》四十卷,《四庫全書》已著録。而詩尤所擅長,黎城靳榮藩專取其詩集二十卷注之,名曰《集覽》。後附《談藪》一卷,則諸人之論述吴詩者也。

2563 **玉臺新咏箋注十卷** 乾隆三十九年刻本。 一函六册。

國朝吴兆宜注,程際盛又爲之删補。詳後跋中。

2564 **采菽堂古詩選三十八卷補遺四卷** 康熙刻本。 二函十六册。

國朝陳祚明編。

2565 **詩林廣記四卷** 明萬曆刻本。 一函四册。

宋蔡正孫撰。正孫自號蒙齋野逸。其例以詩隸人,而以詩話隸詩。各載其詩于前,而所引諸説則下詩二格,條列于後。按:《四庫目録》云此書分前、後二集,各十卷,"前集載陶潛至元微之共二十四人,而九卷附録薛能等三人,十卷附録薛道衡等五人。後集載歐陽修至劉攽二十八人"云云。今此集祇作四卷,而人數與《提要》所言一一符合。殆後人所合并,非有所闕佚也。

2566 **詞綜三十六卷** 康熙中刻本。 一函十册。

國朝朱竹垞先生編。所録宋、金、元詞凡五百餘家。采摭極富,而鑒别精審,迥出諸家詞選之上。

民國二十七年六月十三日徐壽愷抄,計共二萬六千九百一十二字。

# 蒲編堂路氏藏書目二十一

小洲手訂　共書四百八十四種,計一千三百三卷,凡三十八函。

2567 **易説二卷**　曹氏《學海類編》本。以下皆同。

題宋吕祖謙撰。朱氏《經義考》亦列其名。今勘驗其文,乃東萊之猶子吕喬年所編《麗澤論説集録》之前二卷,書賈抄出以售僞,而曹氏溶誤收入《學海類編》者也。

2568 **讀易私言一卷**

已見前,抄本。①

2569 **周易議卦二卷**

明王崇慶撰。泛論卦名、卦義,間亦推及爻辭。自序謂"以六十四卦大義本諸《彖》,質諸《象》,而又參諸人事"云云。然所得頗淺。本載所著《五經心義》中,曹氏摘入《學海類編》。考《明史·志》亦載崇慶《周易議卦》一卷,則當時已別行矣。

2570 **讀書叢説六卷**

元許謙撰。謙,字益之,金華人。延祐中以講學名一時,儒者所稱白雲先生是也。自蔡沈《書集傳》出,解經者大抵樂其簡易,不復參考諸書。謙獨博核事實,考證名物,不株守一家,故稱"叢説"。雖未能一一確鑿,而要爲徵實之學,非枵腹而談經者。書内

---

① 見第1039條。

多載其師金履祥説，卷首《書紀年》一篇，即據金氏《通鑒前編》起算。其書與《詩名物鈔》《四書叢説》并刊於至正六年，其板久佚。此本爲《學海類編》所刊。據《四庫書目》云二卷中脱四頁，三卷中脱兩頁，五卷中、六卷中各脱四頁，各本并同，無從校補。

2571 **禹貢圖注一卷**

明艾南英撰。是編以禹貢九州分繪九圖，列於各州經文之前。又繪《五服圖》，列于"五百里甸服"一節之前。又爲《九州分域圖》及《九州貢道圖》，列于首。又爲輿地總圖，據明代郡縣紀其大略，以附于後。録蔡注之簡明者爲内注，有不可廢者仍録爲外注。其圖與注俱頗簡明，便於童蒙記誦。前有自序。

2572 **尚書砭蔡編一卷**

明袁仁撰。是編糾蔡沈之誤，皆據有所據，然亦不免有意立異處。曹氏刻入《學海類編》，改題曰《蔡注考誤》。本袁氏原名。今遵《四庫書目》改題《砭蔡編》，以復其舊。

2573 **古文尚書考一卷**

國朝陸隴其撰。隴其，字稼書，平湖人，謚清獻。是書大旨惟據朱子告輔廣之言，以申《古文尚書》非僞。本載《三魚堂集》中，曹氏摘録别行。

2574 **尚書古文辨一卷**

國朝朱彝尊撰。是篇本載《曝書亭集》第五十八卷中，曹氏摘録别行，甚無謂也。

2575 **詩經叶韻考異一卷**

宋輔廣撰。廣，字漢卿。初從吕東萊游，後復從朱子講學。曾撰《詩童子問》十卷，列入《四庫書目》，此即其末一卷也。曹氏摘刊别行，往往將古人書割裂，别標名目以眩世，不出明人惡習。

2576 **詩論一卷**

已見前,《藝海珠塵》本。①

2577 **毛詩或問二卷**

明袁仁撰。大旨主於伸《小序》而抑《集傳》。設爲問答以明之。

2578 **詩問略一卷** 以上十二種共一函。《類編》第一函。

明陳子龍撰。乃其讀《詩》劄記之文。曰"詩問"者,取問諸有道之意。又所解皆偶標己意,隨拈各條,非説全《詩》,故謂之略。其説不主朱子《集傳》,亦不甚主《毛傳》《鄭箋》,大抵因《小序》而變其説,以意爲解,不必有據也。

2579 **春秋集傳微旨三卷**

唐陸淳撰。先列三傳異同,参以啖、趙二家之説,而斷其是非。蓋啖助爲淳之師,趙匡爲淳之友也。助,字叔佐;匡,字伯循;淳,字伯沖。三人事迹皆具《唐書·儒學傳》。是書自序謂"事或反經而志協乎道,迹雖近義而意實蘊奸,或本正而末邪,或始非而終是",介于疑似之間者,并委曲發明,故曰"微旨"。其書雖淳所自撰,而每條必稱"淳聞之師曰"云云,不忘本也。

2580 **春秋金鎖匙三卷**

已見前,微波榭刻本。②

2581 **春秋胡傳考誤一卷**

明袁仁撰。自序謂"胡安國憤王氏之不立《春秋》也,承君命而作《傳》,志在匡時,多借經以申其説。其意則忠,而于經未必盡合",乃爲是書,以攻駁《胡傳》之失。

---

① 見第2184條。

② 見第2445條。

2582 **讀左漫筆一卷**

明陳懿典撰。乃其讀《左傳》時隨筆漫記之語。凡二十七條。

2583 **春秋日食質疑一卷**

國朝吴守一撰。推考歲差加減,以證《春秋》所載日食之誤。《春秋》日月以長曆考之,往往有訛,見於杜預《釋例》。此更詳其進退遲速,以求交限。末附《詩書日食考》二條,以互相參證。

2584 **禮經奥旨一卷**

題宋鄭樵撰。考其文,即《六經奥論》之一卷也。《六經奥論》本危邦輔托之鄭樵者,此更僞中作僞矣。

2585 **三禮考一卷**

題宋真德秀撰。諸家書目不著録,惟此載之。書止五頁。引程、朱諸儒之説,凡九條,條下繫以案語。其《周禮》條下引"元泰定中,丘葵更定《周禮》"云云,又引吴澄《三禮考注》,真氏何由得見之？其僞不辨明矣。

2586 **月令七十二候集解一卷**

題元吴澄撰。以七十二候分屬於二十四氣,各訓釋其所以然。前有小序,稱"其禽獸草木,多出北方,蓋以漢前之儒皆江北者也,故江南老師宿儒亦難盡識,康成、穎達多有訛解。乃廣取《説文》《埤雅》等書,又詢之農牧,似得所歸"云云。按吴氏所作《禮記纂言》亦引《唐月令》分著五日一候之説,然不聞更有此書,疑後人托名也。

2587 **周禮五官考一卷**

明陳仁錫撰。按《四庫總目》列仁錫《重校古周禮》六卷[①],

---

① 《四庫全書總目》著録作"《重訂古周禮》六卷"。

《提要》云其“五官皆移叙官於‘惟王建國’之前,殊非古本。又其凡例曰‘《漢・藝文志》是書原闕《冬官》,漢儒補以《考工記》,未免割裂聖經,不必妄爲補綴’云云,蓋不用俞廷椿改本也”。是書殆即其論,而曹氏摘刊别行者。

2588 **三禮指要一卷**

國朝陳廷敬撰。大旨謂《周禮》一書爲禮之綱領,至其儀法、度數則《儀禮》,乃其本經,而《禮記》乃義疏也。因推陳原委爲此篇。

2589 **檀弓訂誤一卷**

國朝毛奇齡撰。以《禮記》出自漢儒,《檀弓》一篇尤多附會舛戾,乃摘其誤者條辨之。

2590 **讀禮志疑十二卷**

國朝陸隴其撰。以漢儒所述古制往往不合,乃取注疏諸説折衷于朱子之書,以成是編。其疑而未決者,則仍缺之,故曰“志疑”。

2591 **大學發微一卷大學本旨一卷中庸指歸一卷中庸分章一卷**

宋黎立武撰。程子門人歧爲數派,此書蓋傳郭忠孝、郭雍之學者,故立論多與朱子異。

2592 **孔子論語年譜一卷**

題元程復心撰。是編以《論語》各章分隸于孔子年譜之内,而又雜采《左傳》諸事附會之。其中武斷强派之處,不一而足。如所分隸之《論語》,以“子釣而不綱”章爲三十一歲,以“子以四教”章、“雅言”章、“罕言”章、“不語”章、“自行束脩以上”章爲三十四歲之類,尤不可殫數,均不知何所據而云。然殆明季妄人僞托也。

2593 **孟子年譜一卷**

亦題前人撰。其妄與前書同。

2594 **孝經集靈一卷** 以上十六種共一函。《類編》第二函。

明虞惇熙撰。專輯録《孝經》靈異之事，如赤虹化玉之類，故曰“集靈”。夫詁經而專尚神怪因果之説，豈子不語之道哉！《四庫書目》退置其書於小説家，允矣。

2595 **訂正史記真本凡例一卷**

題宋洪遵撰。前有自序，稱手録司馬遷《史記》一帙，盡汰去楊惲、褚少孫等所補十篇，并去其各篇中增益之語，而以己所校定者録於下方。此其書前凡例也。但所稱真本謂得司馬遷名山所藏，未免事出烏有耳。

2596 **讀史漫筆一卷**

明陳懿典撰。摘《史記》本紀、世家、列傳事迹，隨意論列數語。皆陳陳相因之言。

2597 **兩漢解疑二卷**

明唐順之撰。摘兩漢人物，論其行事，設爲問難，而以己意解之。大抵好爲異論。

2598 **兩晋解疑一卷**

前人撰。持論亦與前書相類，而乖舛尤多。

2599 **三國雜事一卷**

已見前，《函海》本。①

2600 **五胡十六國考鏡一卷** 【眉批：載記。】

宋石延年撰。取《晋書》載記中所列五涼、四燕、三秦、二趙并成、夏等十六國，考其始終、傳世、歷年。過於簡略。殆出後人依托。

2601 **南北朝雜記一卷** 【眉批：史鈔。】

---

① 見第1442條。

題宋劉敞撰。擇南、北《史》中新異之事,分人標題。蓋其讀史時隨筆記録者。

2602 **隋史斷一卷**

宋南宫靖一撰。按《四庫書目》有南宫靖一《小學史斷》二卷、《續集》一卷、附《通鑒總論》一卷。其書上起周平王、下迄五代,叙述史事,而裒輯宋儒論斷以附之。此書殆即其《史斷》之一篇也,曹氏未見全書,而僅見此論隋一朝之説,遂刻入《類編》中,亦失考甚矣。

2603 **新舊唐書雜論一卷**

明李東陽撰。摘《唐史》事迹辨其是非,所論太宗、明皇之事爲多,持論亦皆平允。

2604 **唐史論斷三卷**

已見前,《函海》本①及《藝海珠塵》本②。

2605 **安禄山事迹三卷** 【眉批:入傳記别録類。】

唐姚汝能撰。叙述禄山事迹始末,甚爲詳悉。每段之下,并爲附注。

2606 **平巢事迹考一卷**

已見前,《奇晋齋叢書》本。③ 按此書實明人茅元儀撰,此本題曰"宋人",誤也。平湖陸氏又刻入《奇晋齋叢書》,而爲之跋,稱爲元人抄本,亦誤。蓋曹氏受黠賈之紿,烜又沿曹氏而受紿也。

---

① 見第 1413 條。

② 見第 2246 條。

③ 見第 1372 條。

2607 **鑒誡録十卷**

已見前,知不足齋本。[①]

2608 **涑水紀聞十六卷補遺一卷** 以上十四種共一函。《類編》第三函。

已見前,抄本[②]及聚珍板本[③]。此多《補遺》,宜與諸本互校。

2609 **五國故事二卷**

已見前,抄本[④]及知不足齋本[⑤],又《函海》本[⑥]。

2610 **江表志三卷**

已見前,抄本[⑦],然不全。宜用此本校補。

2611 **南唐拾遺記一卷**

國朝毛先舒撰。前有自序,稱"略采宋江南諸不見正史者,附於馬、陸二書,鄭文寶《近事》、陳彭年《别録》、陳霆《唐餘記傳》之後"云云。

2612 **三楚新録三卷**

已見前,抄本。[⑧] 宜與此互校。

2613 **蜀檮杌二卷**

已見前,《函海》本[⑨]及《藝海珠塵》本[⑩]。

---

① 見第 763 條。

② 見第 190 條。

③ 見第 422 條。

④ 見第 616 條。

⑤ 見第 696 條。

⑥ 未著録。

⑦ 見第 1168、1322 條。

⑧ 見第 383 條。

⑨ 見第 1403 條。

⑩ 見第 2232 條。

2614 **西夏事略一卷**

題宋王稱撰。考驗其文,即王偁《東都事略》中之《西夏傳》,作僞者抄出,别題此名也。曹氏收入《類編》,其亦不考而已矣。

2615 **五代春秋二卷**

已見前,抄本。①

2616 **江南别録一卷**

宋陳彭年撰。記南唐義祖、烈祖、元宗、後主四朝之事。時徐鉉、湯悦方奉詔撰《江南録》,此乃彭年私纂,故以"别録"爲名。《宋史・志》作四卷,殆本以一篇爲一卷,後人合并爲一也。

2617 **靖康紀聞一卷**

宋丁特起撰。載汴京失守,徽、欽二帝播遷之事。起欽宗靖康元年十一月五日,至高宗建炎元年五月一日即位止,列日書之。徐夢莘《北盟會編》多采其説。《文獻通考》載此書作"《孤臣泣血録》三卷",殆以序末有"宋孤臣丁特起泣血謹書"十字名之。《四庫書目》亦作《孤臣泣血録》。曹氏此刻則作《靖康紀聞》。按特起自序稱"紀聞者,紀靖康元年中事也"云云,則當以此名爲正。書作一卷,而首尾完具,無有缺佚。殆由后人合并,故與《文獻通考》三卷之數不符。

2618 **靖康紀聞拾遺一卷**

不標撰人名氏。《文獻通考》稱"何烈撰",莫能詳也。是書又名《靖康小史》。

2619 **張邦昌事略一卷** 【眉批:傳記類别録。】

題宋王稱撰。核其文,即王偁《東都事略》中之《僭僞傳》也。

---

① 見第614條。

摘其一卷,别立名目。又改“王倆”爲“王稱”,可謂愈僞愈拙矣。

2620 **劉豫事迹一卷**

題宋無名氏編。按陳氏《書録解題》作《逆臣劉豫傳》,楊堯弼、楊載等撰。而《四庫書目·傳記類存目》内題《僞豫傳》,爲兩淮鹽政采進本,稱“宋楊克弼撰。述劉豫降金始末。其序稱以豫逆臣,不當稱僞齊,故削其國號而名稱之,以示貶也”云云。又别載《劉豫事迹》一卷,稱曹溶撰,《題要》云曹溶“本楊克弼《僞豫傳》,又雜采他書附益之”云云。今此本載溶《學海類編》中,題《劉豫事迹》,疑爲曹溶之書。而下又題“宋無名氏撰”,所載豫事本末甚詳。豈此即《僞豫傳》,而曹氏所得之本乃題作《劉豫事迹》,且未標撰人名氏,曹氏亦未及考陳直齋《書目》,遂以“宋無名氏”標題耶?此本卷前亦無序可校。末有朱竹垞先生跋一則,亦稱“此書不知誰氏所輯,予抄自倦圃曹氏”云云。竹垞先生藏書甚富,豈亦偶未檢《直齋書目》耶?惜未得曹氏之書,一爲對勘耳。

2621 **北狩見聞録一卷**

宋曹勛撰。結銜稱“保信軍承宣使知閤門事兼客省四方館事臣某”云云。按《直齋書録解題》云:“幹當龍德宫曹勛功顯撰。”勛以靖康二年二月從徽宗入金營,扈從北狩,以徽廟御札,間道走行在所,以建炎二年七月至南京。此録即紀徽宗北狩時事迹。

2622 **北狩行録一卷**

宋蔡鞗撰。鞗,京之子,靖康元年從徽宗北行者也。《直齋書目》題“蔡鞗、王若沖撰”。按此書卷末云“北狩未有行記,太上語王若沖曰‘一自北遷,于今八年,所履風俗異事,不謂不多,深欲紀録,其未有人詢之。蔡鞗以爲學問、文采,無如卿者,爲余記之’”云云,則是此書爲若沖所作。而《宋史·志》亦以此書爲鞗撰,疑倖述其事,而若沖潤色之也。

2623 **南燼紀聞一卷**

已見前,抄本。[①] 按:《四庫書目·雜史》内有《靖康蒙塵録》一卷,或即此書。

2624 **竊憤録一卷竊憤續録一卷阿計替傳一卷**

題宋辛棄疾撰。前《録》載金天輔十五年,二帝在五國城,復由五國城徙均州。上皇崩于均州,後少帝復由均州徙源昌州。事至天眷四年冬止。《續録》起天眷四年十一月,少帝由源昌州至燕京,金主亮錮禁少帝及被害事,至正隆三年止。後附《阿計替傳》。阿計替者,本姓朱氏,名得成,棣州人。靖康中爲王若恩吏,金人攻城,王若恩時守城,降于金。賊將鐵立熾憾入城,見得成,以貌似其兄阿計替,遂重之,賜之卮酒,呼得成從行。後因熾憾詣斡離不帳,斡離不亦以貌似阿計替,遂以阿計替呼之,留之帳下,甚見親信。後二帝車駕出城,斡離不遂令阿計替押送至燕。及二帝節次北徙,皆阿計替伴隨。阿計替因以上皇、少帝、鄭后、朱后前後生死遷徙事書。其大略付辛棄疾,而棄疾又爲之傳。

2625 **春明退朝録三卷**

已見前,《百川學海》本[②]及《唐宋叢書》本[③]。

2626 **南遷録一卷**

題金張師顔撰。紀金愛王大辨叛據五國城,及元兵圍燕,貞祐遷都汴京之事。然所載多與正史相舛,趙與時《賓退録》、陳直

---

① 見第1545條。

② 見第825條。

③ 因重複未著録,説見第935條。

齋《書録解題》皆决其僞。陳氏又謂或云華岳所作。岳即宋殿前司軍官,嘗作《翠微南征録》者。此本前有師顔自序,後有大德丙午浦元玠跋。

2627 **朝野遺記一卷** 【眉批:入小説。】

不著撰人名氏。記金人犯闕及南渡後朝野間雜事,凡二十三條。

2628 **三朝野史一卷**

不著撰人名氏。記理、度、恭三朝軼事瑣言,凡十有九條。書中附記丙子三宫赴北事,蓋亦宋遺民所作也。

2629 **庚申外史二卷**

明權衡撰。所紀皆元順帝即位以後二十八年治亂大綱。時順帝猶未追謚,以其庚申年生,故稱之曰"庚申帝"。又《元史》亦尚未修,故别名曰《史外見聞録》。所言多與《元史》相合,於宫庭構煽、盗賊縱横之事,皆能剖析端委。衡,字以制、葛溪,吉安人。元末兵亂,避居彰德黄華山。明初歸江西,寓居臨川以終。此書卷末有宋濂跋。陳繼儒嘗刻入《秘笈》,佚脱舛訛,殆不可讀。此刻校爲完善。

2630 **陳張事略一卷** 【眉批:載記。】

明吴國倫撰。記陳友諒、張士誠事始末大略,而以方國珍事附焉。

2631 **元史備忘録一卷**

明王光魯撰。取《元史》中譜系、氏族、諸臣、重名、俚名,分爲五門,列其人于上,而略注官銜、事迹于下,頗便循覽。

2632 **明氏實録一卷**

明楊學可撰。記明玉珍父子始末。玉珍當元末起兵,竊據巴蜀，一傳而滅。無大淫虐，故明昇之降，論者以比孟昶。是書所述，雖不無溢美，而叙次頗詳，足與正史相參考。

2633 **天啓宫詞一卷** 以上二十五種共一函。《類編》第四函。

明蔣之翹撰。取天啓時宫闈雜事，編爲七言絶句一百三十六首，各附注于下。其體仿唐王建之作，而其隸事則全如沈嘉轍等《南宋雜事詩》也。蓋熹宗時閹嫗交訌，禍變之根皆起宫闈，之翹此作，似諷似懟，頗得詩人之旨。

2634 **宋景文雜説一卷**

即宋祁《筆記》之下卷也。已見前，《百川學海》本。①

2635 **晁氏儒言一卷**

已見前，抄本。②

2636 **晁氏客語一卷**

已見前，《百川學海》本。③

2637 **省心録一卷**

已見前，抄本④及《函海》本⑤。

2638 **樵談一卷**

宋許棐撰。是編皆勸戒之言。

2639 **讀書録存遺一卷** 【眉批：入史評。】

宋潘音撰。多論史事，而斷以儒者之言。

2640 **勤有堂隨録一卷**

---

① 見第843條。

② 見第2033條。

③ 見第837條。

④ 見第1176、1354條。

⑤ 見第1441條。

元陳櫟撰。皆其劄記之文。雖多談義理,而亦兼考證。于宋末元初諸人,各舉其學問之源流、文章之得失,尤多公論。

2641 **郁離子一卷**

明劉基撰。基初仕元,不得志,因弃官入青田山中,著此書。天台徐一夔曾爲之序,曰郁離子者,離爲文明之象,言用之其文郁郁然,爲盛世文明之治也。

2642 **潛溪邃言一卷** 【眉批:雜家。】

明宋濂撰。

2643 **華川卮辭一卷**

明王禕撰。雜論處世爲治之理,間用喻語。取"卮言日出"之義以名之。

2644 **青巖叢録一卷**

前人撰。論緯書及釋道兩家源流,堪輿、醫書同異,凡五篇。

2645 **侯城雜誡一卷** 【眉批:入儒家。】

明方孝孺撰。論持身爲治之理,尚不背儒者宗旨。

2646 **薛子道論三卷**

明薛瑄撰。即從《讀書録》摘出者。

2647 **錢子測語二卷**

明錢琦撰。伏讀《四庫書目》,謂此書"分象元、繇庚、浮風、治本、檢精、鑒遠、規世、導儒八門"。今此本不分門目,殆非足本。

2648 **白沙語要一卷**

明陳獻章撰。皆論身心之學,而頗雜禪理。

2649 **類博雜言一卷**

明岳正撰。雜論陰陽五行及醫卜星算之説。中間論大衍之數及《皇极經世》之數,亦頗有發明。然非全本。

2650 **空同子纂一卷**

明李夢陽撰。其書本編入《空同集》中,此本則從《集》中抄出别行者。且每篇摘抄十之三四,故題曰"纂"。去取殊無義例。

2651 **甘泉新論一卷**

明湛若水撰。詞致頗類《法言》。

2652 **傳習則言一卷**

明王守仁撰。

2653 **心齋約言一卷**

明王艮撰。皆發明良知之旨。艮爲王守仁門人,其中稱先生者,皆謂守仁也。

2654 **近峰記略一卷**

明皇甫庸撰。多述明朝軼事。

2655 **桑子庸言一卷**

明桑悦撰。所論皆習見之言,無甚精奥。

2656 **后渠庸言一卷** 【眉批:雜。】

明崔銑撰。

2657 **蜩笑偶言一卷** 【眉批:雜。】

明鄭瑗撰。

2658 **經世要談一卷**

明鄭善夫撰。

2659 **陰陽管見一卷**

明何塘撰。論五行陰陽之道,而因及《太極》《正蒙》之旨。

2660 **方山紀述四卷**

明薛應旂撰。乃其平日所抄先正格言。前有自識,稱凡所聞於師友者,輒爲紀之。間有自得,亦附書焉。

2661 **讀書筆記一卷**

明祝允明撰。自稱"于乙巳居憂時偶有所得,隨筆箋記,就有道而正之"云云

2662 **學古瑣言二卷**

明鄭曉撰。自稱"年九歲,先公教識字時,時取經史,解説大意。後三十餘年,詮録授兒曹"云云。

2663 **儼山外纂一卷**

明陸深撰。雜論天文地理之學,而旁及于治術、學術。蓋其偶爾涉筆者。

2664 **海涵萬象録一卷**

明黄潤玉撰。凡天地人物之理,獨有所見者,皆著於論。按《四庫提要》稱此書凡四卷,乃其孫溥録其平日言論,以成此編,分四十門。今此本不分門目,且祇寥寥六頁,非完帙也。

2665 **二谷讀書記三卷**

明侯一元撰。

2666 **澹齋内言一卷外言一卷**

明楊繼益撰。《内言》間涉考證,《外言》則語録也。議論多宗二氏。

2667 **海樵子一卷**

明王崇慶撰。僅二十六則。多仿《中説》《通書》《正蒙》之體,率老生常談也。

2668 **黎子雜釋一卷**

明黎久之撰。雜舉奇幻之事,推求其理。詞極辨博,而大旨仍歸于神怪。

2669 **客問一卷**

明黄省曾撰。凡十五則。前四則論陰陽象緯,後十一則論人事。設爲主客問答以辨之。

2670 **擬詩外傳一卷**

前人撰。雜論治亂之理。凡二十八條。每條之末引詩二句爲證,仿《韓詩外傳》之例,故曰"擬"。

2671 **海沂子五卷**

明王文禄撰。分《真才》《作聖》《稽闑》《儀曜》《敦甫》五篇,篇爲一卷。持論往往偏駁。

2672 **凝齋筆語一卷**

明王鴻儒撰。凡論《易》十四條,論《詩》三條,論《書》一條,論《左傳》一條,論《周禮》三條,論史三條,論四書三條,論子書三條。

2673 **日録裏言一卷**

國朝魏禧撰。論持身涉世之道。語皆平易明顯,與《呻吟語》《省心録》諸書頗類。

2674 **常語筆存一卷**

國朝湯斌撰。皆其平生講學之語,其子溥録而梓之。

2675 **學術辨一卷**

國朝陸隴其撰。剖析儒釋之分,而歸咎于王陽明之徒。

2676 **業儒臆説一卷** 以上四十三種共一函。《類編》第五函。

國朝陶圻撰。

2677 **孝詩一卷**

宋林同撰。同,字子真,號空齋,福清人。與弟合俱有隱操。後元兵至福州,抗節死。見《宋史·忠義傳》。是集皆摭古今孝事,每一事爲五言絶句一首,亦間有兩事合咏者。凡聖人之孝十首,賢者之孝二百四十首,仙佛之孝十首,異域之孝十首,物類之孝十首。前有劉克莊序。

2678 **白鹿書院教規一卷**

宋朱子撰。

2679 **程董二先生學則一卷**

宋饒魯編。

2680 **桐陰舊話一卷** 【眉批:傳記。】

宋韓元吉撰。元吉,字无咎,宰相維之玄孫。以任子仕,至吏部尚書。此書所記韓億、韓綜、韓絳、韓繹、韓維、韓縝雜事,共存十三條,皆其家世舊聞也。按《宋史·志》書本十卷,《直齋書目》亦同。《續百川學海》所録則衹一卷,與此同。蓋全書久佚,此則從諸書抄撮者也。其京師門第有桐木,故云《桐陰舊話》。蓋北宋兩韓氏并盛,世以桐木韓家别于魏國韓琦云。

2681 **錢氏私志一卷**

宋錢世昭撰。蓋纂輯其世父愐之所述,以成是編也。後有世昭序,稱"叔父太尉,昭陵之甥,親見宣政太平文物之懿。逮事太上,備膺養遇。凡耳目所接,事出一時,語流千載者,廣記而備言之。世昭敬請而集,名曰《錢氏私志》"云云。

2682 **萬柳溪邊舊話一卷**

元尤玘撰。所記皆尤氏先世事。末有其曾孫實跋,稱"先曾祖大司徒致仕,還架屋于萬柳溪上,日聚親族談先世事,著《溪邊舊話》三卷。洪武二十九年于祠屋中求得舊本,已簡斷墨爛,不可讀者逾半。因命門人許靈抄其完者以歸。恨全帙之不得"云云。已見前,知不足齋本。①

---

① 見第688條。

2683 **諭僚屬文一卷諭俗文一卷**

宋真德秀撰。已載入《西山文集》中。

2684 **東谷隨筆一卷**

即《東谷所見》也。已見前,《百川學海》本。①

2685 **江東書院講義一卷**

元程端禮撰。

2686 **鄭氏規範一卷**

元浦陽鄭太和撰。乃其教家條規也。凡一百六十八則。

2687 **建文忠節録一卷**

明張芹撰。紀建文殉節諸臣姓名。前有自序,稱四十六人,爲閩中宋端儀所采輯爲録而未成者,因旁加考摭,得方先生而下二十人事略,類而粹之,以爲斯録。而此本乃有七十人之多,殆芹初據宋氏原本而作,後又續有增益也。

2688 **楊忠愍公遺筆一卷**

此椒山先生嘉靖三十四年十月二十六日寄家書,乃赴義之前一夕遺筆也。首爲寄妻張書一篇,次爲諭兩子應尾、應箕書十九則,皆彝倫日用之言,不加文飾,而日月争光。向未流傳,婁江顧釬于京師遇先生五世孫遠條,得此遺墨,乃録而傳之。曹氏刻入《學海類編》。

2689 **廉矩一卷**

明王文禄撰。凡十八章,皆以訓廉爲主。其文似箴似銘。

2690 **元祐黨籍碑考一卷附慶元僞學黨籍**

明海瑞編。按《元祐黨人碑》載於李心傳《道命録》、馬純《陶

---

① 見第851條。

朱新録》者,互有異同。兹則專以《道命録》爲主,其闕者則以他書補之,故所録人數較他書爲多。其搜羅可謂博矣。至所附《僞學黨籍》,則不及《永樂大典》所載《慶元黨禁》之詳。

2691 **致身録一卷**

明史仲彬撰。自序從建文間關道路,三至滇南前後事迹。

2692 **人譜一卷**

已見前,單行本。①

2693 **庭幃雜録二卷**

明嘉善袁衷等録其父母之訓,而錢曉所訂者也。

2694 **家誡要言一卷**

明吴麟徵撰。皆其官邸家書,其子蕃昌節其要而傳之者。

2695 **證人社約言一卷**

明劉宗周撰。先生初以順天府尹罷歸,與陶奭齡講學王守仁祠,以"證人"名堂。此其所爲條誡也。

2696 **初學備忘二卷**

明張履祥撰。皆其講學之語。

2697 **東林始末一卷** 【眉批:雜史。宜改入紀事本末。】

明蔣平階撰。述東林門户。始于萬曆二十一年,終于崇禎十六年。惟叙朋黨攻擊之事。

2698 **温氏母訓一卷**

明温璜述其母陸氏之訓也。璜抗節孤城,闔門就死,得於母教者爲多。璜初名以介,後以夢兆改今名。乾隆四十一年,賜謚忠烈。

---

① 見第1030條。

2699 **教習堂條約一卷** 以上廿三種共一函。《類編》第六函。

國朝徐乾學撰。乃其教習庶吉士時所定學規也。

2700 **愧郯録十五卷**

已見前,知不足齋本。[1]

2701 **翰苑遺事一卷**

已見知不足齋所刻《翰苑群書》中。[2]

2702 **歷代銓政要略一卷**

題宋楊億撰。細核其文,乃《册府元龜》銓政一門總序也。

2703 **官爵志三卷**

明徐石麒撰。述有明一代官制。歷引前代沿革,互相參證,引據頗爲詳核。

2704 **歷代銓選志一卷**[3]

國朝袁定遠撰。乃其官吏部文選司郎中時所作。歷叙各朝銓政選舉之法。

2705 **捕蝗考一卷**

已見前,《藝海珠塵》本。[4]

2706 **旗軍志一卷**

國朝金德純撰。詳述八旗之制。

2707 **楊公政績記一卷**

國朝黄家遴撰。先是明楊繼宗以天順元年進士出守嘉興,有政聲。家遴于康熙丙子冬亦補嘉興郡守,爲繼宗舊治之所,因悉

---

① 見第664條。

② 見第710條。

③ "卷"原誤作"名",今正。

④ 見第2331條。

其政迹,手録成編。前列本傳。

2708 **邦計彙編一卷**

題宋李維撰。實《册府元龜》中邦計一門之總序也。

2709 **拯荒事略一卷**

題元歐陽玄撰。前有自序,稱"蕪湖本南方澤國,每當春夏之交,陽侯不戢,遂成饑歲。余忝爲令長,因輯此編"云云。

2710 **救荒事宜一卷**

明張陛撰。陛,字登子,山陰人。崇禎庚戌,歲大饑。劉宗周及祁彪佳皆里居,宗周倡議煮粥,彪佳倡議平糶,陛更出其家粟五百石,佐二人所不及。又慮賑或未周,費或虚糜,于是斟酌情形,創爲十法,具有條理,多所全活,因疏其綱要爲此書。

2711 **煮粥條議一卷**

明陳繼儒撰。萬曆三十七年,歲饑。華亭知縣聶紹昌等奉撫檄分往鄉村,作粥以濟民,繼儒因作此條議。

2712 **元海運志一卷**

題元危素撰。實即丘氏《大學衍義補》之海運一條也。

2713 **鹽法考略一卷**

明丘濬撰。

2714 **錢法纂要一卷**

前人撰。二書俱載《大學衍義補》中。

2715 **國賦紀略一卷**

明倪元璐撰。載古法賦税諸法。每類引故實一條,頗爲疏陋。

2716 **明漕運志一卷**

題國朝曹溶撰。然考其文,實即谷應泰《明史紀事本末·河漕轉運》篇之文,無一字之異。殆後人嫁名于溶,刻入《學海類編》耳。

2717 **御試備官日記一卷** 【眉批:傳記。】

宋趙抃撰。

2718 **東宫備覽六卷**

宋陳模撰。取經史舊文有關于訓儲者,彙爲一編。凡二十篇。條分縷析,極爲詳悉。

2719 **歷代關市徵税記一卷**

國朝彭寧求撰。臚叙歷代山澤關市徵税諸政,而未爲賅備。

2720 **貢舉叙略一卷**

題宋陳彭年撰。實即《册府元龜》中之貢舉一門總叙也。

2721 **歷代貢舉志一卷**

明馮夢禎撰。殊失簡略。

2722 **樂律舉要一卷**

明韓邦奇撰。已載于《苑洛志樂》中。

2723 **學科考略一卷**

明董其昌撰。叙歷代立學之制,兼叙孔廟封贈配享之始,而貢舉之志兼及焉。

2724 **文廟從祀先賢先儒考一卷**

國朝郎廷極撰。歷考從祀先賢先儒名字之異同以及配享位數,頗爲典核。

2725 **臚傳紀事一卷** 以上廿六種共一函。《類編》第七函。

國朝繆彤撰。彤,吴縣人,號念齋。康熙六年丁未進士,官修撰,歷至侍講。是科一甲第二爲張玉裁,董訥爲第三。此即彤自序臚傳前後諸儀注也。

2726 **歷代郊祀志一卷**

不著撰人名氏。

2727 **琉球入太學始末一卷**

國朝王士禛撰。康熙二十三年翰林檢討汪楫、中書舍人①林麒焻册封琉球,歸奏中山王尚貞請以陪臣子入國學,聖祖仁皇帝俯允所請。士禛因紀其始末爲此書。

2728 **陽明先生鄉約法一卷保甲法一卷**

明陳龍正録。

2729 **莅戎要略一卷** 【眉批:兵。】

明戚繼光撰。即《練兵實紀》中之條約也。

2730 **歷代車戰叙略一卷** 【眉批:兵。】

國朝張泰文撰。

2731 **歷代武舉考一卷**

國朝譚吉璁撰。

2732 **東南防守利便三卷** 【眉批:地理。】

已見前,《藝海珠塵》本。②

2733 **青溪寇軌一卷**

宋方勺撰。記宣和二年青溪妖寇方臘作亂,童貫、譚稹等討平之事,原載《泊宅編》中。青溪縣即今浙江淳安縣,宋屬睦州。

2734 **保越録一卷** 【眉批:傳記。】

元無名氏撰。載至正十八年吕珍鎮守紹興,備禦明兵之事。元順帝至正十九年,明胡大海攻紹興,張士誠及吕珍據守事迹多

---

① "人"字原脱,今補。

② 見第 2233 條。

《明史》所未詳,存之可補史闕。

2735 **平濠記一卷** 【眉批:雜史。】

明錢德洪撰。王守仁之平宸濠,其陰謀秘計①及一切委曲彌縫之處,有叙功疏及年譜所未詳者,因作此記以補之。

2736 **歷代馬政志一卷**

國朝蔡方炳撰。

2737 **備倭記二卷**

明卜大同撰。乃其持節閩中時所作。上卷分八目,曰《置制》、曰《方畫》、曰《將領》、曰《士卒》、曰《烽堠》、曰《險要》、曰《戰舸》、曰《邊儲》。下卷則歷載前人備海寇諸奏牘及策議也。

2738 **明倭寇始末一卷** 【眉批:紀事本末。】

題谷應泰撰。即《明史紀事本末》中篇文也。

2739 **江防總論一卷**

國朝姜宸英撰。

2740 **海防總論一卷**

前人撰。

2741 **江防集要一卷**

國朝趙甯撰。

2742 **海防集要一卷**

國朝韓奕撰。

2743 **江防述略一卷**

國朝張鵬翮撰。

---

① "計"字原脱,《四庫全書總目·平濠記》云"其陰謀秘計",今據補。

2744 **海防述略一卷**

國朝杜臻撰。臚列沿海險要形勢頗詳。

2745 **棠陰比事一卷續編一卷補編一卷**

宋桂萬榮撰,明吴訥删補。萬榮取晋和凝父子所撰《疑獄集》及宋鄭克所撰《折獄龜鑒》二書,仿《蒙求》之體,次爲七十二韻,凡一百四十四事,各爲之注。訥病其拘于聲韻,乃删其不足爲法及相似複出者,存八十條。以事之大小爲先後,不復以韻相叶,其注亦稍爲點定。又續爲二十三事,補編二十七事,各爲一卷附于後。

2746 **刑法叙略一卷**

題宋劉筠撰。實即《册府元龜》中之刑法一門總序也。

2747 **續刑法叙略一卷**

國朝譚瑄撰。

2748 **折獄卮言一卷**

國朝陳士鑛撰。

2749 **河源記一卷**

元潘昂霄撰。

2750 **河防記一卷**

元歐陽玄撰。

2751 **常熟水論一卷**

明薛尚質撰。尚質,常熟人。以白茅、許浦、福山三浦爲常熟宣泄所賴,故作此以明其利害。

2752 **兩宫鼎建記二卷**

明賀仲軾撰。初,萬曆二十四年建乾清、坤寧二宫,仲軾父工部營繕司郎中賀盛瑞董役。後京察坐冒銷工料罷官。仲軾因詳述其綜核節省之數,作此書以鳴父冤。下卷并附以歷年所修諸工。陳繼儒嘗刻入《秘笈》中,改名《冬官紀事》,即此。此本末有盛瑞《京察辨冤疏》,《秘笈》本佚之。

2753 **西北水利議一卷**

國朝許承宣撰。以爲水之流,盛于東南,而其源皆在西北。用其流者,利害常兼;用其源者,有利而無害。因述古溝洫之制,以爲此書。

2754 **明江南治水記一卷**

國朝陳士鑛撰。大旨主于廣浚分支,共受三江之水,多爲尾閭,以殺震澤之勢。故所録惟以夏原吉議三條爲主,而他説則附見焉。非盡録明一代治水之政也。

2755 **浮梁陶政志一卷** 以上卌種共一函。《類編》第八函。

國朝吴允嘉撰。記江西浮梁縣景德鎮官窑始末,不及《景德鎮陶録》之詳。

2756 **文章緣起一卷續一卷**

題梁任昉撰。然昉書《隋志》稱已佚,不應至今復出,疑即《唐志》所載"張績補"者也。其目自詩、賦、《離騷》至于勢、約,凡八十四題。明陳懋仁爲之作注。又搜詩文之類爲原書所未備者,得六十五,題爲《續文章緣起》一卷,而自注之。

2757 **樂府雜録一卷**

已見前,《古今逸史》本。①

2758 **二南密旨一卷**

題唐賈島撰。按陳直齋《書録解題》曰:"《二南密旨》,唐賈島撰。凡十五門。恐出依托。"此本端緒紛繁,綱目混淆。于陳氏

① 見第1005條。

所云十五門外,又增四十餘門,且所增之數與原一十五門之數輾轉推尋,數仍不合。而議論荒謬,詞旨拙俚,更不可以名狀,殆又僞本之重儓矣。

2759 **詩式一卷**

已見前,《唐宋叢書》本。①

2760 **碧溪詩話十卷**

已見前,聚珍板本②及知不足齋本③。

2761 **樂府指迷一卷**

題西秦張玉田撰。玉田者,張炎之別號。西秦者,炎祖張俊之祖貫也。其書分《詞源》《製曲》《句法》《字面》《虚字》《清空》《意趣》《用事》《咏物》《節序》《賦情》《離情》《令曲》《雜論》十四篇,而附以楊誠齋《作詞五要》。陳眉公嘗刻入《續秘笈》中。

2762 **四六談麈一卷**

已見前,《百川學海》本。④

2763 **韻語陽秋二十卷**

已見前,《歷代詩話》本。⑤

2764 **唐子西文録一卷**

已見前,《藝海珠塵》本。⑥

2765 **環溪詩話三卷**

---

① 見第 913 條。

② 見第 151 條。

③ 因重複未著録,説見第 813 條。

④ 見第 854 條。

⑤ 見第 1741 條。

⑥ 見第 2277 條。

題宋吴沆撰。玩其詞氣,乃沆後人追記沆平日論詩之語,及品評沆之詩,非所自著也。其論詩以杜甫爲宗,而出入李白、韓愈、黄庭堅之間。

2766 **玉壺詩話一卷**

宋釋文瑩撰。即其《玉壺清話》中所載論詩之語,後人摘出,别題此名也。

2767 **庚溪詩話一卷**

已見前,《百川學海》本。①

2768 **臨漢隱居詩話一卷**

已見前,知不足齋②及奇晋齋本③。

2769 **容齋詩話六卷** 以上十四種共一函。《類編》第九函。

宋洪邁撰。即於容齋五《筆》之内各掇其論詩之語,裒爲一編者也。然《文淵閣書目》已有此書,《永樂大典》亦於詩字韻下全部收入,則自宋元以來已自别行矣。

2770 **四六叢談一卷**

宋洪邁撰。亦於容齋五《筆》中摘録者。

2771 **詩讞一卷**

宋周紫芝編。東坡以詩被逮,凡御史追捕訊鞫之辭,率以坡詩煅煉附會,好事者往往以當時款牘彙録成帙,争相傳誦,謂之《詩讞》。紫芝因萃聚諸本編訂之,以爲此書。當與《烏臺詩案》并觀。

---

① 見第 863 條。

② 見第 656 條。

③ 見第 1375 條。

2772 **歲寒堂詩話一卷**

已見前,聚珍板本。① 此本不全。

2773 **詩説一卷**

不著撰人名氏。宋姜夔序曰"淳熙丙午,游南嶽,至雲密峰,一異人出書一卷,云是《詩説》,徑以相付,因録而傳之"云云。語頗惝恍,殆依托者神其説耳。

2774 **吴氏詩話二卷**

題曰"宋吴氏撰",不著名字。然核其文,即吴子良《荆溪林下偶談》中論詩之語,摘録别題,以售欺者,非别一書也。

2775 **深雪偶談一卷**

宋方岳撰。凡十五條。皆評詩詞之語。又自載其感舊、題畫之詩。

2776 **碧雞漫志一卷**

已見知不足齋本。②

2777 **對床夜話五卷**

已見知不足齋本。③

2778 **東坡文談録一卷**

元陳秀民編。雜采諸家評論蘇文之語,以成此書。

2779 **東坡詩話録三卷**

亦前人編。雜采諸家論蘇詩者,裒爲此書。

2780 **木天禁語一卷**

---

① 見第198條。

② 見第665條。

③ 見第647條。

已見前,《歷代詩話》本。①

2781 **詞品一卷**

題元涵虚子撰。不詳名氏。評論有元一代北曲,人各擬以品目。

2782 **製曲十六觀一卷**

元顧瑛撰。以爲隋唐以來古調漸失,後世所增,移宫换羽,求其可歌可誦者,指不多屈。惟秦少游、姜白石、吴夢窗、高竹屋、史邦卿諸家,格調不凡,各名于世。作者能取諸人所長,像而爲之,則於製曲之道得矣。因爲此編,以揭其要。凡十六則。每條皆先論製曲之法以及命意、遣詞、煉句、煉字、煉聲之要,而間引前人以爲式。結句皆用"當作此觀"語,故名《十六觀》。

2783 **詞旨一卷**

元陸輔之撰。

2784 **文原一卷**

明宋濂撰。前有小序,謂"余誨人以文,非流俗之文,乃堯、舜、文王、孔子之文,以道爲文者也,因作此編"。凡上、下二篇。

2785 **談藝録一卷**

明徐禎卿撰。皆論詩之語。

2786 **夢蕉詩話一卷**

明游潛撰。所論諸詩,明人居其大半。

2787 **餘冬詩話二卷**

明何孟②春撰。即於《餘冬序録》中摘出者也。所論多作理

① 見第1783條。

② "孟"原誤作"夢",今正。

語,非知詩趣者。

2788 **詩談一卷**

明徐泰撰。皆論明代之詩,自劉基、高啓之下至黄省曾,而附以閨媛、方外詩,各爲品目。

2789 **全唐詩説一卷詩評一卷文評一卷**

明王世貞撰。實則割裂《藝苑巵言》中論詩論文之語,摘抄而爲之者。

2790 **文脉三卷**

明王文禄撰。雜論古今之文,謂一脉相傳,故名。一卷《總論》,二卷《雜論》,三卷《新論》。品藻古今,頗出别解。

2791 **藝圃擷餘一卷**

明王世懋撰。雜論詩話。大旨宗其兄世貞所作《藝苑巵言》之説。

2792 **存餘堂詩話一卷**

明朱承爵撰。凡論詩二十九條。

2793 **夷白齋詩話一卷**

明顧元慶撰。凡四十條。

2794 **顧曲雜言一卷**

明沈德符撰。專論南曲、北曲之别。條分縷析,辨訂頗詳。

2795 **佘山詩話三卷** 以上廿六種共一函。《類編》第十函。

明陳繼儒撰。

2796 **玉笥詩談二卷續詩談一卷**

明朱孟震撰。皆載明代之事,而涉于江西者尤多,蓋據其見聞所及也。其論詩大旨則以王世貞爲宗。

2797 **棗林藝簣一卷**

國朝談遷撰。實即《棗林雜俎》之一卷也。

2798 **聲韻叢説一卷** 【眉批:小學。】

國朝毛先舒撰。雜論三百篇及古來有韻之文。凡四十一條。

2799 **唐詩談叢五卷**

題明胡震亨撰。實即震亨所編《唐音統籤》中第十集詩話内之一門也。《統籤》以十干爲紀,其《癸籤》則專録詩話,分爲七門,曰《分體》、曰《發微》、曰《評彙》、曰《樂通》、曰《詁箋》、曰《談叢》、曰《集録》。《談叢》凡五卷,即此。皆采摭唐詩家軼事,深有益于考訂。

2800 **恬致堂詩話四卷**

明李日華撰。恬致,日華之堂名也。其集即名《恬致堂集》。

2801 **師友詩傳録一卷**

國朝郎廷槐編。廷槐學詩于漁洋先生,而又就正于張篤慶、張實居二人。此編即述其師友間問答之辭以成書,故每問有三答也。

2802 **詞統源流一卷**

國朝彭孫遹撰。論詞學之源流。

2803 **詞藻四卷**

前人撰。皆論詞之語。由唐、宋、金、元、明以及國初,各拈其雋句名篇,品題長短。蓋孫遹本工於詞,故所論動中窾會。且排纂故實,如孟啓《本事詩》,尤足以資考證也。

2804 **漫堂説詩一卷**

國朝宋犖撰。此從《西陂類稿》中摘抄者。

2805 **詞壇紀事三卷**

國朝李良年撰。取古今詞家之有事可記者,仿《本事詩》之例,輯爲一編,頗爲詳贍。與徐釚《詞苑叢談》可以互證。

2806 **詞家辨證一卷**

前人撰。取古今詞人名句名篇,其傳聞異辭者,一一辨證之。

2807 **論學三説一卷**

國朝黄與堅撰。一《理説》,二《文説》,三《詩説》。

2808 **四六金針一卷**

題國朝陳維崧撰。實取元陳繹曾《文説》中所論四六之法,割裂成編耳。

2809 **南州草堂詞話三卷**

國朝徐釚撰。宜與《詞苑叢談》對勘,疑即摘抄者。

2810 **集唐要法一卷** 以上十五種共一函。《類編》第十①一函。

國朝郎廷極撰。詳論集句之法。以爲詩必宗唐,故集詩亦必集唐。因列其分韻、分類諸法,以爲此編。

2811 **封氏聞見記十卷**

已見前,雅雨堂本。②

2812 **劉賓客嘉話録一卷**

已見前,抄本。③

2813 **幽閒鼓吹一卷**

已見前,抄本。④

2814 **灌畦暇語一卷**

---

① "十"字原脱。此條上依次著録《學海類編》一至十函,下"袖中錦一卷"條又云"《類編》第十二函",則此當爲第十一函,今補"十"字。

② 見第60條。

③ 見第1166、1331條。

④ 見第1170、1332條。

已見前,奇晋齋本。①

2815 **北窗炙輠録二卷**

已見前,讀畫齋本②及奇晋齋本③。

2816 **宋景文筆記二卷**

已見前,《百川學海》本。④

2817 **珩璜新論四卷**

已見前,《唐宋叢書》本作《孔氏雜説》。⑤

2818 **明道雜志一卷續一卷**

已見前,《唐宋叢書》本。⑥

2819 **西畬瑣録一卷**

宋孫宗鑑撰。雜論當時見聞。

2820 **蒙齋筆談一卷** 已見《稗海》本。⑦ 即《蒙泉雜言》也。

宋鄭景望撰。亦雜記見聞之語。⑧

2821 **碧湖雜記一卷**

不著撰人名氏。《説郛》有此書,題曰"宋謝枋得撰",未知確否。書衹八條,殆亦非足本矣。皆辨證舊聞之語。

2822 **昨夢録一卷**

---

① 見第1371條。
② 見第1213條。
③ 見第1376條。
④ 見第843條。
⑤ 見第900條。
⑥ 見第932條。
⑦ 見第977條。
⑧ 此條"宋鄭景望"至"之語"有删除符號。

宋康與之撰。皆追述北宋遺聞。以生于滑臺，目睹汴京盛事，故以“昨夢”爲名。

2823 **高齋漫録一卷**

宋曾慥撰。所述朝廷典制及士大夫言行，往往可資法戒，而品詩文、供諧戲之語，亦間及焉。此本衹寥寥五頁。《四庫》本乃從《永樂大典》輯補者也。

2824 **鐵圍山叢談六卷**

已見前，知不足齋本。①

2825 **蘆浦筆記十卷**

已見知不足齋本。②

2826 **南窗紀談一卷**

已見知不足齋本。③

2827 **袖中錦一卷** 以上十七種共一函。《類編》第十二函。

題宋太平老人撰，不著名氏。雜録説部而爲之，罕所新得。

2828 **王氏三録三卷**

即王鞏《甲申雜記》《聞見近録》《隨手雜録》也。已見前，知不足齋本。④

2829 **楊公筆録一卷**

宋楊延齡撰。多考證名物、字義，而亦間及軼事。

2830 **木筆雜抄二卷**

題宋無名氏撰。前有小序稱“息軫多年，日坐斗室，小有紀

---

① 見第 675 條。

② 見第 746 條。

③ 見第 730 條。

④ 見第 654 條。

録。齋前有木筆一叢,遂以名之"云云。今考其文,乃摘抄《林下偶談》之文也。

2831 **梁谿漫志十卷**

已見知不足齋本。①

2832 **醴泉筆録二卷**

題宋江休復撰。按休復有《嘉祐雜志》,未見别有此書名此,又黠賈作僞者也。宜與《雜志》互校。

2833 **湘山野録三卷**

已見《津逮秘書》本。②

2834 **談藪一卷**

題宋龐元英撰。案元英爲元豐中人,此書乃多述南宋寧、理兩朝事迹,相距百載,其爲後人僞托明甚。然尤侗《明史·藝文志》已有其名,則此書自明已有矣。

2835 **養疴漫筆一卷**

宋趙溍撰。雜記宋時瑣事。末附醫方數條。

2836 **志雅堂雜抄十卷**

宋周密撰。分爲八類,曰書史、曰圖畫碑帖、曰諸玩、曰寶器、曰人事、曰醫藥、曰陰陽算術、曰仙佛。與所作《雲烟過眼録》《癸辛雜識》諸書所述互相出入,疑爲初創之稿本,後人録之别行也。

2837 **話腴一卷**

宋陳郁撰。郁號藏一居士。記南北宋雜事,間及詩話。按《四庫》著録本作四卷,稱其書分甲、乙二集,每集又各分上、下。

---

① 見第642條。

② 見第155、573條。

此本衹一卷，非完帙也。

2838 **默記三卷**

已見前，知不足齋本。①

2839 **誠齋揮塵録二卷** 以上十二種共一函。《類編》第十②三函。

已見《百川學海》本。③

2840 **後山叢談四卷**

已見《唐宋叢書》本。④

2841 **鶴山筆録一卷**

已見《奇晋齋叢書》本。⑤

2842 **二老堂雜志五卷**

宋周必大撰。皆考證舊聞，記述典制，而兼及于典籍、藝文，甚爲詳核。第五卷則叙述游覽，亦足以資考據。

2843 **賓退録十卷**

已見前，單行本。⑥

2844 **識遺十卷**

已見前，抄本。⑦

2845 **歸潛志八卷** 以上六種共一函。《類編》第十四函。

---

① 見第 671 條。

② "十"字原脱。此條上依次著録《學海類編》一至十二函，下"歸潛志八卷"條又云"《類編》第十四函"，則此當爲第十三函，今補"十"字。

③ 見第 826 條。

④ 見第 904 條。

⑤ 見第 1374 條。

⑥ 見第 4 條。

⑦ 見第 940 條。

已見知不足齋本。①

2846 **佩韋齋輯聞四卷**

已見前,讀畫齋本。②

2847 **北軒筆記一卷**

已見前,知不足齋本。③

2848 **學易居筆録一卷**

元俞鎮撰。共四十八條。多雜舉經史成語及前哲格言而引伸之。

2849 **東園友聞一卷**

不著撰人名氏。所録多宋元間事。按《四庫》著録有明孫道易《東園客談》一卷,稱"其書皆録名人嘉言懿行及近代見聞諸事。以據當時友朋所書輯之,故曰'客談'。於每條下各標其名,凡錢惟善等十七人,多元之遺民"云云,疑即此書。

2850 **漱石軒筆記一卷**

宋李隱撰。皆記唐時軼事。凡六條。

2851 **遂昌雜録一卷**

已見《稗海》本。④

2852 **震澤紀聞一卷**

明王鏊撰。皆述明時朝野軼事。

2853 **蔗山筆麈一卷**

明商輅撰。考證經史,評品人物,而亦間及于文詞。

---

① 見第 658 條。

② 見第 1228 條。

③ 見第 766 條。

④ 見第 989 條。

2854 **井觀瑣言三卷**

已見《唐宋叢書》①及《秘笈》本②。

2855 **方洲雜言一卷**

明張寧撰。方洲，其號也。所述皆見聞瑣屑之事。

2856 **琅琊漫抄一卷**

明文林撰。雜記瑣聞軼事，間亦考證經史。凡四十八則。

2857 **敝帚軒剩語三卷補遺一卷**

明沈德符撰。雜記神怪、俳諧之類。

2858 **瓶花齋雜録一卷**

明袁宏道撰。多記聞見雜事及經驗醫方，而亦間及于書傳。

2859 **秋涇筆乘一卷**

明宋鳳翔撰。皆載史傳雜事，而附以議論。

2860 **苹野纂聞一卷**

明伍餘福撰。是書所記衹二十條，皆吴中故實，間及朝政。

2861 **餘庵雜録三卷**

明陳恂撰。多考證經史及朝廷典制，而亦間及于詞章之學。

2862 **石田雜記一卷**

明沈周撰。所記皆聞見雜事。

2863 **簣齋雜著一卷** 以上十九種共一函。《類編》第十五函。

明陸埏撰。皆其筆記也。

2864 **寒夜録三卷**

明陳洪緒著。皆記見聞，間涉考證，而評論詩文者居多。

---

① 見第 935 條。

② 見第 1927 條。

2865 **資暇集三卷**

已見前,《續知不足齋》本。①

2866 **北户録一卷**

唐段公路撰。是書本三卷,載嶺南風土物産,極爲詳贍。援據考證,亦甚精博。所引之書,今未見者十之七八,甚足以資多識而廣異聞。其注爲公路之族段龜圖所作,亦典賅精要。此本爲曹氏所刊,僅有一卷,但述物産五十一條,而無記風土諸條,非足本也。余又得胡文焕所編《格致叢書》,内亦有此書②,作二卷。舉以相較,其目亦與此相同,而多食目一條,且正文、注文較此本俱多十之六七。以是知曹氏此刻乃删節之本,更不足據也。内中錯訛字句亦所不免,而較之曹本精善遠矣。按曹氏本内有臆爲删改之處,往往先之不通,以胡本細勘便知。

2867 **格物粗談二卷**

題宋蘇軾撰。分天時、地理、樹木、花草、種植、培養、獸類、禽類、魚類、蟲類、果品、瓜蓏十二門,與世所傳《物類相感志》大略相似。後有元范梈識,斷爲後人假托,無疑也。按《物類相感志》已屬依托,此則更從而衍之,則又僞本之重儓矣。

2868 **猗覺寮雜記六卷**

已見聚珍板本③及知不足齋本④。

2869 **就日録一卷**

元虞集撰。雜論見聞,僅寥寥六條。

---

① 見第 2368 條。

② 見第 3009 條。

③ 見第 25 條。

④ 見第 651 條。

2870 **緗素雜記十卷**

已見前,《唐宋叢書》①及《秘笈》本②。

2871 **文昌雜録一卷**

已見雅雨堂刻本③,作六卷。此祇一卷,非完書也。

2872 **月下偶談一卷**

宋俞琰撰。然核其文,實即琰所著《席上腐談》中摘録數十條,别題此名耳。

2873 **辨誤録三卷**

宋吴曾撰。即《能改齋漫録》之第三、第四、第五卷也。割裂摘抄,改易名目,不知何人所爲。而曹氏舉而刻之,亦失考甚矣。

2874 **文苑英華辨證十卷**

已見前,聚珍板本④及知不足齋本⑤。

2875 **歲時廣記四卷** 《格致叢書》本又有《圖説》一卷。⑥

宋陳元靚撰。分四時爲四卷。雜引諸書所記關于節序者,按月分隸,而以《月令》《孝經緯》《三統曆》諸書爲綱。凡春令四十六條,夏令五十條,秋令三十二條,冬令三十八條。于所引典故,皆備録原文,詳記所出。惟原書前有圖,此本佚之,《四庫》著録本亦無從補繪。余所得胡文焕《格致叢書》本前有《圖説》,凡二十幅,可以補此本之缺。

---

① 見第901條。

② 見第1954條。

③ 見第31條。

④ 見第612條。

⑤ 因重複未著録,説見第813條。

⑥ 見第3036條。

2876 **野服考一卷**

宋方鳳撰。取簡籍中所言野人之服，如臺笠緇撮之類，彙而録之，凡十六條。

2877 **肯綮録一卷**

已見前，《函海》本①及《藝海珠塵》本②。

2878 **霏雪録一卷**

明鎦績撰。多述前聞及雜記夢幻詼諧諸事。按原本二卷，此衹一卷，殆非完帙。

2879 **文待詔題跋二卷**

明文徵明撰。皆題跋書畫之語，多考證之詞。

2880 **損齋備忘録一卷**

明梅純撰。按原書二卷，上卷分紀事、纂言、知人、格物四類，下卷分説詩、論文、補闕、拾遺、辨疑、刊誤六門。《四庫》雜家存目匹提要如此云云。此本衹一卷，亦不分類，非足本也。

2881 **辨物小志一卷**

明陳絳撰。皆辨論物性之言，與《物理小識》略相似。

2882 **群碎録一卷**

已見《秘笈》本。③

2883 **枕譚一卷**

已見《秘笈》本。④

2884 **男子雙名記一卷**

---

① 見第 1446 條。

② 見第 2298 條。

③ 見第 1907 條。

④ 見第 1910 條。

明陶涵中撰。所記古今男子雙名,如殷七七、王保保之類,凡三十二人。

2885 **婦女雙名記一卷**

明李肇亨撰。所録古今婦女雙名,凡六十七人。

2886 **方言據二卷**

明岳元聲撰。乃紀四方語言之異而求其可據者,凡二百五十餘條,多見考據。按《四庫》著録本題"明魏濬撰",未詳何是。

2887 **秦璽始末一卷**

明沈德符撰。傳國璽之説,諸家不一,德符乃考究始末而爲此書。

2888 **與古人書二卷** 【眉批:史評。】

明張自烈撰。皆其讀前人諸集時有所未愜,因自抒所見以與論難之作。

2889 **歷代甲子考一卷**

國朝黄宗羲撰。自黄帝元年第一甲子起,迄天啓四年第七十三甲子止。

2890 **改元考同一卷**

國朝吴肅公撰。于異代同元者,彙次一編,以備參考。皆列年號于上,而注某代某帝于下。

2891 **握蘭軒隨筆二卷**

國朝卜陳彝撰。皆考據辨證之詞,與《資暇集》《刊誤》等書相近。

2892 **謚法考一卷**

國朝沈蕙纕撰。

2893 **孔子弟子考一卷門人考一卷孟子弟子考一卷**

國朝朱彝尊撰。已載《曝書亭集》中,此摘録别行者也。"受業者爲弟子,受業于弟子者爲門人",歐陽公之言也。

2894 **姓氏考略一卷**

國朝陳廷煒撰。于古人之但以名傳而姓氏不甚著者,一一考之。如接輿、鬼谷子、商山四皓之類,凡四十餘人。殊多遺漏。

2895 **課業餘談三卷** 【眉批:小學訓詁。】

國朝陶煒撰。考辨名物,與《釋名》《廣雅》等書用意略同。

2896 **廣事同纂一卷** 【眉批:類。】 以上卌二種共一函。《類編》第十六函。

國朝沈廷文撰。擇史書中事迹相同而出自兩人或數人者,彙而録之。其曰"廣"者,王元美先有《事同纂》一書也。

2897 **文房四譜五卷**

宋蘇易簡撰。凡《筆譜》二卷、《硯譜》《紙譜》《墨譜》各一卷,附以筆格、水滴。皆詳述本末及其故實,而殿以詩文詞賦。其所徵引皆唐五代以前之舊籍,信足以廣考據而資博聞。當時甚重其書,至藏于秘閣,良有以也。前有徐鉉序,後有自跋。此本後又有國朝黄廷鑑校勘跋。

2898 **星象考一卷**

宋鄒淮撰。後有魏了翁跋,稱"淮以進士提領造曆所,演算曆書,其所撰載如此"云云。按《直齋書目》有淮所撰《天文考異》二十五卷,今此祇四頁,殆從《天文考異》中録出者。

2899 **學醫隨筆一卷**

宋魏了翁撰。後附録歷代醫師,自三皇時至宋,凡一百九十餘人。

2900 **墨記一卷**

宋何薳撰。即從《春渚紀聞》中摘抄者。

2901 **文湖州竹派一卷**

明釋蓮儒撰。記文同畫竹之派,凡二十四人。按:此本作"元梅花道人吴滇纂",誤。

2902 **古今畫鑒一卷**

已見前,抄本①及《唐宋叢書》本②。

2903 **寓意編一卷**

已見前,奇晋齋本。③

2904 **印章集説一卷**

明文彭撰。論歷代印式及篆法、刻法,甚爲詳悉。

2905 **蕉窗九録九卷**

明項元汴撰。元汴,字子京,秀水人。家藏書畫之富,甲於天下,今賞鑒家所稱項墨林是也。是書首紙録,次墨録,次筆録,次硯録,次書録,次帖録,次畫録,次琴録,次香録。前有文彭序。

2906 **文具雅編一卷**

明屠隆撰。雜論文具之屬,如筆格、研山之類,述其源委,而論其製作。凡四十三事。

2907 **青烏緒言一卷**

明李豫亨撰。皆論風水宜忌之説。

2908 **弈史一卷**

明王稺登撰。歷叙古來弈品,序次頗爲簡潔。

2909 **琴言十則一卷指法譜附**

元吴澄撰。

2910 **篆學指南一卷**

---

① 見第1315條。

② 見第918條。

③ 見第1381條。

明趙宧光撰。

2911 **上池雜説一卷**

明馮時可撰。皆論病證之説。

2912 **飛鳧語略一卷**

明沈德符撰。論字墨法帖及古器真僞之別,皆生平所聞見者。凡十八條。

2913 **筠軒清秘録三卷**

明董其昌撰。列目二十有九,皆論玉石銅磁諸古器及法書名畫之類。按《四庫》著録本謂此書“即張應文所撰《清秘藏》,但析二卷爲三卷耳。書賈以其昌名重,故僞造以欺人,且僞造陳繼儒之序”云云,然則即以此爲張氏之書可也。

2914 **沈氏農書**

國朝錢爾復訂。不知沈氏爲何人也。書末跋云“此書大約出於漣川沈氏,而成於崇禎之末年。其藝穀、栽桑、育蠶、畜牧諸事,俱有法度,甚或老農蠶婦之所未諳者。首列月令,深得授時赴功之義”云云。與陳旉、王禎諸書互相出入。

2915 **老圃良言一卷**

明巢鳴盛撰。皆述種蔬樹果之法。凡十條。

2916 **裝潢志一卷**

國朝周嘉胄撰。皆論裝潢書畫之法。

2917 **書法粹言一卷**

明汪挺撰。雜録古人論書之語。

2918 **硯録一卷**

國朝曹溶撰。凡七篇。

2919 **説硯一卷**

國朝朱彝尊撰。已見於《曝書亭集》中。

2920 **北墅抱瓮録一卷** 以上廿四種共一函。《類編》第十七函。

國朝高士奇撰。"北墅"者,所居别業之名也。墅中蒔植花木頗多,因取果樹卉竹蔬茹藥蔓之類,各疏其形色品狀,以爲此編。凡二百二十二種,叙録頗爲詳贍。

2921 **延壽第一紳言一卷**

宋愚谷老人撰。不著名氏。其論攝生以絶欲爲第一,力闢采戰之術。

2922 **賞心樂事一卷**

宋張鑑撰。自序掃軌林間,花鳥泉石,領會無餘,因排比十有二月燕游次序,以爲此編。

2923 **林泉結契五卷**

宋王質撰。皆林居咏物之詩也。第一卷爲山友辭,凡咏山鳥十九首。第二卷爲水友辭,凡水鳥十九首。第三卷爲山友續辭,凡咏山中草卉之類十首。第四卷爲水友續辭,凡咏水中草卉之類九首。第五卷爲山水友餘辭,凡咏昆蟲之類十首、茹菜之類九首。其詩似歌似謡,頗饒古趣。本載于所作《紹陶録》中,宋犖别爲録出,名之曰《林泉結契》云,見後跋語。

2924 **諧史一卷**

宋沈淑撰。所録皆汴京舊聞。以多詼嘲之語,故名《諧史》。

2925 **爐火鑒戒録一卷**

宋俞琰撰。專爲言外丹者而發。以爲爲之者未必成,而致禍者十居八九,乃歷引古今事迹及前人議論,以爲鑒戒。

2926 **攝生消息論一卷**

元丘處機撰。皆言四時調攝之法。

2927 **飲食須知八卷**

元賈銘撰。自號華山老人。元時嘗官萬户。入明已百歲，太祖召見，問其平日頤養之法。對曰要在慎飲食，因以此書進覽，賜宴禮部而回。至百有六歲乃卒。書中所載，自水火以及蔬果魚肉諸物，各疏其反忌，皆從諸家本草中摘叙成書者。

2928 **四時宜忌一卷**

元瞿祐撰。于俗尚事宜事忌，逐月臚列，頗爲簡明，并各注出典，其例尤善。

2929 **饌史一卷**

不著撰人名氏。雜記飲食故事。

2930 **拊掌録一卷**

不著撰人名氏。皆笑噱之事，故曰"拊掌"。

2931 **修齡要指一卷**

明冷謙撰。所言皆養生調攝之事，如十六段錦、八段錦之類。

2932 **二六功課一卷**

明石室道人撰。不著名氏。所言自辰至卯，凡十二節，各有調攝事宜。蓋道家導引術也。

2933 **攝生要語一卷**

明息齋居士撰。不著名氏。亦皆調攝之法也。

2934 **養生膚語一卷**

明陳繼儒撰。以寡欲保精及起居調攝諸法爲養生之要。

2935 **攝生三要一卷**

明袁黄撰。"三要"者，一聚精，二養氣，三存神也。

2936 **花裏活三卷**

明陳詩教撰。輯古今花卉故實，按代分編之。其曰"花裏活"

者,取李長吉詩“秦宫一生花裏活”句也。

2937 **養小録三卷**

國朝顧仲撰。雜論治飲食之法。取《孟子》語以名其書。分類臚列,頗爲詳悉。

2938 **怡情小録一卷**

國朝馬大年撰。所論皆閑居之事。

2939 **鹿門隱書一卷**

唐皮日休撰。日休,字襲美,襄陽人,居鹿門山,自號醉翁先生。此書本載《皮子文藪》中,後人亦摘録别行。

2940 **馬氏日抄一卷**

明馬愈撰。雜記見聞瑣事。

2941 **明皇十七事一卷**

即《次柳氏舊聞》也。已見前,抄本。①

2942 **事原一卷**

宋劉孝孫撰。凡二十一條,頗爲陋略。

2943 **新書一卷**

題諸葛亮撰。即《心書》也。皆言爲將用兵之道。《四庫存目》内已辨其僞矣。已見别本。②

2944 **刑書釋名一卷** 以上廿四種共一函。《類編》第十八函。

宋王鍵撰。釋歷代用刑之制。

2945 **居易録談三卷續談一卷**

國朝王士禛撰。漁洋山人有《居易録》,此即從《録》中摘出

---

① 見第 1165、1330 條。

② 見第 897 條。

者。曹氏所刻諸書,大抵如此。

2946 **燕臺筆録一卷**

國朝項維貞編。擇諸書中論述燕京風土節物者,彙而録之,各注所采之書于下。後有小跋謂"時朱竹垞先生輯《日下舊聞》,而以《風土志》相屬,乃録此以備采擇"云云。

2947 **京東考古録一卷**

國朝顧炎武撰。皆考證燕京古迹,極爲精贍。已見《亭林遺書》中。

2948 **封長白山記一卷**

國朝方象瑛撰。康熙十六年,聖祖仁皇帝以長白爲發祥之地,特命大臣等履勘訪求,下部議封。象瑛因述路途所經,爲此記。

2949 **先聖廟林記一卷** 【眉批:古迹。】

國朝屈大均撰。

2950 **山左筆談一卷**

明黄淳耀撰。所記皆山東風土形勢、山川古迹及海運備倭諸事。

2951 **山東考古録二卷**

國朝顧炎武撰。與所作《京東考古録》同一精博。

2952 **游勞山記一卷**

國朝張道浚撰。勞山在萊州府即墨縣。

2953 **古杭雜記一卷**

宋李有撰。皆述臨安舊事。

2954 **金華游録一卷**

宋方鳳撰。金華山在金華府城北,周三百①六十餘里。其最

① "百"原誤作"三",今正。

勝者曰金華洞,道書所謂第三十六洞天也。

2955 **嘉禾百咏一卷**

宋張堯同撰。堯同,秀州人,即今嘉興也。秦爲會稽郡地,三國吴曰嘉禾、曰嘉興,五代曰秀州。此編皆咏嘉興山川古迹。凡五言絶句一百首,各附考于其下。

2956 **夢粱録二十卷**

已見知不足齋本。①

2957 **樂郊私語一卷**

已見前,抄本②及《秘笈》本③。

2958 **吴地記一卷**

已見前,《古今逸史》④及《唐宋叢書》本⑤。

2959 **吴風録一卷**

明黄省曾撰。專述吴中風俗之弊。

2960 **蘇談一卷**

明楊循吉撰。皆記吴中舊事。

2961 **游城南記一卷** 以上十七種共一函。《類編》第十九函。

已見前,抄本⑥及《秘笈》本⑦。

2962 **中吴紀聞六卷**

---

① 見第803條。

② 見第1162、1334條。

③ 未著録。

④ 見第999條。

⑤ 見第895條。

⑥ 見第1174、1325條。

⑦ 未著録。

已見前，單行本。①

2963 **華陽宫紀事一卷**

宋僧祖秀撰。靖康元年閏十一月汴京陷時，隨都人避兵艮岳。因記其丘壑池館之勝，叙述極詳。末歸其過于朱勔、梁師戎，而推原禍本于蔡京。王偁《東都事略》全載之。

2964 **豫志一卷**

明王士性撰。述河南山水古迹及風土軼事。

2965 **秦録一卷**

明沈思孝撰。述陝西形勢風土。

2966 **晋録一卷**

前人撰。述山西邊障形勢及防守扼要之處，兼及田賦、鹽課諸務。

2967 **楚書一卷**

明陶晋英撰。崇禎間嘗侍親官湖廣，因雜記其山水物産，間及古迹。

2968 **益部談資三卷**

明何宇度撰。皆記蜀中山川物産及前代軼事。以體例不似圖經，故曰"談資"。蜀爲古梁益之地，故曰"益部"。

2969 **泉南雜志二卷**

明陳懋仁撰。官福建泉州府經歷，因記其山川古迹、禽魚花木以及郡縣事實，甚爲詳備。

2970 **臺灣隨筆一卷**

國朝徐懷祖撰。記臺灣風土及自閩赴海水程。

---

① 見第189條。

2971 **廣州游覽小志一卷**

國朝王士禛撰。漁洋先生以康熙甲子十一月祭告南海,以次年二月八日至四月一日歸,計留廣州五十一日,因而遍游會城内外諸古迹,作爲此志。

2972 **游羅浮記一卷**

國朝潘耒撰。羅浮在博羅縣。

2973 **桂林風土記一卷**

唐莫休符撰。原本三卷,今佚二卷。目録凡四十四條,今亦佚其二條。叙述風物,極爲雅贍。所載諸詩,亦多他書所未及。

2974 **桂海虞衡志一卷**

已見知不足齋①、《古今逸史》②、《唐宋叢書》③各本。

2975 **成都游宴記一卷**

元費著撰。按此即《歲華紀麗譜》也。記蜀中節候風俗,自元旦至冬至,一一臚載。蓋仿《荆楚歲時記》之體。而於兵燹之後,追思繁盛,更有《東京夢華》之思焉。

2976 **滇記一卷** 即《滇載記》。

明楊慎撰。

2977 **滇游記一卷**

國朝陳鼎撰。

2978 **黔志一卷**

明王士性撰。

---

① 見第774條。

② 因重複未著録,説見第1024條。

③ 因重複未著録,説見第935條。

2979 **黔游記一卷**

國朝陳鼎撰。

2980 **溪蠻叢笑一卷**

已見前,抄本。①

2981 **星槎勝覽四卷**

明費信撰。宣德間,信嘗隨中使至海外,經諸番國,前後數四,二十餘年。因述諸國風土人物,以爲此書。凡四十國。

2982 **西使記一卷** 【眉批:傳記。】

元劉郁撰。已見前,抄本。②

2983 **使西域記一卷** 【眉批:傳記。】

明陳誠撰。誠于永樂間奉使西域,因述所歷山川、風俗、物産爲此書。凡十七國。

2984 **西南夷風土記一卷**

明朱孟震撰。

2985 **興復哈密國王記一卷**

明馬文升撰。

2986 **朝鮮國記一卷**

明黄洪憲撰。

2987 **西方要記一卷**

國朝南懷仁等撰。南懷仁,西洋人,以順治十六年至京師。作此書專記西洋國土、人物、土産及海程遠近之限。凡二十條。

---

① 見第1175、1328條。

② 見第1173、1326條。

2988 **西陲聞見録一卷**

國朝黎士宏撰。

2989 **安南雜記一卷**

國朝李仙根撰。

2990 **游具雅編一卷** 以上廿九種共一函。《類編》第廿函，終。

明屠隆撰。與所作《文具雅編》用意相同。

浙右曹氏溶倦圃所輯《學海類編》共計書四百二十餘種，蓋叢書之博，無有出其右者。陶氏所輯《説郛》，種雖以千計，然有由數卷至數十卷之書，亦僅以三四頁了事。蓋陶氏之成書，取于雜編，略備名目，不求搜刻全帙。此則主於全收廣取，用意各别，故叢刻當以此爲最。然所刻之書，真僞每相雜糅，且多自前人全書中抽刻數卷，改换名目。四百餘種之中，其佳本不過十之三四耳。舊祗有抄帙，并無刻本。道光十一年辛卯，婁縣張允垂爲杭州府知府時，以善價購之嘉興舊家，爲汲古閣後人所藏者，較之彙刻書目，門類、篇頁無不合，信爲曹氏倦圃原帙。即欲刊刻流傳，而卷帙繁富，所費不貲。適吴興沈氏有活字板，乃即用以排印若干部，以廣其傳。總分四類，曰經翼、曰史參、曰子類、曰集餘。而集餘之中，又自分八子目，曰行詣、曰事功、曰文詞、曰記述、曰考據、曰藝能、曰保攝、曰游覽。前爲條例及序次三十則。序次爲秋岳先生所作，例言則其門人陶越所作。越，字艾村。蓋是書之編次，越實總其事云。

2991 **爾雅注三卷** 明胡氏文焕《格致叢書》本。

晋郭璞注。已見前，注疏本。①

---

① 見第246條。

2992 **小爾雅一卷**

已見前,《五雅》本。①

2993 **爾雅翼三十二卷**

已見前,單行本。②

2994 **廣雅十卷**

已見前,《五雅》③及《漢魏叢書》④《古今逸史》⑤各本。

2995 **埤雅二十卷**

已見前,單行本⑥及《五雅》本⑦。

2996 **釋名八卷**

已見前,《漢魏叢書》⑧《古今逸史》⑨《五雅》⑩各本。

2997 **方言十三卷** 以上七書共一函,計十二册。元。

已見前,《古今逸史》⑪、《漢魏叢書》⑫及戴氏東原⑬、盧氏抱經⑭各本。

---

① 見第 391 條。

② 見第 126 條。

③ 見第 393 條。

④ 未著録。

⑤ 因重複未著録,說見第 1024 條。

⑥ 見第 76 條。

⑦ 見第 394 條。

⑧ 未著録。

⑨ 因重複未著録,說見第 1024 條。

⑩ 未著録。

⑪ 因重複未著録,說見第 1024 條。

⑫ 未著録。

⑬ 未著録。

⑭ 見第 2170 條。

2998 **釋常談三卷**

已見前,《百川學海》本。[1]

2999 **胡氏詩識三卷**

明胡文焕編。自序讀《詩》之時,欲考事物,恒艱於檢玩,乃以朱子所集注擇其要而采之,分其類而編之,取學《詩》多識之義以名其書。凡分三十七類。

3000 **風俗通十卷**

已見前,單行本[2]及《漢魏叢書》[3]《古今逸史》[4]《群書拾補》[5]各本。

3001 **白虎通二卷**

已見前,抱經堂刻本[6]及《古今逸史》[7]《漢魏叢書》[8]本。

3002 **急就篇四卷**

已見前,《玉海》後附刊本[9],又單行本[10],又《津逮秘書》本[11]。

3003 **山海經十八卷**

---

① 見第 821 條。

② 見第 124 條。

③ 未著録。

④ 因重複未著録,説見第 1024 條。

⑤ 見第 1260 條。

⑥ 見第 125、2169 條。

⑦ 因重複未著録,説見第 1024 條。

⑧ 未著録。

⑨ 見第 1793 條。

⑩ 見第 123 條。

⑪ 因重複未著録,説見第 580 條。

已見前,畢氏經訓堂《校正》本[①],又《古今逸史》本[②]。

3004 **禽經一卷**

已見前,《百川學海》本[③],又《漢魏叢書》本[④]。

3005 **獸經一卷**

明黄省曾撰。蓋以配《禽經》而作,其體例亦全仿《禽經》。各爲標題,而雜引諸書以證之。

3006 **神異經一卷**

已見前,《漢魏叢書》本[⑤],又明程氏榮刻本[⑥]。

3007 **述異記二卷**

已見前,《稗海》本[⑦]及《漢魏叢書》各本[⑧]。

3008 **溪蠻叢笑一卷**

已見前,抄本[⑨]及《學海類編》本[⑩]。

3009 **北户録二卷**

已見前,《學海類編》本。[⑪]《類編》本衹一卷,不全。此作二卷,正文、注文較《類編》本增多十之三四。然僅述物産,至於地理

---

① 見第581條。

② 因重複未著録,説見第1024條。

③ 見第889條。

④ 未著録。

⑤ 未著録。

⑥ 見第16條。

⑦ 因重複未著録,説見第991條。

⑧ 未著録《漢魏叢書》本。另有明程氏校刻本,見第18條。

⑨ 見第1175、1328條。

⑩ 見第2980條。

⑪ 見第2866條。

土風,尚屬闕如,亦非足本也。特此勝於彼耳。

3010 **博物志十卷**

已見前,《稗海》本[①],又《古今逸史》[②]《漢魏叢書》本[③]。

3011 **續博物志十卷**

已見前,《稗海》本[④],又《古今逸史》[⑤]《唐宋叢書》[⑥]本。

3012 **獨斷一卷**

已見前,《百川學海》[⑦]《古今逸史》[⑧]《漢魏叢書》[⑨]各本。

3013 **孔氏雜説一卷**

已見前,《唐宋叢書》[⑩]及《學海類編》[⑪]本。即《珩璜新論》也。

3014 **李氏刊誤二卷** 以上十七書共一函,計十三册。亨。

已見前,《百川學海》[⑫]及《古今逸史》[⑬]本。

3015 **戴氏鼠璞二卷**

---

① 見第964條。

② 因重複未著録,説見第1024條。

③ 未著録。

④ 因重複未著録,説見第991條。

⑤ 因重複未著録,説見第1024條。

⑥ 見第931條。

⑦ 見第817條。

⑧ 因重複未著録,説見第1024條。

⑨ 未著録《漢魏叢書》本。另有抱經堂刻本,見第2177條。

⑩ 見第900條。

⑪ 見第2817條。

⑫ 見第818條。

⑬ 因重複未著録,説見第1024條。

已見前,《百川學海》本[①],又《唐宋叢書》本[②],又《續知不足齋叢書》本[③]。

3016 **芥隱筆記一卷**

已見前,《津逮秘書》本[④],又《續知不足[⑤]齋叢書》本[⑥]。

3017 **宜齋野乘一卷**

已見前,《藝海珠塵》本[⑦],又《續知不足齋叢書》本[⑧]。

3018 **資暇集三卷**

已見前,《續知不足齋》本[⑨],又《學海類編》本[⑩],又抄本[⑪]。

3019 **三餘贅筆一卷**

已見前,《續知不足齋》本。[⑫]

3020 **聽雨紀談一卷**

已見前,《續知不足齋》本。[⑬]

3021 **造化論一卷**

---

① 見第844條。

② 因重複未著録,説見第935條。

③ 見第2372條。

④ 見第522條。

⑤ "不足"二字原脱,今補。

⑥ 見第2366條。

⑦ 見第2275條。

⑧ 見第2378條。

⑨ 見第2368條。

⑩ 見第2865條。

⑪ 見第1161、1356條。

⑫ 見第2374條。

⑬ 見第2373條。

宋王柏撰。論太極性命之微，及人物生化之妙，以闡明濂洛關閩諸儒之旨。

3022 **物原一卷**

已見前，《續知不足齋叢書》本。①

3023 **事物紀原十卷**

已見前，單行本。②

3024 **古今注三卷**

已見前，《古今逸史》本③，又《百川學海》④及《漢魏叢書》本⑤。

3025 **古今事物考八卷** 以上十一書共一函，計十三册。利。

已見前，《續知不足齋叢書》本。⑥

3026 **古今原始十五卷**

明趙釴撰。釴，字子舉，一字鼎卿，桐城人。嘉靖甲辰進士，官至右僉都御史、巡撫貴州。此編皆考究事始，提綱列目。而采摭繁蕪，漫無别擇，又多不注所出。其皇古諸條，尤爲荒陋。

3027 **事物異名二卷**

明余廷璧撰。廷璧，字國用，餘姚人。是書分二十九類。凡一事一物而名稱各殊者，以類聚之，皆標本名于上，而列異名于下，并各注所出。頗足以稽同異而資多識。

---

① 見第 2375 條。

② 見第 283 條。

③ 見第 997 條。

④ 見第 820 條。

⑤ 未著録。

⑥ 見第 2371 條。

3028 **格古要論五卷**

已見前,王氏增訂本①,作十三卷。

3029 **古器具名二卷附古器總説一卷**

明胡文焕編。是書於每一古器各繪一圖,先以博古、考古圖,次以《欣賞編》。《欣賞編》者,即元人朱德潤之《古玉圖》也,陶氏《説郛》内載之,而失德潤序,胡氏遂以此爲沈潤卿之《欣賞編》。蓋訛以傳訛,未之深考也。其曰"具名"者,以鼎彝尊罍之類,凡每種各取其一器以具之,如取一鼎則他鼎不復重。如名同而式異,則以式爲主。如式似而名殊,則又以名爲主。必各取其一,以求名之是具,故曰"具名"。分上、下二卷,凡五十四器。後附《總説》一卷,乃《博古圖》之諸論也。

3030 **古今碑帖考一卷**

明隆慶間四明薛晨刻宋朱長文《墨池編》時,以朱氏原書内碑刻一門所載宋以前碑刻采録多缺,乃以己意私加增訂,并附宋以後迄元明諸碑刻,合爲一帙。明人刊刻古書,往往妄爲竄亂,最爲惡習。幸其附益之迹,尚有可尋,故《四庫》著録本將薛氏所附益者仍從删削。然宋以前自周迄唐之碑刻爲薛氏所增者,與朱氏原書混淆,則頗未易辨也。余曾得康熙甲午朱之勵刻其二十二世祖長文《墨池編》本,後有之勵跋稱"得舊抄善本,校以付梓"者,分二十卷,與薛氏并爲六卷之本,余取以相校,乃知朱本之善,的爲原帙。字句完善,迥出於薛本萬萬。即如碑刻一門,原書本列周碑三,而薛刻增入《比干槃銘》。原書本列秦碑六,而薛刻增入《泰山碑》《朐山碑》《之罘山遺文》。原書本列漢碑八十九,而薛刻增

① 見第2103條。

至九十四。原書無吴碑,而薛刻增入吴碑五。原書衹列晋碑八,而薛刻增爲十二。原書衹列宋齊梁陳碑十,而薛刻增爲十六。後魏齊周碑,原書衹十三,而薛刻增爲二十五。隋碑原書衹二十二,而薛刻增爲三十。唐碑之類,則所增尤夥。其注文亦增減改易,全非舊式。然以薛書而論,尚自成一家。明胡文焕刻入《格致叢書》中,未加詳考,乃竟以薛氏之名與朱氏之名混作一人,標曰"朱晨長文編輯"云云,一似姓朱名晨而字長文者。胡氏何竟至此,殊爲不解。且臆題曰《古今碑帖考》,尤爲杜撰。

3031 **洞天清禄一卷**

已見前,《讀畫齋叢書》本。①

3032 **寶貨辨疑一卷**

不著撰人名氏。書中所記皆鑒别金銀珠玉真僞、形狀之類。每物各編爲七言詩一首,取便記誦,并注明出産及試驗法。後有識語云"是編乃故宋掌公帑者之所著,造語雖膚淺,然評物之源誠爲確論"云云。伏讀《四庫全書》譜録類存目,有《百寶總珍集》十卷,亦不著撰人名氏。據《提要》以爲"考書中所記,乃南宋臨安市賈所編。載金玉珠石以及器用,具詳出産、價值及真僞、形狀。每種前載七言絶句一首,取便誦記"云云,然則此書蓋亦其類也。

3033 **袖中錦一卷**

已見前,《學海類編》本。②

3034 **香譜二卷**

---

① 見第1214條。

② 見第2827條。

已見前,《百川學海》①及《唐宋叢書》本②。

3035 **南方草木狀三卷**

已見前,明刻本③,又《百川學海》本④,又《漢魏叢書》本⑤。

3036 **歲時廣記四卷圖説一卷** 以上十一種共一函,計十二册。貞。

已見前,《學海類編》本。⑥

以上皆胡氏文焕所刻《格致叢書》本也。率皆習見之書。其不習見者,又率非信本。惟《歲時廣記》一種,當爲可取,其次則《北户録》耳。

3037 **隨園詩話十六卷補遺十卷** 一函十册。

國朝袁枚撰。枚,字子才,自號倉山居士。隨園,其所居乜。風流肆恣,名重一時,士大夫皆以得一品題爲榮。著有《小倉山房集》。中乾隆己未進士,改庶常,散館,改知縣。錢塘人。

3038 **蟲天志十卷** 康熙中華及堂刻本。 一函二册。

明沈弘正撰。集鳥獸蟲魚異事,分門部、舞部、能言部、傳書部、識字部、奏技部六部,各爲原始、叙事、藝文三目以繫之。每種之後并自爲之贊。其曰"天"者,取《莊子》"惟蟲能蟲,惟蟲能天"語也。

3039 **元秘史十五卷** 抄本。 一函五册。

不著撰人名氏。《文淵閣書目》著録。文辭鄙俚,未經澤

① 見第 879 條。

② 因重複未著録,説見第 935 條。

③ 見第 321 條。

④ 因重複未著録,説見第 890 條。

⑤ 未著録。

⑥ 見第 2875 條。

潤，故傳本絶稀。然《元史》叙次太祖、太宗兩朝事迹，顛倒複沓，此書論次頗詳，且得其實，實可羽翼正史。前有錢大昕跋，論之甚詳。

3040 **别本尚書大傳三卷補遺一卷** 孫氏刻本。

國朝孫之騄編。之騄號晴川，仁和人。伏生《尚書大傳》久無刊本，外間傳寫訛缺顛倒，殆不可讀。孫氏乃搜録采綴，以成此編。其不注出典者，殘缺之原文。其注某書引者，孫氏所增入也。此刻在盧氏雅雨堂之前，其創始之功不可殁也。

3041 **考定竹書十三卷** 同上。

前人撰。以沈約所注《竹書紀年》未爲詳備，因采摭諸書，别爲之注。

3042 **二申野録八卷** 同上。

前人撰。采録明一代妖異之事，編年紀載。始于洪武元年戊申，迄于崇禎十七年甲申，故以"二申"爲名。

3043 **南漳子二卷** 同上。

前人撰。之騄居于杭城西之河渚，近南漳湖，與西溪爲鄰，因自號南漳子。是編所紀，皆其一鄉之故實。

3044 **枝語二卷** 同上。

前人撰。取花木蔬果之類，各爲詮釋。略於形色臭味，而詳于名義，借以舒其議論。其體在小學、譜録之間。

3045 **樊紹述集注二卷** 同上。

前人撰。紹述者，唐樊宗師也。據《唐志》，《樊宗師集》凡二百九十一卷，而今傳于世者祇此二篇，一爲《絳守居園池記》，一爲《綿州越王樓詩序》。注《絳守居園池記》者，舊有宋王晟、劉忱，至元時已不傳。其載于《輟耕録》凡有二本，一爲趙仁舉所箋注，其一不著姓名。此本以宗儀所得前本爲主，而以後一本及它本注釋并題跋附焉。至《綿州越王樓詩序》一篇，則得自計有功《唐詩紀事》。舊無句讀，之騄以意補創之。

3046 **玉川子詩集注五卷** 同上。

前人撰注。玉川子者，唐盧仝也。

3047 **蟹録四卷後録四卷續録一卷** 同上。 以上八種共二函，計十二册。以上八種皆《孫晴川八識》本。

前人撰。搜采蟹之故實詩文，分譜録、事録、文録、詩録四門。《後録》又分事典、賦咏、食憲、拾遺四門。

3048 **乾隆府廳州縣圖志五十卷** 乾隆戊申刻本。 一函十二册。

國朝洪亮吉撰。蓋仿李吉甫《元和郡縣志》而作。其建置沿革俱斷自乾隆而止。

3049 **説鈴前集三十三卷後集十九卷續集七卷** 康熙中刻本。 五函二十册。

國朝吴震方編。震方，字右紹，號青壇。康熙十八年己未進士，授庶吉士，散館，改御史。是書輯録國朝諸家説部，仿陸氏《古今説海》之例，萃爲一編。略以類從，而不顯分門目。《前集》共三十三種，《後集》共十九種，《續集》共七種。

3050 **荆駝逸史八十二卷** 活字板本。 四函四十六册。

不著名氏，但題曰“陳湖逸士編”。皆明末朝野遺記。凡《三朝野紀》五卷、《東林事略》二卷、《東林事略本末論》一卷、《啓禎兩朝剥復録》三卷、《熹朝忠節死臣列傳》一卷、《甲申忠佞紀事》一卷、《甲申紀變實録》一卷、《甲申紀事》一卷、《北使紀略》一卷、《汴國濕襟録》一卷、《所知録》三卷、《聖安本紀》六卷、《江陰城守紀》二卷、《盧司馬殉忠實録》一卷、《盧公遺事》一卷、《袁督師計斬毛文龍始末》一卷、《入長沙記》一卷、《粤中偶記》一卷、《航澥遺聞》一卷、《平蜀記事》一卷、《李仲達被逮紀略》一卷、《徐念陽定蜀記》一卷、《攻渝記事》一卷、《遇變紀略》一卷、《四王合傳》一卷、《江變紀略》二卷、《東塘日劄》二卷、《滄州紀事》一卷、《仿指南録》一卷、《甲行日注》八卷、《恩恤諸公志略》二卷、《孫高陽前後督師略》一卷、《東陽兵變》一卷、《閩游月記》二卷、《風倒梧桐記》二卷、《揚州十日記》一卷、《庚寅始安事略》一卷、《平回紀略》一卷、《平吴事略》一卷、《人變紀略》一卷、《全吴紀略》一卷、《歷年城守記》一卷、《明亡述略》二卷、《劉公死義記》一卷、《僞官據城紀》一卷、《懿安后事略》一卷、《江陵紀事》一卷、《孫愷陽殉城論》一卷、《永曆紀事》一卷、《平臺紀略》一卷、《平定耿逆記》一卷、《錢氏家變録》一卷、《兩粤夢游紀》二卷,共五十三種。前有序云"無夢園者,明宫詹陳文莊公之别墅,其址在葑門東道橋之南。迨入我朝,已成荒園。壬癸之交,寓居于園之水閣。庭陰枯松,無復生意,命人劚而去之。不數尺,下有石板,啓視之,得銅櫃一枚。開之,乃殘書一束,俱係故國遺聞,約有數十種。爰録而存之,以備正史所未逮。裒帙既成,名之曰《荆駝逸史》"云云。按:"荆駝"之義,疑用《晋書》索靖語。孝惠時,天下將亂,索靖一日退朝,指宫門前銅駝曰:"會須見汝荆棘中。"

以上二十册,共計書二千九百三十種,三萬二千七百一十五卷,一千六百三十八函。

民國二十七年四月十五日録畢,計弍萬零四百五十八字。①

---

① 有"程伯麟手鈔"印。

# 蒲編堂路氏藏書目

下

〔清〕路慎莊 撰
杜以恒 整理

齊魯書社

# 蒲編堂路氏藏書目二十二

小洲手訂　共書一百九十九種，六千六百九十九卷，二百四十六函。

3051 **通典二百卷**　明刻本。　六函四十册。

唐杜佑撰。佑，字君卿。先是，劉秩仿《周官》之法，摭拾百家，分門詮次，作《政典》三十五卷。佑以爲未備，因廣其所闕，參益新禮，勒成此書。凡分八門，曰食貨、曰選舉、曰職官、曰禮、曰樂、曰兵刑、曰州郡、曰邊防，每門又各分子目。上溯黄虞，訖於唐之天寶。肅、代以後，間有沿革，亦附載注中。其間不免間有挂漏舛誤之處。而博取五經群史及漢魏六朝人文集奏疏之有裨得失者，每事以類相從，凡歷代沿革悉爲記載。詳而不煩，簡而有要，元元本本，悉爲有用之實學，非徒資記聞者可比。考唐以前之掌故，兹編其淵海矣。

3052 **文定集二十四卷**　聚珍板本。　二函十二册。

宋汪應辰撰。是集一名《玉山集》。應辰，字聖錫。少從張九成、吕本中、胡安國諸人游，後又與吕東萊、張南軒諸人相善，故學問具有淵源。且立朝骨鯁，曾上書迕秦檜，謫建州通判，史稱其"直言無隱"，則立身亦具有本末矣。其集本五十卷，世久無傳。明程敏政于文淵閣得舊本，摘抄八卷刊行，餘遂散佚。此從《永樂大典》重加搜輯者。鴻篇巨製，多非程本所有。雖非原集之舊，然已得其一半矣。

3053 **宋元憲集三十六卷** 聚珍板本。 一函十二册。

宋宋庠撰。庠,字公序,歷官檢校太尉,封莒國公,以司空致仕。謚元憲。史稱別集四十卷,宋以後不甚傳。惟《永樂大典》所載繁富,殆猶據舊刻采録者,以類搜輯,仍可得四十卷。删其青詞樂語不合文章正體者,共存三十六卷。集中名章雋句,絡繹紛披。文章多館閣之作,尤多温雅瑰麗。

3054 **宋景文集六十二卷** 聚珍板本。 四函二十四册。

宋宋祁撰。祁,字子京,公序之弟也。與兄同舉進士,累官翰林學士承旨。謚景文。兄弟同負盛名,當時號大、小宋。詩文博奥典雅,具有唐格。卷前有唐庚及陳之强序。據陳序稱嘉定中,安州守王允初等曾將二宋集合刊,未言卷數。而《宋史》本傳則稱集百卷,《藝文志》又稱百五十卷,又有《濡削》一卷、《刀筆集》二十卷。鄭樵《通志》又稱七十八卷。唐庚序又稱二百卷。蓋因集已失傳,故記載互殊耳。此乃從《永樂大典》搜輯者,釐爲六十二卷。雖不必盡還舊觀,然名章巨製,已可得十之七八矣。《四庫》著録本六十二卷外又有《補遺》二卷,爲諸書所載而《大典》未收者。又有《附録》一卷,乃軼事餘聞也。此聚珍板本皆未載。

3055 **甲申傳信録十卷** 抄本。 一函二册。

明錢士馨撰。士馨,字稚拙,又字稚農,平湖人,貢生。明末入燕,遇甲申之變,遂著爲此編。凡十篇,篇爲一卷。首曰《睿謨留憾》,記崇禎皇帝遭變之事,起癸未八月,迄甲申四月。次曰《疆埸裹革》,記陜西、慶陽、榆林、山西、寧武、大同、宣府、京師諸將臣文武之死賊者。取馬援大丈夫殺身邊野,以馬革裹尸之語名之。次曰《大行驂乘》,記京師陷後諸臣之死節者。言皇帝已大行,諸臣能隨其後而執策弭綏,以從大駕于地下,故以“驂乘”爲名。次曰《跖餔遺臠》,記京師既陷,百官之被賊拷掠輸贓者。一時被刑戮者謂之“跖餔”,取《盗跖》“休徒太山之陽,膾人肝而餔之”之語也。其時搒掠者,但以索財,得財則釋,不盡殺戮,亦有先被拷掠而復受僞職者,故曰“遺臠”。次曰《槐國衣冠》,記諸縉紳之見用于李闖者。李闖僭竊,據京師僅四十日。嗣關東兵入,遂遁走。諸受僞官者,僅赫烜旬月之間,有似黄粱一夢,故以淳于棼夢入槐安國身爲郡守事比之。次曰《赤眉寇略》,以赤眉之據長安比李闖之據京師也。此篇述李闖始末,而兼及張獻忠、羅汝才等寇掠之事。次曰《董狐剩筴》,記李闖、張獻忠等攻陷河南湖襄等處諸城忠義拒守事,及迎降諸人。以據事直書,故以董狐自比。次曰《桑郭餘鈐》,宋陳龍川以桑惟翰蹈郭子儀之轍借兵復仇,而因咎唐太宗之失。吴三桂之以父仇興兵也似之,而功業不同,故曰“餘鈐”。次曰《戾園疑迹》,以崇禎皇太子之真僞疑不能明,讞獄紛紛,一時識以爲真者率被誅戮,有似於漢陽夏男子僞充戾太子之事,故曰《戾園疑迹》,以孝宣追謚太子置園邑故也。次曰《使臣碧血》,記福世子建號金陵,遣左懋第至燕告祭陵寢,抗節而死之事,以萇弘碧血之事比之。後又附《傳信訂録》五十餘條,則以考正前書之偶誤者也。末有無名氏跋語,稱此録頗不失實云。

3056 **拙軒集六卷** 聚珍板本。 一函二册。

金王寂撰。寂,字元老,玉田人。登天德二年進士,歷官中都路轉運使。謚文肅。《金史》不爲立傳。《四庫提要》就寂所著年月事迹參互考證,詳爲敘述,可以知其出處梗概。元好問《中州集》稱寂著作有《拙軒集》《北遷録》。今《北遷録》已失傳,而《集》中詩已不概見,惟《中州集》所選數首而已。此從《永樂大典》搜輯者,尚可得十之六七。其詩文清刻鑱露,有戛戛獨造之風。

3057 **金淵集六卷** 聚珍板本。 一函二册。

元仇遠撰。遠,字仁①近,一曰仁父,錢塘人。因居餘杭溪上之仇山,自號曰山村民。其集早已散佚,惟《永樂大典》所載尚數百首,兹以各體排纂,編爲六卷。

3058 **方言注十三卷** 聚珍板本。 一函三册。

《方言》前已屢見②,但世所刊本失於校讎,率多斷爛訛脱、魚魯相沿。錢氏《讀書敏求記》嘗據宋本較正其誤,然宋槧今亦不③傳。惟《永樂大典》所收較今本爲完善,尚係從宋本録入者。館臣等乃取以與近本相較,凡改正二百八十一字,删衍文十七字,補脱文二十七字。神明焕然,頓還舊觀。并逐條援引諸書,爲之疏證,具列案語于後。其郭璞原注,則仍列於逐句之下。

3059 **元和郡縣志四十卷** 聚珍板本。 一函十册。

前所列本④乃孫氏岱南閣重加校補者。此則四庫館著録之原帙也。

3060 **宋詩鈔一百六卷** 康熙刻本。 二函十四册。

國朝吴之振編。以宋詩選本叢雜,因搜羅遺集,共得百家。其本無專集及有集而所選不滿五首者,皆不録。每集之首,繫以小傳。品評考證,尤爲詳悉。惟其本人自爲集,故甫刊一帙,即摹印行世。所傳之本,往往多寡不同。此本有録無書者,尚有劉弇、鄧肅、黄幹、魏了翁、方逢辰、宋伯仁、馮時行、岳珂、嚴羽、裘萬頃、謝枋得、吕定、鄭思肖、王柏、葛長庚、朱淑真十六家。蓋剞劂未

---

① “仁”前重“字”字,今删。

② 見第 405、2170、2443、2997 條。

③ “不”前重“亦”字,今删。

④ 見第 993 條。

竣，故竟無完帙也。伏讀《四庫》著録本所闕諸家與此本正同，則此本猶爲差備者矣。道光庚戌所續見之本，除十六人外，又缺孔文仲一人。

3061 **弇州山人四部稿一百七十四卷續稿二百七卷** 明刻本。 十函一百册。

明王世貞撰。"四部"者，賦部、詩部、文部、説部也。《續稿》則惟賦、詩、文三部，而無説部。自古文集之富，未有過于弇州者。

3062 **萬姓統譜一百四十六卷** 明刻本。 四函二十四册。

明凌迪知撰。以古今姓氏分韻編次，略仿林寶《元和姓纂》，而即以歷代名人履貫事迹按次時代，分隸各姓下。名爲姓譜，實則合譜牒、傳記而類爲一編，仍類事之書也。按：姓譜諸書存於今者，惟唐林寶之《姓纂》爲最古，其次則宋鄧名世之《古今姓氏書辨證》。至鄭樵之《氏族略》，則載於《通志》中，未嘗别行。餘皆散佚。南宋人諸類書如《錦繡萬花谷》《合璧事類》，各有類姓一門。蓋當時啓劄盛行，駢偶之文務切姓氏，故類書中特爲標目，以備檢核之用。厥後元人《排韻氏族大全》而下，作者彌衆。其合諸書而勒爲一帙者，則莫賅備於此編矣。是書前六卷爲歷代帝王姓系，以後乃排韻編次一百二十六卷，以後爲複姓。

3063 **數度衍二十三卷卷首三卷** 繼聲堂刻本。 一函八册。

國朝方中通撰。中通，字位白，桐城人。明檢討以智之子也。以智博極群書，兼通算數。中通承其家學，著爲是書。卷首三卷，一爲《數原》，一爲《律衍》，一爲《幾何約》。一卷爲《珠算》，二卷、三卷爲《筆算》，四卷爲《籌算》，五卷爲《尺算》。六卷至二十二卷則列古《九章》名目，引《數理精蘊》法推闡其義也。二十三卷爲《九章外法》，大抵哀輯諸家之長而增减潤色，以勒爲一編者。

3064 **洗冤録四卷** 官刊本。律例館。 一函二册。

律例館官纂本。按宋淳祐中提刑宋慈撰有《洗冤録》五卷,於檢驗諸法甚詳且悉。明以來,傅漢臣之《風紀集覽》、海虞吴訥之《祥刑要覽》、王士翹之《慎刑録》諸書,皆踵之而作。雖互有增損,而仁人之用心則一也。是編則彙爲一書,删其繁複,歸于簡明,懸爲令甲。凡有刑獄之責者,皆當置一篇於座右。前二卷爲檢驗條格,三卷爲雜説及論諸毒,四卷爲諸方。

3065 **元詩選卷首一卷初集六十八卷二集二十六卷** 康熙刻本。 四函二十二册。

國朝長洲顧嗣立編。每集之中又以十干分爲十集,而所謂"癸集"者,則有録無書,實皆止于九集。蓋其例以甲集至壬集分編有集行世之人,而以癸集總收零章斷什、不成卷帙之作。其事繁碎,故欲爲之而未成也。所録帝王之作列爲卷首。以下《初集》自甲至壬,凡元好問以下一百家。《二集》自甲至壬,凡段克己兄弟以下一百家。每人下各存原集之名,前列小傳,兼品其詩。有元一代之詩,要以此本爲巨觀。原書又有《三集》十六卷,所列亦一百家。此本乃初刻印行本,故祇有初、二兩《集》,其時《三集》尚未出也。

3066 **籌海圖編十三卷** 明刻本。 一函八册。

明胡宗憲撰。宗憲,字汝貞。嘉靖戊戌進士,官至兵部尚書,督師剿倭寇。以言官論劾,下獄死。萬曆初,追復原官,謚襄懋。是書首載《輿地全圖》《沿海沙山圖》,次載《王官使倭略》《倭國入貢事略》《倭國事略》,次載廣東、福建、浙江、直隸、登萊五省《沿海郡縣圖》、《倭變圖》、《兵防官考》及《事宜》,次載《倭患總編年表》,次載《寇踪分合圖譜》,次載《大捷考》,次載《遇難殉節諸人考》,次爲《經略考》。按宗憲依附趙文華,結納嚴嵩,以爲内援,攘奪戰功,其人品原不足道,而其保障東南,亦不可謂無功。是書於明一代海防之制,極爲詳備,則不以人廢言可也。

3067 **授經圖二十卷** 道光十九年三原李氏惜陰軒刻本。 二册。

明朱睦㮮撰。宋《崇文總目》有《授經圖》三卷,叙《易》、《詩》、《書》、《禮》、《春秋》三傳之學,其書不傳。章俊卿《山堂考索》嘗溯其宗派,各爲之圖,亦未能完備,且頗有舛訛。朱氏乃因章氏舊圖而增訂之,以成是書。首叙授經世系,次諸儒列傳,次諸儒著述、歷代經解名目卷數①。每經四卷,五經共二十卷。其書大旨病漢學之失傳,因溯其專門授受,欲學者飲水知源,故所述列傳止于兩漢,其子勤美跋亦稱"所列多詳于前漢"。而黄虞稷及龔翔麟乃病其未備,取歷代史志所載各家經解,復爲之增補,刊之白下。雖較原書爲詳備,而實非朱氏之本意。伏讀《四庫》著録云,即黄氏已經竄亂之本。此本爲吾鄉池陽李孟熙孝廉錫齡所刻,稱係萬曆癸酉舊刻本用以翻雕者。原書次第與今本迥殊,則亦希覯之秘笈矣。

3068 **學易記五卷** 同上。 二册。

明金賁亨撰。字汝白。正德甲戌進士,官至提學副使。自號其居曰一所,學者因以一所先生稱之。是編爲晚年讀《易》時所著,不録經文,不輯注語,自抒意見,多發前人所未發。《御纂周易折中》曾采其説。

3069 **北溪字義二卷** 同上。 二册。

宋陳淳撰。以四書字義分二十六門。每拈一字,詳論原委,

---

① "數"字原脱,《四庫全書總目·授經圖》云"歷代經解名目卷數",據補。

旁通典證,多所發明。其門人王雋録之以傳。初刻于永嘉趙氏,再刻于九華葉氏,世久漸佚。明弘治庚戌林同始取趙氏本重刻之。又有四明豐慶本,增減互異。此本爲明周季麟所校刊,即從林本翻雕者。猶沿趙氏祖本,差爲近古。後附嚴陵講義四篇,乃淳嘉定九年在嚴陵郡庠爲諸生講授時所作,曰《道學體統》、曰《師友淵源》、曰《用功節目》①、曰《讀書次第》。

3070 **元城語録解三卷附行録解一卷** 同上。 二册。 以上第一函。

宋馬永卿撰。皆述其師劉安世之語。安世元城人,故以名書。多叙述舊聞,亦參以論事論學之説。《行録》一卷乃明崔銑所續編,于文熙又補綴其文。其曰"行録"者,《宋史·志》有《劉安世言行録》二卷,早佚,馬氏既輯《語録》以紀其言,故崔氏又爲是《録》以紀其行也。嘉靖中,開州王崇慶又取二《録》通爲之釋,名曰《語録解》,于義藴多所發明。

3071 **周子抄釋三卷** 同上。 一册。

明吕柟撰。因《周子全書》而摭其精要。一卷爲《太極圖説》《通書》,二卷爲遺詩遺文,三卷爲傳志之類。每條之下各釋以一二語,或標其大旨,或推所未言之意。較諸家辨論連篇累牘者,特爲簡要。

3072 **二程子抄釋十卷** 同上。 四册。

前人撰。依《二程遺書》原第,摘抄其精要之語,與前書用意相同。仍留其某某所記之注,每條之下亦以一二語釋之。

3073 **張子抄釋六卷** 同上。 二册。

---

① 《用功節目》原誤作《工節目》,《四庫全書總目》及《北溪字義》卷下"嚴陵講義"并作《用功節目》,今正。

前人撰。摘録張子之書。以《西銘》《東銘》爲冠,次《正蒙》十七篇,次《經學理窟》十一篇,次語録,次文集,而終以行狀。每條之釋與上二書同。

3074 **朱子抄釋二卷** 同上。 一册。 以上共一函。第二函。

前人撰。宋四子中惟朱子著述最富。然采擷精要,爬疏微義,已足見紫陽門徑。

3075 **唐語林八卷** 同上。 四册。

已見前,聚珍板本。①

3076 **兩山墨談十八卷** 同上。 四册。 以上第三函。

明陳霆撰。考證經史,多所糾正。間及明代時事及朝章巨典。朱竹垞《静志居詩話》稱其"留心風教",王漁洋《香祖筆記》謂是書"甚有義理",良亦非褒美也。

3077 **正蒙會稿四卷** 同上。 四册。

明劉璣撰。以張子《正蒙》十七篇廣大奥博,先儒論注雖多,然多散見。乃與同志諸友會講成藁,編爲此書。其論明正通達,不爲曲説隱話,而事理瞭然,可爲解《蒙》之法。

3078 **京畿金石考二卷** 同上。 二册。

國朝孫星衍撰。以直隸方志諸書率無金石一門,乃考宋元以來諸書及家藏石刻分附郡縣,爲上、下二卷。凡未見之碑及傳聞之未確者,亦皆注所出之書于下,以備考證。

3079 **雍州金石記十卷紀餘一卷** 同上。 二册。 以上第四函。

國朝朱楓撰。楓游秦中十年,以所得漢唐碑拓本二百種,一一爲之考證,彙成此册。其書在畢秋帆沅《關中金石記》之前,故

---

① 見第423條。

所搜未能賅備。然專據所獲拓本爲編次,非若抄撮于古籍者,故著論特爲審確。《紀餘》一卷凡石刻二十一種,乃所續得者也。

3080 **見物五卷** 同上。 二册。

明李蘇撰。凡《禽物》《獸物》《鱗物》《介物》《蟲物》五篇。每篇之前後俱有總論。篇中于每物皆先叙述其形色性情原委,雜引《爾雅》《古今注》諸書以釋其名狀。次爲論,論後又各繫以贊。大旨借物以抒議論。其曰"見"者,謂即物見己,即己見物,蓋即堯夫《觀物》之意。

3081 **東西洋考十二卷** 同上。 四册。

已見前,單行本。①

3082 **陣紀四卷** 同上。 二册。 以上第五函。

明何良臣撰。皆述練兵之法。凡分二十三類,共六十六篇。

3083 **楚辭補注十七卷** 同上。 六册。

已見前,汲古閣刻本。②

3084 **書法離鈎十卷** 同上。 二册。 以上第六函。

明潘之淙撰。薈粹論書舊説,以類相從。大旨謂書家之妙,未始無法,亦未始有法。故取禪家"垂絲千尺,意在深潭,離鈎三寸"之語,以爲之名。

3085 **文苑英華一千卷** 明隆慶元年福建刻本。 十函一百一册。

宋太平興國七年李昉、扈蒙、徐鉉、宋白等奉敕編,續又詔蘇易簡、王祐等參修,至雍熙四年書成。宋四大書之一也。梁昭明太子編《文選》,自周迄梁。此編即上繼《文選》,起於梁末。其分

---

① 見第 2104 條。

② 見第 1747 條。

類編輯、體例亦略相同,而門目更爲煩碎。蓋後來文體日增,勢不得不然也。當時編纂之時,南北朝之作十之一而弱,唐代文章十之九而强。蓋南宋初,唐人著作存者尚多,往往全帙收入。迄今四五百年,雖宋元遺集亦十僅一二,况五代以前邪?李義山《樊南甲乙集》久已散佚,今所行本乃全自是編録出。又《張説集》雖有傳本,而以此編相較,尚遺漏雜文六十餘篇。則考唐文者,此編實其淵海矣。

3086 **通志二百卷** 明刊大字本。① 十函一百廿册。

宋鄭樵撰。通史之例,肇於司馬氏。其例綜括千古,歸一家言。非學識賅通,爐錘在手者不能。漁仲負其淹博,乃網羅舊史,參以己意,撰爲是編。凡帝紀十八卷、皇后妃列傳二卷、年譜四卷、略五十一卷、列傳一百二十五卷。其紀傳删録諸史舊文,稍加移易。大抵因仍舊目,爲例不純。其年譜則仿《史記》年表之例爲之,惟間以大封拜、大政事錯書其中,或繁或漏,亦復多歧,均非其注意所在。其全帙之精華,惟在"二十略"而已。一曰《氏族》,二曰《六書》,三曰《七音》,四曰《天文》,五曰《地理》,六曰《都邑》,七曰《禮》,八曰《謚》,九曰《器服》,十曰《樂》,十一曰《職官》,十二曰《選舉》,十三曰《刑法》,十四曰《食貨》,十五曰《藝文》,十六曰《校讎》,十七曰《圖譜》,十八曰《金石》,十九曰《灾祥》,二十曰《昆蟲草木》。其中穿鑿挂漏之處,仍不一而足。然上下千古,以一人之精力,綜百代之事迹,采摭既極浩博,舛漏自所不免。必因瑕而弃瑜,亦未免苛以相繩矣。至今與杜、馬二書并稱"三通",良有以哉。

---

① 本條有删除符號。

3087 **太平廣記五百卷目録十卷** 明刻本。 八函六十六册。

宋李昉、扈蒙等十二人奉敕撰。以太平興國二年三月奉詔，三年八月書成表進。凡分五十五部。所采書三百四十餘種。古來軼聞瑣事、僻笈遺聞，咸爲采摭。卷帙小者，往往全部收入，蓋小説家之淵海也。此本爲明嘉靖中談愷所刻，字大悦目。惜余所得不全，其卷一至卷五十并前目録十卷及進書表、談氏序，皆用無名氏活字板印本配足，其卷二百四十三至三百三亦係余抄補者，餘則整齊完好。近世所行《廣記》多係天都黄晟所刻小字袖珍本，此大字本不易覯也。又《四庫總目》中引胡應麟《二酉綴遺》之語，謂所闕嗤鄙類二卷、無賴類二卷、輕薄類一卷，又酷暴類中所闕胡淛等五事，歸人類中所闕李誕女等七事，談氏皆考補完善，尤屬快事。惟原刻校讎未精，每多舛訛，不無遺憾耳。

3088 **繹史一百六十卷** 康熙中刻本。 四函二十四册。

國朝馬驌撰。纂録開闢以來至秦末之事。首爲《世系圖》《年表》，不入卷數。次《太古》十卷，次《三代》二十卷，次《春秋》七十卷，次《戰國》五十卷，次《别録》十卷。仿袁樞《紀事本末》之例，每一事各立標題，詳其端委。惟袁氏書排比年月，鎔鑄事迹以成篇，此書則惟篇末論斷出所自作。其事迹皆博引古籍，排比先後，各冠以本書之名，而聯爲篇章。其相類之事，則隨文附注。或有異同舛訛以及依托附會者，并於條下疏通辨證。與朱氏《日下舊聞》義例相同。其《别録》則一爲《天官》，二爲《律吕通考》，三爲《月令》，四爲《洪範五行傳》，五爲《地理志》，六爲《詩譜》，七爲《食貨志》，八爲《考工記》，九爲《名物訓詁》，十爲《古今人表》，以當諸史之表志。其九篇亦薈萃諸書之文，惟《古今人表》全仍《漢書》之舊，以所括時代與此書相應也。搜羅繁富，詞必有徵，遠出羅泌《路史》諸書之上。

3089 **宋五百家播芳大全文粹一百五卷** 舊抄本。① 原書共一百十卷,《四庫總目》及張氏《愛日精廬藏書志》并同。此本僅一百五卷,缺五卷。②【眉批:別見後。③】 十函。

宋魏齊賢、葉棻同編。皆録宋代之文,駢體居十之六七。雖題曰"五百家",而卷首所列姓氏實五百二十家,網羅可謂極富。惟其仿《文選》之例,于作者止書其字,人遠年湮,往往難以考見耳。朱竹垞先生嘗有此書跋,謂"無人爲之删繁舉要"云云,蓋嘗病其冗雜。然渣滓雖多,精華終在。宋人專集不傳於後者,實賴是編略存梗概。則考宋人著作者,《文鑒》之後,當以是編爲淵藪矣。是編除宋刊本外,元明以來久無刊本。伏讀《四庫》著録本亦係由抄本影寫者。朱氏《曝書亭集》所跋亦云所見抄本,惟在徐炯家見宋刊本云。首有紹熙庚戌南徐許開序。

3090 **欽定明臣奏議四十卷** 聚珍板本。 四函。

乾隆四十六年奉敕編。以皇子司選録,而尚書房入直諸臣預繕校。

3091 **秘笈新書十三卷別集三卷** 明刻本。 二函十册。④

明吴道南編。自序以爲本宋謝枋得未及付梓之書,因爲之增補以傳。按:明陳文燭序《翰苑新書》稱其書爲宋人所作,而坊間刊本乃有題爲謝枋得撰者。其書分前、後、別、續四集,合一百五十六卷。伏讀《四庫書目提要》云四集"未必出一人之手。《前

---

① 邵懿辰《簡目標注》著録作"《五百家播芳大全文粹》一百十卷",云:"路有鈔本。"

② 本條有删除符號。

③ 見第4135條。

④ 本條有删除符號。

集》皆爲書啓之用。自一卷至六十卷以職官分目,六十一卷至七十①卷以家世、閥閲、座主、門生之類分目。每門之中,皆冠以歷代事實,次以宋朝事實,次以自叙,次以旁引,次以群書精語,次以前賢詩詞,次以四六警語。《後集》止備表箋之用,而以大典禮、類姓、發舉、詞科、入學等分目。《别集》皆録宋人劄狀、致語、朱表、青詞、疏册、祝祭諸文。《續集》録宋人書啓之類"云云。所稱體例略與此書相同。此書自卷一至卷十亦皆以職官分目,卷十一至十三分科甲、事契、慶賀、宣賜、黜陟、頌德、人事、世家、通問九目。《别集》第一卷爲君道、爵禄二門,二卷、三卷爲類姓。每門皆先列制度及歷代事實,次以宋朝事實,次自序,次旁引,次群書精語,次前賢詩詞,次四六警語,次名公全啓。與《翰苑新書》大略相同,疑此書本疊山謝氏所編,標名《秘笈新書》,後人因其體例推而廣之,續爲四集,增多一百餘卷,而改名《翰苑新書》也。

3092 **少室山房類稿一百二十卷** 明刻本。 二函十三册。

明胡應麟撰。應麟,字元瑞。藉王弇州得名,與李維楨、屠隆、魏允中、趙用賢稱"末五子"。此本爲萬曆戊午江湛然所刊。

3093 **詩藪十八卷** 同上。 一函三册。

前人撰。凡《内編》六卷,分古、今體各三卷。《外編》六卷,自周至元,以時代爲次。《雜編》六卷,分遺逸、閏餘各三卷。皆其評詩之語。《明史·文苑傳》稱其所著《詩藪》大抵奉王世貞《藝苑卮言》爲律令,而敷衍其説云。

3094 **少室山房筆叢四十八卷** 同上。 一函。

---

① "十"字原脱,今補。

已見前。①

3095 **歷代史表五十九卷** 留香閣刻本。 一函八册。

國朝萬斯同撰。以"十七史"自《後漢書》以下惟《新唐書》有表,餘皆闕如。乃搜剔本史,參考諸書,皆爲補撰。凡歷代諸王將相、公卿大臣興廢拜罷之由,類聚區分,瞭如指掌。凡讀史者,皆宜置一編於座右。

3096 **宋百家詩存二十卷** 乾隆六年二六書堂刻本。 二函二十册。

國朝曹庭棟編。初,吴之振輯《宋詩鈔》,盛行於世,而闕略尚多,且刊刻未竟,往往有録無書。曹氏因搜采遺佚,續爲是編。所録凡一百家,皆有本集傳世者。始於賀鑄《慶湖集》,終於僧斯植《采芝集》。其體例一如吴書。合二家所録觀之,宋人遺集亦大略具是矣。謹案:《四庫總目》及《簡明目録》俱作二十八卷,而是書實二十卷。所列百家首尾完具,并無缺佚,疑《四庫目録》衍"八"字也。

3097 **梅村集四十卷** 康熙中刻本。 二函十二册。

國朝吴偉業撰。凡詩十八卷,詩餘二卷,文二十卷。

3098 **宋學士集三十三卷** 明嘉靖刻本。 二函二十册。

明宋濂撰。元末文章以吴萊、柳貫、黄溍爲一朝後勁。潛溪先生初學於吴,後學於柳與黄,遂根柢經訓,發爲文章,爲明一代之冠冕,不但爲開國文臣之首也。

3099 **道園學古録五十卷** 乾隆戊戌崇仁陳氏刻本。 二函十二册。

元虞集撰。金元之間,元遺山爲文章耆宿。迨元之季,則以虞伯生爲大宗矣。此集凡分四編,曰《在朝稿》,曰《應制稿》,曰

---

① 見第1748條。

《歸田稿》,曰《方外稿》。其集自元迄明,屢經刊雕,率參錯不合。此本爲乾隆丙申崇仁縣諸生陳兆履所重梓,與《四庫書目》所言合,蓋猶據元本翻刻者。

3100 **江湖長翁集四十卷** 明萬曆戊午高郵刻本。 二函十册。

宋陳造撰。字唐卿,高郵人,淳熙二年進士。遭宋不競,自以無補於世,置江湖乃宜,故自號江湖長翁。其自叙曰"物無用曰長物,言無當曰長語,翁亦然"云云。其文率謹嚴明暢,在南宋中與陳亮、劉過略相類。其集久無刊本,明萬曆中李之藻始與秦觀《淮海集》刻之于高郵。

3101 **陵川集三十九卷附録一卷** 乾隆戊午刻本。 一函八册。

元郝經撰。字伯常,澤州之陵川縣人。官至翰林侍讀學士。後追封冀國公,謚文忠。中統元年使宋,爲賈似道所拘,留居儀真者十六年。其大節炳耀古今,而學問文章亦具有根柢。《集》中如《太極》《先天》諸圖説、辨微論數十篇及論學諸書,皆深切著明,洞見閫奥。《周易》《春秋》諸傳,於經術尤深。其詩亦神思深秀,天骨挺拔。與其師元遺山可以雁行,不但以忠義著也。延祐中,門人郭貫曾請以是《集》與所著《續後漢書》官爲刊板,得旨允行。卷首所載江西中書省劄付咨文即其事。後官板散佚。明正德丁卯,沁水李叔淵重刊於鄂州,陳鳳梧序之。康熙乙酉,武進陶自悦守澤州,得李本于州民武氏家,欲重梓未果,僅爲之序弁于首。乾隆戊午,鳳臺王鏐始校刊之。而摭諸家之爲郝氏作及論涉于郝氏者,别爲《附録》一卷綴于末。其志傳、行狀、官誥、劄咨及元明人原序,皆仍舊刻冠于首。

3102 **雞肋集七十卷** 明崇禎乙亥蘇州顧氏刊本。 四函三十二册。

宋晁補之,字无咎,鉅野人。元豐中舉進士。其集古文波瀾壯闊,與蘇氏父子相馳驟。諸體詩亦風骨道上,與張宛丘、秦淮海諸家相埒。元祐中无咎曾自葺其作,名爲《雞肋集》,見卷首元祐九年自序。後紹興七年,其弟謙之又續爲裒合,凡古賦騷詞四十三,古律詩六百三十三,表啓雜文六百九十三,以成此本。卷後有謙之跋。明崇禎乙亥蘇州顧凝遠依宋板重刊。

3103 **南宋文範七十卷** 道光十七年秀水莊氏活字板本。 八函四十册。

國朝莊仲方編。仲方號芝階,本毗陵人,徙居秀水。以東萊吕氏《宋文鑒》一書止于北宋九朝,而南渡後著作缺如。乃仿其體例,續爲是編。凡分五十五門。所采專集二百二十八家,所采他書三十六種。其南宋人專集,則皆依文瀾閣所貯官本逐一摘録,共歷二十餘年而成,其用力可謂勤矣。前爲《作者考》二卷,三有專集諸人各述其里居出處,以備考鏡。次列《采取書目》一卷,次爲《總目》,皆不入卷。按:南宋文章風骨、格律,皆遠遜北宋,而汪藻、孫覿、汪應辰、周必大、范石湖、楊萬里、陸劍南、吕東萊、陳止齋、陸象山、魏鶴山、真西山、劉後村、文文山諸人,或以氣節勝,或以説理勝,或以詞藻勝,皆屹然有以自名。查梨橘柚,味雖不同,其適于口一也。莊氏此編,實爲《文鑒》後不可少之書。而去取謹嚴,别擇不苟,尤遠在《播芳文粹》之上。

3104 **嘉祐集十五卷** 明嘉靖壬辰太原府刊本。【眉批:余於戊申秋得邵氏所刊《老泉集》,作二十卷,又有《附録》二卷。《附録》爲宋紹興十七年婺州學教授沈斐所録。】 一函四册。

宋蘇洵撰。伏讀《四庫書目提要》,云《老泉集》在宋凡四本,曾南豐作老泉墓志,稱有集二十卷。晁、陳二氏著録則俱作一五卷。又紹興婺州刻本作十六卷及附録二卷。又有國朝康熙間蘇州邵仁泓刊本,稱從宋本校正,亦作十六卷,而無附録之二卷。是此四本在宋已不相同。今世所行又有二本,一爲明凌蒙初所刊朱墨本,并爲十三卷。一爲國朝蔡士英所刊任長慶所校,作十五卷。雖與陳、晁二家所録合,然以蔡本與紹興刻本相較,蔡本又闕《洪範圖論》一卷,《史論》前少引一篇,又以《史論中》爲《史論下》,而闕其《史論下》一篇,又闕《辨奸論》一篇、《題張仙畫像》一篇、《送吴侯職方赴闕序》一篇、《謝歐陽樞密啓》一篇、《謝相府啓》一篇、《香詩》一篇云云。乃以紹興本爲主,而以邵本互訂,校訛補脱,定爲十六卷、《附録》二卷,《附録》二卷爲奏議,即充婺州學教授沈斐所輯。較邵本少國史本傳一篇,而多挽詞十餘首,亦無附録。備考。此《四庫》著録之本也。今此本爲明嘉靖壬辰知太原府事張鏜所刻,作十五卷。檢勘所闕篇數,與蔡本相同,疑蔡本即又從此本翻雕者。俟别求足本補之。

3105 **淮海集四十卷** 明萬曆戊午高郵刻本。 一函八册。

宋秦觀撰。《文獻通考·别集類》載《淮海集》三十卷,又歌詞類載《淮海集》一卷。《宋史》則作四十卷。明嘉靖中高郵張綖以黄瓚本及監本重爲編次,亦仍《宋史》四十卷之數,而多《後集》六卷、《長短句》三卷,《四庫》本即用以著録。此本爲明萬曆戊午李之藻與陳造《江湖長翁集》同時刻者,衹作四十卷,無《後集》及《長短調》,殆所據别一本歟?

3106 **魯齋遺書十一卷附録三卷** 明萬曆廿四年河南刊本。 一函六册。

元許衡撰。明萬曆二十四年懷慶府知府江學詩等校刊。首二卷爲語録,三卷爲《小學大義》《大學要略》《小大學或問》《論明明德》等篇,四卷爲《大學直解》,五卷爲《中庸直解》,六卷爲《讀易私言》、《陰陽消長》及《揲蓍説》,七卷爲《時務五事》及《對御》之文,八卷爲雜著,九卷爲書狀,十卷爲編年歌括,十一卷爲詩、樂府，附録三卷爲像贊、譜傳、誥敕及先儒議論、古今題咏之屬。與《四庫書目提要》所稱嘉靖乙酉山陰蕭鳴鳳校刊本卷數、次第均異。

3107 **武夷新集二十卷附遺詩文一卷** 嘉慶十九年浦城祝昌泰留香室所刊叢書本。 六册。

宋楊億撰。字大年。陳直齋《書目》稱大年所著有一百九十四卷，《館閣書目》猶有一百四十六卷。今俱亡佚，所存者惟《武夷新集》及《别集》而已。今《别集》又佚，惟此《集》存。凡詩五巻，文十五卷。大致宗法李義山，而春容典贍，無唐末五代衰颯之氣。大年，閩之浦城人。嘉慶十九年浦城祝昌泰與祖之望等彙刻其鄉先輩宋元明人諸遺書，刻是集以冠首。又搜輯《宋文鑒》《詩林萬選》及諸志書中所載大年諸作，爲《新集》所無者，凡詩文二十篇，爲《逸詩文》一卷附于末。按：卷末有明崇禎己卯徐𤊹興公跋稱"《别集》以《君可思賦》居首，是賦見《宋文鑒》，乃抄而附之。并西崑體詩十餘首，拔之《瀛奎律髓》中，并抄附以傳"云云。嘉慶中祝氏刻此集時，梁茝鄰先生章鉅同與校勘。以《西崑酬唱集》今已經屢刊，所存大年詩至八十四首之多，自可單行，不必附此集以傳，乃悉爲刊去，謹留《書懷寄劉五》等詩六首及《文鑒》《詩林萬選》《澠水燕談》《後山詩話》《建寧府志》《浦城縣志》諸書中所采出之詩文十四首，别爲一卷附于後，即此本也。

3108 **西崑酬唱集二卷** 同上。 一册。

宋楊億編。所録己及劉筠、錢惟演、李宗諤、陳越、李維、劉隲、丁謂、刁衎、任隨、張詠、錢惟濟、舒雅、晁迥、崔遵度、薛映、劉秉等十七人之詩。時大年官兩禁，故取玉山册府之義以名其集。所作皆摹擬李義山體，大抵以音節鏗鏘、詞采精麗爲宗。後歐陽、宛陵既出,而詩格一變,楊氏等之派遂微。然其新警之處,終不可磨滅也。

3109 **何博士備論一卷** 同上。 一册。 與上共一函。第一函。

宋何去非撰。字正通,浦城人。凡二十八篇,今佚二篇。皆論兵之語。元祐中東坡嘗爲奏進于朝,薦爲館職不果。卷首載東坡薦狀二篇,即是書之緣起也。正通以元豐五年特奏召廷試,除右班殿直、武學教授博士,故稱爲何博士云。

3110 **春渚紀聞十卷** 同上。 二册。

已見前,《津逮秘書》本。① 然此本爲尤善。卷後有汲古後人毛扆跋及黄丕烈蕘圃、祖之望二跋可考。按:何薳即去非之子,書中第六卷爲東坡事實,以東坡嘗薦其父故也。

3111 **忘筌書十卷** 同上。

宋潘殖撰。殖,字子醇,浦城人,建炎中進士。是書多推明易數、洛書之旨,而兼及孔孟之道。

3112 **詹元善遺集二卷** 同上。 與上共二册。

宋詹體仁撰。字元善,浦城人,隆興元年進士。事迹具《宋史》本傳。曾受業于朱子,而西山真氏又轉從之學。所著有《象數總義》《曆學啓蒙》《莊子解》諸書,皆不傳。此《集》乃嘉慶甲戌邑人朱秉鑑于《詹氏族譜》及各書中録出語録十餘條、文六篇、詩九首,編爲二卷,而附以元善父慥遺詩十首,畀祝氏梓入叢書者也。

3113 **西山文抄八卷** 同上。 三册。

按《西山全集》合五十餘卷,此本爲康熙中張伯行所選刻。擷其菁英,頗便誦讀。

---

① 見第574條。

3114 **真山民集一卷** 同上。

宋末遺民,不著名字。銷聲匿迹,亦不詳其事實。後人約略揣測,以爲疑西山文忠公之後耳。《宋史》不列傳,惟《江湖小集》收其詩數十首而未備。吴之振《宋詩抄》所録較多,然亦不免闕佚。此本爲知不足齋舊藏本而《四庫》官本據以著録者,又從《元詩體要》增入七古一首,附于末。祝氏刻叢書時,因傳抄文瀾閣本以付梓,又從《龍泉邑志》增入七律二首。

3115 **謝參軍詩鈔二卷** 同上。 與上共一册。 以上第二函。

宋謝翱撰。翱從父信國勤王,志節精誠,并高千古,《宋史》列入《忠義傳》。著有《晞髮集》等編十餘卷傳于世。祝氏刻邑先輩遺書,乃就全集中録其尤者,爲古、今體詩各一卷。

3116 **四書集編二十九卷** 同上。 一函八册。第三函。

宋真德秀撰。《大學》《中庸》爲真氏所自編,《論語》《孟子》則劉承輯德秀遺説以成之也。其書皆采朱子《文集》《語録》之説以發明《章句集注》,而間附己意以斷制之。

3117 **四朝聞見録五卷** 同上。 三册。

宋葉紹翁撰。已見前,知不足齋本。①

3118 **楊仲弘集八卷** 同上。 二册。

元楊載撰。字仲弘,浦城人。爲元季四子之一。《元史》稱其于文章以氣爲主,于詩尤有法度。今文不多見,惟以詩傳。

3119 **春秋四傳私考二卷** 同上。 二册。

明徐浦撰。浦,字伯源,嘉靖中進士。是編於《春秋》三傳及《胡氏傳》之異同者附以論斷,多所糾正。

---

① 見第653條。

3120 **梅莊遺草六卷** 同上。 一册。 以上第四函。

明翁白撰。梅莊,其號也。明末隱居不仕。本籍福清,後寓居浦城,故祝氏附刻之。

以上十四種皆《浦城遺書》本。

3121 **宛陵集六十卷附録三卷** 康熙丁卯梅氏刻本。 二函十二册。

宋梅堯臣撰。字聖俞,宣城人。官屯田都官員外郎。先是歐陽公編輯宛陵遺稾,僅十五卷。其增至六十卷,不知始於何人。其前五十九卷爲詩,末一卷爲文。《四庫》著録本與此同,而末有《附録》一卷,稱爲明姜奇芳刊本,《附録》一卷皆贈答、詩文、墓志也。今此本乃康熙中梅氏十八世孫枝鳳等以家祠舊本重刊者。卷目一仍明刻之舊,而《附録》之文加詳,故於舊編《附録》一卷之外又增新編二卷云。

3122 **學餘堂文集二十八卷詩集五十卷别集四卷外集二卷年譜四卷家風述略一卷附家風述略續編一卷隨村遺集六卷** 乾隆己未中維揚官廨刊本。 四函二十四册。

國朝施閏章愚山先生撰。《别集》四卷,其二卷爲《蠖齋詩話》,二卷爲《矩齋雜記》。《外集》二卷,一爲《硯林拾遺》,乃奉使廣東時記所見端溪石品;一爲《試院冰淵》,則歷年典試序文及條約也。《年譜》四卷爲其曾孫念曾所編。《家風述略》一卷爲愚山先生自述家世。《續編》一卷爲愚山之子彦恪所撰。末附《隨村遺集》六卷,則愚山之孫瑮所作,而杭世駿訂之者也。乾隆初,曹楝亭彙爲一編,刻之于維揚官廨。

3123 **静志居詩話二十四卷** 扶荔山房刊本。 二函十二册。

國朝朱竹垞先生撰。先生編《明詩綜》一書,于傳聞異同、事實訛漏者,輒附著論説,以備掌故,足補史乘所未備。惟其説散附于各條之下。嘉慶中,錢塘姚柳依乃從《明詩綜》中摘出,編而梓之。

3124 **蔡忠惠集三十六卷附别紀補遺二卷** 雍正十二年蔡廷魁刊本。 一函十册。

宋蔡襄撰。其集初不甚傳。乾道四年王十朋知泉州,屬興化軍鍾離松訪得其書,重編爲三十六卷,按:《宋史·志》載《集》本六十卷,又《奏議》十卷。鋟板以行。元代板復散佚。明萬曆中莆田盧廷選始得抄本於豫章俞氏,于是御史陳一元刻于南昌,析爲四十卷。興化府知府蔡善繼復刻于郡署,仍爲三十六卷,而附以徐𤊹所輯《别紀》十卷。然均錯雜少緒。其後里人宋珏重爲編定,并于《别紀》中補徐氏之遺,并爲二卷,一并刊之。然僅刻其詩,而不及全集。國朝雍正甲寅,蔡氏裔孫廷魁又裒次重刻,是爲今本。其《别紀補遺》凡分十一目,曰志行、曰政術、曰書法、曰談藝、曰鑒賞、曰茶事、曰荔品、曰恩遇、曰遺迹、曰述略、曰逸編,皆忠惠事迹言行之散見于他書及諸家之論述忠惠者也。

3125 **淳熙稿二十卷** 聚珍板本。 二函十二册。

宋趙蕃撰。蕃,字昌父,號章泉,先世鄭州人。建炎初,其曾祖暘官於信州,因家焉。昌父始受學劉清之,年至五十,乃問學於朱子。所著有《乾道稿》一卷、《淳熙稿》二十卷、《章泉稿》五卷。其集久佚,乾隆間四庫館諸臣修輯《全書》,乃於《永樂大典》中裒輯編次,依舊標題,仍爲二十六卷。其《乾道》《章泉》二稿,予覓之不獲,此僅其《淳熙稿》之二十卷也。集中凡詩三千餘首。

3126 **象山集三十六卷** 明正德辛巳金谿青田書院刊本。 一函十册。

宋陸九淵撰。先生字子静,金谿人。嘗居貴溪之象山以授徒,學者稱爲象山先生。長子持之曾編其集爲三十二卷,嘉定五年門人袁燮刊之于江西提舉倉司。前有開禧元年楊簡序。元至治癸丑,金谿洪琳又爲翻雕,吴澄爲之序。至明正德辛巳,撫州守李茂元重刻是集,又附以語録、年譜等,是爲今本,王守仁爲之序。諸序皆在卷首。前十七卷皆書,十八卷爲表奏,十九卷爲記,二十卷爲序贈,二十一卷至二十四卷爲雜著,二十五卷爲詩,二十六卷爲祭文,二十七卷爲行狀,二十八卷爲墓志、墓表,二十九卷至三十二卷爲程試之文,三十三卷爲謚議、行狀,三十四卷、三十五卷爲語録,三十六卷爲年譜。

3127 **雙溪集十二卷** 康熙五十七年戊戌王氏刻本。 一函六册。

宋王炎撰。炎,字晦叔,婺源人。所居地有雙溪,築園其上,因自號雙溪翁。所著有《讀易筆記》《尚書小傳》《禮記論語孝經老子解》《春秋衍義》《象數稽疑》《禹貢辨》《考工記》《鄉飲酒義》《諸經考疑》《編年通紀》《紀年提要》《天對解》《韓柳辨證》《傷寒論》,總題曰《雙溪類稿》。今諸書久佚,惟詩文集僅存耳。此本爲康熙戊戌其族孫祺等所刊。凡書二卷,序一卷,記、論、議一卷,詩四卷,賦、辭、頌、贊、銘、詩餘合一卷,表箋一卷,啓一卷,申狀一卷。伏讀《四庫》著録本,爲明萬曆中王鏻所刻,作二十七卷,今未見。雙溪與朱子最契,多贈答之作。其詩文博雅精深,亦具有根柢。

3128 **用易詳解十六卷** 寫本。① 一函六册。

宋李杞撰。杞,字子才,號謙齋,眉山人。其書解《易》,多證以史事,與楊萬里之《易傳》相同。惟頗雜以老莊之説,不免駁雜耳。以《易》爲有用之學,故多用《易》。焦氏《經籍志》及朱氏《經

① 邵懿辰《簡目標注》:"路有鈔本。"

義考》皆訛作《周易詳解》,殆未見此本也。原書二十卷,久經散佚。此乃從《永樂大典》輯録者,僅缺豫、隨、无妄、大壯、睽、蹇、中孚七卦及晋卦後四爻,其餘俱屬完好。纂修諸臣乃排次校核,釐爲十六卷。

3129 **安陽集五十卷附家傳十卷遺事一卷别録三卷** 無刊刻年月。據卷首明萬曆丁亥郭朴序云"正德中安陽張士隆按鹺山西,刻置河東書院,朴後得之。萬曆乙酉,鄴司理内江張公又與諸人再加校録,刻置于郡之晝錦堂"云云,是此集明末已有兩刻矣。此本不標刻人名氏,殆近人翻雕者。　二函十册。

宋韓琦撰。琦,字稚圭,安陽人,事迹具《宋史》本傳。其集晁、陳二家及《宋史·志》俱稱五十卷,此本卷數相符,蓋猶舊本也。忠獻王歷相三朝,功在社稷,原不俟以文章名世。然即以文章而論,其詞氣雍容典重,亦足以籠罩諸人。《集》後附《家傳》十卷,不標撰人名氏,記忠獻生平事迹。陳氏直齋以爲是其家所傳,晁氏則以爲其子忠彦所撰,當有據也。又《遺事》一卷,爲强至所撰。至曾佐忠獻幕府,故叙述最詳。又《别録》三卷,爲王巖叟撰。亦嘗在忠獻幕府,每與忠獻語,輒退而書之。忠獻殁後,乃次爲三篇,上篇皆記忠獻奏對之語,中篇乃忠獻平日緒言,下篇則雜記所聞見也。

3130 **蘇學士集十六卷** 康熙戊寅震澤徐惇復刻。　一函二册。

宋蘇舜欽撰。舜欽,字子美,其先梓州人,後家開封。參政易簡之孫也。卷前有歐陽公序,稱子美殁後四年,乃于其婦翁杜衍家得遺稿集録之,以爲十五卷。而此本乃十六卷,蓋後人又有所增續矣。其詩與文歐陽公甚推重之,見自序。

3131 **清獻集十卷** 趙氏刊本。　一函六册。

宋趙抃撰。抃,字閲道,衢州西安人,以太子少保致仕,卒謚清獻。事迹具《宋史》本傳。其集凡文五卷,詩五卷。其奏議多有關時政,侃侃不撓。而詩則諧婉多姿,與文殊不類。

3132 **節孝集三十三卷** 康熙丙子山陽邱氏刊本。 一函四册。

宋徐積撰。積,字仲車,山陽人,受業胡瑗之門。事母以純孝稱,立身亦堅苦卓絶,《宋史》載入《卓行傳》。賜謚節孝處士。其集景定甲子淮安州學教授翁蒙正曾刻之。前爲事實一卷,詩文雜著三十卷,末爲語録一卷。明嘉靖間劉祐又因翁本重刊。國朝康熙丙子,山陽邱如升又因劉本重梓,而附以元明後傳贊碑記,合三十三卷。

3133 **黄文節公正集三十二卷外集二十四卷别集十九卷卷首四卷** 乾隆①乙酉江西刊本。 四函十六册。

宋黄庭堅撰。先生之集元明以來屢有刊刻,增减分合各不相同。此本乃乾隆乙酉知寧州事元和宋調元等取明嘉靖、萬曆兩刻本重加編校,定爲此本。其詳見凡例,不復贅。其卷首、第一卷爲總目、新舊序、像贊、年譜之屬,第二卷爲誥敕、謚議、别傳、祠記,第三卷爲詩派圖論及諸家評黄、咏黄、辨疑、凡例、注輯、姓氏,第四卷爲目録。此與《四庫》著録本不同,而山谷之著作要皆備于是編矣。

3134 **伐檀集二卷** 同上。

宋黄庶撰。山谷之父也。凡詩一卷,文一卷。舊本附于《山谷集》後,然子不先父,故《四庫》本别著于録。今謹遵此例。

3135 **韋齋集十二卷附玉瀾集一卷** 抄本。 一函四册。

《韋齋集》,宋朱松撰。《玉瀾集》,松弟槔撰。松爲朱子之

---

① "乾隆"原乙作"隆乾",今正。

父,棹則朱子之叔父也。

3136 **清閟閣集十二卷** 康熙五十二年曹氏城書堂刊本。 一函四册。

元倪瓚撰。瓚,字元鎮,號雲林,無錫人,亦稱曰倪高士。畫入逸品。詩文不屑屑苦吟,而神思散朗,意格自高。明天順間,宜興蹇朝陽曾有刻本。至萬曆中,其八世孫珵等復爲彙刻,凡十五卷,歲久漫漶。惟毛氏汲古閣所刊《十元人集》本行世。國朝康熙癸巳,上海曹培廉重爲編定付梓,即此本也,多所增補。凡詩八卷,雜文二卷。《外紀》二卷,上卷列遺事傳銘并贈答吊挽之作,下卷專載諸家品題詩畫語。瓚之始末,備列無遺矣。

3137 **淵穎集十二卷附録一卷** 明嘉靖元年祝鑾刊本。 一函四册。

元吴萊撰。萊,字立夫,浦陽人。延祐中復科舉之制,以《春秋》貢于鄉,試禮部不第。後以薦署饒州路長薌書院山長,未行而卒,年僅四十四。其門人宋濂等私謚爲淵穎先生,取經義玄深爲淵,文詞貞敏爲穎也。先生與柳貫、黄溍并受業於宋方鳳,再傳及濂,遂開明代文章之派。其遺稿甚多,宋濂爲擇其有關學術議論之大者,編爲斯本。劉基爲之序,又胡助亦有序,又至正十二年金華胡翰序。明嘉靖元年當塗祝鑾以李九皋所藏本重爲付梓,而以碑文、謚議别爲《附録》一卷。

3138 **吴文正公集四十九卷外集三卷** 乾隆丙子崇仁縣儒學訓導萬璜刊本。二函十二册。

元吴澄撰。澄,字幼清,崇仁人。卒後追封臨川郡公,謚文正。事迹具《元史》本傳。其集一名《支言集》,舊本流傳甚少。明永樂中,其五世孫爟曾刊于家祠,彙爲《全集》,凡一百卷,《四庫》取其本以著録,今未見。此本爲乾隆丙子崇仁訓導萬璜所刻,僅及其半,殆非足本也。然卷前載明成化二十年伍福序,稱是集

"宣德中諸元孫爟輩嘗繡梓于家,歲久字句昏蝕,殆不可讀。成化十八年,巡按陳公孟安留意重刻。次年秋,按察僉憲方公大本按臨撫郡,恐因循荒墜,屬予詳校。予因得先生裔孫興化令廷鑑家藏録本。凡舊所刊舛誤,悉爲更正,類分五十三卷按:五十三卷,"三"字疑"二"字之誤。刻梓"云云。是五十二卷之本又似完善,非有闕佚。萬氏此刊,殆即依伍氏本重雕者。凡雜著一卷,答問二卷,説四卷,書一卷,啓疏一卷,序十卷,記八卷,碑銘一卷,題跋五卷,墓志銘十一卷,祭文、制誥、表箋一卷,詩五卷,共四十九卷。别爲《外集》三卷,則私録也。合之爲五十二卷。卷前載新舊諸序及從記、奏疏、史傳、神道碑、年譜、行狀之屬。

3139 **攻媿集一百二十卷** 抄本。 四函二十四册。

宋樓鑰撰。鑰,字大防,鄞縣人。隆興元年進士,官至資政殿大學士。卒謚宣獻。事迹具《宋史》本傳。其集載于諸書目者,或作百卷,或作八十五卷,或僅存四十二卷。此本卷數獨多,與《宋史·志》、陳直齋《書目》合,蓋猶舊帙也。惟展轉傳抄,脱訛宏多耳,當求聚珍板本是正之。大防學問宏博,故所作皆原原本本,而題跋諸作,尤多資於考證。

3140 **唐書直筆四卷** 聚珍板本。 一函一册。

宋吕夏卿撰。夏卿,字縉叔,泉州晋江人。嘗與歐、宋諸人預修《唐書》,此其預局時所作也。前二卷論紀傳志。三卷論舊史繁文闕誤。四卷爲新例須知,即所擬發凡各條也。

3141 **祠部集三十五卷** 聚珍板本。 一函六册。

宋强至撰。至,字幾聖,錢塘人,官至三司户部判官、尚書祠部郎中。爲韓忠獻所知,嘗引入幕府自助,凡章疏奏牘多出其手,世所傳《忠獻遺事》即至所作也。其集《宋史·志》及陳氏《解題》

俱云四十卷,明以來遂佚。此乃從《永樂大典》搜輯者,尚可得十之八九,編爲三十五卷,用活字板摹印。

3142 **清江集四十卷** 康熙五十八年己亥桐鄉金檀刊本。 一函六册。

明貝瓊撰。字廷琚,崇德人。元末避居殳山。明初徵修《元史》。事迹附見《明史·宋訥傳》。集凡詩十卷,文三十卷。僅有抄本流傳。康熙己亥,桐鄉金氏購得之,始爲刊布。其詩文諸作朱竹垞《静志居詩話》推崇之者甚至。

3143 **管子補二十四卷** 明刊本。【眉批:前列坊刊本①删去。】 一函六册。

明劉績撰,臨川朱東光輯訂,寧陽張登雲參補,休寧吴子玉校刻。《管子》舊注多疏舛,劉氏因補其所遺,皆附於原注之後,以"績按"别之。前所列坊刻本乃朱長春、劉辰翁諸人所詳選者,删節劉注,十不存一,并房氏舊注亦十删四五,此則足本也。

3144 **淮南子二十一卷** 明刻本。【眉批:前本②删去。】 一函六册。

此本校世間所行本注文甚詳,乃知坊刻本之多所删節也。然視莊刻《道藏》本注文尚略,以刊刻甚佳,故兩存之。

3145 **石門文字禪三十卷** 《釋藏》本。 一函六册。

宋僧德洪撰。一名惠洪。即作《冷齋夜話》者也。字覺範,筠州人。大觀中游丞相張商英之門。商英敗,惠洪亦坐累謫朱崖。集中有《寂音自序》一篇,述生平出處甚悉。其詩文出入于蘇、黄之間,在元祐、熙寧諸人後,亦爲挺然特立者,固不必以緇徒排之也。是集爲其門人覺慈所編,釋氏收入大支那著述中。此本即《釋藏》所刊也。

---

① 見第89條。

② 見第6條。

3146 **水心集二十九卷** 乾隆二十年乙亥温州刊本。 二函十二册。

宋葉適撰。適,字正則,温州永嘉人。淳熙五年進士,官至寶文閣學士。卒謚忠定。《宋史》本傳稱其"爲文藻思英發"。今觀所作,才雄學博,在南渡卓然爲一大宗。而碑版之文,尤簡質厚重,足以凌跨一代。其集宋以後久經散佚。明正統中,處州推官黎諒曾搜訪裒輯,得劄狀、奏議等八百餘篇,合爲一編,凡二十九卷。此本爲國朝乾隆乙亥,兩浙學院雷鋐屬郡學博士王執玉從武林藏書家覓得黎氏本重刊者。

3147 **雁門集十四卷附録二卷** 嘉慶十二年丁卯薩氏龍光編注,刻于家祠。 一函六册。

元薩都拉撰。字天錫,號直齋。其祖父以世勛鎮雲代,居於雁門,實蒙古人也。天錫曾自編其詩集爲二十卷,刊于元至正末,其本久佚。再刻於明成化乙巳關中趙氏蘭。三刻于弘治癸亥雁門李氏舉。四刻于汲古閣毛氏《元詩十家選》,祇三卷。後又得一八卷之本於荻匾王氏,因采前刻所無者爲《集外詩》一卷,共四卷。《四庫全書》即據以著録者也。五刻于顧嗣立《元詩選》,兼采趙、李二家本及包山葉石君校本,合校異同,附注于集中。此外又有元人寫本,爲崑山葉盛所藏者。以上諸本皆以他人而刻天錫之集者也。其家中所傳之集,亦有二本。一爲明天順中編刻本,凡六卷,在趙、李二刻之前。一爲康熙中編刻本,亦作六卷,在毛刻之後、顧刻之前,而板毁于火。嘉慶中,其裔孫龍光乃參校各本,别爲編次,并搜采遺佚,增多舊刻三十一篇。兼仿任淵、史鑄注《山谷集》之例,以詩繫年,詳注本末。其諸本互異者,亦臚列于字句之下,并於每詩之末附以案語。分爲十四卷。附載《倡和録》一卷,則天錫與諸人倡和之作也。又《别録》一卷,則諸書之述及天錫者也。龍光,字露蕭,侯官人。乾隆辛丑進士,授庶吉士,散館,改户部主事。

3148 **周易洗心十卷** 雍正刊本。 一函六册。

國朝任啓運撰。字翼聖,荆溪人,雍正癸丑進士。是編多發明圖學,自序謂其要領不外《論語》五十學《易》之一言,文周卦畫自羲《圖》出,羲《圖》自《河》《洛》出,五十者,圖書之中也。圖之一三七九、二四六八周行於外,獨五十在中,而五又在十之中,藏于密也。捨五十無以洗心藏密,故其書以“洗心”爲名,立論殊爲新異。其詮釋經文,時標精理,多發前人所未發。大抵觀象玩詞,自抒心解,不盡從圖書立論。其考定文句,亦兼采馬、鄭、王弼、王肅諸儒之本,蓋講數學而亦不廢漢學者。卷首備列諸圖,凡三十有六。自朱子、邵子而外,如國朝李光地、胡煦所作諸圖,亦皆爲采入,而又以己意推廣之。

3149 **鐔津集十九卷** 萬曆丁未杭州徑山寺寂照庵刻本。 一函四册。

宋釋契嵩撰。俗姓李氏,字仲靈,藤州鐔津人。慶曆間居杭州靈隱寺。皇祐間入京師,兩作萬言書上仁宗,賜號明教大師,尋還山而卒。尚書屯田員外郎①陳舜俞爲之撰行業,記叙其始末甚詳。此記今在卷首。契嵩博通内典,其文亦筆力雄偉,辯論風生,蓋緇徒之健於文者。其集《四庫》著録本爲明弘治己未嘉興僧如巹所刊,凡二十二卷。此本則萬曆間徑山寺僧重刊者,約爲十九卷。

3150 **龜山集四十二卷** 康熙丁亥楊氏家祠刊本。 一函十册。

宋楊時撰。字中立,將樂人。事迹具《宋史·道學傳》。初受

---

① “郎”原誤作“朗”,今正。

業於程子,傳之沙縣羅從彦,再傳爲延平李侗,三傳而及朱子,開閩中道學之脉。其東林書院存于無錫,又爲明季講授之宗本。其人雖不以文章見重,而篤實質樸,要不失爲儒者之言。舊板散佚,明代屢有刊,卷數互殊。萬曆辛卯,將樂知縣林熙春重刊,始定爲四十二卷。此本爲康熙中其裔孫繩祖所刻,卷帙仍之。凡書、奏、表、劄、講義、經解、史論、啓、記、序、跋各一卷,語録四卷,答問二卷,辯二卷,書七卷,雜著一卷,哀辭、祭文一卷,狀述一卷,志銘八卷,詩五卷。

3151 **洺水集二十七卷** 無刊刻年月,實明刻也。 一函六册。

宋程珌撰。珌,字懷古,休寧人。以先世居洺州,因自號洺水遺民。立朝以經濟自任,詩詞雖不甚擅長,而奏疏則詳明剴切,規畫井然,蓋所得在彼不在此也。《集》本六十卷,明以來佚其半。故《四庫書目》著録僅三十卷,稱"崇禎乙巳其裔孫至遠所刊"者。今此本亦係明刻,而不標年月。惟第二十六卷標題"裔孫夢龍録刻"六字,莫由考其爲何時也。其卷數又與《四庫》著録本異,以《辭命》七篇爲卷首,不入卷。餘自卷一至卷三爲奏疏、表箋,卷四爲議,卷五、卷六爲策問,卷七爲講義,卷八至卷十一爲記,卷十二爲序,卷十三爲題跋,卷十四爲墓志,卷十五爲行狀,卷十六爲祭文、哀詞,卷十七、十八爲書尺牘,卷十九、二十爲啓,卷二十一爲致語、祝版、青詞之類,卷二十二爲説、銘、贊、賦之類,二十三、二十四兩卷則古、近體詩也,二十五、六兩卷爲附録,共二十七卷。

3152 **臨川集一百卷** 明嘉靖丙午知臨川縣事金谿應雲鸑刊。 二函十八册。

宋王安石撰。安石集在宋無定本。《史志》載一百卷,陳氏《書録解題》亦同。晁氏《讀書志》則作一百三十卷。焦氏《經籍志》亦作一百卷,而别出《後集》八十卷,與《史志》、陳《録》皆參錯不合。今世所行本乃宋紹興十年郡守桐廬詹大和校定重刊者,其仍定爲一百卷,不知果始于何人,而再無他本。故元明以來翻刻者,率以詹刻爲祖本。此本乃嘉靖丙午知臨川縣事應雲鸑所重雕。荆公人不足道,而其文章波瀾法度,實自足不朽。此所以列於八大家歟?

3153 **止齋文集二十四卷附録二卷** 道光十四年浙江巡撫富呢揚阿海帆刊本。一函八册。

宋陳傅良撰。自周行己傳程子之學,永嘉遂自爲一派,而止齋與葉水心尤其巨擘。其學以通知古今、講求實用爲本,故《集》中多經世之文,非空談心性者可比。其《集》爲門人曹叔遠所編,刊于嘉定,本五十一卷,明弘治中瑞安王瓚重爲校梓,增《附録》一卷,爲傳志碑銘之屬,合五十二卷。國朝乾隆丙寅,海昌陳世修司鐸瑞安,又與林上梓復加校刻,并其卷爲詩五卷、文十九卷,前、後《附録》各一卷,共二十六卷,是爲乾隆本。道光甲午,富海帆先生撫浙,以乾隆本字多漫漶闕誤,乃與陳石士用光學使依乾隆本重刊,而屬錢士雲校其脱誤。

3154 **後山集二十八卷** 明刊本。 二函十册。

宋陳師道撰。師道,字履常,一字無己,彭城人。其集爲門人魏衍所編。前有衍記,稱"以甲乙丙稿合而校之。得詩四百六十五篇,分爲六卷。文一百四十篇,分爲十四卷。合二十卷。《詩話》《談叢》各自爲集"云云。此本爲明陳仁子、王鴻儒所校,而彭城馬暾刻之者。凡詩十二卷,合六百七十九首。文八卷,合一百六十九首。校之魏本,詩文皆有增益。又《談叢》六卷、《理究》《詩話》各一卷,則已非魏本之舊矣。伏讀《四庫》著録本,稱爲"馬暾所傳,而松江趙鴻烈重刊者。凡詩七百六十五篇,編八卷。

文一百七十一篇,編九卷。《談叢》編四卷,《詩話》《理究》《長短句》各一卷”云云,則又非馬本之舊矣。按方回《瀛奎律髓》稱謝克家所傳有《後山外集》,或後人合并重編,故遞有增益也。後山與黄山谷同學杜甫,故所作佳處往往逼真。其古文爲歐、蘇、曾、王盛名所掩,在當日殊不擅名。然簡嚴密栗,亦不在李翱、孫樵之下。

3155 **頖宫禮樂疏十卷** 明萬曆刻本。 二函八册。

明李之藻撰。首列頖宫祀典,次列儀注,次列名物、器數,共成八卷。第九卷爲啓聖祠及鄉賢祠禮,附以鄉飲酒禮。第十卷爲鄉射禮。極爲詳備,足補《明會典》所未載。其樂譜尤其有心得。蓋曆律皆根於數,之藻嫺於算法,世所傳《天學初函》即其所刻,故因數制律,足自爲一家之學。其末卷載鄉飲酒、鄉射禮者,明初之制猶行此禮于頖宫也。

3156 **内閣藏書目録八卷** 抄本。 一函四册。

明張萱編輯。專紀内閣所藏。凡分十八部。其第一卷曰聖製部、曰典制部,二卷曰經部、曰史部、曰子部,三卷曰集部,四卷曰總集部、曰類書部、曰金石部、曰圖經部,五卷曰樂律部、曰字學部、曰理學部、曰奏疏部,六卷曰志乘部,七卷曰傳記部、曰技藝部,八卷曰雜部。編次叢雜,殊乖體例。惟于每書之下各著明撰人名氏,并間及於作書大旨、成書年月,則較《文淵閣書目》爲詳善。其一書而數本者亦并載之,而標其全與不全,尚可考證古籍之存佚,則亦不無可取也。

3157 **越中金石記十卷目二卷** 道光庚寅刊本。 一函八册。

國朝山陰杜春生撰。所録越土金石起漢建初,迄元至正丙午,凡二百一十八種。所録皆以見存者爲斷,其佚而未見者概不録,體例甚爲謹嚴。并仿洪氏《隸釋》之例,具録全文。其有漶漫陊剥不可辨識,而又間見於他本者,并爲補入,加横綫别之。碑之長短寬博、字之大小徑圍,各注明于標目之下。其經諸家收藏題跋者亦節録之,而自加論説于下,考證極爲精核。前爲《總目》二卷。上卷曰《輯存》,即此十卷之目也,標明所在及建立年月、撰書人姓名。下卷曰《闕訪》,則見于諸書所稱而現闕待訪者也。

3158 **六書分類十二卷** 乾隆乙酉刊本。 二函十三册。①

國朝傅世垚撰。世垚,汝寧人,字賓石。其書以偏旁分部,統括六書。門目一宗《康熙字典》。其字博采諸體,各注所出。自小篆之外,凡籀文、鐘鼎、碑匝之屬,一字而篆法不同者,皆臚列于下。間附考注,以别疑似。凡晚出别體及傳寫異同,亦存而仍之。蓋積二十餘年之力,三易稿而後成,其用力亦云勤矣。書成于康熙中,乾隆己酉,其曾孫應奎始校而梓之。書前爲《凡例》《總目》《辨疑》《檢字》《考古》五篇,統曰"卷首",不入卷。先生康熙己未嘗以博學鴻詞薦,後以選貢官延津教諭,遷四川資縣知縣,乞養歸里,閉門著書。此書其一也。

3159 **餘冬序録六十五卷** 乾隆二十三年郴州刻本。 二函十三册。

明何孟春撰。孟春,字子元,郴州人。弘治癸丑進士,授兵部主事,官至吏部侍郎,隆慶初贈禮部尚書。謚文簡。歷官所上奏疏皆侃侃鑿鑿,有關大計,《明史》極稱之。此書則所著説部也。其體例近王充《論衡》。凡《内篇》二十五卷。前五卷多論君道,後二十卷多論古今人品。又《外篇》三十五卷。閏五卷皆爲雜論。大旨主於品藻得失。或記往言,或記瑣事,頗病蕪雜。其立論亦

---

① 此條有删除符號。

不免迂僻踳駁之處，而弃瑕録瑜，可采者亦雜出其間。其分卷之目標以《爾雅》月名、月陽，殊覺詭異。原書板本罕存，乾隆戊寅漢寧曹亨時等與其八世孫恒吉等重梓，即此本也。

3160 **十駕齋養新録二十卷** 嘉慶中刊本。 一函六册。

國朝嘉定錢莘楣先生大昕撰。先生博極群書，自經傳子史、山經地志以及天文、曆算、術數之學，無所不通，著作甚富。此書其説部也。一卷至十卷多論經史、字義、聲韻以及朝章國制，十一卷多論地理，十二卷多論人物，十三、十四二卷多論書籍，十五卷多論金石，十六卷多論詩文，十七卷多論術數，十八卷以下則雜記見聞也。考據精博，而持論平允，與顧氏之《日知録》未易分其高下。

3161 **尚書大傳五卷** 道光庚寅廣州刻本。

3162 **洪範五行傳三卷** 同上。 共一函。四册。

國朝陳壽祺因孫晴川、盧雅雨、孔叢伯所輯諸本重加校訂者。

3163 **王文恪公集三十六卷** 明刻本。 一函六册。

明王鏊撰。鏊，字濟之，吴縣人。成化乙未進士，官至户部尚書、武英殿大學士。謚文恪。先生以制義名一代，而古文亦湛深經術，典雅遒潔，有唐宋遺風。郭韶爲集序，稱先生早學于蘇，晚學于韓，折衷于程朱，則固公論也。

3164 **明文在一百卷** 康熙三十一年刻本。 四函二十四册。

國朝薛熙編。熙，字孝穆，蘇州人。是編選録前明一代之文，仿《昭明文選》體例，於諸體之中各以類從。首賦，次樂章，次琴操，次古詩，次律詩，次騷，次七，次連珠，次詔制，次誥祝，次策問，次檄露布，次頌，次表，次箋啓，次奏疏，次贊，次箴銘，次原，次議，次論，次辯，次説，次書，次序，序内又分十二子目。次記，記内亦分九子目。次碑，分六子目。次墓表，次墓志銘，次傳，次行狀，次録及書事，次雜志及銘，次冠詞、字詞，次哀詞，次誄詞，次祭文，次公移，次題跋。爲類凡四十有七。所録頗存鑒别。卷前有其門人錢大鏞、徐龍驤所作凡例，稱“所選諸文以唐宋七家爲宗，凡參以別體、僞體及詭于聖人者，概不入選”云云，則其去取可知矣。

3165 **四友齋叢説三十八卷** 明刻本。 一函八册。

明何良俊撰。良俊，字元朗，華亭人。是書分十六類。一經，二史，三雜記，四子，五釋道，六文，七詩，八書，九畫，十求志，十一崇訓，十二尊生，十三娱老，十四正俗，十五考文，十六詞曲。又附以續史一類，雜引舊聞而論斷之，于時事亦多紀録。

3166 **七修類稿五十一卷又續藁七卷** 乾隆刊本。 二函。

明郎瑛撰。瑛，字仁寶，仁和人。是書分天地、國事、義理、辨證、詩文、事物、奇謔七門。所載諸條往往足資考證。《續藁》門目同前。

3167 **焦氏筆乘六卷續集八卷** 明刊本。 一函十二册。

明焦竑撰。其書多考證舊聞，而亦兼涉名理。

3168 **蓬窗日録八卷** 明刊本。

明陳全之撰。全之，字粹中，閩縣人。萬曆甲辰進士。是書分寰宇、世務、事紀、詩談四門，門各二卷。末有自序，謂“自庚子觀光上國，晨途夕舟，風江雨湖。凡得見聞，雅喜抄録。辛亥官南宫，删其稿。庚申轉蘆滄，重訂之，釐爲八卷”云云。其世務一門所載諸條頗多可采。

3169 **河東集十五卷附録一卷** 抄本。 一函四册。

宋柳開撰。開，字仲塗，大名人，開寶六年進士。《集》十五卷，爲其門人張景所編。《附録》一卷，則景所撰行狀也。唐承六朝文格,以偶儷相尚。至宋變爲古文,開實創其始。惟體近艱澀,是其所矩耳。是本爲舊抄本,卷前有“曾在鮑以文處”六字印,則知不足齋舊物也。

3170 **净德集三十八卷** 聚珍板本。 一函六册。

宋吕陶撰。陶,字元鈞,號净德,成都人,皇祐中進士。秉性抗直,遇事敢言,所陳論多切國家大計。爲王安石所抑,未得通顯。其生平論説,大抵于邪正是非之界,剖析最明。其嚴氣正性,與劉安世略相似。所上奏議,類皆暢達剴切,洞悉事機。其集《宋史·志》稱六十卷,久無傳本。惟《永樂大典》中所載尚夥,此即從中采掇者。雖未能盡還舊觀,然已什得其七八矣。

3171 **忠肅集二十卷** 聚珍板本。 一函四册。

宋劉摯撰。摯,字莘老,東光人。嘉祐四年進士。忠肅,其謚也。《宋史·志》載文集四十卷,久無傳本。此從《永樂大典》中搜輯者。忠肅亮直骨鯁,與劉安世相近,故安世爲序其集。集中奏議亦與吕净德相似。

3172 **誠意伯文集二十卷** 明隆慶六年處州郡守建安陳烈及麗水何鏜依嘉靖中繙雲樊獻科真定刻本重加校刻。 一函十册。

明劉基撰。先生樹開國之業,而兼傳世之文章。經濟、學問兼而有之,明初一人而已。

3173 **陽明先生集二十二卷** 康熙癸丑刊本。 二函二十四册。

明王守仁撰。先生集向有《正録》《外集》《别録》三編本。《正録》所載皆講學明道之説,《外集》爲詞章酬應之作,《别録》爲奏疏及公移。康熙中先生同里人俞嶙彙爲《全集》,不復分類,重梓以行。卷一至卷四爲書,五卷爲序,六卷爲記,七卷至十卷爲雜著,十一卷至十七卷爲奏疏,十八卷至二十卷爲公移,二十一卷爲

《傳習録》,二十二卷爲語録。卷首爲《年譜》一卷,則先生門人所輯也,舊本别行,俞氏刻《全集》時附而刻之。先生文博大昌明,詩亦秀逸,其才其學,堪與朱子爲勁敵。

3174 **鄭少谷集二十五卷** 道光甲申鄭氏刻本。 二函十册。

明鄭善夫撰。其詩規摹工部,多憂時感事之作。道光四年,其十世孫炳文取舊本重刻于河南。

3175 **苑洛集二十二卷** 明嘉靖刊本。 一函十册。

明韓邦奇撰。凡雜文九卷,詩二卷,詞一卷,奏議五卷,《見聞考隨録》五卷。先生學問淹博,凡天文、地理、兵法、樂律、術數之屬,無不究覽。故爲文具有根柢,不同剿説。其《見聞考隨録》尤足以資考證。

3176 **劉蕺山集二十四卷** 乾隆十六年刊本。 一函八册。

明劉宗周撰。先生植品莅官,流芳史册,爲明末完人。其文章皆有物之言,亦足以不朽。舊刻多散佚。乾隆中雷鋐視學浙江,始爲搜輯重梓。一卷爲《人譜》,二卷爲《社約》,三卷爲《會語》,四卷爲《易圖説》《易衍》,五、六兩卷爲《學言》,七卷爲《證學解》,八卷至十二卷爲奏疏,十三卷至二十三卷爲雜著,末卷爲賦詩。

3177 **古詩紀一百五十六卷目録三十六卷** 明吴琯刊本。 四函二十四册。

明馮惟訥編。惟訥,字汝言,臨朐人。此書凡古逸十卷,漢詩十卷,魏詩九卷,吴詩一卷,晋詩二十四卷,宋詩十一卷,齊詩八卷,梁詩三十四卷,陳詩十卷,北魏、北齊詩各二卷,北周詩八卷,隋詩十卷,又《附録》一卷,《外集》四卷,《别集》十二卷,合一百五十六卷。《外集》所載皆仙鬼之詩。《别集》所載則前人論詩之語也,分統論、品藻、雜解、辨證、志遺五門。時代綿遠,采摭繁富。

其中舛誤錯漏所不能無,故馮舒曾作《匡謬》一書以糾其失。然上自古初,下迄六代,中間有韻之作無不兼收,溯詩家之正變源流者,不能外是編而別求,固亦韻語之淵藪也。厥後臧懋循《古詩所》、張之象《古詩類苑》、梅鼎祚《八代詩乘》相繼而出,總以是書爲藍本,雖間有補綴,不過掇拾畸零耳。

3178 **唐詩紀一百七十卷目録三十四卷** 明吴琯初刻而方天眷等重訂者。四函二十四册。①

明吴琯編。琯既校刊馮氏《詩紀》,因準其例輯此書。甫成初唐詩六十卷,盛唐詩一百一十卷,即先刊行。故止一百七十卷,非完書也。其始事者爲黄清甫,同時纂輯者爲陸弼、謝陛、俞體初、俞策諸人,非出一人之手,而卷首題"滁陽方一元彙編",未喻其故。

3179 **六家注文選六十卷** 明嘉靖己酉袁褧刊本。 四函十六册。

前所列《六臣注》本②爲康熙中句容蔣先庚就明板重校本。此則明袁褧以宋崇寧五年廣都裴氏本翻雕者也。前有題語,稱"余家藏書百年,見購宋刻本,因命工翻雕,匡郭字體,未少改易。刻始於嘉靖甲午,成于己酉,計十六載而完。用費浩繁,梓人艱集"云云。此本字大悦目,摸手亦佳。《昭明太子序》後有"此集精加校正,絶無舛誤,見在廣都縣北門裴宅印賣③"二十一字,則此刻之精可知。第二十卷後有"吴郡袁氏重雕宋刻廣都縣本于嘉趣堂,嘉靖甲午孟春正月二十四日"凡二十八字。又第三十卷後

---

① 此條有删除符號。

② 見第1838條。

③ "賣"原誤作"賞",今正。

有“皇明嘉靖壬寅四月立夏日吴郡袁氏兩庚草堂善本雕”二十二字。又三十二卷有“皇明嘉靖丙午夏雕”八字及“謝湖”墨印,印下又有“南征”二字。又第四十卷有“此蜀郡廣都縣裴氏善本,今重雕於汝郡袁氏之嘉趣堂,嘉靖丙午春日”二十八字,又有“國朝改廣都縣爲雙流縣,屬成都府”十四字。又第四十一卷後有“藏亭”二字。又第四十四卷後有“丁未六月初八日李宗信雕”十一字。又第四十六卷後有“嘉靖丁未季夏晦日藏亭記”十一字。又第五十二卷後有“毋昭裔貧時常借《文選》不得,發憤曰:‘異日若貴,當板鏤之以遺學者。’後至宰相,遂踐其言”,并注云“出《揮麈録》”,三十八字。又五十六卷後有“戊申孟夏十三日李清雕”十字。又六十卷後有“吴郡袁氏善本新雕”八字。八分書木記。觀其所記,其刊刻歲月、次序可以考見。以十六年之久而成一書,則此刻之精可知。予取以校蔣刊本,不啻天壤也。朱竹垞先生有《宋本六家注文選》跋,稱袁氏仿宋本可以亂真,信矣。又伏讀《天禄琳琅書目・明版集部》,内稱袁氏“此刻甚精,校勘亦審,實與宋槧同工”云云,又稱《六家文選》登册府者“共成十部,而作僞者居其九。其間變易之計,狡獪多端,或假爲汴京所傳,或托①之南渡之末。雖由書賈謀利欺人,亦足見袁氏此書橅印精良,實爲一時不易得之本”云云。袁褧,字尚之②,吴縣諸生,循例入太學。善屬文,尤長於詩。繪花鳥有逸趣,書法擬元章。晚耕謝湖之上,自號謝湖。見《蘇州府志》。

---

① “托”原誤作“記”,《四庫》本《天禄琳琅書目・六家文選》云“或托之南渡之末”,據改。

② “之”原誤作“文”,檢《(同治)蘇州府志》,作“尚之”,據改。

3180 **紹熙雲間志三卷續志一卷** 嘉慶甲戌沈氏刊本。 一函四册。

宋楊潛撰。雲間即今松江府華亭縣也。楊氏《志》作於紹熙癸丑,其自序結銜稱"奉議郎特差知秀州華亭縣主管勸農公事兼兵馬都監兼監鹽場主管堰事借緋"。乾隆間朝廷開四庫館,搜訪遺籍。宋元人諸志登册府者數十部,而此《志》獨以後出不得預。其書據舊圖經搜羅故實、詩文、人物。書僅三卷,而不冗不漏,不讓高氏《制録》①、羅氏《新安志》也。此本爲華亭沈司馬恕家古倪園所藏,乃錢竹汀詹事借抄于王氏者,後輾轉歸於沈氏。嘉慶間,陽湖孫淵如先生修《松江府志》時,屬沈氏以此書付梓。後有錢大昕記及顧廣圻跋,又王芑孫跋。其書上卷自封域至古迹凡十八目,中卷自仙梵至進士題名凡九目,下卷自賦至祭文亦九目。《續志》一卷則以補《前志》之遺者,凡六條。

3181 **漢熹平石經殘字一卷** 道光三年癸未白下陳氏宗彝獨抱廬刻本。

漢石經至唐宋以來,久已殘缺。見于洪氏《隸釋》者,其《尚書》殘碑僅存五百四十七字,《論語》殘碑僅存九百七十一字,《魯詩》殘碑僅存百七十三字,《儀禮》殘碑僅存四十五字,《公羊》殘碑僅存三百七十五字,乃熹平四年議郎蔡邕所書也。洪氏既集入《隸釋》,因以所有殘字鑱之會稽蓬萊閣。元明以後,殘缺益甚,傳者尤鮮。不特漢石拓本今所未見,即洪氏摹本亦罕流傳。國朝錢塘黄氏小蓬萊閣曾有拓本,或謂爲原石,或謂爲洪刻。翁覃溪先生又從黄氏本摹得,刻石南昌。此本乃道光三年白下陳宗彝復以寶漢齋漢石拓本雙鈎付梓者,并綴釋文於後。僅有《尚書·盤庚》篇二十八字半,缺者二字;《論語·爲政》篇六十四字,缺蝕者十一

---

① "高氏《制録》"未詳何書,蓋當是高氏《剡録》,"剡"誤作"制"。

字;《堯曰》篇三十字,缺蝕者十一字。以示《隸釋》,又殘缺甚矣。斷珪殘璧,彌足爲寶。著録金石者,當以此爲第一。

3182 **蜀石經殘本一卷** 道光六年陳氏刊。 與上共一册。

漢、唐石經皆無注,惟孟蜀本有之。其《毛詩》殘本向爲吴門黄蕘圃所藏,而陽城張古餘從之影抄,陳氏宗彝取以付梓。又從車氏得《左傳》殘字,一并刊之。《詩經》自《鵲巢》至《二子乘舟》,《左傳》自“君子有信,其有以知之矣”至“子産曰‘印也若才,君將任之。不才,將朝夕從女。女罪之不恤’”止。

3183 **爾雅郭氏注三卷** 道光甲申陳氏刊本。 一册。

《爾雅》并注于疏,近出明代。此則單行注本也。每卷後附《釋音》。爲景泰七年應天府府尹馬諒所刻者,尚屬宋本之舊,與錢遵王《讀書敏求記》所言合,宜寶之。

3184 **急就章一卷** 道光戊戌陳氏刻本。 一册。

諸本皆刻正文,此本獨具草法,乃元和顧千里所藏,爲明正統間楊政據宣和葉夢得題殘本,補以宋仲温小字,刻於松江者,陳氏取而刊之。

3185 **華嚴經音義二卷** 道光戊子陳氏以《釋藏》本重雕。 二册。

唐京兆静德寺沙門慧苑撰。引用小學、訓詁諸書多今所不傳,與《一切經音義》均有資於經學,不可以爲二氏書而外之也。書後諸跋言之詳矣。張氏《愛日精廬藏書志》亦著録此書,所録臧氏二跋尤爲明晰。

3186 **續古篆韻六卷** 道光六年陳氏刊。 一册。

元吾衍撰。此書見於《讀書敏求記》。《四庫書目》著録其《學古編》及《周秦刻石釋音》二書,而此書見遺,惜哉!然世間亦止有抄本而已。此爲五松書屋所藏,而陳氏録以付梓者。

以上皆陳宗彝《獨抱廬叢刻》。

3187 **白田草堂存稿二十四卷** 乾隆中刊本。 一函五册。

國朝王懋竑撰。懋竑,字予中,寶應人。是集凡雜著九卷,皆考證之文,而於朱子之書用力尤深。次爲雜文十一卷、詩四卷。後附行狀,爲其子箴聽等編述。前有乾隆壬申雷鋐序。《四庫書目·雜家類》列《白田雜著》八卷,其全集則列於别集類《附存目》中。

3188 **粤東金石略十二卷** 乾隆三十六年翁氏石洲草堂刊本。 一函二册。

國朝翁覃溪先生方綱著。乃其視學廣東時,以所得金石古今諸刻凡五百餘種,輯爲此編。先生家富圖籍,尤嗜金石文字。此編所録雖不出粤土,而考核稽訂極爲精詳,可以補史傳、證圖經者不少。刊刻字體亦佳。① 可與《庚子銷夏記》并傳。

3189 **潛研堂文集五十卷** 嘉慶中刊本。 二函十二册。

國朝錢莘楣先生大昕撰。先生有《十駕齋養新録》,已見前。② 此則先生文集也。除首卷賦三篇、頌三篇、謝摺一通,卷三十七卷③以後爲傳碑、志銘外,餘多考訂證辨之文。凡論一卷,説一卷,答問十二卷,辨考一卷,雜著三卷,記二卷,紀事一卷,序四卷,題跋六卷,書四卷,合後傳四卷,碑一卷,墓志銘八卷,家傳、行述、祭文一卷,共五十卷。

3190 **韓文考異四十卷外集十卷遺文一卷** 明萬曆三十三年朱崇沐刊本。④ 二函十二册。

---

① “佳”原作“隹”,當是形近致誤,今正。

② 見第3160條。

③ 原即作“卷三十七卷”,疑衍一“卷”字。

④ 邵懿辰《簡目標注》著録作“《别本韓文考異》四十卷《外集》十卷《遺文》一卷”,云:“路小洲有元刊本。”

宋朱子撰,而王伯大重編者。伯大,字幼學,號留耕,福州人。嘉定七年進士。初方崧卿作《韓集舉正》一書,薈萃諸本以校《韓集》。參互鈎貫,用力甚勤。惟偏①信秘閣本,不免依違遷就之失。朱子因復撰《韓文考異》一書,覆加訂正,以糾其訛。凡方本之是者存之,其不合者一一辨剖,勒爲十卷。其體例但摘正文一二字大書,而所考夾注於下。如陸氏《經典釋文》之例,于全集之外别本單行。至宋末王伯大以不便省覽,乃取其書離析散附于正集逐句之下,刻於南劍州。又采洪興祖《年譜辨證》、樊汝霖《年譜注》、孫汝聽解、韓醇解、祝充解爲之音釋,附於各篇之末。厥後麻沙書坊刊本又以音釋綴于篇末,仍不便檢閲,亦取而散諸句下,明以來所傳者皆此本。蓋伯大改朱子之舊第,坊賈又改伯大之舊第,已全失其其本來面目矣。然朱子原本世罕流傳,則不得已而思其次,亦姑過而存之焉。

3191 **西塘集十卷** 明萬曆己酉葉向高刊本。 一函六册。

宋鄭俠撰。俠,字介夫,福清人。治平四年進士。神宗時調光州司法參軍,入京監安上門。以抗疏極論新法之害,發馬遞上流民圖,復劾吕惠卿奸狀,其忠直之風節,照耀千古。原集二十卷,明葉向高删爲奏疏、雜文八卷,詩一卷,又附以本傳、謚議之類爲一卷,重爲刊板,原本遂亡。

3192 **尚書日記十二卷** 明刻本。原書十六卷,此缺四卷,當别求足本。 一函六册。

明王樵撰。以蔡《傳》爲主。蔡《傳》所未備者,則采他説以補之。其事迹多據金氏《通鑒前編》,蓋非空談經旨者。

---

① “偏”原誤作“編”,今正。

3193 **群書疑辨十二卷** 嘉慶丙子四明刊本。 一函六册。

國朝萬斯同撰。先生著述甚富，所撰《歷代史表》《廟制圖考》《儒林宗派》《聲韻源流考》《石經考》《崑崙河源考》六書已著録于《四庫書目》中。此則後出未收者也，皆考訂辨證之文。前六卷論辨諸經，而於喪祭制度尤詳；七卷專考歷代廟制；八卷、九卷論字學；十卷論河源；末二卷論史事。

3194 **劉隨州詩集十卷補遺一卷** 康熙壬午吴郡席氏啓寓纂輯《唐詩百名家集》本。

唐劉長卿撰。按：原集凡十一卷，詩十卷、文一卷。又有《外集》一卷，據《四庫目録》云《外集》詩皆與《正集》複出，删之，衹著録十一卷。此刻則衹其詩集也。

3195 **錢考功集十卷** 同上。

唐錢起撰。晁氏《讀書志》作二卷。《四庫》著録本作十卷，以爲後人所分。此本卷數相同，蓋席氏即依近本分卷也。《集》末有《江行》絶句一百首，乃起孫珝之詩，席氏不另標名，皆以爲考功所作，誤矣。

3196 **包刑侍詩集一卷** 同上。

唐包何撰。何，延陵人，爲起居舍人。陳氏《解題》亦作一卷。

3197 **包秘監詩集一卷** 同上。

唐包佶撰。佶爲秘書監何之弟也。陳氏《解題》亦作一卷。

3198 **李臺閣集一卷** 同上。

唐李嘉祐撰。宋袁州守謝克家編。有建炎三年序，云“右詩一卷，以數本參校”，又云“嘉祐上元中嘗爲台州刺史，大曆中又刺袁州。李肇記王維‘漠漠水田’二句本之嘉祐，而卷中亦不復見，其放失多矣。郡之黄堂悉著唐刺史名氏，至有百餘人，能自袁見者無幾。嘉祐獨以詩可貴也,因刻印以遺邦人"云云。席氏即依此北宋本翻雕,後有木記。陳氏《解題》有,亦作一卷。

3199 **韓君平詩集一卷補遺一卷** 同上。

唐韓翃撰。翃,字君平,爲朝議郎、守中書舍人。陳氏《書解題》作五卷,此本僅有二卷。

3200 **張祠部詩集一卷** 同上。

唐張繼撰。繼,字懿孫,爲祠部員外郎。《通志略》"詩一卷"。

3201 **皇甫補闕詩集二卷補遺一卷** 同上。

唐皇甫冉撰。冉,字茂政,爲左補闕,安定人。陳氏《解題》作一卷,稱"有獨孤及序",今亡。《通志略》"三卷"。

3202 **皇甫御史詩集一卷補遺一卷** 同上。

唐皇甫曾撰。曾,字孝常,冉之弟也。陳氏《解題》同。

3203 **毗陵集三卷** 同上。

唐獨孤①及撰。其門人梁肅編。其集本二十卷,凡詩三卷,文十七卷。此僅其詩也。

3204 **韋蘇州集十卷拾遺一卷** 同上。 以上共一函,計五册。

唐韋應物撰。前所列本衹五卷②,此則席氏依北宋本翻刻者。前有宋嘉祐元年王欽臣校定序一篇,後有葛蘩等後序一篇,又姚寬書後一篇,又胡觀國《書重刊韋集後》一篇,又闕名序一篇。陳氏《書録》有卷數,同。

3205 **郎刺史詩集一卷** 同上。

---

① "孤"原誤作"狐",今正。

② 見第2100條。

唐郎士元撰。士元,字君胄,爲郢州刺史,天寶十五載進士。陳氏《書録解題》亦作一卷,鄭氏《通志略》同。

3206 **秦公緒集一卷** 同上。

唐秦系撰。公緒,其字也。系自天寶間有詩名,藩鎮奏辟皆不就。嘗隱越之剡、泉之南安。陳直齋《書録》亦作一卷,稱爲"南安刻本,又嘗於宋次道《寶刻叢章》得其逸詩二首,書册末"云。《通志略》亦作一卷。

3207 **嚴正文詩集一卷** 同上。

唐秘書郎山陰嚴維撰。正文,其字也。陳氏《書録解題》云登至德二載辭藻宏麗科,卷數同。席氏此本即依陸氏宋刻。後有包山陸治跋,云"維詩雖不多,而煉飾精拔,足以發揚風雅。予家舊有宋本,因重刻之,以廣其傳云"。《通志略》亦作一卷。

3208 **顧逋翁集四卷** 同上。

唐顧况撰。况,吴郡人,號逋翁。至德二載進士,官著作郎。陳直齋云"皇甫湜作序,嘗言吾自爲顧况作序,未嘗許他人。况在唐蓋爲人推重也。集本十五卷,《唐志》作二十卷,今止五卷,不全"云云。此刻又止四卷,則佚失多矣。况集一名《華陽集》。

3209 **耿拾遺集一卷補遺一卷** 同上。

唐右拾遺河東耿湋撰。寶應二年進士。《登科記》一作"緯"。陳氏《解題》作二卷。

3210 **李君虞集二卷** 同上。

唐集賢學士右散騎常侍李益撰。大曆四年進士。歌詩與宗人賀齊名。陳氏《書録解題》卷數同。

3211 **盧户部集十卷** 同上。

唐盧綸撰。綸爲大曆十才子之一,與吉中孚、錢起、韓翃、司空曙、苗發、崔峒、耿湋、夏侯審、李端等號“十才子”。爲户部郎中。河東人,字允言。陳氏《解題》、鄭氏《通志略》并同。

3212 **臨淮詩集二卷** 同上。

唐宰相河南武元衡伯蒼撰。陳氏云“初用莆田李氏本傳録,後以石林葉氏本校,益以六首及李吉甫唱酬六首。川本作二卷”云云。陳氏作一卷。此刻蓋依宋川本也。

3213 **楊凝詩集一卷** 同上。

唐楊凝撰。

3214 **羊士諤集一卷** 同上。

唐侍御史。貞元元年進士。陳氏云一卷。

3215 **戎昱詩集一卷補遺一卷** 同上。

唐虔州刺史。扶風人也。集本五卷,見於《唐志》。此僅二卷,所失多矣。

3216 **劉虞部詩集四卷** 同上。

唐禮部郎中劉商撰。商,字子夏。全集十卷,見陳氏《書録》。此僅其詩四卷也。武元衡爲之序。

3217 **戴叔倫詩集二卷補遺一卷** 同上。

唐湖南容管經略使。字幼公,潤州人。

3218 **司空文明集三卷** 同上。

唐水部郎中司空曙撰。陳氏《書録》作二卷,又云“别本一卷,財數篇”。

3219 **陳羽集一卷** 同上。 以上第二函,計五册。

唐東宫衛佐。貞元八年陸贄下第三人。陳氏《解題》同。首爲《明水賦》一篇,餘皆詩。

3220 **昌黎先生詩集十卷外集遺詩一卷** 同上。

唐韓愈撰。先生全集盛行,此刻殊無謂也。

3221 **柳河東先生詩集三卷** 同上。

唐柳宗元撰。

3222 **孟東野集十卷** 同上。

唐孟郊撰。宋宋敏求編後有題云"東野詩各家編本互異,今總括遺逸,擿去重複,得五百一十一篇。釐别樂府、感興、咏懷、游適、居處、行役、紀贈、懷寄、酬答、送别、咏物、雜題、哀傷、聯句十四種,又以贊書二繫於後,合十卷"云云。此本蓋即從宋本翻刻者。陳氏《書録》與此所言合。

3223 **張司業集八卷** 同上。

唐張籍撰。此本移八卷聯句於首,蓋訂者誤倒置也。有二跋。

3224 **王建詩集十卷** 同上。

唐大曆十年進士。太和中爲陝州司馬。與張籍并以樂府擅長。陳氏著録本亦作十卷,《通志略》同。

3225 **權文公集十卷** 同上。

唐權德輿①撰。字載之,天水人。初辟河南幕府,歷中書門下平章事。其制集、文集本各五十卷。制集自宋已佚。陳氏云。文集五十卷,尚見於《直齋書録》,明以來亦不傳。明楊慎曾得其殘集于滇南,僅存目録及詩賦十卷。劉大謨序而刻之,又删其無書之目録,而全集遂不可復考,惟《文苑》及《文粹》中時時散見耳。席氏此刻即僅詩賦。首卷賦三篇,餘皆詩。十卷殆即從劉本翻刻歟?卷首尚存楊嗣復序。陳直齋《解題》所言與此合。

---

① "輿"原誤作"權",今正。

3226 **于鵠詩集一卷** 同上。

陳氏云:"與張籍同時,未詳其人。"鄭氏《通志》亦作"詩一卷"。

3227 **楊少尹集一卷** 同上。

唐楊巨源撰。巨源,字景山,爲河南少尹。陳氏《書録》作五卷。《唐志》及《通考》《通志》俱作一卷,與此同。

3228 **歐陽助教集一卷** 同上。

唐歐陽詹撰。詹,字行周。全集凡十卷,此僅其詩也。

3229 **鮑溶詩集六卷補遺一卷** 同上。

唐鮑溶撰。其集宋曾鞏曾爲之編訂,凡二百首,而益以外集三十三首。此本比鞏本多一卷,與《四庫》本同。而詩止一百四十七首,比《四庫》本多二首。又補遺詩五首,又無外集。

3230 **吕衡州詩集二卷補遺一卷** 同上。

唐吕温撰。全集凡十卷。温爲衡州刺史。

3231 **張祜詩集二卷** 同上。

唐處士。字承吉。陳氏云十卷,《唐志》則作一卷。

3232 **李衛公詩集一卷** 同上。

唐李德裕撰。字文饒。全集凡三十餘卷,名《會昌一品集》。

3233 **追昔游集三卷** 同上。

唐李紳公垂撰。是集述其早年閲歷,凡一百三十三首,皆未爲相時所作。有開成戊午八月自序,與晁公武所言合,則此刻猶屬舊本翻雕者。《四庫》著録本無序,且衹一百一首,蓋偶未見此本也。

3234 **朱慶餘集一卷** 同上。

唐朱可久撰。可久,字慶餘,以字行。寶曆二年進士。陳氏

《書録》同。

3235 **姚少監詩集十卷** 同上。

唐姚合撰。官至秘書少監。崇之曾孫也。元和十一年進士。早以《武功縣詩》得名，乃其先爲武功主簿時所作，詩家皆謂之姚武功。此本分類編次，唐人絶無此例，殆宋人所重編也。曰送别，曰寄贈，曰閑適，曰題咏，曰游覽、燕集，曰和答、酬謝，曰花木、鳥獸、器用、哀挽、雜咏。

3236 **樊川詩集六卷補遺一卷**

唐杜牧撰。全集凡二十卷，又外集、别集各一卷。前列馮注本①亦僅屬詩集，而無文集。

3237 **李義山詩集三卷** 同上。

唐李商隱撰。

3238 **温飛卿集七卷别集一卷集外詩一卷** 同上。

唐温庭筠撰。其集據陳氏《書録》作七卷。《文獻通考》則七卷之外又有《别集》一卷。國朝顧嗣立訂注温《集》，稱即從所見宋本分正《集》七卷、《别集》一卷。又采《文苑英華》《萬首絶句》所録，爲《集外詩》一卷。今席氏此刻殆即從顧本輯録歟？

3239 **李遠詩集一卷** 同上。

唐建州刺史。字求古。陳氏《書録》卷數同。

3240 **渭南集一卷** 同上。

唐山陰趙嘏承祐撰。嘏爲渭南尉，故以名其集。以“長笛一聲人倚樓”句得名，當時稱爲趙倚樓。陳氏《書録》卷數同。《唐志》則作三卷。

---

① 見第1244條。

3241 **會昌進士集一卷補遺一卷** 同上。

唐馬戴虞臣撰。爲太學博士。陳氏亦作一卷,《唐志》同。

3242 **丁卯集二卷續集二卷續補一卷集外遺詩一卷** 同上。 以上第五函,計五册。

唐許渾撰。字用晦,丹陽人。太和五年進士,官至郢州刺史。潤州有丁卯橋,渾之别墅在焉,故以名其集。此本《續集》以下四卷蓋皆後人增補,《唐志》、晁、陳二氏著録則皆衹二卷,知此本非宋本之舊矣。然晁《志》稱三百餘篇,此本共得五百十四首,則宋本亦未爲全備也。

3243 **喻鳧詩集一卷補遺一卷** 同上。

唐烏程尉。開成五年進士。陳氏卷數同。此本蓋席氏掇拾他書而成,故有《補遺》也。

3244 **姚鵠詩一卷** 同上。

《唐志》及鄭氏《通志略》同。鵠,字居雲,會昌中進士。

3245 **梨嶽集一卷** 同上。

唐李頻撰。頻,字德新,壽昌人。大中八年進士,調秘書郎,遷建州刺史。卒於官。州民思其德,立廟梨山。其集本名《建州刺史集》,後人敬頻之神,尊梨山曰梨嶽,集亦因之改名。初罕傳本,真西山得其本于三館,欲刻未果。嘉熙中,金華王埜始求得舊本,鋟版以傳。元明以來屢有重刊。《四庫》著録本多《附録》一卷,則明正統刊本附録敕書、碑記之屬。此刻則獨其詩集一卷也。凡一百九十五首,與《四庫提要》所言合。

3246 **項斯詩集一卷** 同上。

字子遷,唐丹徒尉。初受知於張籍,楊敬之亦賞其爲人,世所傳"到處逢人説項斯",即敬之詩也。《唐志》、陳氏《録》并作一卷。此本前有張洎序。

3247 **段成式詩一卷** 同上。

字柯古,唐太常少卿。所撰《酉陽雜俎》一書乃小説之翹楚也。

3248 **顧非熊詩一卷** 同上。

顧况之子也。大中中爲盱眙簿,後弃官隱茅山。《唐志》卷數同。

3249 **津陽門詩一卷** 同上。

唐鄭嵎撰。津陽門者,華清宫門名。詩一篇凡百韻,皆叙述天寶前後盛衰事。蓋亦元微之《連昌宫辭》之意也。

民國二十七年二月徐壽愷抄,計共二萬六千一百二十五字。

# 蒲編堂路氏藏書目二十三

小洲手訂　共書二百三十四種，五千三百四十八卷，一百九十二函。

3250 **唐隱居詩一卷**　按："球"，陳氏《書録解題》作"求"，稱"與顧非熊同時"。

唐唐球撰。詩後有附録《唐詩紀事》一條。

3251 **李群玉詩集三卷後集五卷補遺一卷**

群玉，字文山，澧州人。大中八年詣闕進詩，授弘文館校書郎。集首有進詩表及令狐綯薦狀、鄭處約所行制詞。表稱各體四通，唐時以一通爲一卷。合三百首。今本合前、後集共八卷，而詩止二百五十八首，又有授官以後作，中卷之末有《出春明門》一首，自注云"時請告歸"是也。則此集乃殘缺之後後人重編，非當時奏進之原本矣。後《補遺》一卷詩僅七首，殆又席氏刻時搜輯也。

3252 **曹祠部集二卷補遺一卷**

唐曹鄴撰。鄴，字鄴之，桂林人。大中四年進士，仕至洋州刺史。先爲祠部郎中，故以名集。《唐志》作三卷，陳氏《書録》則作一卷。此本作二卷，與《四庫》所列明蔣冕刻本同，蓋亦元以來舊帙也。《補遺》一卷，詩僅六首，疑席氏搜輯者。

3253 **儲嗣宗集一卷**

唐大中十三年進士。陳氏《書録》卷數同。

3254 **司馬先輩詩一卷**

唐司馬札撰。與儲嗣宗同時。陳氏《録》同。

3255 **鹿門詩集三卷拾遺一卷續補一卷**

唐河中節度副使襄陽唐彦謙撰。字茂業,時人號鹿門先生。《唐志》作三卷。此本與《唐志》合,而分《拾遺》《續補》二卷,蓋亦殘缺之餘,後人因而掇拾也。陳氏《録》則作一卷。

3256 **賈長江集十卷**

唐賈島撰。字閬仙,范陽人。初爲僧,名無本。後返初服,舉進士不第。坐謗責授長江主薄,終於普州司户參軍。此集卷數與晁、陳二家著録悉合,蓋猶舊本也。卷前有《新唐書》本傳,稱"聖宋新修《新唐書》本傳"云云,則爲宋人所録可知。又韓文公《送無本歸范陽》詩,又《題浪仙贊》,又唐宣宗賜賈島墨制并王遠跋,又蘇絳所撰墓銘,又紹興二年王遠後序。

3257 **陳嵩伯詩集一卷**

唐陳陶撰。嵩伯,其字也。劍州人。

3258 **李昌符集一卷**

唐膳部員外郎。登咸通四年進士。陳氏《録》亦作一卷。

3259 **張喬集四卷**

唐進士。九華人。與許棠、張蠙、鄭谷、喻坦之等號"十哲",皆其同時人也。試京兆,《月中桂》詩最知名。陳氏《書録》作二卷。

3260 **羅鄴集一卷** 以上第六函,計五册。

《唐志》及晁、陳二氏書目皆作一卷。

3261 **元英先生集十卷**

唐方干撰。干,字雄飛,新定人。集前有乾寧丙辰中書舍人祁縣王贊序,又有安樂孫郃所作小傳。贊序稱"詩三百七十餘篇,析爲十卷",《唐志》卷數亦同。此本爲席氏從宋本翻刻,雖仍作十卷,而詩衹三百十六篇。《全唐詩》本亦僅增至三百四十七篇,與原數終不相合。蓋流傳既久,缺佚者多矣。孫郃傳稱"江東後進承先生知者,相與謂曰元英先生","元英"蓋私謚也。

3262 **甲乙集十卷補遺一卷**

唐鄉貢進士餘杭羅隱昭諫撰。按《吴越備史》隱本傳云隱有"《江東甲乙集》《淮海寓言》及《讒書》《後集》,并行於世"。鄭氏《通志略》載《羅隱集》二十卷、《後集》三卷,又有《吴越掌記集》三卷。至陳氏《書録》則僅著録《甲乙集》十卷,而《後集》反有五卷,又多《湘南集》三卷,且注云"《甲乙集》皆詩,《後集》有律賦數首,《湘南集》乃長沙幕中應用之文。隱又有《淮海寓言》及《讒書》等,求之未獲"云云。據此則不特《吴越掌記集》不傳,即《淮海寓言》《讒書》二種,陳氏且不得見矣。此本爲席氏所刻,與陳氏所言合,當猶爲宋以來舊本。惟後又有《補遺》一卷,凡《秋蟲賦》一首,餘詩五十首,在《甲乙集》之外。則知《甲乙集》在宋時已爲後人掇拾之本,非其原帙,故遺漏者仍復不少。且《文苑英華》有隱《秋雲似羅賦》一篇,《補遺》既搜録其《秋蟲賦》,而反遺此賦,則所補者猶未備也。伏讀《四庫總目》所録《羅昭諫集》八卷,爲康熙初彭城知縣張瓚所刻,乃其詩文合集。席氏此刻例專刻詩,不及于文,當仍求合集本也。

3263 **于鄴詩集一卷**

鄭氏《通志・藝文略》同。

3264 **于濆詩集一卷**

字子漪。咸通二年進士。《唐志》及陳氏《録》并同。

3265 **文化集一卷**

唐許棠撰。字文化,宛陵人。咸通十二年進士。陳《録》同。

3266 **曹從事集一卷**

唐曹唐撰。唐,字堯賓,桂州人。陳《録》同。

3267 **李山甫集一卷**

唐末進士不第。爲魏博從事。陳《録》同。

3268 **許琳集一卷**

唐末人。

3269 **邵謁集一卷**

唐國子生,曲江人。集末有附見詩一首,下注安定胡賓王①序略曰:"謁,韶州翁源縣人。少爲縣廳吏,客至,令怒不揩床,逐去。遂截髻著縣門,發憤讀書。書堂距縣十餘里,謁苦吟,工古調。尋抵京師,隸國子。温庭筠主試,憫擢寒苦,釋褐赴官,不知所終。他日,縣民祠神者忽自稱邵先輩降,即曰邵先輩異時號工歌咏者,能强爲賦詩乎?巫略不經意,即成二十八字。詞韻清苦,雖老筆不逮。"詩云:"青山山下②少年郎,失意當時别故鄉。惆悵不堪回首望,隔溪遥見讀書堂。"所言與陳《録》合,則此猶舊本。惟陳氏云曲江人,而胡序稱翁源人,未知孰是。

3270 **周見素集一卷**

唐周朴撰。字太朴。已見前③,福州刊單行本。按《唐志》作三卷。

3271 **司空表聖詩集三卷**

唐司空圖撰。圖,字表聖。咸通十年進士,官至兵部侍郎。

---

① 原脱"王"字,今據哈佛燕京圖書館藏席啓寓本《邵謁詩集》補。

② 原脱"下"字,今據哈佛燕京圖書館藏席啓寓本《邵謁詩集》補。

③ 見第 2466 條。

集分文集、詩集,皆單本别行。文集號《一鳴集》,皆雜著,陳氏《書録》載于别集類者是也,凡十卷。詩集則但稱《司空表聖集》,陳氏著于詩集類者是也,亦十卷。據陳氏云詩集後有其子永州刺史荷記。今此本并爲三卷,而無荷記。且附録詩品二十四則,未知即宋本否。《四庫》著録本則文集也。

3272 **章碣集一卷**

唐僖宗時人。陳《録》同。

3273 **秦韜玉集一卷**

唐末人。陳《録》同。

3274 **雲臺編三卷**

唐鄭谷撰。谷,字守愚,宜春人。光啓三年進士,乾寧中仕至都官郎中。詩名盛於唐末,人多傳誦,稱爲鄭都官。又以《咏鷓鴣》詩傳播遠近,時人亦稱爲鄭鷓鴣。《唐志》載谷所著此集三卷外,又有《宜陽集》三卷。今《宜陽集》亡,惟此集僅存。其曰《雲臺編》者,自序謂"乾寧初,上幸三峰,朝謁多暇,寓止雲臺道舍,因以所記編成三百首,分爲上、中、下三卷"云,蓋昭宗幸華山時也。

3275 **才江集三卷**

唐李洞撰。洞,字才江,唐諸王孫。《唐志》、陳《録》并作一卷。此作三卷,殆後人分之也。陳氏又云洞"與張喬同時,其集餘杭明經潘熙載曾編之"云云。此集卷末有宋晁公武題云"唐李洞慕賈島爲詩,銅鑄其象,事之如神。時人多誚其僻澀,惟吴融稱之"云云。然則此集分三卷,亦宋人舊本也。

3276 **香奩集三卷翰林詩集一卷** 以上第七函,計五册。

唐韓偓撰。偓,字致堯,官至翰林學士承旨、行尚書兵部侍郎、知制誥,萬年人也。昭宗時以忤朱全忠,貶濮州司馬,再貶榮懿尉,徙鄧州司馬。天祐二年復故官。偓惡全忠逆節,不肯入朝,避地入閩,依王審知以卒。偓爲唐末完人,孤忠勁節,表表于時。其《翰林詩集》内《感事》《天鑒》及八月六日諸作,忠憤之氣激于言外,不可僅以《香奩集》游戲之筆概論生平也。其集《唐志》及晁、陳二家書目所稱皆與今本不合,而此本又與《四庫》所録本亦不合。或此《翰林詩集》即《四庫》本所謂《内翰别集》歟?《香奩集》前有自序。

3277 **唐英歌詩三卷**

唐吴融撰。融,字子華,山陰人。與韓偓同爲龍紀元年進士,又同爲翰林學士承旨。官至户部侍郎。其氣節忠悃遠不如韓内翰,而詩格則較爲過之。此集前有《新唐書》本傳,又有《唐詩紀事》一條。

3278 **唐風集三卷**

唐杜荀鶴撰。荀鶴,池州人。《唐詩紀事》載荀鶴黨附朱温事,則其人固不足道。其詩則如《春宫怨》之類,頗楚楚有致耳。集前有景福元年太常博士顧雲序,所以推崇之者甚至。以詩而論,亦未免溢美。毛氏汲古閣刊本顧序訛脱不完,席氏此本完善,可貴也。

3279 **浣花集十卷補遺一卷**

蜀韋莊撰。莊,字端己,杜陵人。乾寧九年進士,授校書郎,轉補闕。後仕蜀王建,至吏部侍郎同平章事。其集《文獻通考》作五卷,陳氏《録》又作一卷。此分十卷,疑後人所析也。集前有莊弟藹序。末一卷補遺詩凡六十九首,據《四庫目録提要》云"毛晋所增",而"《癸丑年下第獻新先輩》一首既見於卷八,又入《補遺》,殊爲失檢",又云"《全唐詩》所録較此本多《勉兒子》《即事》

等篇共三十餘首。蓋藹序作於唐昭宗天復三年癸亥,莊在蜀,方得杜甫草堂,故以名集。自是以後,篇什皆未載。故往往散見諸書,後人遞有增入耳”云云。今席氏此刻《補遺》内實無《獻新先輩》之詩,且多至六十九首,《勉兒子》《即事》等篇皆在焉,則此《補遺》殆席氏取毛氏本增删重訂者也。

3280 **徐昭夢詩集三卷**

唐徐寅撰。字昭夢,莆田人。乾寧元年進士第,授秘書省正字。後依王審知幕府。所著有《探龍》《釣磯》二集,共五卷。自《唐志》已不著録,蓋當時即已散佚。《四庫》所録《徐正字詩賦》二卷,乃其後裔從諸書搜輯者。凡賦一卷,八首;詩一卷,二百六十八首。今此集僅詩二百六十八首,而分三卷,未知何人所析也。

3281 **張蠙集一卷**

唐乾寧二年進士。字象文。

3282 **翁拾遺集一卷**

唐翁承贊撰。字文饒,福清人。乾寧二年進士,官至諫議大夫。陳《録》同。

3283 **任藩小集一卷**

唐乾寧中人。藩或作翻。嘗客居天台。陳直齋云藩“有《宿帢幘山》絶句,爲人所稱。今城中巾子山也”云云。此集詩僅十一首,末一首爲《題天台寺壁》詩,即陳氏所謂《宿帢幘山》絶句者。集後有宋汝陰王廉清跋一篇,述藩集源委頗悉。

3284 **孟一之詩集一卷**

唐孟貫撰。貫,字一之,建安人。其集《唐志》、陳晁二家皆不載。集中有送江爲詩,則五代時人矣。

3285 **李推官披沙集六卷**

唐李咸用撰。咸用,隴西人。前有楊萬里序,稱“其八世孫李兼孟達于金陵出其八世祖推官公集,請作序”云云。與陳直齋《書録》所言相合。

3286 **黄文江詩集二卷**

唐黄滔撰。字文江①,莆田人。原集久佚,宋淳熙中其後人曾重編之,凡十卷,又有附録一卷。詳《四庫書目提要》。此僅其詩集也。滔,乾寧二年進士第。光化中,除四門博士,尋遷監察御史裹行,充武威軍節度推官。

3287 **林寬集一卷**

陳氏云:“與李頻、許棠皆同時。”

3288 **曹松集二卷**

唐天復元年進士。字夢徵。《唐志》作三卷,陳氏《書録》作一卷。

3289 **李丞相集二卷**

南唐宰相李建勳撰。陳氏作一卷,高棅《唐詩品彙》作三卷。建勳,隴西人。

3290 **碧雲集三卷**

五代李中撰。結銜稱登仕郎守新淦縣令知鎮事賜緋魚袋。前有五代進士孟賓于序。按陳氏《書録》有《孟賓于集》一卷,稱其“仕湖南、江南”云。李中,字有中,隴西人。見孟序。

3291 **伍喬集一卷**

五代末人。後歸宋。陳氏云“本江南進士”。

3292 **王周集一卷** 以上第八函,計五册。

---

① “江”原誤作“田”,今據哈佛燕京圖書館藏席啓寓本《黄滔詩集》改。

陳氏云“未詳何人”。首爲《蛃子賦》一篇,餘皆詩也。

以上八函計唐人集百家,皆席氏刻本也。内有白樂天、元微之、皮襲美、陸魯望四家詩未刻。又《劉禹錫集》十八卷,此本脱。

3293 **陳思王集四卷** 明刻本。 二册。

魏曹植撰。按陳氏《書録》有《陳思王集》二十卷,注云“卷數與前志合。其間亦有采取《御覽》《書鈔》《類聚》諸書中所有者,意皆後人附益,非當時全書”云。然則此集自宋已散佚不全矣。《四庫》著録本十卷,爲宋嘉定間所重刻,又與直齋之本不合。張溥《百三家集》本所載稱爲完備,然亦多淆亂脱誤之處。而舊集原書不可復得。今人徵文考獻者,以張氏《集》本爲淵藪,此亦不得已而思其次也。此本不知何人所刻,而玩其字體、行款,疑明人從宋本翻雕者。前後亦無總序、總跋。所刻漢魏六朝人集共十七種,此集其一也。凡賦四十三篇、較張溥本少一篇。詩七十四篇,而無雜文。統閲所刻十七種,皆無雜文,不知此果何人所刻也。按《彙刻書目》有明汪士賢校刊《漢魏六朝二十名家集》,備列諸集名目、卷數,而與此刻皆不合。不知此刻果止於此十七種乎?抑不止此數而收藏家有所散佚,隨意鬻此畸零單本也?予於辛丑十月游廠市,偶於書肆見之,遂盡鬻以歸,以與張溥《百三家集》并校焉。

3294 **嵇中散集一卷** 同上。 一册。

魏嵇康撰。其集散佚,至宋僅存十卷。明黄省曾重加編訂,卷數雖與宋本同,而詩僅四十二首,合雜文僅六十二首,與王楙《野客叢書》所稱康詩六十八首之數尚缺二十六首,《四庫》本即用以著録。此本未載雜文,但載詩賦。首爲《琴賦》一篇,以下爲詩。凡六十七首,較王楙所稱僅缺一首,則此猶爲宋以來舊帙矣。

3295 **王子淵集一卷** 同上。

周王褒撰。褒,字子淵,與漢王褒名字同。仕周,官至司空。《唐志》稱其集二十一卷,久已散佚。此集一卷,不知何人所掇拾也。凡詩四十五首,較張氏《百三家集》本闕《從駕北郊》一首、《入關與故人别》一首、《咏定林寺桂樹》一首。

3296 **陳後主集一卷** 共一册。

按《唐志》"陳《後主集》五十五卷",此僅詩六十四首。

3297 **沈約集一卷** 一册。

陳氏《書録》載休文"《集》十五卷、《别集》一卷、又九卷",注云"約有文集百卷,今所存惟此而已。十五卷者,前二卷爲賦,餘皆詩也。《别集》雜録詩文,不分卷。九卷者,皆詔草也。《館閣書目》但有此九卷及詩一卷,凡四十八首"云云。宋以來此集又亡。今惟張溥《百三家集》本可以見其崖略耳。此刻通爲一卷。首《郊居》等賦四篇,次樂府雅歌四十六首,次雜歌詩共一百三十三首。蓋後人采綴而成也。

3298 **阮嗣宗集三卷** 一册。

魏阮籍撰。陳氏《書録·詩集類》載籍集四卷,注曰"其題皆曰《咏懷》。首卷四言十三篇,餘皆五言,八十篇,通爲九十三篇"云云。此本首卷爲賦六篇,餘二卷爲詩,皆五言也,共八十二篇,而無四言。

3299 **何水部集二卷** 一册。

梁何遜撰。其集自宋已殘缺。《四庫》著録本爲明張紘所重訂,凡詩九十五首,附同作二首、聯句三首,又附以《七召》一篇。此本無《七召》,而所載遜詩凡一百四首。又附載他人詩十三首,皆同時酬唱者。又聯句十二首。校張紘本皆有增多,豈此猶爲足本歟？按陳《録》作三卷,《文獻通考》作二卷。

3300 **隋煬帝集一卷附周明帝詩二首**

按《唐志》載《隋煬帝集》五十五卷[1],宋以來久佚。此集僅詩二十八首,後附周明帝詩二首。嗚呼！陳、隋之主不工於爲君,而工於詞章。一時朝野上下,浮靡成風。淫詞艷曲,競相誇尚。其亡國也,不得謂不幸矣。

3301 **梁元帝集一卷** 與上合一册。

按《唐志》載梁《元帝集》五十卷,又元帝《小集》十卷。宋以來已佚。陳氏《書録·詩集類》僅有元帝集一卷。此本亦一卷,與陳《録》合。凡詩八十五首。

3302 **劉孝威集一卷**

梁太子庶子。《唐志》載其《集》十卷,久佚。此疑後人掇合者。凡詩五十二首。

3303 **劉孝綽集一卷** 合一册。

梁秘書監孝威之弟也。《梁書》本傳言其"兄弟及群從子侄,當時有七十人,并能屬文,近古未有。其三妹亦并有才學。適徐悱者,文尤清拔,所謂劉三娘者也"。今《玉臺新咏》中有悱妻詩。《孝綽集》《唐志》稱十四卷[2],陳直齋《書録·詩集類》止存一卷。此本與陳《録》合。凡詩四十九首。

3304 **庾開府集二卷** 二册。

周庾信撰。其集有國朝吴兆宜、倪璠二家注本,搜輯開府詩

---

① 中華書局整理本《舊唐書·經籍志》《新唐書·藝文志》所録《隋煬帝集》均爲三十卷。

② 中華書局整理本《舊唐書·經籍志》著録"《劉孝綽集》十一卷",《新唐書·藝文志》著録"《劉孝綽集》十二卷"。

文雜作甚夥。此刻僅詩而不及他作,置之高閣可也。

3305 **陸士衡集七卷** 二册。

晉陸機撰。按陳氏《書録》載《士衡集》與弟《士龍集》各十卷。近時昭文張氏《愛日精廬藏書志》有二陸《集》各十卷,乃明正德間都穆以宋慶元信安徐民瞻本重刊者,據徐氏原序稱"《士衡集》十卷,以《文賦》爲首;《士龍集》十卷,以《逸民賦》爲首"云云。今此本止《士衡集》七卷。卷一至卷四爲賦二十七篇,其第一卷即以《文賦》爲首。卷五至卷七爲詩九十一首。疑此刻尚有後三卷一册,偶脱佚也。然此刻詩賦之外,他文皆不録,豈又即止此七卷歟?其以《文賦》爲首,當猶從宋本翻雕者。

3306 **梁武帝集一卷附梁宣帝詩六首**

按:《隋志》《武帝集》三十二卷,又《别集目録》二卷,又《雜文集》九卷,唐以後已缺,至宋遂亡。此集僅詩四十六首。宣帝集《隋志》不著録,此蓋采自類書中者。寥寥數首,不成爲集,故附之武帝之後。

3307 **梁簡文帝集二卷** 合二册。

《隋志》載《簡文帝集》八十五卷,陳直齋《書録·别①集類》止著五卷,注云"《隋志》八十五卷,唐已缺五卷,《中興書目》止存一卷,詩百篇,又缺其三首。疑所謂缺者,有目無詩也。今五卷皆詩,總二百四十四篇"云云。此本分上、下兩卷,共詩一百九十九首,較陳氏本又失去詩四十五首矣。

3308 **謝宣城集五卷**

齊中書郎謝朓撰。集本十卷,宋樓炤知宣州時,止以上五卷

---

① "《梁簡文帝集》五卷"在《直齋書録解題·詩集類》,"别"當作"詩"。

賦與詩刊之。以下五卷皆當時應用之文、衰世之事,可采者已見本傳及《文選》。餘視詩劣,可以無傳,故止。今此集止有五卷,陳氏書目所録即係樓炤刊存五卷之本,《四庫》著録同。此本即分爲五卷,與陳氏所言合,當猶爲宋以來舊本。惟卷前無樓序耳。其集前爲賦九篇,以下皆詩,且附録同時諸人和作。益知此本之佳,非由後人掇拾者。

3309 **鮑氏集八卷** 二册。 以上共二函,計十九册。

宋鮑照撰。其集《隋志》作十卷,唐宋以來并同。即《四庫》著録本出自都穆家者,亦作十卷。此本獨作八卷,而所列詩賦實無短缺,不知又何人合并也。集前有齊散騎侍郎虞炎序。首爲賦二卷,凡十篇。次爲樂府一卷。以下皆雜詩也。其《采桑》《梅花落》《行路難》不入樂府,而入詩中,與《四庫提要》所言合。其《行路難》第七首"撙撙"不作"蹲蹲","逐"字不作"啄"字,與《四庫提要》所言異。似從舊本影刻者,非由近人重輯也。

3310 **歷代名臣奏議三百五十卷** 明内府刊本。 十二函一百六十册。

明永樂十四年黄淮楊士奇等奉敕編。自商周秦漢以迄宋元,凡諸臣對颺奏疏之語,一一編録,分六十六門,曰《君德》五卷、曰《聖學》四卷、曰《孝親》三卷、曰《敬天》一卷、曰《郊廟》九卷、曰《治道》四十六卷、曰《法祖》二卷、曰《儲嗣》三卷、曰《内治》二卷、曰《宗室》二卷、曰《經國》二十四卷、曰《守成》一卷、曰《都邑》一卷、曰《封建》一卷、曰《仁民》五卷、曰《務農》二卷、曰《田制》一卷、曰《學校》三卷、曰《風俗》二卷、曰《禮樂》十一卷、曰《用人》二十四卷、曰《求賢》一卷、曰《知人》五卷、曰《建官》四卷、曰《選舉》八卷、曰《考課》二卷、曰《去邪》十四卷、曰《賞罰》三卷、曰《勤政》一卷、曰《節儉》二卷、曰《戒佚欲》三卷、曰《慎微》一卷、曰《謹名器》二卷、曰《求言》二卷、曰《聽言》七卷、曰《法令》七卷、曰《慎刑》三卷、曰《赦宥》一卷、曰《兵制》六卷、曰《宿衛》一卷、曰《征伐》十卷、曰《任將》六卷、曰《馬政》一卷、曰《荒政》六卷、曰《水利》五卷、曰《賦役》六卷、曰《屯田》一卷、曰《漕運》一卷、曰《理財》十二卷、曰《崇儒》一卷、曰《經籍圖讖》一卷、曰《國史》二卷、曰《律曆》三卷、曰《謚號》二卷、曰《褒贈》二卷、曰《禮臣下》二卷、曰《巡幸》一卷、曰《外戚》二卷、曰《寵幸》一卷、曰《近習》三卷、曰《封禪》一卷、曰《灾祥》二十卷、曰《營繕》二卷、曰《弭盜》三卷、曰《禦邊》二十卷、曰《夷狄》十一卷。名目未免太繁,區分往往失當。又如文王、周公、太公、孔子、管、晏、鮑叔、慶鄭、宫之奇、師曠、麥丘邑人諸言,皆一時答問之語,悉目之爲奏議,亦殊踳駁不倫。然自漢以後,收羅大備,唐宋以來尤詳。凡歷代典制之沿革、政治之得失,一披覽焉,皆可悉其源流,與《通鑒》、"三通"實可互相考證,固亦古今奏議之淵海也。當時書成,刊印僅數百部,頒諸學宫,藏板禁中,外間稀有。崇禎間太倉張溥得太原藏本,删節重刊,僅三百卷。中間諸人之文,率遭割截。其本今坊間尚多鬻者,而原本竟不可見。今此本爲永樂時頒行原書,中有抄補數册,然卷目獨無缺欠,則亦僅有之秘笈矣。又謹案《四庫書目提要》云"張本有《漕運》一門,此本無之。不知爲溥所改移、爲傳本互異"云云。今此本《漕運》一門在第二百六十一卷中,豈《四庫》本獨缺耶?

3311 **新箋决科古今源流至論前集十卷後集十卷續集十卷别集十卷** 明刊本。【眉批:别見後。①】 四函二十四册。②

---

① 見第4424條。

② 此條有删除符號。

《前集》《後集》《續集》宋閩川林駉撰。《别集》宋三山黄履翁撰。其書以備程試之用,每事必備論始末,全如對策之式。而於歷代制度沿革,别目分門,有體有要。于宋代朝章國典叙述尤詳。張氏《藏書志》載此書林、黄二序,此本脱去,并于《前集》目録後割去"延祐丁巳孟冬圓沙書院刊行"木記一條,而以他紙接之。蓋書賈欲僞充宋板也。然字式、板式實爲元刻,烏得而欺哉!延祐丁巳木記一條據張氏《藏書志》言之。

3312 **甫田集三十五卷附録一卷** 明刊本。 一函四册。

明文徵明撰。先生與沈石田均工於書畫,亦均工詩。然沈詩自抒天趣,不可限以方圓。文詩則雅潤之中,不失法度,與其書畫略同。末《附録》一卷乃其仲子嘉所撰行狀也。王世貞爲之序。

3313 **解文毅公集十六卷附録一卷** 乾隆丙戌刻本。 一函六册。

明解縉撰。先生天才敏捷,下筆不能自休,榛楛勿翦,亦由于是。然奏疏諸篇明白剴切,他作亦勁浩流暢,具有明初之風,未可以瑕掩瑜也。《附録》一卷爲行狀、墓銘、祠記之類,乃乾隆三十二年丁亥其十一世孫韜等刊集時編録者。

3314 **書傳鹽梅二十卷** 乾隆丁未刊本。 一函八册。

國朝上海黄文蓮撰。其書以蘇氏《書傳》爲主,而以蔡《傳》佐之。每節之後皆全録蘇《傳》原文,蔡《傳》另爲一行。己有所辨論,則於蔡《傳》之下稱"謹案"以别之。或援引他説,則加"謹考"二字。有所折衷,又用"今按"二字。自序謂"于十八篇之文熟讀沈思,以考定得失。凡有疑義,或從蘇,或從蔡,或仍孔《注》,或取他説,或竟抒己見。非敢標新立異,惟務理順心安。蘇氏之《傳·説命》曰'鹽梅和而不同也',其書命名即取斯義"云云。

3315 **重訂三家詩拾遺十卷** 嘉慶庚午詒穀堂刊本。 一函四册。

國朝程鄉葉鈞因范氏家相原書而重訂者。按漢代傳《詩》四家,齊、魯、毛、韓也。自《毛傳》盛行,而三家漸亡。《齊詩》亡于魏,《魯詩》亡於西晋。惟《韓詩》至北宋尚存,而南渡後儒者不復論及,則亦亡于政和、建炎間矣。深寧王氏始搜羅散佚,輯爲《詩考》一書。墜簡遺文,賴以不失,然尚多遺漏。國朝會稽范氏家相又因王氏原本重加裒益,爲《三家詩拾遺》十卷。視惠氏之《九經古義》、余氏之《古經解鉤沈》所采掇者,不啻數倍,三家遺文殆亦略盡于此矣。而其書亦罕流傳,惟抄本僅存,收藏家間有之,且其體例與原序亦不合,《四庫提要》詳著其失。嘉慶中程鄉葉氏鈞得其抄本,重加排訂,正訛補脱,以成此書。卷數一仍其舊,而目次則别爲釐訂。首以三百篇爲綱,凡三家佚説,一一并見。次文字考異,次古逸詩。於庚午年刻之。自此一訂,而此書無遺憾矣。余求范氏書屢年不得,今得此編,更勝于原書。天下之快事,孰大乎是!

3316 **玉靈精義二卷** 抄本。 一函二册。

不著撰人名氏。專言龜卜之法。余取胡氏《卜法詳考》中所載《玉靈秘本》相較,乃全不合。又《四庫書目》所載元陸森《玉靈聚義》一書,據《提要》所稱,亦與此本不合。疑不能明也,俟再考之。其曰"玉靈"者,取《史記·龜筴傳》祝龜之詞有"玉靈夫子"語也。

3317 **粤西叢載三十卷** 康熙中刊本。 一函六册。

國朝汪森撰。乃其官桂林府通判時所輯者。凡事迹、人物之關于粤西者,彙爲此編。分二十門,曰各郡碑目、曰題名石刻、曰入粤紀程、曰名賢軼事、曰總督軍務、曰薦紳盛事、曰雜品别紀、曰仙道、曰釋氏、曰志怪、曰灾祥、曰疆理雜志、曰瑣事雜記、曰風氣俗習、曰物產、曰蠻種土司、曰歷代馭蠻、曰明室馭蠻、曰僭國叛寇、曰粵右蠻窟。凡所徵引,皆注明原書,足以補志乘之缺,而資博物之助。森又有《詩載》二十五卷、《文載》七十五卷,當與此別行。

3318 **豫章詩話六卷** 明刊本。 一函二册。

明郭子章撰。

3319 **東坡詞一卷** 汲古閣刊本。

宋蘇軾撰。

3320 **山谷詞一卷** 同上。

宋黄庭堅撰。

3321 **淮海詞一卷** 同上。

宋秦觀撰。

3322 **小山詞一卷** 同上。

宋晏幾道撰。殊之子也。

3323 **東堂詞一卷** 同上。

宋毛滂撰。

3324 **放翁詞一卷** 同上。 以上六種共一函,計四册。

宋陸游撰。

3325 **九疑山志四卷** 嘉慶元年刊本。 一函二册。

國朝知寧遠縣事吴繩祖因舊志重編。山在寧遠縣治南六十里,隸湖南永州府,《漢書》作嶷山,亦曰蒼梧山。郭璞謂:"其山九谿皆相似,故云九疑。"或云九峰參差,互相隱映,望而疑之,故名。舜南巡不返,葬于蒼梧之野,今山上有舜廟。其志創于明萬曆己未蔣鐄。至崇禎壬申喻向葵又益以形勝諸圖。至國朝康熙中,詹惟聖及徐旭旦又兩次付梓,并續增詩文若干篇。迄嘉慶元年,知縣事滇南吴繩祖復取詹、徐舊本及邑人樊在廷手抄本合訂刻之,即此帙也。凡四卷。卷一曰圖考、曰山水、曰陵廟。卷二曰古迹、曰物産、曰寓賢、曰仙侣、曰寺觀、曰神異、曰瑶峒。卷三、卷四爲藝文。

3326 **仲氏易三十卷** 《西河全集》本。 七册。

國朝毛奇齡撰。乃述其兄錫齡之遺説,故以"仲氏"爲名。大旨謂易兼五義。一曰變易,一曰交易,是爲伏羲之易,猶前人之所知。一曰反易,謂相其順逆,審其向背而反見之。如屯轉爲蒙,咸轉爲恒之類是也。一曰對易,謂比其陰陽,絜其剛柔而對觀之。如《上經》需、訟與《下經》晋、明夷對,《上經》同人、大有與《下經》夬、姤對之類是也。一曰移易,謂審其分聚,計其往來,而推移上下之。如泰爲陰陽類聚之卦,移三爻爲上爻,三陽往而上陰來則爲損。否爲陰陽類聚之卦,移四爻爲初爻,四陽來而初陰往則爲益之類。是爲文王、周公之易,實漢晋以來所未知。故以《序卦》爲用反易,以分篇爲用對易,以演易《繫詞》爲用移易,其言甚辨。

3327 **推易始末四卷** 同上。

前人撰。既作《仲氏易》,復取漢、唐、宋以來言《易》之及於卦變者,别加綜核,以爲是書。其名"推易",蓋本《繫詞傳》"剛柔相推"一語,仍《仲氏易》移易義也。前列干寶、荀爽、虞翻諸家卦變卦綜之説,與宋以後相生反對諸圖具列于卷,而以己推易折衷之圖繫于後。

3328 **河圖洛書原舛編一卷** 與上合一册。

前人撰。《河圖》《洛書》,辨者既非一家,駁者亦非一説。毛氏謂今之《河圖》即大衍之數,當名《大衍圖》,而非古所謂《河圖》;今之《洛書》則太乙行九宫之法,亦非《洪範》九疇。既著其説于前,復列其圖于後。排擊異學,于經義甚爲有功。

3329 **太極圖説遺議一卷** 同上。【眉批:儒家。】

前人撰。周子《太極圖説》,本"易有太極"一語。特以"無極"二字,啓朱陸之争。毛氏又以其圖與《參同契》合,并引唐玄宗御製《上方大洞真元妙經序》"無極"二字爲證,因及于篇中陰陽動静、互根等語,謂皆非儒書所有,因反覆其説,而爲之辨。故《四庫提要》譏其捨本争末云。

3330 **易小帖五卷** 同上。

前人撰。乃其説《易》之語,而門人紀録成書者也。凡一百四十三條,與《仲氏易》互相發明。大抵徵引前人訓詁,以糾近代空言説《易》之失。于王弼、陳摶二派,攻擊尤力。

3331 **易韻四卷** 同上。 以上甲函,計十册。

前人撰。與顧氏《音學五書》中《易音》互相出入。

3332 **古文尚書冤詞八卷** 同上。

前人撰。《古文尚書》自吴棫、朱子以來皆疑其僞,及閻若璩作《古文尚書疏證》以辨正之,而毛氏獨以爲真。於是摭《隋書·經籍志》中之文,以爲梅賾所上者乃孔《傳》,而非《古文尚書》。其《古文尚書》本傳習人間,而賈、馬諸儒未之見,故啓後世之疑。于是作是書以剖白之。其目凡十,一曰《總論》,二曰《今文尚書》,三曰《古文尚書》,四曰《古文之冤始於朱氏》,五曰《古文之冤成于吴氏》,六曰《書篇題之冤》,七曰《書序之冤》,八曰《書小序之冤》,九曰《書詞之冤》,十曰《書字之冤》。

3333 **尚書廣聽録五卷** 同上。

前人撰。嘗欲注《尚書》而未及,因取舊所劄記者編次成書。于三代事實多所辨正。其曰"廣聽"者,取《漢志》"《書》以廣聽"

語也。

3334 **舜典補亡一卷** 同上。

已見前,《藝海珠塵》本。①

3335 **國風省篇一卷** 同上。

前人撰。皆舊日説《詩》之語,後追憶而録之者。凡二十六章。或據他説,或自爲斷制,雖間有考證,而於《詩》義實未能盡合。前有李塨序,稱毛氏嘗有自悔之言。蓋其書已出,不及追改矣。

3336 **毛詩寫官記四卷** 同上。

前人撰。自記其説《詩》之語,凡一百八十八條。取《漢志》武帝"置寫書之官"語爲名。自序"昔漢武置寫書之官,記其所聞,名寫官。毛甡居壁中,有官寫者説《詩》于主人之堂,未能記也,久之而纖詞瑣文串見于心,于是稍憶其所説,雜以成記,曰《寫官記》"云云。徵引詳博,極有裨于考證。

3337 **詩札二卷** 同上。

前人撰。既作《寫官記》,復托爲與寫官以札問訊而寫官答之之詞,以成此書。凡八十四條,與前書可以互相補正。又二書皆早年所作,故與晚年之論或自相矛盾。然先生學本淹博,雖利鈍互陳,終不能以短掩長也。

3338 **詩傳詩説駁議五卷** 同上。

前人撰。明嘉靖中鄞人豐坊僞撰《子貢詩傳》《申培詩説》二書,盛行于世。毛氏因援據古義,條分縷析而辨之。在所著諸書之中,最爲確愜。

---

① 見第 2224 條。

3339 **續詩傳鳥名三卷** 同上。

前人撰。嘗作《毛詩續傳》以補朱《傳》之略,後以遭亂避仇佚之。嗣從鄰人吴氏子得卷末《鳥名》一卷,乃復與其門人等共緝綴之,衍爲三卷。大意在糾正朱《傳》。每條皆先列《集傳》之文于前,而一一辨其得失于後。于朱《傳》多所吹求,而所言亦不免疏舛。然大致終爲賅洽。

3340 **昏禮辨正一卷** 同上。

前人撰。已見前,《藝海珠塵》本。①

3341 **廟制折衷二卷** 同上。

前人撰。大旨宗王肅而駁鄭康成。《四庫書》列之禮類存目中,謂其書多所淆亂云。

3342 **大小宗通繹一卷** 同上。

前人撰。已見前,《藝海珠塵》本。②

3343 **北郊配位尊西嚮議一卷** 同上。

前人撰。已見《藝海珠塵》本。③

3344 **辨定嘉靖大禮議二卷** 同上。

前人撰。已見《藝海珠塵》本。④

3345 **辨定祭禮通俗譜五卷** 同上。

前人撰。所論祭禮務協人情,故以通俗爲名。大致斟酌變通,凡古禮之必不可行及俗禮之誤托于古者,剖析考證,往往愜當。

---

① 見第 2264 條。

② 見第 2265 條。

③ 見第 2263 條。

④ 見第 2288 條。

3346 **喪禮吾説篇十卷** 同上。

前人撰。大旨以子夏《喪服傳》爲戰國後人僞作,故逐條攻擊,務反其説。《四庫提要》責其書爲"叛經之尤",良非苛也。

3347 **曾子問講録四卷** 同上。 以上乙函,計十册。

前人撰。載許轞以下諸人質問之詞,而各爲之答。大抵掊擊鄭注、孔疏,獨標己見,故多不可通之處。

3348 **春秋毛氏傳三十六卷** 同上。

前人撰。分改元、即位、生子、立君、朝聘、盟會、侵伐、遷滅、昏覿、享唁、喪葬、祭祀、蒐狩、興作、甲兵、田賦、豐凶、灾祥、出國、入國、盜弒、刑戮凡二十二門。而總該以四例,曰禮例,曰事例,曰文例,曰義例。然門例雖分,而卷之先後,則仍以經爲次,無割裂分隸之嫌,體例較爲持善。其説以《左氏》爲主,間及他家,而最攻擊者莫若胡《傳》。根據分明,條理融貫,得聖人之旨者爲多。

3349 **春秋屬詞比事記四卷** 同上。

前人撰。以《春秋》經文分隸二十二門。條理頗爲明晰,考據亦多精核。惟屬藁未竟,僅得七門,而侵伐一門尚未及半,蓋出于門人編録者。

3350 **春秋條貫篇十一卷** 同上。

前人撰。大致用章沖《類事本末》之意。惟沖書類傳,而此則類經。于十二公事仍其舊第,但以事之相因者移附首條之下,又每條各附論説以闡發比事屬詞之義。

3351 **春秋占筮書三卷** 同上。

前人撰。摭《春秋》所載占筮,以明古人之《易》學。實爲《易》作,非爲《春秋》作也。

3352 **春秋簡書刊誤二卷** 同上。 以上丙函,計十册。

前人撰。取三傳異文詳爲辨説，而多主《左氏》。其曰"簡書"者，謂傳據策書而作，經據簡書而作也。

3353 **四書索解四卷** 同上。

前人撰。已見前，《藝海珠塵》本。①

3354 **論語稽求篇七卷** 同上。

前人撰。皆與朱子《集注》相詰難之語。其中引據精確者，往往而有。

3355 **大學證文四卷** 同上。【眉批：已見《藝海珠塵》本。②】

前人撰。《大學》自程、朱以後，改本日增，往往騁其私心，汩亂古義。毛氏因參校諸本，備述諸家之異同。一爲注疏本，乃《大學》之真古本也。次列漢熹平石經本，有録無書，以原本不傳，且考驗舊文，知即今注疏本，故不復列。次爲魏正始石經本，即豐坊所依托者，仍列于前，從其所僞之時代也。次爲明道程子改本，次爲伊川程子改本，次爲朱子改本。皆録全文。次爲王柏改本，次爲季本改本，次爲高攀龍改本。即崔銑改本也。次爲葛寅亮改本。皆僅列其異同之處，而不録全文。共得九家，一一斷制分明，具有源委。

3356 **大學知本圖説一卷** 同上。

前人撰。是書由古本《大學》之説以攻朱子格物之傳。首爲《知本圖説》。次爲知本圖四，一曰大學有本，一曰格物知本，一曰格物以修身爲本，一曰修身以誠意爲本。末爲附録，又有《後圖》，以《大學》"知本"與《中庸》"立本"并列，二圖節次相配，亦前有圖説，後爲附録。

---

① 見第2266條。

② 未著録。

3357 **中庸説五卷** 同上。

前人撰。皆平日論《中庸》之説,而其門人及其子侄輩編次者也。諸人編次,又各附以己説,皆與朱子《章句》互異。大旨以慎獨爲主。

3358 **四書剩言四卷補二卷** 同上。

前人撰。皆雜論四書之語。前四卷,其門人盛唐、王錫所編。《補》二卷,其子遠宗所編。皆隨時雜記,不以經文次序爲先後,亦不以四書分編。大抵談義理者不免有所出入,談考證者則用其所長矣。

3359 **聖門釋非録五卷** 同上。

前人撰,而其門人平湖陸邦烈編者也。是書因朱子《集注》頗有疑諸賢之説,或有流弊者,因取其師《經説》所載諸論,裒合成帙,而附以同門諸人及奇齡之子侄諸説,以辨其非。前有邦烈自記。

3360 **逸講箋三卷** 同上。 以上丁函,計十册。

前人撰。皆平日所論而其子及門人編録之者。上卷爲章世法所録,乃所講《孟子》"不動心"章之稿。第二卷爲其侄文輝所録,乃所講《論語》問答。第三卷題曰《大學辨業》,爲樓宅中所録。《大學辨業》者,毛氏門人李塨所著。塨初師博野顔元,後捨之。從毛後撰是書,又兼用顔氏説。故毛氏惡其異己而攻之,大抵皆詬争之言也。以録其叢殘之稿,故曰"逸講"。中雜門人子侄之附論,故又曰"箋"。

3361 **聖諭樂本解説二卷** 同上。

前人撰。是時大學士伊桑阿有論樂疏,其説本于徑一圍三、隔八相生之聖諭。故奇齡推闡考證,分條注釋,以成此書。

3362 **竟山樂録四卷** 同上。

前人撰。據明寧王權《唐樂笛色譜》,申明其七調九聲之説,以攻駁古人。而托于其父鏡所作,故以其父之字題是書云。

3363 **皇言定聲録八卷** 同上。

前人撰。因聖祖仁皇帝論樂聖諭，推衍奥義，而自附其七調九聲之説。

3364 **李氏學樂①録二卷** 同上。

國朝李塨撰。塨嘗學樂于毛奇齡，因以其師五音七聲十二律器色相配之論演爲七圖，而各爲之説。

3365 **孝經問一卷** 同上。

前人撰。駁詰朱子《孝經刊誤》、吴澄《孝經定本》二書，設爲問答。其問托之門人張燧，而己答之。凡十條。

3366 **周禮問二卷** 同上。

前人撰。辨《周禮》出戰國之末，不出劉歆。凡分十七目，而設爲問答之詞。其持論是非相半。

3367 **大學問一卷** 同上。

前人撰。以答其門人邵廷采之問者也。仍因其《大學知本圖説》而衍之，以歸於良知之説。

3368 **明堂問一卷** 同上。

前人撰。以門人姜垚問九室、五室之辨發端，而終于九宫卦位。其大意專訾鄭康成之説。

3369 **學校問一卷** 同上。

已見前，《藝海珠塵》本。②

3370 **郊社禘祫問一卷** 同上。

---

① "樂"原誤作"學"，今正。

② 見第2327條。

已見前,《藝海珠塵》本。①

3371 **經問十八卷經問補三卷** 同上。 以上戊函,計十册。

前人撰。皆其説經之語,門人録之成編者也。所補三卷,又其子遠宗所録。其中多佐證分明,足稱精核。而强詞奪理者,亦錯出其間。

3372 **西河文集二百五十九卷** 同上。 共五函,五十册。 合上共十函。

前人撰。是集爲其家侄孫輩所刻,名《西河全集》,凡十函。而又分《經集》五十一種,爲五函;《文集》六十六種,爲五函。今《經集》謹遵《四庫書目》之例,分著于録。而《文集》中如《後觀石録》《越語肯綮録》《湘湖水利志》《蕭山縣志刊誤》《杭志三詰三誤辨》《天問補注》《勝朝彤史拾遺記》《武宗外紀》《後鑒録》《蠻司合志》《韻學要指》《詩話》《詞話》之類,《四庫書目》雖亦抽出分隸于史、子、集各門,但原刻既統曰《文集》,若復離析著之,未免淆亂紛更,故亦姑仍其舊。總計《文集》合二百五十九卷。原卷端稱《文集》二百五十七卷,誤。

3373 **篁墩集九十三卷拾遺一卷** 明刊本。 二函十六册。

明程敏政撰。著述繁夥,所撰《新安文獻志》及《明文衡》諸書皆盛行于世。此則其詩文集也。格律雖不免頹唐,而所學終博,往往可以資考證。此集爲正德丁卯所刊,前有李東陽序。闕卷七至卷十二,凡六卷。又《拾遺》一卷。後又有《行素稿》一卷、《雜著》十卷、《别集》二卷,皆有録無書。《四庫》所録亦僅九十三卷之本,并少《拾遺》一卷,豈别一刻本歟?

3374 **六壬管見十卷** 明刊本。 一函六册。

---

① 見第2328條。

明官應震撰。以術數之書浩瀚難究,乃于諸占之切日用者逐手編之。卷一爲《起手捷法》,卷二爲《雜釋》,卷三爲《十二神釋》,卷四爲《十二將釋》,卷五、卷六爲《課體訂訛》,卷七、卷八爲《類占》,卷九、卷十爲《畢法注解》。

3375 **火龍經三卷** 道光庚子刊本。 一函三册。

書前有永樂十年東寧伯焦玉序,稱"游天台上清玉華洞,遇一道士,自號止止道人,言'我師秘授一書,吾不忍秘,願授于子'。予展視之,乃火攻陣法一篇。予恐久而失之,按圖著譜,留遺將門"云云。其説頗荒杳難稽。序後又有劉青田先生識語,稱"'止止道人'言葛長庚,或云白玉蟾也,隱武夷山止止庵成仙"云云。今世所傳兵家、占卜諸書,多托名伯温,則序後識語亦未可憑信。然其書載火攻器具圖式及配合藥物施放之法,則獨爲詳悉,亦不必辨其真贋也。

3376 **韓非子二十卷識誤三卷** 嘉慶二十三年全椒吴氏家祠依宋乾道本翻刻。一函四册。

宋本《韓子》爲明趙文毅用賢刻本所自出,趙本頗有以意校改之處。得此宋本,可識廬山真面。此本爲全椒吴鼒以李書年家藏宋刻影抄付梓者,詳卷前序。末附《識誤》三卷,爲元和顧千里所撰,乃以宋本及《道藏》本、趙本合校而標識者。吴氏既刻宋本《韓子》,因附刊于末。

3377 **擊壤集二十卷** 明《釋藏》刻本。【眉批:别見後。①】 一函六册。②

宋邵子撰。其詩源出唐寒山、拾得,而後世遂開此一派。南

---

① 見第4874條。

② 此條有删除符號。

宋以來,凡以講學自名者,大抵宗之。

3378 **何大復集三十八卷附録一卷** 明嘉靖中刊本。 一函八册。

明何景明撰。李夢陽倡復古之論,大復宗之。然氣象各有不同,李則具雄闊之概,何則饒諧雅之音。此集爲明嘉靖中所刊。末爲《附録》一卷,則傳志之屬也。

3379 **問辨録十卷** 明刊本。 五册。

明高拱撰。取朱子《四書集注》疑義,逐條辨駁。雖不免吹求,而精確之處亦未始不可以備參考。

3380 **本語六卷** 同上。 三册。 與上共一函,共八册。

前人撰。其論史多借喻時事,論理亦往往參入二氏。抉摘先儒,亦頗失之悍。然敢言人所不敢言,其剛直之氣亦不可磨滅也。

3381 **易占經緯四卷** 乾隆十六年刊本。 一函四册。

明韓邦奇撰。專闡卜筮之法,以三百八十四變爲經,四千九十六變爲緯。經者《易》之爻辭,緯則取《焦氏易林》附之,占則以孔子占變爲主。蓋言數而流於藝術者也。《經義考》載有門人王賜紱序略,此不載。祇有乾隆十六年知朝邑縣事成邦彦序,稱此書"前無序,後無跋,猶神龍之藏伏,首尾莫可端倪"云云,殆未見朱竹垞先生所見之本也。《四庫提要》又云有濟南金城序,此本亦無之。

3382 **五經同異三卷** 常熟蔣光弼省吾堂校刊本。 三册。

國朝顧炎武撰。取諸經疑義諸儒辨論互相同異者,而折衷之。名曰"五經",實則《易》、《書》、《詩》、《春秋》、三禮、《論語》八經也。先生著述甚多,此書不在《亭林遺書》十種之内,疑當日讀諸經時隨筆劄記未完之本,後人取而校刊之,標立此名也。

3383 **周易本義辨證五卷** 同上。

國朝惠棟撰。取朱子《本義》中有疑義當參者,旁采衆説,傳以古義。其未備者,亦間以《朱子語類》及程《傳》補之。其與程《傳》異者,略著其説。或《本義》所載先儒姓氏及説所本者,亦并爲箋釋。凡書中古音、古字皆爲標出。先生究心漢學,是書實爲《本義》之羽翼。伏讀《四庫書目》列先生所撰《九經古義》《易漢學》諸書,而此獨不見收,豈此書晚出,故未及見耶?

3384 **九經古義十六卷** 同上。 三册。

已見前,《貸園叢書》本。①

3385 **古文尚書考二卷** 同上。 一册。

前人撰。是書以鄭康成所述二十四篇之目見于唐《正義》者,即《漢・藝文志》之十六篇,乃真古文也。自梅賾奏僞《古文》二十五篇列諸國學,而孔穎達乃以鄭之二十四篇爲張霸僞造,遂令梅《書》雜古經而大行。是以僞《古文》爲真,而真《古文》反僞矣。乃作是書以考證之。先是閻若璩著《古文尚書疏證》八卷,以辨二十五篇之僞,既博且精。先生此書後出,不謀而合,而辨證明確之處更足以補閻氏之所未備。得此二書而袒僞《古文》者無以置喙矣。按此書《四庫書目》亦未收。據錢大昕序稱此編當時未出,宋子尚得之江艮庭許,乃梓而傳之。

3386 **石經考一卷** 同上。 一册。 共一函。

國朝萬斯同撰。因顧亭林《石經考》而采録諸家之説以相證明。顧氏書詳于漢魏,略于唐宋,此書則於唐宋特詳,足以互相補苴。

3387 **歸厚録四卷** 抄本。 一函四册。

不著撰人名氏。前有奏進表文,稱"劉基探之玉笈,獨有真書,太祖收之石渠,遂非世寶。於是人淆鬼説,家述僞言,二百餘

① 見第1266條。

年朝野多默符之理數。萬曆中祀生,徒開亂賊之文章”云云,則明末人矣。其書述巒穴砂水之法,多據理而言,頗無術家荒謬之習。前二卷爲篇十八,附以《黄白二氣説》。後二卷爲諸穴圖及星化、羅睺、修造各法。

3388 **神樞經三卷** 抄本。 一函三册。

題“戊申歲閲翁道人序”,疑亦明末人也。序中言“此書真訣自無著大士發其端,授之雲陽道人。得此書而又得親傳口訣者,復有還陽子”云云。“雲陽道人”“還陽子”俱不詳其爲何人。又云“萬勿輕示匪人,以取天刑”,又云“有輕泄者殃及其身以及子孫”云云,則仍不出術家自神其説之陋習也。而所言尚多中理,所繪各穴局圖亦尚屬明顯。其書一名《八極神樞》,言八極之廣黄靈化機宰于此樞也。

3389 **古周易訂詁十六卷** 乾隆壬申刻本。 二函八册。

明何楷撰。楷,字元子,晋江人。天啓乙丑進士,官至禮部尚書。是書自序以分經合傳爲非古,故分上、下經爲六卷,《彖》《象》《繫辭》諸傳之文仍隨卦分列。雖仍祖費直之意,而七卷以後則仍列“十翼”原文,以還田何之舊。蓋分經分傳以存古本,而經下所列“十翼”之文則引以互證,故皆低一格書之,以别於後之正文。其以“古易”標名,蓋以此也。惟於上、下經内又别立“初”“中”“終”諸名,則自我作古耳。其書雖博而不精,然取材宏富,漢晋以來之舊説,雜采并陳,不株守一家之言。又詞必有據,不爲憑空臆斷之説,先儒之緒言頗藉以存崖略。與所撰《詩經世本古義》同一,弃短取長可也。末附《答客問》一篇,蓋藉以言時事者。其書舊板厄于兵燹。乾隆辛未,郭文焰始求舊本,重爲刊布。

3390 **霞外詩集十卷** 汲古閣刊本。 一函三册。

元馬臻撰。臻,字志道,號虚中,錢塘道士。其人恬淡高逸,所作亦神骨秀騫,風力遒上,琅琅有金石之音。中有《述懷》一詩,殆宋末遺老寄托黄冠,而豪邁俊逸之氣,無所不可,正不以枯寂淡泊爲高也。此本爲毛氏所刻《元十家詩集》本,後有毛氏跋,前有龔開、仇遠、黄石翁三序。

3391 **句曲外史集三卷補遺三卷附録一卷集外詩一卷** 汲古閣刊本。 一函四册。

元張雨撰。雨,字伯雨,自號句曲外史,亦錢塘道士也。其平生詩文,嘗手録成帙,然未及刊板,故仍歸零落。明成化間,姚綬曾購得其稿。嘉靖甲午,陳應符始釐爲三卷,校讎付梓,而以劉基所作墓志、姚綬所作小傳附之。崇禎中,常熟毛晋復取烏程閔元衢所録佚詩,爲《補遺》三卷,又附録同時酬贈之作爲一卷。晋又與甥馮武搜得雨集外詩若干首,續刻於後。前載徐達原序。雨詩文豪邁灑落,體格遒上。早年識趙子昂諸人,晚年猶及見倪高士、楊鐵崖諸人,中間如虞集、范椁、袁桷、黄溍輩,又皆以方外之交深相投契,故耳濡目染,具有典型。雖托迹黄冠,而談藝者位置于文士之列,蓋有由也。

3392 **南村詩集四卷** 汲古閣刊本。 一函四册。

明陶宗儀撰。宗儀雖爲元人,而身食明禄,與倪瓚之遁迹江湖、顧阿瑛之隨子謫徙者不同。毛氏刻入《十元人集》中,非其實矣。是集不知何人所編,其次序年月頗爲無緒,殆雜收遺稿而録之者。然集中諸作格力遒健,實虞、楊、范、揭之後勁,非元末靡靡之音,在明初固屹然一巨手也。

3393 **榕村集四十卷别集五卷** 乾隆刊本。 一函十册。

國朝李光地撰。乾隆丙辰,其孫清植校刻。凡《觀瀾録》一卷,《經書筆記》《讀書筆録》共一卷,《春秋大義》《春秋隨筆》共一卷,《尚書句讀》一卷,《周官筆記》一卷,《初夏録》二卷,《尊朱要旨》及《要旨續記》共一卷,《象數拾遺》《景行摘篇附記》共一卷,文二十五卷,詩五卷,賦一卷。所注諸書及語録刊本别行者不與焉。《别集》五卷,其第一卷爲《等韻辨疑》,附以《字音圖説》。第二卷爲《鼎符》上、中、下篇及《後語》《爐火》等篇,後有自叙,大旨恐人惑於魏伯陽《參同契》爐火丹汞之説,故作《鼎符》以祛其蔽云。第三卷論納甲、納音。第四卷論星命本要。第五卷爲遺文數篇,乃告諭、飭牒、戒約諸條也。先生長於理學經術,雖不以文章名,然即以文章而論,亦宏深肅括,不琢自工,蓋有物之言與鞶帨①悦目者自異也。百餘年來,爲儒林巨擘,良有以哉。《四庫提要》又言有門人李紱序,此本無之。

3394 **懷麓堂集一百卷年譜七卷** 嘉慶八年茶陵州學生譚琬等重刊本。 四函二十二册。

明李東陽撰。先生字賓之,湖南茶陵人。天順八年進士,官至吏部尚書,兼太子太師。卒謚文正。事迹具《明史》本傳。其先依阿劉瑾,以求苟容,人品事業均無足深論。其文章則究爲明一代大宗。自李夢陽、何景明崛起弘、正之間,倡復古學,天下響應,而茶陵之壇坫幾微。逮後學其派者,轉相摹擬,流弊漸深,論者乃稍稍復理茶陵之傳,以相撑拄。嗣是以來,兩派互相勝負,雖是丹者非素,然終不能擠而廢之也。此集爲嘉慶八年茶陵州學生員譚琬等因舊板重刊本。凡《詩前稿》二十卷、《文前稿》三十卷、《詩

---

① "鞶帨"原误作"槃悦",《四庫全書總目·榕村集》云"蓋有物之言固與鞶帨悦目者異矣",據改。

後稿》十卷、《文後稿》三十卷。又《雜記》十卷,曰《南行稿》、曰《北上録》、曰《講讀録》、曰《東祀録》、曰《集聞録》、曰《哭子録》、曰《求退録》、曰《詩話》,凡八種。與《四庫書目》所列康熙中茶陵州學正刊本稍有不同。前有楊一清序及門人靳貴序,又康熙二十年蔣永修序、乾隆壬午彭維新論一篇、《明史》本傳一篇,又嘉慶十四年李宗瀚序。後附《年譜》七卷,則嘉慶九年法式善所編輯附刻者也。

3395 **度人經三十五卷** 《道藏輯要》本,不全。 一函七册。

是經爲《道藏》洞真部之第一部。據李杰《道藏目録詳注》云出自渾淪未判之時,乃天真皇人所演。其説荒誕不經,大抵皆黄冠之徒所托也。然其書相傳已久,唐以來諸家著述中往往稱引,考據家亦常沿用,則其説雖不必信,而其詞藻亦竟非無可采掇也。書本六十一卷,分六十一品。此本爲《道藏輯要》所刻,《道藏輯要》不知何人所輯,書凡二十八部,以二十八宿爲紀。余購求數年,從未見二十八部俱全者。書肆售賣,僅零星數部而已。此部即其第一部也,以角字爲紀。乃衹自一卷至三十五卷而止,應尚有一函,殆書坊中誤收買此殘帙也。余以其書頗爲考據家所引用,故以賤價留之。

3396 **欒城集四十八卷後集二十四卷三集十卷應詔集十二卷附斜川集六卷** 道光壬辰眉州三蘇祠新刊本。 四函三十册。

宋蘇轍撰。其《前集》乃爲尚書左丞時所輯,皆元祐以前之作,《後集》則自元祐九年至崇寧四年所作,《三集》則自崇寧五年至政和元年所作。集前皆有自序。《應詔集》則所輯策論及應試諸作也。其集爲先生所手訂,與東坡諸集出自他人裒輯者不同,故自宋以來原本相傳,未有妄爲附益者。特重刻本甚稀,頗不易覯耳。余于書肆中曾見明人活字本《欒城集》,《前集》作五十卷,《後集》及《三集》與此同,而無《應詔集》。此殆從宋本影印者,宋本見《琳琅書目》。

此本爲近時蜀中所刊,獨爲完善,惟《前集》衹作四十八卷。余取活字本以與相較,則仍以此本爲勝。如右司諫論事諸作,明本衹四十首,此本乃七十四首;中書舍人論時事諸作,明本衹一首,此本乃三首;户部侍郎論時事諸作,明本衹十一首,此本乃十四首;御史中丞論時事諸作,明本衹三十九首,此本乃四十三首。其他字句,校讎亦似較明本爲精。其卷數之作四十八卷,則由合并而然,并非有所短缺也。末附《斜川集》六卷已見前,趙刻單行本矣。①

3397 **秋崖小稿三十八卷** 明嘉靖刊本。 一函八册。②

宋方岳撰。字巨③山,秋崖其號也。歙縣人,紹定五年進士。其集世有二本,一爲《秋崖新稿》凡三十一卷,乃從宋寶祐五年刻本影抄者。一爲《秋崖小稿》,凡文四十五卷,詩三十八卷,乃明嘉靖中其裔孫方謙所刊,即此本也,較影宋抄本獨爲完備。又《四庫書目提要》云"寶祐本所有而嘉靖本所無者,詩文亦尚各數十首,乃删除重複,以類合編,并成一集,勒爲四十卷,著于録"云云。今寶祐本不可見,即嘉靖本亦稀如星鳳。此余于書肆中偶得之,惜衹有詩稿三十八卷,而無文稿,俟再求之。《四庫提要》云"岳才鋒凌厲,洪炎祖爲作傳,謂其詩文四六不用古律,以意爲之,語或天出"。又云"駢體尤工,可與劉克莊相伯仲"云云,則其文較詩尤爲擅長。惜不得文稿而讀之也。

3398 **歸田類稿二十卷** 乾隆五十五年周永年校刊本。 一函六册。

元張養浩撰。先生字希孟,濟南人,爲元名臣。雖不以詞翰

---

① 見第 2485 條。

② 此條整條有删除符號。

③ "巨"原誤作"臣",今正。

工拙爲重輕，而即以文論，亦未嘗不卓然可傳。其集本四十卷，見先生自序，一名《雲莊類稿》，世罕流傳。明季僅有重刊本，止二十七卷，既多漏略，且亦不多見。《四庫書目》所載本乃係以明本參較《永樂大典》所載删複補闕，共得詩文五百八十四首，釐爲廿四卷，著於録。此本即館閣著録本，而編修周書昌永年。前輩於校《四庫書》時録副本以付梓者也。惟其定爲二十卷，則與館閣本卷數小異，且雜文較館閣本少四篇，詩少五十餘首，據《提要》云"得雜文八十八首、賦三首、詩四百六十三首，共爲五百八十四首"云云。今此本祇文八十四首、詩四百十首，共五百三十餘首。未喻其故。然先生著作之崖略，亦已見其大凡矣。集前有自序及孛术魯翀序，又吴師道序，又周永年校刊新序。後有附録數篇，則志傳之類也。

3399 **讀四書叢説八卷** 舊抄本。【眉批：此本前有至正七年張樞序，乃《讀書叢説》之序，非此書之序也。原本誤移甲于乙，今宜改正。】 一函四册。①

元許謙撰。按《元史》本傳載謙《四書叢説》二十卷，然久已散佚。《四庫總目提要》所著録之本，凡《大學》一卷、《中庸》一卷、《孟子》二卷，《中庸》闕其半，《論語》全佚，僅以四卷著録。朱氏《經義考》則直未見此書，僅據《一齋書目》編入其名而已。惟

① 邵懿辰《簡目標注》著録作四卷，云："路有鈔本八卷，疑即張本。"紹箕："路有舊鈔本，八卷完全，《大學》一卷，《論語》三卷，《中庸》《孟子》各二卷。"《西安市文物管理委員會善本書籍目録甲編》："《讀四書叢説》八卷，元許謙撰。清初鈔本。一六〇・一五。《四庫全書總目提要》著録兩江總督采進本爲四卷，凡《大學》一卷，《中庸》一卷，《孟子》二卷。《中庸》闕其半，《論語》則已全闕。此鈔本乃路小洲舊藏，八卷，凡《論語》三卷，《孟子》二卷，《大學》一卷，《中庸》二卷，較《四庫》著録之本爲勝。又邵氏《標注》謂'昭文張氏有舊鈔本，八卷完全。路有鈔本八卷，疑即張本'，附録又謂'路有舊鈔本，八卷完全。《大學》一卷，《論語》三卷，《中庸》《孟子》皆二卷'。是則紹箕所見，即此鈔本。比鈔本又有'璜川吴氏收藏圖書'朱文印。"

近日昭文張氏愛日精廬有舊抄八卷全本,據其《藏書志》云"凡《大學》一卷、《論語》三卷、《中庸》《孟子》各二卷,合八卷。首尾完整,并無缺佚,詫爲希有之珍"。今余所得此本正與張氏所言相符,且多張樞一序。張氏《讀書志》於原書序跋凡罕流傳者,皆一一登載,於此書不見載有張序,則其書無此序文可知。以天府中不能全覯之本,而竟無心中爲鯫生所獲,雖隋珠趙璧,昌以易是。卷前有"璜川吴氏收藏"一印,又有"虞山錢曾遵王藏書"之印。錢印篆刻庸劣,疑爲書賈僞作。璜川一印,則確爲吴氏所收藏者也。惟與《元史》所云二十卷之數不符,豈經後人合并歟?書中發揮義理,言簡義該;或有難曉者,則爲圖以明之;于名物訓詁,亦多考證。蓋先生講徵實之學,所著《讀書叢説》《詩名物抄》皆引據該洽,非如宋人但以空言了事者比也。

3400 **逸語十卷** 乾隆十二年曹氏刊本。 一函三册。

國朝曹庭棟編輯。以孔子之言,除諸經所載外,其見于諸子百家者,尚多記述,顧傳聞異辭,純駁互見,宋元以來如戴良《論語外書》、楊簡《先聖大訓》、薛據《孔子集語》等書,率雜采成編,未加審擇,使後人疑信相參,非所以昌明聖道也,乃别爲是編,削誣正誤,次爲二十篇,分十卷。大抵專於記言,略于記事。凡叙述繁冗,無關誦法者摘録之。及門諸子之言,間亦附入。其例皆竊取《論語》,而其文皆爲諸經之所逸,因名《逸語》。復宗朱子《論語集注》之意,爲之詁訓。先儒語録有可參證者,并引據焉。每章之末,皆注明所出之書于下。

3401 **松雪齋集十卷外集一卷續集一卷** 康熙癸巳曹氏城書室刊本。 一函四册。

元趙孟頫撰。其集先有明萬曆間江元禧刻本,寥寥數篇,實非足本。此本爲公子仲穆所編,而至元間花溪沈氏所刊者。其《外集》一卷,亦沈氏家塾所刊。康熙中,海上曹培廉以家藏舊抄本并從長洲某家借得所藏元人原刻本校正訛缺,復裒他書及石刻所載,合之家藏墨迹,爲《續集》一卷,鳩工重鋟,以廣其傳。前有戴表元大德戊戌序,又至元己卯何貞立序。文敏以宋朝皇族改節事元,頗不諧于物論,然風流文采,冠絶當時,不但翰墨爲元代第一,即以文章而論,亦揖讓于虞、楊、范、揭之間,未可決其後先也。

3402 **陸士衡集十卷** 明正德汪士賢、都穆校刊本。 二册。

晋陸機撰。

3403 **陸士龍集十卷** 同上。 三册。 共一函五册。

晋陸雲撰。此與《士衡集》即宋慶元間信安徐民瞻所刻《二俊文集》本也。明正德己卯,都穆、汪士賢又因宋本重爲校刻。前有徐民瞻原序,又都穆跋。此集張氏《愛日精廬藏書志》皆著于録,而《四庫總目》則衹有《士龍集》,殆未見《士衡集》也,宜珍藏之。

3404 **易象正十六卷** 通行本。 一函。

明黄道周撰。先生初作《三易洞璣》,以卦圖推休咎,而未及于諸爻之變象。是編則于每卦六爻皆即之卦以觀其變,即左氏内外傳所列古占法也。書凡十六卷,初二卷發明圖象,中十二卷發明象爻,終二卷發明圖書。前又爲《凡例》一卷,不在數内。按宋人沈該之《易傳》、都絜之《易變體義》,皆發明之卦,與此書體例相似。而是書則每爻之下先列本卦之彖辭,次列本卦之象辭,然後列本爻之象辭,較沈、都之書更爲詳密矣。

3405 **表記集傳二卷附春秋問業一卷** 閩刻本。 二册。

前人撰。于《禮記》中《表記》一篇分爲三十六章,每章皆引《春秋》解之。按:《表記》古注衹分九節,至陳澔作《集説》,不用注疏次第,强分爲四十三章,已爲乖古。石齋先生乃又約爲三十六章,并强立篇名,隨心標目,皆未免自我作古。且以“表”爲“晷表”之“表”,見于自序。不作“儀表”講,亦不免附會。而其援證麟經,借《春秋》以抒議論,雖不必盡得乎經義,而往往有關于世教,則謂之爲經外别傳可也。

3406 **坊記集傳二卷附春秋問業一卷** 同上。 二册。

前人撰。自序謂聖人之防亂,莫大於《春秋》,猶坊止水之所自來也,故以是篇爲經,而每章之下皆臚舉《春秋》事迹以證之。凡分三十章。

3407 **緇衣集傳四卷** 同上。 二册。

前人撰。分二十三章,亦各創立名目。按:鄭注云《緇衣》篇,善其好賢也,故述其所稱之詩以爲其名。是此篇本有辨别善惡之義,故黄氏因而推衍其説,雜引史事以證之。于愛憎之公私,人才之邪正,剖辨最明,蓋借此以開導君心也。

3408 **儒行集傳二卷** 一册。

前人撰。分一十七章。雜引歷代史傳,以某某爲能自立,某某爲剛毅,皆臚列佐證,意在上之取士,執此爲則,以定取捨之衡。蓋亦借以納誨也。

3409 **洪範明義四卷** 同上。 二册。

已見前,單行本。①

3410 **三易洞璣十三卷** 同上。 三册。 以上共二函,計十二册。

前人撰。是書約天文曆數歸之于《易》,實術數之書,非解經之正宗也。其曰“三易”者,謂伏羲之易、文王之易、孔子之易也。

---

① 見1730條。

曰"洞璣"者，謂易之測天道，猶璿璣之測天象，故以爲名。一、二、三卷爲《伏圖經緯》上、中、下，即陳、邵所傳之《先天圖》。四、五、六卷爲《文圖經緯》上、中、下，即《周易》上、下經次序。七、八、九卷爲《孔圖經緯》上、中、下，即《説卦傳》出震齊巽之方位。十、十一、十二卷爲《雜圖經緯》上、中、下，即《雜卦傳》之義。十三卷爲《餘圖總緯》，則因《周官》太卜而及于占夢之六夢、眂祲之十煇以及後世奇門太乙之術也。又按《四庫書目提要》稱此書凡十六卷，尚有第十四、十五、十六三卷，爲《貞圖經緯》上、中、下，與《雜圖》相準云云。今此本爲《石齋九種》中刻本，實止十三卷，無後三卷。檢查序目，并非缺脱，俟再考之。

3411 **觀象玩占五十卷** 抄本。【眉批：按《開元占經》卷九十三有引《觀象玩占》之説。】 二函十八册。

題唐李淳風撰。凡日月、五星、雲漢、彗孛、客流、雜氣以及山川陸澤、城郭宫室、營壘戰陣、風角鳥情皆著于占，而陰晴風雨、雹露霜霧咸附焉。《四庫書目提要》指爲後人依托，誠非誣也。然所引諸書如《荆州占》、《黄帝占》、甘氏石氏之説、《天文録》諸書，今久不傳者，往往爲是書所援引。則弃僞取真，與《開元占經》一例，收之可也。

3412 **天原發微三卷** 明刊本，不全。【眉批：後又有抄本五卷①，全。】 一函六册。

宋鮑雲龍撰。雲龍，字景翔，歙縣人。景定②中鄉貢進士，入元不仕以終。其著是書，以秦漢以來言天者或拘于術數，或淪於空虚，致天人之故鬱而不明。因取《易》中諸大節目，博考詳究，先

---

① 未著録。

② "定"原誤作"祐"，《四庫全書總目 · 天原發微》云"景定中鄉貢進士"，今據正。

列諸儒之説於前,而以己見辨論其下。擬《易大傳》天數二十有五,立目二十五篇。伏讀《四庫書目提要》云其篇目一曰《太極》,以明道體;二曰《動静》,以明道用;三曰《静動》①,以明用本於體;四曰《辨方》,言一歲運行,必胎坎位;五曰《元渾》,言萬物終始,總括天行;六曰《分二》,言動静初分;七曰《衍五》,言陰陽再分;八曰《觀象》,言四象生兩儀之故;九曰《太陽》,十曰《太陰》,十一曰《少陽》,十二曰《少陰》,以日月星辰分配,用邵子之説,與《大傳》旨異;十三曰《天樞》,言北辰;十四曰《歲會》,言十二次;十五曰《司氣》,言七十二候;十六曰《卦氣》,言焦、京學爲《太玄》所出;十七曰《盈縮》,言置閏;十八曰《象數》,言《圖》《書》;十九曰《先後》,言先、後天;廿曰《左右》,言左旋右旋;廿一曰《二中》,言五六爲天地中;廿二曰《陽復》,言復爲天心;廿三曰《數原》,言萬變不出一理;廿四曰《鬼神》,言後世所謂鬼神多非其正;廿五曰《變化》,言天有天之變化,人有人之變化,而以朱子主敬之説終之。其書本五卷,今余此本于書坊中殘書中得之,缺前二卷,僅從第十一篇《少陽》起迄末,而前十篇無之。因思此書流傳甚稀,雖殘珪斷璧,亦堪爲寶,急携之歸,以俟另物色足本抄補之。其書泛濫象數,不免傷雜,而條理分明,實爲數學之總滙。元元貞間,鄭昭祖曾刊行之,方回、戴表元皆有序。至於明初,其族人鮑寧,本趙防之説,附入辨正百餘條,剖析異同,多所推闡。又作《篇目名義》,及采雲龍與方回問答之語爲《節要》一卷,冠于首,于原書甚有裨助。而於原文頗有所删改,非復元貞刊本之舊。此據《四庫提

① “動”原誤作“道”,《四庫全書總目·天原發微》云“曰《静動》,以明用本於體”,今據正。

要》所云如此。今此本既佚前二卷,故并寧所作《篇目名義》及《節要》一卷皆在所佚之内,方回序亦無由見,僅存書末戴序而已。

3413 **百越先賢志四卷** 抄本。 一函二册。

明歐大任撰。自勾踐苗裔散處海上,有閩越、甌越、西越、駱越諸名,而統名曰"百越"。歐氏因搜采先賢事迹,自春秋迄魏晋,共得一百三十八人,原序稱"自周迄漢,得百二十人"云云,與書自相矛盾,《四庫總目提要》亦沿其失,今改正,并詳于書後自跋中矣。大抵依據史志者爲多。每條之下皆注明所據之書,尤爲信而有徵,非同杜撰。

3414 **吴郡名賢圖傳贊二十卷** 道光甲申顧氏刊本。 一函八册。

國朝長洲顧沅撰。吴郡名賢畫像創於《會稽先賢像贊》,見《隋書·經籍志》,此以繪像成書之最古者,久已不傳。宋袁韶知臨安府時,曾建許由以下三十九人之祠,并各爲傳贊,其書今刻于鮑氏《知不足齋叢書》中,此但以傳贊著者也。至明王世貞《吴中往哲像贊》,祇畫明代諸賢,至中葉而止。其後錢穀、張蟾二家迭有增補,兼及寓公,然亦僅迄明末,其前乎明者闕如也。長洲顧氏得錢、張二家所圖之册,于彭、蔣二氏共繪二百餘人,乃合而繪之,并遠搜博訪,上溯周漢,下迄昭代以來吴中先賢、名宦、寓公,共得五百七十人。或訪之賢裔所存圖影,或稽之祠宇塑像,以及好古者之鑒藏,都爲一册。其時中丞陶雲汀先生澍以所繪像五百七十勒石庋于郡學東之滄浪亭,春秋致祭。顧氏復博考諸賢事迹,爲之傳贊,成二十卷,鋟梓以傳。其詳見諸家序及凡例。

3415 **芳洲集十卷** 明萬曆刊本。 附録一卷 有目無書。 一函五册。

明陳循撰。先生字德遵,泰和人。永樂乙未進士第一,官至户部尚書、華蓋殿大學士。是編爲其裔孫以躍所輯。《附録》一卷則誥、祭文、志銘之類也,然有目無書,殆佚之矣。

3416 **滄溟集三十卷附録一卷** 明隆慶刻本。 一函八册。

明李攀龍撰。攀龍,字于鱗,歷城人。以家近東海,故自號滄溟子。明代文章自前、後七子而大變。前七子以李夢陽爲冠,何景明輔翼之;後七子以攀龍爲冠,王世貞應和之。殷士儋爲作墓志,王世貞爲作傳,并作文祭之,所以推崇之者,皆不免太過。然平心而論,其才學富健,亦實足以凌轢一時也。其集凡詩十四卷,文十六卷,又附録志傳諸文一卷。

3417 **新儀象法要三卷** 宋乾道壬辰施氏刻本。① 一函三册。

宋蘇頌撰。前所列抄本②謬誤不可枚舉,此乃宋刻本也。上卷自《渾儀》至《水趺》凡十七圖,中卷自《渾象》至《冬至曉中星圖》凡十八圖,下卷自《水運儀象臺》至《渾儀圭表》凡二十五圖,後各有説。前爲《進儀象表》。卷末有"乾道壬辰九月九日吴興施元之刻本于三衢坐嘯齋"二十一字。後又有跋云"朱文公亟稱此書,生自童時訪求不獲,今乃於錫山華中甫所觀焉,豈勝欣幸! 通天地人之謂儒,可忽哉! 嘉靖己酉六月甲子鄞豐道生題"云云,知此本爲明豐氏所收藏。又卷中每有金谿梁氏識語,則此書又不僅爲豐氏所藏,第不知梁氏者爲某朝人也。其書紙質瑩潤,字體圓勁,决非元明之物,其爲宋乾道中施氏原刻無疑。余得于同年友京江趙子舟楫。太史處,乃子舟之親誼托其轉售者。余以賤價購之,展卷披玩,不勝狂喜。錢遵王《讀書敏求記》所列率係宋板、元抄,而此書僅屬影宋抄本,則遵王之未見刊本可知也。伏讀《四庫總目》著録本,亦係抄本。又據《天禄琳琅書目》云閣中所貯之本

---

① 邵懿辰《簡目標注》:"路有宋刊本。"

② 見第2521條。

即係錢氏之本,則乾隆中詔求遺書,竭諸守臣搜訪之力,亦未見此刊本可知也。昭文張氏金吾近世最號收藏,所著《愛日精廬藏書志》一書非秘本不濫著録,所列此書亦係影抄之本。則此刊本之不傳人間,蓋已數百年矣。觀朱文公之語,知宋時已甚重其書,況又閲數百年而鬼神呵護,留此種子,不絶如縷,今乃無心而得之於余,此殆亦象罔獲珠耶?

3418 **史記一百三十卷** 震澤王氏刻本。 四函二十四册。

近世所行《史記》,凡官私各刻本,均係經明人删削,注文不全。此本爲震澤王氏所刻,凡裴氏《集解》、張氏《正義》均一仍其舊,特爲完善,以今本細校之,有大不同,其詳見《四庫總目提要》,兹不贅。至於司馬貞《索隱》,則有毛氏汲古閣所刻單行本在前,已著録矣。① 卷末有嘉靖丁亥林屋山人王延喆刻是書跋,稱取舊藏宋本翻刻者,起乙酉臘月,迄丁亥三月。

3419 **駱賓王集十卷考異一卷** 嘉慶丙子江都秦敦甫先生刻本。 二册。

前已列項家達刻本②,此則嘉慶中江都秦氏因元和顧廣圻所校汲古閣舊藏宋蜀本重雕者。凡分十卷。秦氏序云此本編次賦、頌一,詩四,表、啓、書二,雜著三,實爲唐郗雲卿所編之本,未經後人改易者。顧廣圻復取《文苑英華》互勘,爲《考異》一卷附之。卷前有郗雲卿序一篇。

3420 **吕衡州集十卷考證一卷** 秦刻,道光丁亥刻本。 二册。

唐吕温撰。前祇列席氏所刻詩二卷,此則其詩文全集也。温,字和叔。由侍御史謫道州刺史,徙衡州卒,故以名集。其集

---

① 見第938條。

② 見第1289條。

《四庫》官本及世所行本皆自常熟馮氏抄出者。馮本係從錢氏借得前五卷，又從郡中買得宋本後五卷，而第六、第七兩卷均之闕如，乃取《文苑英華》《文粹》照目寫入，以傳于世。其説見《四庫提要》。此本則顧澗蘋從吴氏有堂家藏足本借以考校，而秦氏刻之者也。吴氏有跋，見秦序。顧氏亦爲《考證》一卷附焉。

3421 **李元賓文集六卷** 秦氏嘉慶戊寅刻本。 二册。 以上共一函。

唐李觀撰。元賓其字也，趙州贊皇人。爲李華之從子。事迹具華傳内。其集爲大順元年給事中陸希聲所編，于兵燹之餘搜得遺文二十九篇，序而編之，分爲三卷。後宋慶曆中蜀人趙昂又搜輯得文十二篇、詩四首，别爲《外編》二卷附焉。《四庫》本即此五卷之本也。嘉慶中江都秦敦甫前輩于校勘《全唐文》時又於《唐文粹》《文苑英華》諸書得文六篇，并趙昂原編有目無書之《帖經日上王侍郎書》一篇、《晁錯論》一篇，共八篇，爲《續編》一卷附於後。趙昂所編之《外編》本文十四篇、詩四首，見晁氏《讀書志》。經後人輾轉傳抄，遂將《帖經日上王侍郎書》一篇及《晁錯論》一篇遺失，故遂有目無書。見《四庫提要》及秦氏《李元賓文集序》。秦氏既刻李集五卷，又續編一卷，本無者增之，本有而闕者補之，而李氏之集裒然大備矣。

3422 **張燕公集二十五卷** 聚珍板本。 一函四册。

唐張説撰。其集《唐志》作三十卷，宋以來諸家著録則皆二十五卷，與今本同。然《文苑英華》及《唐文粹》所載詩文此集未收者尚有六十一篇，蓋撰録二書之時其五卷尚未佚也。乾隆間修輯《四庫全書》時，諸臣于本集外所搜得者，皆依類補入，使成完本。而二十五卷之數，則仍其舊目，以活字板印行之。

3423 **黄先生集八卷** 明萬曆曹學佺等刊本。 一函二册。

唐黄滔撰。滔,字文江,莆田人。乾寧二年進士第。光化中除四門博士,尋遷監察御史裏行,充威武軍節度推官。時節度使即王審知也。審知據有全閩,而終守臣節,滔匡正之力爲多。其事迹詳《五代史補》。《唐志》載滔集十五卷,久已散佚。此本前有楊萬里及謝諤序。① 楊序稱滔裔孫永豐君自言此集久逸,其父考功公始得之,僅數卷而已。其後永豐君又得詩文五卷于吕夏卿家,又得逸詩于翁承贊家,又得銘碣于浮屠、老子之宫,《四庫提要》云"編爲十卷",此本序中無此語。曾時傑與其猶子晞説刊刻傳之,是爲淳熙初刻。後再刻于明正德。三刻于萬曆,即此本也。集中文頗贍蔚,詩亦有貞元、長慶②之遺,實在徐寅諸人之上。末《附録》四條。

3424 **隨園食單一卷** 嘉慶中刊本。 一函一册。

國朝錢唐袁枚撰。自序每食某氏而飽,必使家厨往彼竈觚,執弟子禮。四十年來,頗集衆美。③ 因都問其方略,集而存之,以成此編。分十四單,曰須知單、曰戒單、曰海鮮④單、曰江鮮單、曰特牲旦、曰雜牲單、曰羽族單、曰水族有鱗單、曰水族無鱗單、曰雜素菜單、曰小菜單、曰點心單、曰飯粥單、曰茶酒單。每物各詳其烹治調飪之法,多今時下所尚。

3425 **别雅五卷** 督經堂刊本。 一函五册。

國朝吴玉搢撰。取字體之假借通用者,依韻編次,各注所出,

---

① "楊"原誤作"揚","序"原誤作"集",《四庫全書總目·黄御史集》云"此本卷首有楊萬里及謝諤序",今據正。

② "慶"字原脱,《四庫全書總目·黄御史集》云"詩亦有貞元、長慶之遺",今據補。

③ "美"原误作"矣",今據原序正之。

④ "鮮"原誤作"解",今據原書正之。

爲之辨證。可以考古書文字之異同。

3426 **古靈集二十五卷** 抄本。[①] 一函五册。

宋陳襄撰,其子紹夫編。以所居在侯官古靈村,因以名集。李綱爲之序。

3427 **經韻樓集十二卷附儀禮漢讀考一卷** 道光辛巳段氏家塾[②]刊本。 一函六册。

國朝金壇段玉裁撰。先生有《説文解字注》,已著録。[③] 是乃其文集也。先生研窮漢學,爲東南宿儒,尤深于詁訓之學。是編雖以集名,而實皆考證之文,與他家文集之僅以才華擅長者不同。末附《儀禮漢讀考》一卷,乃取《儀禮》中諸字之通同假借者,爲之辨證,故曰"漢讀考"。此爲未成之書,故祇一卷。

3428 **戴東原集十二卷年譜一卷** 同上。 一函四册。

國朝戴震撰。亦皆考證之文。東原先生乃段若膺先生之師也,故段爲刻其集。《年譜》一卷,段氏所作。

3429 **周禮漢讀考六卷** 同上。 一函二册。

段氏撰。其體例與《儀禮》同。

3430 **春秋左氏古經十二卷** 同上。 一函二册。

前人撰。胡安國《春秋》之經乃雜取《左氏》《公》《穀》三家之經爲書,而《漢志》所言之"古經",後人不得復見。是書乃專録《左氏》經文,不使與《公》《穀》二家相雜,而又以二家之不同者附注于《左氏》本經之下,兼爲訂正之語。

---

① 邵懿辰《簡目標注》:"路有鈔本。"

② "塾"原誤作"埶",今正。

③ 見第1025條。

3431 **聲韻考四卷** 同上。 一函一册。

戴氏撰。已見前。①

3432 **毛詩故訓傳三十卷** 同上。 一函三册。

前人撰。《漢志》云《毛詩》經二十九卷、《毛詩故訓傳》三十卷。古時傳與經本各自爲書。自後《毛傳》與《鄭箋》久與經文相雜厠,而《故訓傳》之本文遂淆。段氏故仍《漢志》之舊而析出之,其義例詳于序文。

3433 **古文尚書撰異三十二卷** 同上。 一函六册。

前人撰。其義例略于義説,詳于文字。取漢以來治《古文尚書》者,搜其文字之與《今文》異者,剖析疏證,撰爲此編。與閻氏《古文尚書疏證》、惠氏《古文尚書考》足相羽翼。②

3434 **咸淳臨安志九十五卷補闕一卷札記三卷** 道光庚寅錢唐振綺堂汪氏刊本。 四函。

宋潛説友撰。前所列抄本③與《四庫》官本同,衹九十三卷,原本一百卷,傳世甚希,遂致闕佚。朱竹垞先生曾從海鹽胡氏、常熟毛氏先後得宋槧本八十卷,又借鈔十三卷,尚闕六十四、六十五、六十六及九十、九十八、九十九、一百,共七卷。《四庫》本即據以入録。余前得抄本正與《四庫》官本所闕卷同。而輾轉傳抄,脱訛不堪枚舉。然無善本可校,雖明知疵纇,猶以爲古物也而珍之。三年前曾聞有汪氏仿宋刻本,然訪購不獲,悵然者久之。今秋坊友忽有持汪刻本求售者,余不勝狂喜。詳加披閱,乃道光十年所刻。汪氏名遠孫。跋云此本乃從吴縣黄蕘圃名丕烈,家富收藏,且多宋槧,先生曾作《百宋一廛賦》以紀其事。處得宋槧本八十一

① 見第1272條。

② “翼”原誤作“異”,今正。

③ 見第625條。

卷,又别從宋本影抄十二卷,又盧抱經從知不足齋所藏宋槧殘本抄補六十五、六十六二卷,此二卷乃竹垞先生未見者,即官本所無者。合之共得九十五卷。乃借諸善本參校訂訛,付之剞劂。惟六十四、九十、九十八至一百五卷終不可得矣。汪氏刻此書時,屬同邑黄蘇泉士珣。及海昌吴子撰春照。讎校,黄氏乃又據《夢粱録》及《成化杭州府志》增補第六十四卷人物一卷。其宋本顯誤者,復據周淙《乾道臨安志》、施諤《淳祐臨安志》二書及他書爲之訂正,别爲《札記》三卷附于後。周《志》本十五卷,今祇存三卷。施《志》、《宋史》及諸家書目皆不著録,無由考其卷數,而今世所傳抄本有二,不過全書之半云。此語汪跋所説。周《志》余有其書,施《志》未見。嗚呼!自有此刻而潛氏書無遺憾矣!書之有刻本者,自以刻本爲佳,何也?曾經讎校故也。無刻本者,則不得不寶抄本。其抄本之佳者寶之,即不佳者亦不能不寶之。余既欣獲此刻本,遂以前抄本與坊友互易。坊友亦知余之愛書也,欣然首肯,并不額外索價,或此亦愛書之報也夫。

3435 **欽定歷代職官表七十二卷** 内庭刊本。 四函十八册。

乾隆四十五年奉敕撰。每一曹司爲一表,悉以國朝官制爲綱,而歷代官制列于下表。後詳述建置,亦以國朝居前,歷代列後。凡今有古無、古有今無與名同實異、實同名異者,并一一引據諸説,參考傳記,詳爲疏證。歷代沿革,展卷瞭然。

3436 **古今合璧事類備要前集六十九卷後集八十一卷續集五十六卷别集九十四卷外集六十六卷** 明嘉靖丙辰衢州夏相刊本。 八函四十九册。

宋謝維新撰。《前集》凡六十一門,《後集》凡四十八門,《續集》《别集》各六門,《外集》十六門。采掇極詳,惟不載郡縣、山川、名勝,以祝穆《方輿勝覽》已備也。每門皆前爲事實,後爲虚文。宋代逸事佚篇,往往而在。《後集》所列宋代官制,尤多史志所未詳,遠在《錦繡萬花谷》之上。每條下仍皆注明引用出典,體例尤善。

3437 **春秋繁露注十七卷** 嘉慶乙亥凌氏刊本。 一函四册。

國朝凌曙撰。曙,江都人,國學生。以《繁露》一書久無善本,乃以武英殿官刊聚珍本爲主,而兼取盧抱經校正本、張皋文讀本及明王道焜本,詳爲考訂。復引《公羊傳》及《史》《漢》諸書爲之義訓。

3438 **九靈山房集三十卷補編二卷** 乾隆辛卯戴氏刊本。 一函八册。

元戴良撰。其叙録詳《提要》。乾隆中其裔孫殿江等重刻。

3439 **漢書人表考九卷** 乾隆中刊本。

國朝梁玉繩撰。班《書·古今人表》區分智愚,列爲九等,廣徵典籍,自三皇以迄嬴秦,捜列將及二千人,其中姓名罕見、事迹無考者,指不勝屈。梁氏乃各爲考校,旁徵出典,附載别偁,每一等爲一卷,于讀班《表》者深有裨益。

3440 **吕子校補二卷** 同上。

前人撰。先是畢中丞沅校刻《吕氏春秋》,梓入《經訓堂叢書》中,梁氏曾與校讎之役。及畢書刻成,而梁氏又有續得剩義二百六十餘條,因纂次爲二卷,别行之。

3441 **瞥記七卷** 同上。 以上三種共一函,計七册。

前人撰。自序云遇見瞥觀,每有所得,輒即疏記,故以名其書。凡説經者二百二十七條,説史者二百九十五條,説子者八十五條,又《列女傳》補勘二百十九條,詳卷五前自序。説詩文者八十四條,説雜事者九十六條。附《日①本碎語》十六條。汪鵬撰。

---

① “日”原誤作“目”,今正。

3442 **欽定詞譜四十卷** 内廷刊本。 二函十二册。

康熙五十四年詹事王奕清等奉敕撰。凡八百二十餘調,二千三百餘體,均以字數多寡爲次。刊訛訂妄,具加考證。于諸調得名之源流,倚聲之平仄,句法之異同,以及大曲之套數,均一一注明。填詞者當以此爲指南。

3443 **絶妙好詞箋七卷** 乾隆庚午查氏刊本。 一函二册。

《絶妙好詞》,宋周密編。其《箋》則國朝查爲仁、厲鶚同撰也。周氏所録歌詞始於張孝祥,終于仇遠,凡一百三十二家,采掇菁華,幾於篇篇皆善。查氏等所注,又極爲詳賅,于諸作者里居出處及詞中之本事、詞外之佚事,以及名篇秀句、零珠碎金,均爲摭拾。乾隆庚午,爲仁子善長等刊之。

3444 **續宋編年通鑑十五卷** 從《學津討原》本抄出。① 三册。

宋劉時舉撰。所記起高宗建炎元年,訖寧宗嘉定十七年。詳卷前《提要》。

3445 **建炎維揚遺録一卷** 抄本。

不著撰人名氏。記高宗建炎二年冬至次年三月事。高宗建炎元年十月如揚州,至三年二月如杭州。此所記者,由揚入杭之事,故以“維揚”爲名。《文獻通考》作《戊申維揚録》,即此書也。

3446 **建炎復辟記一卷** 抄本。 共一册。 與上二種共一函四册。

不著撰人名氏。《書録解題》亦不知爲何人作。叙韓世忠戰功特詳。

3447 **明宫史五卷** 抄本。② 一函二册。

---

① 邵懿辰《簡目標注》著録作《續宋編年資治通鑒》,云:“路有鈔本。”

② 邵懿辰《簡目標注》:“路有鈔本。”

明司禮監劉若愚撰。所紀皆宫闈雜事,詞義頗爲猥鄙。而掖庭邃密,非外間所得周知,宦竪見聞最悉。故是書亦頗足以資考證。

3448 **天元玉曆祥異賦十卷** 寫本。①【眉批:别見後。②】 一函十册。

其書不著撰人姓名。余曾于坊中見一書與此本同,而卷前有明洪熙御製序,然則是書蓋明朝官纂之書,以頒賜諸臣者。其書考驗灾祥,各繪圖象于上方,而附朱子及各史志論於下。《浙江采遺書目》中有此書,云十册。今此書標十卷,分爲十册,上方用五采繪畫圖象,下列諸説,與書目所云合。惟題曰《繪相祥異書》,且前無序文。然以坊本之有序者較之,實即《天元玉曆祥異賦》也。余曾于坊中三見此書。一書衹三册,不全。一書作五册,前有洪熙御製序,分甲、乙、丙、丁、戊、己、庚、辛、壬、癸十集,而繪畫惡劣,不如此本之工。當于暇日借坊本之有序者,補録此書之首,使成完璧焉。

3449 **明典故紀聞十八卷** 明刊本。 一函八册。

明編修交河余繼登撰。馮琦爲之序,云"凡關國家大政大本則書,非大事而於世爲急則書,非大非急而爲異聞見則書,非異而爲事所從起則書"云云。

3450 **錢通十四卷** 原三十二卷,此本闕後十九卷。【眉批:後有全本三十二卷。③】 一函五册。

明胡我琨撰。專論明代錢法,而因及于古制。分十三門。

3451 **南漢書十八卷南漢叢録二卷南漢文字四卷** 道光己丑刊本。 一函八册。

---

① 此條有删除符號。

② 見第 4756 條。

③ 見第 4387 條。

國朝順德梁廷枏撰。以路振《九國志》及吴任臣《十國春秋》諸書于南唐吴越較詳,惟南漢衹粗具崖略,于記傳事迹多所遺漏,且踳駁尤甚,乃根據正史、《通鑒》、輿地諸書,旁及説部、金石文字,凡事涉南漢者,皆録而存之,編爲《本紀》六卷、《列傳》十二卷。每卷之後,皆附以考異,以折衷衆説。其事無可附麗及不宜入紀傳者,别爲《叢録》二卷綴焉。又抄輯南漢君臣著作,爲《文字》四卷,殿于後。蓋仿陸、馬兩家《南唐書》及林駉《吴越備史》而作,欲以備一朝之霸史也。

3452 **政和五禮新儀二百四十卷** 抄本。① 四函二十四册。

宋議禮局官鄭居中等奉敕撰。前有徽宗御製序文及指揮科條等件。書多殘缺,而與《四庫提要》所稱又互有詳略之不同。然北宋典章如《開寶禮》《太常因革禮》等今俱不傳,惟是書僅存,亦考掌故者所不能廢矣。

3453 **山堂考索前集六十六卷後集六十五卷續集五十六卷别集二十五卷** 元刻本。 四函四十册。

宋章俊卿撰。《前集》分十三類,《後集》分七類,《續集》分十五類,《别集》分十一類。門目互相出入,大抵此集所遺,即彼集補苴,節節葉葉而成之,故體例頗爲糅雜。然其引據博贍,考辨精核,在南宋諸類書之中推爲巨擘,迥非他家所及也。

3454 **司馬長卿集一卷** 明汪士賢刊本。 一册。

漢司馬相如撰。凡賦六篇,歌二首,書二首,檄一首,難一首,附《白頭吟》二首。大抵采自《史》《漢》本傳及《文選》等書,少所搜羅。

---

① 邵懿辰《簡目標注》著録作"《政和御製冠禮》十卷《五禮新儀》二百二十卷",邵章云:"路小洲有鈔本,二百二十八卷。"

3455 **蔡中郎集八卷** 同上。 二册。

漢蔡邕撰。是本與張溥《百三家集》互有出入，與文淵閣所收陳留本亦不同。凡詩文、雜著共九十二首。

3456 **曹子建集十卷** 同上。 二册。

魏曹植撰。凡賦四十四首，詩七十四首，雜文九十七首，與《提要》所稱宋本不甚相遠。

3457 **嵇中散集十卷** 明程榮校刊本。 一册。

魏嵇康撰，明黄省曾編輯者也。前有省曾序。而詩及雜文合八十篇，有目無書者又一篇，實七十九篇，與《提要》所言又殊。

3458 **陸士龍集十卷** 明汪刊本。 二册。

3459 **陸士衡集十卷** 同上。 一册。

與《二俊集》本同，已見前。①

3460 **潘黄門集六卷** 同上。 一册。 以上十册共一函。

晋潘岳撰。凡賦十九首，詩四十五首，雜文三十首。《四庫書目》不著録。

3461 **鮑明遠集十卷** 程榮校刊本。 一册。

宋鮑照撰。凡賦十首，樂府三十七首，雜詩一百六十三首，雜文二十六首。

3462 **謝康樂集四卷** 同上。

宋謝靈運撰。凡賦十四首，樂府十九首，雜詩六十四首，雜文三十三首。

3463 **謝宣城集五卷** 同上。

齊謝朓撰。原集本十卷，宋樓炤惟刻其詩五卷，而十卷之本

---

① 見第3402、3403條。

遂不傳，傳者皆五卷本也，《四庫》著録本亦然。今此本亦稱五卷，而第一卷乃有賦九首，第五卷末又附載教箋、策文各一首，其餘乃皆爲詩。是于樓本之外，又後人臆爲增益也。

3464 **昭明集五卷** 同上。 一册。

梁昭明太子統撰。本集二十卷，隋、唐《志》并同。至《宋史・志》則僅載五卷，蓋散佚之後殘缺本也。此本末有淳熙八年袁説友後序，稱"池陽郡齋既刻《文選》與《雙字》二書，今又得《昭明文集》五卷，而并刊焉"云云，是此書即宋本也。明楊慎、周滿、周復俊等重加校刊，諸所校改之字各列本名于條下。按《四庫》官本稱有明葉紹泰刊本，作六卷，不識與此本合否。

3465 **任彦昇集六卷** 同上。 一册。

梁任昉撰。凡賦一首，詩二十五首，雜文五十三首。《四庫》本不著録。

3466 **江文通集十卷** 同上。 二册。

梁江淹撰。《四庫》本所録乃乾隆戊寅梁賓以此本及《百三集》本合校者，與此不同。

3467 **庾開府集十二卷** 四册。 以上十一册共一函。

周庾信撰。

3468 **十三經注疏并釋文校勘記二百四十五卷** 嘉慶中阮氏刻本。 十函六十八册。

國朝大學士儀徵阮芸臺元撰。諸經皆以宋本爲據，而互校明閩、監、毛諸本之異同。仿《韓文考異》之例，各以本句標題，而列其異同得失于下。凡格式之互異者，亦一一注明。其有舛訛者，亦校而注之。蓋即沈氏《十三經注疏正字》之例也，而精核詳博，則非沈氏所及。前列《凡例》《總目》，每經之首又各列所據各本。

凡《周易》十一卷、《尚書》二十二卷、《毛詩》十卷、《周禮》十四卷、《儀禮》十八卷、《禮記》六十七卷、《春秋左氏傳》四十二卷、《公羊傳》十二卷、《穀梁傳》十三卷、《論語》十一卷、《孝經》四卷、《爾雅》五卷、《經解》作八卷。《孟子》十六卷。

3469 **史記一百三十卷** 明萬曆廿四年南京國子監祭酒馮夢禎刊本。 三函廿四册。

漢司馬遷撰。凡一百三十篇,缺其十篇,褚少孫補之。宋裴駰《集解》、唐司馬貞《索隱》、張守節《正義》本各自爲書,宋元豐刊本合三家之注爲一,至今仍之。此本爲明南雍所刊,校正時既于舊注多所刪除,刊刻時又多所漏略,皆已非其全文。雖黄汝良序云"題評新語,雖愛必捐。注釋舊文,雖多必録"云云,見馮序及黄汝良序。而相沿既久,所録之注仍略于宋本,故《四庫》本并列三家舊注原本,職此故也。莊已得震澤王氏所刊《史記正義》足本①,又得汲古毛氏所刊《索隱》足本②,此不足之本則聽之而已。

3470 **前漢書一百二十卷** 乾隆四年武英殿刊本。 四函三十二册。

漢班固撰,其妹昭續成之,唐顔師古注,宋景祐元年秘書丞余靖等重校。

3471 **後漢書一百二十卷** 明萬曆二十四年國子監祭酒李廷機等校刊本。 四函二十八册。

《本紀》十卷,《傳》八十卷,宋范曄撰,唐章懷太子賢注。《志》三十卷,則晋司馬彪《續漢書》之文,梁列昭注之。唐以前本各自爲書,宋乾興中判國子監余靖建議校刊,乃取以補范《書》之闕,宜列于范《書》紀、傳之後。明南監本乃置于《本紀》之後、《列

---

① 見第3418條。

② 見第938條。

傳》之前,與范《書》相雜,非是。

3472 **三國志六十五卷** 武英殿刊本。 二函十四册。

晋陳壽撰。《魏志》三十卷,《蜀志》十五卷,《吴志》二十卷。宋裴松之注。

3473 **晋書一百三十卷音義三卷** 殿本。 三函三十册。

唐房喬等撰。以陸機、王羲之二傳太宗製贊,故卷首題"太宗御撰"。凡《帝紀》十卷、《志》二十卷、《列傳》七十卷、《載記》三十卷,末附唐何超《音義》三卷。

3474 **宋書一百卷** 殿本。 二函二十四册。

梁沈約撰。凡《紀》十卷、《志》三十卷、《傳》六十卷。中有闕卷,補以《南史》,則自宋已然。

3475 **南齊書五十九卷** 殿本。 一函八册。

梁蕭子顯撰。原本六十卷,至唐佚其一卷。《文學傳》、《州郡志》及《桂陽王傳》亦均有闕文。

3476 **梁書五十六卷** 武英殿本。 一函八册。

唐姚思廉撰。凡《本紀》六卷、《列傳》五十卷。蓋因其父察遺稿而續成之者也。

3477 **陳書三十六卷** 武英殿本。 一函六册。

前人撰。凡《本紀》六卷、《列傳》三十卷。亦因其父遺稿而成之者。

3478 **魏書一百十四卷** 殿本。 三函廿四册。

北齊魏收撰。凡《帝紀》十二卷、《列傳》九十二卷、《志》十卷。有分子卷者,共計一百卅卷。原書多所闕亡,後人以他書補之。

3479 **北齊書五十卷** 殿本。 一函八册。

唐李百藥撰。《本紀》八卷,《列傳》四十二卷。

3480 **周書五十卷** 殿本。 一函八册。

唐令狐德棻等撰。與《北齊書》同多斷爛,後人取《北史》補之,而又多所竄亂。

3481 **隋書八十五卷** 殿本。 二函二十四册。

唐魏徵等撰。凡《帝紀》五卷、《志》三十卷、《列傳》五十卷。

3482 **南史八十卷** 殿本。 二函二十册。

唐李延壽撰。宋、南齊、梁、陳四朝史也。凡《帝紀》十卷、《列傳》七十卷。

3483 **北史一百卷** 殿本。 三函二十四册。

前人撰。魏、北齊、周、隋四朝史也。凡《帝紀》十二卷、《列傳》八十八卷。

3484 **新唐書二百二十五卷** 殿本。 六函四十九册。

宋歐陽修、宋祁同撰。凡《本紀》十卷、《志》五十卷、《表》十五卷、《列傳》一百五十卷,末附宋董衝《釋音》二十五卷。

3485 **新五代史七十四卷** 殿本。 一函十册。

前人撰。凡《本紀》十二卷、《列傳》四十五卷、《考》三卷、《世家》十卷、《年譜》一卷、《附録》三卷。徐無黨爲之注。

民國二十七年二月徐壽愷抄,計共二萬六千二百三十字。

# 蒲編堂路氏藏書目二十四

小洲手訂　共計書六百三十五種,除去重複。

3486 **雍録十卷**　明新安吴琯校刻本。　一函二册。

宋程大昌撰。前所列《古今逸史》本衹六卷①,缺後四卷。此本即《古今逸史》本而單行者,余于癸卯春于廠廟中得之,恰足補闕。天然湊合,良非偶然,不勝舞蹈。携歸後秉燭酌酒閲之,終卷乃眠。

3487 **錢塘遺事十卷**　嘉慶己未掃葉山房刻本。　一函二册。

元劉一清撰。其書雖以錢塘爲名,而實記南宋一代之事。高、孝、光、寧四朝所載頗略,理、度以後叙録最詳。大抵雜采宋人説部而成,故頗與《鶴林玉露》《齊東野語》《古杭雜記》諸書相出入。又往往録其原文,凡作者自稱之處,皆因仍語意,不加刊削,是其疏也。而于宋末軍國大政以及賢奸進退,條載縷述,多有正史所不及者。是書久無刊本,《四庫》所録乃浙江汪啓淑家藏抄本,前後無序跋,惟卷端題識數行而已。此本爲姑蘇掃葉山房書坊所刻,書分十卷,凡一百五十七條,與《提要》所言合,當係由汪家舊抄足本而付梓者,良足寶也。陶氏《説郛》有此書,僅寥寥數條,知陶氏亦未必見原書矣。

---

① 見第1003條。

3488 **經義考補正十二卷** 乾隆五十七年翁氏刊本。 一函二册。

國朝翁覃溪學士方綱撰。先是朱竹垞先生撰《經義考》一書，綜核賅貫，爲經訓淵藪，前已著于録矣。① 而體大物博，時不免舛迕。歸安丁小疋進士杰曾加校正，積數十條。覃溪先生乃取丁所校本，復與江西拔貢生王聘珍重加讎勘，得一千八十八條，因彙而梓之，名曰《經義考補正》。蓋非特正其訛舛，兼以補其闕略。得是編而朱氏之書毫髮無憾矣。

3489 **南唐書注十八卷唐年世總釋一卷州軍總音釋一卷** 道光二年壬午湯氏刊本。 一函八册。

國朝湯運泰撰。所注者乃陸游《書》也。仿裴氏《三國志注》之例，以成是編。凡事涉于南唐者，自正史外罔不搜羅，考南唐事迹者，當以此爲總匯。其詳見凡例。

3490 **通俗編三十八卷** 乾隆十六年崔氏無不宜齋刊。 一函八册。

國朝仁和翟灝撰。其書仿李商隱②、《釋常談》諸書而作，凡事物名稱以及俗語所本，皆一一考究其原，故以"通俗"爲名。凡分三十八門，門爲一卷，甚爲博贍。

3491 **廿二史考異一百卷三史拾遺五卷諸史拾遺五卷** 乾隆庚子、嘉慶丁卯前後續刻。 二函十二册。

國朝少詹事嘉定錢大昕撰。皆其讀史時劄記之言。于諸説異同得失及文字舛誤脱漏者，凡有所得，皆爲之考證，總名《廿二史考異》。凡《史記》《晋書》各五卷，《漢書》《舊唐書》各四卷，《後漢書》、《三國志》、《魏書》、南北《史》各三卷，《續漢書》《宋

---

① 見第599條。

② "李商隱"後疑當有"義山雜纂"四字。

書》《隋書》各二卷，南齊、梁、陳、北齊、周《書》、遼金《史》各一卷，《唐書》《宋史》《元史》各十六卷，《五代史》六卷，總百卷。于乾隆庚子序而刊之。迨嘉慶中，以續所得《史記》、兩《漢書》考異諸條爲《三史拾遺》，寄副本于其門人李賡芸。嗣詹事捐館後，賡芸又獲其所撰《諸史拾遺》，自《三國志》下迨《元史》，皆以補前書考異之未備者。賡芸因于十二年丁卯共加校刊，與前《考異》合爲一書云。

3492 **子夏易傳十一卷** 通志堂本。以下皆同。 三册。

舊題卜子夏撰，實後人輾轉依托，非原書也。然自唐宋以來，即傳此本，其僞已久，至今仍之。詳見《四庫提要》及朱氏《經義考》。

3493 **易數鈎隱圖三卷附遺論九事一卷** 一册。

宋劉牧撰。其説出于陳摶，與邵子先天之學異派同源。惟以九數爲《河圖》，十數爲《洛書》，與邵子異。宋人《易》數，以此書爲首。其《遺論九事》，皆奇偶陰陽之説，先儒之所未言者也。

3494 **横渠易説三卷** 三册。

宋張載撰。文雖簡略，而頗爲篤實。

3495 **易學一卷** 一册。

宋王湜撰。其説專明邵子之學。

3496 **紫巖易傳十卷** 六册。

宋張浚撰。其説發揮《易》理。末卷雜論《河圖》，主劉牧之説。

3497 **漢上易傳十一卷卦圖三卷叢説一卷** 六册。 以上共二函。

宋朱震撰。其書以數爲宗，闡陳、邵河洛、先天之學，而兼采漢以來卦變、互體、伏卦、反卦諸説，頗爲蕪雜。然得失互陳，不妨瑕瑜兼收,精而擇之,存乎其人。末附《漢上先生履歷》,則其歷官敕詔及祭文之屬也。

3498 **易璇璣三卷**

宋吴沆撰。自序謂“上卷明天理之自然,中卷講人事之修,下卷備傳疏之失”。凡二十七篇。其曰“璇璣”者,取《易·略例》“處璇璣以觀大運”語也。

3499 **周易義海撮要十二卷** 與上共六册。

宋李衡删定。初,熙寧中蜀人房審權病《易》説多歧,摘取專明人事者,由鄭玄迄王安石凡一百家,共爲一百卷,名《周易義海》。衡病其蕪雜重複,乃删掇精要,以成此書,故名曰“撮要”。

3500 **易小傳六卷** 三册。

宋沈該撰。以正體發爻象之旨,以變體明擬議變動之義。其占則全用《左傳》所載筮例,在南宋人諸《易》説之中爲獨存古法。

3501 **復齋易説六卷** 一册。 以上第三函。

宋趙彦肅撰。其説推尋卦畫,即象數以求理,不同于支離泛濫者。

3502 **古周易一卷**

宋吕祖謙編。自王弼以後,《周易》皆以傳附經,吕大防以下諸家互有考定,而小有異同。祖謙乃以上下經、十翼各爲一篇,復古本之舊。朱子《本義》即用此本也。

3503 **童溪易傳三十卷** 合上共八册。

宋王宗傳撰。其説力排象數,而不免涉于虚無。大旨與楊簡相類。

3504 **周易裨傳二卷**

宋林至撰。上卷凡三篇,一曰《法象》,二曰《極數》,三曰《觀變》。下卷題曰"外篇",論反對、相生、世應、互體、納甲、變爻、動爻、卦氣八事。

3505 **易圖說三卷** 合上共一册。

宋吴仁傑撰。其說故爲異辭,詳《提要》。姑存以備一格可耳。

3506 **易學啓蒙通釋二卷** 一册。 以上第四函。

宋胡方平撰。發明朱子《易學啓蒙》之義,所采諸說皆一家之學。

3507 **周易玩詞十六卷** 四册。

宋項安世撰。以《伊川易傳》爲宗,而兼言象數,不專闡義理,其流又稍異。

3508 **東谷易翼傳二卷** 二册。

宋鄭汝諧撰。所謂"翼傳"者,翼伊川之《易傳》也。然于程子之說,亦時有異同。蓋糾失補闕,亦所以羽翼之,不必委曲附會也。

3509 **三易備遺十卷** 二册。

宋朱元昇撰。首爲《河圖》《洛書》一卷,祖劉牧之說。次《連山》三卷,以卦位配夏時之節氣。次《歸藏》三卷,以干支納音配卦爻。次《周易》三卷,皆發揮反對、互體之旨。

3510 **丙子學易編一卷**

宋李心傳撰。書成于嘉定丙子,因以爲名。所取惟王弼、張子、程子、郭雍、朱子五家之說,而以其父舜臣之說證之,亦間附以己意。原本十五卷,歲久散佚。此本乃宋末俞琰所節抄,略存梗概而已。

3511 **易學啓蒙小傳一卷** 與上共一册。

宋税與權撰。朱子作《易學啓蒙》,多發明邵子《先天圖》義。至于後天之《易》,則以爲不得文王所以安排之意。與權因研求邵子之説,作此書以補朱子之所遺。

3512 **水村易鏡一卷** 一册。 以上第五函。

宋林光世撰。大旨據《繫辭》之語,謂諸儒詁《易》,獨遺仰觀俯察之義。因居海上,測驗天文,悟天、澤、火、雷、風、水、山、地八宫之星,皆自然有六十四卦,因以星配卦,推闡其旨,而成此書。其説穿鑿附會,《四庫總目》列之《附存目》中,良有以也。

3513 **文公易説二十三卷** 第六函,十一册。

宋朱鑑編。鑑爲朱子之長孫。是書裒輯朱子平日論《易》之語見于《語録》《文集》者,共爲一編,以發明《本義》之旨。

3514 **大易輯説十卷** 第七函,八册。

元王申子撰。前二卷論象數,于陳、邵諸家之説概斥爲有誤。其所取者,自《河圖》《洛書》外,惟羲、文、周、孔及周子五人,未免好爲高論。然自三卷以後,詮釋經文,仍以詞變、象占、乘承、比應爲説,又未嘗不平正切實。

3515 **周易輯聞六卷附易雅一卷筮宗一卷** 第八函,八册。

宋趙汝楳撰。《輯聞》但解上、下經,多所發揮,惟竄亂經文,是其一失。《易雅》總釋名義,凡十八篇,如《爾雅》之《釋詩》,故名曰"雅"。《筮宗》凡三篇,推闡大衍之數,頗爲明晰。

3516 **周易傳義附録十四卷** 十二册。

宋董楷撰。以程子之《傳》、朱子之《本義》合爲一書,又博采程朱之説附録其下,使互相發明。

3517 **學易記九卷**

元李簡撰。仿李鼎祚《集解》、房審權《義海》之例,采《子夏易傳》以下六十四家之説,亦間附以己意。諸家之書,今十不存一,其佚文别説,多賴是書以傳。

3518 **讀易私言一卷** 與上共四册。 以上第九、第十兩函。

元許衡撰。已見前。①

3519 **大易集説十三卷** 九册,第十一函。

宋俞琰撰。按:琰初裒諸家《易》説爲《大易會要》一百三十卷,後又掇其精華爲《周易集説》四十卷,見卷前自序。《四庫總目》及《簡明目録》所言卷數并同。今此本衹十三卷,凡上、下《經説》二卷,《象詞説》一卷,《彖傳説》二卷,《爻傳説》二卷,《文言傳説》一卷,《繫詞傳説》二卷,《説卦説》一卷,《序卦説》一卷,《雜卦説》一卷,合十三卷。殆又一節本而徐氏刻入《通志堂經解》者也。

3520 **周易本義附録纂注十五卷** 三册。

元胡一桂撰。以朱子《本義》爲宗,而取朱子《文集》《語録》之説《易》者附之,謂之"附録"。又纂諸儒之説不悖于《本義》者,謂之"纂注"。

3521 **易學啓蒙翼傳四卷** 五册。 以上第十二函。

前人撰。一桂之父方平嘗作《易學啓蒙通釋》,一桂更推闡辨别之,故曰"翼傳"。凡爲内篇者三,皆發朱子占筮、《圖》《書》之説;爲外篇者一,皆雜論《易》學之支流。

3522 **周易本義通釋十二卷** 七册,第十三函。

元胡炳文撰。大旨以朱子《本義》爲宗,而参以衆説。原本殘缺,惟上、下《經》僅存,其《十翼》乃炳文九世孫珙玠雜采他書所引炳文之説補之者。

---

① 見第 1039、2568 條。

3523 **易纂言十卷** 四册。

元吴澄撰。注釋經義,纂取諸儒之説而鎔會之,頗爲簡明。

3524 **周易本義集成十二卷** 四册,第十四函。

元熊良輔撰。是書雖以羽翼《本義》爲主,而亦兼取古説,不株守一家之言。

3525 **周易會通十四卷** 第十五函,八册。

元董真卿撰。真卿受業于胡一桂,故此書即因一桂《纂疏》而廣之。其書兼舉理、數而持其平,能除門户之見。

3526 **易圖通變五卷**

宋雷思齊撰。以八卦配《河圖》天一至地八,而以五十爲虚數,與先儒之説頗異。《四庫簡明目録》又有《易筮通變》三卷,此本無之。

3527 **易象圖説内篇三卷外篇三卷**

元張理撰。

3528 **大易象數鈎深圖三卷** 以上合三册。

同上二書,皆即陳、邵之書推廣之者,朱子所謂《易》外别傳者也。

3529 **周易參義十二卷** 五册,第十六函。

元梁寅撰。其説皆即日用常行之事,以示進退得失之機,頗爲平易近人。

3530 **合訂删補大易集義粹言八十卷** 第十七、十八二函,廿四册。

國朝納喇性德撰。取宋陳友文《大易集義》、方聞一《大易粹言》,删繁舉要,合爲一編。宋儒説《易》者,略具于斯矣。

3531 **書古文訓十六卷** 五册。

宋薛季宣撰。所載經文皆以古文奇字書之,頗爲駭俗,且多臆造。《四庫》列之《存目》中。

3532 **尚書全解四十卷** 十九册。合上爲第十九、廿兩函。

宋林之奇撰。原本自《洛誥》以下皆佚,其孫畊始掇拾補完。明以來又佚《多方》一篇,《四庫》本從《永樂大典》中搜輯補之。其書頗多新説,然辨析異同,貫串史事,實卓然成一家言。吕祖謙之《書》學,即受諸林氏者也。

3533 **禹貢論二卷山川地理圖一卷後論一卷** 二册。

宋程大昌撰。凡論五十二篇。其《地理圖》本三十一篇并叙,今其圖已佚,祇存叙説。伏讀《四庫總目》列程氏《禹貢論》五卷、《後論》一卷、《山川地理圖》二卷,乃從《永樂大典》輯補者。《後論》一卷,凡八篇。程氏精于考證,所撰《演繁露》《考古編》《雍録》諸書,具見根據。此書糾失正訛,詳明博贍,非苟爲炳炳琅琅者。

3534 **尚書説七卷** 三册。

宋黄度撰。其説一以孔《傳》爲主,而發揮義理,推究治亂,實爲深切暢明。

3535 **增修東萊書説三十五卷** 八册。

後十三卷,宋吕祖謙撰。前二十二卷,其門人時瀾增修。祖謙本續其師林之奇書,故之奇書終《召誥》,而祖謙此書即始《洛誥》。瀾雜取門人所記之語,補爲全書。其字句俚俗,文義繁複者,瀾皆爲删潤之。

3536 **書疑九卷** 一册。

宋王柏撰。乃其辨論《尚書》之文也。《尚書》一經,疑古文者自吴棫、朱子始,并今文而疑之者自趙汝談始,改定《洪範》自龔鼎臣始,改定《武成》自劉敞始。其并全經而移易補綴之者,則自柏始。《四庫總目存目》中詳摘其弊,兹不復贅。

3537 **書集傳或問二卷** 二册。 以上第廿二函。

宋陳大猷撰。大猷先撰《尚書集傳》,因仿朱子注四書例作《或問》,以明去取諸説之意。今其《集傳》已佚,惟《或問》僅存耳。

3538 **禹貢集解二卷** 二册。

即《禹貢説斷》也,宋傅寅撰,已見聚珍板本①提要中。此稱爲"集解",殊誤。

3539 **尚書詳解十三卷** 三册。

宋胡士行撰。多以孔《傳》爲主,而存異説于後。孔《傳》有所未愜,則引楊時、林之奇、吕祖謙、夏僎之説以補之。諸説有所未備,乃以己意解之。于《堯典》《洪範》皆有繪圖。

3540 **尚書表注二卷** 一册。

宋金履祥撰。于每頁烏絲欄外上下左右皆以細字標識,在注經之家别爲一體。雖學出紫陽,而頗不牽就蔡《傳》。其徵引伏氏、孔氏文字異同,皆確有根據。所列作書年月,蓋據胡宏《皇王大紀》而爲之者。

3541 **尚書纂傳四十六卷** 六册。 以上第廿三函。

元王天與撰。其書雖列注疏居前,而大旨以朱子之説爲主,以真德秀之説爲輔,據兩家以去取注疏,蓋堅守紫陽之學者也。

3542 **尚書輯録纂注六卷** 四册。

元董鼎撰。以蔡《傳》爲主,《傳》後繼以《朱子語録》,謂之"輯録"。朱子説後乃附以諸家之説,謂之"纂注"。自序謂《集傳》爲朱子所訂正,則與自著無異。又稱薈萃成朱子之一經,是尊

---

① 見第1994條。

以朱子爲主者也。

3543 **書纂言四卷** 四册。 以上第廿四函。

元吴澄撰。惟注《今文尚書》。自序謂“晋世晚出之《書》,别見於後”云云,然實未注《古文》,蓋托詞耳。考漢代《今文》《古文》,原自别行。澄惟注《今文》,猶專門授受之例,非若王柏删改經文者比也。

3544 **書蔡傳旁通六卷** 五册。

元陳師凱撰。凡名物、典制爲蔡《傳》所遺者,皆一一補注,端委頗詳。其蔡《傳》歧誤之處,則置不復論,蓋主于發揮,不主于糾正也。

3545 **尚書句解十三卷** 三册。 以上第廿五函。

元朱祖義撰。大旨爲啓迪幼學而作,故株守蔡《傳》,不復考求古義。然隨文詮釋,詞意明顯,與博引繁稱而失之支離轇轕者,較爲遠勝。

3546 **書集傳纂疏六卷** 五册。

元陳櫟撰。以疏通蔡《傳》之意,故名曰“疏”;以采輯諸儒之説,故名曰“纂”。于蔡《傳》有增補,無糾駁,蓋與陳師凱之書用意相同。

3547 **尚書通考十卷** 四册。

元黄鎮成撰。皆搜采舊説,考《尚書》之名物、典制,亦間附以論斷。其中或牽及後代史事,不無泛濫,而大致詳賅。自序云“求帝王之心易,考帝王之事難”,知其以考據爲主,欲爲空談者砭也。

3548 **讀書管見二卷** 二册。

元王充耘撰。與蔡《傳》多所異同,得失參半。然大致皆抒所心得,非同剿説。

3549 **定正洪範一卷** 一册。 以上第廿六函。

元胡一中①撰。是編因王柏、文及翁、吴澄三家改定《洪範》之本,而以己意參酌之,支離破碎,與王氏《書疑》均爲亂經,無足取也。

3550 **毛詩指説一卷**

唐成伯瑜撰。分爲四篇,一曰《興述》,二曰《解説》,三曰《傳受》,四曰《文體》,皆述《詩》之源流、體格。其以《詩序》首句爲子夏所作,以下爲毛公所續,即蘇子由《詩傳》諸家之所本也。

3551 **毛詩本義十五卷詩譜一卷** 與上共四册。

宋歐陽修撰。自唐定《五經正義》以後,與毛、鄭立異同者,自此書始。然不曲徇二家,亦不輕詆二家,大抵平心和氣,以意逆志,故所説往往得詩人之本旨。

3552 **毛詩集解四十二卷** 十五册。

不著編録者名氏。集宋李樗、黄櫄兩家《詩》解共爲一編,而附以李泳所訂吕祖謙《釋音》。黄、李兩書皆博采諸家訓詁,而以己意爲論斷,體例略同。疑二人書本相續而作,互爲補苴,故并爲一書,不特并行不悖,且相賴以成也。

3553 **毛詩名物解二十卷** 一册。 以上共爲第廿七、廿八兩函。

宋蔡卞撰。分十一類。卞爲王安石婿,故多用《字説》。陳氏《書録解題》極詆之。然所徵引頗有出於陸璣《詩疏》之外者,亦實足以備參考,不必以人廢言也。

3554 **詩説一卷**

宋張耒撰。雜論雅、頌之旨,僅十二條。已刻入《宛丘集》中,

① "中"原誤作"行",今正。

此乃後人抄出别行者,《通志堂經解》中因并梓之。又見《藝海珠塵》本。①

3555 **詩疑二卷**

宋王柏撰。已見前所列《藝海珠塵》本。②

3556 **詩傳遺説六卷** 以上合二册。

宋朱鑑編。因重槧朱子《詩集傳》,因取《文集》《語録》所載論《詩》之語輯爲此書,猶所輯《文公易説》之意也。

3557 **逸齋詩補傳三十卷** 十册。 以上第廿九函。

宋范處義撰。自序稱以《小序》爲據,而兼取諸家之長。文義有闕,補以六經、史傳;訓詁有闕,補以《説文》《篇》《韻》。蓋南渡以來最攻《序》者,莫如鄭樵;最尊《序》者,莫如處義也。

3558 **詩集傳名物鈔八卷** 五册。

元許謙撰。研究名物、音訓多有根據。卷末列作詩世譜,不鄭樵之説而改從朱《傳》,蓋宗派如此也。

3559 **詩疑問七卷附詩辨説一卷** 一册。

《詩疑問》七卷,元朱倬撰。皆略舉《詩》篇大旨發問,而各以所答注于下。亦有闕而不注者,蓋傳寫佚脱也。附編一卷,宋趙悳撰。體例與倬書相類,蓋劉錦文編次倬書時合而編之也。

3560 **詩解頤四卷** 二册。 以上第卅函。

明朱善撰。不録經文,但于每篇各爲總論。意主于借《詩》立訓,務闡"興觀群怨"之旨,而于治亂興亡,尤推求原本,剴切著明。在經解中别爲一體,多有禆于人心世事。

---

① 見第2306條。

② 見第2307條。

3561 **春秋尊王發微十二卷** 三册。

宋孫復撰。其説陰祖《公》《穀》,而加以深刻。殆以申、韓之學説《春秋》者。

3562 **春秋皇綱論五卷** 一册。

宋王晳撰。凡二十二篇,皆發明筆削之旨,考辨三傳及啖、趙之是非,頗爲持平。

3563 **春秋傳十五卷** 三册。

宋劉敞撰。節録三傳事迹,而斷以己意。

3564 **春秋權衡十七卷** 五册。 以上第卅一函。

前人撰。評論三傳之得失。其進退諸説多依之經以立義。

3565 **春秋意林二卷** 一册。

前人撰。雜論《春秋》之義。猶未成之藁本,故文多脱略。

3566 **春秋名號歸一圖二卷** 一册。與下合一册。

蜀馮繼先撰,宋岳珂重編。取《春秋》經、傳所載人名,核其異稱,使歸于一,故名。

3567 **春秋年表一卷**

不著撰人名氏。所列凡二十國。與《名號歸一圖》本各自爲書,岳珂刊九經,始并附《春秋》之後。通志堂亦題爲"馮繼先撰",誤矣。

3568 **春秋列國諸臣傳三十卷** 四册。

宋王當撰。録《春秋》諸臣凡一百九十一人,各爲之傳贊。《書録解題》稱其議論醇正,于經義多有發明。然所論斷自是史學,非一一明筆削之旨也。

3569 **春秋本例二十卷** 二册。 以上第卅二函。

宋崔子方撰。大旨謂《春秋》之例以日月爲本。乃條分縷析,定爲一十六門,每門又分著例、變例二子目。蓋《公》《穀》之學也。

3570 **春秋經筌十六卷** 十册。第卅三函。

宋趙鵬飛撰。其説主于弃傳從經,故頗失之荒疏,而持論尚爲平允。

3571 **葉氏春秋傳二十卷** 五册。

宋葉夢得撰。參考三傳以求經,多不因循舊説。

3572 **陳氏春秋後傳十二卷** 二册。

宋陳傅良撰。貫通三傳之説,自成一家之言。

3573 **春秋集解三十卷** 十册。

宋吕本中撰。通志堂沿舊題爲吕祖謙者,誤也。其書用李鼎祚《周易集解》例,掇取群言,不自發議論。三傳以外所取者,惟陸氏、兩孫氏、兩劉氏、蘇氏、程氏、許氏、胡氏九家,而持擇特精。

3574 **春秋左氏傳説二十卷** 三册。 以上第卅四、五函。

宋吕祖謙撰。吕氏于《左傳》最深。此書發揮得失,據事指陳,與《博議》一書均稱詳盡。

3575 **春秋左氏傳事類始末五卷** 五册。

宋章沖撰。以《左傳》所載事迹排比年月,各以類從,使節目相承,首尾完具,與袁樞所作《通鑒紀事本末》體例相同。

3576 **春秋提綱十卷** 二册。

元陳則通撰。綜論《春秋》大旨。分征伐、朝聘、盟會、雜例四門,每門又區分其事,以類相從,題之曰"例"。大抵多推究其成敗之由,體如史論,于《春秋》家别爲一格。

3577 **春秋王霸列國世紀編三卷** 二册。

宋李琪撰。以諸國爲綱,而以《春秋》所載事迹類編爲目。前有序,後有論斷。其説多爲時事而發,其諸國次序亦具有寓意。

3578 **春秋通説十三卷** 三册。 以上第卌六函。

宋黄仲炎撰。大旨謂《春秋》爲聖人教戒天下之書,直書事迹,義理自見。于一切附會之説,皆闕而不録,頗能掃除枝蔓。

3579 **春秋集注十一卷綱領一卷** 三册。

宋張洽撰。其注質實判斷,據理而不核事迹,未能免宋人習氣。

3580 **春秋或問二十卷附春秋五論一卷** 五册。 以上第卌七函。

宋吕大圭撰。大圭嘗著《春秋集傳》,其書已佚。此《或問》即申明《集傳》之意者也。大旨主持《左氏》,而排詆《公羊》。所附《五論》,一曰《孔子作〈春秋〉》,二曰《辨日月褒貶之例》,三曰《特筆》,四曰《論三傳得失》,五曰《世變》。

3581 **春秋詳説三十卷** 九册,合下種。

宋家鉉翁撰。其説謂《春秋》主乎垂法,不主乎記事。其或詳或略,或書或不書,大率皆抑揚予奪之所繫,蓋亦字字求褒貶之故者。然論多平正通達,無刻酷鍛煉之習。

3582 **春秋類對賦一卷**

宋徐晋卿撰。取《春秋》事迹,以韻語包括之。

3583 **春秋諸國統紀六卷目録一卷** 一册。 以上第卌八函。

元齊履謙撰。凡二十二篇。與李琪《列國世紀》體例略同,每篇皆有論斷。

3584 **春秋本義三十卷** 十二册,第卌九函。

元程端學撰。持論刻核,與孫復相類,而頗能糾胡《傳》之失。所采三傳以下一百七十六家之説,其原書散佚,亦多賴是書以傳。

3585 **春秋或問十卷** 四册。

前人撰。皆發明《本義》之旨者。

3586 **春秋集傳十五卷** 六册。 以上第四十函。

元趙汸撰,其門人倪尚誼補。

3587 **春秋屬詞十五卷** 八册。

前人撰。以《春秋》之義在于比事屬詞,因作此書以推筆削之旨。其例凡八。

3588 **春秋師説三卷附録二卷** 二册。 以上第四十一函。

前人撰。蓋本其師黄澤之説而演之也。

3589 **春秋左氏傳補注十卷** 二册。

前人撰。采陳傅良《左傳章指》以補杜注之缺者。

3590 **春秋諸傳會通二十四卷** 八册。 以上第四十二函。

元李廉①撰。自序謂"先《左氏》,事之案也;次公、穀《傳》,經之始也;次三傳之注,專門也;次疏義,釋所疑也。總之,以胡氏貴乎斷也;陳、張并列,擇所長也",是其大旨。

3591 **春秋集傳釋義大成十二卷** 四册。

元俞皋撰。于經文之下兼列三傳及胡安國《傳》,蓋從時尚也。

3592 **讀春秋編十二卷** 三册。

宋陳深撰。其説以胡《傳》爲宗,然亦尚考驗《左氏》事迹,不爲無徵之談。

3593 **春王正月考二卷** 一册。 以上第四十三函。

明張以寧撰。皆據引經典以證《春秋》之用周正。所辨雖止一事,而關于經義者甚大。

---

① "廉"原誤作"濂",通志堂本《春秋諸傳會通》作"廉",今據改。

3594 **三禮圖集注二十卷** 二册,第四十四函。

宋聶崇義撰。《三禮圖》舊有鄭玄、阮諶、夏侯伏朗、張鎰、梁正及開皇官撰六家,崇義參互考訂,定爲此書。宋人頗議其疏舛。惟淳熙中陳伯廣重刻跋曰"其圖度未必如古,苟得而考之,不愈于求諸野乎",斯言允矣。

3595 **周禮訂義八十卷** 十七册。

宋王與之撰。所采舊説凡五十一家。唐以前僅六家,其餘四十五家則皆宋人。蓋以當代諸儒爲主,古義特附存崖略而已,故言義理者多,考典制者少。然宋人談《周禮》者,其精華亦約略盡此矣。

3596 **鬳齋考工記解二卷** 二册。

宋林希逸撰。鬳齋,其號也。林氏于古器制度未盡核實,且去古時世既遠,考辨尤不能如前人之確,而其説乃故多與鄭注爲難,所謂强顔争辨,好逞臆説者也。然經文、鄭注皆古奥,疏文又浩博難詳,林氏此《解》一出之以明顯,故讀《周禮》者亦不廢其書。

3597 **儀禮圖十七卷** 五册。 以上第四十五、六兩函。

宋楊復撰。以《儀禮》十七篇中陳設、方位各詳爲繪圖,凡二百有五。

3598 **禮記集説一百六十卷** 四十六册。

宋衛湜撰。采漢至宋説《禮》之言,凡一百四十四家。其他書之涉及《禮記》者,尚不在此數。最爲賅博,去取亦極精審。今其書所列各家百不存一,皆賴此以得傳。其于《禮記》,亦如李鼎祚之于《周易》矣。

3599 **禮經會元四卷** 四册。 以上第四十七、八、九,五十,五十一,共五函。

宋葉時撰。已見前,藤花榭刻本。①

3600 **儀禮旁通圖一卷** 與前《儀禮圖》②本一書也,應附于前書之後,通志堂誤分移在此。

宋楊復撰。分宫廟、弁冕、牲鼎禮器三門,爲圖二十有五。

3601 **校訂儀禮十七卷** 與上共二册。③

國朝納喇性德校訂。但列經文。

3602 **太平經國之書十一卷** 二册。

宋鄭伯謙撰。已見前,藤花榭刻本。④

3603 **儀禮逸經傳二卷**

元吴澄撰。《儀禮》本殘缺之書,此編采掇逸《禮》之見於他書者,以補所遺。凡經八篇,傳十篇。

3604 **經禮補逸九卷** 與上合二册。

元汪克寬撰。其書雖以《經禮補逸》爲名,而與吴澄書迥殊。大抵抄合三禮、三傳諸經之文,以五禮統之,而五禮中又分子目一百八十四。每類皆聯屬書之,而詞又不相貫,其體例殊不可解。惟所附論斷之語,尚不失爲醇正。

3605 **禮記陳氏集説補正三十八卷** 六册。 以上第五十二函。

納喇性德撰。專爲糾駁陳澔《禮記集説》而作。凡陳氏所遺者謂之"補",陳氏所誤者謂之"正"。皆先列經文,次列澔説,而援引考證以著其失,往往愜理厭心。

---

① 見第2052條。

② 見第3597條。

③ 邵懿辰《簡目標注》著録作《校定儀禮》,卷同,云:"路小洲云:'《孫祠書目内編》有宋刊本《儀禮》本文十七卷,納喇所校。或即仿宋本重刊之耳。'"

④ 見第2053條。

3606 **夏小正戴氏傳四卷**

宋傅崧卿撰。已見前,畢氏《考注》本。①

3607 **儀禮集説十七卷** 十一册。 以上第五十三函。

元敖繼公撰。于鄭《注》有去取而無攻擊。于鄭《注》字句隱奥者,爬抉詮釋,較賈《疏》頗爲分明。

3608 **古文孝經指解一卷**

唐玄宗注,宋司馬光指解,范祖禹説。

3609 **孝經大義一卷**

宋董鼎撰。用朱子《刊誤》本。其注多參以方言,如語録之體,蓋爲初學設也。

3610 **孝經定本一卷**

元吴澄撰。改定《今文孝經》爲經一章、傳十二章,而又顛倒其次序。蓋《孝經》至是而古文、今文俱有改本矣。

3611 **孝經句解一卷** 以上共一册。

元朱申撰。注文極爲淺陋,蓋鄉塾課蒙之本,不足言詁經也。卷端題"晦庵先生所定古文孝經句解",而書中乃以今文章次標列其間,其字句又不從朱子《刊誤》本,亦爲糅雜無緒。《通志堂經解》刻之,蓋聊以備數而已。

3612 **南軒論語解十卷** 二册。

宋張栻撰。一名《癸巳論語解》。書成于乾道九年癸巳,故名。

3613 **論語集説十卷** 四册。

宋蔡節撰。雜采諸説,亦附己見。

---

① 見第582條。

3614 **南軒孟子説七卷** 三册。 以上第五十四函。

宋張栻撰。是書亦成于乾道九年,亦名《癸巳孟子説》。于王霸之辨、義利之分,剖析最明。

3615 **孟子集疏十四卷**

宋蔡模撰。模,蔡元定之孫,蔡沈之子,而朱子之門人也。故是書雜引諸説以發明《孟子集注》之義。

3616 **孟子音義二卷** 合上共三册。

宋孫奭撰。

3617 **四書纂疏二十六卷** 十二册。

宋趙順孫撰。備引朱子之説,以羽翼《章句集注》。所旁引者十三家,亦皆朱子之宗派也。

3618 **四書集編二十六卷** 五册。 以上第五十五函。

宋真德秀撰。已見前,《浦城叢書》本。①

3619 **四書通二十六卷** 十册,第五十六函。

元胡炳文撰。因趙順孫《四書纂疏》、吴真子《四書集成》所録諸説尚有不合于朱子者,乃重爲删定,驅除異議,使盡歸一家之言。

3620 **四書通證六卷** 二册。

元張存中撰。以胡炳文《四書通》詳于義理而略於名物,因作此書以補之。凡朱子《章句集注》引經數典者,悉一一注其所本,故謂之"證"。

3621 **四書纂箋二十八卷** 十册。 以上第五十七函。

元唐道傳撰。仿古經箋疏之體,取朱子《四書章句集注》《或

---

① 見第3116條。

問》正其句讀,考其名物訓詁,各注于本句之下。凡朱子所引之成語,亦各證其出典。

3622 **四書通旨六卷** 三册。

元朱公遷撰。取四書之文,條分縷析,以類相從,列爲九十八門。每門之中,又以語意相近者聯綴列之,一一辨别其異同,各以"右明某意"云云標立言之宗旨。

3623 **四書辨疑十五卷** 三册。

元陳天祥撰。朱子《四書章句集注》元初始行于北方,王若虚不以爲然,立説攻之。天祥又推演王氏之説,以成是書。

3624 **大學中庸集説啓蒙二卷** 二册。 以上第五十八函。

元景星撰。星本全説四書,此殘闕之本僅存其説《大學》《中庸》二卷而已。大旨宗朱子,而亦頗有出入,不似胡炳文等規規于《章句集注》者也。

3625 **經典釋文三十卷** 十二册,第五十九函。

唐陸德明撰。已見前,單行本①及盧抱經校定本②。

3626 **七經小傳三卷** 一册。

宋劉敞撰。已見前,藤花榭刻本。③

3627 **六經奥論六卷** 一册。

題宋鄭樵撰。已見前,藤花榭刊本。④

3628 **六經正誤六卷** 二册。

宋毛居正撰。嘉定十六年國子監刊定六經,居正與校定之

① 見第135條。

② 見第2166條。

③ 見第2054條。

④ 見第2055條。

役,因爲此書,于字畫偏旁多所糾正。

3629 **熊氏經説七卷** 二册。

元熊朋來撰。于古義古音多所抵牾。而發明義理,尚爲醇正,于《禮經》尤疏證分明,有裨初學,不以疏陋見掩也。

3630 **十一經問對五卷** 一册。

元何異孫撰。仿朱子《或問》之體,時出新解。

3631 **五經蠡測六卷** 一册。 以上第六十函,終。

明蔣悌生撰。衹有四經,無《禮記》,蓋殘闕之稿也。

以上《通志堂經解》。共爲書一百四十種,凡六十函。乃康熙中納喇成德取其師徐乾學所藏校定善本而彙刻之者。按:解經之書,唐以前固多散佚,即宋元人諸書,今亦十不存一二。此書薈萃衆本,通爲一部,使先儒手迹心血不至散佚,非特爲先儒之功臣,實爲後學之寶筏。考經訓者,當以此刻爲淵藪。乾隆中,詔求天下遺書爲《四庫全書》。今閲《總目提要》所列諸種甲部之書,大半皆以此刻爲本,其在此外者,不過十之二三而已。倘非納蘭氏爲此表章,則此百數十種者,不知又幾許化爲烟雲矣。今此書坊中鬻者甚屬寥寥,緣其板早經殘毁,今所得者率係乾隆中舊印本,而爲故家私賣者,坊間并無新書也。余在京購求數年,僅見三兩部,非刷印模糊,即缺脱不全。此本于壬秋在内城舊家購之,中無缺脱篇頁,其印工亦尚係中上等,急以八十金易之歸,吾子孫其寶之。

3632 **山堂肆考二百二十八卷補遺十二卷** 明刻本。 八函八十册。

明彭大翼撰。凡四十五門。大抵薈萃類書而成,然尚有條理。

3633 **洗冤集録五卷附元新例一卷** 嘉慶十七年吴氏刻本。 二册。

宋宋慈撰。前有淳祐丁未自序。慈,字惠父,結銜稱朝散大夫新除直秘閣湖南提刑充大使行府參議官,此書即其爲提刑時所作。序又云"慈四叨臬寄,他無寸長,獨于獄案審之又審,不敢萌一毫慢易心"云云,觀惠父此言,知此法皆得諸親歷,非道听途説者比。古人哀矜庶獄,謹慎如此,然覆盆之下,尚多未雪。今之州縣官,其勤者殫心于應接上憲,而以獄事付之委官。其惰者樽酒高會,或博雉呼盧,以消永日,刑名則付之幕友,曾不過問。萬不得已,乃一登堂,據案高坐,睡眼蒙籠,不審是非,横施棰楚。嚇恐之下,何求不得? 至有要案檢驗,則任仵作揑飾情狀,填格詳報。即有翻控覆審者,亦同僚相爲踵其前轍,因循遷就,含糊了事,不知地下有若何冤骨怨鬼,慘凄鬱幽,哀哭陰雨也。吁! 可嘆哉! 此《録》久少傳本,全椒吴鼒于嘉慶中得之元和顧千里茂才家,乃元人舊槧也,亟梓以傳。今之洗冤諸書,其法雖密于前人,然其權輿實祖于此。有民社之責者,宜珍寶之。此書《四庫存目》列之。

3634 **平冤録一卷** 同上。 一册。

不著撰人名氏。其書較宋慈之《洗冤録》加詳,而亦頗有異同之處,當屬宋元間人所作。顧氏家藏抄本。

3635 **無冤録二卷** 同上。 一册。 以上共一函。

元王與撰。亦顧千里家藏抄本,而吴氏得之,合三書同刻者。前有明洪武十七年臨川羊角山叟重刻序。此書亦見《四庫存目》。

3636 **韻補五卷** 抄本。 一函二册。

宋吴棫撰。前有乾道四年武夷徐蒇序,後有國朝顧炎武跋。此書亭林先生曾加校讎,凡其與古韻合及不合者、可疑者,先生俱加朱記。此抄即仍顧本録之。顧本乃宋刊本,陳頌南前輩曾見之于一友人家,假而照式録之,莊即假陳本復抄者。其書之利弊則詳《四庫書目提要》及顧跋,不復贅。

3637 **求一算術三卷** 嘉慶八年刻本。 一函一册。

國朝張敦仁撰。因宋秦九韶《數學九章》中有立天元一求一之法,而學者罕知其術,乃算而演之,以成此書。其崖略詳自序中,慎莊於算法茫然,不敢妄加論斷。

3638 **小學鈎沈十九卷** 抄本。 一函二册。

國朝興化任大椿輯。凡小學之書,其講字學、韻學及訓詁之學,見於漢、隋、唐《志》而宋以後散佚者,皆從諸書引用中搜輯之,共得三十八種,名曰《小學鈎沈》。蓋即仿余蕭客之《古經解鈎沈》也。曰《倉頡篇》、二卷。《三倉》、二卷。曰《凡將篇》、曰《古文官書》、曰《古文奇字》、曰《勸學篇》、共一卷。曰《通俗文》、二卷。曰《埤倉》、二卷。曰《古今字詁》、曰《雜字》、共一卷。曰《聲類》、一卷。曰《辨釋名》、曰《韻集》、共一卷。曰《雜字解詁》、曰《周成難字》、曰《小學篇》、曰《字苑》、曰《字指》、曰《音譜》、共一卷。曰《纂文》、一卷。曰《纂要》、曰《文字集略》、曰《字略》、曰《廣蒼》、共一卷。曰《字統》、曰《韻略》、曰《證俗音》、曰《文字指歸》、曰《切韻》、共一卷。曰《字書》、二卷。曰《字體》、曰《異字苑》、曰《字類》、曰《字諟》、曰《古今字音》、曰《聲譜》、曰《證俗文》、曰《異字音》,共一卷。各注明出典于下。又吕忱《字林》一書,古人稱引者尤多,任氏别有輯本,名曰《字林考逸》,已見前。①

3639 **編珠二卷補遺二卷續二卷** 抄本。 一函三册。

舊本題隋杜公瞻撰,見《宋史②·志》,本四卷。國朝高士奇得自内庫,僅存前二卷,因仍其總目、體例爲《補遺》二卷。又推廣

---

① 見第2076條。

② “史”原誤作“書”,今正。

所未備，爲《續編珠》二卷，彙而刊之。

3640 **補注釋文黄帝内經素問十二卷遺篇一卷** 明刻本。無人姓氏及年月。一函七册。

前列《素問》二十四卷本[1]乃黄海中所刊，此則明板之仿宋者也，并二十四卷爲十二卷。考孫淵如先生《廉石居藏書記》著録有元刻《補注釋文黄帝内經素問》十二卷，是并二十四卷爲十二卷，自元已然。其王冰之注、宋林億等之校正，已詳前書及《四庫提要》，不復贅。末附《遺篇》一卷，乃《刺法論》及《本病論》二篇也。考《素問》凡八十一篇，其第七十二《刺法論》、第七十三《本病論》二篇亡于王冰作注之前，宋劉温舒撰《素問入式運氣論奥》一書，其書末附《黄帝内經素問遺篇》一卷，即此二篇。王冰以唐人作《素問注》，已不及見此二篇，温舒生于北宋之末，何從得此？其注亦文理淺顯，與王冰之注不侔，殆均不免有所依托矣。舊諸家刊本此二篇皆附于劉書之後，未見直以之附于《素問》後者，附之自明刻此本始。此本不著刊刻人名氏、年月，無從考驗。余曾見宋刻大字本《素問》，與此字酷肖，此殆仿宋本翻雕，而以《遺篇》附之者。

3641 **靈樞經十二卷** 同上。 一函三册。

亦已見前。[2] 前書分二十四卷，乃史崧之原卷。此作十二卷，乃熊宗立所合并也。見《四庫提要》。

3642 **後山詩注十二卷** 聚珍板本。 一函六册。

宋任淵撰。淵曾撰《黄山谷内集詩注》，排比年月，鈎稽事實，

---

① 見第364條。

② 見第277條。

號爲詳贍。此《注》體例與《黄詩注》同,而山谷出處多關時事,考核較易。陳師道則聲華闃寂,事迹罕傳,任氏亦一一考其顛末,較注黄詩爲尤難也。

3643 **十七史商榷一百卷** 乾隆丁未洞經草堂刻本。 二函十六册。

國朝王鳴盛撰。先生字鳳喈,嘉定人。有《尚書後案》,已著録。① 先生邃於經義,尤殫精於史學。此書乃先生讀史時隨時劄記之文,凡禮制沿革、事迹舛迕以及傳刻脱訛之處,皆考而正之。其自序云:"'商榷'者,商度而揚榷之也。"凡《史記》六卷,《漢書》二十二卷,《後漢書》十卷,《三國志》四卷,《晋書》十卷,《南史》合宋、齊、梁、陳《書》十二卷,《北史》合魏、齊、周、隋《書》四卷,新、舊《唐書》二十四卷,新、舊《五代史》六卷,總九十八卷。别論史家義例崖略,爲《綴言》二卷。

3644 **魯仲連子一卷** 新輯本。

齊魯仲連撰。

3645 **素書一卷** 抄本。

黄石公撰,宋張商英注。

3646 **慎子一卷** 抄本。 **續補一卷** 新輯。

周慎到撰。

3647 **符子一卷** 新輯本。

東晋符朗撰。

3648 **孫子一卷** 新輯本。

晋孫綽撰。

3649 **范子計然一卷** 新輯本。

① 見第1687條。

越范蠡問,計然答。

3650 **郭子二卷** 新輯本。 以上共一函,計五册。

東晋郭澄之撰。

以上除《素書》外,餘六種俱莊自輯,其詳見各書後跋,不復贅。

3651 **皇祐新樂圖記三卷** 抄本。 一函一册。

宋阮逸、胡瑗奉敕撰。書成于皇祐五年,故名。

3652 **大唐内典録十卷** 順治十八年嘉興楞嚴寺刻本。 四册。

唐沙門釋道宣撰。一曰《歷代衆經傳譯所從録》,二曰《歷代翻本單重人代存亡録》,三曰《衆經總撮入藏録》,四曰《歷代衆經舉要轉讀録》,五曰《歷代衆經有目闕本録》,六曰《歷代道俗述作注解録》,七曰《歷代諸經支流陳化録》,八曰《歷代所出疑僞經論録》,九曰《歷代衆經録目終始序》,十曰《歷代衆經應感興敬録》。每卷前各有小序。釋氏經論之源流正變,莫詳明于此。

3653 **集神州塔寺三寶感通録三卷** 同上。 一册。 與上共一函。

前人撰。序云"靈相肸響,群録可尋,而神化無方,待機而扣。光瑞出没,開信於一時;景像垂容,陳迹於萬代。或見於既往,或顯於將來。故撮舉其要,爲此書"云云。第一卷曰《舍利表塔》。第二卷曰《靈像垂降》。第三卷曰《聖寺瑞經神僧》,凡聖寺十一所,瑞經三十六驗,神僧二十九人。

3654 **辨僞録一卷** 同上。 一册。

元雲峰禪寺沙門祥邁奉敕撰。以辨俗傳老子八十一化之僞。《愛日精廬藏書志》有此書。

3655 **隋衆經目録五卷** 康熙二年嘉興楞嚴寺刻本。 一册。

隋翻經沙門及學士等撰。隨類區分,總爲五分。單本第一,重翻第二,别生第三,賢聖集傳第四,僞疑弟五。按《隋·經籍志》云:"大業中,令沙門智果于東都内道場撰諸經目,分别條貫,以佛所説經爲三部:一曰大乘,二曰小乘,三曰雜經。其餘似後人假托爲之者,别爲一部,謂之疑經。又有菩薩及諸深解奥義、贊明佛理者,名之爲論,及戒律并有大、小及中三部之别。又所學者,録其當時行事,名之爲記。凡十一種。"

3656 **衆經目録七卷** 同上。 一册。

隋翻經沙門法經等奉敕撰。與前《目録》互有出入移易。

3657 **武周刊定衆經目録十四卷** 同上。 三册。 合上共一函。

唐沙門明佺等撰。乃則天時所刊定者。凡《大乘單譯經目》一卷,《大乘重譯經目》四卷,《大乘律論目》一卷,《小乘單譯經目》一卷,《小乘重譯經目》二卷,《小乘律論賢聖集傳》一卷,《大小乘失譯經目》一卷,《大小乘闕本經目》一卷,《見定入藏流行目》二卷。

3658 **歷代三寶記十五卷** 順治八年浙江楞嚴寺刊。 三册。

隋翻經學士費長房撰。前卷曰《帝年上》,述身毒國如來托生,當中夏周莊王十年,即《春秋》魯莊公七年夏四月辛卯,恒星不見之夜,爲如來誕生之時,以及出家成道之事。列周帝年于上而以佛行事注之下,一如年譜之例。自周莊王十年迄秦二世三年,爲佛入涅槃之四百四年。第二卷曰《帝年次》,自漢高祖元年迄後漢獻帝建安二十四年,爲佛入涅槃之七百九十九年。第三卷曰《帝年下》,自魏文帝黄初元年迄隋煬帝大業十三年,其間崇奉佛法及諸沙門所譯各經總目。第四卷曰《後漢録》,第五卷曰《魏吴録》,第六卷曰《西晋録》,第七卷曰《東晋録》,第八卷曰《前後二秦苻姚世録》,第九卷曰《西秦北凉魏齊陳五録》,第十卷曰《宋世録》,十一卷曰《齊梁及周帝代録》,十二卷曰《大隋録》。以上九卷皆細列歷代所譯各經,蓋譯經始于後漢而盛于六朝也。第十四卷曰《小乘録》,則小乘各經及律論也。第十五卷曰《開皇三寶録》。

3659 **古今譯經圖記四卷續一卷** 同上。 一册。 合上共一函。

唐沙門靖邁撰。述自後漢迄唐譯經諸人,皆前列諸人小傳,後列所譯各經,如《宣和書畫譜》之例。《續》一卷爲唐沙門智昇所撰,體例一如邁書。

3660 **瓔珞經二十卷** 順治中楞嚴寺《釋藏》本。 四册。

姚秦沙門竺佛念譯。分四十四品。

3661 **楞嚴經十卷** 同上。 二册。 合上共一函。

已見前。①

3662 **起世經十卷** 明崇禎壬午刻本。 二册。

隋三藏法師闍那崛多等譯。

3663 **大悲經五卷** 明天啓甲子吴江接待寺刊本。 一册。

高齊天竺三藏那連提黎耶舍共法智譯。

3664 **大般涅槃經三卷** 明萬曆乙巳徑山寂照庵刊本。 一册。

東晋沙門釋法顯譯。此與前所列四十卷之《涅槃經》②同本異譯,故卷數多少懸殊。

3665 **佛説方等泥洹經二卷** 同上。 合上共一册。

失譯人名。按《隋・經籍志》云:"漢靈帝時,有月支沙門支讖、天竺沙門竺佛朔等,并翻佛經。而支讖所譯《泥洹經》二卷,學者以爲大得本旨。"

---

① 見第54、404條。

② 見第53條。

3666 **大般泥洹經六卷** 明萬曆壬子刻本。 一册。

東晉沙門法顯共天竺沙門覺賢譯。

3667 **金光明最勝王經十卷** 明萬曆辛卯清凉山妙德庵刊。 二册。

唐三藏法師義净譯。分三十一品。

3668 **金光明經四卷** 明天啓丙寅雲栖寺刊本。 一册。 合上共一函。

北凉三藏法師曇無讖譯。

3669 **華嚴經隨疏演義鈔三十卷** 明崇禎二年徑山化成寺刊。 一函六册。

唐清凉山大華嚴寺沙門澄觀撰。前所列殘本①作六十卷,此乃合并之本,故止三十卷。

3670 **摩訶般若波羅蜜經三十卷** 萬曆乙巳徑山寺刻。 一函六册。

姚秦三藏鳩摩羅什共僧叡譯。佛經分五大部,一曰般若部,二曰寶積部,三曰大集部,曰涅槃部,五曰華嚴部,此五部之外復有雜經,蓋亦如儒家之五經也。此即其般若部之一。

3671 **大方等大集經三十卷** 明萬曆《釋藏》本。 一函六册。

北凉天竺三藏曇無讖譯。按:《大唐内典録》稱此經凡六十卷,曇無讖譯前三十卷,北齊、隋時耶舍譯後三十卷。今此本衹有前三十卷,無後三十卷。此即大集部之一也。而《開元釋教録》第十九卷《大乘入藏録》則云"《大方等大集經》三十卷"。下注云"或二十九卷,或三十一卷,或三十二卷,或四十二卷"。蓋初出即寫,彼此傳抄,分卷不同,故有多少之異②,而不言隋時耶舍後譯,與《内典録》不同。

3672 **起世因本經十卷** 同上。 二册。

隋三藏法師達摩笈多等譯。

---

① 見第2018條。

② "異"原誤作"譯",今正。

3673 **長阿含經二十二卷** 同上。 五册。 合上共一函。

姚秦佛陀耶舍共竺佛念譯。此與下三《阿含》皆佛家之小乘經也。其經、律、論皆分大、小二乘。此經前有長安僧肇所作序,云:"'阿含',秦言法歸。法歸者,蓋是萬善之淵府,總持之林苑。道無不由,法無不在。譬彼巨海,百川所歸,故以'法歸'爲名。開析修途,所記長遠,故以'長'爲目。"

3674 **中阿含經六十卷** 同上。 二函十二册。

東晉罽賓三藏瞿曇僧伽提婆譯。

3675 **增一阿含經五十卷** 同上。 一函十册。

苻秦三藏曇摩難提譯。分五十二品。晉沙門釋道安爲之序,曰:"'增一阿含'者,比法條貫以數相次也。數終十,令加其一,故曰'增一'也。且數數皆增,以增爲義也。其爲法也,多録禁律,繩墨切厲,乃度世檢栝也。"

3676 **雜阿含經五十卷** 同上。 二函十册。

宋天竺三藏求那跋陀羅譯。

3677 **摩訶僧祇律四十卷附四分律删補隨機羯磨四卷** 同上。 二函十册。

東晉法師佛陀跋陀羅共沙門法顯譯。此小乘律之一也。

3678 **四分律六十卷** 同上。 二函十二册。

姚秦佛陀耶舍共竺佛念譯。此小乘律之二也。

3679 **攝大乘論釋四十八卷** 同上。 二函十册。

卷一至卷十題無性菩薩造,唐玄奘奉制譯。卷十一至卷二十題天親菩薩釋,陳法師真諦譯。卷二十一至卷三十題世親菩薩造,隋達摩笈多譯。卷三十一至卷四十又題世親菩薩造,唐法師玄奘譯。卷四十一至卷四十八又題天親菩薩造,陳法師真諦譯。

考《開元釋教録》卷十九《大乘論》中稱"《攝大乘論釋》十五卷,天親釋,真諦譯。又十卷,世親釋,笈多譯。又十卷,世親釋,玄奘譯。又十卷,無性釋,玄奘譯"云云。此蓋合四書而爲一帙,合之共四十五卷。此作四十八卷,蓋又移析其卷故也。

3680 **順正理論八十卷** 同上。 二函十六册。

唐法師玄奘譯。此小乘論之一也。

3681 **孤樹裒談十卷** 明刻本。 一函十册。

明李默撰。默,字時言,甌寧人。正德辛巳進士,官至吏部尚書兼翰林學士。爲趙文華誣陷下獄死,萬曆中追謚文愍。《明史》有傳。是書録有明事迹,起自洪武,迄於正德。卷前列所引用書,凡三十種。例似編年,而體則小説,故《四庫總目》列之小説存目中。考黄虞稷《千頃堂書目》稱是書爲趙可與作,注云"可與,字念中,安成人。正德癸酉舉人,福建鹽運使提舉。舊作'李默',誤也"云云。未審所據。默又有《建寧人物傳》四卷。

3682 **明儒學案六十二卷** 康熙中刻本。 二函十六册。

國朝黄宗羲撰。初周汝登作《聖學宗傳》,孫鍾元又作《理學宗傳》。黄氏以其書未粹,且多所缺遺,因搜采明一代講學諸人文集、語録,辨别宗派,輯爲此書。凡《河東學案》二卷,列薛敬軒瑄以下十五人。《三原學案》一卷,列王端毅恕以下六人。《崇仁學案》四卷,列吴康齋與弼以下十人。《白沙學案》二卷,列陳白沙獻章以下十二人。《姚江學案》一卷,列王陽明守仁一人,附録二人。《浙中相傳學案》五卷,列徐愛以下十八人。《江右相傳學案》九卷,列鄒守益以下二十七人,附録六人。《南中相傳學案》三卷,列黄省曾以下十一人。《楚中學案》一卷,列蔣信、冀元亨二人。《北方相傳學案》一卷,列穆孔暉以下七人。《越閩相傳學案》一卷,列薛侃、周坦二人。《止修學案》一卷，列李材一人。《泰州學案》五卷，列王艮以下十八人。《甘泉學案》六卷，列湛若水以下十一人。《諸儒學案》上、中、下共十五卷，列方孝孺以下共四十三人。《東林學案》四卷，列顧憲成以下十七人。《蕺山學案》一卷，列劉宗周一人，而以師説一卷冠之。大抵門户雖多，不過河東、姚江二家互相出入。河東之學則上承朱子之傳者也，姚江之學則上承陸氏之傳者也。二家之學各有得失。其始也皆以明理而發議論，其後遂由是非而成朋黨。明季之黨禍，遂由此起，是亦千古之炯鑒矣。

3683 **宋崇文總目六十六卷** 抄本。 一册。

前所列五卷之本①乃《汗筠齋叢書》内所刻，取范氏天一閣抄本，而嘉定錢東垣、錢繹、錢侗、桐鄉金錫鬯及嘉定秦鑑等以《歐陽集》《文獻通考》所載叙釋，并采附諸書之後。餘如《永樂大典》所引各書，亦取證一二，凡原叙二十七篇，原釋二百一十七條，引證三十一條。輯爲五卷。其六十六卷之原目，亦附注于各類之後。此則依天一閣抄本而重抄者也。但有六十六卷之目，并無叙釋。凡經部九類，分爲八卷；史部十三類，分爲十五卷；子部二十類，分爲三十三卷；集部三類，分爲十卷。其每書之下多注“闕”字，乃紹興十二年以所闕之書付諸州軍搜訪，故頒此《總目》，而于應搜訪者注“闕”字于下也。

3684 **聚樂堂書目二册** 無卷數。 抄本。

此書前有朱竹垞先生識語，云“此係西亭王孫著録。王孫嘗刊李鼎祚《周易集解》，每翻刻‘聚樂堂’名。世所傳《萬卷堂目》都無卷數，不如此本之該備也”云云。北平謝氏又爲續跋，云“按：西亭

---

① 見第2510條。

者，明朱睦㮮之别號也”，然則此爲朱睦㮮之書目矣。睦㮮，字灌甫，號西亭，周定王六世孫。萬曆五年舉宗正，領宗學。事迹附見《明史·周王橚傳》。曾著《授經圖》一書，具列經學源流，頗爲明備。此《書目》二册，不分卷數，亦無叙述，但列某書若干册、若干卷，及某人撰著而已。以儲藏論之，極爲宏富。但分類舛互雜糅，不可枚舉，疑非王孫所自著，殆其府中之書史信手纂輯者也。

3685 **閲清樓書目一册** 無卷數。 抄本。

不著撰人名氏。其書分類尤爲雜糅，首爲經集，次爲子，次爲集，末爲史，已大乖四部之序。而經集中以佛經、道經與聖經同列，又以兵家之言及律例、制誥等俱列爲經，是何説也？子集中别立“語録”一門，而天文類之《天原發微》、雜家類之《餘冬序録》又濫厠其中。醫、卜、星三類之外又别立“九流”一門，專收祝文相書之類，然則醫、卜、星三者不在九流内邪？類書本子部也，而列之集部中。詞曲本集部也，而列之史部中。甚至《三國演義》《水滸傳》《西厢》及雜劇之種，俱一一臚列。歷來目録諸書從未有如此之乖謬誕妄者。且經、史、子三部俱以“集”名，曰“經集”、曰“子集”、曰“史集”，至于集部又何獨不云“集集”邪？尤可發一粲。

3686 **玄賞齋書目八卷** 抄本。 一册。

不著撰人名氏。謝氏寶樹跋云“疑爲明末人”，亦係臆揣之詞。其書較前二書體例稍善，而撰人名氏及卷數俱一概不著，是又何貴手爲此録也？《遂初堂書目》之例一開，而後世儲藏之家皆得以簡略文其貧陋，其流弊遂一至于此。

3687 **千頃堂書目三十二卷** 抄本。① 一函九册。

---

① 邵懿辰《簡目標注》：“路有鈔本。”

國朝黄虞稷撰。虞稷，字俞郃，先世泉州人，崇禎末流寓上元。此《目》所録皆明一代著作。經部分十一門，曰《易》、曰《書》、曰《詩》、曰三禮、曰《春秋》、曰《孝經》、曰《論語》、曰《孟子》、曰經解、曰四書、曰小學。既以四書爲一類，又以《論》《孟》各爲一類，又以説《大學》《中庸》者入于"三禮"類中，又以《樂經》久亡，遂不立此門，而以律吕諸書統之"三禮"類中，亦未爲平允。史部分十八門，曰國史、曰正史、曰通史、曰編年、曰别史、曰霸史、曰史學、曰史抄、曰地理、曰職官、曰典故、曰儀注、曰時令、曰食貨、曰政刑、曰傳記、曰譜系、曰簿録。案：既立"儀注""食貨""政刑"三門，而又别立"典故"一門，未免贅。又考《四庫提要》云"其'譜録'一門，用尤袤《遂初堂書目》之例，以收錢譜蟹録之屬"云云。今考其書，并無"譜録"一門，祇有"簿録"一門。簿録乃專收書目、碑目之屬，其錢譜、蟹録諸書乃在食貨類中。豈《四庫》著録之本又爲黄氏後定之本邪？子部分十三門，曰儒家、曰雜家、曰農家、曰小説、曰兵家、曰天文、曰曆數、曰五行、曰醫家、曰藝術、曰類書、曰釋家、曰道家。以墨家、名家、法家、縱横家傳述者稀，遺編無幾，遂删之并入雜家一門。集部分九門。曰制誥、曰表奏、曰騷賦、曰詞曲、曰制舉、曰總集、曰文史、曰前代彙輯校注、曰别集。其"别集"一門，以朝代科分爲先後。無科分者，則酌附于各朝之末。視唐、宋二《志》之糅亂，特爲清晰，易于檢閱，體例特爲最善。惟"制舉"一門則可不必立耳。又"前代彙輯校注"一門專列明人之校注前代人詩文各集者，其例亦爲特創。其書搜括明代著作，統以四部，條分縷析，實爲明備。且于各書之下多注其人之姓氏、履迹及源流始末，不特有以知其書，并可以考其人，尤爲考證之藪。焦竑之《國史經籍志》、傅維麟之《明書經籍志》、尤侗之《明史藝文志稿》，或誕妄不足憑，或糅雜不可考，以視此書，殆不可道里計矣。惟其于每類之末各附以宋、金、元人之書，而别以"補"字題之。既各寥寥數種，不能賅備，又不上溯五代以前，其用意爲不可解耳。原書祇作九大册，不分卷數，莊依《四庫書目》分爲三十二卷。又子部分十三門，而《提要》云"分十二門"；集部本九門，而《提要》云"分八門"，均與此本不合。豈《提要》所稱偶誤邪？否則別一本邪？俟後再考。又原書衹題云“黄氏書目”，莊亦依《四庫總目》改題曰《千頃堂書目》。又原書前後均無序跋，而卷首列明洪武及永樂詔修書板及頒行各書詔旨五條。

3688 **傳是樓書目四册** 抄本。

傳是樓者，崑山徐健庵先生乾學藏書之樓也。先生博極群書，故收藏甚富。此《目》不知何人所傳，頗多殘缺，其有總目而無書者，不知凡幾。其每類之中，又多分子目，亦頗傷冗碎。

3689 **欽定日下舊聞考一百六十卷** 官刊本。 六函四十八册。

乾隆三十九年奉敕撰。于朱氏原本十三門外，增苑囿、官署二門。凡原本所引古書，并删繁補漏；所列古迹，亦一一勘其所在，證驗有無。其體例詳見卷前凡例。

3690 **蛾術編八十二卷** 道光辛丑吴江沈氏世楷堂刻本。 二函十六册。

國朝嘉定王鳴盛撰。先生號西莊，曾撰有《尚書後案》《十七史商榷》二書，久已刊布，余皆得其書，惟此編非特未見，亦并未聞。癸卯秋閏月，過友人翁雲濤刺史寓，坐未久，刺史知余之好書也，出是編相贈。乃辛丑歲吴江沈氏楙德新刊者，并有同邑人迮君鶴壽爲之校注。凡八十二卷。一至十四曰《説録》，論經、史、子、集。卷十五至三十六曰《説字》，論六書、音訓。卷三十七至五十曰《説地》，論山川地理及郡邑制度。卷五十一至六十曰《説人》，論經史所載諸人，其事迹有可疑者，别爲考證。卷六十一至六十二曰《説物》，論名物疑義。卷六十三至七十四曰《説制》，論典章制度。卷七十五至八十曰《説集》，雜論詩文。卷八十一、八十二兩卷曰《説通》，則雜論數十條也。大抵詁訓經典者爲多，史次之，子、集又次之。先生經學奥博，此書當皆其讀諸書時隨時辨證之語。惟但有藏稿在家，未經刊布，故人間罕有稱道者。沈氏得其稿于嘉定張司馬鑑家,爲先生外孫姚茂才承緒所藏,急假歸,别録副本,欲付剞劂。會其同邑迮君見之,以校勘自任,遂并爲之注。其體例見卷前凡例。于辛丑二月開雕,凡八十二卷。原書又有《説刻》《説系》二門,《説刻》詳載歷代金石,《説系》備列先世舊聞。迮氏以《説刻》已見于《金石萃編》,王蘭泉先生著,名昶。《説系》已見《王氏家乘》,故從删汰。是書旁推交通,網羅繁富,殆欲與王伯厚《困學紀聞》、顧亭林《日知録》諸書并鶩。惟體大物博,不無舛謬,其主持意見,亦不無過矯之處。然要不足爲全書病,善學者擇之而已。

3691 **御定曲譜十四卷** 内廷刊本。 一函。

康熙五十四年詹事王奕清等奉敕撰。

3692 **樂府補題一卷** 抄本。 一函。

不著編輯名氏。

3693 **樂府雅詞三卷拾遺二卷** 抄本。 一函。

宋曾慥編。

3694 **尊前集二卷** 抄本。 一函。

題明顧梧芳編。

3695 **宋四十名家詞共四十九卷** 汲古閣本。 二函。

《珠玉詞》、一卷。《樂章集》、一卷。《東坡詞》、一卷。《山谷詞》、一卷。《淮海詞》、一卷。《書舟詞》、一卷。《小山詞》、一卷。《姑溪詞》、一卷。《東堂詞》、一卷。《片玉詞》、三卷。《初寮詞》、一卷。《友古詞》、一卷。《和清真詞》、一卷。《聖求詞》、一卷。《石林詞》、一卷。《丹陽詞》、一卷。《坦庵詞》、一卷。《竹坡詞》、三卷。《蘆川詞》、一卷。《東浦詞》、一卷。《孏窟詞》、一卷。《審齋詞》、一卷。《介庵詞》、一卷。《克齋詞》、一卷。《龍川詞》、二卷。《西樵語業》、一卷。

《放翁詞》、一卷。《樵隱詞》、一卷。《平齋詞》、一卷。《白石詞》、一卷。《夢窗稿》、五卷。《竹屋癡語》、一卷。《竹齋詩餘》、一卷。《梅溪詞》、一卷。《石屏詞》、一卷。《散花庵詞》、一卷。《竹山詞》、一卷。《金谷遺音》、一卷。《壽域詞》、一卷。《文溪詞》。一卷。

3696 **山谷詞一卷** 明刻本。 一函。

宋黄庭堅撰。

3697 **惜香樂府十卷** 汲古閣本。 一函。

宋趙長卿撰。

3698 **筠谿樂府一卷** 抄本。① 一函。

宋李彌遜撰。

3699 **山中白雲詞八卷** 康熙中上海曹炳曾刊本。 一函。

宋張炎撰。

3700 **漱玉詞一卷**

3701 **斷腸詞一卷**

3702 **女紅②餘志二卷** 共一函。

3703 **宋十家詞十二卷** 汲古閣本。 一函。

《酒邊詞》、一卷。《于湖詞》、三卷。《洺水詞》、一卷。《歸愚詞》、一卷。《海野詞》、一卷。《逃禪詞》、一卷。《溪堂詞》、一卷。《樵隱詞》、一卷。《竹山詞》、一卷。《六一詞》。一卷。

3704 **宋四家詞四卷** 汲古閣本。 一函。

《知稼翁詞》、即《樵隱詞》。一卷。《無住詞》、一卷。《後山詞》、一卷。《蒲江詞》。一卷。

---

① 邵懿辰《簡目標注》:“路有鈔本。”

② “紅”原誤作“江”,今正。

3705 **梅苑十卷** 抄本。 一函。

已見前。①

3706 **全閩詩話十二卷** 一函十册。

國朝鄭方坤編。

3707 **歷代詩話□□卷②** 原八十卷,此不全。 一函八册。

國朝吴景旭撰。

3708 **唐音癸籤三十三卷** 明刻本。 一函五册。

明胡震亨③撰。原三十六卷,此闕三卷。

3709 **作義要訣一卷** 抄本。④ 一函一册。

元倪士毅撰。

3710 **修詞鑒衡二卷** 元至順刊本。 一函一册。

元王構編。

3711 **竹莊詩話二十四卷** 抄本。 一函四册。

宋何谿汶撰。

3712 **餘師⑤録四卷** 寫本。 一函一册。

宋王正德撰。

3713 **全唐詩話六卷** 明刊本。 一函三册。

題宋尤袤撰。

3714 **韻語陽秋二十卷** 明刊本。 一函四册。

---

① 見第608條。

② "卷"前有兩字空。

③ "亨"原误作"重",今正。

④ 邵懿辰《簡目標注》:"路有鈔本。"

⑤ "師"原誤作"詩",今正。

已見前。[1] 此乃明刊單行本也。

3715 **後村詩話前後續新四集共十四卷** 抄本。

3716 **三魚堂文集十二卷外集六卷附録二卷** 一函六册。

國朝陸隴其撰。

3717 **果堂集十二卷** 乾隆中刊本。 一函二册。

國朝沈彤撰。

3718 **愚庵小集十五卷** 康熙中刊本。 一函三册。

國朝朱鶴齡撰。

3719 **午亭集五十五卷** 乾隆中刊本。 一函八册。

國朝陳廷敬撰。

3720 **楊忠介公集十三卷附録五卷** 明刊本。 一函六册。

明楊爵撰。

3721 **羅念庵集十三卷** 明刊本。 一函四册。

明羅洪先撰。

3722 **黄泰泉集六十卷** 明刊本。 二函十册。

明黄佐撰。

3723 **夢澤集十七卷** 明刊本。 一函四册。

明王廷陳撰。

3724 **瀼谿草堂稿五十八卷** 明刊本。 一函八册。

明孫承恩撰。

3725 **東洲初稿十四卷** 明刊本。 一函六册。

明夏良勝撰。

3726 **懷星堂集三十卷** 明刊本。 一函六册。

---

① 見第 1741、2763 條。

明祝允明撰。

3727 **羅圭峰集三十卷** 明刊本。 一函八册。

明羅玘撰。

3728 **匏翁家藏集七十七卷** 明刊本。 一函八册。

明吴寬撰。

3729 **沈石田集** 無卷數,明刊本。 一函四册。

明沈周撰。

3730 **椒丘文集三十四卷外集一卷** 明刊本。 一函八册。

明何喬新撰。

3731 **瓊臺會稿十二卷** 明刊本。 一函六册。

明丘濬撰,鄭廷鵠編。

3732 **重編瓊臺會稿二十四卷** 丘氏裔孫刊本。 二函二十四册。

丘氏裔孫爾穀重編。

3733 **方洲集四十卷** 明刊本。 一函十册。

明張寧撰。

3734 **白沙集二十七卷** 明刊本。 一函五册。

明陳獻章撰。

3735 **倪文僖集三十二卷** 明刊本。 二函十六册。

明倪謙撰。

3736 **古穰集三十卷** 明刊本。 一函十册。

明李賢撰。

3737 **兩溪文集二十四卷** 明刊本。 一函五册。

明劉球撰。

3738 **楊文敏公集二十五卷** 明刊本。 一函六册。

明楊榮撰。

3739 **滎陽外史集七十卷** 抄本。① 一函八册。

明鄭真撰。

3740 **竹齋集三卷續集一卷附録一卷** 抄本。② 一函一册。

明王冕撰。

3741 **半軒集十四卷** 抄本。 一函四册。

明王行撰。

3742 **北郭集六卷** 明刊本。 一函一册。

明徐賁撰。

3743 **眉庵集十二卷** 明刊本。 一函二册。

明楊基撰。

3744 **田子藝集** 無卷數，明刊本。 一函八册。

明田藝衡撰。

3745 **藍澗集六卷** 《永樂大典》本。 一函二册。

明藍智撰。

3746 **白雲稿五卷** 抄本。③ 與元耶律楚材《集》④共一函。

明朱右撰。

3747 **始豐稿十四卷** 寫本。 一函六册。

明徐一夔⑤撰。

3748 **胡仲子集十卷** 寫本。 一函二册。

明胡翰撰。

---

① 邵懿辰《簡目標注》："路有鈔本。"

② 邵懿辰《簡目標注》："路有鈔本。"

③ 邵懿辰《簡目標注》："路有鈔本。"

④ 見第 3862 條。

⑤ "夔"原誤作"變"，今正。

3749 **蘇平仲集十六卷** 寫本。 一函四册。

明蘇伯衡撰。

3750 **登州集二十三卷** 乾隆中刊本。 一函六册。

明林弼撰。

3751 **翠屏集四卷** 抄本。 一函二册。

明張以寧撰。

3752 **四溟集二十四卷** 明刊本。 一函十册。

明謝榛撰。

3753 **蟻蠓集五卷** 明刊本。 一函五册。

明盧柟撰。

3754 **涇野先生集十八卷續集二卷** 明刊本。 一函八册。

明吕柟撰。

3755 **王忠文公集二十四卷** 明刊本。 一函十册。

明王禕撰。

3756 **明太祖集二十卷** 明刊本。 一函六册。

明太祖御撰。

3757 **海忠介公集六卷** 康熙中刊本。 一函三册。

明海瑞撰。

3758 **華泉集十四卷** 明刊本。 一函六册。

明邊貢撰。

3759 **陶學士集二十卷** 明刊本。 一函六册。

明陶安撰。

3760 **東里文集二十五卷** 明刊本。 一函六册。

明楊士奇撰。按《四庫》著録本凡九十七卷,又有《别集》四卷。此祇二十五卷,乃删節之本,非全帙也。

3761 **玉笥集十卷** 抄本。① 一函一册。

元鄧雅撰。

3762 **石門集七卷** 抄本。 一函一册。

元梁寅撰。

3763 **夷白齋稿三十五卷外集一卷** 寫本。 一函三册。

元陳基撰。

3764 **鐵②崖古樂府十卷** 汲古閣刊本。 一函二册。

元楊維楨撰。

3765 **東維子集三十卷附録一卷** 明刊本。 一函十二册。

元楊維楨撰。

3766 **東山存稿七卷附録一卷** 明刊本。 一函四册。

元趙汸撰。

3767 **樗隱集六卷** 《永樂大典》本。③ 一函二册。

元胡行簡撰。

3768 **花谿集三卷** 抄本。④ 一函一册。

元沈夢麟撰。

3769 **性情集六卷** 《永樂大典》本。⑤ 一函二册。

元周巽撰。

3770 **環谷集八卷** 康熙中刊本。 一函三册。

元汪克寬撰。

---

① 邵懿辰《簡目標注》:"路有鈔本。"

② "鐵"原誤作"錢",今正。

③ 邵懿辰《簡目標注》:"路有鈔本。"

④ 邵懿辰《簡目標注》:"路有鈔本。"

⑤ 邵懿辰《簡目標注》:"路有鈔本。"

3771 **麟原文集二十四卷** 抄本。① 一函四册。

元王禮撰。

3772 **佩玉齋類稿十卷** 抄本。② 一函二册。

元楊翮撰。

3773 **雲陽集十卷** 明刊本。 一函四册。

元李祁撰。

3774 **又一部四卷** 康熙中刊本。 一函二册。

同上。

3775 **静思集十卷** 抄本。 一函二册。

元郭鈺撰。

3776 **梧溪集七卷** 抄本。 一函三册。

元王逢撰。

3777 **石初集十卷** 舊寫本。③ 一函四册。

元周霆震撰。

3778 **龜巢稿二十卷** 抄本。④ 一函八册。

元謝應芳撰。

3779 **江月松風集十二卷** 抄本。⑤ 一函二册。

元錢惟善撰。

---

① 邵懿辰《簡目標注》:"路有鈔本。"

② 邵懿辰《簡目標注》:"路有鈔本。"

③ 邵懿辰《簡目標注》著録有《附録》一卷,邵章云:"路氏、莫氏、丁氏均有鈔本。"

④ 邵懿辰《簡目標注》著録作"《龜巢集》十七卷",邵章云:"路氏、莫氏、丁氏均有鈔本。"

⑤ 邵章:"路有鈔本。"

3780 **一山文集九卷** 抄本。① 一函二册。

元李繼本撰。

3781 **貞素齋集八卷附録一卷北②莊遺稿一卷** 抄本。③ 一函四册。

元舒頔撰。

3782 **玉笥集十卷** 抄本。④ 一函二册。

元張憲撰。

3783 **聞過齋集八卷** 抄本。 一函二册。

元吴海撰。

3784 **師山文集八卷** 明刊本。 一函二册。

元鄭玉撰。

3785 **鹿皮子集四卷** 明刊本。 一函二册。

元陳樵撰。

3786 **僑吴集十二卷** 抄本。 一函三册。

元鄭元祐撰。

3787 **居竹軒集四卷** 抄本。 一函一册。

元成廷珪撰。

3788 **不繫舟漁集十六卷** 抄本。⑤ 一函二册。

元陳高撰。

3789 **玩齋集十卷拾遺一卷** 抄本。 一函六册。

元貢師泰撰。

---

① 邵章:"路氏、莫氏有鈔本。"

② "北"原誤作"山",今正。

③ 邵章:"路氏、莫氏有鈔本。"

④ 邵懿辰《簡目標注》:"路有鈔本。"

⑤ 邵懿辰《簡目標注》著録作九卷,云:"路有鈔本十六卷。"

3790 **午溪集十卷** 抄本。① 一函一册。

元陳鑑撰。

3791 **野處集四卷** 明刊本。 一函二册。

元邵亨貞撰。

3792 **蛻庵詩集四卷詞二卷** 抄本。 一函一册。

元張翥撰。

3793 **圭峰集二卷** 寫本。② 一函一册。

元盧琦撰。

3794 **純白齋類稿二十卷附録二卷** 抄本。 一函四册。

元胡助撰。

3795 **近光集三卷扈從集一卷** 抄本。③ 一函二册。

元周伯琦撰。

3796 **青陽集六卷** 道光甲申刊本。 一函四册。

元余闕撰。已見前。④

3797 **滋溪文稿三十卷** 抄本。⑤ 一函六册。

元蘇天爵撰。

3798 **俟庵集三十卷** 抄本。 一函二册。

元李存撰。

3799 **筠軒集十三卷** 明刊本。 一函三册。

元唐元撰。

---

① 邵懿辰《簡目標注》:“路有鈔本。”

② 邵懿辰《簡目標注》:“路有鈔本。”

③ 邵懿辰《簡目標注》著録作《近光集》《扈從詩》,卷同,云:“路有鈔本。”

④ 見第1776條。

⑤ 邵懿辰《簡目標注》:“路有鈔本。”

3800 **傅與礪集二十卷** 抄本。① 一函三册。

元傅若金撰。

3801 **安雅堂集十三卷** 抄本。② 一函二册。

元陳旅撰。

3802 **秋聲集四卷** 抄本。 一函一册。

元黄鎮成撰。

3803 **燕石集十五卷** 抄本。③ 一函二册。

元宋褧撰。

3804 **吴禮部集二十卷** 抄本。④ 一函五册。

元吴師道撰。

3805 **圭塘小稿共十七卷** 明刊本。 一函四册。

元許有壬撰。

3806 **至正集八十一卷** 抄本。⑤ 四函三十二册。

元許有壬撰。

3807 **閒⑥居叢稿二十六卷** 抄本。 一函四册。

元蒲道源撰。

3808 **柳待制集二十卷附録一卷** 國朝刊本。 一函八册。

元柳貫撰。

---

① 邵懿辰《簡目標注》著録作《傅與礪詩文集》,卷同,云:"路有鈔本。"

② 邵懿辰《簡目標注》:"路有鈔本。"

③ 邵懿辰《簡目標注》:"路有鈔本。"

④ 邵懿辰《簡目標注》著録作《禮部集》,卷同,云:"路有鈔本。"

⑤ 邵懿辰《簡目標注》:"路小洲、韓小亭均有舊鈔本。"

⑥ "閒"原誤作"間",今正。

3809 **圭齋集十五卷附録一卷**　元刊本,竹紙印。①　一函八册。

元歐陽玄撰。

3810 **又一部卷同**　亦元刊本,白綿紙印。②　一函十册。

前人撰。

3811 **黄文獻公集二十三卷**　元刊本。③　二函十二册。

元黄溍撰。

3812 **伊濱集二十四卷**　《永樂大典》本。④　一函四册。

元王沂撰。

3813 **檜亭集九卷**　抄本。⑤　一函一册。

元丁復撰。

3814 **揭文安公集十四卷**　抄本。⑥　一函三册。

元揭傒斯撰。

3815 **揭文安公文粹**　無卷數。　一函一册。

同上。

3816 **范德⑦機詩集七卷**　抄本。⑧　一函二册。

元范梈撰。

3817 **道園學古録五十卷**　元刊本。　四函三十二册。

---

① 邵懿辰《簡目標注》:"路有元刊本二部。"

② 邵懿辰《簡目標注》:"路有元刊本二部。"

③ 邵懿辰《簡目標注》著録作"《黄文獻集》十卷",云:"路有元刊本二十三卷。"

④ 邵懿辰《簡目標注》:"路有鈔本。"

⑤ 邵懿辰《簡目標注》:"路有鈔本。"

⑥ 邵懿辰《簡目標注》著録作《文安集》,卷同,云:"路有鈔本。"

⑦ "德"原誤作"注",今正。

⑧ 邵懿辰《簡目標注》:"路有鈔本。"

元虞集撰。前已有乾隆中刊本①,此則元本也。

3818 **道園遺藁七卷** 抄本。按《四庫》本作十六卷,與此異。 一函三册。

同上。此乃《學古録》集外所遺者。

3819 **矩庵集十五卷** 《永樂大典》本。② 一函四册。

元同恕撰。

3820 **馬石田集十五卷** 抄本。 一函二册。

元馬祖常撰。

3821 **勤齋集八卷** 《永樂大典》本。③ 一函二册。

元蕭𣂏撰。

3822 **惟實集八卷** 國朝刊本。 一函五本。

元劉鶚撰。

3823 **中庵集二十卷** 《永樂大典》本。 一函四册。

元劉敏中撰。

3824 **貢雲林集六卷** 抄本。 一函一册。

元貢奎撰。

3825 **又一部六卷** 抄本。 一函二册。

同上。

3826 **艮齋集十四卷** 元刊本。④ 一函八册。

元侯克中撰。

3827 **定宇集十六卷別集一卷** 康熙中刊本。 一函四册。

---

① 見第3099條。

② 邵懿辰《簡目標注》:"路有鈔本。"

③ 邵懿辰《簡目標注》:"路有鈔本。"

④ 邵懿辰《簡目標注》著録作《艮齋詩集》,卷同,云:"路有元刊本。"

元陳櫟撰。

3828 **蒲室集十五卷**　抄本。　一函二册。

3829 **又一部同**　抄本。　一函三册。

元釋大訢撰

3830 **西巖集二十卷**　《永樂大典》本。①　一函四册。

元張之翰撰。

3831 **申齋集十五卷**　抄本。　一函二册。

元劉岳申撰。

3832 **周此山集十卷**　寫本。②　一函二册。

元周權撰。

3833 **清容居士集五十卷**　抄本。　二函十六册。

元袁桷③撰。

3834 **蘭軒集十六卷**　《永樂大典》本。④　一函四册。

元王旭撰。

3835 **雲峰集十卷**　明刊本。　一函四册。

元胡炳文撰。

3836 **畏齋集六卷**　《永樂大典》本。⑤　一函三册。

元程端禮撰。

3837 **許白雲集四卷**　抄本。　一函二册。

元許謙撰。

---

① 邵懿辰《簡目標注》:"路有鈔本。"

② 邵懿辰《簡目標注》著録作"《此山集》四卷",云:"路有鈔本十卷。"

③ "桷"原誤作"桶",今正。

④ 邵懿辰《簡目標注》:"路有鈔本。"

⑤ 邵懿辰《簡目標注》:"路有鈔本。"

3838 **雙溪醉隱集八卷** 抄本。① 一函五册。

元耶律鑄撰。

3839 **養吾齋集三十二卷** 《永樂大典》本。② 一函六册。

元劉將孫撰。

3840 **青崖集五卷** 《永樂大典》本。③ 一函四册。

元魏初撰。

3841 **劉文靖公集二十七卷** 一函六册。

3842 **又一部静修集三十卷** 明刊本。 一函八册。

元劉因撰。

3843 **小亨集六卷** 《永樂大典》本。④ 一函一册。

元楊弘道撰。

3844 **牧潛集七卷** 汲古閣刊本。 一函一册。

元僧圓至撰。

3845 **松鄉文集十卷** 抄本。⑤ 一函二册。

元任士林撰。

3846 **紫山大全集二十六卷** 《永樂大典》本。⑥ 一函九本。

元胡祇遹撰。

3847 **巴西文集一卷** 抄本。⑦ 一函二册。

---

① 邵懿辰《簡目標注》:“路有鈔本。”

② 邵懿辰《簡目標注》:“路有鈔本。”

③ 邵懿辰《簡目標注》:“路有鈔本。”

④ 邵懿辰《簡目標注》:“路有鈔本。”

⑤ 邵懿辰《簡目標注》:“路有鈔本。”

⑥ 邵懿辰《簡目標注》:“路有鈔本。”

⑦ 邵懿辰《簡目標注》:“路有鈔本。”

3848 **又一卷同** 抄本。① 一函一册。

元鄧文原撰。

3849 **水雲村稿十五卷** 抄本。 一函六册。

元劉壎撰。

3850 **桂隱文詩集各四卷** 抄本。② 一函二册。

元劉詵③撰。

3851 **青山集八卷** 抄《永樂大典》本。④ 一函四册。

元趙文撰。

3852 **墻東類稿二十卷** 《永樂大典》本。 一函六册。

元陸文圭撰。

3853 **養蒙集十卷** 抄本。⑤ 一函二册。

元張伯淳撰。

3854 **剡源集三十卷** 明刊本。 一函八册。

3855 **又一部三十二卷附四卷** 抄本。 一函十册。

元戴表元撰。

3856 **月屋漫稿一卷** 抄本。⑥ 一函一册。

元黄庚撰。

3857 **野趣有聲畫二卷** 抄本。⑦ 一函一本。

---

① 邵懿辰《簡目標注》:"路有鈔本。"

② 邵懿辰《簡目標注》:"路有鈔本。"

③ "詵"原誤作"説",今正。

④ 邵懿辰《簡目標注》:"路有鈔本。"

⑤ 邵懿辰《簡目標注》:"路有鈔本。"

⑥ 邵懿辰《簡目標注》:"路有鈔本。"

⑦ 邵懿辰《簡目標注》:"路有鈔本。"

元楊公遠撰。

3858 **桐江續集三十七卷** 元刊本。① 二函十六本。

元方回撰。

3859 **稼村類稿三十卷** 明刊本。 一函八册。

3860 **又一部同** 亦明刊本。 一函四册。

元王義山撰。

3861 **藏春集六卷** 明刊本。 一函二册。

元劉秉忠撰。

3862 **湛然居士集十四卷** 抄本。② 一函三册。 與朱右《白雲稿》③共一函。

元耶律楚材撰。

3863 **遺山詩集二十卷** 汲古閣刊本。 一函三册。

金元好問撰。

3864 **遺山全集四十卷** 明弘治刊本。 一函十册。

同上。

3865 **莊靖集十卷** 抄本。④ 一函二册。

3866 **又一部十卷** 抄本。⑤ 一函二册。

金李俊民撰。

---

① 邵懿辰《簡目標注》:“路有元刊本。”

② 邵懿辰《簡目標注》:“路有鈔本。”邵章:“路氏藏鈔本,大題占雙行,每卷前有目,疑從元本出。”

③ 見第3746條。

④ 邵懿辰《簡目標注》:“路有鈔本。”

⑤ 邵懿辰《簡目標注》:“路有鈔本。”

3867 **滹南遺老集四十五卷**　抄本。①　一函三册。

3868 **又一部同**　抄本。②　一函四册。

金王若虚撰。

3869 **滏水集二十卷**　抄本。③　一函四册。

3870 **又一部同**　抄本。④　一函二册。

金趙秉文撰。

3871 **汲古閣刻金元人八種**　共三十二卷。　一函十三册。

《金臺集》、二卷。《雲林詩集》、四卷。《句曲外史集》、七卷。《霞外詩集》、十卷。《南邨詩集》、四卷。《翠寒集》、一卷。《啽囈集》、一卷。《玉山草堂集》。三卷。

3872 **雪樓集三十卷**　元刊本。　一函六册。

元程鉅夫撰。

3873 **秋澗集一百卷**　明刊本。　二函十六册。

元王惲撰。

3874 **四明文獻集五卷**　抄本。⑤　一函二册。

宋王應麟撰。

3875 **則堂集六卷**　《永樂大典》本。⑥　一函四册。

宋家鉉翁撰。

---

① 邵懿辰《簡目標注》:"路有鈔本。"

② 邵懿辰《簡目標注》:"路有鈔本。"

③ 邵懿辰《簡目標注》:"路有鈔本。"

④ 邵懿辰《簡目標注》:"路有鈔本。"

⑤ 邵懿辰《簡目標注》:"路有鈔本。"

⑥ 邵懿辰《簡目標注》:"路有鈔本。"

3876 **佩韋齋集二十卷** 抄本。① 一函二册。

宋俞德鄰②撰。

3877 **牟氏陵陽集二十四卷** 抄本。③ 一函四册。

宋牟巘撰。

3878 **秋聲集六卷** 《永樂大典》本。④ 一函三册。

宋衛宗武撰。

3879 **碧梧玩芳集二十四卷** 《永樂大典》本。⑤ 一函四册。

宋馬廷鸞撰。

3880 **須溪集十卷** 《永樂大典》本。 一函五册。

宋劉辰翁撰。

3881 **魯齋集二十卷** 抄本。 一函四册。

宋王柏撰。

3882 **鬳齋續集三十卷** 一函六册。⑥

宋林希逸撰。

3883 **本堂集九十四卷** 抄本。⑦ 一函十册。

宋陳著撰。

3884 **叠山集二卷** 明刊本。 一函二册。

宋謝枋得撰。

---

① 邵懿辰《簡目標注》著録作"《佩韋齋文集》十六卷",云:"路有鈔本。"

② "鄰"字原脱,今補。

③ 邵懿辰《簡目標注》:"路有鈔本。"

④ 邵懿辰《簡目標注》:"路有鈔本。"

⑤ 邵懿辰《簡目標注》:"路有鈔本。"

⑥ 邵懿辰《簡目標注》:"路有鈔本。"

⑦ 邵懿辰《簡目標注》:"路有鈔本。"

3885 **雪坡①集五十卷** 抄本。② 一函六册。

宋姚勉撰。

3886 **巽齋集二十七卷** 抄本。③ 一函二册。

宋歐陽守道撰。

3887 **菊山清雋集一卷附所南翁詩文集二卷** 抄本。 一函一册。

宋鄭震及其子思肖撰。

3888 **方秋崖集八十三卷** 明刊本。 一函八册。

宋方岳撰。

3889 **玉楮集八卷** 抄本。④ 一函一册。

宋岳珂撰。

3890 **文溪存稿二十卷** 乾隆癸酉刊本。 一函四册。

宋李昂英撰。

3891 **臞軒集十六卷** 《永樂大典》本。⑤ 一函六册。

宋王邁撰。

3892 **方鐵庵集三十六卷** 抄本。⑥ 一函四册。

宋方大琮撰。

3893 **篔窗集十卷** 《永樂大典》本。⑦ 一函二册。

宋陳耆卿撰。

---

① "坡"原誤作"波",今正。

② 邵懿辰《簡目標注》著録作《雪坡文集》,卷同,云:"路有鈔本。"

③ 邵懿辰《簡目標注》著録作《巽齋文集》,卷同,云:"路有鈔本。"

④ 邵懿辰《簡目標注》:"路有鈔本。"

⑤ 邵懿辰《簡目標注》:"路有鈔本。"

⑥ 邵懿辰《簡目標注》著録作"《鐵庵集》三十七卷",云:"路有鈔本二十六卷。"

⑦ 邵懿辰《簡目標注》:"路有鈔本。"

3894 **澗泉集二十卷** 《永樂大典》本。① 一函六册。

宋韓淲撰。

3895 **後村居士集五十卷** 抄本。 二函十二册。

宋劉克莊撰。

3896 **可齋雜稿共五十四卷** 抄本。② 一函十二册。

宋李曾伯撰。

3897 **滄州塵缶編十四卷** 《永樂大典》本。③ 一函四册。

3898 **又一部同** 一函三册。④

宋程公許撰。

3899 **浣川集十卷** 《永樂大典》本。⑤ 一函四册。

宋戴栩撰。

3900 **翠微南征録十一卷** 抄本。⑥ 一函一册。

宋華岳撰。

3901 **東澗集十四卷** 《永樂大典》本。⑦ 一函四册。

宋許應龍撰。

3902 **鶴林集四十卷** 《永樂大典》本。⑧ 一函十册。

宋吴泳撰。

---

① 邵懿辰《簡目標注》:“路有鈔本。”

② 邵懿辰《簡目標注》著録作“《可齋雜稿》三十四卷《續稿》八卷《續稿後》十二卷”,云:“路有鈔本。”

③ 邵懿辰《簡目標注》:“路有鈔本。”

④ 邵懿辰《簡目標注》:“路有鈔本。”

⑤ 邵懿辰《簡目標注》:“路有鈔本。”

⑥ 邵懿辰《簡目標注》:“路有鈔本。”

⑦ 邵章:“路氏、莫氏、八千卷樓均有鈔本。”

⑧ 邵章:“路有鈔本。”

3903 **杜清獻公集二十卷** 抄本。 一函四册。

宋杜範撰。

3904 **平齋集三十二卷** 抄本。① 一函四册。

宋洪咨夔撰。

3905 **鶴山集一百九卷** 明刊本。 四函二十四册。

宋魏了翁撰。

3906 **龍洲集十五卷** 乾隆刊本。 一函二册。

宋劉過撰。

3907 **克齋集十七卷** 國朝刊本。 一函六册。

宋陳文蔚撰。

3908 **漫塘集三十六卷** 一函十册。

宋劉宰撰。

3909 **性善堂稿十五卷** 《永樂大典》本。② 一函二册。

宋度正撰。

3910 **後樂集二十卷** 《永樂大典》本。③ 一函六册。

宋衛涇撰。

3911 **北溪大全集五十卷外集一卷** 元刊本。④ 一函五册。

3912 **又一部同** 一函八册。⑤

宋陳淳撰。

---

① 邵懿辰《簡目標注》著録作《平齋文集》,卷同,云:"路有鈔本。"

② 邵懿辰《簡目標注》:"路有鈔本。"

③ 邵懿辰《簡目標注》:"路有鈔本。"

④ 邵懿辰《簡目標注》:"路有元刊本。"

⑤ 邵懿辰《簡目標注》:"路有元刊本。"

3913 **勉齋集四十卷附集一卷** 抄本。① 一函十二册。

3914 **南軒集四十四卷** 抄本。 一函八册。

3915 **又一部** 元刊本,四十四卷。② 一函四册。

宋張栻撰。

3916 **昌谷集二十二卷** 《永樂大典》本。③ 一函六册。

宋曹彦約撰。

3917 **燭湖集二十卷附編二卷** 《永樂大典》本。 一函六册。

宋孫應時撰。

3918 **蓮峰集十卷** 《永樂大典》本。④ 一函四册。

宋史堯弼撰。

3919 **石屏集十卷** 抄本。⑤ 一函四册。

宋戴復古撰。

3920 **南湖集十卷** 《永樂大典》本。 一函四册。

宋張鎡撰。

3921 **石湖詩集三十四卷** 乾隆中刊本。 一函五册。

宋范成大撰。

3922 **浪語集三十五卷** 抄本。⑥ 二函十八册。

宋薛季宣撰。

---

① 邵懿辰《簡目標注》著録無《附集》一卷,云:“路有鈔本。”

② 邵懿辰《簡目標注》:“路有元刊本。”

③ 邵懿辰《簡目標注》:“路有鈔本。”

④ 邵懿辰《簡目標注》:“路有鈔本。”

⑤ 邵懿辰《簡目標注》著録作六卷,云:“路有鈔本。”

⑥ 邵懿辰《簡目標注》:“路有鈔本。”

3923 **盤洲集八十卷** 抄本。① 二函十册。

宋洪适撰。

3924 **九華集二十五卷附録一卷** 《永樂大典》本。② 一函五册。

宋員興宗撰。

3925 **定齋集十八卷** 《永樂大典》本。 一函六册。

3926 **又一部二十卷** 同。③ 一函四册。

宋蔡戡撰。

3927 **慈湖遺書二十卷** 元刊本。 二函十二册。

宋楊簡撰。

3928 **緣督集二十卷** 《永樂大典》本。④ 一函六册。

宋曾豐撰。

3929 **止堂集十八卷** 聚珍版本。 一函三册。

宋彭龜年撰。

3930 **蠹齋鉛刀編三十二卷拾遺一卷** 抄本。⑤ 一函二册。

宋周孚撰。

3931 **涉齋集十八卷** 《永樂大典》本。⑥ 一函四册。

宋許及之撰。

3932 **東塘集二十卷** 《永樂大典》本。 一函五册。

宋袁説友撰。

---

① 邵懿辰《簡目標注》:"路有鈔本。"

② 邵懿辰《簡目標注》:"路有鈔本。"

③ 邵懿辰《簡目標注》:"路有鈔本。"

④ 邵懿辰《簡目標注》:"路有鈔本。"

⑤ 邵懿辰《簡目標注》著録無《拾遺》一卷,云:"路有鈔本。"

⑥ 邵懿辰《簡目標注》:"路有鈔本。"

3933 **攻媿集一百十二卷** 聚珍板本。 二函二十三本。

宋樓鑰撰。前已有抄本。① 此則聚珍板本也。

3934 **宫教集十二卷** 《永樂大典》本。② 一函四册。

宋崔敦禮撰。

3935 **香山集十六卷** 《永樂大典》本。③ 一函四册。

宋喻良能撰。

3936 **東萊集共五十卷** 明刊本。 二函十二册。

宋吕祖謙撰。

3937 **方舟集二十四卷** 《永樂大典》本。④ 一函六册。

宋李石撰。

3938 **鄂州小集六卷附録一卷** 抄本。 一函二册。

宋羅願撰。

3939 **吴文肅公集二十卷附録一卷** 明刊本。 一函五册。

3940 **又竹洲集十卷附一卷** 明刊本。 一函六册。

宋吴儆撰。

3941 **海陵集二十三卷外集一卷** 抄本。⑤ 一函三册。

宋周麟之撰。

3942 **鄮峰真隱漫録五十卷** 抄本。⑥ 二函十二册。

宋史浩撰。

---

① 見第3139條。

② 邵懿辰《簡目標注》:"路有鈔本。"

③ 邵懿辰《簡目標注》:"路有鈔本。"

④ 邵懿辰《簡目標注》:"路有鈔本。"

⑤ 邵懿辰《簡目標注》:"路有鈔本。"

⑥ 邵懿辰《簡目標注》:"路有鈔本。"

3943 **太倉稊米集七十卷** 抄本。① 一函八册。

3944 **又一部同** 抄本。② 一函七册。

宋周紫芝撰。

3945 **于湖集八卷** 抄本。③ 一函三册。

宋張孝祥撰。《四庫目》稱四十卷。此疑非全帙也。

3946 **拙齋文集二十卷** 抄本。④ 一函四册。

宋林之奇撰。

3947 **香溪集二十二卷** 宋刊本。 一函六册。

宋范浚撰。

3948 **漢濱集十六卷** 《永樂大典》本。⑤ 一函四册。

3949 **又一部同** 一函八册。⑥

宋王之望撰。

3950 **知稼翁集二卷** 明刊本。 一函四册。

宋黄公度撰。

3951 **默堂集二十二卷** 抄本。⑦ 一函四册。

宋陳淵撰。

3952 **嵩山居士集五十四卷** 抄本。⑧ 一函四册。

---

① 邵懿辰《簡目標注》:"路有鈔本。"

② 邵懿辰《簡目標注》:"路有鈔本。"

③ 邵懿辰《簡目標注》著録作四十卷,云:"路有鈔本八卷。"

④ 邵懿辰《簡目標注》:"路有鈔本。"

⑤ 邵懿辰《簡目標注》:"路有鈔本。"

⑥ 邵懿辰《簡目標注》:"路有鈔本。"

⑦ 邵懿辰《簡目標注》:"路有鈔本。"

⑧ 邵懿辰《簡目標注》:"路有鈔本。"

宋晁公遡撰。

3953 **横浦集二十卷附四卷** 明刊本。 一函八册。

3954 **又一部二十卷** 明萬曆刊本。 一函四册。

宋張九成撰。

3955 **浮山集十卷** 《永樂大典》本。① 一函三册。

宋仲并撰。

3956 **北山集三十卷** 康熙中刊本。一函四册。

宋鄭剛中撰。

3957 **斐然集三十卷** 抄本。② 一函十二册。

宋胡寅撰。

3958 **五峰集五卷** 抄本。③ 一函三册。

宋胡宏撰。

3959 **蘆川歸來集十二卷** 《永樂大典》本。④ 一函三册。

宋張元幹撰。

3960 **蘇雙溪集十五卷** 抄本。⑤ 一函三册。

宋蘇籀撰。

3961 **豫章文集十七卷** 明刊本。 一函三册。

宋羅從彦撰。

---

① 邵懿辰《簡目標注》:"路有鈔本。"

② 邵懿辰《簡目標注》:"路有鈔本。"

③ 邵懿辰《簡目標注》:"路有鈔本。"

④ 邵懿辰《簡目標注》著録作"《蘆川歸來集》十卷《附録》一卷",云:"路有鈔本十二卷。"

⑤ 邵懿辰《簡目標注》著録作《雙溪集》,卷同,云:"路有鈔本。"

3962 **孫尚書大全集七十卷** 抄本。① 二函十六册。

宋孫覿撰。

3963 **北海集四十六卷附録三卷** 《永樂大典》本。② 一函八册。

宋綦崇禮撰。

3964 **屏山集二十卷** 乾隆中刊本。 一函二册。

宋劉子翬撰。

3965 **盧溪集五十卷** 明刊本。 二函十六册。

宋王庭珪撰。

3966 **陵陽集四卷** 抄本。③ 一函二册。

宋韓駒撰。

3967 **栟櫚集二十五卷** 抄本。④ 一函二册。

宋鄧肅撰。

3968 **龜谿集十二卷** 明刊本。 一函四册。

3969 **又一部同** 一函四册。

宋沈與求撰。

3970 **相山集三十卷** 《永樂大典》本。⑤ 一函六册。

宋王之道撰。

3971 **東牟集十四卷** 《永樂大典》本。⑥ 一函六册。

---

① 邵懿辰《簡目標注》:“路有鈔本《孫尚書大全集》七十卷。”

② 邵懿辰《簡目標注》:“路有鈔本。”

③ 邵懿辰《簡目標注》:“路有鈔本。”

④ 邵懿辰《簡目標注》著録作十六卷,邵章云:“路小洲、張月霄、八千卷樓均有鈔二十五卷本。”

⑤ 邵懿辰《簡目標注》:“路有鈔本。”

⑥ 邵懿辰《簡目標注》:“路有鈔本。”

宋王洋撰。

3972 **苕溪集五十五卷** 抄本。① 一函四册。

3973 **又一部同** 一函四册。②

宋劉一止撰。

3974 **紫微集三十六卷** 《永樂大典》本。③ 一函八册。

宋張嵲撰。

3975 **華陽集四十卷** 抄本。④ 一函七册。

宋張綱撰。

3976 **筠溪集二十四卷** 抄本。⑤ 一函四册。

宋李彌遜撰。

3977 **椒溪居士集十二卷** 《永樂大典》本。⑥ 一函四册。

宋劉才邵撰。

3978 **北山小集四十卷** 抄本。⑦ 一函六册。

宋程俱撰。

3979 **石林居士建康集八卷** 抄本。⑧ 一函二册。

宋葉夢得撰。

3980 **松隱文集四十卷** 抄本。⑨ 一函六册。

---

① 邵懿辰《簡目標注》:"路有鈔本。"

② 邵懿辰《簡目標注》:"路有鈔本。"

③ 邵懿辰《簡目標注》:"路有鈔本。"

④ 邵懿辰《簡目標注》:"路有鈔本。"

⑤ 邵懿辰《簡目標注》:"路有鈔本。"

⑥ 邵懿辰《簡目標注》:"路有鈔本。"

⑦ 邵懿辰《簡目標注》:"路有鈔本。"

⑧ 邵懿辰《簡目標注》:"路有鈔本。"

⑨ 邵懿辰《簡目標注》著録作三十九卷,云:"路有鈔本。"

宋曹勛撰。

3981 **東窗集十六卷** 《永樂大典》本。① 一函四册。

宋張擴撰。

3982 **忠正德文集十卷** 《永樂大典》本。② 一函四册。

宋趙鼎撰。

3983 **莊簡集十六卷** 《永樂大典》本。③ 一函七册。

宋李光撰。

3984 **丹陽集二十四卷** 《永樂大典》本。④ 一函六册。

宋葛勝仲撰。

3985 **西渡集二卷補遺一卷** 抄本。⑤ 一函一册。

宋洪炎撰。

3986 **横塘集二十卷** 《永樂大典》本。⑥ 一函四册。

宋許景衡撰。

3987 **梁谿集一百八十卷附録三卷** 抄本。⑦ 二函二十八册。

宋李綱撰。

3988 **宗忠簡集八卷** 乾隆中刊本。 一函二册。

宋宗澤撰。

3989 **李忠定公選集四十八卷** 閩中刊本。 二函十六册。

---

① 邵懿辰《簡目標注》:“路有鈔本。”

② 邵懿辰《簡目標注》:“路有鈔本。”

③ 邵懿辰《簡目標注》著録作十八卷,云:“路有鈔本。”

④ 邵懿辰《簡目標注》:“路有鈔本。”

⑤ 邵懿辰《簡目標注》:“路有鈔本。”

⑥ 邵懿辰《簡目標注》:“路有鈔本。”

⑦ 邵懿辰《簡目標注》著録《附録》作六卷,云:“路有鈔本。”

宋李綱全集凡百卷,已著于前。① 此則明左光先及其嗣孫李嗣玄選刊者也。凡《奏議》十五卷,《文集》二十九卷,卷首四卷。本傳及行狀。

3990 **西臺集二十卷** 聚珍板本。 一函六册。

宋畢仲游撰。

3991 **跨鼇集三十卷** 《永樂大典》本。② 一函六册。

宋李新撰。

3992 **眉山集二十四卷** 雍正中刊本。 一函四册。

宋唐庚撰。

3993 **竹隱畸士集二十卷** 《大典》本。③ 一函四册。

宋趙鼎臣撰。

3994 **浮沚集九卷** 聚珍板本。 一函三册。

宋周行己撰。

3995 **東堂集十卷** 《大典》本。 一函三册。

宋毛滂撰。

3996 **襄陵集十二卷** 《大典》本。 一函四册。

宋許翰撰。

3997 **慶湖遺老集九卷** 抄本。④ 一函二册。

宋賀鑄撰。

3998 **灌園集二十卷** 《大典》本。⑤ 一函五册。

---

① 見第 3987 條。

② 邵懿辰《簡目標注》:“路有鈔本。”

③ 邵懿辰《簡目標注》:“路有鈔本。”

④ 邵章:“路有鈔本。”

⑤ 邵懿辰《簡目標注》:“路有鈔本。”

宋吕南公撰。

3999 **竹友集十卷** 抄本。① 一函一册。

宋謝薖撰。

4000 **溪堂集十卷** 《大典》本。② 一函二册。

4001 **又一部同** 一函二册。③

宋謝逸撰。

4002 **樂静集三十卷** 抄本。④ 一函三册。

宋李昭玘撰。

4003 **道鄉集四十卷** 明刊本。 一函五册。

宋鄒浩撰。

4004 **潏水集十六卷** 《大典》本。⑤ 一函四册。

宋李復撰。

4005 **姑溪居士前後集共七十卷** 抄本。⑥ 一函四册。

4006 **又一部同** 抄本。⑦ 一函六册。

---

① 邵懿辰《簡目標注》:"路有鈔本。"

② 邵懿辰《簡目標注》:"路有鈔本。"《西安市文物管理委員會善本書籍目録乙編》:"《溪堂集》十卷,宋謝逸撰。清路慎莊鈔本。二册。八行二十一字,白口,四周雙邊。四四〇·九。邵氏《簡目標注》'路有鈔本',當即此本。"

③ 邵懿辰《簡目標注》:"路有鈔本。"《西安市文物管理委員會善本書籍目録乙編》同上。

④ 邵懿辰《簡目標注》:"路有鈔本。"

⑤ 邵懿辰《簡目標注》:"路有鈔本。"《西安市文物管理委員會善本書籍目録乙編》:"《潏水集》十六卷,宋李復撰。清鈔本。四册。九行二十一字。普四四〇·六二。鈐蓋'扶萬過目'朱文印,原係近代史學家富平張鵬一先生藏書。邵氏《簡目標注》:'路有鈔本。'然此鈔本格式不類常見路氏鈔本。"

⑥ 邵懿辰《簡目標注》著録作"《姑溪居士前集》五十卷《後集》二十卷",云:"路有鈔本。"

⑦ 邵懿辰《簡目標注》著録作"《姑溪居士前集》五十卷《後集》二十卷",云:"路有鈔本。"

宋李之儀撰。

4007 **演山集六十卷** 抄本。① 一函五册。

宋黄裳撰。

4008 **雲溪居士集三十卷** 《大典》本。② 一函八册。

宋華鎮撰。

4009 **龍雲集三十二卷** 抄本。 一函四册。

宋劉弇撰。

4010 **樂圃餘稿十卷附編一卷** 康熙中刊本。 一函一本。

宋朱長文撰。

4011 **景迂生集二十卷** 抄本。 一函十册。

宋晁説之撰。

4012 **雲巢編十卷** 明刊本。 一函三册。

宋沈遼撰。

4013 **長興集十九卷** 明刊本。 一函二册。

宋沈括撰。

4014 **青山集三十卷** 抄本。③ 一函三册。

宋郭祥正撰。

4015 **寶晋英光集八卷** 抄本。④ 一函一册。

宋米芾撰。

4016 **參寥子集十二卷** 抄本。⑤ 一函一册。

---

① 邵懿辰《簡目標注》:"路有鈔本。"

② 邵懿辰《簡目標注》:"路有鈔本。"

③ 邵懿辰《簡目標注》著録作"《青山集》三十卷《續集》七卷",邵章云:"路有鈔本。"

④ 邵懿辰《簡目標注》:"路有鈔本。"

⑤ 邵章:"路有鈔本。"

宋釋道潛撰。

4017 **淮海集共四十九卷** 明刊本。 一函十册。

宋秦觀撰。前所列本①無《後集》及《長短句》,此則足本也。

4018 **欒城集共九十六卷** 明刊本。 二函二十册。

宋蘇轍撰。前所列本②與此次序不合。

4019 **東坡全集一百十五卷** 明刊本。 四函二十四册。

宋蘇軾撰。

4020 **廣陵集三十卷拾遺一卷** 抄本。③ 二函十六册。

宋王令撰。

4021 **老泉先生集十六卷附録二卷** 康熙刊本。 一函四册。

宋蘇洵撰。

4022 **樂全集四十卷** 抄本。④ 一函八册。

宋張方平撰。

4023 **南陽集三十卷附録一卷** 抄本。⑤ 一函四本。

宋韓維撰。

4024 **鄱陽集十二卷** 抄本。⑥ 一函三册。

4025 **又一部同** 一函二册。⑦

宋彭汝礪撰。

---

① 見第3105條。

② 見第3396條。

③ 邵懿辰《簡目標注》:“路有鈔本。”

④ 邵懿辰《簡目標注》:“路有鈔本。”

⑤ 邵懿辰《簡目標注》:“路有鈔本。”

⑥ 邵懿辰《簡目標注》:“路有鈔本。”

⑦ 邵懿辰《簡目標注》:“路有鈔本。”

4026 **潞公集四十卷** 明刊本。 一函四册。

宋文彦博撰。

4027 **范太史集五十五卷** 抄本。① 一函六册。

4028 **又一部同** 抄本。② 一函四册。

宋范祖禹撰。

4029 **無爲集十五卷** 抄本。③ 一函二册。

宋楊傑撰。

4030 **龍學文集十六卷** 抄本。④ 一函二册。

宋祖無擇撰。

4031 **馮安岳集十二卷** 抄本。⑤ 一函二册。

宋馮山撰。

4032 **錢塘集十四卷** 抄本。⑥ 一函六册。

宋韋驤撰。

4033 **西溪集十卷** 抄本。⑦ 一函五册。

宋沈遘撰。

4034 **丹淵集四十卷拾遺等五卷** 明刊本。 一函十册。

宋文同撰。

---

① 邵懿辰《簡目標注》:"路有鈔本。"

② 邵懿辰《簡目標注》:"路有鈔本。"

③ 邵懿辰《簡目標注》:"路有鈔本。"

④ 邵懿辰《簡目標注》:"路有鈔本。"

⑤ 邵懿辰《簡目標注》:"路有鈔本。"

⑥ 邵懿辰《簡目標注》:"路有鈔本。"

⑦ 邵懿辰《簡目標注》:"路有鈔本。"

4035 **都官集十四卷** 《永樂大典》本。① 一函四册。

宋陳舜俞撰。

4036 **彭城集四十卷** 聚珍板本。 一函六册。

宋劉攽撰。

4037 **公是集** 無卷數,抄本。 一函三册。

宋劉敞撰。

4038 **盱②江集三十七卷又附四卷** 宋刊本。 一函十二册。

宋李覯撰。

4039 **蘇魏公集七十二卷** 抄本。 一函十二册。

宋蘇頌撰。

4040 **徂徠集二十卷** 乾隆中刊本。 一函四册。

宋石介撰。

4041 **河南集二十七卷** 抄本。 一函四册。

宋尹洙撰。

4042 **安陽集五十卷** 康熙中刊本。 一函八册。

宋韓琦撰。

4043 **武溪集二十卷** 明刊本。 一函十五本。

4044 **又一部同** 一函四册。

宋余靖撰。

4045 **文恭集四十卷** 聚珍板本。 一函八册。

宋胡宿撰。

4046 **夏文莊集三十六卷** 《永樂大典》本。 一函六册。

---

① 邵懿辰《簡目標注》:"路有鈔本。"

② "盱"原誤作"盰",今正。

宋夏竦撰。

4047 **東觀集十卷** 抄本。① 一函一册。

宋魏野撰。

4048 **穆參軍集三卷附録一卷** 抄本。② 一函二册。

宋穆修撰。

4049 **和靖詩集四卷** 康熙中刊本。 一函一册。

4050 **又林和靖詩集四卷附省心録一卷并附姜白石詩集二卷歌曲四卷** 一函四册。

宋林逋撰。

4051 **武夷新集二十卷** 明刊本。 一函五册。

宋楊億撰。

4052 **乖崖集十二卷附録一卷** 抄本。③ 一函一册。

宋張詠撰。

4053 **咸平集三十卷** 抄本。 一函八册。

宋田錫撰。

4054 **清江三孔集四十卷** 抄本。④ 一函五册。

宋王遠編。"三孔"者,孔文仲及其弟武仲、平仲也。

4055 **騎省集三十卷** 抄本。⑤ 一函四册。

宋徐鉉撰。

4056 **歐陽文忠公集一百五十三卷附五卷** 明刊本。 四函二十八册。

---

① 邵懿辰《簡目標注》:"路有鈔本。"

② 邵懿辰《簡目標注》著録作"《穆參軍集》三卷附録《遺事》一卷",云:"路有鈔本。"

③ 邵懿辰《簡目標注》:"路有鈔本。"

④ 邵懿辰《簡目標注》:"路有鈔本。"

⑤ 邵懿辰《簡目標注》:"路有鈔本。"

宋歐陽修撰。

4057 **鄖溪集二十八卷** 《永樂大典》本。① 一函六册。

宋鄭獬撰。

4058 **廣成集十二卷** 抄本。 一函二册。

蜀杜光庭撰。

4059 **浣花集十卷補遺一卷** 緑②君亭刊本。 一函一册。

蜀韋莊撰。

4060 **禪月集二十六卷** 汲古閣刊本。 一函二册。

蜀僧貫休撰。

4061 **白蓮集十卷** 汲古閣刊本。 一函二册。

後唐僧齊己撰。

4062 **羅昭諫集八卷** 康熙中戴氏刊本。 一函二册。

唐羅隱撰。

4063 **黄御史集八卷附録一卷** 明崇禎黄氏刊本。 一函八册。

唐黄滔撰。前所列《黄先生集》③爲明萬曆中曹氏所刻,此則崇禎中黄氏裔孫所刊也。《四庫》本作十卷,誤。

4064 **徐正字詩賦二卷** 康熙中徐氏刊本。 一函一册。

唐徐寅撰。

4065 **唐風集三卷** 汲古閣刊本。 一函一册。

唐杜荀鶴撰。

4066 **元英集八卷** 明刊本。嘉靖中裔孫廷璽刊本。 一函二册。

---

① 邵懿辰《簡目標注》著録作三十卷,云:"路有鈔本。"

② "緑"原誤作"緣",今正。

③ 見第3423條。

唐方干撰。

4067 **韓内翰别集一卷** 汲古閣刊本。 一函一册。

唐韓偓撰。

4068 **司空表聖文集十卷** 抄本。① 一函一册。

唐司空圖撰。

4069 **雲臺編三卷** 席刊單行本。 一函一册。

唐鄭谷撰。

4070 **咏史詩二卷** 明刊大字本。 一函二册。

唐胡曾撰。

4071 **甫里集二十卷** 明成化刊本。 一函二册。

唐陸龜蒙撰。②

4072 **皮子文藪十卷** 明刊本。 一函二册。

唐皮日休撰。

4073 **麟角集一卷** 抄本。 一函一册。

唐王棨撰。

4074 **曹祠部集二卷附曹唐詩一卷** 明蔣冕刊本。 一函一册。

唐曹鄴撰。

4075 **孫可之集十卷** 汲古閣刊本。 一函一册。

唐孫樵撰。

4076 **黎嶽集一卷附録一卷** 明刊本。 一函二册。

唐李頻撰。

4077 **文泉子集一卷** 抄本。 一函一册。

---

① 邵懿辰《簡目標注》:“路有鈔本。”

② “撰”字原脱,今補。

唐劉蜕撰。

4078 **丁卯集共六卷** 席刊單行本。 一函三册。

唐許渾撰。

4079 **李義山文集箋注十卷** 康熙中刊本。 一函四册。

唐李商隱撰,國朝徐樹穀箋,徐炯注。

4080 **樊川文集十七卷** 明刊本。 一函二册。

唐杜牧撰。《四庫》作二十卷,又有《外集》《别集》各一卷,與此本異。

4081 **會昌一品集二十卷外集十卷别集四卷** 明刊本。 一函四册。

唐李德裕撰。

4082 **追昔游集三卷** 抄本。 一函一册。

唐李紳撰。

4083 **沈下賢集十二卷** 抄本。 一函一册。

4084 **又一部同** 抄本。 一函一册。

唐沈亞之撰。

4085 **王司馬集八卷** 國朝胡氏刊本。 一函。

唐王建撰。

4086 **昌谷集共五卷** 汲古閣刊本。

唐李賀撰。

4087 **唐英歌詩三卷** 汲古閣刊本。 一册。 與上同函。

唐吴融撰。

4088 **孟東野集十卷** 席刊單行本。 一函四册。

唐孟郊撰。

4089 **歐陽行周集十卷** 明刊本。 一函一册。

唐歐陽詹撰。

4090 **李文公集十八卷** 汲古閣刊本。 一函二册。

唐李翺撰。

4091 **皇甫持正集六卷** 汲古閣刊本。 一函一册。

唐皇甫湜撰。

4092 **劉賓客文集三十卷** 宋刊本。① 一函六册。

4093 **劉賓客外集十卷** 抄本。② 一函二册。

唐劉禹錫撰。

4094 **增廣注釋音辨柳集四十三卷** 元刊本。③ 一函八册。

不著編集者名氏。

4095 **五百家注音辨柳集二十一卷外集二卷新編外集一卷附録六卷** 抄本。④ 一函八册。

宋魏仲舉編。

4096 **東⑤雅堂昌黎集注四十卷外集十卷** 明刊本。 一函十册。

宋廖瑩中撰。即所謂世綵堂本也。明萬曆中長洲徐時泰重刊,改題“東雅堂”。

4097 **原本韓集考異十卷** 李光地重刊本。 一函二册。

宋朱子撰。因方崧卿《韓集舉正》重爲較定。後張洽校刻,而

---

① 邵懿辰《簡目標注》著録作“《劉賓客文集》三十卷《外集》十卷”,邵章云:“路小洲有宋刻本三十卷,又鈔本《外集》十卷。”

② 邵懿辰《簡目標注》著録作“《劉賓客文集》三十卷《外集》十卷”,邵章云:“路小洲有宋刻本三十卷,又鈔本《外集》十卷。”

③ 邵懿辰《簡目標注》:“路有元本。”

④ 邵懿辰《簡目標注》著録作“《五百家注音辨柳先生文集》二十一卷《外集》二卷《新編外集》一卷《附録》八卷”,云:“路有鈔本。”

⑤ “東”原誤作“在”,今正。

國朝李光地又爲重刻。以今世所行有王伯大以《考異》散附句下四十卷之本,故此本題爲"原本",以其用《經典釋文》例也。

4098 **韓集舉正十卷外集舉正一卷** 抄本。① 一函二册。

宋方崧卿撰。朱子《考異》即用此爲藍本。此本乃就宋本影寫者。

4099 **賈長江集十卷** 明刊本。 一函二册。

唐賈島撰。

民國二十七年二月徐壽愷抄,計共二萬四千五百三十三字。

① 邵懿辰《簡目標注》:"路有鈔本。"

# 蒲編堂路氏藏書目二十五

小洲手訂　共計書七百一十五種,除重複。

4100 **權文公集十卷**　抄本。　一函一册。

唐權德輿撰。

4101 **顧華陽集三卷附顧非熊詩一卷**　明顧氏刊本。　一函一册。

4102 **又一部同**　一函一册。

唐顧况撰。其裔孫名端,搜合殘帙刻之,而以其子非熊詩數首附焉。

4103 **錢仲文集十卷**　明刊本。　一函二册。

唐錢起撰。

4104 **李遐叔文集四卷**　抄本。①　一函二册。

唐李華撰。

4105 **蕭茂挺文集一卷**　抄本。②　一函一册。

唐蕭穎士撰。

4106 **毗陵集二十卷**　抄本。　一函四册。

唐獨孤及撰。

4107 **韋蘇州集十卷**　項氏玉淵堂刊本。　一函二册。

---

① 邵懿辰《簡目標注》:"路有鈔本。"

② 邵懿辰《簡目標注》:"路有鈔本。"

唐韋應物撰。前所列五卷之本①似尚有缺,俟細校之。

4108 **劉隨州集十一卷** 明刊本。 一函一册。

唐劉長卿撰。

4109 **杼山集十卷** 汲古閣刊本。 一函二册。

唐僧皎然撰。

4110 **宗玄集三卷附二卷** 抄本。② 一函一册。

唐吴筠撰。

4111 **顔魯公集十五卷** 明毗陵安氏刊本。 一函四册。

唐顔真卿撰。其集原流見安氏後序。

4112 **元次山集十二卷** 明刊本。 一函四册。

唐元結撰。

4113 **常建詩三卷** 汲古閣刊本。 一函一册。

唐常建撰。

4114 **高常侍集十卷** 抄本。 一函一册。

唐高適撰。

4115 **李北海集六卷附録一卷** 明刊本。 一函二册。

唐李邕撰。

4116 **張説之集二十五卷** 明刊本。 一函二册。

唐張説撰。

4117 **陳伯玉文集十卷** 明刊本。 一函八册。

唐陳子昂撰。

---

① 見第2100條。

② 邵懿辰《簡目標注》著録作"《宗玄集》三卷附録《玄綱論》一卷《内丹九章經》一卷",邵章云:"路有鈔本。"

4118 **寒山子詩集一卷附豐干拾得詩一卷** 明刊本。 一函一册。

皆貞觀中台州僧也。

4119 **靈隱子集六卷** 明刊本。 一函三册。

即《駱丞集》也。明陳魁士爲之注,而改題曰"靈隱子",頗嫌杜撰。

4120 **庾開府集箋注十卷** 吴氏刊本。 一函六册。

周庾信撰,國朝吴兆宜箋注。

4121 **何水部集一卷** 明正德張紘刊本。 一函一册。

梁何遜撰。

4122 **江文通集四卷** 乾隆戊寅梁賓刊本。 一函四本。

梁江淹撰。

4123 **嵇中散集十卷** 明嘉靖黄省曾刊本。 一函一册。

魏嵇康撰。

4124 **曹子建集十卷** 明依宋本刊。 一函四册。

魏曹植撰。

4125 **孔北海集一卷附雜考一卷** 無刊人姓氏。 一函一册。

漢孔融撰。

4126 **蔡中郎集六卷** 陳留刊本。 一函二册。

漢蔡邕撰。

4127 **揚子雲集六卷** 明鄭樸刊本。 一函四册。

漢揚雄撰。

4128 **離騷圖三卷** 補繪本。 一函三册。

國朝蕭雲從畫并注。乾隆中又奉敕命廷臣補繪。

4129 **楚辭章句十七卷** 明刊本。 一函二册。

漢王逸撰。前所列①爲坊間翻本,此則原本也。

4130 **釋文紀四十五卷** 抄本。② 二函十四册。

明梅鼎祚編。皆歷代釋氏之文及今爲釋氏而作者。

4131 **中州集十卷** 汲古閣刊本。 二函十册。

金元好問編。以金一代詩分爲十卷。大旨以詩存史,故姓名之下各列小傳,往往及其佚事,多足以資考證。

4132 **唐文粹一百卷** 明萬曆刊本。 四函二十四册。

宋姚鉉編。

4133 **宋文選三十二卷** 抄本。③ 一函八册。

不著編輯者名氏。據《墨莊漫録》所云,則爲北宋人所選也。

4134 **崇古文訣三十五卷** 明刊本。 一函十册。

宋樓昉編。

4135 **五百家播芳大全文粹一百十卷** 抄本。④ 四函卅二册。

宋魏齊賢、葉棻⑤同編。前所列本⑥祇一百五卷,此乃足本也。既有此本,因以前本仍還坊中。

4136 **古樂苑五十二卷附録四卷** 明刊本。 一函十二册。

明梅鼎祚編。

4137 **皇霸文紀十三卷** 明刊本。以下同。 一函四册。

4138 **西漢文紀二十四卷** 一函六册。

---

① 見第86條。

② 邵懿辰《簡目標注》:"路有鈔本。"

③ 邵懿辰《簡目標注》著録作《聖宋文選》,卷同,云:"路有鈔本。"

④ 邵懿辰《簡目標注》:"路有鈔本。"

⑤ "棻"原誤作"芬",今正。

⑥ 見第3089條。

4139 **東漢文紀三十二卷** 一函七册。

4140 **西晋文紀二十卷** 一函六册。

4141 **宋文紀十八卷** 一函八册。

4142 **南北齊文紀十三卷** 共一函六册。

4143 **梁文紀十四卷** 一函六册。

4144 **陳文紀八卷** 一函四册。

4145 **後周文紀八卷** 一函四册。

4146 **隋文紀八卷** 一函四册。

皆明梅鼎祚編。其意以配馮氏之《詩紀》也。

4147 **宋元詩會** 康熙中刊本。 二函二十本。

國朝陳焯編。其書足與吴之振《宋詩鈔》、顧嗣立《元詩選》二書相輔。蓋二書皆采自有專集者,此則掇拾殘剩,搜求散佚,故皆出專集之外。凡九百餘家。

4148 **文翰類選大成一百六十三卷** 明刊本。 八函六十四册。

明李伯璵、馮原同編。二人皆官淮王府,是書即奉淮王之命而作。其書總録前代及明人詩文,分體編次。每體之中,又各以時代爲次。采掇極詳,而不免時有乖誤,蓋愛博而少持擇故也。

4149 **鄭氏周易三卷** 雅雨堂刊本。 一函一册。

漢鄭玄撰,國朝惠棟編。

4150 **周易新講義十卷** 抄本。① 一函二册。

宋耿南仲②撰。

---

① 邵懿辰《簡目標注》:“路有鈔本。”

② “南仲”原誤作“仲南”,今正。

4151 **讀易詳説十卷** 《永樂大典》本。① 一函五册。

宋李光撰。

4152 **周易窺餘十五卷** 《永樂大典》本。② 一函五册。

宋鄭剛中撰。

4153 **易變體義十二卷** 《永樂大典》本。③ 一函四册。

宋都絜撰。

4154 **周易經傳集解三十六卷** 抄本。④ 一函八册。

宋林栗撰。

4155 **厚齋易學五十二卷** 《永樂大典》本。⑤ 二函十八册。

宋馮椅撰。

4156 **周易總義二十卷** 抄本。⑥ 一函四册。

宋易祓撰。

4157 **周易要義十卷** 抄本。 一函五册。

宋魏了翁撰。

4158 **淙山讀周易記二十一卷** 抄本。⑦ 一函四册。

宋方實孫撰。

4159 **讀易舉要四卷** 《永樂大典》本。⑧ 一函二册。

---

① 邵懿辰《簡目標注》:"路有鈔本。"

② 邵懿辰《簡目標注》:"路有鈔本。"

③ 邵懿辰《簡目標注》:"路有鈔本。"

④ 邵懿辰《簡目標注》:"路有鈔本。"

⑤ 邵懿辰《簡目標注》:"路有鈔本。"

⑥ 邵懿辰《簡目標注》:"路有鈔本。"

⑦ 邵懿辰《簡目標注》:"路有鈔本。"

⑧ 邵懿辰《簡目標注》:"路有鈔本。"

宋俞琰撰。

4160 **易象義十六卷** 《永樂大典》本。① 一函五册。

宋丁易東撰。

4161 **易纂言外翼八卷** 《永樂大典》本。② 一函二册。

元吴澄撰。

4162 **易精藴大義十二卷** 《永樂大典》本。③ 一函六册。

元解蒙撰。

4163 **易學變通六卷** 《永樂大典》本。④ 一函二册。

元曾貫撰。

4164 **周易爻變義藴四卷** 抄本。⑤ 一函二册。

元陳應潤撰。

4165 **八白易傳十六卷** 抄本。⑥ 一函四册。

明葉山撰。

4166 **周易象抄六卷** 明刊本。 一函四册。

明錢一本撰。

4167 **易義古象通八卷** 抄本。⑦ 一函四册。

明魏濬撰。

4168 **易宫三十八卷** 抄本。 一函八册。

---

① 邵懿辰《簡目標注》著録作《周易象義》,云:“路有鈔本。”

② 邵懿辰《簡目標注》:“路有鈔本。”

③ 邵懿辰《簡目標注》:“路有鈔本。”

④ 邵懿辰《簡目標注》:“路有鈔本。”

⑤ 邵懿辰《簡目標注》:“路有鈔本。”

⑥ 邵懿辰《簡目標注》:“路有鈔本。”

⑦ 邵懿辰《簡目標注》:“路有鈔本。”

國朝吴隆元撰。其書乃草創未竟而門人手録者,故中多缺字缺篇。其以"宫"名者,取邵子三十六宫之説也。

4169 **周易辨畫四十卷** 抄本。① 一函八册。

國朝連斗山撰。

4170 **周易章句證異十一卷** 抄本。② 一函四册。

國朝翟均廉撰。

4171 **易圖識漏一卷** 抄本。 一函一册。

明黄芹撰。

4172 **周易象旨决録七卷** 康熙中刊本。 一函三册。

明熊過撰。

4173 **尚書講義二十卷** 《永樂大典》本。③ 一函五册。

宋史浩撰。

4174 **絜齋家塾書抄十二卷** 《大典》本。④ 一函六册。

宋袁燮撰。

4175 **尚書精義五十卷** 《大典》本。 一函十二册。

宋黄倫撰。

4176 **尚書詳解五十卷** 抄本。 一函六册。

宋陳經撰。

4177 **尚書要義十四卷序説一卷** 抄本。 一函六册。

宋魏了翁撰。原本二十卷,今佚其六卷。

4178 **尚書詳解十三卷** 抄本。 一函四册。

---

① 邵懿辰《簡目標注》:"路有鈔本。"

② 邵懿辰《簡目標注》:"路有鈔本。"

③ 邵懿辰《簡目標注》:"路有鈔本。"

④ 邵懿辰《簡目標注》:"路有鈔本。"

宋胡士行撰。通志堂已有其書。①

4179 **尚書日記十六卷** 明刊本。 一函八册。

明王樵撰。

4180 **尚書疏衍四卷** 抄本。② 一函二册。

明陳第撰。

4181 **尚書埤傳十七卷** 康熙中刊本。 一函六册。

國朝朱鶴齡撰。

4182 **書傳通釋六卷** 抄本。 一函四册。

明彭勗撰。

4183 **增修東萊書説三十五卷** 抄本。 一函六册。

後十三卷宋吕祖謙撰,前二十二卷其門人時瀾增修。此書已刻入《通志堂經解》中③,此則天一閣所藏抄本也。

4184 **尚書傳翼十卷** 明刊本。 一函二册。

明陸鍵撰。

4185 **尚書譜五卷**

4186 **尚書考異五卷** 共一函,四册。

4187 **今水經一卷**

《譜》及《考異》明梅鷟撰。《今水經》黄宗羲撰。

4188 **慈湖詩傳二十卷** 《大典》本。 一函六册。

宋楊簡撰。

---

① 見第3539條。

② 邵懿辰《簡目標注》:"路有鈔本。"

③ 見第3535條。

4189 **詩纘緒十八卷**　《大典》本。①　一函五册。

元劉玉汝撰。

4190 **詩演義十五卷**　舊抄本。②　一函四册。

元梁寅撰。乃殘缺之本,自《小雅·苕之華》以下皆佚。

4191 **詩集傳附録纂疏**　抄本。③　一函十册。

元胡一桂撰。張氏《藏書志》論之詳矣。是書《四庫目》不著録,殆未見此本也。

4192 **詩説解頤四十卷**　明刊本。　二函十六册。

明季本撰。

4193 **六家詩名物疏五十五卷**　明刊本。　二函十六册。

明馮應京撰。"六家"者,《齊》、《魯》、《毛》、《韓》及鄭《箋》、朱《傳》也。

4194 **讀詩質疑卅一卷附録十五卷**　刊本。　一函十册。

國朝嚴虞惇撰。

4195 **毛詩類釋二十一卷續編三卷**　抄本。④　一函六册。

國朝顧棟高撰。

4196 **詩疑辨證六卷**　抄本。⑤　一函六册。

國朝黄中松撰。

4197 **詩瀋二十卷**　抄本。⑥　一函四册。

---

① 邵懿辰《簡目標注》:"路有鈔本。"

② 邵懿辰《簡目標注》:"路有鈔本。"

③ 邵懿辰《簡目標注》著録爲二十卷,云:"路小洲有鈔本。"

④ 邵懿辰《簡目標注》:"路有鈔本。"

⑤ 邵懿辰《簡目標注》:"路有鈔本。"

⑥ 邵懿辰《簡目標注》:"路有鈔本。"

國朝范家相撰。

4198 **毛詩廣義** 無卷數,共五册。 附養知録 一册。 一函。

國朝紀昭撰。

4199 **多識編七卷** 刊本。 一函六册。

明林兆珂撰。專辨《詩》中鳥獸、草木名義,故以“多識”爲名。

4200 **詩經類考三十卷** 明刊本。 二函十六册。

明沈萬鈳撰。

4201 **毛詩講義十二卷** 《大典》本。① 一函四册。

宋林岊撰。乃其守全州時爲諸生講解,因録成帙者。原本久佚,此從《大典》録出。

4202 **毛詩集解二十五卷** 抄本。② 一函八册。

宋段昌武撰。原本三十卷,今佚其説三《頌》者五卷,祇存二十五卷。且舊本斷爛,多有闕失,當覓善本填寫補之。

4203 **周官新義十六卷附考工記解二卷** 《大典》本。 一函四册。

宋王安石撰。

4204 **周官總義三十卷** 《大典》本。③ 一函十册。

宋易祓撰。

4205 **周官集傳十六卷** 《永樂大典》本。④ 一函八册。

元毛應龍撰。

4206 **周禮全經釋原十四卷** 明刊本。 二函十三册。

---

① 邵懿辰《簡目標注》:“路有鈔本。”

② 邵懿辰《簡目標注》著録作《叢桂毛詩集解》,云:“路有鈔本。”

③ 邵懿辰《簡目標注》:“路有鈔本。”

④ 邵懿辰《簡目標注》:“路有鈔本。”

明柯尚遷撰。

4207 **周禮訓纂二十一卷** 康熙中刊本。 一函六册。

國朝李鍾倫撰。

4208 **周禮古本訂注六卷** 明刊本。 一函三册。

明郭良翰撰。

4209 **周禮詳解四十卷** 宋刊本。① 二函十八册。

宋王昭禹撰。

4210 **儀禮集釋三十卷** 聚珍板本。 一函八册。

宋李如圭撰。

4211 **儀禮圖十七卷旁通圖一卷** 宋刊本。 四函卌二册。

宋楊復撰。《通志堂經解》中已有刊本②，此則宋人所刊單行本也。

4212 **儀禮要義五十卷** 抄本。 一函十册。

宋魏了翁撰。

4213 **禮經本義十七卷** 抄本。③ 一函四册。

國朝蔡德晋撰。

4214 **内外服制通釋七卷** 抄本。 一函一本。

宋車垓撰。

4215 **月令解十二卷** 抄本。④ 一函二册。

宋張虙撰。

4216 **纂圖互注禮記二十卷** 宋刊本。 二函二十册。

---

① 邵懿辰《簡目標注》："路有宋刊本。"

② 見第3597條。

③ 邵懿辰《簡目標注》："路有鈔本。"

④ 邵懿辰《簡目標注》："路有鈔本。"

此書見《平津館書目》中,旁有無名氏小注。

4217 **禮記通解二十二卷** 明刊本。 一函十二册。

明郝敬撰。

4218 **春秋集傳纂例十卷** 明刊本。 一函八册。

唐陸淳撰。

4219 **又一部十卷** 乾隆中刊本。 一函二册。

同上。

4220 **春秋集解十二卷** 明刊本。 一函四册。

宋蘇轍撰。

4221 **春秋三傳讞二十二卷** 《大典》本。① 一函八册。

宋葉夢得撰。

4222 **春秋左氏傳續説十二卷** 《大典》本。② 一函四册。

宋吕祖謙撰。

4223 **春秋比事二十卷** 抄本。 一函八册。

4224 **又一部同** 抄本。 一函四册。

宋沈棐撰。

4225 **春秋講義四卷** 《大典》本。③ 一函四册。

宋戴溪撰。

4226 **春秋説三十卷** 《大典》本。④ 一函六册。

宋洪咨夔撰。

4227 **春秋讞義九卷** 抄本。 一函二册。

---

① 邵懿辰《簡目標注》著録作《春秋讞》,云:"路有鈔本。"

② 邵懿辰《簡目標注》:"路有鈔本。"

③ 邵懿辰《簡目標注》:"路有鈔本。"

④ 邵懿辰《簡目標注》:"路有鈔本。"

元王元杰撰。

4228 **三傳折諸四十四卷**　乾隆中刊本。　二函十六册。

國朝張尚瑗撰。

4229 **春秋長曆十卷**　抄本。①　一函四册。

國朝陳厚耀撰。

4230 **春秋紀傳五十一卷**　康熙中刊本。　二函十二册。

國朝李鳳雛撰。

4231 **經義述聞三十二卷**　嘉慶二年刊本。　二函十六册。

國朝高郵王引之撰。先生精於漢學,是書辨析疑義,考訂訓詁,甚爲精鑒。

4232 **明本排字九經直音二卷**　元刊本。　一函二册。

不著撰人名氏。乃元世祖至元丁亥明州所刻本,故曰"明本"。

4233 **經典稽疑二卷**　抄本。　一函二册。

明陳耀文撰。

4234 **吕涇野經説十五卷**　明刊本。　一函八册。

明吕柟撰。凡《周易説翼》三卷、《尚書説要》五卷、《春秋説志》五卷、《禮問》二卷。疑其未完之書也。

4235 **十三經注疏正字八十一卷**　抄本。②　二函十七册。

國朝沈廷芳撰。

4236 **孝經述注一卷**　《大典》本。③　一函一册。

---

① 邵章:"路有鈔本。"

② 邵懿辰《簡目標注》:"路有鈔本。"

③ 邵懿辰《簡目標注》:"路有鈔本。"

明項霦撰。

4237 **孝經集傳四卷** 明刊本。 一函二册。

明黄道周撰。

4238 **論語全解十卷** 抄本。① 一函二册。

宋陳祥道撰。

4239 **蒙齋中庸講義四卷** 《大典》本。② 一函一册。

宋袁甫撰。

4240 **四書集義精要二十八卷** 抄本。③ 一函四册。

元劉因編。

4241 **論語類考二十卷** 明刊本。 一函三册。

4242 **孟子雜記四卷** 明刊本。 一函二册。

明陳士元撰。前所列乃《湖海樓叢書》本④,此則《歸雲别集》中單行本也。

4243 **大學翼真七卷** 抄本。 一函四册。

國朝胡渭撰。

---

① 邵懿辰《簡目標注》:"路有鈔本。"《西安市文物管理委員會善本書籍目録甲編》:"《重廣陳用之學士真本入論語全解》十卷,宋陳祥道撰。清鈔本。一六〇·一三。此書書面鈐蓋'乾隆三十八年十一月浙江巡撫三寶進呈吴玉墀家藏'長方印,扉頁又鈐有滿漢文'翰林院印',書中且有塗乙校改處,當係《四庫》底本。又此部書乃盩厔路氏捐獻者。據《增訂四庫簡明目録標注》,此書'路有鈔本',路爲路慎莊小洲,盩厔路氏即其後裔,則此書當是小洲舊有鈔本也。"

② 邵懿辰《簡目標注》:"路有鈔本。"《西安市文物管理委員會善本書籍目録乙編》:"《蒙齋中庸講義》四卷,宋袁甫撰。清路慎莊鈔本。一册。八行二十一字,白口,四周雙邊。一六〇·一二。邵氏《簡目標注》'路有鈔本',即此本。"

③ 邵懿辰《簡目標注》:"路有鈔本。"

④ 見第1801條。

4244 **四書逸箋六卷** 乾隆中刊本。 一函二册。

國朝程大中撰。

4245 **孟子解十四卷** 抄本。 一函一册。

宋尹焞撰。

4246 **瑟譜六卷** 《大典》本。 一函二册。

元熊朋來撰。

4247 **律吕新書箋義二卷** 乾隆中刊本。 一函二册。

宋蔡元定撰,國朝羅登選箋義。

4248 **鐘律通考六卷** 抄本。① 一函二册。

明倪復撰。

4249 **律吕古義三卷** 明刊本。 一函二册。

明吕懷撰。

4250 **又一部同** 抄本。 一函一册。

4251 **舞志十二卷** 抄本。 一函一册。

國朝張敉撰。

4252 **樂典三十六卷** 明刊本。 一函六册。

明黄佐撰。

4253 **彙雅二十卷** 明刊本。 一函六册。

明張萱撰。

4254 **爾雅音圖三卷** 影宋刊本。 一函三册。

兩淮運使曾煥依元人抄繪本影刻者。

4255 **字詁一卷** 抄本。 一函一册。

國朝黄生撰。

---

① 邵懿辰《簡目標注》:"路有鈔本。"

4256 **漢隸字原六卷** 汲古閣刊本。 一函六册。

宋婁機撰。

4257 **說文解字韻譜二卷** 明刊本。 一函二册。

明陳鉅輯。

4258 **六書本義十二卷** 明刊本。 一函二册。

明趙古則撝謙撰。

4259 **俗書刊誤十二卷** 抄本。① 一函一册。

明焦竑撰。

4260 **廣金石韻府五卷** 明刊本。 一函五册。

國朝林尚葵編。

4261 **干祿字書一卷** 國朝刊本。 一函一册。

唐顏元孫撰。

4262 **韻補五卷** 明刊本。 一函五册。

宋吴棫撰。前所列抄本②,此則明刊本也。

4263 **增修校正押韻釋疑五卷** 抄本。③ 一函五册。

宋歐陽德隆撰,郭守正增修。

4264 **五音集韻十五卷** 明成化重刊本。 一函五册。

金韓道昭撰。

4265 **經史正音切韻指南一卷** 抄本。 一函一册。

元劉鑑撰。

4266 **毛詩古音考五卷** 明刊本。 一函四册。

---

① 邵懿辰《簡目標注》:“路有鈔本。”

② 見第 3636 條。

③ 邵懿辰《簡目標注》:“路有鈔本。”

明陳第撰。

4267 **屈宋古音義三卷**　明刊本。　一函二册。

明陳第撰。

4268 **原本廣韻五卷**　明刊本。　一函五册。

不著撰人名氏。注文簡當,乃宋大中祥符未經重修以前之舊本,而明重刊者。前所列張氏刻本①,則宋重修者也。

4269 **舊五代史一百五十卷目録二卷**　武英殿刊本。　四函廿四册。

宋薛居正等撰。此從《永樂大典》中録出者。家中所藏本爲余丙申年得之汴梁者,乃聚珍板本。此則與廿三史同刊于殿者也。

4270 **宋史四百九十六卷**　武英殿刊本。　十函一百册。

元托克托等撰。

4271 **遼史一百十六卷**　武英殿刊本。　二函八册。

元托克托等撰。

4272 **金史一百三十五卷**　武英殿刊本。　四函廿四册。

元托克托等撰。

4273 **元史二百十卷**　武英殿刊本。　六函五十册。

明宋濂撰。

4274 **資治通鑒釋文三十卷**　元刊本。　二函十六册。

宋史炤撰。

4275 **皇王大紀八十卷**　明刊本。　二函十四册。

---

① 見第951條。

4276 **又一部同**　抄本。①　二函二十册。

宋胡宏撰。

4277 **中興小紀四十卷**　《大典》本。②　一函八册。

宋熊克撰。

4278 **大事記十二卷通釋三卷解題十二卷**　坊刊本。　二函十二册。

宋吕祖謙撰。

4279 **九朝編年備要三十卷**　抄本。③　二函十六册。

宋陳均撰。

4280 **靖康要録十六卷**　抄本。④　一函六册。

不著撰人名氏。

4281 **兩朝綱目備要十六卷**　《大典》本。⑤　一函八册。

4282 **又一部同**　一函四册。

不著撰人名氏。

---

① 《西安市文物管理委員會善本書籍目録甲編》:"《皇王大紀》八十卷,宋胡宏撰。明鈔本。珍·一九。十行,行二十字,小字雙行二十字,白口,藍格,四周單邊。見書影三。《四庫全書提要》著録爲浙江范懋柱天一閣藏本。此部係路小洲家藏書,首册封面鈐蓋'乾隆三十八年十一月浙江巡撫三寶送到范懋柱家藏《皇王大紀》壹部計書貳拾本'長方印,首卷第一頁復鈐有滿漢文'翰林院印'。是即《四庫》著録之本。路氏藏書多出自清内府,此其一也。"

② 邵懿辰《簡目標注》著録作《中興小曆》,云:"路有鈔本。"

③ 邵懿辰《簡目標注》:"路有鈔本。"

④ 邵懿辰《簡目標注》:"路有鈔本。"

⑤ 邵懿辰《簡目標注》:"路有鈔本。"《西安市文物管理委員會善本書籍目録乙編》:"《兩朝綱目備要》十六卷,不著撰人名氏。清路慎莊鈔本。四册。八行二十一字,白口,四周雙邊。二〇二·八。按:邵氏《簡目標注》'路有鈔本',即此本,并有批校處。"

4283 **宋史全文三十六卷** 宋刊本。① 四函卅六册。

不著撰人名氏。

4284 **通鑒前編十八卷舉要二卷** 明刊本。 一函十册。

宋金履祥撰。前已列一部矣。②

4285 **通鑒續編二十四卷** 明刊本。 二函十二册。

明陳桱撰。

4286 **蜀鑒十卷** 明嘉靖刊本。 一函三册。

宋郭允蹈撰。

4287 **炎徼紀聞四卷** 抄本。 一函二册。

明田汝成撰。

4288 **建康實録二十卷** 抄本。【眉批:别史。】 一函八册。

唐許嵩撰。

4289 **續後漢書九十卷** 《大典》本。 二函廿四册。

元郝經撰。

4290 **季漢書六十卷** 明刊本。 二函十二册。

明謝陛撰。凡《帝紀》三卷、《内傳》十七卷、《世家》六卷、《外傳》三十卷、《載記》三卷、《雜傳》一卷。

4291 **國語補音三卷** 抄本。 一函一册。

唐人舊本,宋宋庠補輯。

4292 **戰國策校注十卷** 坊刊本。 一函八册。

元吴師道撰。

4293 **咸淳遺事二卷** 《大典》本。 一函一册。

---

① 邵懿辰《簡目標注》:"路有元刊本。"

② 見第 1740 條。

不著撰人名氏。

4294 **大金吊伐録四卷** 《大典》本。 一函四册。

4295 **又一部二卷** 抄本。 一函二册。

不著撰人名氏。一爲《永樂大典》中録出者,作四卷。一爲從知不足齋家藏舊本抄者,作二卷。

4296 **汝南遺事四卷** 《大典》本。 一函一册。

4297 **又一部同** 一函一册。

元王鶚撰。

4298 **平宋録三卷** 抄本。 一函一册。

元劉敏中撰。

4299 **革除逸史二卷** 明刊本。 一函一册。

明朱睦㮮撰。

4300 **南渡録一卷** 抄本。 一函一册。

宋辛棄疾撰。

4301 **靖康紀聞一卷** 抄本。 一函一册。

宋丁特起撰。

4302 **建炎復辟記一卷** 抄本。 一函一册。

不著撰人名氏。

4303 **襄陽守城録一卷** 抄本。 一函一册。

宋趙萬年撰。

4304 **泰昌日録一卷** 抄本。

4305 **天順日録一卷** 抄本。 (與上共)一函二册。

《泰昌録》,明楊惟休撰。《天順日録》,明李賢撰。

4306 **先撥志始二卷** 康熙中刊本。 一函二册。

明文秉撰。所載皆明季璫事,凡附璫劾璫諸人章疏、事實悉載焉。取“本實先撥”之義,而志其所始,故以名書。

4307 **翦勝野聞三卷** 抄本。 一函一册。

不著撰人名氏。

4308 **燉煌新録一卷** 抄本。 一函一册。

不著撰人名氏。

4309 **明季稗史十一種** 抄本。 二函十册。

一曰《東明聞見録》,二曰《行在陽秋》,三曰《粤游見聞》,四曰《揚州十日記》,五曰《嘉定屠城紀略》,六曰《求野録》,七曰《四王合傳》,八曰《青燐屑》,九曰《幸存録》,十曰《續幸存録》,十一曰《也是録》。不著撰人名氏。

4310 **唐大詔令一百卅卷** 抄本。① 二函十二册。

宋宋敏求編。

4311 **兩漢詔令二十三卷** 宋刊本。② 一函十册。

《西漢詔令》十二卷,宋林虙編。《東漢詔令》十一卷,宋樓昉編。其合爲一書,而冠以洪咨夔《兩漢詔令擥要序》,則不知出於誰手,大抵書肆所爲也。

4312 **明詔令二十一卷** 明刊本。 二函十册。

不著編輯人名氏。

4313 **盡言集十三卷** 明刊本。 一函三册。

宋劉安世撰。

4314 **讜論集五卷** 抄本。③ 一函一册。

---

① 邵懿辰《簡目標注》:“路有鈔本。”

② 邵懿辰《簡目標注》:“路有宋刊本。”邵章:“莫友芝謂路藏宋刊本不真,疑明初刊本。”

③ 邵懿辰《簡目標注》:“路有鈔本。”

宋陳次升撰。

4315 **包孝肅奏議十卷** 明刊本。 一函二册。

宋包拯撰。

4316 **諸臣奏議一百五十卷** 宋刊本。① 十函一百册。

宋趙汝愚編。

4317 **魏鄭公諫録五卷** 乾隆中刊本。 一函二册。

唐王方慶撰。録魏徵諫諍之語甚詳。

4318 **紹陶録二卷** 知不足齋寫本。② 一函一册。

宋王質撰。

4319 **象臺首末五卷** 明刊本。 一函二册。

宋胡知柔撰。

4320 **京口耆舊傳九卷** 《大典》本。 一函二册。

不著撰人名氏。

4321 **宋遺民録十五卷** 抄本。 一函三册。

明程敏政撰。

4322 **敬鄉録十四卷** 抄本。③ 一函四册。

元吴師道撰。

4323 **唐才子傳八卷** 《大典》本。 一函三册。

元辛文房撰。原本十卷,所載三百九十七人,久已散佚。此從《永樂大典》中録出者,尚存二百七十八人,釐爲八卷。

4324 **又一部十卷** 嘉慶中刊本。 一函二册。

---

① 邵懿辰《簡目標注》:"路有宋淳祐刊本,即昭文張氏本,中有九卷鈔補。"

② 邵懿辰《簡目標注》:"路有鈔本。"

③ 邵懿辰《簡目標注》:"路有鈔本。"

此王氏宗炎從日本所刊《佚存叢書》中足本重刊者,凡三百九十七人。

4325 **明名臣琬琰録二十四卷續録廿二卷**　抄本。　一函八册。

明徐紘編。前《録》凡一百十七人,後《録》凡九十五人。

4326 **東林列傳二十四卷**　康熙中刊本。　一函十册。

國朝陳鼎撰。

4327 **錢塘先賢祠傳贊一卷**　明刊本。　一函一册。

宋袁韶撰。

4328 **名臣碑傳琬琰集一百七卷**　宋刊本。①　二函十六册。

宋杜大珪編。

4329 **兩漢筆記十二卷**　抄本。②【眉批:史評。】　一函四册。

宋錢時撰。

4330 **學史十三卷**　明刊本。　一函四册。

明邵寶撰。

4331 **江南野史十卷**　抄本。③　一函一册。

宋龍衮撰。原本二十卷,今佚十卷。

4332 **唐餘紀傳二十四卷**　抄本。　一函二册。

明陳霆撰。凡《帝紀》三卷、《列傳》十九卷、《志略》一卷、《附録》一卷。

4333 **蜀國春秋十八卷**　明刊本。　一函四册。

明荀廷詔撰。

---

① 邵懿辰《簡目標注》:"路有宋刊本。"

② 邵懿辰《簡目標注》:"路有鈔本。"

③ 邵懿辰《簡目標注》:"路有鈔本。"

4334 **南中志一卷** 明刊本。 一函一册。

晋常璩撰。即《華陽國志》中之《南中志》也。此明刊單行之本。

4335 **古越書四卷附武備志一卷保越録一卷** 一函四册。

明郭鈺編。

4336 **安南志略十九卷** 抄本。① 一函二册。

元黎崱撰。

4337 **越史略三卷** 抄本。 一函一册。

不著撰人名氏。

4338 **中興館閣録十卷續録八卷** 抄本。 一函六册。

此本照相傳舊本依樣寫之,殘缺舛訛,别有善本見後。②

4339 **南宋館閣録十卷續録十卷** 抄本。③ 一函六册。

宋陳騤撰前《録》,其《續録》則不著撰人。此一部爲自《永樂大典》本傳抄者,乃補完之本。上一部則自浙江進書内傳抄,乃原本也。原本頗多殘闕,未可盡據。當以此部爲定,而原本副之。

4340 **宋宰輔編年録二十卷** 明刊本。 六函卅六册。

宋徐自明撰。

4341 **元秘書志十一卷** 抄本。④ 一函四册。

元王士點撰。

4342 **土官底簿二卷** 抄本。⑤ 一函二册。

---

① 邵懿辰《簡目標注》:“路有鈔本。”

② 未著録。

③ 邵懿辰《簡目標注》:“路有鈔本。”

④ 邵懿辰《簡目標注》著録作《秘書監志》,卷同,云:“路有鈔本。”

⑤ 邵懿辰《簡目標注》:“路有鈔本。”

不著撰人名氏。所載皆明正德以前土司官爵世系,則其書當作于嘉、隆間。

4343 **大明官制五卷** 明刊本。 一函四册。

明江西新喻縣縣丞陶承慶校修。

4344 **郡縣釋名二十六卷** 明刊本。 一函六册。

明郭子章撰。

4345 **吴郡圖經續記三卷** 抄本。① 一函三册。

宋朱長文撰。前已有一部。②

4346 **乾道臨安志三卷** 抄本。③ 一函二册。

宋周淙撰。前已有一部。④

4347 **淳熙三山志四十二卷** 抄本。⑤ 一函八册。

宋梁克家撰。三山即今福州也。

4348 **嘉泰會稽志二十卷** 明刊本。 一函十册。

宋施宿等撰。

4349 **吴郡志五十卷** 汲古閣刊本。 二函十二册。

宋范成大撰。

4350 **嘉定赤城志四十卷** 明刊本。 一函六册。

宋陳耆卿撰。

4351 **景定嚴州續志十卷** 抄本。⑥ 一函二册。

---

① 邵章:"路有鈔本。"

② 見第 2501 條。

③ 邵懿辰《簡目標注》:"路有鈔本。"

④ 見第 1546 條。

⑤ 邵懿辰《簡目標注》:"路有鈔本。"

⑥ 邵懿辰《簡目標注》:"路有鈔本。"

宋鄭瑶、方仁榮同撰。

4352 **咸淳臨安志九十五卷札記三卷補一卷** 道光庚寅錢塘汪氏仿宋刊本。四函廿四册。

宋潛説友撰。原書一百卷,久經散佚。朱竹垞先生從海鹽胡氏、常熟毛氏先後得宋槧本八十卷,又借抄十三卷。《四庫書目》著録者即九十三卷之本也,尚闕七卷。余前得抄本①,此書亦九十三卷,方以爲珍物而什襲藏之。昨冬忽于廠肆中得江氏此刻本,乃從數家所庋宋槧及舊抄本互相校補者合之,得九十五卷,衹闕六十四、九十、九十八、九十九、一百五卷,校之朱本增多二卷。其同邑黄士珣又據《夢粱録》目次以《成化杭州府志》補爲六十四一卷。其有宋本誤而據他書訂正者,又别爲《札記》三卷附于後。

4353 **至元嘉禾志三十二卷** 抄本。② 一函四册。

元徐碩撰。

4354 **大德昌國州圖志七卷** 抄本。③ 一函二册。

元馮福④京撰。

4355 **延祐四明志十七卷** 抄本。⑤ 一函八册。

元袁桷撰。原本二十卷,今第九、第十、第十一三卷并佚,衹存十七卷。

4356 **至正金陵新志十五卷** 明刊本。 二函十四册。

元張鉉撰。

---

① 見第625條。

② 邵懿辰《簡目標注》:"路有鈔本。"

③ 邵懿辰《簡目標注》:"路有鈔本。"

④ "福"原誤作"復",今正。

⑤ 邵懿辰《簡目標注》:"路有鈔本。"

4357 **姑蘇志六十卷** 明刊本。 四函廿册。

明王鏊撰。

4358 **嘉靖惟揚志三十八卷** 明刊本。 二函十六册。

明盛儀撰。

4359 **滇略十卷** 明刊本。 一函四册。

明謝肇淛撰。

4360 **吴興備志三十二卷** 抄本。① 一函六册。

明董斯張撰。

4361 **廣志繹六卷** 康熙中刊本。 一函二册。

明王士性撰。皆記其游歷所至山川名勝,略與《名山勝概》《徐霞客游記》相同。② 士性先爲《廣游志》一書,此又續其書,攷以《廣志繹》爲名。

4362 **南嶽小録一卷** 明刊本。 一函一册。

唐道士李沖昭③撰。

4363 **赤松山志一卷** 抄本。④ 一函一册。

宋倪守約撰。

4364 **汴京遺迹志二十四卷** 明刊本。 一函八册。

明李濂撰。

4365 **關中勝迹圖志三十卷** 畢氏經訓堂刊本。 二函十二册。

國朝畢沅撰。

4366 **長安宫殿考二十卷** 抄本。 一函八册。

---

① 邵懿辰《簡目標注》:“路有鈔本。”

② “同”字原脱,今補。

③ “沖昭”原誤作“崇服”,今正。

④ 邵懿辰《簡目標注》:“路有鈔本。”

國朝汪士鋐撰。

4367 **中吴紀聞六卷** 汲古閣本。 一函二册。

宋龔明之撰。

4368 **蜀中名勝記三十卷** 明刊本。 一函八册。

明曹學佺撰。

4369 **真臘風土記一卷** 抄本。 一函一册。

元周達觀撰。

4370 **島夷志略一卷** 抄本。 一函一册。

元汪大淵撰。

4371 **朝鮮賦一卷** 明刊本。 一函一册。

明董越撰。

4372 **海語三卷** 抄本。 一函一册。

明黄衷撰。

4373 **職方外記五卷** 明刊本。 一函一册。

明西洋艾儒略撰。

4374 **峒谿纖志三卷志餘一卷** 刊本。 一函一册。

國朝陸次①雲撰。

4375 **西事珥八卷** 明刊本。 一函二册。

明魏濬撰。

4376 **海國聞見録二卷** 刊本。 一函二册。

國朝陳倫炯②撰。前已有一部抄本者。③

---

① "次"原誤作"士",今正。

② "炯"字原脱,今補。

③ 前僅著録刻本兩部,見第 2114、2206 條。

4377 **日本考略一卷** 明刊本。 一函一册。

明薛俊撰。

4378 **建炎以來朝野雜記四十卷** 抄本。 一函六册。

宋李心傳撰。此書已刻入《函海》中①,分甲、乙二集。

4379 **七國考十四卷** 抄本。 一函五册。

明董説撰。

4380 **元典故編年考十卷** 抄本。② 一函四册。

國朝孫承澤撰。

4381 **大唐開元禮一百五十卷** 抄本。③ 二函十二册。

唐蕭嵩等奉敕撰。

4382 **大金集禮四十卷** 抄本。 一函六册。

金禮部尚書張暐等撰。

4383 **明臣謚彙考二卷** 刊本。 一函二册。

明鮑應鼇撰。

4384 **明謚記彙編二十五卷** 明刊本。 一函六册。

明郭良翰撰。

4385 **謚法纂十卷** 明刊本。 一函四册。

明孫能傳撰。

4386 **歷代建元考十卷** 抄本。 一函四册。

國朝鍾淵映撰。

4387 **錢通三十二卷** 明刊本。 一函十册。

---

① 見第1438條。

② 邵懿辰《簡目標注》著録作《元朝典故編年考》,卷同,云:"路有鈔本。"

③ 邵章:"路有鈔本。"

明胡我琨撰。

4388 **馬政記十二卷** 明刊本。 一函三册。

明楊時喬撰。

4389 **茶馬類考七卷** 明刊本。 一函四册。

明胡彦撰。

4390 **熬波圖二卷** 抄本。 一函二册。

元陳椿撰。

4391 **述古堂書目二卷** 抄本。 一函二册。

國朝錢曾編。

4392 **千頃堂書目三十二卷** 抄本。① 四函卅二册。

國朝黄虞稷撰。

4393 **授經圖二十卷** 國朝龔氏刊本。 一函二册。

明朱睦㮮撰。其書因《山堂考索》所述傳經人宗派而補正之。前已有惜陰軒刻本。②

4394 **集古録十卷** 刊本。 一函二册。

宋歐陽修撰。

4395 **籀史一卷** 抄本。 一函一册。

宋翟耆年撰。原本二卷,今佚其下卷。

4396 **閒者軒帖考一卷** 刊本。 一函一册。

國朝孫承澤撰。

4397 **寶刻叢編二十卷** 校定抄本。 一函八册。

---

① 邵懿辰《簡目標注》:"路有鈔本。"

② 見第3067條。

宋陳思撰。宜與前所列本①同校。

4398 **寶刻類編八卷** 《大典》本。 一函四册。

不著撰人名氏。前已有劉氏刻本。②

4399 **石墨鐫華六卷附録二卷** 明刊本。 一函四册。

明趙崡撰。知不足齋已刻入《叢書》中③,此則明趙氏所刻原本也。

4400 **雙槐歲抄十卷** 《嶺南遺書》本。 三册。

明黄瑜撰。又别有抄本。④

4401 **廣州人物傳二十四卷** 同上。 四册。

明黄佐撰。

4402 **翰林記二十卷** 同上。 四册。

明黄佐撰。前已有抄本。⑤

4403 **革除遺事節本六卷** 同上。 一册。

明黄佐撰。

4404 **春秋别典十五卷** 同上。 三册。

明薛虞畿撰。

4405 **百越先賢志四卷** 同上。 一册。

明歐大任撰。前已有抄本。⑥

以上書六种皆道光辛卯南海伍元薇所刻,皆其鄉先賢之著

---

① 見第 2101 條。

② 見第 1710 條。

③ 見第 651 條。

④ 見第 4596 條。

⑤ 見第 2509 條。

⑥ 見第 3413 條。

作,名《嶺南遺書》。

4406 **廣百川學海三十册** 明刊本。 二函。

明馮可賓輯。其書仿左氏之《百川學海》,故以"廣"名之。凡百三十種。然率皆從諸書及諸人文集中摘録,非全書也,大約與陶氏《説郛》相似。原本三十二册,分爲十集。此袛三十册,以目録較之,其乙集中缺《女真考》《夷俗記》《北征録》《北征後録》《北征記》五種,癸集中缺《獸經》《虎苑》二種。

4407 **古文尚書馬鄭注十卷逸文二卷** 《岱南閣叢書》本。 二册。

孫淵如先生因王應麟集本重加補正。又搜輯逸文,編爲二卷附于末。此書已刊入《平津館叢書》中。①

4408 **春秋釋例十五卷** 同上。 五册。

此書已有莊刊本單行。② 此乃孫氏與莊述祖同校者,故又刊入《叢書》中。

4409 **倉頡篇三卷** 同上。

孫氏輯。前已有單行本。③

4410 **燕丹子三卷** 同上。 與上共一册。

孫氏輯。此書亦已刊入《平津館叢書》中。④

4411 **孫子十家注十三卷附遺説一卷** 同上。 二册。

孫氏輯。前已有單行本。⑤

4412 **元和郡縣志四十卷附闕卷遺文一卷** 同上。 六册。

---

① 見第1595條。

② 見第1698條。

③ 見第2475條。

④ 見第1562條。

⑤ 見第105條。

孫氏重校補本。前已有單行本。①

4413 **括地志八卷** 同上。 一册。

孫氏輯。

4414 **唐律疏義三十卷** 同上。 七册。

孫氏校。

4415 **宋提刑洗冤録五卷** 同上。 一册。

前已有單行袖珍本。②

4416 **古文苑九卷** 同上。 二册。

前已有單行本。③

4417 **問字堂集六卷岱南閣文集二卷泲上停雲集一卷平津館文集二卷五松園稿一卷嘉穀堂稿一卷** 同上。 四册。

孫星衍撰。

4418 **孫氏祠堂書目七卷** 同上。 一册。 以上共四函。

孫氏編。

4419 **紀録彙編二百十六卷** 明刊本。 四函四十册。

明沈節甫編。是書采嘉靖以前諸家雜記,裒爲一集,凡一百廿一種。其中有關典故者,多有別本單行。其餘又注雜以小説、詩評之類,爲例未免不純。且有全載其書者,有摘抄其書者,甚或有一書而全録其半摘抄其半者,體例尤不可解。其目録詳于本書之前,不復贅録。

4420 **寶顔堂秘笈二十四種** 一函十二册。

---

① 見第 3059 條。

② 見第 3064 條。

③ 見第 1703 條。

明陳繼儒編。凡《文則》二卷,《前武林舊事》六卷,《後武林舊事》五卷,蘇轍《老子解》四卷,《農田餘話》二卷,《脚氣集》二卷,《食色紳言》二卷,《閩部疏》一卷,《學圃雜疏》一卷,《瓶花譜》一卷,《汲古叢話》一卷,《馬記》一卷,《劍記》一卷,《雨航雜録》二卷,《邵康節外記》四卷,《田居乙記》四卷,《一庵雜問録》一卷,《碧里雜存》二卷,《奇門遁甲》一卷,《樂府指迷》①二卷,《疑仙傳》一卷,《可談》一卷,《玉堂漫筆》一卷,《蜀都雜抄》一卷,共二十四種。乃其《秘笈》五集中之不全本也。余前後所得《秘笈》共計一百卅餘種,然尚缺十之二三。此雖不全,而與余前所得者②可以互相補苴,亦一快事也。

4421 **翰苑新書前後續别四集共百五十六卷** 抄本。 四函卅二册。

不著撰人名氏。

4422 **詩學集成押韻淵海二十卷** 元刊本。 二函十六册。

元嚴毅撰。其體例與《韻府群玉》相似。

4423 **册府元龜一千卷** 康熙中刊本。 二十函一百六十二册。

宋王欽若等奉敕撰。凡三十一部,部有總序。一千一百四門,門有小序。

4424 **源流至論前後續别集共四十卷** 明刊本。 二函十二册。

前、後、續三《集》,宋林駉撰。《别集》,宋黄履翁撰。於宋代朝章國典叙述特詳。

4425 **職官分紀五十卷** 抄本。③ 二函十六册。

---

① “迷”原誤作“遺”,今正。

② 見第1888—1981條。

③ 邵懿辰《簡目標注》:“路有鈔本。”

宋孫逢吉撰。其名似乎職制,而實則隸事之書。

4426 **類要三十七卷** 抄本。 二函廿册。

宋晏殊撰。殊,字同叔,謚元獻。是編乃所作類事之書,體例略如《北堂書鈔》《白氏六帖》,而詳贍過之。然自宋代所傳名目、卷帙已多互異。歐陽公作神道碑,稱其類集古今,爲《集選》二百卷。曾鞏作序則稱上、中、下帙七十四篇。惟《宋史》本傳稱一百卷,與《四庫》所收范氏天一閣所藏本相符,并有四世孫知雅州袤進書表,是其原本在南渡後已不免缺佚。袤續加編録,于開禧二年上進,故今書中有于篇目下題"四世孫袤補闕"字樣,皆袤所增,非殊之舊帙。自明以來,傳本尤罕。《四庫》所收范氏天一閣抄本雖稱百卷,而其中殘缺至四十三卷之多,是范氏之書又非《宋史》所云一百卷之舊矣。别有兩淮所進本,僅存三十七卷,又不若范氏所藏之全,深堪慨惜。此本即三十七卷之本,其中脱訛顛倒,不一而足,然無善本可較,又無足本可補,則亦衹好仍之。殘珪斷璧,彌足爲寶,固不可以脱訛廢也。

4427 **書叙指南二十卷** 抄本。 一函二册。

宋任廣撰。皆采掇典籍成語以備尺牘之用,故以"書叙"爲名。

4428 **歷代制度詳説十二卷** 抄本。① 一函一册。

宋吕祖謙撰。分十三門,每門前列制度,後爲詳説。

4429 **六帖補四十二卷** 抄本。② 二函十册。

宋楊伯嵒撰。即嘗撰《九經補韻》及《臆乘》者。其書補《白

① 邵章:"路有鈔本。"

② 邵懿辰《簡目標注》著録作二十卷,云:"路有鈔本。"

孔六帖》所未備，分二十門。書本四十二卷，而吕午序稱二十卷，《四庫目》亦沿之，蓋偶誤也。

4430 **修詞指南二十卷** 明刊本。 一函四册。

明浦南金撰。取《爾雅》《左腴》《漢雋》《書叙指南》四者，彙爲一編，以備修詞之用。

4431 **易説四卷** 《守山閣叢書》本。以下皆同。 一册。

宋宗室趙善譽撰。此從《永樂大典》録出，而錢氏刻之者。

4432 **易象鈎解四卷** 一册。

明陳士元撰。

4433 **易圖明辨十卷** 三册。

國朝胡渭撰。前已有單行本。①

4434 **禹貢説斷四卷** 二册。

宋傅寅撰。前已有聚珍板②及通志堂本③。

4435 **三家詩拾遺十卷** 二册。

國朝范家相編。前已有葉氏重訂本。④

4436 **周禮疑義舉要七卷** 一册。 以上第一函。

國朝江永撰。前已有抄本。⑤

4437 **儀禮釋宫一卷**

宋李如圭撰。前已有聚珍板本。⑥

---

① 見第1734條。

② 見第1994條。

③ 見第3538條。

④ 見第3315條。

⑤ 見第1993條。

⑥ 見第40條。

4438 **儀禮釋例一卷** 與上共一册。

國朝江永撰。

4439 **禮記訓義擇言八卷** 二册。

國朝江永撰。

4440 **春秋正旨一卷**

明高拱撰。

4441 **左傳補注六卷** 與上共二册。

國朝惠棟撰。已有《貸園叢書》本。①

4442 **古微書三十六卷** 四册。 以上第二函。

明孫瑴編。已有單行本。②

4443 **尊孟辨三卷續辨二卷別録一卷** 一册。

宋余允文撰。

4444 **四書箋義十二卷補遺一卷** 三册。

宋趙悳撰。是書未經《四庫》著録。《經義考》稱有崑山徐氏傳是樓雕本。《揅經室外集》則稱從元泰定間刊本影抄。此本則錢氏就近人翻刻本重校而刊入《叢書》中者。

4445 **律吕新論二卷** 一册。

國朝江永撰。

4446 **經傳釋詞十卷** 二册。

國朝王引之撰。是書仿《爾雅釋詁》之例,專取古人語助之詞,分字標目,歷引經傳古書,一一考證之,以推明隱義。蓋與所作《經義述聞》相輔而行。其例大約有六,一曰"常語",一曰"語

---

① 見第1268條。

② 見第129條。

助”，一曰“嘆詞”，一曰“發聲”，一曰“通用”，一曰“别義”。

4447 **唐韻考五卷** 二册。

國朝紀容舒撰。

4448 **古韻標準四卷** 二册。 以上第三函。

江永撰。已有《貸園叢書》本。①

4449 **三國志辨誤一卷** 一册。

不著撰人名氏。

4450 **宋季三朝政要六卷** 一册。

不著人名氏。前已有抄本。②

4451 **蜀鑒十卷** 二册。

宋郭允蹈撰。已有明刊單行本。③

4452 **春秋别典十五卷** 二册。

明薛虞畿撰。已有《嶺南遺書》本。④

4453 **咸淳遺事二卷** 一册。

不著人名氏。已有抄本。⑤

4454 **大金吊伐録四卷** 一册。 以上第四函。

不著人名氏。已有抄本⑥及《大典》本⑦。

4455 **平宋録三卷**

---

① 見第1270條。

② 見第417條。

③ 見第4286條。

④ 見第4404條。

⑤ 見第4293條。

⑥ 見第4295條。

⑦ 見第4294條。

元劉敏中撰。

4456 **元征緬録一卷**

不著人名氏。此書見《揅經室外集》①,《四庫》未經著録。

4457 **招捕總録一卷** 共一册。

不著人名氏。此書亦見《揅經室外集》中。②

4458 **京口耆舊傳九卷** 二册。

不著人名氏。已有《大典》本。③

4459 **昭忠録一卷** 一册。

不著人名氏。所記皆宋末忠節事迹。

4460 **九國志十二卷拾遺一卷** 二册。

宋路振撰。原書五十一卷,久佚。邵氏晋涵從《永樂大典》中録出百餘篇,析爲十二卷。周夢棠重爲編次,凡《列傳》百三十六篇,余前所藏抄本④是也。此本爲錢氏所刊,又增以《拾遺》三十七條。

4461 **越史略三卷** 一册。 以上第五函。

不著人名氏。已有寫本。⑤

4462 **吴郡志五十卷附校勘記一卷** 五册。

宋范成大撰。錢氏又爲之校勘,取汲古閣刊本及士禮居本,又鄭虎臣《吴都文粹》諸書,互相點勘,附于末。前已有汲古

① 見第2164條。

② 見第2164條。

③ 見第4320條。

④ 見第382條。

⑤ 見第4337條。

閣本。①

4463 **嶺海輿圖一卷** 一册。

明姚虞撰。凡十二圖。首爲廣東全圖,次十府十圖,終以南夷圖。圖各有叙。

4464 **吴中水利書一卷**

宋單鍔撰。

4465 **四明它山水利備覽二卷**

宋魏峴撰。它山水在鄞縣。

4466 **河防通議二卷** 共一册。

元沙克什撰。

4467 **廬山記三卷附紀略一卷** 一册。

《廬山記》三卷,宋陳聖俞撰。原本五卷并有圖,明以來已佚二卷。《廬山記略》一卷,宋釋慧遠所撰,其附爲一書,不知始于何人。

4468 **北道刊誤志一卷**

宋王瓘撰。是書未經《四庫》著録。案:《宋志》有"《北道刊誤志》十五卷"。《玉海》云:"熙寧中集賢校理王瓘撰,載遼使所歷州郡風土人物故實,刊其謬誤。"蓋宋遼通好,歲遣使賓餞。神宗以圖經脱誤,特詔瓘考正,以備使臣之問答。惜其書久佚,宋晁伯宇《續談助》有摘抄此書一卷,錢氏從而梓之。

4469 **河朔訪古記三卷** 與上共一册。 以上第六函。

元納新撰。乃至正三年北游所記。原本十六卷,此從《大典》中録出者,衹存三卷,《四庫》遂編爲二卷。此本爲錢氏從文瀾閣

---

① 見第4349條。

本傳抄付梓,實爲上、中、下三卷。殆《四庫》編纂後又有所更正,故與文瀾閣貯本不同也。

4470 **大唐西域記十二卷** 四册。

唐釋玄奘譯,辨機撰。所列凡一百八十三國,皆玄奘求經西域時所經歷。

4471 **職方外記五卷** 一册。

明西洋艾儒略撰。

4472 **七國考十四卷** 三册。 以上第七函。

明董説撰。已有抄本。①

4473 **歷代建元考十卷** 四册。

國朝鍾淵映撰。前已有抄本②,不全。

4474 **荒政叢書十卷附録二卷** 四册。

國朝俞森撰。輯古人救荒之法,彙爲一書。

4475 **歷代兵制八卷** 一册。

宋陳傅良撰。

4476 **籀史一卷** 一册。 以上第八函。

宋翟耆年撰。

4477 **少儀外傳二卷** 一册。

宋吕祖謙撰。

4478 **辨惑篇四卷** 一册。

元謝應芳撰。

4479 **太白陰經十卷** 二册。

---

① 見第4379條。

② 見第4386條。

唐李筌撰。前所列者①衹六卷,此則十卷足本,乃錢氏從張氏藏本較刊者。

4480 **守城録四卷** 一册。

宋陳規撰。

4481 **練兵實記九卷雜集六卷** 四册。 以上第九函。

明戚繼光撰。前已有刻本。②

4482 **折獄龜鑒八卷** 一册。

宋鄭克撰。前已有李刊本。③

4483 **脉經十卷** 二册。

晋王叔和撰。前已有抄本④,此則錢氏重校本也。

4484 **難經集注五卷** 二册。

明王九思、石友諒、王鼎象、王惟一等同集。按吴吕廣、唐楊玄操、宋丁德用⑤、虞庶、楊康侯并爲《難經》注,元滑壽爲采諸家之説,而以己意折衷之,爲《難經本義》二卷,所采頗失之略。惟明王九思等《集注》備録諸家之説,不下一語,以存古書之舊。得此一書,而五家之注并賴以存,深得著書之體,其例最善。此書明以來中國不傳,惟日本有之。錢氏得其本,重爲梓之。

4485 **新儀象法要三卷** 一册。 以上第十函。

宋蘇頌撰。前已有宋刊本。⑥

---

① 見第180條。

② 見第1866條。

③ 見第212條。

④ 見第1555條。

⑤ "用"原誤作"周",今正。

⑥ 見第3417條。

4486 **簡平儀説一卷** 一册。

明西洋熊三拔撰。

4487 **渾蓋通憲圖説二卷** 一册。

明李之藻撰。

4488 **圜容較義一卷** 一册。

明李之藻撰。

4489 **曉庵新法六卷**

國朝王錫闡撰。

4490 **五星①行度解一卷** 與上共一册。

前人撰。

4491 **數學八卷續一卷** 三册。

國朝江永撰。《四庫目》作算學。

4492 **推步法解五卷** 一册。 以上第十一函。

前人撰。

4493 **李虛中命書三卷**

題鬼谷子撰,唐李虛中注。原本久佚,此從《大典》録出者。錢氏假文瀾閣本梓之。

4494 **珞琭子三命消息賦注二卷** 共一册。

宋徐子平注。《珞琭子》書爲言禄命者所自出,其法專以人生年月日時八字推衍吉凶禍福。李淑《邯鄲書目》謂其取"琭琭如玉,珞珞如石"之意,而不知撰②者果何人也。

---

① "星"原誤作"里",今正。

② "撰"原誤作"指",不通。《四庫全書總目·徐氏珞琭子賦注》云"而不知撰者爲何人",今據改。

4495 **珞琭子賦注二卷** 一册。

宋釋曇瑩撰。注《珞琭子賦》者,徐子平外,有王廷光、李仝二家。曇瑩采王、李之説,傅以己説,以成是編。

4496 **天步真原三卷** 一册。

明西洋穆尼閣撰。其書專以日月五星推人休咎,亦星命之學也。與《四庫目》所列《天步真原》一書雖同爲一人所撰,其名亦相同,而書實迥不相涉。波[①]專言日月交食,此則卷首大題下有"人命部"三字。似穆氏之書總名《天步真原》,而中分數部,言天者專言天,言禄命者專言禄命。以此推之,穆氏之書當不止此二種。惜明以來,其書缺佚,無由睹其全豹耳。

4497 **太清神鑒六卷** 一册。

後周王朴撰。其書專言相術。原本久佚,此則《大典》本也。

4498 **羯鼓録一卷**

唐南卓撰。已見前。[②]

4499 **樂府雜録一卷**

唐段[③]安節撰。已見前。[④]

4500 **棋經一卷** 共一册。

宋張儗撰。

4501 **奇器圖説三卷諸器圖説一卷** 二册。

明西洋鄧玉函撰《奇器圖説》,明王徵又撰《諸器圖説》。

4502 **鬻子一卷**

---

① "波",疑爲"彼"之誤。

② 見第 1188、1316、2351 條。

③ "段"原誤作"殷",今正。

④ 見第 1005、2757 條。

已見前。①

4503 **尹文子一卷**

已見前。②

4504 **慎子一卷逸文一卷**

已見前。③ 此本係錢氏重校補者,洵爲完善。詳後跋。

4505 **公孫龍子一卷** 共一册。

已見前。④

4506 **人物志三卷** 一册。 以上第十二函。

已見前,單行本。⑤

4507 **近事會元五卷** 一册。

宋李上交撰。此《大典》本也。

4508 **靖康緗⑥素雜記十卷** 一册。

宋黄朝英撰。已有數本。⑦

4509 **能改⑧齋漫録十八卷** 六册。 以上第十三函。

宋吴曾撰。前已有二本。⑨

4510 **緯略十二卷** 二册。

宋高似孫撰。皆考證之文。

---

① 見第110條。

② 見第118、1804條。

③ 見第3646條。

④ 見第121條。

⑤ 見第2531條。

⑥ “緗”原誤作“湘”,今正。

⑦ 見第901、1954條。

⑧ “改”原誤作“致”,今正。

⑨ 見第179條。

4511 **坦齋通編一卷**

宋邢凱撰。多考證之文。

4512 **潁川語小二卷** 共一册。

宋陳昉撰。

4513 **愛日齋叢抄五卷** 一册。

不著人名氏。

4514 **日損齋筆記一卷**

元黄溍撰。

4515 **樵香小記二卷**

國朝何琇撰。其書與閻若璩、顧亭林諸人著作相似。

4516 **日聞録一卷** 共一册。

元李翀撰。

4517 **玉堂嘉話八卷** 一册。 以上第十四函。

元王惲撰。

4518 **古今姓氏書辨證四十卷** 六册。

宋鄧名世撰。

4519 **明皇雜録二卷補遺一卷校勘記一卷**

唐鄭處誨撰。錢氏又搜采諸書,附于《補遺》之中,并爲一卷,又爲之校勘。

4520 **大唐傳載一卷**

不著人名氏。錢氏重校刊之。

4521 **賈氏談録一卷** 共一册。

宋張洎撰。洎仕南唐之時,奉使至宋,録所聞于館,伴賈黄中者也。

4522 **東齋記事六卷** 一册。 以上第十五函。

宋范鎮撰。

4523 **續世説十二卷** 二册。

宋孔平仲撰。此書《四庫》未録,世少傳本。此乃錢氏從影宋沅州公庫抄本傳録付梓者。

4524 **玉壺野史十卷** 一册。

宋僧文瑩撰。

4525 **唐語林八卷附校勘記一卷** 四册。

宋王讜撰。錢氏既據《四庫》本付刊,又采列異同,爲《校勘記》一卷附于末,甚爲精贍。

4526 **萍州可談三卷校勘記一卷** 一册。 以上第十六函。

宋朱彧①撰。《百川學海》所刊止五十五條,蓋當時删節之本。②《説郛》及《續秘笈》即依左氏本翻刻,故條目并同。《四庫》書從《永樂大典》中重加捜輯,多至數倍,編爲三卷。錢氏即以三③本重加校勘,多有異同,爰爲札記附焉。

4527 **高齋漫録一卷**

宋曾慥撰。《學海類編》本④不全,此從《大典》中校補者也。

4528 **張氏可書一卷**

宋張知甫撰。從《大典》中録出者。

4529 **步里客談二卷**

宋陳長方撰。從《大典》中録出者。

4530 **東南紀聞三卷** 共一册。

---

① “彧”原誤作“惑”,今正。

② 見第833條。

③ “三”下疑脱“卷”字。

④ 見第2823條。

無名氏。

4531 **蒓園雜記十五卷**　二册。

明陸容撰。

4532 **漢武帝内傳一卷附校勘記一卷附録一卷**　一册。

題班固撰。《四庫》以爲魏晋間人所依托。錢氏既遵《四庫》本付刊，又爲之校勘，又以諸書所引《外傳》及逸文别爲《附録》一卷。

4533 **華嚴經音義四卷**　一册。

唐僧慧苑撰。前已有别行本。①

4534 **文子二卷校勘記一卷**　一册。

錢氏以閣本與諸本重校付刊。

4535 **文始真經言外經旨三卷**　一册。

宋陳顯微②注。即《關尹子》也。其書之源流、異同詳後跋。前已有别行本。③

4536 **參同契考異一卷**　一册。　以上第十七函。

已有《朱子遺書》本。④

4537 **古文苑注二十一卷校勘記一卷**　三册。

不著編輯者名氏。錢氏刻此書，又以章樵注本與他書所刊多有異同，因并爲之校勘。

4538 **觀林詩話一卷**　一册。

宋吴聿撰。此書名見陳氏《解題》，而傳本甚稀，人罕稱引。

---

① 見第 3185 條。

② "微"原誤作"黴"，今正。

③ 見第 464 條。

④ 見第 1762 條。

此乃錢氏從閣抄出付刊者。書中考據,大半典核,爲詩話中之佳本。

4539 **餘師録四卷** 二册。

宋王正德撰。前已有抄本。①

4540 **詞源二卷** 一册。 以上第十八函。

宋張炎撰。上卷久佚。其下卷陳眉公刊入《秘笈》,與陸輔之《詞旨》合刊,以爲《樂府指迷》。脱誤類例甚不足觀,故《四庫書》置之《存目》中。錢氏此刻,乃以江都秦氏所據元人舊抄本重刊者。二卷具存,宛然全帙,洵足寶貴也。

以上書一百十種,皆金山錢熙祚所刻《守山閣叢書》也。據其自序,乃因昭文張氏所刻《墨海金壺》底本,重加校正增補,以成是編。張氏之書,余求之數年,影無影響。嗣問之友人,乃知其書本用活字印行,祇數十部,寥寥無幾。嗣其板片遂毁于火。錢氏蓋得其書而重加增校者。其體例一本《四庫總目》,所刻皆世間罕見之本,又往往爲之校勘。平心而論,尚在《知不足齋叢書》之上,未稔大雅君子以爲何如也。錢君字錫之,是書于去秋刻成,即於冬間錢君携五部入都赴銓,寓旅店中。有書賈探知,即携一部示余。余閲其書,凡素所求之不得者居其半,急留一部,未及細閲,年事匆匆,置之高閣。今壬寅正月,余方擬訪錢君以求教益,而書賈云錢君遽於數日内以陡症溘逝。嗚呼哀哉!書甫成而人已去,豈造物之有所忌邪!餘書四部,爲書賈以賤價取去,不知轉鬻何人。余幸得此一編,以寄人琴之慨。錢君有知,尚其鑒余。

4541 **中吴紀聞六卷** 《珠叢别録》本。以下皆同。 二册。

---

① 見第3712條。

宋龔明之撰。

4542 **謚法四卷** 一册。

宋蘇洵撰。乃修《太常因革禮》時奉敕所編。取劉熙等六家《謚法》,删定考證,以成是書。

4543 **救荒活民書三卷拾遺一卷** 二册。

宋董煟撰。是書縷陳荒政。上卷考古以證今,中卷條陳救荒之策,下卷述宋代名臣賢士之所議論設施可爲法戒者。又以所未備者,爲《拾遺》一卷。

4544 **準齋雜説二卷** 一册。

宋吴如愚撰。原本久佚,此從《大典》中録出者。大抵皆講明性理之文。

4545 **内訓一卷**

明仁孝文皇后撰。

4546 **陣記四卷** 共一册。

明何良臣撰。

4547 **農桑衣食撮要二卷** 一册。

元魯明善撰。

4548 **博濟方五卷** 二册。

宋王衮撰。從《大典》録出者。

4549 **旅舍備要方一卷**

宋董汲撰。從《大典》中録出者。

4550 **傷寒微旨二卷** 共一册。

宋韓祇和撰。

4551 **全生指迷方四卷** 一册。 與上爲上函。

宋王貺撰。

4552 **靈棋經二卷** 二册。

舊題東方朔撰,或曰淮南王劉安撰,皆依托也。然要爲六朝時古筴。前已有抄本①,惡劣脱訛,殆不可讀。此本爲錢氏所校刊,特爲精善。

4553 **棋訣一卷**

宋劉仲甫撰。

4554 **宣德鼎彝譜八卷** 共一册。

明宣德中禮部尚書吕震等奉敕撰。前已有抄本。②

4555 **洛陽牡丹記一卷**

4556 **揚州芍藥譜一卷**

4557 **范村梅譜一卷**

4558 **菌譜一卷** 共一册。

以上四譜皆已見别本。③

4559 **子華子二卷** 一册。

已見前,單行本。④

4560 **化⑤書一卷** 一册。

已見前,明刻本。⑥

4561 **珩璜新論一卷** 一册。

---

① 見第229條。

② 見第376條。

③ 《洛陽牡丹記》見第324條;《揚州芍藥譜》見第326條;《范村梅譜》見第332條;《菌譜》見第887條。

④ 見第261條。

⑤ “化”原誤作“紀”,今正。

⑥ 見第455條。

已見前。①

4562 **書叙指南二十卷** 二册。

已見前。②

4563 **雞肋一卷**

已見《百川學海》本。③

4564 **南窗記談一卷**

不著人名氏。已見知不足齋本。④

4565 **陶朱新録一卷** 共一册。

宋馬純撰。

4566 **陰符經疏三卷**

唐李筌撰。

4567 **關尹子一卷**

4568 **亢倉子一卷** 共一册。 以上爲下函。

俱已見前。⑤

以上書二十八種，皆錢氏《珠叢别録》所刻，實即《守山閣叢書》之續集也。

4569 **席上腐談二卷** 《寶顔堂秘笈》單行本。【眉批：以下道。】 一函。

宋俞琰撰。乃其隨筆劄記。惟上卷有考證數條，其餘則皆闢容成之術，及論《褚氏遺書》胎孕之説。下卷則備述丹經，而終以

---

① 見第900、2817條。

② 見第4427條。

③ 見第852條。

④ 見第730條。

⑤ 《陶朱新録》見第4599條；《陰符經疏》未著録；《關尹子》見第464條；《亢倉子》見第112條。

黄白爲戒。

4570 **無能子三卷** 明刊本。 一函一册。

不著人名氏。蓋唐僖宗人也。原本四十二篇,今存三十四篇。

4571 **玄真子一卷附天隱子一卷** 明崇德書院刊本。 一函一册。

《玄真子》,唐張志和撰。原本十二卷,今存三篇。天隱子亦唐人,佚其姓名。

4572 **亢倉子注九卷** 明刊本。 一函一册。

題何粲撰。不著時代。然晁氏《讀書志》有何粲注《亢倉子》二卷,則其人在公武前矣。《注》中間有音釋,乃明黄諫所加。諫即作《從古正文》,以小篆改隸者也。

4573 **周易參同契發揮三卷釋疑一卷** 明刊本。 一函三册。

宋俞琰撰。

4574 **文子纘義十二卷** 聚珍板本。 一函二册。

前已有一部。[①]《纘義》乃宋杜道堅撰。

4575 **文子二卷** 明刻本。 一函二册。

《漢志》但稱老聃弟子而已,其曰"計然"者,誤也。書凡十二篇。前已有守山閣重校本。[②]

4576 **南華真經義海纂微一百六卷** 抄本。[③] 一函十四册。

宋褚伯秀撰。輯郭象以下注《莊子》者十三家之説,彙爲此書,而附以己意。宋以前注《莊子》者,梗概略具於此書。

---

① 見第427條。

② 見第4534條。

③ 邵懿辰《簡目標注》:"路有鈔本。"

4577 **莊子口義十卷**　宋刊本。　一函十册。

宋林希逸撰。

4578 **南華真經新傳二十卷**　明刊本。　一函四册。

宋王雱撰。

4579 **莊子注十卷**　明世德堂刊本。　一函四册。

晋郭象撰。

4580 **沖虚至德真經[①]解八卷**　明刊本。　一函二册。

宋江遹撰。

4581 **道德真經注四卷**　抄本。[②]　一函二册。

元吴澄撰。

4582 **道德經解二卷**　明刊本。　一函二册。

宋蘇轍撰。前已有抄本。[③]

4583 **陰符經解一卷**　抄本。　一册。

太公、范蠡、鬼谷子、張良、諸葛亮、李筌六家注。

4584 **陰符經講義四卷**　抄本。[④]　一册。　共一函。

宋夏元鼎撰。

4585 **佛祖通載二十二卷**　明刊本。【眉批：以下釋。】　二函十册。

元釋念常撰。所載釋氏故實上起七佛，下至順帝元統元年，編年記載。于佛教之廢興、禪宗之授受，一一詳明。

4586 **羅湖野録四卷**　《寶顔堂秘笈》單行本。　一函一册。

宋釋曉瑩撰。

---

① “經”字原脱，今補。

② 邵懿辰《簡目標注》：“路有鈔本。”

③ 見第620條。

④ 邵懿辰《簡目標注》：“路有鈔本。”

4587 **五燈會元二十卷** 《釋藏》本。 一函十四册。

宋釋普濟撰。前已有明刊别本。①

4588 **僧寶傳三十卷附補僧寶傳一卷臨濟宗旨一卷** 明刊本。 一函六册。

宋釋惠洪撰。凡八十一人。末附補傳一卷,題丹峰僧慶老,蓋北宋人也。又《臨濟宗旨》一卷,亦惠洪所撰。

4589 **道院集要三卷** 明刊本。 一函一册。

宋晁迥撰。王古删定。

4590 **法藏辟金録十卷** 明刊本。 一函十册。

宋晁迥撰。融會佛書,隨筆記録,亦禪門語録之屬。

4591 **宋高僧傳三十卷** 《釋藏》本。 一函八册。

宋釋贊寧撰。前已有大字本。②

4592 **廣弘明集三十卷** 明吴中珩校刊本。 一函十二册。

唐釋道宣撰。

4593 **弘明集十四卷** 明刊本。 一函五册。

梁釋僧祐撰。

4594 **至正直記四卷** 抄本。【眉批:以下小説。】 一函二册。

元孔齊撰。其書乃《輟耕録》之類,而所記頗多猥瑣。

4595 **延休堂漫録三十六卷** 抄本。 二函十册。

明羅鳳撰。其書徵引搜輯極爲繁富,而體例淆亂,雜以小説。

4596 **雙槐歲抄十卷** 抄本。 一函三册。

明黄瑜撰。已有《嶺南遺書》刊本。③

---

① 見第2138條。

② 見第2016條。

③ 見第4400條。

4597 **蹇齋瑣綴録八卷** 抄本。 一函二册。

明尹直撰。所載多明代掌故,于内閣尤詳。

4598 **夷堅支志五十卷** 抄本。 一函十册。

宋洪邁撰。原書四百二十卷,初十集以甲、乙等十干記,次以支甲、支乙等記,次以三甲、三乙等記,次以四甲、四乙等記,凡三十二編。此乃其支甲至支戊五集也,每集各十卷。

4599 **陶朱新録一卷** 抄本。 一函一册。

宋馬純撰。陶朱,其所居鄉名也。所載皆宋時瑣事,語怪者十之七八。已有《珠叢别録》本。①

4600 **分門古今類事二十卷** 抄本。② 一函二册。

不著人名氏。分十二門。大抵即先兆以明定數,示人無庸妄覬,與鍾輅《前定録》同一用意。

4601 **桂苑叢談一卷** 《秘笈》本。 一函一册。

唐馮翊子休撰。不著姓名。《邯鄲書目》稱其姓嚴,名則。終莫能考也。書前十條,皆神怪之事。

4602 **菽園雜記十五卷** 一函。

明陸容撰。多記明代朝野故實,而又雜以詼諧鄙事。

4603 **東南紀聞三卷** 《大典》本。 一函一册。

不著人名氏。核其詞意,蓋元人所作,稱宋曰"東南"也。

4604 **北窗炙輠録二卷** 抄本。 一函一册。

宋施德操③撰。

---

① 見第4565條。

② 邵懿辰《簡目標注》:"路有鈔本。"

③ "操"字原脱,今補。

4605 **投①轄録一卷** 抄本。② 一函一册。

宋王明清撰。

4606 **萍洲可談三卷** 《大典》本。 一册。

宋朱彧撰。原本殘缺,此從《永樂大典》校補者。

4607 **日聞録一卷** 《大典》本。【眉批:雜家。】 一册。 共一函。

元李翀撰。

4608 **道山清話一卷** 明刊本。 一函一册。

不著人名氏。

4609 **張氏可書一卷** 《大典》本。 函數别見雜家類。

宋張知甫撰。與雜家類《日聞録》共一函。

4610 **東齋記事六卷** 《大典》本。 一函一册。

宋范鎮撰。

4611 **南部新書十卷** 抄本。③ 一函二册。

宋錢易撰。前已有抄本。④

4612 **大唐傳載一卷** 抄本。

不著人名氏。

4613 **賈⑤氏談録一卷** 抄本。 共一册。

宋張洎⑥撰。前已有守山閣本。⑦

---

① "投"原誤作"報",今正。

② 邵懿辰《簡目標注》:"路有鈔本。"

③ 邵懿辰《簡目標注》:"路有鈔本。"

④ 見第1554條。

⑤ "賈"原誤作"盧",今正。

⑥ "洎"原誤作"泊",今正。

⑦ 見第4521條。

4614 **開元天寶遺事四卷** 抄本。 一册。 共一函。

五代王仁裕撰。

4615 **中朝故事二卷** 一函□册。①

南唐尉遲偓撰。述唐宣、懿、昭、哀四朝舊聞。

4616 **雲溪友議三卷** 康熙刊單行本。 一函三册。

唐范攄撰。

4617 **明皇雜録二卷補遺一卷** 抄本。 一函一册。

唐鄭處誨撰。前已有守山閣校補本。②

4618 **隨隱漫録五卷** 《稗海》單行本。 一函一册。

宋陳世崇撰。

4619 **步里客談二卷** 《大典》本。【眉批:小説家。】 一册。

宋陳長方撰。

4620 **高齋漫録一卷** 《大典》本。【眉批:小説。】 一册。

宋曾慥撰。

4621 **張氏可書一卷** 《大典》本。【眉批:小説。】 一册。

前已有一部。③

4622 **辨言一卷** 《大典》本。④【眉批:雜家。】 一册。

宋員興宗撰。

4623 **潁川語小二卷** 《大典》本。【眉批:雜。】 一册。

宋陳昉撰。

4624 **坦齋通編一卷** 《大典》本。【眉批:雜。】 一册。 以上六種共一函。

---

① "册"前原空一字格。邵懿辰《簡目標注》:"路有鈔本。"

② 見第 4519 條。

③ 見第 1431、4528、4609 條。

④ 邵懿辰《簡目標注》:"路有鈔本。"

宋邢凱撰。

4625 **鈍吟雜録十卷** 康熙刊本。 一函一册。

國朝馮班撰。凡九種。

4626 **儼山外集四十卷** 一函八册。

明陸深撰。凡二十四種。

4627 **元明事類抄四十卷** 抄本。① 一函十二册。

國朝姚之駰編。

4628 **言行龜鑒八卷** 《大典》本。② 一函三册。

元張光祖編。

4629 **仕學規範四十卷** 精刊本。 一函四册。

宋張鎡編。分爲六類。

4630 **事實類苑六十三卷** 抄本。③ 一函十册。

宋江少虞編。

4631 **殘本事實類苑四十九卷** 抄本。 一函六册。

同上。缺前十四卷。

4632 **類説六十卷** 明刊本。 二函卅册。

宋曾慥編。

4633 **紺珠集十三卷** 抄本。 一函五册。

4634 **又一部同** 明刊本。 一函五册。

不著編輯人名氏。或題宋朱勝非者,誤也。

4635 **意林五卷** 抄本。 一函二册。

---

① 邵懿辰《簡目標注》:"路有鈔本。"

② 邵懿辰《簡目標注》:"路有鈔本。"

③ 邵懿辰《簡目標注》:"路有鈔本。"

唐馬總編。前已有抄本。①

4636 **群書治要五十卷** 日本刊本。 二函十三册。

唐魏徵撰。是書《四庫》未經著録。乾隆末日本國始以刊本流布内土。見阮氏《揅經室外集》。②

4637 **研山齋雜記二卷** 抄本。③ 一函一册。

無撰人名氏。

4638 **清秘藏二卷** 知不足齋刊本。 一函一册。

明張應文撰。

4639 **古夫于亭雜録五卷** 康熙中刊本。 一函一册。

國朝王士禛撰。

4640 **春明夢餘録七十卷** 小字本。 四函二十四册。

國朝孫承澤撰。

4641 **畫禪室隨筆四卷** 坊刊本。 一函四册。

明董其昌撰。

4642 **雨航雜録二卷** 抄本。 一函一册。

明馮時可撰。

4643 **戒庵漫筆八卷** 明刊本。【眉批:以下雜。】 一函二册。

明李詡撰。皆所記聞見雜説。

4644 **河上楮談三卷** 明刊本。 一函三册。

明朱孟震撰。多述舊聞軼事,間或評論詩文,考證典籍。

4645 **郊外農談三卷** 明刊本。 一函一册。

---

① 見第406條。

② 見第2164條。

③ 邵懿辰《簡目標注》著録作四卷,云:"路有鈔本。"

明張鈇撰。

4646 **損齋備忘録二卷** 抄本。 一函一册。

明梅純撰。

4647 **南園漫録十卷** 抄本。 一函一册。

明張志淳撰。

4648 **震澤長語二卷** 明刊本。 一函二册。

明王鏊撰。

4649 **蟫精雋十六卷** 抄本。① 一函三册。

明徐伯齡撰。論雜事者十之一,文評、詩話居十之九。其體例略似孟棨《本事詩》。

4650 **讕言長語一卷** 抄本。 一函一册。

明曹安撰。已刻入《秘笈》中。②

4651 **胡文穆雜著一卷** 抄本。③ 一函一册。

明胡廣撰。

4652 **蠡海集一卷** 《稗海》中單行本。 一函一册。

明王逵撰。

4653 **霏雪録二卷** 明刊本。 一函二册。

明鎦績撰。

4654 **雪履齋筆記一卷** 抄本。 一函一册。

元郭翼撰。

4655 **閒居録一卷** 抄本。④ 一函一册。

---

① 邵懿辰《簡目標注》:“路有鈔本。”

② 見第1967條。

③ 邵懿辰《簡目標注》:“路有鈔本。”

④ 邵懿辰《簡目標注》:“路有鈔本。”

元吾丘衍撰。

4656 **北軒筆記一卷** 抄本。 一函一册。

元陳世隆撰。已刻入《知不齋足叢書》中。①

4657 **玉堂嘉話八卷** 抄本。 一函一册。

元王惲撰。此書已刻入《秋澗集》中。②

4658 **勤有堂隨録一卷** 抄本。 一函一册。

元陳櫟撰。

4659 **日聞録一卷** 《大典》本。 與前小説家内《張氏可書》同函。

元李翀撰。

4660 **湛淵静語二卷** 抄本。 一函一册。

元白珽撰。

4661 **隱居通義三十一卷** 康熙中刊本。 一函四册。

元劉壎撰。

4662 **書齋夜話四卷** 抄本。③ 一函一册。

宋俞琰撰。

4663 **脚氣集一卷** 抄本。 一函一册。

宋車若水撰。

4664 **吹劍録外集一卷** 抄本。 一函一册。

宋俞文豹撰。所作《吹劍録》,《四庫目》以其持論多所偏駁,斥入《存目》中。此其晚年所作,以續前集,故曰"外集"。

---

① 見第766條。

② 見第3873條。

③ 邵懿辰《簡目標注》:"路有鈔本。"

4665 **密齋筆記五卷續一卷** 《大典》本。① 一函二册。

宋謝采伯撰。

4666 **示兒編二十三卷** 明刊本。 一函十四册。

宋孫奕撰。

4667 **雲麓漫抄十卷** 抄本。 一函二册。

宋趙彦衛撰。《稗海》衹刊四卷②,此則十卷足本也。

4668 **東園叢説三卷** 抄本。③ 一函二册。

宋李如篪撰。

4669 **紫微雜説一卷** 抄本。④ 一函一册。

宋吕本中撰。

4670 **石林燕語考異十卷** 《大典》本。 一函二册。

宋宇文紹奕撰。以考葉夢得書之異。

4671 **塵史三卷** 抄本。 一函四册。

宋王得臣撰。

4672 **琅邪代醉編四十卷** 明刊本。 二函十二册。

明張鼎思撰。多考證舊聞,而又雜以小説。

4673 **緯略類編三十五卷** 抄本。 一函八册。

不著人名氏。

4674 **識小編二卷** 刊本。 一函一册。

---

① 邵懿辰《簡目標注》著録作"《密齋筆記》五卷《續筆記》一卷",邵章云:"路有鈔本。"

② 見第986條。

③ 邵懿辰《簡目標注》:"路有鈔本。"

④ 邵懿辰《簡目標注》:"路有鈔本。"

國朝董豐垣①撰。

4675 **藝林彙考四十卷** 順治中刊本。 一函八册。

國朝沈自南撰。凡《棟宇篇》十卷,《服飾篇》十卷,《食飲篇》七卷,《稱號篇》十二卷,又《植物篇》一卷。爲未完之稿。

4676 **又一部二十七卷** 同上。 一函八册。

此本缺《稱號篇》十二卷及《植②物篇》一卷。

4677 **筆精八卷** 抄本。 一函四册。

4678 **又一部同** 明刊本。 一函六册。

明徐𤊹撰。

4679 **常談考誤四卷** 明刊本。 一函二册。

明周夢暘撰。

4680 **兩山墨談十八卷** 明刊本。 一函二册。

明陳霆撰。

4681 **名義考十二卷** 明刊本。 一函六册。

明周祈撰。以天、地、人、物分四部。

4682 **藝穀三卷補一卷** 明刊本。 一函一册。

明鄧伯羔撰。

4683 **正楊四卷** 明刊本。 一函四册。

明陳耀文撰。皆糾楊慎《丹鉛録》之訛,凡一百五十條。

4684 **日損齋筆記一卷** 抄本。 一函一册。

元黄溍撰。

4685 **愛日齋叢抄五卷** 《大典》本。 一函二册。

---

① "垣"字原脱,今補。

② "植"原誤作"桂",今正。

4686 **又一部同** 一函二册。

不著人名氏。《説郛》所載袛寥寥數頁,此則從《大典》中搜輯足本也。

4687 **瓮牖閒評八卷** 聚珍板本。 一函二册。

宋袁文撰。

4688 **緯略十二卷** 曝書亭抄本。 一函二册。

宋高似孫撰。

4689 **近事會元五卷** 抄本。 一函一册。

宋李上交撰。

4690 **鼠璞一卷** 明刊本。 一函二册。

宋戴埴①撰。

4691 **譚②苑醍醐八卷** 抄本。 一函二册。

明楊慎撰。已刊入《函海》中。③

4692 **習學記言五十卷** 抄本。④ 二函十二册。

宋葉適撰。

4693 **昭德新編二卷** 明刊本。 一函一册。

宋晁迥撰。

4694 **異魚圖贊箋四卷異魚圖贊補三卷閏集一卷** 明刊本。 一函六册。

國朝胡世安撰。

4695 **蟹略四卷** 抄本。⑤ 一函一册。

---

① "埴"原誤作"填",今正。

② "譚"原誤作"潭",今正。

③ 見第1466條。

④ 邵懿辰《簡目標注》:"路有鈔本。"

⑤ 邵懿辰《簡目標注》:"路有鈔本。"

宋高似孫撰。

4696 **藝菊志八卷** 抄本。 一函四册。

明陸廷燦撰。

4697 **百菊集譜六卷補遺一卷** 明刊本。 一函二册。

宋史鑄撰。

4698 **北山酒經三卷** 明刊本。 一函一册。

宋朱翼中撰。

4699 **茶經三卷續茶經三卷附録一卷** 雍正中刊本。 一函四册。

《茶經》,唐陸羽撰。《續茶經》,國朝陸廷燦撰,仍其十目。《附録》一卷,乃歷代茶法也。

4700 **宣和北苑貢茶録一卷附北苑别録一卷** 《大典》本。 一函一册。

正《録》,宋熊蕃撰。蕃書所未備,趙汝礪又作《别録》以補之。

4701 **陳氏香譜四卷** 抄本。① 一函一册。

宋陳敬撰。

4702 **香譜二卷** 明刊本。 一函一册。

不著人名氏。或曰洪芻,亦未確。已刊入《百川學海》中。②

4703 **墨史二卷** 抄本。 一函一册。

元陸友撰。此書已刊入《知不足齋叢書》中。③

4704 **茶史二卷** 明刊本。 一函一册。

明劉源長撰。

---

① 邵懿辰《簡目標注》著録作《香譜》,卷同,云:"路有鈔本。"

② 見第 879 條。

③ 見第 702 條。

4705 **墨譜法式三卷**　抄本。①　一函一册。

宋李孝美撰。

4706 **棋經一卷**　《大典》本。　一册。

宋張靖撰。

4707 **棋訣一卷**　《大典》本。　一册。　共一函。

宋劉仲甫撰。

4708 **篆刻針度八卷**　道光刊本。　一函四册。

國朝陳克恕撰。專言鐫印之法。

4709 **松風閣琴譜一卷附抒懷操一卷**　康熙刊本。　一函二册。

國朝程雄撰。

4710 **南宋院畫録八卷**　抄本。②　一函四册。

國朝厲鶚撰。

4711 **式古堂書畫彙考六十卷**　卞氏刊本。　六函共六十二册。

國朝卞永譽撰。書、畫考各三十卷。

4712 **繪事備考八卷**　康熙中刊本。　一函八册。

國朝王毓賢撰。

4713 **秘殿珠林二十四卷**　抄本。　一函七册。

乾隆九年奉敕撰。以大内所藏書畫品之涉于仙佛者，彙爲一帙。

4714 **珊瑚網四十八卷**　抄本。③　二函十六册。

---

① 邵懿辰《簡目標注》著録作《墨譜》，卷同，邵章云："路有鈔本。"

② 邵懿辰《簡目標注》："路有鈔本。"

③ 邵懿辰《簡目標注》："路有鈔本。"

明汪珂玉撰。書、畫各二十四卷。前已有一部。①

4715 **郁氏書畫題跋記十二卷續記十二卷** 抄本。② 一函五册。

明郁逢慶撰。

4716 **寒山帚談二卷拾遺一卷附録一卷** 明刊本。 一函一册。

明趙宧光撰。專論篆文筆法。

4717 **繪事微言二卷** 抄本。 一函一册。

明唐志契撰。

4718 **墨池瑣録三卷** 明刊本。 一函一册。

明楊慎撰。已刻入《函海》中。③

4719 **珊瑚木難八卷** 抄本。④ 一函八册。

明朱存理撰。

4720 **書法離鈎十卷** 明刊本。 一函一册。

明潘之淙撰。已刻入《惜陰軒叢書》中。⑤

4721 **竹譜十卷** 《大典》本。 一函四册。

元李衎撰。已刻入《知不足齋叢書》中。⑥

4722 **書苑菁華二十卷** 抄本。 一函十册。

宋陳思撰。前已有汪氏振綺堂刊本。⑦

4723 **書小史十卷** 抄本。 一函二册。

---

① 見第 2526 條。

② 邵懿辰《簡目標注》:"路有鈔本。"

③ 見第 1479 條。

④ 邵懿辰《簡目標注》:"路有鈔本。"

⑤ 見第 3084 條。

⑥ 見第 787 條。

⑦ 見第 1678 條。

宋陳思撰。

4724 **畫繼十卷**　明刊本。　一函一册。

宋鄧椿撰。

4725 **廣川畫跋六卷**　明刊本。　一函二册。

4726 **又一部六卷**　抄本。　一函一册。

宋董逌撰。

4727 **林泉高致集一卷**　抄本。　一函一册。

宋郭熙撰。

4728 **夢占類考十二卷**　明刊本。【眉批:以下雜藝術。】　一函六册。

明張鳳翼撰。所言夢兆①之事,取六經子史及稗官野乘排比成書。分三十四類。

4729 **紀夢要覽三卷**　明刊本。　一函一册。

明童軒撰。凡《夢論》一卷,《歷代紀夢事實》二②卷。卷末附以禳夢符及占夢法。

4730 **大統皇曆經世三卷**　明刊本。【眉批:以下陰陽五行。】　一函三册。

明胡獻忠撰。其書以明代《大統曆》所列《九宫紫白圖》俗師多有訛異,故特揭而明之。大旨推本《洛書》。弁以八卦法象三十六宫序卦之圖。次及九星中宫,黄黑道列宿一切吉凶消息之要。中卷爲十二月直日星煞之圖。下卷爲六甲直時星煞之圖。蓋當時選擇通行之本也。

---

① "兆"原誤作"非",不通。《四庫全書總目·夢占類考》云"是編取六經子史及稗官野乘所言夢兆之事",今據改。

② "二"原誤作"一"。《四庫全書總目·紀夢要覽》云"《歷代紀夢事實》二卷",今據改。

4731 **通書捷徑①二卷** 明刊本。 一函二册。

明樓楷②撰。以世行《選擇通書》有彼此背馳違戾者,故作此以正之。

4732 **五行類事占徵驗九卷** 抄本。 一函三册。

題明李淑通撰。前有正統庚申自序。大旨祖《漢書·五行志》引董仲舒、劉向、劉歆之説而衍之,故其體例近古。

4733 **太乙成書八卷** 抄本。 一函八册。

不著人名氏。以太乙五將奇偶二算演七十二局,視歲神吉凶。

4734 **禮緯含文嘉三卷** 抄本。 一函三册。

不著人名氏。分《天鏡》《地鏡》《人鏡》三篇。其書實出南宋,見《四庫提要》。

4735 **演禽圖訣四卷** 抄本。【眉批:以下命書相書。】 一函二册。

題明劉基撰。取二十八禽各爲之圖,先以四時憂喜進退,次隸六甲,定其取化吉凶,斷人禄命。

4736 **寸金易鑒二卷** 抄本。 一函二册。

題西蜀易鑒先生,不著姓名。後有洪武甲子跋語。書中以《月令》爲提綱,按其四柱之五行,配其陰陽,取其用神。分官、財、印、煞、食神、傷官六格,察其生旺死絶,定其强弱貴賤。説理頗明,在術家較爲平正通達。

4737 **人倫大統賦一卷** 《大典》本。③ 一函二册。

---

① "徑"原誤作"經",今正。

② "楷"原誤作"指",今正。

③ 邵懿辰《簡目標注》:"路有鈔本。"

4738 **又一部同** 一函一册。①

金張行簡撰,元薛延年注。其書簡而該,不過二三千言,而囊括相術已盡。

4739 **太清神鑒六卷** 《大典》本。 一函三册。

4740 **又一部同** 一函三册。

題後周王朴撰。

4741 **三命通會十二卷** 明刊本。 二函十二册。

不著人名氏。

4742 **演禽通纂二卷** 抄本。 一函二册。

不著人名氏。以演禽推人禄命。

4743 **星命總括三卷** 《大典》本。 一函一册。

遼耶律純撰。

4744 **李虚中命書三卷** 《大典》本。 一册。

題鬼谷子撰,唐李虚中注。

4745 **珞琭子三命消息賦注二卷** 《大典》本。 一册。

宋徐子平撰。

4746 **珞琭子賦注二卷** 《大典》本。 一册。

宋釋曇瑩撰。

4747 **三命指迷賦一卷** 《大典》本。 一册。 以上四書同函。

宋岳珂②補注。以上三書皆見守山閣刊本。③《三命指迷賦》

---

① 邵懿辰《簡目標注》:"路有鈔本。"

② "珂"原誤作"琦",今正。

③ 見第4493、4494、4495條。

見讀畫齋刊本。①

4748 **又釋曇瑩珞琭子賦注二卷** 《大典》本。 一函一册。

4749 **又李虚中命書三卷** 《大典》本。 一函一册。

4750 **玉照定真經一卷** 《大典》本。② 一函一册。

晋郭璞撰,張顒注。

4751 **星命溯③源五卷** 抄本。④ 一函二册。

不著編輯者名氏。凡五種,一曰《通玄遺書》,二曰《果老問答》,三曰《玄妙經解》,四曰《觀星要訣》,五曰《觀星心傳口訣補遺》。

4752 **六壬軍帳賦一卷** 抄本。 一函一册。

河南劉啓明撰。不詳時代。

4753 **玉髓真經三十卷後集二十一卷** 明刊本。【眉批:以下相墓。】 二函十四册。

宋劉允中撰。其書于地理形氣之學包括靡遺。

4754 **靈城精義二卷** 抄本。 一函二册。

南唐何溥撰,明劉基注。前已有一部⑤,與《倒杖》等同函。

4755 **太乙十精風雨賦** 無卷數。抄本。【眉批:以下占卜。】 一函五册。

不著人名氏。

4756 **天元玉曆祥異賦十卷** 抄本。 一函十册。

明仁宗御製。

4757 **玉曆通政經三卷** 抄本。 一函一册。

題唐李淳風撰。陳直齋書目有之,蓋南宋人所依托也。

---

① 見第1224條。

② 邵懿辰《簡目標注》:"路有鈔本。"

③ "溯"原誤作"淵",今正。

④ 邵懿辰《簡目標注》:"路有鈔本。"

⑤ 見第957條。

4758 **易象圖説内外篇各三卷** 通志堂單①行本。【眉批:以下數學。】 一函一册。

元張理撰。

4759 **大衍索隱三卷** 《大典》本。② 一函一册。

宋丁易東撰。

4760 **洪範皇極内外篇五卷** 《大典》本。 一函二册。

宋蔡沈撰。

4761 **皇極經世解八卷** 乾隆中刊本。 一函十六册。

國朝王植撰。

4762 **觀物篇解五卷** 抄本。③ 一函四册。

宋祝泌撰。

4763 **易通變四十卷** 《大典》本。 一函十册。

4764 **又一部** 宋刊本。④ 四函四十册。

宋張行成撰。

4765 **皇極經世觀物外篇衍義九卷** 《大典》本。⑤ 一函四册。

宋張行成撰。前已有抄本。⑥

4766 **皇極經世索隱二卷** 《大典》本。⑦ 一函二册。

---

① "單"原誤作"草",今正。

② 邵懿辰《簡目標注》:"路有鈔本。"

③ 邵懿辰《簡目標注》著録作"《觀物篇解》五卷附《皇極經世解起數訣》一卷",云:"路有舊鈔足本六十二卷,又附四卷,以校《四庫》本,訛脱甚多,似即錢氏《敏求記》所載之本。"

④ 邵懿辰《簡目標注》:"路有宋刊本。"

⑤ 邵懿辰《簡目標注》:"路有鈔本。"

⑥ 見第2524條。

⑦ 邵懿辰《簡目標注》:"路有鈔本。"

宋張行成撰。

4767 **皇極經世解起數訣一卷** 抄本。① 一函一册。

宋祝泌撰。

4768 **皇極經世書十二卷** 明刊本。 二函十一册。

宋邵雍撰。

4769 **太玄本旨九卷** 明刊本。 一函二册。

明葉子奇撰。

4770 **九章録要十二卷** 乾隆中刊本。【眉批:以下天文算法。】 一函二册。

國朝屠文漪撰。

4771 **句股矩測解原二卷** 乾隆中刊本。 一函一册。

國朝黄百家撰。

4772 **句股引蒙五卷** 康熙中刊本。 一函三册。

國朝陳訏撰。

4773 **數學鑰六卷** 康熙中刊本。 一函三册。

國朝杜知耕撰。

4774 **幾何論約七卷** 康熙中刊本。 一函二册。

前人撰。

4775 **幾何原本六卷** 明刊本。 一函四册。

明西洋薩凡里得撰,利瑪竇譯,而徐光啓筆授。其書爲歐羅巴算學之祖。原本十五卷,光啓刊其最要者六卷。

4776 **同文算指前編二卷通編八卷** 明刊本。 一函五册。

---

① 邵懿辰《簡目標注》著録作"《觀物篇解》五卷附《皇極經世解起數訣》一卷",云:"路有舊鈔足本六十二卷,又附四卷,以校《四庫》本,訛脱甚多,似即錢氏《敏求記》所載之本。"

明李之藻演利瑪竇所譯法也。

4777 **弧矢算術一卷** 明刊本。 一函一册。

明顧應祥撰。

4778 **益古演段三卷** 《大典》本。 一函三册。

4779 **又一部同** 一函二册。

元李治撰。已刻入《知不足齋叢書》中。①

4780 **測圓海鏡分類釋術十卷** 明刊本。 一函二册。

明顧應祥得李治之書,而不得立天元一之解。遂去其細草,專演算法,改爲此書。

4781 **數學九章十八卷** 《大典》本。 一函六册。

宋秦九韶撰。

4782 **天學會通一卷** 乾隆中刊本。【眉批:以下天文。】 一函一册。

國朝薛鳳祚撰。

4783 **天步真原一卷** 抄本。② 一函一册。

前人撰。

4784 **天經或問前後集各一卷** 刊本。 一函二册。

國朝游藝撰。

4785 **中星譜一卷** 康熙中刊本。 一函一册。

國朝胡亶撰。

4786 **曉庵新法六卷** 抄本。 一函二册。

國朝王錫闡撰。已刻《守山閣叢書》中。③

---

① 見第 753 條。

② 邵懿辰《簡目標注》:"路有鈔本。"

③ 見第 4489 條。

4787 **曆體略三卷** 明刊本。 一函二册。

明王英明撰。前已有抄本。①

4788 **圜容較義一卷** 明刊本。 一函一册。

明李之藻撰。

4789 **乾坤體義二卷** 明刊本。 一册。

明西洋利瑪竇撰。是爲西法入中國之始。

4790 **簡平儀説一卷** 明刊本。 一册。

明西洋熊三拔撰。

4791 **天問略一卷** 明刊本。 一册。

明西洋陽瑪諾撰。前已有一部。不記在何叢書中。②

4792 **渾蓋通憲圖説二卷** 明刊本。 一册。 以上共一函。

明李之藻撰。

4793 **表度説一卷** 明刊本。 一函一册。

明西洋熊三拔撰。

4794 **古今律曆考七十二卷** 明刊本。 二函廿四册。

明邢雲路③撰。

4795 **聖壽萬年曆二卷萬年曆備考三卷律曆融通四卷** 明刊本。 一函二册。

明鄭世子朱載堉撰。

4796 **七政推步七卷** 抄本。④ 一函四册。

---

① 見第2522條。

② 見第2205條《藝海珠塵》本。

③ "路"原誤作"璐",今正。

④ 邵懿辰《簡目標注》:"路有鈔本。"

明貝[1]琳撰。即默德納馬哈麻之《回回曆》也。

4797 **太陽太陰通軌** 無卷數。 一函三册。

明戈永齡撰。

4798 **重修革象新書二卷** 明刊本。 一函二册。

元趙友欽撰,明王褘删定。

4799 **原本革象新書五卷** 《大典》本。 一函一册。

元趙友欽撰。從《大典》中録出者,乃王褘未删以前之原本也。

4800 **六經天文編二卷** 宋刊本。[2] 一函四册。

宋王應麟撰。已刻入《玉海》中。[3] 此則宋時刊本也。

4801 **天文精義賦四卷** 抄本。 一函一册。

題管勾[4]天文岳熙載撰并集注,而不著其時代。然注中多引《宋史·天文志》,當爲元末人。其書皆論推測占驗之術,而以韻語儷之。

4802 **青羅曆一卷** 抄本。 一函一册。

無撰人名氏。考《直齋書録》,有"《青羅立成曆》一卷,司天監朱鳳奏",或即其書歟?

4803 **傷寒論類方一卷** 乾隆中刊本。 一函一册。

國朝徐大椿撰。

4804 **魯府秘方四卷** 明刊本。 一函四册。

---

① "貝"原誤作"見",今正。

② 邵懿辰《簡目標注》:"路有宋刊本。"

③ 見第1796條。

④ "管勾"原誤乙作"勾管",今正。

明劉應泰編。應泰爲魯王府侍醫。

4805 **醫方選要十卷** 明刊本。 一函十册。

明周文采編。乃其爲蜀獻王椿侍醫時,承獻王之命所作。每門皆抄録古方,而各冠以論。

4806 **玉機微義五十卷** 明刊本。 一函十册。

明徐用誠撰。

4807 **瑞竹堂經驗方五卷** 《大典》本。 二册。

元沙圖穆蘇撰。

4808 **集驗背疽方一卷** 《大典》本。① 一册。 共一函。

宋李迅撰。

4809 **儒門事親十五卷** 明刊本。 一函四册。

金張從正撰。

4810 **宣明論方十五卷** 明刊本。 一函四册。

金劉完素撰。

4811 **素問玄機原病式一卷** 明刊本。 一函一册。

金劉完素撰。

4812 **仁齋直指二十六卷附七卷** 明刊本。 二函十二册。

宋楊士瀛撰。

4813 **産寶諸方一卷** 《大典》本。② 一函一册。

不著人名氏。

4814 **濟生方八卷** 《大典》本。③ 一函二册。

---

① 邵懿辰《簡目標注》:"路有鈔本。"

② 邵懿辰《簡目標注》:"路有鈔本。"

③ 邵懿辰《簡目標注》:"路有鈔本。"

4815 又一部同 一函三册。①

宋嚴用和撰。

4816 **針灸資生經七卷** 元刊本。② 一函六册。

宋王執中撰。

4817 **衛濟寶書二卷** 《大典》本。③ 一函一册。

題東軒居士,不著名氏。

4818 **傳信適用方四卷** 抄本。④ 一函四册。

宋吴彦夔撰。

4819 **太平惠民和濟局方十卷用藥指南總論二卷** 抄本。 一函六册。

是書初創于元豐,重修于大觀,後紹興、寶慶、淳祐中又遞有所增加。前已有《續知不足齋》本。⑤

4820 **素問入式運氣論奥三卷附遺篇一卷** 宋刊本。⑥ 一函二册。

宋劉温舒撰。

4821 **博濟方五卷** 《大典》本。 一函五册。

宋王衮撰。已刻入《珠叢别録》中。⑦

4822 **難經本義二卷** 抄本。⑧ 一函二册。

元滑壽注。

---

① 邵懿辰《簡目標注》:“路有鈔本。”

② 邵懿辰《簡目標注》:“路有元刊本。”

③ 邵懿辰《簡目標注》:“路有鈔本。”

④ 邵懿辰《簡目標注》著録作二卷,云:“路有鈔本。”

⑤ 見第 2365 條。

⑥ 邵懿辰《簡目標注》著録作“《素問入式運氣論奥》三卷附《黄帝内經素問遺篇》一卷”,云:“路有宋刊本。”

⑦ 見第 4548 條。

⑧ 邵懿辰《簡目標注》:“路有鈔本。”

4823 **甲乙經十二卷** 明刊本。 一函四册。

晋皇甫謐撰。

4824 **全生指迷方四卷** 《大典》本。 一函二册。

宋王貺撰。已有《珠叢别録》本。①

4825 **野菜博録四卷** 明刊本。 一函四册。

明鮑山撰。

4826 **救荒本草四卷** 明刊本。 一函四册。

明周定王朱橚撰。上、下二卷,各分前、後二集。

4827 **農桑②衣食撮要二卷** 《大典》本。 一函一册。

4828 **又一部同** 一函一册。

元魯明善撰。

4829 **農器圖譜二十卷** 明刊本。 一函十一册。

即王禎《農書》也。

4830 **農桑通訣六卷穀譜十卷** 明刊本。 一函五册。

元王禎撰。即前書殘本,而名目卷數相殊。俟再考。

4831 **農書三卷附蠶書一卷** 抄本。③ 一函二册。

宋陳旉撰。《蠶書》則秦少游所作也。

4832 **宋氏養生部六卷** 明刊本。 一函二册。

明宋詡撰。詡有《竹嶼④山房雜部》一書,分論飲食、栽種、清玩各類,此其專論飲食之一類也。

4833 **棠陰比事一卷附録一卷** 抄本。 一函一册。

---

① 見第4551條。

② "桑"原誤作"商",今正。

③ 邵懿辰《簡目標注》:"路有影宋精鈔本。"

④ "嶼"原誤作"峙",今正。

宋桂萬榮撰,明吴訥删補。已刊入《學海類編》中。①

4834 **折獄龜鑒八卷** 《大典》本。 一函四册。

宋鄭克撰。已有李刊本。②

4835 **紀效新書十八卷** 抄本。 一函六册。

明戚繼光撰。已有照曠閣刊本。③

4836 **練兵實紀九卷雜集六卷** 抄本。 一函四册。

前人撰。前已有張刊本④,又守山閣刊本⑤。

4837 **陣紀四卷** 抄本。 一函一册。

前已有惜陰軒⑥及《珠叢别録》刊本⑦。

4838 **守城録四卷** 抄本。 一函一册。

是書凡分三種。宋陳規及湯璹所撰。

4839 **何博士備論一卷** 知不足齋抄本。 一函一册。

宋何去非撰。已刊入《浦城遺書》中。⑧

民國二十七年四月十八日徐壽愷抄,計共二萬零叁百玖拾玖字。

---

① 見第 2745 條。

② 見第 212 條。

③ 見第 1821 條。

④ 見第 1866 條。

⑤ 見第 4481 條。

⑥ 見第 3082 條。

⑦ 見第 4546 條。

⑧ 見第 3109 條。

# 蒲編堂路氏藏書目二十六

小洲手訂

4840 **太白陰經八卷** 抄本。 一函二册。

前所列六卷本①固屬不全，此雖八卷，亦非完帙也。惟守山閣刊本十卷②，較爲全善，宜互校之。

4841 **三略直解三卷** 抄本。 一函一册。

明劉寅撰。

4842 **將鑒博議十卷** 明刊本。 一函二册。

宋戴少望撰。

4843 **榕壇問業十八卷** 明刊本。 一函六册。

明黄道周撰。

4844 **中庸衍義十七卷** 抄本。 一函十册。

明夏良勝撰。

4845 **士翼三卷** 明刊本。 一函三册。

明崔銑撰。

4846 **居業録八卷** 康熙中刊本。 一函三册。

明胡居仁撰。

---

① 見第180條。

② 見第4479條。

4847 **内訓一卷** 明刊本。 一函一册。

明仁孝文皇后撰。

4848 **治世龜鑒一卷** 元刊本。① 一函一册。

元蘇天爵撰。

4849 **辨惑編四卷** 抄本。 一函二册。

元謝應芳撰。

4850 **家山圖書一卷** 《大典》本。② 一函一册。

4851 **又一部同** 一函一册。

朱子撰。

4852 **論語逸編三十一卷** 明刊本。 一函四册。

明鍾韶纂。

4853 **項氏家説十卷附録二卷** 聚珍板本。 一函四册。

宋項安世撰。

4854 **木鐘集十一卷** 明刊本。 一函六册。

宋陳埴撰。其書以"集"爲名,實則所作語録也。凡經説九卷,《近思雜問》一卷,史論一卷,皆先設問而後答之。取《禮記》"善問者如攻堅木,善待問者如撞鐘"之義,以名其書。

4855 **邇言十二卷** 明刊本。 一函一册。

宋劉炎撰。

4856 **曾子一卷** 明刊本。

4857 **子思一卷** 明刊本。 共一函二册。

宋汪晫編。

---

① 邵懿辰《簡目標注》:"路有元刊本。"

② 邵懿辰《簡目標注》:"路有鈔本。"

4858 **少儀外傳二卷** 《大典》本。 一函二册。

4859 **又一部同** 一函二册。

宋吕祖謙撰。

4860 **知言六卷附録一卷** 《大典》本。① 一函二册。

宋胡宏撰。

4861 **戒子通録八卷** 《大典》本。② 一函二册。

宋劉清之撰。

4862 **袁氏世範三卷** 《大典》本。 一函一册。

宋袁采撰。

4863 **童蒙訓三卷** 仿宋刊本。 一函二册。

宋吕本中撰。

4864 **正蒙初義十七卷** 乾隆中刊本。 一函五册。

國朝王植撰。

4865 **儒志編一卷** 抄本。 一函一册。

宋王開祖撰。

4866 **星學大成十卷** 明刊本。 二函十六册。

明萬民英撰。取舊傳星學之書排纂成帙，凡八種，各爲注釋論斷。言果老術者，以此書爲總匯。

以上從第廿四册起至此共書二萬三千八百三十八卷，合前廿一册三萬二千七百一十五卷，第廿二册六千六百九十九卷，第廿三册五千三百四十八卷，通共以上書目廿五册有零，合計六萬八千六百卷。

---

① 邵懿辰《簡目標注》："路有鈔本。"

② 邵懿辰《簡目標注》："路有鈔本。"

4867 **漢唐地里書鈔** 無卷數。 一函八册。

國朝金谿王謨編輯。先生初較刊《漢魏叢書》,每種之後皆爲跋語,考證真僞,久已風行。海内嗣又仿其體例,按隋、唐二《志》所有書目凡宋元以來久佚者,各於唐宋諸類書及《史》《漢》諸注中逐種搜輯,共得四百餘種,分經翼、别史、子餘、載籍四門,爲《漢魏遺書鈔》。其經翼一門久已刊行,莊已購得一部,列之五經總義類中矣。其别史、子餘、載籍三門,但據先生自序中知其皆已具有稿本,但未知刊行否也,因托友人之仕商江右者訪之,迄今七八年來,竟絶無影響。又托金谿書賈便訪其家,則先生殁後子孫失業者多,并無收藏先人手藁者,聞之悵然。竊思先生瘁盡心力,殫罄俸養,編成此書,以紹往古而開來學。其存亡繼絶之功,校之近世但舉前人遺書翻刻校刊者,不啻霄壤。而行世者僅其四分之一,未行世者并底藁亦歸散失。吁!先生之不幸何其如是耶!莊因沿其體例,擬爲《續漢魏遺書鈔》,除經翼各種外,僅就隋、唐二《志》所載别史、子餘、載籍各書目,擇其約能盈卷者,陸續搜得百餘種。數年來手自抄輯,已得二十餘種。而公私歷轆,輒多作輟。兼以耳目所限,挂漏實多,正未知此事何年告竣。今夏偶游書肆于坊中,架上忽睹一函,籤曰《漢魏遺書》,竊以爲仍是先生所刊經翼耳。取而翻閲,則卷面題曰《漢唐地里書》,爲先生所鈔出續刻者。詳閲序文及先生手編《凡例》,乃知全部遺書以次舉刻。因嘉慶己未秋遭回禄毁去經翼書版百種,後拮据資斧,重新翻刻,又經數載,始克竣事。即今所傳世之經翼百餘種是也。心力已瘁,遂將别史、子餘、載籍各種遺書概行庋置,而以所抄史部中地理書一門最費編摩,不忍終没,乃整理舊編,先付剞劂,附經翼後云云。是先生所輯之書僅經翼及此《地里書》付梓行世,餘皆祇存藁本,而藁本又不知歸于何處。吁！古書之不幸，又何甚如是耶！《地里》一書，據先生《凡例》云是編凡分四册，册分數卷，又區爲十二門類，有綱有目，有經有緯。一曰天文星野及五帝三王地理書記，自張衡《靈憲》至皇甫謐《帝王經界記》，凡四十四種。二曰起秦漢迄隋唐歷朝地理書記，自《秦地圖》至《地理通説》，凡三十五種。三曰漢魏迄唐諸州地理書記，自《冀州圖經》至俞益期《交州箋》，凡四十五種。四曰漢魏迄唐諸郡國地理書記，自《燕記》至《朱崖傳》，凡百七十二種。五曰五嶽四瀆及諸名山川書記，自《五嶽真形圖》至《水經注補》，凡五十六種。六曰歷代都邑宫闕寺廟書記，自皇甫謐《帝王都邑記》至吴均《廟記》，凡一十八種。七曰聖賢墟墓神仙洞府書記，自繆襲《皇覽冢墓記》至《相冢書》，凡二十種。八曰各方故事異聞稗雜書記，自《三輔故事》至《青州雜記》，凡二十八種。九曰行役征途經涉地理書記，自陸賈《南越行記》至釋法盛《歷國傳》，凡二十六種。十曰四裔外國地理書記，自《外國圖》至《羅州圖》，凡三十五種。十一曰諸州郡先賢耆舊仙真傳記，自何晏《冀州論》至胡法超《西山十二真君傳》，凡四十種。十二曰各州郡土産異物及本草地道書記，自郭義《恭廣志》至《范子計然》，凡二十三種。共計書五百四十二種。内有附鈔。此其總目也。予所得衹係首函，自張衡《靈憲》至賈耽《郡國縣道四夷述》而止。其下三函不知書賈轉鬻何處，無從購訪。吁！予之得書之難，及古書之不令人易得也，又何其如是邪！然殘圭斷璧，靡非至寶。又安知樂昌破鏡不終合于人間邪？禱之祝之，予將焚香待之。

4868 **季滄葦書目一卷** 嘉慶乙丑黄氏士禮居刊本。 一函一册。

此國朝泰興季氏所藏目也。季氏名振宜，字詵兮，號滄葦。順治丁亥進士，授蘭溪令，歷刑户兩曹，擢御史。藏書甚富，工於鑒别。凡宋元槧本之精者，仿明毛氏汲古閣收藏圖書之例，用“宋本"橢圓印鈐記以爲志,别又用名號名章印于卷端。乾隆中重修《天禄琳琅書目》,内所列毛、季及崑山徐健庵尚書諸家舊藏善本甚多,而諸家私著書目,則一時未易訪購。庚子春,於書肆見黄氏丕烈所刻《汲古閣珍藏秘本書目》一册,急携之歸,而毛氏之舊物,略見一斑,惜未睹其全豹也。癸卯冬,又於廠肆得徐氏《傳是樓書目》四册,爲大興謝氏寶樹舊抄本。所列四部各種甚爲宏富,且宋元刊本皆一一注明。惟缺史部中地理一門及集部之别集上册。然徐氏家物略具于是,欣幸者久之。而季氏書目不能一睹,又耿耿者久之。今夏目疾月餘,聊出散悶,偶至廠肆中,則季氏書目一册插置架上,急抽閲之,乃黄氏士禮居所刊。閲其後跋,稱"向得《汲古閣秘本書目》,以爲得未曾有,業已付梓。嘉慶十年乙丑春,檢簏中,有《季滄葦書目》一册,詳載宋元刻以至抄本,幾於無所漏略。但抄本相沿魯魚亥豕,間所不免。因借嘉定瞿氏、海鹽黄氏兩家本互相校勘,著其異同,并舉已所藏及所見者,略著其歸宿之地于各條下,手録付梓"云云。余捧讀之下,不勝喜躍。乃知天下事物,惟誠可致。誠求之極,雖鬼神亦可感格,事物則又其顯然者也。余十餘年來所得善本不下數百種,皆夙結于心,結之既久,遂適遇之於目。觀於此編,益信歐陽公云"物常聚於所好"。蓋好之至則夢寐繫之,精神注之,手足赴之,凡可求者,無不竭力以致之。而冥漠之中,遂若有陰爲搬運驅策,使之輾轉與吾相遇者。友朋或笑余之愚,妻子或責余之費,余則甘作書蠹而不悔。歷代嗜書者,殆皆與余同病,第不知前人可遇良醫否。余數年内所購得書目約二十餘種,每見前人收藏之富,不禁口爲垂涎。近陸續搜羅,得有七萬餘卷,亦可謂中人之産矣。吾子孫其永保之,勿以覆瓿,幸甚盼甚。

黄君名丕烈,號蕘圃,喜藏書。撰《百宋一廛賦》,述己所藏宋本。余前已有其書①,惜不得先生所藏總目,一廣顓蒙。又葉氏《菉竹堂書目》、朱氏《曝書亭書目》,當亦巨觀也,俟續訪之。

4869 **聖武記十四卷** 道光二十二年魏氏古微堂刊本。 一函十册。

國朝邵陽魏源撰。源中道光二十四年進士,先以例官中書舍人。是書仿趙氏《皇朝武功紀盛》之例,自國初龍興迄道光重定回疆、平湖粤瑶匪諸事,皆詳其本末,一一縷述。較之趙書,頗爲賅備。蓋檃括秘閣所撰方略諸書,又參以私家著述、故老傳聞而爲之者。凡分六門,一曰"開創",二曰"藩鎮",三曰"外藩",四曰"土司苗瑶回民",五曰"海寇民變兵變",六曰"教匪"。通爲十卷。卷十一至末爲《武事餘記》,分"兵制兵餉"、"掌故考證"、"事功雜述"及"議武"四門。有此一編,本朝以來經武諸大略瞭如指掌矣。

4870 **山左金石志二十四卷** 嘉慶二年阮芸臺師相刻。 二函十六册。

國朝儀徵阮元芸臺師相撰。乾隆癸丑,師視學山左。公務之暇,咨訪耆舊,搜索石刻文字。其明年,畢秋帆中丞巡撫山左,遂同心協力,贊成此舉。又各出所藏彝器、錢幣、官私印章,皆就乾隆五十八年至六十年在山左者爲斷,凡千三百餘件,析爲二十四卷。卷一至卷六爲金,皆詳摹銘文字畫波折,與薛氏《鐘鼎款識》可以互證。卷七至末爲石,皆備録全文,附以辨證,記其廣修尺寸、字徑大小、行數多少,俾讀之如見其物。蓋齊魯故地之舊物,略盡于是矣。先是秋帆中丞有《關中金石記》及《中州金石記》,同時翁覃溪先生又有《粤東金石略》,皆搜索金石古文,彙爲一編。

---

① 見第994條。

倘後有起者,仿諸先輩之例,舉其餘諸省文字,次第搜訪,各爲全編,豈非考古者之一大快事哉。

4871 **汪氏列女傳十六卷** 明刊本。鮑氏知不足齋購得其板,印行于世。 二函八册。

明新安汪某撰。前有盧抱經先生序,云"不知其爲誰"。因漢劉向《列女傳》一書爲例未純,乃重爲編輯,并增入晋魏以來列女之善可爲法者,至明之神宗朝而止。其記述近事則歙郡爲多,而一郡之中又汪氏、程氏爲最。于劉書之中去歆之所爲次,而繫以己所爲説。每傳之前皆繪爲圖相,傳爲仇十洲先生手筆,圖極精微。剞劂既成,未及印行。距今幾二百年,無知之者。有得其板以示鮑君以文者,鮑氏重鄉前輩之書,因重價購之,印以傳世。乾隆四十四年盧文弨爲之序。其傳所載凡二百九十餘人。

4872 **陸宣公翰苑集二十二卷** 雍正元年年氏刊本。 一函六册。

唐陸贄撰。先生集明刻諸本多有舛脱,雍正六年川陝總督年羹堯以家藏舊本校刊。前所列爲明刻本,題曰《陸宣公奏議》。①實則宣公此書名《翰苑集》,不名"奏議"也,故年刻改正。

4873 **牧庵集三十六卷附録年譜一卷** 聚珍板本。 四函十六册。

元姚燧撰。有元一代文章之盛,以虞、姚爲最。虞集世多刊本。姚集則久佚不傳,僅《元文類》中采摭數篇而已。劉昌輯《中州文表》所選姚詩較多于《元文類》數首,而文則無出《文類》之外者。劉氏跋稱《牧庵集》五十卷,聞松江士人家有刻本,南北奔走,年莫能致。所得録本多殘缺,視刻本僅十之二。黄宗羲序《天一閣書目》云"嘗聞胡震亨有《牧庵集》,後求之不得"云云,蓋其本

---

① 見第1263條。

久佚矣。明《文淵閣書目》有《牧庵集》二十册，而庋置秘閣，外間罕覯。明季之亂，同歸蕩然。惟幸《永樂大典》所收較夥，蓋即采内閣所藏本分韻抄入，故尚存十之五六。乾隆中修《四庫全書》時，經諸臣排比編次，釐爲三十六卷，以聚珍板印行，即此本也。按：聚珍板所印共計書一百三十餘種，諸種皆尚易購求，惟《牧庵集》數年來衹遇此一部。此外，彭龜年《止堂集》、劉敞《公是集》、《宋元憲集》、《宋景文集》、强至《祠部集》、劉攽《彭城集》及《張燕公集》《顔魯公集》《儀禮集釋》《春秋集注》諸書，皆求之甚難。幸莊數年來陸續搜訪，或即係原印活字板，或係他刻，皆已全備。而牧庵一集，終屬杳然。今夏偶於江南書賈得之，不勝狂喜。惟《公是集》衹得鈔本不足五十卷爲遺憾耳，俟徐訪之。其《年譜》一卷，爲劉致所編。集中諸體皆工，而碑志諸篇尤足補《元史》之闕。固元集中之巨臂，非僅以詞藻馳騁藝林者也。卷前有吴善及張養浩二序。

4874 **擊壤集二十卷** 宋刊本。 一函十册。

前所列本①乃《道藏》所刊，此則南宋刊本也。爲國朝季滄葦家舊藏。余檢其《書目》，有"宋本《擊壤集》二十卷"。此書卷前有"季振宜"及"滄葦"二印，當即其《書目》中所列之本。因以余所藏《道藏》本與書賈相易，又補銀二金，携之以歸。

4875 **清容居士集五十卷札記一卷** 道光二十年郁氏刻本。 二函十二册。

元袁桷撰。余前所列②乃舊抄本，此爲上海郁松年所校刻。其自序云袁集"刻于先生殁後，原本僅存。明永樂時已間殘缺。

---

① 見第3377條。

② 見第3833條。

往年余購得之,幸爲完具。又寶山毛君生甫先有寫本,足資校勘,用付剞劂。其有改易及所疑義,别爲《札記》一卷”云云。《札記》前又有序,云《清容居士集》原本無序,又不知其刻於何年。字體秀整雅潤出一手,亦不知其寫者何人也。明永樂間此本已殘缺,有王君肆爲釐正之。卷末附謚議及墓志銘,已是寫本。又有鈔本,爲毛君生甫從嘉定錢少詹事辛楣先生精鈔校本傳寫出者,偶有與原本違異,足證原本舛誤。余幸其可據,凡原本脱衍淆訛,輒以删易增補,疑者存之。至兩本脱誤同者,率條列之。間附臆見。又詩文中并多跳行空字,以明所尊,今悉依鈔本去之,而仍記其所空字。數其有原闕及殘闕無可據補者,則仍空之。至元代蒙古色目人其名顯著者,俱遵《欽定翻譯録》改正之,而仍注舊作某某于本文下。

4876 **尚書考辨四卷** 嘉慶四年宋氏刊本。 一函二册。

國朝安邑宋鑒撰。先生號半塘,乾隆戊辰進士。歷浙江常山鄞縣知縣,擢廣東南雄府通判,攝澳門同知、連州牧。是書分四卷:一卷辨《今文》《古文》《僞古文》,傳述源流;二卷辨《古文》經字異同;三卷辨僞經文剿襲之本;四卷辨《論語》《孟子》《春秋左傳①》《國語》《禮記》《書序》逸篇之與僞古文殊異。與閻若璩《尚書疏證》用意相同,而簡核過之。蓋諸經之厄,惟《書》爲甚。秦火之餘,《今文尚書》自伏氏出,而亡於永嘉之時;《古文尚書》自孔氏出,而亡於赤眉之亂。惟扶風杜氏之漆書《古文》特傳,而作僞《古文》者乃增多二十五篇,又分析其目,合成五十八篇,今所傳習者是也。因杜氏篇數正與伏氏合,故後人因指爲《今文尚書》,而

① “傳”字原脱,今補。

其實非伏氏本也。自吴才老以來,辨《古文》之非孔氏舊者多矣,未辨《今文》之爲真《古文》也。先生有感於此,乃彙集正史之文及漢儒以來諸家之説爲此書。蓋僞《古文》之失,至是益彰,而真《古文》之美益著矣。

4877 **儀禮疏四十四卷** 道光十年庚寅長洲汪氏依宋景德本重刊。 一函十六册。

唐賈公彦撰。《儀禮》合疏于經注而并其卷第,始自明正德陳鳳梧,迨李元陽以下皆因之。今所見者皆疏與經注合并之本,而單疏之本則久不傳。《唐志》有"賈公彦《儀禮疏》五十卷"。宋以來相傳舊本,皆經疏單行,尚不失唐人經籍真面。而宋本則傳世寥寥,稀如星鳳。故獲見宋本者,千無一二。嘉慶初,吴門黄氏曾得宋景德官刊單行五十卷之《儀禮疏》殘本。是後迭爲張古餘太守、段若膺大令所依據,用以校他本之失。然亦衹係影抄本别行,率未有見宋本原槧者。嗣後黄氏之書轉歸長洲汪氏士鐘,汪氏不欲私爲己有也,乃鳩工影宋槧翻雕。行款、字數,一肖其真。舊缺三十二至三十七六卷,汪氏亦仍舊缺之。内又有缺葉十三翻,皆仍其舊,未敢妄補。竣事于道光庚寅。卷端有汪氏自序,又顧千里序。末有宋景德元年校定諸臣銜名十八行。又按:疏與經注北宋猶各自爲書,如《崇文總目》所載《周易正義》十四卷、《尚書正義》二十卷、《毛詩正義》四十卷、《周禮疏》五十卷、《儀禮疏》五十卷、《禮記正義》七十卷、《春秋正義》三十六卷、《穀梁疏》三十卷、今本十二卷,或經宋人合并之故。《公羊疏》三十卷、《孝經正義》三卷、《論語正義》十卷、《爾雅正義》十卷,皆單疏本也。南宋合注疏爲一,取便誦讀,而單疏本遂晦。夫合者所見之經注未必即鄭、賈所見之經注也。其字其説,偶或齟齬不合,而淺學者因之妄改疏文,遷就經注,而鄭、賈所守之經注遂致不可復識。即如《儀禮》以疏分附經注,倘非是本與《要義》尚存,則五十卷之卷次且不可考,奚論其他。至是本文義字句可以訂正今本者,詳阮師相《校勘記》中,無庸復贅。是書于經注不録全文,衹標起止,而疏列其下。

4878 **大戴禮記補注十三卷叙録一卷** 孔氏刊本。 一函二册。

前所列本①爲翻刻之本,此則曲阜孔氏所著《叢書》原刻之本也。

4879 **春秋公羊經傳解詁十二卷** 揚州汪氏問禮堂依宋紹熙本重刊。 一函四册。

漢何休學。每卷後有經、傳、注、音義字數三行,余仁仲刊于萬卷堂或曰"家塾"。一行。卷前何休序後余氏題云"《公羊》《穀梁》二書,書肆苦無善本,謹以家藏監本及江浙諸處官本參校,頗加釐正。惟是陸氏釋音字或與正文字不同。如此序'醲嘲',陸氏'醲'作'讓';隱元年'嫡子'作'適','歸含'作'哈','召公'作'邵';桓四年'曰蒐'作'廋'。若此者衆,皆不敢以臆見更定,姑兩存之,以俟知者。紹熙辛亥孟冬朔日,建安余仁仲敬書"云云。此本爲揚州汪氏問禮堂所刊,卷前脱去汪氏序文,無由考究刊刻此書始末,亦無由詳其名字。考張氏《愛日精廬藏書志》有"《春秋公羊經傳解詁》十二卷",注云:"臨何氏校宋余仁仲本。"又題云:"卷三後題識曰:借蜀本大字校此三卷。鄂州州學官書,最爲精善。惜無單疏本校疏文脱誤也。康熙五十六年冬十月望日小山何煌記。"又:"康熙丁酉冬,假同門李廣文秉成所買宋槧官本手校,再令張翼庭、倪穎仲各校一過。今以其手校本相勘,猶有漏落。三人僅敵一手,何秉成之心如絲髮也,書以識愧。己亥初夏何仲友。"未稔與此本相較何如也。又有"《春秋穀梁傳》十二卷",注

---

① 見第334條。

云:"臨惠氏校宋余仲本。"是余氏刊《公羊》與《穀梁》同刊于紹熙辛亥之前後,與余氏自題之語相符。而張氏兼有其書,張氏何其勤于訪購也!未稔鱖生有此緣否。

4880 **公羊春秋經傳通義十一卷** 孔氏刊本。 一函三册。

國朝曲阜孔廣森撰。嘗謂《左氏》舊學湮于杜征南,《穀梁》本義汩于武子。王門子欲從《公羊》,反爲《公羊》之疚病。其餘啖、趙之徒,又横生義例,無當于經,惟趙汸最爲近正。何休作《解詁》,體大思精,然不無承訛率臆。于是旁通諸家,兼采《左》《穀》,擇善而從。凡諸經籍義有可通於《公羊》者,多著録之爲此書。其有不同于《解詁》者,亦議論確然,不爲遷就。凡何氏所據有失者,亦多所禆損,以成一家之言。

4881 **晏子春秋八卷** 嘉慶丙子全椒吴氏依元本刊。 一函四册。

前所列者①爲乾隆戊申孫淵如先生所刊七卷本,并爲《音義》二卷,糾訛補漏,洵爲善本。盧抱經先生又據其本引伸觸類,增益考訂數百條。又得吴槎客所示元人刊本八卷,每卷之前有總目,又各標于當篇。抱經先生因亦具列其目,刻入《群書拾補》中。此書經孫、盧二先生前后較勘,而廬山真面焕然一新,莊已具著于録矣。此本乃孫淵如先生校刊《晏子春秋》,後又從盧所得見元人刊本,遂影寫一部,于嘉慶甲戌以寄全椒吴山尊先生,名鼒。而吴氏遂屬顧千里秀才重刻于揚州。其《别録》前有都凡,每篇有章次題目,外篇每章之末有定著之故。凡内、外八篇,通二百十五章,與劉向《别録》之言一一相符。按:此書明人諸刻訛舛甚多,甚有并卷數亂之者。得此一編,洵爲是書傳一善本,宜寶重之。又考張

---

① 見第139條。

氏《藏書志》有“《晏子春秋》八卷”,注云“元刊本,吴方山藏書”云云,未稔即抱經先生所見原書否。

4882 **歷代地理韻編今釋二十卷皇朝輿地韻編二卷圖一卷** 道光二十二年聿學齋活字板集印本。 二函十六册。

國朝武進李申耆先生兆洛撰。地理之書,始于《漢志》,歷代遞有著述。然疆域名號合并、析易、廢置不常。晋魏以後,復有僑置、鎮堡、羈縻諸名,紛紜參錯,考稽匪易。甚有睹其名而不知爲何地者,又有名同地異、名異地同、古有今無、古無今有。試閱史書,方且南北東西之不辨,焉能細求其沿革耶?先生乃取諸史所載郡縣分隸韻書,以今爲本,而上推前代。每郡則詳其所屬州部,每縣則詳具所屬州郡。或地名皆同,或同地異名,或同名異地,與今昔增損有無殊異,皆列其疆域廣袤所在,而以今之某府某州某縣釋之。其爲今所無者,亦鈎稽其地約在今之某處,以著其實。故曰“韻編今釋”。前又繪輿地總圖及各省全圖二十二幅冠于首。末爲《皇朝輿地韻編》二卷,則皆國朝所設立者也。

4883 **法帖釋文考異十卷** 明刊本。 一函二册。

明顧從義撰。取《淳化閣帖》釋文舊本,一一核其異同,訂其訛舛,手自繕寫而刻之。其考證之功用力甚勤,雖不及國朝王澍所撰《閣帖考正》之精,而大輅肇于椎輪,究爲校正《閣帖》之善本。

4884 **家語十卷** 毛氏汲古閣合北、南二宋本重校刊,此又依毛本翻刻者。 一函四册。

前所列本①爲乾隆庚子錢塘李容依毛氏汲古閣本翻刻者,此

---

① 見第218條。

則汲古閣原刻也。按:是書載於《漢志》,爲孔安國所得劉向所校者,本二十七卷,顔師古注稱"非今所有《家語》"。然則今所傳王肅注本稱四十四篇得於孔猛者,已非《漢志》所列之舊矣。厥後流傳既久,并王注本亦經殘缺失次,後人爲之解者,往往以私臆改定,如元之廣謀王氏病在割裂,包山陸氏病在顛倒。按:黄虞稷《千頃堂書目》論語附録類中有"王廣謀《孔子家語句解》四卷",注云王氏"字景猷,延祐三年刊"。包山陸氏書未見,此但毛跋言之耳。正德間郴陽何燕泉孟春以王肅注罕傳,而王廣謀注又庸陋荒昧,于正文且多所漏略,乃別爲《家語注》八卷。其考訂補綴之勤,不爲無功,而由未見肅注,故臆測亦所不免。毛氏於崇禎末始由吴興賈人處得北宋板王肅注本,大書深刻,與世所行本迥異,惜二卷十六葉以前皆已蠹蝕。後又從錫山酒家復覯一函,亦宋刻王氏注,所逸者僅末二卷。乃急倩能書者,一補其首,一補其尾,二册儼然雙璧,遂付剞劂,即此本也。《四庫》館即以此本著録。雖未必夫子舊堂壁中物,而已不失王肅注本之真面。元明以來割裂顛倒之紛紜,得此頓還舊觀,實此書之大幸也。卷末有毛氏跋,又附録何孟春注本序,以便考此書之原委。

4885 **野客叢書三十卷附野老紀聞一卷** 長洲吴氏刊本。 一函八册。

是書前已著録①,乃坊刻本。此則長洲吴氏依明校本重刊者也。書後有明嘉靖四十一年王氏十世孫穀祥識語,云"十一世祖講書君著《野客叢書》三十卷,家藏宋鈔本,惜闕而不全。嘉靖壬辰,偶于寮友處得見全帙,亦抄本。借歸,命吏録之。謹自較閲,愧膚淺不知所裁。壬戌夏,復手録一過,且校且録,付工繕寫鋟

① 見第205條。

梓,六越月而工完。蓋嘗辱太史文公徵明、儀部陸君師道、鄉進士袁君尊尼先後讎校再三,又蒙黄門顧君存仁、太學金君魚借所藏鈔本以資勘訂,猶有疑者,姑闕之以俟”云云。此本刊刻,則不知何代何年。然以字迹紙質而論,實國朝康熙中所刊,非明刻也。首册目録之後,有“長洲吴曜書,黄周賢等刻”十字,其督刻者則不知誰氏也。此本勝前所列本十倍。

4886 **白香山詩集四十卷附年譜二卷** 康熙中刊本。 一函八册。

國朝汪立名編香山《長慶集》七十一卷,詩、文各半。汪氏以宋祁之言謂白文不如詩,因别編其詩以成是集。又據元稹序謂長慶時所作僅前五十卷,其寶曆以後所作不宜概名長慶,因即其歸老之地題曰“香山”,參考衆本,重加排次,定爲《長慶集》二十卷、《後集》十七卷、《别集》一卷。又采摭《文苑英華》諸書所載爲《補遺》二卷,而以新定《年譜》及陳振孫舊定《年譜》爲一卷,并元稹序、《舊唐書》本傳等冠于首。復采諸書之有關白詩者,各箋注于詩下。按:白集傳于世者,錢氏《述古堂書目》有宋本,今已不知存亡。此外有明武定侯家刻本,今亦罕見。今所行者,惟蘇州錢考功、松江馬調元二本,皆頗有顛倒訛舛。胡震亨《唐音丁籤》所録又分體瑣屑叢脞。汪氏此本考證編排特爲精善,箋釋雖略而實爲典核,蓋于諸刻中獨爲善本云。其書成於康熙壬午,朱竹垞、宋商邱皆爲之序。

4887 **翰林楊仲弘詩集八卷** 明刊本。 一函四册。

元楊載撰。前所列爲《浦城叢書》中所刻①,此則明刊單行本也。無刊刻年月及人名氏。

---

① 見第3118條。

4888 **遜志齋集二十四卷拾補一卷年譜一卷外紀一卷** 方忠奕等編本，崇禎辛巳。 一函十二册。

明方孝孺撰。洪武中，蜀獻王聞先生賢，聘爲世子師，額其廬曰"正學"，故世稱正學先生。先生當燕王篡立之時，以不肯遷就草詔，誅及十族，精誠贇金石，氣節動天地，原不必以文章傳。然即以文章而論，亦馳騁于東坡、龍川之間，蓋其浩然之氣有不可遏者然也。先生殉節後，文禁甚嚴，其門人王稌藏其遺稿，宣德後始稍稍傳播。原本三十卷，《拾遺》十卷乃黄孔昭、謝鐸所編。後正德中，顧璘又并爲二十四卷，重刊于台州，即《四庫全書》所著録之本。今余所得此本又爲崇禎中其十世孫忠奕、十一世孫振節等所重刊，其卷數一依顧刻之舊。凡雜著八卷、文十四卷、詩二卷，而于顧刻所無者，又爲《拾補》一卷附焉。又有盱江張紹謙、越州盧演先後纂定先生《年譜》一卷及當時朝廷詔諭、朋友贈言并傳記志銘等，通爲《外紀》一卷，一并附之。

4889 **震川先生集三十卷别集十卷** 康熙癸丑方氏刊本。 一函十册。

明歸有光撰。其集世有數本，率非全帙。此乃其曾孫莊、玄孫玠等因錢謙益所定之本重加編輯付梓者。首經解，終祭文，凡二十四體。《别集》首論策，終古今體詩，凡十一體。舊本有二：一爲其族弟道傳所刻，凡二十卷，爲常熟本；一爲其子子祐、子寧所刻，凡三十二卷，爲崑山本。取去多不相同。莊以家藏鈔本互相校勘，又補入未刻之文，彙爲全集，刻于康熙間。前有王崇簡、徐乾學二序，又知崑山縣事上谷董正位一序。

4890 **堯峰文鈔五十卷** 康熙癸酉刊本。 一函四册。

國朝汪琬撰。先生號鈍翁，晚居堯峰，因以自號。長洲人，順治乙未進士。康熙己未試博學鴻詞，授翰林院編修。初，先生自裒其文爲《鈍翁類稿》六十二卷、《續稿》五十六卷。晚年又手自删汰,定爲此編,凡詩十卷,文四十卷。其門人侯官林佶爲手寫而刊[1]之。字書精楷,與陳廷敬《午亭文編》同一工整。

4891 **廿二史劄記三十六卷** 嘉慶五年湛貽堂刊本。 一函十册。

國朝趙翼撰。先生號甌北,有《陔餘叢考》一書,前已著録。[2]此則讀史時所劄記者也。自序"閑居無事,翻書度日。以歷代史書事顯而義淺,便於流覽,爰取爲日課,有所得輒劄記別紙。多就正史紀、傳、表、志中參互勘校,有抵牾處,輒摘出以俟訂正,不敢徑引稗家野乘以相駁正。以一代修史時,此等記載無不搜入史局,其所弃而不取者,必有難以徵信之處。倘或反據以駁正史之訛,不免貽譏有識"云云。先生此書與王西莊《十七史商榷》、錢竹汀《廿二史考異》足相伯仲,均爲讀史考古之淵海,足徵前輩讀書不必有意于考證,而潛研既久,則古書之瑕瑜優劣,自陳目前。自愧後生無學無識,且好博不專,不能有所成就,未知他日將以何者傳吾子孫耳。

4892 **逸周書補注二十二卷卷首一卷卷末一卷** 道光五年乙酉陳氏修梅山館刊本。 一函十册。

國朝江都陳逢衡撰。是書唐宋以來久無善本,以書多斷爛脱訛,而傳刻傳抄又增其失,故讀者往往棘口。晋孔晁雖爲之注,而疏略特甚,無所發明。盧抱經先生于乾隆中曾鳩合衆本,參校考正,刊于《抱經堂叢書》中,迄今傳爲善本。然不過考訂文字,而于

---

① "刊"原誤作"删",不通。《四庫全書總目》云"其門人侯官林佶爲手寫而刊之",今據改。

② 見第2088條。

意義仍未曲暢其説。江都陳氏乃以盧本爲藍本,而又取他本參訂之,鈎深致遠,字梳句櫛,爲《補注》二十二卷。凡孔《注》所未顯,盧校所未及,皆疏通而證明之。前爲《卷首》一卷,列《叙略》十八條、《集説》二十一條,并冠明楊慎、國朝顧千里、汪士漢、謝墉、姜士昌、黄玢諸序。後爲《卷末》一卷,則補遺及諸書誤引、附録若干條也。凡補遺五十條,諸書誤引十三條,附録二十二條。至《逸周書》之源流,則詳于《叙略》《集説》及諸人序中,不復贅。顧千里序又稱陳氏有疏證《隋經籍志》一書,爲例本諸王應麟《漢・藝文志》之作,加以推廣,意在補亡。搜羅鴻括,排比妥帖,欲使廢者咸起,散者仍聚。殆兼前此孫穀、姚之駰、余蕭客、章宗源等諸公所長,而益其所未及,爲成一家言云。蓋先生又爲《漢魏遺書鈔》,如王謨之書矣。但顧序云書尚未成,不稔至今成否。顧序作於道光五年,今歷十八年,爲道光二十四年。倘先生年登耆頤耄尚著書,則此書之已成已刊,未可知也。俟博訪江都友人,當有知先生者。倘先生之書成,則余所輯之《續漢魏遺書鈔》可以覆瓿矣。

4893 **竹書紀年集證五十卷卷首一卷** 嘉慶癸酉陳氏刊本。 二函廿册。

前人撰。是書成于《逸周書補注》之前,乃嘉慶十八年所刊也。《紀年》出於汲冢,經荀勗、和嶠輩爲之編次,列於中經,而其書遂行于世。六朝、唐宋以來,遞經後人删改增加,非復原本之舊。故諸書所引,互有不同,并有今本所不載者。然疑僞者固所不免,而確鑿可信、與經史印合者,十每八九,故歷代注解考訂家往往于是徵信,則此書的爲秦漢以前遺書無疑也。梁沈約爲之注,加以考證。唐以來盛行之,而亦經後人羼雜字句,與沈注淆合爲一。後人援引,又不分析,遂致與正文又淆合爲一。積重難返,迷失本真,以故後人議之者,疑信參半。國朝乾隆中,徐位山文靖爲《竹書統箋》一書,杷梳字句,箋證疏漏,凡十二卷。較之孫之騄晴川所撰《考訂竹書》四卷者,純駁判然,而仍未臻善備。陳氏乃鳩合衆本,計十三家之本,具見凡例中。擇善而從,旁參經傳,下逮説部、文集,凡有足爲是書考證者,彙而集之,合四十八卷。又搜取諸書所引《紀年》之文而爲今本所無者,得一百廿則,别爲《補遺》二卷,兼附録《瑣語》《師春》《繳書》數十條。蓋有是書而《竹書》之事迹釐然,諸家校刊考訂之本皆可束之架上矣。其書經始于嘉慶甲子秋,迄于壬申冬,凡積九年之功而後成。前爲《叙略》《集説》一卷,列于首,不入卷數。其詳具見凡例中。又靳州陳氏詩有《竹書紀年集注》二卷,刊于嘉慶六年,莊架上立有其書。今陳氏《集證》本中亦間采之,然以愚觀之,則疏略太甚,不足取也。

4894 **歷代帝王年表十四卷附帝王廟謚年諱譜一卷** 道光四年揚州阮氏刊于小琅環僊館。 一函四册。

國朝齊召南撰。自三皇五帝以迄于元,凡爲表者十三。其間僭僞各國俱隨年列于正統年號之下,其間大事亦標明于旁,如吕氏《大事記》之例。年經國緯,簡而不漏,甚便檢閲。齊氏不列明代年表,阮氏福爲之撰補一卷,以續于後,通十四卷。又取桐鄉陸費墀所録《帝王廟謚年諱譜》一卷附焉。

4895 **朱文公校昌黎先生集二十卷外集集傳遺文遺詩一卷** 宋刊本。四函二十册。

宋王伯大編。伯大,字幼學,號留耕,福州人,嘉定七年進士。以朱子《韓文考異》於本集之外别爲一帙,不便尋覽,乃重爲編次,離析《考異》之文散入本集各句之下,刻於南劍州。又采洪興祖《年譜辨證》、樊汝霖《年譜注》、孫汝聽《解》、韓醇《解》、祝充《解》,爲之音釋,附於各篇之末。厥後麻沙書坊以注釋綴於篇末,仍不便檢閲,取而散入句下。蓋王氏改朱子之舊第,坊賈又改王氏之舊第,已全失其本初。卷首有《朱文公校昌黎先生集凡例》十二條,今勘驗其文,亦王氏重編之《凡例》,非朱子《考異》之《凡例》也。《凡例》後又有低一字附識,曰"右凡例十二條乃南劍官本所載。按朱文公校昌黎集,又著《考異》十卷,在正集之外自爲一書。留耕王先生倅南劍時,并將《考異》附於正集本文之下,以便觀覽,故其凡例如此。留耕先生又集諸家之善,更定音釋,援據的當,音訓詳明,猶未附入正集,仍於逐卷之左空其下方以待竄補。是雖足見先生之謙德,而觀者未免即此較彼。其於披閲,又未爲便。今本宅所刊係將南劍官本爲據,并將音釋附正集焉,使觀者一目可盡,而文義粲然,亦先生發明此書之本心也"云云。按:此識語乃坊賈刊刻者所附,詳"故其凡例如此"句,則知此凡例爲王氏重編之凡例明矣,而乃標曰"朱文公校昌黎先生集凡例",誤之甚矣。乃流俗相傳,執此爲朱子之本,實一誤且再誤矣。然以注散附句下,雖非朱子原書,而讀者究易披覽,故其本流傳不廢。今朱子原書幾于湮滅,倘非安溪李光地之刊本幸存,則今世幾不復見廬山真面矣。而此本乃翻刻者,多宋元舊刻,尚多行世。至於明人翻雕之本尤夥,余前所列之别本《韓文考異》①,即明刻也。惟是明刻諸本及孫氏廉石居所藏、張氏愛日精廬所藏元人刊本均作正集四十卷,又《外集》十卷,又《遺文》一卷。今余所得此宋本則正集衹作二十卷,《外集》與《集傳》《遺文》并爲一卷。勘驗都凡、目録,實爲合并卷帙,并非缺脱,當係宋時此二十一卷之本與五十一卷之本并行,而此本行世較少,故元明以來翻刻者多沿五十一卷之本,而收藏家亦罕見此二十一卷之本故耳。此本字迹紙質的爲宋刻宋印無疑。前列朱子序,次爲王伯大序,次爲李韶編集序,次爲汪季路書,次爲凡例十二條,次爲總目。卷一賦四

---

① 見第3190條。

篇,又古詩《元和聖德詩》至《岐山下》。卷二古詩《北極一首贈李觀》至《憶昨行》。今本則自《河之水》以下至《憶昨行》分爲卷三。卷三古詩《劉生詩》至《送劉師服》。今本則自《辛卯年雪》下至《送劉師服》分爲卷五。卷四古詩《符讀書城南》至《南溪始泛》。今本則自《雪後寄崔二十六丞公》至《南溪始泛》分爲卷七。卷五《城南聯句》至《晚秋郾城夜會聯句》。今本卷八同。卷六律詩《題楚昭王廟》至《和杜相公太清宫》。今本則自《送李尚書赴襄陽》至《和杜相公太清宫》爲卷十。卷七雜著《原道》至《省試顔子不貳過論》。今本則自《獲麟解》至《伯夷頌》爲卷十二,《子産不毁鄉校頌》至《科斗書後記》爲卷十三,《鄆州谿堂詩》至《省試顔子不貳過論》又并《與李秘書論小功不税書》《太學生何蕃傳》《答張籍書》《重答張籍書》爲卷十四。卷八自《與李秘書論小功不税書》至《與李翱書》。今本則自《與孟東野書》至《爲河南令上留守鄭相公啓》爲卷十五,《上宰相書》至《與李翱書》爲卷十六。卷九自《上張僕射書》至《京尹不臺參答友人書》。今本則自《上張僕射書》至《與祠部陸員外書》爲卷十七,自《與京西節度使書》至《答元侍御書》爲卷十八,自《與鄭相公書》至《京尹不臺參答友人書》又并下《送陸歙州詩序》至《送牛堪序》等九篇爲卷十九。卷十《送陸歙州詩序》至《石鼎聯句詩》。今本則自《送董邵南序》至《送幽州李端公序》爲卷廿,自《送區册序》至《石鼎聯句詩》爲卷二十一。卷十一自《祭田横墓文》至《祭女挐女文》。今本則自《袁州祭神文》至《祭女挐女文》爲卷二十三。卷十二自《李元賓墓銘》至《太原府參軍苗君墓志銘》。今本則自《登封縣尉盧殷墓銘》以下分爲卷二十五。卷十三《唐朝散大夫孔君墓銘》至《太原郡公神道碑文》。今本則自《劉統軍碑》以下分爲卷二十七。卷十四自《曹成王碑》至《平淮西碑》。今本則分爲二十八、二十九、三十三卷。卷十五自《南海神廟碑》至《薛公墓銘》。今本則分爲三十一、三十二兩卷。卷十六自《楚國夫人墓銘》至《乳母墓銘》。今本則分爲三十三、三十四、三十五三卷。卷十七《瘞硯銘》至《鰐魚文》。今本卷三十六同。卷十八《贈太傅董公行狀》至《錢重物輕狀》。今本卷三十七同。卷十九自《爲韋相公讓官表》至《袁州刺史謝上表》。今本則至《謝許受韓弘物狀》以上爲卷三十八,《論捕賊行賞表》以下别爲卷。卷二十《賀皇帝即位表》至《論變鹽法事宜狀》。今本則自《論捕賊行賞表》至《舉韋顗自代狀》爲卷三十九,《論孔戣致仕狀》以下爲卷四十。此本《外集》《集傳》《遺文》《遺詩》都爲一卷,附于末。今本則取《水賦》等七篇爲第一卷,《上賈滑州書》等五篇爲第二卷,《送汴州監軍俱文珍序》等二篇爲第三卷,《通解》等五篇爲第四卷,《除崔群户部侍郎制》等七篇爲第五卷,《順宗實録》析爲六、七、八、九、十凡五卷。通計《外集》十卷,次爲《集傳》《遺詩》《遺文》一卷,與宋本迥異。

4896 **司馬長卿集一卷** 明汪士賢校刻本。

前已有汪刻本①,此重複者。其本校張溥《百三家集》本少《報卓文君書》一篇,而增附《白頭吟》二首。

4897 **東方先生集一卷** 明汪士賢校刻本。 與上合一册。

漢東方朔撰。明吕兆禧裒集遺文爲一卷,汪氏刻之。校張溥本多《諫止董偃入宣室》一篇、《臨終諫太子》一篇、《劾董偃罪狀》一篇、《侏儒對》一篇、《化民有道對》一篇、《劇武帝對》一篇、《劇群臣對》一篇、《伯夷叔齊對》一篇、《善哉瞿所對》一篇、《上天子壽》一篇、《上壽謝過》一篇、《割肉自責》一篇,而少《十洲記序》及《寶瓮銘》《嗟伯夷》三篇。大抵二本皆抄揚本傳,蓋以他書所載而爲之,故多少互異,不必皆本集所應有也。此本前有吕兆禧序。

4898 **董仲舒集一卷** 同上。 一册。 二册共一函。

此本疑即汪士賢所裒集,校張溥本多《粤有三仁對》一篇,而少《春秋陰陽》。

4899 **孟襄陽集三卷** 汲古閣刊本。

唐孟浩然撰。毛氏汲古閣所刻。毛氏跋曰:"余藏襄陽詩甚多,可據者凡三種:一宋刻三卷,逐卷意編,不標類目,共計二百一十首;一元刻劉須溪評者,亦三卷,類分游覽、贈答、旅行、送别、宴

---

① 見第3454條。

樂、懷思、田園、美人、時節、拾遺,凡十條,共計二百三十三首;一弘治間關中刻本,卷數與宋元相合,編次互有異同,共計二百一十八首。乃依宋刻,以元本、關中本參之,附以拾遺,共得二百六十六首。間有字異句異、先後倒分,注元刻某今刻某,不致臆改云。"

4900 **追昔游集三卷** 汲古閣刊本。 共一函合一册。

唐李紳撰。前已列抄本①,此則毛刻也。其詩述其早年閱歷,凡一百一首。平生歷官及遷謫,略詳詩中及自注,故《新唐書》本傳頗采用之。

4901 **晋略六十六卷** 道光十九年乙亥周氏味雋齋刊本。 二函十册。

國朝荆谿周濟撰。以唐房喬等所撰《晋書》,其所褒貶略實行而獎浮華。其所采擇,忽正典而取小説,本不足以言史。特以王隱、虞預等書唐以後盡亡,考晋事者捨此無由,故歷代存之,不能竟廢。周氏乃重加刊定,以成此書。凡《本紀》六卷,《表》五卷,曰《甲子》、曰《州郡》、曰《割據》、曰《執政》、曰《方鎮》。《列傳》三十六卷,《國傳》十一卷,曰《成漢李氏》、曰《漢趙劉氏》、曰《後趙石氏》、曰《燕慕容氏》、曰《秦苻氏》、曰《後秦姚氏》、曰《後燕慕容氏南燕慕容氏北燕馮氏》、曰《西秦乞伏氏》、曰《夏赫連氏》、曰《凉吕氏南凉秃髮氏北凉沮渠氏西凉李氏》、曰《代魏拓拔氏》,凡十一傳。《彙傳》七卷,曰《宗室》、曰《篤行》、曰《清談》、曰《任達》、曰《良吏》、曰《文學》、曰《隱逸》。《序目》一卷。其移易删并及考訂增修之處,較原書粲然可觀,而刊除浮詞,標舉大節,尤所注意,故明簡有法,頗合史例。其末卷自序云"事即前史,言成一家,將以喻志,適用匪侈。博聞什七,折衷依于涑水,庶幾無悖資治之意"云云。蓋去取褒貶率以温公《通鑑》所論爲宗也。《表》五卷具是補前史

① 見第4082條。

之闕。《州郡》《割據》二表鈎稽考證,尤見苦心。考明以來重編《晉書》者,有茅國縉之《晉史》,删四十卷,又蔣之翹《晉書别本》一百三十卷,《四庫總目提要》皆糾其失。惟國朝郭綸所撰之《晉記》六十八卷,删繁舉要,頗有體例,而亦有未盡合者。且《晉書》諸志漏略頗多,《地理》尤無端緒。郭氏憚於改作,悉仍其舊,不免因陋就簡之譏。今周氏此書既善用其長,而又特爲補表,以匡不逮,洵可稱《晉書》善本矣。

# 蒲編堂路氏藏書目二十七

## 漢魏遺書續鈔序丙午

世代愈遠，傳世愈稀，物皆然，書爲甚。非特漢魏舊笈，至今鮮存，即宋元著作，亦强半湮滅。於已湮滅之書，而欲復顯於世，雖帝王之力，且有所不能，何況儒生。然其書雖亡，其名幸存。隋、唐諸《志》所載是也。其全帙雖亡，其單詞隻句、零章斷簡尚存。漢魏六朝、唐宋人諸經史傳注及雜家、説部、類書所稱引是也。有心者，苟於前人所稱引者，按名搜輯之、排纂之，散者而使之復聚，縱不能得其全豹，要可窺其一斑。此亦存亡繼絶之一助也。考抄撮遺書，始於宋王伯厚之《周易鄭注》《三家詩考》。自時厥後，踵起有人。國朝文教涵濡，好古之士力追漢學，從事於此者尤夥。如元和惠氏，棟有《易漢學》《九經古義》等書。吴郡余氏，蕭客有《古經解鈎沈》三十卷。錢塘姚氏，之駰有《後漢書補逸》一書，所搜輯七種，合二十一卷。鎮洋畢氏，沅有《晋太康三年地記》、王隱《晋書地道記》等書。曲阜孔氏，廣林有《周易鄭注》、《尚書鄭注》、《尚書中候鄭注》、鄭氏《喪服變除》、《三禮目録》、《六藝論》等，共計輯書十三種。陽湖孫氏，星衍有《括地志》《謚法》《尸子》《神農本草經》《太公六韜》《漢官儀》等，共輯書十餘種。承德孫氏，馮翼有《世本》、《馬王易義》、緯書、《桓譚新論》、《典論》、《皇覽》、《淮南萬畢術》、《許慎淮南子注》、《司馬彪莊子注》等書。仁和孫氏，志祖有謝承《後漢書》、《風俗通》逸文二種。興化任氏，大椿有《小學鈎沈》《字林考逸》二書。嘉定錢氏，大昭有《駁五經異義》一卷、《補遺》一卷，《鄭志》三卷、《附録》一卷。秀水王氏，復有《駁五經異義輯校》一卷、《補遺》一卷，《箴膏肓》《起廢疾》《發墨守》各一卷，《鄭志》三卷，載《問經堂叢書》中。臨海洪氏，頤煊有《歸藏》、戴德《喪服變除》、《石渠禮論》、《春秋决獄》、《茂陵書》等共計三十五種。武進臧氏，鏞堂及其弟禮堂有《爾雅漢注》、盧植《禮記解詁》、服虔《通俗文》、蔡邕《月令章句》、王肅《禮記注》《聖證論》、賈唐《國語注》、《帝王世紀》、《尸子》等書，共十七種。錢塘陸氏，堯春有蔡邕《月令章句》一書。歸安嚴氏，蔚有《春秋左傳古注》一書。山陰章氏，宗源有《桓譚新論》、華嶠《後漢書》、張璠《漢紀》、譙周《古史考》等書，孫淵如先生《問字堂集》中有章宗源傳，稱其所輯古書甚多。陽湖莊氏，述祖有《駁五經異義》一書。□□王氏①，保訓有《京氏易章句災異》八卷。海寧陳氏，鱣有《孝經鄭注》《論語古訓》《聲類拾存》《埤蒼拾存》等書。歸安丁氏，杰有《校定鄭氏周易注》十二卷。元和江氏，聲有撰集《尚書輯注音疏》。平湖孫氏，堂有《漢魏廿一家易注》。武進張氏，惠言有《易虞氏義》《易義别録》等書。蕭山汪氏，繼培有校輯《尸子》二卷、《存疑》一卷。侯官趙氏，在翰②有《七經緯》三十八卷，其書甚詳，較明華容孫穀之《古微書》十倍過之。閩縣陳氏，壽祺有《尚書大傳》《洪範五行傳》二書，又《五經異義疏證》一書，載《皇清經解》中。通州雷氏，學淇有輯《世本》二卷。江都秦氏，嘉謨有《世本輯補》十卷。皆抄撮諸書，輯有成編。探墜緒於既往，振闕文於將來。微顯闡幽，厥功斯偉。而其集大成者，尤莫如金谿王仁圃先生謨。《漢魏遺書鈔》一書。其書用何氏鏜。《漢魏叢書》之例，分經翼、别史、子餘、載籍四門，以統括群書。依隋、唐志目，凡見

---

① “王氏”前原空兩字格。

② “翰”原誤作“翼”，今正。

於前人稱引者,俱按目采輯。條分件繫,各還原書。積數十年之力,成書四五百種,其總序中言之。可謂殫精瘁思,毫髮無憾者矣。惜刊板行世者,止經翼一門,《易》翼七種,《書》翼八種,《詩》翼十一種,《禮》翼二十六種,《樂》翼八種,《春秋》翼二十二種,《論語》翼五種,《孝經》翼四種,《爾雅》翼二種,《孟子》翼二種,諸經翼十三種。共計一百八種。其餘三門則遺稿,存亡皆未可知。余因不揣譾陋,思爲續鈔。凡别史、子餘、載籍及經翼中之尚可拾補者,仍按隋、唐志目抄撮之,以繼先生之後。乃即架上所有,次第翻閲,凡所稱引稍多,約可成卷者,自一二卷以至十餘卷、數十卷,皆隨條搜輯。或因例附文,或因文尋義,如紀傳諸書,則以人繫事;編年諸書,則以年繫事;地里諸書,則以地繫事之類,此因例附文者也。如零章隻句,無可繫屬,則繹其文義,以類附列,此因文尋義者也。每條之下各注所采之書。其一事而彼此異引,一人而彼此異稱,或首尾不屬,或傳寫有訛,皆考校諸書,爲之附注。一書而稱名偶異者附録之,異名而體例相同者類從之。計已成書四十餘種,其未編纂者尚待異日。嗚呼!載籍極博,一人見聞,詎免挂漏,且諸書久亡,體例無由考見,今於故紙堆中一一搜剔,尤恐非廬山真面。然殘珪斷璧,雖非全材,而片羽吉光,彌足爲寶。倘鴻博君子補其疏略,正其舛謬,重加排纂,以符囊篇,則負弩前驅,固甚幸也。

## 纂輯凡例八則

一曰改定部分。王氏原書以經翼、别史、子餘、載籍四門統括群書,今既續抄,自宜仍循其舊。但别史乃史部中之一類。伏讀《四庫總目》以《史記》至《明史》二十四部爲正史,自《逸周書》《東觀漢紀》以下皆謂之别史,所以别於正史也。正史之中,無可增加,則隋、唐《志》所謂正史而宋以來久佚者,今既輯之,皆别史之類,不能入正史者也。此外編年、雜史、傳記、地理、職官、禮儀等類一概以别史括之,未免牽强。至於子部,爲類尤夥,更宜分列以示區别。若夫載籍之名,凡四部書皆可謂之載籍,今以之該括集部,尤涉含混。今自小學訓詁數種爲王氏所未輯者,别立經部以補其闕。其别史、子餘、載籍三門,改爲史部、子部、集部,而各分子目,以符《四庫總目》之例。

二曰區分門類。凡著録諸書,貴究其實,不可惑於書名,致蹈《樹萱録》編入農家之誚。如盧詵之《梁四公記》,名似傳記,而實則小説;無名氏之《遁甲開山圖》,名似術數,而實則地理。苟徒循其名,未有不舛謬者。歷代史志失誤甚多。更有一書而兩門互見者,皆由徒睹書名,未究本真故也。今分列門類,務從其實。

三曰因例附文。諸書久亡,其體例無由考見,然其書名大半具於隋、唐史志。今按志中所分門類,以意紬繹,要可得其大凡。如謝承等諸家《後漢書》、王沈等諸家《魏書》、王隱等諸家《晋書》

之類，皆歷朝正史，今遵《四庫書目》之例入别史。則紀志表傳之體也。袁曄《獻帝春秋》、孫盛《魏氏春秋》、干寶《晋紀》等，則編年之體也。陸賈《楚漢春秋》、魚豢《典略》、司馬彪《九州春秋》、皇甫謐《帝王世紀》，則雜史之體也。趙岐《三輔决録》、魏明帝《海内先賢傳》、郭緣生《述征記》、伏滔《北征記》，則傳記之體也。以是類推，子、集二部諸書皆不難望名知例。知其例，則隨例編纂，若綱在綱，有條不紊矣。

四曰因文尋義。諸書稱引每多割裂篇章，離析文句，或首爲不屬，或詞旨未申。若强爲之區分，是自我作古，非纂述前編之義也。兹於所輯各書凡零章隻句無可繫屬者，則細繹文義，以事類相從。可考者考之，疑者闕之，庶不重誣古人。

五曰辨惑。前人著作間或沿襲後代稱舉，亦或歧出。有書同而人異者，如李膺、任預俱有《益州記》，賀循、孔靈符俱有《會稽記》，祖台之、孔氏俱有《志怪》，崔寔、阮武俱有《正論》之類是也。或書異而人同，如雷次宗《豫章記》亦名《豫章古今記》，魏武帝《兵書要略》亦稱《兵書捷要》，司馬彪《兵記》亦稱《戰經》，《黄帝太一雜占》亦稱《太一密推》之類是也。更有確係一書而傳寫互異，確係一人而名字偶殊。或因聲近而致訛，或因形似而誤寫。循名核實，每多眩目。皆各加考校，爲之辨證。

六曰存疑。世有變遷，書有隱顯。隋、唐《志》著録彬彬盛矣，然唐宋諸類書所引往往有出其外者，或始顯而後微，或既晦而復顯。此固與世爲變遷，非可執一以例者也。今於纂輯各種，凡書之卷帙體例有可考者考其書，書無可考而撰人之名氏事迹有可考者考其人，書與人均無可考者闕之。其偶有諸書誤引，實與名乖，或時代不相及，或事迹不相涉，則隨文存疑，附於各種之末。

七曰附録。諸書卷帙，視所采爲多寡。其能盈卷者，自可獨爲一書。其寥寥數條不能孤行者，則依類附入，如人與人相附，地與地相附，事與事相附，物與物相附。皆用低格書之，使不與正書相淆，而可以相輔而行。其確係一書而稱名偶異者，仍用正書之例，頂格書之，仍隨所采之書標名條下，不敢强爲更改，致蹈武斷之咎。

八曰附注。諸書稱引，每多互異。同一事也，或此詳而彼略，則擇其詳者録之；或此誤而彼是，則擇其是者録之；甚或語涉兩歧而義可互通，則擇取一條録爲正文，其餘并附注下方。各將所采之書標明卷數，以便參考。其文句有疑而他説可資校證者，及事迹不明而他書可資補苴者，亦一例附注，加“案”字以别之。芻蕘一得，或有可取。繁冗之譏，非所敢辭。

# 纂輯書目

## 經部　補遺

### 五經總義類　附録

**春秋命曆序**

朱《考》引《續漢書·律曆志》語及王應麟説。〇《古微書》有之,《七緯》無。〇附《考曜文》《玉版讖》《少陽篇》《春秋文義》《撰命篇》《春秋孔録法》。〇《御覽》引《春秋緯》《春秋内事》《春秋命曆序》。

**春秋内事**

朱《考》稱《文選注》引之。〇《古微書》有,《七緯》無。〇附《春秋秘事》《春秋録圖》《春秋灾異》。

**春秋灾異**

《隋志》郗萌撰,十五卷。〇朱《考》引孫瑴説。

**孝經中契左契右契**

《古微書》有,《七緯》無。〇附《威嬉拒》《孝經雜緯》。〇《御覽》引《孝經緯》。

**孝經内事圖**

《七緯》無,《古微書》有。〇附《孝經雌雄圖》。〇《新唐志·

天文類》有《孝經内記星圖》一卷。

【眉批:《孝經威嬉拒》《孝經内事》《孝經内記》《孝經河圖》《孝經左右契》并《御》引。】

**河圖**

《括地象》。《御》引。《録運法》。《赤伏符》。《挺佐輔》。《帝覽嬉》。《握矩起》。《稽命曜》。《御》作《稽曜鉤》。《會昌符》。《記命符》。《説徵示》。《帝視萌》。《期運授》。《帝紀通》。《御》作《帝通紀》。《皇参持》。《闓苞受》。《考曜文》。《内玄經》。《稽曜鉤》。《握通記》。《河圖雜緯》。《河圖玉版》。《龍魚河圖》。《河圖龍文》。《河圖八文》。《河圖提劉》。《河圖真鈎》。《河圖著命》。《河圖天靈》。《河圖絳象》。《河圖叶光圖》。《合古篇》。《秘徵篇》。《河圖始開篇》。《河圖要元篇》。《河圖聖洽符》。

【眉批:《河圖聖洽符》見《開元占經》。】

**洛書**

《靈準聽》。《甄曜度》。《摘六辟》。"六"或作"亡"。《録運法》。或作"期"。《寶號命》。《稽命曜》。

【眉批:《御》引河圖洛書。】

**河洛讖**

《南齊書·符瑞志》引之,皆韻語。

**易**

《垂皇策》。《萬形經》。《乾文緯》。《考靈緯》。《制靈圖》。《含文嘉》。《稽命圖》。《含靈孕》。《八墳文》。《九厄讖》。《通統圖》。《御》有。《卦氣圖》。《元命包》。《萌氣樞》。《易曆》。《易運期》。《易内戒》。《易狀圖》。《易傳太初篇》。孫氏《古微書》有《易九厄讖》《易雜緯》《易河圖數》。

【眉批:《歸藏》十三卷。司馬膺注。《隋志》。《舊唐》。】

**尚書**

《帝驗期》。《御》引。《洛罪級》。又有《鈎命决》一書,趙在翰①曰乃《孝經鈎命决》之訛。○孫氏《古微書》有《尚書帝驗期》。《御覽》引《尚書緯》。又引《禹時鈎命决》。

**禮記默房**

《隋志》宋均注二卷。《七録》鄭玄注三卷。○附《禮稽命曜》《禮元命包》《禮瑞命記》。《御覽》引《禮稽命曜》。

【眉批:《三禮圖》。隋、唐諸志宜補《冠弁圖》《六服圖》《弓矢圖》。譙周《喪服圖》。】

**樂五鳥圖**

《七録》一卷。

**論語讖**

《七録》宋均注八卷,《新唐志》作十卷。○附《摘輔象》《摘衰聖》《素王受命讖》《陰嬉讖》《紀滑讖》《崇爵讖》《比考讖》《撰考讖》。○孫氏書有《比考讖》《撰考讖》《陰嬉讖》《摘輔象》《摘衰聖》五種,餘并見朱氏《經義考》。○《御覽》引《論語撰考讖》《論語摘輔像》。

## 小學類 訓詁、字學、韻書

**辯釋名**

韋昭撰。《隋》一卷。○《新唐志》韋昭《辨釋名》一卷。

---

① “翰”原誤作“翼”,今正。

**六藝論**

鄭玄撰。《隋》一卷。○《舊唐》作鄭玄注一卷。○《新》作鄭玄《六藝論》一卷。○《御覽》引鄭玄《六藝論》。

**王肅聖證論十一卷**

《隋》《舊唐》十一卷。○《新》亦同。

**辨疑略**

徐爰撰。

**纂文**

何承天撰。《舊唐志》三卷。○《新唐志》同。

**通俗文**

服虔撰。《隋志》一卷。○《舊唐志》有李虔《續通俗文》二卷。○《新》有李虔書二卷。

**古今字詁**

張揖撰。《隋志》三卷,梁有《難字》一卷,《錯誤字》一卷,并張揖撰。

**勸學**

蔡邕撰。一卷。《隋志》有。○《舊唐志》作《勸學篇》一卷,蔡邕撰。○《新志》有蔡邕《聖草章》一卷,又《勸學篇》一卷。○《御覽》引《勸學》。

**三蒼解詁**

郭璞撰。《隋志》作《三蒼》三卷。梁有後漢司空杜林注《蒼頡》二卷,亡。《舊唐志》作《三蒼》三卷,李軌①等撰,郭璞解。又

---

① “李軌”,中華書局整理本《舊唐書·經籍志》作“李斯”。

有杜林撰《蒼頡訓詁》二卷，又張揖《三蒼訓詁》一卷①，又張揖《埤蒼》三卷，又樊恭《廣蒼》一卷。《新唐志》作李斯等《三蒼》三卷，郭璞解。又杜林《蒼頡訓詁》二卷，張挹②《埤蒼》三卷、《三蒼訓詁》三卷。

【眉批：郭璞《三蒼解詁》。】

**埤蒼**

張揖撰。《隋》三卷。梁有樊恭《廣蒼》一卷，亡。○《舊唐志》《埤蒼》三卷，張揖撰。○《新》有張揖《埤蒼》三卷，樊恭《廣蒼》一卷。

**始學篇**

吴郎中項峻撰。《隋》十二卷。○《舊唐志》同。○《新唐志》同。○《御覽》諸書引之。

**小學篇**

晋下邳内史王義撰。一卷。《隋志》有。○《舊唐志》作王羲之撰，一卷。○《新》亦作王羲之《小學篇》一卷。

**發蒙記**

晋著作郎束晳撰。一卷。《隋志》有。又地理類别有束晳《發蒙記》一卷，云"載物産之異"。○《御覽》引。

**啓蒙記**

晋散騎常侍顧愷之撰。《隋志》三卷。又有顧愷之《啓疑記》三卷。○《舊唐志》有顧愷之《啓疑》三卷。○《新》同《舊》。

---

① "一卷"，中華書局整理本《舊唐書·經籍志》作"二卷"。

② "張挹"，中華書局整理本《新唐書·藝文志》作"張揖"。

**雜字解詁**

魏掖庭右丞周氏撰。梁有周成《解字文》七卷,亡。〇《舊唐志》有周成《解字文》七卷。〇《新》同《舊》。

【眉批:《周氏雜字》。《雜字詁訓》。】

**古今字苑**

曹侯彦撰。梁十卷,亡。〇《隋志》又有宋謝康樂《要字苑》一卷。

**字指**

晋朝議大夫李彤撰。《隋志》二卷。又有後漢太子中庶子郭顯卿《雜字指》一卷、《古今奇字》一卷。

**古今字書**

無名氏。《隋志》十卷。又别有《字書》三卷、《字書》十卷。〇《新》有無名氏《字書》十卷。

**字統**

楊承慶撰。《隋志》二十一卷。〇《舊唐志》二十卷。〇《新唐志》亦同。〇《御覽》引。

**文字集略**

梁文貞處士阮孝緒撰。《隋志》六卷。〇《舊唐志》作一卷。〇《新》同。

**解系**

無名氏,見《御覽》。

**韻集**

晋安復令吕静撰。《隋志》六卷。又有無名氏《韻集》十卷,段弘《韻集》八卷。〇《舊唐志》吕静《韻集》五卷。〇《新》同《舊》。

**聲類**

魏左校令李登撰。《隋志》十卷。〇《舊唐》同。

**韻林**

張諒撰。《隋志》作《四聲韻林》二十八卷。

**訓俗文字略**

後齊黄門郎顔之推撰。《隋志》一卷。

**證俗音字略**

無名氏。《隋志》六卷。〇《舊唐志》有顔愍楚《證俗音略》二卷。〇《新》有張推《證俗音》三卷及顔氏書六卷。①

**古文官書**

後漢議郎衛敬仲撰。《隋志》一卷。〇《舊唐志》作《詔定古文官書》一卷,衛宏撰。〇《新》作《詔定古文字書》一卷。

**纂要**

梁元帝撰。〇《御覽》諸書多引之。〇《舊唐志》有顔延之《纂要》六卷,入小學。〇《新志》同。

**古文奇字**

郭訓撰。《舊唐志》二卷。〇《新》同。《舊》又有《字旨篇》一卷。

**文字志**

王愔撰。《舊唐志》三卷。〇《新唐志》同,入藝術。②

**韻海**

《御覽》諸書引。〇隋、唐《志》宜補。

---

① 中華書局整理本《新唐書·藝文志》有"顔愍楚《證俗音略》一卷",并非六卷。

② 此條有刪除符號。

# 史部

## 正史類

### 史記音

梁輕車録事參軍鄒誕生撰。《隋志》三卷。〇《舊唐志》作《史記音義》三卷,鄒誕生撰,誤也。〇《新》作鄒誕生,卷同。

### 史記音義

徐廣撰。《隋志》作宋中散大夫徐野民撰,十二卷。〇《舊唐志》十三卷。〇《新》同《舊》。

### 漢書音訓

服虔撰。《隋志》一卷。〇《舊唐志》同。〇《新》亦同。

### 漢書音義

韋昭撰。《隋志》七卷。〇《舊唐》同。〇《新》亦同。

### 漢書音義

國子博士蕭該撰。《隋志》十二卷。〇《舊唐》同。〇《新》同《舊》。又有《後漢書音》三卷。〇臧鏞有輯本。

【眉批:孟康《漢書音義》。《御》引。〇隋、唐《志》宜補。】

### 漢書集注

晋灼撰。《隋志》十三卷。〇《舊唐志》作十四卷。〇《新》亦作十四卷。又有《音義》十七卷。

### 後漢書音

後魏太常劉芳撰。《隋志》一卷。〇《新》有劉芳《後漢書音》一卷。

### 三國評志

徐爰撰。《隋志》三卷。〇又云梁有晋著作佐郎王濤《三國志序評》三卷，亡。○《舊唐》有徐衆《三國評》三卷。○《新》同，歸入雜史。

【眉批：《魏志評》。《御》引。《三國同異傳》。《御》引。】

## 編年類

**後漢紀**

張璠撰。《隋志》三十卷。○《舊唐志》同。○《新》同《舊》。姚之駰有集本，作《漢紀》。

【眉批：《汲冢師春》。正本。】

**獻帝春秋**

袁曄撰。《隋志》十卷。○《舊唐志》同。○《新》同《舊》。

**魏氏春秋**

孫盛撰。《隋志》二十卷。○《舊唐》作《魏武春秋》二十卷。○《新》亦作《魏武春秋》二十卷。

【眉批：《魏春秋》。《御》引。】

**魏紀**

左將軍陰澹撰。《隋》十二卷。○《舊唐志》作魏澹《魏紀》十二卷。○《新》作魏澹《魏紀》十二卷。

**漢魏春秋**

孔衍撰。《隋志》九卷。○《舊唐志》作孔衍《漢春秋》十卷，又有孔衍《後漢春秋》六卷、《後魏春秋》九卷。

【眉批：《魏晋春秋》。】

**晋紀**

干寶撰。訖愍帝。《隋志》二十三卷。○附陸機《晋紀》，《隋》四卷。○《舊唐》有陸機《晋帝紀》四卷。又干寶《晋紀》廿二卷;又六十卷,干寶撰,劉協注。〇《新》有干寶《晋書》二十二卷,入正史。又陸機《晋帝紀》四卷,干寶《晋紀》二十二卷,入編年。又有劉協注干寶《晋紀》六十卷。

**晋紀**

晋前軍諮議曹嘉之撰。《隋志》十卷。〇附宋劉謙之《晋紀》,《隋志》云二十三卷,宋中散大夫。又附宋吴興太守王韶之《晋紀》,《隋志》十卷。〇《舊唐志》有曹嘉之《晋紀》十卷,又劉謙之《晋紀》二十卷。〇《新》有劉謙之書,入編年。又有曹嘉之書十卷。

【眉批:王昭《晋紀》。《御》引。】

**晋紀**

晋荆州别駕鄧粲撰。《隋志》十一卷,訖明帝。〇《舊唐志》作《晋陽春秋》二十二卷,鄧粲撰。又鄧粲《晋紀》十一卷。〇《新唐書》編年類有鄧粲《晋紀》十一卷,又《晋陽秋》三十二卷。

**晋紀**

宋中散大夫徐廣撰。《隋志》四十五卷。〇《舊唐志》亦四十五卷。〇《新》同《舊》。

**漢晋陽秋**

一作《漢晋春秋》,晋滎陽太守習鑿齒撰。訖愍帝。《隋志》四十七卷。〇《舊唐》作《漢晋春秋》五十四卷。〇《新》同《舊》。

**晋陽秋**

晋孫盛撰。訖哀帝。《隋志》三十二卷。〇《舊唐志》有鄭粲《晋陽春秋》二十二卷,疑即此書之訛。〇《新》作孫盛《晋陽秋》二十二卷。

【眉批:孫氏《漢晋楊秋》。《御》引。孫盛《晋春秋》。】

**續晋陽秋**

宋永嘉太守檀道鸞撰。《隋志》二十卷。○《舊唐志》作《晋陽秋》二十卷，檀道鸞注。○《新》亦作《晋陽秋》二十卷，無"續"字。

**宋略**

梁裴子野撰。通直郎。《隋志》二十卷。○《舊唐志》同。○《新唐志》裴子野《宋略》二十卷。

**宋春秋**

梁吴興令王琰撰。《隋志》二十卷。○《舊唐志》有鮑衡卿《宋春秋》二十卷。○《新》作王琰《宋春秋》二十卷，又有鮑衡卿書二十卷。

**齊春秋**

梁奉朝請吴均撰。《隋志》三十卷。○《舊唐志》作三卷，疑脱"十"字。○《新志》吴均《齊春秋》三十卷。

**齊典**

王逸撰。《隋志》五卷。又有無名氏《齊典》十卷。○《舊唐》入儀注類中，作《齊典》四卷，王逸撰。○《新》亦入儀注，作四卷。

**三十國春秋**

梁湘東世子蕭萬等撰。《隋志》三十一卷。○《舊唐志》作蕭方撰，三十卷。又有武敏之此書百卷。○《新》同《舊》，入霸史類中。

【眉批：崔鴻《三十國春秋》。】

**戰國春秋**

李概撰。《隋志》二十卷。又霸史類中複出此書。○《舊唐志》同。○《新》入霸史類，此書二十卷。

**梁典**

劉璠撰。《隋志》三十卷。○《舊唐志》同。○《新》有謝昊

《梁典》三十九卷，又劉璠《梁典》三十卷。

**梁典**

陳始興王諮議何之元撰。《隋志》三十卷。〇《舊唐志》亦三十卷。〇《新》同《舊》。

【眉批：段龜蒙《梁典》。】

**梁後略**

姚勗撰。《隋志》十卷。〇《舊唐志》作《梁昭後略》十卷，姚最撰。〇《新》與《舊唐志》同。〇《御覽》引。

**梁太清紀**

梁長沙蕃王蕭韶撰。《隋志》十卷。〇《舊唐志》同。〇《新》同《舊》。〇《御覽》引蕭韶《太清紀》。

**齊紀**

崔子發撰。記後齊事。《隋志》三十卷。又有王劭《齊志》十卷。〇《舊唐志》有王劭《北齊志》十七卷，又無名氏《北齊記》廿卷。〇《新》有王劭《齊志》十七卷，入正史類。又編年中複出王劭《北齊志》十七卷。

**淮海亂離志**

入雜史。梁蕭世怡撰。叙梁末侯景之亂。《隋志》四卷。〇《舊唐》作蕭大圓撰，四卷。〇《新》同《舊》，入雜史。

【眉批：以下入起居注類。】

**漢獻帝起居注**

無名氏。《隋志》五卷。〇《舊唐志》五卷，亦無名氏。〇《新志》同。

**晉起居注**

李軌撰。《泰始》《咸寧》《泰康》《元康》《建武》《永昌》《元康》《咸和》《咸康》《建元》《永和》《升平》《隆和、興寧》《咸安》《泰和》《寧康》《泰元》《隆安》《元興》《義熙》《元熙》。○《隋志》又别有宋北徐州主簿劉道會撰《晋起居注》三百一十七卷。梁又有《永平元康永寧起居注》六卷、《永嘉建興起居注》十三卷,亡。○《舊唐志》二十部。○《新》廿二部。

【眉批:《晋咸和起居注》《晋建武起居注》《晋隆安起居注》《晋太康起居注》《晋咸寧起居注》《義熙起居注》。】

**晋惠帝起居注**

《隋志》注云梁有二卷,今亡。

【眉批:柳芳《唐曆》。正本。】

**宋起居注**

《永初》《景平》《元嘉》《孝建》《大明》《泰始》《泰豫》。梁又有《景和起居注》四卷、《元[1]徽起居注》二十卷、《昇明起居注》六卷,亡。○《舊唐志》四部:《永初》《景平》《元嘉》《大明》。○《新》五部:《永初》《景平》《元嘉》《孝建》《大明》。

【眉批:《宋元嘉起居注》。】

**齊起居注**

《永明》《建元》《隆昌延興建武》《中興》等起居注。○《新》有《齊永明起居注》二十五卷。

【眉批:《大同起居注》。《御》引。隋、唐《志》宜補。】

**宋紀**

王智深撰。《舊唐志》三十卷。○《新唐志》作王智深《宋書》三十卷,入正史類。又編年類復有王智深《宋紀》三十卷。

---

① "元"原誤作"成",今正。

【眉批：又引王智深《宋紀》、王智深《宋書》、王玉《宋書》。按："玉"疑爲"琰"之訛。】

**魏陽秋異同**

孫壽撰。《舊唐志》八卷。〇《新》同《舊》，亦作孫壽撰。按：疑爲"孫盛"之誤。〇《御覽》引孫盛《異同難語》。

【眉批：《魏春秋同異》。《御》引。】

## 别史類

**後漢書**

吴武陵太守謝承著，無帝紀。《隋志》一百三十卷。〇《舊唐》作一百三十三卷。〇《新》同《舊》。又有《録》一卷。〇姚輯。

【眉批：謝承《東夷列傳》。】

**後漢記**

晋散騎常侍薛瑩撰。本一百卷，至隋存六十五卷。〇《舊唐志》作一百卷。〇《新》同《舊》。〇姚有。

**續漢書**

晋秘書監司馬彪撰。《隋志》八十三卷。〇《舊唐志》作《後漢書》八十三卷。〇《新》作《續漢書》八十三卷，又《録》一卷。〇姚有。

**後漢書**

晋少府卿華嶠撰。本九十七卷，至隋存十七卷。〇《舊唐志》作三十一卷。〇《新》同《舊》。〇姚有。

**後漢書**

晋祠部郎謝沈撰。本百二十二卷，至隋存八十五卷。〇《舊唐志》作一百二卷。〇《新》同《舊》。又有《外傳》十卷。〇姚有。

**後漢南記**

晋江州從事張瑩撰。本五十五卷,至隋存四十五卷。○《舊唐志》作《漢南紀》五十八卷。○《新》同《舊》。

【眉批:《御》引張瑩《漢南記》。】

**後漢書**

晋秘書監袁山松撰。本一百卷,至隋存九十五卷。○《舊唐志》作一百二卷。○《新》作袁山松《後漢書》一百一卷,又《録》一卷。○姚有。

**魏書四十八卷**

晋司空王沈撰。○《舊唐》作四十四卷,《新唐志》作四十七卷。○《新唐志》同《舊》。○自輯。

**魏略**

魏魚豢撰。《舊唐志》云三十八卷。《新唐志》作五十卷,入雜史類。○自輯。

**吴書**

吴韋昭撰。《隋志》云本五十五卷,今存二十五卷。○《舊唐》入編年,云五十五卷。○《新》同《舊》。

**吴紀**

晋太學博士環濟撰。《隋志》九卷。○《舊唐志》作環濟《吴紀》十卷。○《新》編年類,此書十卷。

**吴録**

吴張勃撰。梁有三十卷,隋亡。○《舊唐志》有無名氏《晋録》五卷,疑即《吴録》之誤。又雜史中有《吴録》三十卷,張勃撰。○《新》同《舊》。○自輯。

**晋書**

晋著作郎王隱撰。本九十三卷,《隋志》止存八十六卷。○《舊唐》作八十九卷。○《新》同《舊》。

【眉批:王隱《晋書處士傳》《晋書地道記》。】

**晋書**

晋散騎常侍虞預撰。訖明帝。本四十四卷,《隋志》存二十六卷。○《舊唐志》作五十八卷。○《新》同《舊》。

**晋書**

晋中書郎朱鳳撰。訖元帝,未成。本十四卷,《隋志》止存十卷。○《舊唐志》十四卷。○《新》同《舊》。

**晋中興書**

宋湘東太守何法盛撰。起東晋。《隋志》七十八卷。○《舊唐志》八十卷。○《新》同《舊》。

【眉批:《晋徵祥説》。《御》引。《晋中興徵祥説》。《御》引。】

**晋書**

宋臨川内史謝靈運撰。《隋志》三十六卷。○附蕭子雲《晋書》、蕭子顯《晋史草》、沈約《晋書》。○《隋志》蕭子雲《晋書》十一卷,本一百二卷。蕭子顯《晋史草》三十卷。沈約《晋書》一百十一卷。又有鄭忠《晋書》七卷、庾銑《東晋新書》七卷,并亡。○《舊唐志》謝《書》三十五卷,蕭《書》九卷。又編年類有蕭景暢《晋史草》三十卷。○《新》有蕭子雲《晋書》九卷、蕭景暢《晋史草》三十卷、謝靈運《晋書》三十五卷又《録》一卷。

【眉批:蕭子雲《晋史草》。《御》引。沈約《晋書》。《御》引。謝靈運《晋書》。《御》引。】

**宋書**

宋中散大夫徐爰撰。《隋志》六十五卷。○《舊唐志》作四十二卷。○《新》同《舊》。

**宋書**

齊冠軍録事參軍孫嚴撰。《隋志》六十五卷。○《舊唐志》作四十六卷。○《新唐志》作五十八卷。

**齊紀**

沈約撰。《隋志》二十卷。《御》引。又云"梁有江淹《齊史》十三卷,亡"。○《舊唐志》入編年,有沈約《齊紀》二十卷。○《新》有沈約書,入編年。

**梁書**

梁中書郎謝吴撰。本一百卷,至隋存四十九卷。又有陳領軍、大著作郎許亨《梁史》五十三卷。○《舊唐志》作《梁書》三十四卷,謝吴、姚察等撰。○《新》有謝吴、姚察《梁書》三十四卷。

**後魏書**

著作郎魏彦深撰。《隋志》一百卷。○《舊唐志》有魏澹《魏書》一百七卷,又張太素書一百卷。○《新》有魏澹《後魏書》一百七卷。

**晋書**

齊徐州主簿臧榮緒撰。《隋志》一百十卷。○《舊唐志》同。○《新》亦同。

**齊書**

劉陟撰。《舊唐志》八卷。○《新》有劉陟《齊書》十三卷。

**陳書**

顧野王撰。《舊唐志》三卷。又傅綜撰三卷。○《新》有顧野王《陳書》三卷,傅綜《陳書》三卷。

**北齊書**

張太素撰。《舊唐志》二十卷。○《新唐志》有張大素《後魏書》一百卷,又《北齊書》二十卷、《隋書》三十二卷。

【眉批:張太素《齊書》。】

**删補蜀記**

王隱撰。《舊唐志》七卷。○《新唐志》同,入雜史類中。

**三國典略**

丘悦撰。《新唐志》三十卷,入雜史。又有員半千《三國春秋》二十卷,又崔良佐《三國春秋》無卷數。

**後魏國典**

唐太常少卿元行沖撰。見陳直齋《書録》。○《新唐志》作《魏典》三十卷。○《宋志》及《崇文目》同。○《崇文目》云起道武帝,終宇文革命,凡三十篇。孝武入關,則稱東魏爲東帝,并載兩國事。爲凡例微用編年之法,文約事詳,學者宗之。○正本有。

## 雜史類

**古文瑣語**

汲冢書,《隋志》四卷。○《舊唐志》此書四卷。○《新唐志》同《舊》。

**春秋前傳**

何承天撰。《隋志》十卷。《新唐志》同。又有何承天《春秋前雜傳》九卷。《新》作十卷。○《舊唐志》此書十卷,又有何承天《春秋前傳雜語》十卷。

**春秋後傳**

晋著作郎樂資撰。《隋志》三十一卷。○《舊唐志》此書三十卷。○《新》同《舊》,亦作三十卷。

【眉批:《樂資春秋傳》。《春秋後語》。《御》引。正本有之。】

**楚漢春秋**

漢陸賈撰。《隋志》九卷。○《舊唐志》陸賈此書二十卷。○《新》作九卷。

【眉批:《漢春秋》。《魯後春秋》。正本有。劉允濟撰。○舊、新《唐志》并二十卷。】

**古今注**

伏無忌撰。《隋志》八卷。○《舊唐志》雜史中同。○《新志》入雜家,作伏侯《古今注》三卷。

**南越志**

沈懷遠撰。《隋志》八卷。○《舊唐》入地理類中,作五卷。○《新》亦入地理,作五卷。○《御》引此書,又引無名氏《續南越志》。

【眉批:《續南越志》。】

**山陽公載記**

晋樂資撰。《隋志》十卷。○《舊唐》入編年,作《山陽義記》,樂資撰。○《新》作《山陽公載記》十卷。

**漢末英雄記**

魏王粲撰。梁十卷,《隋志》存八卷。○《舊唐志》王粲《漢書英雄記》十卷。○《新》同《舊》。

**漢靈獻二帝紀**

漢侍中劉芳撰。梁六卷,《隋》存三卷。○《舊唐》入編年,作劉艾撰,六卷。○《新》同《舊》。

**九州春秋**

司馬彪撰。記漢末事。《隋志》十卷。○《舊唐志》司馬彪此書九卷。○《新》同《舊》。

**魏尚書**

孔衍撰。梁十卷,《隋志》八卷。○《新唐志》作《後魏尚書》十四卷、《後魏春秋》九卷。餘詳《漢尚書》下。

**魏晋世語**

晋襄陽令郭頒撰。《隋志》十卷。按頒又有《群英論》一卷,見小説類,梁有。○《舊唐志》十卷,作"代語"。○《新》作《魏晋代説》十卷。

【眉批:郭頒《晋世語》。《御》引。】

**魏末傳**

無名氏。《隋志》二卷。又云"梁又有《魏末傳》,并《魏氏大事》六卷,亡"。

**晋後略記**

晋下邳太守荀綽撰。《隋志》五卷。○《舊唐志》同。○《新》作荀綽《晋後略》五卷,入雜史。

【眉批:荀綽《晋後略》《晋後紀》。】

**宋拾遺**

梁少府卿謝綽撰。《隋志》十卷。○《舊唐志》同。○《新》作謝綽《宋拾遺録》十卷。

**魏國統**

梁祚撰。《隋志》二十卷。○《舊唐》作梁祚《國紀》十卷。○《新》編年類,作梁祚《魏書國紀》十卷。

**梁末代紀**

無名氏。《隋志》一卷。○《舊唐》亦一卷,亦無撰人名氏。○《新》亦同,入編年。

**淮海亂離志**

**栖鳳春秋**

臧嚴撰。《隋志》五卷。○《舊唐志》同。○《新唐志》亦同。

**典略**

魏郎中魚豢撰。《隋志》八十九卷。《舊唐志》此書五十卷。○自輯本。

**漢皇德紀**

漢有道徵士侯瑾撰。起光武,至沖帝。《隋志》三十卷。○《舊唐》入編年,三十卷。○《新》同《舊》。○張氏有輯本。

**洞紀**

韋昭撰。記庖犧以來至漢建安二十七年。《隋志》四卷。又有臧榮緒《續洞紀》一卷。○《舊唐志》韋書九卷。○《新》作四卷。

**帝王世紀**

晋皇甫謐撰。起三皇,盡漢魏。《隋志》十卷。又有虞倬《帝王世紀音》四卷、來奥《帝王本紀》十卷、何茂材《續帝王世紀》十卷、楊曄《華夷帝王世紀》三十卷。○《舊志》有皇甫謐《年曆》六卷,又此書十卷,"世"作"代"。○《新》同《舊》。又有《年曆》六卷,又有何茂林《續帝王代紀》等書。

【眉批:皇甫謐《年曆》。《御》引何集《續帝王世紀》。】

**帝王要略**

吴環濟撰。紀帝王及天官、地理、喪服。《隋志》十二卷。○《舊唐志》作《帝王略要》十二卷。○《新》同《舊》。

【眉批:《御》引環濟《要略》。】

**江表傳**

虞溥撰。《舊唐志》五卷。○《新》同《舊》。又傳記類中複出虞溥《江表傳》三卷。

**三五曆記**

徐整撰。《舊唐志》二卷。又有徐整《通曆》二卷、《雜曆》五卷。○《新志》有《三五曆記》二卷,又《通曆》二卷、《雜曆》五卷。

**崇安記**

周祇撰。《舊唐志》二卷,入編年。《新》同,入雜史。又有王韶之《崇安記》十卷。○按:諸書多引《晋安帝紀》之文,疑即此書。

【眉批:《續晋安帝紀》。】

**吴曆**

胡沖撰。《舊唐志》六卷。○《新志》有胡沖《吴朝人士品秩狀》八卷,又《吴曆》六卷。○《御》引胡沖《吴曆》。

**梁撮要**

陰僧仁撰。《舊唐志》三十卷。○《隋志》同,稱陳征南諮議陰僧仁撰。○俱入編年。○《新》入雜史,卷數同。

**後梁春秋**

蔡允恭撰。《舊唐志》十卷,入編年。《新唐志》此書十卷,入霸史。

【眉批:《後魏春秋》。《後魏略》。】

**隋大業略記**

趙毅撰。《舊唐志》三卷。○《新》同,入編年類中。○《御覽》引《隋大業記》。

**隋後略**

張大素撰。《舊唐志》十卷。○《新》同,入編年。

**漢尚書**

孔衍撰。《舊唐志》十卷。又有孔衍《後漢尚書》六卷、《後漢春秋》六卷,又張温《後漢尚書》十四卷、《後魏春秋》九卷。○《新唐志》有孔衍《春秋時國語》十卷,又《春秋後國語》十卷、此書十卷、《漢春秋》十卷、《後漢尚書》六卷、《後漢春秋》六卷。

**宋齊語録**

孔思尚撰。《舊唐志》十卷。○《新》同《舊》。

【眉批:《漢春秋》《後漢春秋》,并正本。《金鑾密記》五卷。唐韓偓。○正本。《廣陵妖亂志》二卷。唐鄭廷誨。○正本。】

## 霸史類　今作載紀類

**趙書**

僞燕太傅長史田融撰。一名《二石集》。記石勒事。《隋志》十卷。附晋北中郎參軍王度《二石傳》。○《舊唐志》作田融《趙石記》二十卷。○《新》同《舊》。又有《二石記》二十卷。

**漢之書**

常璩撰。《隋志》十卷。○《舊唐志》有常璩《蜀李書》九卷。○《新》有常璩《漢之書》十卷,又《蜀李書》九卷。

**燕書**

僞燕尚書范亨撰。記慕容儁事。《隋志》二十卷。○《舊唐志》同。○《新》同《舊》。

**南燕録**

僞燕尚書張詮撰。記慕容德事。《隋志》五卷。○《舊唐志》作張銓撰,五卷。○《新》作張銓《南燕書》十卷。

**南燕録**

僞燕中書郎王景暉撰。記慕容德事。《隋志》六卷。又有游覽先生《南燕書》七卷。○《舊唐志》同。○《新》亦同。

**燕志**

魏侍中高閭撰。記馮跋事。《隋志》十卷。○《舊唐志》有此書十卷,無名氏。○《新》有高閭《燕志》十卷。

**秦書**

何仲熙撰。記苻健事。《隋志》八卷。

【眉批:車頻《秦書》。】

**秦記**

宋殿中將軍裴景仁撰,梁雍州主簿席惠明注。《隋志》十一卷。○《舊唐志》作杜惠明注,卷同。○《新》同《舊》。

【眉批:裴景仁《前秦記》《後秦記》。】

**秦紀**

魏左民尚書姚和都撰。記姚萇事。《隋志》十卷。

**涼記**

僞燕右僕射張諮撰。記張軌事。《隋志》八卷。○《舊唐志》作張證撰《涼記》十卷。○《新》作張諮《涼記》十卷。

**涼書**

僞涼大將軍從事中郎劉景撰。記張軌事。《隋志》十卷。○《新唐志》作劉昞《涼書》十卷。

**西河記**

晋侍御史喻歸撰。記張重華事。《隋志》二卷。○《舊唐志》作段龜龍撰《西河記》二卷。

**涼記**

僞涼著作佐郎段龜龍撰。記吕光事。《隋志》十卷。○《新唐志》有此書十卷,又《西河記》二卷。

**凉書**

高道讓撰。《隋志》十卷。又有沮渠國史《凉書》十卷、《托跋凉録》十卷。○《舊唐志》有無名氏《拓跋凉録》十卷。

**敦煌實録**

劉景撰。《隋志》十卷。○《舊志》入傳記,作二十卷,劉延明撰。○《新》作劉昞《燉煌實録》二十卷。

【眉批:劉彦明《燉煌實録》。】

**漢趙記**

和苞撰。《隋志》十卷。○《舊唐志》入編年類,此書十卷。○《新》作十四卷。

**蜀王本記**

揚雄撰。《隋志》一卷,入地理。○《舊唐志》亦入地理,卷同。○《新》亦入地理,書一卷。

【眉批:《蜀王記》。揚雄。○《御》引。《蜀王本紀》。】

**二石記**

田融撰。《舊唐志》二十卷。○《隋志》有晋北中郎參軍王度《二石傳》二卷。○《舊唐志》作王度、隋翽等《二石僞事》六卷。○《新唐志》作王度、隨翽《二石僞事》六卷,又《二石書》十卷,又有田融《趙石記》二十卷,又《二石紀》二十卷、《苻朝雜記》一卷。

【眉批:《二石僞事》。】

**桓玄僞事**

名氏闕。《隋志》三卷,入故事。○《舊唐志》作應德詹撰《桓公僞事》二卷,入霸史。○《新》亦作二卷,無名氏。○《御》引。

**燕南記**

唐谷况撰。《新唐志》三卷,注云"記張孝忠事",入雜史類中。

## 故事類

### 漢魏吴蜀舊事

無名氏。《隋志》八卷。○《舊唐志》同。○《新》亦同。○《御覽》引《魏舊事》。

【眉批:《漢魏故事》。《御》引。《漢代故事》。《御》引。】

### 晋朝雜事

無名氏。《隋志》二卷。○《舊唐志》亦二卷,無名氏。○《新》亦同。又有《晋太始太康故事》八卷、孔愉《晋建武咸和咸康故事》四卷、《晋建武以來故事》三卷、《晋氏故事》三卷、《晋故事》四十三卷、《晋諸雜故事》二十二卷、《晋要事》三卷。○《御》引。

【眉批:《晋建武故事》三卷。無人,《新志》故事類。○《御》引。《京兆舊事》。】

### 晋宋舊事

無名氏。《隋志》一百三十五卷。○《新唐志》此書一百三十卷,亦無名氏。○《舊唐志》亦同。○《御》引。

【眉批:《宋先朝故事》。】

### 晋故事

無名氏。《隋志》四十三卷。《新唐志》同。又有《晋要事》三卷;《晋建武故事》一卷;《晋咸和咸康故事》四卷,晋孔愉撰。○《舊唐志》《晋故事》四十三卷。又有《晋諸雜故事》二十二卷,又《晋太始太康故事》五卷,又晋建武、咸和等《故事》三部。

【眉批:《晋朝故事》。《御》引。傅暢《晋故事》。《御》引。】

### 晋修復山陵故事

車灌撰。《隋志》五卷。○《舊唐志》此書五卷。○《新》

亦同。

【眉批:《山陵故事》。】

**交州雜事**

移入雜史。無名氏。記士燮及陶璜事。《隋志》九卷。○《舊唐志》作《交州雜故事》九卷。○《新》同《舊》。

**晋八王故事**

無名氏。《隋志》十卷。○《舊唐志》作十二卷。○《新》作盧綝撰,十二卷。

**晋四王起事**

晋廷尉盧綝撰。《隋志》四卷。○《舊唐志》作《四王起居》四卷。○《新》作《晋四王起事》四卷。

**晋東宫舊事**

無名氏。《隋志》十卷。諸書引作張敞撰。○《舊唐志》云十一卷,張敞撰。○《新》作十卷,張敞。

**後漢雜事**

無名氏。《舊唐志》入雜史,十卷。○《新志》作司馬彪《後漢雜事》十卷。○《新》同《舊》,亦入雜史。

【眉批:《漢雜事》。《御覽》引。】

**魏雜事**

梁七卷,入總集表詔下。

【眉批:《魏文雜事》。《御》引。】

**三輔舊事**

韋氏撰。《舊唐志》一卷。○《新》同。

**秦漢以來舊事**

無名氏。《舊唐志》八卷。○《新》同。

**魏永安故事**

温子昇撰。《新唐志》三卷。

**鄴都故事**

移入載記。唐裴矩撰。《新唐志》十卷。又地理類中有馬温《鄴都故事》二卷,注云:"肅、代時人。"

【眉批:《鄴城故事》。】

## 職官類

**晉公卿禮秩故事**

傅暢撰。《隋志》九卷。《新》同。○《舊唐志》作《晉公卿禮秩》九卷,又有王方慶《公卿故事》二卷。

【眉批:《晉公卿禮秩》。又引傅暢《故事》。】

**晉官品**

徐宣瑜撰。梁一卷。

**百官表注**

荀綽撰。梁十六卷。

**齊職儀**

齊長水校尉王珪之撰。隋五十卷。梁又有王珪之《齊儀》四十九卷,亡。○《隋志》又有無名氏《齊職儀》五卷。○《舊唐志》有范曄《齊職儀》五十卷。○《新》作王珪之《齊職官儀》五十卷。

**職官要録**

陶璪撰。《隋志》三十卷。○《舊唐志》作陶藻撰,書三十卷。○《新》作陶彦藻《職官要録》三十六卷。

【眉批:《陶氏職官録》。】

**魏官品令**

無名氏。《新唐志》有一卷。○《舊唐志》有《魏官儀》一卷，荀攸撰。○《新》有荀攸等《魏官儀》一卷，又無名氏《魏官品令》一卷。

【眉批：《魏百官名》。《御》引。】

**梁官品格**

無名氏。《隋志》一卷。○《舊唐志》有徐勉《梁遷簿》①三卷。○《新》作徐勉《梁選簿》三卷。

**魏晋百官名**

無名氏。《隋志》五卷。○《新唐志》有無名氏《百官名》十四卷。

**晋百官名**

無名氏。《隋志》三十卷。○《舊唐志》有無名氏《晋百官名》四十卷。

**晋官屬名**

無名氏。《隋志》四卷。○《舊唐志》同。○《新》亦同。

**新定官品**

梁沈約撰。《隋志》二十卷。○《新》作沈約《梁新定官品》十六卷，又無名氏《梁百官人名》十五卷。

**梁尚書職儀注**

無名氏。《隋志》四十一卷。

**職令百官古今注**

郭演之撰。○《舊唐志》十卷。○《新》作郭演《職令古今百

---

① 《梁遷簿》，中華書局整理本《舊唐書·經籍志》作《梁選簿》。

官注》十卷。

**晉惠帝百官名**

陸機撰。《舊唐志》三卷。○《新》同。

【眉批:《懷帝永嘉官名》。】

**晉過江人士目**

無名氏。《舊唐志》一卷。○《新》同。○又有《晉永嘉流士》十三卷,衛禹撰。○《新》作衛禹《晉永嘉流士》二卷。

**百官階次**

范曄撰。《舊唐志》一卷。又有荀欽明撰《宋百官階次》三卷。○《新》有范曄書一卷,又荀欽明書三卷。

【眉批:《宋職官記》。正本。】

**百官春秋**

王道秀撰。《舊唐志》十三卷。○《新》有《宋百官春秋》六卷,又王道秀《百官春秋》十三卷。

【眉批:《宋百官春秋》。】

**職令古今百官注**

郭演撰。《隋志》十卷。○《舊唐志》作《職令百官古今注》十卷。

【眉批:《後魏職令》。】

**職員舊事**

《新唐志》三十卷,無撰人名氏。又有梁載言《具員故事》十卷,又《具員事迹》十卷。

【眉批:《唐職員令》。】

## 儀注類

### 晋儀注

無名氏。《隋志》十一卷。又有《晋新定儀注》四十卷。○《舊唐志》有《晋尚書儀曹新定儀注》四十一卷,徐廣撰。《新》以此書入儀注中。○《新》有《晋儀注》三十九卷,又傅瑗《晋新定儀注》四十卷,又《晋雜儀注》二十一卷。

【眉批:《漢制度》。《御》引。】

### 晋司徒儀

晋干寶撰。梁一卷。《御》引。《隋志》入職官類。○《舊唐志》有干寶《司徒儀注》五卷,入儀注類中。○《新》入職官,五卷。

【眉批:《續會要》。舊、新《唐志》宜補。○《御》引。】

### 宋儀注

無名氏。《隋志》十卷。又有《宋儀注》二十卷,亦無名氏。○《舊唐志》有《宋儀注》三十六卷。○《新》有《宋儀注》二卷,又《宋尚書儀注》三十六卷。

### 徐爰家儀

《隋志》一卷。○《新唐志》有此書,一卷。

### 梁儀注

明山賓撰《吉禮儀注》二百六卷、《録》六卷。○賀瑒撰《賓禮儀注》九卷。○嚴植之撰《凶禮儀注》四百七十九卷、《録》四十五卷。○陸璉撰《軍儀注》一百九十卷、《録》二卷。○司馬褧①撰《嘉儀注》一百十二卷、《録》三卷。○《舊唐志》

---

① "褧"原誤作"聚",今正。

有嚴植之所作《梁凶禮》等共十三部。○《新志》有《梁儀注》等二十二部。

【眉批:劉瓛《定軍禮》。】

**陳尚書雜儀注**

無名氏。《隋志》五百五十卷。○《舊唐志》有《陳吉禮儀注》等,合九部。○《新》八部。

**隋儀禮**

牛弘撰。《隋志》一百卷。○《舊唐志》有《隋書禮》七卷,高熲等撰。○《新》有高熲《隋吉禮》五十四卷。

**大漢輿服志**

魏博士董巴撰。《隋志》一卷。○《舊唐志》作《輿服志》一卷。○《新》同《隋志》。○《御覽》引董巴《漢中官傳》及此書。

**魏晋謚議**

魏何晏撰。《隋志》十三卷。○《舊唐志》有無名氏《晋謚議》八卷,又何晏《魏明帝謚議》二卷。○《新》有《晋謚議》八卷。

**謚法**

梁太府賀瑒撰。《隋志》五卷,入五經總義類中。○又有劉熙《謚法》三卷、沈約《謚法》十卷。○《舊唐志》作賀琛《謚法》三卷,又荀顗演、劉熙注《謚法》三卷,又沈約《謚例》十卷。○《新》入禮類,稱《謚法》三卷,荀顗演,劉熙注。又沈約《謚例》十卷,賀琛《謚法》三卷。

**江都集禮**

無名氏。《隋志》一百二十六卷,入五經總義類中。○《舊唐志》禮類此書一百廿卷,潘徽等撰。○《新》同《舊》。

**决疑要注**

晋摯虞撰。《隋志》一卷。○《新唐志》有摯虞此書,一卷。

○《御覽》引摯虞《新禮》,又引摯虞《雜記議》。

**車服雜注**

徐廣撰。《隋志》一卷。○《舊唐志》同。○《新唐志》亦同。

【眉批:徐廣《車服儀制》。】

**古今輿服雜事**

梁周遷撰。《隋志》二十卷。○《舊唐志》作十卷。○《新》同《舊》。又有蕭子雲《古今輿服雜事》二十卷。

【眉批:周遷《輿服雜事》。《輿服雜事》。】

**晋鹵簿圖**

無名氏。《隋志》一卷。○又有《鹵簿儀》二卷。○《舊唐志》有無名氏《大駕鹵簿》一卷。○《新》同《舊》。

**陳鹵簿圖**

無名氏。《隋志》一卷。

**齊鹵簿儀**

無名氏。《隋志》一卷。

**孟詵家祭禮**

一卷。《新唐志》一卷。

**禮答問**

庾蔚之撰。《隋志》六卷。○又有宋徐廣等《禮論答問》十一部,俱入禮類。

**内外書儀**

謝元撰。《隋志》四卷。○又有蔡超《書儀》二卷。○王弘《書儀》十卷。○唐瑾《書儀》十卷。○《新唐志》有《書儀》六部。

**趙李家儀**

李穆叔撰。《隋志》十卷、《録》一卷。

**問禮俗**

董勛撰。《隋志》十卷,入禮類。又有董子弘《問禮俗》九卷。

**祭法**

晋司空中郎盧諶撰。梁有六卷。《隋志》入禮類。○又有王肅《祭法》五卷。○《新》作盧諶《雜祭法》六卷。

【眉批:盧公範《饋餉儀》。《御》作盧諶《祭法》。】

**祭典**

晋安北將軍范汪撰。梁有三卷。《隋志》入禮類。○《新》有范汪《雜府州郡儀》十卷,又《祭典》三卷。

【眉批:繆襲《祭儀》。范汪《祠制》。】

**晋雜儀注**

無名氏。《舊唐志》二十一卷。○又有《晋儀注》三十九卷。○《新》同《舊》。

**後魏儀注**

常景撰。《舊唐志》三十二卷。○《隋志》作五十卷,無名氏。○《新唐志》亦作五十卷。

**明堂儀注**

姚璠等撰。○《舊唐志》七卷。○《新志》有張大頤《明堂儀》一卷,姚璠等《明堂儀注》三卷。

**南齊儀注**

無撰人。《新唐志》二十八卷。○《隋》及《舊唐》宜補。

**北齊儀注**

趙彦深《北齊吉禮》七十二卷,《北齊皇太后喪禮》十卷。《新唐志》云云。○《隋》及《舊唐》宜補。

【眉批:《唐雜制》。】

**崔晧婚儀**

二卷。見《新唐志》。《御覽》引崔浩書。

**禮閣新儀**

唐韋公肅撰。《新唐志》二十卷,注云:"元和人。"

## 律令類　詔令奏議附

**漢晋律序注**

晋僮長張斐撰。《隋志》一卷。又有張斐《雜律解》二十一卷。○《新》作張斐《律解》二十卷。

**晋宋齊梁律**

蔡法度撰。《隋志》二十卷。○《新》作《條鈔晋宋齊梁律》二十卷,蔡法度鈔。

【眉批:《魏武帝内戒令》。《御》引。《魏武帝令》。同。《魏武帝軍令》。同。《魏武選舉令》。】

**梁律**

梁義興太守蔡法度撰。《隋志》二十卷。○《舊唐志》有此書,二十卷。○《新》有蔡法度《梁律》二十卷。

**陳律**

范泉撰。《隋志》九卷。○《新》作范泉等《陳律》九卷。

**周律**

無名氏。《隋志》二十五卷。○《舊唐志》有趙肅等撰《周大律》二十五卷。○《新》同《舊》。

**周大統式**

無名氏。《隋志》三卷。○《新》有蘇綽《大統式》三卷。

**隋律**

無名氏。《隋志》十二卷。又有《隋大業律》十一卷。○《舊唐志》作高熲等撰《隋律》十二卷,又《隋大業律》十八卷。○《新》同《舊》。

**後魏律**

無名氏。《隋志》二十卷。

**北齊律**

無名氏。《隋志》十二卷、《目》一卷。○《舊唐志》有宋躬《齊永明律》八卷,又趙郡王叡[①]撰《北齊律》二十卷。○《新》有宗躬書八卷,又趙郡王叡《北齊律》二十卷、《令》八卷。

**律本**

晋杜預撰。《隋志》二十一卷。○《舊唐志》有賈充等撰《刑法律本》二十一卷,疑即此書。○《新》作賈充、杜預《刑法律本》廿一卷。

**晋令**

無名氏。《隋志》四十卷。○《舊唐志》同,稱賈充等撰。○《新》作賈充、杜預《晋令》四十卷。

**梁令**

無名氏。《隋志》三十卷、《録》一卷。又梁有《梁建武律令故事》一卷。○《舊唐志》有蔡法度撰《梁令》三十卷。○《新》同《舊》。

**北齊令**

無名氏。《隋志》五十卷。又有《北齊權令》二卷。○《舊唐志》作八卷,無名氏。○《新》作趙郡王叡《北齊令》八卷。

---

① "郡"原誤作"邵","叡"原誤作"獻",今正。

**陳令**

范泉撰。《隋志》三十卷。○《舊唐志》作范泉等撰《陳令》三十卷。○《新》有范泉等《陳令》三十卷。

**梁科**

無名氏。《隋志》三十卷。○《舊唐志》有蔡法度《梁科》二卷。○《新》有蔡法度《梁科》二卷。

**陳科**

無名氏。《隋志》三十卷。○《舊唐志》作范泉撰《陳科》三十卷。○《新》有范泉等《陳科》三十卷。

**隋令**

無名氏。《隋志》有《開皇令》三十卷、《大業令》三十卷。○《舊唐志》作裴正等撰《隋開皇令》三十卷。○《新》有牛弘等《隋開皇令》三十卷。

**漢建武律令故事**

無名氏。《舊唐志》三卷。○《新》故事類有《建武故事》三卷、《永平故事》二卷。

**律略論**

劉邵撰。《舊唐志》五卷。○《新》同《舊》。

**漢朝議駁**

應劭撰。《隋志》三十卷。又梁有應劭《律略論》五卷，亡。○《舊唐志》作《漢朝駁義》三十卷。○《新》故事類有應劭《漢朝駁》三十卷。

**晉雜議**

無名氏。《隋志》十卷。○《舊唐志》同，稱荀顗等撰。○《新》故事類有此書，十卷。又儀注類複見。

**漢名臣奏事**

無名氏。《隋志》三十卷。○《舊唐志》作《漢名臣奏》三十卷,陳壽撰。又二十九卷。○《新》入刑法類,作廿九卷。

**魏名臣奏事**

陳壽撰。《隋志》四十卷、《目》一卷。○《新唐志》作三十卷,入故事類。無撰人名氏。

**魏臺雜訪議**

高堂隆撰。《隋志》三卷。○《舊唐》入儀注,作《魏臺雜訪儀》三卷,高崇撰。○《新》無撰人,三卷,無"雜"字,入故事。

**魏廷尉決事**

無名氏。《隋志》十卷。○《舊唐志》二十卷。○《新》作十卷,入故事。又刑法類複出此書,二十卷。

【眉批:《廷尉決事》。】

**晋駁事**

無名氏。《隋志》四卷。又有《晋彈事》十卷。○《舊唐志》同,亦無名氏。又《晋彈事》九卷。○《新》刑法類此書四卷,又《晋彈事》九卷。

**晋雜制**

無名氏。《隋志》六十卷。○《新唐志》起居注類有無名氏《晋定品雜制》八卷。

【眉批:《晋制》。《御》引。】

**陳新制**

無名氏。《隋志》六十卷。

**廷尉駁事**

無名氏。《舊唐志》十一卷。○《新志》同《舊》。

**唐令律格式**

《舊唐志》共有二十部。○《新志》有《武德律式令》等四十餘部,又有李林甫等《格式律令事類》四十卷。

**晋諸公奏**

梁十一卷,入總集中表詔下。

**山公啓事**

《隋志》三卷,入總集中表詔下。○《舊唐》亦同,作《山濤啓事》三卷。○《新》同《舊》,俱入總集表詔下。①

**大中刑律統類**

唐張戣撰。《新唐志》十二卷。

## 傳記類

**三輔決録**

漢太僕趙岐撰,摯虞注。《隋志》七卷。○《舊唐志》同。○《新》作十卷,摯虞注。○張氏有輯本。

【眉批:宋孝王《關東風俗傳》六十三卷。○《新唐志》雜史類。】

**海内先賢傳**

魏明帝時撰。《隋志》四卷。《新》作五卷。附無名氏《四海耆舊傳》一卷。○《舊唐志》同。○又《四海耆舊傳》李氏撰一卷。○《新》作韋氏撰。

【眉批:吴均《吴郡錢塘先賢傳》五卷。《新》傳記。】

**海内士品**

無名氏。《隋志》一卷。又有無名氏《海内名士傳》一卷。

---

① 此條有删除符號。

○《舊唐志》作《海内士品録》二卷,魏文帝撰。○《新》作三卷。

【眉批:唐黄璞《閩川名士傳》一卷。《新唐志》云:"字紹山,大順中進士第。"】

**兖州先賢傳**

無名氏。《隋志》一卷。○《舊唐志》有仲長統《兖州山陽先賢贊》一卷。○《新》有仲長統《山陽先賢傳》一卷。

**徐州先賢傳贊**

劉義慶撰。《隋志》九卷。又有無名氏《徐州先賢傳》一卷。○《舊唐志》一卷,無名氏。又九卷,亦無名氏。○《新》作王羲度《徐州先賢傳》九卷,又一卷。○《新》又有劉義慶《徐州先賢傳贊》八卷。

【眉批:《徐州先賢傳》。】

**交州先賢傳**

晋范瑗撰。《隋志》三卷。○《舊唐志》作四卷。○《新唐志》亦作四卷。

【眉批:《交州名士傳》。】

**益部耆舊傳**

陳壽撰。《隋志》十四卷。《舊唐》同。又有無名氏《續益部耆舊傳》二卷。○《新》有陳壽書十四卷,又無名氏《益州耆舊雜傳記》二卷。

**魯國先賢傳**

晋大司農白褒撰。《隋志》二卷。○《舊唐志》作《魯國先賢志》十四卷,白褒撰。○《新》作十四卷。

**楚國先賢傳贊**

晋張方撰。《隋志》十二卷。○《舊唐志》作《楚國先賢志》十二卷。○《新》作《楚國先賢傳》十二卷。

【眉批:《楚國先賢傳》。張方賢《楚國先賢傳》。】

**汝南先賢傳**

魏周斐撰。《隋志》五卷。○《舊唐志》作周裴撰,三卷。○《新》作周斐此書五卷。

**陳留耆舊傳**

漢議郎圈稱撰。《隋志》二卷。又有魏散騎侍郎蘇林《陳留耆舊傳》一卷,又陳英宗《陳留先賢像贊》一卷。○《舊唐志》蘇林《陳留耆舊傳》三卷,又陳英宗《陳留先賢象贊》一卷。○《新》有陳英宗書,一卷。

【眉批:蘇林《廣舊傳》。】

**陳留志**

東晋剡令江敞撰。《隋志》十五卷。○《舊唐志》作江徵撰,十五卷。○《新》作江敞《陳留人物志》十五卷。

【眉批:《御》引作江微《陳留志》。】

**濟北先賢傳**

無名氏。《隋志》一卷。○《新》同《隋》,亦無名氏。

**廬江七賢傳**

無名氏。《隋志》二卷。《新》一卷。又有孟氏所作《七賢傳》五卷。○《舊唐志》一卷,又有孟仲暉《七賢傳》七卷。

**襄陽耆舊記**

晋習鑿齒撰。《隋志》五卷。○《舊唐志》作《襄陽耆舊傳》五卷。○《新》亦作《傳》,五卷。○《御》又引習鑿齒《襄陽記》。

**會稽先賢傳**

謝承撰。《隋志》七卷。《舊唐》五卷。又有鍾離岫《會稽後賢傳記》二卷、無名氏《會稽先賢像贊》五卷。《舊唐》作賀氏。《新》有謝承書七卷，又賀氏《會稽先賢傳像贊》四卷，又鍾離岫《會稽後賢傳》三卷，又賀氏《會稽太守像贊》二卷。

【眉批：《會稽後賢記》。】

**會稽典録**

虞預撰。《隋志》二十四卷。○《舊唐志》同。○《新唐志》亦同。

**吴先賢傳**

吴左丞相陸凱撰。《隋志》四卷。○《舊唐志》作《吴國先賢贊》三卷。○《新》作陸凱《吴國先賢傳》五卷，又無名氏《吴國先賢像贊》三卷。

**豫章烈士傳**

徐整撰。《隋志》三卷。○《新》傳記類有整《豫章舊志》八卷。○又此書三卷。

【眉批：《豫章耆舊傳》。《豫章列士傳》。】

**零陵先賢傳**

無名氏。《隋志》一卷。○《舊唐志》同。○《新唐志》亦作一卷，無名氏。

**長沙舊傳贊**

晋臨川王郎中劉彧撰。《隋志》三卷。○《舊志》作《長沙舊邦傳贊》三卷，劉成撰。○《新》作劉彧《長沙舊邦傳贊》四卷。

**桂陽先賢畫贊**

吴左中郎張勝撰。《隋志》一卷。○《新》作此書五卷。

【眉批：《桂陽先賢傳》。】

**武昌先賢志**

宋天門太守郭緣生撰。《隋志》二卷。○《舊唐志》作《武昌先賢傳》三卷,郭延生撰。○《新》同《舊》。

**聖賢高士傳贊**

嵇康撰,周續之注。《隋志》三卷。○《舊唐志》作《高士傳》三卷,嵇康撰。又别有周續之《上古以來聖賢高士傳贊》三卷。○《新》同。

【眉批:《新》作嵇康《聖賢高士傳》八卷。】

**逸士傳**

皇甫謐撰。《隋志》一卷。○《新唐志》同。○《御覽》諸書引之。

**逸民傳**

張顯撰。《隋志》七卷。○《舊唐志》作《逸人傳》三卷,張顯撰。○《新》同《舊》。又有鍾離儒《逸人傳》十卷。

【眉批:孫盛《逸人傳》。】

**高士傳**

虞槃佐撰。《隋志》二卷。《新唐志》同。又有周弘讓《續高士傳》七卷。○《舊唐志》有周弘讓書八卷。○《新》有周弘讓續書八卷。

【眉批:虞考叔《高士傳》。虞盤估《高士傳》。《唐高士傳》。】

**至人高士傳贊**

晋廷尉卿孫綽撰。《隋志》二卷。○《舊唐志》有習鑿齒《逸人高士傳》八卷。○《新》有習書八卷。

**高隱傳**

阮孝緒撰。《隋志》十卷。又有無名氏《高隱傳》十卷。○《舊唐志》作阮孝緒撰,二卷。○《新》作十卷。又有袁淑《真隱傳》二卷。

【眉批：袁淑《真隱士傳》。】

**止足傳**

無名氏。《隋志》十卷。〇《舊唐志》作王子良撰《止足傳》十卷。〇《新》作宗躬撰《止足傳》十卷，又有齊竟陵文宣王子良書十卷。

**孝子傳贊**

王昭之撰。《隋志》三卷。按："昭"疑爲"韶"字之訛。〇《舊唐志》作王韶之《孝子傳贊》十五卷。〇《新》同《舊》。無"贊"字，又《贊》三卷。

【眉批：王歆《孝子傳》。周景式《孝傳》。劉向《孝子傳》。】

**孝子傳**

晉輔國將軍蕭廣濟撰，十五卷。《舊唐》同。《新》同。宋員外郎鄭緝之撰，十卷。《舊唐》同。《新》作《孝子傳贊》十卷。師覺授撰，八卷。《舊唐》同。《新》同。宋躬撰，二十卷。《新》同。《舊唐》作十卷。又無名氏《孝子傳略》二卷，梁元帝撰《孝德傳》三十卷。《舊唐》同。《新》作"孝子"。〇《舊唐》又有虞槃佐《孝子傳》一卷，《新》同。又徐庶撰三卷。〇《新唐》又有徐廣《孝子傳》三卷，又有無名氏《雜孝子傳》二卷，又梁元帝《孝德傳》三十卷。

**忠臣傳**

梁元帝撰。《隋志》三十卷。《新》同。又有梁元帝《顯忠録》二十卷。〇《舊唐》同。〇《新》作元懌《顯忠録》二十卷。

**良吏傳**

鍾岏撰。《隋志》十卷。〇《舊唐志》同。〇《新唐志》亦同。〇《御覽》諸書引。

**正始名士傳**

袁敬仲撰。《隋志》三卷。○《舊唐志》作《名士傳》三卷,袁宏撰。○《新唐志》同《舊》。

**江左名士傳**

劉義慶撰。《隋志》一卷。

**文士傳**

張隱撰。《隋志》五十卷。○《舊唐志》作張隲撰,書五十卷。○《新》亦作張隲。又有唐裴朏《續文士傳》十卷。

【眉批:《御》又引張隲《文士傳》、張鄢《文士傳》。】

**列士傳**

劉向撰。《隋志》二卷。○《舊唐志》有華隔《廣陵列士傳》一卷。○《新》作華隔《廣陵烈士傳》一卷,又劉向《列士傳》二卷。

【眉批:《廣陵列士傳》。】

**晋諸公贊**

晋秘書監傅暢撰。《隋志》二十一卷,入雜史。○《舊唐》入雜史,二十二卷。○《新》同《舊》。

**竹林七賢論**

晋太子中庶子戴逵撰。《隋志》二卷。○《新唐志》同。《隋》又有孟仲暉《七賢傳》七卷。

【眉批:戴逵《竹林七賢論》。《華陀别傳》。《御》引。《曹瞞傳》一卷。吴人作。《舊唐》。○《新》一卷。《御》引《曹瞞别傳》,又《曹操别傳》。】

**陰德傳**

宋光禄大夫范晏撰。《隋志》二卷。○《舊唐志》同。○《新唐志》同《舊》。○《御覽》引。

**管輅别傳**

管辰撰。《隋志》三卷。○《舊唐志》二卷。○《新唐志》亦作二卷。

**玄晏春秋**

皇甫謐撰。《隋志》三卷。○《舊唐志》作二卷。○《新唐志》亦作二卷。

**大司馬陶公故事**

無名氏。《隋志》三卷,入故事類。○《舊唐志》同。○《新》亦同。○《御》引《陶侃故事》。

**江氏家傳**

江祚等撰。《隋志》七卷。○《舊唐志》作江統撰,七卷,入譜系類。○《新志》作江饒撰。

【眉批:江偉《家傳》。《御》引。① 《荀氏家傳》十卷。荀仲子撰。○《新唐志》。】

**庾氏家傳**

庾斐撰。《隋志》一卷。○入雜譜牒類,有庾守業《庾氏家傳》三卷。○《新》作《漢南庾氏家傳》三卷,庾守業撰。

**裴氏家傳**

裴松之撰。《隋志》四卷。○《舊唐志》作《裴氏家記》三卷。○《新唐志》同《舊》。

**范氏家傳**

范汪撰。《隋志》一卷。

**王氏江左世家傳**

王褒撰。《隋志》二十卷。○《舊唐志》有《王氏家傳》二十一

① "引"原誤作"行",今正。

卷,無名氏。○《新》同《舊》。

**虞氏家記**

虞覽撰。《隋志》五卷。○《舊唐志》作《虞氏家傳》五卷,入雜譜牒類中。○《新》同《舊》。○《御覽》引。

【眉批:《殷氏家傳》《邵氏家傳》《陶氏家傳》《桓氏家傳》《商氏家傳》《李膺家録》《嵇氏世家》。并《御》引。】

**幼童傳**

劉昭撰。《隋志》十卷。又有王瑱之《童子傳》二卷。○《舊唐志》有劉昭《幼童傳》十卷。○《新》同《舊》。

【眉批:《御》引劉昭《幼童傳》,又引劉昭《幼童論》。】

**列女傳**

皇甫謐撰。《隋志》六卷。《新志》同。又有高氏《列女傳》八卷、綦毋邃《列女傳》七卷、《新志》同。項原《列女後傳》十卷、《新》作項宗。無名氏《列女傳要録》三卷。○《舊唐志》有皇甫氏《列女傳》六卷、顏原《列女後傳》十卷、綦毋氏《列女傳》七卷。○《新》又有劉熙《列女傳》八卷、趙母《列女傳》七卷。

【眉批:《列女後傳》。】

**女記**

杜預撰。《隋志》十卷。○《舊唐志》同。○《新唐志》作杜預《列女記》十卷。○《御覽》引之。

**妒記**

虞通之撰。《隋志》二卷。○《舊唐志》誤作虞道之《后妃記》四卷。○《新》作《后妃記》四卷,又《妒記》二卷。○《御》引《妒記》。

【眉批:《幽州古今人物志》三十卷。北齊楊休之撰。○舊、新《唐

志》俱有,見正本。】

**海内先賢行狀**

李氏撰。《舊唐志》三卷。○《新唐志》同。

【眉批:《漢魏先賢行狀》。】

**廣州先賢傳**

陸胤撰。《舊唐志》七卷。○《新》作陸胤志《廣州先賢傳》一卷,又劉芳《廣州先賢傳》七卷。

【眉批:《荆州先德傳》。隋、唐《志》宜補。高範撰。○正本亦有。】

**述征記**

郭緣生撰。《隋志》二卷,入地理。《舊唐》同。宋天門太守,曾撰《武昌先賢志》二卷。○《舊唐志》誤作郭象撰。○《新》同《隋》。○《御》引作郭延生。

【眉批:《續述征記》。】

**西征記**

戴延之撰。《隋志》二卷,入地理。又别出戴祚《西征記》一卷。○《舊唐志》戴祚《西征記》一卷。○《新》作二卷,戴祚。

**從征記**

伍緝之撰。○《水經注》《御覽》諸書引之。

**宋武北征記**

戴氏撰。《隋志》一卷。又正本中有劉齊民《北征記》、裴松之《北征記》,宜附。

**伏滔北征記**

《御覽》引。○滔,晋人,有集。

【眉批:《孟奥北征記》。《蜀程記》《峽程記》。唐韋莊,見正本。】

**聘使行記**

無名氏。《隋志》作《魏聘使行記》六卷。○《新唐志》作《魏聘使行記》五卷。

**義士傳**

無名氏。《新唐志》十五卷。

## 地理類

**洛陽記**

陸機撰。《隋志》一卷。《舊唐》同。又有無名氏《洛陽記》四卷、晋懷州刺史楊佺期《洛陽圖》一卷。《舊唐志》同。○《舊唐》有戴延之《洛陽記》一卷。○《新》有陸、戴、楊三家書。

**洛陽宫殿簿**

無名氏。《隋志》一卷。○《舊唐志》三卷。○《御覽》諸書引《洛陽故宫名》。

【眉批:《洛陽地圖》。華延雋《洛陽記》。楊龍驤《洛陽記》。《晋宫閣名》。《晋宫閣記》。《宫闕記》。】

**婁地記**

吴顧啓期撰。《隋志》一卷。○《御覽》引。

【眉批:《辛氏三秦記》。】

**風土記**

晋平西將軍周處撰。《隋志》三卷。是書本名《陽羨風土記》。○《舊唐志》作十卷。○《新》亦作十卷。

**吴興記**

山謙之撰。《隋志》三卷。○《御》引《吴興記》。

**丹陽記**

山謙之撰。○《御》引。

**吴郡記**

顧夷撰。《隋志》一卷。又複見,作二卷,稱晋本州主簿顧夷撰。○《舊唐》有張勃《吴地記》一卷。○《新》同《舊》。○《御》又引董監《吴地記》。

**京口記**

宋太常卿劉損撰,二卷。○《舊唐志》作劉損之撰此書,二卷。○《新》同《舊》。○《御》誤作劉楨《京口記》。

**南徐州記**

山謙之撰。《隋志》二卷。《舊唐》同。又有虞孝敬《廣梁南徐州記》五卷。○《新》同《隋志》。又有劉芳《徐地録》一卷。

【眉批:解道虎《齊記》。《齊地記》。《三齊記》。又《三齊略記》。伏琛《齊地記》。丘淵之《齊道記》。段國《沙州記》。王僧虔《吴地記》。陸道瞻《吴郡記》。李穆叔《趙記》。楊華《徐州記》。《三齊略記》。】

**會稽記**

晋賀循撰。《隋志》一卷。又有吴朱育《會稽土地記》一卷。○《舊唐志》有朱育《會稽記》四卷,入傳記類中。○《新》有朱育《會稽記》四卷。○《御》引孔華《會稽記》,又夏侯曾先《會稽記》、孔靈符《會稽記》。

【眉批:崔玄《瀨鄉記》。劉道真《錢塘記》。】

**荆州記**

宋臨川王侍郎盛弘之撰。《隋志》三卷。○《新》有郭仲産《荆州記》二卷。○又有梁元帝《荆南地志》二卷。○《御》引范汪

《荆州記》、庾仲雍《荆州記》。

【眉批:何晏《冀州論》,又《九州論》。盧毓《冀州論》。盧植《冀州風土記》。】

**關中記**

潘岳撰。《舊唐志》一卷。○《新》同《舊》。○《御》引。○自輯本。

**神壤記**

黄閔撰。記滎陽山水。《隋志》一卷。

**豫章記**

雷次宗撰。《隋志》一卷。○《新唐志》同《隋》。○《御》引作《豫章記》,又引劉澄之《豫章記》。

**三巴記**

譙周撰。《隋志》一卷。○《舊唐志》同。○《新》同《舊》。

【眉批:王歆之《南康記》。鄧德明《南康記》。劉澄之《江州記》。伍端休《江陵記》。】

**陳留風俗傳**

圈稱撰。《隋志》三卷。○《舊唐志》同。○《新》入傳記,此書三卷。○《御覽》引此,又引《陳留風俗記》。

**春秋土地名**

晋裴秀客京相璠撰。《隋志》三卷。

**三輔故事**

晋世撰。《隋志》二卷。○《新唐志》作三卷,無撰人名氏。○張氏有輯本。

【眉批:王孚①《安成記》。荀伯子《臨川記》。】

---

① "孚"原誤作"余",今正。

**湘州記**

庾仲雍撰。《隋志》二卷。又有郭仲彦《湘州記》一卷。○無名氏《湘州圖副記》一卷。○《舊唐志》作《湘州圖記》一卷。○《新》有無名氏《湘州記》四卷,又《湘州圖副記》一卷。

【眉批:羅含《湘中記》。甄烈《湘州記》。紀義《宣城記》。黄閔《武陵記》。史苓《武昌記》。王韶之《始興記》。徐湛《鄱陽記》。劉澄之《揚州記》。鄭緝之《永嘉記》。《姑熟記》。《梁州記》。《隴右記》。《隴西記》。《河北記》。荀綽《兖州記》。《并州記》。《上黨記》。《宜春記》。《信都記》。《陽城記》。】

**司州山川古今記**

劉澄之撰。《隋志》三卷。又有無名氏《司州記》二卷。

**荆南地志**

蕭世誠撰。《隋志》二卷。○《御》引作蕭世誠《荆南志》。

**巴蜀記**

無名氏。《隋志》一卷。○《御》引無名氏《蜀地記》,又引《巴蜀志》。

**南雍州記**

鮑至撰。《隋志》六卷。○《舊唐志》有郭仲彦《南雍州記》三卷。《御》作郭仲産。○《新》作鮑堅《南雍州記》三卷。

**西京記**

無名氏。《隋志》三卷。○又有葛洪《西京雜記》。○《御覽》引無名氏《西京記》及《東京記》。

**益州記**

李氏撰。《隋志》三卷。○《新》作李克《益州記》三卷。

○《御》引任預《益州記》及李膺《益州記》。

**冀州圖經**

無名氏。《隋志》一卷。○《御覽》引。又引何晏《冀州論》、盧植《冀州風土記》、盧毓《冀州論》。

**幽州圖經**

無名氏。《隋志》一卷。

**豫章舊志**

晋會稽太守熊默撰。《隋志》三卷,入傳記。○《舊唐志》傳記類中有此書八卷,稱徐整撰。○《新》傳記類中有徐整《豫章舊志》八卷,又《豫章烈士傳》三卷。○《御覽》引《豫章舊志》。○今附入《豫章記》下。

**分吴會丹陽三郡記**

無名氏。《舊唐志》三卷。○《新志》作二卷。

**遁甲開山圖**

榮氏撰。《隋志》三卷,入五行類。○《舊唐志》此書一卷,稱王琛撰。又二卷,榮氏撰,入五行。○《新》同《舊》。

**地形志**

庾季才撰。《隋志》八十七卷,入五行類。

**嵩山記**

盧鴻撰。《新唐志》一卷,注云"天寶人"。○《御》引盧氏《嵩山記》,又引無名氏《嵩高山記》。

**衡山記**

宋居士撰。《隋志》一卷。○《御覽》引《衡山記》。○按諸書多引徐靈期撰,亦稱《南嶽記》。

【眉批:《嵩高山記》,唐盧元明,正本有。《泰山記》。周景式

《廬山記》。遠法師《廬山記》。】

**游名山志**

謝靈運撰。《隋志》一卷。又有謝靈運《居名山志》一卷。○《御》引無名氏《名山略記》。○又《御》引謝□□《游名山志》。

【眉批:張野《廬山記》。《華山記》。《九華山録》。袁山松《句將山記》。張曜《中山記》。《羅浮山記》。袁彦伯《羅山疏》。○竺法真《登羅山疏》。】

**太原事迹記**

李璋撰。《新唐志》十四卷。

**成都記**

盧求撰。《新唐志》五卷,注云"西川節度使白敏中從事"。

【眉批:《蜀地記》。】

**兩京新記**

唐韋述撰。《新唐志》五卷,又有《兩京道里記》三卷。○《御覽》又引無名氏《東京記》《西京記》。

【眉批:韋述《東京雜記》。韋述《西京雜記》。】

**宜都山川記**

李氏撰。《新唐志》一卷。○《御》引袁山松《宜都山川記》。

【眉批:《新安記》。阮籍《宜陽記》。】

**江記**

庾仲雍撰。《隋志》五卷。○《舊唐志》同。○《新志》亦同。○《御》引無名氏《九江記》,又引《九江録》。

【眉批:《九江記》。又引《九江録》。】

**江圖**

張氏撰。《隋志》一卷。又有劉氏《江圖》二卷。○《新唐志》

有無名氏《江圖》二卷。

【眉批:《廬江記》。《襄沔記》。正本有,《御》亦引。《沅陵記》。《五溪記》。《潯陽記》。《江夏記》。】

**漢水記**

庾仲雍撰。《隋志》五卷。○《舊唐志》同。○《新唐志》亦同。○《御覽》引。

**尋江源記**

無名氏。《隋志》一卷。○《舊唐志》作五卷,庾仲雍撰。○《新》同《舊》。○《御》引《江源記》。

**四海百川水源記**

釋道安撰。《隋志》一卷。○《舊唐志》作《四海百川水記》一卷。○《新》同《隋》。

**永初山川古今記**

齊都官尚書劉澄之撰。《隋志》二十卷。○《新》同《隋》。○《御》作《宋永初古今山川記》,又引劉澄之《宋初古今山川記》。

【眉批:《始安記》。】

**南兖州記**

阮叙之撰。《新唐志》一卷。○《御覽》引之。又引《南兖州志疑》,即一書也。

**交廣二州記**

王範撰。《新唐志》一卷。○《御》引無名氏《交州記》及裴淵《廣州記》,又黄恭《交廣記》,又無名氏《交州集記》。

【眉批:顧微《廣州志》。黄恭《交廣記》。裴淵《廣州記》。《交州記》。】

**漢宫閣簿**

無名氏。《舊唐志》三卷。○《新》亦三卷。○《御覽》諸書引《漢宫閣名》《漢宫殿疏》《三輔宫殿名》。

**國都城記**

無名氏。《隋志》二卷。○《舊唐志》作周明帝撰《國郡城記》九卷。○《新》作顧野王《十國都城記》十卷，又有周明帝《國都城記》九卷。

**聖賢冢墓記**

李彤撰。《隋志》一卷。○《新唐志》同《隋》。

【眉批：《蘇州冢墓記》。】

**廟記**

無名氏。《隋志》一卷。○《舊唐》同。○《新》亦同。

【眉批：王韶之《神境記》。】

**京師寺塔記**

劉璆撰。《隋志》十卷、《録》一卷。○又有釋曇景《京師寺塔記》二卷。○移入釋家。

【眉批：《南朝宫苑記》。】

**華山精舍記**

張光禄撰。《隋志》一卷。○《御覽》引。

【眉批：《東園秘記》。】

**雲南記**

袁滋撰。《新唐志》五卷，又有竇滂《雲南别録》一卷、無名氏《雲南行記》一卷。○《御》引《雲南記》。

【眉批：《永昌郡記》。】

**閩中記**

唐林諝撰。《新唐志》十卷。

【眉批:蕭子開《建安記》。】

**赤土國記**

常駿等撰。《新唐志》二卷。

**西河舊事**

無名氏。《新唐志》一卷。○《御覽》引,又引無名氏《西河記》一書。

**京邦記**

無名氏。《新唐志》二卷。

**游行外國傳**

沙門智猛撰。《隋志》一卷。○《舊唐志》作《外國傳》一卷,釋智猛撰。○《新》同《隋》。

【眉批:《吴時外國傳》。】

**交州以南外國傳**

無名氏。《隋志》一卷。○《舊唐志》同。○《新》亦同。并作《交州以來外國傳》,"來"字疑誤。

【眉批:《西域諸國志》。康泰《扶南土俗傳》。】

**日南傳**

無名氏。《隋志》一卷。○《舊唐志》同。○《新》亦同。

**外國傳**

釋曇景撰。《隋志》五卷。○《御覽》引之。

【眉批:《朱崖傳》。《南夷志》。支僧載《外國事》。《外國圖》。】

**歷國傳**

釋法盛撰。《隋志》二卷。○《新唐志》同。

**林邑國記**

無名氏。《隋志》一卷。○《舊唐志》同。○《新》亦同。○《御》引《林邑記》。

**甌閩傳**

無名氏。《隋志》一卷。

**北荒風俗記**

無名氏。《隋志》二卷。

【眉批:《南荒録》。《胡俗傳》。】

**諸蕃風俗記**

無名氏。《隋志》二卷。

**西域道里記**

無名氏。《隋志》一卷。○《舊唐志》三卷。○《新》作程士章《西域道里記》二卷。

【眉批:《西域圖記》。釋道安《西域志》。】

**諸蕃國記**

無名氏。《隋志》十七卷。○《新唐志》有戴斗《諸蕃記》一卷。

【眉批:《番禺雜記》。唐鄭熊,正本有。】

**職貢圖**

梁元帝撰。《舊唐志》一卷。○《新》同《舊》。又有唐高少逸《四夷朝貢録》十卷。

**投荒雜録**

唐房千里撰。《新唐志》一卷,入傳記,注云:"字鵠舉,太和初進士第,高州刺史。”○《御》引《投荒録》。

**吴興雜録**

唐張文規撰。《新唐志》七卷。

**潯陽記**

張僧監撰。《新唐志》二卷。

【眉批:《越地形記》。《江乘地記》。《吴郡沿海四縣記》。】

**齊地記**

晏模撰。《新唐志》二卷。○《御覽》引伏琛、丘淵之二家書及無名氏《齊地記》。

**東陽記**

鄭緝之撰。《舊唐志》一卷。○《新》同《舊》。○《御》引。又引鄭緝之《永嘉記》。

【眉批:《江夏風俗記》。】

**異物志**

後漢議郎楊孚撰。《隋志》一卷。○《舊唐志》作《交州異物志》一卷,楊孚撰。○《御覽》引楊孝先《交州異物志》。

【眉批:徐哀《南方記》。又引作“志”。徐哀《南方草木狀》。】

**南州異物志**

吴丹陽太守萬震撰。《隋志》一卷。○《舊唐志》同。○《新》亦同。○《御覽》引。○自輯。

**扶南異物志**

朱應撰。《隋志》一卷。○《舊唐志》同。○《新唐志》亦同。

【眉批:竺芝《扶南記》。】

**臨海水土物志**

沈瑩撰。《隋志》一卷。○《舊唐志》作《臨海水土異物志》一卷。

○《新》同《舊》。○《御》引作《臨海異物志》。○又引《土物志》。

【眉批:《臨海記》。《臨海水土記》。又引作"志"。又引《臨海水物志》。】

**涼州異物志**

無名氏。《隋志》一卷。○《新唐志》二卷。○《御覽》引之。○張氏有此輯本。

【眉批:段龜龍《涼州記》。】

**罔象傳**

間先生撰。《隋志》二卷。

【眉批:俞益期箋。】

**水飾圖**

無名氏。《隋志》二十卷。

**方物志**

許善心撰。《隋志》二十卷。○《舊唐志》作《京兆郡方物志》三十卷,無名氏。又有無名氏《諸郡土俗物產記》十九卷。○《新》作《京兆郡方物志》二十卷,又《諸郡土俗物產記》十九卷。

**陳祈暢異物志**

《舊唐志》一卷,作《暢異物志》一卷,陳祈撰,疑誤。○《御覽》引作《陳祁暢異物志》。

**嶺南異物志**

唐孟琯撰。《新唐志》一卷。又有房千里《南方異物志》一卷。○自輯。

【眉批:曹叔雅《異物志》。宋膺《異物志》。】

**地理書**

陸澄合《山海經》已來一百六十家,以爲此書。《隋志》一百四十九卷。○《舊唐》一百五十卷,又有《地理書鈔》二十卷。

【眉批:《御》引陸澄《地理記》。】

**地記**

梁任昉增陸澄之書八十四家,以爲此《記》。《隋志》二百五十二卷。○《舊唐志》同。又有《地理書鈔》九卷。○《新》有陸、任二家書。

**元嘉六年地記**

無名氏。《隋志》三卷。

**晋太康地記**

《舊唐志》作《地記》五卷,太康三年撰。○《新》作《晋太康土地記》十卷。○《御》引《晋太康地記》。

【眉批:《晋元康地記》。】

**九州郡縣名**

無名氏。《隋志》九卷。又有無名氏《州郡縣簿》七卷。○《舊唐志》有太康三年撰《州郡縣名》五卷。

【眉批:《九州記要》。】

**十三州志**

闞駰撰。《隋志》十卷。○《舊唐志》作十四卷。○《新》同《舊》。○《御覽》引。

【眉批:黄恭《十二州記》。又引《十二州志》。】

**輿地志**

陳顧野王撰。《隋志》三十卷。○《舊唐志》同。○《新》同《舊》。又有顧野王《十國都城記》十卷。○《御》引作《輿地記》,又引《輿地志》。

**周地圖記**

無名氏，一百九卷。○《舊唐志》作《周地圖》九十卷。○《新》作《周地圖》一百三十卷。○《御》引。

【眉批：《郡國縣道記》。《四夷郡國縣道記》。】

**大魏諸州記**

無名氏。《隋志》二十一卷。○《舊唐志》作《魏諸州記》二十卷。○《新》作《後魏諸州記》二十卷。○《御》引。

【眉批：《後魏興國土地記》。《後魏輿地圖風土記》。】

**隋區宇圖志**

無名氏。《隋志》一百二十九卷。○《舊唐志》作《區宇圖》一百廿八卷，虞茂撰。○《新》同《舊》。○《御》引。

**隋諸州圖經集**

郎蔚之撰。《隋志》一百卷。○《舊唐志》作《隋圖經集記》一百卷，郎蔚之撰。○《新》同《舊》。

【眉批：《御覽》引圖經二十四種，又引《隋圖經》。】

**括地志**

魏王泰撰。《舊唐志》有《括地志序略》五卷。○《新》有《括地志》五百五十卷，又《序略》五卷，有注。

【眉批：《括地圖》。】

**十道志**

《新唐志》有梁載言《十道志》十六卷。○《御》引梁氏《十道志》。○《舊唐志》有無名氏《長安四年十道圖》十三卷，又《開元三年十道圖》十卷。○《新》有此二部，卷名并同。又有李吉甫《十道圖》十卷，又有賈耽《地圖》十卷，又無名氏《貞元十道録》四卷。

【眉批：《十道録》。】

## 時令類

**玉燭寶典**

著作郎杜臺卿撰。《隋志》十二卷,入雜家。○《舊唐》同,亦入雜家。○《新》入農家。俱作十二卷。○《御》引。

**四時録**

王氏撰。《隋志》十二卷。○《舊唐志》同。○《新》亦同。

**千金月令**

孫思邈撰。《新唐志》三卷,入農家。

**四時記**

薛登撰。《新唐志》二十卷,入農家。

【眉批:《四時纂要》。】

**秦中歲時記**

李綽撰。《新唐志》一卷,入農家。

【眉批:《輦下歲時記》。正本。】

**保生月録**

韋行規撰。《新唐志》一卷,入農家。○《御覽》引韋氏《月録》。

**崔浩月儀**

《御》引王羲之之《月儀書》。

【眉批:崔浩書。】

**齊人月令**

《御覽》引。

**時鏡新書**

《御覽》引。

## 譜系類

### 百家集譜

王儉撰。《隋志》十卷。又梁有王逡之《續儉百家譜》四卷、《南族譜》二卷、《百家譜拾遺》一卷。○《舊唐志》王儉《百家集譜》十卷。○《新》同《舊》。

【眉批:《魏世譜》。《御》引。】

### 百家譜

王僧孺撰。《隋志》三十卷,又有《百家譜集鈔》十五卷,又賈執《百家譜》二十卷,《舊唐》五卷。又傅昭《百家譜》十五卷,又無名氏《百家譜世統》十卷,又無名氏《百家譜鈔》五卷。○《舊唐志》王僧孺《百家譜》三十卷。○《新》同《舊》。

### 姓氏英賢譜

賈執撰。《隋志》一百卷。○《舊唐志》同。○《新》有賈執《百家譜》五卷,又此書一百卷。

【眉批:《姓氏英賢録》。】

### 諸州譜

王司空新集。梁有十一卷。又《隋志》有《諸州雜譜》八卷。○《舊唐志》有王僧孺《十八州譜》七百一十二卷。○《新》同《舊》。

### 諸姓譜

無名氏。梁有一百一十六卷。

### 姓苑

何承天撰。《隋志》一卷。○《舊唐志》作十卷。○《新唐志》亦作十卷。又有崔日用《姓苑略》一卷。

**姓氏譜**

唐許敬宗撰。《舊唐志》二百卷。○《新志》稱許敬宗、李義府、孔志約、楊仁卿、史玄道、李才①撰。

**衣冠譜**

路敬淳撰。《舊唐志》六十卷。○《新》同《舊》。又有《著姓略記》二十卷,亦路敬淳撰。

**百官譜**

徐勉撰。《新唐志》二十卷。

**氏族要狀**

賈希鏡撰。《新唐志》十五卷。

**大唐氏族志**

高士廉、韋挺、岑文本、令狐德棻等撰。《新唐志》一百卷。

**姓氏韻略**

唐柳璨撰。《新唐志》六卷。

**帝系譜**

舊、新兩《唐志》宜補。○《御覽》引。

## 簿録類

**七略别録**

劉向撰。《隋志》二十卷。○《舊唐志》同。○《新》亦同。○《御覽》引劉向《七略》,又引劉向《别録》。

**七略**

劉歆撰。《隋志》七卷。○《舊唐志》同。○《新》亦同。

---

① "李才",中華書局整理本《新唐書·藝文志》作"吕才"。

○《御覽》諸書引之。

【眉批：劉向《七略别録》。】

**晋中經簿**

荀勗撰。《隋志》十四卷。《新》同《隋》。又有《晋義熙己未新集目録》三卷。○《舊唐志》誤作《中書簿》十四卷。

**今書七志**

宋王儉撰。七十卷。又有《宋元徽元年四部書目録》四卷。○《舊唐志》同稱王儉撰，賀縱補。○《新》同《舊》。

**梁天監六年四部書目録**

殷鈞撰。《隋志》四卷。又有劉遵《梁東宫四部目録》四卷、劉孝標《梁文德殿四部目録》四卷。○《舊唐志》有丘賓卿《梁天監四年書目》四卷。○《新》同《舊》。又有殷淳《四部書目序録》三十九卷。

**七録**

阮孝緒撰。《隋志》十二卷。○《舊唐志》同。○《新》同《舊》。

**陳書目**

《隋志》有《陳天嘉六年壽安殿四部目録》等凡三部。○《舊唐志》有《陳天嘉四部書目》四卷。

**隋書目**

《隋志》有《開皇四年四部目録》等凡四部。○《舊唐志》有《隋開皇四年書目》四卷，牛弘撰。又《隋開皇二十年書目》四卷，王邵撰。○《新》有牛弘《隋開皇四年書目》四卷、王劭《隋開皇二十年書目》四卷。

**群書四録**

元行沖撰。《舊唐》二百卷。○《新》同《舊》，稱殷踐猷、王愜、韋述、余欽、毋煚、劉彦直、王灣、王仲丘撰,元行沖上之。

**古今書録**

毋煚撰。《新唐志》四十卷。

**吴氏西齊書目**

吴兢撰。《新唐志》一卷。

## 子部

### 儒家類

**公孫尼子**

尼似孔子弟子。《隋志》一卷。○《舊唐志》同。○《新》亦同。

**曾子**

《隋志》二卷、《目》一卷。○《舊唐志》同。○《新》亦同。

**子思子**

《隋志》七卷。○《舊唐志》作八卷。○《新唐志》作七卷。

**董子**

戰國時董無心撰。《隋志》一卷。○《舊唐志》二卷。○《新唐志》作一卷。

【眉批:董生書。】

**魯連子**

《隋志》五卷、《録》一卷。○《舊唐志》作五卷。○《新唐志》一卷。○自輯一卷。

**正部論**

王逸撰。梁八卷。○《御覽》引《王逸子》,或即此書。○又引王逸《正部》。

**周生烈子**

一名《周生子要論》。梁一卷,《録》一卷,魏侍中周生烈撰。○《舊唐》作五卷。○《新》同《舊》。

**魏子**

後漢會稽人魏朗撰。《隋志》三卷。○《舊唐志》三卷,稱魏朗注。○《新》亦三卷,稱魏朗撰。

**牟子**

移入道家。後漢太尉牟融撰。《隋志》二卷。○《舊唐志》入道家,卷數同。○《新》亦入道家,書二卷。

**王子正論**

王肅撰。《隋志》十卷。○《新唐志》作王肅《政論》十卷。

**杜氏體論**

魏幽州刺史杜恕撰。《隋志》四卷。○《舊唐志》同。○《新》亦同。○《御覽》引之。

**王氏新書**

王基撰。梁五卷。○《御覽》引《王孫子新書》。

**顧子新語**

吴太常顧譚撰。《隋志》十二卷。○《舊唐志》作五卷。○《新》作《顧子新論》五卷。○《御覽》引《顧子》。

**通語**

晋尚書左丞殷興撰。梁十卷。○《舊唐志》作文禮撰,殷奥續,卷同。○《新》作文禮《通語》十卷,殷興續。○《御》引殷興《通語》。

【眉批:薛孝《通譜》。】

**典語**

吴中夏督陸景撰。梁十卷。《御覽》引之。又梁有《典語别》二卷,亦陸景所作。○《舊唐志》作《典訓》十卷,陸景撰。○《新》同《舊》。

**譙子法訓**

譙周撰。《隋志》八卷。○《舊唐志》同。又有《譙子五教》五卷。○《新》同《舊》。○《御》引譙周《法訓》。

**袁子正論**

袁準撰。《隋志》十九卷。○《舊唐》作二十卷。○《新》同《舊》。○《御覽》引作《袁子》,又引《袁子正論》。

**袁子正書**

袁準撰。梁有二十五卷。○《舊唐志》同。○《新唐志》同《舊》。○《御覽》引,又引袁準《正書》。

**孫氏成敗志**

孫毓撰。梁三卷。○《舊唐》同。○《新》亦同。

**蔡氏化清經**

蔡洪撰。梁十卷。○《舊唐志》作《清化經》十卷,蔡洪撰。○《新》同《舊》。

【眉批:《蔡氏化清論》。】

**新論**

晋散騎常侍夏侯湛撰。《隋志》十卷。《舊唐》同,《新》亦同。又梁有晋金紫光禄大夫華譚《新論》十卷。○《舊唐》有華譚《新論》十卷。○《新》亦有。

【眉批:《夏侯子》。《御》引。又引夏侯湛《新論》,又引應璩《新論》,又引夏侯孝若《新論》。】

**物理論**

晉徵士楊泉撰。梁十六卷。《舊唐》同,《新》亦同。又有楊泉《大元經》十四卷。○《舊唐》同,稱楊泉撰,劉緝注。○《新》亦同。

**梅子新論**

梁一卷,不著名。○《御覽》引《梅子》。

**志林新書**

虞喜撰。《隋志》三十卷。《舊唐》作二十卷。又梁有《廣林》二十四卷、《後林》十卷,并喜所作。○《舊唐》有《後林新書》十卷,虞喜撰。○《新》有《志林》二十卷及《後林》十卷。

【眉批:《御》引作虞喜《志林説》。】

**顧子**

晉揚州主簿顧夷撰。梁十卷。○《舊唐志》作《顧子義訓》十卷。○《新》同《舊》。○《御》引《顧子義訓》。

**要覽**

晉郡儒林祭酒吕竦撰。十卷。《隋志》有。○《舊唐志》作五卷。○《新》同《舊》。

**正覽**

梁太子詹事周捨撰。《隋志》六卷。○《舊唐志》同。○《新》亦同。

**女誡**

曹大家撰。《隋志》一卷。○《舊唐志》同。○《新》入傳記列女類中,卷名并同。

**古今通論**

王嬰撰。《舊唐志》三卷。○《新》同《舊》。○《御覽》引。

**王孫子**

《御覽》引。又引王孫子《新書》,又引王孫書。

**周紹新論**

《御覽》引。又引周昭新撰。

**王昶家戒**

《御覽》引。

**崔浩女儀**

後魏人。《御覽》引。

## 兵家類

**太公陰謀**

梁六卷。《隋志》一卷。梁又有《太公陰謀》三卷,魏武帝解。又《隋志》有《太公陰符鈐録》一卷,又有《太公伏符陰陽謀》一卷。○《舊唐志》《太公陰謀》三卷、《太公金匱》二卷,又《太公陰謀三十六用》一卷。○《新》同《舊》。又有《六韜》《當敵》等四部。

**太公金匱**

《隋志》二卷。○《舊唐志》同。○《御覽》引《太公金匱書》及《太公陰謀書》,又引《太公伏符陰謀》。

**太公兵法**

梁三卷。《隋志》二卷。又一部,六卷。又有《太公三宫兵法》一卷。

【眉批:《太公履車軾法》。《太公對敵權變逆順法》。《兵法七書》。《兵法秘訣》。】

**太公雜兵書**

梁六卷。

**黃帝兵法**

《隋志》有《黃帝兵法孤虛雜記》一卷。《新唐志》同。又《黃帝問玄女兵法》四卷，又《黃帝兵法雜要訣》一卷，又《黃帝軍出大師年立成》①一卷，又《黃帝太乙兵歷》一卷，《新》同。又《黃帝蚩尤風后行軍秘術》二卷。

**玄女戰經**

《隋志》一卷。〇《舊唐志》《黃帝問玄女法》三卷，玄女撰。〇《御覽》用《玄女戰經》。

**黃石公陰謀行軍秘法**

《隋志》一卷。又梁有《黃石公秘經》二卷，又有《黃石公兵書》三卷、《黃石公內記敵法》一卷、《黃石公三奇法》一卷、《黃石公五壘圖》一卷。〇《舊唐志》作《黃石公陰謀乘斗魁剛行軍秘》一卷。〇《新》有《陰謀乘斗魁剛行軍秘》一卷。〇《御覽》引《黃石公陰謀秘訣》。

【眉批：《黃石公記》。】

**兵書接要**

魏武帝撰。《隋志》十卷。又有《兵書略要》九卷、《舊唐》一卷。《魏武帝兵法》一卷，又《兵書要論》七卷，又《兵②法接要》三卷，俱魏武帝撰。〇《舊唐志》有魏武帝《兵法捷要》七卷，又魏文帝《兵法要略》十卷。〇《新》有《兵書捷要》七卷及文帝《兵書要略》十卷。

---

① 《黃帝軍出大師年立成》，中華書局整理本《隋書·經籍志》作《黃帝軍出大師年命立成》。

② "兵"原誤作"法"，今正。

【眉批:魏武《兵書輯略》。魏武帝《兵書輯要》。】

**軍令**

梁八卷。魏武帝撰。○《御覽》引《魏武軍令》,又引《魏書曹公令》,又引《魏武步戰令》。

【眉批:《軍讖》。】

**玉韜**

梁元帝撰。《隋志》十卷。《舊唐志》同。又有無名氏《金韜》十卷。○《舊唐志》有劉祐《金韜》十卷。○《新》有《玉韜》十卷及《金韜》十卷。

【眉批:《玉匱經》。】

**兵書要略**

後周齊王宇文憲撰。《隋志》五卷。○《舊唐志》作十卷,宇文憲撰。○《新》作後周齊王憲《兵書要略》十卷。

**兵書**

無名氏。《隋志》七卷。又別有《兵書》二十五卷,不著撰人。○《舊唐志》有無名氏《雜兵法》二十四卷。○《新》有隋高祖《新撰兵書》三卷。又有《新兵法》二十四卷,無名氏。○《御》引《兵書》。

**戰經**

司馬彪撰。《御覽》引之。又見《三國志注》。《隋志》有司馬彪《兵記》八卷。○《新》作十二卷。

【眉批:《御》引《兵書》。】

**兵書要序**

趙氏撰。《隋志》十卷。○《新》有無名氏《兵書要略》十卷。○《御覽》引《趙氏兵書》。

**雜兵書**

《隋志》十卷。又梁有《雜兵書》八卷,無名氏。

**黄帝出軍雜用决**

梁十二卷。○《御》引《黄帝出軍訣》,又引《黄帝占軍器訣》。

**六甲孤虚兵法**

《隋》一卷。又有《六甲孤虚雜决》一卷,又《孤虚法》十卷。又梁有《兵法遁甲孤虚斗中域法》九卷。○《新》有葛洪《兵法孤虚月時秘要法》等。

**兵書雜占**

《隋志》十卷,無名氏。又梁有《兵法日月風雲背向雜占》十二卷,又《兵法風氣等占》三卷,又李行所作《兵法三家軍占秘要》一卷,又《雜占》八卷。

【眉批:《軍國占候》。】

**太一兵書**

無名氏。《隋志》十一卷,梁二十卷。○《舊唐志》《太一兵法》一卷。○《新》同《舊》。

**黄帝問玄女法**

玄女撰。《舊唐志》三卷。○《新志》同。又有《黄帝用兵法訣》一卷。

【眉批:《黄帝玄女占要》。】

**雜兵法**

無名氏。《舊唐志》二十四卷。

**玉帳經**

無名氏。《舊唐志》一卷。○《新》同。

**六軍鏡**

李靖撰。《舊唐志》三卷。○《新》同。

【眉批:《衛公兵法》。】

**兵機**

無名氏。《舊唐志》十五卷。○《新》同《舊》。

**軍令**

諸葛亮撰。《御覽》引之。又引《武侯兵法》,又引諸葛亮《兵要》。

## 法家類

**申子**

韓相申不害撰。梁三卷。○《舊唐志》同。○《新》亦同。

**韓氏新書**

漢御史大夫晁錯撰。梁三卷。○《舊唐志》作《晁氏新書》三卷,晁錯撰是也。《隋志》作"韓",誤。○《新》同《舊》,作七卷。

**正論**

漢大尚書崔寔撰。《隋》六卷。○《舊唐志》作《崔氏政論》五卷,崔寔撰。○《新》作《政論》六卷。

【眉批:崔元始《正論》。】

**法論**

劉邵撰。梁十卷。○《舊唐志》作《劉氏法言》十卷,劉邵撰。○《新》作《劉氏法論》十卷。

**政論**

魏侍中劉廙撰。梁五卷。○《舊唐志》作《劉氏正論》五卷,劉廙撰。○《新》作《政論》五卷。

**阮子正論**

魏清河太守阮武撰。梁五卷。○《舊唐志》同。○《新》作《政論》五卷。○《御覽》引作《阮子》。○又引《阮子正論》。

**世要論**

魏大司農桓範撰。《隋》十二卷,梁二十卷。○《舊唐志》作《桓氏代要論》十卷。○《新》作十二卷。

【眉批:《桓公世論》。疑即《世要論》。又有桓範《世要論》,又有嵇康《世要論》,又有桓範《要集》。】

**陳子要言**

吴豫章太守陳融撰。梁十四卷。○《舊唐志》同。○《新》亦同,作十四卷。○《御覽》引《陳桓子》,未知何書。

**治道集**

李文博撰。《舊唐志》十卷。○《新志》同。

**春秋决獄**

董仲舒撰。《隋志》入春秋類。○《舊唐》入法家類,十卷。○《新》入法家,書十卷,注云"黄氏正"。

## 名家類

**士操**

魏文帝撰。《隋》一卷。○《舊唐志》同。○《新》亦同。

**士緯新書**

姚信撰。梁有十卷。《舊唐志》同。又有《姚氏新書》二卷,與《士緯》相似。○《新》同梁。○《御覽》引《士緯》。

**九州人士論**

魏司空盧毓撰。梁一卷。○《舊唐志》同。○《新》亦同。

**兼名苑**

釋遠年撰。《舊唐志》十卷。○《新》作二十卷。

**辯名苑**

范謐撰。《舊唐志》十卷。○《新》作《辨名苑》十卷。

**廣人物志**

杜周士撰。《新唐志》三卷。又有趙武孟《河西人物志》十卷、宋璲《吴興人物志》十卷。

## 墨家類

**隨巢子**

墨翟弟子。《隋》一卷。○《新唐志》同。

**胡非子**

墨翟弟子。《隋》一卷。○《舊唐志》同。○《新》亦同。

**田休子**

梁一卷。○《御覧》引作《田求子》。

**墨子枕内五行紀要**

《隋志》一卷,入醫家。

## 縱横家類

**補闕子**

梁元帝撰。梁十卷。○《舊唐志》同。○《新》亦同。○《御覧》引作《闕子》,或即此書。

**湘東鴻烈**

梁元帝撰。梁十卷。

**蘇子**

蘇秦撰。見正本。

## 農家類

**氾勝之書**

漢議郎。《隋》二卷。○《舊唐志》同。○《新》亦同。○自輯,二卷。

**四民月令**

後漢崔寔撰。《隋》一卷。○《舊唐》作《四人月令》一卷,崔寔撰。○《新》亦同。○《御》引之。○自輯,一卷。

【眉批:《齊人月令》。】

**養魚法**

陶朱公撰。梁一卷。○《舊唐志》有范蠡《養魚經》一卷。○《新》同《舊》。○《御》引陶朱公《養魚方》。

**種植法**

諸葛穎撰。《舊唐志》七十七卷。○《新志》同。

**兆人本業**

天后撰。《舊唐志》三卷。○《新》同。

**蠶經**

無名氏。《舊唐志》一卷。○《新志》同。又二卷,無名氏。

**范子問計然**

范蠡問,計然答。《舊唐志》十五卷,入五行類中。○自輯,一卷。

**尹都尉書**

《新唐志》三卷。○按:此書見《漢志》。

**園庭草木疏**

王方慶撰。《新唐志》二十一卷。

## 醫家類

**黃帝針經**

《隋》九卷。梁有《黃帝針灸經》十二卷。○《舊唐志》有皇甫謐撰《黃帝三部針經》十三卷,又《黃帝針灸經》十二卷。

**玉匱針經**

《隋志》一卷,無撰人。《舊唐志》作十二卷。又梁有《雜針經》四卷,《程天祚針經》六卷。○《舊唐志》《針經》等四部。○《御》引。

【眉批:《黃帝針灸經》。】

**灸經**

梁有五卷,無撰人。○《舊唐志》一卷,無撰人。○《新唐志》有《針灸經》等十餘部。

**岐伯經**

《隋志》十卷。○《御覽》引作《黃帝岐伯經》。

**黃帝流注脉經**

《隋》一卷。

**吴氏本草**

梁六卷。華陀弟子。○《舊唐志》作《吴氏本草因》六卷,"因"字疑衍。○《新》同《舊》,亦有"因"字。○《御》引。

**陶隱居本草**

陶弘景撰。梁十卷。○《御》又引《陶弘景注本草經》。

【眉批:《陶隱居本草注》。】

**本草經集注**

梁七卷。陶弘景撰。○《新》作陶弘景《集注神農本草》七卷。

**桐君藥録**

《隋志》三卷。○《舊唐志》同。○《新》亦同。

**李諡之藥録**

梁六卷。又有李諡之《本草經》《談道術本草經鈔》各一卷。又有李諡之《藥方》一卷。○《舊唐志》有《李氏本草》三卷,未稔即李諡之書否。○《新》亦有《李氏本草》三卷。○《御》引李諡之《藥録》。

**太清草木集要**

陶隱居撰。《隋志》二卷。○《舊唐志》有無名氏《太清諸草木方集要》三卷。○《新》略同《舊》。

【眉批:《太清諸草木方》。】

**華佗方**

吴普撰。《隋志》十卷。梁又有《華佗内事》五卷。○《舊唐志》作《華氏藥方》十卷,吴普集。○《新》同《舊》。

**雜藥方**

《隋》有一卷。梁有四十六卷。又《隋志》别出十卷。又梁有孔中郎《雜藥方》二十九卷。

**范東陽方**

范汪撰。《隋志》一百五卷、《録》一卷,梁作一百七十六卷。○《舊唐志》作《雜藥方》一百七十卷,范汪方,尹穆撰。○《新》同《舊》。

**典術**

宋建平王撰。梁一百二十卷。○《御覽》誤作王建平《典術》。

**褚氏雜藥方**

齊吴郡太守褚澄撰。梁二十卷。○《新》作十二卷。

**養生要集**

張湛撰。《隋志》十卷。○《舊唐志》同，入道家類中。○《舊[1]唐志》同。

【眉批:《御覽》引高湛《養生論》,疑即張湛也。】

**神仙服食經**

無名氏。《舊唐》稱京里先生撰。《隋志》十卷。《舊唐》作十二卷。又有抱朴子《神仙服食藥方》十卷。○《舊唐志》有無名氏《太清神仙服食經》五卷,又《神仙服食方》等七部。○《御》引。

**名醫别録**

陶弘景撰。《隋志》三卷。○《舊唐志》同。又有《本草集經》七卷,陶弘景撰。○《新》作三卷。

**扁鵲肘後方**

《隋志》三卷。○《御》引葛洪《肘後方》。

**神仙服食雜方**

《隋志》十卷,無撰人。又有《神仙服食神秘方》二卷,又《神仙服食方》五卷,又《神仙雜方》十五卷,又《服食諸雜方》二卷,又陶隱居《服餌方》三卷。○《舊唐志》有十一部。

**養生要術**

無撰人。《隋志》一卷。

**養生服食禁忌**

無撰人。《隋志》一卷。

**阮河南方**

阮炳撰。《新唐志》十六卷。

---

① 中華書局整理本《新唐書・藝文志》有"張湛《養生要集》十卷",疑此"舊"字當作"新"。

**療馬方**

《隋志》一卷。梁有《伯樂療馬經》一卷,疑與此同。又有《伯樂治馬雜病經》一卷。

**治馬經**

俞極撰。《隋》三卷,又一部四卷,又《治馬經目》一卷,又《治馬經圖》二卷,又《馬經孔穴圖》一卷,又《雜撰馬經》一卷。

**食療本草**

孟詵撰。《新唐志》三卷,又《補養方》三卷、《必效方》十卷。

**本草藥性**

甄立言撰。《舊唐志》三卷。○按:甄立言或即甄權,有《古今録驗方》五十卷,亦見《舊唐志》。○《新》有甄權《脉經》一卷。

**雷公藥對**

二卷,見《舊唐志》。○《新》有雷公集撰《神農本草》四卷,又有徐之才《雷公藥對》二卷。

**諸藥異名**

十卷。釋行智撰。見《舊唐志》。○《新》同。

**本草圖經七卷**

見《舊唐志》。蘇敬撰。又有《新修本草》二十一卷,亦蘇敬撰。又有《新修本草圖》一十六卷,又《本草音》三卷。○《新志》有《本草》二十卷、《目録》一卷、《藥圖》二十卷、《圖經》七卷,有詳注,又有蘇敬書。

**陳藏器本草拾遺**

開元中人。《新志》十卷。

**南海藥譜**

見正本。《宋志》有之。

## 天文算法類

**靈憲一卷**

張衡撰。《隋志》一卷。○《舊唐志》作《靈憲圖》一卷,張衡撰。○《新》同《舊》。○《御》引《靈憲》,又張衡《渾天儀》。

**渾天象注**

吴散騎常侍王蕃撰。《隋志》一卷。又無名氏《渾天義》二卷,又石氏《渾天圖》一卷,又無名氏《渾天圖》一卷,又《渾天圖記》一卷。○《舊唐志》有張衡撰《渾天儀》一卷,又王蕃《渾天象注》一卷。○《新》同《舊》。

【眉批:《御》引王蕃《渾天説》。顔延之《渾天儀表》。】

**昕天論**

姚信撰。梁一卷。○《舊唐志》同。○《新》同《舊》。

**安天論**

虞喜撰。梁六卷。○《舊唐志》一卷。○《新》同《舊》。

【眉批:虞昺《穹天論》。賀道《養天説》。】

**石氏星簿經贊**

《隋志》一卷。○《舊唐志》一卷,作《石氏星經簿贊》,石申甫撰。○《新》作石甫,書名同《舊》。○《御》引《石氏星經》。

【眉批:《大象列星圖》。《大衍星分圖》。】

**星經**

《隋志》二卷。

**甘氏四七法**

《隋志》一卷。○《舊唐志》同,稱甘德撰。○《新》同《舊》。

**巫咸五星占**

《隋志》一卷。

**天文集占**

晋太史令陳卓定。《隋志》十卷。梁百卷。○《舊唐志》作七卷,陳卓撰。又無名氏《天文集占》三卷。○《新》同《舊》。有陳卓《四方星占》一卷,又《五星占》一卷、《天文集占》七卷。

**天文要集**

晋太史令韓揚撰。《隋志》四十卷。《新唐志》同。又别有《天文要集》四卷,又三卷。○《新唐志》同《隋》。○《御》引此。

**石、甘氏天文占**

各八卷,見《隋志》。

**天文占**

李暹撰。《隋志》六卷,又一卷,又《天文占氣書》一卷,又《天文集占圖》十一卷,又《雜天文横占》一卷。又梁有《天文雜占》十六卷。又《隋》有吴雲《天文志雜占》一卷。○《舊唐志》有吴雲《天文雜占》一卷。○《新》同《舊》。

**天文録**

梁奉朝請祖暅撰。《隋志》三十卷。○《舊唐志》此書三十卷,稱祖暅之撰。○《新》同《舊》。○《御》引《天文録》。

**黄帝五星占**

《隋志》一卷。又有丁巡《五星占》一卷,又無名氏《五星占》一卷,又梁有《五星集占》六卷,又陳卓《五星占》一卷。○《舊唐志》有陳卓《五星占》二卷,又陳卓《四方星占》一卷。

【眉批:京房《五星占》。】

**雜星書**

《隋志》一卷。無名氏。

**星占**

孫僧化等撰。《隋志》二十八卷,《舊唐》三十三卷。又八卷,又十八卷,又《雜星占》七卷,又十卷。○《新唐》有孫僧化等《星占》三十三卷。

**石氏星經**

陳卓記。《隋志》七卷。又有《石氏星官》十九卷,又郭歷《星經》七卷。

**天官星占**

陳卓撰。《隋志》十卷。又梁有吴襲《天官星占》二十卷。○《御覽》引之。

**中星經簿**

無名氏。《隋志》十五卷。又梁有《星官簿贊》十三卷。

**海中星占**

無名氏。《隋志》一卷。又有《星圖海中占》一卷。

**石氏星占**

吴襲撰。《隋志》一卷。

【眉批:《石氏中官占》。】

**荆州占**

宋通直郎劉嚴撰。《隋志》二十卷。梁二十二卷。○《舊唐志》作《荆州星占》二卷,劉表撰。又二十卷,劉叡撰。○《新》同《舊》。

【眉批:《御》引《荆州星占》。】

**翼氏占風**

《隋志》一卷。

【眉批:吴軌[1]《占候風氣秘訣》。《黄帝風經》。】

**相雨書**

黄子發撰。《御覽》諸書引之。

**日旁雲氣圖**

《隋志》五卷。又有《雲氣占》一卷,入五行類。

**雜望氣經**

梁八卷。又《隋志》有《望氣書》七卷,入五行類。又有《梁望氣相山川寶藏秘記》一卷。○《御》引《望氣經》。

**洪範占**

《隋志》二卷。

**乙巳占**

李淳風撰。《舊唐志》十卷。○《新唐志》有此書,又有《釋周髀》《天文占》等六部。○《御》引《乙巳占》。

**古今通占鏡**

武密撰。《新唐志》三十卷。

**相書占氣雜要**

《御覽》引之。

**京房别對灾異**

《御覽》引之。

**秦灾異**

後漢中郎郗萌撰。梁一卷。《隋志》入五行。

**徐整正曆**

《御覽》引之。

---

① "軌",似當作"範"。

**曆義疏**

《御覽》引之。

**劉氏曆正問**

《御覽》引之。

**四分曆**

漢李梵撰。《隋志》三卷。又有趙隱居《四分曆》一卷。○《舊唐志》《四分曆》一卷,無撰人。○《新》同《舊》。

**三統曆法**

劉歆撰。梁三卷。○《舊唐志》作《三統曆》一卷,劉歆撰。○《新》同《舊》。

**乾象曆**

吴太子太傅闞澤撰。三卷。梁有《乾象曆》五卷,漢會稽都尉劉洪等注。又有闞澤注五卷。○《舊唐志》有闞澤《乾象曆》無卷數,闞[①]洋注。○《新》作劉洪《乾象曆術》三卷,闞澤注。

**曆術**

吴太史令吴範撰。《隋志》一卷。○《舊唐志》有甄鸞《曆術》一卷。○《新》亦有甄鸞《曆術》一卷。

**景初曆**

晋楊偉撰。梁有《景初曆術》二卷,《景初曆法》三卷,又一本五卷,并楊偉撰。又有《景初曆略要》二卷。○《舊唐志》《魏景初曆》三卷,楊禕撰。○《新》作楊偉《魏景初曆》二卷。

**宋元嘉曆**

何承天撰。《隋志》二卷。《舊唐志》同。梁又有《元嘉曆統》等,

---

① “闞”原誤作“閔”,今正。

并何承天撰。○《新》同《隋》。

**神龜壬子元曆**

後魏護軍將軍祖瑩撰。《隋志》一卷。○《舊唐志》有《後魏永安曆》一卷、《後魏武定曆》一卷,并無撰人名氏。○《新》有孫僧化《後魏永安曆》一卷、李業興《後魏甲子曆》一卷、無名氏《後魏武定曆》一卷。

**齊甲子元曆**

宋氏撰。《隋志》一卷。○《舊唐志》作《齊甲子曆》一卷,無撰人名氏。○《新》有《宋景業北齊天保曆》等二部。

**周天和年曆**

甄鸞撰。《隋志》一卷。又有《周大象年曆》一卷,王琛撰。○《舊唐志》《周天象曆》二卷,王琛撰。○《新》同《舊》。

**隋開皇甲子元曆**

無名氏。《隋志》一卷。○《舊唐志》《隋開皇曆》一卷,劉孝孫撰。又一卷,李德林撰。○《新》同《舊》。

**陳曆**

《隋志》有《陳永定七曜曆》等八部。○《舊唐志》《陳七曜曆》五卷,吴伯善撰。○《新》同《舊》。

**雜曆術**

《隋志》一卷,無名氏。○《舊唐志》有甄鸞《曆術》一卷,又劉孝孫《七曜雜術》二卷。

**梁大同曆**

虞劆撰。《舊唐志》一卷。○《新》同。

**唐麟德曆**

無名氏。《舊唐志》一卷。又有《唐光宅曆》等三部。○《新》

有《大唐戊寅曆》等三部。

**漏刻經**

何承天撰,一卷。又祖暅撰,一卷。又梁中書舍人朱史撰,一卷。又梁伏撰,一卷。又陳太史令宋景撰,一卷。又皇甫洪澤撰《雜漏刻法》十一卷。〇《舊唐志》有何承天《刻漏經》一卷。又一卷,朱史撰。又一卷,宋景撰。又無名氏《大唐刻漏經》一卷。〇《新》有何承天《刻漏經》一卷、朱史《刻漏經》一卷、宋景《刻漏經》一卷、無名氏《大唐刻漏經》一卷。

**開元大衍曆**

僧一行撰。《新唐志》一卷。又《曆議》十卷;《曆立成》十二卷;《曆草》二十四卷;《七政長曆》三卷;《心機算術括》一卷,黄栖巖注;《寳應五紀曆》四十卷;《建中正元曆》二十八卷。

**七曜曆算**

甄鸞撰,二卷,《舊唐志》。〇《新》同。

**趙敺算經**

《隋志》一卷,凉太史。撰有《河西甲寅元曆》一卷、《甲寅元曆序》一卷、《七曜曆數算經》一卷及此書。〇《新》有《河西壬辰元曆》一卷及《河西甲寅元曆》一卷。

**黄鐘算法**

無名氏。《隋志》三十八卷。〇《新》作四十卷。

**七經算術通義**

陰景愉撰。《舊唐志》七卷。〇《新》同。

**九章術疏**

宋泉之撰。《舊唐志》九卷。〇《新》同。

**謝察微算經**

《新唐志》三卷。○《宋志》作謝察微《發蒙算經》三卷。

**得一算經**

陳從運撰。《新唐志》七卷。○《宋志》同。

**龍受算法**

貞元人。《新唐志》二卷。○《宋志》作龍受益《算法》二卷，又有《求一算術化零歌》一卷。

**長慶宣明曆**

無名氏。《新唐志》三十四卷。又有《長慶宣明曆要略》一卷、《宣明曆超捷例要略》一卷。

**一行算法**

《御覽》引之。○《唐志》有一行《心機算術括》一卷，黄棲巖注。○《宋志》作僧棲巖注。

## 術數類

**風角要占**

京房撰。梁八卷。《隋》三卷。○《御覽》引此書。

【眉批：《風角書》。】

**風角要候**

翼奉撰。《隋志》十一卷。○《舊唐志》作一卷。又無名《風角》十卷。○《新》有翼奉《風角要候》一卷。

【眉批：京房《風角要訣》。】

**風角雜占**

《隋志》有十四部。○《舊唐志》有王琛《風角六情訣》一卷。○《新》同《舊》。又有無名氏《風角》十卷。

**風角鳥情**

翼氏撰,一卷。又儀同臨孝恭撰,二卷。○《舊唐志》有劉孝恭《風角鳥情》二卷。○《新》同《舊》。

**黄帝九宫經**

《隋志》一卷。又有鄭玄注《九宫經》三卷,又梁有《黄帝四部九宫》五卷,又有《九宫推法》等九部,又《九宫雜書》十卷,又梁有《太一九宫雜占》十二卷。○《舊唐志》有無名氏《九宫經解》二卷。

**九宫行棋經**

鄭玄注。《隋志》三卷。又有《九宫行棋法》等七部。○《舊唐志》有《九宫行棋經》三卷,鄭玄撰。又王琛《九宫行棋立成》一卷。○《新》有鄭玄注《九宫行棋經》三卷,又無名氏《九宫經解》三卷,又《太一九宫雜占》等。

**黄帝太一密推**

《御覽》引之。《隋志》稱梁有《黄帝太一雜書》十六卷。

【眉批:《黄帝占書》。《五姓占》。《河圖今占》。】

**太一經**

宋琨撰。《隋志》二卷。○《舊唐志》有《太一大游曆》等四部,又宋珖①注《式經》一卷。○《新》有《太一式經》等。

**太一式雜占**

《隋志》十卷,梁二十卷。又梁有《黄帝太一雜占》十卷。○《新》有《太一式經雜占》十卷。

---

① "珖",中華書局整理本新、舊《唐志》皆作"琨"。

**太一龍首式經**

董氏注。《隋志》一卷。又有《太一飛鳥曆》等十餘部。○《新》有董氏《龍首式經》等。

**黄帝太一雜書**

梁十六卷。又有《黄帝太一度厄秘術》八卷、《太一帝記法》八卷、《太一雜用》十四卷、《太一雜要》七卷、《雜太一經》八卷。○《新》有《太一大游曆》等二部。

**黄帝陰陽遁甲**

《隋志》六卷。又有《雜遁甲》等三十餘部,又《遁甲經》等二十三部。

**東方朔歲占**

《隋志》一卷。又有《東方朔占》二卷。

**逆刺占**

《隋志》一卷。又有京房《逆刺》等二部。○《舊唐志》有京房《逆刺》三卷。

**鳥情占**

王喬撰。《隋志》有一卷。又有《鳥情書》等四部。又梁有王喬解《鳥語經》一卷。○新、舊《唐志》并互見。

**孝經元辰决**

《隋志》二卷。《舊唐志》同。又有《推元辰厄會》等九部,又《推元辰禄命》等九部。○《新》有《元辰》等六部。

**遁甲經**

《隋志》十卷。又有《陰陽遁甲》等二十二部。○《舊唐志》有《遁甲經》一卷,又《遁甲立成圖》等八部。○《新》有信都芳《遁甲經》二卷。

【眉批:《御》引《遁甲經》。】

**六壬式經雜占**

《隋志》九卷。又梁有《六壬式經》三卷,又《六壬式兆》六卷。○《新》有《六壬曆》等。

**龜經**

《隋志》一卷。又梁有史蘇《龜經》十卷等七部,又《龜卜五兆動摇决》一卷。○《舊唐志》有柳彦詢《龜經》等五部。○《新》有史蘇《沈思經》一卷,又柳氏《龜經》等五部。

【眉批:《御》引《柳氏龜經》。】

**周易占**

京房撰。《隋志》十二卷。又有《周易雜占》等。○《舊唐志》有京氏《周易四時候》二卷、《周易混沌》四卷。○《新》同《舊》。

**周易妖占**

京房撰。梁十三卷。○《御覽》引京房《易妖占》,又引京房《五星占》,又引京房《别對灾異》,又京房《風角要訣》。

【眉批:京房《别對灾異》。】

**周易飛候**

京房撰。《隋志》九卷,又六卷。《舊唐》六卷。又梁有《周易飛候六日七分》八卷。○《新》同《舊》。《飛候》六卷。

**周易逆刺占灾異**

京房撰。《隋志》十二卷。○《新》有京房《周易逆刺》三卷,又費直《周易逆刺占灾異》十二卷。

**周易錯卦**

京房撰。《隋志》七卷。○《舊唐志》作八卷。○《新》同《舊》。

**周易集林**

京房撰。《隋志》十二卷,《七録》云“伏萬壽撰”。《舊唐》云:“十二卷,伏曼容①撰。”又有京房《易守林》三卷。○《新》有伏曼容書十二卷。

【眉批:《周易集林雜占》。】

**周易雜占**

尚廣撰。《隋志》九卷。又有無名氏《周易雜占》等。○《舊唐志》有許峻《周易雜占》七卷,又尚廣此書八卷。○《新》有許峻書七卷,尚廣書八卷。

【眉批:《雜占書》。】

**易林變占**

焦贑撰。《隋志》十六卷。○《御覽》有。

**易洞林**

郭璞撰。《隋志》三卷。《御》引。又有郭璞《周易新林》四卷,又九卷。又梁有《周易林》五卷。又梁元帝有《洞林》三卷、《連山》三十卷。○《舊唐志》有《連山》三十卷,梁元帝撰。又郭璞《周易洞林解》三卷,又梁元帝《洞林》三卷。○《新》同《舊》。

【眉批:《管氏易林》。《御》。】

**田家曆**

《隋志》十二卷。

【眉批:《萬歲曆》。舊、新《唐志》并有。《御覽》引。】

**師曠書**

《隋志》三卷。又梁有《師曠占》五卷。○《舊唐志》作《師曠

① “容”字原脱,今補。

占書》一卷，又《東方朔占書》一卷。○《新》同《舊》。○《御》引《師曠占》。

**東方朔占**

《隋志》二卷。《舊唐》一卷。又有《東方朔書》《東方朔曆》等四部，又梁有《東方朔占》七卷。○《新》有《東方朔占書》一卷。

**雜忌曆**

魏光祿勛高堂隆撰。《隋志》二卷。又有《百忌曆術》等六部。○《新》有《廣濟陰陽百忌曆》一卷。

【眉批：《曆忌擇日》。】

**堪餘**

《隋志》四卷。又有《堪餘曆》等十餘部。○《舊唐志》有《堪輿曆法》等二部。○《新》亦有。

**易通統圖**

《隋志》二卷。又有《易斗圖》等十餘部。二書移入易緯類。

**嫁娶經**

《隋志》四卷。又有《陰陽婚嫁書》等十一部。○《舊唐志》有無名氏《婚嫁書》二卷。○《新》同《舊》。

**拜官書**

《隋志》三卷。又有《臨官冠帶書》一卷。

**占夢書**

京房撰。《隋志》三卷。又有崔元《占夢書》一卷、《竭伽仙人占夢書》一卷、周宣《占夢書》一卷、《新撰占夢書》十七卷、《夢書》十卷、《解夢書》二卷、《御》引《解夢書》。《雜占夢書》一卷。○《舊唐志》有周宣《占夢書》三卷。又二卷，無名氏。○《新》同《舊》。又有盧重元《夢書》四卷、柳璨《夢雋》一卷。

**鳥鳴書**

和菟撰。梁一卷。○《舊唐志》有無名氏《鳥情占》一卷,又管輅《鳥情逆占》一卷。○《新》有管輅《鳥情逆占》一卷,又無名氏《鳥情占》一卷。

**海中仙人占體瞤及雜吉凶書**

《隋志》三卷。又梁有《嚏書》《耳鳴書》《目瞤書》各一卷。

**竈經**

梁簡文帝撰。《隋志》十四卷。又梁有《祠竈書》一卷。○《舊唐志》有無名氏《祠竈經》一卷。○《新》同《舊》。

**太玄禁經**

梁一卷。

**陶朱變化術**

梁一卷。又梁有《淮南萬畢經》《淮南變化術》等各一卷、《五行變化墨子》五卷、《淮南中經》四卷、《六甲隱形圖》五卷。○《舊唐志》有《淮南萬畢術》一卷,劉安撰。

**瑞應圖記**

孫柔之撰。梁三卷。《新唐志》同。又梁有孫氏《瑞應圖贊》三卷。又《隋》有無名氏《瑞應圖》二卷、《祥瑞圖》十一卷、侯亶《祥瑞圖》八卷。《新志》有。○《舊唐志》有孫柔之《瑞應圖記》二卷,入雜家類。又熊理《瑞應圖贊》三卷。○《新》熊氏書三卷。

【眉批:《孫氏瑞應圖》。《孫氏瑞應書》。】

**張掖郡玄石圖**

高堂隆撰。《隋志》一卷。又有孟衆所作《張掖郡玄石圖》一卷,又梁有《晋玄石圖》一卷。○《舊唐志》有孟衆《張掖郡玄石圖》一卷,又高堂隆書一卷。○《新》有孟衆、高堂隆二家書各一卷,入雜家。

**天鏡　地鏡**

梁有《天鏡》《地鏡》《日月鏡》《四規鏡經》各一卷。又《隋志》有《天鏡》二卷、《乾坤鏡》二卷。

**地鏡圖**

梁六卷。

**相宅圖**

《隋志》八卷。○《舊唐志》有無名氏《五姓宅經》二卷。○《新》有蕭吉《五姓宅經》二十卷。

**冢書**

梁有四卷。又《黄帝葬山圖》四卷。○又《五音相墓書》等五部。○《舊唐志》有無名氏《葬經》八卷。

【眉批:《論墓書》。】

**相書**

《隋志》四十六卷,無名氏。又有蕭吉《相經要録》二卷、鍾武隸《相經》三十卷、樊許《相書》十一卷、唐氏《武王相書》一卷、《雜相書》九卷、無名氏《相書圖》七卷。○《新》有袁天綱《相書》七卷。○《御》引《樊氏相法》。

【眉批:濮陽夏樵子《五行志》五卷。○《新唐》五行。】

**相手板經**

《隋》六卷,無撰人。○又梁有韋氏《相板印法》一卷。○魏征東將軍程申伯《相印法》一卷。○無名氏《受版圖》一卷。○《御覽》引《相印經》。○又引《相印書》。○又引《相貝經》。

【眉批:《相印經》。】

**白澤圖**

《隋志》一卷,無撰人。○《舊唐志》同。○《新》亦同。○《御覽》引《白玉圖》,疑即此書之訛。又別引《白澤圖》。

**相馬經**

伯樂撰,梁一卷。○《舊唐志》同。又二卷,無撰人。又二卷,徐成等撰,入農家。又諸葛穎等《相馬經》六十卷。○《新》有四部。

【眉批:馬援《銅馬相法》。】

**相牛經**

齊大夫甯戚撰,梁一卷。《舊唐》同。又梁有王良《相牛經》、高堂隆《相牛經》各二卷。○《新唐》有甯戚書一卷。

**相鵠經**

淮南八公撰,梁二卷。○《御》引《淮南八公相鶴書》。

**相鶴書**

浮丘伯撰。○《舊唐志》作浮丘公,入農家。○《新》亦入農家,作浮丘公書一卷。

**相鴨經　相雞經　相鵝經　相貝經**

各一卷,俱無名氏。并見《梁太清目》。○《舊唐志》有《相貝經》一卷,入農家。○《新》亦有《相貝經》一卷。○《御覽》引《相貝經》。

**權衡記**

祖暅撰,二卷。又梁有無名氏《稱物重率術》二卷。

**器準圖**

後魏丞相士曹行參軍信都芳撰。《隋志》三卷,入小説。

【眉批:(以上)二書入譜録。】

**符瑞圖**

顧野王撰。《舊唐志》十卷,入雜家。○《新》有此書十卷。又《祥瑞圖》十卷。○《御》又引《符瑞圖》,無名氏。

【眉批:顧野王《瑞應圖》。】

**禄命書**

劉孝恭撰。《舊唐志》二十卷。又王琛《禄命書》二卷。○《新》同《舊》。

**陰陽書**

吕才撰。《舊唐志》五十卷。又有王粲《新撰陰陽書》三十卷。○《新》有王粲書三十卷,又吕才書五十三卷。

**青烏子**

《舊唐志》三卷。又有《葬經》八卷,無撰人。又十卷。又二卷,蕭吉撰。又《葬書地脉經》等八部。○《新》有《葬經》等。

【眉批:《青烏子葬書》。】

**百怪書**

無名氏。《舊唐志》一卷。○《新志》同。○《御覽》引之。

【眉批:無名氏《五行休王論》。《雜五行書》。】

**占燈經**

李淳風撰。《新唐志》一卷。

## 藝術類

**古今樂録**

陳沙門智匠撰。《隋志》十二卷。○《舊唐志》十三卷。○《新》亦作十三卷。○《御覽》引之。

【眉批:《古樂府歌》。《樂法圖》。《樂部》。《樂説》。】

**管弦記**

凌秀撰。《隋志》十卷。○《舊唐志》十二卷，云"留進録，凌秀注"。○《新唐志》留進《管弦記》十二卷，凌秀《管弦志》十卷。

**琴譜**

戴氏撰。《隋志》四卷。又有《琴經》《琴操》。○《舊唐志》有劉氏、周氏、陳懷等《琴譜》三部。○《新》有九部。

【眉批:《京氏律術》。《音律圖》。】

**鐘磬志**

公孫崇撰。《隋志》二卷。○《舊唐》同。○《新唐志》亦同。

**鐘律緯**

梁武帝撰。梁六卷。○《舊唐志》有梁武帝《樂論》三卷。○《新》有《樂社大義》十卷，又《樂論》三卷。

【眉批:劉顔《鐘律音》。】

**樂論**

衛少尉卿蕭吉撰。《隋志》一卷。○《舊唐志》有蕭吉《樂譜集解》二十卷。○《新志》有梁武帝《樂論》三卷，又蕭吉書二十卷。

【眉批:《御覧》引夏侯元《辨樂論》。阮籍《樂論》。】

**樂書**

後魏丞相士曹行參軍信都芳撰。《隋志》七卷。○《舊唐志》九卷。○《御覧》引《樂書》。

**樂義**

梁武帝集朝臣撰。梁十一卷。○以上并在經部樂類。

【眉批:《大周正樂》。】

**鐘律**

沈重撰。《舊唐志》五卷。○《新》同《舊》。

【眉批:《琴曆》。】

**樂書要録**

唐大聖天后撰。《舊唐志》十卷。○《新唐志》同。

**樂苑**

見《崇文目》及《宋志》。《御覽》引之。

**馬槊譜**

《隋志》一卷,無名氏。梁二卷。

**馬射譜**

梁一卷,無名氏。又有《騎馬都格》一卷、《騎馬變圖》一卷。

**棋勢**

《隋志》四卷,無名氏。又梁有湘東太守徐泓圍《棋勢》等,合六部。又沈敞《棋勢》等。○《舊唐志》有《棋勢》六卷。

**術藝略序**

梁五卷,孫暢之撰。

**棋品序**

陸雲撰。《隋志》一卷。又有范汪《棋九品序》等四部。○《舊唐志》有范汪等注《棋品》五卷,又三部。○《新》同。

**博塞經**

邵綱撰。《隋志》一卷。又有《雜博戲》五卷、《皇博法》一卷。又梁有《大小博法》一卷。又梁東宫撰《太一博法》一卷、《雙博法》一卷、《二儀十博經》一卷。○《舊唐志》有鮑宏撰《博塞經》一卷,又六部。○《新》大略相同。

**投壺經**

《隋志》一卷。又梁有《投壺經》四卷、《投壺變》一卷,晋左光禄大夫虞潭撰;《投壺道》一卷,郝沖撰。○《舊唐志》有郝沖、虞潭撰《投壺經》一卷。○《新》有郝沖、虞譚法《投壺經》一卷。按："法"字疑誤。又有上官儀《投壺經》一卷。

**擊壤經**

梁一卷，無名氏。

**象經**

周武帝撰。《隋》一卷。又王褒《象經》等四部。○《舊唐志》有周武帝《象經》一卷，又何安撰一卷，又王裕撰一卷。○《新》略同。

【眉批：《藝經》。】

**古今藝術**

《隋志》二十卷，無撰人，入小説。○《舊唐志》作《今古藝術》十五卷，入雜藝術類中。○《新》同《舊》。

【眉批：《御》引《古今藝術圖》。】

**王琚射經**

《新唐志》一卷，入藝術。又有張守忠《射記》一卷。○《御覽》引作《趙公王琚教射經》。

**名手畫録**

無名氏。新、舊《志》俱一卷。○《新志》有諸畫圖。○《御》引《古今名畫録》。

【眉批：《宋炳山畫叙》。《古今名畫録》。】

**文字志**

王愔撰。《舊唐志》三卷。○《新》同《舊》。均在小學類中，今移入此。

【眉批：趙一飛《草書訣》。蔡邕《篆勢》。成公綏《隸勢》。】

**古迹記**

徐浩撰。《新唐志》一卷。又有《書譜》一卷。○《御覽》諸書引之。又引徐浩《論書》。

**骰子選格**

李郃撰。字仲玄,賀州刺史。見《新唐志》。書三卷,藝術類中。

**古今書評**

袁昂撰。○《御覽》引之。

**譜録類**

**錢譜**

顧烜撰。《隋志》一卷,入譜系類。又有無名氏《錢圖》一卷。○《舊唐志》有《顧氏譜》一卷,入農家。○《新》亦入農家。

**泉圖記**

劉潛撰。梁三卷,入五行類末。見《隋志》注。

**魯史欹器圖**

儀同劉徽注。《隋志》一卷,入小説。○《舊唐志》作劉徽撰,入儒家。○《新》亦入儒家,書一卷。

**器準圖**

後魏丞相士曹行參軍信都芳撰。《隋志》三卷,入小説。○《新》作信都芳《器準》三卷,入曆算。

【眉批:《權衡記》。移入此。】

**續錢譜**

唐封演撰。《新唐志》一卷,入小説。

【眉批:王羲之《筆經》。《作墨法》。韋仲將《筆墨方》。】

**玉璽譜**

僧約貞撰。《舊唐志》入儀注類中,一卷。又有徐令信《玉璽正録》一卷,又姚察《傳國璽》十卷。○《新唐志》傳記類有徐景

《玉璽正録》一卷、《國寶傳》一卷。又儀注類有紀僧真《玉璽譜》一卷、姚察《傳國璽》十卷、徐令言《玉璽正録》一卷。

**食經**

無名氏。《隋志》十四卷,入醫家。又有《崔氏食經》四卷。又梁有《食經》二卷,又梁有齊冠軍將軍劉休《食方》一卷。○《舊唐志》醫家類中有《大官食法》一卷。又《大官食方》十九卷。又崔浩《食經》九卷。又十卷。又四卷,竺暄撰。又五部。

【眉批:《御》引《食經》。《食經》等,《新唐志》略同《舊》。又有嚴龜《食法》十卷,有注。】

**四時御食經**

無名氏。《隋志》一卷。《新》有趙武《四時食法》一卷。又梁有《太官食經》等九部。○《舊唐志》有《淮南王食經》一百二十卷,諸葛穎撰。

【眉批:魏武《四時食制》。】

**家政方**

無名氏。梁十二卷。○以上并見《隋志》醫家類。○又有隋大業中撰《淮①南王食經》并目百六十五卷。○《舊唐志》作《淮南王食經》一百二十卷,又《淮南王食目》十卷,又《淮南王食經》三百十三卷②,并諸葛穎撰。又盧仁宗《食經》三卷。

**禁苑實録**

無名氏。《舊唐志》一卷。○《新》入農家,亦一卷。

**芝草圖**

一卷,無名氏。見《舊唐志》醫家類。又有無名氏《種芝經》

---

① "淮"原誤作"海",今正。

② 中華書局整理本《舊唐書・經籍志》作"《淮南王食經音》十三卷"。

九卷。○《新》同《舊》。

【眉批:《魏王花木志》。】

**鷙擊録**

堯須跂撰。《舊唐志》二十卷。○《新》入農家,作堯須跋撰。

**鷹經**

無名氏。《舊唐志》一卷。○《新志》同。

**膳夫經手録**

四卷,唐楊曅撰。《新志》入醫家。

## 雜家類 後附類書

**仲長子昌言**

漢尚書郎仲長統撰。《隋志》十二卷、《録》一卷。○《舊唐志》作十卷。○《新》入儒家,卷同《舊》。

**蔣子美機論**

蔣濟撰。《隋志》八卷。○《舊唐志》同。○《新唐志》作十卷。

**篤論**

魏杜恕撰。梁四卷。○《舊唐志》同。○《新》亦同。○《御覽》引之。

**芻蕘論**

魏鍾會撰。梁五卷。○《舊唐志》同。○《新》亦同。○《御覽》引之。

**傅子**

晉司隸校尉傅玄撰。《隋志》百二十卷。○《舊唐志》同。○《新唐志》亦同。

**默記**

吴大鴻臚張儼撰。梁三卷。○《舊唐志》同。又有《誓論》三十卷,亦張儼撰。○《新》并同。

**裴氏新言**

吴大鴻臚裴玄撰。梁五卷。○《舊唐志》同。○《新唐志》亦同。○《御覽》引。

**析言論**

晋議郎張顯撰。梁二十卷。○《新》作張明《誓論》二十卷,"明"恐爲"顯"字之訛,"誓"爲"析言"二字之訛也。

【眉批:《御》引張顯《析言》。】

**時務論**

楊偉撰。《隋志》十二卷。○《舊唐志》同。○《新》亦同。○《御覽》引之。

**秦子**

吴秦菁撰。梁三卷。○《舊唐志》同。○《新》亦同。

**桓子**

梁一卷,無名。

**劉子**

梁十卷,無名。即劉勰也。見《舊唐志》。①

**何子**

梁五卷,無名。○《舊唐》稱何楷撰,五卷。○《新》同《舊》。

**孔氏説林**

孔衍撰。梁二卷。○《舊唐志》作五卷,又有張大素《説林》

---

① 此條有删除符號。

二十卷。○《新》同《舊》。

**立言**

蘇道撰。《隋志》六卷。○《新唐志》作十卷。

**張公雜記**

張華撰。《隋志》一卷。梁五卷。與《博物志》相似，小小不同。又有《雜記》十一卷，亦稱張華撰。○《新唐志》有《張公雜記》一卷。

**廣志**

郭義恭撰。《隋志》二卷。○《新唐志》同。○自輯得三卷。

**博覽**

《隋志》十三卷，無撰人。○《舊唐志》作十五卷。○《新》同《舊》，亦無撰人名氏。

**古今善言**

宋車騎將軍范泰撰。《隋志》三十卷。○《舊唐志》同。○《新》亦同。○《御覽》諸書引。

**記聞**

宋後軍參軍徐益壽撰。《隋志》三卷。○《舊唐志》同。○《新唐志》亦同。

**俗説**

沈約撰。《隋》三卷。梁五卷。又沈約《雜説》二卷。

**袖中記**

沈約撰。《隋志》二卷。《舊唐》一卷。又有沈約《袖中略集》一卷、《珠叢》一卷。○《新》有沈約《袖中記》二卷。

**物始**

謝吴撰。《隋志》十卷。○《新唐志》作謝昊《物始》十卷。

**釋文**

江邃撰。《新唐志》十卷,又總集類複出江邃《文釋》十卷。

**皇覽**

繆卜等撰。《隋志》一百二十卷。梁六百八十卷。梁又有何承天《合皇覽》五十卷。又徐爰《合皇覽目》四卷。又有《皇覽抄》二十卷,梁特進蕭琛抄。〇《舊唐志》有《皇覽》一百二十二卷,何承天撰。又徐爰并合,八十四卷。入類書。〇《新》同《舊》。

【眉批:《皇覽冢墓記》。《皇覽逸禮》。】

**鴻寶**

《隋志》十卷,無名氏。

**事始**

劉孝孫撰。《舊唐志》三卷。〇《新》入小説,卷數同,注云:“劉孝孫、房德懋。”又有劉睿《續事始》三卷。

**要覽**

陸士衡撰。《舊唐志》三卷。〇《新》亦同。〇《御》引陸機《要覽》。

**郭氏玄中記**

《御覽》引。

**類事類** 《隋志》無此目,《舊唐志》有,次於雜藝術之後。

**類苑**

劉孝標撰。《舊唐志》一百二十卷。〇《新》同《舊》。

**華林編略**

徐勉撰。《舊唐志》六百卷。《新》作《華林遍略》六百卷。

**修文殿御覽**

三百六十卷,無編輯人名氏。見《舊唐志》。○《新》作祖孝徵等撰。

**玄覽**

天后撰。《舊唐志》一百卷。○《新》同。

**文思博要**

張大素撰。并目一千二百一十二卷。又有《策府》五百八十二卷,亦張大素撰。○《新》有詳注。

## 小說家類 騙子。正本雜。常侍言旨。雜纂。

**語林**

東晋處士裴啓撰。梁十卷。

【眉批:《陸氏異林》。《御》引。】

**郭子**

東晋中郎郭澄之撰。《隋志》三卷。○《舊唐志》稱郭澄之撰,賈泉注。○《新》同,賈泉注。○自輯二卷。

**瑣語**

梁金紫光禄大夫顧協撰。《隋》一卷。

**笑林**

後漢給事中邯鄲淳撰。《隋志》三卷。○《舊唐志》同。○《新》亦同。又有唐何自然《笑林》三卷。○《御》引邯鄲氏《笑林》。

**談藪**

《隋志》小說中有楊松玢《解頤》二卷。

**俗說**

梁有一卷,無名氏。

**小說**

梁武帝敕安右長史殷芸撰。梁三十卷。《隋》十卷。又有無名氏《小說》五卷。○《舊唐志》有殷芸《小說》十卷,又劉義慶《小說》十卷。○《新》并同。

**宣驗記**

劉義慶撰。《隋志》三十卷,入傳記。○《御覽》《廣記》諸書多引之。

**冥祥記**

王琰撰。《隋志》十卷,入傳記。《新》同,入小說。又有王曼穎《補續冥祥記》一卷。○《舊唐志》同。又王曼《續冥祥記》十一卷。○《新》同《舊》。

**述異記**

祖沖之撰。《隋志》十卷,移入小說。○《舊唐志》同。○《新》同。

**志怪**

祖台之撰。《隋志》二卷,移入小說。○《舊唐志》有祖台之《志怪》四卷,入傳記。○《新》同《舊》。○《御》作祖台之《志怪集》。

**志怪**

孔氏撰。《隋志》四卷,移入小說。○《舊唐志》有《孔氏志怪》四卷。○《新》同《舊》。○《御》引《孔氏志怪》,又引《許氏志怪》。

【眉批:《許氏志怪》。】

**齊諧記**

宋散騎侍郎東陽無疑撰。《隋志》七卷,移入小說。○《舊唐志》亦作七卷。○《新》同《舊》。○《御覽》引。

【眉批：《炙轂子雜録注解》五卷。王叡。《乾䐑子》三卷。温庭筠。《戎幕閒談》。無名。書一卷。《玄怪録十卷》。牛僧孺。《續玄怪録》五卷。李復言。《俳諧集》十五卷。劉訥言。《芝田録》一卷。無名。《瀟湘録》十卷。柳祥。《窮神秘苑》十卷。焦璐。《御覽》引。《傳奇》三卷。裴鉶，高駢從事。《會昌解頤》四卷。無名。《樹萱録》一卷。無名。《醉鄉日月》三卷。皇甫松。以上并《新唐志》。】

**幽明録**

劉義慶撰。《隋志》二十卷，移入小説。○《舊唐志》作三十卷。○《新》同《舊》，亦作三十卷。○《御》作劉義慶《幽冥録》。

**旌異記**

侯君素撰。《隋志》十五卷，移入小説。○《舊唐志》作侯君集撰此書十五卷。○《新》同《隋志》。

**集靈記**

顔之推撰。《隋志》二十卷，移入小説。○《新》同。

**列異傳**

魏文帝撰。《隋志》三卷。○《舊唐志》有張華《列異傳》三卷，入傳記。○《御覽》引之。

**釋俗語**

劉齊撰。《舊唐志》八卷。○《新》同。

**啓顔録**

侯白撰。《舊唐志》十卷。○《新》同。

**辨林**

蕭賁撰。《舊唐志》二十卷。○《新》同。

**梁四公記**

盧詵撰。《新唐志》傳記類一卷，注云一作梁載言撰。

**景龍文館記**

武平一撰。《新唐志》傳記類十卷。○《御覽》引。○《説郛》亦有。

**靈鬼志**

荀氏撰。《新唐志》三卷。○《御覽》引之。

**感應傳**

王延秀撰。《新唐志》八卷。

**冥報記**

唐臨撰。《新唐志》二卷。

**獨異志**

李亢撰。《新唐志》十卷。○《御覽》引之。

【眉批:《衝波傳》。】

**洽聞記**

鄭遂撰。《新唐志》一卷。○《御》引。

【眉批:《廣德神異録》。】

**盧氏雜説**

無名。《新唐志》一卷。

**廣古今五行記**

唐竇維鋈撰。《新唐志》三十卷,入五行類。○《新唐志》有竇維鋈《吉凶禮要》二十卷,見儀注類中。○《御覽》引《唐廣古今五行記》。

## 釋家類

**衆僧傳**

裴子野撰。《隋志》二十卷,入傳記。○《舊唐志》作《名僧録》十五卷,裴子野撰。〇《新》同《舊》。

**法師傳**

王巾撰。《隋志》十卷,入傳記。

**名僧傳**

釋寶唱撰。《隋志》三十卷。〇《舊唐志》同。

**金陵塔寺記**

僧清徹撰。《新唐志》三十六卷。

**京師寺塔記**

劉璆撰。《隋志》十卷、《録》一卷。〇又有釋曇宗①《京師寺塔記》二卷。

**内典博要**

無名氏。《隋志》三十卷。〇《舊唐志》稱虞孝景撰,三十卷。〇《新》同《舊》。又有所撰《高僧傳》六卷。

**净住子**

齊竟陵王蕭子良撰。《隋志》二十卷,入雜家。〇《舊唐志》有釋道宣《統略净住子》二卷。又蕭子良撰《净住子》二十卷,王融頌。〇《新》有蕭子良《净住子》二十卷,王融頌。又道宣《統略净住子》二卷。

**支遁傳**

《御覧》引之。

**佛圖澄傳**

《御覧》引之。又引《佛圖澄别傳》。

---

① "宗"字處原爲一字空格,今據中華書局整理本《隋書·經籍志》補。中華本有注云:"釋曇宗,'宗'原作'景',據《高僧傳》改。"

**寶林傳**

《御覽》引之。

## 道家類

**道學傳**

《隋志》二十卷,入傳記。○《舊唐志》有馬樞《學道傳》二十卷,當即此書。○《新》作《學道傳》十二卷。○《御》引。

【眉批:蔡邕《王喬録》。隋、唐諸《志》宜補。】

**茅君内傳**

弟子李遵撰。《隋志》一卷,入傳記。○《舊唐志》同,亦入傳記。○《新》入神仙,書一卷。○《御》引。

【眉批:《太元真人茅盈内傳》。】

**關令君喜傳**

鬼谷先生撰,四皓注。○《舊唐志》一卷。○《隋志》作《關令内傳》一卷,鬼谷先生撰。○《新》同《舊》。

【眉批:《關令尹喜内傳》。《文始内傳》。】

**南嶽夫人内傳**

《隋志》一卷。○《舊唐志》作《紫虚元君南嶽夫人内傳》一卷,范邈撰。○《新》同《舊》,入神仙。又項宗亦爲之傳,見《新志》。

【眉批:《魏夫人傳》。《紫虚南嶽夫人傳》。《南嶽夫人内傳》。】

**太上真人内記**

李氏撰。《隋志》一卷。

【眉批:《桂陽列仙傳》。】

**任子道論**

魏河東太守任嘏撰。《隋志》十卷。○《舊唐志》同。○《新》亦同,入神仙家。

【眉批:《雜道傳》。】

**唐子**

吴唐滂撰。《隋志》十卷。○《舊唐志》同。○《新》同《隋》。

**蘇子**

晋北中郎參軍蘇彦撰。《隋志》十卷。○《舊唐志》作七卷。○《新》同《舊》。

**杜氏幽求新書**

杜夷撰。《隋志》二十卷。○《舊唐志》作《幽求子》三十卷,杜夷撰。○《新》同《舊》,入神仙。

【眉批:《御覽》引作《幽求子》。】

**孫子**

孫綽撰。《隋志》十二卷。○《舊唐志》同。○《新》亦同。○自輯二卷。

**符子**

東晋員外郎符朗撰。《隋志》二十卷。○《舊唐志》作三十卷。○《新》同《舊》,亦作三十卷。○自輯一卷。

**賀子述言**

宋太學博士賀道養撰。梁十卷。○《舊唐志》同。○《新》作《賀子》十卷。

**廣成子**

商洛公撰,張太衡注。疑近人作。《隋志》十三卷。○《舊唐》作十二卷,商洛公撰。○《新》同《隋》。

**陸子**

陸雲撰。《舊唐志》十卷。〇《新志》同。〇《御覽》引。

**無上秘要**

無名氏,七十二卷。見《舊唐志》。〇《新》亦同。

**養生要集**

已入醫家。張湛撰。《舊唐志》十卷,入道家。〇《隋志》亦十卷,入醫家。〇《新》亦十卷。

【眉批:《養生經》。《養生要術》。《養生要略》。《老子養生要訣》。】

**登真隱訣**

陶弘景撰。《舊唐志》二十五卷。〇《新》作一十五卷,疑誤。〇《御》引。

**牟子**

從儒家内移此。

## 集部

### 别集類

**荀勗集**

張溥本有。《御》引。[①]

【眉批:《薛孝通集》。北魏。見正本。《楊休之集》。北齊。見正本。《楊太尉集》。隋楊素。正本。《柳秘監集》。隋柳䛒。正本。】

---

① 此條有删除符號。

**庾翼集**

晋。《御》引。

**殷康集**

晋。《御》引。

**高堂隆集**

魏。《御》引。

**張敞集**

晋。《御》引。

**劉毅集**

晋。《御》引。

**皇甫謐集**

晋。《御》引。又引《皇甫謐自序》。

**左貴嬪集**

晋。《御》引。

**宋玉集**

見正本。

**枚叔集**

見正本。

**征西將軍夏侯霸集**

見正本。蜀。

**輔義中郎將張公集**

吴張温。見正本。

**駱將軍集**

吴駱統。見正本。

**薛少傅集**

吴薛綜。

**陸丞相集**

吴陸凱。

**胡侍中集**

吴胡綜。

**華覈集**

吴東觀令。

**韋昭集**

吴。

**柳吴興集**

梁柳惲。以上并見正本。

## 總集類

**文章流别集**

《隋志》四十一卷。梁六十卷,《志》二卷,《論》二卷,摯虞撰。○《舊唐志》作三十卷。○《新》同《舊》。

**文章流别志、論**

摯虞撰。《隋志》二卷。又有《文章流别本》十二卷,謝混撰。《續文章流别》三卷,孔甯撰。○《舊唐志》目録類有《文章志》四卷,摯虞撰。又傅亮《續文章志》二卷。○《新》目録中有摯虞《文章志》四卷,又有傅亮《續志》二卷。

【眉批:《文章流别論》。】

**集略**

無名氏。《隋志》二十卷。

**集林**

宋臨川王劉義慶撰。《隋志》一百八十一卷。梁二百卷。〇《舊唐志》作二百卷。〇《新唐志》同《舊》。

**新撰文章家集**

荀勗撰。《舊唐志》五卷,入目録。〇《新》同《舊》,入目録。

**管弦録**

入藝術。梁一卷。

**伎録**

入藝術。梁一卷。

**歌録**

無名氏。《隋志》十卷。〇《舊唐志》作《歌録集》八卷。〇《新》亦作《歌録集》八卷。

**文館詞林**

《新唐志》總集類有此書,一千卷,許敬宗等撰。〇《新唐志》有許敬宗《文館詞林文人傳》一百卷,見傳記類中。又總集類有《文館辭林策》二十卷。

**晋江左文章志**

宋明帝撰。見《新唐志》目録類中。書二卷。

**宋世文章志**

沈約撰。見《新唐志》目録類。書二卷。

**袁淑俳諧文**

《新唐志》十五卷。

**翰林論**

李充撰。《新唐志》三卷。《隋志》未查。[1]《舊唐志》有三卷。○《御覽》引之。

**山公啓事**

從詔令奏議類移入此。《隋》《舊》《新唐》并作三卷。

中華民國二十七年六月石星五鈔,共四萬八千○九十六字。

① 中華書局整理本《隋書·經籍志》云:"《翰林論》三卷,李充撰。梁五十四卷。"

# 薛瀛伯跋[①]

《蒲編堂路氏藏書目》不分卷，凡二十六册。每册首題“小洲手訂”或“子端手訂”。按：“小洲”爲著者號，“子端”其字，姓路，名慎莊，陜西盩厔人，清道光十六年丙申進士。翰林院庶吉士，授職編修，官至江蘇淮揚道。其父德爲嘉慶十四年己巳進士，官户部郎中，以文學名於時，有檉花館詩、古文《集》。慎莊能世其學，雅好藏書，爲當代名流所推許。鮑臆園《觀古閣叢稿》酬子端詩自注云：“子端莊書六萬餘卷，多宋元雕本，有《蒲編堂書目》八十卷。”又云：“子端慨晋以前書多名存篇佚，因取他書所引證者，一一析而出之，俾還舊觀，作《漢魏遺書續鈔》，已成四十餘種矣。”今按：是目不分卷，鮑云“八十卷”，不知另有一書，抑即此二十六册爲之劃分也。第二十六册三十五葉後附《漢魏遺書續鈔》序、例及《纂輯書目》，共六十四葉。鮑云“已成四十餘種”，不知另有定本，抑即指此底稿也。第二十六册第四葉自注“六萬八千六百卷”，鮑云“六萬餘卷”，蓋有所據也。是目全部均用四寶齋硃絲欄紙。自第一册至十八册，每册五十葉或四十九葉。第十九册至二十六册，每册一百葉或九十九葉。第一册第一行自注“隨得隨録，

① 此標題爲整理者所加。

不復比次”，當爲稿本。字體秀勁，出一人手摹。惟後數册略爲草率耳。且以隨時編録，未能分别部居。嘗有一書前後重出，不免沓雜之弊。至其每録一書，於著者之身世、内容之大略、板刻之工拙、顯晦之源流，多所考證。其見聞之博，辨别之精，不在錢遵王《讀書敏求記》之下。惜罕有傳本。聞其後人於光緒十一年自淮揚捆載遺書，散售吴市，是目或即於此時流露於外。今已歸諸東方文化事業總委員會圖書館。本館特借鈔一部，俾廣流傳。其板框行字，均照原本。惟其所輯《漢魏遺書續鈔》六十四葉，行字密集，多有添注。每葉字數逾出格外，且每葉未記葉次。本館鈔本將其密行添注排匀謄録，增至七十四葉，加記葉次，另裝一册，共爲二十七册云。戊寅中秋前七日益陽薛瀛伯識。

# 附録一 《增訂四庫簡明目録標注》著録路慎莊藏書對照

邵懿辰撰、邵章續録《增訂四庫簡明目録標注》中著録有大量路慎莊藏本信息,其中大部分見於《蒲編堂路氏藏書目》。今將《標注》中路慎莊藏本信息依次録出,并注《標注》頁碼及《路氏藏書目》條目號。若《標注》所録路氏書不見於《路氏藏書目》,則曰"未著録"。

## 經部

(1)**了翁易説一卷** 宋陳瓘撰。路氏有鈔本。 邵第11頁/路第1547條。

(2)**周易新講義十卷** 宋耿南仲撰。路有鈔本。 邵第11頁/路第4150條。

(3)**讀易詳説十卷** 宋李光撰。路有鈔本。 邵第11頁/路第4151條。

(4)**周易窺餘十五卷** 宋鄭剛中撰。路有鈔本。 邵第12頁/路第4152條。

(5)**易變體義十二卷** 宋都絜撰。路有鈔本。 邵第12頁/路第4153條。

(6)**周易經傳集解三十六卷** 宋林栗撰。路有鈔本。 邵第13頁/路第4154條。

(7)**厚齋易學五十二卷** 宋馮椅撰。路有鈔本。 邵第17頁/路第4155條。

(8)**周易總義二十卷** 宋易祓撰。路有鈔本。 邵第17頁/路第4156條。

(9)**用易詳解十六卷** 宋李杞撰。路有鈔本。 邵第19頁/路第3128條。

(10)**淙山讀周易記二十一卷** 宋方實孫撰。路有鈔本。 邵第19頁/路第4158條。

(11)**讀易舉要四卷** 宋俞琰撰。路有鈔本。 邵第20頁/路4159條。

(12)**周易象義十六卷** 宋丁易東撰。路有鈔本。 邵第20頁/路第4160條。

(13)**易纂言外翼八卷** 元吴澄撰。路有鈔本。 邵第22頁/路第4161條。

(14)**易精藴大義十二卷** 元解蒙撰。路有鈔本。 邵第24頁/路第4162條。

(15)**易學變通六卷** 元曾貫撰。路有鈔本。 邵第24頁/路第4163條。

(16)**周易爻變義藴四卷** 元陳應潤撰。路有鈔本。 邵第24頁/路第4164條。

(17)**周易辨録四卷** 明楊爵撰。[續録]路有明刊本。 邵第26頁/路未著録。

(18)**八白易傳十六卷** 明葉山撰。路有鈔本。 邵第27

頁/路第4165條。

(19)**易義古象通八卷** 明魏濬撰。路有鈔本。 邵第28頁/路第4167條。

(20)**周易演旨六十五卷** 明程玉潤撰。路小洲有崇禎壬午刊本。 邵第29頁/路未著録。

(21)**易學象數論六卷** 清黄宗羲撰。路有鈔本。 邵第31頁/路未著録。

(22)**周易辨畫四十卷** 清連斗山撰。路有鈔本。 邵第36頁/路第4169條。

(23)**周易章句證異十一卷** 清翟均廉撰。路有鈔本。 邵第36頁/路第4170條。

(24)**尚書講義二十卷** 宋史浩撰。路有鈔本。 邵第42頁/路第4173條。

(25)**絜齋家塾書抄十二卷** 宋袁燮撰。路有鈔本。 邵第44頁/路第4174條。

(26)**尚書疏衍四卷** 明陳第撰。路有鈔本。 邵第51頁/路第4180條。

(27)**毛詩講義十二卷** 宋林岊撰。路有鈔本。 邵61頁/路4201條。

(28)**詩童子問十卷** 宋輔廣撰。路有元建安余氏勤有堂刊本二十卷。 邵第61頁/路未著録。

(29)**叢桂毛詩集解二十五卷** 宋段昌武撰。路有鈔本。 邵第62頁/路第4202條。

(30)**詩傳通釋二十卷** 元劉瑾撰。[續録]路小洲有元刊本。 邵第64頁/路第1773條。

(31)**詩集傳附録纂疏二十卷** 元胡一桂撰。路小洲有鈔本。 邵第64頁/路第4191條。

(32)**詩纘緒十八卷** 元劉玉汝撰。路有鈔本。 邵第65頁/路第4189條。

(33)**詩演義十五卷** 元梁寅撰。路有鈔本。 邵第65頁/路第4190條。

(34)**毛詩類釋二十一卷續編三卷** 清顧棟高撰。路有鈔本。 邵第70頁/路第4195條。

(35)**詩疑辨證六卷** 清黄中松撰。路有鈔本。 邵第70頁/路第4196條。

(36)**詩瀋二十卷** 清范家相撰。路有鈔本。 邵第71頁/路第4197條。

(37)**周禮詳解四十卷** 宋王昭禹撰。路有宋刊本。 邵第75頁/路第4209條。

(38)**周官總義三十卷** 宋易祓撰。路有鈔本。 邵第76頁/路第4204條。

(39)**周官集傳十六卷** 元毛應龍撰。路有鈔本。 邵第77頁/路第4205條。

(40)**校定儀禮十七卷** 清納喇性德校。路小洲云:"《孫祠書目内編》有宋刊本《儀禮》本文十七卷,納喇所校。或即仿宋本重刊之耳。" 邵第81頁/路第3601條。

(41)**禮經本義十七卷** 清蔡德晋撰。路有鈔本。 邵第84—85頁/路第4213條。

(42)**月令解十二卷** 宋張虙撰。路有鈔本。 邵第88頁/路第4215條。

(43)**春秋讞二十二卷** 宋葉夢得撰。路有鈔本。 邵第108頁/路第4221條。

(44)**春秋左氏傳續説十二卷** 宋吕祖謙撰。路有鈔本。 邵第109—110頁/路第4222條。

(45)**春秋分紀九十卷** 宋程公説撰。路有鈔本。 邵第110—111頁/路未著録。

(46)**春秋講義四卷** 宋戴溪撰。路有鈔本。 邵第111頁/路第4225條。

(47)**春秋集義五十卷綱領三卷** 宋李明復撰。[續録]路有不全元刊本。 邵第111頁/路未著録。

(48)**春秋説三十卷** 宋洪咨夔撰。路有鈔本。 邵第112頁/路第4226條。

(49)**春秋胡傳附録纂疏三十卷** 元汪克寬撰。路有元刊本。 邵第116頁/路未著録。

(50)**春秋長曆十卷** 清陳厚耀撰。[續録]路有鈔本。 邵第121—122頁/路第4229條。

(51)**孝經述注一卷** 明項霦撰。路有鈔本。 邵第126頁/路第2153、4236條。

(52)**十三經注疏正字八十一卷** 清沈廷芳撰。路有鈔本。 邵第134頁/路第4235條。

(53)**論語全解十卷** 宋陳祥道撰。路有鈔本。 邵第140頁/路第4238條/附録二第1條。

(54)**蒙齋中庸講義四卷** 宋袁甫撰。路有鈔本。 邵第143頁/路第4239條/附録二第6條。

(55)**四書集義精要二十八卷** 元劉因編。路有鈔本。 邵第144頁/路第4240條。

(56) **讀四書叢説四卷** 元許謙撰。路有鈔本八卷,疑即張本。[附録]路有舊鈔本,八卷完全,《大學》一卷,《論語》三卷,《中庸》《孟子》各二卷。(紹箕) 邵第144—145頁/路第3399條/附録二第2條。

(57) **鐘律通考六卷** 明倪復撰。路有鈔本。 邵第153頁/路第4248條。

(58) **俗書刊誤十二卷** 明焦竑撰。路有鈔本。 邵第173頁/路第4259條。

(59) **增修校正押韻釋疑五卷** 宋歐陽德隆撰,郭守正增修。路有鈔本。 邵第178頁/路第4263條。

## 史部

(60) **三國志六十五卷** 晉陳壽撰,宋裴松之注。上年廠肆文華堂有宋刊單《蜀志》,紙背係乾道等年公牘餘尾,今爲路小洲售去。[附録]路小洲藏《蜀志》,紙背乾道年公牘。 邵第196—197頁、374頁/路著録武英殿刊本(第3472條),未著録宋刊單《蜀志》。

(61) **中興小曆四十卷** 宋熊克撰。路有鈔本。 邵第213—214頁/路第4277條。

(62) **九朝編年備要三十卷** 宋陳均撰。路有鈔本。 邵第216頁/路第4279條。

(63) **續宋編年資治通鑒十五卷** 宋劉時舉撰。路有鈔本。 邵第217頁/路第3444條。

(64) **西漢年紀三十卷** 宋王益之撰。[續録]路有鈔本。

邵第217頁/路第2096條。

(65)**靖康要録十六卷** 不著撰人名氏。路有鈔本。 邵第217頁/路第4280條。

(66)**兩朝綱目備要十六卷** 不著撰人名氏。路有鈔本。邵第217頁/路第4281條/附録二第7條。

(67)**宋史全文三十六卷** 不著撰人名氏。路有元刊本。邵第217頁/路第4283條。

(68)**三朝北盟會編二百五十卷** 宋徐夢莘編。路有鈔本。邵第222頁/路第2019條。

(69)**古今紀要十九卷** 宋黄震撰。[續録]路有元刊本。邵第230頁/路第1605條。

(70)**唐大詔令一百三十卷** 宋宋敏求編。路有鈔本。 邵第242頁/路第4310條。

(71)**兩漢詔令二十三卷** 《西漢詔令》十二卷,宋林虙編。《東漢詔令》十一卷,宋樓昉編。路有宋刊本。[續録]莫友芝謂路藏宋刊本不真,疑明初刊本。 邵第243頁/路第4311條。

(72)**讜論集五卷** 宋陳次升撰。路有鈔本。 邵第244頁/路第4314條。

(73)**諸臣奏議一百五十卷** 宋趙汝愚編。路有宋淳祐刊本,即昭文張氏本,中有九卷鈔補。 邵第247頁/路第4316條。

(74)**李相國論事集六卷** 唐蔣偕撰。路有鈔本。 邵第250頁/路第2383條。

(75)**紹陶録二卷** 宋王質撰。路有鈔本。 邵第252頁/路第4318條。

(76)**廉吏傳二卷** 宋費樞撰。路有述古堂鈔本。 邵第255

頁/路未著録。

(77)**名臣碑傳琬琰集一百七卷** 宋杜大珪編。路有宋刊本。 邵第 257 頁/路第 4328 條。

(78)**敬鄉録十四卷** 元吴師道撰。路有鈔本。 邵第 259 頁/路第 4322 條。

(79)**江南野史十卷** 宋龍衮撰。路有鈔本。 邵第 270—271 頁/路第 4331 條。

(80)**安南志略十九卷** 元黎崱撰。路有鈔本。 邵第 273 頁/路第 4336 條。

(81)**歲時廣記四卷** 宋陳元靚撰。路小洲有舊鈔本,完全無缺。 邵第 276 頁/路著録《學海類編》本(第 2875 條)、《格致叢書》本(第 3036 條),未著録舊鈔本。

(82)**方輿勝覽七十卷** 宋祝穆撰。路小洲亦有宋刊本。 邵第 282 頁/路未著録。

(83)**吴郡圖經續記三卷** 宋朱長文撰。[續録]路有鈔本。 邵第 284—285 頁/路第 2501、4345 條。

(84)**乾道臨安志三卷** 宋周淙撰。路有鈔本。 邵第 285 頁/路第 1546、4346 條。

(85)**淳熙三山志四十二卷** 宋梁克家撰。路有鈔本。 邵第 285 頁/路第 4347 條。

(86)**景定嚴州續志十卷** 宋鄭瑶、方仁榮同撰。路有鈔本。 邵第 289 頁/路第 4351 條。

(87)**至元嘉禾志三十二卷** 元徐碩撰。路有鈔本。 邵第 289—290 頁/路第 4353 條。

(88)**大德昌國州圖志七卷** 元馮福京、郭薦等同撰。路有鈔本。 邵第 290 頁/路第 4354 條。

(89)**延祐四明志十七卷** 元袁桷撰。路有鈔本。 邵第 290 頁/路第 4355 條。

(90)**吴興備志三十二卷** 明董斯張撰。路有鈔本。 邵第 292 頁/路第 4360 條。

(91)**赤松山志一卷** 宋倪守約撰。路有鈔本。 邵第 305 頁/路第 4363 條。

(92)**南宋館閣録十卷續録十卷** 《館閣録》宋陳騤撰,《續録》則不知誰所作。路有鈔本。 邵第 329 頁/路第 4339 條。

(93)**秘書監志十一卷** 元王士點、商企翁同撰。路有鈔本。 邵第 330 頁/路第 4341 條。

(94)**土官底簿二卷** 不著撰人名氏。路有鈔本。 邵第 330—331 頁/路第 4342 條。

(95)**五代會要三十卷** 宋王溥撰。路有鈔本。 邵第 334 頁/路第 414 條。

(96)**西漢會要七十卷** 宋徐天麟撰。路有宋刊本。 邵第 335 頁/路著録聚珍版本(第 411 條),未著録宋刊本。

(97)**東漢會要四十卷** 宋徐天麟撰。路有宋刊本。路藏宋刊,想亦足本也。 邵第 335 頁/路著録聚珍版本(第 412 條),未著録宋刊本。

(98)**元朝典故編年考十卷** 清孫承澤撰。路有鈔本。 邵第 339 頁/路第 4380 條。

(99)**大唐開元禮一百五十卷** 唐蕭嵩等撰。[續録]路有鈔本。 邵第 339—340 頁/路第 4381 條。

(100)**政和御製冠禮十卷五禮新儀二百二十卷** 宋鄭居中等

撰。[續録]路小洲有鈔本,二百二十八卷。　邵第340頁/路第3452條。

(101)**明宫史五卷**　舊本題蘆山赤隱吕毖校次,蓋明季宦官也。路有鈔本。　邵第342頁/路第3447條。

(102)**遂初堂書目一卷**　宋尤袤撰。路有鈔本二卷。　邵第350頁/路第995條。

(103)**千頃堂書目三十二卷**　清黄虞稷撰。路有鈔本。　邵第353頁/路第3687、4392條。

(104)**寶刻叢編二十卷**　宋陳思撰。路有鈔本。　邵第360—361頁/路第2101條。

(105)**兩漢筆記十二卷**　宋錢時撰。路有鈔本。　邵第372頁/路第4329條。

(106)**帝學八卷**　宋范祖禹撰。路有鈔本。　邵第386頁/路未著録。

(107)**戒子通録八卷**　宋劉清之撰。路有鈔本。　邵第393頁/路第4861條。

(108)**知言六卷附録一卷**　宋胡宏撰。路有鈔本。　邵第393頁/路第4860條。

(109)**家山圖書一卷**　路有鈔本。　邵第399頁/路第4850條。

(110)**治世龜鑒一卷**　元蘇天爵撰。路有元刊本。　邵第400頁/路第4848條。

(111)**農書三卷附蠶書一卷**　宋陳旉撰。路有影宋精鈔本。　邵第420頁/路第4831條。

## 子部

(112)**難經本義二卷** 周秦越人撰,元滑壽注。路有鈔本。 邵第424頁/路第4822條。

(113)**脉經一卷** 唐甄權撰。路有鈔本。 邵第428頁/路第1345條。

(114)**析骨分經一卷** 題綏安甯一玉撰。路有鈔本。 邵第428頁/路第1346條。

(115)**素問入式運氣論奥三卷附黄帝内經素問遺篇一卷** 宋劉温舒撰。路有宋刊本。 邵第429頁/路第4820條。

(116)**傳信適用方二卷** 宋吴彦夔撰。路有鈔本。 邵第433頁/路第4818條。

(117)**衛濟寶書二卷** 題東軒居士撰,不著名氏。路有鈔本。 邵第433頁/路第4817條。

(118)**針灸資生經七卷** 宋王執中撰。路有元刊本。 邵第434頁/路第4816條。

(119)**集驗背疽方一卷** 宋李迅撰。路有鈔本。 邵第435頁/路第4808條。

(120)**濟生方八卷** 宋嚴用和撰。路有鈔本。 邵第435頁/路第4814、4815條。

(121)**産寶諸方一卷** 不著撰人名氏。路有鈔本。 邵第435頁/路第4813條。

(122)**永類鈐方三十二卷** 元李仲南編輯。路氏有元至順刊本。 邵第439頁/路未著録。

(123)**新儀象法要三卷** 宋蘇頌撰。路有宋刊本。 邵第450頁/路第3417條。

（124）**六經天文編二卷** 宋王應麟撰。路有宋刊本。 邵第 450 頁/路第 4800 條。

（125）**七政推步七卷** 明貝琳撰。路有鈔本。 邵第 451 頁/路第 4796 條。

（126）**天步真原一卷** 清薛鳳祚撰。路有鈔本。 邵第 453—454 頁/路第 4783 條。

（127）**皇極經世索隱二卷** 宋張行成撰。路有鈔本。 邵第 463—464 頁/路第 4766 條。

（128）**皇極經世觀物外篇衍義九卷** 宋張行成撰。路有鈔本。 邵第 464 頁/路第 2524、4765 條。

（129）**易通變四十卷** 宋張行成撰。路有宋刊本。 邵第 464 頁/路第 4764 條。

（130）**觀物篇解五卷附皇極經世解起數訣一卷** 宋祝泌撰。路有舊鈔足本六十二卷，又附四卷，以校《四庫》本，訛脱甚多，似即錢氏《敏求記》所載之本。 邵第 464 頁/路第 4762、4767 條。

（131）**大衍索隱三卷** 宋丁易東撰。路有鈔本。 邵第 465 頁/路第 4759 條。

（132）**靈臺秘苑十五卷** 後周庾季才撰。路有鈔本。 邵第 465—466 頁/路第 314 條/附録二第 9 條。

（133）**玉照定真經一卷** 舊本題晋郭璞撰，張顒注。路有鈔本。 邵第 471 頁/路第 4750 條。

（134）**星命淵源五卷** 不著編輯者名氏。路有鈔本。 邵第 471 頁/路第 4751 條。

（135）**人倫大統賦一卷** 金張行簡撰，元薛延年注。路有鈔本。 邵第 473 頁/路第 4737、4738 條。

(136)**珊瑚木難八卷** 明朱存理撰。路有鈔本。 邵第483頁/路第4719條。

(137)**郁氏書畫題跋記十二卷續記十二卷** 明郁逢慶編。路有鈔本。 邵第485頁/路第4715條。

(138)**珊瑚網四十八卷** 明汪砢玉撰。路有鈔本。 邵第486頁/路第2526、4714條。

(139)**南宋院畫録八卷** 清厲鶚撰。路有鈔本。 邵第488頁/路第4710條。

(140)**墨譜三卷** 宋李孝美撰。[續録]路有鈔本。 邵第496頁/路第4705條。

(141)**香譜四卷** 宋陳敬撰。路有鈔本。 邵第497頁/路第4701條。

(142)**品茶要録一卷** 宋黄儒撰。路有鈔本。 邵第498頁/路第1299條。

(143)**金漳蘭譜三卷** 宋趙時庚撰。路有鈔本。 邵第501頁/路第1191條。

(144)**蟹略四卷** 宋高似孫撰。路有鈔本。 邵第502頁/路第4695條。

(145)**墨子十五卷** 舊本題周墨翟撰。路有弘治己未舊鈔本。 邵第504頁/路著録乾隆刊本(第222條),未著録明鈔本。

(146)**習學記言五十卷** 宋葉適撰。路有鈔本。 邵第512頁/路第4692條。

(147)**紫微雜説一卷** 宋吕本中撰。路有鈔本。 邵第533頁/路第4669條。

(148)**辨言一卷** 宋員興宗撰。路有鈔本。 邵第533頁/

路第 4622 條。

(149)**東園叢説三卷** 舊本題宋李如篪撰。路有鈔本。 邵第 533 頁/路第 4668 條。

(150)**密齋筆記五卷續筆記一卷** 宋謝采伯撰。[續録]路有鈔本。 邵第 534 頁/路第 4665 條。

(151)**書齋夜話四卷** 宋俞琰撰。路有鈔本。 邵第 536 頁/路第 4662 條。

(152)**閒居録一卷** 元吾丘衍撰。路有鈔本。 邵第 538 頁/路第 4655 條。

(153)**胡文穆雜著一卷** 明胡廣撰。路有鈔本。 邵第 539 頁/路第 4651 條。

(154)**蟫精雋十六卷** 明徐伯齡撰。路有鈔本。 邵第 539 頁/路第 4649 條。

(155)**研山齋雜記四卷** 不著撰人名氏。路有鈔本。 邵第 544—545 頁/路第 4637 條。

(156)**事實類苑六十三卷** 宋江少虞撰。路有鈔本。 邵第 546 頁/路第 4630 條。

(157)**言行龜鑒八卷** 元張光祖編。路有鈔本。 邵第 547 頁/路第 4628 條。

(158)**元明事類鈔四十卷** 清姚之駰撰。路有鈔本。 邵第 548 頁/路第 4627 條。

(159)**職官分紀五十卷** 宋孫逢吉撰。路有鈔本。 邵第 563 頁/路第 4425 條。

(160)**職官分紀後集二十六卷** 路又有鈔本《職官分紀後集》二十六卷,各家書目皆未著録。 邵第 563 頁/路未著録。

（161）**歷代制度詳説十二卷** 宋吕祖謙撰。［續録］路有鈔本。 邵第563頁/路第4428條。

（162）**全芳備祖前集二十七卷後集三十一卷** 宋陳景沂撰。路有鈔本。 邵第566頁/路未著録。

（163）**六帖補二十卷** 宋楊伯嵒撰。路有鈔本四十二卷。 邵第569頁/路第4429條。

（164）**别號録九卷** 清葛萬里撰。路有鈔本。 邵第578頁/路未著録。

（165）**中朝故事二卷** 南唐尉遲偓撰。路有鈔本。 邵第584頁/路第4615條。

（166）**南部新書十卷** 宋錢易撰。路有鈔本。 邵第586頁/路第1554、4611條。

（167）**分門古今類事二十卷** 不著撰人名氏。路有鈔本。 邵第607頁/路第4600條。

（168）**陰符經講義四卷** 宋夏元鼎撰。路有鈔本。 邵第617頁/路第4584條。

（169）**道德真經注四卷** 元吴澄撰。路有鈔本。 邵第519頁/路第4581條。

（170）**南華真經義海纂微一百六卷** 宋褚伯秀撰。路有鈔本。 邵第623頁/路第4576條。

## 集部

（171）**宗玄集三卷附録玄綱論一卷内丹九章經一卷** 唐吴筠撰。［續録］路有鈔本。 邵第654頁/路第4110條。

（172）**蕭茂挺文集一卷** 唐蕭穎士撰。路有鈔本。 邵第

656 頁/路第 4105 條。

（173）**李遐叔文集四卷**　唐李華撰。路有鈔本。　邵第 656 頁/路第 4104 條。

（174）**韓集舉正十卷外集舉正一卷**　宋方崧卿撰。路有鈔本。　邵第 658 頁/路第 4098 條。

（175）**别本韓文考異四十卷外集十卷遺文一卷**　宋朱熹原本，王伯大重編。路小洲有元刊本。　邵第 659 頁/路第 3190 條。

（176）**增廣注釋音辨柳集四十三卷**　不著編輯者名氏。路有元本。　邵第 662 頁/路第 4094 條。

（177）**五百家注音辨柳先生文集二十一卷外集二卷新編外集一卷附録八卷**　宋魏仲舉編。路有鈔本。　邵第 662 頁/路第 4095 條。

（178）**劉賓客文集三十卷外集十卷**　唐劉禹錫撰。［續録］路小洲有宋刻本三十卷，又鈔本《外集》十卷。　邵第 663 頁/路第 4092、4093 條。

（179）**司空表聖文集十卷**　唐司空圖撰。路有鈔本。　邵第 676 頁/路第 4068 條。

（180）**騎省集三十卷**　宋徐鉉撰。路有鈔本。　邵第 681 頁/路第 4055 條。

（181）**乖崖集十二卷附録一卷**　宋張詠撰。路有鈔本。　邵第 682 頁/路第 4052 條。

（182）**穆參軍集三卷附録遺事一卷**　宋穆修撰。路有鈔本。　邵第 683 頁/路第 4048 條。

（183）**東觀集十卷**　宋魏野撰。路有鈔本。　邵第 684 頁/路第 4047 條。

(184)**安陽集五十卷** 宋韓琦撰。[續録]路有鈔本。 邵第685頁/路著録刊本兩種(第3129、4042條),未著録鈔本。

(185)**古靈集二十五卷** 宋陳襄撰,其子紹夫編。路有鈔本。 邵第688頁/路第3426條。

(186)**都官集十四卷** 宋陳舜俞撰。路有鈔本。 邵第690頁/路第4035條。

(187)**西溪集十卷** 宋沈遘撰。路有鈔本。 邵第690頁/路第4033條。

(188)**鄖溪集三十卷** 宋鄭獬撰。路有鈔本。 邵第690頁/路第4057條。

(189)**錢塘集十四卷** 宋韋驤撰。路有鈔本。 邵第691頁/路第4032條。

(190)**馮安岳集十二卷** 宋馮山撰。路有鈔本。 邵第691頁/路第4031條。

(191)**龍學文集十六卷** 宋祖無擇撰。路有鈔本。 邵第692頁/路第4030條。

(192)**無爲集十五卷** 宋楊傑撰。路有鈔本。 邵第693頁/路第4029條。

(193)**范太史集五十五卷** 宋范祖禹撰。路有鈔本。 邵第693—694頁/路第4027、4028條。

(194)**鄱陽集十二卷** 宋彭汝礪撰。路有鈔本。 邵第694頁/路第4024、4025條。

(195)**南陽集三十卷附録一卷** 宋韓維撰。路有鈔本。 邵第695頁/路第4023條。

(196)**樂全集四十卷** 宋張方平撰。路有鈔本。 邵第696

頁/路第 4022 條。

(197)**廣陵集三十卷拾遺一卷** 宋王令撰。路有鈔本。 邵第 699 頁/路第 4020 條。

(198)**濟南集八卷** 宋李廌撰。路有鈔本。 邵第 707 頁/路第 2156 條。

(199)**參寥子集十二卷** 宋釋道潛撰。[續録]路有鈔本。 邵第 707 頁/路第 4016 條。

(200)**寶晉英光集八卷** 宋米芾撰。路有鈔本。 邵第 707 頁/路第 4015 條。

(201)**青山集三十卷續集七卷** 宋郭祥正撰。[續録]路有鈔本。 邵第 708 頁/路第 4014 條。

(202)**雲溪居士集三十卷** 宋華鎮撰。路有鈔本。 邵第 711 頁/路第 4008 條。

(203)**演山集六十卷** 宋黄裳撰。路有鈔本。 邵第 711 頁/路第 4007 條。

(204)**姑溪居士前集五十卷後集二十卷** 宋李之儀撰。路有鈔本。 邵第 711 頁/路第 4005、4006 條。

(205)**潏水集十六卷** 宋李復撰。路有鈔本。 邵第 711 頁/路第 4004 條/附録二第 10 條。

(206)**樂静集三十卷** 宋李昭玘撰。路有鈔本。 邵第 712 頁/路第 4002 條。

(207)**溪堂集十卷** 宋謝逸撰。路有鈔本。 邵第 713 頁/路第 4000、4001 條/附録二第 11 條。

(208)**竹友集十卷** 宋謝薖撰。路有鈔本。 邵第 713 頁/路第 3999 條。

(209)**灌園集二十卷** 宋吕南公撰。路有鈔本。 邵第713頁/路第3998條。

(210)**慶湖遺老集九卷** 宋賀鑄撰。[續録]路有鈔本。 邵第713—714頁/路第3997條。

(211)**竹隱畸士集二十卷** 宋趙鼎臣撰。路有鈔本。 邵第715頁/路第3993條。

(212)**跨鼇集三十卷** 宋李新撰。路有鈔本。 邵第716頁/路第3991條。

(213)**梁谿集一百八十卷附録六卷** 宋李綱撰。路有鈔本。 邵第717—718頁/路第3987條。

(214)**横塘集二十卷** 宋許景衡撰。路有鈔本。 邵第718頁/路第3986條。

(215)**西渡集二卷補遺一卷** 宋洪炎撰。路有鈔本。 邵第718頁/路第3985條。

(216)**丹陽集二十四卷** 宋葛勝仲撰。路有鈔本。 邵第719頁/路第3984條。

(217)**莊簡集十八卷** 宋李光撰。路有鈔本。 邵第719—720頁/路第3983條。

(218)**忠正德文集十卷** 宋趙鼎撰。路有鈔本。 邵第720頁/路第3982條。

(219)**東窗集十六卷** 宋張擴撰。路有鈔本。 邵第720頁/路第3981條。

(220)**松隱文集三十九卷** 宋曹勛撰。路有鈔本。 邵第720頁/路第3980條。

(221)**石林居士建康集八卷** 宋葉夢得撰。路有鈔本。 邵第 720 頁/路第 3979 條。

(222)**北山小集四十卷**　宋程俱撰。路有鈔本。　邵第 721 頁/路第 3978 條。

(223)**檆溪居士集十二卷**　宋劉才邵撰。路有鈔本。　邵第 721 頁/路第 3977 條。

(224)**筠溪集二十四卷**　宋李彌遜撰。路有鈔本。　邵第 721—722 頁/路第 3976 條。

(225)**華陽集四十卷**　宋張綱撰。路有鈔本。　邵第 722 頁/路第 3975 條。

(226)**紫微集三十六卷**　宋張嵲撰。路有鈔本。　邵第 722 頁/路第 3974 條。

(227)**苕溪集五十五卷**　宋劉一止撰。路有鈔本。　邵第 722 頁/路第 3972、3973 條。

(228)**東牟集十四卷**　宋王洋撰。路有鈔本。　邵第 722 頁/路第 3971 條。

(229)**相山集三十卷**　宋王之道撰。路有鈔本。　邵第 722 頁/路第 3970 條。

(230)**栟櫚集十六卷**　宋鄧肅撰。[續録]路小洲、張月霄、八千卷樓均有鈔二十五卷本。　邵第 723 頁/路第 3967 條。

(231)**陵陽集四卷**　宋韓駒撰。路有鈔本。　邵第 724 頁/路第 3966 條。

(232)**北海集四十六卷附録三卷**　宋綦崇禮撰。路有鈔本。　邵第 724—725 頁/路第 3963 條。

(233)**鴻慶居士集四十二卷**　宋孫覿撰。路有鈔本《孫尚書大全集》七十卷。　邵第 725 頁/路第 3962 條。

(234) **雙溪集十五卷** 宋蘇籀撰。路有鈔本。 邵第 727 頁/路第 3960 條。

(235) **雪溪集五卷** 宋王銍撰。路有鈔本。 邵第 728 頁/路未著録。

(236) **蘆川歸來集十卷附録一卷** 宋張元幹撰。路有鈔本十二卷。 邵第 728 頁/路第 3959 條。

(237) **五峰集五卷** 宋胡宏撰。路有鈔本。 邵第 729 頁/路第 3958 條。

(238) **斐然集三十卷** 宋胡寅撰。路有鈔本。 邵第 729 頁/路第 3957 條。

(239) **浮山集十卷** 宋仲并撰。路有鈔本。 邵第 730 頁/路第 3955 條。

(240) **嵩山居士集五十四卷** 宋晁公遡撰。路有鈔本。 邵第 731 頁/路第 3952 條。

(241) **默堂集二十二卷** 宋陳淵撰。路有鈔本。 邵第 731 頁/路第 3951 條。

(242) **漢濱集十六卷** 宋王之望撰。路有鈔本。 邵第 731 頁/路第 3948、3949 條。

(243) **拙齋文集二十卷** 宋林之奇撰。路有鈔本。 邵第 732 頁/路第 3946 條。

(244) **于湖集四十卷** 宋張孝祥撰。路有鈔本八卷。 邵第 732 頁/路第 3945 條。

(245) **太倉稊米集七十卷** 宋周紫芝撰。路有鈔本。 邵第 733 頁/路第 3943、3944 條。

(246) **鄮峰真隱漫録五十卷** 宋史浩撰。路有鈔本。 邵第

733 頁/路第 3942 條。

（247）**海陵集二十三卷外集一卷**　宋周麟之撰。路有鈔本。　邵第 733 頁/路第 3941 條。

（248）**高峰文集十二卷**　宋廖剛撰。［續録］路有鈔本。　邵第 734 頁/路未著録。

（249）**方舟集二十四卷**　宋李石撰。路有鈔本。　邵第 736 頁/路第 3937 條。

（250）**香山集十六卷**　宋喻良能撰。路有鈔本。　邵第 738 頁/路第 3935 條。

（251）**宫教集十二卷**　宋崔敦禮撰。路有鈔本。　邵第 738 頁/路第 3934 條。

（252）**涉齋集十八卷**　宋許及之撰。路有鈔本。　邵第 740 頁/路第 3931 條。

（253）**蠹齋鉛刀編三十二卷**　宋周孚撰。路有鈔本。　邵第 740 頁/路第 3930 條。

（254）**緣督集二十卷**　宋曾豐撰。路有鈔本。　邵第 740—741 頁/路第 3928 條。

（255）**定齋集二十卷**　宋蔡勘撰。路有鈔本。　邵第 742 頁/路第 3926 條，另有十八卷《永樂大典》本（第 3925 條）。

（256）**九華集二十五卷附録一卷**　宋員興宗撰。路有鈔本。　邵第 742 頁/路第 3924 條。

（257）**盤洲集八十卷**　宋洪适撰。路有鈔本。　邵第 742 頁/路第 3923 條。

（258）**浪語集三十五卷**　宋薛季宣撰。路有鈔本。　邵第 743 頁/路第 3922 條。

(259)**石屏集六卷** 宋戴復古撰。路有鈔本。 邵第 746 頁/路第 3919 條。

(260)**蓮峰集十卷** 宋史堯弼撰。路有鈔本。 邵第 747 頁/路第 3918 條。

(261)**昌谷集二十二卷** 宋曹彦約撰。路有鈔本。 邵第 747 頁/路第 3916 條。

(262)**南軒集四十四卷** 宋張栻撰。路有元刊本。 邵第 747 頁/路第 3915 條,另有鈔本(第 3914 條)。

(263)**勉齋集四十卷** 宋黄幹撰。路有鈔本。 邵第 747 頁/路第 3913 條。

(264)**北溪大全集五十卷外集一卷** 宋陳淳撰。路有元刊本。 邵第 748 頁/路第 3911、3912 條。

(265)**後樂集二十卷** 宋衛涇撰。路有鈔本。 邵第 748 頁/路第 3910 條。

(266)**性善堂稿十五卷** 宋度正撰。路有鈔本。 邵第 749 頁/路第 3909 條。

(267)**平齋文集三十二卷** 宋洪咨夔撰。路有鈔本。 邵第 753 頁/路第 3904 條。

(268)**鶴林集四十卷** 宋吴泳撰。[續録]路有鈔本。 邵第 754 頁/路第 3902 條。

(269)**東澗集十四卷** 宋許應龍撰。[續録]路氏、莫氏、八千卷樓均有鈔本。 邵第 754 頁/路第 3901 條。

(270)**翠微南征録十一卷** 宋華岳撰。路有鈔本。 邵第 754 頁/路第 3900 條。

(271)**北征録十二卷** 宋華岳撰。[續録]路有鈔本。 邵第

754 頁/路未著録。

(272)**浣川集十卷** 宋戴栩撰。路有鈔本。 邵第 754 頁/路第 3899 條。

(273)**滄州塵缶編十四卷** 宋程公許撰。路有鈔本。 邵第 755 頁/路第 3897、3898 條。

(274)**可齋雜稿三十四卷續稿八卷續稿後十二卷** 宋李曾伯撰。路有鈔本。 邵第 756 頁/路第 3896 條。

(275)**澗泉集二十卷** 宋韓淲撰。路有鈔本。 邵第 757 頁/路第 3894 條。

(276)**篔窗集十卷** 宋陳耆卿撰。路有鈔本。 邵第 757 頁/路第 3893 條。

(277)**鐵庵集三十七卷** 宋方大琮撰。路有鈔本二十六卷。 邵第 757 頁/路第 3892 條。

(278)**臞軒集十六卷** 宋王邁撰。路有鈔本。 邵第 758 頁/路第 3891 條。

(279)**彝齋文編四卷** 宋趙孟堅撰。路有鈔本。 邵第 759 頁/路未著録。

(280)**玉楮集八卷** 宋岳珂撰。路有鈔本。 邵第 759 頁/路第 3889 條。

(281)**巽齋文集二十七卷** 宋歐陽守道撰。路有鈔本。 邵第 762 頁/路第 3886 條。

(282)**雪坡文集五十卷** 宋姚勉撰。路有鈔本。 邵第 762 頁/路第 3885 條。

(283)**本堂集九十四卷** 宋陳著撰。路有鈔本。 邵第 763 頁/路第 3883 條。

(284)**膚齋續集三十卷** 宋林希逸撰。路有鈔本。 邵第763頁/路第3882條。

(285)**碧梧玩芳集二十四卷** 宋馬廷鸞撰。路有鈔本。 邵第765頁/路第3879條。

(286)**四明文獻集五卷** 宋王應麟撰。路有鈔本。 邵第765頁/路第3874條。

(287)**秋聲集六卷** 宋衛宗武撰。路有鈔本。 邵第766頁/路第3878條。

(288)**牟氏陵陽集二十四卷** 宋牟巘撰。路有鈔本。 邵第766頁/路第3877條。

(289)**佩韋齋文集十六卷** 宋俞德鄰撰。路有鈔本。 邵第768頁/路第3876條。

(290)**則堂集六卷** 宋家鉉翁撰。路有鈔本。 邵第769頁/路第3875條。

(291)**吾汶稿十卷** 宋王炎午撰。路有鈔本。 邵第770頁/路未著録。

(292)**滏水集二十卷** 金趙秉文撰。路有鈔本。 邵第772頁/路第3869、3870條。

(293)**滹南遺老集四十五卷** 金王若虚撰。路有鈔本。 邵第772頁/路第3867、3868條。

(294)**莊靖集十卷** 金李俊民撰。路有鈔本。 邵第773頁/路第3865、3866條。

(295)**湛然居士集十四卷** 元耶律楚材撰。路有鈔本。[續録]路氏藏鈔本,大題占雙行,每卷前有目,疑從元本出。 邵第773頁/路第3862條。

(296)**桐江續集三十七卷**　元方回撰。路有元刊本。　邵第775頁/路第3858條。

(297)**野趣有聲畫二卷**　元楊公遠撰。路有鈔本。　邵第775頁/路第3857條。

(298)**月屋漫稿一卷**　元黄庚撰。路有鈔本。　邵第775頁/路第3856條。

(299)**養蒙集十卷**　元張伯淳撰。路有鈔本。　邵第776頁/路第3853條。

(300)**青山集八卷**　元趙文撰。路有鈔本。　邵第777頁/路第3851條。

(301)**桂隱文集四卷詩集四卷**　元劉詵撰。路有鈔本。　邵第777頁/路第3850條。

(302)**巴西文集一卷**　元鄧文原撰。路有鈔本。　邵第777頁/路第3847、3848條。

(303)**紫山大全集二十六卷**　元胡祗遹撰。路有鈔本。　邵第778頁/路第3846條。

(304)**松鄉文集十卷**　元任士林撰。路有鈔本。　邵第778頁/路第3845條。

(305)**小亨集六卷**　元楊弘道撰。路有鈔本。　邵第780頁/路第3843條。

(306)**青崖集五卷**　元魏初撰。路有鈔本。　邵第781頁/路第3840條。

(307)**養吾齋集三十二卷**　元劉將孫撰。路有鈔本。　邵第782頁/路第3839條。

(308)**雙溪醉隱集八卷**　元耶律鑄撰。路有鈔本。　邵第

782 頁/路第 3838 條。

(309) **畏齋集六卷** 元程端禮撰。路有鈔本。 邵第 782 頁/路第 3836 條。

(310) **蘭軒集十六卷** 元王旭撰。路有鈔本。 邵第 784 頁/路第 3834 條。

(311) **此山集四卷** 元周權撰。路有鈔本十卷。 邵第 785 頁/路第 3832 條。

(312) **西巖集二十卷** 元張之翰撰。路有鈔本。 邵第 785 頁/路第 3830 條。

(313) **艮齋詩集十四卷** 元侯克中撰。路有元刊本。 邵第 786 頁/路第 3826 條。

(314) **勤齋集八卷** 元蕭𣂏撰。路有鈔本。 邵第 787 頁/路第 3821 條。

(315) **矩庵集十五卷** 元同恕撰。路有鈔本。 邵第 788 頁/路第 3819 條。

(316) **楊仲弘集八卷** 元楊載撰。[續録]路有鈔本。 邵第 789 頁/路有《浦城遺書》本(第 3118 條)、明刊本(第 4887 條),未著録鈔本。

(317) **范德機詩七卷** 元范梈撰。路有鈔本。 邵第 789 頁/路第 3816 條。

(318) **文安集十四卷** 元揭傒斯撰。路有鈔本。 邵第 789 頁/路第 3814 條。

(319) **檜亭集九卷** 元丁復撰。路有鈔本。 邵第 790 頁/路第 3813 條。

(320) **伊濱集二十四卷** 元王沂撰。路有鈔本。 邵第 790

頁/路第 3812 條。

(321)**黄文獻集十卷** 元黄溍撰。路有元刊本二十三卷。邵第 791 頁/路第 3811 條。

(322)**圭齋集十五卷附録一卷** 元歐陽玄撰。路有元刊本二部。 邵第 791 頁/路第 3809、3810 條。

(323)**至正集八十一卷** 元許有壬撰。路小洲、韓小亭均有舊鈔本。 邵第 792 頁/路第 3806 條。

(324)**禮部集二十卷** 元吴師道撰。路有鈔本。 邵第 792 頁/路第 3804 條。

(325)**燕石集十五卷** 元宋褧撰。路有鈔本。 邵第 793 頁/路第 3803 條。

(326)**安雅堂集十三卷** 元陳旅撰。路有鈔本。 邵第 793—794 頁/路第 3801 條。

(327)**傅與礪詩文集二十卷** 元傅若金撰。路有鈔本。 邵第 794 頁/路第 3800 條。

(328)**滋溪文稿三十卷** 元蘇天爵撰。路有鈔本。 邵 794 頁/路 3797 條。

(329)**近光集三卷扈從詩一卷** 元周伯琦撰。路有鈔本。邵第 795 頁/路第 3795 條。

(330)**圭峰集二卷** 元盧琦撰。路有鈔本。 邵第 796 頁/路第 3793 條。

(331)**午溪集十卷** 元陳鎰撰。路有鈔本。 邵第 797 頁/路第 3790 條。

(332)**不繫舟漁集九卷** 元陳高撰。路有鈔本十六卷。 邵第 798 頁/路第 3788 條。

(333)**玉笥集十卷** 元張憲撰。路有鈔本。 邵第801頁/路第3782條。

(334)**貞素齋集八卷附録一卷北莊遺稿一卷** 元舒頔撰。[續録]路氏、莫氏有鈔本。 邵第802頁/路第3781條。

(335)**一山文集九卷** 元李繼本撰。[續録]路氏、莫氏有鈔本。 邵第802頁/路第3780條。

(336)**江月松風集十二卷** 元錢惟善撰。[續録]路有鈔本。 邵第802頁/路第3779條。

(337)**龜巢集十七卷** 元謝應芳撰。[續録]路氏、莫氏、丁氏均有鈔本。 邵第802頁/路第3778條。

(338)**石初集十卷附録一卷** 元周霆震撰。[續録]路氏、莫氏、丁氏均有鈔本。 邵第803頁/路第3777條。

(339)**佩玉齋類稿十卷** 元楊翮撰。路有鈔本。 邵第804頁/路第3772條。

(340)**麟原文集二十四卷** 元王禮撰。路有鈔本。 邵第805頁/路第3771條。

(341)**性情集六卷** 元周巽撰。路有鈔本。 邵第806頁/路第3769條。

(342)**花谿集三卷** 元沈夢麟撰。路有鈔本。 邵第806頁/路第3768條。

(343)**樗隱集六卷** 元胡行簡撰。路有鈔本。 邵第806頁/路第3767條。

(344)**玉笥集十卷** 元鄧雅撰。路有鈔本。 邵第808頁/路第3761條。

(345)**説學齋稿四卷** 明危素撰。路有鈔本。 邵第813

頁/路未著録。

(346)**白雲稿五卷** 明朱右撰。路有鈔本。 邵第815頁/路第3746條。

(347)**竹齋集三卷續集一卷附録一卷** 明王冕撰。路有鈔本。 邵第822頁/路第3740條。

(348)**滎陽外史集七十卷** 明鄭真撰。路有鈔本。 邵第823頁/路第3739條。

(349)**清江三孔集四十卷** 宋王蓬編。路有鈔本。 邵第889頁/路第4054條。

(350)**聖宋文選三十二卷** 不著編輯者名氏。路有鈔本。 邵第890頁/路第4133條。

(351)**五百家播芳大全文粹一百十卷** 宋魏齊賢、葉棻同編。路有鈔本。 邵第894頁/路第4135條,另有一百五卷鈔本(第3089條)。

(352)**釋文紀四十五卷** 明梅鼎祚編。路有鈔本。 邵第915頁/路第4130條。

(353)**作義要訣一卷** 元倪士毅撰。路有鈔本。 邵第936頁/路第3709條。

(354)**筠溪樂府一卷** 宋李彌遜撰。路有鈔本。 邵第944頁/路第3698條。

# 附録二 《西安市文物管理委員會善本書籍目録》著録路慎莊藏書

路慎莊藏書身後多散佚,僅有少量藏書藏於路氏後人之手。1954 年,路氏後人路禾甫將路慎莊舊藏古籍百餘册捐獻西安市文物管理委員會。1980 年、1982 年西安文管會先後兩次編製了古籍善本書目(甲編、乙編),其中有不少路慎莊藏書的信息,今將甲編、乙編前言及所著録路氏藏書信息摘録出來,供讀者參酌。

## 一、《西安市文物管理委員會善本書籍目録甲編前言》

我會收藏綫裝書籍八萬餘册,其中不乏珍籍善本,而尤以我省周至縣路禾甫先生所捐獻其先人路慎莊藏書爲最。路字子端,號小洲,道光辛卯舉人,丙申進士,翰林院編修,著有《蒲編堂書目》。收藏之富,頗爲當時稱道。惜所藏宋元舊槧早已散逸,其轉入我會者,多爲清代翰林院、國子監之物,皆甚珍貴。一九七九年我會遵照周總理"要儘快地把古籍善本書目編輯出來"遺言,於上述路氏及我會藏書基礎上遴選出二百六十種(内計經部十九種,史部四十五種,子部一百零四種,集部九十二種),編成《西安市文物管理委員會善本書籍目録甲編》,并附以書影六種,俾資研究我國古代文獻及考證版本所需。惟限於業務水平,謬誤之處在所難免,尚希專家學人多予批評指正是幸。

西安市文物管理委員會

一九八〇年十一月

## 二、《西安市文物管理委員會善本書籍目録乙編前言》

我會於一九八零年冬將上報中央之古籍善本書籍二百六十種,編成《西安市文物管理委員會善本書籍目録甲編》,并已刊印。其餘雖未經上報而仍不乏珍善者,尤以盩厔路慎莊鈔本多種,均見著録於邵懿辰之《增訂四庫簡明目録標注》書中。還有明清期間關中鄉賢學者的著作若干,亦彌足珍貴。因復事搜輯,得經部二十九種,一百九十四册;史部三十四種,四百八十七册;子部四十一種,五百零二册;集部五十一種,四百零四册;叢部二種,八十六册。共計一百五十七種,一千六百七十三册。成此《古籍善本目録乙編》,俾資參考。惟限於編者水平,謬誤之處一定不少,尚希批評指正。

西安市文物管理委員會

一九八二年十二月

## 三、《西安市文物管理委員會善本書籍目録》甲、乙編所録路慎莊藏書信息輯録

**(1)重廣陳用之學士真本入論語全解十卷** 宋陳祥道撰。清鈔本。一六〇・一三。①

---

① 此條見《甲編》第3頁。《路氏藏書目》第4238條、附録一第53條著録此書。

此書書面鈐蓋“乾隆三十八年十一月浙江巡撫三寶進呈吳玉墀家藏”長方印,扉頁又鈐有滿漢文“翰林院印”,書中且有塗乙校改處,當係《四庫》底本。又此部書乃盩厔路氏捐獻者。據《增訂四庫簡明目録標注》,此書“路有鈔本”,路爲路慎莊,小洲。盩厔路氏即其後裔,則此書當是小洲舊有鈔本也。

(2)**讀四書叢説八卷** 元許謙撰。清初鈔本。一六〇·一五。①

《四庫全書總目提要》著録兩江總督采進本爲四卷,凡《大學》一卷,《中庸》一卷,《孟子》二卷。《中庸》闕其半,《論語》則已全闕。此鈔本乃路小洲舊藏,八卷,凡《論語》三卷,《孟子》二卷,《大學》一卷,《中庸》二卷,較《四庫》著録之本爲勝。又邵氏《標注》謂“昭文張氏有舊鈔本,八卷完全。路有鈔本八卷,疑即張本”,附録又謂“路有舊鈔本,八卷完全。《大學》一卷,《論語》三卷,《中庸》《孟子》皆二卷”。是則紹箕所見,即此鈔本。此鈔本又有“璜川吴氏收藏圖書”朱文印。

(3)**皇王大紀八十卷** 宋胡宏撰。明鈔本。珍·一九。十行,行二一字,小字雙行二十字,白口,藍格,四周單邊。見書影三。②

《四庫全書提要》著録爲浙江范懋柱天一閣藏本。此部係路小洲家藏書,首册封面鈐蓋“乾隆三十八年十一月浙江巡撫三寶送到范懋柱家藏《皇王大紀》壹部計書貳拾本”長方印,首卷第一頁復鈐有滿漢文“翰林院印”。是即《四庫》著録之本。路氏藏書多出自清内府,此其一也。

---

① 此條見《甲編》第4—5頁。《路氏藏書目》第3399條、附録一第56條著録此書。

② 此條見《甲編》第8頁。《路氏藏書目》第4276條著録此書,附録一未著録。

(4)**續仙傳三卷** 南唐沈汾撰。清路小洲鈔本。三〇二·九。①

此書有路慎莊小洲。題跋及校勘。

路氏於書尾跋云:右沈氏《續仙傳》三卷,蓋以續劉向、葛洪之書,故以"續仙"爲名,所載飛升隱化共三十六人,皆唐代之得道者。是書《道藏》中有之,而世頗罕傳,莊求之數年,不得影響。客夏於廠肆中偶得黄省曾刊本,以爲秘笈,及閲之,乃止上卷飛升一十六人而已,可見明代已希遇其書,而黄氏又以缺本爲完帙,付梓傳世,與劉向之《列仙傳》并刊。倘非有《道藏》本在,其不爲斷璧者幾希矣。嘗擬郵假吾邑説經臺《道藏》本鈔補,今夏忽於友人處得太原温氏家藏舊鈔本,三卷具完,急假歸傳録,而以《太平廣記》諸書所引者略加校正,其不見稱引者姑闕之,凡五日而畢。丁未六月中浣路慎莊識。

按,《重修盩厔縣志》卷六《人物》載:"路慎莊,字子端,號小洲,閏生長子,道光辛卯舉人,丙申進士,翰林院編修。生平博極群書,富藏典籍,有《蒲編堂書目》。"

(5)**易學象數論六卷** 清黄宗羲撰。清路慎莊鈔本。二册。十行十九字二十字不等。一一〇·六。②

邵懿辰《增訂四庫簡明目録標注》"路有鈔本"。按:本會善本書籍係路慎莊後裔路禾甫先生捐獻,此鈔本即路氏舊藏也。

(6)**蒙齋中庸講義四卷** 宋袁甫撰。清路慎莊鈔本。一册。八行二十一字,白口,四周雙邊。一六〇·一二。③

邵氏《簡目標注》"路有鈔本",即此本。

---

① 此條見《甲編》第20—21頁。《路氏藏書目》、附録一未著録此書。

② 此條見《乙編》第1頁。《路氏藏書目》未著録此書,附録一第21條著録此書。

③ 此條見《乙編》第4頁。《路氏藏書目》第4239條、附録一第54條著録此書。

(7)**兩朝綱目備要十六卷** 不著撰人名氏。清路慎莊鈔本。四册。八行二十一字,白口,四周雙邊。二〇二・八。①

按:邵氏《簡目標注》“路有鈔本”,即此本,并有批校處。

(8)**重刻華陽國志十二卷** 晋常璩撰,明劉大昌校。清路慎莊鈔本。四册。十行二十字,小白口,四周雙邊,黑格。二三〇・一八。②

此書末附劉大昌《華陽國志後序》及朱錫庚、路慎莊墨筆識語。兹將劉序及朱、路二識録次:

華陽國志後序

《華陽國志》十二卷,晋常璩道將所撰也。璩仕晋爲散騎常侍,平生著作有《漢之書》《蜀年紀》《蜀漢故事》,三書散逸,所傳僅此,藏書家亦不多得。兹編舊録間有疑誤,嘗参互考訂,稽之范史列傳并注中所引,幸獲什一,闕者仍舊。久藏笥中,獻之郡齋,受命校正,爰畀梓人,謹申言於後曰:道將,故江原人,以蜀人譚蜀事,其言之親切固宜。及觀紀李氏之亂娓娓不厭,其有隱憂乎?可深長思矣。按序述體裁依放遷史至列先賢,目録復仿佛靖節《四八目》,或者晋人文字類然,非相假借爾。其自叙曰:《華陽國記》後人易記爲志,唯以郡乘目之,不知直欲追古作者,立一家言,雄視百世。肇自開闢,終晋永和,其間王道霸略,炳若丹青;駿功鴻伐,懸諸日月。四子講德,五袴興謡,清芬襲人,勛庸照世。江漢炳靈,世載其英。仰止思齊,流聲實於兩間,作楷檢於百代。修文翁文,講武侯武,安内攘外,美哉!成迹具在也。或曰:璩《志》云國必有史,表成著敗以明勸懲。案而索之,奸雄竊命,禪受假

---

① 此條見《乙編》第10頁。《路氏藏書目》第4281條、附録一第66條著録此書。

② 此條見《乙編》第11—17頁。《路氏藏書目》、附録一未著録此書。

名,何以爲勸? 秉義弗祚,特流并稱,何以示懲? 玄德帝胄,英名蓋世,何謂名微? 受詔討賊,名正言順,何以書殺? 去許奔徐,意在安劉,何以書叛? 孔明王佐,乃詆以宋襄求霸。雲長大節,顧誣以乞納宜禄妻。至操擊先主書征,髦弑于昭書卒,凡此大綱關繫非細,準以《春秋》之法,未免舛駁之譏。夫秉公心者無頬,具朗鑒者無疑。承祚心銜宿憾,口肆醜辭,將以疵蜀佐魏,百世之下,公論可詎掩乎? 璩采獲壽書,擇之不精,墮于疑網,此作者之瑕疵,致識者之指點。君子考古論世,懸鑒以照物,執衡以取裁,雌黄皂白,孰從而匿之? 歐陽子曰:後世苟不公,至今無聖賢。自公論出而良知不昧;是非始定,君子所恃以不恐矣。鄉也愚過導江,登青城山,望白雲谿,山川之奇乃生異人。璩苦心著述,世傳其書,郡志逸其名,惜矣! 士有抱獨行于當年,俟知己于異世,發潛德之幽光,攬遺文于蠹簡,重可爲永嘆也。書成,敬述所聞,就正有道。甲子仲春成都後學劉大昌謹書。

## 朱錫庚識語

右晋常璩《華陽國志》足本十二卷,前有宋吕大防、李埅、明楊經序,凡三篇;後有明劉大昌序一篇。大昌,字泰之,蜀人。楊經,嘉靖年進士,時官成都知府。大昌以家藏之本獻之郡齋。楊即命劉校正就鐫。按:前此在宋元豐中有吕氏刻本,又有嘉泰甲子李氏刻本。今據李氏序云:吕刻刓闕,觀者莫曉所謂,常博訪善本,以證其誤,莫之或得,因摭兩漢史、陳壽《蜀書》、《益都耆舊傳》互相參訂,以决其疑。又卷九之尾李氏跋云,"《華陽國志目録》第九卷及《序志》皆云述李特、雄、期、壽、勢《志》。諸本無勢《志》。意者,傳寫脱漏。今本諸《通鑒》,參以載記,續成勢《志》,用補其闕"云云。然則在當時已不能完好。今李刻亡來已久,世所行者,唯明何宇度刊本及何鏜《漢魏叢書》所載、吴琯《古今逸史》所載者三本而已，且中多訛佚，更失李刻之舊矣。《四庫書目》稱何、吴二家之本多張佳允所補《江原常氏士女志》一卷，而佚去蜀中士女以下至犍爲士女，共二卷。蓋垩本第十卷分上、中、下，鏜等僅刻其下卷也。又惟《後賢志》中二十人有贊，其餘并闕。垩本則蜀郡、廣漢、犍爲、漢中、梓潼士女一百九十四人各有贊。宇度本亦然。惟垩本以《序志》置於末，而宇度本升于簡端。宇度不知古例，始誤移之云云。今檢是本第十卷上中下，蜀中以下士女備載，《後賢志》中諸贊并存，《序志》仍在第十二卷末，以三州士女目録終焉。蓋劉氏所藏之本殆即李氏所刻之原本，故足稱完善也。《四庫》中所采之本，乃休寧汪啟淑所進之影鈔本。海寧陳竹厂以綱，博通之士。乾隆四十年間，以優貢生入都，爲當事助校書之役，曾向先大夫假去是本，以校官本，其中訂訛補闕，實賴是本爲據。不然烏從而知李刻志序在後耶？卷端有"郄如珍藏圖書記""興謨印""贊之""吴岫"各小印。末有細字跋語數行，謂"道將首述，而後人補續爲多。近蜀省人梓，頗訂差謬，但起行每有失當，後當改正"云云。又云："嘉禾沈蜆川啟元任蜀少參，挾以相贈，乃弃去舊鈔，寶藏篋笥。隆慶己巳仲冬姑蘇吴岫識。"下有"方山"兩字印，蓋即其字也。觀其所云弃去舊鈔，則吴先所藏者亦係影鈔本。其與《四庫》所收者是一是二，固未可知，第俱在蜀刻以前，故未及睹此完善之後出本耳。李刻久已失傳，《四庫書目》所稱垩本者，即據此本也。藏於寒家將近百載，漸被蠹蝕，亟重装之，用識顛末。後之覽者庶知珍重云。道光六年歲次丙戌夏四月既望少河山農識。

## 路慎莊識語

右明嘉靖成都劉泰之校刊《華陽國志》足本十二卷，前有知成都府事昆明楊經序，末有劉氏後序，謄寫者爲本府吏張堯，其本之尾又有隆慶己巳姑蘇吴岫識語手書一則。吴號方山，家富藏書，精於鑒賞。余比年所得舊書，多有吴氏收藏印記。其是書識云："嘉禾沈蜺川啟元任蜀少參，内艱來歸，携以相贈。岫乃弃去舊鈔，寶藏篋笥"云云，則是本是嘉可知。流傳至國朝，入於故閣學大興朱竹君先生家。乾隆中開四庫館時，曾假是本以校官本。今官本深藏秘閣，外間罕窺，惟何鏜、吴琯諸刻行世，踵脱沿誤，久失本真。近惟李氏《函海》本尚爲完善，然亦不得已而思其次耳。客冬偶於坊友張翁處，睹朱氏所藏寄鬻諸書内有此本，急欲購之，而索值過昂，逡巡未果，嗣爲劉寬甫侍御位坦所得，因於暇日假歸，命鈔胥繕寫，格式行款一仍其舊，從此蘭亭副本或可以廣布人間也。至於此本之所以勝於他本，則少河山農跋詳之，兹不更贅。少河山農者，竹君先生之子，名錫庚，爲大興名諸生，今已物故。竹君先生别號笥河，著有《笥河詩文集》，故喆嗣亦自稱少河云。道光二十七年歲次丁未八月朔盩厔篠舟居士附識。

按：篠舟居士爲路慎莊别號，慎莊字小洲。

(9)**靈臺秘苑十五卷**　北周庾季才撰，宋王安禮等重修。清路慎莊鈔本。六册。八行二十一字，小字雙行，行字同，白口，紅格，四周雙邊。珍一〇。①

邵氏《簡目標注》"路有鈔本"，即此本。

(10)**潏水集十六卷**　宋李復撰。清鈔本。四册。九行二十一字。普

① 此條見《乙編》第31頁。《路氏藏書目》第314條、附録一第132條著録此書。

四四〇・六二。①

鈐蓋"扶萬過目"朱文印,原係近代史學家富平張鵬一先生藏書。邵氏《簡目標注》:"路有鈔本。"然此鈔本格式不類常見路氏鈔本。

(11)**溪堂集十卷** 宋謝逸撰。清路慎莊鈔本。二册。八行二十一字,白口,四周雙邊。四四〇・九。②

邵氏《簡目標注》"路有鈔本",當即此本。

---

① 此條見《乙編》第37—38頁。《路氏藏書目》第4004條、附録一第205條著録此書。

② 此條見《乙編》第38頁。《路氏藏書目》第4000條、附録一第207條著録此書。

# 附録三 《蒲編堂路氏藏書目》著録宋元本、名家舊藏本一覽

《蒲編堂路氏藏書目》著録書籍以明清本爲主,但亦偶見宋元本。此外,《藏書目》中著録書多有名家舊藏。兹將《藏書目》著録之宋元本、名家舊藏本輯録於下,以便檢索。

## 一、宋刊本

(1)3417 **新儀象法要三卷** 宋乾道壬辰施氏刻本。

(2)3947 **香溪集二十二卷** 宋刊本。

(3)4038 **盱江集三十七卷又附四卷** 宋刊本。

(4)4092 **劉賓客文集三十卷** 宋刊本。

(5)4209 **周禮詳解四十卷** 宋刊本。

(6)4211 **儀禮圖十七卷旁通圖一卷** 宋刊本。

(7)4216 **纂圖互注禮記二十卷** 宋刊本。

(8)4283 **宋史全文三十六卷** 宋刊本。

(9)4311 **兩漢詔令二十三卷** 宋刊本。

(10)4316 **諸臣奏議一百五十卷** 宋刊本。

(11)4328 **名臣碑傳琬琰集一百七卷** 宋刊本。

(12)4577 **莊子口義十卷** 宋刊本。

(13)4764 **易通變四十卷**　宋刊本。

(14)4800 **六經天文編二卷**　宋刊本。

(15)4820 **素問入式運氣論奥三卷附遺篇一卷**　宋刊本。

(16)4874 **擊壤集二十卷**　宋刊本。

## 二、元刊本

(1)126 **爾雅翼三十二卷**　元刻。

(2)234 **戰國策鮑氏注十卷**　元板,仿宋本刻者,甚佳。

(3)1029 **飲膳正要三卷**　元刊板。

(4)1264 **飲膳正要三卷**　元刊本。

(5)1604 **黄氏日鈔九十四卷**　元至正三年刊本。

(6)1605 **古今紀要十九卷**　元至正三年刊本。

(7)1773 **詩傳通釋二十卷**　元至正刊本。

(8)2025 **百將傳十卷**　元刻本。

(9)3311 **新箋决科古今源流至論前集十卷後集十卷續集十卷别集十卷**　元延祐丁巳孟冬圓沙書院刊本。

(10)3453 **山堂考索前集六十六卷後集六十五卷續集五十六卷别集二十五卷**　元刻本。

(11)3710 **修詞鑒衡二卷**　元至順刊本。

(12)3809 **圭齋集十五卷附録一卷**　元刊本,竹紙印。

(13)3810 **圭齋集十五卷附録一卷**　亦元刊本,白綿紙印。

(14)3811 **黄文獻公集二十三卷**　元刊本。

(15)3817 **道園學古録五十卷**　元刊本。

(16)3826 **艮齋集十四卷**　元刊本。

(17)3858 **桐江續集三十七卷**　元刊本。

(18)3872 **雪樓集三十卷**　元刊本。

(19)3911 **北溪大全集五十卷外集一卷**　元刊本。

(20)3912 **北溪大全集五十卷外集一卷**　元刊本。

(21)3915 **南軒集四十四卷**　元刊本。

(22)3927 **慈湖遺書二十卷**　元刊本。

(23)4094 **增廣注釋音辨柳集四十三卷**　元刊本。

(24)4232 **明本排字九經直音二卷**　元刊本。

(25)4274 **資治通鑒釋文三十卷**　元刊本。

(26)4422 **詩學集成押韻淵海二十卷**　元刊本。

(27)4848 **治世龜鑒一卷**　元刊本。

## 三、名家舊藏本

1. 天一閣

4183 **增修東萊書説三十五卷**　抄本。

2. 朱彝尊

468 **文淵閣書目四卷**　卷首有"虹亭鈔本"印記,不知何許人也。

1239 **玉山璞藁一卷逸藁四卷**　嘉慶四年桐川顧氏修《讀畫齋叢書》本。

3684 **聚樂堂書目二册**　無卷數。抄本。

4688 **緯略十二卷**　曝書亭抄本。

3. 王熙

9 **説苑二十卷**　明刻大字本,卷末題嘉靖乙未。

4. 季振宜

4874 **擊壤集二十卷**　宋刊本。

5. 徐乾學

2479 **張司業集八卷**

6. 曹寅

940 **識遺十卷**　鈔本。有楝亭曹氏藏書印記。

1545 **南燼紀聞一卷**　抄本。有楝亭曹氏藏書印。

7. 馬思贊

2096 **西漢年紀三十卷**　抄本。

8. 揆叙

468 **文淵閣書目四卷**　卷首有"虹亭鈔本"印記,不知何許人也。

9. 吴銓

3399 **讀四書叢説八卷**　舊抄本。

10. 鮑廷博

3169 **河東集十五卷附録一卷**　抄本。

4839 **何博士備論一卷**　知不足齋抄本。

11. 彭元瑞

612 **文苑英華辨證十卷**　聚珍板,乾隆四十二年校印。

12. 查瑩

179 **能改齋漫録十八卷**　鈔本。有聽雨樓查氏印記。

190 **涑水記聞十六卷補遺一卷**　抄本。

240 **國史經籍志五卷附録一卷**　鈔本。

13. 王念孫

227 **廣雅疏證十卷音釋十卷**　嘉慶元年刻。

14. 朱錫庚

289 **醍苑春秋九卷**　寫本。大興朱氏家舊藏。

15. 汪喜孫

227 **廣雅疏證十卷音釋十卷**　嘉慶元年刻。

355 **隸釋二十七卷**　明萬曆戊子廣陵守某從元人手抄本命工依宋板字式梓之者。

16. 謝寶樹

416 **長短經九卷**　抄本。卷端有北平謝氏藏書印。

1554 **南部新書十卷**　抄本。

1555 **脉經十卷**　抄本。

1725 **雜曆算書七卷**　鈔本。

2019 **三朝北盟會編二百五十卷**　抄本。

3688 **傳是樓書目四册**　抄本。遞藏記載見第 4868 條"季滄葦書目一卷"。

3686 **玄賞齋書目八卷**　抄本。

3684 **聚樂堂書目二册**　無卷數。抄本。

17. 翰林院藏四庫進呈本

2410 **金陀粹編二十八卷續編三十卷**　明嘉靖中依元至正刊本重雕本。

4238 **論語全解十卷**　抄本。

4276 **皇王大紀八十卷**　抄本。

# 附録四 《蒲編堂路氏藏書目》收録叢書

《蒲編堂路氏藏書目》著録叢書體例不一，以單獨著録叢書中單種典籍爲多。爲方便掌握路氏收藏叢書的情況，兹將各叢書包括之條目羅列如下。路慎莊在某些條目末尾對所藏叢書有集中討論，對於瞭解本部叢書的收藏情況有較大參考價值，此類條目在編碼下加下劃綫，以示强調。各叢書名稱及校刊信息以《藏書目》原文爲準，偶有缺略嚴重者，則稍加潤補。

(1)**秘書廿一種**　清新安汪士漢校輯彙刻。

第 136 條。

(2)**陰陽五要奇書**　清乾隆庚戌樂真堂刻。

第 341—346 條。

(3)**五雅**　明天啓丙寅武林郎氏奎金彙刻。

第 390—394 條。

(4)**漁洋合集叢刻**　即《王漁洋遺書》，清康熙刻。

第 400 條。

(5)**玄宗内典**　明天順間蘇門邵以正彙刻。

第 444—454 條。

(6)**道書全集**　明萬曆中天柱山人會陽子丁應麟序稱金陵閻氏所彙刻者。

第 433—467 條。

(7)**津逮秘書** 明毛晋汲古閣刻。

第470—580條。

(8)**經訓堂叢書** 清乾隆四十六年畢氏靈巖山館刻。

第581—598、4365條。

(9)**知不足齋叢書** 清歙鮑氏廷博知不足齋所刻。

第631—813條。

(10)**百川學海** 明華氏珵於弘治十四年辛酉刻宋左圭《百川學海》。

第814—890條。

(11)**唐宋叢書** 明鍾人傑所刻。

第891—935條。

(12)**問經堂叢書** 清嘉慶間孫淵如星衍所刊。

第942—948、43、104、307、312條。

(13)**地理六經** 清康熙辛未葉氏刻。

第955—960條。

(14)**稗海** 明商維濬刻。

第964—991、33、34、36、83、96、415、992條。

(15)**古今逸史** 明吴琯所刻。

第997—1024條。

(16)**漢魏遺書鈔** 清嘉慶金谿王謨所輯。

第1052—1156條。

(17)**説郛** 明陶宗儀《説郛》本抄本。

第1157—1196條。

(18)**讀畫齋叢書** 清嘉慶初桐川顧氏名修號菉厓所刻。

第1197—1240條。

(19) **貸園叢書** 清乾隆五十四年歷城周永年所刻。

第 1266—1277 條。

(20) **奇晋齋叢書** 清乾隆己丑平湖陸烜所刻。

第 1370—1385 條。

(21) **函海** 清乾隆四十七年綿洲李氏調元萬卷樓所刻。

第 1391—1543 條。

(22) **平津館叢書** 清嘉慶孫氏平津館刻。

第 1557—1599 條。

(23) **六醴齋醫書** 清程永培六醴齋所刻。

第 1606—1615 條。

(24) **二酉堂叢書** 清道光元年辛巳武威張介侯前輩澍二酉堂刻。

第 1630—1648 條。

(25) **東垣十書** 明吴勉學校。

第 1658—1669 條。

(26) **歷代詩話** 清何文焕所集。

第 1781—1784、1741 條。

(27) **朱子遺書** 清禦兒吕氏寶誥堂重刻白鹿洞原本。

第 1751—1763、1743 條。

(28) **玉海附刻遺書** 清康熙二十六年丙寅江南學使李振裕、乾隆三年庚戌熊本次第補刊明南京國子監本。

第 1786—1798 條。

(29) **湖海樓叢書** 清嘉慶二十四年蕭山陳春所刻。

第 1799—1811 條。

(30) **岱南閣叢書** 清嘉慶間陽湖孫氏岱南閣刻。

第 4407—4418、993、1823、1824 條。

(31) **寶顔堂秘笈** 明陳繼儒輯。

第 1888—1981、2350—2364、4420、4586 條。

(32) **亭林遺書** 清蓬瀛閣刻本。

第 2036 條。

(33) **抱經堂叢書** 清乾隆間抱經堂盧氏刻。

第 2166—2182、13、125、1260 條。

(34) **藝海珠塵** 清南匯吴氏省蘭聽彝堂刻。

第 2183—2342 條。

(35) **續知不足齋叢書** 清道光間渤海高氏承勳刻本。

第 2365—2381 條。

(36) **微波榭叢書** 清曲阜孔氏微波榭刻本。

第 2426—2450、405 條。

(37) **學海類編** 清曹氏溶倦圃所輯。

第 2567—2990 條。

(38) **格致叢書** 明胡氏文焕所刻。

第 2991—3036 條。

(39) **孫晴川八識** 清孙之騄刻。

第 3040—3047 條。

(40) **説鈴** 康熙中刻本。

第 3049 條。

(41) **荆駝逸史** 活字板本。

第 3050 條。

(42) **惜陰軒叢書** 清道光十九年三原李氏惜陰軒刻本。

第 3067—3084 條。

(43) **浦城遺書** 清嘉慶十九年浦城祝昌泰留香室所刊。

第 3107—3120 條。

(44) **獨抱廬叢刻** 清道光間癸未白下陳氏宗彝獨抱廬刻本。

第 3181—3186 條。

(45) **唐詩百名家集** 清康熙壬午吴郡席氏啓寓纂輯。

第 3194—3292 條。

(46) **西河全集** 清毛奇齡家侄孫輩所刻。

第 3326—3372 條。

(47) **通志堂經解** 清康熙中納喇成德取其師徐乾學所藏校定善本而彙刻。

第 3492—3631 條。

(48) **宋四十名家詞** 明毛氏汲古閣刻。

第 3695 條。

(49) **宋十家詞** 明毛氏汲古閣刻。

第 3703 條。

(50) **宋四家詞** 明毛氏汲古閣刻。

第 3704 條。

(51) **汲古閣刻金元人八種** 明毛氏汲古閣刻。

第 3871 條。

(52) **嶺南遺書** 清道光辛卯南海伍元薇所刻。

第 4400—4405 條。

(53) **守山閣叢書** 清金山錢熙祚所刻。

第 4431—4540 條。

(54) **珠叢别録** 清金山錢熙祚所刻。

第 4541—4568 條。

# 書名作者綜合索引

(索引條目後阿拉伯數字爲正文所標編碼)

**A**

## B

## C

## D

## H

J

## K

## L

## N

## P

**S**

**W**

## X

xi

## Z